U0946628

中国社会科学院经济学部⊙编

中国社会科学出版社

图书在版编目(CIP)数据

中国经济学年鉴.2010／中国社会科学院经济学部/编.—北京：中国社会科学出版社，2011.3

ISBN 978-7-5004-9444-7

Ⅰ.①中… Ⅱ.①中… Ⅲ.①经济学—中国—2010—年鉴
Ⅳ.①F12-54

中国版本图书馆 CIP 数据核字(2011)第000010号

责任编辑 钟 馨
责任校对 王雪梅
封面设计 李尘工作室
版式设计 戴 宽 王 超

出版发行 中国社会科学出版社
社 址 北京鼓楼西大街甲158号 邮 编 100720
电 话 010—84029450(邮购)
网 址 http://www.csspw.cn
经 销 新华书店
印 刷 君升印刷有限公司 装 订 北京盛天行健印刷有限公司
版 次 2011年3月第1版 印 次 2011年3月第1次印刷
开 本 787×1092 1/16
印 张 52
字 数 1207千字
定 价 128.00元

凡购买中国社会科学出版社图书，如有质量问题请与本社发行部联系调换
版权所有 侵权必究

中国社会科学院经济学部 2009 年度学术座谈会

中国社会科学院经济学部主办"金砖四国"经济发展比较国际研讨会

中国社会科学院经济学部 2009 年工作会议

《中国经济学年鉴 2009》出版发布会暨调整经济结构转变经济发展方式研讨会

中国社会科学院金融研究所主办的2009 创业板与中小企业投融资论坛

中国社会科学院财政与贸易经济研究所主办的第十届中国宏观经济运行与政策论坛

中国人民大学主办的中国经济学前沿论坛 2009

南开大学公司治理研究中心、南开大学商学院主办的第五届公司治理国际研讨会

厦门大学主办的第五届中国保险教育论坛

四川省社会科学院主办的灾后重建与灾难学学术研讨会

广东省社会科学院主办的广东企业应对金融危机高峰论坛

北京大学主办的第二届人类发展论坛

编 委 会

顾　　问　（按姓氏笔画排列）

于光远　于祖尧　王洛林　王贵宸　刘国光

朱绍文　何迺维　何振一　吴承明　吴家骏

张守一　汪海波　汪敬虞　陈栋生　赵人伟

高涤陈　戴园晨

主　　编　陈佳贵

编　　委　（按姓氏笔画排列）

王国刚　中国社会科学院金融研究所所长

左学金　上海市社会科学院常务副院长

田雪原　中国社会科学院经济学部学部委员

朱有志　湖南省社会科学院院长

刘志彪　南京大学经济学院院长

刘树成　中国社会科学院经济学部副主任、学部委员

刘迎秋　中国社会科学院研究生院院长

吕　政　中国社会科学院经济学部副主任、学部委员

张卓元　中国社会科学院经济学部学部委员

张晓山　中国社会科学院农村发展研究所所长、学部委员

汪同三　中国社会科学院数量经济与技术经济研究所所长、学部委员

李　扬　中国社会科学院副院长、学部委员

李京文　中国社会科学院经济学部学部委员

李维安　东北财经大学校长

沈艺峰　厦门大学管理学院院长
陈佳贵　中国社会科学院学部主席团代主席、经济学部主任、学部委员
金　碚　中国社会科学院工业经济研究所所长
杨圣明　中国社会科学院经济学部学部委员
杨瑞龙　中国人民大学经济学院院长
孟昭宇　中国社会科学出版社社长
侯水平　四川省社会科学院院长
周叔莲　中国社会科学院经济学部学部委员
高培勇　中国社会科学院财政与贸易经济研究所所长
徐现祥　中山大学岭南学院经济系主任
黄桂田　北京大学经济学院副院长
黄群慧　中国社会科学院科研局/学部工作局副局长
梁　琪　南开大学经济学院副院长
梁桂全　广东省社会科学院院长
曾五一　厦门大学经济学院副院长
崔新健　中央财经大学商学院副院长
韩朝华　中国社会科学院经济学部工作室主任
裴长洪　中国社会科学院经济研究所所长
蔡　昉　中国社会科学院人口与劳动经济研究所所长
潘家华　中国社会科学院城市发展与环境研究所所长

编　辑　部

主　　任　黄群慧　韩朝华　王　浩

成　　员　金　泓　陈　琨　郭建宏　刘红敏

特邀编审　王　诚　沈志渔　卢世琛

联 系 人　李　梅（北京大学）　牛　睿（中国人民大学）

宋雪玲（南开大学）　程新生（南开大学）

吴福象（南京大学）　夏艳辉（厦门大学）

林婧妍（厦门大学）　陶希东（上海社会科学院）

朱泓宇（四川省社会科学院）　徐少同（广东省社会科学院）

杨　畅（湖南省社会科学院）

周　济（中国社会科学院经济研究所）

谷玉珍（中国社会科学院工业经济研究所）

刘燕生（中国社会科学院农村发展研究所）

孔繁来（中国社会科学院财政与贸易经济研究所）

霍冉冉（中国社会科学院金融研究所）

韩胜军（中国社会科学院数量经济与技术经济研究所）

徐　进（中国社会科学院人口与劳动经济研究所）

李　莳（中国社会科学院城市发展与环境研究所）

郑成宏（《中国社会科学》杂志社）

张丽生（经济管理出版社）

周　丽（社会科学文献出版社）

张秀台（中国社会科学院研究生院）

李　钢（《中国经济学人》杂志社）

目　录

第一篇　重要文献

第二篇　专题述评

第三篇　学科综述

第四篇　论文荟萃

第五篇　著作选介

第六篇　研究课题

第七篇　研究生教育

第八篇　学界动态

第九篇　机构介绍

前　言

《中国经济学年鉴》由中国社会科学院经济学部组织编写，中国社会科学院经济学部主任陈佳贵担任主编。其主要宗旨是面向全国，反映国内经济学在上一年度中的主要动态和研究进展。《中国经济学年鉴》是一部兼具资料性和研究性的大型学术年刊，在编选上突出学术性、前沿性、权威性和代表性。自2008年创刊以来，《中国经济学年鉴》已经出版了两卷，2010年的这一卷是第三卷。

《中国经济学年鉴（2010）》的基本栏目与前两卷相同，共有九个栏目："重要文献"、"专题述评"、"学科综述"、"论文荟萃"、"专著选介"、"研究课题"、"研究生教育"、"学界动态"和"机构简介"。

——"重要文献"栏目收录了2009年里对我国经济具有重大影响的两篇政治性文献。一篇是胡锦涛总书记在庆祝中华人民共和国成立60周年大会上的讲话，另一篇是温家宝总理在第十一届全国人民代表大会第二次会议上作的政府工作报告。

——"专题述评"栏目主要就2009年里国内有关机构对中国宏观经济走势的预测结果作了客观的比较和评价。希望这种评价能有助于推动国内宏观经济走势预测分析的水平和准确性。

——"学科综述"栏目介绍国内经济学和管理学中部分领域的研究动态。这一卷共介绍了19个学科。即"社会保障学"、"国际经济学"、"气候变化经济学"、"行为经济学"、"农业经济学"、"管理学"、"商业银行学"、"资源经济学"、"城市土地经济学"、"房地产经济学"、"税收学"、"保险学"、"投资经济学"、"博弈论"、"实验经济学"、"数理经济学"、"国防经济学"、"管理心理学"、"语言经济学"。

——"论文荟萃"栏目介绍2009年里国内各专业刊物上公开发表的优秀经济学和管理学论文的基本观点，共计155篇。

——"著作选介"栏目介绍了2009年里国内出版的82部经济学和管理学方面的专著。

——"研究课题"栏目集中汇集了2009年度国家社科基金项目（经济学）、国家自然科学基金项目（管理科学部）、中国社会科学院重大课题项目（经济学部）的课题情况。

——"研究生教育"栏目提供了2009年度全国研究生培养单位经济学科和管理学科的研究生招生人数和毕业人数，以及2009年经济学、管理学"全国优秀博士学位论文"名单及中文摘要。

——“学界动态”栏目包括若干个子栏目。即学术会议综述、海外视角下的中国经济、国内主要经济学奖项的获奖情况、著名中国经济学家介绍、中国社会科学院经济学部学术活动介绍等。其中，“学术会议综述”栏目的稿件主要来自于国内各个受邀学术机构、大学的供稿。另外，还从《经济研究》、《经济学动态》等所刊登的会议综述中选编了一部分。“海外视角下的中国经济”栏目则介绍了一些有关中国经济研究的外文学术论文观点，主要由《中国经济学人》编辑部供稿。国内主要经济学奖项的获奖情况主要选自国内有关网页。本卷的著名中国经济学栏目介绍了著名经济学家孙尚清先生的学术生平和主要贡献。另外，还介绍了2009年度诺贝尔经济学奖两位获奖者——O. 威廉姆森和 E. 奥斯特洛姆的简况。

——“机构介绍”栏目介绍我国主要经济学和管理学研究、教学机构。本卷介绍了浙江工商大学金融学研究中心。

《中国经济学年鉴（2010）》的编撰过程得到了国内经济学界同仁和有关机构的大力支持，我们在这里向本卷所引用的各类文献的作者、资料的提供者、学界同仁、有关协助单位和部门的负责人表示诚挚的谢意。中国社会科学院经济学部所属各研究所的科研处，以及各个受邀协作的大学和地方社科院的联系人，担负了繁重和高技术性的组织协调工作。没有他们的辛勤劳动，本卷年鉴的组稿和编撰不可能如此顺利地完成。在此，我们特对下列单位表示由衷的感谢：

北京大学经济学院、中国人民大学经济学院、南开大学经济学院、南开大学商学院、南京大学经济学院、厦门大学管理学院、厦门大学经济学院、中山大学岭南学院、中央财经大学商学院、上海市社会科学院、四川省社会科学院、广东省社会科学院、湖南省社会科学院、中国社会科学院经济研究所、中国社会科学院农村发展研究所、中国社会科学院工业经济研究所、中国社会科学院金融研究所、中国社会科学院人口与劳动经济研究所、中国社会科学院财政与贸易经济研究所、中国社会科学院数量经济与技术经济研究所、中国社会科学院城市发展与环境研究所、中国社会科学院研究生院、中国社会科学杂志社、社会科学文献出版社、经济管理出版社、中国经济学人杂志社。

2009年是中国经济形势高度复杂的一年，也是中国经济走势备受国际关注的一年，更是中国经济学界和管理学界议论风生、成果累累的一年。我们力图在本卷年鉴中全面、完整地反映2009年度里我国经济学界和管理学界的研究全貌和最新进展，但限于我们的力量有限，组织工作量大面广，虽竭尽全力，仍无法臻于完美，遗漏和讹误在所难免。《中国经济学年鉴》是全国学界同仁的共同平台，它的发展和完善离不开全国学界的持续支持。我们欢迎学界同仁和各界读者对本卷年鉴的各个方面提出批评和建议，以利我们把以后的编撰工作做得更好。

中国经济学年鉴
2010
第一篇
重要文献

在庆祝中华人民共和国成立60周年大会上的讲话

（2009年10月1日）

胡锦涛

全国同胞们，同志们，朋友们：

今天，我们隆重集会，庆祝中华人民共和国成立60周年。在这个喜庆而又庄严的时刻，全国各族人民都为伟大祖国的发展进步感到无比自豪，都对实现中华民族伟大复兴的光明前景充满信心。

在这里，我代表党中央、全国人大、国务院、全国政协和中央军委，向一切为民族独立和人民解放、国家富强和人民幸福建立了不朽功勋的革命先辈和烈士们，表示深切的怀念！向全国各族人民和海内外爱国同胞，致以热烈的祝贺！向关心和支持中国发展的各国朋友，表示衷心的感谢！

60年前的今天，中国人民经过近代以来100多年的浴血奋战终于夺取了中国革命的伟大胜利，毛泽东主席在这里向世界庄严宣告了中华人民共和国的成立。中国人民从此站起来了，具有5000多年文明历史的中华民族从此进入了发展进步的历史新纪元。

60年来，在以毛泽东同志、邓小平同志、江泽民同志为核心的党的三代中央领导集体和党的十六大以来的党中央领导下，勤劳智慧的我国各族人民同心同德、艰苦奋斗，战胜各种艰难曲折和风险考验，取得了举世瞩目的伟大成就，谱写了自强不息的壮丽凯歌。今天，一个面向现代化、面向世界、面向未来的社会主义中国巍然屹立在世界东方。

新中国60年的发展进步充分证明，只有社会主义才能救中国，只有改革开放才能发展中国、发展社会主义、发展马克思主义。中国人民有信心、有能力建设好自己的国家，也有信心、有能力为世界作出自己应有的贡献。

我们将坚定不移坚持中国特色社会主义道路，全面贯彻执行党的基本理论、基本路线、基本纲领、基本经验，继续解放思想，坚持改革开放，推动科学发展，促进社会和谐，推进全面建设小康社会进程，不断开创中国特色社会主义事业新局面、谱写人民美好生活新篇章。

我们将坚定不移地坚持“和平统一、一国两制”的方针，保持香港、澳门长期繁荣稳定，推动海峡两岸关系和平发展，继续为实现祖国完全统一这一中华民族的共同心愿而奋斗。

我们将坚定不移地坚持独立自主的和平外交政策，坚持和平发展道路，奉行互利共赢的开放战略，在和平共处五项原则基础上同所有国家发展友好合作，继续同世界各国人民一道推进人类和平与发展的崇高事业，推动建设持久和平、共同繁荣的和谐世界。

中国人民解放军和人民武装警察部队要发扬光荣传统，加强自身建设，切实履行使命，为维护国家主权、安全、领土完整，为维护世界和平再立新功。

历史启示我们，前进道路从来不是一帆风顺的，但掌握了自己命运、团结起来的人民必将战胜一切艰难险阻，不断创造历史伟业。

展望未来，中国的发展前景无限美好。全党全军全国各族人民要更加紧密地团结起来，高举中国特色社会主义伟大旗帜，与时俱进，锐意进取，继续朝着建设富强民主文明和谐的社会主义现代化国家、实现中华民族伟大复兴的宏伟目标奋勇前进，继续以自己的辛勤劳动和不懈奋斗为人类作出新的更大的贡献！

伟大的中华人民共和国万岁！

伟大的中国共产党万岁！

伟大的中国人民万岁！

政府工作报告

——2009年3月5日在第十一届全国人民代表大会第二次会议上

国务院总理　温家宝

各位代表：

现在，我代表国务院，向大会作政府工作报告，请予审议，并请全国政协各位委员提出意见。

一　2008年工作回顾

2008年是极不平凡的一年。我国经济社会发展经受住了历史罕见的重大挑战和考验。在中国共产党领导下，全国各族人民迎难而上，奋力拼搏，战胜各种艰难险阻，改革开放和社会主义现代化建设取得新的重大成就。

——国民经济继续保持平稳较快增长。国内生产总值超过30万亿元，比上年增长9%；物价总水平涨幅得到控制；财政收入6.13万亿元，增长19.5%；粮食连续五年增产，总产量52850万吨，创历史最高水平。

——改革开放深入推进。财税、金融、价格、行政管理等重点领域和关键环节的改革取得新突破。进出口贸易总额2.56万亿美元，增长17.8%。实际利用外商直接投资924亿美元。

——社会事业加快发展，人民生活进一步改善。城镇新增就业1113万人；城镇居民人均可支配收入15781元，农村居民人均纯收入4761元，实际增长8.4%和8%。

——全面夺取抗击特大自然灾害的重大胜利。成功举办北京奥运会、残奥会。圆满完成“神舟七号”载人航天飞行。

这些成就，标志着我们在中国特色社会主义道路上迈出新的坚实步伐，极大地增强了全国各族人民战胜困难的勇气和力量，必将激励我们在新的历史征程上继续奋勇前进。

一年来，我们做了以下主要工作：

（一）及时果断调整宏观经济政策，全力保持经济平稳较快发展

我们正确把握宏观调控的方向、重点、力度和节奏，采取一系列促进经济平稳较快发展的政策措施，在复杂多变的形势下，积极应对国际金融危机的严重冲击，努力增强调控的预见性、针对性和有效性。年中，在国际能源和粮食价格处于高位、世界经济增长放缓的情况下，针对沿海地区出现出口和经济增速下滑苗头，及时把宏观调控的首要任务调整为“保持经济

平稳较快发展，控制物价过快上涨”，并采取了一些有针对性的财税金融措施。9月份后，国际经济形势急转直下，对我国的不利影响明显加重，我们又果断地把宏观调控的着力点转到防止经济增速过快下滑上来，实施积极的财政政策和适度宽松的货币政策，三次提高出口退税率，五次下调金融机构存贷款基准利率，四次下调存款准备金率，暂免储蓄存款利息个人所得税，下调证券交易印花税，降低住房交易税费，加大对中小企业信贷支持。按照出手要快、出拳要重、措施要准、工作要实的要求，迅速推出进一步扩大内需、促进经济增长的十项措施，争分夺秒地加以落实；接连出台金融支持经济发展、促进轻纺工业健康发展、促进房地产市场健康发展、搞活流通扩大消费和保持对外贸易稳定增长、稳定就业等政策措施，加快制订重点产业调整振兴规划。这些措施对缓解经济运行中的突出矛盾、增强信心、稳定预期、保持经济平稳较快发展，发挥了至关重要的作用。

毫不放松地加强“三农”工作。全年中央财政用于“三农”的投入5955亿元，比上年增加1637亿元，增长37.9%，其中粮食直补、农资综合补贴、良种补贴、农机具购置补贴资金达1030亿元，比上年增长一倍。三次较大幅度提高粮食最低收购价，提价幅度超过20%。实施主要农产品临时收储政策。加强耕地保护和农田水利建设，提高农业综合生产能力。扶持生猪、油料、奶业发展。这些政策措施在保护和调动农民积极性、保障重要农产品供给、增加农民收入方面发挥了重要作用，为稳定经济社会发展全局提供了有力支撑。

坚定不移地推进自主创新和经济结构调整。实施16个国家重大科技专项。在信息、生物、环保等领域新建一批国家工程中心、重点实验室和企业技术中心。成功研发支线飞机、新能源汽车、高速铁路等一批关键技术和重大装备。中央财政科技投入1163亿元，增长16.4%。电信、航空等行业重组迈出重要步伐。继续淘汰落后产能，全年关停小火电1669万千瓦，关闭小煤矿1054处。加大基础设施和基础产业投资力度，在能源、交通、水利等方面建成和开工一批重大项目。扎实推进区域发展总体战略，区域经济发展协调性增强。

坚持不懈地推动节能减排和生态环境保护。中央财政安排423亿元资金，支持十大重点节能工程和环保设施等项目建设。全国新增城市污水日处理能力1149万吨，新增燃煤脱硫机组容量9712万千瓦。单位国内生产总值能耗比上年下降4.59%，化学需氧量、二氧化硫排放量分别减少4.42%和5.95%。近三年累计，单位国内生产总值能耗下降10.08%，化学需氧量、二氧化硫排放量分别减少6.61%和8.95%。巩固退耕还林还草成果，推进天然林、青海三江源等生态保护和建设工程。实施重点流域、区域水污染防治规划。发布了《中国应对气候变化的政策与行动》白皮书。

（二）统筹经济社会发展，全面加强以改善民生为重点的社会建设

就业和社会保障工作进一步加强。完善促进就业、以创业带动就业的政策，落实最低工资制度。各项社会保险覆盖面继续扩大，城镇职工基本养老保险、基本医疗保险参保人数分别增加1753万和2028万，失业、工伤、生育保险参保人数继续增加。企业退休人员养老金人均每月新增110元。启动事业单位基本养老保险制度改革试点。积极探索建立新型农村社会养老保险制度，农民工、被征地农民社会保障工作稳步推进。全面加强城乡居民最低生活保障制度建

设，救助人数达到6619万人。及时增加对低收入群体和大学生的生活补贴。大幅度提高重点优抚对象的抚恤优待标准。加大保障性住房建设和棚户区改造力度，低收入群众住房困难问题得到一定程度缓解。解决4800多万农村人口的饮水安全问题。

促进教育公平取得新进展。全面实行城乡免费义务教育，对所有农村义务教育阶段学生免费提供教科书。提高中西部地区校舍维修标准，国家财政安排32.5亿元帮助解决北方农村中小学取暖问题。职业教育加快发展。国家助学制度进一步完善，中央财政投入223亿元，地方财政也加大投入，资助学生超过2000万人；向中等职业学校中来自城市经济困难家庭和农村的学生提供助学金，每人每年1500元，惠及90%的在校生。

医药卫生改革发展稳步推进。参加新型农村合作医疗的人口8.14亿，参合率91.5%。城镇居民基本医疗保险试点城市由上年的88个增加到317个，参保人数增加7359万，总计达到1.17亿。城市社区卫生服务体系建设取得重大进展。农村计划生育家庭奖励扶助制度和少生快富工程实施范围继续扩大。

文化体育事业加快发展。公共文化基础设施建设得到加强，文化产业快速发展，文化体制改革不断深化。全力举办了有特色、高水平的北京奥运会、残奥会，实现了中华民族的百年梦想；中国运动员顽强拼搏，取得优异成绩，这极大地激发了全国人民的爱国热情，增强了民族凝聚力。

民主法制建设继续加强。基层民主制度进一步健全。依法行政深入推进。国务院提请全国人大常委会审议了社会保险法、防震减灾法等8件法律议案，制定或修订了30件行政法规。全面实施政府信息公开条例。加强社会治安防控体系建设，开展反分裂、反恐怖斗争，维护了国家安全和社会稳定。民族、宗教、侨务工作进一步加强。

（三）积极推进改革开放，为经济社会发展注入新的活力和动力

国务院机构改革基本完成，地方机构改革稳步推进。农村综合改革继续深化，集体林权制度改革全面推开。国有企业改革不断深化。中国农业银行和国家开发银行股份制改革顺利进行。实施新的企业所得税法，统一内外资企业和个人房地产税收制度。酝酿多年的成品油价格和税费改革顺利推出。制定医药卫生体制改革方案并公开征求意见。体制机制创新为长远发展奠定了坚实基础。

对外开放水平继续提高。大力实施以质取胜和出口市场多元化战略。加强科技兴贸创新基地和服务外包基地建设，支持自主品牌和自主知识产权产品出口。完善加工贸易政策体系。稳步扩大服务业对外开放，加强对外商投资方向的引导。整合建立新的对外经济技术合作专项资金，发布对外承包工程管理条例，理顺对外劳务合作管理体制。积极推进境外能源资源合作，企业“走出去”步伐加快，对外援助进一步扩大。自由贸易区建设、与主要经贸伙伴的经济对话、同发展中国家的互利合作取得新进展。

各位代表！

去年5月12日，我国发生震惊世界的汶川特大地震。在党中央、国务院坚强领导下，全国各族人民特别是灾区人民万众一心、众志成城，人民子弟兵舍生忘死、冲锋在前，展开了我国历史上救援速度最快、动员范围最广、投入力量最大的抗震救灾斗争。我们坚持把抢救人的生命放在第一位，从废墟中抢救生还者 8.4 万人。迅速抢修基础设施，果断处置唐家山堰塞湖，避免严重次生灾害发生；全力开展防疫工作，实现了大灾之后无大疫。中央财政安排 384 亿元救灾款和 740 亿元恢复重建资金，迅速出台一系列支援灾区的政策措施。积极开展对口支援。社会各界踊跃捐助款物，广大香港同胞、澳门同胞、台湾同胞以及海外华侨华人奉献爱心，国际社会伸出援手，汇成了齐心协力抗击灾害的磅礴力量。这场艰苦卓绝的抗震救灾斗争，涌现出无数感天动地、可歌可泣的英雄事迹，充分展现了中国人民不屈不挠、自强不息的伟大民族精神，谱写了气壮山河的壮丽篇章。

过去一年的成就来之不易。这是以胡锦涛同志为总书记的党中央统揽全局、正确领导的结果，是全党全军全国各族人民同心同德、团结奋斗的结果。在这里，我代表国务院，向全国各族人民，向各民主党派、各人民团体和各界人士，表示诚挚的感谢！向香港特别行政区同胞、澳门特别行政区同胞、台湾同胞和海外侨胞，表示诚挚的感谢！向关心和支持中国现代化建设的各国政府、国际组织和各国朋友，表示诚挚的感谢！

在肯定成绩的同时，也要清醒地看到，我们正面临前所未有的困难和挑战。一是国际金融危机还在蔓延、仍未见底。国际市场需求继续萎缩，全球通货紧缩趋势明显，贸易保护主义抬头，外部经济环境更加严峻，不确定因素显著增多。二是受国际金融危机影响，经济增速持续下滑，已成为影响全局的主要矛盾。一些行业产能过剩，部分企业经营困难，就业形势十分严峻，财政减收增支因素增多，农业稳定发展、农民持续增收难度加大。三是长期制约我国经济健康发展的体制性、结构性矛盾依然存在，有的还很突出。消费需求不足，第三产业发展滞后，自主创新能力不强，能源资源消耗多，环境污染重，城乡、区域发展差距仍在扩大。四是一些涉及人民群众切身利益的问题没有根本缓解，社会保障、教育、医疗、收入分配、社会治安等方面存在不少亟待解决的问题。五是市场秩序不规范，市场监管和执法不到位，社会诚信体系不健全。食品安全事件和安全生产重特大事故接连发生，给人民群众生命财产造成重大损失，教训十分深刻。

我们一定要深刻认识国际国内经济形势的严峻性和复杂性，增强危机意识和忧患意识，充分利用有利条件，积极应对各种挑战，努力做好各项工作，绝不辜负人民的期望和重托。

二　2009 年工作总体部署

今年是实施“十一五”规划的关键之年，也是进入新世纪以来我国经济发展最为困难的一年，改革发展稳定的任务十分繁重。

综观国际国内形势，我国仍处于重要战略机遇期。挑战与机遇并存，困难与希望同在。我国经济社会发展的基本面和长期向好的趋势没有改变。我们完全有信心、有条件、有能力克服困难，战胜挑战。我们的信心和力量，来自中央对形势的科学判断和准确把握；来自已经制定并实施的应对挑战、着眼长远的一系列政策举措；来自工业化、城镇化快速推进中的基础设施建设、产业结构和消费结构升级、环境保护、生态建设和社会事业发展等方面的巨大需求；来自充裕的资金、丰富的劳动力资源等要素支撑；来自运行稳健的金融体系、活力增强的各类企业和富于弹性的宏观调控政策；来自改革开放30年建立的物质、科技基础和体制条件；来自集中力量办大事的政治和制度优势、和谐安定的社会环境以及全国上下促进科学发展的积极性、创造性；来自中华民族坚忍不拔、发愤图强的伟大精神力量。只要我们紧紧依靠党的领导和全国各族人民，就没有克服不了的困难，就一定能够把国际金融危机的不利影响降到最低程度，就一定能够推动经济社会又好又快发展。

做好今年的政府工作，要高举中国特色社会主义伟大旗帜，以邓小平理论和“三个代表”重要思想为指导，深入贯彻落实科学发展观，把保持经济平稳较快发展作为经济工作的首要任务，加强和改善宏观调控，着力扩大国内需求特别是消费需求，着力转变发展方式、加快经济结构战略性调整，着力深化改革、提高对外开放水平，着力改善民生促进社会和谐，全面推进社会主义经济建设、政治建设、文化建设、社会建设以及生态文明建设。

今年国民经济和社会发展的主要预期目标是：国内生产总值增长8%左右，经济结构进一步优化；城镇新增就业900万人以上，城镇登记失业率4.6%以内；城乡居民收入稳定增长；居民消费价格总水平涨幅4%左右；国际收支状况继续改善。这里要着重说明，提出8%左右的国内生产总值增长目标，综合考虑了发展的需要和可能。在我们这样一个13亿人口的发展中国家，要扩大城乡就业，增加居民收入，维护社会稳定，就必须保持一定的经济增长速度。只要政策对头，措施得当，落实有力，就有可能实现这一目标。

做好今年政府工作，必须把握好以下原则：一是扩内需、保增长。坚持把扭转经济增速下滑趋势作为宏观调控最重要的目标，把扩大国内需求作为促进经济增长的长期战略方针和根本着力点，增加有效需求，加强薄弱环节，充分发挥内需特别是消费需求拉动经济增长的主导作用。二是调结构、上水平。坚持把推进经济结构调整和自主创新作为转变发展方式的主攻方向，变压力为动力，坚定不移地保护和发展先进生产力，淘汰落后产能，整合生产要素，拓展发展空间，实现保增长和调结构、增效益相统一，增强国民经济整体素质和发展后劲。三是抓改革、增活力。坚持把深化改革开放作为促进科学发展的根本动力，进一步解放思想，加大重点领域和关键环节改革力度，消除体制机制障碍，激发创造活力。四是重民生、促和谐。越是困难的时候，越要关注民生，越要促进社会和谐稳定。坚持把保障和改善民生作为经济工作的出发点和落脚点，实行更加积极的就业政策，把促进增长与扩大就业、改善民生紧密结合起来，让人民群众共享改革发展的成果。

三　2009年主要任务

今年的政府工作，要以应对国际金融危机、促进经济平稳较快发展为主线，统筹兼顾，突出重点，全面实施促进经济平稳较快发展的一揽子计划。大规模增加政府投资，实施总额4万亿元的两年投资计划，其中中央政府拟新增1.18万亿元，实行结构性减税，扩大国内需求；大范围实施调整振兴产业规划，提高国民经济整体竞争力；大力推进自主创新，加强科技支撑，增强发展后劲；大幅度提高社会保障水平，扩大城乡就业，促进社会事业发展。以实施一揽子计划为重点，今年要着力抓好以下七方面工作。

（一）加强和改善宏观调控，保持经济平稳较快发展

要坚持灵活审慎的调控方针，提高宏观调控的应变能力和实际效果，尽快扭转经济增速下滑趋势，保持经济平稳较快发展。

实施积极的财政政策。一是大幅度增加政府支出，这是扩大内需最主动、最直接、最有效的措施。今年财政收支紧张的矛盾十分突出。一方面，经济增速放缓、减轻企业和居民税负必然会使财政收入增速下降；另一方面，为刺激经济增长、改善民生和深化改革，又需要大幅度增加投资和政府支出。为弥补财政减收增支形成的缺口，拟安排中央财政赤字7500亿元，比上年增加5700亿元，同时国务院同意地方发行2000亿元债券，由财政部代理发行，列入省级预算管理。全国财政赤字合计9500亿元，占国内生产总值比重在3%以内，虽然当年赤字增加较多，但由于前几年连续减少赤字，发债空间较大，累计国债余额占国内生产总值比重20%左右，这是我国综合国力可以承受的，总体上也是安全的。二是实行结构性减税和推进税费改革。采取减税、退税或抵免税等多种方式减轻企业和居民税负，促进企业投资和居民消费，增强微观经济活力。初步测算，今年全面实施增值税转型，落实已出台的中小企业、房地产和证券交易相关税收优惠以及出口退税等方面政策，加上取消和停征100项行政事业性收费，可减轻企业和居民负担约5000亿元。三是优化财政支出结构。继续加大对重点领域投入，严格控制一般性开支，努力降低行政成本。

实施适度宽松的货币政策。货币政策要在促进经济增长方面发挥更加积极的作用。一是改善金融调控。保证货币信贷总量满足经济发展需求，广义货币增长17%左右，新增贷款5万亿元以上。二是优化信贷结构。加强对信贷投向的监测和指导，加大对“三农”、中小企业等薄弱环节的金融支持，切实解决一些企业融资难问题。严格控制对高耗能、高污染和产能过剩行业企业的贷款。三是进一步理顺货币政策传导机制，保证资金渠道畅通。充分发挥各类金融机构的优势和特点，创新和改进金融服务，满足合理资金需求，形成金融促进经济发展的合力。四是加强和改进金融监管。各类金融企业都要加强风险管理，增强抵御风险能力。处理好金融创新、金融开放与金融监管的关系。加强跨境资本流动监测和管理，维护金融稳定和安全。

要加强产业、贸易、土地、投资、就业政策与财政、货币政策的一致性和协调性，形成调控合力。

（二）积极扩大国内需求特别是消费需求，增强内需对经济增长的拉动作用

一是扩大消费尤其是居民消费。继续调整收入分配格局，提高劳动报酬占国民收入的比重，增加政府支出用于改善民生、扩大消费的比重，增加对城镇低收入群众和农民的补贴。要培育消费热点，拓展消费空间。完善汽车消费政策，加快发展二手车市场和汽车租赁市场，引导和促进汽车合理消费。大力发展社区商业、物业、家政等便民消费，加快发展旅游休闲消费，扩大文化娱乐、体育健身等服务消费，积极发展网络动漫等新型消费。完善消费政策，优

化消费环境。加快建设“万村千乡”市场工程，推进连锁经营向农村延伸。要加强城乡消费设施和服务体系建设，规范市场秩序，维护消费者合法权益。抓紧研究出台鼓励消费的政策措施，积极发展消费信贷。做好“家电下乡”、“农机下乡”、“汽车、摩托车下乡”等工作，把中央财政的400亿元补贴资金用好用活，使企业增加销售、农民得到实惠。

二是保持投资较快增长和优化投资结构。今年中央政府投资总额9080亿元，主要用于保障性住房、教育、卫生、文化等民生工程建设，节能环保和生态建设，技术改造与科技创新，农田水利、铁路、高速公路等重点基础设施建设和地震灾后恢复重建。政府投资必须用在应对危机最关键的地方，用在经济社会发展的薄弱环节，绝不能用于一般加工工业。要抓紧研究出台鼓励引导社会投资的优惠政策。通过发布信息、加强引导，支持社会资本投向符合国家产业政策的领域，鼓励企业增加研发和技改投资。我们的每一分钱都来自人民，必须对人民负责。所有工程建设都要坚持百年大计、质量第一，给子孙后代留下宝贵财富。

三是促进房地产市场稳定健康发展。采取更加积极有效的政策措施，稳定市场信心和预期，稳定房地产投资，推动房地产业平稳有序发展。加快落实和完善促进保障性住房建设的政策措施，争取用三年时间，解决750万户城市低收入住房困难家庭和240万户林区、垦区、煤矿等棚户区居民的住房问题。今年中央财政拟安排保障性安居工程资金493亿元，加大对廉租房建设和棚户区改造的投资支持力度，适当提高中西部地区补助标准，扩大农村危房改造试点范围，实施少数民族地区游牧民定居工程。选择一些有条件的地区进行试点，把部分住房公积金闲置资金补充用于经济适用住房建设。积极发展公共租赁住房。落实好支持居民购买自住性和改善性住房的信贷、税收和其他政策。对符合条件的第二套普通自住房购买者，比照执行首次贷款购买普通自住房的优惠政策；对住房转让环节营业税，按不同年限实行有区别的税收减免政策。促进普通商品住房消费和供给，加大对中小套型、中低价位普通商品房建设的信贷支持。加快发展二手房市场和住房租赁市场。鼓励引导各地因地制宜稳定和发展房地产市场，加强住房市场分类管理。继续整顿房地产市场秩序，规范交易行为。帮助进城农民工解决住房困难问题。深化城镇住房制度改革，满足居民多层次住房需求，努力实现住有所居的目标。

四是加快推进地震灾区恢复重建。抓紧全面实施灾后恢复重建总体规划，中央财政今年再安排1300亿元灾后重建资金。加快灾区城乡居民住房恢复重建，实行维修加固与新建相结合。基本完成因灾倒塌和严重损毁农房重建任务，保证受灾群众在今年底前住进新房。加快地震灾区学校恢复建设，确保今年底95%以上的学生都能在永久性校舍中学习。继续推进交通、通信、能源、水利等基础设施恢复重建。搞好地质灾害防治、生态修复、环境整治和灾毁耕地复耕。结合实施重点产业调整振兴规划，加快灾区产业重建与发展。继续搞好对口支援和专项援助，管好用好灾后重建资金和物资。灾后重建要加大力度，加快进度，力争在两年内基本完成原定三年的目标任务，让灾区人民早日过上更加幸福美好的生活。

（三）巩固和加强农业基础地位，促进农业稳定发展和农民持续增收

今年重点抓好五件事：一是稳定发展粮食生产。切实稳定种植面积，着力提高单产，优化品种结构，推进全国新增千亿斤粮食生产能力建设。二是以市场需求为导向调整农业结构。支

持重要紧缺农产品生产，提高农产品质量、效益和竞争力。加快实施新一轮优势农产品区域布局规划，支持优势产区发展油料等经济作物，稳定生猪生产，实施奶业振兴规划，推进畜牧水产规模化标准化健康养殖。加强重大动植物疫病防控。三是加强农业基础设施和农村民生工程建设。大规模开展土地整治，实行田、水、路、林综合治理，推进中低产田改造，建设高标准农田。加快大中型和重点小型病险水库除险加固进度，加强灌区改造和小型农田水利建设。到明年底，基本实现全国乡镇和东中部地区具备条件的建制村道路硬化，西部地区具备条件的建制村通公路。再解决6000万人安全饮水问题，增加500万沼气用户，继续加强农村电网、邮政通信和社会事业等基础建设。四是多渠道促进农民增收。大力发展特色现代农业，扶持农产品精深加工和销售，发展农村二三产业，加快小城镇建设，壮大县域经济。五是加大扶贫开发力度。今年将实行新的扶贫标准，对农村低收入人口全面实施扶贫政策。新标准提高到人均1196元，扶贫对象覆盖4007万人，这标志着我国扶贫开发进入一个新阶段。要完善国家扶贫战略和政策，加大扶贫资金投入，坚持开发式扶贫，重点抓好整村推进、劳动力转移培训、产业化扶贫和移民扶贫，稳定解决扶贫对象温饱问题并努力实现脱贫致富。

全面加强“三农”工作要采取以下措施：一要大幅度增加农业农村投入。今年中央财政拟安排“三农”投入7161亿元，比上年增加1206亿元。大幅度增加对中西部地区农村公益性建设项目投入，取消县及县以下相关资金配套要求。支持粮食生产的政策措施向主产区倾斜，加大对产粮大县一般性转移支付、财政奖励和粮食产业建设项目的扶持力度。二要较大幅度提高粮食最低收购价，保持农产品价格合理水平，提高种粮农民积极性。今年小麦、稻谷最低收购价平均每斤分别提高0.11元和0.13元。适时启动主要农产品临时收储政策，增加粮食、棉花、食用植物油和猪肉储备，加强农产品市场调控。三要进一步增加农业补贴。中央财政拟安排补贴资金1230亿元，比上年增加200亿元。继续增加粮食直补。加大良种补贴力度，提高补贴标准，实现水稻、小麦、玉米、棉花全覆盖，扩大油菜和大豆良种补贴范围，实施油茶良种补贴。农机具购置补贴覆盖到全国所有农牧业县（场），中央财政拟安排资金130亿元，比上年增加90亿元。根据农资价格上涨幅度和农作物播种面积，及时增加农资综合补贴。四要加快新型农业社会化服务体系建设。加大农业科技投入，加强农业科技创新成果推广和服务能力建设。健全基层农业技术推广、动植物疫病防控、农产品质量监管等公共服务机构，支持供销合作社、农民专业合作社、龙头企业等提供多种形式的生产经营服务。五要稳定完善农村基本经营制度。现有土地承包关系要保持稳定并长久不变，赋予农民包括离乡农民工更加充分而有保障的土地承包经营权。土地承包经营权流转必须坚持依法自愿有偿的原则。坚持和落实最严格的耕地保护制度和最严格的节约用地制度，严守18亿亩耕地红线不动摇。推进集体林权制度改革。深化农村综合改革。加快乡镇机构改革。积极稳妥化解乡村债务。

（四）加快转变发展方式，大力推进经济结构战略性调整

今年要围绕保增长、促升级，重点抓好产业结构调整。一是认真实施汽车、钢铁、造船、石化、轻工、纺织、有色金属、装备制造、电子信息、现代物流等重点产业调整和振兴规划。着力解决这些行业发展中存在的突出矛盾和问题，推进结构调整和优化升级。二是大力推进企

业组织结构调整和兼并重组，支持优势企业并购落后企业和困难企业，鼓励强强联合和上下游一体化经营，提高产业集中度和资源配置效率。三是采取更加有力的措施扶持中小企业发展。抓紧落实金融支持政策，健全融资担保体系，简化贷款程序，增加贷款规模。中央财政中小企业发展资金从39亿元增加到96亿元。继续实行鼓励中小企业科技创新、技术改造、增加就业的税收优惠政策。健全中小企业社会化服务体系。四是积极支持企业加快技术改造，建设创新型企业。中央财政拟安排200亿元专项资金，主要用贴息方式支持企业技术改造。鼓励企业应用新技术、新工艺、新设备、新材料，适应市场变化，开发适销对路产品，推进产品创新，提高产品质量和生产经营水平。五是加快发展现代服务业。促进金融保险、现代物流、信息咨询、软件和创意产业发展，拓展新兴服务领域。提升传统服务业。

大力推进科技创新。科技创新要与扩内需、促增长，调结构、上水平紧密结合起来。今年中央财政科技投入1461亿元，增长25.6%。一要加快实施国家中长期科技发展规划纲要，特别是科技重大专项。选择一些带动力强、影响面大、见效快的项目抓紧开展工作，争取尽快突破一批核心技术和关键共性技术，带动产业转型和技术升级，支撑产业振兴和经济长远发展。二要深化科技体制改革，发挥企业在技术创新中的主体作用。动员更多科技人员投身经济建设第一线，推广技术、研发产品、创办科技型企业。推进产学研结合，加快科技成果向现实生产力转化。三要做强做大装备制造业。落实自主研发重大装备国内依托工程和政府采购制度，着力发展重大成套设备、高技术装备和高技术产业所需装备，提高装备制造业集成创新和国产化水平。四要支持和推进新能源、生物、医药、第三代移动通信、三网融合、节能环保等技术研发和产业化，发展高新技术产业群，创造新的社会需求。五要继续实施科教兴国战略、人才强国战略和知识产权战略。继续推进国家创新体系建设，加强基础科学和前沿技术研究，加快重大科技基础设施和公用平台建设。积极引进海外高层次人才和智力，加强各类人才队伍建设。提高知识产权创造、运用、保护和管理水平。

毫不松懈地加强节能减排和生态环保工作。一是突出抓好工业、交通、建筑三大领域节能，继续推进十大重点节能工程建设，落实电机、锅炉、汽车、空调、照明等方面的节能措施。二是大力发展循环经济和清洁能源。坚持节能节水节地。积极发展核电、水电、风电、太阳能发电等清洁能源。推进洁净煤技术产业化。严格执行能耗和环保国家标准，加大节能技术和产品推广应用力度，加强资源综合利用。三是健全节能环保各项政策，按照节能减排指标体系、考核体系、监测体系，狠抓落实。四是开展全民节能减排行动，国家机关、公共企事业单位要发挥表率作用。五是继续强化重点流域、区域污染防治，加强石漠化、荒漠化治理，实施重点防护林、天然林保护和京津风沙源治理等生态建设工程，保护水、森林、草原、湿地等生态环境。推进农村环境综合整治。整顿规范矿产资源开发秩序。合理开发利用海洋资源。六是实施应对气候变化国家方案，提高应对气候变化能力。加强气象、地震、防灾减灾、测绘基础研究和能力建设。

全面提高产品质量和安全生产水平。今年要在全国开展整顿和规范市场秩序专项行动以及“质量和安全年”活动，各行各业都要加强全员、全过程、全方位质量和安全管理。进一步强化重点行业安全生产监管，坚决遏制重特大安全事故发生。深入开展食品药品安全专项整治，健全并严格执行产品质量安全标准。实行严格的市场准入制度和产品质量追溯制度、召回制度。要让人民群众买得放心、吃得安心、用得舒心。

继续实施西部大开发、东北地区等老工业基地振兴、中部地区崛起、东部地区率先发展的区域发展总体战略，促进区域协调发展。鼓励各地从实际出发，充分发挥自身优势，在应对外部冲击中闯出发展新路。东部地区要大力开拓国际市场，稳定出口，着力发展先进制造业、现代服务业和高新技术产业，加快产业升级和体制创新，培育新的经济增长点，形成参与国际合作竞争新优势，增强更高水平上的可持续发展能力。经济特区、上海浦东新区、天津滨海新区要继续当好改革开放排头兵。进一步支持中西部和东北地区加强薄弱环节，以消除瓶颈制约为重点，加大基础设施、生态建设和环境保护投资力度，新开工一批交通、水利重点工程，加快建设一批粮食、能源原材料、装备制造等优势产业基地和特色产业基地，加快重点地区优先开发，促进矿产资源枯竭型城市经济转型。抓紧研究制定中西部地区承接产业转移的具体政策。制定和实施全国主体功能区规划。大力扶持革命老区、民族地区、边疆地区和贫困地区发展。

（五）继续深化改革开放，进一步完善有利于科学发展的体制机制

改革开放是经济社会发展的不竭动力。我们将坚持改革开放不动摇，通过深化改革破解发展难题，在扩大开放中赢得发展机遇。

推进资源性产品价格改革。继续深化电价改革，逐步完善上网电价、输配电价和销售电价形成机制，适时理顺煤电价格关系。积极推进水价改革，逐步提高水利工程供非农业用水价格，完善水资源费征收管理体制。加快建立健全矿产资源有偿使用制度和生态补偿机制，积极开展排污权交易试点。

推进财税体制改革。全面实施增值税转型改革。统一内外资企业和个人城建税、教育费附加等制度。改革完善资源税制度。研究推进房地产税制改革。继续清理行政事业性收费和政府性基金，加强规范管理。深化预算制度改革，实现政府公共预算、国有资本经营预算、政府性基金预算和社会保障预算的有机衔接，积极推进预算公开。完善财政转移支付制度。推进省直管县财政管理方式改革。

推进金融体制改革。深化国有金融机构改革。稳步发展多种所有制中小金融企业和新型农村金融机构。积极引导民间融资健康发展。推进资本市场改革，维护股票市场稳定。发展和规范债券市场。稳步发展期货市场。深化保险业改革，积极发挥保险保障和融资功能。推进利率市场化改革。完善人民币汇率形成机制，保持人民币汇率在合理均衡水平上的基本稳定。健全金融监管协调机制。

推进国有企业改革和支持非公有制经济发展。深化国有大型企业公司制、股份制改革，建立健全现代企业制度。加快铁路、电力、盐业等行业改革。完善民航、电信管理体制，制定出台电信体制改革配套监管政策。鼓励、支持和引导非公有制经济发展。落实放宽市场准入的各项政策，积极支持民间资本参与国有企业改革，进入基础设施、公用事业、金融服务和社会事业等领域。

加快地方政府机构改革。推进事业单位改革。

努力保持对外贸易稳定增长。我们强调扩大内需，绝不能放松出口。面对外部需求急剧萎缩、贸易保护主义抬头的严峻形势，要清理和调整外贸政策，加大对进出口工作的支持力度。坚持出口市场多元化和以质取胜战略，巩固传统出口市场，大力开拓新兴市场。一是充分运用国际通行的财税政策支持出口；适度扩大外贸发展基金规模，重点支持中小企业开拓国际市场和培育出口品牌。二是改善对进出口的金融服务。扩大出口信用保险覆盖面；鼓励金融机构发展出口信贷；创新出口企业融资担保方式。三是稳步推进加工贸易转型升级。改善加工贸易发展环境，调整加工贸易禁止类和限制类目录；鼓励出口加工业向中西部地区转移。四是抓紧完善鼓励服务贸易的政策措施；大力发展国际服务外包。五是努力扩大进口。重点引进先进技术装备，增加关键零部件元器件、重要能源资源和原材料进口。六是提高贸易便利化水平。优化海关、质检、外汇等方面监管和服务；加强边境口岸建设。七是营造良好的国际经贸环境。积极推动多哈回合谈判；加快实施自由贸易区战略；妥善应对贸易摩擦。

推动利用外资和对外投资协调发展。稳定利用外资规模，引导外资投向高新技术产业、先进制造业、节能环保产业和现代服务业。进一步清理和规范涉及外商投资的行政收费和检查事项。提升中西部国家级开发区发展水平和沿边开放水平。继续实施“走出去”战略。支持各类有条件的企业对外投资和开展跨国并购，充分发挥大型企业在“走出去”中的主力军作用。积极推进境外经贸合作区建设。发展境外资源合作开发、工程承包和劳务合作。加强企业对外投资合作的金融支持，拓宽对外投资渠道。扩大境外投资备案登记制范围。加强企业对外投资的风险控制和监管。

（六）大力发展社会事业，着力保障和改善民生

今年要集中力量办一些经济社会发展急需、关系人民群众切身利益的大事实事，让人民群众得到更多实惠。

千方百计促进就业。充分发挥服务业、劳动密集型产业、中小企业、非公有制经济在吸纳就业中的作用。实施更加积极的就业政策，中央财政拟投入420亿元资金。一是把促进高校毕业生就业放在突出位置。高校毕业生到城乡基层社会管理和公共服务岗位就业，给予社会保险和岗位补贴；到农村基层服务和参军入伍，给予学费补偿和代偿助学贷款。鼓励承担重点科研项目的高校、科研院所和企业吸纳符合条件的毕业生从事科研工作。企业吸纳符合条件的高校毕业生就业，可按规定享受相关就业扶持政策。加快建设一批投资少、见效快的大学生创业园或创业孵化基地。二是广开农民工就业门路和稳定现有就业岗位。要发挥政府投资和重大项目建设带动农民工就业的作用。鼓励和支持困难企业与员工协商薪酬，采取灵活用工、弹性工时、技能培训等办法，尽量不裁员。加强有组织的劳务输出，引导农民工有序流动。组织返乡农民工参与农村公共设施建设。三是帮助城镇就业困难人员、零就业家庭和灾区劳动力就业。进一步开辟公益性就业岗位。四是大力支持自主创业、自谋职业，促进以创业带动就业。在市场准入、财税金融、经营用地等方面提供便利和优惠，鼓励更多劳动者成为创业者。对自主创业、农民工返乡创业要进一步降低门槛，给予更大支持。五是进一步改善对就业的公共服务。加强就业信息发布、职业介绍和就业指导工作。大力开展职业培训。加大对就业困难人员和农

民工职业技能培训的政策扶持。

加快完善社会保障体系。一是推进制度建设。完善基本养老保险制度，继续开展做实个人账户试点，全面推进省级统筹。制定实施农民工养老保险办法。新型农村社会养老保险试点要覆盖全国10%左右的县（市）。出台养老保险关系转移接续办法。完善失业、工伤、生育保险制度。健全城乡社会救助制度。二是扩大社会保障覆盖范围。重点做好非公有制经济从业人员、农民工、被征地农民、灵活就业人员和自由职业者参保工作。农村低保要做到应保尽保。多渠道增加全国社会保障基金。切实加强社会保障基金监管，保证基金安全。三是提高社会保障待遇。今明两年继续提高企业退休人员基本养老金，人均每年增长10%左右。继续提高失业保险金和工伤保险金标准。进一步提高城乡低保、农村五保等保障水平，提高优抚对象抚恤和生活补助标准。大力发展社会福利事业和慈善事业。中央财政拟投入社会保障资金2930亿元，比上年预计数增加439亿元，增长17.6%。地方财政也要加大投入。

坚持优先发展教育事业。今年要研究制定国家中长期教育改革和发展规划纲要，对2020年前我国教育改革发展作出全面部署。年内要重点抓好五个方面。一是促进教育公平。落实好城乡免费义务教育政策。提高农村义务教育公用经费标准，把小学、初中学生人均公用经费分别提高到300元和500元。逐步解决农民工子女在输入地免费接受义务教育问题。增加农村义务教育阶段家庭经济困难寄宿生的生活补助。争取三年内基本解决农村“普九”债务问题。完善国家助学制度，加大对中等职业学校和高等院校家庭经济困难学生的资助，确保人人享有平等的受教育机会，不让一个孩子因家庭经济困难而失学。二是优化教育结构。大力发展职业教育，特别要重点支持农村中等职业教育。逐步实行中等职业教育免费，今年先从农村家庭经济困难学生和涉农专业做起。继续提高高等教育质量，推进高水平大学和重点学科建设，引导高等学校调整专业和课程设置，适应市场和经济社会发展需求。三是加强教师队伍建设。对义务教育阶段教师实行绩效工资制度，提高1200万中小学教师待遇，中央财政为此将投入120亿元，地方财政也要增加投入。全面加强教师特别是农村教师培训，鼓励大学生、师范生到基层、农村任教。四是推进素质教育。各级各类教育都要着眼于促进人的全面发展，加快课程、教材、教育方法和考试评价制度改革，把中小学生从过重的课业负担中解放出来，让学生有更多的时间思考、实践、创造。五是实施全国中小学校舍安全工程，推进农村中小学标准化建设。要把学校建成最安全、家长最放心的地方。

推进医药卫生事业改革发展。要坚持公共医疗卫生的公益性质，充分调动广大医务人员的积极性。努力建成覆盖全国城乡的基本医疗卫生制度，初步实现人人享有基本医疗卫生服务。从今年开始，重点抓好以下五项工作。一是推进基本医疗保障制度建设。将全国城乡居民分别纳入城镇职工基本医疗保险、城镇居民基本医疗保险和新型农村合作医疗制度覆盖范围，三年内参保率均提高到90%以上。中央财政对困难地区关闭破产国有企业退休人员参保给予适当补助。继续提高城镇居民医保和新农合筹资标准和财政补助标准，适当扩大报销范围，提高报销比例。完善城乡医疗救助制度，提高救助水平。二是建立国家基本药物制度。今年要统一制定和发布国家基本药物目录，出台基本药物生产、流通、定价、使用和医保报销政策，减轻群众看病就医基本用药费用负担。三是健全基层医疗卫生服务体系。今年要全面完成规划支持的

2.9万所乡镇卫生院建设任务。今后三年内中央财政再支持5000所中心乡镇卫生院、2000所县级医院和2400所城市社区卫生服务中心建设。支持边远地区村卫生室建设，实现全国每个行政村都有卫生室。四是促进基本公共卫生服务逐步均等化。扩大免费公共卫生服务范围，城乡居民人均公共卫生服务经费不低于15元，以后逐步提高。增加重大传染病、慢性病和职业病、地方病防治的专项投入。五是推进公立医院改革试点。重点改革管理体制、运行机制和监管机制。鼓励各地探索政事分开、管办分开、医药分开、营利性和非营利性分开的有效形式。逐步取消以药补医机制，推进公立医院补偿机制改革。鼓励各地探索建立医疗服务由利益相关方参与协商的定价机制，建立由有关机构、群众代表和专家参与的质量监管和评价制度。要充分发挥中医药和民族医药在防病治病中的重要作用。今后三年各级政府拟投入8500亿元，其中中央财政投入3318亿元，以保证医药卫生体制改革的顺利推进。医药卫生体制改革事关人民群众的健康权益，我们要加强领导、精心设计、认真组织，积极稳妥地推进，切实解决看病贵、看病难问题，为人民群众提供安全、有效、方便、价廉的医疗卫生服务。

做好人口和计划生育工作，稳定低生育水平。从今年开始，在全国农村实行住院分娩补助政策，定期为孕产妇做产前检查和产后访视，为3岁以下婴幼儿做生长发育检查。加强出生缺陷预防工作。将农村部分计划生育家庭奖励扶助标准由人均600元提高到720元。加强流动人口服务和管理。保护妇女和未成年人权益。在农村妇女中开展妇科疾病定期检查。支持残疾人事业加快发展。继续加强老龄工作。

大力发展文化体育事业。促进文化发展和繁荣，既有利于丰富人们的精神文化生活，也可以拓展消费领域。积极发展公益性文化事业，加快完善公共文化服务体系，加强重点文化设施、城乡基层文化设施特别是广播电视“村村通”和乡镇综合文化站、农家书屋建设，努力推进文化惠民工程。支持文化产业加快发展，完善扶持政策，培育骨干文化企业。繁荣哲学社会科学，积极发展文学艺术、广播影视、新闻出版事业。加强网络文化建设和管理。做好文物和非物质文化遗产保护。推进公益性文化事业单位管理体制、运行机制改革和经营性文化单位转企改制。加强基层公共体育设施建设，大力开展群众性体育活动，提高竞技体育水平，发展体育产业。

加强民主法制建设。积极稳妥地推进政治体制改革，发展社会主义民主政治。要健全民主制度，丰富民主形式，拓宽民主渠道，依法实行民主选举、民主决策、民主管理、民主监督。要健全基层群众自治机制，扩大基层群众自治范围，完善基层民主管理制度，保障人民群众依法直接行使民主权利、管理基层公共事务和公共事业。深入开展法制宣传教育，加强公民意识教育，树立社会主义民主法治、自由平等、公平正义理念。统筹推进城乡社区建设，促进社会组织健康发展。加强政府法制工作，提高政府立法透明度和公众参与度，做到规范、公正、文明执法。

加强社会管理，维护社会和谐安定。要特别重视维护群众合法权益，正确处理人民内部矛盾，及时合理解决群众反映的问题，坚决纠正各种损害群众利益的行为。健全社会矛盾纠纷调处化解机制，引导群众以理性合法的方式表达利益诉求。坚持领导干部特别是主要领导干部处理群众来信和接待群众来访制度，服务群众，化解矛盾。健全社会稳定预警机制，积极预防和妥善处置各类群体性事件。深入开展平安创建活动，加强社会治安综合治理。严密防范、依法严厉打击各类违法犯罪活动，维护国家安全和社会稳定。

（七）推进政府自身建设，提高驾驭经济社会发展全局的能力

过去一年，政府自身改革和建设取得了新的成绩，但与人民的期待仍有不小差距。政府职能转变还不到位，行政效率有待提高，形式主义、官僚主义比较突出，腐败现象在一些地方、部门和领域比较严重。这些问题必须下大气力解决。要紧紧围绕保增长、保民生、保稳定这个大局，加强政府自身建设。

坚持依法行政。规范行政行为，做到合法行政、合理行政、程序正当、高效便民、诚实守信、权责统一。深入贯彻行政许可法，继续推进行政审批制度改革，减少行政许可和审批事项，特别要减少投资审批、项目核准，落实企业的投资主体地位。促进公平竞争，消除地区封锁，打破行业垄断，组织调动各种社会资源，促进经济增长。通过全面正确履行政府职能，创造良好发展环境，增强企业投资的信心，增强社会消费的信心，增强人民群众对国家发展的信心。

实行科学民主决策。各项决策都要做到程序依法规范、过程民主公开、结果科学公正。政府重大决策的形成和执行都要加强调查研究，做到察民情、听民意、聚民智，尊重客观规律，提高决策的预见性、科学性和有效性。要推进政务公开，增加透明度，保障人民群众的知情权、参与权、表达权、监督权，让人民群众知道政府在想什么、做什么，赢得人民群众的充分理解、广泛支持和积极参与。今年政府投资力度大、新上项目多，要确保监管到位，绝不能搞劳民伤财的“形象工程”和脱离实际的“政绩工程”，绝不允许利用扩大公共投资为单位和个人谋取私利。各级政府都要自觉接受人大监督和政协民主监督，强化监察、审计等专门监督，高度重视人民群众监督和新闻舆论监督，做到行政权力运行到哪里，监督就落实到哪里，财政资金运用到哪里，审计就跟进到哪里。

切实转变工作作风。各级政府要坚定地贯彻中央的决策部署，紧密结合实际，创造性地开展工作，使中央的各项政策落到实处，收到实效。领导干部要深入调查研究，及时发现问题，解决问题；密切联系群众，关心群众疾苦，倾听群众呼声，为群众排忧解难。政府工作人员要始终保持昂扬向上、奋发有为的精神状态，和广大人民群众一道知难而进，开拓进取，艰苦奋斗，共克时艰。

加强廉政建设和反腐败工作。以规范制度和制约权力为核心，针对腐败现象易发多发的领域和环节，从源头上防治腐败。坚决查处腐败案件，依法惩处腐败分子。我们一定要勤勉尽责，以实际行动和工作业绩，建设为民、务实、廉洁、高效的政府，让人民放心，让人民满意。

各位代表！

促进各民族共同团结奋斗、共同繁荣发展，是各族人民的根本利益所在。要全面贯彻民族区域自治法，确保中央支持少数民族和民族地区经济社会发展的政策措施落到实处。继续加大对人口较少民族的扶持力度。推进兴边富民行动覆盖所有边境县和新疆生产建设兵团边境团

场。支持牧区和少数民族聚居山区加快发展。坚定不移地维护民族团结，进一步构建平等、团结、互助、和谐的社会主义民族关系。

全面贯彻党的宗教工作基本方针，发挥宗教界人士和信教群众在促进经济社会发展中的积极作用。

认真贯彻党的侨务政策，支持海外侨胞、归侨侨眷关心和参与祖国现代化建设与和平统一大业。

过去的一年，国防和军队现代化建设取得重要进展。人民解放军为维护国家主权、安全和领土完整，支持国家现代化建设，完成急难险重任务，发挥了重要作用。在新的一年，要着眼全面履行新世纪新阶段军队历史使命，推进军队革命化、现代化、正规化建设。大力加强军队思想政治工作。扎实推进机械化条件下军事训练向信息化条件下军事训练转变，不断提高应对多种安全威胁、完成多样化军事任务的能力。全面提高武器装备和后勤保障的现代化水平。完善军民结合、寓军于民的国防科研和武器装备生产体系、军队人才培养体系和军队保障体系。积极稳妥地推进军队改革，增强军队建设的生机与活力。加强人民武装警察部队建设，增强执勤、处置突发事件、反恐、维稳能力。加强国防动员和后备力量建设。巩固发展军政军民团结。

各位代表！

我们将坚定不移地贯彻“一国两制”、“港人治港”、“澳人治澳”、高度自治的方针，全力支持香港、澳门两个特别行政区积极应对国际金融危机，保持繁荣稳定。进一步加强内地与港澳的合作，巩固香港国际金融中心地位，促进澳门经济适度多元发展。加快推进与港澳地区货物贸易的人民币结算试点。不断拓展粤港澳三地合作的深度和广度。加快推动港珠澳大桥、港深机场铁路、广深港高速铁路等基础设施建设。扩大内地服务业对港澳的开放。采取有效措施支持港澳在内地企业特别是中小企业发展，缓解经营困难。伟大祖国永远是香港、澳门的坚强后盾。我们坚信，香港、澳门同胞一定能够克服面临的困难，开创更加美好的明天！

过去的一年，对台工作取得重要进展，台湾局势发生积极变化，两岸关系取得重大突破。两岸协商在“九二共识”基础上得到恢复，全面直接双向“三通”已经实现。两岸同胞往来更频繁、经济联系更密切、文化交流更活跃、共同利益更广泛，两岸关系开始步入和平发展轨道。新的一年里，我们要继续坚持发展两岸关系、促进祖国和平统一的大政方针，牢牢把握两岸关系和平发展的主题，积极构建两岸关系和平发展框架，努力开创两岸关系和平发展新局面。我们要继续全面加强两岸经济合作，共同应对金融危机。积极推进两岸金融合作，支持在大陆的台资企业发展，对符合条件的提供融资服务，鼓励企业自主创新和转型升级。加强两岸双向投资和产业合作，拓展和深化农业合作。支持海峡西岸和其他台商投资相对集中地区的经济发展。加快推进两岸经济关系正常化，推动签定综合性经济合作协议，逐步建立具有两岸特色的经济合作机制。要加强两岸人员往来，扩大社会各界交流，大力弘扬中华文化，巩固两岸精神纽带。要在一个中国原则的基础上，努力增强两岸双方政治互信。在此基础上，我们愿意通过协商对台湾参与国际组织活动问题作出合情合理安排，探讨两岸政治、军事问题，为结束敌对状态、达成和平协议创造条件。我们坚信，有两岸中华儿女团结奋斗，就一定能够实现祖国的完全统一，实现中华民族的伟大复兴！

各位代表！

过去的一年，外交工作取得显著成就。我们与国际社会携手应对金融危机。成功举办亚欧首脑会议，增进亚欧国家间的政治互信与务实合作。积极推进双边、多边外交，在全球和地区热点问题上发挥建设性作用。坚定维护国家的主权、安全和发展利益，保障我国公民和法人在海外的合法权益。全方位外交取得新的重大进展，国际地位和影响空前提高。新的一年，我们将继续高举和平、发展、合作的旗帜，坚持走和平发展道路，坚持奉行独立自主的和平外交政策，坚持推进互利共赢的开放战略。加强与世界各国的友好交往，为国内经济平稳较快发展创造有利的外部环境。我们将继续深化与各方的务实合作，共同遏制国际金融危机蔓延，推动国际金融体系改革，反对贸易和投资保护主义，促进世界经济尽快复苏。我们将继续从中国人民和世界各国人民的根本利益出发，为妥善解决热点问题和全球性问题作出新的贡献。中国政府和人民愿同各国政府和人民一道，共同应对风险挑战，共同分享发展机遇，努力建设持久和平、共同繁荣的和谐世界。

各位代表！

我们面临的任务艰巨而繁重，我们肩负的责任重大而光荣。让我们在以胡锦涛同志为总书记的党中央领导下，坚定必胜信心，勇敢面对挑战，扎实工作，锐意进取，创造无愧于时代、无愧于历史、无愧于人民的新业绩，奋力把改革开放和现代化建设伟大事业推向前进，迎接中华人民共和国成立60周年！

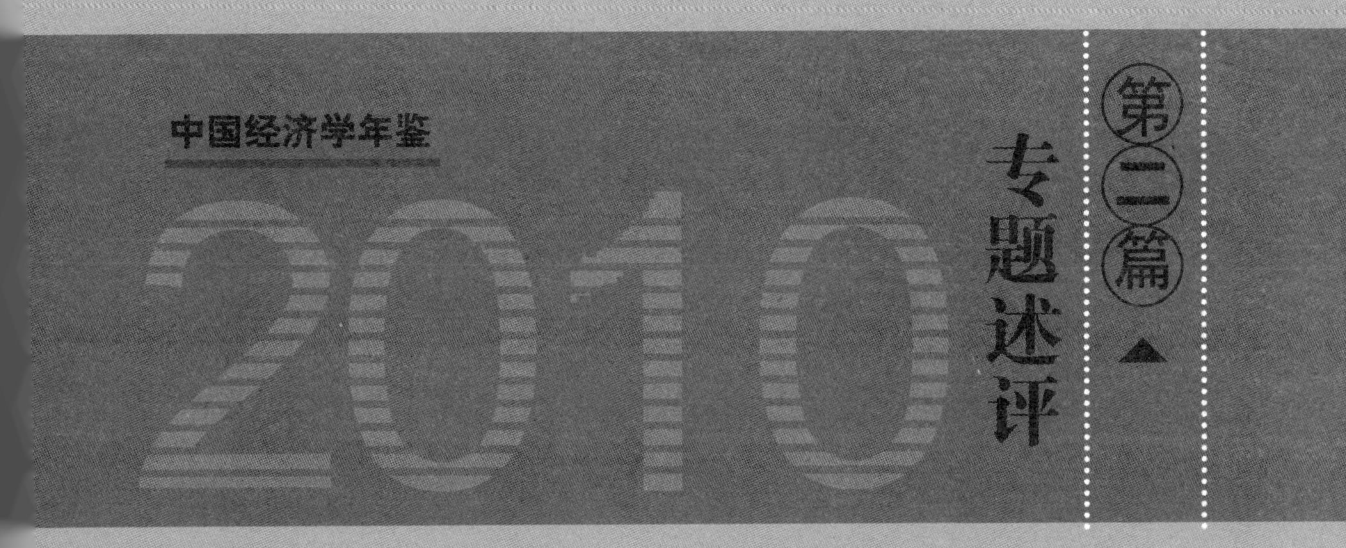

中国经济学年鉴
2010
第二篇
专题述评

海内外若干机构对2009年中国经济预测结果的比较分析

2009年春季，国内外众多研究机构和专家在分析2008年下半年和2009年初中国经济状况和趋势的基础上，对2009年中国经济增长率以及主要宏观经济指标进行了预测。这些预测各有千秋，差异明显。本文将回顾当时国内外若干重要研究机构和专家在2009年春季对我国经济增长态势的总体判断，梳理各经济预测结果的准确程度，以期促进我国经济预测工作的改善。

一 中国经济形势的总体判断

2009年初，金融危机对全球经济的消极影响仍在持续并有恶化的趋势，研究机构和专家学者普遍认为中国经济形势不容乐观，全年宏观经济将基本呈下行趋势。但自2009年3月起，政府经济刺激政策的作用逐步显现，部分研究机构对中国经济形势的全年走势作出了趋稳的判断。

国家发展和改革委员会投资研究所杨萍（2009年1月）指出，2008年实现的消费高速增长态势难以在2009年继续，自发投资增长也显动力不足，市场萎缩将影响外部需求的增长，但净出口将维持2008年的规模。2009年扩大内需将是GDP增长的有力保证，政府应当保持一定的投资扩张力度，以防投资增速下滑。

国家信息中心（2009年1月）认为，2009年国际经济环境更趋严峻，国内经济发展面临着周期性调整和结构性调整双重压力。因此，要保持我国的强劲发展活力，增强抵御国际风险的能力，需要作出更加艰苦的努力，要实行积极的财政政策和灵活审慎的货币政策，加快生产要素价格形成机制的市场化改革，促进经济结构在调整中转型升级。

中国社会科学院经济学部（2009年4月）的研究结论认为，在2009年里，虽然全球经济增长放缓和外部环境更加严峻，中国经济的增长速度将低于上年水平，但中国经济增长的基本面没有大的改变，内部需求潜力巨大，因而中国经济具有保持平稳较快发展的有利条件。如果世界金融危机不再进一步严重恶化，国内不出现大范围严重的自然灾害和其他重大问题，全年GDP增长率“保八”的目标是可以实现的。

北京师范大学曾学文（2009年1月）强调，2008年三季度以后，国内外经济环境有所恶化，中国出口受到重大影响，工业增长速度持续下降；经济运行景气指数回调，因此，未来中国经济增长有下行的趋势。

厦门大学与新加坡南洋理工大学在2009年2月28日召开的2009年春季中国季度宏观经济模型（CQMM）预测发布会上指出，由于经济危机的影响，世界经济形势复杂多变，2009 年中国经济走势存在诸多变数。就短期因素和外部因素而言，导致中国经济增长率下滑的因素在于全球金融危机引发的外部需求萎缩。但从长期性的内部因素来看，导致中国经济增长率下降的根本性因素是以出口导向为重要特征的粗放式经济增长方式所累积下来的总需求结构失衡和国民收入分配结构不合理等因素。这些因素直接导致居民消费能力的萎缩。为此，旨在“保增长、扩内需、调结构”的宏观政策，需要特别重视结构调整，避免为解决短期问题而使固有的结构问题雪上加霜。

申银万国证券研究所首席研究员李慧勇（2009 年 2 月）认为，在经过 7 年的加速上涨之后，中国经济增长趋势在 2008 年发生了逆转，这可能是下降周期的开端。本轮经济调整比 10 年前的亚洲金融危机更加严重，因为世界经济环境更为严峻，而中国对外贸易依存度更高，更容易受到世界经济的影响。再加之我国现在处于房地产业的调整期，2009 年内中国经济将面临更大的考验。要对抗导致经济下滑的周期性力量，需要实施全方位的扩张性政策。

中国银河证券研究所（2009 年 1 月）指出，随着 2008 年 7 月中旬国际大宗商品价格泡沫的破灭，2008 年上半年还肆虐全球的通货膨胀在四季度急剧转变为日益迫近的通货紧缩威胁。2009 年，在世界经济陷入衰退、国内周期性调整的双重压力下，中国经济将步入典型的通货紧缩，物价水平负增长将成为 2009 年中国经济的显著特征。

世界银行（2009 年 3 月）认为，虽然中国的实体经济受到了全球经济危机的巨大冲击，但目前还没有出现太大问题，中国的经济增长速度仍将继续高于其他大部分国家。强有力的刺激政策将会对国内需求、生产和就业起到支持作用，并有助于缓解经济的下滑。不过，持续的全球性经济危机将会抑制中国经济增长速度，这种抑制作用主要是来自出口的疲软和社会投资的减缓。

二　GDP 增长率预测

2009 年春季，国内外主要研究机构和专家对 2009 年中国 GDP 增长率的预测值在 6.0%—8.5%。而国家信息中心、中国社会科学院、中国科学院与安徽大学、北京师范大学、中国银行、中国银河证券研究所、高盛集团等机构的研究结论是，2009 年中国 GDP 的增长率将高于 8.0%。其中，又以国家信息中心的预测值最为乐观，为 8.5%。与此相对，厦门大学与新加坡南洋理工大学、申银万国、世界银行、经合组织、国际货币基金组织、摩根士丹利、瑞士银行、苏格兰皇家银行、巴克莱资本银行等机构的预测则较为悲观，他们认为，2009 年中国 GDP 的增长率将低于 8.0%（具体见表 1）。

对中国 2009 年经济增长速度的预测所以出现明显分歧，主要因为对政府的政策刺激在多大程度上可以抵消外需疲弱的影响，不同的研究者有着不同的认识（世界银行，2009）。

面临外部环境的严峻考验，2009 年中国经济仍然保持了较为平稳的发展，GDP 增长率达到 9.1%，几乎高于所有研究机构和专家的预测。总体来说，国内机构和研究者的 GDP 增长率预测值比国外机构的预测值更加接近实际值。而从预测结论的发布时间来看，2009 年 3—4 月发布的 GDP 增长率预测值并不比 1—2 月发布的预测值更准确。

表 1　　2009 年 GDP 增长率预测

预测机构	预测发布时间	预测增长率（%）	预测误差①（百分点）
国家发展和改革委员会投资研究所	2009.1	8.0	-1.1
国家信息中心②	2009.1	8.5	-0.6
中国社会科学院经济学部	2009.4	8.3	-0.8
中国科学院预测科学研究中心，中国科学院数学与系统科学研究院，安徽大学经济学院③	2009.1	8.3	-0.8
北京师范大学	2009.1	8.1—8.3	-0.8
厦门大学与新加坡南洋理工大学④	2009.2	6.3—7.6	-1.5
中国银行	2009.2	8.2	-0.9
申银万国证券研究所	2009.2	7.8	-1.3
中国银河证券研究所	2009.1	8.1	-1.0
世界银行⑤	2009.3	6.5	-2.6
经合组织（OECD）	2009.3	6.0—6.5	-2.6
国际货币基金组织（IMF）	2009.4	6.5	-2.6
摩根士丹利	2009.4	7.0	-2.1
高盛集团	2009.4	8.3	-0.8
瑞银集团	2009.4	7.0—7.5	-1.6
苏格兰皇家银行	2009.4	7.0	-2.1
巴克莱资本银行	2009.4	7.2	-1.9

来源：作者根据相关资料整理。

三　主要宏观经济指标增长率预测

（一）全社会固定资产投资增长率

从表 2 可以看到，国内外各机构对 2009 年我国全社会固定资产投资增速的预测值差异较大，最乐观的预测为增长 27.0%，最悲观的预测为仅增长 7.7%。部分研究机构和

① 北京师范大学、厦门大学与新加坡南洋理工大学、瑞银集团、经合组织（OECD）的预测结果为一个区间，取最接近于真实值的预测值计算误差。

② 国家信息中心从国际经济环境轻微衰退、低速增长和轻微复苏三种情境模拟预测了三种可能情境下的中国经济走势，分别是平稳增长情境、快速增长情境和大幅调整情境，并认为平稳增长的概率最高，预计达到 60% 左右。因此，本文取平稳增长情境下的预测结果。

③ 杨晓光、程建华、黄德龙指出 2009 年世界经济复苏的三种可能前景：进一步下滑、复苏无望，第四季度止跌回升以及下半年止跌回升，并根据三种可能前景分别进行了三套预测，本文取第四季度止跌回升的“中方案”的预测结果。

④ 厦门大学与新加坡南洋理工大学对宏观经济运行态势的模拟及预测分乐观估计及悲观估计两种，乐观估计根据国际货币基金组织（IMF）的最近预测，悲观估计根据全球经济及金融分析公司（RGE）的预测。本文取乐观估计下的预测结果。

⑤ 世界银行经济预测的统计口径与国内机构不同，造成各宏观经济指标的预测值与实际值差距较大。

专家认为，2009年我国的全社会固定资产投资增速将低于2008年。比如，国家信息中心（2009年1月）认为，虽然有积极财政政策和灾后重建等因素的支撑，由于房地产投资增速下降，多数制造业投资将降温，全社会固定资产投资名义增长将回落，其名义增长率将达到19%。申银万国证券研究所（2009年2月）认为，由于企业效益下滑、新开工项目减少，预计2009年固定资产投资将增长13.5%，比2008年回落12.5个百分点。但中国银行（2009年2月）和中国社科院经济学部（2009年4月）的研究则认为，2009年中国的全社会固定资产投资增速将略高于2008年，预测值分别为27.0%和26.0%。

2009年，“保增长、扩内需”的经济刺激政策发挥了十分积极的作用，我国固定资产投资保持了较高增速达到了30.1%，高于2008年4.6个百分点，几乎超出所有机构和研究者的预测。其中，中国社会科学院经济学部和中国银行的预测误差相对较小（如表2所示）。

表2　　2009年全社会固定资产投资增长率预测

预测机构	预测发布时间	预测增长率（%）	预测误差（百分点）
国家信息中心	2009.1	19.0	-11.1
中国社会科学院经济学部	2009.4	26.0	-4.1
中国科学院预测科学研究中心，中国科学院数学与系统科学研究院，安徽大学经济学院	2009.1	20.3	-9.8
北京师范大学	2009.1	23.2	-6.9
中国银行	2009.2	27.0	-3.1
申银万国证券研究所	2009.1	13.5	-16.6
世界银行	2009.3	7.7	-22.4

来源：作者根据相关资料整理。

（二）社会消费品零售总额增长率

表3列举了国内外部分研究机构和专家学者对2009年社会消费品零售总额增长率的预测结果。可以看到，各机构的预测结果之间也存在显著的差异。比如，中国社会科学院经济学部（2009年4月）认为，自2005年以来，中国宏观经济运行中出现了一个积极方面，即消费的实际增长速度有了明显提高，并且呈逐步加快的好形势；在“积极扩大国内需求特别是消费需求”的政策指引下，2009年社会消费品零售额将增长15.4%。中国银河证券研究所（2009年1月）的分析结果是，2008年10月已是我国消费增长的拐点，2009年消费增速将大幅下滑至1998—2002年通货紧缩时期的10.6%的平均实际消费增速，名义消费增速在9.5%左右。

2009年，我国社会消费品零售总额增长率为15.5%。其中，国家信息中心、中国社会科学院经济学部、中国银行等机构的预测误差相对较小（如表3所示）。

表 3　　2009 年社会消费品零售总额增长率预测

预测机构	预测发布时间	预测值（%）	预测误差①（百分点）
国家信息中心	2009.1	16.0	0.5
中国社会科学院经济学部	2009.4	15.4	-0.1
中国科学院预测科学研究中心，中国科学院数学与系统科学研究院，安徽大学经济学院	2009.1	13.0	-2.5
北京师范大学	2009.1	17.8	2.3
厦门大学与新加坡南洋理工大学	2009.2	13.22—13.55	-1.95
中国银行	2009.2	15.0	-0.5
中国银河证券研究所	2009.1	9.5	-6.0
世界银行	2009.3	7.8	-7.7

来源：作者根据相关资料整理。

（三）居民消费价格（CPI）涨跌幅度

国内外研究机构和专家普遍认为宏观经济增速放缓将使 2009 年中国的通货膨胀率比 2008 年显著降低，但对居民消费价格（CPI）涨跌幅度的预测值仍然各不相同，分布于 -1.1% 到 3.0% 之间。中国社会科学院经济学部、中国科学院与安徽大学、世界银行、国际货币基金组织认为，2009 年中国 CPI 将有不超过 1% 的小幅上涨。国家发展和改革委员会、投资研究所、国家信息中心等则判断，2009 年中国的 CPI 增幅仍会有较为明显的增幅。而中国银河证券研究所与申银万国研究得出结论是，2009 年中国的 CPI 会有小幅下跌，出现通货紧缩（具体见表 4 所示）。

2009 年，中国 CPI 实际比上年下降 0.7%，中国银河证券研究所和申银万国证券研究所对涨跌幅度的预测与实际值更为贴近，但判断的出发点却各不相同。中国银河证券研究所（2009 年 1 月）认为，中国 CPI 下跌是受食品价格特别是肉禽及其制品价格大幅回落的影响。申银万国证券研究所（2009 年 2 月）则将全年 CPI 的下降归因于国际大宗商品价格的下跌、国内经济下滑速度以及流动性收缩速度大于预期等因素。海内外机构 2009 年 CPI 预测误差如表 4 所示。

表 4　　2009 年居民消费价格（CPI）涨跌幅度预测

预测机构	预测发布时间	预测值（%）	预测值减去实际值（百分点）
国家发展和改革委员会投资研究所	2009.1	3.0	3.7
国家信息中心	2009.1	2.0	2.7
中国社会科学院经济学部	2009.4	0.8	1.5
中国科学院预测科学研究中心，中国科学院数学与系统科学研究院，安徽大学经济学院	2009.1	0.75	1.45

① 厦门大学与新加坡南洋理工大学的预测结果为一个区间，取最接近于真实值的预测值计算误差。

续表

预测机构	预测发布时间	预测值（%）	预测值减去实际值（百分点）
厦门大学与新加坡南洋理工大学	2009.2	1.32	2.02
申银万国证券研究所	2009.2	-0.2	0.5
中国银河证券研究所	2009.1	-1.1	-0.4
世界银行	2009.3	0.5	1.2
国际货币基金组织	2009.4	0.8	1.5

来源：作者根据相关资料整理。

（四）进出口增长率

从表5可以看出，国内外研究机构和研究者对2009年中国进出口增长率的预测存在较大分歧。国家信息中心（2009年1月）认为，世界贸易增长放缓将使我国进出口同时减速，但总体的趋势上仍将是增长。他们预计，2009年全年中国的出口和进口将分别增长10.5%和12.5%，贸易顺差约2000亿美元，同比减少12%左右。世界银行（2009年3月）的研究认为，2009年中国的出口和进口都将出现负增长，增长率分别为-6.0%和-4.0%。申银万国证券研究所（2009年2月）指出，受国内经济结构调整的影响，中国的出口将继续低迷，金融危机加深了国际经济的调整，对中国出口造成重大的不利影响。他们预测，2009年全年，中国的进口增长率为17.9%，出口增长率为17.2%。中国社会科学院经济学部（2009年4月）发布的预测结果是，2009年中国对外贸易形势依然严峻，全年进口和出口都将出现负增长，增长率分别为-2.4%和-3.0%，全面对外贸易顺差将略低于上年，达到2800亿美元左右。

根据正式统计，2009年，我国出口和进口都为负增长，出口下降了16%，进口下降了11.2%，全年贸易顺差1960.7亿美元，减少34.2%。中国社会科学院经济学部、申银万国证券研究所、世界银行对进出口负增长趋势的判断与实际较为接近。

表5　　2009年进出口增长率预测

预测机构	预测发布时间	出口增长率		进口增长率		贸易顺差增长率（%）
		预测值（%）	误差（百分点）	预测值（%）	误差（百分点）	
国家信息中心	2009.1	10.5	26.5	12.5	23.7	-12
中国社会科学院经济学部	2009.4	-3.0	13	-2.4	8.8	-0.52

续表

预测机构	预测发布时间	出口增长率		进口增长率		贸易顺差增长率（%）
		预测值（%）	误差（百分点）	预测值（%）	误差（百分点）	
中国科学院预测科学研究中心，中国科学院数学与系统科学研究院，安徽大学经济学院	2009.1	4.5	20.5	2.6	13.8	—
北京师范大学	2009.1	17.2	33.2	17.9	29.1	—
申银万国证券研究所	2009.1	-5	11	-9	2.2	9.6
中国银河证券研究所	2009.2	8.5	24.5	5	16.2	24
世界银行	2009.3	-6.0	10	-4.0	7.2	—

来源：作者根据相关资料整理。

四　对 GDP 增长率预测的调整

2009 年下半年至 2010 年初，随着中国经济增长的形势越发明朗，部分研究机构和研究者各自的经济指标预测值作了调整，使之更接近实际。

2009 年 7 月，瑞银集团宣布，鉴于中国经济复苏强劲，将其对中国 GDP 增长率的预测上调到 8.2%。2009 年 8 月，国家发改委投资研究所所长罗云毅指出，在外需低迷的困难局面下，上半年中国经济依然保持 7.1% 的增长率，其中资本形成总额拉动经济增长 6.2 个百分点，因此预测全年中国 GDP 增长率将会在 8.3% 左右。2009 年 10 月，国际货币基金组织将中国 2009 年 GDP 增长率预期值上调为 8.5%，中国将是亚洲地区经济增长最快的经济体，是引领亚洲经济复苏的主要动力之一。

2009 年 11 月，世界银行《中国经济季报》指出，大规模财政和货币刺激支持了中国经济的复苏，尽管经济刺激方案是以政府主导的基础设施投资为主，但也有一部分是用于刺激消费，因此内需的增长有较为广泛的基础。世界银行将中国 2009 年 GDP 增长率预期上调至 8.4%。同月，经济合作与发展组织将中国 2009 年 GDP 增速预测值调整为 8.3%。

五　对经济预测的若干思考

在比较了各研究机构对中国 2009 年经济走势的预测之后，对进一步提高经济预测的准确率有这样一些思考。

1. 以经济模型为基础的经济预测，首先要不断改进和完善预测模型

中国目前仍处在改革与转轨阶段，经济

运行机制在不断调整，这就要求我们不断地根据实际需要修正预测模型，把用于短期预测的模型改造成具有较强需求导向特点的模型，同时要注意应用经济计量方法的最新研究成果，不断提高模型的功能和质量。

2. 要改进经济预测，特别是短期预测，必须能对宏观经济形势作出正确的判断

要密切注视宏观经济形势的发展变化；加强与其他预测者、经济官员、企业界的沟通和交流；运用经济模型之外的其他办法补充和验证预测等。

必须将定性和定量分析相结合。在经济形势分析及预测中，模型复杂，变量多，并不意味着预测的精度就一定高。社会科学的研究对象比自然科学的研究对象要复杂得多。在经济学中采取定量研究的时候，必须有定性分析作为前提。

必须重视中长期分析和基本面分析。在考虑中国经济短期波动的时候，必须将其放在中长期增长的大背景下去考察。这就要求在我们的经济形势分析及预测的过程中，要对中国经济中长期增长的特点有一个基本的把握。

必须充分估计政策因素的作用。在中国经济的发展进程中，政府的作用是无可替代且影响巨大的。中央以及地方政府的投资在经济增长中起着很大的作用。因此，在宏观经济的形势分析及预测中，就必须考虑政府的作用，把握政府投资的规律。

3. 对经济发展转折点的预测仍然是一个值得研究的课题

中国经济发展的一个明显特点就是起伏变化较大，尽管从1992年以来，相邻两年的变化有所减小，但高增长年与低增长年之间的差异还是相当大。例如，1992年的增长率与1999年的增长率就相差了1倍，达到7个百分点之多。这表明，对今后经济发展的预测仍然有很大的难度，特别是在经济增长出现转折点的时候。

4. 加强对国际经济环境和国内经济走势相互关系的理解

改革开放使得中国经济与世界经济的联系越来越密切，经济全球化对中国经济的影响也日益深远，2009年全球金融危机对中国经济的冲击显而易见。然而，世界经济环境对中国经济的冲击小于对东亚其他经济体的冲击，一些机构和研究者预测的低于7%的GDP增速没有出现。政府刺激政策、投资拉动和消费需求的增长等因素推动中国经济实现了9.1%的增长。因此，我们在充分认识国际经济环境对中国经济的显著影响的同时，也要加深对中国经济增长动力的理解，进一步理清国际经济走势与国内经济发展的关系，以便对各种全球经济环境下的中国经济形势作出更准确的判断。

参考文献与学科年度重要文献

国家统计局：《关于2009年年度国内生产总值（GDP）数据修订的公告》，http：//www.stats.gov.cn/tjdt/zygg/sjxdtzgg/t20100702_ 402654527.htm，2010年7月2日。

国家统计局：《中华人民共和国2009年国民经济和社会发展统计公报》，http：//www.stats.gov.cn/tjgb/ndtjgb/qgndtjgb/t20100225_ 402622945.htm，2010年2月25日。

杨萍：《2008年经济形势回顾和2009年经济形势展望》，载《工程质量》2009年第1期。

国家信息中心：《09年官方经济预测：房价跌 就业难》，http：//money.163.com/09/0105/03/4US7734700252G50.html，2009年1月5日。

中国社会科学院经济学部：《中国经济形势分析

与预测——2009年春季报告》，载陈佳贵主编：《中国经济前景分析——2009年春季报告》，社会科学文献出版社，2009年4月。

杨晓光、程建华、黄德龙：《2009年中国经济形势分析》，载《战略与决策研究》2009年第1期。

曾学文：《2009年我国宏观经济形势分析与展望》，载《保险研究》2009年第1期。

《中国季度宏观经济模型2009年春季预测发布》，http：//finance. sina. com. cn/hy/20090302/10515917772. shtml，2009年3月2日。

《中国银行：2009年中国GDP将增8.2%，出口为负11%》，http：//finance. ifeng. com/news/hgjj/20090214/371693. shtml，2009年2月14日。

李慧勇：《2009年中国经济形势和宏观政策分析》，载《上海财经大学学报》2009年第1期。

中国银河证券研究所：《2009年宏观经济指标最新预测》，2009年1月8日。

世界银行中国代表处：《中国经济季报》，2009年3月。

《经合组织拟下调对2009年中国经济增长的预测》，http：//finance. sina. com. cn/roll/20090323/16502745688. shtml，2009年3月23日。

IMF，WORLD ECONOMIC OUTLOOK：Crisis and Recovery. April 2009.

《摩根士丹利调高中国2009年GDP增速预估至7.0%》，http：//cn. reuters. com/article/companyNews/idCNnCN075499420090423，2009年4月23日。

《瑞银上调2009年中国GDP增速至8.2%》，http：//www. stockstar. com/tv/snda/sstv2. asp? id = SS，20090722，30001174&columnid = 12，2009年7月22日。

《发改委预测2009年全年GDP增长8.3%》，http：//www. hinews. cn/news/system/2009/08/09/010534179. shtml，2009年8月9日。

《IMF上调中国经济预期》，http：//www. infochina. jp/2009/1002/10313. html，2009年10月。

世界银行中国代表处：《中国经济季报》2009年11月。

《OECD上调中国2009GDP增长至8.3%》，http：//finance. ifeng. com/usstock/huagu/20091121/1491005. shtml，2009年11月。

（李雪松　张　蕙）

2010

第三篇

学科综述

社会保障学

一 学科概述

社会保障是国家依法通过国民强制储蓄或收入再分配的方式，对社会成员的基本生活提供安全保障的一种制度安排。一般而言，社会保障体系包括社会救助、社会保险和社会福利三个部分。社会救助面向的对象是贫困人口及其家庭，为他们提供最低的生活保障。社会保险是整个社会保障体系的主体部分，针对的对象主要是劳动者群体，为受保者提供基本的生活保障。社会福利是面向全体国民提供的社会照顾和社会服务等，着眼于提高国民的生活质量。中国还把社会优抚制度即对军人及其家属的保障纳入社会保障体系。社会保障是社会经济中最重要的制度安排之一，发挥着社会“稳定器”和“安全网”的作用。

社会保障学是专门以社会保障的理论、内容和制度等为研究对象的一门学科。社会保障学科体系主要由三大部分组成，即社会保障基础理论、社会保障基本内容和社会保障制度。社会保障基础理论，主要阐述社会保障的基本概念、发展演变、理论依据及其与经济社会发展的关系等。社会保障基本内容阐述社会保险、社会福利、社会救助和社会优抚的原则、对象、运行机制以及基金的筹集和待遇的给付等。社会保障制度主要阐述有关社会保障的法律法规和方针政策等。

尽管社会保障制度在西方国家已经有几百年的实践，但系统的社会保障理论的形成和发展是在19世纪以后。这方面的标志性著作，包括1920年庇古所著的《福利经济学》，1941年贝弗里奇主持起草的《社会保险及其相关服务》即《贝弗里奇报告》，以及1987年巴尔所著的《福利国家经济学》等。早期的社会保障学主要采用规范性研究方法，当代的社会保障学则是一门规范性、实证性和政策性研究相结合的学科。

社会保障学早期是经济学的一个重要领域。现在，社会保障学已发展成为劳动经济学、社会学和公共管理学等学科的重要组成部分。在中国，社会保障学是一门新兴学科，是适应改革开放和社会发展的需要而产生的。虽然中国的社会保障学在20世纪80年代中后期才兴起，但发展很快，重要性日益增强。

二 改革开放以来中国社会保障学的主要研究进展

（一）中国社会保障制度的发展演变

在改革开放以前，中国的社会保险主要表现为“企业保险”，社会福利主要表现为“企业福利”，社会救济和优抚等项目在社会经济生活中的地位相对薄弱（李珍，2007）。

改革开放以后，适应社会主义市场经济要求的社会保险、社会救济、社会福利和社会优抚制度逐步建立起来。

1993年，《中共中央关于建立社会主义市场经济若干问题的决定》确立了建立“多层次”统账结合的社保制度目标。1997年国务院颁布的《关于建立统一的企业职工基本养老保险制度的决定》进一步明确了统账比例。1998年国务院正式确定了城镇职工医疗保险统账结合的制度结构。1993年国务院颁布了《国有企业职工待业保险规定》，以替代1986年颁布的《国营企业职工待业保险暂行规定》。另外两个重要制度创新是1996年颁发的工伤保险《企业职工工伤保险试行办法》和城镇建立低保制度的《国务院关于在全国建立城市居民最低生活保障制度的通知》，它们标志着中国社保制度的不断完善和非缴费型制度的正式引入。至此，中国的社保制度模式基本确立（郑秉文，2009a）。

郑秉文（2009a）认为，中国社会保障60年的历程可大致分成两个时期，即前30年高度计划经济的“国家/企业保险”时期和后30年改革开放的现代社保制度时期。前30年建立的苏联式“国家/企业保险”与高度计划经济体制相适应；后30年实行的国家、企业和个人三方分责制的“现代社会保险”与市场经济相适应。他指出，1993—1998年是中国社保制度思路形成与目标模式选择阶段，1998年以来是社保体系初步形成和扩张阶段。

张秀兰等（2009）认为，无论是早期的社会保险，还是后来的各种社会救助政策的实施，我国大多数社会保障项目的选择和出台都是为了应对当时的问题，而不是从长远的战略视角出发而制定的。与摸着石头过河的改革策略一样，我国社会保障制度的改革过程也是为了应对当时一些迫切需要解决的经济和社会问题而实施的。应急型社会政策属于下游干预的政策范畴，即在社会问题发生以后再予以事后的弥补，这样就很容易陷入政策衍生问题的怪圈。

吴鹏森（2009）指出，中国社会保障制度的发展演变与人们对社会保障理念的认识变化密切相关。他认为，改革以前，人们更多地将社会保障与社会主义制度紧密联系在一起；改革以来，社会保障成了发展市场经济的配套措施。这种各持一端的理念是导致我国社会保障制度建设陷入彷徨的重要理论根源。他指出，社会保障制度不仅是适应市场经济的配套措施，它首先是建构社会秩序的基础性制度支柱，是实现社会公平的重要社会机制。

（二）中国社会保障模式选择问题的研究

社会保障模式选择是中国社会保障体制改革的一个关键性问题，学术界对此进行了深入讨论。林义（1994）指出，中国传统的养老保险制度应该由现收现付制向部分基金制转换，即在维持现收现付收支大体平衡的基础上，逐步提高缴纳水平，实行适度部分积累。杨良初（1995）认为，中国传统的社会保障筹资模式在结构、范围、比例和管理上越来越不适应改革的需要，提出用医疗保险基金个人账户制取代传统的社会保障统筹办法。葛寿昌（1995）认为，根据中国国情，借鉴世界各国的经验和教训，中国应实行具有中国特色的一体化、多层次、社会统筹与个人账户相结合的社会保障模式。丛树海（1995）在比较了现收现付制和积累制的优缺点后，主张中国应实行以现收现付为主的部分积累制社会保障模式。1997年，中国颁布《关于建立统一的企业职工基本养老保险制度的决定》，决定实施个人账户与社会统筹相结合的“统账结合”社会养老保险，亦即选择了部分积累制的社会保障模式。

在中国确定了社会养老保险的基本模式后，关于社会保障模式选择的讨论并没有停止。任保平（1998）认为，中国社会保障应建立一种在农村和城市保障项目有别、组织方式各异、近期发展方向不同的多元协调模式。李建立、杨宜勇（2000）等主张中国应该主要以德国模式为基础，吸收其他模式的优点，充分考虑中国经济、社会发展与稳定的需要和支撑能力。郑功成（2000）强调现代保障与传统保障的结合，认为中国现阶段的合理选择目标应是以家庭保障为基础的一种新的混合型社会保障制度。钟伟、葛玉良（2000）建议选择保险型社会保障模式，即以强制保险为主、自由保险为辅，合理界定政府、企业、个人在社会保障体系中的责权利。朱佳俊（2002）提出，中国应选择强制储蓄型社会保障模式。李迎生（2004）认为，中国的社会保障模式应兼顾公平与效率，以社会保险和社会救助为重点推进中国社会保障制度建设。

（三）中国社会保障的隐性债务和资金筹集问题研究

中国社会保障的隐性债务或转轨成本，主要是针对养老保险而言。1997年，中国决定社会养老保险由完全的现收现付制向社会统筹与个人账户相结合的模式转轨。由于已经退休和工作多年的人员过去没有积累，而他们又要按照新制度领取养老金，因而他们应得而实际上又没有积累的部分，就构成了养老保险的隐性债务。对中国养老保险隐性债务规模的估算，由于不同研究对人口、就业、工资增长、缴费率和投资回报率等的假设不同，因而得出的结论存在相当大的差别。世界银行的测算表明，按1994年人民币现值计算，中国隐性养老金债务应为1.92万亿元（World Bank，1997）。宋晓梧（2001）以1997年为评估时点，根据不同方案进行测算，得到15种不同的结果，估计出中国养老保险隐性债务从1.83万亿元到10.83万亿元不等。王晓军（2002）测算出1996年中，中国养老保险隐性债务净额为3.61万亿元。何平（2001）测算出1996年初“中人”和“新人”个人账户净债务额为2.88万亿元。彭浩然等（2009）以2000年为测算基年，假设工资增长率和贴现率都等于6%，估计出在不考虑扩面人口影响的情况下，中国养老保险隐性债务大约为8.6万亿；考虑扩面人口影响的情况下，隐性债务规模约为7.54万亿。

有效筹集社会保障基金是确保社会保障制度正常运行的前提条件。不少学者主张开征社会保险税来筹集社会保障基金，认为这不仅有利于发挥社会保障的功能，也有利于解决社会保障基金收缴困难和使社会保障管理工作的规范化（如马斌，2001；蒲晓红，2000）。但是，很多学者认为中国尚不具备开征社会保障税的条件（如邓子基，2002）。通过国有股减持方式来充实社会保障基金得到普遍的认同。史丹、何俊（2000）认为，变现部分国有资产用于补充社会保障基金，实质上是将部分社会生产基金转变为社会保障基金，采取这一措施既有其现实可行性，又有其历史必然性。王瀛、许春淑（2006）认为，采取何种方式和什么样的价格来减持国有股是问题的关键。杨宜勇、邢伟（2008）认为，应调整财政支出结构，将财政超收部分主要用于充实社会保障基金。李志伟（2003）认为，可通过发行社会保障国债的方式来增加社会保障基金的筹集。此外，将利息税纳入基金、通过发行社会保障福利彩票筹集社保基金也是研究者们提出的重要对策。在实际运行中，中国社会保障基金的资金来源包括财政预算拨款、国有股减持收入、彩票公益金收入和投资收益，其中财政拨款是最主要来源（项怀诚，2006）。

（四）农民工社会保障问题研究

由于中国农民工人数众多，农民工的社会保障问题一直是中国社会保障研究领域的一个重要内容。从制度模式看，中国农民工社会保障并没有全国统一的制度规定。因此，各地在实践中采取了不同的农民工社会保障模式。蔡昉（2008）将其划分为四种模式：一是广东模式；二是上海模式；三是苏南模式，即让外来劳动力参加当地农村社会保险；四是山西模式，即“一厂两制”：在同一企业内部，城镇户籍职工参加城镇社会保险，农村户籍外来劳动力参加农村社会保险。

不同的研究都显示，农民工社会保障的覆盖率比较低。劳动和社会保障部2005年的快速调查显示，参加城镇基本医疗保险的农民工人数占农民工总数的10.0%，参加工伤保险的农民工比例为12.9%，参加城镇职工基本养老保险的农民工比例为13.8%（劳动和社会保障部课题组，2006）。关于农民工社会保障的解决思路，多数学者主张分类、分层次解决农民工社会保障问题。郑功成（2007）认为，对农民工社会保障应考虑多元化的制度安排，即分层分类设计相应的社会保障方案。也有不少学者主张将农民工纳入到城镇社会保障体系当中，如李迎生（2001）、曹信邦（2005）和陈颐（2006）等。还有学者认为，农民工应回乡参加农村社会保障（杨立雄，2004）。

（五）中国社会保障制度的分割问题研究

中国的社会保障制度在城镇和农村之间走的是两条截然不同的道路。中国的社会保障制度带有浓重的城乡分割和地区分割特点（张展新，2007）。城市社会保障制度基本与工业化同步平行发展，而农村社会保障起点低，发展慢。目前，中国城市社会保障制度已比较完善，保障水平也较高；农村社会保障仍存在较大缺陷，保障水平很低。研究表明，1991—2001年，中国城市人均社会保障支出占人均GDP的比重平均为15%，已经达到部分发达国家20世纪70年代初的水平；而农村居民的这一比例只有0.17%，城市人均享受的社会保障费用支出是农村居民的90多倍（杨翠迎，2004）。

中国的社会保障制度在地区之间也存在很大差异。中国实行的是属地化的社会保障制度。由于传统的计划经济体制的影响和各地经济发展的不平衡，各省、自治区、直辖市和较大的市均有权根据自身情况制定社会保障地方法规和规章，导致各地在社会保险的险种设置、缴费比例与享受水平等方面差别很大。胡鞍钢（2001）在研究中国基本养老保险水平如何与经济发展水平相适应的问题时，特别关注到中国区域之间基本养老保险的差异问题。冯兰瑞（2002）在研究中国区域之间基本养老保险差异所带来的影响时，认为中国各区域之间基本养老保险的巨大差异会导致统一的劳动力市场难以形成、基本养老保险的运行管理成本高昂等负面影响，认为首先应建立基本养老保险的省级统筹，然后过渡到全国统筹。张展新（2006）认为，在现行社会保障地方分权的体制下，存在着城市社会保障的“本地—外来”分割，表现为外来人口（包括外来非农人口）的社会保障缺失，而社会保障地方分权的背景是城乡和区域发展不平衡。

除城乡分割、地区分割之外，中国的社会保障制度还存在社会人群的分割。这种人群分割是指不同的社会群体由于就业与否、就业所在的部门不同而带来的不同身份的人员享有不同的社会保障制度（肖严华，2007）。例如，虽然城镇企业职工和机关事业单位职工同属城市居民，但他们在参加社会保障尤其是养老保障制度方面，存在很大差异；而农民、农民工、失地农民虽然都是农民，但他们所适用的社会保障制度亦各不相同。郑秉文（2009b）将中国社会保障制度的这种多重分割，称为社会保障制度的“碎片化”。他分析了中国社会保障制度碎片化冲动的种种表现，认为这是一种强势群体与弱势群体博弈、制度设计存在缺陷、认识存在误区、中央权威弱化等多种原因综合的结果，指出建立统一制度是大势所趋。

三　2009年社会保障学的重点和热点问题

（一）金融危机与社会保障

肇始于2008年的世界金融危机，在2009年不断扩散、蔓延，给中国的贸易、就业和社会保障等带来了深刻影响，因而也成为社会保障领域的一个研究热点。郑秉文（2009b）认为，此次金融危机提出的一个最为急迫的挑战是社会保障覆盖面要尽快扩大，因为实现应保尽保的制度目标不仅是社会保障制度本身的内在要求，也是社会公平和正义的具体体现，同时也是消除居民消费顾虑的一个重要制度保证，否则在金融危机中拉动内需就很难启动。他还指出，社会保障制度从诞生之日起，就与经济危机之间具有某种内在联系，或者说经济危机多多少少是促进社会保障制度诞生、发展的一个相关因素，当前中国调整社会保障缴费费率已成为此次金融危机提出的一个最为直接的重要课题。

张艳萍（2009）认为，金融危机使中国在扩大社会保障覆盖面方面面临巨大挑战，因为金融危机使中国企业特别是以出口为主的劳动密集型中小企业出现经营困难，很多企业和劳动者无力缴纳社会保险费甚至断保。她还指出，金融危机对发挥失业保险功能提出了新要求，对强化社会救助提出了新任务，并对社会保障如何服务于大局、服务于就业提出了新课题。

在此次金融危机中，农民工尤其是就业于出口导向的劳动密集型企业的农民工，是受冲击最为严重的群体。不同的估计都显示，全国至少有1000多万农民工因金融危机失去工作而返乡。易外庚（2009）的典型调查显示，90.6%的农民工认为金融危机对自己的就业产生了冲击，29.7%的农民工认为金融危机影响了自己的社会保障。但由于当时中国还没有建立起社会保险的跨省区转移接续制度，使得农民工在输出地缴纳的各类社会保险费无法带回自己的家乡，导致大量农民工在返乡前选择“退保”，而金融危机使退保潮比往年来得早而且规模大（郭秀云，2009）。这些退保后返乡的农民工，在家乡也很难享受到社会保障服务（易外庚，2009）。因此，如何加强对农民工群体的服务与保障，是金融危机中各级政府面临的当务之急。潘鸿雁（2009）结合上海市的实例，提出应从开展社区救助服务、推进社区就业和实施社区文化教育卫生服务等方面，为农民工编织一张社会“安全网”。

（二）新型农村社会养老保险研究

2009年9月，中国决定开展新型农村社会养老保险（简称“新农保”）试点，以后逐步扩大试点，到2020年之前基本实现对农村适龄居民的全覆盖，并明确了各级财政对新农保的补助政策。新农保的筹资机制为“个人缴费＋集体补助＋政府补贴”。可以说，财政补助政策是新农保与原来已开展以个人缴费为主、完全个人账户农村社会养老保险即“老农保”的最大区别。因新农保的意义重大，遂成为社会保障学界的一个研究重点。

新农保的财政补贴负担，是研究者关注的一个重点问题。邓大松、薛惠元（2009）测算出中央财政一年补贴新农保的数额为535.08亿元，占中央财政收入的1.64%；全国地方财政年最低补贴数额为245.13亿元，占全国地方财政收入的0.86%。他们认为，中央和地方财政有能力承担新农保的财政补贴负担。薛惠元、张德明（2009）利用2008年全国人口、财政等方面数据进行的分析发现，全国绝大多数农民有能力缴费，集体可补可不补，中央财政“不差钱”，而筹资最困难的是地方财政，尤其是中西部贫困地区的地方财政。李艳荣（2009）对浙江省新农保政府财政补贴的研究发现，政府在公共财政内的适度补贴能极大提高农民的缴费能力和缴费意愿，较快地提高农村养老保险的投保率和覆盖面。

关于农民参加新农保的意愿和现实需求，胡宏伟等（2009）的实证研究发现，家庭财富、受教育程度、保险预期等都会影响农民的参保意愿和缴费承受能力。石绍宾等（2009）的研究表明，农民是否参加农村社会养老保险，主要受农民身体健康状况、子女养老能力、家庭中儿子的数量、社区区位特征、农民的未来预期以及周围邻居行为等因素的影响。马亮（2009）从江苏南通市的例子出发，指出在“新农保”推进工作中，要在制度设计和工作环节上进一步体现自愿原则，要做好新农保基金的保值增值和安全监管工作，以更加科学和人性化的管理方案服务参保对象，让利于民。

新农保制度运行中也面临很大的挑战。林义（2009）认为，这主要体现在以下五个方面：一是新农保制度中各级财政的责任分担问题；二是如何完善管理制度，不断提升管理能力；三是如何维持农民缴费意愿；四是新农保基金的有效管理和保值增值问题；五是新农保制度如何与其他制度如老农保、农民工养老保险等有效衔接。

（三）城镇居民基本医疗保险研究

中国于2007年开始城镇居民基本医疗保险的试点工作，2009年的目标是使试点城市达到全国城市总量的80%以上。因此，对试点城市的政策和实施情况进行比较和评估，对于该项制度的完善具有重要意义。吴宏洛、苏映宇（2009）对福建省首批试点城市进行的研究表明，该制度目前运行状态稳定，参保居民因此受益；但由于保障能力有限、服务效能不理想，现有的制度安排与居民的实际需求还存在较大偏差。朱俊生（2009）对浙江、湖北、陕西3省9市进行分析比较和绩效评估后认为，城居医保政策设计必须坚持“统一制度框架与分散决策相结合”的原则，将制度的自然演进和人为设计有机地结合起来。城镇居民基本医疗保险的实施效果如何，很大程度上取决于城镇居民对该制度的评价和反映。仇雨临等（2009）的调查发现，城镇居民对城镇居民基本医疗保险的满意度整体评价一般。

关于城镇居民基本医疗保险的筹资问题，詹长春等（2009）认为，城镇居民基本医疗保险的筹资水平还不能很好满足居民的医疗需求，建议建立多元化筹资渠道以解决上述问题。贾洪波（2009）对城镇居民基本医疗保险适度缴费率进行测算后认为，现行城镇居民基本医疗保险实际缴费率处于非适度状态，并提出了提高缴费率的建议。

随着城镇居民基本医疗保险制度试点的全面推开，探讨新型农村合作医疗与城镇居民基本医疗保险的整合问题已成为建立城乡一体化的社会医疗保障制度的关键。王俊华（2009）对不同的城乡基本医疗保险制度衔接模式进行了比较研究。吴伟平（2009）结合具体实例，从实现管理体制合一、建立参保长效机制和提高统筹层次等方面，对推动新型农村合作医疗与城镇居民基本医疗保险二险合一进行了探讨。

（四）社会保障与消费和储蓄的关系

在金融危机的影响下，中国的出口和投资对经济的拉动作用大幅度的下降，因此国家采取了大力扩大内需的经济刺激政策，核心就在于增强国内的消费需求。因此，社会保障与消费和储蓄的关系也成为2009年社会保障研究领域的一个重点。完善的社会保障制度可以减轻居民的生活压力和不确定性，从而减少居民的预防性储蓄，增强居民的消费意愿，使整个社会释放出巨大的消费能力。但是，社会保障也可能促进居民减少消费，例如养老保障的存在使得居民提前退休的动机加大，而为了保证退休后消费水平维持在当前水平，居民会增加储蓄（黄桦，2009）。

钱滨（2009）综述了国内外的主要研究，认为不论从理论还是现实来看，完善的社会保障制度对国人消费意愿和消费能力的增加都具有重要作用。刘慧（2009）的实证分析发现，社会保障对中国居民消费存在正向的显著影响，因此认为可以通过增加社会保障支出、减弱居民对未来的不确定预期，来提高居民消费支出，扩大内需。杨大宇、王小婷（2009）对有关文献的考察表明，多数西方学者的研究表明，社会保障具有减少储蓄的作用。黄莹（2009）的研究表明，中国社会养老保险收入与城镇储蓄呈负相关，社会养老保险收入的增加降低了城镇居民的储蓄。

但是，张士斌（2009）利用省级面板数据进行的实证研究发现，社会保险支出水平对中国城镇居民的储蓄没有显著影响，从而否定了社会保障能够降低居民的不确定性预期、扩大消费的观点。他对此的解释是，中国的社会保障水平低，加上城镇大量非正规就业者社会保障参与率较低，现有社会保险难以给所有城镇居民提供有效保障。谢文、吴庆田（2009）的研究显示，无论是从长期还是短期来看，中国农村社会保障支出对农村居民消费支出都没有产生促进作用。他们认为，这是因为农村社会保障的多次变革和调整不适度、不成功造成的。

四　中国社会保障学今后的几个研究方向

首先，社会保障与收入分配和经济增长的关系，需要进一步深入研究。中国目前面临很大的收入差距问题，而社会保障作为政府调节收入分配的重要手段，应发挥其应有的作用。这需要我们进一步研究社会保障与收入分配的关系，并提出相关制度设计思路和政策建议。社会保障会影响消费、储蓄和人力资本投资等，进而对经济增长产生影响。现有研究对社会保障与经济增长的关系，还没有形成共识（别朝霞，2004）。因此，研究社会保障与中国经济增长的关系，具有重要理论和现实意义。

其次，社会保障与就业和劳动力市场的关系的研究亟待加强。在就业与社会保障的关系中，就业通常居于核心和主导地位，但社会保障对就业也有重要的反作用。对中国而言，劳动力市场的发育，对促进社会保障制度的改革和完善起到了推动作用；而社会保障的完善，也显著促进了劳动力资源的流动和劳动力市场的完善。但上述问题的理论和实证研究还不够充分，需要进一步加强。

再次，中国社会保障体系的整合和一体化研究，需要成为各界持续关注的重点。尽管已经取得了很大成绩，但中国现行社会保障体系的城乡分割、地区分割和人群分割的特点仍十分明显，给劳动力流动、就业和社会管理等带来很多障碍。由于城乡分割体制和城乡、地区经济发展差距在短期内难以改变，导致中国社会保障的整合和一体化面临艰巨的任务。而工业化、城市化、人口流动的加速和劳动者就业形式的多样化，使得中国社会保障体系的一体化建设变得更加困难。

参考文献与学科年度重要文献

别朝霞：《社会保障与经济增长：一个文献述评》，《上海经济研究》2004年第5期。

蔡昉：《中国劳动与社会保障体制改革30年研究》，经济管理出版社2008年版。

曹信邦：《农民工养老社会保险制度研究》，《理论探讨》2005年第3期。

陈颐：《解决农民工养老保险问题的原则和思路》，《学海》2006年第5期。

程宏业：《论我国社会保障中的政府公共管理职能》，《劳动世界》2001年第12期。

丛树海：《我国社会保障的几个重大问题》，《财经研究》1995年第8期。

仇雨临等：《城镇居民基本医疗保险满意度研究：以天台县为例》，《中国卫生政策研究》2009年第2期。

邓大松、胡宏伟：《统筹发展城乡社会保障制度，构建覆盖全民的社会保障体系》，《"社会保障问题研究——和谐社会构建与社会保障国际论坛"论文集》，人民出版社2009年版。

邓大松、薛惠元：《新农保财政补助数额的测算与分析——基于2008年的数据》，《江西财经大学学报》2009年第2期。

邓子基：《关于养老保险制度改革的几点认识》，《财经论丛》2002年第1期。

冯兰瑞：《社会保障社会化与养老基金省级统筹》，《中国社会保障》2002年第10期。

葛寿昌：《我国社会保障模式的几个重大问题》，《财经研究》1995年第8期。

郭秀云：《农民工社会保障何去何从——金融危机背景下的政策目标与策略选择》，《经济问题探索》2009年第12期。

何平：《中国养老保险基金测算报告》，《社会保障制度》2001年第3期。

胡鞍钢：《利国利民、长治久安的奠基石——关于建立全国统一基本社会保障制度、开征社会保障税的建议》，《改革》2001年第4期。

胡宏伟等：《农村社会养老保险有效需求研究——基于农民参保意愿和缴费承受能力的综合考察》，《经济经纬》2009年第6期。

华迎放：《农民工社会保障模式选择》，《中国劳动》2005年第5期。

黄桦：《完善社会保障与促进消费的关系研究》，

《经济师》2009 年第 11 期。

黄莹：《中国社会养老保险制度转轨的经济学分析——基于储蓄和经济增长的研究视角》，《中国经济问题》2009 年第 3 期。

贾洪波：《城镇居民基本医疗保险适度缴费率分析》，《财经科学》2009 年第 11 期。

劳动和社会保障部调研组：《农民工社会保障问题研究报告》，载国务院研究室课题组：《中国农民工调研报告》，中国言实出版社 2006 年版。

李建立、杨宜勇：《关于我国社会保障问题的研究》，《宏观经济管理》2000 年第 11 期。

李绍光：《政府在社会保障中的责任》，《经济社会体制比较》2002 年第 5 期。

李艳荣：《浙江省新型农保制度中政府财政补贴及其效应研究》，《农业经济问题》2009 年第 8 期。

李迎生：《探索中国社会保障体系的城乡整合之路》，《浙江学刊》2001 年第 5 期。

李迎生：《中国社会保障制度的模式选择》，《科学社会主义》2004 年第 4 期。

李珍：《社会保障理论（第二版）》，中国劳动社会保障出版社 2007 年版。

李志伟：《关于社会保障资金筹集方式的探讨》，《改革与理论》2003 年第 8 期。

林义：《我国养老保险模式转换》，《财经科学》1994 年第 1 期。

林义：《破解新农保制度运行五大难》，《中国社会保障》2009 年第 9 期。

刘慧：《社会保障对居民消费影响的国内外文献综述》，《西北农林科技大学学报》（社会科学版）2009 年第 1 期。

马斌：《社会保险基金多渠道筹集的可能性分析》，《华南师范大学学报》（社会科学版）2001 年第 3 期。

马亮：《反思“新农保”推进工作中的若干问题——以江苏南通为例》，《理论前沿》2009 年第 21 期。

潘鸿雁：《金融危机背景下加强对上海市外来务工人员的保障与服务思考》，《兰州学刊》2009 年第 9 期。

彭浩然等：《中国养老保险隐性债务问题研究——基于封闭与开放系统的测算》，《统计研究》2009 年第 3 期。

蒲晓红：《我国社会保障税的征缴模式及税率选择》，《经济理论与经济管理》2000 年第 6 期。

钱滨：《金融危机下社会保障与扩大内需研究》，《经济理论研究》2009 年第 20 期。

史丹、何俊：《关于变现部分国有资本用于增加社会保障基金的探索》，《经济研究参考》2000 年第 72 期。

石绍宾等：《影响农民参加新型农村社会养老保险的因素——来自山东省入户调查的证据》2009 年第 11 期。

宋晓梧：《中国社会保障体制改革与发展报告》，中国人民大学出版社 2001 年版。

肖严华：《中国社会保障制度的多重分割及对人口流动的影响》，《江淮论坛》2007 年第 5 期。

杨翠迎：《中国城乡社会保障制度的差异性与统筹改革思路》，《浙江大学学报》（人文社会科学版）2004 年第 3 期。

杨良初：《关于我国社会保障筹资模式的研究》，《中南财经大学学报》1995 年第 3 期。

杨立雄：《我国农村社会保障制度创新研究》，《中国软科学》2003 年第 10 期。

杨立雄：《“进城”还是“回乡”？——农民工社会保障政策的路径选择》，《湖南师范大学社会科学学报》2004 年第 2 期。

杨天宇、王小婷：《社会保障对居民个人储蓄的影响：理论和实证研究综述》，《当代经济管理》2009 年第 2 期。

杨宜勇、邢伟：《充实社会保障基金：形势与对策》，《中国科技投资》2008 年第 3 期。

易外庚：《金融危机对城市农民工的影响——关于典型城中村“广丰村”的调查报告》，《江西社会科学》2009 年第 8 期。

王俊华：《城乡基本医疗保险制度衔接模式比较研究》，《苏州大学学报》（哲学社会科学版）2009 年第 6 期。

王琬：《2009 年中国医疗保障研究综述》，《中国卫生政策研究》2010 年第 2 期。

王晓军：《对我国养老金债务水平的估计与预

测》，《预测》2002年第1期。

王瀛、许春淑：《完善我国社会保障制度的路径选择》，《经济师》2006年第4期。

World Bank (1997), Old Age Security Pension Reform in China, Washington D. C.

吴宏洛、苏映宇：《完善城镇居民基本医疗保险制度的对策思考——基于福建省首批试点城市的运行成效分析》，《福建行政学院学报》2009年第4期。

吴鹏森：《论中国社会保障制度理念的演变与创新》，《南京师范大学学报》（社会科学版）2009年第1期。

吴伟平：《推动新农合与居民医保二险合一，构建城乡居民一体化医疗保险体系》，《社会保障研究》2009年第5期。

项怀诚：《关于全国社会保障基金的几个问题》，《中央财经大学学报》2006年第1期。

肖行：《我国社会保障问题讨论综述》，《经济理论与经济管理》2002年第10期。

谢文、吴庆田：《农村社会保障支出对农村居民消费的影响的实证研究》，《财经理论与实践》2009年第5期。

薛惠元、张德明：《新型农村社会养老保险筹资机制探析》，《现代经济探讨》2009年第2期。

詹长春等：《江苏省城镇居民基本医疗保险筹资机制研究》，《中国卫生事业管理》2009年第7期。

张士斌：《年龄结构、社会保险与城镇居民储蓄——给予分省面板数据的实证研究》，《中南财经政法大学学报》2009年第3期。

张书源、杜爱平：《我国社会保障基金的投资增值与风险防范》，《行政论坛》2001年第6期。

张秀兰等：《改革开放30年：在应急中建立的中国社会保障制度》，《北京师范大学学报》（社会科学版）2009年第2期。

张艳萍：《金融危机对就业和社会保障的联动影响及其策略》，《学术交流》2009年第6期。

张展新：《从城乡分割到区域分割》，《人口研究》2007年第6期。

张展新：《城镇社会保障的“本地—外来”分割与外来人口社会保障缺失》，《开放导报》2006年第6期。

张展新：《从城市分割到区域分割——城市外来人口研究新视角》，《人口研究》2007年第6期。

郑秉文：《建立社保基金投资管理体系的战略思考》，《公共管理学报》2004年第4期。

郑秉文a：《中国社会保障制度60年：成就与教训》，《中国人口科学》2009年第5期。

郑秉文b：《中国社保制度该如何应对金融危机》，《今日中国论坛》2009年第9期。

郑功成：《社会保障学——理念、制度、实践与思辨》，商务印书馆2000年版。

郑功成：《中国流动人口的社会保障问题》，《理论视野》2007年第6期。

钟伟、葛玉良：《我国社会保障体系的目标模式选择》，《决策借鉴》2000年第3期。

周莹：《新型农村社会养老保险制度模式的选择研究》，《学术交流》2009年第9期。

朱俊生：《城镇居民基本医疗保险的比较制度分析——基于东、中、西部3省9市试点方案的比较》，《人口与发展》2009年第3期。

朱佳俊：《谈自助型社会保障模式在国内的推广》，《税务与经济》2002年第6期。

（高文书）

国际经济学

一 学科概述

国际经济学，以经济学的一般理论为基础，研究国际经济活动和国际经济关系，是一般经济理论在国际经济活动范围中的应用与延伸，是经济学体系的有机组成部分。国际经济学主要揭示生产性资源、消费者偏好和经济制度对国际经济活动的影响，旨在解释不同国家或地区之间商品、要素流动的基本规律及其相关政策的福利效应。国际经济学主要研究对象有国际金融、国际贸易、国际投资、区域经济合作、全球性经济问题以及中国对外经济关系等。

2009 年是全球经济领域一个非常特殊的年份。美国次贷危机引发了国际金融危机，并成为自大萧条以来最严重的一次经济危机。在这场危机中，发达经济体受到了严重打击。这不可避免对融入全球经济的中国产生冲击，对中国宏观经济的冲击不仅有来自美国的需求减少，还有来自其他发达国家或地区对中国出口产品需求的普遍减少，直接导致中国经济的下行压力加大。除此之外，就长期而言，美元汇率将会大幅度贬值，这使得中国外汇储备可能遭受严重亏损，这给中国外汇管理当局提出了严重挑战。

面对突如其来的国际金融危机的冲击，中国政府果断实施了“一揽子”计划，不仅保持了本国经济稳定和较快增长，也为世界经济复苏作出了重要贡献。当主要发达国家经济出现负增长之时，中国等发展中大国经济迅速回稳和保持较快增长。在这一背景之下，认识金融危机产生的原因以及对全球的影响，厘清国际金融危机的传导机制，探究国际金融危机的发展脉络，预测中国经济与世界经济的未来发展趋势等一系列问题，成为 2009 年中国学者对国际经济学研究的重点。

二 2009 年国际经济学理论前沿与重大热点问题

（一）国际金融危机的起源

这场国际金融危机始于美国次贷危机，因此，为了分析国际金融危机的起源，就要首先分析次贷危机产生的原因。导致次贷危机形成的根源有三个方面，具体来看，卢锋、刘鎏（2009）系统整理并考察有关数据后发现，美联储货币政策错误并非在于宏观经济走低时降低利息，而在于过度降息造成延续三年多负实际利率，在于从泰勒规则角度看出现了半个多世纪以来仅次于 20 世纪 70 年代的过于宽松货币政策。负利率与房价虚高的显著统计联系，表明货币政策刺激房市泡沫，成为“次贷—次债—金融危机”的主要根源。

从全球视角来看，张明、付立春（2009）的分析表明：全球失衡造成的后果就是，东亚国家和石油输出国外汇储备的绝大部分，投资于发达国家金融市场，尤其是美国国债市场，从而压低了全球金融市场的长期利率，加剧了全球范围内的流动性过剩，并推动全球资产价格上涨，因此，全球失衡是导致次贷危机形成的一大原因。

一些金融机构在风险控制上的不当是形成次贷危机的另一个重要原因，谢国忠（2009）从监管层失误的角度进行分析次贷危机产生的原因，首先，十年前推翻格拉斯—斯蒂格尔法案（Glass-Steagall Act），为美国次贷危机埋下了一个种子。其次，对金融衍生产品监管的缺失。在长期资本管理出事的时候，关于衍生产品是否需要监管，就有过一次激烈的辩论。当时克林顿政府内的主要人物都是反对监管的，所以辩论的结果是不需要监管。最后，关于投行资本的计算，新标准减少了对投行资本的要求，从而引起杠杆比率的大幅度上升。监管方面的这三个原因，为形成资产价格泡沫提供条件，给美国次贷危机埋下了种子。

发端于美国的次贷危机是如何诱发成国际金融危机的？李稻葵、梅松（2009）提出了金融危机的内外因理论，认为发达国家经济环境的变化通过某些新兴市场国家的内部因素，引发了以资本流入的大规模逆转为重要特征的金融危机。在准美元本位的国际货币制度安排下，美国国内的流动性松紧是引起发展中国家资本流入逆转的一个重要外部因素。当美国国内流动性紧缩时，大量国际资本回流美国市场，由此引发新兴市场国家资本流入的逆转。如果一国的宏观经济基本面本身存在一定的问题，那么资本流入发生逆转的概率将会显著提高，这场国际金融危机印证了他们的理论。

（二）经济周期理论及其应用

随着中国与美国的经贸关系的迅速加强和拓展，两国经济周期的相关程度已成为国内学者关注的问题。彭斯达、陈继勇（2009）对中国改革开放尤其是1990年代以来中美两国经济周期的协动性进行了分析。结果显示：中美两国经济周期现阶段的协动性较弱，但显示出逐渐增强的趋势；中美经济周期的协动性呈现出以工业经济为主导的性质，并且显现出中国经济增长的速度和潜力高于美国，经济运行的稳定性低于美国，两国主要宏观经济指标间的协动性程度不强的特征。

与彭斯达、陈继勇得出的结论不尽相同，于立、于左（2009）通过比较中国和美国经济增长率的变化，发现中美两国经济的确具有明显的同步变化趋势；他们还比较了中国和美国的经济结构，得出的结论是中美两个经济体却相差很大，而这种差异体现出近乎“完美”的互补性。比如，美国的净出口比重为-3%，而中国的却高达7%。

1980年代以来，中国与美国、日本和欧盟等经济体之间的金融、贸易的密切程度迅速上升，中国与各经济体的关联业已成为学术界关注的课题。袁富华、汪红驹、张晓晶（2009）就1996—2008年中国与美国、日本、欧盟三大经济体的周期关联问题进行了研究，他们运用动态单因子模型，其结果表明：存在两种力量左右着中国经济与世界经济的联动，一种是日益扩大的对外经济联系具有使中国经济波动“收敛于”世界经济波动的倾向；一种是国内特殊的投资和消费模式具有使中国经济波动“脱钩于”世界经济波动的倾向。从中国加入世界贸易组织之后 GDP 国际关联的特征来看，“收敛性”力量更强一些；计量分析表明中国经济增长波动的约 58% 可以由世界公共因子来解释。由此延伸出来的政策含义就是，中国经济的全面复苏有赖于外部环境的改善。

（三）国际金融体系改革的方向

此次金融危机的爆发并在全球范围内迅速蔓延，反映出当前国际货币体系的内在缺陷和系统性风险，虽然理论界意识到了美元作为一国的主权货币和作为全球流通手段的矛盾，但是目前暂时还没有对美元的替代。因此，在短期和中期内，国际货币体系的改革会争议不断。

作为战后国际货币体系核心问题的储备货币制度对世界经济增长存在收缩作用。其原因是：为取得必要的储备资产，非储备货币国必须获得相应的贸易顺差。如果储备货币国不希望出现等量贸易逆差，世界经济的总需求就会减少。美国是储备货币的最后提供者，当前国际货币体系的稳定依赖于美国维持经常项目逆差。美元的泛滥必将导致对美元价值信心的丧失。为了使得国际货币体系稳定，余永定（2009）认为，一个最为现实的方法是大量增加特别提款权（SDR）的发放。中国应该积极参与全球层面以国际货币基金组织（IMF）为主要平台的国际货币金融体系改革，以及二十国集团（G20）旨在克服全球经济危机的努力。

经历这场国际金融危机，无论是美元还是美联储都很难再恢复到危机以前的地位。今后十年甚至几十年内，则有可能出现群雄并起的局面，而最可能的格局则是三分天下：美元、欧元和一个亚洲货币。黄益平（2009）建议，中国应该重点推动汇率制度、资本账户、货币政策决策机制、以市场为基础的利率体系等四个方面的改革，实现人民币国际化，促进人民币成为代表亚洲的货币。

（四）经济全球化的发展方向

经济全球化的发展，逐步从贸易和投资自由化和便利化扩展延伸到金融领域，形成了金融全球化迅猛发展。随着各国金融开放、放松管制和市场结构的不断深化，金融全球化尤其是金融市场一体化进程明显在加快。在金融全球化不断深化的进程中，伴随而来的是系统性风险显著上升，使世界性危机尤其金融危机的爆发变得不可避免。在此背景下，张燕生（2009）指出，国际社会对全球治理结构改革方向及路径如果不能够达成一致的话，全球系统性风险、全球经济失衡、全球以邻为壑的贸易保护主义倾向等重大问题就不可能得到有效解决，世界性危机的制度根源就始终存在。因此，完善全球治理结构和国际秩序，构建全球系统性风险的对冲机制，抵御和防范世界性危机的外部冲击，具有十分重要的意义。

就中国参与区域一体化来看，2000 年以来，深度一体化已经成为全球区域一体化的趋势，推动了经济合作的空间进一步扩大。东艳、冯维江、邱薇（2009）的研究表明，深度一体化已成为全球区域一体化的主要趋势，也正成为中国参与区域一体化的新趋势。中国推进深度一体化的外部条件已经具备，并具备一定的内在条件，中国参与区域一体化的进程已经从起步阶段开始进入全面、深入发展的阶段。

回顾中国过去 30 多年的改革开放历程，可以看出，中国的发展脉络是：从内部改革到引进来，再到进一步开放。鉴于此，黄海洲（2009）预测，改革开放未来的推进器是进一步走出去，进一步融入全球经济。进一步融入全球经济可以获得进一步的利益，包括出口、进口、海外并购、建立全球性金融中心、全面提升国际地位等。在此进程中，需要为民间对外投资创造良好条件，拓宽资本流出渠道。王信（2009）指出实施民间对外投资需要采取的措施，比如考虑增加对外证券投资、扩大对外直接投资、扩大对外贸易融资和支持符合条件的银行“走出去”。

（五）全球气候变化谈判及其影响

在全球气候变暖的大背景下，以低能耗、低污染为特征的低碳经济成为全球关注热点。以哥本哈根会议为标志，国际经济规则正在经历自世界贸易组织（WTO）以来最大的变革。虽然气候变化本身是一个环境问题，但围绕气候变化所制定的规则将对全球经济的增长方式和格局产生深远的影响。国务院发展研究中心课题组（2009）对全球气候变化规则进行了研究，他们从“任何一国均没有无偿对他国施加净外部损害的权力”的原则出发，形成一个界定各国温室气体排放权的理论框架。分析显示，只有按人均相等的原则来界定各国累计排放权和未来初始排放权，各国的排放才均不会对他国产生净外部危害。

从外部环境来看，为应对气候变暖而提出的低碳经济发展模式已经成为全球能源和经济大变革的突出标志，主要国家工业结构向符合节能减排和低碳经济方向发展，并逐渐把节能减排和绿色经济作为未来国家竞争优势的基础。于宏源（2009）提出，对于气候变化这样一个为国际社会热烈讨论、研究甚至急切寻求解决方法的问题，中国显然需要表明自己的立场和政策以寻求国际社会的理解、支持并彰显自身的“负责任大国现象”，最终为中国的和平崛起塑造一个良好的国际环境和氛围。

从自身发展来说，随着科学发展观与构建和谐社会理念的提出，以及中国经济和科技实力的明显增强，节约能源与环境保护已经成为转变发展方式不可或缺的组成部分，在此背景下，探讨以高能耗和高排放为特征的中国工业的可持续发展问题，具有重要的现实意义。陈诗一（2009）构造了中国工业38个两位数行业的投入产出面板数据库，利用超越对数分行业生产函数估算了中国工业全要素生产率变化，并进行绿色核算，其得出的结论是，改革开放以来中国工业总体上已经实现了以工业驱动为特征的集约型增长方式转变，能源和资本是技术进步以外主要驱动中国工业增长的源泉，劳动和排放贡献较低甚至为负。但是，一些能耗和排放高的行业仍然表现为粗放型增长，必须进一步提高节能减排技术，最终实现中国工业的可持续发展。

（六）全球失衡

全球失衡问题在新世纪以来变得日益突出，一方面，美国经常账户持续恶化，对外净债务不断积累；另一方面，包括中国在内的新兴市场国家和一些石油输出国则持续顺差，积累了大量美元储备。在美国次贷危机爆发之后，国际经济学界讨论的热点问题是全球失衡的原因。

从理论上逻辑一致的解释全球失衡，是对经济学界的一大挑战。中国经济增长与宏观稳定课题组（2009）构建一国货币为国际本位货币的两国模型，该模型显示，由于货币具有双重属性，中心国家的货币政策会对全球资产市场造成巨大影响，当该国的货币发行超过一定限度时，会给全球经济带来巨大风险。其现实意义就是，这个模型能够说明，美国扩张性的财政和货币政策是造成此次全球失衡的根本原因。

从现实状况来看，当前全球失衡的突出表现是，中国存在巨额经常账户顺差与美国具有天量经常账户逆差。雷达、赵勇（2009）的分析表明，中美经济失衡是由美国经济的内部失衡所引起的，美国新经济消退后产业结构的内部调整和对外转移，直接导致了中美经常项目的持续失衡，美国强大的金融优势是美国成功进行产业调整和转移的重要保证。从本质上说，当前的中美经济失衡是在金融全球化和国际产业转移的大背景下，全球金融中心与全球制造业中心在国际分工协作和利益分配上的失衡，是全球化时代中美比较优势差异的自然反应，当前对其进行传统的政策调整，并不符合全球化时代国际分工的模式和利益，不但效果有限，而且这种调整的思路也不符合全球化发展的趋势。

（七）人民币国际化

金融危机爆发之后，中国一方面加速了人民币国际化的进程，同时也积极参与区域层面的东亚货币金融合作。人民币国际化尽管能够减少中国对外贸易中的汇率风险，也能为国内的金融机构带来新的机会，但是，风险也随之而来。何帆（2009）的研究表明，在过去十多年内，随着中国和国外尤其是周边地区的经济联系日益紧密，人民币已经逐渐在许多周边国家和地区流通和使用。人民币的国际化进程将会逐渐加快。推动人民币国际化，有助于减少汇率风险、促进贸易和投资的发展，也能在一定程度上避免中国持有过多外汇资产面临价值缩水的风险。人民币国际化，也会使得中国在资本管制、货币政策方面面临更多的挑战，有可能增加在对外开放过程中的风险。

自从1997—1998年亚洲金融危机的爆发以来，中国和亚洲其他经济体开始以一种非常积极的方式推进亚洲区域金融合作。高海红（2009）认为，对于中国和亚洲其他经济体来说，在形成区域共同金融稳定政策方面，欧洲成功的区域一体化，特别是单一货币欧元的推出，提供了参考。中国和其他亚洲经济体从欧盟经验中所学到的一个重要经验是：区域各国在货币领域具有共同的目标，对区域金融合作向货币领域发展非常重要。

在亚洲汇率合作进程中，区域篮子货币成为共同目标的设想引人注目。万志宏、陈晓莉（2009）使用修正后的最优货币区域指数法，寻找影响区域货币汇率变动的主要宏观经济因素，并评价亚洲货币单位作为区域篮子货币的合理性。检验结果表明，亚洲货币单位能部分反映区域经济体的宏观经济差异，各经济体在经济增长、国际收支状况和货币政策上的差异能解释区域内部汇率变动。这意味着将上述指标纳入区域汇率合作监控体系具有一定的现实合理性，通过在上述宏观经济变量上加强区域趋同将有助于推进亚洲汇率稳定进程。

三 中国国际经济学研究的发展方向

（一）后危机时代全球经济的发展方向

国际金融危机的形成与经济全球化存在着密切的关系，同时，危机本身又严重扰乱了经济全球化的发展进程。伴随后危机时代经济增长方式的变革，金融监管的加强，各国宏观经济政策的调整以及对新自由主义经济理念的重新认识（以至于多年来坚信新自由主义理念的国际货币基金组织都已经开始反思原有的经济管理模式和宏观经济政策），经济全球化进程会发生什么样的变化，对于我们判定世界经济的发展趋势至关重要。需要说明的是，哪个行业是引领未来经济增长的新动力尚不明朗。金融业、信息技术遭受重创，全球制造业整体产能过剩。新能源和替代能源、节能、储能、新材料、气候变暖和环保、基因和生化、水资源等，都是目前的关注热点。

（二）全球经济“再平衡”与中国经济

全球“再平衡”被认为是后危机时代全球经济可持续发展的必要条件之一。“再平衡”本身能否真正解决全球经济可持续发展的所有问题？作为“再平衡”的一方，美国的储蓄率大幅度上升，表明其调整已经开始，但是单方调整的空间有多大？作为“再平衡”的另一方，东亚经济是否做好了调整的准备？东亚经济调整能否成功？“再平衡”双方调整的节奏如何协调？为此，全球经济增长模式将会有什么样的变革？长期来看，美国等国的经济“再平衡”将不可避免大幅减少对中国产品的市场需求，高度依赖外需的中国如何解决这一问题？

（三）国际货币基金体系改革的方向与影响

此次金融危机的爆发充分暴露了现行国际货币体系存在的缺陷，后危机时代改革现行的国际货币体系已成为国际共识。围绕国际货币基金组织所开展的改革是各方相互博弈的过程，其改革的程度将决定超国家货币（特别提款权）的应用范围。经过这场国际金融危机，美元的垄断地位受到严重冲击，尽管美元在国际货币中的主导地位不会改变，但是，超国家货币与美元及其他主权货币的关系将决定未来国际货币体系的格局。在新的格局下，世界主要货币的地位可能将发生变化。国际货币体系的改革还需要关注以下领域：改变国际货币基金组织贷款条件性，提高其贷款的反应速度；扩展国际货币基金组织的多边监测功能，增强其对发达国家的约束力；提高新兴市场国家的份额，将对国际货币基金组织的增资与其治理结构改革相挂钩。

（四）全球气候变化规则的形成与影响

全球温室气体减排被认为是未来全球经济可持续发展的另一个必要条件。为减排而制定全球规则的谈判已经开始。全球气候变化规则的核心是不同类型国家的利益分配，它将决定清洁能源与低碳经济的发展过程，重塑全球产业结构的形态和布局，以及不同类型国家在未来国际分工中的地位，因此，未来的规则框架安排对不同类型国家的影响将是非常深远的，全球气候变化规则将会延伸到国际经济的各个领域。在国际贸易领域，不仅所有的交易对象（商品和服务）都有碳含量，而且交易方式和交易规则都因碳含量的引入发生了变化。在国际金融领域，碳交易和碳排放定价机制将扩大金融市场的业务范围，改变金融市场的运行方式。在国际投资领域，不同生产要素的比价将会因减排成本的引入而变化，企业投资的区位选择也需要作出相应的调整。全球气候变化规则将直接涉及全球碳交易机制、碳税机制、碳关税机制、财政补偿机制、碳金融机制等。同时，新规则也将影响化石能源与清洁能源的发展方向、技术创新的轨道等，这些与全球气候变化规则相关的问题需要深入探讨。

（五）全球治理与中国的地位

经济全球化的发展派生出越来越多的全球性经济问题。全球治理正在受到日益广泛的关注。传统的全球治理模式难以应对新时期出现的全球性问题，也难以适应全球格局的变化趋势。新兴市场经济体在全球经济中的份额不断提高，对全球经济增长的贡献度越来越大。从八国集团（G8）到“8+5”模式，再到二十国集团（G20），甚至一些人开始炒作两国集团（G2），反映了全球治理的模式正在发生重大变化。此外，全球治理的范围也在不断扩展，从传统的经济问题开始扩展到气候及非传统安全领域。全球治理既是一个国际关系领域的问题，也是国际经济领域的重大问题。不可忽视的问题是，在改革开放与融入经济全球化进程中，作为世界第二大国，中国的战略转型对全球治理产生哪些影响。

参考文献与学科年度重要文献

陈诗一：《能源消耗、二氧化碳排放与中国工业的可持续发展》，《经济研究》2009 年第 4 期。

东艳、冯维江、邱薇：《深度一体化：中国自由贸易区战略的新趋势》，《当代亚太》2009 年第 6 期。

高海红：《中国在亚洲区域金融合作中的作用》，《国际经济评论》2009 年第 3 期。

国务院发展研究中心课题组：《全球温室气体排放：理论框架和解决方案》，《经济研究》2009 年第 3 期。

何帆：《人民币国际化的现实选择》，《国际经济评论》2009 年第 4 期。

黄海洲：《人民币国际化：新的改革开放推进器》，《国际经济评论》2009 年第 1 期。

黄益平：《国际货币体系变迁与人民币国际化》，《国际经济评论》2009 年第 3 期。

雷达、赵勇：《中美经济失衡的性质及调整：基于金融发展的视角》，《世界经济》2009 年第 1 期。

李稻葵、梅松：《美元紧缩诱发世界金融危机：金融危机的内外因论及其检验》，《世界经济》2009 年第 4 期。

卢锋、刘鎏：《格林斯潘做错了什么？美联储货币政策与次贷危机的关系》，《国际经济评论》2009 年第 1 期。

彭斯达、陈继勇：《中美经济周期的协调性研究：基于多宏观经济指标的综合考察》，《世界经济》2009 年第 2 期。

万志宏、陈晓莉：《亚洲区域汇率变动：对亚洲货币单位（AMU）指标的检验》，《世界经济》2009 年第7 期。

王信：《金融危机后人民币可兑换和对外投资政策》，《国际经济评论》2009 年第 3 期。

谢国忠：《监管失误引发美国金融危机：市场机制仍要坚持》，《国际经济评论》2009 年第 1 期。

于宏源：《整合气候和经济危机的全球治理：气候谈判新发展研究》，《世界经济研究》2009 年第 7 期。

于立、于左：《经济周期波动规律：国际比较视野的辽宁个案》，《改革》2009 年第 12 期。

余永定：《国际货币体系改革和中国外汇储备资产保值》，《国际经济评论》2009 年第 3 期。

袁富华、汪红驹、张晓晶：《中国经济周期的国际关联》，《世界经济》2009 年第 12 期。

张明、付立春：《次贷危机的扩散传导机制研究》，《世界经济》2009 年第 8 期。

张燕生：《经济全球化与世界性危机关系的研究》，《宏观经济研究》2009 年第 10 期。

中国经济增长与宏观稳定课题组：《全球失衡、金融危机与中国经济复苏》，《经济研究》2009 年第 5 期。

（李向阳　郭　强）

气候变化经济学

一　学科概述

气候变化经济学是一门近20年来发展起来的新兴学科，国际上一般将其作为环境与自然资源经济学的一门分支学科。该学科属于交叉学科研究性质，既包括宏观经济学、制度经济学、发展经济学等基础理论研究，也涉及微观经济学和应用经济学的很多内容，采用了国际政治学、环境法学、环境伦理学、社会学等许多相关学科的理论与分析方法。受到联合国气候变化政府间专门委员会（Intergovernmental Panel on Climate Change，简称IPCC）评估报告、斯特恩报告《气候变化经济学》、世界银行《适应气候变化经济学》等重要文献的影响（IPCC，2007；Stern，2006；2008；Parry et al，2009；WB，2010），国内学界开始关注气候变化领域的经济学问题。国内气候变化经济学的主要研究领域涉及以下方面：

1. 气候变化与经济发展的相关性研究：从社会经济角度，探讨气候变化与全球、区域、国家经济发展之间的关联。包括：能源消费、温室气体（如二氧化碳）排放与经济发展的相关性，气候变化与气候灾害对经济发展和社会福利的影响。

2. 国际气候制度：探讨国际气候制度的产生、发展及演变进程，国际气候制度对各国经济、环境和能源政策的影响，各国气候治理的机制及其参与国际气候谈判的社会经济影响，国际气候谈判的对策建议等。属于国际经济与环境政策问题研究领域，主要采用国际政治理论、环境治理理论、环境伦理、博弈论等理论与方法开展分析研究。

3. 低碳经济和低碳城市：主要包括：低碳经济的基本概念、理论框架、评价方法及实现途径；低碳城市的基本概念及其实现低碳发展的战略、规划及政策路径；低碳经济及相关政策对不同行业、地区及企业的社会经济影响，包括产出、投资、收入和就业等。

4. 碳市场、清洁发展机制与碳金融：主要内容包括全球碳市场及清洁发展机制的发展及演变，对社会经济、可持续发展造成的影响评估，利用国际国内碳市场开展融资的理论与方法探讨等。

5. 适应气候变化的经济学问题：涉及适应气候变化的基本概念、理论及经济学研究方法，适应气候变化的环境政策研究等。

6. 包括气候变化的社会经济影响评估、脆弱性评估及适应政策研究等主要方面。

7. 其他：如气候政策中的公平议题、气候变化与国际贸易、气候变化的国际政治学，气候政策与其他环境政策的协同等。

二 中国气候变化经济学的产生、发展及演进概况

学界对气候变化问题的关注与深入探讨，与国际气候制度的演进相辅相成。国内气候变化经济学的发展与壮大，受到了国际学界的影响和推动。对气候变化问题最初的关注主要是来自气候科学与自然科学领域，随着全球对这一问题日益重视，社会科学领域的研究也逐渐深入。即将开展的 IPCC 第五次评估报告①，与前四次评估报告在体例和内容上都有显著的不同，一个主要的特点就是不再以气候变化的事实及影响评估为主，而是侧重于政策和对策层面的探讨。这使得大量的社会科学领域的研究学者得以介入第五次科学评估报告。其中，中国社会科学院有两位从事气候变化经济学研究的学者被中国政府推荐为主要作者（潘家华研究员，陈迎研究员）。

（一）国际气候制度研究

20 世纪 90 年代以来，中国学者就开始关注国际气候制度中的相关问题，包括国际气候制度的演变，排放权与发展权，公平的减排机制设计，等等（徐玉高、郭元、吴宗鑫，1997；潘家华，1998，2002，2008；徐嵩龄，1999；陈迎，2002；潘家华，陈迎，庄贵阳，2003；何建坤、刘滨、陈文颖，2004；高广生，2006；郑艳，潘家华，2008 等）。国内学者从 1990 年代中后期开始关注国际气候制度研究。中国社会科学院是国内最早从事国际气候制度研究的学术机构之一，潘家华（1998），庄贵阳和陈迎（2005）等人全面梳理和分析了国际气候制度的发展、演变及主要问题，提出了满足基本需要的人文发展理论，及基于排放人际公平的碳预算和碳排放权分配理论（潘家华，2008；潘家华、朱仙丽，2006），其研究成果已成为国内外相关领域的重要理论基础。

（二）气候变化与经济发展的相关性

张永勤、缪启龙（2001）利用经济学“投入—产出”分析方法的基本原理，建立了气候变化对区域经济影响的投入—产出模型。张雷（2003）运用多元化指数方法分析了经济发展对碳排放的影响。郑艳等（2006）将最新的计量经济学方法如协整、格兰杰因果性检验引入了气候变化与城市增温的相关性研究。王中英和王礼茂（2006）研究指出中国 GDP 总量与碳排放有显著相关性。谭丹等（2008）运用灰色关联度方法测算工业各行业单位 GDP 碳排放量的变化，分析了工业行业产业结构与碳排放之间的密切关系。碳排放的库兹涅茨曲线问题是探讨气候变化与经济发展的一个主要假设。中国学者的研究证实了这种关系在某种情形下是存在的，例如徐国泉等（2006）对中国人均碳排放进行了因素分解分析，结果显示经济发展对拉动中国人均碳排放的贡献率呈指数增长，而能源效率和能源结构对抑制中国人均碳排放的贡献率都呈倒“U”形。杜婷婷等（2007）的研究指出中国 CKC 曲线近似 N 形。庄贵阳（2007）分析了 25 个温室气体

① 20 世纪 90 年代，自然科学家指出气候变暖与人类活动之间可能存在着某种关联，为此联合国专门成立了气候变化专家委员会（IPCC），自 1998 年以来，已经推出了四次气候变化科学评估报告，以充分的科学证据支持了人类活动导致全球变暖的科学事实及其对自然生态系统、社会经济系统造成的可能影响。

排放大国在六个不同时期的脱钩特征及各国主要影响因素，强调了人均GHG与人均GDP的脱钩假设很可能存在。

（三）低碳经济与低碳城市

低碳经济与低碳城市相关研究受到国内外气候政策的积极推动。对低碳发展的研究最早从概念界定开始，庄贵阳（2007）出版了中国第一本低碳经济的学术专著，指出低碳发展体现为排放与经济增长的脱钩现象。中国环境与发展国际合作委员会报告指出：低碳经济是一种后工业化社会出现的经济形态，旨在将温室气体排放降低到一定的水平，以防止各国及其国民受到气候变暖的不利影响，并最终保障可持续的全球人居环境（2008）。付允、马永欢等（2008）从温室气体减排压力、能源安全和资源环境等三个方面分析了中国发展低碳经济的紧迫性，并提出了我国实施低碳经济发展模式的政策措施。任卫峰（2008）总结了国外环境金融创新的经验，指出中国发展低碳经济需要在制度环境上创造金融创新的激励机制。

（四）碳市场、清洁发展机制与碳金融

联合履行（Joint Implementation），清洁发展机制（Clean Development Mechanism，简称CDM），排放贸易（Emission Trading）是《京都议定书》明确规定的三种减排机制。其中，清洁发展机制是国际减排机制中最重要也是目前最有效的实施机制。在这方面，国内学者先后进行了一些探索。包括对国际碳市场的分析预测及国内清洁发展机制的发展前景，从行业层面讨论碳融资问题等。庄贵阳（2001）基于公平与效率原则分析了清洁发展机制及其发展前景。李冉和史其信（2008）基于对国际减排趋势的判断，提出交通领域将成为下一步碳交易的重点，并详细分析了交通领域有潜力进行碳融资的部门和交通方式。此外，鉴于传统金融理论和实践已无法满足应对气候变化和低碳经济时代的要求，一些学者开展了对碳金融问题的探索，分析了清洁发展机制的主要融资方式和开发步骤（郑照宁、潘韬和刘德顺，2005；陈刚，2007等）。

（五）气候风险的影响与适应

气候风险的经济影响评估以及适应领域的经济学研究，在国内才刚刚开始起步。气候风险评估与灾害经济学的分析范畴比较接近，但是又引入了气候风险的脆弱性评估、适应能力评估、气候风险管理等新的概念与方法。气候风险的影响评估既包括自然科学领域，也包括社会经济领域的研究。路琮、魏一鸣等（2002）基于投入产出方法，讨论了直接和间接经济损失在投入—产出表中的表达方式，建立了农业灾害损失评估的定量分析模型；夏军等（2008）分析了气候变化对水资源分布、利用及质量方面的影响，并探讨了相应的适应管理对策。殷永元（2002）较早介绍了国际上各种气候变化适应对策的评价方法和工具。

三 2009年以来本学科发展的理论前沿及热点问题

（一）气候变化与经济发展的关系

关于经济发展与气候变化之间的关系，国内经济学界在前期探讨的基础上在研究方法和分析思路上取得了较为深入的进展。潘家华、郑艳（2009）研究了主要国家人均碳

排放与经济发展之间的关联，发现当前国际气候变化谈判中，存在着三大主要的利益集团：(1) 以欧盟为代表的利益集团；(2) 以美国为代表的伞形国家集团；(3) 以77国集团加中国为代表的发展中国家集团。韩玉军、陆旸（2009）在对"环境库兹涅茨假说"暗含的同质假设前提提出质疑的基础上，对165个国家进行分组检验后，发现"高工业、高收入"国家出现了"环境库兹涅茨曲线"的倒"U"形趋势，"低工业、低收入"国家出现微弱倒"U"形趋势，"低工业、高收入"国家表现出了"~"形趋势，而"高工业、低收入"国家环境污染与收入增长同步。付加锋等（2008）采用面板数据对1990—2004年44个国家的二氧化碳环境库兹涅茨曲线进行了实证研究，指出无论是从生产视角还是从消费视角，单位GDP的二氧化碳排放量都具有显著的倒"U"形状，符合环境库兹涅茨曲线特征。梁朝晖(2009) 分析了上海市碳排放的历史特征并进行了趋势分析。郑艳等（2009）对比了主要发达国家和发展中国家历史上人均累积碳排放与各国人类发展指数之间的相关性，指出碳排放与经济发展、社会福利增进之间存在着某种关联。

（二）国际气候制度研究

气候变化由于关涉各国经济发展及切身利益，已经成为国际外交与环境谈判的热点议题。2009年底召开的气候变化公约第15次缔约方大会，推动了对国际气候制度的热切关注。中国为此次气候大会达成的《哥本哈根共识》作出了积极努力，明确作出了自愿减排承诺：到2020年单位国内生产总值二氧化碳排放比2005年下降40%—45%，并作为约束性指标纳入国民经济和社会发展中长期规划。气候大会的召开，进一步推动了国内对构建国际气候制度及公平减排机制的研究。中国学者站在发展中国家立场，就减排责任分担或碳排放权分配分别提出了各种方案设计，试图明确公平原则，量化各国的温室气体减排责任。国务院发展研究中心课题组（2009）采用制度经济学的分析思路构建了碳排放权利分配的理论框架。潘家华、陈迎等（2009）提出的"碳预算方案"采用人均累积排放权概念，构建了一个满足全球长期目标、具有人际公平原则、体现各国国情差异的"碳排放"标准，指出由于历史和现实排放较高，发达国家的未来的排放空间已被严重透支，而且侵占了其他国家作为全球公共资源的排放空间，对此必须将公平原则与全球的可持续性目标结合起来，打破当前国际气候谈判的僵局。中国科学院研究人员提出了2050年之前将大气二氧化碳浓度控制在470ppmv（百万分之一体积单位）的方案设计，指出中国必须降低排放增速，避免出现排放赤字（丁仲礼等，2009）。王灿、陈吉宁、邹骥（2005）建立了综合描述中国经济、能源和环境系统的动态CGE模型，模拟分析了中国实施减排政策的经济影响，指出减排政策有助于提高能源效率，但同时会对经济增长和就业带来负面影响。王文军(2010) 基于福利经济学的分析，比较了德国与中国社会科学院的两种碳预算方案。樊刚等（2010）从福利角度讨论了以消费排放作为公平分配指标的重要性，建议采取"共同但有区别的碳消费权"原则，以1850年以来的（人均）累积消费排放作为国际公平分担减排责任与义务的重要指标。祁悦和谢高地（2009）总结了碳排放权分配的原则、标准和方法，分析了不同类型碳排放权空间分配的优劣及其对中国区域发展的影响。

（三）低碳经济与低碳城市

2007年以来，对低碳经济的探讨如雨后春笋，国内普遍采用的低碳经济概念是“以低耗能、低排放、低污染为基础的经济模式，其实质是提高能源利用效率和创建清洁能源结构，核心是技术创新、制度创新和发展观的转变”①（张坤民等，2008）。潘家华、郑艳、庄贵阳等（2009）提出发展低碳经济的核心是低碳排放和高人文发展目标的共同实现，低碳发展对于不同国家具有不同的含义，关键是区分发展阶段和减排义务对于发展中国家而言，因为人文发展的基本需要尚未得到满足，可以采取碳排放强度的相对指标；对于已经实现高人文发展目标的发达国家而言，面对未来日益有限的全球排放空间，应当履行减排义务，实现碳排放总量的绝对降低。此外，设计了低碳经济、低碳城市的评估指标，并进行了国家层面和地区层面的比较。谢来辉（2009）追溯了碳锁定的概念来源及其内涵，提出发展低碳经济的本质是要解除碳锁定，发达国家和发展中国家都面临着碳锁定带来的挑战，而发展中国家面临的挑战更大；中国的新型工业化道路必须加入低碳经济的维度，开展“解锁”的行动。徐盈之、邹芳（2010）基于投入产出分析，测算了我国27个行业在生产与消费过程中的内涵碳排放及其转移问题，探讨了行业之间的减排责任。针对如何在中国实施低碳发展，许多研究者从不同的角度提出了各自的思路，如以科技领先促进新能源发展（张艳秋、张抗，2010；朱四海，2009），完善市场体系，建立全国统一的碳排放权交易市场（傅强，2010），推动能源立法（邓海峰、刘玲利，2010），促进公众参与及制度安排（吴昌华，2009），等等。此外，潘家华、郑艳、张莹、柯水发等人（2009）最早关注了低碳发展对中国主要行业的就业影响，并且采用投入产出方法测算了2005—2020年中国林业部门、电力部门、钢铁行业实施节能减排等低碳发展政策导致的直接和间接就业影响，同时还测算了中国四万亿经济刺激投资可能带动的绿色就业效应，分析了其中的政策含义。

（四）碳市场、清洁发展机制与碳金融

2009年以前，国内学者的研究主要在碳市场的机制设计、发展前景、清洁发展机制相关研究等方面。随着2008年北京、上海、天津三大环境交易所的相继成立和2009年哥本哈根会议的召开，国内关于碳市场和碳金融问题的研究进一步升温。

（1）碳市场研究：2009年以来，关于碳市场的研究成果更多，在理论上也更加深入和细化，讨论比较多的议题主要有对国内外碳市场的发展，碳市场的外部影响以及参与风险等。这些研究主要是政策层面的探讨，采用经济学研究方法进行的深入分析并不多。张跃军等（2010）分析了化石能源市场对碳市场的复杂影响机制，通过计量经济学方法的实证研究发现，化石能源价格与碳价之间存在显著的长期均衡比例不断变化的协整关系，而且，在三种化石能源价格中，油价冲击是影响碳价波动最显著的因素，其次是天然气和煤炭，但天然气对碳价波动的影响持续时间最长。

（2）清洁发展机制：主要集中在清洁发

① 见国家环境保护部部长周生贤为《低碳经济论》一书作的序言。张坤民、潘家华、崔大鹏主编，中国环境科学出版社，2008年。

展机制对可持续发展的影响、实践过程中出现的问题、发展潜力及政策建议方面。任勇等（2010）评估了清洁发展机制对中国不同部门与地区带来的可持续发展效果。一些研究者分析了我国CDM项目开发中存在的问题，认为行业集中度过高、区域分布严重失衡、方法学自主研发不足、中介咨询机构不规范、项目注册成功率低、项目综合效益不高等是制约清洁发展机制进一步发展的主要因素（王妮，2009；郭升选等，2009；肖慈方等，2009），刘铮等（2009）系统地分析了碳融资存在的风险，提出小型化、高质量、低风险是清洁发展机制项目的发展方向。此外，还有对清洁发展机制项目交易成本与定价机制的讨论（宋润东等，2010；胡亮，2009）。一些学者关注了国内不同地区如河南、北京、黑龙江等发展清洁发展机制潜力，并提出了一些有针对性的建议（陈磊山等，2009；张玲，2009；詹文博等，2009）。杨凌（2009）则针对如何提高云南省清洁发展机制项目的国际谈判能力进行了专门研究。

（3）碳融资研究集中于对碳融资概念的理解、融资特点及具体行业或区域的碳融资问题。分析了直接融资、银行贷款、碳指标交易等三种碳融资方式的特点，提出赵玉娟（2010）强调了低碳发展对于融资的需求，分析了低碳经济融资具有产业资金链长、融资期限长和融资的政策性强等三个突出特点。针对全球金融危机和节能减排的国际国内环境，一些研究探讨了对碳融资领域的影响，指出金融危机和“后京都时代”的不确定性，对碳融资的发展会带来负面影响（孙磊、娄安举，2009；徐琳，2010）。王树茂（2010）分析了节能减排方面存在的主要障碍，认为节能减排的投入很难变成可抵押的优质资产，造成企业碳融资的困难，提出设立“碳券”的方式，破解碳融资困局。冯国昌等（2009）在对伊春市森林碳汇资源进行分析的基础上，提出应从舆论、法律和政策三个方面改善碳汇融资的外部环境，推进森林碳汇融资的发展。

（五）气候风险的经济影响与适应对策研究

国际上对气候风险及适应对策的研究有两种思路，传统方法是利用气候模型及社会经济发展情景评估未来可能的影响，比较注重气候变化的经济影响和损失评估，新的思路则是意识到气候风险与社会经济发展情景充满了各种不确定性，因此强调从脆弱性评估和增强适应能力入手（殷永元，2002；UNDP，2004）。

近年来气候变化的影响研究在方法学和分析领域上都更加深入。在经济影响评估方面，一些文献开始基于气候风险进行损失评估，并以此作为适应对策的前提。周曙东、朱红根（2010）建立了经济气候模型，利用计量经济学方法模拟评估了气候变化对南方水稻产量的经济影响及其适应战略。此外，由于国内外日益认识到气候风险与社会经济发展所具有的不确定性问题，会影响到评估的准确性与可靠性，使得提高适应能力、减小脆弱性更加富有现实意义。因此，学界对于灾害经济损失评估的关注逐渐开始转向社会经济脆弱性评估及适应对策研究。李宏（2010）采用时间序列协整分析方法探讨了中国近30年来自然灾害损失的社会经济影响因素，认为经济总量与规模的扩大、人口受教育水平的提高、政府对灾害投入的增加以及医疗卫生条件的改善等，能够增强防灾减灾能力，而人口增长则增加了社会经济的易损性。巢清尘等（2009）、方一平等（2009）、崔胜辉等（2009）对气候变化风险研究的国际背景、敏感性和脆弱性评估方法进行了回顾，指出了未来的发展方向。在适应对策研究方面，潘家华、郑艳（2010）分析了中国适应气候变化的基本概念、理论框架及经济学分析方法，提出应当基于中国的发展阶段和国情特点，区分“增量型适应”与“发展型适应”两种不同的适应需求，针对不同领域、不同区域实施提出相应的适应目标和制定适应战略，围绕适应的三大手段开展适应行动，即工程性适应、技术性适应和制度性适应手段。

（六）其他相关研究

对气候变化问题的热议，还带动了一大批社会社科研究者转向气候变化与国际贸易、国际政治、国际环境法、环境伦理学、国际金融等议题的交叉研究。国内对气候变化与国际贸易的研究始自最近两三年，陈迎、潘家华、谢来辉（2008）采用投入产出分析方法量化计算了中国及几个主要发达国家之间的进出口贸易所导致的排放转移，并提出了相应的政策含义。清华大学等一些国内研究机构开展了类似研究（刘强等，2008；齐晔、李惠民、徐明，2008 等）。一些研究者采用计量经济学方法对中国出口贸易的能耗效应和环境效应进行了实证分析（孙小羽、臧新，2009），在方法学上为贸易排放研究提供了经验支持。一些研究者还注意到，应对气候变化使得边境调节税成为发达国家可能采取的一种绿色贸易壁垒（谢来辉，2008）。

此外，一些研究者从国际政治经济学的角度探讨了国际气候制度构建对国际政治经济格局的影响，例如于宏源等（2010）分析了中国国内对于气候外交问题的关注度，并提出气候治理框架的设想。一些研究者从哲学和生态伦理的角度对于气候变化问题进行了思考，提出应当基于权利、责任和公平原则构建国际气候制度的伦理学基础（钱皓，2010；冯昭奎，2010）；这些探讨有助于完善气候变化经济学的理论基础，进一步开拓气候变化经济学与其他学科在理论和方法学的交融与创新。

四　中国气候变化经济学研究的未来发展趋势

未来国内学界对气候变化经济学领域的研究将保持目前的学科研究框架，并继续深入推进。

（一）国际气候制度研究

哥本哈根大会之后，国际社会日益形成共识，即建立“一个全面的、可操作的框架，以便采取有效的共同应对气候变化的行动”。鉴于中国在国际气候谈判中的关键角色，国内经济学界将有更多的研究力量介入国际气候制度研究，继续从国际政治、制度经济学、法经济学、环境伦理等多学科交叉角度深入探讨全球环境治理问题，为气候谈判及国内减排政策提供决策支持。国际碳排放权及减排责任的分担依然将是热点和焦点议题。此外，气候制度谈判中涉及的国际贸易与转移排放问题、适应领域的公平问题、适应基金机制等，也将成为国内学者关注的主要问题。

（二）低碳经济与低碳城市

目前学术界对低碳经济的研究多集中于

概念、发展模式与路径、发展战略等方面，而对低碳发展水平的考核标准尚在探索之中。未来研究重点将继续深化对低碳经济、低碳城市等相关领域的理论与方法学探讨。在加深对低碳经济的概念内涵认识基础上，发展和完善低碳经济的评估指标，在国际、地区、城市和企业层面构建科学合理的评估体系，进一步将低碳发展研究推向操作层面，尤其是对区域和行业碳预算、减排责任和路径以及低碳发展综合评价指标体系的相关研究，为国家和地区低碳发展提供决策依据。可以期待低碳经济和低碳城市的理论与方法突破，有待于实践过程中产生的创新思想和解决思路。

（三）碳市场、清洁发展机制与碳金融

碳市场：我国是温室气体排放的大国，同时又受到自身资金、技术限制，无足够能力采取有效的减排措施，这意味着我国清洁发展机制市场将具有巨大的发展潜力。最近几年，随着国内碳市场的发展，相关研究更为深入和多元化。碳市场研究表现出几种倾向：一是对碳市场的总体研究从以前对国外碳市场的介绍，转向对国内建立碳市场的探讨。尤其是随着国内碳交易业务的开展，这类研究肯定会更多结合本土经验进行，其中也包括对交易风险的讨论。二是对碳市场的探讨，正逐渐超出碳市场本身的范围。在一个更大的尺度下，探讨市场外部因素对市场及其交易的影响，或者碳市场与外部制度环境的互动，应该是未来研究的一个重要方向。

清洁发展机制：随着中国经济社会改革开放的深入，各类利益主体的出现和成熟，利益分化的潜在发展，使得清洁发展机制利益相关方的分析及其权利、利益的制衡关系的探讨有待加强。此外，对未来清洁发展机制的前景还需要保持持续的关注，如何确保清洁发展机制项目的健康发展，促进“两型”社会的构建，实践科学发展观，也将是今后一个时期清洁发展机制研究的一个重要方向。

碳融资：国内目前已经在北京、上海、天津成立了三家环境交易所，随着中国政府节能减排政策以及 2020 年碳强度目标的实施，国内的碳交易环境及市场潜力将日益凸显。2010 年 7 月 15 日，国家批准 5 个省区和 8 个城市作为我国低碳区域发展的试点，必将引发区域性碳融资的新一波热潮。对于学术界而言，要为中国的碳交易及其融资方式建立一个比较清晰的实施框架，还需要作更多的探索。未来的理论前沿和热点问题将深入探讨碳融资的基本理论、特点及方法，尤其是不同行业、不同领域的碳融资议题，例如减排行业对碳融资的需求及资金来源、适应领域对碳市场融资方式的潜在需求，如何开发新的碳融资领域和排放贸易市场，包括利用水权转换机制构建水资源的碳交易市场等。

（四）气候风险的社会经济影响与评估

理论前沿和热点问题主要是：气候变化和气候风险对不同领域及不同地区的社会经济影响评估，包括发达地区和不发达地区的脆弱性评估问题；气候变化对人居环境、城市基础设施、公共健康系统的经济影响评估；对未来气候风险进行预测的方法学及社会经济情景的构建；气候变化对社会公平、社会福利、脆弱群体的影响研究；城市应对气候变化风险的适应性对策研究；气候风险的分担机制研究，如政策保险、沿海洪灾保险、社会保障机制与提高适应能力等；适应的资

金机制研究，如利用国内清洁发展机制和碳市场收益建立适应资金机制、生态补偿机制、适应性水资源管理研究等。

小　　结

国内气候变化经济学受到国际气候谈判进程及国内政策的推动，在概念、理论和方法学上取得了积极进展。目前，国内学界提出的一些创新的概念和思想，已经引起国际社会的关注，例如人文发展理念，人均累积碳排放，发展型适应与增量型适应等（潘家华、陈迎，2009；丁仲礼等，2009；潘家华、郑艳，2010）。在方法论和分析工具上，广泛借鉴了国内外相关学科比较成熟的数学模型和分析工具，开展了一系列创新性研究，例如构建中国农业、生态系统的脆弱性评估指标体系，将投入产出分析、CGE 模型、时间序列面板数据分析等方法应用与气候政策研究（蒋金荷、姚愉芳，2002；王灿等，2003；王丽，2010）。今后国内气候变化经济学将继续向广度和深度发展，并在方法学上逐渐走向成熟和规范化，例如，CGE 等方法的应用领域将不仅局限于宏观层面的减排效应、碳税与能源政策评估，农业的经济影响评估，还可应用到适应政策评估、气候风险对旅游业、林业、交通、基础设施和建筑行业、生态系统服务及社会福利的影响等多个领域。此外，鉴于气候变化的经济学研究属于气候科学、自然科学与社会科学的交叉研究领域，在气候变化影响评估、自然生态系统与社会经济系统耦合等领域，国内学界还需要开展更多的基础研究、理论创新与方法学探索。

参考文献与学科年度重要文献

Nicholas Stern, 2006, "The Economics of Climate Change: The Stern Review", London: Cambridge University Press.

Nicholas Stern, 2008, "Key Elements of A Global Deal on Climate Change", The London School of Economics and Political Science, London: UK, www.lse.ac.uk/.../Key% 20Elements% 20of% 20a% 20Global% 20Deal% 20 - Final% 20version% 201300% 2030—4.pdf.

Parry M, Arnell N, Berry P, Donman D, Fankhause S, Hope C, Kovats S, Nicholls R, Satterhwaite D, Tiffin R, Wheeler T, Assessing the costs of adaptation to climate change: review of the UNFCCC and other recent estimates, August 2009, IIED, London.

UNDP, *Adaptation Policy Frameworks for Climate Change: Developing Strategies, Policies, and Measures*, 2004, Cambridge University Press, http://www.undp.org/climatechange/adapt/apf.html.

UNFCCC (United Nations Framework Convention on Climate Change). 2007. *Climate Change: Impacts, Vulnerabilities, and Adaptation in Developing Countries.* Bonn, Germany: United Nations Framework Convention on Climate Change.

IPCC (Intergovernmental Panel on Climate Change) 2007. Climate change 2007: impacts, adaptation and vulnerability. M. L. Parry, O. F. Canziani, J. P. Palutikof, P. J. van der Linden, and C. E. Hanson (editors).

World Bank, Economics of Adaptation to Climate Change, World Bank Synthesis Report, August 2010, www.worldbank.org/eacc.

Zhang, Q., L. Wu, Q. Liu (2009). Tropical cyclone damages in China: 1983—2006. Bulletin of the American Meteorological Society, 90, pp. 489—495.

曾少军：《中国钢铁业节能减排的技术路径——基于清洁发展机制（CDM）的研究》，《工业技术经济》2009年第1期。

陈刚：《中国清洁发展机制项目中的融资问题》，《新远见》2007年第3期。

陈迎、潘家华、谢来辉：《中国外贸进出口商品的内涵能源及其政策含义》，《经济研究》2008年第7期，第11—25页。

邓海峰、刘玲利：《论能源立法的低碳化》，《中国石油大学学报》（社会科学版）2010，26（2）：1—6。

丁仲礼、段晓男、葛全胜、张志强：《2050年大气CO_2浓度控制：各国排放权计算》，载《中国科学》D辑：地球科学，2009年第8期，第1009—1027页。

樊纲、苏铭、曹静：《最终消费与碳减排责任的经济学分析》，《经济研究》2010年第1期，第4—14页。

冯昭奎：《气候问题的辩证法》，《世界经济与政治》2010年第4期。

付加锋、高庆先、师华定：《基于生产与消费视角的CO_2环境库兹涅茨曲线的实证研究》，《气候变化研究进展》2008年第6期。

付允、马永欢等：《低碳经济的发展模式研究》，《中国人口·资源与环境》2008年第3期，第14—19页。

高广生：《气候变化与碳排放权分配》，载《气候变化研究进展》，2006年第6期，第301—305页。

郭升选、李娟伟、徐波：《我国清洁发展机制项目运行中的问题成因及其对策》，《西安交通大学学报》（社会科学版）2009年第3期。

国务院发展研究中心课题组：《全球温室气体减排：理论框架和解决方案》，《经济研究》2009年第3期，第4—13页。

韩玉军、陆旸：《经济增长与环境的关系——基于对CO_2环境库兹涅茨曲线的实证研究》，《经济理论与经济管理》2009年第3期。

何建坤、刘滨、陈文颖：《有关全球气候变化问题上的公平性分析》，《中国·人口资源与环境》2004年第6期，第12—15页。

蒋金荷、姚愉芳：《气候变化政策研究中经济—能源系统模型的构建》，《数量经济技术经济研究》2002年第19卷第7期。

李宏："自然灾害的社会经济因素影响分析"，《中国人口·资源与环境》，2010年第20卷第11期，136—142页。

刘强、庄幸、姜克隽、韩文科：《中国出口贸易中的载能量及碳排放量分析》，《中国工业经济》2008年第8期，第46—55页。

刘铮、陈波：《清洁发展机制的局限性和系统风险提示》，《广东社会科学》2009年第6期。

路琮、魏一鸣、范英、徐伟宣：《灾害对国民经济影响的定量分析模型及其应用》，《自然灾害学报》2002年第11期。

潘家华：《全球环境保护的若干制度约束问题》，《1998年世界经济年鉴》，中国社会科学出版社1998年版。

潘家华、陈迎：《碳预算方案：一个公平、可持续的国际气候制度框架》，《中国社会科学》2009年第5期，第83—97页。

潘家华、陈迎、庄贵阳：《减缓气候变化的经济分析》，气象出版社2003年版。

潘家华、郑艳：《适应规划的基本概念及分析框架》，《中国人口·资源与环境》2010第10期。

潘家华、郑艳：《基于人际公平的碳排放概念及理论涵义》，《世界经济与政治》2009年第10期。

潘家华、郑艳：《碳排放与发展权益》，《世界环境》2008年第3期。

潘家华、郑艳、庄贵阳等：《低碳经济的概念及评价方法探析》，见张坤民等主编：《低碳发展论》，中国环境科学出版社2009年版。

潘家华、朱仙丽：《人文发展的基本需要分析及其在国际气候制度设计中的应用——以中国能源与碳排放需要为例》，《中国人口·资源与环境》2006年第6期。

潘家华、郑艳：《碳排放与发展权益》，载《世界环境》2008年第5期，第58—63页。

潘家华：《人文发展分析的概念构架与经验数据——以对碳排放空间的需要为例》，《中国社会科学》2002年第6期，第35—48页。

潘家华：《满足基本需求的碳预算及其国际公平与可持续含义》，《世界经济与政治》2008年第1

期，第35—42页。

潘家华：《低碳发展的社会经济与技术分析》，滕藤、郑玉歆主编：《可持续发展的理念、制度与政策》，社会科学文献出版社2004年版，第223—262页。

齐晔、李惠民、徐明：《中国进出口贸易中的隐含碳估算》，《中国人口·资源与环境》2008年第18期，第8—12页。

钱皓：《正义、权利和责任——关于气候变化问题的伦理思考》，《世界经济与政治》2010年10期。

孙小羽、臧新：《中国出口贸易的能耗效应和环境效应的实证分析》，《数量经济技术经济研究》2009年第4期，第33—44页。

王宝华、付强、谢永刚、冯艳：《国内外洪水灾害经济损失评估方法综述》，《灾害学》2007年第22卷第3期，第95—99页。

王灿、陈吉宁、邹骥：《CGE模型理论及其在气候变化研究中的应用》，《上海环境科学》2003年第22期，第206—212页。

王丽：《气候变化问题研究中的一般均衡模型》，《中国人口·资源与环境》2010年第7期。

王文军：《德国WBGU碳预算方案解析与中国社会科学院方案比较》，《气候变化研究进展》2010年第6期。

谢来辉：《碳锁定，碳解锁及发展低碳经济》，《开放导报》2009年第5期。

徐嵩龄：《试论国际环境条法中的公平与效率原则：兼评全球CO_2减排规则》，《数量经济技术经济研究》1999年第4期，第10—14页。

徐玉高、郭元、吴宗鑫：《碳权分配：全球碳排放权交易及参与激励》，载《数量经济技术经济研究》1997年第3期，第72—77页。

徐玉高、何建坤：《气候变化问题上的平等权利准则》，载《世界环境》2000年第2期，第17—21页。

闫云凤、杨来科：《中美贸易与气候变化——基于投入产出法的分析》，《世界经济研究》2009年第7期，第40—44页。

殷永元：《气候变化适应对策的评价方法和工具》，《冰川冻土》2002年第4期，第426—432页。

张坤民、潘家华、崔大鹏主编：《低碳经济论》，中国环境科学出版社2008年版。

张雷：《经济发展对碳排放的影响》，《地理学报》2003年第4期。

张艳秋、张抗：《对中国未来低碳能源约束下的能源构成和油气需求分析》，载《中外能源》2010年第1期，第15—18页。

张跃军、魏一鸣：《化石能源市场对国际碳市场的动态影响实证研究》，《管理评论》2010年第6期。

郑艳、潘家华、吴向阳：《影响北京城市增温的社会经济因子分析》，《气候变化研究进展》2006年第2卷第4期。

郑艳、潘家华：《气候变化与经济发展：基于人际公平的视角》，2009年4月丹麦哥本哈根气候大会边会。

郑照宁、潘韬、刘德顺：《清洁发展机制的项目融资方式》，《商业研究》2005年第2期。

中国环境与发展国际合作委员会（CCICED）：《低碳经济的国际经验和中国实践》研究报告，2008年12月。

周曙东、朱红根：《气候变化对南方水稻产量的经济影响及其适应战略》，《中国人口·资源与环境》2010年第10期，第175—180页。

朱守先：《城市低碳发展水平及潜力比较分析》，《开放导报》2009年第8期，第10—13页。

朱四海：《低碳经济发展模式与中国的选择》，载《发展研究》2009年第5期，第10—14页。

庄贵阳、陈迎：《国际气候制度与中国》，世界知识出版社2005年版。

庄贵阳：《中国经济低碳发展的途径与潜力分析》，《国际技术经济研究》2005年第8期，第79—87页。

庄贵阳：《低碳经济：气候变化背景下中国的发展之路》，气象出版社2007年版。

庄贵阳：《由“表”及“里”认识低碳经济》，见《经济日报》2009年1月7日。

潘家华：《人文发展权限与发展中国家的基本碳排放需求》，《中国社会科学》2002年第6期。

任勇主编：《中国CDM与可持续发展》，中国环境科学出版社2010年版。

潘家华、郑艳：《中国未来十年的绿色就业》，《中国改革》2010 年第 7 期。

张永勤、缪启龙：《气候变化对区域经济影响的投入—产出模型研究》，《气象学报》2001 年第5 期。

王中英、王礼茂：《中国经济增长对碳排放的影响机制分析》，《安全与环境学报》2006 年第 6 期，第 88—91 页。

杜婷婷、毛锋、罗锐：《中国经济增长对碳排放的影响分析》，《中国人口・资源与环境》2007 年第 17 期，第 94—99 页。

谭丹、黄贤金：《我国东、中、西部地区经济发展与碳排放的关联分析与比较》，《中国人口・资源与环境》2008 年第 18 期，第 54—57 页。

魏一鸣：《中国能源报告（2008）：碳排放研究》，科学出版社 2008 年版。

梁朝晖：《上海市碳排放的历史特征与远期趋势分析》，《上海经济研究》2009 年第 7 期。

徐国泉、刘则渊、姜照华：《中国碳排放的因素分解模型及实证分析：1995—2004》，《中国人口・资源与环境》2006 年第 6 期，第 158—161 页。

祁悦、谢高地：《碳排放空间分配及其对中国区域功能的影响》，《资源科学》2009 年第 31 期，第 590—597 页。

任卫峰：《低碳经济与环境金融创新》，《上海经济研究》2008 年第 3 期，第 38—42 页。

孙磊、娄安举：《金融危机下中国碳市场的发展前景分析》，《中国外资》2009 年第 16 期。

徐琳：《后危机时代世界碳交易市场的发展及其前景》，《开放导报》2010 年第 4 期。

吴昌华：《城市引领中国低碳转型》，《中国投资》2009 年第 2 期，第 116—118 页。

巢清尘、胡国权、赵宗慈：《气候变化的风险、挑战与决策》，《气候变化研究进展》2009 年第 5 卷第 4 期，第 246—248 页。

方一平、秦大河等：《气候变化适应性研究综述：现状与趋向》，《干旱区研究》2009 年。

崔胜辉、李方一、黄静、于裕贤：《全球变化背景下的敏感性研究综述》，《地理科学进展》2009 年第 9 期，第 1034—1143 页。

于宏源等：《气候变化与全球安全治理：基于问卷的思考》，《世界经济与政治》2010 年第 6 期。

徐盈之、邹芳：《基于投入产出分析的我国各产业减排责任研究》，《产业经济研究》2010 年第 5 期。

（郑　艳　潘家华　庄贵阳　朱守先　谭灵芝）

注：本文为国家自然科学基金重点项目 70933005、中国社会科学院环境经济学重点学科资助项目。

行为经济学

一　学科概述

行为经济学是近年来经济学界迅速崛起的新兴学科，它是借鉴心理学和社会学等学科的研究方法，结合标准的新古典经济学理论，研究人们各种经济行为的一门交叉学科。行为经济学自20世纪80年代正式创立以来，对传统经济学形成了巨大冲击，它不仅改变了经济学家的许多习惯性思维，还为现有的理论和政策研究注入了新的活力。随着2002年行为经济学的先驱者美国普林斯顿大学的Daniel Kahneman教授和实验经济学的开创者美国乔治梅森大学的Vernon Smith教授获得诺贝尔经济学奖，行为经济学得到了经济学家的广泛关注，逐渐成为国内外经济学研究的前沿领域，并代表着国内外经济学发展的新方向。

作为传统经济学的延续和发展，它所研究的核心问题与传统经济学是相同的，即生产力、生产关系、资源的有效配置以及利益分配等问题。行为经济学以现实为基础，抛弃了传统经济学的统一模式和理性假定，考察各种理性、有限理性和非理性的经济行为及其背后的复杂动机，并在此基础上提出新的行为预测。在行为经济学的视角中，人们的行为准则并不是完全理性、不动感情的自我利益，也不是没有道德的科学。行为经济学的创新之处在于从实际出发，将行为分析理论与经济运行规律相结合，打破了传统经济理论通过建立严密的数学模型、严格的推理论证来研究解释经济行为的框架，对理性人、效益最大化和均衡产出等理论形成了挑战。

行为经济学的研究方法与经济学其他学科的研究方法基本相同。一方面，在其整个发展过程中，行为经济学主要通过观察和实验等方法研究个体和群体的经济行为规律，并通过数学语言把这些规律表达出来。因此，观察实验法一直是行为经济学的重要研究方法。这方面研究者在未经控制的日常生活中系统地观察经济主体的表现，或者对研究客体所处的条件加以有意识地调节和控制，并分析和判断其行为和心理活动。另一方面，调查法也是行为经济学较常用的方法。研究者通过书面方式或语言方式了解取证，并明晰公众意向。另外，微观计量方法的广泛应用使得行为经济学可以放弃新古典经济学的边际分析方法，寻求各种非线性和动态的求解方式和经验实证方式，从而能有效地处理包含有限理性和非理性在内的一些认知和偏好问题。

目前，行为经济学的研究已渗透到传统经济学的各个主要领域，包括以Matthew Rabin和Chris Starmer为代表的行为决策理论；以Reinhard Selten、Colin F. Camerer和George Loewenstein为代表的行为博弈与产业组织理论；以 Nathan Berg 和 Truman F. Bewley 为代表的行为劳动经济学；以 George Akerlof 和 David Laibson 为代表的行为宏观经济学和以 A Shleifer 和 Richard H. Thaler 为代表的行为金融学等。

二 行为经济学的发展和演进概况

行为经济学的发展与心理学具有不可分割的历史渊源。早在 18 世纪中期，以 Adam Smith 和 Jeremy Bentham 为代表的经济学家就将经济效益与心理学相结合，从心理学的角度分析了经济效用，并开始从“人”的角度来研究经济决策，从而奠定了早期行为经济学的微观研究基础。比如，《国富论》和《道德情操论》中都有关于损失厌恶、过度自信、公平和自我控制等与行为经济学相关的理论。边沁是系统分析主观效用的第一人。他认为，一个社会的经济发展水平越高，人们总体的心理满足程度就越高。然而，从 19 世纪中期开始，这种心理学的研究方法被新古典理论所取代，从而长期被经济学家所弃用。

凯恩斯在其著名的《通论》中关注了人的心理因素可能带来的宏观经济波动问题，并认为投资会受人们心理因素的影响，市场会被乐观或者悲观的情绪所支配。经济学家 Katona 较早开始研究经济行为的心理基础，并指出，认识经济行为必须从心理学出发，揭示行为的内在决定过程。直到 20 世纪中后期，随着实验经济学、认知经济学和决策理论的兴起和发展，行为经济学才得到了经济学界的逐渐认可。1958 年，Donald Broadbent 发表了《感知与交流》，使认知心理学开始受到广泛的关注。经济学家西蒙提出的“有限理性”假设下的决策科学理论直接推动了行为经济学的发展。1968 年，决策理论学家 Howard Raiffa 在他的论著《决策分析：关于不确定性下选择的介绍》中，介绍了可以更好地描述思维过程的决策分析中的三种方法。1979 年，Amos Tversky 和 Daniel Kahneman 开始对不确定性情况下的决策进行分析，并提出了展望理论，采用价值函数和权重函数来描述人们是如何评估收益和损失的。Daniel Kahneman 和 Mark Riepe 的论文《投资者的心理学视角：投资分析师应该知道的信念、偏好和偏差》从行为学的角度考察了投资分析师的决策，并提出了经济决策中的三种行为偏差。以上的这些论文和著作都促进了现代行为经济学的发展。

在过去的十年间，经济学家发表了大量的论文和著作，为现代行为经济学的发展和繁荣作出了重要贡献。其中最有影响力的著作是美国 Robert Shiller 教授 2000 年出版的《非理性繁荣》。Shiller 教授指出，当前的快速经济增长伴随着较低的通货膨胀率，这可以说明经济的稳定性。然而，不管用哪种尺度来衡量，美国股票市场中的价格都已经很高了，这种非理性繁荣必然会导致资产价格的过度上涨，从而引发像日本那样的不可预测的持续性经济萧条。2000 年，美国 Santa Clara 大学的 Hersh Shefrin 教授在综合性专著《超越恐惧和贪婪：行为金融学与投资心理诠释》中，以案例分析的形式识别心理因素如何对自己、对他人以及对整个金融市场产生的影响。Shefrin 教授也预测到资产价格泡沫的破灭。投资者在决策时常常对正面影响赋予过度的权重，导致市场上出现过度乐观的现象。2000年股票市场的降温就印证了这一点。

另外，美国芝加哥大学的Richard Thaler教授也是行为经济学研究的先驱者。他与Owen Lamont在2003年发表了关于高科技股票的错误定价的文章。针对1999年3Com公司对Palm公司的剥离，讨论了投资者在高科技股票投资中的非理性行为。美国经济学家Andrei Shleifer教授和Meir Statman教授也对行为经济学的发展作出了突出贡献。Meir Statman分析了投资者的目标、影响投资者行为的认知偏差和情绪等因素，以及投资者是如何构造证券组合等问题。Andrei Shleifer教授在颇有影响力的著作《并非有效的市场：行为金融学导论》中，比较详细地分析了投资者的心理变化和这些变化对证券价格的影响，并比较系统地论证了市场的无效性，从而使得投资者可以更好地理解金融市场是如何运作的，这本著作对于投资者和政策制定者具有很现实的参考意义。

三　行为经济学的最新理论前沿

（一）行为经济学的前提假定

从新古典经济学开始，传统经济学采用了理性人和同质经济的概念。同质经济是研究人们经济行为的一种简单模型：完全利己性的投资者利用完备信息作出完全理性的决策，从而实现效用的最大化。然而，这些特点和同质经济的假定逐渐受到了经济学家的质疑。经济学家Meir Statman认为，传统经济学中的人们是理性的，行为经济学中的人们是正常的。行为经济学是建立在以下的基于现实的假定之上的。

第一，完全理性并不是人们行为的唯一驱动力，而且理性并不是绝对的。心理学家发现思维能力从属于情感力，人们的行为更多地受到主观冲动的影响，比如恐惧、喜爱、高兴和痛苦等。人们常常表现为既非完全理性也非完全的非理性，而是两者的结合，即有限理性。

第二，完全利己性在现实生活中是难以长期存在的，否则就不存在慈善事业了，而且提倡无私、对人友善等人文关怀也就不存在了。

第三，完备信息也是不可能存在的。虽然在某些特定情况下，少数人可能在某些事情上拥有完备的或者接近完备的信息，但是并不是每个人在每件事情上都掌握完备的信息，即使最成功的投资者都不可能掌握所有的信息。

（二）行为经济学的理论基础

行为经济学在以上的假定之上试图对投资者的心理、社会和文化等因素进行识别并加以应用。它的理论基础主要包括认知上的偏差和偏好的差异两个部分。一方面，人们常常难以实现完全理性、完全利己性和完备信息，会经常犯错误，而且这些错误是基于一定的心理基础且可以被预测的；另一方面，人们不能有效地更新信念，或者不能严格地按照预期效用理论来进行决策。

1. 认知上的偏差

（1）过度乐观和过度自信。过度乐观和过度自信是被经济学家论述得最多的认知偏差。这种偏差主要来自于控制力幻觉，即人们总是认为自己能够控制事件的发展，并且能够取得成功。在现实市场中，投资者往往对自己投资的股票、证券市场的前景和整体经济水平有过高的估计，同时低估投资风险。具体来说，存在过度乐观和过度自信的投资者往往愿意收集利好的信息，并对其赋予较高的权重。比如，在对财务报表进行分析时，投资者或者股票分析师乐于关注那些对公司前景看好的信息，常常形成看涨的预测。他们相信自己拥有比较确定的信息，而这些信息并没有被其他投资者所掌握，从而表现为交易过度并导致净收益的下降。另外，在投资的地域选择上，过度乐观导致投资者更多地投资于本公司、本地区或本国的股票，即投资者存在“本土偏差”。

（2）锚定效应和保守主义偏差。锚定效应是指当对未知事件进行估计时，人们的判断和决策很容易受到其他因素的影响，比如最初获得的信息会制约对整个事件的估计。人们通常是根据最初信息，而不是最新信息来进行分析和调整，而且这种调整是缓慢的和不充分的，这就同时表现为保守主义偏差。在金融市场中，锚定效应和保守主义偏差使得投资者长期坚持已有的观点或预测，对新信息反应不足。比如如果投资者收到了关于公司预期收入的利空信息，而这一信息与公司上个月公布的预期收入相违背，那么保守主义偏差会使得投资者继续相信上个月的收入预测，而不利用新的信息来更新自己的预测，从而对风险估计不足。当具有保守主义偏差的投资者开始接受新的信息时，这一过程是十分缓慢的。

（3）代表性偏差。代表性偏差是在进行判断时的一种基于成见的判断。人们常常关注一个事物与另一个事物或与一个整体的相似性。如果它们相似，就把它们归为同一范畴，并不利用概率统计等数理工具进行客观的分析和判断。代表性偏差的一个重要表现是“小数定律”。小数定律认为，统计学上的大数定律也同样适用于小样本，小样本可以充分地概括整体。代表性偏差会对投资者产生误导作用。比如当评价基金经理人的业绩时，投资者常常只是考察前几季度或者前几年的投资数据。这样由于数据不完整，投资者对基金经理人的评价就会存在偏差。另外，投资者在评价股票分析师的表现时，也会犯类似的错误，他们常常只是根据股票分析师的个别几次的投资建议推断出整体能力。金融学家 De Bondt 和 Thaler 认为，代表性偏差可以解释股票市场中的长期趋势逆转现象。投资者往往对过去业绩不好的股票，即输家股票过于悲观，而对过去业绩好的股票，即赢家股票过于乐观。这种偏差会导致股票的价格偏离基本价值。业绩不好的股票被投资者低估，而业绩好的股票则被高估。但是随着时间的推移，这种错误定价会得到纠正。于是，长期来看业绩不好的股票的表现会高于市场的平均水平，而业绩好的股票的表现会低于市场平均水平。

（4）损失厌恶。相对于收益，人们对于损失更加敏感。人们常常感到放弃某一物品所遭受的效用上的损失量，大于获得同一物品所得到的效用上的增加量。损失厌恶在金融市场中的表现是“扳平症”。在遭受损失的情况下，很多投资者不愿意卖出股票。由于不愿意放弃在这只股票上可能的盈利机会或者希望将损失扳平，投资者往往过长时间地持有已经遭受损失的股票，这就很可能遭受更大的损失。

（5）后悔厌恶。在进行投资选择时，后悔厌恶的投资者会比较保守。一方面，他们可能长期持有业绩欠佳的股票。因为一旦卖出股票就可能遭受损失，这就意味着自己投资的失败。于是，投资者往往具有“扳平症”，即当股票价格下跌时，会期待价格上涨而不愿意卖出股票。另一方面，他们也可能长期持有业绩不错的股票。因为投资者总是担心，过早地卖出股票会失去未来价格继续上涨的机会。

2. 偏好上的差异——展望理论

人们的选择和决策问题是新古典经济学的核心，也是行为经济学研究的中心问题。长期以来，传统经济学的一个重要理论基础是由 Von Neumann 和 Morgenstern 在 20 世纪 50 年代提出的预期效用理论，它精确地描述了人们在不确定情况下的理性行为。该理论认为，如果在进行判断和决策的过程中，人们是理性的并遵循一系列公理，那么偏好就可以用预期效用函数来描述。然而，现实中人们的行为经常会违背这一系列公理且表现为非理性或者有限理性。面对这些挑战，Kahneman 和 Tversky 等人在对实验结果进行科学处理的结果上，创建了行为经济学的选择理论框架即展望理论。

展望理论把人们在不确定情况下的决策过程分为两个阶段：早期的编辑阶段和接下来的估值阶段。编辑阶段是指对期望进行组织和重新整理并得到简化形式，以便于决策者进行估值和作出决策。这一阶段主要是通过一些方法改变期望中的概率或者结果的表达方式，包括编码、合成、删除、分析和优势检查等。在估值阶段，决策者对已经被编辑过的期望进行估值并选出价值最高的期望。值得注意的是，在这种估计中，小概率事件常常被赋予过高的权重。

价值函数有三个特征。第一，价值函数是定义在对参照点的偏离之上的，即它衡量的是相对于参照点的收益或者损失。价值的载体是福利或者财富水平的变化，而不是最终的状况。这也反映了人们的框架依赖心理。第二，价值函数在收益区间呈凹性，在损失区间呈凸性。也就是说，人们获得收益时风险回避的，而在遭受损失时是风险偏好的。收益和损失的边际价值都是递减的。第三，人们是损失厌恶的，即价值函数在损失区间比在收益区间更加陡峭，即决策者对于边际损失比边际收益更加敏感。

（三）行为经济学的重要分支——行为金融学

行为金融学是行为经济学的重要分支，也是行为经济学发展最为完善的一个组成部分。它是将心理学、社会学等一些人文社会学科的研究成果在金融市场中的应用。从传统金融学的角度来看，行为金融学研究金融市场中有限理性或者非理性投资者的“错误”行为。它一方面解释了传统金融学下金融市场的异常现象，另一方面提出了可以被实践所检验的预测。

行为金融学主要挑战了传统金融学的有效市场假说和 MM 定理。Eugene Fama 的有效市场假说认为，在由很多掌握信息的投资者构成的证券市场中，证券价格应该反映所有可以利用的信息。如果市场是有效的，那么市场是无所不能的，任何数量的信息和任何严密的分析都不能使投资者获得高于某一基准组合的超额利润。有关市场有效性的争论主要存在于证券组合的管理者之间。有些管理者是市场有效性的强烈支持者，他们认为市场是有效的，而且是不能战胜的，因此采取比较被动的投资策略。而有些投资者是比较积极的，坚信只要采取正确的投资策略就可以战胜市场。事实上，在这些积极的管理者中只有 33% 的概率可以获得高于基准组合的超额收益。

经济学家对市场的有效性进行了大量的

实证分析和检验，发现了大量与之相悖的非有效性的证据——持续的异常：如股票价格的基本面异常、技术分析异常以及日历效益等。如果有效资本市场假说不成立，那么MM定理也自然不成立，即公司采用哪种融资方式对总价值一定是有影响的，线性的证券供给曲线很难推出。

行为金融学主要有两大理论基石：第一，套利行为的有限性。现实市场中的套利行为并不像理论中描述得那样完美。首先，很多证券并不具有完全的或比较好的替代品，这样套利行为就存在基本面风险。其次，即使存在比较好的替代品，套利行为也是有限的和具有风险的，因为在大多数错误定价情况下，价格并不能及时地回归到基本价值。第二，投资者心态。这主要是研究现实市场中的投资者是如何形成信念，如何对证券进行评估，以及如何进行交易的。与套利的有限性结合，投资者心态理论可以为证券的价格和收益的变化提出比较明确的预测。行为金融学的两个理论基础都是十分重要的。因为如果套利行为是充分的，那么套利者就可以及时地调整无时效信息下的需求变化，从而证券价格就可以正确地且迅速地反映出所有可以利用的信息。这样，即使存在非理性的投资者，市场仍然是有效的。如果没有投资者心态理论，那么所有的投资者都是完全理性的，最初的证券价格就是有效的，并不会偏离其基本价值。

四　行为经济学的应用热点研究

（一）消费与储蓄行为研究

传统经济学认为，储蓄量随着经济繁荣和收入水平的提高而增加，随着经济萧条和收入水平的降低而减少。而行为经济学认为，持币量和储蓄量之间并不是简单的正相关关系，并不是储蓄能力越强，储蓄量就越高。事实上，对储蓄行为起决定作用的除持币量以外，还有储蓄动机和对社会经济状况的预期等心理因素。在经济萧条和低收入时的储蓄动机更强，因为萧条时期常常带来社会恐慌，人们预期未来的收入将减少；而在经济繁荣和高收入时，人们更倾向于购买耐用性消费品、旅游、享乐等其他精神需要。研究发现，低收入者比高收入者具有较强烈的储蓄动机。老年人比年轻人具有较强烈的储蓄动机。另外，在传统经济学下消费支出是收入的函数，收入水平一旦确定，就可以对消费总量作出精确的预测。而行为经济学认为，只要消费上不存在硬的预算约束，则消费支出不仅仅是收入的函数，还是消费意愿、消费动机和消费态度的函数，比如积极的心态有助于促进消费，而消极的心态则不利于消费。

（二）通货膨胀研究

行为经济学研究通货膨胀的社会知觉特点，以及通货膨胀与消费、储蓄、投资等经济行为之间的制动关系。人们对通货膨胀的行为反应受心理预期的影响。若价格已经上涨且预计未来还将小幅上涨时，人们会维持消费或降低消费和增加储蓄；若价格已经上涨且预计未来还将大幅上涨时，人们才会囤积和大规模增加储蓄。

（三）劳动经济学

宏观经济学中的一个重要问题是非自愿失业：在排除工作变动时的摩擦失业和自然失业的情况下，为什么还会有一部分人失业？传统经济学认为，工资被设定在高于市场出清的水平之上，这样就存在劳动力的过度供给和失业。较高的工资水平源于“有效工资理论”，即支付工人相对较高的工资是必要的，因为一旦他们失业就会损失一些收入，这样工人就有动力去努力工作。而行为经济学认为，工资与价格变化的行为中包含道德和情感的因素。人们对劳动与休闲的价值判断随着个人、行业和时点的不同而存在不同。人们参加工作的本能将雇佣与被雇佣关系转化为“礼物交换”关系。雇主支付工人较高的工资可以看成是给工人的礼物，而工人愿意付出更多的努力来回报这份礼物。这种互惠的礼物交换关系是一种均衡的状态，这种状态的研究对宏观经济学的其他领域也有很多启示。

（四）行为经济学与当前的金融危机

2007年以来，美国次级贷款危机爆发并产生了一系列连锁反应，并向实体经济蔓延，还传导给欧洲和世界的其他国家，给全球经济带来了重大损失。其中，投资者的心理因素和行为特征成为形成金融市场复杂特征的一个重要原因。在这次金融危机中，美国次级房贷市场中借贷双方的过度自信和过度乐观，导致了借贷双方的相互作用，风险源头失控，次级贷款及衍生产品迅速增长，成为美国金融危机产生的根源。比如从2002年开始，美国房地产价格开始以每年10%以上的速度增加。这时，过度自信的心理使得投资者不再回避风险。一方面，他们认为房价会继续上涨，于是资质评级比较低的贷款机构为了追求较高的经济利益，降低贷款门槛，发放大量的次级贷款并将贷款债权证券化向资本市场出售。另一方面，贷款机构、投资银行以及大型的投资机构在过滤各种信息时，由于过度自信的心理而忽略了隐藏的风险，从而逃脱金融监管，利用财务杠杆将风险进行了放大，使各自的业务范围远远超过了其能力范围。

另外，从某种意义上看，保守主义偏差和锚定效应导致投资者的反应过度，在资产泡沫不断膨胀的过程中，几乎所有的投资者都失去理性，不断推广高杠杆的衍生金融交易，大量的资本从实际产业部门中撤出，参与风险投资和风险交易，从而导致非理性繁荣和接下来泡沫的破灭。面对美国房地产市场的巨大利润诱惑，借款者和投资机构的羊群行为，次贷发放机构的羊群行为，催化了次贷危机的爆发。此外，次贷危机引发的违约风潮和对金融市场的恐慌，引起房地产市场和金融市场的一系列反应，以及各国政府的紧急救市措施也是羊群行为的表现，并使其效应得以迅速放大。通过借鉴行为经济学理论，在有限理性和有限非理性的假设下对投资者心态和投资者行为进行探究，可以揭示金融危机的深层次原因。

五　行为经济学的发展趋势

行为经济学是在对西方主流经济学，尤其是新古典经济学进行反思和批判的基础上发展起来的，它不仅仅是对新古典经济学的挑战，更是一种修正，并提出了自己开放式的公理体系，显示了对经济社会的强大解释能力。随着研究的深入，行为经济学正在从资本、价格等非感情领域转向对人的自我价值及其对经济领域的影响的探究，这为现代经济学构建了一个充满人性和活力的理论框架。然而，当前的研究还主要停留在对市场主体的考量及异常现象的解释，还没有从更为广阔的层面来展现行为经济学的魅力。行为经济学的主要发展方向可以有这么几个方面。

第一，对边沁感受型效用最大化的回归。经济学家 Kahneman 把效用分为边沁的感受型效用和新古典经济学的决策型效用。在决策型效用概念下，人们通过选择来最大化自己的满足感，这样便通过把效用外生化的方法建立了连续性函数并求得最优解，从而把效用概念物质化了。事实上，除了决策型效用外，人们还拥有期望效用、记忆效用、瞬时效用等感受型效用。未来效用概念的转变会对经济理论及政策产生巨大的影响。

第二，幸福经济学。一些经济学家认为，人们追求的不是财富最大化而是幸福最大化。比如 Costa 等人关于环境和性情对幸福影响的研究，Ryff 对幸福的心理感受的研究，Lykken 和 Tellegen 对幸福的随机性的研究以及 Diener 对主观心理幸福的研究等，逐渐成为行为经济学研究的新热点。最后，行为经济学应跳出技术层面的束缚，向制度和文化层面拓展。行为经济学对有利于市场经济发展的制度性和文化性框架的关注，应该超过对控制经济过程本身的专业技术的关注。事实上，制度的背后是文化，制度的演进需要社会主体以某种更高层次的文化因素来完善。总之，随着研究的深入发展，无论是实验研究方法的引入，还是对理论和研究成果的应用，行为经济学都将会形成更加完整的理论体系和研究框架，这有助于提高经济学的解释能力和科学性，从而使经济学的研究更加充满人性和具有活力。

参考文献与学科年度重要文献

崔巍：《行为金融学》，中国发展出版社 2008 年版。

林彩云：《行为经济学发展历程综述》，《思想战线》2009 年第 35 期。

马广奇、张林云：《行为经济学的逻辑主线和理论贡献》，《重庆工商大学学报》（社会科学版）2009 年第 6 期。

夏明、郑建娜：《论行为经济学的兴起的当代启示》，《福建论坛》（人文社会科学版）2008 年第 4 期。

王国成：《当代行为经济学：挑战、应用与借鉴》，《北京联合大学学报》2005 年 6 月。

殷彬：《行为经济学应用研究》，《合作经济与科技》2009 年第 14 期。

张玲、徐天祥：《行为经济学述评》，《云南财经大学学报》2007 年 10 月。

Angner, Erik and Loewenstein George, "Behavioral Economics", Handbook of Philosophy of Science by Elsevier, Vol. 5, 2006, Nov.

Baker, Malcolm and Wurgler, Jeffrey, "Investor Sentiment in the Stock Market", NBER Working Paper, 2007, Jun.

Barberis, Nicholas C. and Xiong, Wei, "Realization Utility", NBER Working Paper, 2008, Oct.

Camerer, Colin F., "Behavioral Economics: Past, Present, Future", Working Paper, 2002.

DellaVigna, Stefano, "Psychology and Economics: Evidence from the Field", NEBR Working Paper, 2007, Sept.

Fudenberg, Drew, "Advancing Beyond Advances in Behavioral Finance", Journal of Economic Literature, 2006, Sept.

Greenwood, Robin and Nagel, Stefan, "Inexperienced Investors and Bubbles", NBER Working Paper, 2008, Jun.

Levitt, Steven D. and List, John A., "Field Experiments in Economics: the Past, the Present and the Future", NBER Working Paper, 2008, Sept.

Pesendorfer, Wolfgang, "Behavioral Economics Comes of Age: A Review Essay on Advances in Behavioral Economics", Journal of Economics Literature, Vol. XLIV, 2006, Sept.

（崔　巍）

农业经济学

一　学科概述

农业经济学属于部门经济学（谭向勇等主编，2005；李秉龙等主编，2009），它以经验研究为主，是一门应用经济学。农业经济学主要研究农业部门中的生产以及与此相联系的交换、分配和消费等经济活动和经济关系。农业经济学在传统意义上涉及对农业及其相关产业的经济学分析与研究。不过，当代的农业经济学是一种广义的概念，其研究范围已经超越了传统的农业经济学范畴。

传统意义上的农业经济学往往被视为农业科学的一门分支，后者总体上包括作物生产、畜牧生产、农业经济学、农业地理学、农业技术以及生态农业等学科。

农业经济学也可以被视为农村经济学的一个分支。后者是以农村经济发展的整体作为研究对象的学科（《中国百科大辞典》，1990）。

虽然农业经济思想早已存在于古代，但是农业经济学成型于19世纪后期，之后发展迅速，到1922年已形成坚实基础（《新帕尔格雷夫经济学大辞典》，1996）。农业经济学最初把经济学原理运用到对种植业和畜牧业的分析。其前身为作为经济学分支的农学，专门研究土地的利用，关注如何在维持一个良好的土壤生态系统的同时优化农业生产者的选择行为，最大化其作物产量（Wikipedia，2010）。农业经济学研究往往结合厂商理论、营销和组织理论等方面的内容（Runge，2006），利用统计和计量分析工具，整个20世纪不仅得到了快速的发展，并不断纳入了新的研究内容。

传统农业经济学一般关注以下内容（谭向勇等主编，2005）：一是农业资源的配置和利用。主要研究农业劳动力、资本和土地三大生产要素的资源配置和价格形成与决定、要素市场供求结构、行为与效率。二是农业生产的经营与管理。主要研究农业经营者的农业生产决策、经营与管理。三是农产品加工、运销和市场。主要研究农产品的加工、运输、营销，市场供求结构，农产品供给者的市场行为，以及农产品市场效率等内容。四是农产品与食品消费和需求。研究农产品和食品的需求理论，消费者偏好和需求行为，现有农产品与食品供给对消费者偏好与需求的满足程度。五是农产品国际贸易。主要研究世界农产品市场供求，贸易政策，生产者及消费者福利。六是农业政策。主要研究各国的农业政策或者区域经济组织的共同农业政策。传统农业经济学主要涉及的学科：农场管理学、农业企业经济学、农业市场学、农业金融学、土地经济学、人力资源经济学、农业生产经济学、农产品运销学或农业市场学、农工商联合企业管理学、农业政策学等（Runge，2006；Wikipedia，2010）。

当代农业经济学则涵括更多的研究内容。除了上述传统农业经济学的研究内容之外，当代农业经济学还关注其他内容，包括资源与环境，粮食安全，贫困与发展，贸易等，涉及其他许多学科的内容，包括农业社会学，资源与环境经济学，粮食安全经济学，发展经济学，国际贸易等学科。

农业经济学的研究方法不仅包括各种传统的研究方法，也与数学、统计学和计量经济学的经验应用密切相关。它对早期计量经济学方法的形成作出了显著的贡献。具体而言，农业经济学的研究方法包括：实地调查和典型调查的方法、归纳和抽象的方法、历史和逻辑的方法、统计和计量的方法、实验和系统分析的方法、模拟与建立模型的方法、定性研究和定量分析的方法、理论研究与实际调查相结合的方法、宏观研究和微观研究相结合的方法、纵向比较研究和横向比较研究相结合的方法等（谭向勇等主编，2005；Runge，2006）。

二　改革开放以来我国农业经济学研究的发展

我国的农业经济学学科建设在改革开放之前发展缓慢，基本上属于停滞状态。改革开放以来，我国农业经济学学科获得了快速的发展。随着我国逐步从计划经济朝着市场经济转型，以及日益融入全球化分工合作体系，我国所需要研究解决的农业经济以及相关问题日益复杂和多样，我国在农业经济学领域的研究呈现出这样几个特点。

一是农业经济学研究分支的细化不断加快，同时各分支学科之间又相互交叉和渗透，由此产生分支学科的重新整合。二是农业经济学越来越注重多学科、多层面、多视角的分析和研究。三是农业经济学不断突破传统农业经济学范畴，更加系统、全面地研究农业经济问题，一方面融入了农业社会学和发展经济学的研究方法，另一方面也为这些学科的建设作出了贡献。四是随着全球化的进展和国际交往的深入，中外农业经济学研究的论题和方法日益并轨，具体表现为我国农业经济学研究论题和方法向着西方主流农业经济学趋同，尤其是表现在我国农经学界日益采用数学、统计学和计量经济学方法。

我国20世纪80年代农业经济学研究的主要内容是社会主义体制下农业经济中的所有制结构和企业组织结构、农村联产承包责任制、农业经济管理体制、农业生产结构与行为、农村和农业产业结构、农业生产布局与区划、农业生产要素的利用与开发、农业投资和技术措施的经济效益评价、农业中的收入分配、农户消费、农产品交换与价格、农业融资、农村劳动力流动、农业财政、农业政策等。与此相应，在20世纪80年代，我国农业经济研究领域中逐步形成了农业企业经营管理学、土地经济学、农业技术经济学、农产贸易与价格经济学、农村金融学、劳动力市场经济学、农业生产布局与区划、农业资源经济学、农业生态经济学、畜牧业经济学、林业经济学、渔业经济学、农业政策学等分支或相关学科。

目前我国的农业经济学还涵括了农业社会学、发展经济学、食品安全经济学、资源与环境经济学和国际贸易等学科的部分内容。这一走势与一系列影响因素有关，包括农业部门本身的发展趋势，诸种农业功能的相对重要性变化，农业功能相对于非农部门功能的相对重要性变化，以及国内外热点问题的变化。虽然我国从1978年以来农业增加值逐年上升，但农业就业人数从1991年开始逐步下降。

一般认为，农业所具有的非商品产出功能可分为环境功能、粮食安全功能、社会功能、经济功能和文化功能等五个方面（谭向勇等主编，2005）。在农业五大功能中，粮食安全功能仍然被赋予首要地位，但经济功能的相对重要性趋于减弱。而且，人们也越来越重视农业的环境功能、社会功能和文化功能。根据统计，我国农业增加值占GDP的比重从1978年的28.2%上升至1982年的33.4%，其后从该峰值一直下滑至2009年的10.6%。农业占总就业人数的比重从1978年的70.5%一直下降到2009年的38.1%。也就是说，非农部门功能的相对重要性增大。此外，我国生态环境日益恶化，食品安全问题突出，城乡收入差距日益扩大，国际贸易交往越来越广泛。这些因素导致我国的农业经济学研究比以前更多地关注农村发展、粮食安全、反贫困、收入差距、国际贸易、食品安全、资源与环境等问题。

20世纪80年代，我国陆续出版了《社会主义农业经济学》（赵天福等，1980）、《中国农业经济学》（13所综合院校编写，1987）等多种教材，中国农业经济学开始进入了快速发展阶段（谭向勇等主编，2005）。20世纪90年代以来，随着我国逐步朝着市场经济体制转型，各种农业经济学教材推陈出新，其中包括《农业经济学》（朱道华主编，2001）、《农业经济学》（谭向勇等主编，2005）等教科书。此外，改革开放以来，农业经济学研究专著也不断涌现，包括《制度、技术与中国农业发展》（林毅夫，1992），《联合农户与市场：中国农民中介组织探究》（张晓山等，2002），《劳动力流动的政治经济学》（蔡昉，2003）等。同时，农业经济学研究领域也在不断扩大，逐渐超越了传统农业经济学的边界，涌现出较多学科建设成果，比如《以工代赈与缓解贫困》（朱玲等，1994）等。这些成果显示，我国的农业经济学已经形成了一个相对完整的学科体系。这标志着我国农业经济学学科建设已经达到成熟的阶段（谭向勇等主编，2005）。

三　2009年农业经济学理论前沿以及重大的热点问题

2009年，我国农业经济学理论研究的前沿问题和热点问题涉及如下几个方面：粮食安全与贸易、食品安全、农村贫困与农户收入、财政支农、农户融资、农村土地、农村劳动力流动、农业资源与环境等问题。

（一）粮食安全与贸易问题

我国严守全国耕地不少于18亿亩这条红线的政策背后是对保障粮食安全的考虑。保障粮食和农产品生产与供应被视为农业政策中的重中之重。而且，鉴于国际粮食价格波动导致很多国家在粮食贸易方面采取保护主义措施的现实，研究粮食安全和国际贸易问题的重要性也越发凸显。

黄季焜等（2009）利用了全球贸易与能源分析模型（CTAP-E）分析了2006—2008年国内外农产品价格的变化和原因以及未来粮食价格走势。他们的研究结论是，全球能源价格的大幅上涨、生物质液体燃料的扩张、市场投机及一些国家所采取的贸易限制政策等因素是导致2007—2008年两年粮食食品价格大幅上涨的主要原因。而全球金融危机导致的石油价格巨幅下挫和生物质液体燃料产业萎缩是2008年下半年以来全球粮食价格大幅回落的主要原因。我国政府粮价控制政策在稳定国内粮食价格方面发挥了重要作用，但农民没有从过去两年多全球粮价上涨中获得应得的利益。

孔祥智等（2009）利用自回归整合移动平均模型（ARIMA）比较了在金融危机中我国农产品进出口的实际走势和模型预测趋势。研究结果表明，金融危机通过引发资金流动不畅、消费需求下降、贸易保护主义加剧、人民币升值等，对我国农产品进出口带来了显著的影响。总体上看，从2007年4月到2009年7月，我国农产品进口迅速上升，出口不断受阻，贸易逆差逐步扩大。

（二）食品安全问题

食品安全问题涉及微生物性危害、化学性危害、生物毒素、食品掺假和基因工程食品的安全性问题，关系到消费者的身体健康和生命安全、社会稳定和国家形象。近年来我国食品安全事件频频出现，国内外消费者对食品安全的关注程度越来越大。

于乐荣等（2009）以中国散养及中小规模家禽养殖农户为主要研究对象，利用实地调研数据分析禽流感爆发前后家禽养殖农户的生产行为变化，包括家禽生产和投入变化、养殖及疫病防疫技术行为的变化以及损失和政府补偿情况。通过比较农户生产及投入的变化发现，禽流感爆发确实对中国家禽养殖农户造成一定的冲击，但是冲击影响的程度因农户的饲养规模而异。禽流感发生后农户的养殖技术尤其是动物疫病防疫技术行为明显改善。禽流感疫区内的家禽养殖农户会有较大的直接损失，与损失相比，政府的现金补偿不足。

孔祥智等（2009）利用博弈论模型分析证明，在奶业质量安全监督机制和问责机制不健全的情况下，奶站掺杂使假是一种必然趋势。奶站掺假的可能性会随乳品企业对有毒有害物质的监测成本、乳品企业风险偏好程度的增大而升高；随乳品厂发现奶站掺假获得的罚金、乳品企业收购掺假奶后的潜在损失的增大而下降。

（三）农村贫困与农民收入问题

我国社会不仅城乡居民收入两极分化严重，而且在农村人口中贫富差距也比较悬殊，尚存在大量的贫困人口和低收入人口。在这种情况下，我国农业经济学界十分关注贫困与农民收入问题。

王祖祥等（2009）通过提出洛伦茨曲线模型构造方面一个基本定理，获得了若干种拟合效果良好的洛伦茨曲线模型，与目前经济理论文献中的模型比较，这些模型能表达更灵活的曲线，实践中可能获得更理想的拟合效果。使用新引入的模型，对2000—2006年湖北省农村收入不平等、贫困、两极分化进行的测算表明，2000年以来湖北省农村人口的收入不平等逐年扩大，贫困程度逐年增加，2004年达到峰值，以后两年有所改善。

郭劲光等（2009）在回顾我国扶贫发展战略与贫困变化逻辑的基础上，利用1987—2006年统计数据建立回归模型，利用主成分分析法和四分位综合指数法等方法分析了基础设施建设投资对于贫困以及与贫困密切相关的农业人均收入和收入分配状况的影响效果。研究发现：我国扶贫战略的发展是随着贫困概念内涵的变化而变化的；基础设施的数量（存量）方面和质量方面对于贫困和农民收入的相关影响都非常重要，两者应同时受到关注；基础设施数量与质量独立指标的实证效果间存在着差异，综合指标的拟合效果优于独立指标的拟合效果；基础设施数量的增加及质量的改进同时起到降低贫困、提高农村收入并改变收入构成的作用，但数量增加对于农村收入分配不公平程度起到缓解作用，质量的提高产生农村收入差距加大的作用效果。

（四）财政支农问题

2003 年以来，我国政府高度重视财政支农政策，其中包括农业税减免政策，财政对“三农”的投入等政策。胡永刚等（2009）使用结构向量自回归（SVAR）分析法就 1978—2006 年我国农业财政政策对农村产出与居民消费的影响进行冲击响应、方差分解和弹性与乘数分析，同时考察财政农业支出的不同部分对农村产出与居民消费的不同影响。研究表明：一是我国财政农业支出对农村产出和居民消费是挤入的，农业税收的影响则相反，税收的挤出作用大于支出的挤入作用。二是科技费、救济及其他费与基本建设费对农村产出与居民消费有较明显的长期效应，事业费对农村产出与居民消费的短期效应明显，长期效应较弱。

穆月英等（2009）为了把握我国近年来出台的一系列新的农业补贴政策实施所产生的各种影响，通过构建空间性应用一般均衡（SCGE）模型进行了模拟分析。结果表明，粮食直接补贴政策的实施使粮食和其他农业部门的总产出和最终需求增加，使国民收入略有减少；而粮食最低收购价政策则使粮食和其他农业部门的总产出和最终需求减少，使国民收入略有增加。两种农业补贴政策实施后的福利收益不会产生太大的变化。

中国近期的农业政策出现了新的变化，周应恒等（2009）通过模拟分析对这些新政策可能带来的影响作出评估，并把这些结果和 2001—2006 年的实际情况进行比较。全球贸易分析模型 GTAP 的模拟结果显示，取消农业税和“四补贴”政策对粮食增产和农民增收有较为明显的效果，但粮食增产的作用最大不会超过 9%；国内粮食价格的上涨会在几年时间内持续扩大“微量允许”的使用空间，这使得政策的使用具有更大的弹性。

（五）农村土地问题

随着我国加快城市化进程和城乡统筹，围绕农村耕地占用和征用的纠纷日益增多。近几年来，我国政府明确强调一定要守住全国耕地不少于 18 亿亩这条红线，坚决实行最严格的土地管理制度。2008 年 10 月 19 日党的十七届三中全会决议鼓励我国的农地使用权流转。在这一背景下，2009 年农地问题的研究成为一个热点。

穆向丽等（2009）利用其对湖北省 302 个农户的实地问卷调查数据，采用 probit 模型对农户农用地征用意愿的影响因素进行了实证分析。结果显示，农户户主受教育年限、农户对征地后生活改善预期、农户对征地补偿满意程度、农户家庭成员健康状况、征用地在养老保障中的作用、户主是否有非农劳动技能等因素对农户农用地征用意愿具有显著的影响，是农户农用地征用意愿的主要影响因素。

钟甫宁等（2009）通过建立联立方程组检验了土地产权对农户农业投资之间的关系。在研究中还加入了农户土地经营规模等变量。研究发现，地权的稳定性对农户农业投资总量并没有直接的影响，对土地租赁总量也没有显著影响；如果没有非农就业机会，土地产权、土地买卖和租赁本身并不会扩大农户的土地经营规模并刺激农业投资。由于农户土地规模小、农业用地的价值低，即使改革土地产权和抵押制度，金融机构也不愿意接受农业用地作为贷款抵押物。此外，土地经营收益不仅与贷款可获性一起对农户农业投资有显著的正向影响，而且自身影响农户的贷款可获性，因为土地经营收益是农户还款的重要保证。土地调整所表现的地权不稳定并不严重影响农户土地经营收益的稳定性，也不影响农户的贷款可获性。因此，现阶段进一步改革我国土地产权制度对农户农业生产投资的促进作用不大，而增加非农就业机会才能真正扩大农户土地经营规模、提高土地经营收益，从而促进农户的农业投资。

（六）农户融资问题

近年来我国政府加快了农村金融改革的步伐，大力推行农村信用社改革，在各地推行设立村镇银行、小额贷款公司和农民资金互助组织试点，并且在贫困地区大力推行村庄社区发展基金和其他微型金融。

黄祖辉等（2009）采用需求可识别双变量 probit 模型，同时从需求和供给两个方面考察中国贫困地区农户的正规借贷行为，试图解释农户正规借贷市场参与程度低的原因。研究发现，农户正规信贷市场参与程度低既有供给方面的原因，也有需求方面的原因；工资对农户正规信贷需求有负的影响，而非农经营收入占总收入的比重对农户正规信贷可得性有正的影响，但对农户正规信贷需求的影响不显著。这一点对贫困地区农户存在非农生产信贷需求的观点提出了挑战。因此，在忽视信贷需求的情况下，单纯增加信贷供给可能无助于真正提高一般农户和贫困农户正规贷款的覆盖率和福利水平。本文建议针对农户信贷需求的现实特点，在正规贷款产品设计上寻求改进，从而挖掘、释放潜在的和隐藏的信贷需求。

刘莉亚等（2009）分析了 2008 年上海财经大学对全国 31 省近 1000 个乡镇的自然村和农村信用社的随机抽样问卷调查与实地调研数据，对中国农户融资现状、影响因素进行了经验分析。研究表明，民间借贷是农户融资的主要形式；农户在正规金融机构融资时，显性成本低，但隐性成本高，交易成本高。农户融资过程中这些问题可以主要归因于正规金融部门供给主体过于单一这一结构性问题、供给主体设置的包括抵押担保要求在内的制度性障碍以及供给主体对农贷还贷预期低等金融市场供给方因素。

（七）农村劳动力流动问题

我国农村劳动力流动就业给城市和发达地区的 GDP 增长作出了巨大贡献，也为流出地农户带来巨额现金收入流入，促进了城乡统筹和和谐社会建设，同时又带来很多社会问题。

李琴等（2009a）利用 2006 年中国健康与营养调查数据，运用 Tobit 模型探讨了劳动力流动以及流动的地区差异给农村老年人农业劳动供给带来的影响。结果表明，劳动力流动整体上增加了农村老年人的农业劳动时间，但这种影响因流动模式不同而存在差异。在劳动力以跨省流动为主的中西部地区，家庭成员外出打工显著地增加了老年人的农业劳动时间，而在劳动力以省内流动为主的沿海地区，家庭成员外出打工并没有增加老年人的农业劳动时间。

李琴等（2009b）采用珠江三角洲地区失地农民就业情况的调查数据，运用 Logit 模型和 Multinomial Logit 模型对珠三角 5 区市

971 名失地农民的自愿失业、非自愿失业以及非农就业行为进行了实证分析。研究表明，家庭收入以及集体经济分红收入等非劳动收入较高是失地农民退出劳动力市场的主要原因；而对于非自愿性失业的失地农民，年龄、健康和非农工作经验等人力资本低下是他们未能就业的主要原因。

（八）农业资源与环境问题

我国农业资源利用效率低下，浪费严重，人均占有资源量有限。此外，农业生态环境也由于化肥农药的大量投入等因素越趋严重。这些问题直接关系到我国的粮食安全。而且农业环境问题还影响到城乡食品安全和农户的生存环境。

廖永松（2009）以石津、泾惠渠和武都三个灌区内 180 个农户的调查数据为基础，计算了灌溉水价改革对灌溉用水、粮食生产和农民收入的影响，研究结果表明，灌溉水价上涨会减少灌溉用水，也影响粮食生产和农民收入水平的提高。灌溉水价有上涨空间，但极为有限。因此，在目前农业生产条件下，在强调提高灌溉水价达到补偿供水全成本水平的同时，还需要加强灌溉工程的成本—收益核算，降低灌溉成本。此外，国家财政应适当补贴灌溉用水户，确保粮食生产稳定和农民灌溉权益不受侵害。

张晖等（2009）根据曲劳（Truog）养分平衡法理论，选取江苏省 1978—2007 年的农业生产数据，测算了农业面源污染主要来源——过剩氮的总量，并建立起江苏省经济增长水平与过剩氮污染的经济计量模型，对二者的关系进行了环境库兹涅茨曲线验证。结果表明，人均过剩氮排放量和经济增长之间存在显著的倒“U”形曲线关系。其政策意蕴为，政府应在积极引导农民合理使用肥料、提高肥料利用效率的同时，加大对农业面源污染的治理力度。

四　我国农业经济学学科建设的发展趋势

我国农业经济学研究的主题比较切合政府和学界对当前我国农业经济问题的实证解释和规范分析需要，研究方法也与西方发达国家应用经济学趋同，可资利用的经验数据越来越多。

从目前情况看，未来几年的热点问题预计仍将是粮食安全与贸易、食品安全、农村贫困与农户收入、财政支农、农户融资、农村土地、农村劳动力流动、农业资源与环境等问题。

但是，在农业经济学研究方面，仍然存在一些缺陷尚待改进。一是缺乏农业经济学理论创新和突破，对农业经济现象缺乏理论概括，对农业部门的研究缺乏大型数量分析模型和决策支持系统的支持；二是应用研究方法创新较少，基本上沿用现有的应用分析工具，或者对之加以部分修正或扩展，缺乏原创性；三是政策研究较多，学术研究不足；四是学术上的重复研究多，增量研究少；五是部分数量和计量分析论文不符合学术规范，缺乏对计量结果的检验；六是部分学术论文未经过匿名审稿，质量良莠不齐。对于上述问题，我国农业经济学界也有比较清晰的认识，正在逐渐改进之中。

此外，在现有农业经济学教科书的编写方面，虽然目前教科书种类较多，但是问题仍相当多。一是有些教科书内容陈旧，没有纳入国际农业经济学界一些权威的著述内容，这可以从这些教科书的参考文献中一目了然；二是有些教科书结构不够系统，体例不全；三是有些教科书的用语不规范，比如把“资源配置”写成“资源分配”；四是一些教科书存在相互抄袭、缺乏原创性的问题；五是现有教科书的内容大多没有经过内部讨论，更缺乏专家匿名审稿机制，其严谨性难以保证。在下一步，应该建立农业经济学教科书联合编写和专家匿名审稿制，把一些了解国内外学术前沿的中青年农业经济学者纳入到编写和审稿队伍，还可以吸纳教科书的用户，尤其是那些在校学生的修改意见，以改进教科书质量。

在方法论上，我国农业经济学研究日益采取统计和计量分析工具。尤其是一大批中青年学者在这方面显露头角。不过，我国农业经济学研究还没有很好地吸收国际农业经济学界正在采用的一些较新研究方法。比如实验经济学和行为经济学方法的更多采用能够有助于揭示政府政策或企业决策所可能导致的一系列问题，因而对政府政策或农业企业决策会发挥较好的咨询和指导作用，例如在粮食保障和粮食安全研究方面就能起到这种功效。

参考文献与学科年度重要文献

“Agricultural economics”, in *Wikipedia*, August 10, 2010.

Runge, Ford, “Agricultural Economics: A Brief Intellectual History”, University of Minnesota Working Paper WP06—1, June, 2006, http: //ageconsearch. umn. edu/ bitstream/13649/1/wp06—01. pdf.

蔡昉、都阳、王美艳：《劳动力流动的政治经济学》，上海三联书店/上海人民出版社 2003 年版。

郭劲光、高静美：《我国基础设施建设投资的减贫效果研究：1987～2006》，《农业经济问题》2009 年第 9 期。

胡永刚、杨智峰：《财政农业支出对农村产出和居民消费影响的 SVAR 分析》，《数量经济技术经济研究》2009 年第 7 期。

黄季焜、杨军、仇焕广、徐志刚：《本轮粮食价格的大起大落：主要原因及未来走势》，《管理世界》2009 年第 1 期。

黄祖辉、刘西川、程恩江：《贫困地区农户正规信贷市场低参与程度的经验解释》，《经济研究》2009 年第 4 期。

孔祥智、钟真：《奶站质量控制的经济学解释》，《农业经济问题》第 9 期。

孔祥智、钟真、毛学峰：《全球经济危机对中国农产品贸易的影响研究》，《管理世界》2009 年第 11 期。

李秉龙、薛兴利主编：《农业经济学》，中国农业大学出版社 2003/2009 年版。

李琴、宋月萍：《劳动力流动对农村老年人农业劳动时间的影响以及地区差异》，《中国农村经济》2009 年第 5 期。

李琴、孙良媛、罗凤金：《失地农民是自愿还是非自愿退出劳动力市场——基于珠江三角洲的实证研究》，《农业经济问题》2009 年第 8 期。

林毅夫：《制度、技术与中国农业发展》，上海三联书店 1992 年版。

廖永松：《灌溉水价改革对灌溉用水、粮食生产和农民收入的影响分析》，《中国农村经济》2009 年第 1 期。

刘莉亚、胡乃红、李基礼、柳永明、骆玉鼎：《农户融资现状及其成因分析——基于中国东部、中部、西部千社万户的调查》，《中国农村观察》2009 年第 3 期（总第 87 期）。

穆向丽、孙国兴、张安录：《农户农用地征用意愿的影响因素实证分析——基于湖北省 302 个农户的调查》，《中国农村经济》2009 年第 8 期。

谭向勇、辛贤主编：《农业经济学》，山西经济出版社 2005 年版。

王祖祥、范传强、何耀、张奎、王红霞：《农村贫困与极化问题研究——以湖北省为例》，《中国社会科学》2009 年第 6 期。

熊学萍：《农户金融信用度及其征信制度指向研究》，《农业经济问题》2009 年第 8 期，第 64—70 页。

于乐荣、李小云、汪力斌：《禽流感发生后家禽养殖农户的生产行为变化分析》，《农业经济问题》2009 年第 7 期。

约翰特·伊韦尔、默里·米尔盖特和彼得·纽曼编：《新帕尔格雷夫经济学大辞典》，第 1 卷，经济科学出版社 1996 年版。

张晖、胡浩：《农业面源污染的环境库兹涅茨曲线验证——基于江苏省时序数据的分析》，《中国农村经济》2009 年第 4 期。

张晓山等：《联合农户与市场：中国农民中介组织探究》，中国社会科学出版社 2002 年版。

钟甫宁、纪月清：《土地产权、非农就业机会与农户农业生产投资》，《经济研究》2009 年第 12 期。

周应恒、赵文、张晓敏：《近期中国主要农业国内支持政策评估》，《农业经济问题》2009 年第5 期。

朱道华主编：《农业经济学》，中国农业出版社 2001 年版。

朱玲、蒋中一：《以工代赈与缓解贫困》，上海人民出版社 1994 年版。

（冯兴元）

管理学概论

一　学科概述

管理学是一门研究人类社会管理活动中各种现象及规律的学科，是在近代社会化大生产条件下和自然科学与社会科学日益发展的基础上形成的。一般认为，从19世纪末20世纪初起，当美国人泰勒（Taylor）开始使用秒表研究如何提高工作效率、法国人法约尔（Fayol）思考着组织管理活动的普遍规律的时候，管理学作为一门具有系统理论和方法的科学便开始了其学科化的过程。泰勒1911年的名著《科学管理的原理》以及法约尔1916年的名著《工业管理和一般管理》被视为现代管理学诞生的标志。从诞生至今的将近100年里，管理学领域的理论研究不断深化，管理科学化的进程不断推进，管理学的知识体系不断扩张，由此发展成为具有庞大知识体系和学科分支的复杂学科，在人类文明进程和知识宝库中占据了重要地位（黄群慧，2005）。

从知识体系演变来看，管理理论经历了20世纪初以泰勒、法约尔和韦伯等人为代表的古典管理阶段、20世纪30年代到50年代以梅奥为代表的人际关系学说及随后发展的行为科学理论阶段，以及20世纪60年代以后被孔茨描述成“管理理论丛林”的现代管理理论阶段。在管理学中，先后出现了社会系统学派、决策理论学派、系统管理学派、经验主义学派、权变理论学派、管理科学学派、组织行为学派、社会技术系统学派、经理角色学派和经营管理学派等众多流派，形成了庞大的管理学知识体系。进一步来看，根据管理知识产生方法的不同，管理学包括了应用管理学（从管理实践中总结出来的管理原理和方法）、理论管理学（以基本的人性假设出发构造的管理理论）和实验管理学（以管理案例为主的管理学）。

从学科分类来看，管理学是在自然科学和社会科学两大领域的交叉点上建立起来的一门综合性交叉学科。它包括三个层次：基础管理、职能管理和战略管理（成思危，1998）。其中，基础管理是管理中带有共性的基础理论和基本技术，主要包括管理数学、管理经济学、管理心理学、管理会计学、管理组织学、管理决策学、管理史学等；职能管理是将管理基础与特定的管理职能相结合，如人力资源管理、生产管理、营销管理、组织管理、质量管理等经典的管理内容都是职能管理的范畴；战略管理包括战略的制定和实施，它不但要以管理基础和职能管理为基础，还要包括政治学、法学、社会学等多方面的知识。当前，这些不同层次的学科还在不断地丰富、细化、交叉和发展，管理学的新学科、新分支还在不断地产生。

二 改革开放以来中国管理学发展、演进情况

尽管中国有着源远流长的管理实践和管理思想，但作为一门学科，管理学在中国的发展是从20世纪70年代末才开始的。始于这一时期的改革开放引起中国经济发展突飞猛进，科技进步日新月异，社会管理和环境管理、公共管理、企业管理等各方面都对管理学提出了新的要求。正是在这种背景下，中国管理学自改革开放以来获得了快速发展，不仅产生了大量管理创新实践成果，而且管理学术研究、管理学教育也呈现出前所未有的繁荣状态。

管理学是一门与实践紧密联系的学科，中国管理学的发展是和中国的经济社会背景、管理实践创新紧密结合在一起的。按照中国改革开放以来的发展历程，中国管理学的发展大致可以分为两个大的阶段：第一阶段是1978年到1992年，也就是从十一届三中全会至十四届三中全会时期，这时期是以我国从计划经济体制向市场经济体制转轨为大背景的，是中国管理学的“恢复转型”阶段；第二阶段是1993年到现在，这是以市场经济体制逐步完善和成熟为背景的，是中国管理学的“完善提高”阶段。

（一）恢复转型：1978—1992年

从新中国成立到改革开放之前，我国总体上处于高度集中的计划经济体制，这一时期的管理学基本是以社会主义企业管理为核心，呈现计划经济条件下的生产导向型企业管理研究的基本特征，从无到有，逐步建立，整体上处在摸索和建立阶段。然而，这一时期所发生的“十年动乱”使得本来刚刚建立起来的中国管理学备受摧残，几乎处于停滞发展状态。“十年动乱”结束后，中国管理学的发展开始得到重视，处于百废待兴的时期。

1978年12月，党的十一届三中全会明确提出将党和国家的工作重心转移到以经济建设为中心的轨道上来，确立了改革开放的战略方针，标志着中国从此进入了改革开放和社会主义现代化建设的历史新时期，开始了建设中国特色社会主义的新探索。这一时期，中国管理学发展的封闭发展环境得到打破，经济建设和企业改革对管理学的指导提出了迫切需求，由此导致管理学受到空前重视。从1978年到1992年这10多年里，中国管理学不仅从“十年动乱”破坏中全面恢复起来，而且开始大量引进美国、日本、欧洲等发达国家的现代管理学知识，实现从计划经济下的企业管理向市场经济体制下的企业管理的转型。

这一阶段中国管理学发展的主要进展和特点包括：一是大量的管理学新知识不断被引进。机械工业部于1978年9月举办了第一个“质量月”活动，将全面质量管理（TQM）从美国、日本引入了中国。全面质量管理活动从此轰轰烈烈地在我国开展起来。20世纪80年代初，由马洪主编、中国社会科学出版社出版的《国外经济管理名著丛书》成为最早系统全面地介绍各种国外管理思潮的系列著作，影响了一大批管理学者。二是高等学校的管理学专业不断新建和扩张。1979年开始，一些大学和研究机构相继恢复了管理学教育，开始了管理学专业的本科和研究生的教育。尤其是，1992年11月，中国技术监督局颁布了国家标准的《学科分类

与代码》(GB/T13745 92),管理学被列为工程技术科学的一个一级学科,下设 11 个二级学科和 48 个三级学科。这一学科分类标准首次确认了管理科学在整个科学知识体系中的地位,并正式提出了管理科学的学科层次结构。三是管理学期刊、管理学研究组织不断诞生和发展。1978 年 11 月,中国管理现代化研究会成立;1979 年 3 月,中国企业管理协会在北京成立;1980 年,中国管理科学研究会、中国数学会运筹学会、中国系统工程学会相继成立,促进了管理科学与工程等研究领域的发展;1981 年,中国工业企业管理教育研究会成立(现为中国企业管理研究会)。1979 年 1 月由中国社会科学院主管的《经济管理》创刊,这是我国第一本管理学学术刊物;1985 年,国务院发展研究中心主管、主办的《管理世界》创刊,国务院办公厅主管、中国行政管理学会主办的《中国行政管理》杂志创刊,这两本杂志后来成为经济管理和公共管理类的权威刊物。这些期刊为早期的管理学学术交流提供了重要平台。四是高质量的管理研究文献不断产生,其中最具代表性的是 1979 年蒋一苇先生发表的《企业本位论》。五是企业不断创新适应市场经济的管理实践、广泛应用现代化管理方法。1984 年初,国务院召开的全国经济工作会议提出"整顿好的企业要把重点转到企业技术进步和管理现代化上来",国家经委总结提出了企业管理现代化的"五化"内容,推荐了 18 种在实践中应用效果较好、具有普遍推广价值的现代化管理方法,并确定了 20 家企业为全国第一批管理现代化试点企业。

(二)完善提高:1993 年至今

客观地讲,我国管理学在 1978—1992 年的恢复转型时期取得了巨大发展,但无论是管理研究还是管理实践,与国外管理现代化水平还相差甚远,中国管理学的发展亟须获得新的突破和更大的发展。而 1993 年党的十四届三中全会通过《中共中央关于建立社会主义市场经济体制若干问题的决定》,标志着我国踏上了建设社会主义市场经济体制的新征程,由此也开启了中国管理学发展的新阶段。

这一阶段中国管理学发展的主要进展和特点有以下几个方面。

一是管理学学科体系不断完善。1997 年国务院学位委员会与教育部颁布了《授予博士、硕士学位和培养研究生的学科、专业目录》,将管理学科升格为一个大的门类,其下有 5 个一级学科,14 种学科、专业,由此可见政府有关部门、社会各界对管理科学的高度重视。1999 年,中国高校首次授予管理学学位,管理学相关专业的学生从此不再被授予经济学学位。在管理学科建设不断加强的同时,管理学教育也得到迅速发展。1999 年,国务院学位委员会审议通过了《公共管理硕士专业学位设置方案》,正式批准设立公共管理专业硕士学位(MPA);2002 年 8 月,国务院学位委员会办公室批准 30 所高等院校开展 EMBA 教育;2003 年,管理科学与工程领域的新学位——项目管理工程硕士学位(MPM)设立;近些年来,高层管理者培训与发展项目(Executive Development Programs,简称为 EDP)成为商学院非学位系列的主要服务项目。

二是管理学的对外交流蓬勃开展。1998 年 3 月 25 日,海尔集团 CEO 张瑞敏应邀登上哈佛大学讲坛,为哈佛商学院学生讲授中国企业的管理之道。2001 年 12 月,中国成功加入世贸组织,在敞开中国经济大门的同时也开启了中国管理学通向国际学术平台之门。“第五项修炼”、“核心竞争力”、“平衡计分卡”等管理思想和工具不仅引起了管理学界的广泛探讨，也掀起了管理实践领域的学习热潮，国内学者走出去和国外学者走进来的互动交流日益频繁。

三是管理研究和实践的中国特色明显。从实践来看，我国企业管理结合自己的企业情况，已经积累了很多好的管理实践经验。自1990年的第一届至2009年的第十六届，我国国家级企业管理现代化创新成果项目总数达到1452项，其中一等奖307项，二等奖1090项，三等奖55项。从研究来看，管理学研究上不断创新，注重研究中国企业管理问题。比如，在国有企业改革的背景下，中国管理学就社会主义市场经济体制、国有企业产权改革、国有企业股份制改造、国有企业公司制改革、国有企业资本重组、国有企业集团化改造、国有企业经理人市场和国有企业高管激励与约束等问题进行了大量的研究。又如，源自中国古代管理思想的中国式管理学也发展起来，试图在中国古代的思想体系下建立起适合中国企业特点和文化特色的管理学理论。

三 当前中国管理学发展的理论前沿和重大热点问题

近些年来，围绕着服务于经济社会建设以及适应国内外新形势发展的需要，中国管理学对许多前沿的管理理论问题和现实的重点、热点、难点问题进行了不懈的探索，取得了显著的进展和可观的成绩。这也使得中国管理学的发展呈现明显的动态性特点，并保持着理论研究的前瞻性和实践指导的现实性。当前，面对国际金融危机的冲击以及后危机时代的到来，在建设创新型国家的时代主旋律下，以创新谋求发展成为当今企业发展的必由之路，自主创新能力成为管理学研究的基本情景。与此相适应，着眼于增强企业自主创新能力、优化企业自主创新模式、促进企业自主创新行为的研究成为管理学近年来关注的重点议题，许多研究都集中于如何通过管理思想、方法、手段和组织等诸多方面的创新提升企业的自主创新能力，以使企业适应技术变革步伐不断加快的趋势和动态复杂的竞争环境。具体而言，在自主创新的情景下中国管理学的理论前沿和对现实热点难点问题的研究主要表现在以下五个方面。

（一）从技术范式去认识动态能力的演进

战略管理的核心的命题是如何创造并维持可持续发展的竞争优势（罗珉、刘永俊，2009），因此寻找企业竞争优势的来源就成为研究的中心。从着眼于企业所处产业环境的竞争力分析（Porter，1980）到强调企业专属资源的资源基础观（Wernerfelt，1984；Barney，1991），再到强调企业核心能力的能力理论（Prahalad & Hamel，1990），都对企业竞争优势的来源作出了不同的解释。但是，产业结构分析和资源基础观都无法解释为什么在动态竞争环境下某些企业会比其他企业表现得更好（Teece、Pisano、Shuen，1997），而能力理论所强调的核心能力在企业面临重大技术范式转换时也可能在瞬间即被市场淘汰（Tushman & Anderson，1986），且可能使企业陷入“惯性陷阱”（Lieberman & Montgomery，1988）或“核心能力刚性”（Leonard-Barton，1992）。然而，动态能力理论的一个重要思想是从“环境的动态特性”和

“针对动态环境的资源、能力的获取、整合与重构”两个方面去认识的企业战略管理（Teece & Pisano，1994），既强调动态环境对企业的影响，又强调企业对动态环境变化的适应。那么，接下来的问题就是如何认识“环境动态变化的特性”、如何测度“企业的动态能力”、如何刻画“动态能力的形成机理”，以及对“战略与绩效”关系的研究。

这使得当前对基于动态能力的企业战略管理出现了四个方面的研究热点：一是将技术范式作为企业环境动态分析的核心变量。技术范式是对企业面临的技术环境变量的一种刻画。通过技术范式对企业外部环境的刻画，为从更深层次上认识企业动态能力的演进提供了一个更加广阔的空间。同时，也为战略管理理论研究从“差异性”入手，寻找到“一致性”提供了可能。二是对于动态能力构成要素或维度的研究。动态能力在很大程度上具有不可操作性和难以检验性的特征（Eisenhartt 等，2000），这也成为阻碍动态能力理论的一大障碍。因此，如何突破动态能力的测量瓶颈成为学术界讨论的热点问题（揭筱纹、钟国梁，2009），这也是近年来出现许多对动态能力构成要素或维度研究成果的原因。目前，对这一问题的回答有多种观点，包括“两维论”、“三维论”、“四维论”、“五维论”、“六维论”等。透过从不同维度对企业动态能力的测度来看，核心问题是“价值创造能力”和“价值分配能力”，而“技术范式”不仅是影响企业“价值创造”和“价值分配”关键环境变量，而且还是测度能力特征的重要视角。三是对动态能力形成机制的研究。企业的动态能力到底是怎么形成的，不同学者基于不同理论视角对此作出了不同的回答，但基本上都是在演化经济学基础上展开的，涉及知识演化、组织学习和组织惯例等过程或要素，核心过程是知识和技术的演化、学习过程。四是对动态能力与企业竞争优势和企业绩效关系的研究。大多数研究者都赞成 Teece 等人所提出的动态能力是持续竞争优势的源泉，如 Scott（2005）。但也有不少学者对此提出了质疑甚至反对，一些人认为尽管不同企业培育某一动态能力的起点和路径不同，但是，对于某一项动态能力，存在一个行业的最佳标准，最终不同的企业都将趋于相似水平的动态能力，因此动态能力本身不是长期竞争优势的来源（Helfat & Peteraf，2003）。

（二）从技术联盟认识组织间关系

“任何一个组织的经营活动都离不开与周围环境的联系，它的生存与绩效通常都依赖于和其他组织的关系”（Oliver，1990）。特别是在当今这样一个环境日益复杂化和“合作创造价值”的时代，任何组织都很难只凭借自身的优势来维持其竞争力，由此也导致各种组织间关系模式如网络组织、虚拟组织、分包制、供应链集成、战略联盟和产业集群等大量出现，“组织间关系研究为组织摆脱激烈竞争，开拓新的价值空间，实现内生性与外生性协同增长提供了新视角，成为组织理论研究的热点”（王作军、任浩，2009）。实际上，“组织间关系”（inter-organizational relationships）或“组织间合作网络”从 20 世纪 80 年代就成为学术界热烈讨论的议题（Takeishi，2001），而如今不断出现的新的理论和新的视角以及蓬勃发展的实践推动着组织间关系的研究不断向前发展。

在自主创新的情景下，当前对于组织间关系的研究重点和热点主要包括四个方面：一是企业处于“开放式创新”的环境条件下。“开放式创新”（Open Innovation）的概念最早由 Chesbrough（2003）提出。这一概念强调了创新的来源，不仅包括企业内部，还包括企业外部，企业的技术创新过程是开放性的。在“开放式创新模式”中，企业的边界不是固定的、僵硬的而是虚拟的、灵活的，企业应该并且能够利用内、外部创意并使之市场化，同时内部创意可以通过外部渠道加以实现，进而创造出新的价值，从而使得创新的来源得以拓展。二是对技术联盟形成动因的解释。交易成本理论、资源基础观和公司战略理论等为我们理解技术联盟成因提供了很好的理论出发点，在此基础上，许多学者对其进行了扩展，提出影响企业技术联盟形成的主要因素的一系列假设，并收集真实数据加以验证。在阅读大量有影响力的经验研究文献的基础上，王欣（2009）对技术联盟形成的影响因素进行了归纳总结，并划分为环境因素和企业因素两大类，目的在于回答在何种环境特征下，具有何种特征的企业更倾向于形成技术联盟。三是对组织间关系演化过程的研究。组织间关系是一个不断演化的过程。对于组织间关系演化过程的探索可以归纳为四个视角：“动力”视角、“契约”视角、“要素”视角、“行为”视角。“动力”视角是从驱动组织间关系发展的动力源泉角度对组织间关系的演化进行探讨；“契约”视角强调契约可以帮助组织减少关系中的不可测风险和不确定性（Brown & Lusch，2006），组织间关系在不同发展阶段会形成不同的契约形式；“要素”视角提出，不同的组织间关系阶段要求的要素存在不同的差别（Heide & John，1990）；“行为”视角是根据组织相互之间表现出来的行为类型进行演化过程的描述。四是对组织间关系治理的研究。组织间关系治理是“正式或非正式的组织和个体通过经济合约的联结与社会关系的嵌入所构成的以企业间的制度安排为核心的参与者间的关系安排”（罗珉、何长见，2006）。组织间关系治理机制是一种包含着市场治理的“价格机制”和科层治理的“命令机制”的协调机制，它有三种模式：基于市场的管理控制机制、科层制管理控制机制和第三种管理控制机制（何晴、张黎群，2009）。

（三）从“绿色”、“公益”认识责任营销

进入 20 世纪 90 年代以后，市场营销理论被认为进入了分化和扩展时期，出现了大量的营销新概念，营销方法随着营销领域的深化和拓展，趋向多元化发展。但总体上可以看到，每一种新营销概念的提出都是基于对消费者需求与行为的新认识。近些年来，随着可持续发展观念和社会责任理念在国内外的广泛推行，负责任的消费方式或可持续消费成为一种新的消费模式，也成为国内外学术界研究的热点（杨智、邢学娜，2009）。与这一消费模式相适应，以满足消费者可持续消费需求和适应消费者负责任的消费行为的多种“责任营销”模式应运而生，并成为市场营销理论界和实践界普遍关注的焦点。作为“责任营销”最为重要的两种模式，绿色营销与公益营销更是得到快速发展。

绿色营销（Green Marketing）作为一个完整的概念是 20 世纪 80 年代在欧洲首先提出的（郭国庆，1997），它为市场营销注入了新的理念和思维方式，成为 21 世纪营销发展的主流。由于人们对绿色营销内涵的认识是一个发展和完善的过程，因此绿色营销理论的发展也呈现出阶段性特点。英国学者肯·皮迪将绿色营销理论发展过程归纳为生态性绿色营销阶段、环境性绿色营销阶段和持续性绿色营销阶段（徐大佑、韩德昌，

2007)，而国内学者万后芬（2000）则将绿色营销理论发展归纳为“产品中心论”阶段、“环境中心论”阶段、“利益中心论”阶段和“发展中心论”阶段。公益营销（Cause Marketing）这一概念尽管最近几年才在中国兴起，但它早在1981年就由美国运通公司使用。学术界则是1985年开始对公益营销进行系统研究，国外学者Varedarajia和Menon（1988）在广泛涉猎相关研究文献后首先对公益营销进行了定义，即“制定和实施市场营销活动的过程是以企业向特定的慈善事业提供一定数量的捐赠为特征，此时消费者参与商品交换的过程达到了组织和个人的目标”。随后，公益营销在国外得到广泛发展，概念内涵的理解也不断创新。当前对于公益营销的研究主要是围绕着两个方面展开，其一是消费者对公益营销的态度，其二是处理不同形式下公益营销的相对效应（Xiaoli Nan & Kwangjun Heo，2007）。

（四）从知本视角认识知识型员工管理

随着知识经济时代的到来以及创新日益成为企业成长的基本动力，作为知识资本载体的知识型员工在企业人力资源结构中的比例越来越大，对企业核心竞争力的形成和发展起着越来越重要的作用。近些年来，知识型员工的管理问题更是受到了全世界的普遍关注，西方人甚至称当今为基于知识的人事或人力资源（Knowledge-based Personnel）时代（周文斌，2009），知识型员工管理迅速成为企业人力资源管理理论研究和实践发展的重点和核心。纵观国内对知识型员工管理的最新理论研究和探讨，主要集中在三个领域：一是知识型员工的界定。知识型员工（Knowledge Worker）的概念最早由德鲁克于1956年提出，指的是“那些掌握和运用符号、概念，利用知识和信息工作的人”（Drucker，1999），当时实质上特指经理或执行经理。之后，学者们对知识型员工概念的内涵和外延都进行了拓展。根据彭剑峰（2001）、张望军（2001）等学者的研究成果，知识型员工相对非知识型员工具有七个方面的显著特点：具有较高的个人素质和能力、具有强烈的自主意识、具有高度的创造性、具有较强的成就动机、工作过程难以直接监督、劳动成果难以衡量、具有较强的流动意愿。二是知识型员工态度和行为的研究。知识型员工如果不能被有效管理，那么他们就根本没有用（Drucker，1999），而有效管理知识型员工的基础则是对其心理、态度和行为的深刻认知。实际上，国内外学者近些年对这一问题进行了大量理论思考和实证研究，并主要从心理契约（彭川宇，2008；朱晓妹、王重鸣，2005；王黎莹、陈劲，2008）、组织公平感知（骆静，2007；汪新艳，2008；李钰卿、张小林，2008）、组织支持感知（纪晓丽、曾艳，2008）、忠诚度（或离职意向）（徐茜，2009）等视角予以展开。三是知识型员工激励问题的探讨。知识型员工的特点决定对其的激励因素、激励机制、激励模式以及激励政策都与传统的非知识型员工存在显著的区别，其中激励因素（彭剑峰、张望军，2001）、激励机制（王晓明，2009）和激励模式（苏华、张宁，2008；刘敏惠，2009）是当前对知识型员工激励问题研究的主要关注点。

（五）从战略视角认识企业社会责任

20世纪中期以来，随着消费者运动、环保运动、责任投资运动以及生产守则运动在西方的兴起，企业社会责任问题日益成为社会各界关注的焦点。20世纪90年代以后，在国际组织、各国政府、社会公众和企业等多元力量的共同推动下，企业社会责任在欧美国家更是逐渐演变成一种运动，并迅速波及全球，形成一种新的世界潮流和趋势，由此推动企业社会责任理论发展逐渐走向深入，其突出表现就是对企业社会责任认知视角的变化。通过梳理和分析国内外企业社会责任理论研究成果可以发现，对企业社会责任的认知大致经历了四个阶段：压力回应阶段，即将企业社会责任看做对外部压力的回应手段；风险管理阶段，即将企业社会责任看做防范和应对经济、社会、环境风险的手段；财务价值创造阶段，即将企业社会责任看做为企业创造财务价值和竞争优势的手段；综合价值创造阶段，即将企业社会责任看做企业促进社会福利增进的新的发展方式。而目前正在兴起和热议的战略性企业社会责任（strategic corporate social responsibility）概念，则跨越了后两个阶段。

目前，对于战略性企业社会责任的理解主要有两种观点：纯粹工具理性观点以及不完全工具理性观点。纯粹工具理性的战略性企业社会责任观来源于开明自利论（enlightened self-interest theory），即德鲁克的“行善赚钱”（doing well by doing good）。从国内来看，尽管很少学者明确提出纯粹工具理性的战略性企业社会责任观点，但不少研究者对企业社会责任如何转化为企业竞争优势的问题进行了探讨，提出可以从企业绩效的视角、组织声誉的视角以及社会资本的视角解释企业社会责任可以给企业带来竞争优势（石军伟、胡立军、付海艳，2009），并指出企业社会责任转化为企业竞争优势要具备四个方面的条件：作为基础条件的责任市场、作为制度条件的公平竞争环境、作为信息条件的监督反馈系统、作为内部条件的企业承担社会责任的方式和战略（李建升、李巍，2009）。不完全工具理性的战略性企业社会责任观是指企业并不把社会责任纯粹作为获取经济收益的手段，而是强调通过履行社会责任活动为企业与社会共同带来利益，其代表性人物是 Porter 和 Kramer。近年来，国内学者对于不完全工具理性的战略性企业社会责任领域也开展了少量研究，但重点在于引进 Porter 和 Kramer 的观点。

四　中国管理学未来发展趋势的展望

综合中国管理学的演进和发展历程以及当前中国管理学的理论研究前沿和热点问题，我们可以发现中国管理学未来发展呈现以下几个方面的趋势和特点。

（一）管理研究和实践的本土化与国际化并行发展

一方面，随着全球化的进一步深入，中国管理学更加注重从国外引进先进管理理念、管理思想和管理方法，也更加注重关注国际管理学的前沿性研究，管理研究和实践的国际化趋势将进一步强化。另一方面，随着我国经济社会转型步伐的加快以及国际地位的提升，中国管理学对于本土化的管理实践更加重视，对于中国式管理的研究热情进一步高涨，中国式管理将成为与美国式管理和日本式管理并驾齐驱的管理模式。

（二）创新成为中国管理学未来的主旋律

企业面临的外部环境越来越动态化和复

杂化，基于学习能力的创新日益成为企业生存和发展的基本需要。特别是，随着中国加快经济发展方式转变的推进，创新活动将得到更加重视，管理创新和创新管理必将成为管理学研究和管理实践的核心内容。

（三）管理的科学化与艺术性同步推进

随着多种量化学科与管理理论的融合，以及管理实践中对精确化管理程度的需求提升，管理的科学化进程将大大加快；而随着人本主义在国内得到日益重视，管理中“人”的因素更加突出，管理的艺术性要求更加强烈。

（四）信息技术与管理的融合更加深入

信息技术给管理带来的是场全面、深刻的革命，信息化日益深入生产、人事和经营等企业管理的各个层面，管理信息化越来越被中国管理学界所重视。

（五）学科建设更加开放务实

管理学科的设置不再局限于从理论到理论的逻辑思维，而是根据实践中对管理的需要出发设置和建设学科体系，管理学的学科建设与经济社会发展实践的结合更加紧密，学科服务实践的能力显著增强。

参考文献与学科年度重要文献

陈佳贵：《新中国管理学 60 年》，中国财政经济出版社 2009 年版。

成思危：《我国管理科学的现状与展望》，《管理科学学报》1998 年第 1 期。

何晴、张黎群：《组织间管理控制模式与机制研究评介》，《外国经济与管理》2009 年第 10 期。

黄群慧：《管理学发展的历史逻辑》，《社会科学管理与评论》2005 年第 4 期。

揭筱纹、钟国梁：《企业动态能力测量维度研究》，《软科学》2009 年第 5 期。

李建升、李巍：《企业社会责任向企业竞争优势转化的波及效应》，《改革》2009 年第 11 期。

罗珉、何长见：《组织间关系：界面规则与治理机制》，《中国工业经济》2006 年第 5 期。

罗珉、刘永俊：《企业动态能力的理论架构与构成要素》，《中国工业经济》2009 年第 1 期。

石军伟、胡立军、付海艳：《企业社会责任、社会资本与组织竞争优势：一个战略互动视角》，《中国工业经济》2009 年第 11 期。

苏勇、刘国华：《中国管理学发展进程：1978 ~ 2008》，《经济管理》2009 年第 1 期。

王钦等：《中国企业自主创新战略研究》，中国社科院工经所课题结项报告，2009 年。

王晓明：《基于三维心理契约的知识员工的激励机制的研究》，《市场周刊·理论研究》2009 年第 6 期。

王欣：《技术联盟形成动因文献综述》，《中国社会科学院创新发展研究小组（RUID）·工作论文》2009 年第 3 期。

王作军、任浩：《组织间关系：演变与发展框架》，《科学研究》2009 年第 12 期。

徐大佑、韩德昌：《绿色营销理论研究述评》，《中国流通经济》2007 年第 4 期。

徐茜：《知识型员工流动影响因素及作用机制研究》，山东大学博士学位论文，未出版，2009 年。

杨智、邢学娜：《可持续消费行为影响因素质化研究》，《经济管理》2009 年第 6 期。

周文斌：《中国企业知识型员工管理问题研究》，《经济管理》2009 年第 12 期。

Barney, J. B. , Firm resources and sustained competitive advantage, *Journal of management*, 1991, 17 (1): pp. 99—120.

Brown, J. R. , A. T. Cobb and R. F. Lusch, The roles played by interorganizational contracts and justice in marketing channel relationships, *Journal of Business Research*, 2006, 59 (2): pp. 166—175.

Chesbrough, H. W. , *Open Innovation: The New Imperative for Creating and Profiting from Technology*, 2003: Harvard Business Press.

Drucker, P. F. , *Management Challenges for the Twenty-first Century*, 1999: Harperbusiness.

Eisenhardt, K. M. and J. A. Martin, Dynamic Capabilities: What Are They? *Strategic Management Journal*, 2000, 21 (10—11): pp. 1105—1121.

Hamel, G. and C. K. Prahalad, *The Core Competence of the Corporation*, Harvard Business Review, 1990, 68 (3): pp. 79—91.

Hart, O. and J. Moore, Property Rights and the Nature of the Firm, *Journal of Political Economy*, 1990, 98 (6): pp. 1119—1158.

Heide, J. B. and G. John, Alliances in Industrial Purchasing: the Determinants of Joint Action in Buyer-supplier Relationships, *Journal of Marketing Research*, 1990, 27 (1): pp. 24—36.

Helfat, C. E. and M. A. Peteraf, The Dynamic Resource-Based View: Capability Lifecycles. *Strategic Management Journal*, 2003, 24 (10): pp. 997—1010.

Leonard-Barton, D. , Core Capabilities and Core Rigidities: A Paradox in Managing New Product Development. *Strategic Management Journal*, 1992, 13 (S1): pp. 111—125.

Lieberman, M. B. and D. B. Montgomery, First - mover advantages, *Strategic Management Journal*, 1988, 9 (S1): pp. 41—58.

Nan, X. and K. Heo, Consumer Responses to Corporate Social Responsibility (CSR) Initiatives: Examining the Role of Brand-Cause Fit in Cause-Related Marketing, *Journal of Advertising*, 2007, 36 (2): pp. 63—74.

Oliver, C. , Determinants of Interorganizational Relationships: Integration and Future Directions, *Academy of Management Review*, 1990, 15 (2): pp. 241—265.

Porter, M. E. , *Competitive Strategy: Techniques for Analyzing Industries and Companies*, New York/London, 1980.

Takeishi, A. , Bridging inter-and intra-firm Boundaries: Management of Supplier Involvement in Automobile Product Development, *Strategic Management Journal*, 2001, 22 (5): pp. 403—433.

Teece, D. and G. Pisano, The dynamic Capabilities of Firms: An Introduction, *Industrial and Corporate Change*, 1994, 3 (3): p. 537.

Teece, D. J. , G. Pisano and A. Shuen, Dynamic Capabilities and Strategic Management, *Strategic Management Journal*, 1997, 18 (7): pp. 509—533.

Tushman, M. L. and P. Anderson, Technological Discontinuities and Organizational Environments, *Administrative Science Quarterly*, 1986, 31 (3): pp. 439—465.

Varadarajan, P. R. and A. Menon, Cause-related Marketing: A Coalignment of Marketing Strategy and Corporate Philanthropy, *The Journal of Marketing*, 1988: pp. 58—74.

Wernerfelt, B. , A Resource-based View of the Firm, *Strategic Management Journal*, 1984, 5 (2): pp. 171—180.

（王 钦 肖红军）

商业银行学

一　学科概述

商业银行学是现代金融学科的重要组成部分，是应用经济学科的一个分支。商业银行学的研究对象是商业银行的管理和运营。商业银行是现代金融体系最重要的组成部分，有着几百年的发展历史。简单地说，商业银行是以追求利润为目标，以经营金融资产和负债为对象，综合性、多功能的金融企业，其主要职能是筹集储蓄资金并将这些资金在生产领域进行配置。

商业银行是企业的一种，具有企业的基本特征。与此同时，商业银行又具有自己的特殊性。首先，商业银行以金融资产和负债为经营对象，经营内容包括货币收付、借贷以及各种与货币运动有关或者与之相关联的金融服务，而一般企业经营的是物质产品和劳务。其次，商业银行的业务活动对国家宏观经济具有重要影响。其信贷活动不仅影响到社会总供求的总量，也影响到社会总供求的结构平衡。商业银行的发展有助于提高储蓄的数量，通过高效率地配置资源并在融资企业的公司治理中发挥重要作用而提高储蓄向投资转化的效率，以此增加资本形成或促进技术进步，从而促进经济的长期增长。最后，商业银行的业务活动具有很高的风险。商业银行作为信用中介，是借者和贷者的集中。信贷市场上的信息不对称在商业银行上集中体现；此外，由于经营环境的变化，商业银行还面临利率风险、外汇风险等。

商业银行学的研究内容涉及商业银行经营及管理的各个层面，包括商业银行理论研究、商业银行资本管理、负债管理、资产管理、中间业务等。商业银行学在研究方法上注重多学科的综合。首先，商业银行学是金融学的一个分支，建立在经济学、金融学等学科基础之上，对商业银行的研究需要借鉴经济学、金融学的基本理论和方法；其次，随着经济的总体发展，商业银行的发展空间也在不断拓展，服务手段更加多元，经营风险更加复杂，业务总体复杂性不断增加。在这种情况下，商业银行学在研究方法上也越来越多地引入各种先进的分析方法和技术，同时借鉴数理统计、金融工程、证券投资等其他各种学科的研究方法。

商业银行学涵盖的内容是理论与实务并重，既涉及规范研究，也涉及实证研究。从理论层面看，现代银行理论涉及金融中介理论（金融中介机构存在和发展的原因）、信贷配给理论（贷款人基于风险和利润的考虑往往附加各种条件，而不是完全依靠利率机制发放贷款）、银行挤兑理论（为什么会挤兑、挤兑会产生哪些影响）、风险管理理论（商业银行如何管理风险）、银行监管理论（如何建立合理、高效的监管体系保障银行体系的健康稳定发展）等。从实务层面看，商业银行学涉及商业银行的各种经营活动，包括商业银行资本管理、负债管理、资产管理、中间业务，等等。

二 改革开放以来我国商业银行学的学科发展与演进

（一）我国商业银行学科发展历程

我国最早的商业银行学被包含在《货币银行学》之中。货币、信用、银行和金融市场是市场经济发展的产物，没有市场经济就没有货币、信用、银行和金融市场存在和发展的基础，也就没有作为研究金融活动及其规律的金融学科（包括货币银行学）存在和发展的前提。新中国建立初期，由于我国与苏联都实行高度集中的计划经济体制，因此货币银行学教材基本上以苏联教材为蓝本。20 世纪 50 年代初，我国金融教学中使用了李达教授的《货币学概论》。以后引用从苏联引进的《资本主义国家的货币流通与信用》。1957 年，中国人民大学林与权教授等根据该教材改写的同名教材出版。这本教材 1980 年的修订本与 1981 年中国财政经济出版社出版的《社会主义货币信用学》构成姊妹篇，被喻为“蓝皮书”和“黄皮书”，影响深远，为培养我国金融人才作出了历史贡献。其不足之处是将一个完整的学科体系分为“两条线”（资本主义、社会主义）和“三大块”（货币、信用、银行），带有较强烈的意识形态色彩和教条主义倾向，且研究内容与金融实践完全脱节。这两本教科书已退出历史舞台。

1992 年，中国人民大学黄达教授主编的《货币银行学》出版发行，该教材打破了传统货币银行学“两条线”和“三大块”的束缚，成为我国高等学校财经类核心课程教材，在我国经济学界产生了巨大影响，成为我国高校普遍使用的权威教科书。从当时内容来看，货币银行学内容丰富，涉及货币、信用、商业银行、国际金融、中央银行、金融市场等各个方面，商业银行是其中的一个部分。

随着我国商业银行的不断发展，商业银行学也逐渐从传统的货币银行学中分离出来，独立成一门单独的学科。在此期间，一些关于商业银行学的教材不断出现［如中国人民大学庄毓敏教授主编的《商业银行业务与经营》、北京大学易纲教授等主编的系列教科书中的《商业银行管理学》（俞乔等编著）、中央财经大学史建平教授主编的《商业银行管理学》等］。这些教材以商业银行的各项经营业务为主线，分别就各项业务进行了深入阐述。同时，这些教科书还在将商业银行理论与中国实践相结合方面进行了尝试。

与此同时，国外一些以商业银行为研究对象的教科书也被引入到中国（例如，中国人民银行唐旭等翻译引进的罗斯所著《商业银行管理》等）。与国内的一些教材相比，这些教材在涵盖内容的广度和深度上都要更加深入，对我国的商业银行学科发展起到很好的推动作用。

（二）我国商业银行学理论

研究发展与创新随着我国商业银行的发展，我国学者对商业银行的研究也在不断深入，逐渐形成一系列理论创新成果。

（1）国有商业银行改革理论　国有银行改革是我国金融体制改革中最重要的组成部分之一。我国学者在国有银行改革方面提出了一

些创新性的观点和理论。具体包括：1）市场结构观。该观点认为国有银行的主要问题在于竞争不足，应当创造竞争环境，但是侧重点不同。2）产权制度观。提出以产权改革为突破口的国有银行改革的模式，改革应以产权多元化为起点。3）公司治理观。认为银行治理结构中最重要的是产权结构、制衡机制和激励机制，国有银行改革首先要完善公司治理。4）增量改革观。主张国有银行改革与产权无关，反对国有银行民营化的观点，认为在法制和经济实体不健全的情况下，急于改革银行产权，是一个误区，这既不治标也不治本，强调我国银行应该坚持国有。国有银行改革可以采取通过对增量品质的控制而渐进地改变存量品质的方式来进行。5）行政干预观。认为国有银行能否成功，关键看政府怎么给银行定位。

（2）银行监管理论　我国的一些学者分析研究了在我国如何实现最优的银行监管。蒋海和刘少波（2004）通过建立存款人与监管部门、监管当局与金融机构三方的监管博弈模型，表明不同的信息结构决定着不同的监管激励水平，从而直接影响着监管效率和社会福利水平。中国当前金融监管中的主要问题是监管者及金融市场的透明度较低而缺乏监管激励所致。我国金融监管改革的关键不在于是否从宏观层面加强或放松金融监管，而在于如何通过监管当局及金融市场的信息透明度建设为微观监管主体提供有效监管的激励。

杨谊、蒲勇健和樊杲（2006）证明了由于我国存在隐性存款保险，资本充足率的监管机制无法有效发挥作用。他们的结论是我国应该建立显性存款保险机制，在此基础上监管者通过确定适当的资本充足率促使银行在信贷过度冒险行为与过度审慎之间找到均衡，增进社会福利。

三　商业银行学科理论前沿及热点问题

（一）银行绩效

近些年来，商业银行尤其是我国商业银行的经营效率问题仍是学术研究的一个重点。邱兆祥和张爱武（2009）基于无成本处置壳方法测算了中国商业银行1999年至2003年间的效率水平。他们发现，根据这种方法估计得到的商业银行平均效率水平呈现逐年上升趋势，国有商业银行在整个样本期平均效率水平在所有一效率指标上都高于其他商业银行，其产出配置效率在样本期内每一年份都高于其他商业银行。

徐忠、沈艳、王小康和沈明高（2009）基于81个县300余家县级金融机构的调查数据，研究了我国银行业市场结构与银行绩效之间的关系。他们发现，市场份额与银行资产回报率之间有显著正向相关关系，市场集中度和资产回报率之间存在显著负向相关关系，市场集中度越高的地区这类不良贷款的比重越高。

蔡跃洲和郭梅军（2009）对2004年以来上市商业银行的全要素生产率情况进行了实证分析。结果表明：（1）2004年以来，上市商业银行全要素生产率总体略有下降。其中，技术变化出现下降，而纯技术效率和规模效率略有提高。（2）技术变化指数的下降与宏观调控、货币信贷政策等有关。（3）股份制改造有助于商业银行经营效率的提高，而各银行规模效率的变动也基本符合企业发展的一般规律。

（二）银行监管

随着金融海啸的爆发，银行监管显得尤其重要，银行监管问题为近期研究的一个热点。巴曙松、王璟怡和杜婧（2010）指出，次贷危机以来，各国纷纷出台了新的金融（银行）监管法案，银行监管的重点由微观审慎监管转向宏观审慎监管。

王兆星（2010）认为，国际银行监管改革主要呈现出四方面趋势：微观监管与宏观审慎统筹兼顾、资本监管和流动性监管同等重要、银行监管的“质”与“量”同步提升、银行内部约束与外部监管有机结合。

新巴塞尔协议在银行监管中居于核心地位。李佩珈（2010）分析了新资本协议改革的主要进展并尝试为监管当局克服信息不对称，进行更恰当的机制设计提供监管建议；分析了中国银行业应对更为严格的资本监管环境，如何从消除信息不对称角度提高风险管理水平。

新资本协议建议商业银行逐步建立内部评级模型对银行运营中的风险进行评估。郭英见和吴冲（2009）考察了信用风险评估问题。他们借鉴多传感器信息融合综合评价的优势，建立了基于BP神经网络、支持向量机和DS证据理论基础上的信用风险评估模型。通过采用国内某商业银行的数据，利用本模型、BP网络和支持向量机三者作了相应的验证。结果表明，该模型相对传统的BP网络和支持向量机的评估模型，能得出较优的评估结果。

国际金融危机引起了人们对资本监管顺周期效应更为广泛的关注。李文泓和罗猛（2010）对我国16家上市银行在1998—2008年的实际资本充足率与经济周期的关系进行了实证分析。结论表明，我国商业银行资本充足率具有一定的顺周期性。

（三）银行治理

银行治理是公司治理的一个分支，银行治理对于改进商业银行经营、提高商业银行绩效具有重要意义。近年来，银行治理问题在理论界和实务界都得到了很多的关注。赵昌文、杨记军和夏秋（2009）利用2005年度和2006年度国有控股商业银行、股份制商业银行与地方城市商业银行三类商业银行的年报数据，研究了中国商业银行公司治理与绩效之间的关系。他们发现，商业银行的政府持股比例与银行业绩之间存在显著的倒“U”形关系；董事会规模与银行业绩之间存在显著的倒“U”形关系，说明董事会是股东之间利益格局博弈的结果；具有金融从业经验的独立董事真正改善了公司治理，显著提高了银行业绩。

战略投资者是公司治理中的一支重要力量，那么，引入国外战略投资者是否能够改善商业银行的治理结构从而提高银行绩效？姚铮和汤彦峰（2009）深入剖析新桥投资收购深发展的过程和收购后对深发展的整合，以财务指标变动和资本市场数据两方面的证据来检验深发展被收购前后公司价值的变化。他们发现，新桥投资的控股在一定程度上改善了深发展的经营状况和资产质量，使得深发展的公司价值得到了提升。但由于新桥投资追求大股东利益最大化、存在短期利益行为，使深发展的长期发展存在较大的不确定性。由于是案例研究，这一结论是否具有普遍性还有待观察。

廖岷（2010）分析了国际金融危机爆发后银行公司治理面临的挑战和暴露出的弊端，

详尽阐述了银行公司治理发展的最新动态和国际共识，并对其进行了进一步剖析。

（四）银行危机

在由美国次贷危机引发的全球金融海啸中，许多国家的银行业均受到很大冲击，银行危机问题也成为近期银行研究中的另一个重点。董青马和卢满生（2010）基于全球数据研究了金融开放度与发展程度差异对银行危机生成机制的影响。他们发现，金融不发达国家危机的生成受到较多因素的制约，金融发达国家危机的生成则主要受实质GDP增长速度的影响，并能通过自身经济金融的发展来有效克服通货膨胀率与实际利率提高带来的不利冲击；在金融发展程度不同的国家，金融自由化实施对银行危机的生成均无显著关系；金融发达国家危机生成更易受到国外因素的影响，银行持有国外净资产/外汇储备发挥的作用越来越高。

胡海峰和孙飞（2010）比较了美国储贷危机和次贷危机引发的两次银行业危机成本的异同。他们的测算表明，此次银行业危机的经济成本和公共成本都明显高于储贷危机。他们还据此就如何降低银行危机成本提出了若干建议。

（五）银行竞争

随着银行业的发展，银行业的竞争也在不断加剧。随着我国市场开放程度的加大，外资银行大量进入中国。那么，外资银行进入中国市场产生了哪些影响？刘亚、杨大强和张曙东（2009）的研究表明，外资银行进入对我国商业银行效率带来了正面影响，显著提高了我国商业银行的收入、成本和利润状况。这意味着，外资银行的进入加剧了银行业的竞争，并进一步提高了我国银行业的绩效。

毛泽盛、吴洁和刘敏楼（2010）考察了外资银行的进入对我国企业产生的影响。他们的研究表明，外资银行信贷对我国企业信贷存在显著影响，两者存在U形关系。即随着外资银行信贷的连续增加，中国企业信贷将经历先降后升的过程，意味着随着外资银行信贷业务的继续拓展，中国企业信贷仍将在一段较长的时间里经受外资银行信贷扩张的冲击。

在更宏观的层面上，周慧君和顾金宏（2009）实证研究了外资银行渗透对于中国银行业体系稳定性的影响，他们发现，伴随外资银行渗透，银行体系稳定性的演化过程也可粗略地看出倒“U”形态，与阶段性理论基本相吻合。此外，在危机期间，外资银行在中国采取的微观战略也是影响中国银行业体系稳定性的重要因素。

那么，外资银行在中国的行为受哪些因素影响？张满银、韩大海和高凤英（2010）考察了哪些因素影响了跨国银行在华投资的省域选择？他们发现，市场需求因素和区域金融基础设施因素对外资银行有显著的吸引力，而区域政策环境因素和经营成本因素则无显著影响。各省域招商外资银行的工作重点应立足发展本地经济、营造外资集聚、完善金融市场、提升人力资源管理水平和做好外资银行机构的服务等工作，而非一味地提供种种优惠。

（六）中小银行

近年来，为支持新农村建设、服务三农，我国政府在农村金融方面加大了改革力度，大力发展村镇银行等新型农村金融机构。村镇银行也成为商业银行领域的一个研究热点。吴少新、李建华和许传华（2009）运用DEA

分析法的超效率模型对4家典型村镇银行的经营效率进行了比较分析，并以此提出了促进村镇银行高效率经营的政策建议。需要说明的是，此类研究由于数据缺乏目前还处于规范分析或案例研究阶段。基于大样本收据的深入分析尚不多见。

四 商业银行学的学科发展趋势

从研究方法上看，目前我国关于商业银行的研究总体上看多集中于宏观和规范分析层面，主要原因在于银行数量较少、信息披露不完善，进而导致研究数据缺乏。随着不同种类银行的发展，有关银行业的基础数据也会越来越充分。因此，有关商业银行问题的研究势必会从规范分析为主向规范分析与实证分析相结合转变、从宏观分析为主走向宏观分析与微观分析相结合转变。

从研究对象上看，已有研究多集中于大中型银行。而随着我国中小银行的快速发展，会有越来越多的研究关注此类银行的相关问题，与已有研究形成补充。此外，随着我国新农村建设的不断推进，与农村金融相结合的商业银行问题将成为研究的热点。

从学科建设上看，总的来说，我国目前还没有形成比较完善的商业银行学科体系。随着研究的深入，对已有研究成果进行提炼总结，并结合我国特有的银行业发展特点，逐步形成具有中国特色的商业银行学科体系也将成为必然的趋势。

参考文献与学科年度重要文献

巴曙松、王璟怡、杜婧：《从微观审慎到宏观审慎：危机下的银行监管启示》，《国际金融研究》2010年第5期。

蔡跃洲、郭梅军：《我国上市商业银行全要素生产率的实证分析》，《经济研究》2009年第10期。

董青马、卢满生：《金融开放度与发展程度差异对银行危机生成机制影响的实证分析》，《国际金融研究》2010年第6期。

郭英见、吴冲：《基于信息融合的商业银行信用风险评估模型研究》，《金融研究》2009年第1期。

胡海峰、孙飞：《美国两次银行业危机的成本比较》，《国际金融研究》2010年第5期。

蒋海、刘少波：《信息结构与金融监管激励：理论与政策含义》，《财经研究》2004年第7期。

李佩珈：《动机扭曲、动态不一致性与金融监管改革——兼论新资本协议的最新修改及对我国银行业启示》，《国际金融研究》2010年第6期。

李文泓、罗猛：《关于我国商业银行资本充足率顺周期性的实证研究》，《金融研究》2010年第2期。

廖岷：《国际金融危机中银行公司治理的主要问题及启示》，《国际金融研究》2010年第5期。

刘亚、杨大强、张曙东：《开放经济条件下外资银行对我国商业银行影响研究》，《财贸经济》2009年第8期。

邱兆祥、张爱武：《基于FDH方法的中国商业银行X-效率研究》，《金融研究》2009年第11期。

王兆星：《国际银行监管改革对我国银行业的影响》，《国际金融研究》2010年第2期。

吴少新、李建华、许传华：《基于DEA超效率模型的村镇银行经营效率研究》，《财贸经济》2009年第12期。

徐忠、沈艳、王小康、沈明高：《市场结构与我国银行业绩效：假说与检验》《经济研究》2009年第10期。

杨谊、蒲勇健、樊杲：《中国银行业隐性存款保险与资本充足监管机制下的联合效率分析》，《中央财经大学学报》2006年第10期。

姚铮、汤彦峰：《商业银行引进境外战略投资者是否提升了公司价值》,《管理世界》2009年增刊。

张满银、韩大海、高凤英:《跨国银行在华投资的省域选择》,《财经研究》2010年第1期。

赵昌文、杨记军、夏秋:《中国转型期商业银行的公司治理与绩效研究》,《管理世界》2009年第7期。

周慧君、顾金宏:《外资银行渗透对中国银行业体系稳定性的影响》,《国际金融研究》2009年第12期。

（曾　刚）

资源经济学

一 学科概述

资源经济学不是一门先验的科学，其产生源自于自然资源的日益稀缺以及由此造成的环境危机。18世纪中叶的工业革命以来，全球生产力得到迅速发展，工业化、电气化致使大规模开发利用自然资源成为现实。这一方面促进了资源产业的形成和发展，另一方面导致了资源稀缺性的不断加剧，致使经济发展和资源保护之间的矛盾日益突出。在这种时代背景下，资源经济学于20世纪二三十年代应运而生。

虽然资源经济学作为一门独立的经济学分支只有七八十年的历史，但是资源问题被经济学家思考却一直可以追溯至古典经济学的形成时期。在古典经济学时期，资本主义工商业经济刚刚起步，社会发展仍以农业经济为主，经济增长对资源环境的破坏尚不明显，资源环境的稀缺性也尚未体现。在古典经济学体系中，经济理论主要关注资本和劳动等要素，而资源环境被视为经济系统的外生变量。即便在这种背景下，一些经济学家也已经开始关注资源环境问题。早在17世纪，英国古典经济学家的奠基者配第（William Petty）就已意识到资源对财富增长的制约，提出了著名的“劳动为财富之父，土地为财富之母”的论断，这可谓资源经济学的早期萌芽。构成现代资源经济学内容的许多理论，也能从古典经济学时期的一些经济学大师的论著中寻找到最初的踪迹。这个时期的主要代表人物有马尔萨斯（Thomas R. Malthus）、李嘉图（David Ricardo）、穆勒（James Mill）等。古典经济学家注重于总量和规模的思考，颇有远见地指出了人口、经济规模的扩大必将受到稀缺资源的约束，是现代资源经济学的思想源泉。新古典经济学家对资源与经济发展之间的关系有了更为系统和深刻的思考，形成了一系列对现代资源经济学影响深远的经典理论和方法，比如帕累托（Vilfredo Pareto）的最优配置理论和由马歇尔（Alfred Marshall）提出、被庇古（Arthur C. Pigou）继承和发扬了的外部性理论等。

作为经济科学与资源科学的交叉学科，资源经济学在发展过程中，既从古典经济学和新古典经济学中获得了许多理论支持，同时也借鉴了自然资源学的相关理论和分析方法。资源经济学对传统经济学关于自然资源无限供给的假设前提进行了修正，把自然资源看做一种稀缺的生产要素纳入生产函数和消费函数，以现代经济学的理论和方法研究自然资源的配置问题。具体关注自然资源的时空配置、利用效率、最优利用以及资源、环境与经济的协调持续发展问题。由于自然资源可以分成不同的类型，因此，资源经济学又可以分成若干分支学科，如林业经济学、渔业经济学、海洋资源经济学、矿产资源经济学、能源经济学、土地经济学、水资源经济学等。自然资源同时拥有自然属性和社会属性。资源经济学主要研究自然资源的社会属性，而自然属性是社会属性的物质承担者，因此资源经济学又必须联系自然科学的相关理论。资源经济学的分析方法也融合了经济学和自然科学惯用的分析方法，比如，现代经济学适用的最优分析方法、一般均衡分析方法、边际分析方法、静态分析方法与比较静态分析方法、实证分析方法与规范分析方法以及自然科学领域的物质平衡理论、循环理论、热力学定律、承载力理论、多种数学建模理论和计算机应用理论等。

资源经济学是一门交叉综合性学科，由于包含内容广、运用方法多、发展历史短，资源经济学尚没有形成完全统一和规范的学科体系。然而，随着资源、环境与经济发展的矛盾日益尖锐，资源经济学有理由被认为是经济科学和资源科学中最有发展潜力的学科之一。

二　资源经济学在国内外的发展

资源经济学正式产生于20世纪二三十年代，以1924年经济学家伊利（Richard T. Ely）和莫尔豪斯（Edward W. Morehouse）合著的《土地经济学原理》以及1931年由霍特林（Harold Hotelling）发表的《可耗尽资源的经济学》为标志。中国第一本土地经济学研究专著——《土地经济学》由章植先生于1934年出版。20世纪40年代，朱剑农先生的《土地经济学原理》和张丕介先生的《土地经济学导论》相继出版。显而易见，无论中外，这个阶段的资源经济学都主要局限于单种资源（如土地）和单门类资源（如可耗竭性资源）的研究。

20世纪五十年代末到六十年代初，二次世界大战后的欧美大陆还沉浸在经济发展压倒一切的意识中，但美国一些从事发展经济学研究的经济学家表现出了冷静的科学态度，分析了自然资源对于当时经济高速发展的贡献，也指出了这种高速经济将受到自然资源的制约。1952年，在一些经济学家的共同努力下，美国未来资源研究所（Resources for the Future，RFF）成立了。这是世界上最早的资源和环境经济学的专门研究机构，为资源经济学的发展作出了重大贡献。中国规模性地开展资源经济学研究也始于50年代。为了适应国民经济发展的需要，各个部门都开展了一系列的资源调查、评价以及资源保证程度分析等基础性研究工作，所积累的成果为我国资源经济学的研究、产生和发展奠定了坚实的基础。这段时期，随着经济发展中资源问题的复杂化和尖锐化，资源经济学的研究范围和目标逐渐丰富起来，资源经济学在土地资源经济学的基础上开始逐渐走向多门类的资源研究，但依然没有形成统一的规范理论。

20世纪六七十年代正值以石油危机为代表的自然资源短缺时期，随着工业化国家资源稀缺程度的提高和环境问题的加剧，以及这些国家对资源管理实践的深入，资源经济学理论得以向系统化方向发展。很多经济学者开始运用现代经济理论与经济学分析方法对资源问题进行重新思考，探讨资源问题产生的经济根源、资源与经济的相互关系以及解决资源问题的经济途径等课题。资源经济学逐步形成了一定的学科体系。豪（Charles W. Howe）在其著作《自然资源经济学》中论述了自然资源的属性、公共资源的管理、自然资源非市场效益的评价、资源稀缺的度量、自然资源的最优利用条件、项目经济分析、帕累托效率等。克鲁蒂拉（John V. Krutilla）在《美国经济评论》的一篇文章中系统地提出了“舒适型资源的经济价值理论”，指出除了矿产等“开采型资源”，还有一类“舒适型资源”，比如稀有的生物物种、珍奇的景观、生物多样性等，应该保护这些舒适型资源不被破坏，或者把对其的利用严格控制在可再生的限度之内。之后，克鲁蒂拉和费舍尔合著的《自然环境经济学——商品性和舒适性资源价值研究》由未来资源研究所出版。尼克斯和艾尔斯在《经济学与环境》一书中系统提出了“物质平衡理论”。这一理论实际上是物理学中的物质守恒原理和经济学中一般均衡原理的结合。物质平衡理论指出，如果我们承认资源环境的稀缺性，那么就有必要对一般均衡模型作某些修正，将资源环境也作为一个部门，加入经济系统的投入——产出分析，找出这一系统的物质平衡关系。

20世纪六七十年代也是全球环保主义盛行的时期，代表性人物和思想有：鲍尔丁（Kenneth E. Boulding）的“宇宙飞船经济”、罗马俱乐部的“增长的极限”、哈丁（Garrett Hardin）的“公地的悲剧”、舒马赫（Ernst. F. Schumacher）的“小即是美”等。“宇宙飞船经济”认为，人类唯一赖以生存的生态系统是地球，而地球只不过是太空中的一艘小小的太空船。人口和经济不断增长终将用完这个飞船内有限的资源。鲍尔丁提出社会经济应该实现以下转变：由“增长型”经济向“储备型”经济转变、由“消耗型”经济向“休养生息型”经济转变、由追求“生产流量”经济向追求“福利存量”经济转变以及由“单程式”经济向“循环式”经济转变。“增长的极限”认为即使对技术进步带来的利益作最乐观的设想，这个世界最终也要走向崩溃，唯一的出路是人类自我限制增长。“公地的悲剧”认为，自然资源和生态环境的产权难以界定或界定成本很高，一般属于公共物品或具有一定的公共性。这可能导致所有的人无节制地争夺有限的资源和环境，而每个人追求个人利益最大化的最终结果是不可避免地导致所有人的毁灭。“小即是美”认为由于现代科学技术的发展而引起的大规模生产促进了消费者需求的不断增长，从而造成不可再生资源的严重短缺。舒马赫认为工业方面要发展小规模技术，着重促进地方经济和农村经济，寻求人与自然之间的平衡生活。环保主义是在发达国家处于工业化中期资源环境问题十分突出的特殊时代背景下产生的，是对传统经济增长模式的反思。这股反思潮对促进资源经济学的发展起了一定的推动作用，但一些思想也体现出了矫枉过正的不合理性。只强调“限制”而忽视“发展”的思想在现实中并不可取，被认为过于悲观而遭到很多乐观派的反驳。

20世纪80年代以后，随着可持续发展观的提出，资源经济学的发展进入了一个崭新的阶段。经历80年代之前的“高人口增长”、“高经济增长”、“高城市化进程”以及由此导致的“高资源消耗”和“高污染排放”后，人类生存面临着自然灾害不断、水土流失、生物多样性丧失、水资源短缺、气候变暖、大城市病等各种原生和次生资源环境问题，人们不得不开始对这种盲目追求经济增长的发展观进行反思，提出了可持续发展观。可持续发展观涉及的人口、资源、环境和经济问题都与自然资源的开发利用密切相关，同时社会实践对资源经济学理论的需求日益迫切，而已有的资源经济学理论的供给严重不足。正是这种矛盾促进了从事资源经济学研究的机构在世界各国像雨后春笋般地涌现，进而使资源经济学得到了前所未有的蓬勃发展。这期间，世界各国先后出版了一大批资源经济学论著。兰德尔（Alan Randall）的《资源经济学》就是其中的代表作。由尼斯（Allen. V. Kneese）和斯威尼（James. L. Sweeney）共同主编的《自然资源与能源经济学手册》是现代环境和自然资源经济学之大集，共分3卷27章，涵括了环境经济学、可再生资源经济学以及能源和矿产经济学，是现代资源经济学的思想荟萃。这一阶段，美国、英国、德国、加拿大、日本、巴西等二十几个国家共有几十所大学纷纷增设了资源经济学学科或者增开了资源经济学课程。

我国真正较系统地自主发展资源经济学也是在20世纪80年代之后。1984年中国农业科学院自然资源与农业区域研究所开设了农业资源经济学的课程。此后，中国人民大学设置了资源经济学硕士点。1984年，中国农业科学院研究员牛若峰以国外学者的著作为基础编写了《资源经济学和农业自然利用的经济生态问题》一书。1989年，黄亦妙、樊永廉编著出版了《资源经济学》。中国人民大学环境学院院长马中教授自1989年起与未来资源研究所（REF）合作并主持出版了《REF环境经济学丛书》，其中便包括《自然资源经济学》。1992年里约热内卢世界环境与发展大会后，我国资源经济学的发展取得了前所未有的进展。资源环境学院、系所等教育科研机构如雨后春笋般涌现，一大批相关论著相继出版，如史忠良的《资源经济学》、李金昌的《资源经济新论》、许晓峰等编著的《资源资产化管理与可持续发展》、孙鸿烈主编的《中国资源科学百科全书》等。20世纪90年代末期，资源经济学与环境经济学、人口经济学合并为一个新的学科，即人口、资源与环境经济学。中国人民大学、南开大学、复旦大学、武汉大学、北京大学、北京师范大学、厦门大学、中南财经大学等成为首批设立人口、资源与环境经济学博士点或硕士点的单位。

进入21世纪后，随着经济全球化进程的加速以及人们对全球气候变暖的日益关注，关于资源输出、温室气体泄漏等外部性的国际输移问题的讨论吸引了越来越多学者的注意力。资源经济学也开始致力于研究国际化背景下的资源配置和优化利用的问题。

三　资源经济学的研究重点和热点

通过梳理资源经济学的学科前沿，对当前资源经济学的研究热点可以总结为如下几个方面：

1. 自然资源的市场化问题

自然资源的市场化问题一直是资源经济学的研究重点，主要涉及两方面问题的讨论：一是自然资源产权的市场化；二是自然资源定价问题。

一般资产的产权具有排他性、产权边界明晰性、收益性、可分割性、可流动性等特征。自然资源不同于一般资产的主要特点在于其外部性和公共性。产权理论揭示了外部不经济性产生的根源。虽然自然资源的稀缺程度不断提高，但由于其产权界定不清，没有实现资源的排他性，无法反映资源的稀缺性，导致资源市场价格与其相对价格的严重偏离，从而引致了外部不经济性。解决自然资源的外部性根本办法之一就是明晰资源的产权。同时，要实现资源的高效配置必须保障自然资源产权的流动性，这一点对我国尤其重要。我国自然资源产权制度以公有产权为特征。虽然最终产权是明晰的，但由于我国的市场经济体制还处于初级阶段，自然资源的配置仍以政府计划供给和管制为主，不能自由流转。以政府调配作为自然资源流转手段，无法充分发挥市场的调节和配置作用，致使产权配置、流转和保护处于混乱的状态，从而导致资源的粗放和低效开发和利用。如何建立自然资源产权交易市场、完善资源产权的制度建设、最大限度地避免“市场失灵”，是我国资源经济学的重要研究任务。不少学者坚持我国自然资源产权的制度设计应该在对一些重要战略性资源实行国家所有权的基础上适当创立混合型、多样化、有限制的高效产权结构，要逐步引入私人所有权，形成以公有产权为主体的多元化产权结构。

自然资源价格是促进自然资源合理开发和利用、优化自然资源配置的主要经济杠杆。我国以产权公有、政府指导定价为主的自然资源价格体制存在严重缺陷。首先，产品定价管理权过于集中，价格杠杆的调节作用失灵；此外，资源产品价格偏低，没有真实反映自然资源的稀缺程度，无法充分保障资源消费的竞争性、有偿性和排他性，致使我国难以摆脱资源依赖型的经济增长模式。自然资源价格改革是我国实现经济增长方式转变、加快资源节约型社会建设的关键。如何逐步放开政府对自然资源价格的直接干预或管制，引入竞争机制，通过市场调节真实、灵敏地反映自然资源的稀缺程度，从而实现自然资源产权的合理流转和资源的优化配置，这一直是我国资源经济学的研究重点，也是未来要继续深入研究和探讨的重要问题。

2. 资源消耗与经济发展的耦合关系

资源依赖性曲线和环境库兹涅茨曲线一样，是许多发达国家和新兴工业化国家在工业化进程中表现出来的规律，即在工业化进程中经济增长对自然资源的依赖性呈现出倒“U”形曲线的轨迹。然而，这是发展中资源环境和经济增长所客观存在的耦合关系，还是过去的粗放型发展模式所有的经验性规律？发展中国家是否可以穿越资源和环境高山，实现资源消耗和经济增长的“解偶”？这是资源经济学目前面临的重要问题，也是众多资源经济学专家和学者所关注的热点。

改革开放以来，我国国民经济虽然保持了较快的增长，但仍未能摆脱“高消耗、低效率”的粗放型增长模式的束缚。实现资源消耗和经济增长的“解偶”，具有十分紧迫的现实意义。因此，我国许多资源经济学专家和学者致力于推动资源依赖性曲线尽快平稳向右移动直至出现逆转或者从工业化的起步阶段就遏制资源依赖性曲线的上升。如何进行技术和制度的创新、构建资源高效利用的激励和约束机制，真正实现资源消耗和经济增长的“解偶”，这是目前我国资源经济学的重要任务之一。

3. 自然资源的管理和规划

自然资源管理的手段主要有命令控制型和市场激励型两大类。前者主要是各类资源环境标准和强行执行的规章，后者主要是各种资源环境税费和交易许可证。资源税是资源环境管理中的重要政策之一，是实现资源开采和利用的外部性内化的重要经济手段。一般认为，资源税的征收能够提高资源的使用效率，同时也能够减少税收对经济的扭曲。

因此，有关这方面的理论研究正在并将继续成为资源经济学的重要研究主题之一。我国现行资源税制度存在着诸多问题，比如，征税范围小、实际税负低；资源税收入少，对资源环境的保护作用不力；资源税税额偏低，而地方规费偏高；资源税的收入分配不合理等。资源税制度不合理是制约我国产业结构调整和经济发展方式转变的重要因素，资源税改革势在必行。关于中国资源税的改革方向和改革效果的经济学分析是目前从事资源经济学教学和科研的专家和学者的重要研究兴趣之一。

自然资源的规划需以经济发展的宏观环境为背景。由于资源、环境和经济子系统之间往往是相互影响、相互关联的，因此在追求资源、环境、经济协调持续发展过程中，不能将资源问题割离开来单独研究。在对资源问题进行全面综合考虑，以运用各种政策工具达到最优效果等方面，一般均衡分析方法将会发挥越来越重要的作用。目前，可计算的一般均衡分析在资源管理、动态预测和优化以及综合政策分析方面受到越来越多的关注，逐渐成为量化分析的重要工具。

4. 新能源和相关经济学分析

能源是经济和社会发展的重要物质基础。20世纪两次石油危机给西方国家的经济带来了沉重的打击，不稳定的原油和天然气供应体制使很多国家和地区的经济面临着威胁。同时，随着全球范围对气候变暖的日益关注，一种新的国际竞争规则已经逐渐形成。时代背景催生了新能源的发展需求。新能源技术的掌握和新能源产业的发展直接关乎一个经济体的稳定安全和持续发展问题。为了达成确保能源安全并减轻气候变化的目标，各国积极调整能源科技研究布局，加大新能源的研发投入，综合运用法律、财政、税收等政策工具保障和激励新能源产业技术的发展。我国已成为世界能源生产和消费大国。1993年出现能源贸易逆差以后，我国能源对外依存度一直呈大体上升趋势。在温室气体排放总量方面我国已经超越美国，位居世界第一。我国是《联合国气候变化框架公约》和《京都议定书》的缔约方，中国政府已郑重向全世界宣布：到2020年，单位国内生产总值二氧化碳排放量比2005年下降40%—45%；同时还要实现非化石能源占一次能源消费的比重达到15%左右。随着经济和社会的不断发展，我国能源需求将持续增长。增加能源供应、保障能源安全、应对气候变化、保护生态环境、促进经济和社会的可持续发展，是我国经济和社会发展的一项重大战略任务。随着国家对新能源政策支持力度加大，新能源推广力度加强，公众对新能源认可度也随之提高。新能源产业在我国具有重大的市场前景。

在全球推行低碳经济的背景下，新能源产业和新能源相关的经济学分析正逐步成为资源经济学的研究热点。新能源产业的发展既是整个能源供应系统的有效补充手段，也是环境治理和生态保护的重要措施，是满足人类社会可持续发展需要的最终能源选择。面对新一轮的国际竞争，各国积极加大新能源技术的研发投入，希望能够掌握核心技术、把控新能源市场方向，从而在提高国际竞争力方面把握发展先机。相比传统能源产业，新能源产业一般是具有正外部性效应的产业，而由于传统能源资源定价过低，导致了新能源产业的竞争力不足，从而抑制了新能源产业的发展。因此，新能源产业需要政府的鼓励、扶持和参与。政府对新能源的生产和研发可以使用财政资金直接投资，也可以通过实施税收优惠政策间接鼓励和支持。当然，需要强调的是，不是所有的新能源产业都一定具有正外部性效应，比如基于多晶硅电池的太阳能产业，该产业在生产多晶硅的过程中会造成巨大的能源消耗和严重的环境污染，由太阳能产品所带来的环境效益甚至不一定能抵消这些环境成本和代价。因此，发展新能源的过程需要理性的经济学分析，同时需要引入生命周期等系统分析视角。这些都在逐步成为资源经济学的研究热点。

5. 全球化背景下的资源配置问题

全球化是人类社会经济发展、信息传递和资源共享的必然趋势。全球化趋势使全球资源问题备受关注，控制资源输出已经成为国家或地区资源管理的重要政策。资源经济学开始研究一些经济模型（如博弈模型）和经济分析方法（如费用效益分析）在全球资源决策行为中的应用。

除了经济学分析之外，基于物质流的分析方法正逐步成为全球化背景下资源配置问题的重要分析手段。诸如内涵能、虚拟水、污染足迹、碳足迹等概念被广泛运用于农业、工业等产品的贸易环境效应分析。这些概念和方法基于投入产出核算或者生命周期分析，以系统的视角追踪形成一项产品或服务所直接和间接消耗的能源或水资源，或者考察形成一项产品或服务所直接和间接排放的污染物和温室气体等。基于经济学分析的贸易顺差有可能存在能源或水资源的贸易逆差，而且可能由此导致的环境成本不足以弥补贸易活动带来的经济收益。以系统观为基础的物质流分析方法已经成为公认的有效的资源配置分析方法。

在经济全球化进程中，贸易与资源的关系日益密切，随着贸易自由化的演进，外部性的国际传输问题已逐渐成为资源经济学的研究重点。外部性没有国界，当前引起了世人密切关注的全球变暖问题将全球资源（特别是能源资源）高效配置和最优利用问题提到了从未有过的高度。解决国际资源问题和由此导致的环境问题在很大程度上需要国际间的合作。世界各国将最大程度地建立起合作关系。资源经济学也将为改善全人类的福利作出自己的贡献。

四　资源经济学进一步发展的趋势

尽管资源经济学仍然是一门不成熟的学科，但在近几十年的发展中，资源经济学的学科分化与综合化问题都进展得比较顺利，这方面呈现出以下三大趋势：

（1）单种资源（如土地、矿产、水等）经济学、单类资源（如可耗竭性资源等）经济学和部门（如农业、林业等）资源经济学进一步细化和深化。比如，能源经济学开始细分为可再生能源和可耗竭的能源经济学等。

（2）资源经济学与人口经济学、环境经济学、地理经济学、区域经济学、城市经济学、国际贸易、可持续发展等学科进一步相互交叉和渗透。比如，随着城市化进程的加速以及现代物流业的不断发展，资源空间配置的经济分析逐步被研究者所重视，这为资源经济学和地理学、地理经济学、区域经济学、城市经济学、物流学等学科的交叉发展提供了新的方向。

（3）资源经济学的经济学科和自然学科的交融性更加明显。比如，关于自然资源价值的内在尺度以及如何将内在尺度外在化等问题引起了多学科领域的交叉讨论，资源的价值研究呈现多元化趋势。除了抽象的劳动和抽象的效用之外，目前关于资源价值的内在尺度还有抽象的能量（如能值理论中的能值）和信息（如信息论中的信息熵）等尺度。尽管这些价值评估方法在理论和实践上还有不少争议，但其在资源决策中引起了越来越多的关注。

从研究目标、研究领域和研究方法来看，资源经济学的研究重心已经从资源高效配置和最优利用转向资源的可持续性研究，研究领域从侧重于本国资源问题研究转向注重国际合作和全球性资源问题研究，研究方法朝着定量化的方向发展。

参考文献与学科年度重要文献

A. Randall, 1981. *Resource economics: an economic approach to natural resources and environmental policy*, Grid Publishing, Columbus, Ohio.

A. V. Kneese, J. L. Sweeney, *Handbook of natural resource and energy economics*, Elsevier Science Pub. Co. Inc., New York, 1985.

A. V. Kneese, R. U. Ayres and R. C. D. Arge, *Economics and the environment: a materials balance approach*, Resources for the Future Press, Washington, DC, 1970.

Costanza, R., "Embodied energy and economic valuation". *Science*, 1980, 210, 1219—1224.

D. L. Meadows et al, *The limits to growth*, *Universe Books*, New York, 1972.

E. F. Schumacher, *Small is beautiful Economics as if People Mattered*, Blond & Briggs Ltd., London, 1973.

G. Hardin, "The Tragedy of the Commons", Science, 1968, 162 (3859): 1243—1248.

H. Hotelling, *The Journal of Political Economy*, 1931, 39: 137—175.

H. Seibert, Spatial aspects of environmental economics, In: Kneese, A. V., Sweeney, J. L. (Eds.), *Handbook of Natural Resource and Energy Economics* (1), Elsevier, 1985.

J. V. Krutilla, "Conservation Reconsidered", *The American Economic Review*, 1967, 57 (4): 777—786.

J. V. Krutilla and A. C. Fisher, *The economics of natural resources: Studies in the valuation of commodity and amenity resources*, Johns Hopkins University Press, Baltimore, 1975.

J. V. Krutilla, A. C. Fisher, *The economics of natural environments: studies in the valuation of commodity and amenity resources.* Resources for the Future Press, Washington, DC, 1985.

K. E. Boulding, *The economics of the coming spaceship earth*, *from Environment Quality in a Growing Economy*, published for Resources for the Future, Inc., the Johns Hopkins University Press, 1966.

K. J. Arrow, A. C. Fisher, "Environmental preservation, uncertainty, and irreversibility", *Quarterly Journal of Economics*, 1974, 88 (2): 312—319.

Liu, H. T., Xi, Y. M., Guo, J., Li, X., "Energy embodied in the international trade of China: An energy input-output analysis?", *Energy Policy*, 2010, 38 (8): 3957—3964.

Peters, G. P., Hertwich, E. G., "Pollution embodied in trade: the Norwegian case", *Global Environmental Change*, 2006, 16: 379—387.

R. Deacon, C. Kolstad, A. Kneese, D. Brookshire, D. Scrogin, A. Fisher, M. Ward, K. Smith, J. Wilen, "Research trends and opportunities in environmental and natural resource economics", *Environmental & Resource Economics*, 1998, 11 (3): 383—397.

R. T. Ely, E. W. Morehouse, *Elements of land economics.* New York: Macmillan, 1924.

R. Sugden, "The opportunity criterion: consumer sovereignty without the assumption of coherent preferences", *American Economic Review*, 2004, 94: 1014—1033.

阿兰·V. 尼斯、詹姆斯·L. 斯威尼主编：《自然资源与能源经济学手册》第3卷（译者序），李晓西、史培军等译、校，经济科学出版社2010年版。

阿兰·兰德尔：《资源经济学》，施以正译，商务印书馆1989年版。

姜仁良：《我国自然资源产权制度的改革路径》，《开放导报》2010年第4期。

黄亦妙、樊永廉编著：《资源经济学》（上、下册），北京农业大学出版社1989年版。

林爱文：《资源环境与可持续发展》，武汉大学出版社2005年版。

李金昌：《资源经济新论》，重庆大学出版社1995年版。

刘灿：《我国自然资源产权制度构建研究》，西南财经大学出版社2009年版。

冷淑莲、冷崇总：《自然资源价格改革正当时》，《环境经济》2008年第51期。

刘学敏、金建君、李咏涛：《资源经学》，高等教育出版社2008年版。

马中主编：《环境与自然资源经济学概论》，高等教育出版社2006年版。

牛若峰：《资源经济学和农业自然利用的经济生态问题》，中国农业科学院农业经济研究所1984年版。

孙鸿烈：《中国资源科学百科全书》，中国大百科全书出版社2000年版。

沈满洪：《资源与环境经济学》，中国环境科学出版社2007年版。

史忠良、肖四如：《资源经济学》，北京出版社1993年版。

托马斯·R. 马尔萨斯：《人口论》，北京出版社2008年版。

王军主编：《资源与环境经济学》，中国农业大学出版社2009年版。

王克强、赵凯、刘红梅主编：《资源与环境经济学》，上海财经大学出版社2007年版。

许晓峰、李富强、孟斌：《资源资产化管理与可持续发展》，社会科学文献出版社1999年版。

杨文选、李杰：《自然资源价格改革的路径选择》，《中国物价》2009年第7期。

张帆、李东著：《环境与自然资源经济学》，上海人民出版社2007年版。

朱剑农：《土地经济学原理》，四川大学出版社1947年版。

朱坚真主编：《海洋资源经济学》，经济科学出版社2010年版。

张丕介：《土地经济学导论》，中华书局1944年版。

张亚明、夏杰长：《我国资源税费制度的现状与改革构想》，《税务研究》2010年第302期。

章植：《土地经济学》，黎明书局1934年版。

（李　曦）

城市土地经济学

一　学科概述

作为一门应用经济学，城市土地经济学是阐述围绕城市土地这一生产要素而产生的经济问题的要素经济学。它的研究对象是城市土地领域中的生产力运行与生产关系运行及其相互关系。于俊国（1987）指出“城市土地经济学是从城市土地的角度，研究城市土地开发利用过程中的各个环节，以及人们在这个过程中的地位、相互关系及其运动规律的科学”,[①] 王霞、尤建新（2004）则认为城市土地经济学“是研究土地生产和再生产过程中的各种经济现象、经济关系和经济运行规律的科学，是研究和阐述城市土地基本理论和城市土地经营管理的学科”。[②] 在国标《学科分类与代码》（GB/T 13745—92 和新版 GB/T 13745—2009）中，城市土地经济学是一级学科“经济学”之下二级学科“城市经济学”下面的三级学科。[③]

学术史上，土地在古典经济理论中占有重要地位，萨伊、劳德戴尔先后提出的劳动、土地、资本三要素划分法是19世纪经济学文献的标准。[④] 有关土地问题的专门研究始于19世纪末的美国。当时美国出现了一系列全国性的土地问题，各派激烈争论，而持自由放任思想的经济学家却一筹莫展。一些美国经济学家，特别是理查德·伊利，认为经济学可以讨论公共政策，积极参与土地政策的研究。杜能、韦伯的区位论，芝加哥大学的派克、E. W. Burgess、R. D. McKenzie 等人的社会学（尤其是城市扩张和结构的理论），为土地经济学的发展奠定了基础。Richard Hurd 从1895年就开始了土地经济学的研究，并在1903年出版经典著作《城市土地价值原理》（*Principles of City Land Values*），勾勒了城市土地经济学的轮廓。[⑤] 理查德·伊利是公认的土地经济学之父、美国乃至世界房地产学术研究的鼻祖。在1916年美国经济学年会上，伊利作“作为经济学概念和研究领域的地产”（Landed Property as an Economic Concept and as a Field of Research）的演讲，

① 于俊国：《什么是城市土地经济学?》,《中国房地产》1987年第11期，第55—58页。

② 王霞、尤建新：《城市土地经济学》，复旦大学出版社2004年版。

③ 代码为7904720。土地经济学则是一级学科“经济学”之下二级学科“农业经济学”下面的三级学科，包括国土经济学、农业资源经济学等，代码为7905930。

④ 亨利·威廉·斯皮格尔：《经济思想的成长》，中国社会科学出版社1999年版，第225、261页。

⑤ Weimer, A. M.,“A Note on the Early History of Land Economics”, *Real Estate Economics*, 1984, 12 (3), pp. 408—416.

提出了土地经济学的范围和框架。[①] 1920 年，伊利在美国威斯康星大学成立了土地经济学研究所。《土地和公共事业经济学刊》第 1 期刊登了伊利研究所的研究范围，土地方面包括土地经济学概论、农地经济学、城市土地经济学等。教学上，他从 1922 年起开设“城市土地”课程。1925 年伊利与其研究所总部、学刊一同转到西北大学，在土地经济学概论教学上开设“城市土地经济学”的高级课程和研讨课，房地产的课程也涵盖城市土地经济学和城市土地问题、城市土地研讨课等。[②] 在伊利的指导下，1928 年 Dorau 和 Hinman 著的 *Urban Land Economics* 作为土地经济学丛书中的一本出版，使城市土地经济问题的研究进一步系统化。1949 年，瑞特克勒夫出版了《城市土地经济学》一书，标志着城市土地经济学体系的最终形成。[③]

城市土地经济问题包括如何合理利用城市土地以及如何处理城市土地利用过程中人与人的经济关系。城市土地经济学理论与应用兼重，有很强的实践性和政策性，“它的主要内容应包括：一、总论。阐述城市土地的特性，城市发展中的人地矛盾，土地价值理论，城市土地经济学的产生与发展。二、城市土地利用的经济原理，包括地租理论，城市土地利用的经济效益，城市用地形态与用地结构分析，报酬递减律分析。三、城市土地关系及其调节。城市土地制度，城市土地市场，城市土地赋税。”[④]

城市土地经济学跨度大，综合性强，涉及社会科学的诸多领域。对城市土地经济问题的研究需要采用多种方法，常用的有系统分析方法、定性与定量相结合的方法、静态与动态分析相结合的方法、微观与宏观分析相结的方法等。[⑤]

二　改革开放以来中国城市土地经济学发展、演进的概况

中国的城市土地经济学研究在改革开放前后发生了巨大的转折。1949 年之前，中国城市土地经济学的研究处于或至少紧跟国际学术前沿。1928 年 Dorau 和 Hinman 著的 *Urban Land Economics* 在美国出版后，国内学者便予以介绍，指出“著者在起始各章，详述近代都市土地经济之发达及其发达之原因。从来研究土地问题的人们，关于土地的价值及其估价一点，都不很容易有极显明的解释。作者在书中特殊的予以详细的分析，以极显豁的文字说明极艰难的理论，不但可以作为一般读者的读物，而且是课堂上的绝好的教本”。[⑥] 在 1930 年出版的国内第一本土地经济学教科书——《土地经济学》中，章植对城市土地经济问题进行了充分的讨论，书中第一章“土地经济问题”讨论了“市地生产

① Ely, R.,“Landed Property as an Economic Concept and as a Field of Research”, *American Economic Review*, 1917, 7 (1), Supplement, pp. 18—35.

② 丰雷、张清勇：《理查德·伊利与土地经济学之发轫》，《区域经济论丛》2007 年第 5 辑，第 129—142 页。

③ 吕品：《要重视土地经济理论的研究》，《经济问题》1990 年第 10 期，第 17—19 页。

④ 张兴波：《浅谈城市土地经济学》，《人民日报》1987 年 12 月 6 日。

⑤ 毕宝德主编：《土地经济学》，中国人民大学出版社 2005 年版，第 17—19 页。

⑥ 寄公：《新书介绍：Urban Land Economics》，《世界月刊》1930 年第 3 卷第 3 期，第 188—189 页。

问题”以及“都市的”“土地经济问题在我国之重要”，第六章专论“市地之利用”，分“都市兴起之根据”、“市地与农地之关系”、“市地之特性”、“市地之分类”、“私人利用市地之经济的方法”、“市地之推扩”共六节进行分析，第十章专论“市地所有权”，第十三章还讨论了“市地之信用”。[①] 1933年邹枋的《中国土地经济论》讨论了“中国都市土地经济开展的具体表现”，且将其置于“中国农村土地经济开展的具体表现”之前；[②] 1944年张丕介在他的《土地经济学导论》第六章“论市地”详细讨论了“市地之意义”、“市地之起源”、“市地之分类”、“市地之性质”、“论市地投机”和“市地地租之税去问题”；[③] 朱剑农1947年的《土地经济学原理》用两章讨论“市地之特性”和“市地之经济利用”。[④] 1949年以后，城市土地租赁、买卖、抵押等经济活动几乎完全消失，我国城市土地经济学术研究进入了停滞乃至倒退、消失的阶段。

改革开放后，为应对兴办中外合资企业、企业改制中的用地问题，我国开始推行土地使用制度改革：1979年《中外合资企业经营法》提出对场地使用收取使用费；1987年深圳试点有偿出让土地、以协议方式出让了第一块国有土地；1988年4月修改宪法规定“土地的使用权可以依照法律的规定转让”，12月修改《土地管理法》规定“国家依法实行国有土地有偿使用制度。国有土地有偿使用的具体办法，由国务院另行规定”；1990年国务院发布了《城镇国有土地使用权出让和转让暂行条例》、《外商投资开发经营成片土地暂行管理办法》，中国城市土地使用制度逐步实现了从无偿、无限期向有偿、有限期使用的转变。改革实践不断向理论研究提出挑战，城市土地经济学术研究也逐渐复苏。1981年，在于光远的倡导下，中国国土经济研究会成立。1982年，伊利（Ely）和莫尔豪斯（Morehouse）合著的《土地经济学原理》（*Elements of Land Economics*）由滕维藻先生翻译出版。1983年成立的北京、天津、上海等八城市房地产经济研究会的重点研究项目之一就是城市地租、地价问题。[⑤] 1989年，雷利·巴洛维（Raleigh Barlowe）的《土地资源经济学》（*Land Resource Economics: The Economics of Real Estate*）由谷树忠等译出出版。1990年，哥德伯戈（Goldberg）和钦洛依（Chinloy）的《城市土地经济学》（*Urban Land Economics*）由国家土地管理局科技宣教司译出出版。随着国外土地经济学和城市土地经济学的理论、方法的逐步引进，加上改革开放过程中各种城市土地利用和产权问题的涌现，中国的城市土地经济学从无到有、从弱到强地发展了起来。

总体上看，改革以来城市土地经济学界取得的成果主要是围绕城市土地制度改革中实际问题的认识演变和政策思路研究。在这方面，城市土地经济学界在改革开放以来经历了不少理论争论，获得了积极的理论进展。例如，在城市土地是不是商品、是否有价值

---

① 章植：《土地经济学》，黎明书局1930年版。

② 邹枋：《中国土地经济论》，大东书局1933年版。

③ 张丕介：《土地经济学导论》，中华书局1944年版。

④ 朱剑农：《土地经济学原理》，国立四川大学经济系出版、西部印务局印刷，1947年版。

⑤ 周诚：《20世纪中国土地经济学术研究纵览（代序言）》，载毕宝德主编《土地经济学》，中国人民大学出版社2005年版，第1—8页。

的问题上，有的学者认为，在社会主义制度下，土地不是商品，不准买卖，因此土地既无价值，也无价格。① 有的学者认为，建筑地段或城市土地价值当然由凝结在地皮中的劳动量即社会必要劳动时间所决定，在社会主义有计划的商品经济下，城市土地具有商品性，有价值，城市建设用地应当实行商品化经营。② 有的指出，社会主义既然是有计划的商品经济，既然存在土地所有权的垄断，存在地租，也就应承认地价，而为了使土地成为国家的生财之宝，土地就有必要实行一定程度的商品化、地租资本化。③ 有的学者区分土地和土地资本，指出土地作为自然资源不是商品，但土地资本是商品，我国可以完全实行商品化经营的是土地资本。④ 类似的，有学者指出土地是由作为自然资源的土地和土地资本两部分构成的，前者没有价值但具有价格，后者具有商品属性，土地资本商品价格是由土地资本带来的利息性地租的资本化，是各种对土地开发和投入的成本。⑤ 有的认为国有土地有偿使用是社会主义商品经济发展的客观要求，它的客观依据是地租（绝对地租和级差地租）和土地投资补偿两大项。⑥ 在社会主义制度下有无绝对地租的问题、级差地租的依据及归属问题、土地收费来源及形式的问题、城市土地价格存在的原因问题、如何进行地产经营等重大问题上，城市土地经济学界也展开了充分的理论探讨。⑦

据周诚教授总结，改革开放以来城市土地经济学学术研究的重点及其基本成就主要有："（1）在土地价值问题的研究上，形成了土地无价值论、土地全价值论和土地价值二元论等三个派别，其探索的广度和深度都已大大超过前人；（2）关于地租、地价问题的研究，涉及绝对地租、级差地租的具体表现形式及其量化问题，其深度是空前的，而且与土地估价的理论、方法相结合，具有较高的社会价值；（3）关于土地有偿使用制的研究，应用了地租、地价理论研究成果，探索了具有灵活性的举措，有力地促进了国有土地使用制的改革；（4）关于土地产权与土地管理体制的研究，对于完善土地管理体制起了重要的作用；（5）制度经济学、产权经济学原理在城市土地经济学中的应用方面，成就显著。"⑧

---

① 林佩瑛、吴家俊：《论城市土地合理利用》，《房地产经济》1985 年第 1 期。

② 陈秀华：《城市建筑地段应实行商品化经营》，《经济研究》1985 年第 9 期。

③ 梁秩森：《我国房地产改革初探》，《经济研究参考资料》1985 年第 128 期。

④ 易之：《关键在于划清土地与土地投资的界限》，《房地产经济》1986 年第 2 期。

⑤ 郝寿义：《论社会主义制度下土地的商品经济属性》，《经济研究》1987 年第 7 期。

⑥ 易之：《对城市地产管理若干问题的理论探讨》，《房地产经济》1985 年第 1 期。

⑦ 不同时期的一些研究对改革开放以来城市土地经济学界的理论争论进行了概括性总结，如丛明：《城市土地经济理论问题讨论综述》，《经济学情报》1987 年第 2 期，第 46—49 页；袁世明：《关于城市土地经济问题》，载徐振方、常修泽主编《中国经济体制改革争鸣》，四川省社会科学院出版社 1988 年版，第 275—286 页；刘助仁：《近年来我国城市土地市场理论研究综述》，《城镇经济》1993 年第 2 期；北京师范大学经济与资源管理研究院：《2008 中国市场经济发展报告》，北京师范大学出版社 2008 年版，第 502—508 页。

⑧ 周诚：《20 世纪中国土地经济学术研究纵览（代序言）》，载毕宝德主编《土地经济学》，中国人民大学出版社 2005 年版，第 1—8 页。

三　2009年城市土地经济学的理论前沿和重大热点问题

（一）城市土地价格问题

2009年有关城市土地价格的研究偏重经验研究。王真等（2009）探讨北京城市居住用地价格驱动力，发现与市中心的距离是影响居住用地价格的最重要因素，距离越大居住用地价格越低；容积率与居住用地呈明显的正相关，容积率越高，地价越高；与火车站的距离、1000m以内的公交路线数等可达性因素对居住用地价格也有影响；1000m文化设施与轨道交通对周边的土地价格存在明显的增值作用。

任荣荣等（2009）利用北京市1993—2004年的土地出让数据，检验非参数估计法在地价估计与预测方面的有效性，并从地价的空间分布中分析和描述北京市城市空间结构的特征，表明北京呈现明显的单中心城市结构，非参数估计方法是一种估计和预测地价空间分布的有效方法，可以更形象地描述城市空间结构的特征，并进行城市主次中心的准确识别，基于非参数估计方法的地价空间分布可用于城市土地资产总价值的估算。

柴志春等（2009）研究农村和城市居民消费、投资、政府支出以及净出口受土地价格波动的影响程度，发现东部土地价格与消费、投资、政府支出和净出口之间存在显著的相关关系，东部土地价格每上升1个百分点，GDP将提高0.225个百分点。

张娟锋、贾生华（2009）构建了一个关于城市间住宅土地价格差异的衍生需求模型，对浙江省29个城市2004年出让的425宗住宅土地数据进行分析，发现城市房地产业从业人数、城市房地产投资额、人均持有流动资产水平、城市人口结构是导致城市间住宅土地价格差异的主要因素，这四个变量可以解释城市间住宅土地价格差异的86.40%。

（二）土地与住房市场的关系

地价与房价关系之争已持续多年，2009年房地产市场在短暂趋冷后不断发烧，“地王”不断涌现，房价和地价屡创新高，使得房价与地价关系的争论再次升温。郑娟尔（2009）基于Panel Data的模型研究认为一年前的土地供应量对房价的影响力非常小，两年前的土地供应量虽然影响房屋供应量，但却不影响房价。

李孟然（2009）认为，由于目前中国房地产业为垄断型行业，作为成本的土地价格对房价不起作用，市场力量作用更大些；土地招、拍、挂出让方式更说明了房地产市场决定地价，但仍有待改进以打破开发商垄断。

王松涛、刘洪玉（2009）分析土地供应政策对住房市场影响的“生产函数渠道”、“预期渠道”和“供应效率渠道”，利用1998—2006年35个大中城市的相关平行数据和截面数据，发现：（1）1998—2006年，城市土地供应量与住房供给量存在显著的正相关关系，而土地供应价格和住房供给量的负相关关系不显著，土地供应对住房供给影响的“生产函数渠道”部分成立。（2）土地供应政策可通过住房供给弹性这一“供应效率渠道”有效影响住房价格变动，紧缩的土地供应政策通过降低供给弹性而往往最终推高住房价格。（3）71号令中经营性土地使用权招标拍卖挂牌出让政策的全面实施，改变了传统的土地出让方式，造成了短期内新增土地供应量的下降，住房开发企业将更多的新增住房建设用地投入生产过程。（4）71 号令导致土地供应方式的体制变更，短期内降低了住房供给弹性，成为推动此后两年我国城市住房价格上涨的重要因素之一。

（三）土地需求与供给问题

王雪青等（2009）利用 EViews 拟合 ARIMA 模型，建立了城市土地季节性需求预测模型，并通过了博克斯—皮尔斯 Q 统计量法检验，表明建立的模型适用于城市土地需求的动态分析和预测。在此基础上，他们提出了在土地储备模糊约束条件下的土地储备数量确定方法。对某市土地储备数量的确定进行了实证研究，演示了模型和决策方法的应用。

李莉等（2009）采用层次分析法和综合评价法对简阳市城市土地市场化程度进行了定量化评价，探讨提高土地市场化程度的途径与措施，发现简阳市土地市场化程度偏低，土地市场内部发育呈现不均衡的发展态势，土地供需平衡度、土地市场竞争度、土地市场价格灵敏度是制约土地市场化水平提高的主要因素。

李世蓉、马小刚（2009）运用拍卖理论简要回顾了土地招拍挂制度影响市场绩效的经济学原理，对全国 2003—2006 年和北京 2005—2007 年的城市土地有偿出让市场进行了分类统计，对招标、拍卖、挂牌三种不同出让方式的市场绩效进行对比，得出了我国土地出让市场中存在理论与实践并不一致的结论——土地招标的理论基础是最高价密封拍卖，土地拍卖和挂牌的理论基础是英式拍卖，但在具体实践过程中存在较大区别：①拍卖和挂牌是不完全信息动态博弈，而招标是不完全信息静态博弈；②招标出让除将土地价格作为竞争因素外，还包括竞标者的企业资信状况、土地价款的支付方式、开发建设方案、特殊承诺等；③挂牌出让方式对参与人数没有要求，而招标和拍卖均需 3 人以上参与才能进行。

龙奋杰、郭明（2009）以 2000—2006 年中国地级及地级以上城市的数据建立联立方程计量模型，检验城市土地供给对城市增长的影响，发现城市产业用地供给对城市 GDP 增长有明显的作用，但其贡献随着时间的推移在逐步下降，而技术及人力资本的贡献在不断增大；居住用地供给充足的地区劳动力增长较快；城市政府应根据城市自身产业发展与劳动力需求制定差异化的城市土地供给规划。

（四）政府与土地政策问题

中国实行土地公有制，依照宪法规定，城市土地属于国家所有，由城市政府管理。在 2009 年，政府的土地利用与管理行为得到了较多关注。杜雪君、黄忠华（2009）利用 1999—2006 年我国 31 个省市区面板数据，采用格兰杰因果关系检验、普通最小二乘法、固定效应模型、随机效应模型和动态面板数据模型广义矩等来分析我国土地财政对耕地数量变化的影响，发现土地财政与耕地数量之间存在相互反馈作用；土地财政是导致我国耕地数量减少的重要原因，其影响的弹性系数为 -0.01；土地财政对耕地保护具有正反两方面作用：一方面，土地财政刺激地方政府形成城市扩张冲动，导致耕地数量减少；另一方面，土地财政带来土地开发整理增加，耕地面积的大幅增加，降低耕地减少速度；经济、人口和城镇化等社会经济因素也是导致我国耕地数量减少的重要原因。

张清勇（2009）回顾了 20 世纪 80 年代

以来中央政府和地方政府之间土地收入分成的历史，利用1994年分税制财政体制改革的自然实验，通过比较城镇土地使用税、耕地占用税和国有土地有偿出让收入在分税制改革前后的差异，验证了中央和地方之间在土地收入上的纵向竞争关系；通过对1998年《土地管理法》修订前后中央和地方之间激烈讨价还价过程的刻画，为以讨价还价为主要特征之一的中国纵向财政竞争提供了一个具体的案例。

张昕（2009）探讨土地出让金在城市化和城市经济增长中作出贡献的作用机理——城市建设需要大量资金，而地方政府预算内收入不足，地方政府将土地出让金纳入财政收入并用于城市基础设施建设投资，从而推动了城市经济增长。

盖凯程、李俊丽（2009）指出在现行土地产权制度空间下，地方政府成为中国城市土地市场化成功与否的内生性构成要素，作为增长导向的适应性调整主体和城市土地的实际剩余控制者，地方政府具备了对土地要素进行符合自身效用函数配置的能力，地方政府在城市土地市场上的行为取向是其所面对的外部激励约束条件的函数。

刘红（2009）分析地方政府的土地征购、出让定价、实物地租转嫁以及协议出让等行为，指出中央——地方的财政竞争以及地区之间的平行竞争是其深层次的制度根源，而中国土地制度的产权缺陷决定地方政府对土地市场的“事实垄断”为其提供了现实基础。因此，规避地方政府行为对经济的不利影响，必须明确地方政府土地市场的监管职能，深化土地市场改革，充分发挥市场机制的基础性作用。

丰雷、孔维东（2009）分析2003年下半年以来中国土地宏观调控的特点、成效以及存在问题，指出新一轮宏观调控：（1）具有综合运用多种政策工具、尝试采用土地政策、经济手段与行政手段并用、“治标”兼“治本”以及调控及时、力度得当等特点；（2）调控取得初步成效，紧缩的供地政策对抑制投资过快增长，防范可能出现的经济过热起到了一定作用；（3）存在的主要问题是土地政策的运用并非积极主动的，某些政策的执行效果不理想，很多政策以短期措施为主，并且强调集中控制，政策的时滞效应显著。他们认为土地政策可以作为宏观调控的一个工具，但是具体如何使用还应继续深入研究。

谭永忠等（2009）指出城中村问题是地方政府、集体经济组织和村民三方力量共同追逐“土地租金剩余”的结果，是相关利益主体的理性选择，而城中村“土地租金剩余”源于城乡二元土地制度，认为城中村问题的解决，需要逐步改善城乡土地管理中的二元结构状况，实行集体土地和国有土地的“同地、同权、同价”，逐步建立城乡统一的建设用地市场，严格限定公益性用地的征收范围，强化对农民土地权利的物权保护，让农民以土地财产权利参与城市化进程。

（五）城市土地利用问题

不少学者讨论了城市化与土地利用的关系。安瓦尔·买买提明等（2009）采用回归分析方法，研究新疆和田地区城市化与土地利用变化的相关关系及城市化进程对土地利用变化的影响程度，发现城市化与耕地、居民点及工矿用地、交通用地和未利用地间有显著的相关性，表明城市化的快速发展是造成农业用地减少和建设用地增加的主要原因；耕地与未利用地等两种土地类型和城市化间的负相关关系说明，两种地类的减少与城市化的快速发展有着密切的关系。类似的研究有董明辉等（2009）、董隽、郭红（2009）、吴晓青等（2009）、王晋良（2009）分别对长沙、大庆、沈阳、大连的研究。刘涛、刘丽霞（2009）在几何布朗运动假设基础上利用实物期权方法分析了不确定环境下农业用地向城市用地转化问题。

扈传荣等（2009）以2007年全国城镇地籍调查汇总数据为基础，按照分层抽样方法选取55个市（区）级、168个县级汇总单元作为分析单元，用洛伦茨曲线及基尼系数进行抽样城市城镇土地利用现状的聚集特征研究，并结合相关标准进行合理性评价，指出城市用地结构的稳定性与城市发育程度正相关，中国大多数城市建设用地规划亟待加强，现行《城镇用地分类与规划建设用地标准》需细化修订。类似的，董楠、陶军德（2009）用洛伦茨曲线和基尼系数分析了鹤岗市2003年和2006年土地利用结构。常显显等（2009）基于双城市2008年1：1万SPOT影像数据，结合GIS技术，探讨了双城市土地利用结构特征。刘建红等（2009）利用2004、2005年Landsat TM影像数据对武汉城市圈的土地利用现状进行了遥感制图与分析。徐昔保等（2009）采用耦合GIS、元胞自动机和遗传算法构建了一个城市土地利用优化模型，对兰州市城市土地利用进行情景优化。胡伟艳等（2009）利用中国232个地级及以上城市1999年和2005年两个时间段的截面数据分析了人口、就业与土地非农化的关系。吴英杰（2009）用Cobb-Douglas生产函数，通过岭回归分析了资本投入、劳动力投入、城市土地利用和科技进步对经济增长的贡献。

城市土地利用变化、城市土地的时空扩张问题也得到了较多关注。王俊松、贺灿飞（2009）分析了经济转型背景下市场化改革和政府制度转型如何影响中国城市的空间扩张过程，基于1998、2002、2004年和2006年中国地级市建成区数据对Muth-Mill模型进行实证检验，表明经济增长、人口城市化、交通改善、服务业发展是中国城市空间规模扩张的主要原因，分年度的回归则表明，近年工业化对城市空间规模的影响不显著，城市对农村的相对效用未能影响城市的空间变化。张占录（2009）选取北京市1986—2006年的城市扩张及经济、人口、交通等方面数据进行分析，探求北京市20年来城市扩张驱动力所在。刘保奎、冯长春（2009）运用信息熵模型和土地利用均衡度模型，评价深圳地铁1号线的5个站点在地铁开工前与建成后的土地利用结构，发现城市轨道交通对站点周围土地利用结构的影响在传统中心区和新区表现为不同的特点，传统商业中心区土地利用信息熵和均衡度下降，新区土地利用信息熵和均衡度上升。另外，盛凯等（2009）用空间重心转移计算和单一土地利用类型动态度计算方法分析计算南宁市城市用地扩张趋势与速率；李雪瑞等（2009）采用土地利用程度综合指数模型分析北京城市扩展的特征；张雅杰等（2009）基于RS分析了武汉市建设用地的变迁；渠爱雪等（2009）构建了徐州城区土地利用时空变化数据库用于分析徐州城区土地利用变化过程与格局；徐昔保等（2009）基于DUEM模型讨论了兰州市城市土地利用变化；王玉鹏等（2009）基于定量遥感研究重庆市土地利用的动态变化；杨炯等（2009）运用GIS分析了泰安市1990—2007年间土地利用时空变化；赵冠伟等（2009）基于CA模型模拟了广州市花都区城市边缘区土地利用的演变；秦贤宏等（2009）基于SD和CA模型讨论了江苏省南通地区的城镇土地扩展问题；还有陈琳（2009）对1995—2006年重庆市城市土地扩张与驱动因子分析等。

也有研究利用长时段的数据对城市土地利用变迁进行了探讨。朴森等（2009）在GIS的支持下提取了1960年以来延吉城市4个时期的边界信息，分析城市土地空间扩展特征。杨永春、杨晓娟（2009）在GIS技术支持下，以不同年份兰州市建成区土地利用现状图以及2004年卫星遥感图为基础，利用弹性指数、转移矩阵和动态模型等方法分析了1949—2005年兰州城市土地利用扩张、结构特征和动态变化。匡文慧等（2009）基于历史地图、地形图和遥感影像提取了1932年以来北京主城区城市空间扩张以及建筑密度的空间信息，分析北京主城区土地利用空间扩张特征与机制。匡文慧等（2009）综合集成SPOT5、TM遥感影像、大比例尺地形图、城市现状图、城市规划图、历史地图等空间数据，建立了“面向对象分割”的信息提取方法，重建长春1905、1932、1954、1976、1990年和2004年共6期城市土地利用空间分类信息，利用分形模型、空间集聚模型、空间圈层结构模型分析了长春百年来城市土地利用空间结构演变特征。

（六）城市土地集约利用问题

土地节约集约利用是建设资源节约型社会的必然要求，不少学者对于评价城市土地集约利用程度十分感兴趣。例如，许恒周等（2009）对江苏省，程子彪、宋乃平（2009）对绵阳市，朱红梅等（2009）对长沙市，刘晋等（2009）对湖南省，张莉敏、白志礼（2009）对山西省11个地级市，吴壮金等（2009）对广西北部湾经济区城市，付君、张泳（2009）对厦门市，尚天成等（2009）对北京、天津、上海、重庆四个城市，石志宽等（2009）对徐州市，胡昕华等（2009）对杭州市上城区，聂艳等（2009）对武汉市，曹银贵等（2009）对全国282个城市市区，周飞等（2009）对清远市，李国平等（2009）对陕西省，单希、刘友兆（2009）对淮安市清河区，高惠君等（2009）对南昌市，王家庭、季凯文（2009）对34个典型城市的研究等。类似的研究还有伊茹、马占新（2009）对内蒙古城市土地利用经济效率的评价，张旺锋、林志明（2009）对兰州市城市土地利用效益的评价，齐锡晶等（2009）对沈阳城市土地供应效率的评价，郑荣宝等（2009）对广州市土地资源安全的评价，闫永涛、冯长春（2009）对北京市城市土地利用强度的考察，贝涵璐等（2009）对长江三角洲地区土地经济密度的分析等。杨遴杰、陈祁晖（2009）指出已有研究将单位面积城市土地上的投入（如资本和劳动）和产出指标（如国内生产总值）选为关键指标，在很大程度上扭曲了现实中的土地利用集约水平，可能会起严重的误导作用。

一些学者在城市土地集约利用评价的基础上作了深化研究。吴一洲等（2009）、詹海斌和吴群（2009）、李进涛等（2009）、陈丽红等（2009）分别对浙江、江苏、湖北、甘肃省兰州市城市土地集约利用空间差异进行了分析，王倩倩等（2009）、卞兴云等（2009）都研究了山东城市土地集约利用的空间差异。王家庭、季凯文（2009）讨论城市土地集约利用的影响因素，利用34个典型城市的数据，发现城市土地集约利用水平的区域差异性较为显著，城市区位条件、经济发展水平、人口密度、地均投资强度、GDP建设用地增长弹性以及地均科研投入、环境因素等对城市土地集约利用水平的影响最为重要，且效果较为显著。张良悦等（2009）将资本存量、劳动力就业人数、土地存量作为投入变量，将城市国内生产总值和城市化人口作为产出变量，利用地级以上247个城市2001、2003和2005年的数据，使用数据包络分析和超效率数据包络分析方法对中国城市土地利用效率进行了测度。曾祥坤等（2009）以深圳市宝安区为例，考察了利用地均投资额和地均产值两个指标在街道、地块两级尺度上对全区工业用地集约利用水平的评价结果，发现用地数量结构对更高尺度空间的土地集约利用水平起主导作用，但用地空间布局却决定了土地集约利用水平的空间表现形态；在用地数量结构相似的情况下，用地空间布局中的优势度指数和均匀度指数对整体集约利用水平有着重要影响。吴郁玲等（2009）定量分析江苏省开发区土地市场发育对土地集约利用的影响，发现随着土地市场的发育成熟，市场将逐渐取代政府干预成为驱动土地集约利用的主要机制，而土地利用的集约度也随之提高；在土地市场发育的不同阶段，反映土地市场化程度的价格、供求均衡度、市场竞争度等因素对土地集约利用的作用效率不同。

（七）城市土地储备制度

城市土地储备在20世纪90年代中后期开始推行、推广之后，其负面作用逐渐显现，受到了城市土地经济学界的关注。

冯科、胡晓阳（2009）指出土地储备经营已经成为中国城市政府进行城市经营的主要手段，政府具有开展土地储备的内在动力，但是土地收入和税收收入存在一定的替代效应；从城市政府、企业各自收益最大化出发，城市土地储备经营要实现经济上的可持续，必须满足二者的参与约束；聚集效应是城市土地储备经营可持续的必要条件。

王雪青等（2009）利用模糊规划的方法，提出了在储备收益目标和储备约束条件允许一定限量的模糊情况下，如何确定土地储备数量的决策方法，并对R市土地储备数量的确定进行了实证研究。

（八）土地制度与产权问题

2009年是中华人民共和国成立60周年，一些研究回顾了1949年以来的土地使用制度变迁、国有土地有偿使用制度的改革问题。李建建、戴双兴（2009）回顾中国城市土地使用制度的60年改革，将城市土地使用制度以1978年改革开放为分界点分为土地无偿使用和有偿使用两个时期，指出深化城市土地使用制度改革的任务依然艰巨，今后一个时期改革的重点是完善土地产权制度建设，建立平等开放、城乡一体的土地市场体系，完善符合社会主义市场经济要求的土地管理制度。

朱林兴（2009）以上海为例，反思国有土地使用制度的20年改革，指出上海国有土地使用制度在变革中不断前进，城市国有土地市场日趋完善，基本实现了土地资源资本化和土地资源配置市场化，促进了上海城市社会经济协调发展，但上海国有土地使用制度改革还存在一些矛盾和问题，要正确处理城市扩张用地和可持续发展的关系、征地与批地的关系、土地使用制度改革目标与两种用地（行政划拨与有偿使用）制度之间的关系、批地结构与关注民生问题的关系。

黄竹喧（2009）通过对埃比尼泽·霍华德《明日的田园城市》一书的研究，结合英国在快速城市化过程中曾出现的矛盾和问题，分析中国城市化过程中出现的土地问题，提出了解决经济发展和城市化过程中必须不断完善土地制度、建立公平机制、科学制定规划、促进土地经营流转，从而促进城乡共生共融、和谐发展的主张。

陆铭、陈钊（2009）指出，最新的实证研究发现，从大港口往内地走500—600公里，城市的经济增长率和土地利用效率越来越低，中西部城市建成区面积的扩张速度远远超过非农业人口的增长速度，土地的集约利用远不及东部。地区间平衡发展的关键是劳动能够跨地区自由流动，要实现“从集聚中走向平衡”，就需要土地和户籍制度联动改革，允许建设用地指标的跨地区再配置，同时，获得更多建设用地指标的沿海城市应更多吸纳非户籍常住人口为本地城镇户籍人口。他们认为土地和户籍制度的联动改革既能为中国经济增长注入新的动力，又能够让更多劳动力分享经济集聚的成果，是一条在集聚中走向平衡的发展道路。

四　中国城市土地经济研究今后发展方向估计

改革开放以来，中国城市土地经济研究从无到有、从弱到强发展了起来。促使该学科发展的动力源主要有两个，一个是中国经济体制改革中与城市土地相关的改革内容对理论界提出的挑战；一个是国外城市土地经济学界的研究成果、研究方法的引介和推广。

一方面，今后的改革实践还将继续为城市土地经济研究提供研究话题，要求城市土地经济学界给出解释。例如，“物业税”制度设计中与城市国有土地相关的话题，国有土地使用权出让年限到期后的处置问题，建设用地指标的分配与交易问题等，都需要城市土地经济学界做出不懈的努力。除此之外，中国的政府不仅规划、管理城市土地，还作为城市土地的实际控制者，实际参与土地市场的运作，政府官员深深介入城市土地使用的决策，有关城市土地经营中的政府行为值得深入探讨。

另一方面，目前国内城市土地经济学界的研究无论是在所讨论话题的覆盖面上，在掌握国际文献上，还是在理论模型、数据处理技术上，都已有长足的进步，已经走出了初步、粗放的状态，正走向精细化，其中一部分研究至少已经在形式上与国际城市土地经济学界接轨。今后，无论是理论研究还是经验研究，需要进一步努力的是，要从实质上提升中国城市土地经济研究的水准。

最后，中国是发展中的大国，且由于历史的原因，中国城市土地市场发展、运行的轨迹异于发达市场经济国家。中国学者或许有机会基于中国的城市土地使用制度改革实践和宽阔的国际视野，提出能够同时解释中国和欧美发达国家城市土地市场的理论假说或模型。

参考文献与学科年度重要文献

安瓦尔·买买提明、张小雷、杨德刚：《新疆和田地区城市化与土地利用变化的定量分析》，《中国人口、资源与环境》2009年第6期。

北京师范大学经济与资源管理研究院：《2008中国市场经济发展报告》，北京师范大学出版社2008年版。

贝涵璐、吴次芳、冯科、刘婷婷：《土地经济密度的区域差异特征及动态演变格局——基于长江三角洲地区的实证分析》，《自然资源学报》2009年第9期，第1953—1961页。

卞兴云、冉瑞平、贾燕兵：《山东省城市土地集约利用时空差异》，《地理科学进展》2009年第

4 期。

曹银贵、周伟、袁春、钱铭杰、杨锋、乔陆印、郝银：《全国城市土地集约利用评价及结果检验》，《河南师范大学学报》（自然科学版）2009 年第 6 期。

柴志春、赵松、李众敏、吴凌燕：《土地价格与经济增长关系的实证分析——以东部地区为例》，《中国土地科学》2009 年第 1 期。

常显显、纪聪、杨凤海、朱永福：《基于 GIS 和计量地理模型的双城市土地利用结构分析》，《中国科技信息》2009 年第 22 期。

陈丽红、石培基、郝方方：《土地集约利用的空间差异及其驱动因素分析——以甘肃省兰州市为例》，《统计与决策》2009 年第 4 期。

陈琳：《1995～2006 年重庆市城市土地扩张与驱动因子分析》，《安徽农业科学》2009 年第 26 期。

程子彪、宋乃平：《绵阳市城市化进程中的土地集约利用研究》，《四川理工学院学报》（社会科学版）2009 年第 2 期。

丛明：《城市土地经济理论问题讨论综述》，《经济学情报》1987 年第 2 期。

单希、刘友兆：《欠发达地区城市功能区土地集约利用评价研究——以淮安市清河区为例》，《经济研究导刊》2009 年第 29 期。

董隽、郭红：《城市化空间格局对土地利用/覆盖变化的影响分析》，《东北农业大学学报》2009 年第 8 期。

董明辉、魏晓、邹滨：《城市化过程对土地覆被空间格局的影响研究——以湖南省长沙市为例》，《经济地理》2009 年第 12 期。

董楠、陶军德：《基于空间洛伦兹曲线和基尼系数的土地利用结构分析——以黑龙江省鹤岗市为例》，《国土资源情报》2009 年第 6 期。

杜雪君、黄忠华：《土地财政与耕地保护——基于省际面板数据的因果关系分析》，《自然资源学报》2009 年第 10 期。

丰雷、孔维东：《2003 年以来中国土地政策参与宏观调控的实践——特点、效果以及存在问题的经验总结》，《中国土地科学》2009 年第 10 期。

付君、张泳：《厦门市土地集约利用评价》，《华侨大学学报》（自然科学版）2009 年第 5 期。

盖凯程、李俊丽：《中国城市土地市场化进程中的地方政府行为研究》，《财贸经济》2009 年第 6 期。

高惠君、万哨凯、夏斌、尹晓玲、潘聪：《南昌市城市土地集约利用评价》，《江西农业大学学报》2009 年第 4 期。

胡伟艳、张安录、渠丽萍：《人口、就业与土地非农化的相互关系研究》，《中国人口、资源与环境》2009 年第 5 期。

胡昕华、吴一洲、许士杰：《中心城区土地集约利用评价与方式研究——以杭州市上城区为例》，《福建论坛》（社科教育版）2009 年第 12 期。

扈传荣、姜栋、唐旭、张利颖、刘耀林：《基于洛伦兹曲线的全国城市土地利用现状抽样分析》，《中国土地科学》2009 年第 12 期。

黄竹喧：《论〈明日的田园城市〉与中国土地制度改革》，《安徽农业大学学报》（社会科学版）2009 年第 6 期。

匡文慧、邵全琴、刘纪远、孙朝阳：《1932 年以来北京主城区土地利用空间扩张特征与机制分析》，《地球信息科学学报》2009 年第 4 期。

匡文慧、张树文、张养贞、李颖：《长春百年城市土地利用空间结构演变特征研究》，《哈尔滨工业大学学报》2009 年第 7 期。

李国平、李治、张祚：《基于 PSR 框架的城市土地集约利用评价研究——以陕西省为例》，《华东经济管理》2009 年第 10 期。

李建建、戴双兴：《中国城市土地使用制度改革 60 年回顾与展望》，《经济研究参考》2009 年第 63 期。

李进涛、谭术魁、汪文雄：《基于 DPSIR 模型的城市土地集约利用时空差异的实证研究——以湖北省为例》，《中国土地科学》2009 年第 3 期。

李莉、张文秀、郑华伟：《城市土地市场化程度研究——以四川省简阳市为例》，《价格理论与实践》2009 年第 9 期。

李孟然：《地价能决定房价吗？中国土地勘测规划院总工程师邹晓云谈房价地价问题》，《中国土地》2009 年第 4 期。

李世蓉、马小刚：《土地出让招拍挂制度绩效及其实证分析》，《建筑经济》2009 年第 4 期。

李雪瑞、王秀兰、冯仲科：《基于土地利用程度的北京城市扩展特征》，《地理科学进展》2009 年第 3 期。

刘保奎、冯长春：《城市轨道交通对站点周边土地利用结构的影响》，《城市发展研究》2009 年第 4 期。

刘红：《地方政府土地市场行为的经济学分析》，《改革与战略》2009 年第 1 期。

刘建红、李仁东、王宏志、李诚、孙闯：《基于遥感和 GIS 武汉城市圈土地资源利用研究》，《世界地理研究》2009 年第 1 期。

刘晋、魏晓、林目轩、王宽苏、蒋建良、刘锐、王良健：《湖南省城镇建设用地集约利用评价》，《经济地理》2009 年第 10 期。

刘涛、刘丽霞：《基于实物期权的土地转化开发决策研究》，《数学的实践与认识》2009 年第 13 期。

龙奋杰、郭明：《土地供给对中国城市增长的影响研究》，《城市发展研究》2009 年第 6 期。

陆铭、陈钊：《为什么土地和户籍制度需要联动改革——基于中国城市和区域发展的理论和实证研究》，《学术月刊》2009 年第 9 期。

聂艳、于婧、胡静、叶宗达：《基于系统协调度的武汉城市土地集约利用评价》，《资源科学》2009 年第 9 期。

朴森、李婧、金石柱：《1960 年以来延吉城市土地空间扩展及其驱动力分析》，《资源开发与市场》2009 年第 12 期。

齐锡晶、戴子龙、邓李杰、胡乃龙：《沈阳城市土地供应效率的评价与优化》，《东北大学学报》（自然科学版）2009 年第 9 期。

秦贤宏、段学军、李慧、卢雨田：《基于 SD 和 CA 的城镇土地扩展模拟模型——以江苏省南通地区为例》，《地理科学》2009 年第 3 期。

渠爱雪、卞正富、朱传耿、马晓冬、孟召宜、李志江：《徐州城区土地利用变化过程与格局》，《地理研究》2009 年第 1 期。

任荣荣、郑思齐、王轶军：《基于非参数估计方法的土地价格空间分布拟合与分析》，《清华大学学报》（自然科学版）2009 年第 3 期。

尚天成、高彬彬、李翔鹏、张岩：《基于层次分析法和熵权法的城市土地集约利用评价》，《电子科技大学学报》（社会科学版）2009 年第 9 期。

盛凯、毛蒋兴、刘焕原：《南宁市城市土地扩张与驱动力分析》，《广西师范学院学报》（自然科学版）2009 年第 2 期。

石志宽、汤国安：《基于 LiDAR 的城市土地集约利用评价方法研究》，《南京师大学报》（自然科学版）2009 年第 4 期。

谭永忠、王庆日、冯敬俊、陈佳、冯红燕：《城中村问题产生的微观动因——基于对“土地租金剩余”的分析》，《中国土地科学》2009 年第 7 期。

王家庭、季凯文：《中国城市土地集约利用的影响因素分析——基于 34 个典型城市数据的实证研究》，《经济地理》2009 年第 7 期。

王家庭、季凯文：《中国城市土地集约利用效率评价：基于 34 个典型城市数据的实证研究》，《首都经济贸易大学学报》2009 年第 3 期。

王晋良：《大连城市化进程与土地利用的关系》，《中国人口、资源与环境》2009 年第 1 期。

王俊松、贺灿飞：《转型期中国城市土地空间扩张问题研究——基于 Muth - Mill 模型的实证检验》，《城市发展研究》2009 年第 3 期。

王倩倩、黄贤金、张兴榆、刘欣、揣小伟：《山东省城市土地集约利用水平时空变化研究》，《山东农业大学学报》（自然科学版）2009 年第 4 期。

王松涛、刘洪玉：《土地供应政策对住房供给与住房价格的影响研究》，《土木工程学报》2009 年第 10 期。

王雪青、邴兴国、孙冰：《城市土地需求预测及土地储备策略》，《辽宁工程技术大学学报》（自然科学版）2009 年第 2 期。

王玉鹏、孟献丽、任政、李成范、冯颜利：《基于定量遥感的重庆市土地利用动态变化研究》，《西南大学学报》（自然科学版）2009 年第 10 期。

王真、郭怀成、何成杰、李娜、郁亚娟、刘慧、冯长春：《基于统计学的北京城市居住用地价格驱动力分析》，《地理学报》2009 年第 10 期。

吴晓青、胡远满、贺红士、布仁仓、郗凤明：

《沈阳市城市扩展与土地利用变化多情景模拟》，《地理研究》2009年第5期。

吴一洲、吴次芳、罗文斌、王琳：《浙江省城市土地利用绩效的空间格局及其机理研究》，《中国土地科学》2009年第10期。

吴英杰：《城市土地利用对经济增长贡献的岭回归分析——以广东省为例》，《社会科学家》2009年第6期。

吴郁玲、曲福田、周勇：《城市土地市场发育与土地集约利用分析及对策——以江苏省开发区为例》，《资源科学》2009年第2期。

吴壮金、付国普、周兴：《广西北部湾经济区城市土地集约利用潜力研究》，《江西农业人学学报》（社会科学版）2009年第4期。

徐昔保、杨桂山、张建明：《基于DUEM模型的兰州市城市土地利用变化》，《干旱区地理》2009年第2期。

徐昔保、杨桂山、张建明：《兰州市城市土地利用优化研究》，《武汉大学学报》（信息科学版）2009年第7期。

许恒周、姜福洋、殷红春：《城市土地集约利用评价及其空间差异的实证分析——以江苏省为例》，《华中农业大学学报》（社会科学版）2009年第1期。

闫永涛、冯长春：《北京市城市土地利用强度空间结构研究》，《中国土地科学》2009年第3期。

杨炯、杨华、杨军、王超、王卫：《泰安市1990～2007年间土地利用时空变化分析》，《安徽农业科学》2009年第27期。

杨遴杰、陈祁晖：《城市土地集约利用：基于生产理论的一个解释》，《经济地理》2009年第9期。

杨永春、杨晓娟：《1949～2005年中国河谷盆地型大城市空间扩展与土地利用结构转型——以兰州市为例》，《自然资源学报》2009年第1期。

伊茹、马占新：《内蒙古城市土地利用经济效率评价的实证研究》，《统计与决策》2009年第1期。

袁世明：《关于城市土地经济问题》，载徐振方、常修泽主编《中国经济体制改革争鸣》，四川省社会科学院出版社1988年版。

曾祥坤、李贵才、赵新平、罗婷文：《用地空间结构对城市土地集约利用评价尺度效应的影响》，《资源科学》2009年第12期。

詹海斌、吴群：《基于PSR模型的城市土地集约利用空间差异分析——以江苏省为例》，《农业系统科学与综合研究》2009年第4期。

张娟锋、贾生华：《城市间住宅土地价格差异的决定因素——基于衍生需求模型的实证研究》，《经济与管理》2009年第1期。

张莉敏、白志礼：《城市土地集约利用综合评价研究——以山西省11个地级市为例》，《山西师范大学学报》（自然科学版）2009年第1期。

张良悦、师博、刘东：《中国城市土地利用效率的区域差异——对地级以上城市的DEA分析》，《经济评论》2009年第4期。

张清勇：《纵向财政竞争、讨价还价与中央—地方的土地收入分成》，《制度经济学研究》2009年第2期。

张旺锋、林志明：《兰州市城市土地利用效益评价》，《西北师范大学学报》（自然科学版）2009年第5期。

张昕：《土地出让金对经济增长作用机理研究》，《建筑经济》2009年第8期。

张雅杰、张丰、陈年山：《基于RS的武汉市建设用地变迁分析》，《武汉理工大学学报》2009年第23期。

张占录：《北京市城市用地扩张驱动力分析》，《经济地理》2009年第7期。

赵冠伟、龚建周、谢建华、李江涛：《基于CA模型的城市边缘区土地利用演变模拟——以广州市花都区为例》，《中国土地科学》2009年第12期。

郑娟尔：《基于Panel Data模型的土地供应量对房价的影响研究》，《中国土地科学》2009年第4期。

郑荣宝、刘毅华、董玉祥、朱高儒：《基于主体功能区划的广州市土地资源安全评价》，《地理学报》2009年第6期。

周飞、陈士银、钟来元、吴雪彪：《基于因子分析的城市土地集约利用评价——以清远市为例》，《资源与产业》2009年第5期。

朱红梅、周子英、黄纯、李兰：《BP人工神经网络在城市土地集约利用评价中的应用——以长沙市为例》，《经济地理》2009年第5期。

朱林兴：《国有土地使用制度改革20年反思——以上海为例》，《探索与争鸣》2009年第12期。

朱天明、杨桂山、苏伟忠、万荣荣：《长三角地区城市土地集约利用与经济社会发展协调评价》，《资源科学》2009年第7期。

（张清勇）

房地产经济学

一　房地产经济学概述

一般认为，房地产经济学是一门部门经济学，属应用经济学科的一个分支。

关于房地产经济学的研究对象，目前有多种表述。早期对房地产经济学研究对象的界定大多套用马克思政治经济学的表述，如王克忠（1995）认为房地产经济学研究的是“房地产经济的实践活动及其所体现的人与人之间的经济关系”。随着房地产市场的发展及西方经济学研究范式在中国的兴起，对房地产经济现象的解释及房地产资源配置活动的分析也越来越为房地产经济学研究所注重，如张永岳等（1998）认为“房地产经济学是一门研究房地产运动规律及其表现形式的科学”，“也是一门研究房地产资源配置效率的科学”，简德三、王洪卫（2003）认为房地产经济学的研究对象是“房地产领域内各种经济现象、经济关系和经济运行规律”，曹振良等（2003）认为是房地产“行业内外资源配置及其所体现的经济关系和运行规律”，张红（2005）认为是“房地产行业面临的经济问题”，高波等（2007）认为是“房地产经济现象及其资源配置活动”。

房地产经济学有一些本学科自身特有的分析工具与模型，如存量——流量模型（stock-flow model）、四象限模型、住房过滤模型、特征价格模型（Hedonic price model）等。由于研究内容的交叉性及研究对象的广泛性、复杂性，在具体的房地产经济学研究中，还经常会直接间接使用马克思主义经济学、新古典经济学、新制度经济学、行为经济学、产业经济学、信息经济学、公共经济学及博弈论等学科的分析方法与工具。

房地产经济学的相关学科有微观经济学、宏观经济学、新制度经济学、行为经济学、产业经济学、土地经济学、区域经济学、城市经济学、金融学、投资学、财政学、税收学等。其中微观经济学、宏观经济学、新制度经济学、行为经济学、产业经济学等作为经济学基础学科，为房地产经济学提供了基本的分析方法与范式。土地经济学和城市经济学是与房地产经济学最为接近的学科，它们共同为房地产经济学提供了直接的理论基础。金融学、投资学、财政学、税收学等与房地产经济学存在广泛的交叉，这些学科的研究都很可能直接涉及房地产经济问题，房地产经济研究在涉及与这些学科交叉问题时也往往要使用到它们的专业分析方法与工具。特别是金融学，由于现代经济中房地产业与金融业的高度共生共荣关系，两个学科之间相互渗透现象非常明显。

二　改革开放以来房地产经济学的发展演进概况

改革开放以来中国房地产经济学的发展既与中国经济学研究的整体发展紧密关联，也与社会对房地产经济问题的关注程度及关注内容息息相关。从时间脉络看，中国房地产经济学的快速发展，主要是十年左右的事情。

1998年以前，中国虽然曾出现过局部的房地产热，但总体来看房地产问题并没有获得社会普遍的关注。改革开放后到1998年前的这段时期出现的一些零星房地产经济研究文献，主要集中于房地产相关产权制度、房地市场运行机制、房地产周期、房地产风险监测、房地产估价等领域。

1998年，国务院发布了《关于进一步深化城镇住房制度改革加快住房建设的通知》（国发［1998］23号），要求“停止住房实物分配，逐步实行住房分配货币化”，此外，通知还提出要“扩大个人住房贷款的发放范围，所有商业银行在所有城镇均可发放个人住房贷款。取消对个人住房贷款的规模限制，适当放宽个人住房贷款的贷款期限”，从而为中国房地产业的跨越式发展奠定了政策基础。受研究需求拉动，1998年以后，房地产经济研究文献数量显著增加。1998年后到2002年之前的这个阶段，房地产经济研究文献主要集中于房地产泡沫、房地产周期波动、房地产价格指数编制、房地产市场与宏观经济的相互关系、房地产风险预警等领域。

2002年以后，随着房价的快速上涨及房地产市场对社会经济影响力的快速提升，房地产问题逐步成为社会普遍关注的热点问题，房地产经济研究迎来了大的发展契机，相关研究文献迅猛增长，形成百花齐放之势。在2002—2005年，相关文献对房地产业在国民经济中的定位、房地产市场效率、房地产泡沫、房地产市场波动、房地产投机、房地产市场垄断度、房地产市场财富效应、房地产市场与通货膨胀、房价与货币供应量关系、土地储备制度与房地产市场、开发商与地方政府的博弈、房价与地价关系、房地产税收、房地产风险预警等问题都有一些研究。其中房价与地价关系讨论的兴起，与2002年经营性土地使用权出让制度的“招、拍、挂”改革直接相关。但该阶段可靠的房地产数据较为缺乏，制约了实证研究的深入。

2005年以后，房地产市场宏观调控风声渐紧，房地产市场走势也变得更为微妙。在2005—2007年，相关文献除延续了价格指数、房价与地价关系、房地产市场财富效应、房地产泡沫成因及测度、消费者开发商与地方政府的博弈、房地产税改革等的研究外，还主要集中于房地产市场与宏观经济、房地产周期与金融稳定、房价波动的区域差异、货币政策在房地产市场传导效应、股市与房市关联性、房地产金融风险、房地产市场结构与价格形成机制、房地产市场信息问题、房地产投机与羊群行为、地方政府对房价的影响、房地产公司绩效等议题。此外随着人民币汇率改革的深化，国际资本流动与房地产市场的关系也获得了较多关注。

2008年，次贷危机引发了全球性的金融危机。中国房地产市场在经历了短暂调整后，房价再度快速上涨。房地产市场与宏观经济、房地产市场与金融风险、住房基本制度框架特别是住房保障体系建设、房地产税、房地产泡沫等问题在2008年以后都受到房地产研究者的特别关注。

总体而言，改革开放以来中国房地产经济学的发展经历了由宏观运行层面到微观机制层面、由产权制度到市场结构、由封闭市场到开放市场、由市场机制到公共政策的一个不断扩展、深化的过程。与此同时，各相关学科的分析方法、模型被不断引入到房地产经济分析中。

三 当前房地产经济学发展理论前沿以及重大热点问题

（一）房地产市场与宏观（区域）经济

关于房地产市场对宏观经济的影响，严金海（2009）实证检验表明房价对产出缺口的影响是显著的，房价的快速上涨易导致投资主导型的经济出现过热；房价与通胀率互为 Granger 因，房价上涨在短期刺激经济增长的同时将最终推动物价水平的上涨。唐志军、徐会军、巴曙松（2010）也证实了房地产价格和投资对社会消费品零售总额、通胀率及 GDP 增长率的影响。宁光杰（2009）数据分析还发现住房改革造成了收入差距的扩大。

关于城市化速度等重要宏观经济变量对房地产市场的影响，任木荣、刘波（2009）通过城市化水平与房价的动态经济模型及面板数据实证分析表明，城市化速度的上升会导致房价的快速上涨。

关于房地产市场与宏观经济变量之间的双向影响，崔光灿（2009）发现，房价明显受利率和通胀率的影响，房地产供给、收入等基础性宏观经济变量在中长期也决定房价。反过来，房价上升会增加社会总投资和总消费，房地产投资通过财富效应对消费的影响始终明显，对社会总投资的影响也很显著。王擎和韩鑫韬（2009）、赵昕东（2010）等也做了相近的研究。

在房地产市场对居民消费的影响方面，鞠方、周建军、吴佳（2009）发现房价波动存在着微弱的财富效应，股价波动对消费有一定的抑制效应。尹志超、甘犁（2010）利用 CHNS 数据分析发现，住房改革通过增加家庭的耐用品消费对扩大内需产生了积极影响。黄静、屠梅曾（2009）也利用家庭微观调查数据对房地产市场财富效应作了分析。

房地产市场被认为是地域性较强的市场，关于区域经济基本面对房地产市场的影响，王松涛（2009）基于我国 35 个大中城市 1998—2006 年的面板数据模型，从开放经济体的视角检验了巴萨假说对房地产的适用性，结果表明城市经济开放度每正向变动 1%，城市房价上涨约 0.066%。周京奎（2009）发现城市舒适性对住宅价格和工资的影响效应具有明显的区域差异性，其中东部地区的影响效应要高于西部地区，住宅价格和工资之间不会因城市舒适性的差异而相互进行补偿。孔行、黄玲、于渤（2009）分析发现，随着经济发展水平、居民消费水平等宏观经济基本面的改变，房地产业与地区经济之间的均衡协调关系也不断调整。

关于房地产市场对区域经济增长的动态影响，周京奎、吴晓燕（2009）发现在出口导向型经济体中，房价对区域经济增长的影响会更显著；投资推动型经济体和出口导向型经济体，房地产市场都会对区域经济产生影响，影响程度与投资及出口乘数效应直接相关。

（二）房地产泡沫的分析与测度

房价的快速上涨使房地产泡沫问题受到广泛关注。相关文献采用不同的方法指标及数据对房地产泡沫作了测度，研究结果大都认为我国房地产市场存在不同程度的泡沫。

修丽娜、刘湘南、黄凌翔（2009）从房地产价格增长率/GDP增长率、房价收入比、房地产开发投资/全社会固定资产投资等多个泡沫指标比较发现天津房地产市场存在一定的泡沫现象。毛勇、余新民、殷保兵（2009）根据房地产市场的相关指数对我国的楼市进行了实证分析，也得出我国房地产市场的部分城市确实出现了泡沫的结论。刘金娥（2010）在结合VAR方法计算出房地产的基础价值后，发现房地产市场存在一定的泡沫成分。内在理性泡沫和投机泡沫都会对我国房地产市场价格造成影响，但投机泡沫的影响是主要的。吕江林（2010）推导出当前我国房价收入比的合理上限在4.38—6.78倍。近年住房市场总体存在泡沫，部分城市泡沫较大，部分一线城市泡沫惊人。

谭政勋（2010）通过理论和实证分析表明，房价上涨及其所带来的泡沫不仅对消费产生挤出效应，而且随着房价的上涨，对消费的挤出效应越来越明显。

（三）房地产周期波动研究

在房地产周期波动的驱动或主要影响因素方面，严金海、丰雷、包晓辉（2009）分析发现，长期看，房价与经济基本面变量之间有稳定的均衡关系，土地供给和金融制度也对房价走势有显著影响；短期来看，房价波动取决于经济基本面以及住房市场的内在调节能力；土地供给、住房资本使用成本、收入和贷款等供求因素对房价波动的影响显著。吴树畅、曾道荣（2010）以1999—2008年数据利用多因素回归分析方法构建了商品房均价影响因素模型，结果表明城镇投资和贷款利率是影响商品房价格的主要因素。相似的研究文献还有陈建、陈英楠、刘仁和（2009），孔煜（2009）等。

易宪容（2009）讨论了信用扩张过度与房价的波动关系，认为信用扩张过度是催生国内房地产泡沫的根本原因，且信用扩张过度更多地表现为全国房地产市场发展的区域不平衡性及金融体系缺陷的制度性。住房预售制度是当前房地产市场的信用扩张过度及房地产价格波动最为重要的制度性根源。

陈建、陈英楠（2009）从文献角度对近十年主要国家房价波动的分析认为，虽然本轮房价上涨与经济周期出现背离，但是多数国家房价上涨仍处于合理范围。全球实际利率的持续走低与流动性过剩可能是造成全球房价上涨与同向变化的主要因素。

在房地产周期波动区域差异的理论解释与实证分析方面，邹琳华（2009）通过构建粘性价格存量—流量模型和动态参数模拟，解释了房价周期区域差异形成的原因。进而通过谱分析、BP滤波等方法及城市数据，证实了无论从周期长度、阶段、领先滞后关系及波动性看，我国房价周期波动都具有显著的区域差异性。

在分析方法方面，吴璟、刘洪玉（2009）针对我国房地产周期研究中存在的内在机理复杂、数据信息不足等问题，提出了利用灰色—马尔可夫模型进行房地产周期分析和预测的想法。

（四）影响房地产供求的因素分析

在住房需求结构方面，赵建（2009）建立了一个住房价格动态模型分析发现并不是所有的初始点都会收敛到稳态均衡点，有些初始点会沿着一个稳定的需求结构不断推动价格上涨。在这些初始点，政府调控政策至关重要。最有效的调控政策是通过改进土地产权制度来改变投机需求者的预期，减少住房投机需求。

在住房支付能力估算方面，吴刚（2009）计算10个城市的房价收入比、住房可支付性指数、月供收入比，以月供消费结余作为辅助判断指标。结果发现所有样本城市的房价收入比普遍较高。

在购房决策方面，李培（2009）研究显示住房租赁市场的发展在空间上具有显著的外溢性，经济适用房的不经济引致了住房租赁市场的活跃。获得房屋产权和提高居住面积均有利于增强住房者的满意程度。

在影响供给因素分析方面，邹琳华（2009）通过SFA模型发现，管制与垄断显著增加了我国房地产开发的成本，从动态看，这种作用有逐年增大的趋势。分区域看，对中、东部地区开发成本的影响要大于西部不发达地区，对珠三角地区开发成本的影响要大于其他所有地区。

（五）土地市场与房地产市场

房价与地价关系的研究是目前土地市场与房地产市场关系研究的一个主要方面。关于房价与地价的关系讨论虽由来已久，但并无定论。相关文献利用更新更全的数据，对房价与地价的关系作了进一步的实证检验。

黄静、屠梅曾（2009）分析发现，东部经济较发达城市和西南省会城市，地价对房价的长期影响程度较其他中部地区的省会城市大；中部省会城市的房价对地价的长期影响程度要大于东部地区和西南省会城市；长期来看，各城市的房价和地价存在相互Granger因果关系；短期而言，房价是地价的Granger原因。王岳龙、武鹏（2009）实证分析表明，土地招、拍、挂的实行使得全国房价整体水平提高了13.2%。无论是长期还是短期，房价对地价的需求拉动作用都明显，而地价对房价的成本推动作用主要还是体现在较长时间中。吕光明、李彬（2009）实证分析表明，长期内房价与地价相互影响，且存在均衡机制；短期内，从综合层面看，房价与地价两者互为因果，但从分阶段、分用途看房价变动更多地决定地价变动；土地出让方式改革对房价与地价关系影响并不大。张娟锋、刘洪玉（2010）分析表明，住宅市场与土地市场是互动影响的关联资产市场，人口数量、财富水平、建筑成本、住宅预期收益和土地市场化程度是造成中国城市间住宅价格、土地价格差异的决定因素。此外，余华义、陈东（2009）也发现地价变化对房价有正向影响。

黄忠华、虞晓芬、杜雪君（2009）以上海市为例，采用Granger因果关系检验和基于预期的房地产价格模型分析认为，土地供应能通过预期作用对住房价格产生负影响。

相对于房价与地价的关系，土地制度与房地产市场关系更具有基础性。郭平卓、蔡继明（2009）通过分析小产权房供给背后的黑匣子，认为我国的城乡二元结构和不完善的土地产权制度诱致了村民集体行动，催生了小产权房。

（六）货币政策在房地产市场的传导机制

货币政策在房地产市场的传导机制研究在方法上大都采用VAR模型作冲击传导分析，但由于数据和模型设置的差异，结论也有所差别。

戴国强、张建华（2009）分析发现货币政策对房地产价格的传导比较顺畅，但房价对投资和消费的传导却存在阻塞。王松涛、刘洪玉（2009）分析表明，利率正向结构冲击将引发私人消费、总产出、价格总水平及房价下降；房价正向结构冲击引发私人消费、经济总产出和价格总水平上升。高波、王先柱（2009）模型显示，货币供给量的增加刺激了房地产投资和商品房销售额的增长，导致房地产价格上涨；提高利率对抑制商业银行在房地产市场的贷款不明显，更不能阻止房地产开发企业以个人住宅按揭贷款的增加等途径从银行间接获取更多贷款。乔海曙、陈志强（2009）发现实际负利率对于房地产市场需求和价格表现出一定正向扩张效应，但对供给的扩张效应不明显。

（七）物业税（房产税）及土地财政对房地产市场的影响

关于土地财政与房地产市场的关系，陈志勇、陈莉莉（2009）以沿海发达地区S县2003—2007年为个案，分析了房地产业与地方政府的土地财政“一荣俱荣，一损俱损”的紧密联系，以及税收产业结构畸形所潜伏的财政危机。杜雪君、黄忠华、吴次芳（2009）的实证结果显示，房价、地方公共支出与房地产税负两两之间存在反馈关系；房地产税负会抑制房价，地方公共支出会明显促进房价；地方公共支出及房地产税负对房价的影响存在动态差异性。

关于开征物业税对房价的影响，况伟大（2009）通过实证检验发现，对全国和东部而言，开征物业税能起到有效抑制房价上涨作用，但对中西部作用效果不明显，利率政策效果要大于物业税。

（八）住房公共政策研究

近年来，住房公共政策开始获得多方的高度重视。在保障房政策的实施效果、现实障碍与优化途径方面，张翼（2009）利用住房过滤模型从微观角度分析发现，政府向低收入群体“补人头”政策在见效时间上相对较慢，但在政策公平性、保障成本和市场关联影响方面均优于政府“建公房”或“补砖头”政策；住房过滤及保障政策的效果能否实现在很大程度上取决于住房市场的流动性；当前应实施有差别的住房信贷政策促进低收入群体提升住房消费水平。

关于保障性住房建设对房价的影响，王先柱、赵奉军（2009）分析表明，由于保障性住房分流了住房需求并提供了更低价格的房源，会造成商品房价格的下降。

在住房保障对象的分析方面，郭玉坤、杨坤（2009）通过统计分析认为现阶段住房保障对象应涵盖城镇居民中的最低收入户、低收入户和中等偏下收入户，保障住房覆盖率为40%。对最低收入家庭和低收入家庭，应采用租金补贴；对中等偏下收入家庭，可自行选择租金补贴或购房补贴。郑思齐、曹洋（2009）发现城中村中移民的劳动力产出增长速度明显低于普通住房社区中的移民，改善农民工住房条件和农民工聚居区居住环境的公共政策将有利于经济可持续增长和社会融合。

对于住房保障形式的研究，蔡荣生、吴崇宇（2010）采用我国33个城市2000—2007年的相关统计数据进行实证分析发现，2004年以来房价上涨使经济适用房出现了明显的供求失衡现象。彭兴庭（2009）分析认为限价房会导致过度需求、出现销售者偏好，可导致政府偏好代替销售者偏好，还可能造成歧视，致使市场扭曲，建筑质量下降等。杜金锋、冯长春（2009）提出限价商品住房具有商品性、政策性、福利与社会保障性、阶段性和区域差异性特征，并总结了其实施中需要重点解决的定价方式、定价时点和价格水平测算模型及预防投机等问题。

关于住房保障与住房市场化之间的联系，李宏瑾、徐爽（2009）对欧美41个国家经验分析结果表明，经济增长水平越高、收入分配差距越大，住房自有率越高。将住房保障问题归咎于房地产市场化程度过高、居民购房倾向过强具有误导性。

（九）住房抵押贷款风险分析

次贷危机的发生引发了人们对我国住房抵押贷款风险的担忧。吴晶妹、王涛（2009）分析认为中国银行业发展基本保持平稳，房地产行业信贷风险可控。徐淑一、王宁宁、王美今（2009）利用我国住房抵押贷款持续期数据分析发现，高额贷款和长期贷款容易发生违约，豪宅的投机风险较大；高学历者贷款易提前还款而发生违约的风险较低；男性和高年龄组贷款不稳定，其违约和提前还款的概率都较高。马宇（2009）数据分析发现受教育程度越高，工作行业稳定程度和垄断程度越高，违约率越低；面积越大，每月偿还贷款金额与家庭收入之比越高，违约率越高；本地人比外地人、现房借款人比期房借款人的违约率高。对违约影响较大的因素依次是住房面积、月还款额占家庭收入比、是否期房、受教育程度。

四　中国房地产经济研究的进一步发展趋势估计

中国房地产经济研究的深入与中国房地产市场的发展变革高度相关。房地产问题持续成为中国社会经济的热点问题，对中国房地产经济研究的发展起重要的推动作用。与未来中国房地产市场的发展演变趋势相适应，以下房地产经济问题可能得到更进一步的研究：

1. 工业地产等其他类型房地产市场的运行规律及其与住宅市场的相互关系。当前关于住宅市场的研究较多，但住宅市场并不是孤立的市场，工业地产等其他类型房地产市场的畸形不可避免地要使住房市场也发生扭曲。

2. 土地市场特别是农村土地市场与城市房地产市场的关系。土地市场特别是农村土地市场改革的相对滞后是阻碍我国房地产市场稳定健康发展的重要因素，农村土地市场改革将影响深远。

3. 土地财政、物业税与房地产市场。土地财政对我国房地产市场格局有深刻的影响，但是我们对土地财政的认识还停留在较浅的层次。关于是否应该及如何开征房产税（物业税）的讨论也仍将持续进行。

4. 住房公共政策研究。房价的上涨、房价收入比的扩大暴露了我国住房保障体系的诸多问题，迫切需要展开进一步的研究。

5. 中国房地产周期波动研究。自住房市场化改革以来，我国房地产市场还没有出现真正意义的大起大落，这也为未来房地产周期波动研究预留了空间。

6. 房地产金融研究。伴随着中国房地产金融市场的发展与改革，该领域将产生众多有价值的研究热点。

从研究方法与范式看，由于房地产经济研究的现实问题导向，在未来的研究中，为了更好地解释和解决现实中出现的问题，房地产经济学可能沿两个方向发展，进而逐步确立自己独特的分析范式：一是深入发掘房地产市场特有的规律，构建房地产经济特有分析模型；二是将研究视野进一步拓宽，并从经济学以外的其他社会科学及自然科学中汲取更多的养分。

参考文献与学科年度重要文献

蔡荣生、吴崇宇：《我国大中城市经济适用房有效供求均衡度研究——基于“非均衡计量模型”的实证分析》，《财贸经济》2010年第7期。

曹振良等：《房地产经济学通论》，北京大学出版社2003年版。

陈建、陈英楠：《近十年全球主要国家房价波动的特征及驱动因素——基于经济学文献的分析》，《经济理论与经济管理》2009年第10期。

陈建、陈英楠、刘仁和：《所有权成本、投资者预期与住宅价格波动：关于国内四大城市住宅市场的经验研究》，《世界经济》2009年第10期。

陈志勇、陈莉莉：《楼市危机与“土地财政”的转型》，《当代财经》2009年第3期。

崔光灿：《房地产价格与宏观经济互动关系实证研究——基于我国31个省份面板数据分析》，《经济理论与经济管理》2009年第1期。

戴国强、张建华：《货币政策的房地产价格传导机制研究》，《财贸经济》2009年第12期。

杜金锋、冯长春：《限价商品住房政策基础理论研究》，《城市发展研究》2009年第5期。

杜雪君、黄忠华、吴次芳：《房地产价格、地方公共支出与房地产税负关系研究——理论分析与基于中国数据的实证检验》，《数量经济技术经济研究》2009年第1期。

高波、王先柱：《中国房地产市场货币政策传导机制的有效性分析：2000—2007》，《财贸经济》2009年第3期。

高波等：《现代房地产经济学导论》，南京大学出版社2007年版。

郭珲卓、蔡继明：《农地制度安排与村民集体行动——小产权房问题探析》，《财经研究》2009年第5期。

郭玉坤、杨坤：《住房保障对象划分研究》，《城市发展研究》2009年第9期。

黄静、屠梅曾：《房地产财富与消费：来自于家庭微观调查数据的证据》，《管理世界》2009年第7期。

黄静、屠梅曾：《基于非平稳面板计量的中国城市房价与地价关系实证分析》，《统计研究》2009年第7期。

黄忠华、虞晓芬、杜雪君：《土地供应对住房价格影响的实证研究——以上海市为例》，《经济地理》2009年第4期。

简德三、王洪卫：《房地产经济学》，上海财经大学出版社2003年版。

鞠方、周建军、吴佳：《房价与股价波动引起财富效应的差异比较》，《当代财经》2009年第5期。

孔行、黄玲、于渤：《区域房地产业与区域经济发展的长期动态协调关系研究》，《中央财经大学学报》2009年第3期。

孔煜：《市场预期与房地产价格波动》，《中央财经大学学报》2009年第2期。

况伟大：《住房特性、物业税与房价》，《经济研究》2009年第4期。

李宏瑾、徐爽：《住房自有率、经济增长与社会发展——对欧美各国数据的经验分析》，《南方经济》2009年第8期。

李培：《房屋租赁的替代效应与福利评价》，《南方经济》2009年第2期。

刘金娥：《我国房地产市场泡沫的成因分析》，《山西财经大学学报》2010年第2期。

吕光明、李彬：《中国房价与地价关系的多用途视角研究》，《城市发展研究》2009年第5期。

吕江林：《我国城市住房市场泡沫水平的度量》，

《经济研究》2010 年第 6 期。

马宇：《我国个人住房抵押贷款违约风险影响因素的实证研究》，《统计研究》2009 年第 5 期。

毛勇、余新民、殷保兵：《对我国房地产市场泡沫的判定及预控机制研究》，《城市发展研究》2009 年第 2 期。

宁光杰：《住房改革、房价上涨与居民收入差距扩大》，《当代经济科学》2009 年第 5 期。

彭兴庭：《对限价房政策的经济学分析》，《城市发展研究》2009 年第 3 期。

乔海曙、陈志强：《负利率对房地产市场扩张效应研究》，《统计研究》2009 年第 1 期。

任木荣、刘波：《房价与城市化的关系——基于省际面板数据的实证分析》，《南方经济》2009 年第 2 期。

谭政勋：《我国住宅业泡沫及其影响居民消费的理论与实证研究》，《经济学家》2010 年第 3 期。

唐志军、徐会军、巴曙松：《中国房地产市场波动对宏观经济波动的影响研究》，《统计研究》2010 年第 2 期。

王克忠：《房地产经济学教程》，复旦大学出版社 1995 年版。

王擎、韩鑫韬：《货币政策能盯住资产价格吗？——来自中国房地产市场的证据》，《金融研究》2009 年第 8 期。

王松涛：《城市经济开放度对房地产价格的影响研究——基于中国 35 个大中城市面板数据模型的分析》，《南开经济研究》2009 年第 2 期。

王松涛、刘洪玉：《以住房市场为载体的货币政策传导机制研究——SVAR 模型的一个应用》，《数量经济技术经济研究》2009 年第 10 期。

王先柱、赵奉军：《保障性住房对商品房价格的影响——基于 1999～2007 年面板数据的考察》，《经济体制改革》2009 年第 5 期。

王岳龙、武鹏：《房价与地价关系的再检验——来自中国 28 个省的面板数据》，《南开经济研究》2009 年第 4 期。

吴刚：《城市居民住房支付能力研究——基于 2000—2008 我国 10 城市的经验数据》，《城市发展研究》2009 年第 9 期。

吴晶妹、王涛：《金融危机背景下中国房地产业信贷风险研究》，《世界经济研究》2009 年第 2 期。

吴璟、刘洪玉：《基于灰色—马尔可夫模型的房地产周期研究》，《统计与决策》2009 年第 6 期。

吴树畅、曾道荣：《中国房地产价格运行轨迹及驱动因素》，《财经科学》2010 年第 2 期。

修丽娜、刘湘南、黄凌翔：《房地产泡沫实证分析——以天津市为例》，《城市发展研究》2009 年第 7 期。

徐淑一、王宁宁、王美今：《基于持续期数据的我国住房抵押贷款违约和提前还款风险分析》，《南方经济》2009 年第 6 期。

严金海、丰雷、包晓辉：《北京住房价格波动研究》，《财贸经济》2009 年第 5 期。

严金海：《论房价对中国产出和通货膨胀率的影响》，《中国土地科学》2009 年第 10 期。

易宪容：《信用扩张的合理界限与房价波动研究》，《财贸经济》2009 年第 8 期。

尹志超、甘犁：《中国住房改革对家庭耐用品消费的影响》，《经济学》（季刊）第 9 卷 2010 年第 1 期。

余华义、陈东：《我国地价、房价和房租关系的重新考察：理论假设与实证检验》，《上海经济研究》2009 年第 4 期。

张红：《房地产经济学》，清华大学出版社 2005 年版。

张娟锋、刘洪玉：《住宅价格与土地价格的城市差异及其决定因素》，《统计研究》2010 年第 3 期。

张永岳等：《新编房地产经济学》，高等教育出版社 1998 年版。

张翼：《低收入群体的住房保障与信贷支持——基于住房过滤理论的分析》，《城市发展研究》2009 年第 5 期。

赵建：《政府调控、住房需求结构与住房价格：一个动态模型》，《南方经济》2009 年第 2 期。

赵昕东：《中国房地产价格波动与宏观经济——基于 SVAR 模型的研究》，《经济评论》2010 年第 1 期。

郑思齐、曹洋：《农民工的住房问题：从经济增长与社会融合角度的研究》，《广东社会科学》2009 年第 5 期。

周京奎:《城市舒适性与住宅价格、工资波动的区域性差异——对1999—2006中国城市面板数据的实证分析》,《财经研究》2009年第9期。

周京奎、吴晓燕:《房地产市场对区域经济增长的动态影响机制研究——以京津冀都市圈为例》,《财贸经济》2009年第2期。

邹琳华:《管制和垄断对房地产成本的影响估计——基于SFA模型及30个城市面板数据的分析》,《统计研究》2009年第2期。

邹琳华:《中国房价周期波动区域差异的经济分析》,《中国房地产研究(丛书)》2009年第1卷,上海社会科学院出版社2009年版。

(邹琳华)

税 收 学

一 学科概述

税收学是一门系统研究税收经济理论、税收制度设计与税收征管的社会科学。它具有理论性与实践性相结合的特征。税收是国家本质的最好体现，它为国家的存在和职能发挥提供了物质基础，所以税收与税收学的历史非常久远，从国家产生的那一天就产生了税收。

税收学的研究内容涵盖了政府税收收入的各个方面。包括具体税种的制度设置、不同税种之间的关系结构、税收法律关系、税收征管以及税收制度带来的经济影响等各个方面。这些内容涉及经济学、法学、管理学等诸多学科内容。因此，税收学主要包括这么几个方面：第一，税收经济学。该领域侧重关注税收制度的经济效应并对其进行政策评价，即经济主体对税制变动作出何种反应，如何根据这些反映制定适当的宏观调控政策；第二，税法学。该领域从法学的角度出发，研究税收法律关系的本质，关注税收立法、税收司法、税务行政以及纳税人权利保护等法律问题；第三，税收管理。该领域从公共管理的视角研究税收问题，它关注如何配置征管资源来实现税收行政效率最大化。通过以上诸领域的研究，我们可以加深对价格机制资源配置功能的理解。

由于税收学以最重要的财政收入形式——税收——为研究对象，因此该学科与财政学之间有着密不可分的关系。它在理论上是财政学的分支。但两者之间又有着显著区别。财政学不仅研究税收收入、非税收收入，而且还研究财政支出，以及经济主体的财政关系。而税收学则仅以税收收入为主要研究对象。近年来，财政学与税收学之间的相互交融越来越多，深入剖析财政支出需要税收理论的支持，而研究税收制度的设计则离不开对财政体制的深入研究。

税收学的研究方法注重规范分析与实证分析相结合，并在总量分析的基础上注重结构分析。其关注的主要问题是在既定税收制度条件下，宏观经济主体与微观经济主体的行为模式。它力图把握和揭示两个方面：一、在把握微观经济主体的行为基础上，研究如何选择税收制度以更好地实现既定宏观经济目标；二、在给定税收制度条件下，居民、企业等微观主体如何做出自己的经济决策，以实现自身的福利最大化。

二 改革开放三十年来中国税收学发展和变化

改革开放三十年来，我国经济快速发展，中国的税收学也伴随着市场经济体制的确立与不断巩固而得到不断发展与跃进，其方法论与理论框架发生了根本变化。改革开放之前，由于受到当时主流社会主义政治经济学的影响，税收学的发展与理论体系建设处于停滞状态，税收学界普遍盛行“非税论”，当时的税制改革非常单一，仅以简化税制为主要内容，这导致了学术界无法客观认识税收本质、税收职能与税制建设等税收学的重大理论问题。

改革开放之后，随着我国市场经济体制的逐步确立，中国的税收学的发展开始由停滞走向繁荣，通过引进国外现代经济学的理论体系与研究方法，逐步形成了具有中国特色的税收理论体系，并在多次税制改革中得到了实践检验。然而，随着国内经济体制改革的不断深入，各种新型税收问题不断出现，对税收理论与实务界提出了尖锐的挑战，同时，这也引起了国内税收理论界对新形势、新情况的关注，拓展了国内税收学研究的新领域，推动了我国税收理论体系的发展。

总体上来看，我国的税收学研究还处于引进国外税收理论解释我国实际问题的阶段，缺乏对于一些本土税收学理论问题细致而精确地分析。因此，改革开放三十年以来的我国税收学的研究基本上属于政策研究。在经历了多次重大改革之后，我国的税收学研究也获得了多方面的理论进展。具体包括以下几个方面。

（一）关于税收本质与作用的认识

税收的本质，是国家通过立法并依法向各经济主体无偿征收实物或货币所形成的特殊分配关系，它反映了国家与各经济主体的利益分配关系。我国的社会主义基本经济制度决定了社会主义条件下税收的本质与作用。

社会主义税收是国家为了筹集社会主义建设的主要资金来源。国家利用税收收入来提供国防、科学、文化、教育、卫生事业等公共服务，并在生产发展的基础上，还不断提高居民的物质文化生活水平，这体现了一种“取之于民、用之于民”的社会主义利益分配关系。

因此，社会主义税收的作用在于为维护国家权益，调节收入差距、维护社会公平，调控宏观经济、保持经济稳定，促进经济结构合理化，促进共同富裕，推动对外开放等。

（二）关于税收负担的研究

税收负担概念是税收学研究中非常重要的概念，这个概念直接体现国家税收政策的方向与力度，是税收学科的核心与关键指标。从微观角度来看，它可以描述不同类型纳税人负担的税负与所取得成果之间的关系，并可以采取对纳税人生产经营的监控、与行业平均税负比较等手段，及时发现某一纳税人财务核算中可能存在的问题，有助于提高税收征管效率；从宏观角度来看，税收负担还可以揭示国家、企业和个人之间的利益分配关系，明确税收对宏观经济的调控作用。由此看出，税收负担是税收学中的关键概念，它引发了理论界持续与深入的研究。

宏观税收负担是指一定时期内国家所实际征收的税收总额与整个社会总产出的比重。衡量宏观税收负担的关键在于如何选择社会总产出指标。从国际公认的衡量指标来看，大部分选择国内生产总值或者国民收入，从而有“国内生产总值税负率 = 税收总额/国内生产总值”和“国民收入税负率 = 税收总额/国民收入”这两个基本公式。

微观税收负担是指纳税人实际缴纳的税收占其生产或销售能力的比重。由于税负转嫁问题，微观税负的衡量比宏观税负要复杂。

有时，企业缴纳的全部税收与其收入总额的比值无法反映其税收负担水平。因此，衡量微观税负水平要分别考虑直接税与间接税的负担情况。即“直接税负担率 = 纳税人缴纳的所得税与财产税/纳税人该时期获得的收入总额”和“间接税负担率 = 企业缴纳的各项间接税/企业增加值”这样两个计算公式。

通过税负分析，可以研究不同行业间、不同企业间的税负差别，了解税负的公平效应以及税收政策的实施效果，为税制的不断完善提供决策依据。

（三）关于税收征管问题的研究

税收收入快速增长离不开良性的税收征管模式，关于这方面的研究是税收学研究的关键领域之一。近几十年来，国内税收理论界关于征管问题的研究也获得了长足的进展。如纳税评估、稽查选案、纳税服务、财税信息化、税收申报模式等。

从研究方法来看，税收征管的研究引入了其他领域的分析方法，如实证方法、模糊研究方法、控制论方法等，并通过典型企业调查、产业数据分析与案例研究等，从多角度与多视角审视了税收征管的模式与具体措施。以上研究的进展注重了成果转化，为税务机关迅速提高征管效率提供了理论基础。

三　2009 年税收学的理论前沿和重大热点问题

（一）增值税转型问题研究

自 2009 年 1 月 1 日实行全面的增值税转型以来，关于这方面的研究成为了一个理论热点问题。总体而言，2009 年关于这方面的研究主要包括以下几个方面。

第一，关于增值税转型的经济效应问题。增值税转型会对宏观经济与微观主体经营带来显著影响，因此，学者们围绕转型的经济效应问题展开了研究。

高培勇（2009）对我国增值税转型过程中不同阶段的特点及其经济背景进行了分析与总结，对 2009 年增值税转型的经济效应进行了预测，展望了未来不同经济发展形势下的增值税进一步改革的对策。他指出，为了降低金融危机对宏观经济的影响，在财政收支状况允许的条件下，应该将房屋、建筑物投资纳入抵扣范围，允许抵扣全部的固定资产投资，从而实行完全意义上的消费型增值税。

蔡昌（2009）研究了增值税转型后企业及行业税收负担的变化情况。他认为，增值税转型以后，企业的总体税收负担会有所减轻。然而，就行业而言，增值税转型对行业税负的影响不一，有些行业会因其转型而降低税收负担，如设备制造业与装备制造业。但有些行业的税负几乎不发生变化，如建筑安装业、金融业以及交通运输业。最后，他从投资的角度分析了增值税转型的长期效应。他认为，如果下一期社会需求能力没有很大改善，整个经济很有可能因产能过剩而陷入通缩状态。这是增值税转型可能引起的未来负面效应，因此，增值税转型后还必须充分关注社会需求能力的改善与提高。

曾诚（2009）分析了增值税转型的经济效应。他指出，增值税转型有利于扩大企业投资、拉动内需，而且这项改革能够降低资本密集型企业的税收负担，促进资本密集型企业的壮大和发展，增强我国产品的竞争力，同时，该项改革会产生替代效应，对劳动密集型企业具有不利影响，影响劳动力的就业。

第二，关于增值税转型后的扩围问题研究。实行分税制改革以来，我国实行了增值税和营业税并行的税制。增值税的征收范围主要包括制造业，而对第三产业的大部分服务业则征收营业税。这种模式造成了增值税抵扣链条不完整，使服务业企业购买固定资产支出的进项增值税款不能抵扣，造成这些产业税负过重。因此，为了完善增值税抵扣链条，减轻服务业负担，学者们提出了增值税扩围的主张。

汪德华、杨之刚（2009）分析了增值税扩围在体制上、技术上的难点，包括税率的确定，一般纳税人标准的确定，对金融、公共管理等特定服务行业的税收处理等方面，并由此提出了解决办法与政策建议。

韩绍初（2009）提出未来的增值税改革方向是建立现代型增值税模式，应该结合我国的实际情况，解决好两个方面的问题：一个是要解决好增值税制度本身的改革问题；另一个是要研究新的增值税税负水平如何确定的问题。他指出，建立现代型增值税的很重要的一点就是，要将除特殊行业如金融保险业之外的商品及劳务服务行业全部纳入增值税征税范围，将现行的增值税、营业税及其附加合并，统一征收增值税。这项改革措施的落实，可以有效促进税制的合理化，有利于降低征税、纳税成本，促进税收的有效征收和管理。

第三，关于增值税转型的税法问题研究。增值税转型应该按照基本法律原则来推动，因此，关于该项改革的法律问题也成为学者们关注的问题。

张守文（2009）研究了增值税转型与立法改进的问题。他论证了增值税立法所应依循的法律理念与法律价值，并就这种理念与价值在“增值税法”中的适当体现给出了答案。他认为为使“增值税法”成为具体的“善良之法”，需要进一步关注立法的理念与价值取向，尤其应当强调法制的理念，以及对公平、效率和秩序等诸多价值的兼顾；同时，还应当重视立法级次和立法技术的提升，形成增值税的多层次的制度体系；另外，还应当注意征纳双方的基本税权的配置，特别是对纳税人的抵扣权以及征税机关的征管权的规定。

叶珊（2009）分析了增值税法的立法体例，构造了以增值税征税范围为中心的基本模式。她指出，增值税转型之后，调整征税范围成为下一轮增值税制改革的重点，所以制定一部基于普遍性征税范围的增值税法具有必要性与可行性。然而，在制定具有此种特征的税法时，需要解决若干核心问题：第一，如何确定一般纳税人与小规模纳税人、商品与劳务的复合税率结构；第二，如何确定增值税的起征点、零税率与免税税目等减免范围。

第四，关于增值税转型之后税收征管的研究。增值税转型对税收征收管理的影响是显著的，如何探讨转型之后的征管措施，提高增值税的征管效率成为理论界与实务界共同关心的话题。

傅宗仁、陆化明（2009）分析了转型之后增值税的税收管理风险点及防范措施。他认为转型之后风险点主要包括：一般纳税人转型前购入固定资产的推迟抵扣、非抵扣范围固定资产变相抵扣、小规模纳税人延期申报纳税等。对于以上情形，应该加强对“票据流”、“实物流”、“资金流”的监控，采取措施解决这些问题。

（二）关于税收调节收入分配的研究

近年来，我国收入分配差距不断扩大，这成为影响我国和谐社会建设的突出问题之一。税收在初次分配与再分配环节都发挥着重要作用，理应成为调节收入分配的重要政策工具。关于税收与收入分配的关系问题研究成为学者们关注的焦点之一。一些学者关注流转税对收入分配的影响，还有学者关注税制结构对收入分配的作用，更多的学者则关注收入税与收入分配的关系。

刘怡、聂海峰（2009）对增值税与营业税对收入分配的影响进行了实证研究。他们利用1995—2006年的城市不同收入组人均各类消费项目的详细数据，并结合消费项目的流转税税率，考察了人均负担的增值税与营业税占收入比例的演变及其对收入分配的影响，实证结果表明，流转税扩大了收入分配差距，但近年来这种扩大作用有所减弱。

蔡红英、朱延松、魏涛（2009）对税收在收入分配中的调控机制进行了分析，并对国民收入分配格局以及影响格局的税制要素进行了剖析。他们认为，应该从规范政府收入机制与支出结构、调整税制结构等方面入手，才能完善税收对国民收入的调控功能。

潘雷驰（2009）分析了我国个人所得税对收入分配的调节作用。他发现在1993—2007年个税征收强度与城镇居民各收入组间收入差距之间呈现负相关关系，个人所得税征收强度的变化可以解释组间收入差距变化率变动38.8%左右的原因。另外，个人所得税对最高收入组课税的累进性不如对高收入组或者中高收入组强。因此，在未来的个税改革中，如果政策目标定位于收入分配，那么征收对象应确定为高收入群体，将其他收入群体全部纳入免征范围。

蒲志仲（2009）研究了石油资源租与燃油税的分配效应。他认为，燃油税不仅可以发挥替代基础设施收费的作用，还具有生态税的作用，可以发挥优化税收结构、促进经济效率的作用。

杨卫华（2009）以广东省为例研究了税收调节国民收入分配格局、提高居民分配比重的机制与作用。他通过对广东省居民分配份额的研究，得出了劳动报酬与居民收入所占比重下降的结论，因此，应该针对分配格局出现的问题相应采取一定的税收对策，例如提高费用扣除标准、合理确定边际税率等。

（三）出口退税问题研究

2008年全球金融危机爆发，我国出口受到了极大影响，我国采取各种措施来稳定外贸经济，出口退税制度作为促进外需的重要政策手段，受到了理论界格外关注。

何晴、张斌（2009）对出口退税政策的特征与功能定位进行了分析，并剖析了该政策在实现总量性目标与结构性目标中发挥的重要作用。他们指出，“差额退税”的出口退税政策相当于隐性的“出口关税”，应根据出口退税的特点在诸多目标之间进行协调。

王学峰、孙文远（2009）对我国出口退税政策的贸易促进作用进行了定量分析。结果表明，出口退税可以显著降低企业成本，从而促进产品出口，这也说明我国政府2008年至2009年6月以来连续7次运用调高出口退税率的政策来缓解外部危机的不利影响具有合理性。另外，促进出口可能只是出口退税政策调整的一个中间目标，就业因素可能是实行出口退税政策的另外一个重要决定因素。

苏东海（2009）对出口退税政策调整对我国经济的影响进行了实证研究。他通过对各国出口退税政策进行了归纳和总结，结合我国的出口退税制度，研究了出口退税与对外贸易出口、经济增长之间的关系。他认为，尽管出口对经济增长的作用非常明显，但是出口退税政策的总体调节作用并不明显，我国的外贸发展战略需要进行调整，出口退税制度的目标也应该重新定位，应充分考虑对地方政府与企业激励机制的影响，避免效率扭曲。

李石凯（2009）关注了我国出口退税政策调整的效率，他认为在摆脱金融危机影响过程中，仅靠提高出口退税率是不够的，应该采取适当的财政政策与货币政策组合，在中央和地方政府的引导和扶持下，出口企业加快技术升级与产业升级的进程，这样才能有效化解我国出口产业受到的不利影响。

（四）扩大内需的税收政策研究

在金融危机影响下，如何启动内需，减少对外需的依赖，成为我国宏观经济运行的重点与难点。而在各项内需中，消费需求又是实现经济可持续增长的动力。因此，利用税收制度促进内需增长也成为热点问题之一。

岳树民（2009）分析了扩大居民消费需求的财税政策选择，他认为，应根据我国居民消费需求的特点、消费水平与结构，利用财税政策支持中小企业发展，解决其贷款难问题，推动其创新活动，增加居民保障性收入、劳动与财产收入；另外，运用税收政策刺激居民消费欲望，从而提升居民消费能力，增强居民消费意愿，形成持续稳定的经济增长的拉动力。

王春雷（2009）研究了金融危机下扩大内需的税收政策选择问题。他从短期与长期两个角度分别阐述了政策选择：短期内，应该运用税收政策扩大投资需求、改善消费环境；从长期看，鼓励扩大内需的税收政策重点应该向有利于增加居民消费，特别是增加中低收入和农村居民的消费需求。因此，应该利用税收政策降低企业和居民税收负担，改善国民收入分配格局，增加居民收入所占比重，提高消费对经济增长的贡献率。

许生（2009）研究了扩大内需的财税政策。他认为，由美国次贷危机所引发的全球金融危机的根本原因在于消费结构的世界性失衡，因此，扩大内需的根本环节在于有效扩大国内消费需求。所以要对财税政策进行适当调整，由稳健转向结构性扩张，主要内容就是实行结构性减税与结构性扩张的财政支出相结合，促进经济长期稳定可持续发展。

（五）“绿色税收”的研究

绿色税收是为了保护生态环境、合理开发与利用资源、实现绿色消费的各项税种。绿色税收制度是以资源高效利用为基本目标，以低消耗、低排放为特征，以清洁生产为手段，从而实现经济发展和生态环境保护双重收益的税制模式。绿色税收涵盖了资源税、消费税、污染物税等多个方面。科学发展观与和谐社会理念的提出也使这个领域成为研究热点。

李春根、计敏（2009）提出了完善我国生态税收政策的若干建议。他们认为，生态税收制度是一个多元化的体系，涉及资源税、流转税、所得税、环保税等若干税种，应该对整个税制体系进行调整，改革现行资源税、完善流转税，并实现排污费改税，适时开征碳税等新税种。

蔡秀云（2009）通过对我国能源税制、特别收益金以及能源行政性收费的分析，指出了其存在的若干问题，包括税费功能划分不清晰、税费重复现象突出、内外能源企业税制不统一、能源税收分配不合理以及生态保护功能无法充分发挥等。在此基础上，他提出了未来我国能源税制改革应该明确目标与原则，进行各税种的综合税制改革。

邢丽（2009）研究了结构性减税背景下的环境税，他认为环境税改革可以为结构性减税提供空间，而且也还可以提高我国税收的绿化程度。在未来税制改革中，尽快以先易后难、逐步推进为原则开征环境税，实现与结构性减税联动，并建立环境税返还制度。

（六）物业税问题研究

近年来房价的快速上升、“买房难”成为影响我国宏观经济的突出问题之一，很多学者都主张开征物业税来调节过高的房价，有效发挥其调控作用。

庞凤喜（2009）将物业税的社会经济意义提升至较高的高度，她认为该项改革是开启我国社会变革的一个窗口，它除了使地方政府获得稳定的收入来源之外，还能提高我国社会的数据化管理能力，并唤醒纳税人的权利意识。另外，物业税还有助于抑制炒房、调控房价，也有助于调节贫富差距、提高社会资源使用效率。

然而，一些诸如“物业税对房价究竟有没有影响”等基本问题亟待解答，学者们对这些问题进行了关注。

况伟大（2009）在分析住房特征的基础上，通过构建“消费者—开发商”模型、“投资者—开发商”模型，从实证角度说明了物业税对房价的影响机制。结果表明：对全国和东部来说，物业税可以发挥抑制房价的作用，而在中西部地区，这种抑制作用效果并不明显；另外，利率的调节作用要强于物业税。因此，政策制定者应根据各地实际情况灵活采用物业税与利率政策。

最后，一些学者关注了外部制度环境对物业税改革的影响。唐明（2009）分析了物业税改革的财政公共管理体制困境，他称之为地方政府“逆向软预算约束”。他认为，不彻底、不规范的财政分权制度改革会直接造成地方政府预算软约束与“逆向软预算约束”，而分税制改革又使地方政府获得了强大的体制外资源获取能力，这又强化了其“逆向软预算约束”行为。在这种财政管理体制环境下，物业税改革会遇到来自于地方政府的阻力，所以说，不断完善财政分权体制，成为物业税改革的前提条件。

（七）个人所得税改革问题研究

个人所得税是具有再分配功能的重要税种之一，在我国收入分配差距不断扩大的今天，该税种的完善对于缩小收入分配差距，构建和谐社会具有深远意义。理论界对个税领域的关注主要包括以下几个方面：

第一，个人所得税的征收模式选择问题。关于该问题主要有两种观点：一种认为我国应该不断完善分类所得税制，提高征管质量；另一种是我国个税的目标模式应该是综合所得税制，实行综合与分类相结合的改革是实现这一目标的第一步。

李波（2009）分析了我国个人所得税的模式选择问题。他认为，在分析该问题时应该充分考虑个税的收入分配调控功能；当前国际上的个税模式（包括综合所得制、单一税制、最低税负制、二元税制等）不适合我国，我国应采取分类与综合相结合的个税模式。在中短期，应采取先分类后综合、“小综合”逐步向“大综合”的改革思路，向建立综合与分类相结合的模式渐进。然后，根据经济发展的状况，适时调整个人所得的法定扣除标准，不断增强综合课税的基础。在长期，税制应向综合税制不断过渡。

第二，对于个税必要生活费用扣除额的研究。由于个税涉及面较广，广大工薪收入者非常关注这个问题，该领域也成为热点问题之一。刘剑文（2009）以人权保障为视角对个人所得税中工资薪金所得的费用扣除标准进行了研究。他认为，量能负担原则与生存发展的人权是费用扣除的法理基础。另外，必要生活费用扣除要遵循税法的稳定性原则，并且应该考虑不同地区、不同家庭的纳税能力差异实行差异化标准。因此，应该建立必要生活费用扣除标准的弹性机制，扩大工资薪金扣除范围，引入家庭纳税申报制度。

毛亮等（2009）对个税起征点进行了国际比较并对提高起征点的经济效应进行了估算。结果显示：中国实际的个税起征点相对其他国家来说是较高的；如果提高起征点，政府当年个税收入会减少，但从长期来看，这会起到刺激劳动供给的作用，使得居民收入不断增长，个税税基会不断拓展。

第三，关于个人所得税征管的研究。即使个人所得税的税制设计非常完美，其作用的有效发挥仍然离不开有效的税收征管，可以说它已经成为影响个税改革的一个关键问题。

孙飞（2009）分析了人性化的个人所得税征收管理。在人性内涵的基础上，他界定了个人所得税征管的人性化内涵，即公平性、法治性、效率性、服务性和透明性。然后，他又分析了个人所得税征收管理人性化缺失的主要表现和根源，提出了实现个人所得税征收管理人性化的构想。

第四，关于个人所得税的国际借鉴研究。个人所得税在很多国家都建立了较为成熟的税制设计及征管模式，所以我们有必要借鉴国外先进的个税管理经验，并与我国国情结合起来。

卜祥来、夏宏伟（2009）从税制设计、征管模式等不同角度回顾了 OECD 国家个人所得税的改革情况，提出了我国未来个税改革应该准确个税的功能定位，实行综合与分类结合模式，对综合收入按年征收，对分类所得按此征收。另外，继续坚持以个人为基本课税单位，简化税率，完善费用扣除机制，扩大股息所得优惠范围，加大信息化征管方式的运用。

李文（2009）对各国近年来的个人所得税改革趋向进行了梳理，并对改革动因进行了分析。她指出：个人所得税的类型日趋多元化，出现了二元税与单一税；个税税率呈现降低趋势，税率次级也在减少，税基在不断拓宽；注重了个人所得税与公司所得税的协调。出现这些趋向的原因在于：减少经济效率损失，应对税基流动性的增强以及提高征管效率。

（八）关于纳税服务的研究

2008 年下半年，国家税务总局新设立了纳税服务司，这说明我国税收征管的思路发生了巨大变化，从税务机关为主导的征管模式转向以纳税人为中心，始于纳税人需求、终于纳税人满意的纳税服务模式。学者们关注了一系列基本问题，例如，如何看待纳税服务，纳税服务究竟包括哪些方面，如何保护纳税人权益等。

湖北税务学会课题组（2009）研究了纳税服务的一般问题。他们分析了纳税服务的广义与狭义内涵，前者是指为方便纳税人办理各项涉税事宜所提供的服务，既包括政府部门的无偿服务，也包括社会中介组织的有偿服务；后者则是指税务机关依据税收法律、行政法规的规定，在税收征收、管理、检查和实施税收法律救济过程中，向纳税人提供的服务事项和措施。然后，他们分析了纳税服务的本质，界定了纳税服务的主体，提出了纳税服务的帮扶需求、便捷需求、维权需求以及参与需求。最后，他们指出了纳税服务的模式，税务机关不是纳税服务的唯一提供者，民间组织也可以承担这方面的职责。也就是说，纳税服务可由一元供给模式走向多元供给模式。

张德志（2009）对如何构建纳税服务体系进行了思考。他在对我国当前税务机关纳税服务基本状况分析的基础上，对现代纳税服务体系的内涵、原则与思路进行了说明，即以纳税人为中心，以满足纳税人的合理需求、提高税法遵从度为目标，优化纳税服务流程，不断完善服务方式与方法，健全现代纳税服务体系，努力提供准确、便捷、高效的纳税服务。

除了纳税服务自身之外，纳税人权益的保护也是落实纳税服务的重要环节。刘蓉（2009）从税收法律的视角分析了政府与纳税人之间的关系。她认为，税收产生于政府与纳税人之间的委托代理关系，后者将财产权利委托给前者，前者则有义务为后者服务，接受其监督。所以说，在税收法律制度的设置中需要限制政府公权，保护纳税人私权，保证人民对国家的终极权力。也就是说，按照税收法律关系来处理政府与纳税人之间的关系就是纳税服务的最好体现。李文（2009）则是从财政透明度的角度分析纳税人权利保护。她指出，纳税人权利体系包括知情权、决策参与权、依法纳税权、平等权，因此，我国应当从规范预算编制、规范税收立法与执法、拓宽纳税服务渠道、健全复议和诉讼制度等不同方面来保障纳税人权益。

总之，由于纳税服务涉及所有纳税人的利益，可以说该问题与人们的生活息息相关，这方面的理论研究也开始深入到理论本质层面，一系列具有创新性的研究为税务机关的纳税服务实践提供了理论支撑。

四　中国税收学研究今后发展方向估计

中国税收学研究的发展与我国的财税体制改革密切相关。从该角度来审视，今后一段时期内，我国的税收学研究热点集中于具体税种改革、税制结构调整、税收征管、地方财税体制等方面。这主要是因为我国的经济转型催生了多样化矛盾，税收作为协调不同主体利益关系、解决矛盾的一个重要工具，应适应经济发展的多样化需要。

与此相应，中国税收学的研究方法也呈现多样化的趋势，一系列现代经济学分析工具的使用正在逐步改变传统税收学的研究范式。税收学与其他学科的交叉开拓了税收理论研究的新空间与新领域，将税收学的研究重点由注重税收征纳主体的经济行为转向了税收法律关系影响的一切主体的经济行为，强化了税收学研究的微观基础，这也成为未来税收学研究的重点与难点。

参考文献与学科年度重要文献

卜祥来、夏宏伟：《从 OECD 国家个人所得税改革趋势看我国税制改革》，《税务研究》2009 年第 1 期。

蔡昌：《增值税转型的经济效应与对策分析》，《中国税务》2009 年第 1 期。

蔡红英、朱延松、魏涛：《税收对国民收入分配的调控问题研究》，《税务研究》2009年第12期。

蔡秀云：《中国能源税制的现状》，《税务研究》2009年第7期。

傅宗仁、陆化明：《初析增值税转型后的税收管理风险点及防范》，《涉外税务》2009年第1期。

高培勇：《增值税转型改革：分析与前瞻》，《税务研究》2009年第8期。

何晴、张斌：《出口退税政策》，《税务研究》2009年第1期。

湖北省税务学会课题组：《关于纳税服务一般问题的研究》，《税务研究》2009年第4期。

况伟大：《住房特性、物业税与房价》，《经济研究》2009年第4期。

刘怡、聂海峰：《增值税和营业税对收入分配的不同影响研究》，《财贸经济》2009年第6期。

李波：《公平分配视角下的个人所得税模式选择》，《税务研究》2009年第3期。

李石凯：《金融危机的冲击与我国出口退税政策调整的效率》，《税务研究》2009年第1期。

李文：《从财政透明度角度看纳税人权利保护》，《税务研究》2009年第6期。

李文：《国外个人所得税改革的趋向及动因》，《涉外税务》2009年第10期。

李春根、计敏：《完善我国生态税收政策的若干建议》，《税务研究》2009年第4期。

刘剑文：《对个税工资薪金所得费用扣除标准的反思与展望》，《涉外税务》2009年第1期。

刘蓉：《从税收法律的视角看政府与纳税人的关系》，《税务研究》2009年第4期。

毛亮：《个税起征点的国际比较与提高起征点的效应估算》，《国际经济评论》2009年第11—12期。

潘雷驰：《我国个人所得税调节收入差距效用的实证分析》，《税务研究》2009年第3期。

庞凤喜：《开征物业税是开启我国社会变革的一个窗口》，《税务研究》2009年第10期。

蒲志仲：《石油资源租与燃油税的分配效应》，《税务与经济》2009年第1期。

苏东海：《出口退税政策调整对我国经济影响的实证研究》，《金融研究》2009年第6期。

孙飞：《个人所得税征收管理的人性化探析》，《中国行政管理》2009年第8期。

唐明：《物业税税制改革的财政公共管理体制困境探析》，《公共管理学报》2009年第1期。

王春雷：《积极财政政策下扩大内需的税收政策取向》，《税务研究》2009年第1期。

汪德华、杨之刚：《增值税扩围—覆盖服务业的困难与建议》，《税务研究》2009年第1期。

许生：《扩大内需的财税政策研究》，《税务研究》2009年第1期。

邢丽：《开征环境税：结构性减税中的"加法"效应研究》，《税务研究》2009年第7期。

杨卫华：《我国个人所得税减除费用的性质与标准》，《中山大学学报》（社会科学版）2009年第10期。

岳树民：《运用财政税收政策扩大居民消费需求》，《税务研究》2009年第1期。

张德志：《对构建现代纳税服务体系的思考》，《税务研究》2009年第4期。

张守文：《增值税的转型与立法改进》，《税务研究》2009年第8期。

（蒋　震）

保 险 学*

一 学科概述

保险学是现代金融学理论的基本组成部分之一。作为以经济学和管理学为理论基础的学科，保险学既具有高度的理论抽象性，又具有很深刻的应用实践性。随着金融与保险实践的发展，保险理论的研究成果也日新月异，传统保险理论正在向现代保险理论演进。可以预见，未来保险理论，将会向更深层次、更高领域拓宽和深化，保险学科将进一步发展，地位将进一步提升。

从理论的角度出发，保险学可以分为广义保险学与狭义保险学，前者是将商业保险、社会保险与政策保险等一切采取保险方式来处理风险的社会化保险机制都包括在内，而后者即是商业保险学。换言之，广义保险学研究的是人类社会处理各种风险的社会化保险机制整体，而狭义保险学研究的则是采取商业手段并严格按照市场法则运行的社会化保险机制，后者显然只是前者的一个组成部分或分支。通常，保险学在许多场合成了商业保险学的代名词。这里讨论的主要内容仍然是商业保险，后续内容中所提及的保险学亦是商业保险学。

概括而言，保险学的研究对象即是保险商品交易及体现在这种交易之上的保险经济关系。这种交易行为以各种风险的客观存在为基础、以等价交换为基本原则、以订立的保险合同为依据，其外在形态是保险单的买卖，其内容则是特定风险损失的转嫁与利益保障。保险交易行为的特殊性决定了保险学的研究具有其他学科无法替代的特性。

在研究对象上，与保险学相对应的是社会保险学，它以研究社会风险为主。如养老保险、医疗保险、失业保险、工伤保险和生育保险等。但是，近年来保险学与社会保险学的相互交融越来越多。深入解决社会风险需要商业保险理论的支持，而保险学家也越来越多地介入对社会风险的分析，这使得这两个学术分支之间的界线变得模糊起来。

保险学在研究方法上注重多学科的综合研究。保险学研究的是复杂的保险行为，在实务中不仅需要遵循一般法律原则与经济规律，而且需要运用数理统计等各种技术手段。因此，保险学研究必须采取多学科综合研究的方法。换言之，保险学只有以经济学、管理学、法学、统计学乃至灾害学等为理论基础，并充分吸收这些学科的最新研究成果，才能获得不断发展。

保险学研究方法的另一个特点是理论与实践相结合，以应用为主。保险学是一门学问，必然注重理论的分析、论证与思辨。确

* 本文仅限于对商业保险进行分析。

立正确的保险理念、构筑科学的保险学理论体系或框架、对保险的发展进行规律概括与理论提炼，是保险学研究的重要任务。然而，保险学又毕竟是处于应用层次的学科，其主要目的是为保险发展和实践服务。保险学应当坚持理论与实践紧密结合并以应用为主的研究方法，力求研究成果能够解决保险业发展实践中的具体问题。

保险学既研究实证问题，也研究规范问题。实证分析涉及对保险现象的认识、解释和预测，而规范分析则注重探讨保险现象的价值含义，以及社会在保险问题上的应取态度，即回答保险应该如何发展。以保险效率研究为例，实证分析关心保险效率状况、影响保险效率的因素，以及这些因素如何影响保险效率或这些因素的具体效应；而规范分析则注重探讨政府和企业是否应该关注保险效率，应该如何提高保险效率，提高效率的最佳方法是什么，等等。

二　改革开放30年来中国保险学发展、演进的概况

改革开放是决定当代中国命运的关键抉择，是当代中国的主旋律，是发展中国特色社会主义的强大动力。伴随改革开放30年的伟大历史进程，中国保险业已经跃上新的历史起点，成为全球最具活力的新兴市场。

同时，保险业也一直高度重视理论研究工作。30年来，特别是党的十六大召开以来，保险理论研究坚持以邓小平理论和“三个代表”重要思想为指导，全面落实科学发展观，立足于服务保险业改革发展大局，着力推进保险业理论创新、着力用创新的理论指导保险业改革发展的实践、着力借鉴世界保险业发展的有益经验为我所用，努力建设中国特色保险理论体系，在又好又快、做大做强保险业的实践中发挥了积极作用，取得了一系列理论成果。

（一）提出了发展阶段理论

明确指出保险业正处在发展的初级阶段，根本矛盾是保险业发展水平与国民经济、社会发展和人民生活的需求不相适应，使又好又快、做大做强保险业逐步成为全行业的共识，为全行业凝聚力量，共谋发展创造了有利条件（吴定富，2007）。

我国保险业发展从总体上看仍处于发展的初级阶段，主要表现在五个方面：一是规模小，在国民经济中的比重低。目前，我国保险公司的总资产仅相当于发达国家一家较大保险公司的规模。在我国金融总资产中，保险业总资产仅占5%左右，远远落后于银行业。二是粗放经营。展业主要凭关系，竞争主要靠价格，经营成本居高不下。三是服务质量不高。保险公司理赔服务意识不强、重业务拓展、轻售后服务。诚信经营、依法经营、规范经营不够。四是保险作用发挥不充分。发达国家保险业在防灾减损、保障人民安全和维护国家稳定方面发挥着举足轻重的作用，而在我国应对巨灾则主要依靠财政支持、优惠政策和社会救助，保险只起到补充作用。五是竞争力不强。中资保险公司与外资保险公司相比，管理体制僵化、经营机制不活、产品科技含量低、服务创新水平差。

（二）创新了保险功能理论

提出了保险不仅具有经济补偿功能，还具有资金融通功能和社会管理功能（吴定

富，2004），为保险业拓宽服务领域，在社会主义和谐社会建设中发挥更大的作用奠定了理论基础。从本质上讲，保险的社会管理功能主要是通过促进社会资源的配置效率来推动经济发展。具体分析来看，保险的社会管理功能主要是指在国民经济的运行中，保险业参与经济建设和社会生活的各个领域，通过发挥经济补偿和资金融通功能促进社会资源的合理分配，起着“稳定器”和“助推器”的双重作用，为国民经济健康运行提供可靠的制度支持。

（三）完善了保险监管理论

改革开放以来，在保险业快速增长的任何时期，始终把保护被保险人利益作为保险监管的根本出发点和落脚点。按照现代保险监管的要求，更新监管理念，改进监管手段、强化监管执行力，提高保险监管的效率和水平。始终把防范风险作为保险业的生命线，促进保险业持续健康安全发展。通过完善监管促发展，一是在市场行为监管的基础上，完善偿付能力监管，引入公司治理结构监管，初步构建了三支柱的现代保险监管体制。二是以公司治理和内控为基础、以偿付能力监管为核心、以现场检查为重要手段、以资金运用监管为关键环节、以保险保障基金为屏障，构筑了防范风险的五道防线，基本形成了防范化解风险的机制。三是在发挥监管机构主导作用的基础上，调动保险公司、行业协会和社会公众的积极性，形成政府监管、企业内控、行业自律和社会监督“四位一体”的风险防范体系。

（四）探索了保险业科学发展理论

深入理解、准确把握科学发展观的基本内涵和精神实质，牢固树立保险业科学发展观，对保险业为什么要发展和怎样发展等一系列问题做出了科学回答。

以人为本是保险业科学发展观的核心和本质，是保险工作的出发点和归宿。保险业发展要着力于保障人的生存需要。人类生存的最基本需要是安全需要。人们在生产生活中面临的各种难以预料的风险，都可能对个人、家庭和社会造成损失，对人的生存安全构成威胁。保险是人类防范和应对各种风险的经济制度安排。通过发挥保险的经济补偿功能，人们将个体面临的风险由群体来分担，使个人风险得以转移、分散，在各种灾害、意外事故或疾病等风险发生后，能够尽快恢复正常的生产生活秩序，从而在很大程度上解决生存安全的后顾之忧。

（五）建立了保险业发展 促进和谐社会建设理论

社会主义和谐社会，应该是民主法治、公平正义、诚信友爱、充满活力、安定有序、人与自然和谐相处的社会。而保险业的发展与和谐社会建设相辅相成、密不可分。

第一，保险业发展与社会稳定相互促进。一方面，社会稳定促进保险业发展。保险业的发展离不开稳定的社会环境。保险人才的培养、保险产品的开发与推广都需要稳定的社会环境，保险公司与客户和其他金 融单位的合作也需要在稳定的社会环境下进行。另一方面，保险业的发展促进社会稳定。第一，保险业与政府共同承担社会保障职能。随着我国社会保障体制改革的不断深入，越来越多的人正在实现由“单位人”向“社会人”的转变，更多的个人、家庭和企业开始把商业保险作为解决养老、医疗等问题的有效手段。我国已经步入老龄化社会，社会养老的压力越来越大。由于我国社会保障体系不完善，国家也没有更多资金投入，通过大力发展商业性养老、医疗保险，可以有效缓解政府压力，提高社会保障水平，增进人民福利。从当前我国社会养老保险的实际情况来看，保险公司要着重发挥精算、资产运用、缴费管理、养老金支付等方面的专长，在补充养老保险尤其是企业年金领域切实发挥优势，承担起重要作用。第二，保险业有助于构建国家公共事务应急体系。防灾防损、控制和避免风险，是商业保险的重要职能。现代社会中，各种巨灾风险和突发事件往往随机发生，因此必须启动应急体系加以应对。现代商业保险通过设立新型险种、综合运用再保险等方式，有助于有效地化解巨灾带来的消极后果。第三，保险业有助于缓解社会矛盾。经济和社会的运转有时会出现不和谐的因素，因此，有必要充分发挥商业保险的社会管理功能，消除或减轻矛盾，以建立良好的社会秩序。如果建立起完备的责任保险体系，被保险人一旦出现责任事故，可以很快通过保险公司解决，不必作无谓的纠缠，有利于提高经济和社会运转的效率。第四，保险业有助于引导公众遵循社会规则。保险业的发展有助于培养人们的保险意识、诚信意识、法制意识和互助的意识，营造全社会友爱和睦的氛围。

第二，保险业发展与经济发展相互促进。首先，经济发展促进保险业的发展。许多研究成果表明，保险业的发展水平与经济发展水平呈正相关关系。经济发展水平越高，人民生活质量越高，人们预防风险和管理风险的意识越强；经济发展水平越高，保险公司管理风险的能力就越强。其次，保险业的发展促进经济发展，这主要体现在保障经济稳定运行、提供资金支持、促进出口和消费、为“三农”服务等方面。

三　2010年保险学的理论前沿和重大热点问题

（一）保险监管问题研究

总体而言，近几年来这方面的研究文献有如下几个重点：第一，金融危机与保险监管；第二，新保险法的实施与保险监管；第三，保险市场结构变化与保险监管；第四，国际保险监管的趋势与保险监管创新。

许闲（2010）研究了德国保险监管体系及其金融危机应对经验，认为，为了防范和化解金融危机及其带来的影响，应该进一步加强保险公司风险管理，强化危机处理机制，深化国际机构交流合作。

冷煜（2009）分析了美国次贷危机，以及全球金融一体化监管最新演进趋势。他认为，研究危机更重要的是关注风险的积累过程；前瞻性地考虑整合各金融监管机构，建立金融一体化监管组织模式；将行业发展和监管职责分离；要加强对保险市场和保险业务的监管力度。

罗胜、赵崇博（2010）通过对发达国家金融机构薪酬制度改革的进展情况进行研究后发现，金融机构高管不合理的薪酬体制被认为是金融危机发生的重要诱因之一。据此，应该从完善公司治理建设、对公司薪酬管理实施合理有效监督、建立保险公司薪酬信息披露制度等方面来完善我国保险业薪酬监管。

刘涛、李成（2010）分析了我国新《保险法》（2009）在偿付能力监管、监管透明度、对行业自律等方面的改进，以及《保险法》对保险监管机构不断改进监管手段、完善监管制度、提高执法能力、有效维护保险市场秩序、防范化解保险风险、切实保护被保险人利益等具有的意义。

徐徐（2010）认为，《保险法》修订是一次全面性修改，是从源头上防范化解风险和监管创新的重要举措。从公司治理角度加强对保险公司的法律规范和监管是此次修订的一大重点，这些变化势必对我国保险公司治理结构的改进与完善带来深远影响。

袁成（2010）考察了中国保险市场发展30年间，保险市场结构变迁，政府监管政策也随之调整的过程。认为在这个过程中，保险市场结构与政府监管政策在相互匹配上总是一个“均衡—非均衡—均衡”不断循环的过程，其错配的根源主要有政府监管政策供给存在偏好以及中国保险监督管理委员会定位模糊等。

陈月（2009）首次从中国财险产业组织的视角对保险监管模式变革的政策效应进行实证分析。结果显示，市场结构与竞争行为呈负相关与经营绩效呈正相关、竞争行为与经营绩效呈负相关；监管模式的变革与市场结构、竞争行为和经营绩效均表现为正相关，而中资公司则表现为负相关。

姜波（2010）总结了国际保险监管改革呈现的趋势：全球保险监管规则趋于统一、宏观与微观审慎监管并举、逆周期监管和保险创新监管得到加强。

曾文革、温融（2010）研究了后金融危机时代保险偿付能力监管模式的创新与发展，指出，后金融危机时代的保险偿付能力监管模式，必然要求树立偿付能力“大安全、大监管”观，创设双核心偿付能力影响评估报告制度，打造多层次偿付能力合力监管结构和建立保险偿付能力培训教育制度。

（二）保险市场效率研究

保险业作为金融业的重要组成部分，其社会管理功能和金融功能日益突出。在国内外，效率已成为判断保险业、保险市场发展水平和保险机构绩效与竞争能力的重要指标，对效率的理论研究日益深入。

1. 保险业的市场结构与效率之间的关系依然是研究者关注的重点问题之一

蔡华（2009）运用Berger和Hannan（1993）模型对中国产险市场结构、效率与绩效关系实证检验得出，中国的产险市场力量假说和效率结构假说都不存在。但大企业存在一定程度的“安逸生活”特征。随着中国产险市场化的改革，产险市场将逐步从市场力量假说向效率结构假说转化。

黄薇（2009）通过构建多阶段数据包络分析模型，测算了中国保险业考虑风险因素后的效率水平。研究发现，股份制保险机构较国有保险机构的效率优势不再明显，而外资保险机构对中资机构的效率优势却逐渐被拉大。

2. 经营效率仍然是研究热点

王家庭、赵亮（2010）运用Fried等（2002）所提出的DEA三阶段分析方法，集中对我国财产保险业的经营效率进行测度实证。研究表明，我国财险公司多数处于规模报酬递增状态，需要适度扩大规模来提升规模效率。

解强、李秀芳（2009）的研究表明，亚洲金控模式的效率最高，欧洲全能模式次之，美国金控模式的效率最低，而亚洲金控模式能够显著增强保险集团经营效率。根据国际保险集团企业的发展经验，中国应当重点发展保险企业集团，积极推动保险集团的综合化经营以及中小银行参股保险公司的试点。

何浩、闫冰（2009）以某寿险公司8家大中城市分公司为样本，分别基于DEA和SFA两种方法对其总保费、标准保费和分渠道保费产出效率进行了估算。结果表明，该公司大中城市分公司的经营效率不容乐观，资金推动业务发展的特征比较明显，经营绩效仍待提高。

刘璐（2010）利用因子分析法，以2007年在我国境内开展业务的34家寿险公司作为样本，选择了17个指标构建截面数据体系，对样本公司的风险水平和经营绩效进行评价。结果表明，老牌中资寿险公司仍然是中国人寿险市场的主导；外资寿险公司逐步加大规模扩张，资产管理能力不容轻视。

3. 关于保险资金运用效率和投资效率的研究

黄薇（2009）采用中国保险机构1999—2006年共246个样本数据，通过建立资源型两阶段DEA的效率评估模型，测算了保险机构资金运用过程的两阶段效率水平和变化轨迹。研究发现，中国保险业无论是资金筹集阶段和资金收益阶段的子效率，还是资金运用全过程的整体效率都不高。

周中（2009）通过数据包络分析方法对保险公司的效率进行详细的评价。研究发现，我国保险资金运用效率相对较低，保险行业存在规模上盲目扩大、规模效率偏低的问题。我国寿险公司的资金运用平均效率要高于财产保险公司；中资保险公司和纯外资公司的投资效率要高于合资保险公司。

4. 其他关于保险市场效率的研究

赵桂芹（2009）引入数据包络分析的超效率模型分析23家寿险公司效率状况，并分别采用截断Tobit回归模型和对称截断最小二乘模型寻找影响我国寿险公司效率的环境因素。研究表明，成立年数和市场份额对寿险公司效率的影响相对显著，而公司规模和所有权形式对寿险公司效率的影响并不显著。

周延、王晓霞（2010）认为，中国产险公司人力资本对技术效率的影响存在“双门限效应”，处于低人力资本水平的公司通过适当的人力资本投入跨过人力资本水平的“门限”即可以获得更大的技术效率提升。

（三）保险发展与经济社会发展

保险发展与经济社会发展长期受到保险与经济研究者的关注。在2009年，这方面出现了一些新的成果。

赵尚梅、李勇、庞玉锋（2009）依据金融发展与经济增长关系理论，运用两部门模型，揭示了保险业发展对经济增长贡献的传导机制，证明了保险业发展不仅对经济增长作出贡献，而且对非保险部门还存在溢出效应。

胡宏兵、郭金龙（2010）采用适用于小样本的Bootstrap仿真方法，实证检验保险发展与经济增长之间的因果关系。研究发现，基于全样本（1980—2008）的协整分析，表明两者不存在长期关系，但仿真检验显示经济增长单方面促进保险发展的假说成立；而且，基于子样本数据（1992—2008）的仿真检验表明，保险发展与经济增长具有双向因果关系。

庞楷（2009）选用1994—2007年国内的14组数据来建立我国的经济增长模型，发现在控制了教育、贸易出口、财政支出和投资增长率等变量后，财产保险深度对经济增长具有显著的正面影响，而人身保险深度的影响却不显著。

陆泰百（2009）运用灰色关联分析法对中国保险业与经济增长关系进行了实证分析。从全国范围来看，保险业发展与经济增长之间具有密切关系。从三大地区来看，保险业发展与经济增长之间既存在密切相关，又有明显地区差异。

张宁、王笃田（2009）着重研究了经济危机下保险业社会责任。作者认为，我国保险企业要着重从内部经营、保护员工利益、创新产品和服务、完善社会保障体系、关注民生等几个方面着力提高履行社会责任的能力与水平，为金融环境的改善及经济的平稳运行作出贡献。

（四）巨灾保险发展研究

2008 年以来，我国重大自然灾害的发生更为频繁，危害更大，要求保险业履行社会责任的呼声愈加高涨。适应时势，巨灾保险理论研究成果大量涌现，学者们就“中国建立巨灾保险的条件与时机”、“巨灾保险立法”、“巨灾保险的发展模式”、“巨灾保险建立的具体策略”等紧贴中国现实的领域进行了深入研究。

冼青华（2010）梳理了我国保险立法的演进过程，评析政府和学术界所作的理论研究和改进，提出我国巨灾保险立法时机已成熟，未来的巨灾保险立法体系应有专门的巨灾保险法律，辅之以多项巨灾保险法规。巨灾保险立法应体现巨灾保险的强制性。

曾文革、张琳（2009）通过考察世界各国巨灾保险立法模式及发达国家成功经验，认为我国巨灾保险立法模式比较可行的选择是采用专项型立法模式，首先针对地震风险制定《地震保险法》，在此基础上逐步建立针对其他灾种的巨灾保险法律制度。

赵苑达（2009）重点分析了不同类型巨灾保险制度模式的优劣及其对我国的适用性，认为我国巨灾保险制度的构造应当以日本的国家地震保险制度模式为主要借鉴对象，取长补短。在此基础上，从风险承担主体、责任限额及其划分、风险分散和巨灾防损等方面勾勒出我国居民家庭财产巨灾保险制度的基本架构。

周延礼（2009）指出，建立巨灾保险，要考虑、建立巨灾保险基金；构建巨灾风险分担机制；开发新型巨灾险种；实施差异性费率；完善赔付体系等环节。

李大垒、仲伟周（2009）提出，适合我国的农业巨灾保险发展模式是政府和市场共同参与型模式，我国应该开展政策性农业巨灾保险。

李冲、朱平安、王慧彦（2010）借鉴美、日等国家巨灾保险经验，提出了发展我国巨灾保险的几点思考。指出要建立有政府参与的巨灾保险和再保险制度，形成巨灾保险基金；培育巨灾保险风险转移机制，等等。

（五）农业保险

农业保险问题一直是保险学理论研究和政策研究领域关注的热点问题，国内外学者对此做了大量研究。相关学者主要研究了农业保险的立法模式、政策属性、财政补贴、农业保险需求和供给等领域。

在农业保险立法方面，张长利（2009）总结了国外 4 种政策性农业保险立法模式，即政府主办下的国有化模式、政府扶持下的商业化模式、政府支持下的国有化—商业化混合模式及政府支持下的互助合作化模式，并探讨了中国政策性农业保险立法模式的选择及主要框架内容。

李长健、屈怡、廉靖（2009）提出了完善农业保险立法，完善农业保险监管，推进农村社区建设，发展区域性政策农业保险等相关建议。

在农业保险财政补贴方面，王凯、段胜（2009）分析了影响农业保险发展的因素，并运用计量工具对影响我国农业保险发展的因素

进行了实证分析，得出政府的财政补偿性支出是决定我国农业保险发展的最显著因素。

在农业保险需求与供给方面，秀英（2009）分析了使我国农业保险发展陷入困境的“有效需求不足”和“供给短缺”等供需问题，探讨了我国农业保险经营和发展中面临的供需问题背后的根源，进而提出了发展我国农业保险的对策，即积极优化发展农业保险的外部环境、制定我国农业保险经营管理战略等。

黄正军（2009）探讨了农业风险的规避与农业保险运行机制问题，认为营造农业保险发展的制度环境、合理定位农业保险的政策性、创建农业保险的多元化组织体系等均是构建中国农业保险制度的重要举措。

（六）保险业务结构

2009年，保监会通过政策引导和市场调控，积极推动行业进行保险业务结构的调整。为此还发布了《关于加快业务结构调整进一步发挥保险保障功能的指导意见》，引导行业大力发展风险保障型和长期储蓄型业务。自然而然地，保险业务结构调整也受到了理论界的高度关注。

裴光、林琳、段家喜、李瑞（2009）探讨了寿险业结构调整的定位、战略等问题后指出，为加快推进寿险业结构调整，应树立科学的结构调整理念，明确监管部门、保险公司在结构调整中的定位；系统谋划寿险业结构调整战略，研究行业充分发挥核心功能的有效途径与规律；研究建立科学的寿险业发展评价指标体系，提高对行业保障能力发挥情况的理性认识；严格产品审批备案管理，加快推行保障型产品的费率改革。

蔡超（2009）基于产业组织理论的研究结果表明，保险业寡头竞争的市场结构并没有实现社会福利最大化，政府应对低、高价保险采取不同的政策，以谋求最优产出配置。

寇业富、李晓林（2009）利用模糊数学中的相似分析和聚类分析工具对寿险公司的业务结构进行研究。其目的是通过对公司的不同类型和结构的保单进行比较和分类，从而对公司的业务状况有一个比较准确的把握和了解，并对以后新产品的推出起到较好的参考作用。研究表明，用相似分析和聚类分析工具对寿险公司的业务结构进行分析，排除了综合评定方法“权重”选择的主观性，最大限度保证了结果的客观性与科学性，可以减弱市场预期对房地产价格的影响效应。

四　中国保险学研究今后发展方向评析

保险理论研究应该全面发展，在金融保险理论体系中占据重要地位，但鉴于目前保险理论研究的基础还比较薄弱，根据指导保险实践的紧迫任务，保险理论研究应该在以下几个方面作出重点努力。

1. 保险业与经济社会发展的关系

从世界范围来看，保险与经济社会发展的关系都是理论研究的薄弱环节。在中国这种行政力量在经济社会生活中占据重要地位的转轨型国家，研究保险业与经济社会发展的关系就显得尤为重要。

2. 保险可持续发展理论

保险可持续发展包括其系统内部的发展能力和外部发展能力的制约和影响两个方面。前者是指由保险发展系统的结构与功能所决定的保险发展能力；后者是指保险发展系统外部的环境资源对保险可持续发展能力。我国保险业长期以来偏重粗放型增长方式，弊端渐显。如何在知识经济时代，从宏观、中观、微观各个层面展开对保险可持续发展的研究将是保险业亟待突破的理论热点。

3. 保险监管理论

如何从分业监管向混业监管过渡，解决分业监管体制的低效率问题；如何将保险监管重点从市场行为监管转移到保险公司偿付能力监管上来；如何从单纯的安全性目标向兼顾安全和效率的监管目标迈进；如何在机构型监管模式的基础上探索功能性监管模式，这不论对西方成熟市场经济国家，还是发展中国家来说，都是一个值得研究并亟待突破的问题。

4. 商业保险和社会保险相结合的问题

社会保险应当以社会公平原则保障社会基本生活水平；商业保险应该在个体公平的基础上，体现风险转移和风险承担的对等。二者的互补与结合应该从社会保障制度的多层次视角来进行审视。社会保险与商业保险的界定，以及二者在构筑社会保障体系中的关系，是未来保险理论研究值得关注和期待的内容之一。

5. 保险业发展的政策支持理论

政策支持理论是保险业发展的重要理论之一。西方国家研究者结合制度经济学，运用实证方法，对国家政策支持的必要性、作用、具体方式进行了深入研究，为政府对保险业进行政策支持提供了理论支持，并在实践中得到了应用。从目前我国保险业发展现状看，在养老保险、健康保险、责任保险等许多方面都需要国家给予相应的政策支持。就保险政策支持的相关理论进行研究会是未来研究的热点和可能取得突破的地方。

参考文献与学科年度重要文献

吴定富：《繁荣保险理论研究促进保险事业发展》，《保险研究》2007 年第 4 期。

吴定富：《发挥保险的社会管理功能、不断完善社会主义市场经济体制》，《中国金融》2004 年第 4 期。

许闲：《金融危机下德国保险监管的应对与借鉴》，《中国金融》2010 年第 1 期。

冷煜：《金融危机启示：金融一体化监管趋势下的保险监管》，《保险研究》2009 年第 4 期。

罗胜、赵崇博：《金融危机后国际金融机构薪酬制度改革的进展及对我国保险监管的启示》，《中国保险报》2010 年 6 月 29 日。

刘涛、李成：《新〈保险法〉对我国保险监管的完善》，《中国管理信息化》2010 年 3 月。

徐徐：《新〈保险法〉对我国保险公司治理监管的影响》，《商业时代》2010 年第 2 期。

袁成：《中国保险市场结构与政府监管的动态均衡研究》，《经济问题》2010 年第 1 期。

陈月：《保险监管模式变革的政策效应——基于中国财险产业组织的视角》，《经济问题探索》2009 年第 9 期。

姜波：《国际保险监管发展趋势与启示》，《中国金融》2010 年第 1 期。

曾文革、温融：《后金融危机时代保险偿付能力监管模式的创新与发展》，《保险研究》2010 年第 2 期。

蔡华：《中国财产保险市场结构、效率与绩效关系检验》，《广东金融学院学报》2009 年第 5 期。

黄薇：《中国保险业效率的实证研究：考虑风险因素的影响》，《中国经济科学》2009 年第 5 期。

王家庭、赵亮：《我国财产保险业的经营效率测度及提升的实证研究》，《数量经济与技术经济研究》2010 年第 3 期。

解强、李秀芳：《保险集团经营效率的比较及其影响因素分析——来自欧、美、日和中国台湾的经验》，《江西财经大学学报》2009 年第 5 期。

何浩、闫冰：《基于 DEA 和 SFA 方法的寿险公司经营效率研究》，《上海金融》2009 年第 7 期。

刘璐：《基于因子分析的中国寿险公司经营效率综合评价》，《数学的实践与认识》2010年第8期。

黄薇：《中国保险机构资金运用效率研究：基于资源型两阶段DEA模型》，《经济研究》2009年第8期。

周中：《我国保险业投资效率研究》，复旦大学硕士论文，2009年。

赵桂芹：《我国寿险公司效率评价及其影响因素分析——基于修正的两阶段数据包络分析方法》，《保险研究》2009年第10期。

周延、王晓霞：《人力资本对技术效率影响的门限效应研究——以财产保险公司为例》，《经济经纬》2010年第1期。

赵尚梅、李勇、庞玉锋：《保险业对经济增长贡献的理论模型与实证检验》，《保险研究》2009年第1期。

胡宏兵、郭金龙：《中国保险发展与经济增长关系检验——基于Bootstrap仿真方法的实证分析》，《宏观经济研究》2010年第2期。

庞楷：《保险业对经济增长影响的实证分析——基于修正的Solow模型》，《保险研究》2009年第7期。

陆泰百：《中国保险业发展与经济增长关系的灰色关联分析》，《区域金融研究》2009年第1期。

张宁、工笃田：《经济危机下保险业社会责任研究》，《福建商业高等专科学院学报》2009年第4期。

冼青华：《论我国巨灾保险立法的历程、现状与改进》，《重庆理工大学学报》2010年第2期。

曾文革、张琳：《我国巨灾保险立法模式探讨》，《西华大学学报》2009年第8期。

赵苑达：《巨灾保险制度模式分析与我国巨灾保险制度的架构》，《财贸经济》2009年第9期。

周延礼：《构建中国巨灾保险制度的若干思考》，《中国金融》2009年第18期。

李大垒、仲伟周：《我国农业巨灾保险的模式选择及政策建议》，《社会科学家》2009年第5期。

李冲、朱平安、王慧彦：《我国建立巨灾保险制度探析》，《自然灾害学报》2010年第4期。

张长利：《政策性农业保险立法模式与立法框架研究》，《安徽农业科学》2009年第20期。

李长健、屈怡、廉靖：《我国政策性农业保险法律制度研究》，《中州学刊》2009年第1期。

王凯、段胜：《影响我国农业保险发展的多因素实证分析》，《保险研究》2009年第4期。

秀英：《国农业保险面临的供给和需求问题及对策分析》，《内蒙古师范大学学报》2009年第2期。

黄正军：《农业风险的规避与农业保险运行机制问题》，《沈阳农业大学学报》2009年第5期。

裴光、林琳、段家喜、李瑞：《新形势下寿险业的结构调整——从寿险稽查、举报投诉处理看结构调整》，《保险研究》2009年第8期。

蔡超：《我国保险市场结构的福利分析》，《企业发展研究》2009年第1期。

寇业富、李晓林：《寿险公司业务结构的相似性分析及其聚类研究》，《中央财经大学学报》2009年第2期。

（郭金龙　胡宏兵）

投资经济学

一　学科概述

投资是指将现阶段的收入转换为资本或其他形式的资产，以期望在未来获得具有不确定性的更大收益的行为。按照不同的标准，投资可以分成以下几种：按照投资对象的不同，分为实物投资与金融投资；按照资金筹集与运用的形式的不同，分为直接投资与间接投资；按照投资主体性质的不同，分为政府投资、企业投资与个人投资；按照资本形成性质的不同，分为竞争性投资、基础性投资与公益性投资。

狭义的投资经济学仅仅以金融投资作为研究对象，而广义的投资经济学还包括实物投资。实物投资和金融投资从本质上来说具有相同的属性，都是为了获得未来不确定性的收益将一定的收入转化为其他形式的资本。随着经济的不断发展，两者相互影响制约，在一定条件下可以相互转化。在投资经济学理论的发展过程中，我们也看到实物投资理论和金融投资理论开始越来越多地发生融合与交叉、互相促进。只有将两者结合在一起研究，才能为经济主体的投资行为作出科学的理论解释与现实指导。

投资经济学的核心研究问题是投资决策，即如何合理地进行投资规划来配置资源，在一定的风险下最大化投资收益。投资经济学的主要研究方法包括：（1）定量分析与定性分析相结合。在研究投资决策与投资行为时，不仅要大量地使用模型分析、变量分析与统计分析这些定量方法来为投资主体寻找最优的投资决策，更要注重定性分析，寻找投资行为的本质规律，为已有的数量模型寻找深刻合理的逻辑内涵与经济解释。（2）微观分析与宏观分析相结合。即投资决策与行为既包括微观层面的个人与组织投资，也包括宏观层面的社会与国家投资。微观投资主要研究在各种经济因素的制约下，微观主体如何控制风险与增加收益；而宏观投资不仅要研究经济因素对自身投资行为与决策的影响，同时还要研究投资本身对总体经济与市场的反作用。（3）实证分析与规范分析相结合。投资分析的一个根本目的是为了解释与预测，即解释与投资相关的各种变量之间的关系，并最终通过理论与模型的构建来预测各种投资决策的效果。这些都是实证分析的范畴。但另一方面，在追求最佳投资决策的过程中，尤其在宏观层面，经常会涉及价值判断，此时规范分析的使用就变得尤为重要。

投资经济学作为一门应用经济学科，是现代经济学理论的重要组成部分。以投资这一特殊的经济行为作为研究对象，投资经济学既有高度的理论抽象性，又有很强的现实运用性。作为一门前沿交叉性学科，投资经济学的研究同时涉及了微观经济学、宏观经济学、金融学、信息经济学等领域，它的发展与这些学科相互联系，相互促进。

二 改革开放30年来中国投资经济学的演进与发展概况

改革开放的30年也是中国经济学发展经历根本性变化的30年。随着改革开放，我国的经济体制开始从“苏联模式”的计划经济向市场经济转变。在建立社会主义市场经济的过程中，伴随着我国经济的腾飞，投资活动经历了相当大的变化与发展：投资活动的主体从单一的政府向个人、企业与政府的多元转化；市场取代了计划指令，变成调节投资活动的主要机制；资本市场从无到有，并不断发展成熟，同时投资活动日益全球化以及投资体制不断完善等。与此同时，我国投资经济学的理论研究开始逐步摆脱计划模式的束缚，积极引入西方先进的投资理论，与中国具体的投资实践经验相结合，其发展具体可以分为三个阶段：

（一）投资体制转变与投资多元化阶段（1978—1989年）

新中国建立后直至改革开放前，中国受“苏联模式”影响，在计划经济中并不存在投资这一说法，而是代之以“基本建设”。在计划体制下，投资活动表现为高度集中的国家直接投资。投资理论的研究着重探索和总结直接投资的经验教训以及固定资产投资建设的问题。1978年开始的改革开放，确定了发展多种经济成分，改革国有企业，发展商品经济的基本思路。国有企业有了一定的自主管理权，同时国家将预算内拨款改为贷款。这一阶段，我国投资理论研究一方面在宏观层面关注投资效率（吴法绪，1984）、投资规模（王永银，1983）与投资结构的优化（贝多广，1986），另一方面也开始从微观层面，即从企业的角度来研究投资问题（龙明，1989）。

（二）投资市场化阶段（1990—1999年）

经过改革开放十几年来的努力，市场机制开始发挥重要调节作用，投资活动的市场化特征开始显现。20世纪90年代初上海证券交易所和深圳证券交易所的先后成立，更是标志着我国证券市场正式建立。这一阶段投资经济学的研究，从宏观层面来看，通过吸收西方宏观经济学的研究成果，结合中国的经济发展实践，主要是对投资与经济增长、通货膨胀以及经济波动之间的关系开展理论与实证研究（阿思奇，1992；中国社会科学院经济研究所宏观课题组，1999；武剑，1999），进而为我国的财政货币政策提供理论支持。此外，由于国外投资的大规模进入，对外商直接投资规模及其对中国经济增长影响的研究也取得了初步的成果（房汉廷，1996；郑京平等，1998；张帆、郑京平，1999）。从微观层面来看，企业投资理论的发展与国有企业改革的研究相结合，从经济体制改革的角度来研究企业的投资行为，具体包括：主体错位（张维迎，1996）、产权与预算约束（洪银兴、袁国良，1997）、委托代理与道德风险（张春霖，1995）、国有资产管理（范必，1996）等。而金融投资理论方面则主要围绕证券市场展开，分别探讨了证券市场发展战略（李茂生，1995）、股票市场风险性（施东晖，1996）、证券市场有效性（俞乔，1994）以及证券市场与国有企业改革的关系（董辅礽，1999）等问题。

（三）投资国际化阶段（2001年至今）

在这一阶段中，中国正式成为世贸组织成员，这标志着我国的对外开放进入了一个新阶段。与此同时，政府明确指出大力发展资本市场对我国实现21世纪头20年国民经济翻两番的战略目标具有重要意义。投资经济学的研究在这一阶段异常活跃，研究内容更加广泛，研究方法更加多样化，具体表现在：（1）宏观投资理论研究方面。学者开始探讨中国高投资高成本的经济增长模式，关注投资的效率与经济增长的质量（沈坤荣、孙文杰，2004；经济增长前沿课题组，2005）。同时外国直接投资的研究依然是热点之一，不过研究的重心开始偏向于外国直接投资对中国区域经济（魏后凯，2002）、技术扩散（沈坤荣、耿强，2001）、产业与市场结构的影响（江小涓，2002；卢荻，2003）。（2）企业投资理论方面。从上市公司的角度来研究企业并购的绩效（冯根福、吴林江，2001；李善民、陈玉罡，2002）成为一个研究重点。此外，企业的R&D投资的模式、机理以及对企业效率的影响（姚洋、章奇，2001；安同良等，2006）也是一个研究热点。同时，风险投资的兴起及其对高科技中小企业的孵化作用，也吸引了众多的研究者（徐宪平，2001；吕炜，2002）。（3）金融投资理论方面，大量研究开始关注证券市场的微观基础，即投资者的行为特征与绩效（沈维涛、黄兴孪，2001；李心丹等，2002；赵涛、郑祖玄，2002）、交易机制对证券市场的影响（陈保华，2001；王聪、段西军，2002）、中国证券市场的某些特殊效应与现象的理论与实证解释（何诚颖，2001；汪炜、周宇，2002）、中国股市是否存在泡沫以及泡沫的形成机制（潘国陵，2000；戴园晨，2001）以及股权分置对股票市场的影响（刘煜辉、熊鹏，2005；吴晓求，2006）等。

回顾改革开放30年来中国投资经济学的发展，我们可以看到，中国经济的高速发展一方面对投资理论的发展有着迫切的需要，另一方面也为该领域的研究提供了丰富的数据与素材，从而极大地促进了投资经济学的发展。从研究方法来看，中国投资经济学的研究高度注重实证分析与理论研究相结合。通过对西方投资理论的前沿成果的借鉴，联系我国的投资实践，同时大量运用计量经济学的分析技术，使国内投资经济学的研究水平迅速地向国际水平接近，并受到国际学术界的重视。

三 2009年投资经济学的理论前沿和重大热点问题

2008年的全球经济危机，使政府开始进一步审视过去几十年来我国的经济政策以及在全球一体化中的定位。2009年中央经济工作会议明确提出，在保持投资适度增长的同时，优化投资结构，从而促进产业优化升级和战略性新兴产业发展。2009年中国投资经济学的研究正是围绕着改变经济增长方式、提优化产业结构、促进资本市场健康发展从而最终提高中国经济的全球竞争力这一主题展开。

（一）外商直接投资对中国竞争力的影响研究

改革开放以来，外商直接投资（FDI）

一直都是中国经济增长的重要推动力，这方面的研究也一直都是投资理论的研究热点。近年来外商直接投资出现了一些新的特点，该领域的研究也开始更加关注FDI对我国经济增长方式转变、社会福利以及国际竞争力的影响。

裴长洪（2009）对近年FDI的一些新的重要特征进行了分析并提出了相应的政策建议。文章指出，中国服务业吸收外商投资明显上升，外商经营的独资化倾向加强，跨国公司对华投资的技术水平正在提高，这就要求政府放宽外资并购政策，鼓励拥有先进技术的外资企业的并购。由于外资较多流向金融和房地产业，再加上自由港外资流入迅速增加，这就要求我们必须保持有竞争力的人民币汇率政策。

郭熙保、罗知（2009）通过中国省市1999—2006年的数据检验了外商直接投资的数量、外商直接投资特征与经济增长之间的关系。他们的研究结果显示，FDI的特征会直接影响其对中国经济增长的作用程度甚至方向。FDI的科技水平对经济增长的作用存在地区差异。同时只有外资技术含量达到一定临界值后，外资数量的增长才对经济增长有正向作用。

邢斐、张建华（2009）建立了一个累积创新框架下的动态博弈模型来探讨外商技术转移对东道国自主研发的影响。实证结果显示：FDI在短期对自主研发表现出显著促进与抑制作用，但长期影响不显著，同时FDI的技术溢出效应无论短期或长期效应均不显著。

文东伟等（2009）分析了FDI对中国产业结构变迁和出口竞争力的影响。他们指出，中国生产和出口的行业结构以及出口竞争力呈现出高度一致的变化趋势，即都由劳动密集型行业转向资本及技术密集型行业。进一步的经验研究发现，FDI推动了中国的产业结构升级，并显著提升了中国的出口竞争力。

刘星、赵红（2009）通过对我国2000—2006年31个省级单位的发明、实用新型和外观设计三种专利申请数据的分析发现，FDI对我国整体自主创新有促进作用，同时FDI对我国不同地区的自主创新能力的影响存在显著差异。

张宇（2009）从理论与实证方面分析了对民营经济的抑制与对外资部门的过度鼓励这两种制度约束，如何造成我国经济发展对外资依存度不断增加，他同时指出这种由制度约束所引发的外资依赖会对FDI的技术溢出效应产生不利影响。

陈琳、林珏（2009）从企业所有制的视角，考察了FDI对中国制造业企业的技术溢出的两种效应：竞争示范效应与人员流动效应。研究发现，FDI的竞争示范效应并不明显，而人员流动效应对于不同所有制结构的企业却存在着很大差异。其中FDI通过人员流动给国有、外商所有及合资企业都带来了正向而显著的溢出，而中国的私有和集体所有制企业并没有从中受益。

许和连等（2009）从劳动力市场角度考察了FDI通过影响劳动力供求以及支付高工资这两种途径对内资企业的工资溢出效应。实证结果显示，外资企业通过影响劳动力供求对内资企业的工资水平具有显著的正向影响，而外资企业通过支付高工资对内资企业存在明显的负向工资溢出效应。

刘林青等（2009）从全球价值链以及比较优势的角度指出，FDI对提升中国产业整体的国际竞争力的提升有重要作用，但对本土企业的带动作用并不明显，民族产业的国际竞争力严重不足。因此FDI的引进要注重对民族制造业的扶持作用。

（二）主权财富基金的问题研究

改革开放以来，我国积累了大量的财政盈余和高达万亿美元的外汇储备。如何在最小的风险下实现这些资产的保值和增值，尤其在全球金融危机的大背景下，自然成为一个研究的热点，而主权财富基金就是其中的一个研究方向。

谢平、陈超（2009）对主权财富基金进行了系统性的分析。他们首先界定了主权财富基金的三个关键要素，分析了主权财富基金的机构特征与规模估算。还分析了主权财富基金兴起的原因以及各国设立主权财富基金所希望达到的目标。

张世贤、徐雪（2009）针对我国主权财富基金投资亏损的现实，提出主权财富基金投资方向的选择是一个重要的战略问题。他们提出，现阶段从国家利益原则出发，主权财富基金投资的主要方向应该是对外直接投资。文章最后还对直接投资的可行性进行了动态博弈分析。

朱孟楠等（2009）分析了全球金融危机主权财富基金投资的影响。他们认为，金融危机为国家主权基金提供了一次重要的投资机会，中国的主权财富基金应当抓住这次机遇，在加强风险防范与管理的前提下，积极开展海外投资与并购。

（三）企业对外直接投资问题研究

伴随着我国经济的腾飞，我国本土一些成功企业也开始积极投入经济全球化的浪潮，大力开展“走出去”的战略，掀起了以并购为主要方式的中国企业对外直接投资的浪潮。这些企业的投资实践中，既有成功的经验，也有失败的教训。该方向的研究主要集中于分析企业对外直接投资的内在动因、投资策略分析以及其对企业竞争力提升的影响。

陈菲琼、虞旭丹（2009）研究了企业对外直接投资与其自主创新能力之间的反馈机制，提出了四种主要的反馈途径。在此框架下，作者对企业对外直接投资的典型案例进行了分析，并由此得出了企业对外直接投资的路径选择及相关建议。

吴先明、糜军（2009）选取 1990—2005 年的统计数据，就我国企业向发达国家的直接投资与自主创新能力之间的关系进行了实证研究。研究表明两者之间存在着稳定的正相关关系和因果关系，这说明我国企业对发达国家的直接投资有利于提高我国企业的自主创新能力，从实证上提供了企业海外投资活动的一个内在动因。

李泳（2009）通过企业层面数据实证研究了中国企业对外直接投资的产出增长效应和技术提升效应。他的研究发现，总体上企业海外投资与国内投资相比在产出增长和技术提升效应上没有差异，这意味着企业海外投资的效果还不尽如人意。对数据的进一步分析发现，企业对不发达国家的投资存在较高的短期成本，对发达国家的投资长期来看有着显著的产出增长效应，而技术提升效应在很短的时期就可以显现。

谢申祥等（2009）研究了我国对外直接投资和人力资本对我国全要素生产率变动的影响。动态回归模型的结果显示我国的对外直接投资对全要素生产率具有较小的正面作用，同时这种作用随着我国人力资本的提高而呈现减弱的趋势。认为，当前我国人力资本不断提高，为了获得更好的技术提升效应，我国应该适当调整对外直接投资战略。

何本芳、张祥（2009）从区位选择的角度对我国企业的对外直接投资进行了实证研究。作者从理论上提出了企业在进行对外直接投资时需要考虑的几个重要因素，并通过宏观数据对这些进行验证。分析结果显示，贸易、劳动成本、距离和国家类别等因素具有重要的影响。

（四）企业非效率投资问题研究

随着我国资本市场的不断完善，企业的融资渠道不断扩展，在这一过程中很多研究却发现在上市公司中非效率投资的现象非常普遍。同早期的研究侧重于解释企业过度投资的成因相比，2009 年该领域的研究一方面试图从新的角度切入来解释非效率投资的体制性原因，另一方面更多的是从实证的角度来研究债务、资本与所有权结构以及管理者特征等因素对非效率投资的影响。

江飞涛、曹建海（2009）提出，企业过度投资的根本原因在于体制扭曲下地方政府不当干预，通过成本外部化效应、投资补贴效应和风险外部化效应扭曲了企业的投资行为。认为，解决这一问题的核心关键在于推动金融财政体制以及土地产权等方面的改革，使市场机制在企业的投资决策中重新发挥主导作用。

黄乾富、沈红波（2009）研究了中国制造业上市公司的现金流非效率投资状况以及债务对过度投资的约束作用。研究发现：中国制造业上市公司的投资对于现金流高度敏感，过度投资和投资不足并存。债务比例与企业过度投资支出之间呈现显著的负相关关系，来源于商业信用的债务相对于银行借款对过度投资有较强的约束作用，债务期限的缩短对过度投资有着较好的遏制作用。

徐玉德、周玮（2009）研究了中国上市公司不同资本结构和所有权安排对投资收益和投资效率的影响。实证结果显示，上市公司财务杠杆水平对中央国有企业、地方国有企业以及非国有企业的投资收益与投资效率的影响差异显著。研究发现，财务杠杆水平较低的非国有企业和地方国有企业几乎不存在过度投资情况，而高杠杆水平企业的过度投资却非常严重。同时中央国有企业不受财务杠杆水平影响，投资效率十分低下，过度投资普遍存在。

徐晓东、张天西（2009）研究了我国资本市场上自由现金流与非效率投资之间的关系，以及代理和信息不对称问题对两者关系的影响。研究显示，随着企业自由现金流的增多与代理问题的恶化，会导致过度投资的情况更加严重。此外，随着企业融资缺口的加大以及信息不对称问题的加深，企业投资不足的问题也会随之变得更加严重。

姜付秀等（2009a）从行为金融学的角度对管理者过度自信与企业扩张之间的关系进行探讨。研究结果表明，管理者过度自信对我国企业的扩张存在着显著性影响：管理者过度自信和企业的总投资水平、内部扩张之间存在显著的正相关关系，同时该相关程度在企业拥有充裕的现金流时明显增大。研究同时发现，管理者过度自信与企业外部扩张之间的关系并不显著。

姜付秀等（2009b）研究了管理层和董事长的背景特征对企业过度投资的影响。研究结果表明：管理层的教育水平、管理层平均年龄与过度投资之间存在显著的相关性。董事长个人的背景特征对过度投资的影响主要表现在学历、年龄、教育背景、工作经历上。同时，管理者背景特征对企业过度投资的影响在国有企业和非国有企业之间存在差异性。

（五）机构投资者与证券市场效率的关系研究

从1998年证券投资基金公开发行上市以来，作为机构投资者的证券投资基金的规模也随着股市的跨越式发展不断壮大。机构投资者对中国证券市场以及上市公司的作用一直以来都是投资理论研究的热点。该领域之前的研究侧重于机构投资者对市场波动以及上市公司治理的影响，2009年，研究者开始更加关注机构投资者的引入对证券市场效率的影响。

叶建芳等（2009）考察了机构投资者持股对上市公司信息透明度的影响。研究结果证实了机构投资者的持股能够积极作用于上市公司信息透明度。

王亚平等（2009）运用中国股票市场的数据，研究了股价同步性与信息透明度之间的关系，以及机构投资者持股比例对这种关系的影响。研究结果发现，股价的同步性与公司信息透明度成正向关系，但是该正向关系随着机构投资者持股比例的提高而减弱，因此机构投资者的引入有助于提高中国股票市场的信息效率。

王磊、陈国进（2009）从行为金融和市场微观结构的复合视角实证检验了中国证券投资基金的交易行为对市场效率的影响。研究发现，投资基金的动量交易行为阻碍了市场效率，但投资基金在总体上发挥着提高价格发现能力的作用。

蔡庆丰、宋友勇（2009）运用面板数据模型，研究了基金持股在不同市场周期阶段对市场定价效率的影响。实证研究发现，以基金为代表的机构投资者并没有使市场变得更加理性，反而降低了市场的定价效率。

（六）创业板市场研究

2009年，我国创业板经过10年的漫长等待最终开市。创业板为创业投资退出提供了新的通道，对于鼓励创业和创新具有深远的意义。2009年对创业板的研究主要集中在市场特性、投资者特征以及监管建议等方面。

王旻等（2009）通过实证分析发现，香港股市主板市场与创业板市场在波动性与流动性方面存在单向溢出效应，创业板市场的推出并未加剧主板市场的波动性或显著分流主板市场的资金。与此同时，研究表明深圳主板市场波动性单向溢出到中小企业板，沪深主板与中小企业板市场在流动性方面存在双向溢出效应。

夏峰等（2009）从投资者整体情况、交易行为特征与创业板上市首日交易情况三方面对创业板市场进行了研究，得出了以下结论：大部分签约投资者具有两年以上投资经验，签约投资者以中小散户为主。中签的签约投资者倾向于在上市首日全部卖出所持有的新股，上市首日买入的投资者其市值规模在签约投资者中属于较高水平。

叶春和（2009）在总结分析海外主要创业板市场监管经验、教训的基础上，分析我国创业板市场面临的风险因素，并结合国内外监管实践，提出了相对应的监管对策。

四 中国投资经济学研究今后发展方向估计

中国投资经济研究的发展与中国的体制改革和经济发展密切相关，这方面的研究走向直接受中国在改革和开放中所遇到的投资经济问题的左右。

在相当长的一段时间内，投资都将是我国经济发展的重要推动力，因此投资结构优化、投资效率提高与经济增长方式转变之间的关系将依然是研究热点。这其中包括投资与产业结构升级的关系，中央投资与地方投资的博弈，民间投资的进入与政府投资退出等问题。此外，外商直接投资对我国经济各个层面的影响研究将进一步深入细化，包括产业升级、区域经济、技术扩散、人力资本，等等。

在企业投资理论方面的研究，将进一步借鉴微观经济学在企业制度和公司治理方面的研究成果，与公司金融研究相结合，多角度、多层次地研究企业投资行为。可能的研究热点包括企业治理结构对投资活动的影响、金融创新与企业投资决策与效果的关系、经济全球化对企业投资的影响，等等。

随着我国金融资本市场的不断成熟与发展，金融创新的不断涌现，金融投资理论在今后必将迎来爆炸式的发展。今后该领域的研究，一方面依然会集中于证券市场的风险分析、投资者特征与投资行为、研究市场波动以及证券市场与宏观经济的联系等方面。另一方面随着金融衍生品市场的逐步发展，对金融衍生品的研究也将成为一个重点研究领域。

最后，中国投资经济学的研究方法在今后会进一步呈现多样化的趋势，更多地与其他经济学科的研究进行交叉融合，如信息经济学、行为经济学、产业经济学、区域经济学和发展经济学，等等。

参考文献与学科年度重要文献

阿思奇：《投资规模与通货膨胀》，《经济研究》1992 年第 9 期。

安同良、施浩、Ludovico Alcorta：《中国制造业企业 R&D 行为模式的观测与实证——基于江苏省制造业企业问卷调查的实证分析》，《经济研究》2006 年第 2 期。

贝多广：《储蓄结构、投资结构和金融结构》，《经济研究》1986 年第 10 期。

蔡庆丰、宋友勇：《机构投资者与市场定价效率的检验与反思》，《证券市场导报》2009 年第 12 期。

陈保华：《交易机制对股价行为的影响——对中国股票市场的实证检验》，《经济研究》2001 年第 5 期。

陈菲琼、虞旭丹：《企业对外直接投资对自主创新的反馈机制研究：以万向集团 OFDI 为例》，《财贸经济》2009 年第 3 期。

陈琳、林珏：《外商直接投资对中国制造业企业的溢出效应：基于企业所有制结构的视角》，《管理世界》2009 年第 9 期。

戴园晨：《股市泡沫生成机理以及由大辩论引发的深层思考——兼论股市运行扭曲与庄股情结》，《经济研究》2001 年第 4 期。

董辅礽：《发挥证券市场的作用，推进国有企业改革》，《经济研究》1999 年第 10 期。

范必：《国有资产流失的现状、机理与对策》，《管理世界》1996 年第 2 期。

房汉廷：《外商投资效应分析》，《中国工业经济》1996 年第 5 期。

冯根福、吴林江：《我国上市公司并购绩效的实证研究》，《经济研究》2001 年第 1 期。

郭熙保、罗知：《外资特征对中国经济增长的影响》，《经济研究》2009 年第 5 期。

黄乾富、沈红波：《债务来源、债务期限结构与现金流的过度投资——基于中国制造业上市公司的实证证据》，《金融研究》2009 年第 9 期。

何本芳、张祥：《我国企业对外直接投资区位选择模型探索》，《财贸经济》2009 年第 2 期。

何诚颖：《中国股市“板块现象”分析》，《经济研究》2001 年第 12 期。

洪银兴、袁国良：《乡镇企业高效率的产权解释——与国有企业的比较研究》，《管理世界》1997年第4期。

姜付秀、张敏、陆正飞、陈才东：《管理者过度自信、企业扩张与财务困境》，《经济研究》2009年第1期。

姜付秀、伊志宏、苏飞、黄磊：《管理者背景特征与企业过度投资行为》，《管理世界》2009年第1期。

江飞涛、曹建海：《市场失灵还是体制扭曲——重复建设形成机理研究中的争论、缺陷与新进展》，《中国工业经济》2009年第1期。

江锦凡：《外国直接投资在中国经济增长中的作用机制》，《世界经济》2004年第1期。

江小涓：《跨国投资、市场结构与外商投资企业的竞争行为》，《经济研究》2002年第9期。

经济增长前沿课题组：《高投资、宏观成本与经济增长的持续性》，《经济研究》2005年第10期。

李茂生：《关于发展中国证券市场的战略思考》，《经济研究》1995年第9期。

李善民、陈玉罡：《上市公司兼并与收购的财富效应》，《经济研究》2002年第11期。

李泳：《中国企业对外直接投资成效研究》，《管理世界》2009年第9期。

李心丹、王冀宁、傅浩：《中国个体证券投资者交易行为的实证研究》，《经济研究》2002年第11期。

刘林青、李文秀、张亚婷：《比较优势、FDI和民族产业国际竞争力——“中国制造”国际竞争力的脆弱性分析》，《中国工业经济》2009年第8期。

刘星、赵红：《外商直接投资对我国自主创新能力影响的实证研究——基于省级单位的面板数据分析》，《管理世界》2009年第6期。

刘煜辉、熊鹏：《股权分置、政府管制和中国IPO抑价》，《经济研究》2005年第5期。

龙明：《提高企业投资决策水平》，《投资研究》1989年第6期。

卢荻：《外商投资与中国经济发展——产业和区域分析证据》，《经济研究》2003年第9期。

吕炜：《论风险投资机制的技术创新原理》，《经济研究》2002年第2期。

潘国陵：《股市泡沫研究》，《金融研究》2000年第7期。

裴长洪：《吸引外商投资的新增长点：理论与实践依据——最近几年外商投资重要特征分析》，《中国工业经济》2009年第4期。

沈坤荣、耿强：《外国直接投资、技术外溢与内生经济增长——中国数据的计量检验与实证分析》，《中国社会科学》2001年第5期。

沈坤荣、孙文杰：《投资效率、资本形成与宏观经济波动——基于金融发展视角的实证研究》，《中国社会科学》2004年第6期。

沈维涛、黄兴孪：《我国证券投资基金业绩的实证研究与评价》，《经济研究》2001年第9期。

施东晖：《上海股票市场风险性实证研究》，《经济研究》1996年第10期。

施东晖：《证券投资基金的交易行为及其市场影响》，《世界经济》2001年第10期。

王聪：《证券投资基金绩效评估模型分析》，《经济研究》2001年第9期。

王聪、段西军：《中国证券市场佣金制度研究——关于中国证券市场的SCP分析框架》，《经济研究》2002年第5期。

王磊、陈国进：《机构投资者动量交易与市场效率研究》，《证券市场导报》2009年第6期。

王旻、杨朝军、廖士光：《创业板市场对主板市场的冲击效应研究——香港股市与深圳中小企业板的经验证据与启示》，《财经研究》2009年第5期。

王亚平、刘慧龙、吴联生：《信息透明度、机构投资者与股价同步性》，《金融研究》2009年第12期。

王永银：《试论投资规模合理与否的客观标准》，《经济研究》1983年第11期。

汪炜、周宇：《中国股市“规模效应”和“时间效应”的实证分析——以上海股票市场为例》，《经济研究》2002年第10期。

魏后凯：《外商直接投资对中国区域经济增长的影响》，《经济研究》2002年第4期。

文东伟、冼国明、马静：《FDI、产业结构变迁与中国的出口竞争力》，《管理世界》2009年第4期。

吴法绪：《谈谈有关资金使用效率的几个认识问

题》，《经济研究》1984 年第 4 期。

吴先明、糜军：《我国企业对发达国家逆向投资与自主创新能力》，《经济管理》2009 年第 4 期。

吴晓求：《股权分置改革的若干理论问题——兼论全流通条件下中国资本市场的若干新变化》，《财贸经济》2006 年第 2 期。

武剑：《储蓄、投资和经济增长——中国资金供求的动态分析》，《经济研究》1999 年第 11 期。

夏峰、谢咏生、张霖、贺为民、涂健、阳晓辉：《创业板投资者整体情况及交易行为特征分析》，《证券市场导报》2009 年第 11 期。

谢平、陈超：《论主权财富基金的理论逻辑》，《经济研究》2009 年第 2 期。

谢申祥、王孝松、张宇：《对外直接投资、人力资本与我国技术水平的提升》，《世界经济研究》2009 年第 11 期。

邢斐、张建华：《外商技术转移对我国自主研发的影响》，《经济研究》2009 年第 6 期。

徐宪平：《风险投资模式的国际比较分析》，《管理世界》2001 年第 2 期。

徐晓东、张天西：《公司治理、自由现金流与非效率投资》，《财经研究》2009 年第 10 期。

徐玉德、周玮：《不同资本结构与所有权安排下的投资效率测度——来自我国 A 股市场的经验证据》，《中国工业经济》2009 年第 11 期。

许和连、亓朋、李海峥：《外商直接投资、劳动力市场与工资溢出效应》，《管理世界》2009 年第 9 期。

姚洋、章奇：《中国工业企业技术效率分析》，《经济研究》2001 年第 10 期。

叶春和：《我国创业板市场的风险因素及监管对策初探》，《国际金融研究》2009 年第 8 期。

叶建芳、李丹蒙、丁琼：《真实环境下机构投资者持股与公司透明度研究——基于遗漏变量与互为因果的内生性检验分析视角》，《财经研究》2009 年第 1 期。

俞乔：《市场有效、周期异常与股价波动——对上海、深圳股票市场的实证分析》，《经济研究》1994 年第 9 期。

张春霖：《存在道德风险的委托代理关系：理论分析及其应用中的问题》，《经济研究》1995 年第 8 期。

张帆、郑京平：《跨国公司对中国经济结构和效率的影响》，《经济研究》1999 年第 1 期。

张世贤、徐雪：《我国主权财富基金的投资方向选择问题——基于国家利益原则的战略视角》，《中国工业经济》2009 年第 7 期。

张维迎：《中国国有企业资本结构存在的问题》，《金融研究》1996 年第 10 期。

张新、杜书明：《中国证券投资基金能否战胜市场?》，《金融研究》2002 年第 1 期。

张宇：《制度约束、外资依赖与 FDI 的技术溢出》，《管理世界》2009 年第 9 期。

赵涛、郑祖玄：《信息不对称与机构操纵——中国股市机构与散户的博弈分析》，《经济研究》2002 年第 7 期。

郑京平、杜宇、巴威：《我国利用外资现状的定量分析和初步研究》，《管理世界》1998 年第 1 期。

中国社会科学院经济研究所宏观课题组：《投资、周期波动与制度性紧缩效应——当前中国宏观经济分析》，《经济研究》1999 年第 3 期。

朱孟楠、陈晞、王雯：《全球金融危机下主权财富基金：投资新动向及其对中国的启示》，《国际金融研究》2009 年第 4 期。

（王　宇　郑江淮）

博 弈 论

一 学科概述

博弈论一词是舶来品，译自英文"Game Theory"，又名对策论、游戏论、赛局论等。简单地说，博弈论是研究竞争与合作局势中的策略选择理论，即研究人类相互影响的行为理论。通常假设博弈的参与人（亦译为局中人）的行为是理性的，而理性则意味着在给定信息分布状况下，具有特定信念结构的参与人遵循一致性的最优决策模式。很自然的，理性的参与人应当意识到其行为的交互性，即参与人的最优决策必须充分考虑其所知道的与其他参与人行为相关的一切信息。

一般认为，博弈论成为一门相对独立学科的始点，是1944年冯·诺依曼（John Von Neumann）和摩根斯坦（Morgenstern）共同发表《博弈论与经济行为》一书。此书描述了标准型、扩展型的非合作博弈与联盟型的合作博弈，系统地建立了期望效用理论，详细论述了零和博弈。

博弈论经历了20世纪五六十年代的迅猛发展，到70年代初，在非合作博弈研究上已形成了相对完善的理论体系，并由于在产业组织等领域的成功运用而上升为现代主流经济学的标准分析工具。随后，在经济学的建构理性与演化理性的分野，以及博弈论与生物学等学科的结合中，孕育和催生了演化博弈论。最近一二十年里，随着实验（行为）经济学的迅速兴起及其对博弈论的渗透，实验博弈研究成了博弈论理论体系中又一个重要组成部分，且成为具有强劲发展势头的新理论分支。

一般认为，博弈理论与模型的基本要素包括：（1）参与人集合；（2）参与人的策略集；（3）参与人的支付集；（4）参与人的行动次序；（5）参与人的信息结构。经典的博弈论主要包括合作博弈与非合作博弈。在参与人之间存在可强制执行的协议，且能够实现信息沟通时，参与人之间的博弈就是合作博弈，否则是非合作博弈。而非合作博弈又根据信息的完全程度和是否考虑时间因素，被进一步划分为完全信息静态博弈、完全信息动态博弈、不完全信息静态博弈和不完全信息动态博弈等。博弈论的新进展包括了演化博弈论和实验博弈论等部分，还有行为博弈论、计算博弈论等探索博弈模型量化方法的辅助性分支。原来主要研究策略行为的博弈论，如今已几乎渗入经济学的各个领域乃至社会科学研究的许多分支。

二 博弈论在中国的发展、演进情况

博弈论的内容非常丰富，与中国也有很深的渊源。下面先概要介绍博弈论的一些基本内容，然后评述其在中国，尤其是近年来的应用、发展和演进情况。

（一）博弈论基本内容

1. 非合作博弈与纳什均衡精炼

从《博弈论与经济行为》中的标准型与扩展型，到弗登伯格（Fudenberg）和梯若尔（Tirole）合作出版的《博弈论》（1991），经过众多博弈论研究人员的努力，已搭建起较为严整和清晰的非合作博弈分析框架。贯穿非合作博弈的一个核心概念是纳什均衡（Nash，1951）。在相当一段时期内，整个博弈论的发展就主要是对纳什均衡的精炼与应用。其大致的发展主线如下：纳什创立策略型博弈的均衡解概念（Nash，1950）；对于扩展型和动态博弈模型，采用倒推归纳法得到子博弈完美均衡解（Selten，1965）；引入类型和概率分布，建立不完全信息博弈模型及贝叶斯—纳什均衡解概念（Harsanyi，1967—1968）等。在相当广泛的博弈局势中，无论是完全信息条件下的静态博弈和动态博弈，还是不完全信息条件下的静态博弈和动态博弈，以纳什均衡的精炼为主脉络，建构了整个非合作博弈理论体系。

（1）动态博弈与子博弈完美均衡。纳什均衡的精炼是在研究动态博弈的途径上展开的。扩展式或动态博弈可分解为若干个子博弈（从单个节点出发的后续博弈），用来模型化那些有具体行动顺序的博弈。扩展式博弈的均衡使每一个参与者在每一个信息集将要做的事具体化。子博弈完美均衡强调了进一步的约束，即参与者实际上是在进入子博弈的情形下才选择均衡策略。泽尔滕（Selten，1975）用一个聪明的办法使偏离均衡路径的信念遵循贝叶斯法则，提出了被称作“颤抖手均衡”的概念；克雷普斯（Kreps）和威尔逊（Wilson）提出了序贯均衡（1982），可看做是颤抖手均衡的孪生兄弟；迈尔森（Myerson，1978）认为当均衡策略与非均衡策略支付的差别很大时，颤抖的可能性应该很小，这就导致了一个恰当均衡（Proper equilibrium）概念。还有其他一些关于特定动态博弈局势的均衡精炼概念。

（2）贝叶斯—纳什均衡。在不完全信息博弈中，至少有一个参与者不知道其他参与者的策略集或支付函数。在博弈开始时引入“自然”来决定一个参与者的“类型”。参与者知道自己的类型而不清楚其他人的类型，假定参与者类型的概率分布是共同知识，贝叶斯—纳什均衡又为纳什均衡增添了两个特征：①在均衡路径上（在均衡时所有以正概率出现的行为），参与者必须用贝叶斯法则更新对于其他参与者类型的信念；②在非均衡路径上（在均衡中不会出现的行动之后的行动），参与者有某种关于参与者类型的信念，在不完全信息框架中考虑动态过程问题，就有了贝叶斯完美均衡概念。这样，贝叶斯法则对于非均衡路径上的可能信念加了一个最小程度的限制，这就排除了参与者在观察到非均衡路径上行动之后会破坏占优均衡的可能性。

（3）随机最优反应均衡。在随机最优反应均衡中（quantal response equilibrium），参与者不会以概率1选择最好的反应（像纳什均衡时）。相反，他们做出“较好的反应”，并且以较高的概率去选择有较高期望支付的反应。实际上，随机最优反应均衡常常用Logit或指数支付反应函数表示。直观上讲，随机最优反应均衡是指参与者固定了一个策略，然后形成有关其他人行动的信念 $p(s_{-i})$，并以这些信念来计算期望支付；然后参与者按照策略的预期支付进行有噪声的选择，以此做出较好的反应。

基于同质的理性行为假设的非合作博弈，难以处理像囚徒困境类博弈模型昭示的个体理性与集体理性的不一致，由此导致的多重均衡（Harsanyi and Selten，1988）等问题，也使博弈理论的发展一度陷入“分析沼泽地”（Binmore，1995；Camerer，2003）。

2. 合作博弈

合作博弈（又称联盟博弈）论，作为经典博弈理论框架中两个基本组成部分之一，试图解释当个体之间可以联合行动时，其可能达到的结果有哪些，主要以特征函数等为分析工具。事实上，联盟现象普遍存在：政府机构、军队、工会、卡特尔，甚至企业、家庭与国际合作组织等，本质上都表现出组织性行为特点，合作博弈旨在直接分析这些组织内的个体联合行动可以达到什么样的结果。

博弈参与者个体在某种形式的合作（组织）中获得的收益大于个体博弈时的收益，这就是合作博弈存在的前提（合作成本忽略不计）。如果存在一种力量，无论是有约束力的协议，还是制度规定和道德习俗，或者是特殊的机遇和条件，能够满足这一前提条件（现实经贸活动中的常态），此时研究合作博弈就是一件非常有意义的事情。非合作博弈主要研究个体行为，合作博弈侧重研究组织行为（分配标准、方式和结果）。在非合作博弈中体现出的个体行为的主要特征是，每个“理性”的博弈参与者在策略相互影响条件下会做出什么样的决策，怎样选择行动，博弈最可能出现什么结局等；但在合作博弈中遇到的主要问题是，强调平等个体参与的集体行动，重点研究联盟（组织）如何形成，各类联盟的基本特征，如何在联盟内部分配合作收益等。通过组织内分配方式，无论是核、核仁、内核、夏普利值（Shapley value），还是 α－解和 β－解等，都是在不同标准（如 TU 和 NTU 等）的意义上给出的合作博弈均衡解。

研究合作博弈问题有三条途径：一是占优（Domination）分配策略法，以占优分配策略来定义稳定集、核等合作博弈解的概念；二是赋值或估价（Valuation）法，用给每一参与者的策略选择赋值的方法来研究联盟成员相互关系、合作利益的分配原则和方式，如夏普利值；三是将讨价还价（或博弈前沟通）作为参与者实现合作的一种途径或工具，是在非合作博弈框架下研究合谋，将合谋看成是相互影响条件下个体最优策略选择这一过程的结果。前两种是在合作博弈框架内，交流沟通和可强制执行的协议是通过事先的制度安排给定的，换言之，合作是外生的，其现实意义是现代公司（或组织）内部通过协商确定股权分配方案和按制度确定劳资分配原则，国际合作组织发起国或常任理事国的优先权利与一般成员国或后加入国的普遍权利和规则等；而后一种则是演进的方法，注重博弈过程。

从均衡概念的实质含义上看，合作博弈均衡与非合作博弈均衡是一致的。非合作博弈主要研讨参与者不相互联合情况下的博弈问题，如果考虑参与者结盟，然后再考虑合作收益如何在联盟成员中分配时就需要研究合作博弈方面的问题。合作博弈是从另一角度、以由内到外的方式，相对地更加注重集体效应和集体理性，对博弈均衡进行描述研究，其思维角度、分析方法、研究重点与非合作博弈也有明显不同，但在研究对象、所感兴趣的现实问题等方面与非合作博弈有许多交叉。一方面，通过讨价还价等，合作博弈有融入非合作博弈中之趋势；另一方面，非合作博弈通过合作能够达成更合意的均衡，有助于实现均衡选择。

合作博弈的应用非常广泛，但与非合作博弈的进展相比，合作博弈理论的发展经历了更多的障碍而略显滞缓，研究联盟博弈的困难主要来自有重要影响、相互联系的三个方面或因素：

（1）联盟形成过程、参与者进出时联盟的稳定性，参与者个体的支付函数与合作剩余分配额的关系；

（2）不同理论观点对联盟博弈框架中占优观点提出的挑战；

（3）博弈均衡解概念的实证/规范的双重解释愈加模糊（Montet & Serra, 2003）。

然而，合作博弈与非合作博弈研究中共同揭示出来的博弈实质问题及两者的融合趋势，在逐步发展起来的演化博弈论和博弈实验中加以检验、解决和印证。

3. 演化博弈与实验博弈

（1）演化博弈。演化博弈关于策略行为的基本观点是，参与人的理性程度是不同的而且是可以演化的，突破了传统的同质的理性行为假设。演化博弈模型认为，在预测人类行为方面，理性假设可能是无关紧要的。演化博弈假设从人群总体中随机抽取的博弈方按照生物或者社会的方式反复进行博弈，其关键概念是由史密斯和普瑞斯（Jhon Maynard Smith and Price, 1973）、史密斯（1982）提出的演化稳定策略（ESS）和随机稳定均衡（SSE）。无论如何，只要人们希望追求最优的结果并在博弈过程中不断学习，那么非理性的行为总是面临演化的压力。在特定的社会经济环境中，可解释为惯例。任何违背惯例的群体其景况都不如遵守惯例的群体，这使得遵守惯例者没有动力改变其策略，而尝试新策略者会重新回到原策略（Weibull, 1995）。

演化博弈中研究的学习行为类型和适应性机制包括如下几种：复制或自然选择；模仿与传染；强化与淘汰；最佳对策与信念等行为类型。学习模型试图解释博弈的传统非合作解是如何实现的，从而为其提供更深层次的理论基础（Fudenberg & Levine, 1998）。当解决存在多重均衡的协调博弈时，也需要有演化的观点。

演化均衡的一个直观解释是，在资本市场上或投资活动中，当某项投资活动或某支股票的预期收益高于平均水平时，就能逐步吸引更多的人参与该项投资或购买该只股票，形成积聚效应，由此影响、决定和改变特定情形中资本市场的格局。其中一个重要的改变是并不需要假定投资者或股民具有很高的理性程度，而是关注他们的经验主义做法、羊群效应、随大流或遵从某种惯例等更现实的行为。

（2）实验博弈。由于博弈论侧重研究相互影响的策略型行为，因而能更好地揭示个人行为的社会影响以及个人行为如何受社会和外部环境因素影响。特别是用博弈实验的方法，能够研究不同的行为主体对公平与效率的看重程度，这对我国现阶段正确认识和处理公平与效率的关系、合理调整收入分配结构、协调好不同利益群体之间的矛盾，促进公平正义、构建和谐社会具有重要的意义。

事实上，在博弈论发展的早期，卡利奇、米尔诺、纳什和奈林（1954）就曾试图通过一些实验来为博弈论中的一些基本概念提供支持。后来，索尔曼和泽尔腾（1960）通过实验方法来研究寡头垄断市场。传统经济学的自利行为假设近年来不断受到来自博弈实验的挑战和质疑。一系列相关实验令人信服地证明，在人们的行为动机中，既有自利偏好，也包含公平偏好（Fairness Preference）。两种偏好同时影响人们的行为选择和决策，作用效果常常是相反的，并且它们的影响程度和方式也是因人、因时、因地和因情境而变化的。由于人具有自然属性和社会属性的两重性，人们在追逐个人利益的同时，也会关注收益分配或行为动机是否公平等社会问题，并将其与社会中的其他人进行比较。一些著名的博弈实验，如最后通牒博弈（Ultimatum Game，UG）、礼物交换博弈（Gift Exchange Game，GE）、信任博弈（Trust Game，TG）、独裁者博弈（Dictator Game，DG）和公共品博弈（Public Goods Game，PGG）等实验，都在不断地证明人们确实具有公平偏好。还有拉宾（Rabin，1993）的关于“公平均衡”的观点也产生了重要影响。拉宾是基于这样的事实：每个人都会对那些对自己友善的人友善，而敌视那些伤害过自己的人。他采用了心理学博弈框架，其中参与者的效用直接依赖于参与者的信念。拉宾理论中的核心概念就是每个参与者对他人的“善意”（以及所感受到的善意）。

上述的观点和做法，不仅仅是经济学研究方法的突破，而且可能引致经济理论体系与基本假设的重置。更多的博弈实验研究，作为“第二代”实验研究的浪潮，对传统博弈论和经济学的理论进行了检验，许多在实际现象中的应用确保提供了一个条理分明的社会性偏好理论，这有望代替经济理论中关于自私的简单假定。

（二）博弈论在中国的应用和发展

在中国古代的哲学和军事著作中，就孕育着博弈思想萌芽，历史上也不乏典型的博弈案例。在20世纪50年代初博弈论就已作为运筹学的分支从苏联引入中国。吴文俊（1960）首先系统地介绍了对策论（博弈论），并合作出版了我国第一本博弈论教材——《对策论讲义》。与此同时，出现了我国关于博弈论的第一本译著——《博弈论导引》（J. 麦克金赛著，高鸿勋、会鼎鉌、王厦生合译，1960）。冯·诺依曼与摩根斯坦的著作的第三版也于1963年由王建华和顾玮琳合译出版，书名为《竞赛论与经济行为》。然而，受“文化大革命”影响，博弈论分析方法的引介和研究一度受到了冲击和停滞。直到80年代末至90年代初，又开始新一轮的引入国外著作，国内学者也陆陆续续地出版所编著的博弈论教材，但是当时博弈论基本上还是被视为运筹学中的分支。

借1994年度诺贝尔经济学奖颁发给纳什、哈萨尼（Harsanyl）和泽尔腾等博弈论大师的东风，博弈论开始在中国引起广泛的关注，并被应用于经济学分析。如平新乔和蒋国荣的《“三角债”的博弈理论分析》，汪丁丁的《产权博弈》等都是博弈论在我国经济研究与分析中较早的具体应用。近年来发表的有关论文大都是将博弈论方法与其他方法相结合，深入地分析宏观调控、投资与金融、国际贸易、规制与竞争、劳动就业、公司治理等领域中的问题（葛新权、王国成，2006—2009）。1996年，张维迎所著的《博弈论与信息经济学》一书出版，对此后中国经济学专业的学生学习博弈论产生了广泛影响。中国数量经济学会于1996年9月主办召开了全国首届经济对策论学术研讨会，并筹备成立全国性的博弈论学术团体。1998年7月，由中国数量经济学会批准成立经济对策论专业委员会。2005年，该学会又联袂实验经济学并更名。2009年，该学会由国家民政部正式批准注册成立全国博弈论与实验经济学研究会（中国数量经济学会博弈论与实验经济学专业委员会)。这有力地推动了博弈论在中国的研究和应用。

2002年8月,中国数学会主办的国际数学家大会"对策论及其应用"会议在青岛召开。自2006年起,由葛新权和王国成主编的《博弈论与实验经济学论丛》每年出版一本这方面的文集,文集中收录了我国学者研究博弈论的主要成果。应该说,这对于改变我国缺乏博弈论专业期刊的现状具有建设性意义。

我国的改革本身就是一场大博弈,无论是改革的路径选择、辉煌成功与进步,还是面临的深层困难与障碍,都不是典型的市场经济状况,都是不同的利益集团、社会群体和阶层相互博弈的结果。因而,博弈论在中国能找到更好的用武之地。随着博弈论在我国的日益传播,其应用与发展的迅猛势头令人惊讶。从文献数量来看,以中国知网学术文献网络出版总库中的文献检索结果为例,自1965年起的以"博弈论或对策论"为关键词的中文精确检索结果发现,从1965年到1990年累积论文数量不足100篇,到1998年每年新增论文数亦不超过100篇。但是1999年以后,每年新增论文数量开始超过100篇。到2005年时,每年新增论文数量开始超过1000篇。从累积论文数量来看,到2001年时,已差不多达到1000篇。到2009年底时,已超过8000篇。但从总体情况来看,博弈论及相关领域的文献数量可观,但被引频次却不高,研究深度也不够。这反映了我国博弈论研究的水平与现实需要和国际水平差距明显,亟待提高。

三　当前博弈论的理论前沿和重大热点问题

博弈论的引入有力地推动了现代经济学的发展,在理论深化和应用实践中逐步形成了相对集中的若干热点问题和有代表性的前沿方向,下面结合学科特点和中国改革与发展的迫切现实需要,选择一些焦点性专题和备受关注的应用领域予以简要评述。

(一)寡头垄断与产业组织理论

寡头理论通常是研究单侧(多见供给方)在不完全竞争市场局势下的企业行为选择。关于寡头理论最早的处理可追溯到古诺的双寡头模型(Cournot,1838),此模型可谓是博弈论在经济学中最经典的应用。主要是考虑无成本生产同一产品的两个厂商,在相互竞争中,双方各自的产量决策都必须同时是对方产量决策的最优反应。双寡头理论的进一步发展是贝特朗模型(Bertrand,1883),是将价格作为决策变量;霍特林模型(Hotelling,1929)则引入运输成本从而使得产品出现空间差异化;斯坦尔伯格(Stackelberg,1934)则是在考虑厂商进行产量决策具有先后行动顺序时构建了两阶段博弈模型等。寡头理论开始时主要采用局部均衡分析方法,但从根岸隆(Negishi,1961)将一般均衡理论引入寡头竞争分析后,大量关于寡头理论的研究开始置于一般均衡分析框架中。自20世纪70年代至今,博弈论的发展与运用使得产业组织理论集中于企业策略性行为分析,如此使得双寡头理论自然地扩展到多阶段、多寡头垄断模型,并研究卡特尔和串谋等重复博弈和信息不对称条件下的产业组织等问题。此外,博弈论不仅为产业经济学提供了严格的理论基础,也为经验性检验企业行为和市场绩效提供了精确的指导。这对我国在经济转型背景下研究国有垄断企业的竞争与规制等有重要的借鉴和启发意义。

（二）信息经济学、机制设计与委托代理理论

信息经济学似乎天生就是为博弈论而存在的，主要研究任务是寻找信息不对称博弈模型的贝叶斯均衡，属于不完全信息博弈的应用。在当今市场竞争中，信息不对称、不完全现象普遍存在，会对市场博弈的结果产生根本性的影响。

信息不对称模型主要表现为委托代理、机制设计和不完全契约等形式。在常见的委托代理关系中，委托人不可能完全知道代理人拥有的私人信息，两者之间的信息是不对称的。事前的信息不对称可能会造成逆向选择，事后的信息不对称则可能会造成道德风险。许多问题，比如股东与管理者、雇主与工人、公民与政府、病人与医生、债权人与债务人之间的关系等，都可以归为委托代理问题。在雇主与工人签订雇用合同时，由于雇主对于工人的素质等信息掌握不充分，为避免或减少可能造成对工人的“逆向选择”问题，需要激励工人发出积极有效的信号，比如学历、证书等；签定雇用合同后，雇主对于工人的行动无法充分观察，这使得工人有动机隐藏其行动，从而可能产生“道德风险”问题。雇主应当考虑到这些可能存在的信息不对称性，从而希望在合同中通过某种安排来约束工人的行动：既要使工人愿意签订合同，又能提供足够激励使工人的选择将会自动达到雇主的期望。从所有可能的合同设计中找到满足个人参与约束和激励相容约束的最优合同是理想目标，但是机制设计和委托代理理论的一个重要研究结论告诉我们：委托人总是可通过设计一个机制（具体的合同形式），使得代理人诚实地显示其类型（显示原理）。这在我国的现实中有广泛的应用。

（三）公共物品与福利经济学

在公共物品供给中，最为常见的一个问题就是“搭便车”现象，此类问题会使公共物品的私人供给意愿不足。因此，很多时候公共品都是通过政府等公共部门来供给。但由公共部门来提供公共品一般面临两个问题：第一，如何确定公共品的最优供给水平；第二，公共品的供给成本如何由私人分担。这实际上是一个非常一般化的社会资源配置问题。直觉上，由社会福利最大化的目标可以同时确定公共品的供给数量以及其供给成本如何在私人之间合理分担。如果分担过程由税收来实现，那么我们希望最优税收应当使得社会福利最大化。

在经济学中，正如个人效用函数代表个体偏好一样，社会福利函数可代表社会偏好。福利经济学的一个重要的任务就研究如何把个体偏好加总到社会偏好，依此进行集体决策。然而，即使可以找到从个体偏好加总到社会偏好的合理方式，实际的个体偏好通常是很难观察的。因此，公共决策者为了使得资源配置达到最优结果，必须考虑如何让个体显示其真实的偏好信息。

关于资源分配机制的更为广泛的信息问题由赫维茨（Hurwicz，1960）等人提出，此时的机制设计与委托代理有相同的本质和类似的做法：公共决策者总是可以找到一个恰当的显示机制使得个体显示出其真实的偏好。因此，福利经济学中的许多问题实质上是机制设计问题。机制设计理论已经在福利经济学中有了许多重要的开创性应用，包括最优

税收理论、投票程序、拍卖与竞标机制、垄断规制的设计等。可以预见，机制设计在福利经济学中的应用对于我国控制收入差距拉大、构建和谐社会以及人类社会的进步将会产生深刻的影响。

（四）序贯博弈均衡与随机微分博弈

动态博弈广泛存在于社会经济生活中。考察在重复进行的博弈中，参与人如何获取经验和在当前决策受到重要的约束。有趣的结论是，有限次博弈与一次博弈的策略选择相同，而只有当无限期重复博弈时有可能改变这一结果（无名氏定理）。序贯博弈均衡是更一般的动态博弈局势中最有代表性的解概念。

重复博弈要求每个阶段的博弈结构相同，更为一般化的过程是由夏普利（Shapley，1953）提出的随机博弈。随机博弈的本质是把博弈的动态结构视为随机过程，从而在每阶段的博弈中，参与人的支付取决于博弈的历史和所有参与人的当期行为。博弈的历史变化通常被假定服从某些易于处理的随机过程，例如，如果今天的状态只由昨天的状态和行为决定，则称历史的变化服从马尔可夫过程。由艾萨克斯（Isaacs，1954）引入的微分博弈是关于连续时间的随机博弈。关于这类博弈的研究主要集中于二人零和博弈和马尔可夫完美均衡，而关于二人以上的随机博弈及其一般的非合作解尚待进一步的研究。这些属于理论上的尖端难题。

（五）相关均衡与理性行为假设的演变

在对纳什均衡进行精炼的同时，另一个不同的方向是把纳什均衡进行扩展。奥曼（Robert J. Aumann，1974）考察了参与人随机策略之间的相关性，提出了相关均衡的概念。相关均衡作为纳什均衡的扩展，允许参与人有着不同的主观概率测度。在一般的博弈描述中，人们总是隐含地假设了博弈的结构和参与人的理性为共同知识。根据这一逻辑，伯恩翰姆（1984）和皮尔斯（1984）分别提出了可理性化的概念。谭和沃朗（1984）证明了可理性化与理性为共同知识之间的等价关系。同样的，可理性化的概念也包含了比纳什均衡更为广泛的可能性。布兰登伯格和戴克尔（1987）研究了相关均衡与可理性化之间的关系，指出理性为共同知识的假设将导致相关理性化的概念，并证明了相关理性化等价于一种精炼的主观相关均衡，即后验均衡。通过引入相关均衡等概念，促使博弈论更加重视对策略行为的主观性的研究，引发对经济学理性行为假设的反思和重构，也为中国经济理论建设创设了一个良好的契机。

（六）信念、信息与知识

在不完全信息博弈中，博弈的结构描述中增加了参与人的类型空间。在博弈的顺序中，首先由自然行动从而决定参与人的类型。但是，在自然行动之前，所有参与人关于自然行动的先验概率必须相同，“哈萨尼教义”（Harsanyi，1967—1968）的一个重要作用是能使模型大大简化，同时参与人之间的异质性主要取决于信息差异。

然而，当深入追究诸如“参与人知道……”到底是什么意思时，便牵涉到关于知识和信念的严格定义。简单地说，参与人的知识可视为在特定信息下参与人认为发生概率为1的事件；共同知识的严格定义最早由奥曼给出（Aumann，1976）；主观信念或判断及其演变在不完全信息动态博弈中也有基本的表述。当人们逐步剖析并修正纳什均衡等解概念中所隐含的共同知识假设、合理地处理和表示主观行为特征时，博弈理论定会在真正科学化的道路上迈出一大步。

四 博弈论发展趋势预见

价格波动加剧，均衡偏离显在，种种危机时现，公共地悲剧渐深，利益冲突多发，一体化与个性化并存交织……人类社会日趋复杂，对经济分析提出更高的要求，这为博弈论的发展提供了良好的时机和广阔的空间，会更加突出地显现以下特征：

（1）不仅是非合作博弈与合作博弈等经典内容，博弈理论内容更加丰富完善、新的分支加速成长、应用领域和成效大幅拓展。

（2）博弈论并非是主要用于理论分析，基于博弈实验、异质交互主体的计算模拟等更加实用的实证研究也在逐步而迅速地展开。

（3）博弈论不仅是继承理性，而是发展和超越理性。打开行为黑箱、使行为属性研究内生化，正在成为推动当代经济学发展的强大动力。

随着博弈论在社会科学研究中的日益渗透，国际上已有学者明确提出用博弈论统一社会科学研究方式（Varoufakis，2008），国内也有一些学者在用博弈论方法促进中国经济理论建设和发展方面提出了有益的设想并做出了积极的探索，但尚未形成严密的理论体系。要用博弈论原理及其最新进展的基本方法来重建经济学乃至整个社会科学研究的基本逻辑体系，任重而道远，但指明了今后的发展方向和可行途径。我们有充分理由相信，博弈论在突破行为量化、建树多重均衡观念、加大应用的便利和深度的基础上，必定会推动经济学在行为研究轨道上迈进一个全新的发展阶段。

参考文献与学科年度重要文献

R. J. Aumann and S. Hart, eds., *Handbook of Game Theory with Economic Applications*,（Volume 1—3）, Amsterdam: North-Holland, 1992—2002.

A. Cournot, *Recherches sur les Principes Mathematiquesde la Theorie des Richesses.* Paris: Hachette, 1838.（English translation: *Researches into the Mathematical Principles of the Theory of Wealth.* New York: Macmillan, 1897.）

D. Fudenberg, and J. Tirole, *Game Theory*, Cambridge MA: the MIT Press, 1991.

Harsanyi, J. C and R. Selten, *A General. Theory of Equilibrium Selection in Games.* Cambridge, MA: the MIT Press, 1998.

R. Myerson, "Incentive Compatibility and the Bargaining Problem", *Econmetrica*（47）, pp. 61—74, 1979.

Nash, J. F., Non-Cooperative Games, *Annals of Mathematics*（54）, pp. 286—295, 1951.

J. von Neumann, and O. Morgenstern, *Theory of Games and Economic Behavior.* Princeton: Princeton University Press, 1944.

J. W. Weibull, *Evolutionary Game Theory*, the MIT Press, 1995.

葛新权、王国成主编《博弈论与实验经济学论丛》（1—4），社会科学文献出版社 2006—2009 年版。

平新乔、蒋国荣：《“三角债”的博弈理论分析》，《经济研究》1994 年第 1 期。

张维迎：《博弈论与信息经济学》，上海人民出版社 1996 年版。

中国科学院数学研究所第二室编《对策论讲义》，人民教育出版社 1960 年版。

（王国成　欧阳葵）

实验经济学

一 学科概述

实验室里能出经济学吗？答案经由否定、疑惑到肯定和期待，是经济研究方法论上的重大变革，表明当代经济理论正在步入新的发展阶段。一般认为，实验经济学（experimental economics）是基于人类被试对象（subject）或计算机虚拟主体（agent），研究人员按照一定的游戏规则并对真实主体给予适当的物质报酬激励，以仿真方法建造与实际经济相似或相近的一种实验环境，根据需要改变相关参数、控制过程，观察受试者行为，对获取的结果数据分析整理加工，用以检验已有的经济理论及其前提假设，或者发现新的规律和理论，或者为决策提供理论分析依据和建议。常用的经济实验方法大致分为两类：实验室实验和现场或实地实验。而在实验室实验中，又分为真人参与和虚拟主体参与的实验或两者结合的实验。

实验经济学是应用受控实验检验经济学假设或发现新规律的理论分支，是在特定的文化社会背景、经济环境和制度规则的支配下，应用实验方法来研究人类相互作用的决策行为。它和行为经济学一起，将行为分析理论与经济运行规律、心理学与经济科学有机结合起来，发现经济学理论和模型中的偏误或者遗漏，修正主流（传统）经济学关于人的完全理性、效用最大化以及偏好一致等基本假设的不足。2002 年诺贝尔经济学奖授予“实验经济学之父”弗农·史密斯（Vernon Smith），标志着实验方法已成为经济学研究中具有独特优势的方法、作为一门相对独立的分支学科进入主流经济学。

按史密斯的定义和说法：实验经济学是在有显性或者隐含规则的社会背景下应用实验方法来研究人类相互作用的决策行为（Smith，1994）。显性规则可以定义为在有特定支付矩阵的个人博弈的扩展形式中，被试控制的行动次序和信息事件；隐含规则是一种被人们视为文化和生物演化遗产的一部分而带入实验室的无形的规范、传统和习惯，这些一般是不能为被试所控制的。通常能够把实验结果看成是在经济环境的驱动下及制度提供的语言、规则支配下，个人选择行为的结果。人们通过实验研究，可以将实验结果与理论结果进行比较，对理论结果进行检验和修正并发现新的理论。因此，从与理论的关系来看，实验经济学的作用具体体现在如下三个方面：第一，当存在多种理论时，通过实验比较和评估各种相互竞争的可替代理论；第二，当仅存在一种理论时，检验该理论的效力；第三，当不存在任何理论时，发现某些实际规律。

二 实验经济学在中国的发展、演进情况

(一) 实验经济学基本内容

实验是创建和发展科学理论的重要手段与方法，能为经济理论的丰富、完善和创新提供新的有效的认知工具。根据经济实验方法的特点，以及在中国推广应用的可能性，选择一些基本内容予以简要介绍。

1. 实验经济学的兴起与发展

实验经济学研究，是在可控实验环境下对特定经济现象，通过观察实验者行为和分析实验结果，检验、比较和完善经济理论或提供决策依据。实验方法在管理学中有良好的应用传统，但人们在很长一段时间里始终固守着经济理论难以实验的思维定式。史密斯教授等人敏锐地觉察到了实验经济理论的作用，并积极付之于实践。他结合给学生的讲课进行了多年的课堂实验，发现有限的市场参与者能够在有限信息条件下实现竞争均衡。其据此撰写的论文《竞争市场行为的实验研究》在 1962 年的《政治经济学杂志》上发表，标志着实验经济学的诞生。此后，实验经济学开始运用于验证市场理论和博弈理论，并取得了一定进展。初期的实验经济学主要局限在市场分析和博弈理论领域，原因有如下两方面：一方面，理论自身的缺陷影响可实验性，研究过程往往是从假设前提出发，然后运用复杂数学推导出相关命题。由于假设前提的高度抽象，无法在实验室里得到证实，因而相关命题也就无法实验。另一方面，实验技术的不成熟也制约了经济理论的实验。20 世纪 70 年代以后，主流经济学的发展出现了一些新的特点，一般均衡、产业组织、社会选择和公共选择等理论将经济研究的假设由抽象拉回到现实；行为理论的深化与合理预期理论的出现为实验技术的发展创造了条件。此外，计算机的广泛运用使得复杂经济现象的实验成为可能。

目前，实验经济学迅速发展，逐渐科学化和规范化，成为一个相对独立的经济学理论分支。国际上越来越多的主流经济学杂志刊登的实验经济学论文猛增，实验经济学专刊、专著和论文集陆续出版，现如今已在美国、法国、英国、德国、荷兰、日本、韩国、印度和中国等许多国家迅速推广应用。

2. 实验经济学的研究方法与应用

经济实验与物理、化学实验一样包含实验设计、选择实验设备和实验步骤、分析数据以及报告结果等环节。由于经济实验对象是社会中的人，需要验证的是行为命题，因而需要运用有别于物理、化学实验的方法，主要内容和特点包括：

(1) 模拟与仿真。经济理论的实验不能刻意复制出现实经济的运转过程，而是要模拟出允许不同人类行为存在的环境，以便实验者能够在这样的环境中观察人们不确定的价值观及其与环境之间的相互作用。查尔斯·普洛特 (Charles Plot) 认为："实验室建立的经济与现实经济相比可能特别简单，但是却一样地真实。真实的人被真实的金钱所驱动，因为真实的天赋和真实的局限，作出真实的决策和真实的错误，并为其行为后果而真实地悲喜。"史密斯教授采用只有三个网络节点的模型来模拟电力系统，其实验结果基本上能反映现实电力系统运行中发电企业和电力交易商的行为类型和特征。

此外，实验经济学还通过一些仿真技巧

来提高实验结果的可信度和可重复性：一是采取“随机化”方法，被实验者的选取、角色的分配均随机产生；二是保密实验意图，十分小心地讲解实验，不出现暗示性术语，以防被试者在实验前关于行为对错已形成初步判断；三是使用“价值诱导理论”（Induced Value Theory），诱导被实验者发挥被指定角色的特性，使其个人先天的特性尽可能与实验无关。

（2）比较与评估。实验经济学高度重视比较和评估的方法。通过比较和评估，判断实验本身的好坏，分析实验失败的原因，验证理论的真实性。

首先，将“效率”作为比较标准。普洛特和史密斯将实际付给被实验者的报酬总和与最大可能报酬的比率视作实验的“效率”，并把效率作为比较分析相互竞争理论的依据，探讨如何改进理论模型。甚至在没有现成理论的情况下，根据效率来提出和验证新的理论。

其次，方法上采取独立变动自变量。实验关系到两个或两个以上变量时，容易出现变量之间的混合作用。因此实验中应独立地变动每个自变量，获得每个自变量对因变量作用的最确切的数据，为比较和评估提供非偶发事件资料。

最后，评估的结论建立在概率分布基础上。现实生活中的人并不始终处于理性状态，非理性就会使人的行为出现变异，因而经济理论的实验数据呈概率分布状态。所以，评估结论不可能仅按照或真或伪的形式逻辑模式，而是用结论与其概率密度的乘积来表示。如史密斯教授在电力市场竞争实验中得出的结论之一是高峰负荷时期电价提高的概率密度较小，而不是一定不提价。

（3）行为心理分析。经济理论的实验是把社会中的人作为被实验者，所要验证的是人的行为命题，自然要直面人类行为，需要借助行为和心理分析的方法。

一是运用行为理论来完善和改进实验。针对行为人对重复行为有厌烦的心理，在实验设计中运用价值诱导方法，并把实验时间控制在可承受时限内。二是运用行为理论来解释实验结果。许多实验结果与理论预测出现差异，其原因是理论假设行为人是理性的，而被试的行为却是理性和非理性的统一。因此只有运用了诸如前景理论、后悔和认知失协理论、心理间隔理论等行为理论来分析被实验者的非理性行为，才能很好地解释实验结果。

3. 若干经典实验

追溯经济实验的思想源流，梳理其发展脉络，大致厘出三条线索：一是不确定条件下个体决策行为的实验研究，源于圣彼德堡悖论和阿莱悖论，代表人物和成果是2002年诺贝尔奖的另一位得主卡尼曼（Daniel Kahneman）教授及其合作者的前景理论等；二是市场实验，侧重研究不同市场机制和绩效的比较分析，史密斯教授等人对有限市场竞争、双向拍卖和基础设施建设等方面的成果是很好的代表；三是博弈实验，主要是研究策略行为和交互影响，是博弈论与实验经济学有机地融合与交叉渗透。

在实验经济学的发展历程中，涌现了一些饱含研究人员智慧、经过精心设计和反复改进的具有代表性的实验，如最后通牒实验（Ultimatum Game，UG；Güth，Schmitt berger and Schwarz，1982），公共品博弈实验（Public Goods Game，PGG），信任博弈，互利互惠实验和重复囚徒困境实验中研究公平与合作，以及拍卖和讨价还价类的应用实验等，这些实验研究，在后人的研究中被多次引用和扩展，在规范和改进实验研究方法、探索人类决策行为规则、发展经济理论等方面具有重要的基础地位，对推动经济学深化发展产生了深远的影响。

4. 实验经济学的意义与局限

实验经济学的意义是重大的。未经过实验验证的理论仅仅是一种假设，它被接受或拒绝的基础是权威、习惯或对于假设的看法，而不是基于可以重演的严格证明或证伪的过程。而实验经济学能够把可论证的知识引入经济学领域，使人们了解真实的市场运行模式；同时，实验中的可控过程作为生成科学数据的重要来源，其数据采集的严格标准也日益受到理论经济学家的重视。

史密斯的开创性贡献还在于他所提出的一系列实验规范，以便在经济研究中能更好地、科学地共享实验资源和数据。他认为每一项实验都应由三大元素组成：环境、制度和行为。环境给定了每位参加者的偏好、初始的货品禀赋和现有的技术水平，而制度则界定了实验术语和游戏规则。环境和制度是可控制变量，它们会影响最终所观察到的行为，但要在实验中控制环境和制度变量，并且确保经济实验的若干规定。主要的实验规则包括：（1）单调性。报酬对于所有实验参与者的效用是单调递增的。（2）显著性。实验规则保证实验参与者的行为和愿望可以不受限制地显示出来。（3）支配性。报酬决定实验参与者的交易费用。（4）隐私性。实验参与者仅获得自己报酬的信息。（5）平行性或可重复性。在一个实验室所做的实验适应于其他相似系统，可能移植到真实环境中。这些具体的规则呈现出实验经济学在实际方面的特点，它与传统经济学相比，具有更强的操作性和可控性。

实验经济学的兴起标志着经济学方法论上的重大变革。长期以来，西方经济学模仿自然科学的信念十分坚定，实证方法始终是主流经济学的研究方法，这种假说演绎方法有科学合理的方面，但同时也有不少缺陷。例如，理论前提假设和数学推导排斥了人类行为或经济关系中的非理性和不确定因素；又如经验检验具有被动性和数据依赖的局限。而实验经济学既承继了自然科学的实证主义传统，又能弥补原有经济学实证方法的缺陷。

实验经济学的兴起促进了现代经济理论的发展，拓展了经济理论的研究范围，将人类决策行为当做研究对象，把经济运行过程纳入到研究领域，从而发现更符合现实的经济规律；催生出新的分支学科和交叉学科，把心理学和经济学有机联系起来；构建了连接宏观经济学和微观经济学的桥梁，使宏观经济理论的实验建立在微观行为的基础上，而对微观经济理论的实验也常常验证了宏观经济理论。如普洛特模拟市场机制既验证了市场价格收敛于一般均衡，同时也考察了货币供给增加对产出的真实作用。

年轻的实验经济学也存在一些不完善的方面，主要表现为：经济学和自然科学终究不是一回事，实验室环境是否能真正仿真人类现实生活的决策行为，尤其是重大经济决策行为，仍然存在一定疑问；不可能对所有经济现象都进行实验，更何况即便能进行所有实验，也难以判断当某些人走出实验室后，相关的实验结果是否仍然成立，而且同一实验设计出现彼此矛盾的结果也并非罕见；还有如工具性和思想性需要进一步协调，实验研究成本过高等问题的存在；此外，目前实验经济学取得的主要成果还局限在微观经济理论，如何拓展其运用领域还有待进一步探索，但这些丝毫不减弱实验经济学的意义。

（二）实验经济学在中国的应用和发展

1. 实验经济学对中国改革的启示

中国的改革实践有许多具有试验性质，也具有某些实验经济学的特征，如开办经济特区、农村土地制度和税费改革、国有企业股份制改革、培育资本市场，以及各项经济改革政策和措施等。在不断发生制度变迁的中国，每项重大改革方案的出台和经济政策的实施，几乎都需要“实验”，实验经济学方法对我国深化改革也会给出一些有用的启示。长期以来，我国习惯的是“试点—推广”的思路模式，这一思路与实验经济学的精神在本质上是一致的；实施时要重视地区改革试点的作用，但应寻找更好、适用性更广、成本更低的试点方式；在进行制度设计时，应重视人与人的相互作用，重视人的利己心对制度的影响。当然，中国的改革试点和实验经济学的实施还是有一些区别的。改革实验是综合的、在真实环境中实施的尝试，一般周期比较长，结果的解释弹性大。而实验经济学的实验是可在实验室里进行的，可以对影响因素加以控制。有人说，实验经济学的实验大部分是实验室实验，是小试；而中国的改革实验是实地进行的，是大试，它们各有各的用途、作用互补，不可简单替代。

在中国更有必要也更有理由开展实验经济学意义上的经济实验研究。有些重大的经济问题，长期讨论意见始终不统一，可以考虑使用实验经济学的方法来研究，把认识推向深入。如用利益分配的古斯实验，可考虑在中国的社会和文化条件下来进行，其结果可能揭示中国人关于公平的观念和对贫富差别的忍耐程度与发达国家的差别。关于股票发行、定价的合理性，投资人的行为等都可以考虑用实验经济学的方法来研究。随着经济实验在博弈决策、产业组织、拍卖和资产市场等领域中所取得的成果的引进介绍，近年来国内越来越多的学者开始关注实验经济学。然而，如何通过经济实验来解决我国特有的问题才是推动应用实验经济学的根本目的。目前，“到底应当如何设计实验”对许多学者而言仍然是个困扰。但随着实验经济学知识的普及，使用实验经济学方法来研究中国的经济问题一定会从无到有并得到发展。可以这么说，中国经济理论的建设和发展，就是现代经济学在中国的本土化实验，实验经济学在中国大有用武之地，中国的社会经济发展是培育实验经济学茁长成长的沃土。

2. 近年来在中国的推广应用概况

随着诺贝尔经济学奖对实验经济学主流地位的肯定，实验经济学也越来越受到国内经济学界的关注和重视。尤其是最近几年来，我国学者不断努力，在实验经济学方法及其相关学科领域开展了积极的、更加活跃的探索和应用。

自20世纪90年代我国就有学者关注实验经济学的兴起和发展（汪丁丁，1994），随后散见一些介绍和引进性的文章与工作；借诺贝尔经济学的东风，2002年前后是相对集中的一个时期。2005年8月，我国首次召开全国性的“实验经济学学术会议”，当年12月，“2005年博弈论与实验经济学发展研讨会”等在北京的成功举办，有力地推动了实验经济学在我国的推广与发展，我国高等院校及各相关科研机构相继举办实验经济学的专题研讨班、适应不同层次的实验经济学教学，以及不同规格的学术研讨会等。目前，全国有20多所高校建设了实验经济学意义上的专门实验室，权威刊物上刊登实验经济学研究文章大幅增加。市场经济和价格机制是全人类的一项伟大发明，用一个价格参数将市场参与者的利己之心综合在一起，瓦尔拉斯（Walras）形象地为市场交易设计拍卖机制，让所有的人各自报价给中间协调人，然后，经过协调人的调整再次让大家报价，这个假想的中间协调人机制较好地说明了市场价格的形成，是一个典型的很有说服力的理论实验。中国的经济转型和对市场经济价格机制的描述就是一种实验模型，是一次很好的实验验证。实验经济学的方法还可用于中国股市的分析以及用作新产品的价格发现等。我国的学者明显感受和期待着，实验经济学的研究与发展是最能够取得重大突破与进展的经济学应用领域之一。

2009 年 6 月，国家民政部正式批准全国博弈论与实验经济学研究会（中国数量经济学会博弈论与实验经济学专业委员会）注册成立。在此前后，该研究会联合相关高校和科研机构，于 2005 年 8 月首次举办以实验经济学为主题的全国性专业会议；自 2006 年出版系列论丛，每年一辑（葛新权、王国成，2006—2009）；2008 年 6 月邀请美国乔治·梅森大学的经济学跨学科研究中心（ICES，诺贝尔奖得主史密斯教授创办）主任豪斯（Houser）教授专程来华开办实验经济学高级研讨讲习班；2009 年 9 月，邀请国际知名专家，举办"直面危机：经济学前沿方法国际研讨会"；并已定 2010 年 8 月在北京召开博弈论与实验经济学国际会议。如今，实验经济学在中国金融实验、农产品安全、学习适应性等个体行为特性、城市交通管理实验、公共卫生、公共安全、大学毕业生就业选择、工资薪酬激励效果评估、不同文化背景条件下的行为特点分析以及实验教学等方面，都取得了可喜的成果，这为以后的发展奠定了必要的基础。

三　当前实验经济学的理论前沿和重大热点问题

实验经济学是一门集经济学、管理学、社会学、行为学、心理学、计算机学等相关学科之大成的新兴综合性学科，开辟了一条全新的社会科学研究途径，也随着逐步提高的现实需求相对集中地形成了比较受关注的若干理论前沿和热点问题，下面结合学科特点和中国现实的需要，有选择性地对一些专题予以简要评述。

（一）个人选择理论与行为属性

个人偏好对个人选择的影响极其重要，然而涉及生理和心理的个人偏好问题在真实的社会环境中是极难被观察和把握的，传统经济学采用外生禀赋的方式预先给定，但实验经济学家们则试图通过实验的方法来对各种行业已存在的关于个体选择行为的理论进行检验。将预期效用最大化作为社会个体的基本行为模式，以此为基础预设的理性选择是新古典微观经济学的基石之一，由此为出发点支撑起整个新古典微观经济学的理论架构，形成了诸多关于市场主体行为和市场体系运行的理论预见，并在较大程度上得到了经验事实的证实。然而，这一理论假设一直受到从未停顿的、强有力的质疑，虽然至今并没有一个足以完全取代理性选择理论的研究成果受到公认，但是许多研究仍然对理性选择构成了具有颠覆性的挑战，其中最引人注目的成就来自于实验经济学。许多著名实验（比如彩票选择实验、最后通牒博弈实验、公共产品实验、投资实验、咖啡杯交易实验）发现的许多现象都与预期效用模型所得出的预测相悖，显示出个体并非总是按理性选择理论所预测的那样行为。我国学者何大安（2008）进行了个体选择行为的理论和实验分析；陈叶烽（2009）开展了个体行为的亲社会性及社会偏好分解的实验研究；邵鹏（2009）探索了纳什均衡的行为经济学精炼，进行了基于群体感知度的认知层次模型的实验检验，他们在理论继承的基础上用实验等新的方法推进了传统理论的改进和完善。

对个人选择理论与行为属性进行验证实验，是实验经济学的焦点领域和重要基础，可以按照以下四个步骤来展开：

（1）使实验参加者获得一种机会参与或拒绝参与某一次个人消费选择行为；

（2）根据这一过程中实验参加者的选择行为，建立等效用曲线；

（3）根据这一效用曲线，预测实验参加者在更复杂的消费选择环境中的个体选择行为；

（4）通过实验参加者的实际选择行为，来验证上述预测。

（二）产业组织理论与市场结构

产业组织理论是实验经济学的诞生地之一，也一直是实验经济学最活跃的领域之一。拉波特（Rapoport）等做了第一个双头垄断的实验，验证了古诺博弈（Cournot game）的结果。实验经济学方法是检验博弈论方法建立产业组织理论模型非常有效的途径。用实验方法考察产业组织问题，主要围绕两大类因素、四方面问题。两大类因素：（1）市场结构。主要包括三类市场结构类型，即完全竞争、垄断与寡头。（2）市场制度。指在实验经济学中市场中买卖双方的组织机制，其核心是价格形成机制。四方面问题：（1）用实验方法分析、检验市场结构假设和比较市场机制；（2）用实验方法检验、分析、评价企业行为假设；（3）寻找有效的规制方法（特别是针对垄断）和政策；（4）用实验方法分析产业组织中的博弈问题。杨晓兰（2009）从实验与行为金融的视角研究了流动性、预期与资产价格泡沫的关系；李晓义、李建标（2009）基于实验方法研究社会偏好、不完备契约与市场交往，得出在交易不可签订完备契约的市场中，基于社会偏好的行为规范会对不完备契约型市场产生重要的互补性治理作用的初步结论；刘贞等人（2008）用计算实验方法建立多主体博弈仿真框架研究电力市场结构的演化问题。

（三）讨价还价与拍卖

实验经济学的兴起使经济学家可以在实验室中研究人类的经济行为，大量的实验研究成果为催生行为博弈论提供了可行的数据基础，行为博弈论就是用实验方法对博弈行为的定量研究，它与体现完美的策略分析过程的经典博弈论互为补充，能够弥补由于经济理性人的假定未经检验使其缺乏可操作性的局限。行为博弈论正是从这一点出发，力图将博弈论拉回到现实的框架中来，使其更显真实，更加人性化和社会化。讨价还价与拍卖是其应用非常成功的两个领域案例。

经济学家之所以对讨价还价理论感兴趣，很大程度上是因为许多实际交易过程与“完全竞争”理论过程背道而驰。随着博弈理论的推广，人们试图发展出能够对讨价还价结果作出精确预测的相关理论。通过对讨价还价理论的实验研究，可以明确以下几点：首先，实验证明议价者不断地认识他们的讨价还价活动，效仿其他议价者的行为，并根据从中获得的经验调整其讨价还价行为；其次，议价者可能不仅关心讨价还价协议最终达成时自身所得到的报酬，还会受多方面因素的影响，要求在具体实验过程中能用强大的控制手段来分离和排除一切可能的干扰因素；再次，实验室中控制手段的有效利用还不足以使可能的观察像现实领域的数据那样清晰。如此，实验已被证明是检验规则及原因假设的强有力的工具。朱宪辰等（2008）用实验经济学方法研究不完美信息下的序贯决策行为；龚强（2009）基于实验经济学的检验研究了消费者谈判能力与厂商标价策略，深化了谈判理论并使结论更具可操作性。

自20世纪60年代初，拍卖便成为微观经济学理论和博弈论中最为成功的应用领域之一。随着拍卖形式由简单到复杂，相应的理论研究深化了人们对现实世界运行的理解。史密斯用实验对其中的许多主张进行了检验，而且，是他最先在实验室里把受控制的实验作为“风洞”来检验新的拍卖形式的。他发现：正如理论所说，英国式拍卖与第二价格密封拍卖确实产生相似的结果；而也有与理论相反的，荷兰式拍卖与第一价格密封拍卖没有产生相同的结果；还发现有些假设应当被抛弃，如买者具有相同风险态度的模型。此外，他还观察到英国式拍卖和第二价格密封拍卖的平均销售价格高于第一价格密封拍卖，后者的平均销售价格又高于荷兰式拍卖。

（四）公共产品领域研究

公共产品供应的搭便车问题是长期困扰经济学家的难题，瑞典经济学家科那特·威克塞尔（Knut Wicksell）的建议是：处理问题的方法应当要求公共项目的建议必须与提高必要收入的建议一起考虑，并且整个项目应该经过全体的一致同意。后来，随着与公共产品有关的经济学理论的发展，争论的焦点就转换为估计搭便车现象的严重程度，以及什么情况或机制可以改善它。研究公共产品的难点集中在搜集真实数据上，如已经形成的公共产品数量是否接近最优数量。这类问题的提出为实验室实验提供了机会。有关公共物品的实验大致遵循这样一个思路，即向实验参加者提供一些其价值不为实验者所知的公共产品，然后对采用不同方法诱导出的实验参加者愿意对其进行支付的结果进行比较。是否提供公共产品在于实验参加者是否因参与实验而得到荣誉。周业安、宋紫峰（2008）运用实验方法研究公共品的自愿供给机制，并对已有的源自不同国家的相似实验研究进行对比分析，在一定程度上说明了经济个体的社会偏好的某些固有稳定性；李宝民（2010）实验分析了公共品的自愿捐献行为，是由利他行为得到的效用与自己有所付出的效用损失比较决定的。

总的来说，有关公共产品的实验经常没有或很少能观察到搭便车现象。随后的实验采用假设的公共产品，由此而使实验更易于控制。这些实验开始探寻搭便车现象的程度，以及决策机制和环境的差异。由于实验能够重复，从中发现的现象和得到的结论明显有别于已有理论，但人们目前还不能简单地把这种差异归结为重复实验中实验参加者所获得的对决策机制的经验。就这些实验而言，研究的焦点并不在于搭便车问题是否存在，而是搭便车问题发生的频率，它将在何种条件下发生，以及在什么决策机制和环境下其有效性最脆弱和最有力。目前，在实验结果和现实生活中有关的搭便车问题之间，还存在很大的差距，实验结果为我们指明了理论研究的方向，相信随着实验方法的发展，这一问题会得到更好的解决。

（五）中国的改革与公共政策实验

我国的渐进式改革开放就是人类史上最

大规模的综合实验，只不过一般实验经济学的实验放在狭小的人为仿真实验室环境下，而中国的改革实验是首先放在某个地区或单位的真实大舞台上来进行。尤其是近20多年来的金融改革，就始终贯穿了实验的思想，与其他领域内的改革一样循序渐进、小步快走、步步深入，遵循先试点后推广的思路进行，不断地试错、不断地完善。我国金融改革按阶段一波一波向前发展，每阶段的改革之前都要总结前阶段改革实验的利弊，以决定下一阶段改革的方向和力度。有关的研究如：逯进（2009）探讨了制度约束、二元人口流动与中国城市化的有序进程——基于“随机服务系统理论”的实验经济学研究；林润辉等（2009）对临时型知识团队合作治理中社会约束影响进行了实验研究；胡莹、仲伟周（2010）开展了居民预期影响货币政策传导方面的实验研究，等等。

中国的金融实验在微观和宏观两个层次进行：在微观层次，金融市场的运行以及各经济主体对改革措施的心理反应和行为方式等可以放在实验室里进行。例如，货币需求函数的预测和检验、股票市场价格波动能否收敛、国债拍卖机制设计等问题。这是一些基础而且非常重要的问题。在宏观层次，对那些影响面大、范围广的改革方案出台前除了做详尽的研究论证外还应放在某个（些）地区的真实舞台上先行实验。例如，应对危机和各类风险能力的抗压力测试，我国金融改革所面临的利率市场化等就是正在进行中的实验。

中国要实现建立成熟市场经济的目标还有许多工作要做，每项重大改革方案和决策的出台都涉及多方面的利益、影响巨大，稍有疏忽就可能造成很大的损失。因此要求我们慎而又慎，必须先试点后推广。多元化利益诉求、多样化的行为方式，各类主体和各方面因素对政策的行为表现和反应态度不尽相同。如何差别化、定量地分析评价公共政策和改革措施，对此，实验经济学可以给我们很多有益的启示。如分析个体行为属性与相互关系，为构建和谐社会奠定微观基础；利用公平偏好、合作博弈实验来发掘中国传统文化中的和合精髓，保证全国人民能共享改革发展的成果；对不同文化、制度背景下个体行为特点和市场有效性进行比较，控制收入差距拉大，更加关注关系到大多数人利益的政策实验和效果评价，等等。

四　实验经济学发展趋势展望

由于在用实验性度量方法判别经济体系和检验现实经济时，只是依据浓缩现实的近似实验、抽象的数据量及迭加关系、还原成现实生活现象的方法，去评价经济运行和发展经济理论。在这一过程中，主要是围绕着现实复杂环境和人类行为的测度与量化，是离不开现实原型和相关学科的交叉渗透与相互促进，这在一定程度上可以说是沿数量经济学的理论延伸路线逐步展开的。基于实验活动的常识和基本要求，经济实验过程是经济状态量的数据采集过程，是经济状态的度量和计量，具有实证性质和多学科融合的先天属性。实验经济学这一新兴的分支学科，虽然目前尚处于作为经济学发展应用的辅助手段的地步，但不难预见，由于它是“实验”的和活跃的，具有强大的生命力，能够将经济学乃至社会科学与自然科学等更紧密有效地结合起来。随着可控实验环境的日臻完善，人们对实验方法的应用日趋成熟，实验经济学必将由朝阳学科成长为充满生机活力的主力学科，也必然会对中国的经济理论建设与改革发展作出积极的、更大的贡献。

参考文献与学科年度重要文献

C. Plot and V. Smith, *Handbook of Experimental Economics Results* (Vol. 1), North Holland, 2008.

V. Smith, "Economics in the Laboratory", *The Journal of Economic Perspectives*, 1994.

董志勇：《实验经济学》，北京大学出版社2007年版。

杜宁华：《实验经济学》，上海财经大学出版社2008年版。

胡飞龙：《实验经济学对经济学方法论的影响研究》，《现代商贸工业》2010年第3期。

黄锫：《实验经济学对理性选择理论的挑战及贡献》，《学术研究》2007年第5期。

高鸿桢：《实验经济学导论》，中国统计出版社2003年版。

葛新权、王国成：《博弈论与实验经济学论丛》（1—4），社会科学文献出版社2006—2009年版。

弗农·史密斯著：《实验经济学论文集》（上下册），李建标等译，首都经济贸易大学出版社2008年版。

汪丁丁：《实验经济学与中国经济学建设》，《经济学动态》1994年第7期。

王国成：《基于实验方法的经济行为特征研究：当代经济学发展新特点》，《数量经济技术经济研究》2005年第10期。

王国成、黄涛、葛新权：《经济行为的异质性和实验经济学的发展》，《经济研究》2005年第11期。

张跃平：《弗农·史密斯对实验经济学的贡献》，《经济学动态》2000年第10期。

（王国成　隆云滔）

数理经济学

一　学科概述

一般认为，数理经济学（Mathematical Economics），是运用数学方法对经济学理论进行陈述和研究的一个分支学科，是现代经济学的重要组成部分之一；主要是用数学形式来揭示经济学原理中变量间的函数关系，表示经济范畴和经济规律并进行演绎推理，以期得出精确结论；试图建立相应的公理假设和取得理论体系内在逻辑上的一致性，并提出规范性的原则或定理。从广义上说，数理经济学是指运用数学模型等形式化语言和逻辑体系来进行纯理论的经济分析，以解释经济学现象；从狭义上说，是特指为研究瓦尔拉斯（Walras）开创的一般均衡理论专设的符号语言体系。数理经济学是建立在“理性人”基础假设之上，利用各种可能的数学方法研究现实经济问题，推导出相应的解决方案；通常可分为静态分析、比较静态分析与动态分析，其核心内容是均衡论或优化论。

西方开创性地提出把数学用于经济问题的应首推意大利的切瓦（1711）；而后法国古诺（Cournot）的《财富理论中数学原理的研究》（1838）首次比较系统地运用数学，这本书常被当做数理经济学的开端；杰文斯（Jevons）发表的论文《略论政治经济学的一般数学理论》（1862）正式使用了数理经济学这一名称；此后英国的埃奇沃思、马歇尔、美国的费希尔、意大利的帕累托等进一步发展了数理经济学。

数理经济学的开拓者和推动者认为，并且在以后的发展历程中被逐步证明，经济学要成为一门科学，必须是一门依赖于数学的科学，简单原因就是研究数量和数量之间的复杂关系，必须进行数学推理，即使不用代数符号，也不会减少这门科学的数学性质。利用数学方法分析研究经济问题，有利于发现经济问题的实质，指明问题变化的特点和趋势；能更简明地陈述问题、开辟新的研究途径、避免脱离主题，提高研究效率。如果仅仅因为不熟悉或怕用错而拒绝数学分析，是荒谬的。数理经济学能为价值的最终理论以及由此建立的市场规律提供数学解说；能对效用决定的价值进行边际分析，研究解决优化均衡问题；构建在边际效用价值论之上的一般均衡理论体系；表现商品交易中的讨价还价和帕累托改进等经济活动过程。

以所用方法的特点为依据，可将数理经济学的发展大致划分为三个阶段：19 世纪中后期以微积分为基础的边际主义时期；20 世纪前半叶的集合论与线性分析时期；20 世纪后期以来的综合发展时期。随着人们对经济活动认识的深入，数理经济学也在不断发展、完善，当代社会经济活动还需要电子计算机等现代科技成果的应用，如此能强有力地推进与数理经济学密切相关的经济计量学的发展，同时也对数理经济学的发展提出了更高的需求。

二　数理经济学在中国的发展、演进情况

（一）数理经济学基本内容

从用数学形式表述与研究经济学原理和基本关系的角度看，经典的数理经济学主要是对经济范畴和经济规律进行数理表示，构建一般均衡体系等模型关系，并进行演绎推证。根据学科特色、理论内在的规定性，以及在中国应用推广的情况，选择介绍如下内容。

1. 消费函数概述

消费函数是反映人们的消费支出与决定消费的各种因素之间的依存关系，实际上主要考虑消费与收入之间的函数关系。

英国经济学家 J. M. 凯恩斯（Jhon Maynard Keynes）最先（1936）提出消费函数这一概念。他在《就业、利息和货币通论》一书中提出，总消费是总收入的线性函数表示为：

$$C_t = a + bY_t$$

式中 C 表示总消费，Y 表示总收入，下标 t 表示时期；a、b 为参数。参数 b 称为边际消费倾向，其值介于 0 与 1 之间。凯恩斯的这个消费函数被称为绝对收入假说。此后，西方经济学家对消费函数进行了较深入的研究，提出了若干新的假说及相应的函数式。其中比较有代表性的如：

$$C_t = \alpha + \beta Y_t + \gamma C_{t-1}$$

式中 C_{t-1} 表示上期（$t-1$ 期）消费；α，β，γ 为参数。这一消费函数的最后一项可以解释为消费的惯性影响，也可以解释为持久收入的影响。因为存在递推关系：

$$C_t = \frac{\alpha}{1-\gamma} + \beta Y_t + \gamma^2 \beta Y_{t-2} + \gamma^3 \beta Y_{t-3} + \cdots + \gamma^n \beta Y_{t-n}$$

此外，还有相对收入、持久收入、决定收入、永久收入、长期消费函数等消费理论和假说。在进一步的实证检验中，这些消费函数理论逐渐暴露出其缺陷与不足。霍尔（Hall）将理性预期理论引入消费函数，提出了适应预期的消费函数模型（理性预期生命周期假说），戴维森（Davidson）等则提出了误差修正机制，在这二者的基础上产生了目前在国际上广为应用的随机漫步假说和误差修正机制消费函数。

消费函数主要应用于宏观经济分析之中。中国学术界从 20 世纪 80 年代开始消费函数的理论与实证研究，已将消费函数纳入中国宏观经济模型中。

2. 生产函数概述

生产函数是指一定时期内在技术水平不变的情况下，生产中所使用的各种生产要素的数量与所能生产的最大产量之间的关系。它可以用一个数理模型、图表或图形来表示。换句话说，就是一定技术条件下投入与产出之间的关系，也是一种生产技术的制约。在宏观经济学增长理论中讨论技术进步时，生产函数是重要的分析工具。

假定 X_1，X_2，…，X_n 表示某产品生产过程中所使用的 n 种生产要素的投入数量，Q 表示所能生产的最大产量，则生产函数可以写成以下的形式：

$$Q = f(X_1, X_2, \cdots, X_n)$$

表示在既定的生产技术水平下生产要素组合（X_1，X_2，…，X_n）在每一时期所能生产的最大产量为 Q；当主要考虑劳动（L）和资本（K）这两种生产要素时，其形式为：

$Q=f(L, K)$。常见的生产函数：柯布—道格拉斯（C－D）生产函数；固定投入比例生产函数；不变和可变替代弹性的生产函数等。生产函数已在中国经济学界得到普遍的应用。

类似地还可以建立成本函数、投资函数、储蓄函数和经济增长的大道模型，以及在不同和变通的条件下，通过变量转换和替代构建的扩展方程等。

3. 行为方程、最优化模型与分析方法

针对不同类型个体建立行为方程，如消费者效用最大化、企业利润最大化等，以此为基础，进一步考察不同函数类型（如线性与非线性，指数与对数函数等）、选择变量的类型和个数、具有不同约束条件等情况下目标函数最优化求解的方法及性质，是数理经济学建模和均衡分析重要的微观基础与核心内容，是利益主体最优行为选择和决策最常用的分析工具。

就数学方法和工具而言，数理经济学主要是用边际分析、优化论、凸规划、集合论、测度论、泛函分析和控制论及不动点定理等来研究各种经济模型最优解的存在性、唯一性和稳定性以及渐进收敛性等问题。如用来求经济均衡解的一阶条件、二阶条件；动态投入产出大道优化模型；莱昂内尔·麦肯齐（Lionel Mckenzie）在研究竞争均衡理论时引入的 Liapounov 函数，来考察动态竞争经济的局部与整体稳定性、短期与长期以及结构性变动等。

（二）数理经济学在中国的应用和发展

1. 在中国应用的基本情况

新中国成立之前，复旦大学经济系教授唐庆增就出版了《经济学中之算术学派》，比较全面地介绍了当时经济研究中数学方法应用的状况。新中国成立后，中国经济理论研究模仿苏联模式，于 20 世纪 50 年代中后期初涉经济数学模型和方法及应用的研究，数学界运筹学领域的学者和研究人员对经济数学也有所关注和涉及。但在相当一段时间，数理经济学在我国既不是一门学科，也没有专门的研究人员，鲜见正式的科研成果。

改革开放以来，求真务实的精神大大地解放了人们的思想，随着改革的深化和市场在资源配置中基础作用的不断增强，提高效益逐步成为经济工作首要考虑的任务，这一切使得数理经济学有了迅速发展的前提：全国许多高等院校相关专业陆续开设数理经济学课程，培养硕士、博士研究生，进行国际学术交流；成立全国性的专业学术团体；国家经济建设中的大量课题，如投资评估、物价调整、税制设计、金融政策、外贸管理、环境能源、规划编制等，都陆续地、一定程度地用数理经济学的理论去观察、分析和解决。

一般均衡体系是现代经济理论的核心，是用数学方法表述相对严整和研究较多的内容，基于此的应用也十分广泛。我国也先后开展了可计算一般均衡（CGE）、动态随机一般均衡（DSGE）模型的应用研究，以及从中央计划到分散经济的转轨经济模型分析等。然而，需要注意的是，这门主要在西方国家里发展起来的数理经济学如何应用于我国？社会制度、经济实践经验、考虑经济问题的出发点不同，不结合我国的具体情况，生搬硬套，必定是害多利少；我们应该学习数理经济学中有用的部分，特别是利用数学推理的方法，更有针对性地研究中国的现实经济问题，努力建立我们自己的经济理论体系及相应的数理基础表示。

2. 近年来的发展概况

最近几年来，我国学者不断努力，在数

理经济学方法及其相关应用领域开展了积极的、更加活跃的探索和应用。

中国社会科学院数量经济与技术经济研究所的沈利生研究员（2010），剖析了传统投入产出模型中列昂惕夫逆矩阵的列，认为将其定义为影响力存在两个缺陷：一是列和为相应部门 1 单位最终产品拉动的总产出，以总产出作为影响力的评判标准并不合理，应该以增加值作为影响力的评判标准；二是在有进口产品进入生产过程时，由竞争型投入产出表得到的列昂惕夫逆矩阵不合理，应该采用由非竞争型投入产出表得到的列昂惕夫逆矩阵，并据此提出了计算拉动力和拉动力系数的新公式。中国科学院的陈锡康等研究人员，继续发展完善他们首创的以投入占用产出技术为核心的系统综合因素预测法，进行每年度的《全国粮食、棉花和油料产量预测》，高精度的预测为国家粮食安全和农业发展保驾护航。

关于 CGE，我国一些学者结合环境保护与低碳排放、新能源与清洁能源、汇率与外贸等现实中迫切需要解决的问题，取得了一批卓有成效的成果。比较有代表性的有：中国社会科学院数量经济与技术经济研究所的张友国博士（2010）在《经济研究》上发表文章，基于 CGE 研究了经济发展方式变化对中国碳排放强度的影响，提出了节能减排与促进经济增长的相关政策建议；王丽博士（2007）与加拿大学者 John Whalley 教授合作，在 NBER 上发表文章，建立了我国汇率计算的 CGE 分析框架，分析对比了不同的汇率政策对中国的国际贸易和世界经济可能产生的影响；国务院发展研究中心的李善同研究员（2009）等学者利用 CGE 方法重点研究了区域经济发展战略和结构调整等。这些研究不仅是在政策制定和分析评价方面的应用，同时也在一定程度上丰富和发展了 CGE 方法。

利用数理方法，结合行为金融的新进展，对我国金融市场特点及其在金融危机背景下衍生品市场发展模式与路径选择等问题进行及时、深入的研究，张永林（2007）、林清泉（2009）等一些学者相继出版了相关的研究论文和专著；葛新权和王国成等学者，密切关注和跟踪经济理论前沿及学科交叉动态，组织主编出版了《博弈论与实验经济学论丛》1—4卷（2006—2009），还进行了主要用实验经济学方法分析高校毕业生就业的有益尝试，在微观行为分析上提出了一些新的见解。

总的来说，中国关于数理经济学的教学科研，主要是体现在仿照基本理论和方法，对应地寻求中国的基本函数关系和参数估计，在原创性贡献上亟待提高；但在应用上发展较为迅速，在公共政策、收入分配、扩大内需与优化结构、国际贸易、金融发展、转变经济发展方式以及和谐社会的公民行为素质等热点问题研究方面，有一些可喜的成功案例。

三　当前数理经济学的理论前沿和重大热点问题

在经济学科群中处于基础地位的数理经济学，既反映基本的、普遍的共性问题，也随着逐步提高的现实需求相对集中地形成了比较受关注的若干理论前沿和热点问题，下面结合学科特点和中国现实的需要，有选择性地对一些专题予以简要评述。

（一）博弈论与经济行为研究

博弈论（Game Theory），也译为对策论，或者赛局理论，是研究竞争合作局势中的策略选择理论。它源于对游戏、竞争与合作、冲突与协调等现象的考察，最初被抽象成应用数学的一个分支，是运筹学领域的一个重要组成部分，现如今已广泛应用于经济学、法学、政治学、国际关系学、生物学、计算机科学、军事战略和体育竞赛等其他很多学科领域。

博弈局势中的各个参与方具有各自不同的目标或利益，但又相互牵制、密切相关。为了达到各自的目标和利益，各方必须考虑对手的各种可能的行动方案，并力图选取对自己最为有利或最合理的方案。这种在直接考虑对手行动方案下的策略选择行为称为博弈行为或策略行为。博弈论考察个体的预测行为和实际行为，并研究它们的优化策略。表面上不同的相互作用可能具有相似的博弈结构，如一些著名的、有趣的经典案例：囚徒困境、公共地悲剧和古诺垄断竞争博弈等。

博弈思想古已有之。我国古代的《孙子兵法》，人们对象棋、桥牌、赌博中的胜负及韬略问题的研究，都可看成是博弈思想的萌发、实践和积累。公认的博弈论正式形成为一门学科则是在20世纪中后期，纳什均衡概念提供了一种非常重要的分析手段，使博弈论研究可以在一个博弈结构里寻找比较有意义的结果。博弈论及其进展所形成的理论体系，主要包括非合作博弈（完全信息静态、完全信息动态和不完全信息静态、不完全信息动态）、合作博弈、演化博弈和博弈实验等组成部分。蒲勇健（2008；2009）发表了系列研究文章，用博弈论方法探讨委托—代理模型中物质效用与动机公平的替代、我国银行官方监管行为和双头垄断不对称信息交易中的企业行为等；葛新权与王国成（2006—2009）合作编著的博弈实验系列丛书，对博弈论结合实验方法及其在中国的应用，有比较全面系统的探讨和介绍。

冯·诺伊曼（John Von Noumann）和摩根斯坦（Morgenstern）合著的《博弈论与经济行为》，一方面明确地奠立了博弈理论体系，另一方面指出了博弈与经济行为的内在联系和可行的研究途径，能对基本行为假设、理论假设及特征表述进行检验，习惯性地被认为是数理经济学的重要组成部分。由于博弈论主要研究策略行为，因而可将他人行为、制度和文化以及环境纳入理论视野，使博弈论成为备受关注的理论前沿和热点问题，推动了当代经济学在行为研究方向上的纵深发展。

（二）新经济增长理论

经济增长是经济研究的永恒主题与核心内容。自20世纪80年代中期以来，随着以罗默（Paul Romer）和卢卡斯（Robert Lucas）为代表的“新增长理论”的出现，对经济增长的研究在新古典增长理论之后又进入一个新的高峰时期。

新经济增长理论（New Economic Growth Theory）的重要内容之一是把新古典增长模型中“劳动力”的定义扩大为人力资本投资，即人力不仅包括绝对的劳动力数量和该国所处的平均技术水平，而且还包括劳动力的教育水平、生产技能训练和相互协作能力的培养等，这些统称为“人力资本”；提出技术进步内生的增长模型，把经济增长建立在内生技术进步上。

新增长理论模型中的生产函数是一个产出量和资本、劳动、人力资本以及技术进步相关的函数形式，即 Y = F（K，L，H，t）。其中，Y 是总产出，K、L 和 H 分别是物质资本存量、劳动力投入量和人力资本（无形资本）存量，t 表示时间。

对此有影响的模型有阿罗（Arrow）提出的边干边学模型和罗默提出的收益递增增长模型。阿罗的模型将技术进步部分内生化；罗默等人提出的新经济增长理论，充分地重视了知识的作用，将技术进步完全内生化。他们都强调知识的积累、技术的进步对于经济的增长具有决定性的作用，都认为知识或者知识的载体——人力资本具有规模报酬递增的性质，而且存在着投资（即资本的积累）刺激知识的积累，反过来知识的积累又促进投资的良性循环。在这一过程中资本对于经济增长的关键性作用已让位于知识和技术进步。新增长理论注重和推动了数理经济模型对人力资本的刻画，建立内生技术进步模型，突破原有的分析技术和理论框架，使得增长研究成为经济理论中经久不衰的热点领域。袁江、张成思（2009）在强制性技术变迁的假说下，针对中国经济增长与经济结构特有的变迁机制，构建了一个包含经济过剩和结构失衡特征的总供给—总需求分析框架，对中国经济波动、不平衡增长、潮涌现象、价格分化等现象给予了理论分析，并以 1978 年至 2007 年的数据实证检验；胡桂华（2009）等通过对比数理经济学模型和计量经济方法，分析柯布—道格拉斯生产函数在经济增长理论研究中的作用及其在中国应用时需要注意的事项。

（三）动态宏观经济理论与模型

考察宏观经济的选择性微观基础和各类模型背后的数学统一性，是将宏观与微观有机结合、进行理论建设的重要内容。拉姆齐（Ramsay）的世代交迭模型开创了跨期研究，使动态地研究经济变化过程成为可能。经济发展中的不同时期、整个经济活动过程的不同环节，结构、参数，甚至基本经济变量之间的关系都会发生变化，动态经济理论与模型就是要设法探讨和表述当期的总量和参数与前期（或若干期）变量与因素及响应参数的关系。动态宏观经济理论主要包括一些动态一般均衡模型，动态规划、搜寻理论和资本定价（真实、动态）模型等。孔凡保（2009）撰文以货币市场利率和自然利率偏离解释了利率与价格变动之间的关系，丰富了传统的货币数量论，分析了数理经济学表述不但能够厘清经济学界的某些理论分歧，而且对于社会主义市场经济条件下中国的利率与价格波动，以及其与产业结构和经济增长方式之间的关系提供了一个分析框架。

递归方法是动态宏观经济学中一个强有力的工具，可用于分析市场不完全性、经济增长、资产定价、声誉机制和契约设计，通货膨胀的财政与货币理论、政府债务、时间一致性和可信政府政策，财富分布、最优劳动和资本税收、最优社会保险以及劳动力市场动态学等。现有的应用模型包括：世代交迭、随机最优增长、匹配和套利定价模型，利息、股票价格和期权理论以及数值模拟模型；效用函数中有通货的模型、现金先行和汤森的税收模型，等等。

动态经济分析建模方法主要包括：时间序列、马尔科夫链、平稳分布与渐近平稳、似然函数、线性随机差分方程、随机贴现因子、矩估计、谱分析、动态规划、贝尔曼方程、线性二次动态规划、多项式逼近、保形样条函数、拉格朗日公式、卡尔曼滤波、搜寻、匹配和失业、递归（局部）均衡、泛函分析、控制与滤波等。对于具体的动态问题，需要选择对应的方法，使动态模型方法成为数理经济分析的难点之一。

（四）信息、风险与不确定性

经典的数理经济学侧重回答确定性条件下的理性决策原则和行动方案，而经济活动充满不确定性，人们在现实生活中的决策常常是在不确定条件下作出的，各类主体所掌握的信息不可能是完全的。不确定性经济学是西方经济学大家族中派生出来的交叉学科。在经济理论中，对不确定性的分析和认识不仅是经典的阿罗—德布鲁一般均衡理论的基本内容，同时也是信息经济学、行为（实验）经济学和制度经济学等新兴理论和学科的重要内容，需要有相对统一规范的数理表示。弗兰克·H. 奈特对风险与不确定性做了明确的区分与定义，不确定性的分析和认识不仅决定着经济学对现实的分析和解释力，同时也是现代经济学一个极为重要的发展方向。经济学对在不确定性条件下决策原则的认识经历了不同的发展阶段，这些不仅深刻地改变着经济学对现实的解释和预见，同时也改变了经济学自身。我国学者对信息、风险与不确定性等相关问题的探讨比较活跃，如李毳、欧阳昌民（2007）探讨了由于人力资本内生不确定性导致的信息不对称，使得可转换优先股在风险投资契约中被广泛使用，而可转换优先股隐含了更多的选择权，可以更好地适应风险投资过程中的不确定性；孟炯（2009）等管理界学者相对集中地研讨了不完全信息下供应链管理中存在的产品安全信息风险，在理论上试图通过利益分成及风险分担机制来建立有效的激励约束，利用信息技术促进企业间信息共享等问题。

总之，不确定性已经极大地改变了经济学家看待世界的方法，为数理经济学提出了新要求，增添了新内容，成为推动经济学不断发展的一个十分活跃的增长点。

（五）公共选择与制度分析

公共选择（Public Choice）就是把基于个体行为的市场选择的经济分析方法运用于集体和社会选择行为以及福利经济学的分析中；制度分析（Institutional Analysis）则着眼于人类选择的制度基础，包括市场选择和非市场选择；通过公共选择和制度分析，寻求集体行动的逻辑及其与个体行为的关系。公共选择与制度分析这两个传统有一定的区别，但其价值、方法和所探讨的问题在很大程度上属于同一源流。因此人们习惯上把这两方面结合在一起，并与经典的政治经济学比较结合，融入方法论的个人主义，为政治经济学研究增添新的特色。公共选择与制度分析方法形成于20世纪中后期，秉承这一传统的学者积累了大量的理论研究、数学研究和经验研究的成果，已逐步融入经济学主流。改革开放以来，在将大量国外的研究成果陆续翻译、介绍到中国的同时，中国的学者也基于这一传统展开了本土化的研究。李善民、张媛春（2009）研究了制度环境、交易规则与控制权协议转让的效率；刘燕（2009）等人对我国改革实践中关于公共选择、政府规制以及公私合作提供公共品等问题进行了比较深入和系统的研究。

公共选择和制度分析研究的是传统经济学理论框架之外的非市场决策问题。现实发展的需要和经济学的拓展与进步恰恰证明了非市场问题同样需要而且能够用经济学方法来研究。而且，这些理论方法的基础和起点是紧扣“经济人”这一基本行为假定，认为除了参与私人经济部门活动的人之外，代表公共利益的行为主体、公共活动的参与者也受制于此，都有使自己行为最大化的倾向；并逐步运用集合论和博弈论方法，使其研究过程和结果形式化与规范化。现在，公共选择和制度分析已渗透到对社会、经济、政治生活多方面的研究中，大大拓宽了经济研究视野，使其成为理论前沿十分活跃的分支之一。

（六）数理金融或金融数学

金融是现代经济的血脉，数学方法的应用同样也渗透到金融学中，经济理论体系中为金融学寻求的数学架构，可称为数理金融学或金融数学。系统地用数学来架构的现代金融学被认为是两次“华尔街革命”的产物：第一次“华尔街革命”由年马科维茨（Markowitz）的证券组合选择理论（1952）引发；第二次“华尔街革命”是指布莱克——肖尔斯期权定价公式（1973）的问世。这两次“革命”的特点之一都是避开了一般经济均衡的理论框架，试图建立新的基本假设和探寻新的展开途径，使金融学发生重大改观。从在金融学应用数学的发展历程来看，尤其是近年来，从基于无套利假设CAPM到套利定价理论APT；从理性投资者与有效市场假设两大核心假设的现代金融理论到行为金融学、金融工程的迅速兴起；诸如时间序列分析；ARCH模型族和VAR系列模型等数学、统计学的应用，以及与微观计量和不确定性经济学结合，促进了行为金融学等新兴分支的量化实证研究，扩大和巩固了数理金融学的基础，拓展了应用空间，使其成为最有潜力的发展方向之一。张永林（2007）和林清泉（2009）等学者出版了与数量金融相关的专著，系统介绍数量金融理论体系和基本分析方法；冯用富等（2009）运用数量金融方法，基于R2分析了中国股市私有信息的套利现象。

（七）数值模型与人工虚拟经济

由于经济参与主体和影响因素众多，对某一经济学问题建立一个数学模型的传统数理方法已不足以分析解释复杂的现实经济，需要系统综合集成建模和数值模拟等新的技术手段和方法，催生复杂经济学等新的理论分支和发展方向，在问题描述、选择决策变量、刻画目标函数，求均衡解的过程中加入数值模拟，使得经济研究更加深入、细化和鲜活，所得结论更加可靠和具有更强的适应性、操作性，有望解决模型整合、动态过程和参数优化的模拟。吴利学（2009）在动态随机一般均衡框架下构建能源效率的机制决定模型，利用数值模拟方法探讨不同冲击对中国能源效率波动的作用差异。张新红（2007）通过对中国进出口贸易额时间序列预测建模的研究和仿真预测，提出了用连续参数小波网络建立经济时间序列预测模型的一般步骤和方法。

不仅把经济看成实物系统，还可在经济研究中虚拟出一套新的价值系统，借助人工智能和仿生算法等新技术，通过计算机来实现构建人工虚拟的社会经济系统，来仿照、平行、交叉而又能深入分析现实经济的运行和变化。这方面的研究以其适时地引用现代科技成果，吸引相关学科的研究人员加盟经济研究，推动经济学的科学化进程，会越来越受到关注。

四　数理经济学发展趋势预见

从人类社会发展的需求提升和数理经济学自身特点以及学科总体趋势来看，一方面经济研究仍将不断地引入先进的数学方法和优越工具，如非标准分析、非线性动力学等，使数理分析更加规范和深入，更加自觉和普遍；另一方面越来越复杂的实践活动也在促进认识观念和方法手段的转变与创新。预计数理经济学可能的发展方向有：与经济学其他分支学科紧密结合、深度融合，边界逐步模糊淡化，成为经济分析的必要基础；处理好形式化、科学化与经济主体的主观性、异质性的关系，全面刻画、检验微观行为属性、行为关系和动态演变过程，与计量方法和统计学方法的整合，以便进一步实现量化实证；更好地在现实经济与形式化的科学分析之间沟通搭桥，强化和优化人们认识和研究经济运行特征和变动规律的方法与工具，既能与真实人类行为逐步接近，与复杂性科学结合，建立分析复杂经济等异常现象的模型，也更有利于借助计算机等现代科技成果进行数值模拟，深入地研究人类行为特征和经济活动中的传导演变机理，使得原来困难的变得不那么困难，原以为不可能的变为可能，原来不太科学的变得更加科学；与物理、计算机、生物和心理学等相关学科的交叉渗透与结合会更加频繁紧密，全面地、科学地为经济理论发展奠定基础和提供数学理论分析工具；中国在推广应用和提高效果的同时，会更加注重原创性的基础研究，使数理经济学在经济研究和现实应用中发挥更加重要的作用。

参考文献与学科年度重要文献

Debreu. G, "The Mathematization of Economic Theory", *The American Economic Review*, V81, No. 1, 1991.

C. Simon and L. Blume, *Mathematics for Economists*, W. W. Norton & Co., 1994.

K. J. 阿罗等主编《数理经济学手册》（1—3卷；英文原版有第4卷），杨斌译，经济科学出版社2003年版。

R. G. D. 艾伦：《数理经济学》，商务印书馆2005年版。

沈利生：《重新审视传统的影响力系数公式——评影响力系数公式的两个缺陷》，《数量经济技术经济研究》2010年第2期。

蒋中一：《数理经济学的基本方法》，刘学等译，商务印书馆2004年版。

李子江：《作为经济学基础学科的数理经济学》，《暨南学报》2000年第1期。

刘树林：《数理经济学》，科学出版社2008年版。

保罗·A. 萨缪尔森：《经济分析基础》（增补版），何耀等译，东北财经大学出版社2006年版。

张永林：《数理金融学导论》，高等教育出版社2007年版。

张金水：《数理经济学》，高等教育出版社2008年版。

（王国成）

国防经济学

一 学科概述

国防经济学是一门以经济学为工具、研究与国防相关的资源配置效率的应用经济学学科。从其所使用的研究方法看，主要是现代经济学一般分析框架，尤其近年来发展起的信息经济学理论与计量经济学最新工具，被广泛应用于国防经济学领域。从研究对象看，主要是与国防相关的资源配置效率问题，既包括国家资源在生产性用途与安全性用途之间的配置效率，也有国防资源在国防部门内部的配置效率。

现代经济学鼻祖亚当·斯密（Adan Smith）的相关思想同时也被认为是国防经济学的源头，他是“最早考虑国防开支对社会的影响，并提出筹措国防经费的方法的经济学家之一”。而关于现代国防经济学的产生①，目前较公认的说法是（K. Hartley and T. Sandler，1996）：

“1960 年，以三本当代经典著作的问世为标志，国防经济学正式创立：查尔斯·J. 希奇（Charles J. Hitch）和罗兰·麦基恩（Roland Mckean）的《核时代的国防经济学》，刘易斯·F. 理查森（Lewis F. Richardson）的《军备与不安全》（*Arms and Insecurity*），托马斯·C. 谢林（Thomas C. Schelling）的《冲突的战略》（*The Strategy of conflict*）。”

经过几十年的发展，国防经济学已发展成为一门相对独立、研究边界清晰的成熟的经济学学科。这一领域目前研究的主要议题包括五类：（1）国防开支及相关问题：国防费界定、计量及国际间比较；国防费开支决定；国防开支的外部性问题；联盟国防开支分担等。（2）国防科技工业及相关问题：国防采办契约及政策；国防工业基础发展政策；国防研究与发展；国际军火贸易及军工合作；国防科技工业对区域经济影响等。（3）国防人力资源及相关问题：不同征兵制比较；军队征兵质量与效益；军人服役行为与民事回报；专用性军事人力资本投资保护；军事人力组合模式对战斗力的影响等。（4）战争经济学：战争对经济的影响；战争动员、战后复员等等。（5）军备、和平与冲突：军备竞赛及其对经济发展的影响；裁军及其对经济发展尤其是区域经济的影响；冲突的发生及其解决；起义与革命的经济学、恐怖主义与反恐的经济学，等等。

国防经济学以现代经济学作为基本分析框架，同时本领域研究成果也推进了现代经

① 另一说法认为，国防经济学作为一门独立的学科，应该以 1921 年著名福利经济学大师庇古所著《战争经济学》一书的出版为标志。日本国防经济学家石井洋，在其《日本国防的经济学》（1986）一书中明确指出：“战争经济学是研究战争与经济关系的科学，而全面研究战争与经济关系是从第一次世界大战开始的，它的先师是久负盛名的经济学家庇古。”

济学的发展。如2005年诺贝尔经济学奖获得者托马斯·谢林（Thomas C. Schelling）在《冲突的战略》一书中首次定义并阐明了威慑、强制性威胁与承诺、战略移动等博弈理论领域的基本概念。佩克（Peck）和谢勒（Sherer）合著的《武器采办过程：经济激励》（*The Weapons Acquisition Process: Economic Incentives*，1961）为信息经济学尤其是机制设计与合同理论奠定了基础。

二　改革开放以来国防经济学在中国的发展、演进概况

一般认为，中国国防经济学学科产生自20世纪80年代中期①，发展大体上可分三个阶段：

初步建立阶段（1985—1991年）。20世纪80年代中期，在国防建设服从、服务于国家经济建设的大背景下，军费开支持续下降，国防工业艰难转轨。如何更好地协调国防建设与经济建设之间的关系以及如何用好更加稀缺的军费，就成为军内学者关注的重大问题。1985年1月下旬，解放军政治学院等单位在北京联合召开了我国首次国防经济学讨论会，提出“要建立一门把马克思主义的基本原理同中国革命的实际相结合的国防经济学”。1987年3月，国防经济理论刊物《军事经济研究》创刊发行；5月，成立了全军军事经济研究中心；同年，“国防经济”正式列入应用经济学二级学科。这一阶段的国防经济学研究主要围绕构建有中国特色国防经济学体系以及国防经济思想史、国防经济史等领域进行了研究。

全面展开阶段（1992—2000年）。1992年执政党明确提出中国改革的目标模式是建立社会主义市场经济体制；不久后，中央军委提出新时期军事战略方针是“打赢一场现代技术特别是高技术条件下的局部战争”。国防经济建设如何适应“计划经济向市场经济体制”以及“传统机械化战争向现代高技术战争”两个根本性转变成为新课题。国防经济研究更侧重于应用理论，主要围绕社会主义市场经济条件下国防经济运行、高技术条件下局部战争的国防经济保障、国防经济管理等重大理论和实践问题进行了深入系统的研究。

学科转型阶段（2001年至今）。2001年中国国防大学成立了国防经济研究中心，成为新时期国防经济信息交流、理论创新、政策咨询、人才培养的基地。面对国防经济实践与现代经济学科新进展带来的挑战，国防经济学界提出并开始推动学科转型，即“由传统理论经济学研究范式向现代应用经济学范式转型、由服务于机械化条件下战争向服务于信息化条件下战争转型”。2001年创刊的《中国国防经济》杂志兼顾了符合学术规范的基础理论研究。2002年由姜鲁鸣等引进并主译的《国防经济学手册》正式面世，接着一批现代国防经济学教材相继出版。2005年，为进一步推动本领域学术研究规范建立，

① 国防经济学在中国的历史可以追溯到1941年商务印书馆董问樵《国防经济论》一书的出版。董问樵（1909—1993年）早年曾留学德、英、法诸国。归国不久，抗日战争爆发，他忧心于国家胜败和民族兴亡，又鉴于我国经济中心集中于沿海地区，虽合乎经济上的需要，但不合乎国防的要求，故而在川大、重大任教时，着重讲授国防经济理论，期望引起众人重视。董问樵还是我国著名的歌德研究专家。

由卢周来主编、带有学术年刊性质的《中国国防经济学：2004》问世。应用研究则更加重视为国防与军队现代化建设提供理论支撑与决策咨询，在建立起平战结合国防动员体系、适度提高国防费开支水平、国防科技工业寓军于民等重大理论与实践问题上，不断涌现有重大参考和应用价值的成果。

20 多年来，中国国防经济学界围绕国防经济重大实践问题进行理论研究，在以下方面获得了较突出成果。

（一）关于中国适度军费开支

新中国成立以来，我国军费开支波动幅度比较大。特别是改革开放以来的 1988 年至 2000 年间，中国军费按可比价格计算逐年下降。“和平时期中国军费开支到底多大规模适度”得到许多军内外学者关注。包括库桂生、钱林远（1997）、陈代兴（1997）、刘群（1997）、胡鞍钢（2001）、胡鞍钢、刘涛雄（2003）、顾建一（2003）、姜鲁鸣（2004）等的研究成果，使用不同工具或方法得出几近一致结论认为，作为一个独立防卫型国防建设的国家，中国适度军费开支占 GDP 比例的区间应该是 1.6% 至 3%。

自 2000 年至 2008 年间，中国军费有较大幅度增长，受到世界各国高度关注。一些国外研究机构纷纷以“不透明”为由高估中国实际军费开支，助长“中国威胁论”。对此，卢周来、欧阳亮（2005）先是建立起主要国家和地区可比较军费开支数据库，后应用军费开支决定的动态新古典模型，并利用广义最小二乘法（GLS）进行了细致的研究。结论表明，中国大陆一贯奉行的是防御型国防，军费开支几乎都是对威胁方或潜在威胁方相关选择的反应。陈炳福（2005）认为，西方国家对中国国防支出的测算差异主要来自于不了解中国军费开支的口径、中国军事经济的运行机制以及中西方计算与比较方法而造成的。中国目前军费增长是补偿性质的，是与国防建设需要和经济发展相适应的。

（二）关于军费开支与经济增长之间关系的中国经验研究成果

从 20 世纪 90 年代末开始，研究军费开支与经济增长方面的理论模型逐渐被介绍进中国，引发了一些学者对中国经验进行实证性研究的兴趣，产生了一些有分量的理论成果。

陈渤、李双杰（2002）运用费德尔—拉姆（Feder-Ram）三部门模型，使用 1980 年到 2000 年间时间序列数据进行研究，研究表明，中国国防支出对于民用非公共经济部门的经济成长有积极作用，而非国防公共部门的支出对民用非公共经济部门经济成长的产出有消极影响。陈波（2004）选取 1985—2000 年的数据为样本，运用凯恩斯模型并对国防支出与经济增长的关系进行 OLS 回归分析后发现，从总体看，中国国防支出对经济增长存在负效应。作者对此给出的可能解释是，“可能与我国的军民一体化程度不高、国防的生产功能还没有充分发挥出来，使得军事与民用的传递机构不顺畅等有一定的关系”。

这一结论得到了胡鞍钢、刘涛雄（2005）的相关研究支持，后者研究结果认为，中国国防开支的规模效应与经济增长的关系为正向，但国防开支对经济增长有负的外部性。这表明，一方面中国的国防开支相对国民经济的发展还有明显的增长空间，但另一方面必须尽快建立起军民融合的机制，以发挥好国防部门对民用部门积极影响。

国内也有学者试图从单纯的计量经济角

度研究中国军费开支与经济增长之间的关系。魏汝祥等（2007）通过建立起一个向量自回归模型，采用脉冲响应函数分析了我国军费开支对经济增长的动态影响，并考察了其影响路径。分析表明，总体上看，我国国防支出对经济增长起到了显著的促进作用。

目前国防经济学相关模型都把军费对经济增长的影响视为"外部性"考虑，而忽视了一个更根本的问题：军费开支带来的安全产出通过提供一个稳定环境对经济增长的影响。这为后来者改进模型预留了空间。胡鞍钢、刘涛雄（2006）假定军费开支的唯一目的在于保护本国财产免受或少受外部掠夺，据此建立起一个处于国际冲突环境中国家的长期增长模型。陈炳福（2006）将国防支出、国家安全威胁作为一个内生变量纳入到内生经济增长模型之中，以1953—2004年中国大陆时间序列数据为样本进行检验发现，国防支出因有效维护了中国作为一个大国的安全而促进了经济增长。严剑峰（2006）考察了经济增长与军费支出战略之间的动态关系，认为"固定占比"、"先低后高"与"先高后低"三种军费支出战略的经济后果不同。中国此前集中精力搞好经济建设，近些年逐渐提高军费占比，这种战略是合理的。

（三）关于建立寓军于民的国防科技工业体系

新中国成立以来，我国一直在探索军、民两个工业基础的关系问题。进入20世纪90年代，为适应新军事革命需要，西方发达国家提出军事采办革命，将国防科技工业基础和更大的民用科技工业基础合并成一个统一的"国家科技工业基础"，同时满足军用和民用。在此背景下，针对我国经济社会发展与国防建设新形势新任务，中央提出了"寓军于民是国防工业新体制的核心"的思想。国防经济领域的学者如赵澄谋（1997）、于连坤（2002）、沈志华（2003）等在推动"建立寓军于民的国防科技工业体系"过程中发挥了提供理论支持的作用。

三　2009年国防经济学发展前沿以及重大的热点问题

（一）国际金融危机背景下我国国防经济发展

国际金融危机冲击力强、影响深远、波及范围广。危机背景下国防经济发展是本年度热点问题之一。

徐勇（2009）以及顾建一、李颖（2009）均全面分析了国际金融危机对中国国防经济的影响并提出了对策。国际金融危机对我国国防经济的挑战主要体现为：国防工业基础受到实体经济下滑冲击严重；国防开支受财政收入影响可能出现增幅下降；军队资金安全面临着金融风险的潜在威胁；军队物资采购受市场价格波动影响严重；保护我国海上权益、企业海外权益以及维护国内社会稳定的任务更加艰巨等。应对危机的各种现实和潜在影响的措施主要是落实发展需求。在推进基础设施建设中要努力实现军地互促双赢、协调可持续发展；利用国家扩大内需机会，适度增加国防投入，充分发挥国防投入对于经济增长的积极作用；利用国际原材料及大宗商品价格波动的契机，加大战略物资储备；利用发达国家技术转让门槛降低，积极引进高新技术；利用国家扩大高等和职业教育规模，扩大军事人才储备规模等。此外，郭中侯、孙邦栋、蔡永刚（2009）分析了如何在国际金融危机背景下加强国防经济风险管理；罗敏、金琳、陈海涛（2009）研究了国际金融危机背景下的中国国防人力资源管理等问题。

（二）军民融合式发展路子

党的十七大提出，要站在国家安全和发展战略全局的高度，走军民融合式发展路子，确保在全面建设小康社会进程中实现富国和强军的统一。遵照这一精神，本年度就如何在实践中推进军民融合进行了深入的对策研究。

于信川、周建平（2010）等全面梳理了军民融合式发展理论与学术研究领域过去的成果，对军民融合式发展的理论渊源、科学内涵、地位作用、基本实践、指导思想和总体思路等进行了更加深入探讨。为经由理论研究过渡到推动实践起到了很好铺垫作用。

由全国人大财经委员会牵头、国防大学负责总体设计与协调、国家发改委、工信部、国防科工局以及军委四总部共同参加的《军民融合式发展战略研究》课题组，在历经一年半的深入调查和研究基础之上，形成了一个总报告与九个分报告，部分内容成书后公开出版，明确了我国推动军民融合式发展的战略目标、战略任务、战略举措，并就如何建立和完善军民结合、寓军于民的武器装备科研生产体系、军队人才培养体系和军队保障体系以及如何完善国防动员体系提出了总体规划与建议。课题最终成果不仅受到党和国家领导人重视，而且已直接进入决策。

（三）国防费及相关问题

本年度此领域主要进展表现在以下几个方面：一是从宏观和微观两个方面，推进了国防费对经济社会发展影响的研究；二是使用更前沿的计量工具，对国防费决定因素进行了更细致的实证分析。

陈波、陈可、闫仲勇（2009）以费德尔两部门模型为基础，在对新中国成立以来国防与经济建设关系的演变进行了宏观考察后认为，新中国成立以来，中国的国防支出总体上表现为一个十分克制的状态；中国的和平发展为中国带来了数万亿元的和平红利，而且年度和平红利还表现为一个长期增长的态势。类似结论还见于王万珺、陈晓和（2010）。后者将经济增长、国防支出纳入索洛（Solow）的增长模型中，讨论在均衡增长路径上国防支出对于技术进步和经济增长的影响。认为，国防支出占 GDP 比例的减少在1980—2006 年这段时期内促进了中国人均 GDP 的长期增长。

黄栋、童光荣、张怀强（2010）利用可变参数模型研究国防支出对我国居民消费的动态影响后认为，当经济发展达到一定规模，国防开支处在适度水平，国防支出就会对居民消费产生互补效应。而近些年来，我国国防支出占 GDP 的实际比例一直在 2% 以下，引致的居民消费支出弹性仅约等于 0.8。从这点来说我国国防支出水平还有很大的上升空间。值得指出的是，该研究所运用的基于卡尔曼滤波技术和状态空间模型的可变参数模型，很好地克服变量之间由于结构变化而给经典 OLS 线性模型带来的困扰。

由于我国国防支出的决策和形成过程多元而复杂，如何从数量上识别不同因素在决定国防开支规模中的作用具有重要意义。史澜、李经文（2009）把不同因素对国防支出的影响在时间序列上的表现区分为长期趋势、循环波动、扰动因素以及外来冲击等四个方面，使用波形分析工具及1953—2005年年度数据，对四种因素在决定我国国防支出中的权重进行了分解，对于我们更好地理解我国国防费开支历史上变化的原因以及未来趋势具有重要参考价值。

（四）国防工业基础与武器装备采办

本年度讨论的理论前沿与热点主要包括：如何确定武器装备需求；如何克服武器装备市场因垄断、信息不对称等因素的存在所带来的采办低效率；上市军工企业股权结构及治理绩效；武器装备费用及价格等。

武器装备需求受国家安全需求的制约，因此装备需求分析中要考虑国际关系和联盟战略的因素。乔玉婷、曾立（2010）采取事件数据分析方法，用友好系数和敌对系数近似地度量联盟战略下国家安全水平，进而构建基于装备的安全水平决定模型，近似求得了内化人员和作战指挥等因素的装备需求矩阵。并以印度和巴基斯坦为例进行实证研究，得出我国西南方向的装备需求。

现有的关于武器装备研发投资决策的实物期权分析的出发点是投资的经济收益最大化。然而，新型武器装备研发投资的目的更要考虑能否形成有效的战斗力。因此，不能简单地用经济学中的收益来衡量项目的价值。杨闽湘、曾立（2010）针对新型武器装备研发投资收益的特殊性，在Copeland & Antikarov方法的基础上，引入作战环境的不确定性条件，建立了一个扩展的新型武器装备研发投资决策实物期权模型，为投资者更好地控制装备研发风险提供了决策依据。

双边垄断武器装备市场是一类特殊的市场结构，竞争性价格形成机制作用的发挥在其中受到限制，严重制约了采办效率。刘军、吴鸣（2010）在抽象出双边垄断武器装备市场讨价还价过程基本特点的基础之上，按照轮流出价讨价还价模型的基本思路，对其中的价格形成机制进行较为详细的考察。研究结果表明，双边垄断武器装备市场条件下的讨价还价机制有着自身的特殊规律，其中的某些变量对最终形成的均衡价格水平将会产生较大影响，可以通过相应的政策措施加以优化。

实验经济学成果被引入武器装备采办行为研究是本年度一大进展。刘军、吴鸣（2010）运用实验经济学工具对武器装备市场中的逆向选择及其机制设计进行检验。通过分析实验数据后发现，在引入一定谎言成本的条件下，武器装备市场中确实存在着逆向选择，并且完全可以通过机制设计的方式加以克服和解决。寡头垄断武器装备市场伯川德悖论（Bertrand Paradox）是不完全竞争武器装备市场条件下一种特殊的经济现象。刘军、吴鸣（2009）的实验部分证明了伯川德悖论在武器装备市场存在这一观点的部分正确性，并认为寡头垄断武器装备市场上军工厂商的数量会直接影响到均衡的武器装备价格水平，应对经典的伯川德模式进行适当的修正以解释实验结果。

陈晓和、靳子畅（2010）以及吴少华、徐学文（2010）对我国军工上市公司资本结构与公司绩效之间的关系进行实证研究后认为，我国军工上市公司的资本结构具有以下特点：资产负债率低，债务融资比例逐年上升；债务融资主体单一，债券融资比例小；存在股权融资偏好，股权结构失衡，股权结构也不甚合理。原因是军工上市公司资本结构的改变是政府主导的结果，而不是企业的自主行为；军工债券市场不发达，股权融资成本低；产权的国家独有和由此引起的军工企业事实上的所有者缺位以及监督不力。

向先登、张翠芳（2010）通过对我国军工上市公司相关数据进行统计分析后得出下述结论：目前军工上市公司金字塔产权链的分离程度不是很严重；金字塔产权链平均层级达到3.37，且军工企业上市年限和金字塔层级与两权分离度显著负相关；难以逃脱“上市公司股权融资偏好”的选择性怪圈；“裙带资本主义”较为普遍；产权形态发生了根本性的松绑和松动，外部资本甚至是外国资本的注入对于完善国防军工上市企业治理机制具有极强的现实意义。

武器系统费用预测是武器装备管理中的一项基础性和前瞻性工作，是编制计划和科学定价的基本依据。孙胜祥、刘宝平、黄煜（2009）针对目前常用于武器系统费用预测分析的神经网络、灰色模型和传统参数方法的缺陷，建立了基于混沌优化的最小二乘支持向量机武器系统费用预测模型，实例结果表明该模型具有较好的适用性和较高的预测精度。张怀强、梁新、黄栋（2009）把影响装备经费结构的各种要素提取出来，建立了装备经费结构的因果关系图，以表示在装备研制费、装备购置费、装备维修费的共同作用下，装备的实际作战能力不断趋于作战能力的期望目标值，当两者之间的差距逐渐逼近于零时，确定合理装备经费结构。此外，李湘黔（2009）、黄朝峰（2009）还分别就武器装备科研投资项目定价、装备价格指标编制及计算方法等进行了深入的探讨。

（五）军事人力资源理论

本年度这一领域主要关注更加符合激励相容条件的军人报酬设计以及对我国军人工资改革绩效的研究。

劳动力市场的“报酬后置”指的是：在长期雇用采取隐性协议或默契形式（非正式合约）的条件下，雇主为了维系长期合约而采取的事先对雇员承诺较高报酬然后在其职业生涯陆续交付的一种制度安排。詹仲亚（2010）借鉴报酬后置理论，分析了我军的军人绩效贡献与军人收入不一致制度安排形成的原因，认为这一制度安排是符合经济理性的。但是从现实来看，这一制度安排也存在着一些问题需要改进。

王碧波、姜鲁鸣（2009）通过分析我军1998—2007年工资调整对我军军官收益满意度变化的影响，认为几次工资改革虽然都产生了正面效应，但影响力持续时间短，军官收益满意度处于长周期衰减状态。主要原因是工资改革力度与经济社会水平不相协调，尤其不能与地方工资改革和物价波动相匹配；工资的“增量改革”与“基数改革”的组合不够合理等。

（六）国民经济动员领域

本领域的年度理论关注点主要包括：国民经济动员潜力；敏捷动员模式；物流动员等问题。

孔昭君、王成敏（2010）认为，国民经济动员潜力建设是国民经济动员准备的首要任务。通常认为，应该针对特定需求来评价国民经济动员潜力，但是，需求不清问题一直是国民经济动员潜力研究的最大难题。而因为国民经济动员潜力也会引导和创造国民经济动员需求，因此，从超常供给能力的角度来界定动员潜力概念、研究动员潜力生成机制，是一条可行的途径。石亚东（2009）依据1978年以来的统计资料，对我国财政收入状况、财政收入占GDP的比重、财政赤字率、国债风险指标、外债风险指标、财政支出按功能性质的分类情况等数据进行了专门研究，并按照国际上通行的标准对我国的财政动员潜力作了定量分析，从发展经济以培养财政动员潜力和完善战时财政动员潜力转化机制两个方面提出了加强我国战时财政动员潜力建设的对策建议。

探寻敏捷动员机制，提高国民经济动员的敏捷性，是当前国民经济动员理论研究的重要任务。孔昭君（2010）在仔细研究了相关案例后认为，宁波市国民经济动员办公室在国民经济动员实践中探索出了“经动牵头、行业为主、预案先行、资源整合”的“宁波模式”，这是敏捷动员模式的一个实践雏形，必将对促进我国的国民经济动员工作发挥重要作用。

应急动员物流的主要职能是在应对突发事件时满足应急部门（含军队）执行应急任务的需要。张纪海（2010）、熊康昊、张纪海（2010）以及张纪海、王成敏（2009）对于应急动员物流实现模式、动员型物流中心承建企业评价指标体系以及如何在应急应战背景下，进而实现军事物流与民用物流、军队物流系统与地方物流系统的无缝连接等进行了连续的分课题成系统的研究。朱庆林、刘锡伟、刘凯峰（2010）通过以交易成本为切入点的模型分析后认为，实现军队采购系统与经济动员系统有机链接是经济动员制度创新的重要组成部分，不仅较好地利用了经济动员系统的组织和信息资源优势，而且是实现军队采购系统军民融合式发展的一次重大探索和创新。

（七）战争经济学

本领域的进展主要包括战争对金融市场的影响及造成的人力资本损失评估等。

杨哲、陈波（2010）通过深入研究伊拉克战争前后国际金融市场参与者的预期与市场波动的关系，总结了现代局部战争对国际金融市场的影响特点：现代局部战争对国际金融市场影响要较战争进程滞后一到二个交易日，而且影响时间短，市场根据战争进程随时进行调整；现代局部战争主要不是通过经济体系的调整间接影响金融稳定，而是直接影响金融体系，其中一个重要的传导因素就是市场参与者的预期；现代局部战争中国际金融市场的调整存在超调，这是因为市场参与者的预期和行为并非都是理性的而加大了市场的波动。

王伟海、高冠新、于会宾（2009）根据我国现有统计体系所能提供的数据支持，采用预期收益法，建立了一个简化的战争人力资本损失评估模型，量化评估战争伤亡导致的人力资本损失的货币价值。研究发现，中国人民志愿军战争减员给我国造成的人力资本损失为16亿—32亿元人民币，占1953年GDP的1.94%—3.88%，占1950—1954年国防费总和的8.14%—16.28%。研究的政策含义是：要全面认识战争成本。在分析战争成本时，如果对无形的人力资本损失认识不够，可能会低估战争的总成本。要有效控制无谓的战争伤亡；要大力发展克敌制胜的高技术武器装备，努力夺取战争控制权；要以科学的生命价值计算为依据，给战争伤亡者以合理的经济补偿。

四　中国国防经济学今后发展方向估计

中国国防经济学今后发展方向从研究范式层面可能会围绕处理好两大关系展开：

一是国际化和本土化关系。过去几年，中国国防经济学在引进西方国防经济学研究模式及规范方面做了大量的工作，译介西方国防经济学著作与编著符合西方国防经济学范式的教材成为一种潮流，以至于不少学者怀疑学科是否过度强调国际化而忽视了本土化。而实际上，相对于现代经济学在中国的发展，作为一门新兴学科的国防经济学处于一个比较尴尬的地位：既缺乏以普遍的国际化为依托的本土化，也缺乏以厚重的本土化为基础的国际化，国际化和本土化双重发育不足（罗敏，2008）。可以说，中国国防经济学缺乏像中国经济学界讨论国际化和本土化问题的相同语境，未来两方面都要同步推进。

二是理论研究与应用研究孰重孰轻的关系。国防经济学是应用学科，其每一步发展都与现实国防安全提出的需求密不可分。而且，中国国防经济学近年来大发展，一个突出的经验是在重大现实问题上为军委、总部等提供了诸多对策性很强的咨询报告。只有深化国防经济现实问题的研究，国防经济学发展才是有本之木，有源之水。但与此同时，中国国防经济学基础理论研究不仅赶不上国际范围内国防经济学基础理论研究的步伐，也远比不上国内经济学其他分支学科。个别领域甚至有可能蜕化为纯政策研究。因此，未来应用研究与基础理论研究二者均不可偏废。

从分领域情况看，国防费领域因数据可获得性好、前期研究成果多等因素而可能继续成为研究的重点与热点。这其中，在理论模型上，将国家安全、军费开支战略等变量内生化，构建起军费开支与经济增长的动态关系考察模型；在经验研究上，对不同国别甚至同一国家不同发展阶段、不同发展战略下军费开支与经济增长之间关系进行更精细的考察，可能会成为容易出成果的方向。国防科技工业规制问题的研究刚展开，下一步有望继续深入；装备经济尤其是大型武器装备系统的技术经济分析，无论是从实际需求还是从理论发展看，可能会成为国防经济作为一门应用经济学的未来新生长点；而秉承冯·诺依曼和托马斯·谢林等人思路，利用博弈理论分析甚至建模来进行战略分析和预测，会成为未来国防经济基础理论领域的重点。此外，大国安全博弈中经济手段甚至“经济战”的运用，未来也可能会成为国防经济领域研究的新论题。

参考文献与学科年度重要文献

徐勇：《国际金融危机下中国国防经济战略抉择》，《中国军事科学》2009 年第 6 期。

顾建一、李颖：《国际金融危机对我国国防经济的影响及应对思路》，《军事经济研究》2009 年第 3 期。

郭中侯、孙邦栋、蔡永刚：《应对国际金融危机，加强国防经济风险管理》，《中国军事科学》2009 年第 6 期。

罗敏、金琳、陈海涛：《国际金融危机背景下的中国国防人力资源管理》，《中国军事科学》2009 年第 6 期。

全国人民代表大会财经委员会：《军民融合式发展战略研究》，中国财政经济出版社 2010 年版。

于信川、周建平主编《军民融合式发展理论与实践》，军事科学出版社 2010 年版。

陈波、陈可、闫仲勇：《中国和平红利 60 年：1949～2009》，《中国军事科学》2009 年第 3 期。

王万珺、陈晓和：《国防支出对技术进步和经济增长的影响——以 1980—2006 年中国的时间序列数据分析为例》，《中国国防经济学：2009》，中国财政经济出版社 2010 年版。

黄栋、童光荣、张怀强：《我国国防支出对居民消费影响的实证研究》，《中国国防经济学：2009》，中国财政经济出版社 2010 年版。

史澜、李经文：《从波形分解看 1953～2005 年我国国防支出长期趋势及扰动因素》，《中国国防经济学：2008》，中国财政经济出版社 2009 年版。

刘军、吴鸣：《双边垄断武器装备市场讨价还价机制的分析与优化》，《中国国防经济学：2009》，中国财政经济出版社 2010 年版。

刘军、吴鸣：《武器装备市场逆向选择及其机制设计：引入谎言成本的实验检验》，《中国国防经济》2010 年第 3 期。

刘军、吴鸣：《寡头垄断武器装备市场伯川德悖论的实验检验》，《中国国防经济学：2008》，中国财政经济出版社 2009 年版。

乔玉婷、曾立：《联盟战略的经济分析视角下武器装备需求问题研究——以印度和巴基斯坦为例》，《中国国防经济学：2009》，中国财政经济出版社 2010 年版。

杨闽湘、曾立：《新型武器装备研发投资决策分析——基于改进的实物期权模型》，《中国国防经济学：2009》，中国财政经济出版社 2010 年版。

向先登、张翠芳：《金字塔股权链、公司治理与公司价值测度——基于军工上市公司的实证研究》，《中国国防经济学：2009》，中国财政经济出版社 2010 年版。

陈晓和、靳子畅：《我国军工上市公司资本结构的优化》，《中国国防经济》2010 年第 2 期。

吴少华、徐学文：《军工上市公司资本结构与公司绩效关系的实证研究》，《军事经济研究》2010 年第 1 期。

李湘黔：《武器装备科研投资项目定价研究》，《国防科技》2009 年第 3 期。

黄朝峰：《装备价格指标编制及计算方法》，《军事经济研究》2010 年第 4 期。

孙胜祥、刘宝平、黄煜：Research on Weapon System Cost Forecasting Model Based on Chaos Optimization LSSVM，Proceedings of 2009 International Conference on Management Science & Engineering。

张怀强、梁新、黄栋：《装备科研、购置、维修经费比例的影响因素及内部关系》，《军事经济研究》2009 年第 8 期。

詹仲亚：《报酬后置理论与军人收入分配制度安排》，《中国国防经济学：2009》，中国财政经济出版社 2010 年版。

王碧波、姜鲁鸣：《中国军队工资改革与人才吸引力波动的实证研究：以 1998～2007 年军官收益分析为例》，《中国国防经济学：2008》，中国财政经济出版社 2009 年版。

孔昭君、王成敏：《供给视角的国民经济动员潜力理论探索》，《北京理工大学学报》（社会科学版）2010 年第 2 期。

孔昭君：《敏捷动员模式的实践雏形——试析国民经济动员“宁波模式”》，《北京理工大学学报》（社会科学版）2009 年第 1 期。

张纪海：《应急动员物流实现模式研究》，《北京理工大学学报》（社会科学版）2010 年第 3 期。

张纪海、王成敏：《动员型物流中心承建企业评价指标体系研究》，《北京理工大学学报》（社会科学版）2009 年第 2 期。

熊康昊、张纪海：《动员物流：军地物流一体化的新途径》，《中国流通经济》2010 年第 2 期。

石亚东：《我国战时财政动员潜力及其转化机制分析》，《中央财经大学学报》2009 年第 5 期。

朱庆林、刘锡伟、刘凯峰：《军队采购系统与经济动员系统有机链接研究》，《中国国防经济》2010 年第 6 期。

杨哲、陈波：《现代局部战争对国际金融市场的影响——以伊拉克战争为例的研究》，《中国国防经济学：2009》，中国财政经济出版社 2010 年版。

王伟海、高冠新、于会宾：《战争人力资本损失评估：一个简化模型及应用》，《中国国防经济学：2008》，中国财政经济出版社 2009 年版。

K. Hartley and T. Sandler, *Handbook of Defense Economics*, Elsevier Science B. V 1996.

石井洋：《日本国防的经济学》（中译本），政治学院政治经济学教研室 1982 年版。

库桂生（主编）：《国防经济学说史》（第二版），高等教育出版社 2002 年版。

库桂生、全林远：《军费论》，国防大学出版社

1997 年版。

陈代兴等：《军费经济学》，海潮出版社 1998 年版。

刘群：《世界主要国家军费开支比较及我国适度军费开支研究》，《国防经济学宏观问题》，国防大学出版社 1997 年版。

胡鞍钢：《我为什么主张适当提高军费开支》，《中国国防经济》2001 年第 5 期。

胡鞍钢、刘涛雄：《中国国防建设大大滞后于经济建设——从国防资本存量占全国总量比重看国防能力的变化（1952～2001）》，《中国国防经济》2003 年第 3 期。

顾建一：《军费经济学》，解放军出版社 2003 年版。

卢周来、欧阳亮：《军费开支决定的新古典模型及对中国大陆的经验研究》，《中国国防经济学：2004》，经济科学出版社 2005 年版。

陈炳福：《西方国家对中国国防支出的测算：差异与问题》，《中国国防经济学：2004》，经济科学出版社 2005 年版。

姜鲁鸣：《中国国防预算制度非均衡态分析》，《经济研究》2004 年第 11 期。

赵澄谋：《国外国防科技工业寓军于民模式研究》，《国防科技工业》1997 年第 8 期。

沈志华：《中国工业基础的军民一体化研究》，《中国国防经济学：2004》，经济科学出版社 2005 年版。

于连坤等：《国防经济运行与管理》，国防大学出版社 2002 年版。

钱大林等：《国防经济学 60 年》，国防大学出版社 1988 年版。

陈波：《国防支出与经济增长：中国的经验研究（1985～2000）》，《中国国防经济学：2004》，经济科学出版社 2005 年版。

陈波：《国防支出与经济增长的长期均衡与因果关系》，《中国国防经济学：2005》，中国财政经济出版社 2006 年版。

陈炳福：《国家安全、国防支出与中国的经济增长》，《中国国防经济学：2006》，中国财政经济出版社 2007 年版。

胡鞍钢、刘涛雄：《中国国防支出对经济增长的影响：一个两部门外部性模型》，《中国国防经济学：2006》，中国财政经济出版社 2007 年版。

胡鞍钢、刘涛雄：《外部掠夺下的国防开支与经济增长》，《中国国防经济学：2006》，中国财政经济出版社 2007 年版。

李双杰、陈渤：《Feder-Ram 模型及对中国国防支出与经济增长相关性的实证分析和应用》，《中国国防经济》2002 年第 8 期。

魏华、魏汝祥、张树军：《中国国防支出与经济增长动态分析》，《中国国防经济学：2007》，中国财政经济出版社 2008 年版。

严剑峰：《国防支出与经济增长、国防支出战略的选择：一个数理模型的分析与模拟》，《中国国防经济学：2006》，中国财政经济出版社 2007 年版。

姜鲁鸣、王碧波：《中国国防支出（1980—2003）对经济综合影响的量化分析》，《中国国防经济学：2005》，中国财政经济出版社 2006 年版。

罗敏：《中国国防经济学研究的国际化和本土化》，《中国国防经济》2008 年第 3 期。

（卢周来）

管理心理学

一　学科概述

管理心理学是一门研究组织中人的心理和行为规律的学科。它由管理学和心理学交叉而成，属于应用心理学科。它通过研究组织中人的心理和行为规律来满足员工需要，协调组织中的人际关系，激励员工的工作积极性，并提高组织的运营绩效。

在研究内容上，管理心理学可以从研究层次上分为个体、群体和组织三个研究层面。个体层面涉及能力、性格、价值观、态度、工作满意度、情绪、直觉和个体决策、需要与动机等研究主题；群体层面包括群体中的沟通协作、人际关系、冲突、领导行为等研究主题；组织层面涉及组织氛围与文化和组织发展与变革等研究主题。

管理心理学在研究方法上主要包括定性研究和定量研究两种，其中以定量研究为主要研究方法。定性研究的方法主要包括案例研究法等。案例研究是对某一研究对象（通常是一个企业）或非常少数的对象作深入的了解，然后进行逻辑推理。案例研究通过观察、访谈以及对文献资料的总结来提供一种对管理的深层次分析。在探索性研究的过程中，案例研究是非常有效的手段。定量研究主要包括实验法和问卷调查法。其中问卷调查法是主流的管理心理学研究方法。实验法通过设置实验情境和随机分派实验对象，在保持其他因素不变的情况下，操控自变量来看自变量和因变量之间的因果关系。不过，在组织中进行管理心理学研究时，通常只能控制实验情境而不能随机分派实验对象，这种情况称为准实验研究。问卷调查通过设计问卷，量化研究构念（构念是指为科学研究而人为创造的概念），通过大样本的问卷调查收取数据进行统计分析验证研究假设。常用的统计分析方法包括回归分析、结构方程模型和多层线性模型等。①

管理心理学是综合性很强的应用学科，很多学科对管理心理学的发展和丰富做出了贡献。具体而言，心理学主要影响管理心理学中有关学习、动机、人格、情绪、认知、态度、个体决策、工作压力与工作设计等方面的内容；社会学主要影响管理心理学中有关工作团队、权利、冲突、群体行为、组织文化和组织变革等方面的内容。管理心理学中关于个体态度与行为变化、沟通、群体过程和决策的内容与社会心理学联系紧密；关于比较价值观、比较态度、跨文化分析和组织文化的内容与人类学有关联；关于冲突和

① 黄炽森：《组织行为和人力资源研究方法入门》，中国财政经济出版社2006年版。

权利的研究与政治学有一定的联系。①②

管理心理学和组织行为学是很难区分的两个学科。管理心理学从心理学的角度出发，研究企业中个体、群体、组织、领导人具体心理活动的形式和规律，侧重于把心理学的原理应用于管理学；而组织行为学则探讨个体、群体以及结构对组织内部行为的影响，侧重于研究作为心理的外在表现的行为规律。③ 管理心理学和组织行为学在研究内容上既有区别又有联系。

二 2009 年管理心理学的理论前沿和热点问题

（一）领导学研究

领导学研究是2009 年管理心理学研究的热点，也是研究成果最为丰富的一个领域。研究主要集中于以下新型领导理论：变革型领导、交易型领导、魅力型领导、公仆型领导、家长式领导、授权型领导、领导成员交换关系和其他领导理论。研究侧重于领导行为对下属的作用机制和领导行为与组织创新的关系。目前，领导理论的研究不仅集中于领导本身，同时也关注下属、同事、主管、工作环境和文化等变量。领导理论已从简单地描述领导的个人特质和差异发展出了复杂的理论模型。④

（1）变革型领导、交易型领导与魅力型领导。魏峰、袁欣、邸杨（2009）发现，在不同的团队授权氛围下，交易型领导的行为对下属的创新绩效会产生不同的影响。具体表现为，在低授权氛围的团队中，交易型领导对下属创新绩效会产生破坏作用，而在高授权氛围的团队中，这种破坏作用消失；而且交易型领导和授权氛围对创新绩效的交互作用部分地以下属的心理授权为中介变量。

毛忞歆、龙立荣（2009）发现，变革型领导风格对组织变革过程和组织变革认同感都有显著的正效应；组织变革过程对变革型领导风格和组织变革认同感之间的关系有一定的中介作用。

刘子安、陈建勋（2009）发现，高层领导者的魅力型领导行为对企业的自主技术创新具有正向影响作用，探索式组织学习在其中承担部分中介的作用。在考虑了企业所处外部环境的动态性和下属传统性程度的差异后发现，动态性程度高的外部环境能够促进高层领导者的魅力型领导行为对自主技术创新的正向影响程度，而传统性程度高的下属则会削弱高层领导者的魅力型领导行为对自主技术创新的正向影响程度，即环境动态性在其中起着正向调节效应，而下属传统性则起着反向调节作用。

（2）公仆型领导。汪纯孝、凌茜、张秀娟（2009）编制了一个由 11 个维度的 44 个计量项目组成的公仆型领导量表，把公仆型领导的 11 个维度划分为领导者“为员工服务”、“为组织服务”、“为社会服务”三个方

① ［美］斯蒂芬·P. 罗宾斯：《组织行为学》（第 10 版），孙健敏、李原译，中国人民大学出版社 2005 年版。

② 程正方：《管理心理学》（第 4 版），北京师范大学出版社 2009 年版。

③ 苏东水：《管理心理学》（第 4 版），上海复旦大学出版社 2002 年版。

④ B. J. Avolio, F. O. Walumba & T. J. Weber, 2009, “Leadership: Current Theories, Research, and Future Directions”, *Annual Review of Psychology*, 60, pp. 421—449, 2009.

面。这11个维度具体为：为员工服务（包括领导者尊重员工、关心员工、帮助员工发展、平易近人、甘于奉献、指导员工工作、授权）、为组织服务（包括构思愿景、清正廉洁、开拓进取）、为社会服务（承担社会责任）。

吴维库、姚迪（2009）证明了服务型（公仆型）领导与员工的情感承诺、功利性承诺、工作满意度正相关。

（3）领导成员交换。汪林、储小平和倪婧（2009）发现，领导—部属交换与员工的组织公民行为显著正相关，内部人身份认知在两者间起完全中介作用。层次回归方程分析的结果也显示，中国人传统性（服从权威）对领导—部属交换与内部人身份认知之间的关系具有显著的调节作用。

张莉、刘宝巍、贾琼（2009）的研究结果表明，沟通满意度与领导成员交换有正相关关系；沟通满意度中，领导的下行沟通比成员的上行沟通对领导成员交换关系的影响更强；领导成员交换质量将影响个体、团队和组织层次上的沟通满意度。

（4）家长式领导。张新安、何惠、顾锋（2009）发现，团队领导者的威权行为对于团队绩效没有显著的影响，而仁慈行为和德行行为对于团队绩效具有积极的影响。团队领导者的仁慈行为和德行行为能够促进团队中的合作型冲突处理方式，并经此改善团队的绩效表现。

（5）授权型领导。王永丽、邓静怡、任荣伟（2009）研究发现，授权型领导行为变量中，垂直式参与目标设定和垂直式鼓励自主行为、共享式鼓励团队合作和共享式参与目标设定对团队绩效有积极作用；共享式授权型领导行为比垂直式授权型领导行为更能显著地预测团队绩效；团队沟通在授权型领导行为变量中的参与目标设定与团队绩效的关系中起到了调节作用，当团队沟通水平较低时，垂直式（队长）和共享式（队友）参与目标设定对团队绩效会有显著的正向影响。

（6）领导理论的其他前沿研究。吴春波、曹仰锋、周长辉（2009）采用案例研究的方法研究企业发展过程中其领导风格发生的演变。具体表现为，在创业阶段，领导者的领导风格以家长式行为为主；但随着企业从创业到成长、成熟阶段的过渡，家长式领导行为逐渐减弱，变革型领导行为逐渐增强，并成为领导者在企业成长和成熟阶段的主要领导行为。从创业阶段到成长阶段，交易型领导行为的表现有所加强，随后变得相对稳定。

宋继文等（2009）从责任型领导的视角出发，采用案例研究方法探讨了责任型领导如何在考虑各利益相关者的不同需求的基础上，通过积极主动地履行各种社会责任，建立与各利益相关者之间互惠、互信的关系网络，从而形成社会资本，以促进公司的有序、稳定发展。

刘军、富萍萍、吴隆增（2009）从领导—下属关系角度可将信心领导定义为领导传达两类不同导向的信心：对自我的信心和对下属的信心。将这两种领导行为与下属承诺相联系，检验以上关系在不同企业竞争水平下的变化规律。对我国95家企业数据进行分析后得到的结果显示，信心领导的两类“信心行为”会交互影响下属的组织承诺。另外，在激烈的竞争环境中两类行为之间的交互作用更强。

（二）辱虐管理

辱虐管理（Abusive Supervision，国内也译作破坏性领导行为、不当督导）是下属感知到的上司持续表现出来的言语或非言语性的敌意行为，但不包括肢体上的接触。① 作为一种负向的领导行为，辱虐管理在近年来得到了国内外学术界的关注。2009 年国内相关研究主要集中在辱虐管理对下属的影响，传统型和政治技能等在辱虐管理中的作用等。

高日光（2009）通过实证研究发现，西方学界开发的破坏性领导测量工具不仅适合于中国组织情境，而且在中国的组织环境中，破坏性领导行为表现得更为明显。

吴隆增、刘军、刘刚（2009）发现，辱虐管理会破坏员工对上级主管的信任，继而降低任务绩效水平和组织公民行为；传统员工对辱虐管理的耐受力更强，相对于非传统员工，传统员工较少因为上级主管的辱虐管理而降低其对主管的信任。

李锐、凌文辁、柳士顺（2009）发现，不当督导对促进性建言和抑制性建言均具有显著的负向影响；组织支持感在不当督导与促进性建言之间具有完全中介效应，组织支持感和心理安全感在不当督导与抑制性建言之间起完全中介作用；上司地位知觉对不当督导与组织支持感的关系，以及“不当督导→组织支持感→促进性建言”、“不当督导→组织支持感→抑制性建言”、“不当督导→心理安全感→抑制性建言”三个中介链的效应和不当督导对抑制性建言的总效应均具有显著的调节作用，当下属知觉到的上司地位越高时，上述关系及效应也越强。

刘军、吴隆增、林雨（2009）发现，主管辱虐管理对下属情绪耗竭和离职倾向有显著的影响，当下属政治技能较高时，下属采取逢迎行为能缓解辱虐管理的消极影响，而当下属政治技能较低时，下属采取逢迎行为反而会增强辱虐管理的消极影响。

（三）工作家庭冲突

在我国经济社会快速发展，企业间竞争日趋激烈的情境下，员工更多地体会到来自组织和家庭的压力。工作家庭相关研究题目也更具现实意义，2009 年工作家庭相关研究集中在中国情境下冲突产生原因和影响。

张勉、魏钧、杨百寅（2009）发现，中国员工一般还是以工作为生活中的核心。在样本中，员工的角色冲突和工作负荷越大，工作—家庭冲突会越大。员工的角色冲突越大，个性越倾向于积极情感，家庭—工作冲突会越大。上司对员工的工作越支持，家庭—工作冲突会越小。

佟丽君、周春淼（2009）发现，工作干涉家庭和家庭干涉工作对生活满意度存在显著预测作用，且呈显著负相关；但对工作满意度都没有直接影响。人格因素中的五大人格特质在其中具有调节作用。

李永鑫、赵娜（2009）编制了工作—家庭支持问卷。在中国文化背景下的工作—家庭支持由组织支持、领导支持、情感支持和工具性支持四个维度构成。并发现工作—家庭支持能够有效调节工作—家庭冲突与离职意向的关系。

（四）工作团队

有关团队研究是 2009 年管理心理学研究中的主要领域之一，研究主要围绕以下三个方面展开：一、高管团队构成及其对决策、

① B. J. Tepper, “Consequences of Abusive Supervision”, *Academy of Management Journal*, Vol. 43, No. 2, pp. 178—190, 2000.

绩效的影响；二、团队共享心智模式及其对绩效的影响；三、工作团队差序氛围的形成与影响等。

张龙、刘洪（2009）结合社会心理视角和社会政治视角，探讨了高管团队中垂直对人口特征差异和高管离职的关系，以及两者关系如何受到权力和企业绩效的影响。

张钢、熊立（2009）将团队中成员异质性分为一般异质性（人口统计学特征）和专长异质性（专业背景、学历和职业经验），发现，交互记忆系统在成员专长异质性与团队绩效关系中发挥中介作用，而成员一般异质性对团队绩效产生直接影响。交互记忆系统对团队绩效有显著正效应。

杜运周、陈忠卫（2009）的研究表明，高管认知冲突有助于提高团队决策绩效，高管情感冲突负向影响团队决策绩效；同时所有制对于两类冲突的调节作用不同，相对于国有企业，民营企业中高管团队情感冲突与团队决策绩效的负相关关系显著减弱，高管团队认知冲突与团队决策绩效的正相关关系并无显著差别。

王晶晶、杜晶晶（2009）研究表明，高管团队心理契约与集体创新、团队绩效均具有显著正相关关系；高管团队心理契约对团队绩效的影响是通过集体创新这一中介变量表现出来的。集体创新在高管团队交易型心理契约与团队绩效关系中起部分中介作用，在关系型心理契约与团队绩效关系中起完全中介作用。

吕晓俊（2009）发现，任务模型的相似性和准确性分别与团队绩效有显著相关，同时团队模型的相似性越高，团队绩效越高，团队模型的准确性也对团队绩效有显著预测效应，但共享心智模型的相似性和准确性没有对团队绩效产生交互作用。两类共享心智模型与团队过程及团队效能各指标有显著相关。共享心智模型对团队绩效产生直接作用，而共享心智模型各指标与团队效能感的关系完全受到团队沟通、合作等过程要素的中介影响。

吴培冠、陈婷婷（2009）研究发现，绩效考核中员工发展取向的绩效考核能够促进员工的合作，进而有利于形成正向的人际互动并提高团队绩效；相反，评估对比取向的绩效考核会增加员工的竞争，从而带来负向的人际互动关系和降低团队绩效。

刘军、章凯、仲理峰（2009）发现，如果工作团队中不同成员的政治技能水平差异越大，则团队差序氛围越浓重；在任务相互依赖程度较高的团队中，差序氛围相对淡漠，团队任务相依性负向影响团队差序氛围；在差序氛围浓重的团队中，团队合作与团队凝聚力受到负向影响，最终损害团队绩效。

（五）员工创造力

有关员工创造力的研究越来越多地得到来自实践界和理论界的关注。越来越多的证据表明，员工的创造力会提高组织的创新、效率甚至关乎企业的生死存亡。有关员工创造力的研究可以分为个人因素（个性和认知风格等）、环境因素（工作复杂性、与主管关系、与同事关系等）以及个人因素和环境因素的交互作用三个方面。① 2009年员工创造力的研究着重在影响员工创造力的环境因素方面，包括创新氛围、变革型领导风格、知识分享等。

---

① C. E. Shalley, J. Zhou & G. R. Oldham, "The Effects of Personal and Contextual Characteristics on Creativity: Where should We Go From Here?", *Journal of Management*, 30, pp. 933—958, 2004.

刘云、石金涛（2009）发现，内在激励偏好正向预测创新行为，外在激励偏好也正向预测创新行为。外在激励偏好正向调节创新气氛与创新行为的关系，但内在激励偏好反向调节创新气氛与创新行为的关系。

柯江林、孙健敏、石金涛（2009）通过对研发团队样本的实证研究，发现研发团队领导者的变革型领导风格对团队创新绩效有积极影响，而知识分享和知识整合正是这种影响的中介机制。

路琳、梁学玲（2009）论证了知识共享对创新的积极影响，更进一步提出，知识共享在人际互动和创新之间起中介作用。并通过实证确立知识共享作为中介变量，在人际沟通与创新、任务冲突与创新之间的影响作用。

郑建君、金盛华、马国义（2009）发现，组织创新气氛是一个包括激励机制、领导躬行、团队协力、上级支持、资源保障、组织促进、自主工作在内的七因素模型。分析还发现，组织创新气氛在员工创新能力和创新绩效关系中具有显著的调节作用。

孙锐、石金涛、张体勤（2009）探索了企业创新过程中，领导成员交换、团队成员交换对员工创新行为、组织创新气氛的作用影响机理，以及组织创新气氛在领导成员交换、团队成员交换促进员工创新行为的作用中的中介作用。

（六）公平

组织公平维度之间的关系，不同公平标准之间的相对重要性，组织公平不同维度对结果变量的独特影响是组织公平领域几个重要的研究问题。[①] 2009 年里，国内学术界关于组织公平的研究回应了这几个重要的问题，侧重于探讨组织公平不同维度对绩效和态度等变量的影响和作用机制，并结合中国文化开展了一些新颖的探索性研究。

何轩（2009）将中庸思维这一极具中国传统文化特色的元素作为调节变量，探讨其在互动公平与员工沉默行为关系中的作用。发现，对于具有不同程度中庸思维的员工来说，互动公平对于三类沉默行为的作用是完全不同的，也就是说，互动公平不是包治“沉默”病的解药。

汪林、储小平（2009）发现，领导—部属交换与员工工作态度的相关性最显著，并在人际公正、信息公正与员工工作态度关系中起完全中介作用；心理契约违背与员工工作态度显著负相关，并在程序公正、分配公正与员工工作态度关系中起部分中介作用。

汪新艳（2009）实证研究了中国员工的组织公平感结构特征和现状。在中国，互动公平、程序公平和分配公平在组织公平感结构中的解释力从大到小依次为互动公平、程序公平和分配公平；员工的总体组织公平感很低，程序公平最低；员工基本上不会感觉到有利的分配不公平；性别、年龄、组织性质、组织规模等变量对组织公平有不同程度的影响。

汪新艳、廖建桥（2009）通过对组织公平感影响员工绩效的机制的理论和实证研究，得出了以下结论：组织公平感的三个维度对员工的任务绩效和关系绩效的直接影响不显著，主要是通过组织承诺 LME（Leader-Member Exchange，领导成员交换）间接作用

---

① J. A. Colquitt, D. E. Conlon, M. J. Wesson, & C. O. L. H. Porter, “Justice at the Millennium: A Meta-analytic Review of 25 Years of Organizational Justice Research. *Journal of Applied Psychology*, 86, pp. 424—445, 2001.

于员工绩效；分配公平和程序公平通过情感承诺和LME对人际促进和工作奉献绩效产生影响；互动公平通过情感承诺、规范承诺和LME对任务绩效、人际促进和工作奉献三种绩效均产生影响；在三类公平中，互动公平是员工绩效的最佳预测指标；在情感承诺、规范承诺和LME三个中介变量中，规范承诺产生的中介作用最大。

周杰（2009）的研究结果表明，组织公正感及其因子（分配公正、程序公正和互动公正）与组织公民行为之间呈现出显著的正相关。进一步的回归分析表明，组织公正感对组织公民行为具有积极的预测作用。

（七）情绪和情绪智力

情绪相关研究已经成为组织行为学以及管理心理学研究中的热点研究领域。① 2009年管理心理学关于情绪的研究集中在情绪劳动和情绪智力等方面。

胡君辰、杨林锋（2009）发现，情绪劳动策略在情绪劳动要求和情绪耗竭之间起一定的中介作用。具体为专注度分别通过表面行为、深度行为和中性调节影响情绪耗竭；规则性通过中性调节影响情绪耗竭；严格性通过表面行为和深度行为影响情绪耗竭；多样性可以直接或通过表面行为影响情绪耗竭。

邓今朝（2009）从行动理论行为过程中分析了个体对环境引发因素的认知做出判断，并导致情绪变化和特定行为倾向，最终导致行为的发生。提出了个体的情感倾向和情绪智力水平在这一过程中有缓冲作用。

张辉华等（2009）的研究结果表明，管理者情绪智力对绩效有显著的正向影响，管理者情绪智力会通过领导能力与管理自我效能感部分中介作用于其主观绩效。

（八）信任

2009年有关组织中信任的研究集中在主管认知信任和情感信任的作用和信任授权、组织公民行为的关系。

韦慧民、龙立荣（2009）的研究结果显示，主管认知信任通过注意聚焦的完全中介作用正向影响员工的任务绩效和组织公民行为。主管情感信任则通过情感承诺的部分中介作用正向影响员工的任务绩效和组织公民行为。即一方面直接影响员工的任务绩效和个体指向公民行为，另一方面通过情感承诺间接影响员工的任务绩效和组织公民行为。并且，主管情感信任对员工行为和绩效的影响作用要大于认知信任的作用。对知识工作团队领导的信任可以显著提升团队的有效性，包括团队成员知识分享等人际公民行为的增加以及团队绩效的提高；团队领导信任还可以通过增加团队人际公民行为，进而显著提高团队绩效。

万涛（2009）发现，心理授权作为一个整体构念对信任和组织公民行为具有显著调节作用，但其维度意义和影响力的调节作用并不显著。这是由于心理授权是一个整体构念，其意义、能力、自我决策和影响力四个不同维度共同作用，使员工产生强烈的心理感知，任何一个维度的缺失都会减弱但并不会消除心理授权的影响程度。

（九）员工建言

员工建言（Voice，也译作员工进谏、员工建议等）是近来受到关注的结果变量。

① H. A. Elfenbein, "Emotion in Organizations", *The Academy of Management Annals*, 1, pp. 315—386, 2007.

2009年关于员工建言的研究集中在促进员工建言的前因变量。

梁建、唐京（2009）发现，主动性个性特征与员工建议行为正向相关，而变革型领导方式有助于促进企业合理化建议活动的整体水平。个体因素与环境变量交互影响员工的行为，建议行为对员工创新性绩效有着积极的影响。

佟丽君、吕娜（2009）发现，组织公正与心理授权对进谏行为都有显著的预测作用，具体表现为组织公正的程序公正维度、心理授权的自主性、自我效能感与工作影响三个维度对进谏行为有显著预测作用；心理授权的自主性、自我效能感与工作影响在程序公正对进谏行为的影响过程中起部分中介作用。

（十）组织文化

2009年组织文化研究集中在服务氛围对服务绩效的影响，组织文化友好性的研究。

张若勇等（2009）从个体层面上研究了一线员工感知的服务氛围影响服务绩效的作用机制。实证结果发现，工作压力感负向调节服务氛围与角色外服务绩效之间的关系；组织认同感对服务氛围与角色内/外绩效的关系均产生正向调节作用；进一步的三项交互分析还发现，当组织认同感较高时，工作压力对服务氛围与角色外服务绩效之间关系的负向调节作用变弱。

樊耘、张翼、杨照鹏（2009）发现，组织文化友好性的价值层面、事实层面以及二者之间差异分别对组织变革中员工的认知反应有正面影响；事实层面的文化友好性对组织变革中员工的行为反应具有较强的正面影响，价值层面的影响则不显著，而二者之间的差异则对其具有负面影响。

三　中国管理心理学研究今后发展方向展望

（一）本土化方向上的努力

我们看到很多学者在2009年对于不同的构念，提出了中国化的构念。他们对于西方文献中的构念进行具体的分析，结合中国组织管理的特点加以修正。例如，心理资本（柯江林、孙健敏、李永瑞，2009）、公仆领导（汪纯孝、凌茜、张秀娟，2009）等。还有的研究是从文化中抽取出传统性这一变量，作为调节变量，来研究不同文化影响下的员工工作结果（刘子安、陈建勋，2009；汪林、储小平、倪婧，2009）。未来的研究可以在本土化方向上延伸，开发适合中国情境的管理理论。

（二）新的因变量

以往研究对于员工满意度、组织承诺感、工作绩效、组织公民行为等工作态度与绩效指标较为重视。目前，一些新的因变量是现代工商业组织所欣赏的，例如，员工和团队的创新行为（刘云、石金涛，2009；孙锐、石金涛、张体勤，2009；郑建君、金盛华、马国义，2009）、员工的建言（李锐、凌文辁、柳士顺，2009；梁建、唐京，2009）等。这些研究反映出企业更加关心员工参与组织管理、发展自我的潜能，体现了组织的进步和对于员工全面发展的关注。对于这些新因变量的研究方兴未艾，获得了理论界的日益关注，同时研究结果对管理实践也大有裨益，关于这些“新结果变量”的研究还有很大的扩展空间。

（三）多学科研究的倾向

管理心理学是一门兼容并蓄的学科，多学科结合研究自然也成了管理心理学研究的特色和传统。例如，宋继文（2009）在责任型领导与社会资本研究方面，从社会学角度出发，着重探讨领导如何构建社会网络，即如何履行企业的社会责任。刘军等（2009）从社会政治的视角切入，分析团队作用机制。多学科研究更能深入认识组织中的现象，丰富管理心理学的内容。因此，多学科相结合进行管理心理学研究也是未来的发展方向之一。

参考文献与学科年度重要文献

魏峰、袁欣、邸杨：《交易型领导、团队授权氛围和心理授权影响下属创新绩效的跨层次研究》，《管理世界》2009 年第 4 期。

毛忞歆、龙立荣：《变革型领导与员工对组织变革认同感的关系研究》，《管理学报》2009 年第5 期。

刘子安、陈建勋：《魅力型领导行为对自主技术创新的影响——机制与情境因素研究》，《中国工业经济》2009 年第 4 期。

吴维库、姚迪：《服务型领导与员工满意度的关系研究》，《管理学报》2009 年第 3 期。

汪纯孝、凌茜、张秀娟：《我国企业公仆型领导量表的设计与检验》，《南开管理评论》2009 年第 3 期。

汪林、储小平、倪婧：《领导—部属交换、内部人身份认知与组织公民行为——基于本土家族企业视角的经验研究》，《管理世界》2009 年第 1 期。

张莉、刘宝巍、贾琼：《基于领导成员交换关系的沟通满意度研究》，《管理评论》2009 年第 4 期。

张新安、何惠、顾锋：《家长式领导行为对团队绩效的影响：团队冲突管理方式的中介作用》，《管理世界》2009 年第 3 期。

王永丽、邓静怡、任荣伟：《授权型领导、团队沟通对团队绩效的影响》，《管理世界》2009 年第 4 期。

吴春波、曹仰锋、周长辉：《企业发展过程中的领导风格演变：案例研究》，《管理世界》2009 年第 2 期。

宋继文等：《责任型领导与企业社会资本建立：恰海公司案例研究》，《管理学报》2009 年第 7 期。

刘军、富萍萍、吴隆增：《信心领导：来自 95 家企业的证据》，《管理学报》2009 年第 4 期。

仲理峰等：《领导—部属交换对领导和部属工作结果的双向影响机制》，《心理科学进展》2009 年第 5 期。

张勉、魏钧、杨百寅：《工作和家庭冲突的前因和后果变量：中国情景因素形成的差异》，《管理工程学报》2009 年第 4 期。

佟丽君、周春淼：《企业员工工作—家庭冲突对工作和生活满意度的影响——大五人格的调节作用检验》，《心理科学》2009 年第 3 期。

李永鑫、赵娜：《工作—家庭支持的结构与测量及其调节作用》，《心理学报》2009 年第 9 期。

刘军、章凯、仲理峰：《工作团队差序氛围的形成与影响：基于追踪数据的实证分析》，《管理世界》2009 年第 8 期。

张龙、刘洪：《高管团队中垂直对人口特征差异对高管离职的影响》，《管理世界》2009 年第 4 期。

张钢、熊立：《成员异质性与团队绩效：以交互记忆系统为中介变量》，《科研管理》2009 年第1 期。

杜运周、陈忠卫：《高管冲突与团队决策绩效——基于控制模式的调节分析》，《管理科学》2009 年第 4 期。

王晶晶、杜晶晶：《高管团队心理契约、集体创新与团队绩效关系的实证研究》，《管理学报》2009 年第 5 期。

吕晓俊：《共享心智模型对团队绩效影响的现场研究》，《人类工效学》2009 年第 3 期。

吕晓俊：《共享心智模型对团队效能的影响——

以团队过程为中介变量》，《心理科学》2009年第2期。

吴培冠、陈婷婷：《绩效管理的取向对团队绩效影响的实证研究》，《南开管理评论》2009年第6期。

何轩：《互动公平真的就能治疗“沉默”病吗？——以中庸思维作为调节变量的本土实证研究》，《管理世界》2009年第4期。

汪林、储小平：《组织公正、雇佣关系与员工工作态度——基于广东民营企业的经验研究》，《南开管理评论》2009年第4期。

汪新艳：《中国员工组织公平感结构和现状的实证解析》，《管理评论》2009年第9期。

汪新艳、廖建桥：《组织公平感对员工绩效的影响》，《工业工程与管理》2009年第2期。

周杰：《企业员工组织公正感与组织公民行为的关系》，《心理科学》2009年第4期。

高日光：《破坏性领导会是组织的害群之马吗？——中国组织情境中的破坏性领导行为研究》，《管理世界》2009年第9期。

吴隆增、刘军、刘刚：《辱虐管理与员工表现：传统性与信任的作用》，《心理学报》2009年第6期。

李锐、凌文辁、柳士顺：《上司不当督导对下属建言行为的影响及其作用机制》，《心理学报》2009年第12期。

刘军、吴隆增、林雨：《应对辱虐管理：下属逢迎与政治技能的作用机制研究》，《南开管理评论》2009年第2期。

胡君辰、杨林锋：《“情绪劳动”要求与情绪耗竭：情绪劳动策略的中介作用研究》，《心理科学》2009年第2期。

邓今朝：《情感倾向和情绪智力对工作行为选择的影响》，《人类工效学》2009年第1期。

张辉华等：《管理者情绪智力与绩效的关系：直接和中介效应研究》，《南开管理评论》2009年第3期。

韦慧民、龙立荣：《主管认知信任和情感信任对员工行为及绩效的影响》，《心理学报》2009年第1期。

万涛：《信任与组织公民行为：心理授权的调节作用实证研究》，《南开管理评论》2009年第3期。

梁建、唐京：《员工合理化建议的多层次分析：来自本土连锁超市的证据》，《南开管理评论》2009年第3期。

佟丽君、吕娜：《组织公正、心理授权与员工进谏行为的关系研究》，《心理科学》2009年第5期。

张若勇等：《服务氛围与一线员工服务绩效：工作压力和组织认同的调节效应研究》，《南开管理评论》2009年第3期。

樊耘、张翼、杨照鹏：《组织文化友好性对员工变革态度影响的实证研究》，《管理学报》2009年第7期。

刘云、石金涛：《组织创新气氛与激励偏好对员工创新行为的交互效应研究》，《管理世界》2009年第10期。

柯江林、孙健敏、石金涛：《变革型领导对R&D团队创新绩效的影响机制研究》，《南开管理评论》2009年第6期。

路琳、梁学玲：《知识共享在人际互动与创新之间的中介作用研究》，《南开管理评论》2009年第1期。

郑建君、金盛华、马国义：《组织创新气氛的测量及其在员工创新能力与创新绩效关系中的调节效应》，《心理学报》2009年第12期。

孙锐、石金涛、张体勤：《中国企业领导成员交换、团队成员交换，组织创新气氛与员工创新行为关系实证研究》，《管理工程学报》2009年第4期。

（宋继文　吴俊峰）

语言经济学

一 语言经济学概述

语言经济学是一门新兴的交叉学科。它的主体跨语言学和经济学，但同时还涉及多种其他学科门类。语言经济学主要是采用经济学的理论范式，把经济学的理论和方法应用到对语言变量的研究中，同时也研究语言与传统经济变量之间的关系。

在国际上，语言经济学的产生和发展也只有几十年的时间。信息经济学家 Jacob Marschak（1965）在考察语言信号传递效率问题时，从语言生存与发展的角度，引出了对语言的成本、收益、价值和效用等经济特性的讨论，并首次提出了“语言（的）经济学”这一概念。Marschak 的思想得到了随后兴起的人力资本理论和教育经济学理论的支持。在此后的 30 年间，二者结合起来，共同催生了语言经济学这门新兴的交叉学科。

目前，语言经济学的发展主线大体上分为三条：一是人力资本理论视角下的语言与经济关系研究，例如，语言与收入关系的研究；二是经济学语言的修辞分析，即用经济学的方法来分析经济研究活动中对经济学语言的运用；三是用经济学的理论、方法来分析语言的结构、现象及相关的语言问题。其中，第一条主线是将人力资本理论用于有关语言和经济变量问题的研究，即把语言看做一种技能或资本来加以分析。后两条主线可以被认为是经济学理论在学科发展过程中朝着语言领域自然延伸的结果。

具体说来，语言经济学的研究对象可以从理论和应用两方面来区分。理论层次上，语言经济学追求经济学与语言学在理论和方法上的交叉与融合，即用经济学的理论或方法来分析语言的产生、发展及变迁等，或研究语言及言语行为影响经济行为和作用的机理。应用层次上，语言经济学着重研究语言经济学的理论对社会和经济活动的影响，研究如何解决社会现实中由语言问题引发的种种经济问题和社会问题，如对语言政策和语言规划的经济学分析、语言与经济发展等。而在研究方法上，语言经济学主要采用新古典经济学的方法，包括前提假设和论证过程。

从发展历史上看，语言经济学横跨了经济学、语言学、（语言）哲学、社会学和教育学等学科，尤与（语言）哲学、社会语言学等领域关系紧密。语言哲学关注概念思辨，可以为语言经济学提供一定的哲学基础或方法论的指导，经济学家也可以利用经济学的方法和工具来证实或证伪某些哲学方法论。对于某些特定问题，语言学家、哲学家和经济学家是沿着各自的思维方式展开的，经济学家对语言问题的分析也极有可能拓宽（语言）哲学的研究思路。社会语言学对语言与社会、文化、政治之间关系的研究则为揭示社会语言与经济学之间的关系提供帮助；语言经济学可以在借鉴社会语言学已有的成果基础上，为社会语言学提供新的视角和思路，也可以带来新的分析工具，与社会语言学形成互补与协作关系。

二 改革开放以来中国语言经济学发展、演进的概况

与国外相反，中国的语言经济学研究最早是由语言学界和外语学界发起的。在20世纪80年代，伴随着我国改革开放的大潮，国内语言学界的一些有识之士开始逐步体会和认识到语言与经济之间的联系。陈建民、祝畹瑾（1992）较早地论述了语言的市场价值；戴炜栋（1993）呼吁外语教改要适应市场经济；陈新仁（1994）讨论了言语交际中的“经济原则”；刘绍忠等（1998）讨论了语言的经济价值及其对语言学习和外语教学的影响及指导意义；高一虹等（1998）从市场经济的角度考察了语言使用和语言态度等问题。除此之外，何自然（1997）、陈建民（1999）等学者也在有关著述中论述或谈及“语言与经济”的问题。上述各项研究可以说是国内学者中独立摸索出的朴素的语言经济学思想，与Marschak等人的研究没有渊源关系。

我国对语言经济学的系统研究始于20世纪末。许其潮（1999）首次介绍了国外的语言经济学研究，并正式将“语言经济学”这一概念引入中国，同时他呼吁更多的语言学家和外语教育者加入到“语言与经济”研究的行列中来。由此拉开了中国语言经济学研究的序幕。

国内经济学界对语言经济学的关注始于汪丁丁（2001）。此后的几年间，国内语言经济学研究的大部分工作基本上停留在对国外相关理论和研究的一般性评介上。2004年，在黄少安教授的主持下，山东大学经济研究院成立了“语言经济学研究室”，这是全国最早、也是迄今唯一的一家语言经济学专门研究机构。特别是2009年10月首届中国语言经济学论坛在山东大学成立并召开，标志着中国语言经济学研究从自发走向自觉，开始了有组织的系统研究。

总体上看，中国的语言经济研究还处于学习和摸索的起步阶段，还没有到达从具体到一般、使经验上升为理论的层面。也就是说，中国的语言经济研究基本上还处于引进、介绍和借鉴国外理论的阶段，而且重复研究的现象比较严重。当然，也存在着一些基于国外相关理论的独立思考。必须承认，中国的语言经济学研究尚未达到国外同类研究的水平和高度。因此，关于国内语言经济学研究的发展，目前可总结的主要是对相关理论的评述，对各种实际问题的认识及其演变，以及有关的政策思路研究。尽管如此，中国自改革开放以来，特别是新世纪以来，国内学界已逐步认识到了语言经济学的重要性，也获得了一些积极的研究进展。这大体上体现在以下四个方面。

（一）语言经济学学科评介及基础理论研究

在介绍和引进一个新学科的初始阶段，理论评介向来是一项重要的基础工作。中国的语言经济学研究也不例外。2004年之前，学者们主要从新兴学科的角度介绍了国外语言经济学的产生和发展，并围绕语言与收入、语言政策的经济学分析、语言的动态发展等问题，介绍和评述国外语言经济学的相关研究成果（如任荣，2003a；林勇、宋金芳，

2004 等)。2004 年,鲁宾斯坦的《经济学与语言》一书中文版被译成中文出版,韦森教授随书发表了书评,对鲁宾斯坦的研究和相关问题作了详细的评介。这使国内经济学界对语言经济学有了更深的认识,中国学者也开始围绕语言经济学的学科建立展开理论方面的争论和探讨(如汪徽、胡有顺,2007等)。

此后,随着国内学界对语言经济学研究的关注程度逐步提高,中国语言经济学研究的重心从基础理论评介转向独立的研究思考,一批较高质量的研究文献得以涌现。例如,韦森(2004,2009)从哲学和制度的角度对经济学语言问题进行了深入思考;张卫国(2008a,2008b 等)从人力资本、公共产品和制度的角度对语言经济学基础理论及分析框架进行了总结和提炼。这些成果标志着国内语言经济学的基础理论研究已经起步。

(二)语言政策和语言规划的经济学研究

语言政策和语言规划研究是语言经济学的一个重要研究领域。语言规划的传统分析主要立足于社会语言学理论,且多侧重于这一领域的概念和基本范畴,很难在公共政策的宏观层面上提出切实可行的政策建议。而经济学的理性选择理论和成本收益分析方法可以有效地弥补传统语言规划研究的不足,丰富语言规划的研究方法。因此,在积极展开语言经济学理论评介的同时,国内学者也开始尝试借鉴国外语言经济学理论,反思中国的语言政策和语言规划问题。

有的学者们提出,可以借鉴语言政策经济学分析方法来评估我国的语言政策,特别是要制定合理的宏观外语政策(宋金芳、林勇,2004);语言规划本质上是区域规划的一个组成部分,在进行区域经济规划时,应当也可以把语言规划考虑在内(薄守生,2008);同时,要在评估语言政策时,把握好国家的干预机制,厘清与经济活动的关系,合理分配资源(张忻,2007)。

总的来说,此类研究主要在于分析语言经济学对语言政策及评估的影响,并介绍语言政策研究及评估的方法和内容。

(三)外语教育与语言学习的经济学分析

随着语言经济学在中国的发展,一些学者已不满足于评述国外语言经济学的理论,开始立足于中国语言现实,研究和解决中国的语言实践问题。

一方面,研究者利用需求理论、语言经济价值理论和成本收益理论来分析我国的外语教育。例如,张忻(2008)提出,中国外语教育应该遵循市场经济规律,客观理性地认识外语学习动机、语言的经济价值和经济效益,以及教育资源配置,以准确把握市场需求,有效开发教师知识资源,提高学生学习能力。莫再树(2008)则提出了语言经济学视角下商务英语教育研究的基本假设、主要内容、方法与技术路线,试图为中国商务英语教育研究提供新的视角和分析框架。

另一方面,学者们也对语言学习展开了经济学思考。如汪丁丁(2001)在国内最早对语言习得进行了演化分析,并由此解释和预测儿童在特定学习能力和学习环境的制约下按照理性选择可能习得的语言知识,并认为教育者在这一分析框架的指导下,有可能针对每个儿童的具体学习环境,选择最具发展潜力的知识习得路径。

(四)社会语言热点问题的经济学分析与解释

随着经济发展和社会技术进步,新词、

新语及网络语言层出不穷，并越来越多地融入普通百姓的语言活动当中去。流行语、网络语言及广告语的语用研究已不再单纯地停留在语言学及语用学的层面，针对这些语言的产生、发展和变迁所进行的经济学分析也应运而生（如任荣，2003b；闫欢，2009；骆裴娅，2009）。此外，国家汉办正积极地推行汉语国际推广战略，中国语言经济学在此方面也取得了一些原创性成果，如宁继鸣（2006）等。

三　2009年中国语言经济学的理论前沿和重大热点问题

（一）语言经济学学科性质与定位的讨论

黄少安（2009）认为，语言与我们的经济、社会生活中的方方面面密切相关。语言是人类的基本制度或元制度，没法设想人类如没有语言会是一种什么状态。语言政策和语言规划也涉及政策设计、制定与实施等，自然可以被纳入经济学的分析框架之中。诸如汉字简化、汉语国际推广、语言与文化、少数民族语言保护等语言规划问题，其中也隐含着许多经济性规律，都可以利用经济学的理论和方法来加以分析。语言在使用上（也包括经济学语言的使用）也面临着一个经济学问题，即要节约，要符合经济学原则。总之，作为一门新兴交叉学科，语言经济学的重要性正在提升，其应用前景将越来越广泛。

向明友（2009）认为，经济一词的多解就注定了其与人类赖以生存的语言及研究语言的语言学有着千丝万缕的联系。从分属社会语言学的语言与经济的关系问题、分属文体学的经济活动中的语言问题、基于朴素经济观念的语言修辞问题、马克思主义经济学视角下的语言学研究、西方经济学视角下的语言学研究和语言投资经济学六个方面，向明友提出了语言学中的诸经济视角，讨论了语言学与人类经济活动、经济观念和经济学说的交错关系。他认为，经济学与语言学之间完全可以沟通与整合，二者可以相互影响和作用，索绪尔的历时语言学和共时语言学的分类受到了瓦尔拉斯经济思想的影响就是一个典型的例子。

张卫国（2009）认为，宽泛地说，语言经济学是以经济学的理论、原则和方法，把语言和言语行为当作普遍存在的社会和经济现象来加以研究的一个经济学分支学科（领域）。就语言的经济性质而言，从个体出发，语言附着在人体上，表现为一种人力资本；从国家或地区出发，语言的选取或确定就成了一种官方行为，因而具有了公共产品的性质；扩展到整个社会，语言规范着人们的言说行为，体现出了一种制度属性。因此，在经济学的视角下，语言（技能）是一种人力资本，（官方）语言是一种公共产品，（社会）语言是一种制度。这三个命题或假设基本上概括了目前语言经济学研究的所有范畴，它们为语言经济学纷杂的已有研究搭建了一个理论框架，从而为语言经济学的未来研究奠定了基础。

徐大明（2009）认为，将语言学研究与经济学研究结合起来的语言经济学已经取得了很多成果，但是在把经济学概念应用到语言现象时也出现了一些疑问和混乱。通过讨论七个有关语言经济的基本问题，徐大明认为，将经济学概念应用于语言现象并不是一件简单的工作。语言虽然包含许多典型的经济元素，但将其与其他元素区分开来也非一目了然。

薄守生（2009）认为，语言经济学可以看做是非主流语言学与非主流经济学的结合。主流语言学致力于语言特点和语言规律的探索，语言规划只是语言学的一个组成部分，而对语言规划的经济学分析却在语言经济学研究中占有很大比重。语言规划不涉及语言学的“硬核”，而语言经济学是提供基本“描写工具”的学科。这些“描写工具”就是通常所说的“经济模型”，设立“描写工具”的过程也就是“建立模型”的过程。通过这些“描写工具”，能够将笼统和说不清的事物变得具体和确定，能够对不同的客观对象进行较为方便的“比较”。

（二）语言资源的开发与利用

崔希亮（2009）认为，语言资源具有国家战略价值、文化价值、经济价值、科技价值、历史学价值、社会学价值和人类学价值等。少数民族语言、汉语方言以及相关的文献资料和文字，都是需要保护的国家语言资源。要加强对语言的调查、记录和整理；也要考虑到语言资源保护的其他方式方法。目前，我们对“为什么要保护、保护哪些资源”尚缺乏明确的认识。同时，大规模的人口流动也给语言调查和语言资源保护带来了一定困难。在语言资源的开发利用方面，要提倡资源共享，要考虑可持续发展。

徐大明（2009）认为，语言经济是现代经济的重要组成部分。语言经济的发展离不开对语言资源潜在经济价值的认识。语言资源具有稀缺性特征，但人们的语言决策往往忽视了语言资源的宝贵性和决策选择的机会成本。语言资源的开发和利用需要语言市场。语言资源和语言产品通过实现其市场价值而实现其经济价值。因此，要借鉴国外语言经济和语言产业开发经验，开展针对语言经济的专项普查与评估工作，摸清我国语言经济国情，为进一步开展语言经济规划、制定语言经济政策提供参考。

徐大明、李现乐（2009）进而提出了“拉动语言内需、促进语言消费、促进语言就业”的观点。他们认为，国内少数民族地区与偏远地区的市场开拓离不开对当地通行语言和方言的掌握和使用，对这些语言和方言的培训可以直接带来经济效益。此外，语言消费不局限于语言学习。各行业语言服务的开发可以引导语言服务的消费。语言就业不局限于传统的语言产业，还包括许多有待开发的新的语言产业和语言职业。同时，语言产业的传统支柱——语言培训、语言翻译、语言科技也可以扩大其应用范围。例如，对濒危语言、方言翻译的培训，对于少数民族语言、汉语方言的通信产品及群众性语言文艺活动所需要的语言科技产品的开发等都是语言产业潜在的市场。

范俊军、肖志辉（2008）认为，语言资源具有信息价值、教育价值、文化价值、经济价值、生态价值和政治价值。开展语言资源监测，充分而有效地开发与利用各种语言资源，对于国家社会、文化、经济的发展，具有重要的作用和迫切的现实性。语言资源的保护、开发及语言战略、语言经济的核心内容之一是促进语言的使用。

张海洋、徐世梁（2009）认为，应该把语言资源和语言经济与语言生态平衡的概念结合起来。维护语言多样性具有重要的意义，因为语言多样性与社会文化多样性、自然生态多样性是相互支撑的。如果少了语言多样性，生态环境和社会文化的多样性也会受到损失。通过重建羌语，可以总结出一个语言保护和重建的模式，这一模式对中国其他少数民族语言的保护和重建具有重要的意义。

（三）汉字简化的经济学解析

汉字简化（繁简之争）是2009年我国社会语言学研究中最大的热门议题之一。国内学者也从语言经济学的角度对其进行了分析。

李增刚（2009）以经济学的视角分析了近年来中国关于采用简体字或繁体字的争论。他认为，语言文字作为传统文化的一部分，与交流工具应该是有差别的。作为文化符号，语言文字是一个国家、地区的象征；作为传统文化，语言文字除了表达相应的信息之外，还要具有美感，能够准确表达文字的含义等。但是，作为交流工具，语言文字不再承担相应的功能，其目的就是让更多人能够用这种文字达到理解对方的意思，通过说话、书写能够进行表达，并让别人理解这种表达。经济学所强调的在既定成本下产出最大化或产出既定下投入最小化的原则同样适用于语言文字，要用尽可能少的语言文字来表达所要表达的信息，或者用相同的笔画表达尽可能多的信息。因此，语言文字作为交流工具应该是越简练越好。但是不能过分简练，不能牺牲语言文字表达信息、沟通交流的功能，而是要有一个度，有一个均衡。

祁毓、田丹（2009）以教育部调整部分汉字写法为例，探讨作为公共产品的语言在供给调整和相关制度安排的过程中应该注意的若干问题。他们认为，教育部调整44个汉字写法是政府调整语言公共产品供给的重要表现形式，整个语言调整过程涉及了语言作为公共产品的方方面面，包括供给主体、供给形式、需求偏好反映等。而当前，国家作为语言制度的最大供给者，面临着三个问题：一是提供什么性质的制度；二是制度供给的数量；三是制度供给的效率。归根结底，关键在于能否及时提供有效的语言制度，以满足社会不同主体对语言的需求。因此，一方面，语言调整的关键在于调整后的语言所产生的经济绩效是否大于调整前的经济绩效；另一方面，作为公共产品的语言在供给调整过程中要充分考虑语言需求方的偏好及意愿，以此形成语言公共品供求的动态均衡。

张卫国、刘国辉（2009）认为，语言文字及其变迁并不单纯是语言本身的问题，还涉及文化、民族、政治，特别是经济等各种因素。语言文字由烦琐至简约是语言变迁的一条经济规律，目的在于降低交易成本；而保持文化传承的需要却又使语言文字停留在持续多样化上。这体现了语言文字变迁经济规律与现代人文社会政治文化生活需要间的一个矛盾。此外，之所以存在汉字繁简之争，除开政治诉求外，核心在于对“语言铸币税”的争夺。

（四）汉语国际推广

姜红（2009）认为，语言是一种重要的文化资源。近年来，随着中国经济的发展、综合国力的增强和国际地位的提高，汉语也得到越来越多外国人的关注，汉语国际推广事业蓬勃发展。汉语国际推广不仅具有文化传播和提升国家“软实力”的作用，而且具有现实和长久的经济价值。

陆俭明（2009）认为，汉语国际教育的目的是要建造世界各国民众接近中国文化的汉语桥。目前这方面存在的认识问题主要表现在三个方面：一是开展汉语国际教育的目的不明确；二是对汉语作为第二语言教学的性质缺乏正确认识；三是认为汉语教学不需要当代语言学理论。

张西平（2009）认为，要从战略高度来重新审视当下快速发展的汉语国际传播事业。要进行全球汉语学习人口基数调查，要注意汉语传播在全球的合理布局问题。语言传播是为国家长期经济利益和文化利益服务的，因此要从长远角度合理规划国家语言传播。目前汉语传播的全球布局不够合理。我们应该学习研究美、英、法、日、德、意、韩等国在国家语言传播上的“基金会运作”形式，注意把握语言传播的主动权。

郭熙（2009）认为，汉语国际传播是提供语言服务，满足各国的需求，而不是语言扩张。华人社会是华语传播的海外基地和中转站。在新的形势下，我们应科学准确地认识华文教育的性质、功能、特点，以及华文教学在汉语国际传播中占有的重要地位，要加大在华文教学上的投入。与汉语的国际传播相关，海外华人的语言使用和语言态度也是值得关注的研究领域。

（五）语言投资与外语教育

苏剑（2009）分析了语言“Q值”和语言投资之间的关系，认为某个社区多样化的语言中，投资于何种语言是由该语言的Q值决定的。语言Q值由语言的流行度和语言的中心度决定。人们要想融入某一语群，往往投资于该语群中Q值最高的语种，它能够带来更高的交际价值，提高自己的竞争力。反过来，除母语之外，人们投资哪种语言，就能增加该语种的Q值。所以二者呈正相关关系。语言投资带来的一个问题，即人们为了选择双语以提高自身的竞争力，投资于具有较高Q值的言语库，在一定程度上会对母语造成威胁。在此情况下，如何保护母语就成为一个现实的问题。苏剑认为，政府应在母语保护中发挥主要作用，如政府对本土语言文化产品实施有效的补贴，或者在集体行动中建立一种激励约束机制，强调对本民族文化的保护。其中，最关键的是要设法不断提高本土语言的国际Q值。

江桂英（2009）考察了我国英语教育的公共投资和个人投资，对其进行了成本收益分析。江桂英认为，我国英语教育的投入成本大体上可归结为培训英语教师的费用、英语教师的工资、家庭学校承担的英语课时费、学生投入时间的机会成本，以及政府和个人投资的社会机会成本等；我国英语教育的产出收益则体现在国民素质和沟通能力、与西方贸易的能力的提高，或者为留学英语国家做准备，密切与英语国家的文化联系，以及提高本国的国际声誉等。

四　中国语言经济学研究今后发展方向估计

语言经济学发展至今不到50年，中国语言经济学研究还不到15年，尽管已经取得了一定的成果，但现有的研究还不成熟，仍处于摸索阶段。从这个意义上讲，今后中国的语言经济学研究热点将继续集中在对学科性质的讨论、语言政策与语言规划的经济学分析、外语教育成本收益分析、汉语国际推广等方面。

除了上述研究外，中国语言经济学还应该在博弈语用研究方面有所作为。这也是国际上语言经济学的一个重要前沿领域。原因很简单，博弈论是有效沟通经济学与语言学（特别是语用学）的一道桥梁。语用学研究的是语境对话语解释的影响，而博弈论

"解"的概念最适合于稳定的、由大量局中人"参与"的现实环境。在用于解释语言现象时，博弈论工具可能最为有效（Rubinstein，2000）。总之，博弈论研究的是在互动中个人策略如何受他人策略的影响并影响他人的行动策略选择，博弈双方的最终支付取决于局中人是否选择了最佳行动策略，而语用交际也是一种互动的策略行为。所以，语用交际过程完全可以通过博弈建模来加以分析，这正是博弈论和语用学相互沟通与结合的一个基本点。可以说，在这一点上，博弈论正进入一个有趣的新领域，人们将很快见证其令人激动的发展（Rubinstein，2000）。中国语言学界已经开始尝试此类研究（向明友，2002，2007），中国经济学界在方法上应该给予更多支持。

经济学帮助语言学家拓宽了他们的视野，而语言问题使经济学家找到了新的话题。有理由相信，语言的经济学分析将被证明对语言学家和经济学家都有所帮助，语言学与经济学的联姻会给两个学科之间的协作提供令人激动的机会。

参考文献与学科年度重要文献

Marschak，Jacob，1965，"The economics of language"，*Behavioral Science*，10，pp. 135—140.

Rubinstein，Ariel，2000，*Economics and language*，Cambridge University Press. 中译本：鲁宾斯坦：《经济学与语言》，钱勇、周翼译，上海财经大学出版社2004年版。

薄守生：《语言规划的经济学分析》，《制度经济学研究》2008年总第20辑。

薄守生：《语言经济学：非主流语言学与非主流经济学的牵手》，2009中国语言经济学论坛会议论文。

陈建民、祝畹瑾：《语言的市场价值》，《语言文字应用》1992年第2期。

陈建民：《中国语言和中国社会》，广东教育出版社1999年版

陈新仁：《试探"经济原则"在言语交际中的运行》，《外语学刊》1994年第1期。

崔希亮：《国家语言资源的保护、开发和利用》，2009国家语言战略高峰论坛会议论文。

戴炜栋：《适应市场经济，深化外语教改》，《外语界》1993年第3期。

范俊军、肖自辉：《语言资源论纲》，《南京社会科学》2008年第4期。

高一虹、苏新春、周雷：《回归前香港、北京、广州的语言态度》，《外语教学与研究》1998年第2期。

郭熙：《海外华文教育的性质及其在汉语国际传播中的地位》，2009国家语言战略高峰论坛会议论文。

黄少安：《关于语言经济学和中国语言经济学会筹委会》，2009中国语言经济学论坛会议论文。

何自然：《语用学与英语学习》，上海外语教育出版社1997年版。

李增刚：《简体字还是繁体字：经济学视角的分析》，《经济学家茶座》2009年第2期。

刘念：《网络流行语的语言经济学原则》，《华中科技大学学报》（社会科学版）2004年第3期。

刘绍忠、廖凤荣、谢之君：《语用的经济价值及其对外语学习的指导意义》，《外语教学》1998年第3期。

林勇、宋金芳：《语言经济学评述》，《经济学动态》2004年第3期。

骆裴娅：《经济语言学视域下的广告语言》，《重庆工学院学报》（社会科学版）2009年第4期。

陆俭明：《端正认识，让汉语国际教育健康发展》，2009国家语言战略高峰论坛会议论文。

姜红：《论汉语国际推广的经济价值》，《华东经济管理》2009年第6期。

江桂英：《语言经济学视角下的中国英语教育成本—收益分析》，2009中国语言经济学论坛会议论文。

莫再树：《语言经济学视角下的商务英语教育研

究》，《外国界》2008年第2期。

宁继鸣：《汉语国际推广：关于孔子学院的经济学分析与建议》，山东大学博士论文2006年。

祁毓、田丹：《语言供给的经济学分析》，2009中国语言经济学论坛会议论文。

任荣：《语言经济学：一门方兴未艾的学科》，《黑龙江农垦师专学报》2003年第3期。

任荣：《流行语背后的语言经济学》，《重庆大学学报》（社会科学版）2003年第5期。

宋金芳、林勇：《语言经济学的政策分析及其借鉴》，《华南师范大学学报》（社会科学版）2004年第6期。

苏剑：《语言投资，语言Q值与语言保护》，2009中国语言经济学论坛会议论文。

汪丁丁：《语言的经济学分析》，《社会学研究》2001年第6期。

汪徽、胡有顺：《对语言经济学学科建立理论争端的反思》，《南京审计学院学报》2007年第4期。

韦森：《从语言的经济学到经济学的语言》，载鲁宾斯坦：《经济学与语言》，上海财经大学出版社2004年版。

韦森：《语言的经济学与经济学的语言》，《东岳论丛》2009年第11期。

向明友：《经济分析语用学说略》，《外语与外语教学》2002年第3期。

向明友：《语用学研究的新进展》，《中国外语》2007年第2期。

向明友：《语言学中的诸经济视角》，2009中国语言经济学论坛会议论文。

徐大明：《关于语言经济的几个问题》，2009中国语言经济学论坛会议论文。

徐大明、李现乐：《语言资源观引导下的语言经济研究和语言经济规划》，2009国家语言战略高峰论坛会议论文。

徐大明、李现乐：《珍爱语言资源，发展语言经济》，《北华大学学报》（哲社版）2010年第1期。

许其潮：《语言经济学：一个新兴的边缘学科》，《外国语》1999年第4期。

闫欢：《网络语言的经济性研究》，上海外国语大学硕士论文，2009年。

张海洋、徐世梁：《羌族语言灾后保护重建与中国语言生态平衡》，2009国家语言战略高峰论坛会议论文。

张卫国：《作为人力资本、公共产品和制度的语言》，《经济研究》2008年第2期。

张卫国：《语言的经济学分析：一个初步框架》，山东大学博士论文2008年。

张卫国：《语言经济学：过去、现在和未来》，2009中国语言经济学论坛会议论文。

张卫国、刘国辉：《汉字繁简之争：一个经济学解释》，2009中国语言经济学论坛会议论文

张忻：《语言经济学与语言政策评估研究》，《语言文字应用》2007年第4期。

张忻：《语言的经济学与大学英语教育》，《中南大学学报（社会科学版）》2008年第3期。

张西平：《走向世界的汉语所面临的若干战略问题思考》，2009国家语言战略高峰论坛会议论文。

（张卫国）

中国经济学年鉴

2010

第四篇 论文荟萃

理论经济与方法

虚拟经济研究的八个前沿问题

刘晓欣　著

《开放导报》2008 年第 6 期；2009 年第 1 期

20 千字

1997 年金融危机爆发后，国内以成思危为代表的一批学者提出了虚拟经济概念，希望从马克思虚拟资本理论中发展出一套更深刻、更贴近实际的理论和研究方法。此后虚拟经济研究开始在理论和实践两个方面逐渐展开。本研究对虚拟经济研究的前沿问题进行了梳理，结果如下：(1) 虚拟经济与实体经济的关系。对虚拟经济的研究最初是针对金融危机的，引发了人们对虚拟经济与实体经济的关系的关注，产生了很多研究成果，但离问题的解决还差得较远。有观点认为：虚拟经济与实体经济的关系是软件与硬件的关系，虚拟经济具有“介稳性”和“寄生性”。还有学者通过理论和实证分析，从波动性、关联度、边际溢出效应等多个角度论述了虚拟经济与实体经济的关系；(2) 虚拟经济的核算理念和方法。由于对虚拟经济的内涵还未达成统一认识，对虚拟经济的核算的研究是从对虚拟经济的外延研究开始，界定虚拟经济范围，在此基础上，对虚拟经济的统计刻画指标进行研究。已有的研究提出资金流净值、交易量指标能够反映虚拟经济的运行特点并提出了相应的核算方法或解决方案，如全象资金流量观测系统等；(3) 货币利润的来源与虚拟经济的动力。虚拟经济认为财富的本质属性是价值的，虚拟财富被看做是真实财富。虚拟经济是否是“零和交易”以及“以钱生钱”创造的货币收入和由此资本化带来的巨大资产价值有没有实际产品对应是该命题的根本所在，是解释为何虚拟经济能远离实体经济而独立运行的关键。一部分观点认为，虚拟经济具有寄生性质，其运行周期大体上取决于实体经济的运行周期，但可能有短期背离；也有研究认为，在满足一定的条件下，虚拟经济能独立运行创造货币利润，打破零和交易的格局；(4) 虚拟经济下财富和风险的积累——价值化积累。该命题是虚拟经济与实体经济关系命题的延伸，是积累与经济增长动态关系的理论探讨。价值化积累是以价值表现的广义的储蓄，包括股票、债券及地产等虚拟资产形式财富的集聚与增长，价值化积累的同时也在积累着风险。随着市场经济发展，相对脱离于实际生产过程的价值增值成为积累的一个重要组成部分，价值的积累量迅速扩大并超过使用价值形式的积累；(5) 经济虚拟化度和流动性储备量的测算。经济虚拟化度集中表现一个国家虚拟经济相对于实体经济的发展规模，南开大学虚拟经济与管理研究中心将虚拟经济规模总量与实体经济规模总量之比定义为虚拟化度指标，并对我国虚拟化度进行实证分析。针对“货币失踪”、“金融窖藏”等现象，虚拟经济理论提出了“流动性储备池”概念，考察虚拟经济部门中流动性储备的静态表现和动态特征，解释了“货币失踪之谜”，并指出虚拟经济部门起着调节货币流的功能，虚拟经济领域内的流动性变动对整个经济的运行形成重大影响。

（刘晓欣）

和谐社会的政治经济学基础

杨春学　著

《经济研究》2009 年第 1 期

30 千字

建立“和谐社会”这一时代课题要解决的是市场自由的效率与体现社会公平的“社会均衡”的结合问题，其最终目标是经济增长成果的共享和增长过程的社会和解。

按照主流经济学的思路，这近乎是一个不可能解决的问题。因为，按照这种思路，由于不能进行人际间的效用比较，我们根本就不可能定义出“公平的分配”状态，也就无所谓“分配的正义”；如果非要追求所谓的“公平分配”的实现，那就必然会导致与个人基本权利和市场自由的冲突。

本文的基本观点是，自由市场制度会产生效率，但不会自动产生“社会福利”；合理的社会政策是可以与个人自由和市场经济的效率相容的。对这种观点，我们是借助于个人面对某些随机模式时表现出来的社会偏好来论证的。通过“无知之幕”的构思排除了个人的特殊地位对其主观偏好的影响之后，借助于人际间的比较，我们可以证明，每个人都将会表现出两种具有内在联系的社会偏好：一是对“公平的”制度安排的偏好，它们将能够有效缓和“出身”与“运气”等随机因素对个人前景的巨大累积性影响；二是再分配的社会偏好，它将个人对不平等的社会反感合理化为个人对风险和不确定性的厌恶。这些偏好都可以是理性的个人自愿选择的产物。因而，力图实现这些偏好所体现的社会价值的明智政策，自然不会与个人自由相冲突。

根据这些论证，我们就可以合乎逻辑地讨论，建立和谐社会的许多具体公共政策问题。对前一种“个人的社会偏好”的讨论涉及的是评判市场分配结果公正与否的最根本基础，从中，我们可以直接推导出“矫正”市场过程和缩小人们起点和机会的不平等程度的某些公共政策的合理性。对后一种“个人的社会偏好”的讨论，则属于为现代社会“最低生活保障”的福利制度提供经济学的伦理证明。

本文的最新颖之处在于，所有证明和分析都是基于人际间的可比较基础之上的，是一种纯理论逻辑上的分析。正因为如此，我们可以看出或猜测到，无论何时何地，公平和平等的逻辑总是无奈地会碰上不公平和不平等的残酷现实。对于任何一种可行的制度来说，适度的不完善是与生俱来的。一旦认识到这点，我们就要主动地适应它们，并寻求纠正其不良影响的实践方式。这就要求我们在尊重逻辑分析的同时，不能一味地只顾埋头推导教条结论，不理会现实。基于“无知之幕”的思想试验所能给我们提供的，只是一种社会偏好的最根本理论基础。在此基础上，如何把这些偏好转化为合理的具体政策，既能保持效率，又能保证公平，取决于我们在实践中的政治智慧和现实意识。

所有这些问题的认识和解决方法都渗透着不同利益集团的政治斗争。公平与效率之间讨价还价的范围和实施这类组合的社会制度之设计，都反映着政治力量的平衡。如果财富和收入的分配基本上是一种政治选择，那么就没有理由忽视今天存在的总体经济不公平。本文力图通过对这些争论的讨论，给旨在如何理解和处理市场经济生活中不公平现象的合理政策方案，提供一种经济学评判的清晰思路和基础，使经济学的分析恢复到其理性的道德基础上。

（杨春学）

已实现波动率估计中不同降噪方法的比较分析及实证

韩清　刘永刚　著

《数量经济技术经济研究》2009 年第 8 期

18 千字

波动率作为金融资产价格变化的统计度量，在现代金融市场中扮演着关键角色，它是进行金融产品定价、金融风险度量等问题的基础，在现代金融理论与实践中具有极其重要的作用。传统上进行波动率模型估计、预测时大多使用日数据，甚至时间跨度更大些的数据，由此作出的估计和预测都至少是基于日的。这在过去是适用的，但对于现代金融市场则显得远远不够。现代金融市场中，新的金融工具不断涌现，市场规模迅速扩大，市场情况瞬息万变。因此，波动率需要实时估计以便能够及时对金融产品及其相关风险进行分析和定价，从而帮助投资者及时调整其持有头寸。这就需要更高频率的基于日内的交易数据。计算机技术的发展为利用高频金融数据提供了坚实的基础。另一方面，高频率的数据包含了更多的市场信息，如果仍然坚持使用传统的日间数据会不可避免地丢掉大量数据，是对信息的极大浪费。因此，利用日内交易产生的高频金融数据（在流动性好的市场中，交易之间的时间间隔通常以秒计），估计波动率已经成为近年来金融经济学的一个新热点，并且取得了许多新进展。

高频金融数据的实际利用面临一个重要的难点：由于金融市场微观结构的影响，导致市场价格与有效价格之间存在偏差（即噪声），并且频率越高噪声的影响越大。如何降低噪声的影响成为利用高频金融数据的关键。本文介绍了降低噪声干扰的纠偏降噪技术和相关估计量，并对其进行了深入的比较分析。作者放宽了对噪声的假设，允许噪声序列间存在相关性，甚至允许噪声与价格间也存在相关性（即内生性）。以来自中国股票市场的高频交易数据对各种波动率估计以及噪声估计进行了全面深入的实证研究，一方面对各种估计量进行了比较分析，另一方面也验证了文中讨论的各种统计量的性质。实证结果为我们揭示了一个重要事实：利用时间间隔数据的波动率估计值一般小于运用了纠偏降噪技术的波动率估计值，说明了目前常用的波动率估计低估了风险。这表明纠偏降噪技术对于风险管理具有很重要的现实意义。实证结果还表明了中国股票市场的波动率以及微观结构噪声的其他一些特点。发现同国外市场一般可以使用 5 分钟间隔的数据作已实现波动率估计相比，中国市场需要使用更低频率的数据（即时间间隔更长的数据），这也表明中国市场要比国外市场更需要运用纠偏降噪技术。

（韩清）

中国环境经济核算体系范式的设计与阐释

李金华　著

《中国社会科学》2009 年第 1 期

22 千字

联合国《环境经济综合核算体系 2003》（SEEA）对构建各国的环境核算理论体系，指导各国的环境核算实践具有重要的指导作用。本文作者主张，可依据联合国 SEEA 的框架，构造一个中国的环境经济核算体系，作为 CSNA 的附属体系，对中国的环境资源以及其对经济活动的影响进行深入的计量分析。新构造的体系既自成一体，又与 CSNA 保持密切联系；既对 CSNA 作补充，又能对环境资源的主要内容进行全面深入的核算。本文旨在对所构想的这一体系的范式及相关的若干重大问题展开研究。

按照SEEA的构架，可以设计出中国环境经济核算体系（CSEEA）的范式。CSEEA的理论基础是环境学、经济学、统计学的相关理论和方法；环境资源的存流量、资源消耗、自然灾害、环境成本、环境保护投入以及环境资产重估价等是CSEEA的重要核算内容；账户、核算表、指标体系是CSEEA的主要核算工具。

文章通过对联合国SEEA的解读，结合中国国民经济核算体系的实践，比较完整地设计了中国环境经济核算体系（CSEEA）的范式，在此基础上对体系中若干重要问题进行了阐述和研究。这些问题，如CSEEA的核算范围、主要核算对象、主要核算方法以及核心指标都是CSEEA的关键内容和理论基石，对CSEEA的构建具有决定性的意义。显然，相对于一个完整的、能用于实际操作的CSEEA，本文所研究的问题，无论在广度和深度都是远远不够的，好在本文的目标不在于提供一个可供操作的系统。因为，一个体系或系统是一个庞大的系统工程，是一个鸿篇巨制，远不是一篇论文所能解决的。本文的目标仅在于为CSEEA提供一个设计思路和方向，更多更细的问题还有待于今后进一步的研究。

（李金华）

中国国民经济核算体系的建立、改革和发展

许宪春　著

《中国社会科学》2009年第6期

24千字

本文是目前关于中国国民经济核算统计方法和资料处理细节阐述方面最全面的一项研究。作者对我国国民经济核算的进展和存在的问题有较深入的了解，其总结的经验对中国国民经济核算的发展、国民经济核算理论和方法，以及国民经济核算在发展中国家推广、运用和提高都有现实意义。论文也指出了我国国民经济核算目前存在的主要问题和解决思路，对于我国的统计工作的发展和提高宏观决策和调控的水平，都具有很大的参考价值。国民经济核算研究既是一项实践性很强的工作，也是一项具有重要理论研究意义的工作。但是，由于各国的经济体系存在着很大的差别，联合国提出的国民经济核算体系的一般理论、方法和体系，在各国应用时都会产生很多的具体问题，中国的国民经济核算既应该遵循共同的国际标准，同样又要反映中国的实际，同时还要使广大用户了解体系中的各种指标的含义、相互关系及应用，这对于国家统计部门也是一项长期而艰巨的任务。因此，本文探讨的重点更多的还是中国国民经济核算的实际，虽然对国际标准有所提及，但还不够深入。

（梁华）

马克思经济学假设的哲学方法论辨析——以两个“社会必要劳动时间”的关系问题为例

王峰明　著

《中国社会科学》2009年第4期

17千字

把握“市场价值”范畴的多样性规定及其承前启后的枢纽作用，是理解马克思关于两种意义上的社会必要劳动时间思想的关键，也是我们破解马克思经济学的假设问题的一条有效途径。马克思从两个方面阐释市场价值范畴的含义，明确地用黑体标出了“第一”和“第二”这两个方面的内容。前者在供求一致条件下，把“时间Ⅰ”中三个“最

简单的规定”各自转化为“多种规定”。即把作为商品“样品”的单位使用价值量转化为单个部门的使用价值总量；把“现有的社会正常的生产条件”和“平均劳动”具体化为部门劳动生产率发展程度的上、中、下三类状况；把价值量具体化为这三类生产条件所创造的个别价值量的总和或加权平均。后者则论述供求不一致条件下，个别价值毋须经由平均化而直接决定市场价值。“社会必要劳动时间Ⅰ”是思维抽象考察的简单概念，“社会必要劳动时间Ⅱ”是思维具体考察的复杂概念；而市场价值则是二者转换的枢纽。从马克思运用的各种前提性假设的变化来看，上述概念的演化是其“从抽象上升到具体”的哲学方法论内在的组成部分，既包含了初始的“加”假设，同时也包含着后来的“去”假设。这一哲学方法为解决本质与现象中存在的一般与个别的矛盾问题提供了一把钥匙。《资本论》用上述辩证逻辑理性思维的运动，把整体混沌的表象作为精神上理解的具体再现出来。因此，马克思经济学的任何前提性假设，都不是“自明”的和“自足”的，都需要在历史过程的社会实践基础上接受理性的剖析和探究。

（许建康）

中国的经济改革道路：实质、意义和前景

林岗　著

《中国人民大学学报》2009 年第 1 期

7.4 千字

中国的经济体制转型采取了渐进的改革方式，其本质在于，是在社会主义宪法制度的大框架内进行的改良和创新，目标是通过建立社会主义市场经济体制来完善社会主义经济制度，更快地发展社会主义社会的生产力，实现国家经济和社会的现代化。该文作者总结到：渐进式的改革给我们提供了系列的重要启示：第一，社会主义和市场经济不是对立的，而是统一的；第二，市场经济是一个历史的范畴；第三，解放和发展生产力，更好地满足最广大人民群众的根本利益，既是改革的根本动力，也是改革的目的；第四，传统与现代、公有制与非公有制、政府与市场、自由与秩序、开放与自主、稳定与变革不是对立的，只有使它们相互结合和相互促进，保证社会稳定和经济持续发展，才能使改革稳步向前推进；第五，在向市场经济转型的过程中，充分发挥政府在经济转型过程中的主导作用。

目前，我国经济体制改革进入了完成期，经济发展也进入了一个新的阶段并取得了骄人的成绩。但未来的任务是艰巨的。该文将我国改革新阶段所要解决问题总结为以下四方面：一是如何控制收入差距的扩大，缓和贫富分化矛盾，保证经济的长期平稳发展；二是如何刺激消费，解决产出过剩问题，维持消费和产出的平衡；三是就业问题亟待解决；四是在改革的始发期和发展期，使市场取代计划而成为资源配置的主要手段是主要任务。

针对上述问题，该文作者认为应当积极调整改革思路，具体调整如下：第一，由着重让一部分人先富裕起来转向更加强调防止两极分化和实现共同富裕；第二在对非公有制经济给予肯定的前提下，要重新强调公有制经济应有的主体地位，使公有制经济在解决就业等问题上发挥更加积极的作用；第三在坚持对外开放、积极顺应全球化潮流的同时，要高度重视国家的金融以致整个国民经济的安全问题；第四继续巩固市场的资源配置基础地位，加强政府的宏观调控和统筹社

会各方面关系的能力，推进社保体系建设。

（韵江）

经济发展与中国文化的复兴

林毅夫　著

《北京大学学报》（哲学社会科学版）2009年第3期

10千字

近年来，中国经济呈现出快速发展的势头，对于中国文化能否复兴以及能否与经济发展相适应成为当今重要议题。以此为基点，该文首先明晰了文化的内涵，主要包括：器物层次，也就是生产、生活工具；组织层次，包括社会、经济、政治组织；精神层次，即人的伦理、价值取向等。同时该文指出中国文化能否复兴取决于三个问题：第一，对于儒家文化以“仁”为核心的伦理价值是否能支撑起经济基础这一问题。该文认为从经济基础来看，中国继续快速发展的潜力巨大。中国现在作为一个发展中国家，经济要持续快速发展，最重要的还是技术的不断创新。创新的方式对不同发展阶段的国家是不一样的。像中国这样经济基础比较低的国家，技术创新有两种方式：一种是自己发明；另外一种是利用与发达国家的技术差距，以引进来取得创新。第二，对于在以“仁”为核心的价值下形成的组织层次能不能与经济基础的发展相适应而不断演进这一问题，该文指出，中国以“仁”为核心的伦理价值跟市场经济体系是共容的。随着收入水平的提高，人民群众的参政意识会越来越强。人民的利益是政治的目标，群众的意见是政治决策过程的依据，有这种政治理念包含在中国儒家文化内，作为组织层次的文化应该有能力随着经济基础的不断提升进行必要的调整。第三，以“仁”为核心的价值在经济基础不断提升以及政治、经济、社会组织不断演化的过程中能否保存，并形成一个完整的器物、组织、伦理三个层次自洽的文化体系，该文回顾了儒家文化的发展历程，并指出作为上层建筑的儒家文化是有能力随着时代、环境的不同，而不断调整、创新，以适应新的经济基础的需要，而不是顽固、保守、一成不变，成为制约经济发展的障碍。

理论和实践都证明中国的经济基础，也就是中国文化的经济基础的不断提高完全有可能。而且，只要我们有意识地实践、倡导，中国文化也有能力保持以“仁”为核心的伦理价值取向，根据时代的需要不断地进行上层建筑的创新。

（韵江）

产权定义的理论分歧及其界定

孙飞　王淋　著

《经济纵横》2009年第6期

4千字

产权问题不是一个新问题，目前学术界关于产权问题的讨论所形成的成果非常丰硕，但关于产权的定义却众说纷纭，分歧很大。产权定义是产权经济学理论大厦的基石，也是产权理论研究的逻辑起点，正确定义产权对产权理论研究与产权制度建设都具有重要意义。

该文从产权定义入手，首先探讨现有产权定义的相关理论分歧，这些理论分歧主要有以下几类：第一，产权等同于财产所有权，财产所有权是包含多方面权能的权利束；第二，产权是区别于所有权并比所有权更为宽泛的范畴；第三，产权是法律强制性规定人对物的权利；第四，产权等同于人权；第五，产权不是人对物的权利，而是由于物而发生的人与人的社会关系；第六，产权是一种社会工具。

导致产权定义理论分歧的原因是多种多样的，该文在对导致分歧的原因进行简要评析之后发现，分歧产生的主要原因是各个定义侧重点的不同，表现在：定义一的侧重点是财产权范畴的核心内涵即主体对客体的最高支配权——所有权；定义二的侧重点是产权运动的具体形式或状态；而定义三则是对古罗马民法中形成的个人对物的排他占有权概念的一种继承，认为只有从法律意义上讲才存在着产权，颠倒了经济关系与法律关系二者之间的关系；至于定义四和定义五，则是从人权或产权的功能出发，或从政府强制和市场强制形成的对资产的制度方式出发对产权的定义；定义六则是基于马克思政治经济学理论体系的。

尽管中外学术界基于不同的出发点赋予了产权不同的定义，但不可否认的是，他们都承认产权是规范人们行为排他性的权利，是一种权利束。为正确定义产权，该文作者指出，还要明确以下三个问题：财产本身不是一种社会生产关系，产权不等于法权，不能弱化所有权。综上所述，该文作者将产权的定义表述为：人们围绕财产形成的经济权利关系。

（韵江）

转型路径与经济增长——中俄经济转型与经济增长比较研究

林跃勤　刘霞辉　著

《江苏社会科学》2008 年第 6 期

15 千字

该文通过构造一个带管理资本学习过程的经济增长模型对俄罗斯及中国的特定经济转型路径、模式及绩效进行分析，分析表明，转型模式虽然对转型初期的增长有所影响，但并不是转型绩效最基本的决定因素。总体上讲，尽管中俄两国转型模式并不完全相同，但两国均进行了广泛而深刻的经济体制改革，其改革内容与基本结果，主要表现在以下一些方面：第一，产权改革促进了市场经营主体多元化；第二，价格改革改善了两国资源配置机制；第三，政府改革改善了政府—市场关系；第四，对外经贸管理体制改革方面：首先是打破外贸国有垄断体制，构建多元化外贸经营主体，其次是改革外汇管理体制，最后是积极吸引外资。对于改革内容的成效与否，转型绩效显然是有力的说服标准。(1) 经济转型促进了两国经济增长总体而言，中俄均进入世界最具增长潜力的“金砖”集团行列，但中国的增长率和对世界经济增长的贡献度均明显高于俄罗斯；(2) 经济转型改善了居民福利水平；(3) 经济转型促进了经济结构调整，这主要体现在投资和消费比例的调整与经济的多元化和均衡化。

此外，该文还构造一个带管理资本学习过程的经济增长模型来研究转型和增长的关系。在经济前景方面，中俄两国作为四大金砖集团成员国，经济前景整体看好。但从目前经济增长指标比较，中国表现优于俄罗斯。从未来增长潜力看，各有优势。从国内环境看，中国有劳动力、市场、成本等优势；俄罗斯拥有丰富的矿产资源、人力资源、金融资本、坚实的技术基础和迅速成长的市场。当然，持续增长面临着深化制度转型挑战。

纵观该文全文，作者观点不言自明：转型模式不存在绝对的优劣之分，而要看其实施的土壤；不同转型模式可以相互借鉴和交替采用，取长补短；经济转型不是一成不变的。

（韵江）

对社会主义可持续发展经济体制的理论思考

方时姣　著

《中国人口、资源与环境》2008 年第 6 期

7.8 千字

“十七大”报告指出我国成功实现了从高度集中的计划经济体制到充满活力的社会主义市场经济的伟大历史转折。事实上，对照党的“十四大”提出的、到 2010 年要实现的两个具有全局意义的根本性转变：一是经济体制从传统的计划经济体制向社会主义市场经济体制转变，二是经济增长方式从粗放型向集约型转变的远景目标，我们实际上只是初步实现了经济体制从传统计划经济体制向社会主义市场经济体制的根本转变，经济增长方式从粗放型向集约型的根本转变基本上没有实现，“粗放型增长方式尚未根本改变”，我们尚未形成经济、社会和谐发展的可持续发展机制。对照以上问题，该文将需要重视的问题总结为以下几点：

（1）社会主义市场经济是建立在社会主义公有制基础上的，是同社会主义基本经济制度紧密结合在一起的，是完全符合社会主义经济的本质属性的，由此决定了两个具有全局意义的根本性转变的根本一致性。（2）传统经济体制是在传统发展观指导下，基本上以片面追求 GDP 的高速增长和物质财富无限增加为目的和动力，并且把实现这一目的视为传统经济体制运行的最高原则。（3）在当今世界，无论是发达国家，还是发展中国家，多数国家的经济发展战略、模式、经济体制及运行机制，都是以生态与经济相脱离为基本特征的，使现经济运行与发展往往不能反映生态学的真理。因此，传统经济体制的一个根本缺陷，就是以生态与经济的脱离和对立为特征。

如前所述，我国社会主义经济体制改革应当实现两个根本转变，问题的关键是建立可持续发展的经济体制，这也是我们完善社会主义市场经济体制的正确方向与战略任务。它具有理论与实践的双重意义。首先，从理论上看，生态经济协调可持续发展理论是社会主义可持续发展经济体制的理论基石；其次，从实践上看，构建社会主义可持续发展经济体制，不仅是我国国情和发展现实的客观要求，而且具有坚实的实践基础。实际上，建立生态市场经济体制，在世界上还没有经验可以借鉴，因而可持续发展经济体制的建立将是一项艰巨而复杂的伟大工程。

（韵江）

斯密、凯恩斯和马克思分析资本主义经济的不同角度：长期、短期和超长期

郭广迪　著

《经济评论》2009 年第 2 期

12 千字

经济学家斯密、凯恩斯和马克思在看待资本主义时采用了完全不同的视角，得出截然不同的结论，该文则从时间这一角度来分析三位经济学家看待资本主义的不同观点，并说明马克思经济学与古典经济学和凯恩斯经济学之间的关系。在该文中，斯密的长期是指资本主义市场经济存在的整个历史时期；凯恩斯的短期是指资本主义市场经济存在的整个历史时期内给人们现实经济生活带来具体影响的各个特殊的时期；马克思的超长期则是指资本主义市场经济产生、发展和最终消亡的人类社会发展时期。应当强调的是，凯恩斯的短期分析和斯密的长期分析都是以资本主义经济制度或市场经济体制为既定前提的。

与斯密的长期分析和凯恩斯的短期分析比

较，马克思则超出了资本主义市场经济的既定前提，他与西方经济学者最大的分歧就在于是否认为资本主义市场经济是万世千秋的，马克思认为资本主义市场经济并不是从来就有的，也不是永恒存在，它只是人类社会发展到一定阶段的必然产物。尽管马克思的超长期分析与凯恩斯的短期分析都认为资本主义市场经济并非完美无缺，但二者还是存在根本分歧：凯恩斯认为，在不改变资本主义基本制度的前提下，资本主义市场经济的缺陷可以通过政府运用宏观经济政策加以克服；而马克思则认为“无论是经济政策还是其他一些措施”“都无法补救”资本主义制度所导致的问题“这些问题将继续恶化并最终毁灭资本主义经济”。

从马克思经济学的视角看斯密的长期分析和凯恩斯的短期分析，虽然马克思对为资产阶级政府出谋划策不屑一顾，但他并没有因此而反对研究和讨论与资产阶级政府如何应对通货膨胀或通货紧缩等短期经济问题相关的宏观经济学问题，因而马克思在一定程度上是赞同两者的。从西方经济学的视角看马克思的超长期分析，马克思关于资本主义经济的超长期分析并不是完全不能接受，尤其是近年来被西方主流经济学所接纳的两个重要理论——公共选择理论和新制度经济学理论，均被西方经济学者认为受到了马克思的影响。因而对于上述学者的观点应当辩证分析，不能武断地全盘否定一方而接受另一方。

（韵江）

经济增长与宏观调控

滞后效应、多重均衡与反向软着陆：中国需求管理经验

郑超愚　著

《金融研究》2009 年第 4 期

16 千字

本文通过形式化表述的中国需求管理决策问题，揭示经济扩张时期中国积极需求管理经验的宏观经济学意义。本文建立中国经济增长的准 AK 模型，依据附加滞后效应的中国菲利普斯曲线，描绘保守型需求管理的多重国民收入均衡陷阱，进而证明进取型需求管理能够在潜在总供给技术上限上实现实际国民收入的反向软着陆。

主要研究内容：(1) 容纳滞后效应的潜在国民收入：二元经济结构条件下，中国总量生产函数采取结构形式 $Y=\varphi(t)\cdot K$，具有类似 AK 模型的投资驱动内生增长性质，潜在国民收入通过资本形成途径容纳实际国民收入的滞后效应；(2) 保守型政策与多重国民收入均衡：中国菲利浦斯曲线在经典三角模型的基础上，附加潜在国民收入项而取得修正卢卡斯总供给函数 $y-L[y]=\lambda\cdot(\pi-L[\pi])$。以二次型损失函数体现的保守型需求管理政策是自我实现预期性质的，导致依存于初始经济增长目标的多重国民收入均衡状态；(3) 微撞操作与反向软着陆：面临中国长期总供给曲线 $y=L[y]$，以抛物线型损失函数体现的积极需求管理政策，通过微撞操作跟踪潜在总供给前沿，使得实际总需求吸引潜在总供给而实现实际国民收入的反向软着陆。

理论创新与实际意义：(1) 投资驱动的内生经济增长模型：建立中国准 AK 生产函数与准 AK 增长模型，资本积累收益非递减而导致内生经济增长，并且实际国民收入具有影响潜在国民收入的滞后效应；(2) 滞后效应与修正菲利普斯曲线：潜在国民收入依据实际国

民收入自回归过程形成而容纳滞后效应，中国菲利普斯曲线可以是长期正向倾斜的，蕴涵经济增长目标与价格稳定目标的互补性；(3) 不确定条件下的积极需求管理：面临持续扩展而实时未知的潜在总供给能力，积极需求管理采取微撞操作模式探索潜在总供给前沿，能够避免传统需求管理的低水平国民收入均衡陷阱；(4) 凯恩斯主义研究路线：由于总供给灵敏响应总需求而实际总供给短期内形成潜在总供给，在弥合通货膨胀缺口时，中国需求管理同时存在硬着陆与软着陆以及正向软着陆与反向软着陆的政策选择。

（郑超愚）

全球失衡、金融危机与中国经济的复苏

张晓晶　汤铎铎　林跃勤　著

《经济研究》2009 年第 5 期

30 千字

本文通过历史回顾与文献考察总结出全球失衡与金融危机之间的内在联系，并从货币霸权视角建立起失衡与危机的数理模型，指出本轮次贷危机与美国扩张性货币政策及美元霸权的密切相关。文章利用剑桥方程式引入货币，利用购买力平价引入汇率，从货币霸权视角构建了失衡和危机的两国模型。模型主要讨论存在国际货币体系中心国家情况下的全球失衡问题。由于外围国家会持有中心国家货币，中心国家可以借此向全球收取铸币税，使得中心国家有通过多发货币来支撑政府支出的激励。当货币发行超过一定范围，使得全球流动性和实际利率超出经济稳态增长的条件时，就会出现高利率和低利率两种极端状态。高利率会损害实体经济，流动性过剩会造成通货膨胀，从而可能形成“滞胀”局面；低利率下资产价格会与实体经济发生明显偏离，从而可能形成资产价格泡沫。从模型出发结合经验现实，文章认为，美国扩张性的财政和货币政策是造成此次全球失衡和金融危机的根本原因，美元的特殊地位或美元霸权在此发挥了重要作用。

文章进而分析了中国应对危机的方式中存在的比较优势和不足。比较优势包括初始条件较好（如储蓄率高、银行坏账水平较低、财政稳健、对外风险暴露较小等）、工业化城市化的快速发展阶段有利于启动内需，但在经济体弹性方面还存在不足。文章的结论与政策建议如下：

(1) 全球失衡是本轮次贷危机的深层原因，解决失衡问题将是避免危机重演的关键。

(2) 现在各经济体相互锁定、相互影响，一国走出危机要依赖外部环境的积极变化和各国之间的协调配合。

(3) 提高经济体的弹性是中国经济可持续复苏必不可少的条件。①打破劳动力市场的分割，提高劳动力市场的弹性。特别是逐步取消户籍制度，促进城乡劳动力的更自由流动；重视拓宽非正规就业渠道。②打破各类保护和限制，促进商品服务的顺畅流通。在当前扩内需、保增长的背景下，一些地方政府出台了“购买本地货”的规定，阻碍了国内统一市场的形成，不利于扩大内需。同时，长期以来内外贸分割，也不利于外销产品转向内销。在外部形势不好的情况下，推进内外贸对接，将是减少外部依赖促进内需扩大的重要途径。③放松行业管制，提高社会投资的积极性。④推进资源价格改革，着眼于中长期科学发展。⑤提高汇率弹性，使货币政策成为对抗外部冲击的第一道防线。大萧条时期，那些最先脱离金本位制，从而拥有独立的货币政策进行货币扩张的国家，率先走出了危机。中国面临的外部冲击越来越大，独立的货币政策往往可以成为防范外部风险的第一道防线。但如果汇率弹性不足，独立的货币

政策就成了空中楼阁。因此，要从更长远的战略高度认识增强汇率弹性的重要性。

（张晓晶）

中国居民消费需求不足原因研究：基于中国城乡分省数据

方福前 著

《中国社会科学》2009 年第 2 期

21 千字

自 1997 年下半年开始，中国宏观经济的一个重要变化是由“供给不足”型转向“需求不足”型。中国总需求不足主要是消费需求不足，而消费需求不足主要是由于居民消费需求不足。

关于中国居民消费需求不足的原因，国内外学者做过许多研究，得出过一些有价值的结论。但是几乎没有人从居民与政府之间的收入分配差距不断扩大这个视角来研究这个问题。本文运用 1995—2005 年中国除西藏外 30 个省、自治区和直辖市城乡面板数据，建立随机效应模型，对中国城镇和农村居民消费需求的影响因素分别进行计量分析。模型中的被解释变量分别为城镇和农村居民人均消费支出，解释变量为未成年人口负担率、老年人口负担率、人均医疗支出、人均教育支出、人均可支配收入、住房制度改革、通货膨胀率、利息率。

计量结果发现，中国居民人均可支配收入与居民人均消费支出高度相关，且在这 11 年里中国城乡居民消费函数相对稳定（表现为平均消费倾向平稳）；除了个人负担的学杂费提高对城镇居民人均消费需求有负向影响以外，没有发现住房、医疗和教育制度改革有明显减少中国城乡居民消费需求的作用。解释我国城乡居民消费需求不足的一些流行的观点不能得到计量结果的支持。

在这个发现的基础上，本文又进一步运用 1992—2004 年中国的资金流量表（实物交易）数据，解释了 1997—1998 年以来中国居民消费需求持续低迷的原因之一是在国民收入分配和再分配过程中，政府在总收入和可支配收入中占有的份额越来越大，而居民占有的份额不断下降。本文又进一步发现，居民消费与政府消费在全部最终消费中所占比重的此消彼长是和居民收入与政府收入在国民收入分配中所占比重的此消彼长在方向上是完全一致的。并且，如果撇开 2004 年国民收入分配向企业倾斜不论，我们还能够看到一个有趣的现象：1996 年到 2003 年，居民消费在全部最终消费中所占比重下降的百分数几乎等于居民收入在国民收入初次分配中所占比重下降的百分数，而政府消费在全部最终消费中所占比重上升的百分数接近于政府收入在国民收入再分配中所占比重上升的百分数。也就是说，居民消费占比的变化不但和居民收入占比的变化在方向上是一致的，而且在数量上也是基本一致的。

本文的政策含义是，由于在国民收入初次分配过程中，居民收入占比提高一个百分点，居民消费占比也提高一个百分点，所以要提高居民消费在总的最终消费中所占的比重，就需要提高居民收入在国民收入分配中所占的比重。

（许建康）

谁在挤占居民的收入——中国国民收入分配格局分析

白重恩 钱震杰 著

《中国社会科学》2009 年第 5 期

24 千字

自改革开放以来，我国经济一直保持了高速增长。但由于我国经济所具有的高投资率、消费长期不振的特点，国际上一些经济学家对我国经济增长的效率提出了担忧。围绕中国经济增长的效率问题，经济学家从两个方向展开了研究。一是对 TFP 给出更准确地测算，希望找到我国1978 年以来 TFP 增速较快的经验证据（以任若恩等为代表）；二是试图对我国的高投资率给出解释。从第二个方面出发，2006 年的一项研究发现，尽管 20 世纪 90 年代中期以来我国投资率不断上升，但资本回报率却一直处于相对平稳的水平。这主要是因为资本收入在 GDP 中所占的比重也在同一时期不断攀升。由此看来，要解释我国的高投资率，似乎应该解释 GDP 中的资本收入份额为什么在 20 世纪 90 年代中期以来不断上升。从这个问题出发，本文研究了我国 GDP 中的要素分配问题。结果发现，资本收入份额上升一方面是因为产业结构转型，另一方面是因为工业部门劳动收入份额的下降。这似乎已经很圆满地解释了高投资率的原因，但是如果我们从与投资率相对的消费率看，问题解释得还并不是非常清楚。

消费低迷是一个长期存在的难题，本文沿着 GDP 中的要素分配路径继续进行研究，一个可能的原因就是居民的可支配收入在 GDP 中的占比下降。因为在很多人的观念中，会自然地把劳动报酬降低和居民可支配收入占比降低联系起来。但我们知道，居民可支配收入的来源不仅包括劳动者报酬，还包括资本性收入。例如，居民部门通过银行向企业的贷款取得的利息收入。如果劳动报酬降低的同时，居民取得的资本收入上升，那么居民部门的可支配收入变化并不会很明显。那么居民的收入到底是怎样变化的，又是什么因素导致了这样的变化？就是本文要研究的问题。本文较为科学地测算了政府、企业和居民部门的收入占比。这是一项基础性工作，因为只有得到国民收入分配格局的准确数据，才能确定国民储蓄率变化的原因。同时本文对居民部门可支配收入变化的幅度和原因也给出了定量的解释，彻底厘清了劳动收入份额下降与居民可支配收入占比下降之间的关系。

（梁华）

中国居民收入分配格局与金融危机应对

朱玲　金成武　著

《管理世界》2009 年第 3 期

20 千字

全球金融危机和经济衰退中，尽管中高收入群体的资产和收益不同程度地受损，但对于缺少社会保障的失业者、生活在贫困线边缘及其以下的人而言，危机则重创了其家庭经济安全。此时收入分配政策的重要性不亚于任何直接的经济刺激措施。低收入者的边际消费倾向一般高于中高收入者，收入向低收入群体转移，必将有助于增加有效需求从而刺激经济增长；同时，经济增长与增长成果的分享同样重要，在增长率下降时尤其如此。

在当前讨论中国居民收入分配问题，不但需要了解现有的分配格局，更要明了底层收入群体的状况，以便据此采取相应措施，增强底层收入群体的生存保障，改善收入分配格局，为经济增长提速创造良好条件。本文旨在尽可能采用国家统计局、农业部农村固定观察点和中国社会科学院经济研究所收入分配课题组最近的住户抽样调查统计结果，首先展示城乡居民收入分配状况；其次，通过对收入差距的分解，指出对收入不均等程度影响较大的因素；最后，依据上述统计分析结果，说明金融危机影响收入分配格局的路径，并由此引申应对危机的收入分配政策。

本文的统计分析表明：(1) 自20世纪80年代后半期以来，全国居民的收入不均等程度逐渐提高，城乡居民的收入差距逐渐扩大。底层收入群体的收入增长速度远低于顶端收入群体。(2) 城市化进程明显地影响到不同收入组的人口构成，然而在收入最低的30%人口中，90%以上依然是农村人口。(3) 城乡之间收入差距对全国居民收入差距的影响，高于地区之间收入差距的影响；城镇内部收入差距对全国居民收入差距的影响，高于农村内部收入差距的影响。地区之间的收入差距，更多地表现为中西部地区与东部地区的差距；城乡之间的收入差距，更多地表现为中西部地区的城乡差距。(4) 城镇底层收入群体多从事非正规产业经营和劳动；农村底层收入群体多从事家庭农业；农村劳动力进城务工，成为农村住户最重要的现金收入来源。农村劳动力转移对于缩小城乡和地区收入差距、降低全国居民收入的不均等程度，有着举足轻重的作用。

全球性金融危机和经济增长速度下滑对中国居民收入分配格局的影响，主要通过如下路径发生作用：海外订单减少企业减产、停产、倒闭导致就业困难，特别是农村迁移工人（农民工）失业增加，农村居民收入来源减少、收入水平下降、城乡和地区收入差距加大、全国居民收入的不均等程度提高。虽然，危机的影响的传递机制远比这一推论复杂，危机对中国经济的波及也比目前显示出来的现象深远，但是，中国的制造业以及与之紧密相关的产业显然首当其冲受到打击。尽管企业主和城镇户籍就业者也面临着收入下降的威胁，然而他们的社会保障程度以及应急能力，明显地高于农村的农业劳动者和外出务工人员。因此，即使城乡居民收入都下降，农村户籍人口收入的下降程度也会比城镇严重。

本研究一方面可以从统计分析角度支持现有的政策措施；另一方面可以提供与收入分配和再分配密切相关的补充性政策建议：(1) 强化社会紧急救助。现有最低生活保障制度针对的是城乡居民中的特困群体，但在危机冲击下，那些生活在贫困线边缘的人遭遇生存威胁的风险更高。因此需要社会紧急救助项目，通过现有民政部门和社区行政机构的救助系统，对遭遇生存困难的低收入人群特别是妇女儿童，予以及时援助。(2) 就业和创业促进。重点刺激劳动密集型行业的发展，可以收到转变经济增长方式和扩大就业的双重政策效果。此外，鉴于非正规产业能够有效吸纳城镇底层收入群体和农村迁移劳动者，放松对此类就业者如流动摊贩的行政管制，有利于提高底层收入群体的就业率。更重要的是，危机来临之际，也是促使各级政府采取有力措施破除行业垄断之机。(3) 扩大社会保障覆盖面。将农村迁移工人纳入城镇基本社会保障体系的政策，已经处在试点阶段。这既是危机时刻稳定社会的关键手段，又是在长期的城市化进程中强化社会包容性、减少收入不均等程度的重要战略。(4) 在国家经济刺激计划中，增加中西部乡村基础设施投资和农业投资。(5) 改革税制，减少乃至消除个人所得税中的累退性。

本报告的实证研究部分，主要涉及的是现实的收入分配状况。由此引申出来的政策备选方案，背后的理念是“机会平等”和“条件平等”。“机会平等”，不仅强调不同个人具有同等的创业和就业机会，而且强调个人对社会承担同等的责任。对于转型中的中国社会而言，从根本上扭转目前的收入分配格局，还取决于重大生产要素分配制度的变革，因为资源配置格局决定了收入分配的初始状况。具体到本报告重点关注的城乡收入差距问题，只有强化农村人口参与公共资源配置决策的权利，改革歧视性的户籍制度，才有可能从根本上改变城乡差距扩大的趋势。

（朱玲）

中国城镇居民消费需求的动态实证分析

娄峰　李雪松　著

《中国社会科学》2009年第3期

7千字

在经济增长和社会发展中，消费需求问题一直是争论的热点，由此引发出许多消费需求假说，推动着消费需求理论的不断深入发展。中国作为一个发展中大国，其消费需求与其各种影响因素之间的关系引起了国内外许多学者的研究兴趣，他们从不同的角度、不同的学科，应用各种经济理论，对这一问题作了认真的探索和分析。

本文之所以选用动态半参数面板数据模型，出于以下三种原因的考虑：首先，由于我国正处于经济体制转轨时期，经济结构和居民的消费预期变动较大，同时居民收入差距也在迅速扩大，这都对城镇居民的消费行为产生了显著影响，因此，城镇居民消费函数中的参数可能不再稳定；而且，前人的研究已经部分证实了中国城镇居民的边际消费倾向和消费支出弹性是非线性的，于是，若采用参数模型有可能因为存在模型设定误差而导致估计结果出现偏差。其次，由于非参数模型几乎不对解释变量进行任何限制，因此不存在模型设定误差问题，但是，当非参数模型的解释变量过多时，又会因“维数困境”导致估计误差较大，因此，在影响城镇居民消费需求因素众多的条件下，我们希望综合参数模型和非参数模型的各自优点，利用半参数面板数据模型，考察城镇居民消费需求与其各主要影响因素之间的关系，并且我们运用半参数模型中因变量对部分解释变量的一阶偏导数，来刻画这些影响因素对消费需求影响的动态变化轨迹；第三，由于前人一些文献已通过检验表明，中国城镇居民消费中滞后消费对当期消费影响显著。因此，本文选用动态的半参数面板数据模型，实证分析城镇居民消费与其主要影响因素之间的关系。

本文为了考察中国城镇居民消费需求及其影响因素之间的关系，本文在绝对收入消费理论的基础上，引入收入差距因素、消费惯性因素和物价因素，运用中国分省面板数据，建立了动态半参数面板数据模型，实证分析了各因素对城镇居民消费需求的影响，并刻画了收入差距对消费需求影响的动态变化轨迹。结果表明，城镇居民收入是决定我国城镇居民消费的最主要因素；消费的“棘轮效应”显著；收入差距对城镇居民消费具有显著的负向影响；1993—2005年，城镇居民收入差距对城镇居民消费的负向影响大体呈现双峰波形。

（娄峰）

中国宏观经济走势分析的逻辑与方法探讨

刘迎秋　著

《经济研究》2009年第9期

17千字

宏观经济运行是一个复杂的过程，宏观经济走势是受多重因素影响的。分析和把握宏观经济走势，是指导宏观政策选择与操作的重要前提。该文以中国改革开放30年来的宏观经济实践为背景，通过实证分析，初步论证和阐明了宏观经济理论和政策分析的一种逻辑、一套方法和一组宏观政策操作参数，对推进创新、促进中国特色社会主义市场经济持续健康较快发展的作用。

该文首先指出科学地确认和清晰地把握中国经济发展所处阶段以及与其相适应的均衡目标增长率，是展开宏观经济走势分析的逻辑起点，同时认为未来10—15年中国经济发展将处于从工业化中期后半段向工业现代化迅速过渡的国民经济较高增长阶段的结论，至少有如下七条理由支持上述结论：第一，个人收入水平及其落差仍然较大；第二，地区发展不平衡问题仍然突出；第三，人口红利还大量存在；第四，市场需求潜力巨大；第五，科学技术的迅猛发展也是一个巨大支撑；第六，集约性内涵型增长的要求持续上升；第七，制度变革进一步深化。该文认为科学地分析和确定与经济发展阶段相适应的适度通货膨胀区间，是展开中国宏观经济走势分析的重要基础。通过分析指出：只要经济增长率处于9%左右，同时实际通货膨胀率也大体处在3%—6%范围内，就可初步认定此间的宏观经济运行状态较好，毋须对宏观运行过程实施更多的外部干预，可通过更多地发挥市场配置资源的基础作用，实现国民经济的更快增长和更大发展；反之，就需要在充分发挥市场配置资源基础作用的同时，更多地调动和发挥政府宏观调控的能动作用，通过政府实施更加积极、更加主动和更加有力的干预和调控，达到推动国民经济实现更快增长和更大发展的目标。

最后，该文指出，在市场经济体制已基本建立和市场交易日趋活跃的中国经济发展现阶段，特别是在对外盈余因实施售结汇制度而更多地表现为外汇占款即基础货币投放的条件下，与货币政策密切相关且对经济增长和经济发展具有重要影响甚至决定作用的货币供给及其增长率的确定，尤其具有特别重要的理论意义和政策操作意义。

（韵江）

GDP 中劳动份额演变的 U 型规律

李稻葵　刘霖林　王红领　著

《经济研究》2009 年第 1 期

14 千字

已有关于初次分配的文献涉及了劳动份额的分配、劳动者谈判能力，以及关于劳动份额初次分配的经验研究等方面，尤其在经验研究层面，国内文献研究存在较多缺陷。为了克服以上缺陷，该文通过建立熟练模型来讨论一般规律，通过宏观经济数据分析，并将劳动份额与其他国家进行比较，画出122个国家或地区的人均GDP与初次分配中劳动份额的散点图，发现log人均GDP与劳动份额之间存在着开口向上的抛物线关系，也就是经济发展水平与劳动份额之间存在着正U形关系。通过对中国省际数据和微观数据的进一步描述后，该文得出以下基本结论：中国经济初次分配中劳动份额低于发达市场经济国家；以log人均GDP为横轴，初次分配中劳动份额呈现U形规律；中国经济各省比较，初次分配中劳动份额与各省人均GDP负相关；微观工业企业劳动份额近年来逐年下降，其中非国有企业劳动份额较国有企业略高。

另外，该文还以刘易斯的二元经济理论为背景，建立了一个二元经济中劳动力转移的数理模型，分析在经济发展过程中，当劳动力不断从农业部门向工业部门转移时，劳动份额在整体经济中的变化情况。经过分析，证实了劳动份额与人均产出呈正U形关系。

在数理模型的基础上，研究者进一步应用跨国数据进行了实证研究，得出根据中国经济发展水平，中国国民收入中的劳动份额基本符合国际发展的一般规律，正处于U形的左半支的下降阶段；微观层次上，利用2000—2004年度1000个企业的调查问卷所得的数据分析，证实了劳动份额同人均资本量、资本税前收益率及税收比重成反比，同人均工资水平成正比，同时证明了工人的谈判能力越强，劳动份额越高。

综言之，该文指出，既然中国经济初次分配的演变符合经济发展的一般规律，那么面对目前劳动份额下降以及由此带来的相关问题，一个科学的、实事求是的态度是依照经济发展的客观规律，调整经济结构，促进服务业发展，完善劳动经济制度，健全高效、可持续发展的现代市场经济劳动体系。

（韵江）

经济发展中的劳动收入占比：基于中国产业数据的实证研究

罗长远　张军　著

《中国社会科学》2009 年第 4 期

16 千字

该文从产业角度对中国劳动收入占比变化进行了实证研究。就 1993—2004 年劳动收入占比波动而言，产业结构变化和不同产业劳动收入占比以正的相关性同时波动，加剧了整个经济劳动收入占比的波动。由于整个经济劳动收入占比的波动性大于产业层面劳动收入占比的波动性，这意味着，产业结构变化和劳动收入占比的产业差异，并未在加总的层面上促使劳动收入占比趋于稳定（即“Kaldor 事实”）。

基于产业数据对劳动收入占比波动进行分解，该文指出：1996 年相对于 1993 年，劳动收入占比有所提升，其主因是第二产业劳动收入占比提高，反映了那一时期劳动密集型加工业的快速成长；2003 年相对于 1996 年，劳动收入占比有所下降，主要与第一产业比重大幅下降有关，另外，在这一时期，各产业劳动收入占比均下降也是整个劳动收入占比下降的驱动力；2004 年相对于 2003 年，劳动收入占比大幅下滑，主要是由第二、三产业劳动收入占比大幅下降造成的，这与统计口径的变化，特别是 2004 年之后个体经营者收入被计入资本收入有关。同时该文认为，劳动收入占比在地区之间存在巨大差异，但是随着时间的推移，该差异在逐渐缩小，这与产业结构和产业内劳动收入占比的变化也密切相关。发达地区和欠发达地区的劳动收入占比呈现系统性差异。多数东部省份的劳动收入占比低于全国，而多数中西部省份的劳动收入占比高于全国。然而，在这一时期，地区之间劳动收入占比的标准差大幅下降，表明劳动收入占比呈收敛趋势。东部地区与全国相比，其第一产业比重较低，但是随着国家整体工业化水平的提高，这一差距已经缩小，有利于缩减它们与全国劳动收入占比的差距。相反，随着中西部地区工业化的提速，其第一产业比重日益降低，削弱了这一地区劳动收入占比的大小。

该文从产业内效应和产业间效应对劳动收入占比变化所作的分析和讨论，对于政策制定具有两方面的含义。首先，虽然劳动收入占比下降是经济发展的一个阶段性特征，但是政府应该而且能够为它快速走出“低谷”步入上行通道创造条件；其次，造成产业内劳动收入占比下降的因素有积极和消极之分，政策制定要“对症下药”而不能“一刀切”。尤其是有些对劳动收入占比的不利因素，是对效率的扭曲。

（韵江）

中国经济发展奇迹的本质和特征研究——基于改革开放 30 年的路径演化分析

陈宗胜　任重　周云波　著

《财经研究》2009 年第 5 期

15.4 千字

从 1978 年开始，我国经过三十年的改革和发展，基本实现了由传统的计划经济体制向市场经济体制，由低收入国家向中等收入国家的双重过渡或双重变迁。本文从经济发展格局演变和增长路径演化的角度总结了三十年中国经济发展奇迹的主要内容，以提示未来经济发展的方向。本文的观点和结论如下。

(1) 从经济总量的视角看，中国经济从濒于崩溃的边缘跃居整体实力世界第四，总体保持着持续、高速增长，人均 GDP 已超过两千多美元，开始步入中等收入国家行列。

(2) 从居民就业和收入的视角看，城乡居民生活水平持续提高，从普遍贫困上升到总体小康水平。

(3) 从经济结构方面看，中国经济增长的本质是二元经济转换。二元结构转换具体表现为一个工业化和城市化过程，一个改造传统农业和乡村的过程。

(4) 从生产的角度看，我国经济增长呈中国式综合效率提高驱动型特征。改革以来中国经济的综合效率提高，主要来源于二元结构转换效应和经济体制转轨效应，教育和科研开发的贡献属于成长中的因素。它根本不同于改革开放前的传统增长方式，也不同于发达市场经济的常规增长方式。

(5) 从需求的角度看，我国经济增长驱动力正逐步表现出消费、投资、出口三驾马车并驾齐驱的特征。进入 21 世纪后，消费需求作为经济增长的新的驱动力初显端倪，经济增长正在由主要依靠投资、出口拉动向依靠消费、投资、出口协调拉动转变。不过，这种转变才刚刚开始，未来应加快实现向消费拉动型的经济增长模式转变。

（陈宗胜）

生产率增长与要素再配置效应：中国的经验研究

姚战琪　著

《经济研究》2009 年第 11 期

20 千字

索洛残差法对全要素生产率的计算和解释直观明了，具有较清晰的经济意义。但也具有一定的缺陷，除了它设定的新古典假设即完全竞争、规模收益不变和希克斯中性技术很难满足外，也忽略了不同资本新旧程度资本设备的生产效率的差异对资本计算的影响和忽视技术效率对生产率变化的影响。数据包络分析方法的优点是毋须估计生产函数，避免了因错误的函数形式带来的许多问题，但它的缺点是需要大量的个体数据，并且对算法要求很高，对生产过程也没有任何描述。随机前沿生产函数法估计全要素生产率的最大优点在于通过估计生产函数对个体的生产过程进行描述，从而对技术效率的估计得到了控制，但也具有对观察值的误差比较敏感的缺点。与大多数研究采用单纯时间序列或跨省区面板数据的分析方法不同，本研究基于跨产业部门的面板数据模型计算经济总体和工业部门的全要素生产率，并以此为基础测算中国经济的要素再配置效应，该结果具有可靠性和适用性。运用参数方法的随机前沿生产模型和非参数的数据包络分析方法（DEA 法）等多种方法，分别计算中国工业和经济总体的全要素生产率增长率，从而较为准确地把握中国改革开放以来生产率增长的总体趋势。

通过使用跨产业面板数据，对 1985—2007 年中国经济总体和工业部门的生产率增长和要素再配置效应进行了比较、分析和评估，并剖析了影响要素再配置效应的主要因素。主要结论是：(1) 无论使用数据包络分析法，还是随机前沿生产函数法，都得出相似的结果，即全要素生产率（以下称TFP）增长率经历了改革后到1993年的剧烈波动，在1993—2007年出现下降趋势。（2）要素再配置效应作为生产率增长的一个来源，在改革后的表现差强人意，在经济总体6部门和工业部门都表现为要素再配置的贡献效应较低。本文的研究表明，中国要素配置对生产率的贡献效应仍有较大的空间，也说明继续完善市场机制，纠正资源配置扭曲任务的艰巨性和长期性。（3）2002年后，第二产业的资本劳动比的增长率开始直线上升。第二产业资本劳动比高于其他产业符合该行业技术构成特征，但长期较高的资本劳动比增长速度尽管使第二产业全要素生产率加快增长，这却是以其他产业全要素生产率增长速度下降为代价，从而造成部门全要素生产率的增长率加权和大于总量全要素生产率，因此极大地降低了经济总体的要素总配置效应。

（姚战琪）

中国工业化60年的经验与启示

金碚　著

《求是》2009年第18期

4千字

工业化是近二三百年以来世界经济和社会发展的主题，是一国现代化的基础和前提。本文指出，新中国成立60年来，不断解放思想，奋力实现变革，为的是摆脱“一穷二白”，自立于世界民族之林，使全国人民享受小康社会的富足和福利。而这一国家和民族振兴过程的关键环节就是实现工业化。在经济全球化的条件下，经过60年来特别是近30多年的努力，我国工业迅速发展，推动我国从“落后国家”变为“经济大国”，从“贫穷国家”变为全世界拥有外汇储备最多的国家，从国际自由贸易的被动接受国变为积极主动参与和捍卫国。在今天，我们可以自豪地说，中国工业化进程深刻地影响了世界发展格局。正是在加快工业化进程中形成的经济实力，强有力地支撑起了中国特色社会主义这片蓝天。本文明确判断，没有哪个国家特别是大国可以不走工业化道路而实现经济和社会现代化。

本文指出，中国的工业化道路是曲折的，即使近30多年来的加速工业化取得了巨大成就，其中也有许多值得思考的问题。特别是在当前，面对因国际金融危机而陷入严重衰退的世界经济，反思我国工业化道路，更能从中得到许多宝贵启示。

第一，保持工业持续稳定增长是经济顺畅运行的基础和前提。进一步增强中国工业国际竞争力和快速推进工业化进程，是解决当前及今后一切重大经济和社会问题的基础。

第二，产业结构升级必须以提高核心竞争力为首选目标。现阶段，中国产业升级的内容不仅仅是产业间升级，更重要且更具普遍意义的是产业内升级，即通过工艺升级、价值链升级、产品质量升级等，形成“精致制造”的工业素质。因此，产业升级不是简单的“低端—高端”替代过程，而是必须沿着竞争力优选的路径推进，即选择发展什么产业或哪个产业环节，主要不是看这个产业或产业环节是否属于技术上的“高端”，而是首先要看进入这个产业或者产业环节是否能够具有竞争力。只有不断沿着形成更具竞争力的产业或者产业环节推进工业化，我国才能在始终保持强劲增长和控制转换风险的基础上，更有效地实现产业升级过程。

第三，技术创新和机制优化是解决资源环境问题的核心。加快形成激励节约资源和优化环境的工业技术创新的体制机制，是当前解决资源环境问题的关键。

第四，以人为本是工业化不可逾越的准则。工业化应该是社会进步与现代文明的过程。新中国成立60年来，工业化不仅是中国经济社会发展的主题，而且具有巨大的社会价值和全人类价值。我们坚信，只要我们以对全人类负责的理念和实际行动推进工业化，就能使中国13亿人全面享受现代工业文明带来的福利，到那时中国工业化的成就和价值就足以让全世界更加瞩目。

（刘戒骄）

中国经济增长方式转换和增长可持续性

王小鲁　樊纲　刘鹏　著

《经济研究》2009年第1期

15千字

自1978年改革开放以来，中国已经保持了三十余年的强劲经济增长势头。但长期以来，中国的经济增长也呈现出粗放型增长方式的特点。该文考察了中国经济增长方式正在发生的转变，并对未来直至2020年增长的可持续性进行了预测。该文在卢卡斯增长模型的基础上进行扩展，对一系列影响生产率的制度、结构以及技术进步方面的变量进行了检验。

实证研究表明，改革开放以来我国全要素生产率（TFP）增长呈上升趋势，最近10年约在3.6%，TFP进步的来源在发生变化，外源性效率提高的因素在下降，技术进步和内源性效率改善的因素在上升。在投入增长方面，资本的增长仍然对经济增长起着重要作用，而且贡献仍将进一步提高。但对劳动力数量简单扩张的传统依赖，正在被对人力资本的质量提高的依赖取代。这反映了增长方式转换的另一个方面。同时，该文发现也有两个因素对TFP增长有负面影响。一个是政府行政管理成本的膨胀，它反映了行政管理中存在的低效率和腐败等状况，这对TFP的增长有着越来越大的阻碍作用；另一个是持续降低的最终消费率，已经达到了一个临界点。消费率的进一步下降将对经济效率产生负影响，从而影响经济增长，特别是在世界经济危机的作用下，这一因素更加至关重要。

该文通过场景分析，其结果表明，如果能够通过推进政治体制改革来提高政府效率、制止行政管理成本的膨胀，通过改善公共服务、健全社会保障体系及促进收入分配的公平性来促进国内消费回升，通过大力改善教育来促进人力资本的增长，那么中国经济2008—2020年将能够更好地克服不利因素的影响，仍然可能保持9%以上的增长率，长期、持续、稳定的经济增长是可以实现的。实际上中国经济增长在未来将要面临的挑战，主要还将来自内部，这一问题应该引起各界的广泛关注。

（韵江）

中国经济高速增长的逻辑与面临的选择

华民　著

《学术月刊》2009年第7期

15千字

20世纪70年代以来，随着世界形势的变化，中国经济取得高速增长：在准确地把握世界政治与经济格局发生了有利于中国回归世界经济体系的基础上，及时地调整社会经济发展的战略，坚定不移地推行对内改革和对外开放的国策，从而成功地抓住了中国伟大复兴的历史性机遇。在对内改革和对外开放基本国策的综合作用下，“民工潮”和“外资潮”的结合造就了中国近三十年的高速增长，创造了中国的经济奇迹。中国经济的高速增长有效地解决了历史遗留下来的贫困问题，中国国民经济总量在世界上的排名也在不断上升，中华民族的伟大复兴仿佛就在眼前。

该文指出，伴随中国经济高速增长而来的新问题也随之而来。这些新问题概括起来集中反映在内外两个方面：从内部经济看，主要是收入差距的扩大，内需不足；从外部经济看，主要是对外贸易依存度持续上升，表现为贸易顺差和外汇储备不断增加。产生这些问题的根源主要在于两个方面：其一是中国的改革还不够彻底；其二是中国的经济与社会发展还处在工业化的进程中。因此，可以把目前所取得的成就与发生的问题都概括为改革开放的动态成功。解决中国内部经济问题，首先需要关注的是收入分配差距扩大的问题。该文提出以下三个基本的解决方法：第一，继续加快城市化发展的进程，鼓励农村过剩劳动力向城市转移去分享中国城市化和工业化发展的成果。第二，解决由中国地区发展不平衡而造成的不同地区的居民在收入分配上不断扩大的差距，仍然需要依靠人口流动来解决。第三，要有效控制普通劳动与知识劳动间收入分配的差距。

中国今天所面临的问题都是由对内改革和对外开放所带来的“动态成功”问题或“动态发展中”的问题。因此，要解决这些问题，走回头路是万万不可行的，唯一可行的只能是进一步解放思想、与传统告别，并在此基础上坚定不移地将改革和开放引向深化。

（韵江）

经济增长的市场动力与新型工业化研究：现状、展望

柳思维　尹元元　著

《财经论丛》2009 年第 1 期

7 千字

当前，中国特色的新型工业化道路正面临着消费率过低、多轮驱动、买方市场、立体开放、城市化尚未完成、区域经济发展不平衡、城乡二元结构明显、基尼系数过高等一系列市场因素的影响，且中国特色的新型工业化道路的市场动力结构失衡，如何刺激、扩大消费需求，提高消费动力，实现经济增长由主要依靠投资、出口拉动向依靠消费、投资、出口协调拉动转变，从而推动中国特色新型工业化道路的实施，既有理论意义，又有应用价值。

该文作者认为，某种意义上讲，中国特色新型工业化与中国经济增长在本质上是一致的，因为：（1）走中国特色新型工业化道路就是要以信息化带动工业化，以工业化促进信息化，走工业化和信息化相结合的路子。（2）走中国特色新型工业化道路就是走科技含量高、经济效益好、资源消耗低、环境污染少的工业化道路。（3）走中国特色新型工业化道路就是要在尊重市场规律的基础上，充分发挥我国社会主义的制度优势，保证我国经济发展实现又好又快增长。

投资、消费和出口是拉动一国经济增长的“三驾马车”，而关于消费、投资、出口对经济增长及工业化的影响，市场动力理论主要包括消费动力理论、投资动力理论和出口动力理论。该文作者认为，从目前国内外研究现状来看，发展经济学从外生增长理论到内生增长理论，从资本积累促进重化工业发展到依靠技术创新发展高新技术，从农业向工业转化到工业向服务业转化，以及对工业化的制度、需求、投资、贸易等外在动力的探索，为寻求中国特色的新型工业化动力提供了有益的借鉴，具体如下：

未来进一步关于中国特色新型工业化道路的市场动力研究应具体包括：（1）经济增长理论与动力理论综述及中国特色新型工业化道路的市场背景研究；（2）中国特色新型工业化道路的市场动力现状、问题及原因研

究；（3）中国特色新型工业化道路的市场动力均衡评价机制及中国特色新型工业化道路的市场动力机制创新研究；（4）中国特色新型工业化道路的市场动力提升对策研究。

（韵江）

基础设施规模与经济增长：基于需求角度的分析

刘阳　秦凤鸣　著

《世界经济》2009 年第 5 期

9 千字

现有研究表明，对基础设施投资可以推动经济增长，但随着人均收入水平的提高，对基础设施的需求在规模和结构上也会产生相应的变化。目前相关此类研究，绝大多数都注重基础设施投资对经济增长的解释和促进作用，如各项基础设施的产出弹性、降低私人投资成本的效果以及对技术进步的贡献度。然而，在一定的人口增长和经济发展水平下，合理的基础设施投资量是多少？基础设施投资需求结构如何以及是否会成为制约经济社会发展的瓶颈？对于这些问题尚缺乏系统的研究。国内亦是如此。

基于以上问题，该文将基础设施物质存量与投资需求联系起来，采用主成分分析法和聚类分析法，通过对包括中国在内的不同收入水平的 15 个典型国家的基础设施物质存量发展与人均收入提升的关系进行了深入研究，并运用欧式距离对这些国家在不同人均收入水平下的各类基础设施物质存量进行了度量和比较。在此基础上，通过构建国内基础设施投资需求量的模型，从需求角度对中国基础设施的投资量进行了预测：将国内投资需求量的估算额度与规划投资量相比较，若投资量过低，则表明支持经济发展的基础设施投资过低；反之，则证明投资量能够保证经济目标的实现。在预测的基础上进行之后得出主要结论如下：随着人均收入水平提高，基础设施需求总量会增加，但不同类别基础设施存量的增长各不相同。以 2004 年国内基础设施水平为基准，未来尤其需要加大对资源类基础设施的建设投资。经济增长、工业化进程和现有基础设施水平对于基础设施的投资需求具有显著影响。考虑到基础设施投资量的安排与未来发展趋势相匹配，未来年均 15%—24% 的投资增长速度较为符合实际情况，且在发展过程中基础设施投资应快于名义 GDP 的增长。

在目前的情况下，保障国民生活资源的基础设施和环保类基础设施的投资严重滞后于经济发展的需要，应加大投资的力度；在未来人均收入得到进一步提升的情况下，可优先发展交通类基础设施。

（韵江）

地方官员更替与经济增长：基于浙江企业的经验证据

王贤彬　徐现祥　李郇　著

《经济学》（季刊）2009 年第 4 期

20 千字

在中国，中央对地方官员的治理是一个复杂的系统和过程，涉及对地方官员的发现、培养、选拔、使用、考核、监督等各个环节。中央在对地方官员的治理上具有绝对的权威，能够决定地方官员的任免。1980 年邓小平提出干部队伍要实现“四化”（革命化、年轻化、知识化、专业化），1982 年，中央规定省部级干部任职不能超过 65 岁，制定老干部离休、退休和退居二线制度，同时废除了领导干部职务终身制。这些政策奠定了近 30 年来我国干部人事管理制度改革的方向，使得地方官员更替成为一种常态。

如果地方官员是异质的，我们自然就有

理由相信，官员更替会对经济增长带来影响。具体而言，本文尝试回答三个相关的问题：一是官员更替是否影响辖区经济增长？如果回答是肯定的，导致这种影响的可能机制是什么？比如这种影响是否与政治晋升激励相关，是由离任官员导致还是由新任官员引起的，抑或是他们之间存在某种差异的结果？同时，这种影响具有什么特征？比如是影响长期经济增长趋势还是短期经济波动？回答这些问题不仅可以验证地方官员异质性假说，而且为考察地方官员对辖区经济增长影响提供一个新的纬度：官员更替。至少在我们的知识范围内，到目前为止，还鲜有涉及官员更替这方面的文献。

基于此，本文从省长、省委书记更替的角度，考察在1979—2006年省长、省委书记的更替对辖区经济增长的影响，结果发现地方官员更替对辖区经济增长有显著的负面影响。这种影响的程度因地方官员更替频率、更替的地方官员的年龄等因素的不同而不同。地方官员更替主要是影响辖区的短期经济增长波动，而不是长期经济增长趋势，即官员更替效应是短期的。

（徐现祥）

企业管理与微观经济

企业生产率增长及来源：创新还是需求拉动

刘小玄　吴延兵　著

《经济研究》2009年第7期

15千字

本文采用生产率理论中的DEA－M指数方法分析了抽样调查企业1022户的2000—2004年的数据。测度结果发现，样本期间企业的生产率增长处于下降势态。对生产率的分解则发现，这主要是由技术进步率的停滞不前造成的。通过对于生产率变量的面板数据的回归，本文发现，生产率增长很大程度上是依靠外部市场需求来拉动的。同时，资金来源依赖于国有银行的企业，其效率增长率显著高于其他企业。这个检验证实了在市场需求高速增长的条件下，企业生产率增长与外部融资支持的密切正相关。反之，没有融资支持的企业则得不到足够的发展和创新的空间，生产率增长会趋于缓减。

对于2000—2004年1000多家调查样本企业的效率测度表明，整体生产率的增长具有下降态势，这主要是由占较大比重的民企的生产率增长速度的下降所导致。这种波动的直接原因可能在于，自2003年开始的宏观调控和大规模抽紧银根政策对民营企业形成的冲击，使其生产率增长受到了抑制。然而，同期的国有企业的生产率增长则似乎快于民企的增长率，其中的重要原因之一则在于国有企业具有银行贷款和资本市场融资的支持。上述经验研究中关于融资变量的分析也证实了这一点。

对于生产率的分解结果表明，虽然企业生产率有较大增长，但是企业的技术进步率只有较小的增长，而较多的生产率增长来源于效率改进。由此可见，企业的生产率提高的来源主要在于效率改进。而这种效率改进则主要由市场景气和需求增长所拉动，而不是来自创新引致的技术进步。在经济高速增长时期，只需单纯地利用现有资源和融资能力来扩张，远比花大力气进行人力投资和创新开发更省事得多。创新动机和创新机制的缺乏，与创新配套的产权制度和融资制度的缺乏，都是导致企业技术进步率停滞不前的根本原因。

因此，市场景气、需求拉动可导致原先效率低的国有企业有着较大的上升空间。尤其是如果银行资金宽松，只需对原有冗余和闲置设备加以利用，则能大大降低不变成本，企业就会有较快的生产扩张能力以及相应的效率增长率。同时，那些原先效率高的民营企业，原有设备和人员已充分利用，上升空间相对较小，加之受到资金等外部条件约束，扩张速度和增长率都会相对较低。

总之，外部市场环境对于企业效率具有极其重要的意义，宏观调控政策必须以公平市场竞争为基础。否则，就不能实现资源有效配置。没有资本和金融市场的放开，有潜力的企业的生产率增长就得不到支持，创新行为也得不到鼓励。依靠融资政策扶持和短期市场景气拉动的企业发展，没有创新的效率增长是无法持久的。所以，给民企公平的市场融资待遇，同时，形成能够促使国企进行技术创新的制度变革，这些都是促使生产率合理持续发展和资源有效配置的根本途径。

（刘小玄）

R&D 补贴对中国企业自主创新的激励效应

安同良　周绍东　皮建才　著
《经济研究》2009 年第 10 期
19 千字

该文认为，研究中国企业 R&D 行为，除了要分析企业间的 R&D 博弈与专利竞赛之外，还应当考察国家科技政策制定部门与企业之间的资助与被资助博弈。企业在申请 R&D 补贴时的信号传递和逆向选择行为更应引起我们的高度关注。因为此种企业策略性行为将极大地削弱 R&D 补贴的激励效应，而目前的研究在此环节仍然十分薄弱。在现实中我们观察到，一些企业为获取政府的科研支持，“高薪”聘请高校学者、研究员到企业挂名，形成了企业—学界利益联合体，为企业申请 R&D 补贴时的信号传递提供被包装过的信息源。在国家资助企业技术创新项目申报程序中，研究队伍或人才队伍这一指标极为重要，它往往成为企业能否拿到资助的关键所在。而在中国这样的技术追赶型国家，政府惯常将 R&D 补贴作为激励企业进行自主创新的关键政策手段，但事实是企业经常发送虚假的“创新类型”信号以获取政府 R&D 补贴。

本文首先从企业和 R&D 补贴政策制定者的微观行为动机出发，考察了自主创新的两种类型企业：原始创新企业（Primary Innovation）和二次创新企业（Secondary Innovation）对政府 R&D 补贴的不同反应。其次，在 Davidson and Segerstrom（1998）的模型基础上，本文建立一个企业 R&D 与最终产品生产的两阶段模型；然后，本文引入企业与政策制订者之间的信息非对称分布因素，不仅考察企业为获取 R&D 补贴而实施的信号传递行为，同时也分析政策制定者在面临企业实施策略性行为时的最优对策。最后，本文给出了如何设计 R&D 补贴激励和约束机制以避免逆向选择行为的发生，从而提高 R&D 补贴效率的政策建议，主要包括提高 R&D 要素投入价格，增加企业发送虚假创新类型信号的成本、推动合作创新，加强企业 R&D 的内部监督、改革科技评估和评审体制，加强对企业 R&D 的外部监督、实现 R&D 补贴的长期化和制度化，建立企业创新的信用机制、激发企业抱负，实现创新突破等。文章为甄别企业的真实创新类型提供了可信的方法，同时更给出了提高政府 R&D 补贴效率可行的政策建议。

（安同良　吴福象）

市场竞争、技术溢出与内资企业 R&D 效率——基于行业层面的实证研究

沈坤荣　孙文杰　著

《管理世界》2009 年第 1 期

15.3 千字

随着引进 FDI 规模的扩大和外资企业进入行业的日益增加，外资企业与内资企业的竞争日趋复杂，在技术溢出与竞争效应之间如何权衡，到底是技术溢出效应、内资企业的学习效应占主导，还是技术溢出效应被市场挤占所替代，引起了学术界的广泛争论。中国能否充分利用开放性的资源迅速提升本国企业的自主创新能力以及产业竞争水平，也成为一个迫在眉睫的问题。

本文在 Grossman 和 Helpman 技术创新模型的基础上，建立模型重点分析外资企业进入带来的短期竞争效应和长期技术溢出效应。短期来看，外资企业会利用其管理、技术、产品质量和品牌上的优势对本国产品形成强大的市场竞争压力，表现为内资企业的市场份额不断收缩，利润不断减少。不过，从长期来看，外资的进入会带来技术和管理上的溢出效应，本国企业会通过对外资企业新技术不断模仿并吸收消化，将外企先进技术转变为自己在技术上或者产品上的优势，最终提高本国企业的长期竞争力。本文将上述两种效应纳入到一个统一的分析框架，并在此基础上利用行业层面大中型工业企业的相关数据，对市场竞争效应和技术溢出效应进行了计量检验。经验研究表明，在控制外资企业溢出效应的前提下，短期内由于外资企业进入带来的负面竞争效应十分明显，FDI 的流入并没有促进内资企业的研发水平，相反由于市场竞争加剧，内资企业的市场份额不断收缩；而在长期，随着内资企业对外资产品的模仿和对新产品的研制，长期的技术溢出效应慢慢显现出来，滞后变量在统计上变得显著，并且外资企业与内资企业的生产率差距越小，越有利于内资企业研发新的技术。本文按不同市场竞争程度分组的实证检验结果还表明，在市场竞争较为激烈的行业中，内资企业研发受到外资企业的冲击更强，较小的技术差距有助于内资企业对新技术的消化吸收。利用外资企业市场份额分组的回归结果表明，在外资企业占据市场份额较大的行业中，外资企业的市场冲击效应相对较大。

本文结论给我们的启示，是外资引进规模的扩大是一把双刃剑，一方面会增加短期的市场冲击效应，另一方面也会提高潜在的技术外溢收益。因此，在继续扩大引资规模的基础上，有必要规范外资企业的竞争，规避外资企业短期的市场化行为，引导外资企业对研发和长期回报的关注，促进内外资之间更深层次的研发合作。同时，要注重提升内资企业的消化吸收和学习能力，通过强化自主研发加强对新技术的吸收，不断缩小技术差距激励和放大外资企业的技术外溢效应。

（沈坤荣、吴福象）

集体声誉、可置信承诺与契约执行——以网上拍卖中的卖家商盟为例

吴德胜　李维安　著

《经济研究》2009 年第 6 期

17 千字

网上拍卖已经成为一种全新的交易方式，它改变了人们的消费模式，对传统的零售业造成了很大的冲击，也对传统的产业组织形式提出了挑战。但是，网上拍卖有其与生俱来的缺陷，即交易过程中因信息不对称而导致的囚徒困境问题。消费者在网上购物中最担心的就是卖方可能出现的欺骗行为。与电子商务相关的法律也不完善，除非发生欺诈

行为，司法部门一般很少介入网上购物中的各种争端。但是，市场依靠自发的力量，在一定程度上起到了替代公共秩序的作用。比如，拍卖网站以及其他中介建立了一系列交易机制，如信用评价系统、第三方托管、第三方支付、在线争议解决、商盟、消费者保障计划来减轻交易中的囚徒困境问题。

卖家商盟是淘宝网针对中国网上拍卖的实际情况于2003年所作的一项制度创新。商盟以其形成的集体声誉作为抵押向买家承诺商盟成员不会有欺骗行为。商盟成员的欺骗行为将损害整个商盟的集体声誉，买家因而可以对整个商盟实施抵制。通过建立商盟，商盟就向买家发出一个明确的承诺：商盟成员提供的商品都是高质量的；否则，所有的成员都会受到牵连；如果某一成员提供了低质量的商品，商盟将对其实施严厉处罚。因此，商盟的存在增强了买家可以施加的惩罚力度，起到补充个人声誉机制的作用。

集体声誉是一种重要的治理机制，已有文献多用历史证据（Greif 等）来说明集体声誉的作用。论文利用随机匹配博弈说明了商盟向买家发出的可置信承诺如何发挥作用。对商盟的调查证实了模型的结论。网上拍卖市场的兴起有助于我们了解有形市场在过去的几千年历史中是如何发展起来的，从而为检验交易成本经济学和契约理论提供了现代证据。

论文通过网上拍卖中的证据还说明了经济主体如何通过建立制度来提供可置信承诺，约束自己的行为，减轻交易中的囚徒困境问题。淘宝网的例子进一步说明，在法律等公共秩序缺失的情况下，私人秩序在一定程度上可以起到替代公共秩序的作用。目前，我国正推动建立多元纠纷解决机制，就是要充分调动社会多方面的力量，构建起一套完整的诉讼和非诉讼手段相结合的矛盾纠纷解决机制，网上拍卖中的商盟等组织正是在这一背景下出现的私人第三方执行中介。

（李维安）

董事会里的战争——序贯与惩罚机制下董事会决策行为的实验分析

李建标　巨龙　李政　汪敏达　著

《南开管理评论》2009 年第 5 期

15 千字

独立董事制度在英美国家重点解决的是第一类委托代理关系，在我国更倚重于解决第二类委托代理关系。无论何种目的，董事会在一人一票的表决制度下，不同类型的董事偏好相左，体现不同的思维方式和利益诉求，从而引发“董事会里的战争”。既然董事会是群决策，独立董事数量的多寡，就直接关系到内部人对提案权支配的困难程度，因此独立董事的人数比例被认为是该制度有效性的基础性环节。李维安认为强化的董事会具有的特征之一就是独立董事在董事会中占有数量优势。中国证监会早在2001 年就发布了《关于在上市公司建立独立董事制度的意见》，要求我国所有上市公司在2003 年 6 月底前，必须设立至少 1/3 的独立董事。李海舰等人认为 1/3 的比例较低，独立董事很难通过集体表决来有效制衡内部人，因而显得“不在状态”，因此独立董事人数占优很重要。但现有的实证研究不但没有确凿的证据支持该理论，反而结论各异。一些研究认为外部董事有助于提高公司绩效，一些研究认为外部董事数量会损害公司绩效，还有一部分研究认为两者之间不存在显著关系。但综合来看，可以肯定的是更多的独立董事会带来更多的伦理行为以及对专业委员会更好的监督。

如果我们暂不考虑董事会结构对公司绩效的传导机制，仅关注董事会结构对其决策结果的影响，那么董事会中独立董事的人数占多数时，“独立且忠诚”的独立董事是否能够有效提高董事会的决策质量？此时两类董事的战争又将如何？其博弈均衡又受到哪些因素影响呢？

该论文中设计了独立董事占多数的实验董事会，实施了较完整的经济学实验，在独立董事人数占优的董事会中引入序贯和惩罚机制，探讨了董事会科学决策的促成因素及制度环境。利用实验研究方法发现：序贯与惩罚机制引入后，董事决策正确率较静态实验分别提高了39.09%和34.26%，但两者的作用原理不同：序贯机制着力于改善董事会的私人信息结构，通过将独立董事“知情化”，从而使决策行为独立于董事类型；惩罚机制则是利用独立董事的社会偏好进行治理，使决策行为与项目类型无关。与Gillette等人的研究结果不同，好项目的通过率并不是100%，原因可能与序贯时的针锋相对策略、惩罚时的社会偏好存在有关。

（程新生）

临时型知识团队合作治理中社会约束影响的实验研究

林润辉　范建红　黄传锋　著

《南开管理评论》2009年第5期

16千字

知识员工的管理是企业保持创新活力的重要环节。知识团队成为知识员工工作的主要方式，发挥知识员工价值的重要载体。临时型知识团队是目前知识团队的主要形式，其以创新为目的，由一定数量的知识员工组成，是一个在限定时期内，为完成某种新产品或新服务的生产而共同行动、互相协作、共担责任的群体。在这种特殊的知识团队中，一方面，作为主要成员的知识员工比团队管理者更了解自身研究领域，他们能否与其他团队成员充分合作具有不可预知性；另一方面，临时型团队具有时间性，随着团队任务的完成即会解散，而原团队成员再度合作的可能性不大，因此在这种“一次性”合作过程中，“搭便车”行为极易发生，成员合作积极性受到一定抑制。设计一种有效的团队合作机制，激励临时型知识团队成员进行积极合作非常有必要；合作机制对提高知识团队运作效率，提升知识团队绩效具有重要意义，对企业内部项目团队、跨组织合作团队、高校科研团队等临时型知识团队的建设极具参考价值。实验经济学是研究如何在可控制的实验环境下对某一经济现象，通过控制实验条件、观察实验者行为和分析实验结果，以检验、比较和完善经济理论或提供决策依据。而其中的公共品实验被经济学家和管理学家大量运用以研究合作中的个人行为。我们是否能通过好的良好的规则制定而使得团队成员提高合作意愿进而促进团队绩效呢？

基于相关文献的回顾与理论支撑，本文从横向监督理论出发，运用实验经济学中公共品实验的方法，从经济约束和社会制裁两个角度探讨临时型知识团队合作管理中社会约束影响的可能性。本文利用公共品实验的模型模拟团队合作过程，提出并验证了如下假设：通过实施经济约束，可以有效促进临时型团队的合作行为；通过实施非经济约束即社会制裁，可以有效促进临时型团队合作行为。实验结果表明，社会约束能够提高临时型知识团队合作行为。实验结论对真实的管理实践具有以下启示意义：（1）引入社会制裁以促进临时型知识团队的合作；（2）引入经济约束以促进临时型知识团队的合作；（3）对临时型知识团队成员应进行分类管理；（4）营造公平的团队氛围以促进成员合作，进而提高团队绩效。

（程新生）

制度环境、公司治理对企业竞争优势的影响研究——基于中国上市公司的经验证据

周建　方刚　刘小元　著

《南开管理评论》2009 年第 5 期

22 千字

企业的竞争优势问题是伴随着市场经济制度的客观问题，是竞争性制度安排的逻辑结果。中国加入 WTO 的制度背景，改变了企业的竞争环境，使得中国企业建立在原有基础上的竞争优势面临着消散的威胁。引入 WTO 规则的实质就是一种制度变迁。当支撑制度的法律法规等具体的框架发生变化时，企业就需要跟随这种变化而进行微观层面的制度转型。目前，我国企业竞争环境中存在着双层制度落差，即国内与国外之间的制度落差和国内各地区之间的制度落差。世界经济一体化的趋势，必定促使我国企业的外部制度环境继续发生变化，从而给企业的经济活动带来更大的压力。新制度经济学的理论说明，经济主体的经济活动的价值，是通过制度安排的变迁来实现的。因此，后 WTO 时代，制度转型对中国企业竞争优势的理念提出了新的要求，企业的竞争优势难以脱离制度变迁的影响，制度理论发展成为认识入世后的中国企业竞争优势如何持续的关键视角。我国企业的最初出现是基于政府导向而非市场导向的，这种组织属性使得企业能够依靠政府的支持来生成竞争优势。而伴随制度变迁，市场的导向逐渐代替了国家的控制。脱离了政府保护的企业需要更加独立地发挥市场经济主体的功能，从而潜在地诱发出新的制度建设和制度创新的需求。因而，如何通过外部制度和内部制度的安排延续企业的竞争优势，就成为了制度变迁背景下中国企业面临的核心问题。

本文以 2002—2005 年的中国上市公司为样本，基于国内地区差距，实证分析了制度环境和公司治理对企业竞争优势的影响。针对以上问题，利用樊纲和王小鲁等编制的《中国市场化指数》和 CCER 经济金融数据库中的上市公司治理结构数据和一般上市公司财务数据，利用计量经济学方法，对以上问题进行检验分析，得出以下基本结论：政府支持市场化程度、经济法律环境水平、股权集中度、股权竞争度、董事会独立性、专业委员会设置程度，以及股东参与决策程度与企业竞争优势显著正相关。研究结果表明，好的制度环境与有效的公司治理能提高企业的竞争优势；企业持续竞争优势的源泉应包含以政府为主体的宏观层次的制度竞争和以企业为主体的微观层次的公司治理竞争。

（程新生）

董事会独立性价值的再研究：基于对绩效波动影响的分析

李胜楠　牛建波　著

《财经理论与实践》2009 年第 2 期

12 千字

董事会的独立性同公司绩效之间关系的研究一直是公司治理研究的热点之一，已有的很多研究显示，拥有较高独立性董事会公司的绩效并不一定就会好于那些董事会独立性水平相对较低公司的绩效，甚至有些研究还发现董事会独立性与企业绩效之间的负相关的关系。但是，最近不断推出的公司治理改革措施仍在不断加强董事会的独立性，这是困扰我们理解董事会独立性价值的一个难题。本文将这种独立董事制度的理论和政策主张与现实效果之间的背离称为独立董事制度悖论。论文在分析独立董事所发挥职能的

基础上，从绩效波动的角度对这一悖论尝试作出解读，以期为我们认识独立董事制度提供新的思路和证据。

论文通过对我国上市公司在2000—2007年数据的实证分析，检验了董事会独立性对企业业绩波动的影响，同时还对董事会独立性可能会影响业绩波动的中间过程机制进行了探索性分析。结果通过研究发现，独立性程度较高的董事会与ROA的较小波动相联系，即董事会独立性程度较高公司的ROA值的波动较小。本研究结论从一个新的角度解释了董事会独立性的重要价值，即虽然独立性程度较高的董事会对改善公司绩效水平的影响尚不明确，但却有利于保证绩效的稳定性。另外，我们发现，拥有较高程度董事会独立性的公司有较少非经常性收益和经营性操控应计的波动，这个结果表明较独立的董事会的业绩波动较小，在一定程度上是由于拥有较高独立性董事会的公司中其非经常性收益和经营性操控应计的变动较小。

本论文的创新新颖之处可总结为以下几个方面：首先，不再局限考察董事会独立性同公司绩效的绝对值之间的关系，更进一步研究董事会独立性同绩效的波动性之间的关系，因为考察公司绩效的好坏不能只从绩效高低来考虑，绩效的波动性也是绩效好坏的一个重要维度，这是对董事会独立性同公司绩效之间的关系研究的一个重要补充；其次，论文提供了一个较新颖的视角来理解较高独立性董事会的价值，即虽然较高独立性董事会与企业绩效水平之间的关系不明确，但可以产生稳定的绩效，这为我们理解本论文开始提出的独立董事制度悖论提供了合理的解释；最后，对董事会独立性与绩效波动之间的中间作用机制进行了一些探索性分析，发现拥有较高独立性董事会的公司，在一定程度上是通过减少企业的非经常性收益和经营性操控应计的波动来对企业绩效的波动产生影响的。

（牛建波）

社会资本、政治关系与公司投资决策——来自中国上市公司的经验证据

潘越　戴亦一　吴超鹏　刘建亮　著
《经济研究》2009年第11期
19千字

Allen，Qian和Qian（2005）提出了著名的“中国之谜”（Puzzle of China）——中国的法律保护薄弱、金融体系落后，但经济增长却相当强劲，这似乎与LLSV的法律与经济发展理论相悖。Allen等的研究认为中国的政治关系机制和声誉机制起到了替代法律保护机制的作用；而Ang，Cheng和Wu（2009）的研究表明社会资本也是法律保护的一个替代机制。对于第一种观点，目前已有相当多的研究从微观层面提供了经验证据支持，但对于第二种观点，学术界在这方面的研究基本还是空白。那么，在中国这么一个投资者法律保护薄弱的国家里，社会资本究竟能否真正起到支持经济强劲增长的作用呢？社会资本和政治关系这两种作用机制之间是否也可以相互替代呢？

本文以我国各省信任度作为社会资本的度量指标，以微观的公司投资行为为研究的切入点，采用2005—2007年A股上市公司作为研究样本，实证研究了我国各省社会资本水平差异对上市公司的对外投资规模、股权投资类型选择、多元化投资行为的影响，并进而深入探讨了社会资本与公司政治关系在影响公司投资决策方面的相互替代作用。

本文研究发现：（1）在社会资本水平较高的省份，上市公司对外投资规模更大，也更愿意与其他企业组成共同控制的合营企业，并

且多元化投资的意愿更强；（2）社会资本与政治关系在公司投资决策中所起的作用是可相互替代的，即当公司无政治关系可资利用时，社会资本对公司投资行为的影响程度更强；反之，有政治关系公司的投资决策受社会资本影响比较小。本文的研究不仅丰富了社会资本在财务学领域的研究内容，而且开拓了社会资本与政治关系交叉研究的新领域。

本文的结果有如下启示：首先，通过政府的政策支持和舆论引导提高一个国家或地区的社会资本水平，加强以“社会互信、社会公德和团队合作精神”等为主要内容的社会“精神文明”建设，改善投资软环境，也是促进本地投资、吸引外来投资不可忽视的有效措施之一。其次，本文的结论为当前学术界的一场名为“中国之谜”的学术争论提供了新的证据支持。在法律保护薄弱的中国，近三十年来其经济发展速度之所以名列世界前茅，可能的原因就是因为中国社会存在相应的法律保护替代机制。儒家文化熏陶下较高水平的社会资本，以及政商和谐的政治关系，都是法律保护之外十分重要的替代性投资保护机制，是促进社会投资，进而推动经济发展的文化源泉。

（潘越）

政治联系与会计稳健性：基于中国民营上市公司的经验证据

杜兴强　周泽将　修宗峰　著

《经济管理》2009 年第 7 期

12 千字

稳健性是会计信息质量特征的重要组成部分。会计稳健性计量方法、影响会计稳健性的因素等日益成为资本市场会计研究的核心领域之一（Basu，1997；Watts，2003）。Watts（2003）认为，会计稳健性产生原因包括契约、诉讼、税收、管制等。目前，学术界更为关注制度环境、负债、董事会特征、管理层持股等因素对会计稳健性的影响。但是，考虑到我国转轨经济与新兴资本市场的现实制度背景，政治因素对于上市公司会计稳健性可能产生较大影响。

基于我国现阶段转轨资本市场的制度特征和中华民族悠久的“关系”文化与传统，政治联系无疑是、且已经成为上市公司弥足珍贵的资源。相比于国有企业，政治联系对民营企业的生存和发展都发挥着至关重要的作用，人们广泛地相信，与政府之间的关系是某些企业成功的重要前提（张建君、张志学，2005）。我国民营企业家们越来越多地和政治发生关系，他们热衷于参选人大代表和政协委员，甚至竞逐党代表。浙江省传化集团董事长徐冠巨当选浙江省政协副主席、重庆力帆实业集团董事长尹明善当选重庆市政协副主席，这些无疑标志着企业政治联系的另一轮高峰。

本文利用 2004—2007 年我国民营上市公司的政治联系数据，实证检验了政治联系对会计稳健性的影响。研究结果表明，民营上市公司具有的政治联系降低了会计稳健性；民营上市公司的关键高管具有的政治联系，亦对会计稳健性具有显著的影响。考虑到政治联系与会计稳健性之间可能存在的内生性，本文应用 Heckman 二阶段模型对内生性问题进行了控制，发现政治联系降低会计稳健性的基本结论保持不变。

稳健性的会计信息可以更好地保护契约者尤其是债权人和中小股东的利益，而政治联系的存在降低了对于会计稳健性的需求，使得债权人和股东的利益可能受到损害，因此，在目前转轨经济背景下，我们应该加强企业乃至银行等机构运作的透明度，减轻对于政治联系等资源的依赖，从而提高会计稳健性，更好地保护债权人和投资者的利益。

（杜兴强）

领导—部属交换、内部人身份认知与组织公民行为——基于本土家族企业视角的经验研究

汪林　储小平　倪婧　著

《管理世界》2009年第1期

15千字

在过去的三十多年中，领导—部属交换理论已成为西方有关领导研究的前沿领域。在70年代以前，组织行为研究者总是认为领导者对部属的领导行为是一视同仁的。但按照领导—部属交换理论的观点，领导者对每位部属的管理方式其实是不同的，领导者会与不同的部属建立差异性的交换关系。大量研究证明领导—部属交换与员工的组织公民行为之间存在显著的正相关关系。然而，这些研究主要集中在领导—部属交换与员工组织公民行为相互关系的探讨上，缺乏对领导—部属交换与组织公民行为之间作用机制的研究。领导—部属交换与员工组织公民行为之间作用过程的研究仍然处于初期阶段。另外，由于中西方文化的差异，众多研究者均指出，华人组织的领导与管理是有别于西方的，领导的作风及效能也是有差异的。因此，中国文化情境下的领导—部属交换如何对员工的组织公民行为产生影响，以及为何能影响员工的组织公民行为等问题应该有着独特的内涵，且需要进一步深入研究。

通过问卷调查和分析本土家族企业领导者及员工的配对样本，本文探讨了中国家族企业的领导—部属交换对员工组织公民行为的影响机制，尤其是研究内部人身份认知在其中的中介作用以及中国人传统性的调节作用。结构方程建模分析的结果表明，领导—部属交换与员工的组织公民行为显著正相关，内部人身份认知在两者间起完全中介作用。层次回归方程分析的结果也显示，中国人传统性对领导—部属交换与内部人身份认知之间的关系具有显著的调节作用，即对于低传统性员工而言，它们之间呈显著的正相关关系；而对于高传统性员工而言，相关关系并不显著。

由此可知，领导—部属交换对员工组织公民行为的影响不仅可以看成是一种社会交换过程，也可以看做是一种自我归类过程。这进一步加深了人们对领导—部属交换与员工组织公民行为之间的内在作用机制的理解。此外，在中国家族企业中，领导者会按照关系亲疏、忠诚度高低以及才能优劣将部属归类为自己人或外人，并据此提供相应的诱因。然而，并不是每一个被家族企业领导者归类为自己人并赋予较多诱因的员工都会产生内部人身份认知，同时，也并非每一个被归类为外人的员工都不会产生内部人身份认知，这也要取决于员工个体的权威价值取向。

（汪林）

多变环境下的业务战略：从通用单一到精准组合的理论创新

翁君奕　著

《中国工业经济》2009年第3期

12千字

现有战略理论特别是定位理论已经严重地不适应复杂多变的经营环境现实，因此改变战略理论的视野成为能否取得理论创新突破的关键。本文引入一个能够全面反映环境变动效应的全面环境互动模型，从中归纳出企业面临的价格失控、产品定制、资产减值和产品淘汰等四重基本压力，在此基础上推演出了一套精准战略。具体地，差异化的精准战略包括溢价差异化、平价差异化和低价

差异化，成本领先的精准战略包括规模经济成本领先、简朴经济成本领先、延展经济成本领先、苗条经济成本领先、精明经济成本领先，聚焦的精准战略含单点聚焦、并行聚焦和继起聚焦。业务战略的上述精准化分类从以往属的层次进入到种的层次，使得根据逻辑关系可以证实通过精准战略的适当组合可以避免所谓的“夹在中间”窘境而实现差异化和成本优势的兼得。在所有可能中，存在四类彼此冲突的精准战略组合，两类协调一致的精准组合战略和一类调谐后可行的精准组合战略。精准组合战略在理论上的严格区分既可以避免以往很多经验性研究中由于行业特点不明和战略分类不清而导致的结论分歧，又可以对战略管理实践创新起到一定的指南作用。在现实中，传统的通用战略与精准组合战略可以根据具体的环境选择。当环境基本稳定时，全面环境互动模型退化成传统的“五力”模型后，由于四重基本压力显著减轻，通用战略即可满足战略管理的需要。因此，通用战略也可以看做是精准战略的特例。而在多变的环境中，选择适当的精准组合战略可以获得压力制造、压力化解和细节制胜等类型的竞争优势。

（翁君奕）

消费需求升级、产消者与市场边界

尹莉　藏旭恒　著

《山东大学学报》（哲学社会科学版）2009年第5期

15 千字

该文基于信息通信技术在全球的广泛应用，从迎合消费者需要的一整套解决方案着手，将技术进步与消费者联系起来，分析伴随技术进步而发生的消费者的行为变迁、自我改造，以及这种变迁、改造对市场边界、企业价值创造方式的影响，将对消费需求升级和产业发展的根本性影响。

在市场边界日益模糊的同时，消费者已不再满足于仅为被动的产品与服务的接受者，而是迫不及待地想要成为生产者，当生产者与消费者合一成为“产消者”的时候，“众包”这种新的价值创造方式开始逐渐渗透到传统的生产方式中。更多的市场需求在消费者的带动下被刺激起来，这意味着消费需求得到提升的同时，消费者权力也在扩张。在这一轮全球性的技术进步和经济社会变革浪潮中，中国的消费者与发达国家的消费者并不存在很大不同，甚至更渴望通过学习和掌握新技术改变生活方式。企业需要做出的转变是：关注消费者而不是关注竞争对手，满足需求而不是预测需求；适当地利用消费者这种宝贵的资源，发现价值，创造财富。

该文主张以需求代替需求，有关消费的信息可以转化成强大的营销工具，从产品来源到质量、规格，从销售者的服务态度到物流的速度都成为人们公开评论的内容。如今的消费者不再单纯是产业价值链条上的末端，用现代信息通信技术武装起来的消费者已开始调整他们的行为，并对厂商提出了更高的要求和更严的挑战。企业或产业要赢得顾客，就要和消费者共享技术、知识，进行互动性对话，而不仅仅是交易。同时要求企业融入到全球的产业链中，将世界各地的资源纳入自己的价值创造系统。因此企业可以不必拥有任何生产资料，很多时候甚至连产品设计都没有。企业可以拥有品牌并进行管理，利用信息通信技术观察市场变化，协调价值创造产业链上的每一个环节以达到高效的融合，最重要的是，企业必须拥有对消费者的关注。

（韵江）

中国大企业发展的最新趋势、问题和建议

中国企业联合会课题组　著

《中国工业经济》2009 年第 9 期

17 千字

目前，我国大企业在发展中还存在诸多问题，大企业对于我国实现进一步的经济转型、产业升级和大国崛起的支撑作用还没有充分发挥出来，尤其在国际金融危机当中，我国大企业暴露出的问题更是需要引起关注。该文对我国大企业发展的最新趋势、发展特征和突出问题进行了研究。

该文通过分析中国企业联合会、中国企业家协会2009 年发布的2009 年中国企业500强、中国制造业企业 500 强、中国服务业企业 500 强的数据，总结了中国大企业发展的最新趋势和特征。第一，2009 年中国 500 强企业持续成长；第二，在世界 500 强中的比重继续攀升，绩效指标首超世界和美国企业500 强；第三，在国民经济中发挥的作用进一步增强；第四，基本结构相对稳定，结构调整有所进展；第五，行业之间的效益与效率存在巨大差异；第六，大多数企业出现在改革开放之后。同时，该文认为，中国大企业发展中存在的主要问题有：应对外部冲击的能力不强；企业间的并购重组存在很大困难；多数企业跨国经营能力较弱；大企业与中小企业未形成共生的竞合关系；企业发展依然面临体制性障碍。为应对这些问题，该文在最后提出了促进中国企业做强做大的建议：第一，坚持稳健经营，以前瞻性的战略引领企业发展；第二，强化资源整合，提升核心竞争能力；第三，积极实施“走出去”战略，提高跨国经营能力；第四，实现企业联合发展，建立互利共生的竞合关系；第五，总结应对金融危机的经验教训，提高企业家的“领导力”。

最后，该文指出，在未来的发展道路上，我们应不断借鉴外国的经验，不断充实完善自身，将中国大企业做大做强。

（韵江）

大型零售企业的初始国际化决策研究——关于大型零售企业初始国际化的时间及其市场和方式选择的实证分析

蔡荣生　王勇　著

《中国软科学》2009 年第 1 期

15.6 千字

该文以零售企业国际化的驱动因素理论、企业的国际化选择范式理论、企业的国际化组织学习过程理论以及国际化先动优势理论为基础建构起大型零售企业初始国际化决策中的时间、地点和方式选择的关系框架并提出六项假设，即大型零售企业的初始国际化时间选择分别会受到本国的市场环境、目标国的市场环境、目标国零售产业的国际竞争状况、目标国与本国的文化差异以及目标国与本国的地理距离这六个因素的影响。并以 Deloitte 公司所统计的 2005 年全球 250 强零售企业数据为研究对象，建立了欧洲和美国大型零售企业的初始国际化比例风险模型，不仅验证了该文所提出的大型零售企业初始国际化决策的总体理论框架，同时上验证了前文所提的六项假设。

在此基础上，该文又提出了实证研究成果对我国零售企业的国际化的借鉴意义。首先，我国的大型零售企业在首次国际化的决策过程中可以参考本文所提出的初始国际化总体框架模型，综合考虑本国经济条件、目标国经济条件、本国和目标国的文化地理差异，合理选择国际化的时间、目标市场和进入方式。其次，我国的大型零售企业依然有

足够的发展空间，国内市场依然是我国大型零售企业当前经营的重点。再次，对于我国当前正在考虑较早进入国际市场的部分零售企业而言，其初始国际化的目标市场选择可以参考这样的标准，重点考虑我国周边比较熟悉的，同时经济发展水平又较高的新兴发展中国家，如新加坡、韩国、泰国和马来西亚等国。最后，在初始国际化的过程中也应当重点考虑风险较小的进入方式，比如与当地零售企业的合资与合作，减少我国企业的资源投入，同时充分利用东道国企业熟悉当地资源、市场条件、政府政策和法律，容易获得当地的财力、物力、人力支持等优势，减少分析，快速适应当地市场。

（韵江）

我国的天生国际化企业特征与驱动力探寻——基于江浙地区的四家中小型企业的跨案例研究

陈曦　胡左浩　赵平　著

《中国软科学》2009 年第 4 期

18 千字

“天生国际化”企业是指那些刚成立或成立不久就快速进行国际化的中小企业，它们在刚刚成立几年之内就主动利用现有资源开拓海外市场，寻求和获得竞争优势，瞄准国际市场主动采取措施实现海外市场销售占其全部销售收入相当大比重，它们的出口准备活动时段相当短，国际化过程根本不遵循阶段国际化模式，而是以一种完全不同以往的新型国际化模式出现，这种现象首先在市场规模较小的国家出现，现在已经在世界许多国家出现。

该文以从企业成立到第一次开展出口业务间的时间跨度和海外销售额占企业总销售额的比例为指标，将我国的天生国际化企业定义为既满足在成立 3 年内开始向国外市场销售产品又能满足至少 25% 的销售收入来自国外的企业，不能同时满足这两个标准的企业被视为传统国际化企业。

通过对江浙地区的四家中小企业进行跨案例分析，该文认为影响我国天生国际化企业形成的驱动力主要体现在以下四个方面：一是与传统国际化企业相比，天生国际化企业具有丰富的国际经验与知识，其先天学习能力与经验学习能力更强，更善于利用最新科技，有效地降低国际化经营的风险，从而使得企业在成立不久就可以在国际范围内开展业务，进而成长为天生国际化企业。二是天生国际化企业具有很强烈的国际化导向与国际化视野，将海外市场看做与国内市场不可分割的统一市场，能洞察到全球市场机会，具有进入海外市场的强烈动机和决心，进而使得企业能在成立后不久便积极拓展海外市场并积极经营，进而成长为天生国际化企业。三是由于资源稀缺性，我国企业的国际网络资源弥补了自有资源的不足，为企业快速国际化提供了经验与知识，从而帮助企业快速进入国际市场，进而促进了天生国际化企业的形成。四是与传统企业在目标市场选择时心理距离是其重要的选择标准不同，天生国际化企业在选择目标市场时，其进入模式与进程与心理距离无显著的相关性，由此可知心理距离成为天生国际化企业的重要影响因素。

（韵江）

美国公司治理：公司控制权转移的历史分析

余菁　著

《中国工业经济》2009 年第 7 期

13 千字

伴随公司治理体制的不断演变，美国公司控制权已经从所有者手中转移到了内部的经营者和外部的监控者手中。最初阶段，经营者和

监控者都是以增进或保护所有者权益为初衷来介入公司事务的，经过数十年的演化后，二者一道从股东手中攫取了大部分的公司控制权，实现了对公司的联合控制。20世纪七八十年代，代理理论以及以其为理论背景的股东价值论的兴起，是美国公司治理晚近的一个主要进展，但在这个时期里，股东对公司的控制权日渐式微的基本态势，没有得到实质性的改观。

于是，该文以对控制权和控制者的讨论为分析主线，假定公司的控制权为1，并将经营者对公司的控制权记为X。整个美国公司治理体制的演变历程就是X从无到有、逐步在公司控制权结构中居于主导地位并不断强化自身的过程，这个两权分离过程的另一面则是所有者的控制权伴随公司制度中各种控制机制的日益发达化而逐渐趋于衰退。这是为大家熟悉的两权分离后内部控制的故事。在讨论控制权的分配问题时，该文突出了一个重要角色："监控者"。该文作者认为，身处公司外部的监控者，事实上参与到了公司事务当中，他们对公司资源配置决策拥有举足轻重的影响，分享到了对公司的控制权。将监控者对公司的控制权记为ω。以X和ω的演变为线索，该文将美国公司治理的演变历程划分为4个阶段：经营者阶层的出现；经营者阶层获得公司的主要控制权；监控者阶层的出现；经营者和监控者对大公司的联合控制。

该文作者在以上述线索为依据对美国百年公司治理史回顾之后发现，如何为控制权不断被削弱的股东提供有效保护，是推动美国公司治理体制演变的关键挑战。不少人认为，晚近的美国公司治理体制以股东价值论为核心，其制度优势就在于保护投资者权益，事实具有讽刺意味——美国公司治理体制之所以如此看重股东价值保护，恰恰是因为，在过去这些年里，美国公司制度对股东价值的保护，正做得越来越糟糕。因此，某种程度上来讲，美国公司治理体制并不是一种理想的公司制度。

（韵江）

匹配工作绩效到离职模型：国有企业与民营企业的比较

韩翼　李静　著

《南京大学学报》（哲学人文科学社会科学版）2009年第4期

12千字

该文作者在前人对员工离职倾向、离职行为、员工对工作的满意度、持续承诺水平等相关研究和理论的基础上，提出了以下七个假设：

假设1：员工的离职过程是：员工工作机会对员工离职倾向产生显著影响，二者之间的关系受离职想法及寻找工作倾向的影响。

假设2：工作满意度影响绩效与离职倾向之间的关系，并且国有企业员工工作满意度低于民营企业，对绩效和离职倾向之间关系的影响程度低于民营企业。

假设3：组织承诺影响绩效与离职倾向之间的关系，并且国有企业员工组织承诺高于民营企业，对绩效和离职倾向的影响程度高于民营企业。

假设4：工作机会与离职倾向正相关，影响绩效与离职之间的关系，并且国有企业员工的工作机会对绩效和离职之间关系的影响程度低于民营企业。

假设5：员工离职想法与离职倾向正相关，并影响绩效与离职之间关系。国有企业员工离职想法对绩效和离职之间关系的影响程度低于民营企业。

假设6：员工寻找工作倾向与离职倾向正相关，并影响绩效与离职之间关系。国有企业员工寻找工作倾向对绩效和离职之间关系影响程度低于民营企业。

假设 7：工作绩效与离职倾向呈线性正相关关系，并且国有企业员工工作绩效对离职倾向的影响程度低于民营企业。

基于以上假设，该文选取 4 家国有企业和 4 家民营企业进行对比实证研究，以分析国有企业和民营企业员工离职倾向与工作绩效之间的关系。实证研究表明：绩效与离职倾向呈现出显著的相关性。对国有企业来说，工作绩效主要通过工作机会、离职想法和工作寻找倾向对员工离职倾向进行影响，但没有表达出工作满意度作为中介变量的含义。另一方面，工作绩效微弱地通过组织承诺对离职倾向进行影响。而对于民营企业来说，工作绩效通过微弱的工作满意度对离职倾向施加显著影响。尽管二者路径存在差异，但在绩效对离职的直接影响路径上是一致的。国有企业员工工作绩效与离职之间的关系与民营企业呈现相反的方向。该研究认为，在工作压力越小的环境下，工作绩效和离职呈现正相关关系。而在工作压力越大的环境下，工作绩效和离职呈现负相关关系。满意度方面，民营企业员工离职倾向对于薪酬满意度更加敏感，国有企业员工对这个因素的敏感程度有所下降。

（韵江）

基于知识转移理论模型的企业知识吸收能力构成维度研究

徐二明　陈茵　著

《经济与管理研究》2009 年第 1 期

4 千字

能力是研究企业战略创新中不可避免的因素，也是影响企业创新能力的关键因素。企业知识吸收能力决定了企业内外部知识转移的效率和效度，因此从知识转移的方式和步骤展开对企业知识吸收能力的研究就成为了一个很好的研究角度。

该文在分析知识转移模式三类模型即知识转移的螺旋模式、交流模型以及结构模型的基础上，以交流模型为框架，借鉴其他两类模型的主要观点，将企业的知识吸收能力划分为四个构成维度：企业知识获取能力、企业知识整合能力、企业知识转化能力和企业知识应用能力，并根据四种能力对知识数量和知识性质的改变程度绘制出知识吸收能力维度矩阵。其中企业知识获取能力是指企业接近外部知识源，并通过某种方式搜索、评估和获取新知识的能力；企业知识整合能力是指企业将获取外部新知识与企业内部现有知识有效整合的能力，主要包括外部新知识与企业已有知识的融合及其在企业内部的共享活动两个方面；企业知识转化能力是指显性知识与隐性知识的自转化和互转化；企业知识应用能力是指将整合后的外部知识与企业内部已有知识通过显隐性知识的自转化和互转化，共同运用于企业的经营实践，有效把握和开发市场机会，并产生商业化成果的能力。企业知识吸收能力的四个维度各有不同，但有所关联。知识获取和整合是知识转移的初始阶段，企业通过识别并获取外在有价值的知识，并将合并到原有知识库，达到对外来知识或创新成果进行模仿和复制，提高企业绩效的目的，在此基础上显性知识和隐性知识在沟通和学习的过程中发生互转化和自转化，并以知识螺旋的形式进行升华和创造，在将知识有效并创造性地应用于企业实践的过程中，知识优势逐渐转化为企业的竞争优势，形成组织的核心能力。

通过以上分析，该文得到以下启示：中国企业如想通过技术合作在市场中取得竞争优势，培养核心能力，就需要在企业目前所具备的学习知识能力基础上，创造新的知识，实现自主创新，加速自身知识吸收能力的转化和升华。

（韵江）

跨国公司价值模块分工与利益实现机制

沈桂龙　著

《上海经济研究》2009 年第 5 期

10 千字

分工是一个动态演进的过程，其会因科学技术水平、市场成熟程度、组织制度演进等因素的变化而出现不同的分工水平。随着技术的进一步发展，特别是信息技术的发展，使得产品的复杂性大大增强，简单的生产迂回已经难以解决产品的规模化和柔性化。产品过程的分割和大量中间单元的出现，使得产品成为模块单元集合，分工也从生产链和价值链过渡到价值模块，这对企业的竞争力产生了较为深远的影响。

分工进入模块时代后，跨国公司作为分工的重要力量并没有因为小企业的创新能力的增强而改变其地位。事实上，跨国公司凭借其强大的资本和技术实力在价值模块分工中仍然发挥主导作用，并利用信息流使分工成为弹性模块网络，在这样的网络中，跨国公司居于核心地位，并通过全球配置资源强化价值模块分工。跨国公司在价值模块分工中的这些特点，形成了模块时代跨国公司的利润实现机制。

跨国公司的利润实现机制和模块分工密不可分。在价值模块分工条件下，跨国公司成为标准制定者和模块系统集成商，获得较高的利润回报。跨国公司还通过独占技术获得垄断利润，并通过模块网络的外部性和差异化，在较低的边际成本下，获得持续不断的利润来源。模块化条件下，跨国公司垄断优势和东道国比较优势的结合得到进一步发挥，从而使得跨国公司的利润最大化在全球要素资源配置中得到充分实现。发展中国家在价值模块分工中经常处于不利地位，发展中国家由于缺乏拥有核心模块生产能力的跨国公司，在标准制定过程中缺乏话语权，往往是竞争较为充分的非核心模块生产者，而且通常是承接跨国公司的模块生产外包，这导致发展中国家和发达国家的非对称生产能力，既影响经济安全，也难获得较高的利润。因此，发展中国家必须通过技术创新，实现企业在核心模块生产上的突破。

（韵江）

论组织内外部复杂性的变化特点与管理挑战

刘洪　著

《管理学报》2009 年第 5 期

12 千字

截至目前，管理者早已认识到当今企业组织及其环境复杂性有不断增加的趋势，但具体到如何应对还是个难题。传统组织管理工作视复杂性是有害的、需要降低的，并认为它是外在的、可消除的，所以主要应对思路是规避复杂性。近年来，复杂性管理的兴起和研究所取得的成果开始逐步转变人们对企业内外部复杂性的看法，将复杂性视为企业组织的“内生”行为，作为思考管理问题的既定条件，探讨“适应”与“利用”复杂性，但对于上述管理者关注问题的研究成果仍然鲜见。

抓住这个空缺，该文首先介绍了企业组织内外复杂性所包括的三个方面：一是企业组织与其环境的互动关系；二是环境复杂性的特征；三是企业组织的复杂性特征。其中，第二方面包括经济体制转型、财富创造方式转型、资源配置范围和方式转型以及经济规律转型；第三方面包含多样性、相互关联性、模糊性和流动性。在分析企业组织与环境相互作用关系和它们复杂性变化特点的基础上，该文阐述了企业组织为了满足社会需要以及获取竞争优势，而导致的其复杂性与环境复杂性共同提高的趋势。事实证明，企业组织及其环境正在变得越来越复杂，既然它们的复杂性有共同提高的趋势，企业组织的复杂性已经成为组织竞争优势的一个来源，那么，从管理者的视角看，是不是组织的复杂性越高越好呢？这便是组织复杂性增加带来的困惑，对于增加还是降低组织复杂性这一问题的答案，不能简单地回答“是”或“不是”，正确地回答需要考虑如下方面的问题：增加组织复杂性会提高运营成本；增加组织复杂性会降低市场影响力；企业投入与产出主体对复杂性有着不同的要求；市场战略取向对复杂性的不同要求；促进组织学习与知识产权保护之间的平衡。

该文的分析表明，企业组织复杂性增加是其与环境复杂性互动的结果，企业通过增加组织复杂性可以获得竞争优势，但也带来了一系列负面的影响。管理者需要寻求组织内部复杂性与环境复杂性之间的相互匹配，直到达到合理程度。

（韵江）

信任、交易成本与商业信用模式

刘凤委　李琳　薛云奎　著

《经济研究》2009 年第 8 期

15 千字

该文研究的是信任这一非正式制度对企业交易成本和商业信用模式的影响。信任是除物质资本和人力资本之外决定一个国家经济增长和社会进步的一种主要社会资本。无论是在宏观层面还是微观层面，较高的信任度都有着积极作用。张维迎、柯荣住（2002）曾依据对企业经理人的调查数据实证研究了地区信任的形成，指出经济发展、交通状况、人口流动等因素对地区信任度有显著影响，这项研究有助于我们了解地区间信任是如何形成的。该文在此基础上，分析我国不同地区的信任环境对企业商业信用模式的影响，是对现有文献的较好补充。该文以新制度经济学交易成本理论为基础，以不同的商业信用模式安排作为交易成本的间接度量，更加明确了地区间信任差异对企业交易成本及契约结构的影响。

基于财务理论，商业信用模式的安排可用来衡量企业交易间接成本，不同的商业信用模式体现了企业承担风险和成本的差异。该文以沪、深股市 1999—2003 年 A 股上市公司为研究样本，在控制企业规模、资本结构及股权性质等其他影响因素后，经研究发现：地区信任度越低，该地区企业将采用更多具有较高成本的商业信用模式，如预付账款、应付票据等；企业单位收入的销售费用和折扣支出等直接交易成本也越高；企业的综合绩效水平和企业价值越低。研究同时表明，在法律保护程度相对薄弱的转轨经济环境中，非正式制度在保证契约的签订与履行或降低企业交易成本方面具有重要作用，地区信任环境将对企业行为产生重要影响，还为“地区”与“个体”间信任的传递特征提供了经验证据，这有助于深入理解我国现阶段企业交易行为和“地区”与“个体”间的信任关系。

在分析阶段，该文经过细致的研究设计、样本选择与描述性统计之后提出实证检验模型，通过测量检验得出信任与商业信用模式的经验证据。最后提出启示，任何短视的、只顾个体私利的机会主义行为不仅对个体声誉造成破坏，对个体所处的组织、地区甚至行业都可能带来一定的负面影响。因此，注重声誉、维护社会信任环境对企业和个人而言，既是一项长期且义不容辞的责任和义务，同时也是实现自身长远利益的基石。

（韵江）

战略规划、高管任职经验与企业绩效：基于中国转型经济的研究

孙轶　武亚军　著

《经济科学》2009 年第 4 期

12 千字

战略被认为是关于长远目标、路径和资源分配的模式或计划，长期以来，战略规划一直是战略理论界和商业实践者关注的重点之一。然而，众多实证研究对战略规划和企业绩效之间的关系并没有得到一致的结果。

基于此，该文主要研究以下三个问题：第一，正式战略规划是否能为企业带来更好的绩效？第二，在中国转型经济环境下，正式战略规划在多大程度上能影响企业绩效？第三，在上述关系中，高层管理者的经验起什么作用？总而言之，该研究试图揭示转型发展经济中高层管理者在促进战略规划有效性方面的作用，从而更全面地理解战略规划如何影响组织绩效。在理论分析的基础上，该文中提出四组假设，其中包括两对相反假设。在对数据进行分析，建立回归分析模型后，肯定了以下假设：

假设 1：在中国实施战略规划的企业在绩效上要优于那些没有实施战略规划的企业。

假设 2：在其他条件相同的情况下，使用战略规划的完备程度对企业绩效有正向影响。

假设 3：在其他条件相同的情况下，高层管理者的任职经验会减弱战略规划的存在对绩效的正向影响。

假设 4：在其他条件相同条件下，高层管理者的任职经验可以削弱战略规划完善度对绩效的正向影响。

通过对实证结果进行讨论发现，在中国环境下的多行业样本中，在不考虑高层管理者因素的情况下，企业是否有战略规划并不会对绩效产生显著影响，而且在规划—绩效关系中，管理者任职经验的负调节作用十分明显。该文分析了正式战略规划对企业绩效的影响，引入了高层管理者任职经验的调节作用，并提出了互补与替代的两种可能作用机制。基于中国多行业企业样本，论文检验了战略规划是否存在以及存在时的完备程度对企业绩效的影响。实证结果表明：在目前中国环境下，充分使用战略规划会促进企业绩效的提高；高层管理者的任职经验会对战略规划与企业绩效的关系起到负的调节作用。文章深化了中国转型经济情境下战略规划作用的权变因素的研究，并对企业实施高管领导与正式战略规划相结合的战略决策体系提出了政策建议。

（韵江）

中国企业全要素生产率水平研究

袁堂军　著

《经济研究》2009 年第 6 期

14 千字

目前，大多数关于上市公司效益的分析都直接使用财务报表的数据，但是中国上市公司的财报体系尚不完善，而且评价一个企业的竞争力不能仅仅考虑财务指标，还要考察其生产要素的使用率。从经济学角度来看，最应当重视的竞争力指标是全要素生产率（TFP），而基于微观数据的 TFP 分析最接近实际。所以，要正确衡量我国企业的国际竞争力，需要基于微观数据的理论及实证分析。此外，诸多研究在测算 TFP 时大多采用的增长核算方法还具争议，而且大多数的研究着

眼于 TFP 增长率是不够的。

基于以上几点，该文利用上市公司的财务数据，对中国行业以及企业的全要素生产率在标准的生产函数框架内进行了测算，并将其结果与日本和韩国的企业进行了比较，以分析中国企业的国际竞争力。该文给出了属于行业 i 的某个企业 f 的全要素生产率水平之测算方法及其理论基础，包括企业全要素生产率的计算推导公式，全要素生产率水平的含义以及各变量的加工方法和数据来源。经过测算和经济分析得出结论如下：上市公司整体的 TFP 水平呈现出上升的趋势，其中以制造业中的汽车、电子工业、一般机械行业等资本知识密集型产业最为突出。与此不同，纤维纺织业、食品等劳动密集型产业的生产率上升缓慢，2002 年以后甚至出现停滞的倾向。非制造业的服务业，例如，运输业、通信行业的生产率上升也很迅速。受政策保护的采掘业以及石油化工等行业相对徘徊不前。国际比较的结果显示，虽然从总体上看，中国企业的竞争力正在上升，但在电子、机械、汽车等国际竞争比较激烈的行业中，中国企业与日韩企业之间尚存在较大的差距。中国企业仍然面临产业保护等妨碍市场机能的因素。企业所有制、持股人的特殊身份等方面的差异，也反映出各个企业所面临的市场环境以及竞争程度的不同，其经济学的含义即要素市场扭曲，它阻碍了资源顺利地从要素生产率低的企业流向要素生产率高的企业。

（韵江）

国有企业退出的锁定效应分析

汤吉军　著

《中国经济问题》2009 年第 4 期

8 千字

对于国有企业改革，经济学者大多采用新古典理性选择模型，常常假设“经济人”完全了解可用的手段和将要实现的目标，能够在现在和未来做出实现自身效用最大化的最优选择，因而要根据改革的预期边际收益和边际成本大小进行理性决策。然而在现实经济条件下，决策时往往需要考虑过去已经发生的沉没成本的影响，从而出现沉没成本效应现象。所以，我们要考虑计划经济体制条件下国有企业沉没成本对国企改革的动态演化影响。

新古典国有企业改革理论的假设前提主要包括三个假设前提：信息完全性，市场无摩擦性和风险可计量性以及资源充分流动性。该文紧抓以上漏洞，从沉没成本效应角度分析国企改革和发展过程中的锁定效应，目的在于了解过去事件，考察国企改革的演化路径，关注国企改革的学习、社会、组织、制度变迁之间的复杂作用，进而确立一种动态分析框架，帮助国企摆脱退出锁定效应，加速国企改革。沉没成本具有一定的主客观形成条件，国有企业退出过程中存在沉没成本效应。在现实经济条件下，由于经济主体信息不完全，以及有限理性和未来不确定性普遍存在，沉没成本也普遍存在。因此，研究国有企业的退出时，通过沉没成本效应的分析能更好地解释其退出的锁定效应。

总之，该文认为，现有的国有企业改革理论往往停留在新古典理性选择的范式里，仅仅考虑国有企业改革的预期收益和预期成本，难以看到计划经济体制下发生的沉淀成本对国有企业退出的锁定效应。然而，在非新古典环境下，由于国有企业退出并不能完全忽略以前发生的沉淀成本，所以限制了国有企业退出领域和模式的选择。因此，一方面，我们需要认清新古典沉淀成本无关性的假设前提，避免出现国有企业沉淀成本谬误；另一方面，更需要采取恰当的公共政策补偿和分摊过去发生的沉淀成本，消除国有企业沉淀成本效应，从而参与公平竞争的市场经济环境中。

（韵江）

中国企业海外市场进入模式的选择研究

黄速建　刘建丽　著

《中国工业经济》2009年第1期

6.5千字

海外市场进入模式选择是企业国际化战略决策的核心内容，对于企业而言，进入模式选择的科学与否，直接影响企业的国际化经营绩效。进入模式决策的重心就是在不同情境下比较各种模式的优劣。该文指出，海外市场进入模式的选择理论本质上都是要解决两个问题：哪些因素会影响进入模式的选择；影响因素既定时，评判各模式优劣的根据是什么，并据以得出最优的进入模式。

该文认为进入模式选择的影响因素可以从以下几方面进行分析：①母国因素，主要包括制度因素、经济因素、市场因素和文化、政治因素。②东道国因素，主要反映在三个层面：东道国内部的制度、经济、市场、生产因素层面，其中市场和生产因素涵盖了产业影响因素的分析；东道国的外部经济联系层面，即东道国融入区域经济一体化的程度；东道国与母国的联系方面，主要从进入者的“心理距离”角度加以分析。③产业因素，主要包括产业最小有效规模、产业集中度、产业的要素密集特性以及产业生命周期。④企业自身因素，主要来源于其内部资源禀赋、战略导向和国际化网络资源。外部因素、产业因素和企业内部因素在企业国际化进入的不同层次发挥作用，共同决定着企业进入模式的动态选择：在进入模式选择的第一层次，各种环境因素与产业因素、企业因素都会发生作用；当第一层次的选择不存在资源与能力约束时，企业才可以进行第二层次的决策。在进入模式选择的同一层次，企业需要在不同模式之间进行决策。根据实际的市场状况和企业特点，可以同时采用两种或两种以上的进入模式即混合进入模式。从科学决策来看，企业进人模式决策应该是一个动态的选择、适应与调节过程，因此，企业须对进入模式进行动态跟踪、评估与调整，以使决策误差降低到最小，具体做法如下：①构造决策流程图；②多目标进入模式决策方法可采用层次分析法和多属性效用函数法。

此外，在当前形势下，除了中国企业苦练内功、增强自身的竞争能力以外，政府的制度引导和支持政策对企业顺利“走出去”也至关重要。

（韵江）

董事会结构、在职消费与公司绩效——来自民营上市公司的经验证据

张力　潘青　著

《经济学动态》2009年第3期

7.2千字

目前，在中国这一新兴的资本市场上，董事会对于解决代理问题发挥了怎样的作用，学术界的实证研究极为有限。基于以上已有研究的局限性，该文以职业经理人出任总经理的民营上市公司为研究对象，对非执行董事比例、独立董事比例对管理人员在职消费的影响进行研究。

首先，该文进行了适当的理论分析，并在理论分析的基础之上提出如下假设：

假设1：在职消费与非执行董事占董事会的比例负相关；

假设2：在职消费与独立董事占董事会的比例负相关；

假设 3：在职消费与公司绩效负相关。

随后，该文使用实证方法对上述假设一一予以验证，最终得出如下结论：管理人员的在职消费与公司董事会构成中的非执行董事比例和独立董事比例负相关；在职消费对公司业绩具有负面的影响。

该文提供了一种判断职业经理人的新思路，即我们可从在职消费上来评价职业经理人的优劣。但实际上，该文的研究结论不仅为理解董事会结构与董事会运作效率的关系提供一个有益的视角，而且可以丰富有关董事会构成与其绩效后果的研究文献。但任何研究都不是十全十美的，该文亦是如此。作者在该文的末尾部分将该研究的局限性总结为以下几点：其一是样本规模偏小；其二是对职业经理人的判定存在一定主观性。在此基础上，以 2004—2006 年沪深两市中职业经理人出任总经理的民营上市公司为研究样本进行实证检验。

（韵江）

完善企业社会责任制度的实施机制

胡峰　著

《山东社会科学》2009 年第 5 期

6.9 千字

三鹿奶粉事件将企业社会责任问题推上了中国社会发展的前台，企业社会责任问题逐渐成为全社会关注的焦点。如何在中国构建起一套有效的企业社会责任制度，是政府、企业乃至全社会必须思考的问题。

基于以上问题，该文首先从不同角度对企业社会责任的理论基础予以阐述。第一，从社会学的角度看，企业经济行为必然嵌入在一定的社会网络中，在经济行为上有意识地提高本企业的被信任度，公司必须承担起必要的社会义务以及由此产生的社会成本。第二，从管理学的角度看，企业经营必须考虑政府、劳工、消费者以及环境污染等各种利益相关者的利益，应当兼顾股东、员工、消费者、供应商和社会公众的利益。第三，从法学的角度看，企业必须帮助政府实现各种体现社会正义的经济、社会、文化权利，应当承担起解决社会问题、尊重与推动社会法则与社会政策的责任，特别是保护基本的人权。

任何职责的实现都是建立在一定的机制基础之上的，企业社会责任也不例外。在对社会责任的理论基础阐述之后，该文介绍了企业社会责任的实施机制：（1）企业社会责任的承担主体，包括：跨国公司、国内企业。（2）企业社会责任的调整主体。伴随着企业社会责任的全球化，企业社会责任的调整主体从政府拓展至相关的国际组织，例如：OECD、联合国、ILO，以及众多非政府组织通过制订指南、建议、报告和各种文件等。（3）企业社会责任实施的技术工具、自愿工具和法律约束性的工具。（4）企业社会责任的实施方法，如多边和双边协定以及制定国内法等。

基于以上论述，该文指出，全球化视阈中，构建中国企业社会责任制度可以从以下几方面进行：一是理念支持，即树立正确的企业社会责任理念。二是对象问题。不仅外国公司有企业社会责任，我国企业也有。三是工具选择。企业社会责任必须建立在法律调整的基础上，适当补充自愿工具。四是方法问题。企业社会责任的实施，必须协调好政府调整与企业自律两个方面。

（韵江）

跨国公司在华研发投资的区位决定因素

崔新健　吉生保　著

《经济地理》2009 年第 1 期

8 千字

伴随外商直接投资和外资研发中心的增

加，在华跨国研发投资在迅速上升，对于中国企业的研发产生越来越大的影响，已成为助推国家创新体系完善的重要力量。跨国研发投资的区位决定因素是一个亟待揭示的课题。尽管国内外已有文献从跨国公司视角研究研发投资的区位选择，但是，针对在华跨国研发投资的区位决定因素尚不够清晰，基于可获取的统计数据，对在华跨国研发投资的区位决定因素进行实证研究，为相关理论发展、建设创新型国家和提高产业竞争力的政策建议铺垫基础。

对跨国公司在华研发投资区位决定因素进行实证研究，根据前人研究文献和数据的可获得性，被解释变量选择跨国公司在华研发投资流入量，跨国公司在华研发投资区位决定因素及其解释变量采用9个解释变量对市场规模、市场竞争程度、人力资源、政策/公共环境、在华经营战略5个决定因素建模检验。被解释变量和解释变量采用2003—2005年分地区相关数据，并进行相关单位的统一。采用数据均源自《中国科技统计年鉴》和《中国统计年鉴》。对解释变量相关分析，通过分年度数据和总体数据变量相关分析表明，适于采用面板数据进行模型计算。应用Eviews3.0对数据进行计算处理。为了充分论证各区位决定因素的重要性，采用GLS（Cross Section Weights）方法，经过反复多次逐步回归分析，所进行的回归分析方案超过40个，从中选择具有统计意义和经济意义的6个具有代表性方案，6个方案均通过D. W检验和F检验，回归方程的调整后的拟合优度均超过99. 93%，除lnSE外所有变量通过t检验，且大多数变量在1%的显著性水平下通过检验。

基于中国规模以上工业企业面板数据的实证研究，得到一些明确的结论。首先，市场规模及其竞争程度是在华跨国研发投资的重要区位决定因素；其次，当地政府研发支持及其政策环境对于跨国研发投资有很大的影响；再次，FDI的区位分布是跨国研发投资的重要区位决定因素；最后，在华跨国研发投资主要是为了支持其市场营销和生产。吸引跨国研发投资有助于建设完善国家创新体系和提高产业竞争力。基于实证研究提出针对性建议：一是政府需要规范市场监管，强化市场竞争；二是不断提高国有企业的国际竞争力；三是中央政府、特别是地方政府要加大对企业研发的政策和资金支持力度，改善研发的政策环境；四是区别对待跨国研发投资，对于市场营销和生产支持型研发投资减少优惠，鼓励设立全球创新型研发中心。

（崔新健）

中国国有企业改革：方法论和策略

罗仲伟　著

《中国工业经济》2009年第1期

20千字

本文按照历史与逻辑一致的分析方法，试图梳理、总结30年来中国国有企业改革的方法论和具体策略。论文首先指出苏东各国和中国经济体制改革的不同性质。中国的体制改革一直是以经济为核心，至今改革重点仍然围绕着经济体制的范畴，其政治体制的基本性质并没有变化。因此，在俄罗斯、东欧各国与中国之间，体制改革的前提、方向、目标和政治环境都有着本质上的不同，或者说体制改革在性质上出现了根本性的区别。因而俄罗斯、东欧各国与中国在改革过程中所选择的经济体制改革路径以及改革绩效，已经是处于不同层面的概念，不能简单地进行直接比较。进而深入分析中国渐进式改革的基本逻辑，提出中国渐进式改革不仅是一种策略的选择，而更是一个战略层面的概念这一重大命题，并分别从思想层面、制度层面和技术层面全面总结了中国渐进式改革的方法论。

本文接着论证了国有企业改革的方法论。通过对改革进程和历史事件系统性、创新性的归纳和总结，指出国有企业改革是一个经历不断学习、试错与更新的思想认识过程；是一个在大方向正确的前提下，随着认识的不断深化而逐步明确、调整阶段性目标，然后按照特定的策略和方法持续推进的社会变革过程；是一个从企业制度内运转方式、运行机制的调整转向企业基本制度变革、从微观层面搞活具体企业的改革转向宏观层面实现国有经济功能的制度变迁过程。这一系列思想认识、社会变革和制度变迁的动力在于资源稀缺约束下着眼于增进效率而完善基本制度的持续追求。国有企业改革以其内在的规定性、典型性演示和证实了中国渐进式改革的方法论。

本文认为国有企业改革的方法论包含并决定了改革的具体策略和方法。中国渐进式改革的战略选择和实践逻辑决定了国有企业改革只能遵循从易到难、由表及里、循序渐进、从局部到整体、从问题导向到系统改革、创造条件不断深化的制度变革路径。从基本经验总结的角度，把国有企业改革的具体策略和方法归纳为先试验后推广、先实践后规范、先增量后存量、先体制外后体制内、先运行机制调整后制度创新、先竞争领域后垄断行业、先沿海后内地、先改小后改大等八个方面。

最后，本文对渐进式改革路径进行了经典的评述，强调改革是一个由自下而上的需求力量所启动，待得到主导改革走向的中央政府认可后，以从上至下的改革政策所推动的过程，并从三个方面提出了体现经验主义特征的渐进式改革策略的弊端，指出对国有企业改革的认识过程仍未结束，国有企业改革仍然任重道远。

（罗仲伟）

严密性和实用性：管理学研究双重目标的争论与统一

彭贺　著

《外国经济与管理》2009 年第 1 期

9 千字

该文全面论述了管理学的严密性与实用性的争论由来、管理理论与实践脱节的原因以及相应的解决对策，以期能提醒我国管理学研究者在加强研究规范化的同时，应警惕有可能导致的实用性弱化问题。

该文认为管理学研究的重要原则之一就是保持严密性与实用性之间的平衡。管理学理论应源于实践又超越实践，一方面管理学研究与管理实践应保持一定距离；另一方面基于管理学的实践性学科属性还必须兼顾其实践价值，而造成理论与实践脱节的原因则是管理学知识的产生和传递出现了问题。从知识产生视角来看：一是将实用性排斥在管理学研究目标之外；二是片面强调实证主义范式的方法论；三是缺少中间层次的知识建构。从知识传递视角来看：一是管理研究者没有动力将学术论文转化成普及性文章；二是管理研究者没有能力将学术论文转化为普及性文章；三是学术论文忽视对实践价值的阐述；四是管理研究者与管理实践者之间缺少正式的沟通渠道。

针对以上问题，该文指出可以从以下几方面弥合理论与实践隔阂：一是创新知识生产方式即管理研究者和管理实践者的联合生产，主要包括通过管理教育为管理研究者与实践者创造互动的平台、改变传统管理学研究的认识论和方法论、将管理实践者纳入知识生产过程、开展循证管理合作；二是促进学术知识向实务界传递，主要包括鼓励研究者撰写普及性文章、向研究者提供有关学术知识转化方面的帮助、在学术论文发表制度中规定转化的要求、促进管理研究者与管理实践者之间的互动。

管理学作为一门社会科学必须兼顾严密性和实用性，在管理知识的生产和把管理学知识传递给实务界方面有所作为，尽力弥合理论与实践的隔阂，确保我国管理学研究不再走西方管理学研究曾经走过的弯路。

（韵江）

论管理学的普适性及其建构

谭力文　著

《管理学报》2009 年第 3 期

9.6 千字

该文主要谈及如何界定管理学问题的一些看法，并尝试回答“究竟有没有普适性的管理学问题”等问题。

该文指出，管理学科复杂与混沌的原因主要来源于管理理论的研究者（也应包括一些管理工作的实践者）在研究工作中出现的多角度、多视野的问题，甚至不乏一些随意。具体而言，源自以下四方面：一是来自于对其核心概念“管理”理解的诸多歧义；二是来自于涉及管理学科的研究对象、理论和流派；三是来自于管理活动的理论体系自身的模糊；四是来自于中国管理学界发展的特殊经历。该文作者认为，管理学的基本内容与特征应该是：管理学是研究人类群聚（即组织）以后所形成的一类特有的和维护人类组织社会活动正常开展的理论；管理学研究的主要内容是组织中人类自身的问题；管理学研究的重点是如何解决组织的协调配合，以提高组织的效果和效率。管理学所必须解决的核心问题是解决组织发展与环境匹配以及组织成员个人目标与组织目标协调一致的问题。

根据上述内容，管理学的构建必须围绕着其基本概念、研究对象与研究特色进行研究与分析。管理的概念是指在组织中，为协调个人目标与组织目标的差异，以达到提高组织效果和效率目的的社会活动；在界定管理学的内涵时，必须将管理学与工商管理理论（即涉及技术、商业、会计、安全和财务等企业职能活动研究的相关理论）加以区分，必须将对物的研究与对人的研究加以切割；管理学内容构建则主要包括计划、组织、领导和控制四个方面；基于社会科学甚至所有科学的普遍性原理与具体实践相结合的基本思想原则，管理学的普适性问题基本达成共识。

最后，该文认为在社会科学的领域存在着可以视同为普适性的管理理论，构建它的基本条件有二：充分注意管理理论的社会科学特征，以此为基础，从人类实践活动中了解人类群聚建立组织的基本规律和人类管理活动的基本特征；从管理理论发展过程中了解管理学经典专著中对人类管理活动的描述、抽象、总结以及分析和论证过程。

（韵江）

中国情境下的管理学理论构建与研究进路

邹国庆　高向飞　胥家硕　著

《软科学》2009 年第 2 期

8.9 千字

随着中国经济的快速增长和国内企业的迅速发展，中国管理学界迫切需要按照国际通行的学术规范构建转型经济条件下的管理理论，以期更有效地指导企业管理实践。

该文认为中国情境下的管理学研究进路应该遵循以下几个原则：一是采用科学的研究方法，这就要求中国的研究者要准确地应用西方管理理论，对这些理论要进行必要的概念和范畴的界定，有针对性进行数据观测、收集和分析工作。二是强化问题意识，问题意识是一个学科生存、发展和是否具有生命力的关键，具有问题意识是对学术活动主体的基本要求，而缺乏问题意识会导致为了研究而研究的出现，同时研究者必须深刻地把握问题的“价值性”、“客观性”以及“可证明性”这三大特征。三是基于中国现实的嵌入研究，嵌入性是指经济行为和结果受行为人之间的相关关系及其整个关系网络的结构影响，现实发生的企业活动和行为并不是脱离社会背景和环境而存在的，而是嵌入在特定的社会关系和网络之中的，因此制度、文化、社会结构等情境因素作为自变量或调节变量必须是中国管理理论建构的因素。四是以问题为中心，开展跨学科研究。问题的复杂性，使得研究者必须通过深刻揭示中国特有的制度、文化、社会网络中存在的现象，语境化地（设身处地地、历史地）建立与本土情境相关的（制度、文化、社会网络结构等）且有意义的概念以及概念之间的关系，来建立一种新型的管理理论。

（韵江）

不同主体层次中组织的知识转化对绩效的影响

卫武　李克克　著

《中南财经政法大学学报》2009 年第 3 期

7 千字

隐性和显性知识通常会存在于个人、团队和组织等不同层次的知识主体中，而这两种类型知识在各个主体层次中的相互作用可称为组织知识转化。组织的知识转化作为一种新型的管理理念和方法，最大的价值在于可以显著提高企业的绩效水平。而绩效的概念也存在不同主体层次，一般可以将绩效分为员工绩效、团队绩效和组织绩效。基于此，该文主要探讨不同主体层次中组织的知识转化对绩效的影响。

组织知识转化的主体层次性是指组织知识转化是一个涉及多个主体层次的非常复杂的动态过程，组织知识效用的发挥首先取决于隐性和显性知识能否在个人、团队和组织层次中有效转化，不能转化的知识只能自己使用，组织无法获取，也无法创造价值。同时，绩效的概念也存在不同主体层次，一般可以从个人、团队和组织三个层次上对绩效进行定义，分别将绩效分为员工绩效、团队绩效和组织绩效。而不同主体层次中组织的知识转化对绩效的影响可以从三个层面进行分析：个人层次的知识转化对员工绩效的影响，主要通过个人之间隐性和显性知识的相互转化而进行的；团队层次的知识转化对团队绩效的影响，既包括团队之间的隐性和显性知识转化，又包括个人知识向团队知识的转化；组织层次的知识转化对组织绩效的影响，可分为组织的隐性和显性知识的转化、团队知识向组织知识的转化以及个人知识向组织知识的转化。

该文认为不同主体层次中组织的知识转化一方面可以促使企业发现在知识管理中存在的薄弱环节和关键问题，明确企业知识转化的工作重点和主要方向，以便对个人、团队和组织层次知识的转化过程进行有效管理，实现知识优势和知识价值在员工绩效、团队绩效和组织绩效的最大化，使整个组织的知识转化能够支撑起企业持续的创新和发展；另一方面又有助于我们更深入地了解组织知识转化及其对绩效影响的内在机制，弥补现有组织知识转化研究的不足，进一步丰富和完善知识管理基础理论体系，为基于知识转化的知识创新模式的构建提供科学的依据。

（韵江）

农村发展与农业经济

农民专业合作社的发展趋势探析

张晓山　著

《管理世界》2009年第5期

13千字

《农民专业合作社法》颁布和实施后，农民专业合作社的总体发展呈现加速态势；农民专业合作社的地位和作用越来越受到重视。文章对农民专业合作社在有关法令颁布实施后的发展趋势进行了探讨，认为农民专业合作社现阶段的发展特点是中国农业现代化发展道路和发展模式的具体体现。文章从经济基础和政策选择两个方面提出两个有待验证的判断：第一，在保持农村土地集体所有制，赋予农民更加充分而有保障的土地承包经营权，现有土地承包关系要保持稳定并长久不变的基本制度框架内，中国农业将呈现大量小规模兼业农户与少数专业农户长期并存，市场化、商品化和专业化的农业与口粮农业长期并存的局面。第二，在农村土地承包经营权流转、发展适度规模经营的问题上，决策层将继续保持现行的较有弹性的、软约束的政策举措。如果这两个有待验证的判断能够成立，多样化、混合型的农业现代化发展模式和经营形态在中国农村将长期存在，作为其重要载体的农民专业合作社也将长期呈现异质性和多样性的特点。文章对一些具体的案例进行了剖析，指出大户领办和控制的合作社在一些地区已成为合作社的主要形式；原有的农业产业化经营中的“公司加农户”的形式或是内部化于合作社之中，或是公司越来越多地利用合作社作为中介来与农民进行交易；农民专业合作社和农村社区组织将会更多地碰撞、交错和融合到一起。文章认为，在今后合作社的发展进程中，从事农产品生产或营销的专业农户能否成为专业合作社的利益主体，他们在合作社中的经济利益能否得到维护，民主权利能否得到保障，他们获取的剩余能否增加，合作社的资产所有权、控制决策权和受益权是否能主要由他们拥有，这应是农民专业合作社未来走向健康与否的试金石。

（张晓山）

中新模式：现代农业发展的重要探索——基于四川蒲江县猕猴桃产业发展的实证分析

郭晓鸣　任永昌　廖祖君　著

《中国农村经济》2009年第11期

10千字

中国农业发展过程中面临着自然资源、资本资源和组织资源的多重约束，传统农业向现代农业转型的难度很大。猕猴桃产业是中国具有传统种植优势的特色产业，种植面积占全球近二分之一，但效益比较低下，产量仅占全球总产量的25%，产值不足全球总产值的10%。管理方式粗放、技术水平落后、品牌效应差、附加值低的劣势，成为制约中国猕猴桃产业发展的主要阻碍。四川中新农业公司以“促进农业可持续发展、参与新农村建设、提高农民生活质量”为宗旨，经过多年不懈的努力率先在蒲江县探索并创新了猕猴桃产业发展的重要模式。本文通过对蒲江县猕猴桃产业发展的实证研究，来深度剖析中新模式的制度内核及其在现代农业发展中的重要价值。

中新模式是通过一连串相互关联的组织制度创新活动构建起来的新的农业产业化模式，以此来整合各利益主体的优势资源，实现农业产业扩张和规模经营，并通过建立科学的利益分配机制使企业与农民共同分享种植、加工和销售环节的利润，最终形成企业与农民的完全利益共同体，促进现代农业的健康良性发展。该模式的关键在于建立农民土地股份合作社、股份合作公司和销售公司，充分整合企业（管理、专利、技术、物流、市场）、农民（土地、劳动力、身份）和政府（组织、资金、政策）三者所特有的优势资源。

简言之，中新模式的内涵可以阐释为十六个字："组织创新、资源整合、产业扩张、利益共享。"组织创新是指成立农民土地股份合作社、股份合作公司和销售公司；资源整合是指有机整合企业、农民和政府的优势资源；产业扩张是指以构建具有内生动力的发展机制为依托不断扩大猕猴桃基地规模；利益共享是指在企业和农民之间实现利益共享、风险共担。从本质上看，组织创新是资源整合的制度基础，资源整合是产业扩张的必要条件，而利益共享是中新模式创新的根本宗旨，四者共促同进，缺一不可。

更进一步看，中新模式包含三个核心：一是成立农民土地股份合作社，即同一村民小组的农民以土地承包经营权折价入股成立合作社，其主要目的是实现承包地经营使用权的流转和集中；二是成立股份合作公司，即中新农业公司与各农民土地股份合作社分别成立股份合作公司；三是成立销售公司，即多个股份合作公司一起联合组建销售公司，共同打造品牌、统一包装销售，按股份比例分享终端利润，集合产能掌握定价权，一起参与全球竞争。

本文认为，中新模式所展示的不仅仅是企业经营制度的创新，同时也是土地流转机制、农民组织制度以及政府农业支持政策的改革与发展。中新模式所蕴涵的政策含义在一定程度上指出了中国农业、农村改革和发展的基本方向，对加快全国农业产业化和农业现代化进程具有较强的启示作用。

（廖祖君）

反哺农业的产业组织与市场组织——基于农产品价值链的分析

洪银兴　郑江淮　著

《管理世界》2009 年第 5 期

21.6 千字

最近二十年来，在发达国家或地区消费需求的驱动下，世界各国农业出现了非传统农产品生产、销售比重逐步上升，并且非传统农产品采取了大量的合同联系方式在全球范围内生产和销售现象。与此同时，中国经济发展在持续多年的城市化之后，也进入了城市化推动三农发展的阶段。这些变化使得人们对农产品质量、安全程度和标准化的需求呈现出快速增长的势头，农业本身也会有提高附加值的要求。然而，当前无论是在发达国家还是在发展中国家，由于农产品下游终端直接面对不断变化和升级的消费需求，而且下游市场的寡头竞争格局，使得农产品在下游的增值幅度通常较大，但缺乏有效的供给保障。与之相对比，农产品上游环节，尤其是种植、加工环节的农产品供给能力充分，但所处的市场竞争较为充分，对消费者尤其是城市消费者的信息不够敏感，增殖空间有限。因此，农产品上游和下游各价值环节的整合、协调和组织将会使农产品上、下游环节之间发生增殖的重新分配，需要农产品上下游各环节企业或相关利益者做出恰当的制度安排来确保。这些制度安排既包括恰当的产业组织，也有恰当的市场组织。从竞争绩效来看，在价值链上实现有效治理，有利于农产品各价值环节企业、所在地区和国家在竞争中获得成本优势或质量优势，占有较大的市场份额和利润。

本文从农产品产销的现代组织入手，对农产品价值链中的纵向产业组织和市场交易关系、订单农业和超市驱动的农产品价值链、基于农业工业化和组织化视角提高农产品附加值的产业组织，以及农产品全球价值链中的安全标准和质量控制等问题进行了分析。发现提高农业生产率和对农民进行人力资本投资的微观机制存在于农产品价值链中，农户、加工企业、流通环节和零售商之间纵向联系，同时价值链驱动者从生产者向加工企业、进而向购买者转变之后，“三农”状况发生了转变。本文主要结论有：第一，农业生产过程由于驱动者的控制逐步变得标准化、合约化，农产品生产实现了规模经济与范围经济；其次，农民部分变成了农业工人，成为驱动者的雇员，获取劳动力市场的均衡工资，部门农民通过合约联系加入价值链，受到来自驱动者的技术指导，实现了产业升级；再次，农村在农产品生产和销售标准化、合约化渗透下具备了工业化基础，农村呈现出工业化组织和发展的趋势。因此，反哺三农应当改造农业生产的价值链驱动模式，提高加工企业和大型零售企业对农产品价值链的驱动力，使得农业生产率提高形成自我实施的机制，同时增强农民专业经济合作组织，提高广大小农户参与价值链程度，改善农村合约实施环境。

（吴福象）

食品短链的理论与实践

杜志雄　檀学文　著

《农村经济》2009 年第 6 期

6 千字

以“石油农业”为内核的现代农业模式不仅给人类带来了巨大的福利，同时也为人类社会的发展带来了不少的负面影响，主要问题包括：（1）对小农生产模式的破坏，致使世界上大量小农户的家庭生计不能维持，甚至破产；（2）食品的标准化生产破坏了食品当中应当包含的地域、文化、口感、多样性等价值，使人类饮食需求面临生态和健康危机；（3）工业化食品生产模式以市场经济规律为圭臬，忽视食品体系造成的负外部性影响，包括水资源的耗费、农业环境的恶化，以及长距离贸易导致的大量能源消耗和碳排放等。

针对现代农业的种种问题，国际上出现了两个方向的主要应对思路：一个是在现代农业体系之内寻找出路，如多功能农业；另一个是在现代食品体系之外寻找出路，即所谓的替代食品体系，典型的例子是短链食品，具体形态包括慢食、本地化食品、都市农业等。基于对现代农业存在弊病的基本共识，汲取了传统经验和智慧的食品短链的兴起提出了现代农业向何处去的重大问题。

食品短链是指生产食品的链条具有本地化、距离短、环节少、加工程度低等特征，因而其生产出的食品是可持续的。其中的“短”字不只是指空间距离，同时也意味着各类信息都是透明和可见的，即通过中间环节的尽可能减少来确保消费者尽可能了解食品生产和流动过程的全部信息。用常规的经济理性看，短链食品具有明显的反对贸易自由化倾向，有悖于常理。然而，各种形态的食品短链模式的蓬勃发展又显示它存在较强的生命力。在微观层面，短链食品针对现代食品体系的弊病，将那些原来呈现为“外部性”的因素明确地表达为商品的一部分，即使商品的这些潜在“价值”显性化。如果由于更多价值导致的更高价格得到足够数量的消费者的认可，那么其作为商业模式便可以获得成功。在宏观层面，受全球气化变化议题持续发酵的影响，农业和食品部门的能源消耗和碳排放问题已经在国际层面引起了高度重视，联合国环境规划署和欧盟都开始采取行动对现代食品供应链进行改良。食品短链的理念如果与政府的目标一致，便会被政府接受，得到鼓励和支持。在某种程度上，食品短链的出现与欧洲以及其他地区关注气候变化和人类健康饮食的宏观背景相关。

在中国背景下，可以从两个角度看待食品短链。一方面，从总体上看，中国的食品供应链还不够长，还需要继续大力发展现代食品加工产业；另一方面，近年来，曾经遭受破坏的各类地方特色农产品重新在市场上热销，这可以视为食品短链在中国的复兴。对于现代农业的未来发展，现代食品体系与短链食品存在互补关系，政府应当从二者相互借鉴、协调发展的战略高度，同时支持二者的发展。

（檀学文）

三农现代化途径研究

洪银兴　著

《经济学家》2009 年第 1 期

8.6 千字

在新的历史起点上推进三农现代化，需要直接以农业、农民和农村为发展对象。该文主张，可以从以下三方面入手：

第一，引入现代要素发展现代农业。从农业劳动生产率、发展理论的范式及科技创新三方面对我国现阶段农业的现状和落后性分析得出，农业中现有的生产要素无力承担发展现代农业的要求。可行的途径是在农业中引入现代生产要素，其中最为突出的是科技要素和人力资本要素。现代要素投入农业是由投资推动的，鼓励现代生产要素投入农业的关键是提高农业投入收益率。市场经济条件下，提高农业投入收益率的一个重要途径是保证农业的市场收益：保证农产品的价格收益以及资产收益。这要求各个方面向农业提供在等价交换以外的支持，还需要农产品产业组织来解决问题。

第二，以城乡一体化推进农村现代化。我国城乡差距长期存在并有扩大的趋势，主要原因是城乡二元体制。一方面相对于城市，农村的市场经济发展程度太低，自然经济和半自然经济所占比重仍然较高；另一方面各类生产要素的市场基本上集中在城市，而不在农村。而缩小城乡差距的基本要求是把城市的市场化水平“化”到农村：首先是通过扩大农村社会分工，提高农业组织化程度，克服自然经济及其残余，使农村尽快赶上城市的市场经济水平。其次是打破城市与乡村的体制分治，关键是克服城乡之间的要素分割体制。

第三，以农民市民化推进农民现代化。解决三农问题需要与农民现代化结合在一起，可行的途径是农民不进城就市民化。其内容是农民享受平等的城市人的市民权利，城乡居民政治、经济和社会地位的平等，城乡生活方式的趋同，公共物品的享受权利平等。这里需要在制度上解决一系列的问题，并给予支持。

归结起来，农业现代化突出建立在科技进步基础上的农产品品质的现代化；农村现代化突出农村生活和居住环境的现代化；农民现代化应突出农民市民化。在这个高度上推进三农现代化，就不仅仅是现有农村和现有农民的问题，而是需要全社会的共同推动。

（韵江）

集体所有土地产权保护与征地痛苦指数

朱光华　高建伟　著

《南开学报》（哲学社会科学版）2009 年第 1 期

7.5 千字

我国当前的土地制度现状，最明显的特征就是“城乡分割”，它是指我国法律规定土地有国家所有和集体所有之分：前者主要集中在城市，后者主要集中在农村，而联系这两种土地所有权的唯一纽带是政府的征收权。但我国的土地征收制度是不符合土地征收的效率限制原则的，即公共利益和合理补偿。该文主要研究了集体所有土地产权的保护。从土地所有权的保护来讲，我国的土地征收在两个方面有违效率标准：一是不纯粹以公共利益的目的征收土地；二是没有对农村集体或农民给予合理补偿。从土地使用权的保护来讲，以效率为标准也要求符合公共利益和合理补偿。

该文以效率为标准，着重研究我国集体所有土地产权的保护问题，通过尝试构造征地痛苦指数来衡量农民、集体所有土地征收前后的效率扭曲程度和农民福利损失状况。根据内涵和计算方法可分为“主观征地痛苦指数 = （S - O）/S”和“客观征地痛苦指数 = （M - O）/M”，其中 S 指土地的主观价值；M 指土地的市场价值；O 指土地的客观价值。我国目前的主、客观征地痛苦指数接近于 1，反映出农民福利严重受损和经济效率严重扭曲。该文的结尾部分，作者根据研究结论提出以下政策建议：

我国未来的土地制度改革必须坚持市场方向，让市场机制在土地资源的配置中起基础性作用。具体如下：一是在不违背我国《宪法》精神情况下，可以适当修改《土地管理法》、《农村土地承包法》、《物权法》等，特别是补偿标准要达到合理；二是严格界定公共利益的土地征收，同时按市场价值给予农民补偿；三是允许农村集体和商业用地单位自主决定土地转让价格，从而形成合理的土地一级市场，而政府要做的是制定土地利用规划，完成土地所有权从集体所有到国家所有的转变，同时可以收取土地增值税。

（韵江）

农地租值耗散与农民土地权益保护

杜明义　赵曦　著

《贵州社会科学》2009 年第 1 期

9 千字

土地承包责任制实行 30 多年来，农村发生了质的变化，但农地产权制度还不够完善，尤其土地所有权虚化，约束了产权效能发挥，广泛导致了土地租值流失和农民土地权益受损。实际上，如若产权界定不清，尤其是所有权不清楚，会影响其他权能功效的发挥，从而形成租值耗散。目前，我国土地承包制的所有权主体为集体所有，具有公有性质，同时又存在大量土地低价流转和征用表现出的“价格管制”问题，这些都导致了农民土地租值的耗散，通过对租值是如何耗散的分析，就可有针对地进行农地产权制度创新，形成有效的土地监管制度，保护好农民的土地权益。那么农村土地租值耗散具体是怎么出现的呢？

（1）虚化土地所有权导致土地其他权能受限。（2）使用权能受限引发租值耗散，表现为：承包期不稳定、种植自由权受限、土地耕作细碎、缺乏稳定预期、多生导致贫困。（3）处置权权能受限出现租值耗散。（4）土地收益权流失导致收益耗散，表现为：①土地在征用中的“价格管制”造成租值耗散；

②农村建设用地和机动地违规流转以及税费问题也导致租值耗散。

因而，对于目前这种土地租值耗散的现状，我们必须积极正确的看待并切实保护农民土地权益。（1）完善法律制度是保护农民土地权益的基本前提。①应从法律上确定村小组土地合作社为土地集体所有权主体；②从法律上稳定土地使用权，规范放开处置权；③从法律上完善土地补偿制度，保障农民收益权。（2）建立农民土地合作社等专业合作组织是保护农民土地权益的重要基础。（3）建立市场机制是保护农民土地权益的保障机制。（4）构建社会保障体系是维护农民土地权益的终极保障。总之，产权的完善是一个演进的过程，只有本着科学发展观的要求，不断地进行农地产权制度创新，才能降低租值耗散，保护好农民土地权益，激发起农民无限创造力，促进城乡统筹发展，早日实现全面的小康社会。

（韵江）

基于农民需求的农村民生服务问题研究

童伟　著

《中央财经大学学报》2009 年第 10 期

9 千字

农民是农村民生服务的最终受益者，农民对各项民生服务的需求度和满意度是检验政府投资效应最真实的指示器。在加强农村民生服务建设过程中，哪些民生服务类别和项目应该成为财政支持的重点和优先领域？这个关键性决策问题很难单纯由理论推导而出。因此，在构建农村民生服务财政支持体系时，必须以农民需求为导向，力求使公共资源的投入和使用与实际需求相一致，使稀缺的财政资源发挥最大的作用与效能。

本文在深入农村调查研究，充分掌握农户对各项民生服务供给的满意度及需求度的基础上，结合农村民生服务实际供给情况，建立如下政府投资与农民需求均衡矩阵，并由此推导出农村民生服务供给优先序：

农村民生服务供需平衡矩阵

农户需求	政府供给（低）	政府供给（高）
高	B 类服务 科技信息 医疗卫生	A 类服务 生产性基础设施 教育
低	C 类服务 金融	D 类服务 社会保障 生活性基础设施

在上述矩阵中，A 类服务农民需求强烈、政府供给充分、农民满意度高，调研中这类服务以生产性基础设施和教育为主。生产性基础设施为农民提供了最基本的生产条件，是促进农业发展的基础，教育为农民劳动技能提高和收入改善创造了可能，政府对此类民生服务的供给符合农民的普遍需求，得到农民的欢迎和好评，政府宜继续保持这一供给趋势；B 类服务农民需求强烈，政府供给水平较低，农民满意度不高，供求存在较大缺口，说明该领域是政府民生服务供给中最薄弱的环节，应为政府未来投入重点，亟待关注和加强。这类服务以科技信息与医疗卫生为代表；C 类服务农民需求不强，政府供给较少，农民满意度低。对这类政府尚未重视，农民因认识局限也尚未提出要求的服务，政府应做到合理预期和远景规划，如农村金融服务；D 类服务农民需求较低，政府供给充分，这类服务主要为社会保障和生活性基础设施。近年来，各级政府的大力投入使农村社会保障水平有了明显改善，安全饮水、

环境污染问题也得到一定程度解决，农民满意度不断提高。然而，需清醒认识的是，我国农村社会保障及环境卫生水平依然较低，虽然农民满意度高较，但这种满意只是基于从无到有的体验，而非对“质”和“量”的真正满意，政府还应注重提高这类服务的供给质量和充足度。

（童伟）

人口与就业

中国性别工资差异的分位数回归分析

陈建宝　段景辉　著

《数量经济技术经济研究》2009年第10期

11千字

男女平等是衡量社会文明程度的一个重要尺度，也是人类社会发展追求的一个重要目标。男女平等的理念已得到了世界各国政府的认可和支持，但是男女不平等问题在现实生活中仍然存在，尤其男女劳动力在市场上经济地位的不平等，成为各国学者研究的热点问题。研究性别工资问题可以帮助我们理解造成性别工资歧视的原因，并为相关政策的制定提供可靠的依据。

从现有文献来看，关于性别工资领域的前沿研究已经把研究重点从平均工资转移到整个工资分布上。在中国劳动力市场上，性别工资差异的严重程度显然会随着工资分布位置的不同而不同，但已有的关于中国性别工资差异的研究对这种现象没有足够的重视。

本文利用中国健康和营养调查数据库（CHNS）中《中国健康和营养调查——成人调查表》中的成人收入抽样调查数据，对处于经济转型期中（1988年、1996年和2005年）的中国男性和女性，研究性别工资分布上的影响因素，以及差别来源和影响度的大小。之所以选用三年，目的在于考察其演变过程。通过分位数回归技术对中国性别工资进行分析，发现从1988年到2005年男性和女性工资都有了较大幅度的提高，但是男女工资依然存在不可忽视的差异。其工资差异是各个因素的“特征差异”和“性别歧视”共同作用的结果：第一，将工资收入分为低、中、高三个阶层，从1988年到2005年的纵向变化趋势来看，1988年在每个收入阶层内性别工资差异随着工资的增加而增加，1996年在每个收入阶层内性别工资差异两端大，中间小，而2005年在每个收入阶层内性别工资差异两端小，中间大。第二，从横向来看，在工资分布不同位置上，导致性别工资差异程度不同的原因是变量特征差异和工资歧视的影响程度不同。1988年在大部分收入阶层中变量特征差异对性别工资差距的影响较大，1996年和2005年在中低收入阶层和高收入阶层中工资歧视对性别工资差距的影响较大。第三，虽然较高的教育程度和收入较好的职业（如管理人员、专门技术人员）可以增加女性工资收入，但是女性在各个地区的劳动力市场上依然处于不利地位，在相同的条件下雇主给女性较低的工资，甚至有些职业对女性存在进入障碍。

（陈建宝）

中国独生子女总量结构及未来发展趋势估计

王广州　著

《人口研究》2009年第1期

11千字

回顾30多年的历史，随着计划生育政策的

全面实施和社会经济的快速发展，中国人口的生育水平大幅度下降，家庭平均规模明显缩小。特别是1980年以后，在全国范围内提倡“一对夫妇只生一个孩子”的计划生育政策进一步增加了育龄夫妇只生一个孩子的可能性。由于越来越多的育龄夫妇只生一个孩子，我国独生子女家庭数量迅速增加。随着独生子女规模的迅速扩大，独生子女本身也已成为具有鲜明人口特征的组成部分而对社会产生重要影响。底数不清、情况不明无疑对今后的决策和政策研究会产生很大影响。搞清独生子女总量结构，不仅需要认真研究现有独生子女总量结构，同时还要对独生子女总量结构的变化趋势有一个科学的估计。尽管独生子女总量结构变化是家庭生育行为和生育历史选择的结果，无论有无生育政策、无论期望生育孩子是多是少、是男是女，对于全部人口生育行为的结果来说，客观上都会存在一定数量的独生子女。独生子女总量结构受生育过程的影响一直处于一个动态变化之中。而且，由于对子女独生身份的认定涉及父母和子女两代人特定属性的动态变化，这种比较复杂的人口动态变化使得独生子女总量结构估计成为一个比较困难的事情，而对未来独生子女总量结构的估计就更加困难。

本文以现存独生子女总量结构估计为出发点，在马瀛通等年龄—孩次递进模型的基础上，对模型中的妇女按孩次、孩子年龄、妇女年龄分类，同时将孩子按孩次、年龄和母亲年龄进行记录。由于需要考察独生子女及其母亲的二维年龄分布，因此，只需要把1孩（无亲生兄弟姐妹）按年龄和母亲年龄记录即可，即需要首先形成各年度1孩按孩子年龄—母亲年龄存储的数据矩阵。由于事实独生子女都在1孩中，只是一部分递进为非独生子女，因此，2孩总和递进率实际上就是1孩中没有成为独生子女的比例。以1990年人口普查和2005年1%人口抽样调查原始数据为基础，对当前和未来一个时期内独生子女总量结构进行估计。估计结果认为，根据2005年数据估计0—18岁独生子女数和1990年全国数据推算，认为2008年全国0—18岁独生子女总量应当在1.1亿左右。2008—2020年0—18岁独生子女总量增长态势处在比较稳定的状态，大体上在1.1亿—1.2亿。同时，结合2005年1%人口抽样调查数据和1990年人口预测结果，2008年60岁以下独生子女母亲总量应当在1.3亿左右。2008—2020年60岁以下独生子女母亲总量持续增长，预计2020年将达到1.5亿左右。

（王广州）

非正规就业者的未来

吴要武　著

《经济研究》2009年第7期

25千字

向市场经济转型带来的竞争使传统的国有经济和集体经济部门萎缩，新兴部门则发展壮大，改变了劳动力市场的图景，使得劳动力资源配置效率提高和劳动力市场灵活性上升同时发生。其他转型国家也都无一例外地经历了这种灵活性上升、安全性下降的市场变化。新兴部门内这个日渐增大的劳动者群体被政府和学术界称为“非正规就业者”或“灵活就业者”。

近年来，随着城镇就业压力的缓解，中国政府把劳动力市场的正规化当作新的政策目标并连续颁布了一系列促进正规化的法律法规。本文从两个层面评估了这个政策目标是否正确：一、非正规就业者是否需要走向正规化？二、如何走向正规化？

本文的基本结论是，从微观层面上，非正规就业者的教育收益率不低于正规就业者，劳动力市场灵活性高是有效率的；从城市层面看，随着发展水平的提高，劳动力市场的非正规化会自动下降。这两个结果意味着，促进劳动力市场正规化未必是一个正确的政策目标，经济增长能够自动解决非正规化问题，政府需要设法促进经济可持续增长，但不必干预市场交易，强迫劳资双方签合同。

本文使用的数据主要是2005年1%人口抽样调查（微观）数据和全国670个城市数据（1995—2005年），观测对象分别为个人和城市，数据结构决定了模型设定和经验策略。为了解决方程中的内生性偏差，两个经验方程都采用2SLS估计。在估计正规就业者和非正规就业者两个次级群体内的教育收益率时，使用的工具变量为“出生季度”，这是一个强工具变量，改进估计方法后，得到的估计结果与2SLS结果一致。在估计经济增长对城市非正规化程度的影响时，工具变量为1982年的青年失业率。本文对这个工具变量的有效性进行了谨慎的识别，详细论证了工具变量影响内生解释变量进而影响结构性方程中被解释变量的传导机制，采用最新的估计方法检验了工具变量的强弱，得到的结论是稳健的：2SLS估计结果显著大于OLS估计结果。

（吴要武）

中国30年经济增长与就业：构建灵活安全的劳动力市场

张车伟　著

《中国工业经济》2009年第1期

16千字

本文主要研究过去30年中国经济增长和就业之间的关系。通过分阶段分析经济增长对就业的拉动效应，本文回答了中国经济增长是否创造就业的问题。虽然中国经济增长的总就业弹性较低，但并不能据此认为经济增长没有创造就业，因为农业拉动就业作用的变化和劳动力市场改革都在一定程度上掩盖了经济增长和就业之间的真实关系。分阶段来看，尤其从非农就业增长来看，中国经济增长一直在大量创造就业，尤其是2002年后，随着劳动力市场改革对就业的冲击逐渐结束，经济增长和就业之间重现较强的关联性，劳动力供不应求局面在很多地区呈愈演愈烈之势。那么，中国是否已经步入了劳动力短缺时代？文章通过分析劳动供求关系的最新变化及其演变趋势，认为劳动供求关系正在发生根本性转变，但中国尚没有步入劳动力短缺时代，在今后20年左右的时间内仍然拥有充足的劳动供给。劳动力市场所发生的根本性变化既不表明就业问题已经解决，也不意味着劳动力市场不存在问题。相反，劳动力市场不仅继续面临着就业压力，而且矛盾和问题更多、更复杂，解决问题的难度也越来越大，归纳起来看，比较突出的问题主要有这样几个：一是就业压力仍然较大，劳动力市场结构性矛盾突出；二是劳动力市场保护不平等，就业非正规现象严重；三是劳动力市场分割，初次收入分配存在扭曲。针对当前劳动力市场存在的问题，文章认为在当前的劳动力市场上，虽然仍然存在着对部分人群的过度保护，总体上来说是缺乏保护的问题，劳动者总体说处于相对弱势地位，与世界其他国家相比尤其是与欧洲国家相比，中国劳动力市场当前存在的最大问题是缺乏保护而不是保护过度，当前的劳动力市场应该说是灵活程度有余，安全性不足，农民工所面临的劳动力市场恐怕是世界上最灵活的劳动力市场。因此，今后劳动力市场建设和改革的重点应该是如何增进劳动力市场的安全性和稳定性，寻求劳动力市场灵活性和安全性的平衡，从而构建一个灵活安全的劳动力市场。

（张车伟）

二元经济结构、劳动力报酬差异与城乡统筹发展——基于中国 1978—2007 年的实证

肖卫　朱有志　肖琳子　著

《中国人口科学》2009 年第 4 期
8 千字

本文构建了一个传统农业与现代产业存在报酬差异的两部门模型来分析城乡劳动力流动机制和城乡统筹发展，并以中国改革 30 年的经验检验了理论模型的主要结论。认为由于农村地区的农业生产规模报酬不变，农业劳动力的边际产出递减，而城市地区的制造业规模报酬递增，农业富余劳动者向城市转移以寻求高的边际产出。在工业化、城市化过程中，由于农村地区和城市地区规模报酬的不同，存在由工资水平表示的城乡收入差距，这种差距导致农业人口向城市转移，农业人口减少，农业劳动力的边际产出将增加。随着经济发展，农业人口不断向制造业转移，在城市人口增加的过程中，由于不同地区制造业规模报酬、价格指数和交易效率的差别，新的制造业集聚中心和城市产生，城市层级结构形成，这一个过程也是城市人口增加和城乡收入缩小的过程。如果农村地区的农业劳动力向城市地区现代产业转移受到政策性因素限制，将产生三个方面的效应：一是农村富余劳动力转移受限将导致城市化滞后于工业化；二是农村地区劳动要素追求高的边际报酬受限将导致农村居民人均收入保持低水平，城乡收入差距扩大；三是城市地区现代产业的集聚效应得不到有效发挥，制约城乡统筹发展。因此，中国在统筹城乡发展上应当遵循以下两个基本方向。一方面，基于政治因素导致城市化滞后于工业化的现实，中国未来的改革应该致力于解除生产要素的区域间流动与城乡流动的种种制度限制与不利环境，全面推动城乡收入均衡增长和城乡经济社会一体化发展。另一方面，改革的重点应该平衡城乡之间、区域之间生产要素分布和要素生产效率。二元经济结构和区域非均衡中土地、资本和劳动力等生产要素的分布不平衡和生产效率不均等不断加强。所以，必须加快推行工业反哺农业，城市支持农村，沿海支持内地“三位一体”的均衡发展战略；发展农村金融和农村资本市场，大力支持农民工“返乡就业”和贫困地区信贷，促进公共资源在城乡之间均衡配置，保持资源、资本和劳动力在区域之间和城乡之间的自由流动，达到城乡生产要素边际生产力的均衡；要进一步加强农业基础地位，加大农村科技和农村教育投入，建立有效的激励机制，解放农村生产力，保证农业生产效率的持续提高。

（肖卫）

对低收入家庭子女大学收益的观察——一个教育收益异质性观点

袁诚　张磊　著

《经济研究》2009 年第 5 期
18 千字

教育尤其是高等教育，在理论上被认为是降低社会不公平和减少贫困阶层代际传递的有效手段。因此，世界上几乎所有的国家都会对高等教育给予财政上的支持。而助学贷款政策是政府为帮助低收入家庭子女完成大学学业，克服受教育过程中的信贷约束，从而增加他们在社会和收入阶层中正向流动的机会，所提供的进一步的补贴。对低收入家庭子女的大学收益率的了解和观察，对于

帮助我们进一步了解高等教育在减少收入不平等的代际传递中的作用，客观评价助学贷款政策的效率和可持续性，有着重要的意义。

这篇论文运用CHIP2002年的数据，将Roy模型用于对异质性的教育收益率的观察，并将这种观察运用于对助学贷款政策的评估与分析。这项研究发现，在进行了能力偏差的校正之后，子女的大学收益以及收益率都受到家庭收入和背景的影响，低收入家庭子女的收益和收益率明显低于中高收入家庭子女。根据作者所计算的子女大学收益情况显示，低收入家庭子女在大学毕业之后，不仅偿还助学贷款存在困难，而且在偿还期限内，他们的会计收益率还低于助学贷款利率，这将对助学贷款政策的实施造成不利的影响。对此，作者论证了提高低收入家庭子女大学收益率的必要性和可行途径。

这篇论文的贡献主要在于两个方面。首先，它发现低收入家庭子女的大学收益率并不高于中高收入家庭的子女。长期以来，经济学家们都相信，低收入家庭的教育投资由于信贷约束的存在而受到抑制，因此他们的教育投入低于最优水平，其子女的教育收益率应该远远高于高收入家庭子女的教育收益率。但是这样的判断没有考虑教育、能力以及收入在代际间的传递问题，因此与现实中贫困学生的高等教育结果并不完全一致。父母的收入水平不仅影响子女的受教育水平，而且也影响他们的教育结果。特别是在发展中国家，贫困学生的就业和毕业收入情况仍然还受到自身家庭的社会和经济背景的显著影响，较高的教育收益率对于他们而言是一个过于乐观的判断。

第二，这篇论文对于正确认识和应对我国目前较高的助学贷款违约率提供了经验依据。目前我国的助学贷款还款违约率已经高达30%，在有些省份甚至达到60%以上。如果贫困学生拥有较高的教育收益率，那么对这个现象的唯一解释就是这些接受贷款的学生缺乏基本的诚实和信用。显然，这样的解释已经受到了越来越多的质疑。作者所发现的低收入家庭子女的低大学回报率，成为解释较高的还款违约率，评估助学贷款政策风险的重要依据。

（袁诚）

家庭工业对现代工业的影响问题

林刚　著

《近代中国》2009年第19期

20千字

中国的农民家庭工业与现代工业的关系和影响问题，实质是中国现代化道路如何推进的路径问题。早在1840年鸦片战争后不久，问题就已急迫摆在了思想界和政界面前，至今仍远未形成共识。有两大思潮：一是以已经成为世界主宰的诸列强为中国前进和现代化的榜样：最坚决地推行工业化、商业化（市场化）和城市化，取代、消除小农经济——包括与农业结合的家庭工业。二是注重从本土特点出发考虑中国现代化的路径，认为农村经济——包括家庭工业在内，有特殊重要性，只有从农村入手建设，才可能为大工业的发展建立基础，也才能走上现代化道路。

在中国数千年的历史中，农民历来依靠农业与家庭手工业的结合与互补来维持生计。在两者都能较好发展时，就既能提高农民收入，减轻因人多地少、土地分配不合理带来的恶果，又同时解决了农民的“就业”问题以避免流离失所、社会动荡的危险。

近代工业出现后，对中国传统农民家庭工业产生了两方面影响。第一，现代工业品取代了原有农民家庭工业的部分产品市场，从而使农民家庭经济陷入困境，并危及经济大局。第二，大工业为农民家庭工业提供了前所未有的新材料、新工具、新动力以及新社会消费风尚，从而促进传统农民家庭工业在生产力和生产方式上发生变迁。

同时，中国近代工业的产生和发展又直接受到农民家庭工业的制约。第一，新式工业主要是轻工业发展，要依赖国内市场的主体农村市场，首先是农民家庭工业的原材料市场。第二，在一些现代制造工业中，农民家庭工业产品可以作为产业链的中间环节，明显降低了生产成本，节约了土地和厂房，增强了竞争力。

改革开放以来，中国工业出现了两大突出现象：家庭工业遍地开花，产业集群大量涌现。这两者都与农民家庭经济密切相关。浙江诸暨的三都贡缎和大唐袜业，都是通过大工业与农民家庭工业的联合，成为国内和国际上最大的相关产业集群。至 2002 年底，贡缎产业已涉及全市 12 个乡镇，包括农民个体织户达 1.8 万户，从业人员达 6 万多人。大唐袜业产业链涉及 12 个乡镇，120 个行政村，从业人员近 20 万。有袜机 10.3 万台，其中电脑袜机 3.8 万台。

在中国现代化过程中，大工业与农民家庭工业之间实际存在着两种截然不同的关系。一种是相互补充的“良性互动”，另一种是相互损害，且“一损皆损”的“恶性循环”。这为走出一条符合国情的中国式道路提供了广阔的思考空间：要紧紧围绕现代经济（以大工业和城市为代表）和传统经济（以农村、农户经济为代表）的相互关系为中心，依靠传统部门和现代部门双方的共同努力和相互帮助实行现代化，在工农一体现代化中实现全国的现代化。这条现代化道路有其必要性，也有其独特优越性：（1）大工业和城市化只能建立在对耕地的占有之上。而中国只能依靠自己解决吃饭和就业问题。吃饭要有基本的耕地面积为保障，但现有耕地面积已达临界红线。单一的工业和城市化道路，难以吸收完中国的大量农民，难以解决庞大人口就业问题。（2）现有的工业和城市发展是中国环境资源不能持续支持的。而工农联动的发展，则可在上述矛盾困扰中找到突破口，并可能通过具体产业相互补充和共同发展，进而真正解决全国的工农、城乡协调发展问题。

（林刚）

大都市女性流动人口特征与结构解析——以上海市浦东新区实证研究为例

贺水金　著

《上海经济研究》2009 年第 8 期

17 千字

随着我国城市化进程的日益加快和户籍管理制度的日趋松动，人口的大规模跨地域流动已成为不可阻挡的历史潮流。上海作为国际化大都市素有移民城市之美誉，其海纳百川的胸襟为城市的可持续发展不断注入动力和活力，造就了上海历史上的辉煌。20 世纪 90 年代中期，随着开发开放效应的进一步积聚，浦东对海内外各类人才产生了巨大的向心力，也成为全国务工女性的首选地之一。50 余万处于劳动年龄段的青壮年女性的流入，为浦东的开发建设和经济发展作出了不可磨灭的贡献。

本文在广泛调研和 1038 份有效问卷调查的基础上对浦东外来女性年龄构成、受教育程度、行职业分布、收入状况等展开详尽分析，得出如下结论：（1）浦东外来女性以来自农村者居绝对多数，高达 88.13%。这说明当前浦东外来女性流动趋势与全国基本一致，即流动人口的主体是农民，流向是农村到城市。城乡“二元”经济结构的存在，区域经济社会发展的不均衡性，以及改善生活环境的强烈愿望与对上海大都市生活的美好向往，成为各地女性特别是农村女性大量来沪的基本动力。(2) 浦东外来女性劳动力特征突出，以青年为主体，40 岁以下劳动力占 78% 以上，高素质劳动者年龄优势更明显，22—39 岁女性人才占 83.70%。来沪原因经济目的性强，主要是务工经商。(3) 外来务工女性文化程度偏低，初中占 77.86%，但引进女性人才学历很高，大专以上受过高等教育比例达 92.29%。(4) 行职业特点呈金字塔分层结构，55.2% 的外来女性工作于制造业部门，40.2% 服务于第三产业，而需要一定技术和文化要求的高端产业及政府机构、事业单位，外地女性的就业比例很低。少数外来女性已走上不同的领导岗位或成为专业技术人员，很好地融入了浦东新区，在广阔的舞台上展示才情，彰显风采。(5) 收入状况，个体之间呈现较大差异，平均工资率已发挥作用，成为调剂外来女性在各单位间流动的一只"看不见的手"。收入高低与受教育程度正相关，高端人才收入与工作资历同向增长；低学历、低技能者，随着年龄的增大，其在劳动力市场的竞争力趋于弱化。

政策建议是，就浦东新区定位及未来产业升级、提高地区综合竞争力而言，目前外来务工女性偏低的劳动力素质亟待改变，宜采取双管齐下的策略：一方面继续坚定不移地加大对高素质人才的引进，努力在未来把浦东打造成为上海市乃至全国的人才高地；另一方面应加大对现有外来务工人员的培训力度，不断提升他们的职业技能和综合素质，使他们能不断跟上浦东开发开放的节奏，更好地适应未来产业发展的需要，从而实现个人和新区共得益的"双赢"局面。

（贺水金）

外包、创新与工资不平等

张杰　张少军　刘志彪　著

《当代经济科学》2009 年第 2 期
11 千字

从 20 世纪五六十年代开始，发达国家为了适应全球市场的竞争，将产品价值链中处于低附加值、低技术含量、劳动密集型特征的生产制造环节大量转移到具有劳动力禀赋优势的发展中国家进行生产，从而激发了发达国家和发展中国家以外包方式为主的国际贸易的兴起，世界贸易的性质与规模、基于产品全球价值链分工体系的利益分配格局以及国家之间的发展竞争模式，因此发生了重要改变，而发达国家与发展中国家之间快速增长的外包活动引起了一系列问题和争论。问题和争论的焦点之一就在于外包对作为主要发包者的发达国家和作为接包者的发展中国家社会福利和发展效应的复杂影响效应。本文的目的是，通过构建一个外包模型，研究发达国家对发展中国家实施的外包转移活动，对发达国家和发展中国家的工资差异，以及发达国家创新活动所造成的影响效应。

该文首先考虑在一个北方国家（发达国家）与一个南方国家（发展中国家）的开放经济中，每个国家都是由一个代表性消费者和众多企业组成，得出消费者的终生效用函数与企业的瞬时利润函数，经过均衡分析后得到两个命题。事实上，现实情形中存在南方国家模仿者，因而我们便得到另外三个命题。总结五个命题，我们得出如下结论：起初外包转移也确实协助了一些发展中国家实现了经济初步增长和初级工业化阶段的完成。但是，近年来，发达国家的政策制定者和部分学者认为外包转移会损害作为发包方的发达国家的利益。然而，事实并非如此，外包转移表面上来看是有利于发展中国家的经济起飞和初步工业化，但是，从长期来看，发达国家对发展中国家的这种外包转移活动，事实上是有利于作为发包方的发达国家企业创新活动的实现与创新竞争优势地位的强化，固化了发达国家对全球产品价值链中高端环节的控制权和国际贸易利益分配格局的支配权，最终有可能有利于发达国家的福利获取，而并非是发展中国家福利的可持续获取。这对于仅仅依靠来自发达国家的外包转移和出口导向发展战略的发展中国家也敲响了警钟，因为这样会逐渐失去可持续发展能力，陷入贫困化增长的陷阱。

（韵江）

产业经济与区域发展

外资对我国互联网业市场影响的研究

荆林波　王雪峰　著

《财贸经济》2009 年第 5 期

11.2 千字

互联网业是具有特殊性质的高科技信息产业，是当前信息传播的主要渠道之一。中国互联网企业经过 10 多年的发展，已经形成一些对社会能够产生重大影响的企业。近几年，我国互联网基础环境快速发展，网络基础资源快速增长，主要互联网企业纷纷选择海外上市。随着我国对外资政策逐步趋于成熟，传统产业领域的外资控制引致的产业安全问题已经引起国家的重视，而互联网产业外资控制问题，目前还没有引起足够的重视，但互联网业一旦被外资控制，其后果可能更严重，因为资本与互联网的结合会对社会形成强大的控制力。

在对中国互联网企业、我国互联网企业及在我国经营的外资互联网企业概念界定的基础上，通过分析总结出中国互联网企业在组织结构上具有“两个部分”和“两种关系”的特殊结构，同时具有“离岸设立、注册海外，回国经营、根植中国，合约安排、间接控制，资本推动、海外上市，特殊的组织结构安排”五大特征；对外资优惠政策推动和资本需求拉动，创业者背景和国内互联网产业发展环境，规避法律管制，风险资本高回报的要求，特殊的发展环境要求等是形成五大特征的原因。互联网企业的特殊结构是我国制度环境的产物，“离岸设立、注册海外”及“回国经营、根植国内”是互联网企业组织结构“两个部分”产生的原因；“合约经营、间接控制”是“两种关系”产生的原因。从企业组织结构和企业间关系的角度探讨外资对我国互联网企业的控制方式、控制途径和控制程度。从对股权、技术、经营决策权及经营成果的控制上看，通过合约，外资经过在我国设立的子公司，实际上获取了经营国内互联网业务的中国公司实质性的全部控制权；我国互联网公司失去了几乎所有的公司管理、经营、发展的控制权，只是外资在国内经营互联网业务的代理人。

中国海外互联网企业具有的“五大特征”和“两头在外”的结构是国际、国内特定环境下的产物；绝大多数都被国际资本控制，其管理层成为西方资本在中国互联网领域的业务代理人。这样，国际资本通过控制中国海外互联网企业控制了我国的互联网产业的国内业务。据此，我们提出国家应该高度重视互联网产业被外资控制的程度和状况；深入到企业业务层面对外资深入监管；加快金融改革，培育风险基金。通过制度上的创新和金融业的发展为创业者营造良好的创业环境，把创业者、创业者的企业留在国内。

（王雪峰）

我国经济服务化的演变与判断：基于相关国际经验的分析

李勇坚　夏杰长　著

《财贸经济》2009 年第 11 期
11 千字

经济服务化是工业化高度发展阶段以后产业结构的一种转变过程，表现为产业结构中服务业的比重超过工业，成为经济活动的中心。经济服务化是全球经济发展的一种重要趋势。从我国的经济增长过程及其横向国际比较来看，存在以下两个基本的事实：第一，从纵向历史比较来看，在过去的 30 年里，我国服务业获得了持续快速的增长，占 GDP 的比重不断上升；第二，从横向世界各国比较来看，我国服务业占 GDP 的比重仍然偏低。由此自然而然地提出的一个问题是，我国经济是否已经进入或即将进入到一个服务化阶段，服务业能否成为未来一段时期经济增长的主要推动力，同时，服务业占 GDP 的比重是否会急剧上升。

针对前述问题，论文首先对经济服务化的宏观原因及微观原因进行了分析，从宏观方面看，在经济发展过程中，随着社会化分工网络的形成，服务业与其他产业之间形成了一个互动机制；从微观方面看，企业服务化的趋势越来越明显，一方面是企业越来越多地使用服务产品作为投入，独立的服务业企业越来越多；另一方面是企业越来越服务化，制造企业也倾向于提供完整的服务包，也就是通常所说的制造业服务化。通过使用长时段统计数据对我国情形进行的分析表明，我国经济尚未进入到服务化阶段，具体可以得出三个基本结论：第一，与发达国家历史经验相比，我国服务业发展水平并不明显偏低；第二，经济发展的中期与早期，并不存在明显的服务化倾向；第三，在工业化的后期，服务业在国民经济中的地位日益重要，成为最主要的经济部门。

本文的分析结果表明，我国服务业占 GDP 的比重在 21 世纪初期的徘徊不前，并非特殊情况，也不表明我国服务业发展“停滞不前”。基于以上情况，在我国未来服务业发展过程中，必须解决好以下几个方面的问题：（1）在工业化和服务化互动中发展服务业。（2）在城市化进程中推进服务业发展，鼓励服务业特别是高端服务业向大中城市集聚。（3）鼓励服务外包，包括在岸外包和离岸外包，坚持在岸外包与离岸外包并举发展。在当前，特别是要鼓励制造企业剥离生产性服务业，促进在岸外包发展。

（李勇坚）

北京市产业结构变迁对经济增长贡献的实证研究

张辉　王晓霞　著

《经济科学》2009 年第 4 期
11 千字

改革开放以来，中国经济一直保持高速增长，其中北京的经济增长尤为迅速。和所有正在工业化的经济一样，产业结构往往沿着一个有规律的、历史一致的路径向前演进，产业结构变迁是这一高速增长过程的一个显著特征。和全国经济相比，北京经济的产业结构变迁有四个特点：一是北京产业结构高度在全国仅次于上海，属于基本完成工业化的地区；二是北京市产业结构比例一直优于全国水平；三是北京市的三大产业的资源配置效率（劳动生产率或全要素生产率）的差距也较小；四是产业结构变迁主要发生于第一、二产业和第三产业之间，资源从第一、二产业向第三产业转移，而全国的产业结构变迁主要发生于第一产业和第二、三产业之间。

那么，北京市产业结构变迁对经济增长的贡献和全国有什么不同呢？其结构变迁对全国欠发达地区发展又有什么启示呢？北京市的经济增长主要归功于产业结构变迁还是各个产业内的技术进步呢？北京这种独特的产业结构变迁又与北京都市圈异于长江三角洲和珠江三角洲都市连绵区的经济景观有什么内在联系呢？

对北京市的时间序列数据的分析表明，北京市产业结构变迁对经济增长的贡献并不显著。从 1986 年至 2007 年，结构效应对劳动生产率增长的贡献率只有 7.12%，结构效应对全要素生产率增长的贡献率只有0.1% ~ 2%，这和全国经济的结构效应的显著性相差甚远。对比北京和全国的情形，并结合现有文献中有关结构效应的实证结果的争论，本文分析了导致北京市产业结构变迁对经济增长的贡献不显著的若干因素。

本文在产业结构变迁对经济增长的贡献方面得出了一般性结论：产业结构变迁对经济增长的贡献不仅和不同产业之间的资源配置效率的差距有关，也和资源在产业之间的转移方向有关。当不同产业之间的资源配置效率的差距较大时，产业结构变迁对经济增长的贡献较大，这导致了一个经济体的不同发展阶段的结构效应是不同的，经济发展水平越高，经济增长越依赖于技术进步。发展中国家或地区的结构效应可能比发达国家或地区的结构效应更显著；发达国家或地区早期的经济增长的结构效应可能比后期经济增长的结构效应更显著；对于中国经济或是北京经济，随着经济发展水平的提高和市场化的深入，产业结构变迁对经济增长的贡献可能越不显著。同时，由于工业化进程中资源转移往往发生于三大产业之间，较少发生于三大产业内部的各行业之间，三大产业内部的产业结构变迁对三大产业各自的产出增长的贡献也并不显著。

（张辉）

中国可再生能源发展目标及实施效果分析

史丹　著

《南京大学学报》2009 年第 3 期

12 千字

为了加快可再生能源的发展，中国从 1996 年开始制订第一个可再生能源的发展规划，即《新能源和可再生能源发展纲要（1996 ~ 2010）》。到目前为止，中国已颁布了四个有关新能源和可再生能源发展规划：《新能源和可再生能源发展纲要》（1995），《新能源和可再生能源产业发展“十五”规划》（2001），《“十一五”可再生能源发展规划》（2006），《可再生能源中长期发展规划》（2003）。根据上述四个发展规划，中国可再生能源发展目标可概括为三个方面：消除能源贫困，保护生态环境；替代化石能源、优化能源结构；发展和完善具有自主知识产权的可再生能源产业。其中，解决能源贫困是中国发展可再生能源最早提出的目标，这也是中国所特有的目标，也是中国农村经济社会发展的目标的重要组成部分。优化能源结构、形成可再生能源产业是近十年来提出的发展目标。替代化石能源、优化能源是世界各国发展可再生能源的普遍目标，建立具有自主知识产权的可再生能源产业则是在发展可再生能源的国际竞争中维护国家利益的必然选择，也是实现前两个目标的基础条件。从规划的目标项目和目标值的变化来看，中国可再生能源发展方向越来越集中于水电、风电、太阳能和生物质能。其中风能和太阳能利用的发展目标由于发展速度较快而不断地调高。

政府的政策支持是影响可再生能源发展的关键因素。中国农村能源的发展主要是依托专项工程，并作为农村经济发展的重要组成部分，资金来源主要来于中央和地方财政。进入新世纪以来，国家财政设立专项发展基金，开展“光明工程”、“送电到乡”、“小水电代燃料”等农村能源专项工程建设，支持农村、牧区生活用能的可再生能源利用项目以及偏远地区和海岛可再生能源独立电力系统建设。对中国可再生能源发展最具有影响的是2006年实施的《可再生能源法》。为了贯彻实施《可再生能源法》，中国政府有关部门颁布了一些配套性行政性法规，此外，中国还采取一些经济激励措施，其中包括：（1）减免税政策。（2）贷款贴息政策。（3）财政补贴政策。（4）国家财政直接投资。

从规划的实施效果来看，中国农村可再生能源发展比较顺利，尤其是在消除无电县，增加电力服务的普遍性方面取得了显著成就。但在改善能源结构方面的作用有限。与世界其他国家比较，中国可再生能源的发展规模居世界前列。如太阳能热利用，太阳能光伏发电，风电分别居世界第1位、第4位和第5位。但是，中国化石能源占全部能源消费的90%以上，并且以生产消费为主。若用可再生能源替代化石能源必须要使可再生能源进入大规模的生产消费领域，这就需要可再生能源（风电、太阳能光伏发电、生物质能源发电）并网发电和发展生物质液体燃料替化石油。可在中国的可再生能源产业中，太阳能热水器产业发展规模列居榜首。中国在小风机制造技术方面取得了重大突破。但是，中国的大型风机制造仍然相对落后，仍然缺乏核心技术，大风机的关键零部件仍然需要进口。近年来，发达国家光伏发电的发展带动太阳能光伏产业的发展。中国以其劳动力的比较优势成为世界光伏电池加工组装生产基地。

总的来看，中国可再生能源发展取得了一些成绩，但是存在的问题也不容忽视：一是风电装机增长速度较快，但实际利用不充分，二是利用相关者的利益损失没有得到补偿，影响可再生能源的实际利用，三是可再生能源项目建设存在一定的盲目性，造成社会资源的浪费，四是国有企业非理性竞争，不利于可再生能源成本的下降。

由于技术等方面的原因，在近二十年内，可再生能源对中国能源结构的改善作用十分有限。中国由于以相对便宜的煤炭为主要能源，因此，用可再生能源替代化石能源在经济成本方面面临着更大的挑战。中国应集中力量发展那些成本较低、可被市场所接受的可再生能源产品和产业，使其能在尽可能短的时间内替代化石能源。

中国可再生能源产业发展目前正处于起步阶段，缺乏核心技术和市场空间，中国应进一步加大在可再生能源技术研究方面的投入，加快可再生能源产业的技术进步和技术创新，提高可再生能源产业的技术含量。对于已具备商业化发展条件的可再生能源产业，要尽快地建立合理的市场竞争机制，避免过度竞争和竞争不充分给可再生能源开发利用造成不利的影响。同时注意发展的盲目性，注意充分发挥已建项目的作用。

（史丹）

劳动报酬、劳动生产率与劳动力成本优势——对 2000—2007 年中国制造业企业的经验研究

都阳　曲玥　著

《中国工业经济》2009 年第 5 期

16.5 千字

有关中国制造业劳动力成本优势减弱的说法都是基于劳动报酬快速攀涨的情况，却对于同样影响劳动力成本优势的劳动生产率没有或很少给予充分考虑。在劳动力的供给不再是无限的状况下，工资水平的上升是不可避免的。那么在工资上升的情况下我国的制造产业如何保持我们的比较优势和竞争能力则成为我们必须面对的问题，因为这关系到我们未来的经济增长方式以及经济发展的持续。根据本文的计算，我国制造业虽然在 2000—2007 年经历了劳动报酬的快速增长，但是由于劳动生产率的更快增长，所以劳动力成本并没有提高。当然我们也看到，最近劳动生产率和劳动报酬的增长速度已经有所接近，所以为了保持劳动力成本优势，我们需要找到实现提高劳动生产率的途径，实现更少的劳动力创造出更多的产出。

对比于通常将工资或劳动报酬等同于劳动力成本情况的做法，本文将劳动生产率纳入了分析框架，认为劳动力成本优势是劳动报酬和劳动生产率之间的相对关系。通过对我国规模以上制造业企业数据的测算，本文了解到劳动报酬的增长伴随着劳动生产率更快的增长，所以说在这期间劳动力成本优势并未减弱。进一步地，本文对今后如何保持劳动力成本优势作出了相关探讨，认为产业结构的升级和教育的深化可以实现劳动力成本优势的延续。首先，在产业结构方面，我们可以在劳动要素价格上涨的情况下，调整资本和要素的使用比例，并进一步地实现产业结构的升级，由一直所依靠的劳动密集型产业逐步向资本密集型产业转化，这样就可以在一定程度上节约劳动报酬上涨带来的劳动成本提高。其次，在劳动者素质方面，我们可以通过发展教育继续拉动劳动生产率的增长。我国制造业职工中的绝大多数（80%—90%）由初中和高中以下学历的职工构成，而高中生特别是大专生和本科生比例的提高可以明显地提高企业的劳动生产水平。所以对于制造业来讲，如果能使职工的构成逐步地从初中和高中以下提高为由高中生和大专生为主的话，那么制造业劳动生产水平还会得到很大的提升。

（曲玥）

中国产业升级的大国雁阵模型分析

蔡昉　王德文　曲玥　著

《经济研究》2009 年第 9 期

17 千字

无论是从经济史还是从本次金融危机的现实来看，危机所施加的影响，在不同的国家、地区、产业、企业往往都不尽相同。应该说，金融危机对中国产生的冲击，与各地区、产业乃至企业本身存在的结构问题是相关的，即在危机条件下，过时的增长方式、产业结构和技术选择最先遭到冲击，因此，摆脱危机并实现经济持续增长的关键在于重新塑造地区发展模式。在金融危机背景下以及大国假设下，本文延伸了雁阵模型的解释和预测范围，从经验上实证了 21 世纪以来地区制造业增长和生产率提高的格局变化，即东北和中部地区比沿海地区有更快的全要素生产率提高速度和贡献率。通过实现产业在东中西部三类地区的重新布局，即沿海地区的产业升级、转移与中西部地区的产业承接，可以在中西部地区回归其劳动力丰富比较优势的同时，保持劳动密集型产业在中国的延续。

本文阐述了一种关于中国经济产业结构变化的特殊现象——区域跨越式产业演变，并利用分地区制造业全要素生产率进行了经验证明。虽然在沿海地区之外的新兴地区已经显示出较高产业结构的端倪，但是这种变化并没有改变中西部地区将逐渐取得在劳动密集型产业上比较优势的预期。从这种经验出发，把熊彼特创造性毁灭理论与雁阵理论结合，我们可以看到中国面对危机的选择，即把雁阵理论应用在一个国家内部，作出中国劳动密集型产业并不必然向邻国转移的判断。本文分析的特点在于正确地观察中国经济本身所具有的地区差异性，即在一些地区已经发生了要素禀赋结构巨大变化的同时，其他地区可能仍然具有传统的要素禀赋结构和比较优势，雁阵式产业转移完全可以发生在中国地区之间。对于先行发展地区来说，适应劳动力和土地成本提高的动态比较优势变化，实现产业结构向更加技术密集型升级，符合增长方式转变的要求。而对于中西部地区来说，承接部分劳动密集型产业的转移，也是产业结构的升级，同样可以符合增长方式转变的要求。通过这样的调整，东部地区吸纳劳动力的规模将相对稳定下来，与此同时，新增农村转移劳动力将越来越多地留在中西部地区，使这些地区的产业结构回归其劳动力仍然丰富所决定的比较优势。

（曲玥）

产业资本转移新趋势与中部地区承接策略

陈耀　著

《中国发展观察》2009 年第 6 期

5 千字

所谓产业转移，一般是指由于资源供给或市场需求条件变化，引起的产业（企业）在地域空间上的位移或迁移现象。我国东部发达地区向中西部欠发达地区的产业转移已经历时 10 年之久，由最初的政府主导型逐步转向市场主导型，中央宏观调控政策的引导与市场机制的推动，促使产业转移日趋理性化，并呈现出以下一些新的特征：一是产业转移的规模扩大，领域拓宽，层次提高，二是从单个企业的零散迁移，发展为集群式整体性转移，三是企业开始按照价值链分工，调整优化生产区位布局，四是东部企业的外迁过程受到当地政府的积极引导，五是中部地区成为产业资本“西进”最重要的聚集地。

在中部地区以开放促发展取得显著成效的同时，要看到目前在承接产业转移过程中不同程度地还存在着“重引轻选、重量轻质、无序竞争、营商环境不尽如人意”等问题。因此，中部地区承接产业转移的总体思路应该是：着力发挥中部地区的比较优势，实施有选择的提升式承接新战略。按照科学发展观和主体功能区规划要求，充分发挥中部地区的区位居中、交通便捷、人力充足、能矿丰富、市场广阔等优势，以体制机制创新和科技创新为动力，以加强基础设施建设和投资软环境建设为根本，以承接产业转移示范区建设为重点，通过有选择的招商引资，带动中部优势产业发展和产业结构优化，促进资源可持续利用和生态环境改善，增加社会就业，提高人民生活水平，实现中部经济社会又好又快的崛起。

在承接产业转移中要实现“五个结合”。一是把承接产业转移与实行差异化发展相结合，二是把承接产业转移与培育内生动力相结合，三是把承接产业转移与结构升级和布局优化相结合，四是把承接产业转移与促进就业增长相结合，五是把承接产业转移与改善发展环境相结合。在此基础上提出五个方面的政策建议：(1) 设立中部承接产业转移示范区。通过承接产业转移示范区的产业集中布局和高起点、高标准建设，引导和促进沿海转移产业和外商投资向这些地区集中，有利于推动中部地区传统发展方式的转变。(2) 通过政府财税工具，降低出口型内迁企业物流成本。利用扩大内需投资，建立和完善中西部与沿海的高效物流网络。(3) 出台鼓励跨省区产业园区合作共建的政策。把东部产业园区的资金、技术、管理和招商等优势，与中西部地区的土地、劳动力和优惠政策等优势结合起来，引导东部一部分传统产业集群中的核心企业与相互配套的企业，整体迁移到中西部的产业园区。基础设施投入和园区管理共同参与，共建土地收益和税收按照双方的股本和协议分成。(4) 尽快制定吸引内资的产业指导目录。(5) 建立产业对接的协调组织机制。包括建立产业转移与承接的信息交流平台；设立省区间产业对接及转移协调机构，以期产业转移与承接的周期更短、成本更小、效果更好。

（谷玉珍）

低碳经济背景下构建湖南低碳消费生活方式研究

刘敏　著

《消费经济》2009 年第 5 期

7 千字

消费生活方式反映消费者的消费生活特征、消费价值观、消费偏好与消费习惯。在实际消费生活中，它内在地通过消费偏好影响着消费者的消费选择，对不同消费品的选择必然引导着不同消费品的生产，从而不同的消费生活方式必然引导着不同的经济发展模式。21 世纪的我们将生活在后工业化社会之下，后工业化社会将致力于协调经济发展与环境友好、资源节约之间的关系，我们的消费生活方式应该是一种新型的低碳消费生活方式。它具有四个显著特征：第一，它是一种消费结构低碳化的生活方式。第二，它是一种环境友好型、资源节约型的生活方式。第三，它是一种以“低碳”为导向的共生型消费生活方式。第四，它是一种文明、健康的消费生活方式。

要在湖南全省倡导低碳消费理念，树立低碳消费观念，需从政府、居民、社会三个方面着手：其一，政府要率先垂范低碳消费。政府机构应从自身入手，带头示范，真正建立一种节约型机关作风，消除“办公节约冷漠症”。其二，居民要走出节约消费的认识误区。误区一：节约消费降低了消费水平和消费质量。误区二：消费中的节约与生产发展相对立。误区三：消费节约与否纯属个人偏好问题。其三，社会要广泛宣传与发展低碳消费文化。全省各级各部门、社会团体、高等院校、科研院所、企业要广泛动员，开展形式多样的宣传活动，形成节能的社会氛围，不断增强全社会的节能意识。

湖南发展低碳经济必须要进行低碳消费引导，其核心是低碳消费结构优化升级。根据湖南低碳经济发展的要求，可以基本确定低碳消费结构调整的基本原则：三低原则，即低能耗、低污染、低浪费原则。低碳消费并不是降低人们的消费水平与消费质量，在引导居民进行低碳消费结构时还必须遵循低碳消费的标准。具体可以落实到消费结构低碳化的四个参考标准：一是低碳消费的健康标准。二是低碳消费的能耗标准。三是低碳消费的环境标准。四是低碳消费的社会标准。

同时，为了促进湖南低碳消费生活方式的发展，必须构建以市场为中心的政府、市场与企业三位一体化的监管体制，需从三方面着手：其一，加强低碳产品市场监管。其二，加快政府节能标准体系建设。其三，促进企业低碳技术创新。

（刘敏）

FDI、产业结构变迁与中国的出口竞争力

文东伟　冼国明　马静　著

《管理世界》2009年第4期

17.4千字

本文描述了1980—2006年中国产业结构、出口行业结构以及出口竞争力的演变趋势，分析了外资企业对中国产业结构升级的贡献，并探讨了FDI对中国出口竞争力的影响。我们主要得出以下五点结论。

（1）中国的产业结构已经由劳动密集型行业转向了资本及技术密集型行业。在改革开放初期，由于缺乏资本及技术，同时为了解决民生问题，在整个20世纪80年代，中国的生产活动主要集中在食品、纺织、服装鞋帽、家具等生产技术简单、与人民生活密切相关的劳动密集型行业。随着改革开放的深入和生产技术的发展，跨国公司和外资企业为中国带来了大量的资本和技术，从而促使中国的生产活动由劳动密集型行业转向资本及技术密集型行业。

（2）中国出口的行业结构也由劳动密集型行业转向了资本及技术密集型行业。尽管在整个20世纪80年代和90年代，劳动密集型行业的出口都超过资本及技术密集型行业，然而，进入21世纪之后，资本及技术密集型行业的出口开始超过劳动密集型行业。

（3）虽然生产和出口的行业结构已经发生改变，但是中国在国际分工中的地位仍然没有发生彻底改变。无论是以出口竞争力指数、贸易竞争力指数还是以显示性比较优势指数衡量，中国当前的比较优势都在劳动密集型行业。但从变化趋势上看，劳动密集型行业的比较优势在不断减弱，而资本及技术密集型行业的比较优势则在不断增强。

（4）以市场份额衡量，中国劳动密集型行业和资本及技术密集型行业的动态竞争力都在不断增强。1980年以来，劳动密集型行业和资本及技术密集型行业占世界同类行业的份额都在不断上升，显示出这两类行业的动态竞争力在增强。由于一国的国际竞争力关键来源于该国人力资本的提升和先进技术的使用，因此，尽管以市场份额衡量，中国的国际竞争力有所提高，然而若不是以人力资本和先进技术为基础，则中国的国际竞争力可能难以长期保持。

（5）FDI显著地提升了中国的出口竞争力。FDI大规模流入中国，不仅促进了中国的产业结构升级，而且还提高了中国出口占世界市场的份额，从而提升了中国的出口竞争力。特别是外资参与程度很高的行业，FDI对该行业出口竞争力的促进作用非常明显。

除了上述五点主要结论之外，我们还发现中国出口竞争力主要来源于低廉的劳动力成本，而不是来源于技术水平。由于以低廉的劳动力成本获得的竞争力不具有可持续性，为保持中国的出口竞争力，提高技术水平显得尤其重要。

最后，尽管从统计数据上看，中国的产业结构和出口结构都转向了资本及技术密集型行业，然而由于中国产业结构和出口结构的变迁在很大程度上是跨国公司和外资企业所推动的。而跨国公司和外资企业更多的是将资本及技术密集型行业的劳动力密集的生产环节，如加工、装配、组装等转移到中国，而对于需要大量资本和复杂技术的制造、设计以及研发等资本和技术密集的生产环节仍保留在母国（Branstetter and Lardy, 2006)。因此，中国资本及技术密集型行业出口规模和竞争力的迅速增长，也许只是一种“统计假象”（Statistical illusion），从本质上看，中国在国际分工中的地位并没有发生彻底改变，中国的比较优势仍在劳动密集型行业（Lall, 2000；Srholec, 2007）。为使中国的产业结构和出口结构发生本质的升级，中国必须提升人力资本、鼓励自主创新和研发，并提高技术水平。

（文东伟）

生产性服务业与制造业共生关系研究——对苏、浙、沪投入产出表的动态比较

胡晓鹏　李庆科　著

《数量经济技术经济研究》2009 年第 2 期
24 千字

生产性服务业与制造业的关系一直是学术界关注的重点问题。在本文中，我们集中剖析了生产性服务业与制造业之间的共生关系。这是因为，从理论视角看，生产性服务业原本就是产生于制造业、服务于制造业，并依存于制造业的，而制造业的持续发展和盈利能力的提升更是离不开生产性服务业的辅助，两者之间犹如“鱼”和“水”的关系，是一种典型的共生关系。从全球视角看，近年来发达国家或地区生产性服务业的发展势头非常迅猛，其在国民经济中的产值比重已经大大超越制造业，而且，发达经济体依靠着这些不断强大的生产性服务业，正在全球努力营设一个新的“中心—外围”式的国际产业分工格局。此种情况下，中国也被迫卷入其中，正在沦落担当“世界制造车间”的角色。从全国视角看，地区与地区的竞争已不再仅仅体现为单一主导产业之间彼此生产能力、市场拓展能力和税收来源的竞争，而正在表现为不同地区产业间综合协作能力的竞争，其实质就是区域间制造能力和服务能力的共生能力的竞争。此外，本文选择长三角两省一市为研究样本，主要是因为这些地区既是中国经济最为发达和开放较高的区域，也是生产性服务业发展比较快速且制造业基础比较雄厚的区域。

研究结果表明：第一，从指标上看，在长三角区域中，浙江省生产性服务业和制造业所形成的共生关系优于上海和江苏。尽管上海生产性服务业和制造业的总量规模都比较大，但在该地区却没有形成很好的融合关系，而且协调程度欠佳。第二，从三地共生系统的层次上看，开放度是衡量共生关系广度的一个重要指标。一般来讲，低开放度往往对应着低水平的共生关系。但这个观点却在对内开放的条件下适用，对于对外开放度高低是否对应相应的共生关系，就未必适合。这是因为，对外开放条件下，产业共生关系完全是以市场规律和产业竞争能力为选择依据的，而对内开放则存在政府协调的可能，此时，就不排除因快速地推进对外开放进程，迫使本地产业在竞争中进入低端价值环节的可能。第三，依据三地生产性服务业和制造业共生关系的差异性特点，我们认为，产业共生关系从非均衡到均衡是一个过程，最初很可能是生产性服务业强烈依赖于制造业的非均衡共生关系，第二阶段将进入到制造业依赖于生产性服务业的非均衡共生状态之中，最后一个阶段是两者达到对称共生的关系。由此引申，江苏在第一个阶段做得不好，生产性服务业并没有得到制造业发展所提供的养分，上海则是在第二个阶段做得不好，目前还没有形成生产性服务业服务能力的拓展，仍然表现为生产性服务业产业内的强烈互动。第四，从经验规律上判断，各个地区在营造

生产性服务业和制造业的发展时，需要将共生关系的营造放在重点，绝不可将两者对立起来，也不可能偏废一方。产业的专业化是需要的，但前提是产业服务的空间范围是比较大的，且没有显著的政策壁垒和地区分割。由此看来，长三角地区生产性服务业与制造业共生关系中，浙江之所以表现得比较好，乃在于省内以市场化推进发展的思路切实提高了产业相互融合、互动的能力和范围，而江苏和上海试图通过产业结构调整推进生产性服务业发展的思路并没有更大程度地提升产业间相互融合、互动的能力，结果自然是浙江的协调性强，江苏和上海的协调性弱。

（胡晓鹏）

产业演进中的技术创新与市场结构关系——兼论熊彼特假说的中国解释

李伟　著

《科研管理》2009 年第 6 期

13 千字

熊彼特假说认为，大规模企业具有垄断势力的市场结构有利于技术创新。这种理论观点不但在理论层面引发对技术创新与市场结构关系的关注，而且在创新政策层面形成广泛而深入的影响，特别是在后发国家，形成了基于熊彼特假说的技术赶超战略和政策思路：高度重视大规模企业和高集中度市场结构对产业技术创新的积极作用，在防止重复建设和过度竞争的原则下，强调通过限制新企业进入等非市场力量把创新资源集中配置到大规模企业，保护现有大规模企业在高集中度市场结构下提升技术创新能力。但是，这种政策思路也在许多方面受到质疑。比如，以非市场力量提高产业集中度的创新政策，使市场配置创新资源的范围和程度受到限制；对大规模企业的政策性扶持，是在提升自主创新能力的目标下，形成了企业间的不公平竞争。论文借鉴西方学者基于熊彼特假说的技术创新与市场结构关系研究思路和方法，在特有的经济体制转型背景下，分析了中国产业从引进技术、消化吸收到形成自主创新能力的过程中，技术创新与市场结构关系的具体特征及其阶段性变化；针对中国产业发展实践，对熊彼特假说作出新的解释。

论文主要有以下创新：

（1）把产业组织理论中以进入替代和市场选择为主要内容的动态市场结构分析，引入到在熊彼特假说基础上，从产业创新特征差异分析技术创新与市场结构关系的研究中，提出一个在产业演进动态过程中分析市场结构与技术创新关系特征的分析框架。

（2）分析了中国产业从引进技术、消化吸收到形成自主创新能力过程中，技术创新与市场结构互动关系特征包含四个阶段：非熊彼特 Mark 阶段——政府选择主导下相对集中的市场结构，是产业技术引进的初期阶段特征。弱熊彼特 Mark I 阶段——在市场选择程度提高中实现的逆集中化的消化吸收和初步本地化创新阶段。熊彼特 Mark I 阶段——在替代明显竞争激烈的延伸创新阶段实现产业整体技术能力的提升。熊彼特 Mark II 阶段——在技术范式转换中形成自主创新能力，确立对发达国家企业的技术优势，通过企业规模扩大形成新的高集中度市场结构。

（3）针对中国产业发展实践对熊彼特假说作出新的解释。在中国产业从引进技术、消化吸收到形成自主创新能力的过程中，市场结构将会经历从集中到分散，经过进入替代阶段再到集中的变化过程。大规模的创新性进入，通过市场选择过程形成的进入替代，及其所导致的动态市场结构特征变化，是推进中国产业提高技术水平、形成自主创新能力的有效产业组织特征。高集中度市场结构与大规模企业的技术创新优势，是在中国产业具备自主创新能力的基础上，通过技术范式转换形成的结果，而不是推进产业自主创新能力形成的政策性手段和目标。其政策含义是：在中国产业发展中，新企业进入是一种重要的产业创新实现形式，通过限制进入等政策性手段提高集中度，以发挥大企业作用为目标的政策思路值得商榷，对进入的限制实际上也是对技术创新的限制，不是促进而是制约了产业技术创新的实现。虽然大规模企业在产业创新中的作用也应该受到重视，但是，大规模企业作用的发挥，应当在强化竞争促进有效进入的过程中实现。

（李伟）

垄断资本全球化对中国产业发展的影响

齐兰　著

《中国社会科学》2009 年第 2 期

25 千字

垄断资本全球化集中体现为发达国家跨国公司对全球贸易、投资和技术的主导和控制。当今跨国公司不断通过独资控股和外包许可证等方式对全球产业价值链实行超强控制。那么跨国公司对我国产业发展产生哪些影响？如何判断和评价这些影响？如何应对这些影响？这些问题亟待研究和解决。

已有的研究成果更多地选择某一行业或企业，且主要研究跨国公司对其影响的现状和效果，这种研究似乎欠缺综合性和动态性，且研究结论的普适性有待检验。该论文则在借鉴国内外有关研究成果基础上，注重整体分析与个案分析、静态分析与动态分析相结合，从产业经济总体层面（即产业结构、市场结构和贸易结构）和以汽车业和家电业为例的具体层面（即行业内部的生产结构、市场结构和产品贸易结构）两个方面，综合考察和分析跨国公司对我国产业发展的影响效应及其变动态势。

论文得出以下基本结论：（1）从产业经济总体层面看，跨国公司对我国产业发展的影响其正面效应大于负面效应，但随着跨国公司全球产业战略在华布局的实现，其负面效应逐渐凸显并有强化趋势。跨国公司投资有效地促进了我国产业结构升级、市场结构优化、贸易结构改善，但也使我国一些重要行业和市场及其产品出口陷入“有产业无技术”、“有市场无安全”、“有产品无品牌”的困境。（2）从汽车业和家电业具体层面看，两个行业受跨国公司影响程度比产业经济总体层面更为强烈，而且前期产生的正面效应与目前显现的负面效应形成很大反差。跨国公司投资快速地提升了两个行业的产业高级化水平、市场竞争程度、产品出口能力，但也使汽车行业产生了“产业空心化、市场寡头化、出口低档化”问题，家电业出现了“生产外围化、市场微利化、出口边缘化”态势。（3）造成以上不利局面的原因是多方面的，既有跨国公司垄断资本的本性及其强势的作用，也与我国过分依赖技术引进和比较成本因素有关，但根本原因是严重忽视并缺乏对产业自主创新能力的建造，从而不断强化了依附型产业发展态势，使我国产业发展有可能长久被锁定在全球产业价值链的低端位置。

论文认为，应将增强自主创新能力作为我国产业发展的战略基点，在继续加强与跨国公司深度合作的同时，需加快转变我国依附型产业发展模式，切实制定和实施有效的具体措施，尤其在我国产业发展面临着自改革开放以来最为严峻的挑战和风险之际，为将挑战和风险化为动力和机遇，中国更应坚定地走自主创新的产业发展道路。

（齐兰）

珠三角发展定位的战略思考——从国内改革开放先行地向世界级经济区的战略跃迁

梁桂全　肖智星　著

《广东社会科学》2009年第5期

5千字

以实施珠三角地区改革发展规划纲要为契机，珠三角经济社会发展再次处于重要的历史拐点。珠三角地区如何正确把握国内外发展格局演变新趋势，确立新的战略定位，抢占区域乃至世界发展战略高地，这是关乎珠三角地区新一轮改革发展成败的重大战略抉择。

从国际看，后国际金融危机时代，新兴经济体有望保持持续增长，成为今后世界经济发展新的火车头。特别是太平洋西岸地区，将会有长达20—30年的持续成长期，成为继环大西洋地区之后第二个世界经济中心，并有可能在总体实力上超越环大西洋地区。太平洋西岸地区是指包括东北亚、东南亚、南亚大陆（包括印度）、中国等构成的新月形经济带，目前人口总数约32亿，地区GDP合计约10万亿美元。未来20—30年，这一地区将有约36亿人口，占世界人口总数的一半左右；经济总量将达到40—50万亿美元，占世界经济总量的四成左右。从国内看，中华民族复兴的势头不可阻挡，未来20—30年，中国将超越日本逼近美国成为世界第二大经济体，人均GDP跨越10000美元大关，迈入中等发达国家行列。

中国的崛起将与太平洋西岸新月形经济带的崛起互动共进。大珠三角（珠港澳）地区处在太平洋西岸新月形经济带的地缘中心，具有十分重要的战略意义和巨大的地缘经济优势。同时，珠三角地区在中国的崛起进程中也负有特殊的使命。

在此格局下，珠三角地区可以考虑下述发展战略定位：以珠三角为基础，以大珠三角为核心，以泛珠三角为腹地，通过大珠三角区域整合优势参与国际竞争特别是太平洋西岸新月形经济带崛起进程，经过未来20—30年的发展，力争成为新月形经济带重要的区域性国际经济中心和有实力的繁荣的世界级经济区和都会圈，成为中国走向世界的南方战略主力区。这一新战略定位具体包括如下含义。首先也是最主要的是空间定位（或者叫地缘战略定位），珠三角地区要实现由中国改革开放的先行地向世界级经济区和中国崛起的南方战略主力区跃升。其次是功能定位，珠三角地区要实现由生产主导型功能向创新服务主导型功能跃升。再次是产业定位，珠三角地区要实现由工业经济向服务经济、知识经济跃升。

要实现上述战略定位，建议：第一，把握历史发展大趋势，以世界视野、战略眼光、大国思维指引珠三角改革发展。第二，全方位拓展区域地缘合作，进一步构建珠三角对内对外开放大格局。第三，持续推动区域产业优化升级，进一步夯实珠三角持续发展的经济基础。第四，加快推进区域制度创新，进一步提升珠三角参与国际竞争的综合实力。

（梁桂全）

节能减排形势和若干政策评论

齐建国　彭绪庶　著

《2009年中国经济前景分析》，社科文献出版社2009年版

9千字

文章首先通过分析发现，2005—2008

年，中国单位GDP能耗只下降了9.73%。今后两年需平均每年完成5.14%的能耗降幅目标才能完成“十一五”规划制定的节能目标，难度相当大。由于二氧化硫和COD已分别累计减排7.51%和7.99%，形势较为乐观。

节能减排幅度不断加大。但节能率提高首先是因为高耗能产业受国际金融危机较大冲击，能源消耗增长速度远低于经济增长速度，能源消费弹性系数大幅下降。其次才是国家节能政策以及前期能源价格持续高涨对企业技术节能、结构节能的促进。减排幅度加大，除受国际金融危机影响外，主要是因为实施电厂强制脱硫，加快建设污水处理设施，加大“十五小”企业关停和淘汰力度，并强化减排核查。

作者评论了若干现行推进节能减排的政策。其一，限制“两高一资”产品出口不符合国家利益最大化原则。征收出口税实际上是惩罚环境保护技术水平高的企业，应通过更严格的环境政策，控制污染排放，加强污染治理，逼迫企业提升技术水平，淘汰落后产能。

其二，中国现阶段重化工产业发展较快是现阶段经济发展特征和国际市场需求拉动的结果。降低工业比重只会延缓中国经济复苏，而不能加快发展第三产业。结构节能政策重点应着眼于改变重化工业发展模式，改善产业内部组织结构和技术结构，提高资源利用效率，而不是限制重化工产业规模和比重。

其三，国际金融危机是调整产业技术结构、提升创新能力的重要机遇。“保增长”要避免由于宏观政策过于粗放，导致技术水平相对低下、污染排放水平高但生产成本低的“小”企业和落后产能率先复苏，应重视和避免地方出现为“保增长”放松节能减排监管的苗头。

其四，应避免通过放慢经济增长实现节能减排、保护环境的消极被动思想。应在加强存量企业环境治理力度的同时，大力发展循环经济和环境保护产业，使其作为推动经济增长的内涵。

（齐建国）

从融入全球价值链到构建国家价值链：中国产业升级的战略思考

刘志彪　张杰　著

《学术月刊》2009年第9期
16千字

在过去的三十多年中，中国制造业凭独特的优势融入到由国际大买家或跨国公司所主导和控制的全球价值链（Global Value Chain，以下简称GVC）的生产分工体系中，不仅实现了贸易量的迅速扩大和制造业的高速成长，而且推动了中国尤其是东部沿海地区经济全球化的深入和地区工业化水平的提高。然而，随着近年来中国人民币汇率升值、要素成本大幅度上涨、环境承载能力下降以及美国金融危机等一系列因素的综合影响，这种定位于GVC底部的增长战略正面临着来自内外部的严重的挑战。

因此，该文指出中国的产业升级，必须要在战略层面上充分重视从被“俘获”与“压榨”的全球价值链中突围的问题，加快构建以本土市场需求为基础的国家价值链（NVC）的网络体系和治理结构。该文主要从以下七个方面比较了GVC与NVC条件下产业升级过程的不同：可实现的升级类型、品牌构建能力、销售渠道终端控制能力、自主创新能力、面对的市场需求特征、是否为价值链中的主导产业、产业转移机制。同时该文认为在中国产业发展背景下，双边交易平台载体模式（专业化市场）和单边交易平台载体模式（领导型企业网络），是中国构建国家价值链以实现产业功能升级的主要机制和方式。专业化市场作为构建基于国家价值链的重要载体和平台，其优势在于专业化市场可以为企业向价值链高端环节升级提供可能的多样化市场发展空间。而构建占据基于本土市场的国家价值链，构建其中的领导型企业，其实就是要求我们努力培育和构建中国的跨国公司。但是，该文发现，现实中的中国制造企业热衷于参与基于出口市场的GVC，而不是偏好于构建基于本土市场需求的NVC。

基于此问题，该文主要提供了三个方面的建议：第一，努力培育中国的中等收入阶层，支持本土企业在国内市场实现升级；第二，要千方百计地降低本土企业构建NVC的制度成本；第三，规范地方政府竞争行为的导向。

（韵江）

进口替代与出口导向的辩证分析——30年改革开放的回顾与展望

方兴起　张球　著

《华南师范大学学报》（社会科学版）2009年第1期

13千字

改革开放以来，我国逐渐从计划经济时期的被动型出口替代转向出口导向的工业化发展道路，使经济获得快速发展，然而近期以来，我国出口导向的道路出现了很多问题，这种有别于日本的出口导向型道路似乎走到了尽头。因此，该文试图将进口替代与出口导向结合起来，并使之相互协调，基于这种正、反、合题的新视角来回顾和展望30年的改革开放，就能够从发展的观点、全面的观点和联系的观点来看待新中国的过去、现在和未来。

计划经济时代，苏联作为世界上第一个社会主义国家，以及其在社会主义阵营中的领导地位，使它的社会主义计划经济体制成为了社会主义实践中的标准模式或标准的社会主义基本经济制度而被各社会主义国家所效仿，新中国也不例外。客观地说，计划经济体制保证和加速了我国社会主义基本经济制度的创立和现代工业体系的建立。事实上，长期而言，要工业化而不要市场经济是不可能真正实现工业的现代化的，因而随着现代工业体系建立，这种经济体制的弊端就日益突出。改革开放后实行的出口导向型工业发展道路是与日本不同的。日本的出口导向完全是基于自己的企业、技术、品牌和全球销售网络；我国则是由外资企业及其核心技术、品牌和全球销售网络主导的出口导向。另外，出口实际上在拉动经济增长上处于支配地位，而外资企业又主导了我国的出口。中国作为一个制造大国，虽然这种模式推动了经济发展，但长此以往，无论从资源、生态环境和社会来说都是难以承受的。而要保持中国经济的持续发展，则必须寻求新的经济发展道路。

该文作者提出，我国要改变外资主导型的出口导向的工业化发展道路，必须靠产业层面的创新而不是企业层面的创新。而要进行产业创新，应选在人工智能领域，在这一领域的产业创新将具有19世纪“工业革命”那样的划时代的意义。因此，我们必须走与以往截然不同的路径，自主型的进口替代与出口导向相互协调的经济发展道路将是一条合适的道路。

（韵江）

我国城市群的发展阶段与十大城市群的功能定位

国家发改委国地所课题组 著
《改革》2009 年第 9 期
29 千字

该文首先通过对城市群概念、发展阶段、城市群演进动力机制等进行分析后指出，市场机制是城市群空间演变的动力源，政府机制是城市群空间演变的推动力，通过政府和市场的共同作用产生集聚和扩散效应，从而影响和改变着城市群的发展演变。通过政府和市场的共同作用产生集聚和扩散效应，从而影响和改变着城市群的发展演变。具体来说，在城市群的不同发展阶段，市场和政府的合力有所差异，主要体现就是集聚与扩散的交替主导，即以集聚为主导的空间联系阶段与以扩散为主导的空间联系阶段，由于现代科技的发展，又可以抽象出来另一阶段——以网络化为主导的空间联系阶段，在每一阶段双方的作用不尽相同。随后，该文从以下几个方面分别描述了城市群的演进：城市群产业结构的演进、各具特色的城市耦合为城市群的整体优势、产业集群的发展和向外围区域的扩散、核心城市的服务业快速增长、城市群内各城市的产业分工格局。

如前所述，城市群是城镇化进展到一定程度后的产物，其产业结构、各具特色的城市耦合、产业集群的发展、核心城市的服务业快速增长以及城市群内各城市的产业分工格局等会随着其进度不断变化。正所谓群龙不能无首，在城市群的发展中，核心城市与所在区域协调发展至关重要，直接影响和决定着城市群的发展进程和发展水平。促进城市群的发展，必须要通过促进核心城市与城市群区域协调发展才能够实现。核心城市是中心，也是与城市群区域是相互促进、不可分割的有机体，同时在群外部也需要加强产业分工与协作。

目前世界公认的大型城市群有五个，而我国已形成或者正在形成的包括长三角、京津冀、珠三角、山东半岛等十大城市群。一系列的数据表明，十大城市群是我国最有发展潜力的地区，是支撑我国国民经济健康发展的十大支柱。只有先做好十大城市群相应的功能定位，才能引领我国区域发展新格局。

（韵江）

中国制造业区位变迁：结构效应与空间效应——对“克鲁格曼假说”的检验

王业强　魏后凯　蒋媛媛 著
《中国工业经济》2009 年第 7 期
15.5 千字

“克鲁格曼假说”认为经济一体化将导致地区专业化水平提高和经济活动更加集中，但有时事实并非如此。一方面，在我国制造业向沿海地区高度集中的同时，“产业同构”现象日趋严重，资源的粗放使用生产方式进一步制约了产业结构的优化升级。另一方面，集聚不经济实际上就是一种空间负效应，它将导致产业在空间上扩散，去寻找更为有利的空间区位。也就是说，产业的空间效应与结构效应的非同步性。

基于以上现象，该文试图阐述在中国经济市场化过程中制造业区位变迁的内在规律，进而检验“克鲁格曼假说”在中国的适用性。该文通过偏离份额模型对我国制造业总产值增长进行分解，考察了我国制造业区位变迁过程中的结构效应和空间效应变化，并采用中国制造业数据检验了“克鲁格曼假说”在中国的适用性。通过分析，得出如下结论：

1. 制造业区位变迁在结构和空间上具有

一致性。从制造业整体看，结构效应与空间效应同时存在，但结构效应要大于空间效应。从分地区的分解结果可以看出，东部地区经济发展水平较高，在结构和空间上都具有正的效应，而中西部地区则同时具有负的结构效应和空间效应。这在某种程度上说明“克鲁格曼假说”在中国具有适用性。

2. 制造业在空间上呈现出明显的“过度错配”的现象。部分高耗能的资源性产业过度集中于东部地区，使得这些产业在具有较大的结构效应的同时，也形成了较大的空间负效应，结果部分抵消了结构效应的优势。而一些轻加工业在东部沿海地区则具有较大的空间效应，但与此同时则存在着较强的负的结构效应。

3. 我国制造业结构效应较强，空间效应则具有普遍性。在模型中引入空间外部性的作用后，我们可以观察到制造业存在较强的结构效应，且普遍具有空间正效应。“克鲁格曼假说”仅在部分产业成立。这说明，改革开放以来，我国制造业的增长效应主要来自于空间上重新配置，大多数制造业在区域经济整体增长之外表现出明显的结构负效应，产业结构有待进一步优化。

（韵江）

居住与就业空间关系的决定机理和影响因素——对北京市通勤时间和通勤流量的实证研究

郑思齐　曹洋　著

《城市发展研究》2009 年第 6 期

7.5 千字

随着中国城市的制度转型和经济增长，城市空间结构得以重构，城市内部的“居住—就业”空间关系日益发生变化，逐渐由“职住合一”向“职住分离”演变，通勤时间大大增加。但目前学者对中国城市中居住与就业空间关系的决定机理和影响因素尚未达成普遍共识，相关实证研究也相对较少。

因此该文基于城市空间结构及区位选择的经典理论和最近的理论创新，结合中国城市制度环境特点，建立对通勤时间影响因素进行分析的理论框架，并利用北京市的两套就业者微观样本对各种制度因素和市场因素对通勤时间及流量的影响机理进行实证研究，得出如下结论：

第一，城市空间结构和区位选择理论能够较好地解释北京的“居住—就业”空间关系，这表明市场力量已经在城市空间重构中发挥重要作用。同时，工作机会、住房机会和城市公共服务设施的空间布局也成为影响“居住—就业”空间关系和通勤时间的三个重要因素。

第二，中国城市中特有的历史路径依赖性和制度转型特点增加了“居住—就业”空间关系的复杂性。一方面，住房存量周转率仍偏低，房改房占据着靠近城市中心劳动力市场的优势区位，无法被最需要这些区位的就业者获得，降低城市空间效率；另一方面，作为计划经济的遗产，城市中优质的公共服务设施大部分仍集中在中心城区，滞后于居住和产业的郊区化进程，可能造成额外通勤；最后，城市空间规划对市场力量的考虑不足，也会影响城市空间效率。

此外，该文还认为，上述实证研究的结论为下一步建立“居住—就业”最优空间关系的准则并判断过度通勤的存在提供了研究基础。同时，一些定性和定量的结论对于目前城市空间规划和城市管理政策也提供了一定的借鉴意义：第一，城市公共政策制定者应承认市场经济条件下“职住分离”的客观性，致力于减少对劳动力自由选址的制度性约束，避免无谓地牺牲经济效率。第二，在进行城市空间规划和土地供给时，应当促进产业用地的充分集聚。第三，应当逐步调整公共服务设施的空间布局，改变其过度集中于城市中心的现状，使其与产业和居住的郊区化相协调。

（韵江）

共同富裕的区域经济学解析

陈映 著

《经济体制改革》2009 年第 3 期

10.3 千字

共同富裕既是人全面发展的目标，也是经济社会发展的目标；既是科学社会主义的范畴，也是空间科学的重要范畴。区域经济研究的核心是发展，目标是共同富裕，其出发点和归宿是达到各个区域的共同发展和全体社会成员福利水平的提高。共同富裕需要通过一个个时空环节以及一步步具体措施逐步地实现。

空间均衡是实现共同富裕必不可少的空间环节和空间措施。空间均衡要求人口分布、资源配置在空间上要适当，通过人口在空间的适当分布、资源在空间维的优化配置，来实现经济在时间维的可持续发展，其目的是为了最终实现地区共同富裕和地区居民基本公共服务均等化。

邓小平“先富、共富”思想和“两个大局”战略构想对区域科学作出了重大贡献。在总结中国社会主义建设中正反两方面的经验和教训的基础上，邓小平明确了社会主义的根本目标就是要实现共同富裕，并找到了“先富”带“后富”、实现“共富”这一现实途径，在中国区域实践中发展和创新了共同富裕理论。邓小平“两个大局”战略构想是“先富、共富”理论的延伸和具体化，“先富、共富”是通过“两个大局”的空间布局来实现的。就如何从第一个大局向第二个大局转移和推进，邓小平把我国错综复杂的各类区域分为沿海和内地、先富地区与贫困地区以及各省（市、区）层面的经济协作区三个空间层次，以此来阐明区域统筹的有效途径。邓小平“两个大局”空间布局是通过“从点开始”、“点线展开”、“由点及面”的地域过程推进的，其开放、开发的一系列空间布局和落实，生动地再现了经济发展从低级向高级、由贫穷到富裕、由局部到整体的动态演进的地域过程。

共同富裕理论在中国区域实践中进一步深化。“西部大开发”战略的实施，标志着邓小平“两个大局”战略构想已经从前一个大局向后一个大局的战略转变，是对第二个大局思想的具体贯彻和空间落实。“全面建设小康社会”的奋斗目标，进一步深化了共同富裕的理论认识和实践探索，是邓小平提出的富有中国特色的共同富裕道路在 21 世纪的延伸和拓展；科学发展观，既是实践全面小康和共同富裕的指导方针，又是全面小康和共同富裕内在的、本质的要求。科学发展观的根本要求是“五个统筹”，其中统筹区域协调要求形成“东中西互动、优势互补、相互促进、共同发展”的区域新格局，这是从共同富裕目标出发作出的区域整体战略部署，是实现区域经济非均衡协调发展的空间载体；主体功能区划思想，是在区域经济发展中落实科学发展观所作出的生产力布局的重大调整，是实现共同富裕的空间模式创新，也是实现共同富裕的必要空间环节。

（陈映）

财政与税收

增值税与营业税的福利效应研究

平新乔　梁爽　郝朝艳　张海洋　毛亮　著

《经济研究》2009 年第 9 期
20 千字

中国迄今为止的增值税，没有在所有产业对所有生产、流通环节实现完全的抵扣链与返还链：（1）资本品不进入“进项抵扣”；（2）对第二产业的建筑业与广大的小企业（称为“小规模纳税人”），以及商业之外的所有的第三产业企业，仍按原工商税的原则征收营业税：税基是产值，纳税人无权申请“进项抵扣”。这会产生三方面的后果：（1）即使对工业的“小规模纳税人”与缴纳营业税的建筑业、服务业企业全部免征增值税或营业税，这些工业小企业与服务业企业在购买投入品时是支付了价格中的增值税的，由于他们无权实行“进项抵扣”，所以，在购买进项时已经向国家缴了增值税。对这些企业来说，增值税实质上相当于“投入品税”。（2）更为糟糕的是，工业的“小规模纳税人”与营业税的纳税人面临的税率大约是按标准增值税率（17%）的三分之一（5%到6%之间）来设计的，这种设计的依据是增值率（增加值占产值的比重）约为三分之一。如果服务业的增值率不到三分之一呢？就会发生小规模纳税人与营业税纳税人的税赋高于“正常的”增值税纳税人的现象。（3）由于“小规模纳税人”与营业税的纳税人所提供的产品与服务是不纳增值税的，所以，购买这些由小规模纳税人与营业税纳税人所提供的产品与劳务（服务）的企业就无权对这一进项实行抵扣，这在事实上必然降低缴纳增值税的产业与企业对于小企业、对于服务业的需求，最后会抑制中小企业的发展，抑制服务业与第三产业的发展与升级。

这种在增值税改革上的不彻底性究竟对广大的消费者的福利究竟发生了什么影响？我们研究了中国增值税和营业税对消费者产生的福利效应之差异。计算结果显示，中国营业税对消费品（服务品）产生的价格效应大于增值税的价格效应，从而营业税对每一个消费群体产生的福利伤害程度（（cv/m）或（ev/m））都高于增值税带来的福利伤害程度。从计算结果我们推算出：服务业企业目前缴纳的营业税如折算成增值税，其税率高于 18.2%，超出了增值税的标准税率 17%。可以考虑的政策选择是：彻底免征“小规模企业”的增值税；应该逐步推进从营业税到增值税的转变，让服务业的全体企业有权进行“进项抵扣”。

（毛亮）

省直管县财政体制改革研究——从财政的省直管县到重建政府间财政关系

杨志勇　著

《财贸经济》2009 年第 11 期
10 千字

省直管县财政体制改革是深化财税体制改革的重要内容之一。“郡县治，天下安。”财政的省直管县无疑会释放出县更多的活力，进一步推动县域经济的发展。

财政省直管县改革需要合理定位。财政的省直管县，不是县财政的一切收支都要由省财政来管。省直管县是在分税制财政体制框架下进行的，地方各级财政的相对独立性不变。省直管县是对省以下财政管理体制的规范化。省直管县宜定位为财政制度的矫正行为，旨在提高基层政府的公共服务能力，保证基层政府最低水平的公共服务的提供，促进基本公共服务的均等化。省直管县改革是对省、市、县财政关系的重新调整。

财政的省直管县的形成在很大程度上与历史因素有关。财政省直管县改革的推行需要一系列配套条件。其一是行政管理体制改革。财政非常重要，政府各项事务都与之相关，但它只是政府诸多事务的一项。政府的各种活动都会对之产生影响。财政的省直管县的成功，需要相应的行政管理体制改革。其二是行政区划调整。行政区与经济区不一致是常有的事。协调行政区与经济区的矛盾无法彻底消除矛盾，但可以减少矛盾，减少二者冲突对公共服务能力提供所带来的消极影响。

财政的省直管县改革只是部分解决了不同层级政府财政的分工问题，还需重构政府间财政关系，在1994年分税制财政管理体制的基础之上，重建财政体制。具体说来：(1) 探寻相对确定的各级政府事权。保证各级政府事权的相对确定性尤为重要。事权的相对确定性，不是说事权不能变，而是要求每一次事权的变动都应该有对应的财力变动，即事权变动有相应的财力支持。(2) 税权、收费权、发债权、国有经济与国有资源收益权的重新划分。(3) 转移支付制度的规范化。(4) 财政体制的变迁时机的选择。经过金融危机的冲击，不仅1994年以来形成的中央财政收入稳定增长机制遭遇严峻的挑战，地方财政实力也受到严重的影响，客观上这造就了当前财政体制重新进行大规模调整的契机。金融危机对地方政府的土地财政模式构成了挑战。

（杨志勇）

借鉴国际经验建立我国财政预算的应急储备机制

刘笑萍　著

《经济社会体制比较》2009年第1期

6.3千字

美国次贷危机引发的国际金融危机对许多国家的经济造成了巨大的破坏，而俄罗斯面对此次危机却能从容应对，其中一个很重要的因素就是俄罗斯在2003年设立了政府稳定基金，充足的政府（外汇）财力储备为俄罗斯政府有效面对金融危机产生的各种问题提供了手段，保证了经济社会运行的平稳。我国也在2007年设立了与俄罗斯相类似的预算稳定调解基金，该文从国际经验比较的角度对如何进一步规范我国预算稳定基金，并逐步形成与国情国力相适应的预算应急储备机制进行一些探讨。

俄罗斯的经济情况显示出稳定基金不仅能保障一国财政制度的健全和稳定运行目标的实现，使反周期操作的财政稳定政策能够在财政正常运行的基础上进行，还能使追求财政平稳运行的决策行为符合稳定整个国家宏观经济政策的内在要求，而无须以恶化正常的经济循环为代价。该文指出，目前设立预算稳定基金是我国政府调节经济周期非常有效的手段，这主要表现在以下两个方面：首先，在我国经济发展方式短期内不会发生根本性转变的情况下，财政收入的波动性也会继续存在，在支出需求刚性存在的情况下，必须保证要有一定的财力储备以对收入低谷时的支出需求；其次，由于现行预算系统对总量控制的有效制度安排与实施机制，在预算年度中产生的“浮财”（不可持续收入），往往被直接用于当年的支出。这就安排这部分收入的用途提供了财力可能，借鉴他国的成功经验建立预算稳定基金是一种在操作上可行、政策上连带风险小的选择。

因此，为了完善预算稳定调节基金管理，建立预算应急储备机制，该文提出了以下两点政策建议：一是规范界定预算稳定基金的收入，确保应急储备机制的正常运转；二是按依法理财的要求规范预算应急储备机制的运行。预算稳定基金在我国不仅具有以丰补歉和平衡不同盈亏年度的预算收支的作用，更具有保障国家经济社会稳定的储备机制的功能。因此，它在我国也具备了更为广阔的作用空间，其发展和逐步完善，必将丰富我们对市场经济条件下如何在法律的框架下合理运用财政政策工具的认识，也必将拓宽公共财政的政策视野和作用空间，同时也为政府预算的管理增加了国家安全财力储备的新型功能。

（韵江）

区域财政行政支出的测算与公共管理创新

张伟　庞敦之　张海峰　著

《统计研究》2009 年第 2 期

11 千字

近年来关于政府行政支出的研究呈现出从传统的理论研究向定量分析和实证研究扩展的趋势，出现了许多有价值的定量研究成果。这些成果主要集中在政府行政支出测度的方法和影响政府行政支出差异的成因分析上。该文首先对上述两个方面进行了文献回顾。而当前中国正处在一个经济迅速发展的时期和有关体制的转型时期，那么政府行政支出的地区差异的情况究竟如何，政府行政支出的地区差异的形成机制是什么？本文试图利用统计分析方法，对我国目前各地区的行政支出的差异及其成因进行定量研究，并分析它们包含的政策含义。

基于以上问题，该文将财政行政支出定义为财政支出中“行政管理费支出”项目占GDP 比重，并利用各地区的截面数据构建回归模型进行分析。通过模型，该研究得到：经济发展水平对财政行政支出具有正的边际效应，市场化程度对财政行政支出具有负的边际效应，同时，该文作者还根据分解公式归纳出财政行政支出地区差异成因的四种类型（正负型、正正型、负正型、负负型），以及每一种类型包含的不同政策含义。

通过上述讨论，该文作者指出，推进体制转轨即市场化改革，是今后相当长一个时期的重要任务。一是树立有效政府服务至上的执政理念；二是调整权力结构，理顺中央与地方的关系；三是逐步消除行政垄断，为市场经济发展提供空间；四是加强政府对公共服务的提供；五是推行部分公共服务的市场化提供，同时加强政府对市场的监管；六是充分发挥社会中介组织的作用。只有这样，才能更好地提供公共服务，实现经济社会的健康发展。

（韵江）

“利维坦假说”、财政分权和地方政府规模膨胀——来自 1998—2006 年的省级证据

孙琳　潘春阳　著

《财经论丛》2009 年第 2 期

7.8 千字

“利维坦假说”认为，财政分权能够导致地方政府间非合作的财政竞争，从而自动遏制政府规模的膨胀。然而，在中国，尽管中央下放了越来越多的财政支配权，但我们却看到，地方政府的规模却在不断上升。当然，单从上述表象就得出“财政分权不能遏制地方政府规模扩张”的结论恐怕还过于武断，因为政府规模还受其他因素的影响。

因此，该文试图在“中国式分权”的背景下，探索中国地方政府规模和财政分权的内在联系，并通过实证寻找支点。如前所述，中国违背了“利维坦假说”，也即财政分权与政府规模之间呈负相关关系；地方政府官员在自身收益的刺激和政绩考核的压力下，地方政府官员必定采取在短期内（或说在任期内）能够直接推动经济增长的财政支出手段，那么基础设施建设支出构成其首要选择，而“科教文卫”等有利于居民福利和长期经济增长的公共品则被人为地忽视，这就造成了财政支出结构扭曲；在标准分权的情况下，地方政府之间还会出现“标尺竞争，即上级政府通过考评下级政府的相对绩效来对下级政府官员实施奖惩。事实上，上述情况对地方政府规模存在不同方向的影响，其综合效果难以从理论上准确说明，于是计量分析便有了必要。

该文通过基于省级面板数据的实证分析，得到以下两个结论：（1）财政分权推动了地方政府规模扩大，“利维坦假说”在中国并不成立；（2）财政分权对经济建设规模的推动力最大，对公共服务规模的作用次之，而对政府自身消费的推动力最小。最后，该文试图提出几点建议：第一，增强劳动力、资本和技术等要素的跨区流动性。第二，完善官员政绩考核体，把“绿色 GDP”、收入差距和就业水平等加入考核范围，改变以“GDP 论英雄”的政策导向。第三，根据政府规模的地域差异，完善垂直转移支付制度。总之，如何通过制度安排来改变地方政府的行为激励，使其从政绩导向型向公共服务型转变，进而遏制地方政府规模的任意扩张，将成为日后理论和实践的重大挑战。

（韵江）

货币与金融

中国银行体系中资金过剩的对策分析

王国刚　张跃文　著

《财贸经济》2009 年第 3 期

13 千字

鉴于资金过剩对中国经济运行和经济发展有着重要影响，一些学者和政策制定者从各自对资金过剩成因认识的角度出发，提出了一系列政策建议，其中包括减少外贸顺差、积极扩大内需、降低企业储蓄率、提高居民收入水平、提高法定准备金率、提高存贷款利率、抑制金融资产泡沫、大力发展资本市场和加快人民币升值步伐，等等。本文着重讨论减少外贸顺差、积极扩大内需等对策中的问题。作者批驳了当前流行的一些对策观点，认为简单地采用总量控制措施，不可能解决中国经济运行中存在的诸多结构性矛盾，必须增强政策措施的针对性。

作者引用中外历史数据，证明对外贸易均衡并不是常态，而长期的经常项目顺差或者逆差也并没有对一国经济产生根本性冲击。发达国家要求发展中国家减少顺差实现贸易均衡的要求缺乏根据。而且外贸均衡也无助于缓解流动性过剩的压力，主要原因有三：其一，减少中国的出口，将减少发达国家消费品市场的相应商品供给，价格水平提高，增加消费者支出；其二，虽然中国外贸的快速发展招致了一系列国际贸易摩擦，但减少贸易顺差并不见得就能减少国际贸易中的摩擦事件，反而有可能加剧国内消费品市场供给过剩的状况；其三，外贸顺差导致中国外汇储备快速增加的说法并非完全正确，目前需要拓展资本输出渠道，转变简单以商品输出为导向的外向型经济战略。作者还运用我国政府和居民消费历史数据，证明扩大消费需求的政策不能仅仅在一般消费品上做文章，而应当更好地适应消费需求重心从“吃、穿、用”向“住、行、学”的转变趋势，增加和改善在住房、交通、教育等方面的供给。为此作者提出扩大非生产性投资的建议，提出区别对待生产性投资与非生产性投资，在固定资产投资规模已定的条件下，适当压缩生产性投资，提高非生产性投资占比。而在经济平衡运行阶段，努力促进非生产性投资的增长。

这篇文章扩展了理论界对于调整国际收支和扩大内需等问题的传统认识。以非均衡观点代替均衡观点，并在此基础上探讨我国的对外经济政策和扩大内需政策，较好地契合了中国经济发展的一般性特征，具有很大启发性。

（王国刚）

商品市场的金融化与油价泡沫

殷剑峰　著

《中国货币市场》2008 年第 11 期

11 千字

2004 年至 2008 年这五年间，商品市场发生了巨大的变化，衍生品交易量大幅度超过了实物的产量，而在衍生品市场中，金融机构已经取代了传统的商品买家和卖家，成为了市场的主动性力量。商品市场这种“金融化”现象改变了商品价格的形成机制。

商品衍生品市场的快速膨胀进一步拉开了衍生品交易量与实物产量的差距。以石油和铜为例，2005 年，交易所交易的期货、期权规模达到了其世界产量的 3.9 倍和 36.1 倍。商品衍生品市场的参与机构主要有套期保值者和金融机构两大类，前者的目的在于通过衍生品交易对冲其现货头寸的风险，后者则主要包括“购买并持有”类型的投资者、对冲基金和市场中介等。

既然对于每种商品而言，存在着“一组”市场，如现货市场和衍生品市场，那就意味着也存在着“一组”价格，如现货价格和期货价格。协整检验表明，期货价格和现货价格存在长期的共同趋势。格兰杰因果关系检验表明，在 2003 年之前，现货价格和期货价格互为因果。但是，从 2003 年开始，期货价格开始单向地影响现货价格。由于期货价格和现货价格之间的长期共同趋势，这种单向因果关系表明，期货价格不仅在短期内影响了现货价格的波动，还在长期决定了现货价格的走势。沿着上述思路，作者进一步检验了是谁在决定期货价格？除了期货价格的滞后项外，作者以非商业类机构相对份额作为另一个解释变量，发现它显著地推动了期货价格。此外，这样的影响同样也发生在 2003 年之后。

商品市场的金融化趋势已经改变了商品价格的形成机制，就石油市场而言，推动 2003 年以来油价上涨的系统性因素是金融机构在石油衍生品市场日益活跃的交易行为。文末，作者还以提问的方式给出了一个可供思考的方向：金融发展的目的何在？除了商品市场之外，在信用市场以及其他市场中，金融的力量正在显得无比强大。但是，金融的发展不能够脱离为实体经济服务的宗旨。否则，近些年危害世界的油价泡沫乃至次贷危机或将再次重演。

（王增武）

国际对冲基金的中国资产配置研究

张跃文　著

《财经研究》2008 年第 12 期

12 千字

“热钱”进入的状况和影响目前正在受到国内各界的广泛关注。但是采用科学方法进行准确预测的难度则比较大。以往的研究大多借用宏观经济数据进行定性和定量研究。本文以指数收益推算投资组合构成的方法，利用2006年2月至2008年3月的有关金融数据，测算了作为热钱典型代表的国际对冲基金在中国的投资规模和资产分布。根据测算结果，从全球对冲基金行业来看，尚不存在大规模投资于中国大陆市场的迹象。全球对冲基金业绩仅与中国股票市场存在较微弱的正相关关系。就大中华区而言，中国内地股票、中国香港股票和中国台湾股票市场是这一地区对冲基金的主要活动场所。没有发现对冲基金在行业意义上进入中国债券、期货和房地产市场的证据。

作者还分析了国际对冲基金进入中国的主要渠道。认为在当前的监管框架下，对冲基金可以通过四种渠道进入中国市场。第一，QFII制度，对冲基金可以购买QFII额度，或者投资以中国A股股票为标的的金融产品，实现进入中国市场的目的。第二，外商直接投资。对冲基金可以参与外资在中国新设企业或者并购国内企业。第三，货币互换，这些基金可以与中国国内现金比较充裕的外资企业或者中国企业在海外签订货币互换协议，从而获得一定时间内的人民币现金使用权，这些资金可以通过基金的国内代理机构投资于中国各类型市场。第四，非法渠道。有些管理不甚规范的小型对冲基金，可以通过地下钱庄、制造虚假贸易背景等多种非法渠道，将资金转移到中国。

作者认为，多元化的进入渠道为对冲基金进入中国市场提供了便利。对冲基金频繁交易的特性，在我国宏观经济或者金融市场形势发生逆转时，有可能引发其大量抛售金融资产和资本外逃，对我国金融稳定构成威胁。我国目前控制短期国际资本流动的手段，主要依靠的是外汇管理部门对于国家经常账户和资本账户的监督和具体项目的审核，这种管理方式已经不能适应目前大量而频繁的短期国际资本流动的监管需要。作者建议，应当将外汇管制与金融市场监管相协调，控制外资向金融市场的无序流动。将对冲基金纳入现有金融监管体系进行管理，提高其活动的透明度，适当限制其投资范围和操作策略，以有效控制对冲基金活动可能形成的系统性风险，维护我国金融体系稳定。

（张跃文）

金融市场中羊群行为的模拟研究及启示

崔巍　著

《北京大学学报》（哲学社会科学）2009年第6期

9千字

金融市场中的羊群行为逐渐成为投资者和金融监管部门广泛关注的问题。广义上讲，羊群行为涉及多个投资主体间的相关性行为，它描述了个体间的行为趋于一致且不存在任何相互抵消的现象。羊群行为主要表现为在某个时期，大量的投资者采取相同或相似的投资策略，或者对某种特定资产具有相同或相似的偏好。

当前国内外学者对羊群行为的研究主要集中在理论模型和数据实证方面，而本文在BHW模型的基础上，借鉴了Anderson和Holt的方法，从实验经济学的角度对金融市场中羊群行为进行模拟实验研究。Bikhchandani，Hirshleifer和Welch Banerjee在1992年提出了基于信息不对称的羊群行为模型，即BHW模型，这是研究羊群行为的最著名的理论模型。在BHW模型中，投资者按照外生决定的次序依次做出是否投资于某种特定资产的决定。如果投资者在观察到其他投资者的行为后，忽略自己的私人信息而模仿其他人行为是最优选择的话，那么就会形成投资者的信息瀑布。信息瀑布是羊群行为产生的直接原因。

模拟研究结果显示，在信息不对称的情况下很可能发生信息瀑布和羊群行为。其中，正确的羊群行为发生的概率比较大。同时，在所有投资者的决策中，只有大约5%的少数决策既不符合贝叶斯决策，也不符合私人信息，即表现为完全非理性。这些非理性的决策使得实际决策的有效性偏低，甚至低于私人信息的有效性，这就导致实际决策的预期回报远远地低于最优决策的预期回报，非理性的羊群行为的产生成为了可能。

在信息不对称的设计下，虽然信息瀑布和羊群行为发生的可能性有所降低，但是错误的羊群行为发生的情况却大幅度地增加，大约从11%上升到60%。同时，相关决策的有效性也大幅度地降低。因此，信息因素对信息瀑布和羊群行为的产生起了关键的作用。信息模糊和信息不完全会导致投资者决策的有效性大幅度降低，同时伴随着更多的非理性的行为。

大量的研究显示我国的金融市场存在羊群行为的显著特征。因此，羊群行为的研究对金融市场的效率和稳定性有着重要的理论和现实意义。基于以上的研究，主要的政策建议如下：(1) 完善金融市场的信息披露制度，以保证信息的真实性、完全性和及时性，以增加市场的运行效率，并提高资源配置的效率。(2) 加强对违规信息披露和内部交易的惩罚力度，净化市场环境，使得投资者能够及时获得有效的信息，并形成理性的判断和稳定的预期，从而进一步完善金融市场的有效性。(3) 培育理性的投资主体，大力开展投资者教育，提高广大投资者的投资知识水平和识别风险的能力，并在一定程度上克服非理性的投机行为，这对金融市场的稳定性建设和健康发展都有着重要的现实意义。

（崔巍）

投资者保护执行情况与上市公司资本结构

沈艺峰　肖珉　林涛　著

《经济研究》2009年第7期

24千字

以往的研究文献表明，尽管发达国家的公司资本结构相当类似，但发展中国家的公司却具有不同的资本结构，发展中国家公司之间债务比例的差异比发达国家公司债务比例差异来得明显。为何不同国家里的公司资本结构如此之不同呢？

法与金融学虽然提出了投资者保护会对公司外部融资产生影响的观点，但无论是在理论上还是在经验证据上都没有具体说明同一个国家里不同公司在投资者保护执行方面的差异究竟会对公司本身的外部融资产生何种作用，不同公司在投资者保护执行上的不同又会如何影响到公司资本结构的具体决定。

为了检验投资者保护执行情况对上市公司资本结构的影响，本文利用2007年1184家上市公司所公布的《自查报告和整改计划》的调查结果，构建投资者保护执行指数，并检验上市公司的投资者保护执行情况对资产负债率及负债权益比等指标的影响。

本文的研究结果表明，除了传统文献中所提到的公司财务特征变量外，公司资本结构还受到投资者保护等因素的影响。投资者保护执行情况是影响我国上市公司资本结构的重要因素之一。本文的研究意义在于它表明，经过历次各类证券立法，我国虽然已经在投资者保护的立法方面基本构建以《证券法》和《公司法》为核心的法律体系，形成了一定的宏观立法环境。但总体而言，我国仍属于投资者保护执行情况较差的国家，不同公司在投资者保护的实施上存在显著的差异，从而影响到公司的外部融资行为。因此，投资者保护的实施与投资者保护的立法同样重要，不仅要加强对中小投资者在股东权利立法方面的保护，同时还要确实落实投资者保护的各项措施，才能有助于公司更好地利用权益资本，促进我国证券市场的进一步发展。

（沈艺峰）

软信息公益生产：缓解中小企业贷款难的新思路

王亮　著

《宏观经济研究》2009 年第 11 期

8 千字

银行特别是大型银行对中小企业放贷缺乏积极性，不仅在于较高的失败率使这类贷款整体上有着更大的风险；还由于中小企业生产及向外部传送自身信息的基础和能力较差，使银行获取其硬、软信息的难度都较大。与之相应，政府为激励银行加强对中小企业的金融支持，不仅要采取措施，补偿和外化银行的信用风险；还要对信贷卖方的信息获取成本给以化减援助。当前，我国银行业有着强烈的软信息援助需求。

美国经济学家 Berger 等人将银行开发的诸多贷款技术归纳为财务报表、抵押担保、信用评分和关系型贷款四大类。其中，信用评分和关系型贷款在我国基本没有展开。主要依靠软信息的关系型贷款，在对大量资金实力非常弱小、无法满足银行抵押担保要求、难以提供合格财务信息的中小企业预支购买力时，较之其他三种方式更具效率。而处于这种境况的企业，正是我国中小企业贷款难的难点所在。由此，改变我国银行与中小企业之间缺乏关系型借贷的状况，是为更多缓解中小企业贷款难需着力解决的一个问题。

按照西方发达国家的经验和运行模式，社区银行是高效承担关系型贷款的主体。借鉴西方关系型贷款的理论和实践，国内许多学者主张要发展（民营中小）社区银行，启动关系型贷款。然而，由于我国的实际情况，至少在目前及今后一段时期内，难以完全按西方发达国家的模式寻求解决途径。从近期的相关政策取向看，在农村金融市场，将农村信用社改造为县域社区金融，基本吻合西方的模式。而在城市中，比较适合更高软信息含量信贷的一个银行组织创新，就是在大中型商业银行内部建立小企业金融服务专营机构。

在假设前述银行组织创新能够很快完成的前提下，使专营机构及早足够多发放基于“软信息”的贷款，还将面临一个障碍，即以往的小企业软信息积累相当贫瘠。在较短的时期内，完全依靠银行自身很难弥补这一不足，因而需要借助外力。基于这样的考虑，本文提出了一种带有应急诉求的中小企业软信息公益生产组织形式。将这个措施与专营机构结合，可构成一个促进偏向关系型信贷有效开展，进而更多缓解中小企业贷款难的新思路。

（王亮）

社会互动、社会资本和商业保险购买

何兴强　李涛　著

《金融研究》2009 年第 2 期

16 千字

中国的持续发展，一方面必须保持高速的经济增长，并确保经济增长惠及中小城市、农村和边远地区，这需要投入大量的基础设施建设资金，而筹措基础设施建设资金的任务却十分艰巨和紧迫；另一方面又必须保证社会的和谐与稳定，尽可能为广大居民提供基本的保障，让居民老有所养，并缓解或消除居民对疾病、意外和失业等风险事件的顾虑，而我国的社会保障体系又面临着巨大的资金缺口。发展保险业有助于筹措基础建设资金，改善企业融资环境，强化和稳定整个金融体系，推进经济的高速发展，也是保证社会和谐稳定的重要手段。我国的保险业从1980年开始虽然已经取得了非常迅速的发展，但与世界其他国家相比发展水平仍然比较低下。发展水平低下的主要原因之一是居民对保险市场的参与非常有限。研究我国居民有限的保险市场参与具有理论和政策上的重要意义，已有文献对此还没有给予足够的研究，特别是忽视了最近的理论进展在社会互动和社会资本方面对保险市场参与的解释。借助于一套2004年广东省七城市两千余户居民调查数据，我们系统检验了居民商业保险参与影响因素的各种解释，特别是“社会互动论”和“社会资本论”。

研究的主要结论有以下两点：首先，社会互动对居民的商业保险参与没有显著影响，实证发现不支持“社会互动论”的典型预测。其中的可能原因是，社会互动对居民商业保险参与同时具有内生互动和情景互动双重影响，在我国保险业缺乏诚信的背景下，情景互动可能对居民的保险参与具有显著的负面示范群体效应；内生互动的三组机制也可能和“社会互动论”的典型预测有一定差异：但在我国保险业缺乏诚信的背景下，内生互动的观察性学习固然可以降低参与成本，但谈论保险话题却不能提高参与效用，攀比机制则可能是“攀比退保”而非“攀比投保”。这意味着加强我国保险业的诚信建设，是发展我国保险业的一个不可或缺的方面。其次，较高的社会资本水平促进了居民的商业保险参与，实证结论支持“社会资本论”。这预示着提高社会资本和信任水平是发展我国保险业的重要举措，也折射出我国保险市场的法律法规建设还很不完善。

（何兴强）

美国金融模式的不稳定性：基于次贷危机的反思

余维彬　著

《当代亚太》2009年第1期

12千字

次贷危机不仅严重损害了全球的经济和金融发展，它还强烈冲击了某些固有意识。长期以来，由于美国经济具有无可比拟的活力和规模，其发展模式往往成为发展中国家的效仿对象。尽管该模式的核心精神——“华盛顿共识”在发展中国家的实践中屡屡碰壁，但人们往往将此归因于发展中国家的环境，而不去质疑美国模式本身的科学性；这无形中淡化了对“华盛顿共识”的批判，并助长了机械模仿的教条主义。次贷危机提醒世人，美国金融模式在稳定性方面肯定存在重大缺陷。

直接融资和间接融资的高度融合以及复杂化的金融创新，是当前美国金融模式的核心特征；而信用结构产品和发起—分配商业模式则是这一模式的典型代表。信用结构产品大量出现于新近的金融创新中，其偿付是高度非线性的，其风险模型化具有巨大的不确定性。可以说，信用结构产品是复杂化金融创新的典型代表。发起—分配商业模式是指，商业银行并不长期持有贷款，而是将其以证券化的方式转移出去。作为投资银行和商业银行的重要业务，发起—分配商业模式代表了直接融资和间接融资高度融合的金融结构。

美国金融模式在风险转移和克服信息不

对称方面具有便利，高风险且严重信息不对称的金融交易容易在此达成。次贷主要针对家庭与个人，其信息不对称问题天生就很严重。这一特点决定了，次贷合约的形成必须依赖在克服信息不对称方面具有独特优势的银行。大规模持有次贷会使银行过度承担风险，这既不满足银行自身的需要，也不满足金融监管当局的要求。只有在发起—分配商业模式下，大规模次贷才能形成。对银行而言，证券市场为高风险贷款提供了转移通道；对金融市场而言，银行主导合约发起为投资者提供了克服对信息不对称的信心。

美国金融模式使得流动性紧张难以消除。发起—分配商业模式以次贷相关证券为载体将次贷风险遍布于金融体系，特别是分布于金融体系的核心市场——货币市场；而金融创新将次贷相关证券变得非常复杂，其风险和相应价值也因此难以准确评估。次贷相关证券具有的流动性和复杂性使市场难以准确掌握各杠杆机构的损失，因而市场疑虑难以消除，流动性持续紧张就此形成。

美国金融模式对风险管理提出了巨大挑战，风险控制的改进效力不容高估。首先，融合化融资结构和复杂化金融创新使金融系统运转变得更为复杂，抽象现实的难度越来越大。其次，金融创新使关键参数估计缺乏有效的历史数据。

（余维彬）

中国证券分析师的盈余预测行为有效性研究

郭杰　洪洁瑛　著

《经济研究》2009 年第 11 期

23 千字

随着中国证券市场的快速发展，证券分析师在股票市场上的作用日益显现。通过收集、评估公共和私人信息，他们对上市公司的未来前景进行分析，对其会计盈余进行预测，并在此基础上做出股票买卖或持有建议。这些来自分析师的信息和建议，特别是他们给出的盈余预测是很多投资者进行股票投资的重要参考依据。因此，分析师对公司盈余的预测成为投资者和其他业界人士普遍关注的一个问题，同时也是学术界探讨的热点。

从作为盈余预测主体的分析师出发，作为结果的盈余预测是否有效应该是与作为过程的预测行为是否有效紧密相关的，于是预测行为无效性成了解释盈余预测无效性的一个主要原因。但是，如何确定分析师盈余预测行为是否有效？已有研究基本上都是根据盈余预测结果来进行判断的，而这一方法存在着严重缺陷（Chen and Jiang，2006）。针对使用分析师盈余预测结果来检验分析师盈余预测行为有效性的传统方法的缺陷，Chen and Jiang（2006）首次提出并使用了分析师权重行为方法来研究其预测行为是否有效。

中国的证券分析师在对上市公司进行盈余预测时其预测行为是否有效？本文利用 2005—2007 年 856 名分析师对 1005 家上市公司的盈余状况进行的总计 5522 次预测数据，借鉴 Chen and Jiang（2006）的分析方法，我们首次对这个问题进行了实证分析。结果显示：与 Chen and Jiang（2006）针对美国证券分析师盈余预测行为的发现类似，总体而言，中国分析师对上市公司的盈余预测行为是无效的，表现为基于其私人信息的高权重预测行为，即他们赋予私人信息的实际权重超过了形成理性贝叶斯盈余预测时私人信息的有效权重。但是，不同于 Chen and Jiang（2006），不论分析师个人预测比市场共识更加乐观或更加悲观，中国分析师始终采取的是对称的在私人信息方面的高权重预测行为。

形成这种中国分析师关于上市公司盈利的无效的高权重预测行为的原因并不是分析师过度自信的心理偏差或追求股票交易佣金的主观动机，而是他们为了获得更高外在显示能力的主观动机和中国上市公司较差的信息披露质量。后者既与 Chen and Jiang (2006) 针对美国证券分析师盈余预测行为原因的发现部分一致，又为我们基于中国上市公司的实际情况首次提出的信息披露质量低下的制度环境解释提供了经验证据。

（郭杰）

我国小额信贷发展报告

杜晓山　著

《农村金融研究》2009 年第 2 期

9.5 千字

本文概括了我国小额信贷的发展阶段和政策法规。还从小额信贷组织机构类型的角度，对我国小额信贷的发展现状和可能的发展前途，作了分析和探讨。

我国小额信贷的发展阶段。迄今为止，我国小额信贷的发展大体可分为四个阶段：第一，小额信贷项目或机构试验的初期阶段（1993—1996 年 9 月）。在这一阶段，对小额信贷，没有相关的政府政策和法律依据。由社会团体主要利用国外资金继续进行试验，以及以政府和指定银行操作、以使用国内扶贫资金为主，在不少贫困地区推广。第二，项目的扩展阶段（1996 年 9 月—2000 年）。在这一阶段，国家主要从扶贫有效手段的角度看待小额信贷。认可小额信贷是扶贫到户和缓贫脱贫的有效手段，要求予以推广。第三，农村正规金融机构全面介入和各类项目可能进入制度化建设阶段（2000—2005 年）。在这一阶段，中央政府和中央银行对小额信贷表现出比以往更大的关注。出台了推动城乡正规金融机构开展小额信贷项目的政策法规，并进一步研究相关政策法规制定方面的问题。第四，中央管理部门鼓励民营和海外资本进入，试行商业性小额信贷机构活动（2005 年至今）。在这一阶段，中央有关管理当局明显加快了出台商业小额信贷政策法规的进度。

小额信贷的政策法规变化。最初在 20 世纪 90 年代中前期，我国的小额信贷项目或组织是公益性的、自发的、零散的试验和实践，基本上没有政策层面的直接支持。后来在 90 年代中后期，以解决扶贫资金使用效率和扶贫攻坚为主要目标的中国小额信贷项目，主要是在中央政府扶贫政策的大背景下发展起来的。新世纪以来，小额信贷已从扶贫扩大到为农村广大农户和个体私营户及微小企业服务的范围，逐步有了政府相关政策法规的支持。政策法规发展特点如下：（1）政策法规制定滞后，现有提速势头。（2）重商业性小额信贷，轻公益性小额信贷。（3）有关管理部门应加强沟通，协调一致。

各类小额信贷供给机构类型的发展现状，以及可能的发展前途。机构类型大体如下：（1）社会组织开展的公益性小额信贷组织。（2）农行/农发行开展的扶贫贴息小额信贷。（3）农信社开展的农户小额信贷项目。（4）城市商业银行开展的小额担保贷款项目。（5）只贷不存的商业小额贷款公司试点。（6）村镇银行开展的小额信贷。（7）农村资金互助社。（8）银行派生的贷款公司。（9）农村金融机构扶贫贴息小额信贷项目。（10）邮政储蓄银行的小额信贷试点。（11）商业银行进行的微小贷款试点。

（杜晓山）

中国金融市场开放的节奏研究

孔爱国 著

《复旦学报》2009 年第 2 期

9.5 千字

该文研究了影响中国金融市场开放节奏的内在因素与外在因素，一方面，金融市场开放的节奏影响直接来自国际社会；另一方面，金融市场开放的节奏又受到国内经济的影响。随着国内经济实力逐步增强、经济政策又比较稳定、金融市场不断发达的情况下，有必要适度、逐步地开放金融市场。只有当外部的资金无法对国内的市场产生较大冲击时，完全开放金融市场才能确保经济与金融的安全。因此金融市场应在内部稳定之后逐步开放，不能冒进，该文主要从以下三个方面予以阐述：

第一，金融市场开放的外生性。其外生的变量取决于贸易双方（或多方）之间的相互关系。因此，如果落后国家不想开放金融市场，就必须使贸易保持相对平衡的水平，在出口增长的同时保持进口水平的增长。

第二，金融市场开放的内生性。从经济发展内部来看，金融市场越发达，高成长的企业就越能获得金融的支持，企业不断分化，新的产业也就在不断的分化过程中产生。

第三，金融开放政策的动态一致性。金融开放政策的灵魂就是先稳定发展，练好内功再开放；先开放流动性较低的市场，再开放流动性较强的市场，确保我们的主体利益不受损，在这一基础上始终保持金融开放政策的动态一致性。无论是对市场的直接供给者还是直接需求者来说，我们开放金融市场都要先内在稳定，然后再逐步有序进行。首先，金融市场是不同的市场参与者进行博弈的地方，当我们内部的金融市场存在一种自我稳定的特性之后，我们才有可能来谈金融市场的开放。在现实的金融市场中，我国金融开放政策的动态一致性受制于内部金融政策的动态一致性。从我国内部金融政策来看，我国的政策信用缺乏。其次，金融市场强调透明度，这就要求对某些信息进行强制性披露。

根据上述内容，该文指出，我国目前的开放是纯粹的对外开放，由于中国金融市场的落后性，我们的金融市场开放不能太快。金融市场应看其是否有利于提高我国整体经济的实力，是否有利于增加全社会的福利来完成微观主体的再造，从而最终决定着我们开放金融市场的节奏。

（韵江）

当前世界金融—经济危机的性质及原因——基于理论、历史和现状的比较分析

薛敬孝 著

《南开学报》（哲学社会科学版）2009 年第 4 期

13 千字

自美国爆发次贷危机以来，危机不断蔓延和扩散：从住房抵押贷款领域传递到整个金融领域，从美国传递到欧洲乃至全世界，从金融领域波及实体经济。而这次在世界蔓延的危机是一种特殊的世界金融—经济危机。该文认为，引起此次危机的直接原因是金融因素，而不是实体经济因素。

该文将当前这次危机和历史上不同阶段的金融危机和经济危机比较，得出这样一个结论：即当前这次危机从 2007 年 4 月开始，经过长达一年多的时间才扩散到实体经济领域，此前一直维持在金融领域，似乎可以看做一次独立的金融危机。因此，当前这次危机既不同于以往的独立的金融危机，又不同于以往发生的经济危机，它既有一段较长的独立的金融危机过程，又有包括金融危机和实体经济危机二

者交织发展的过程。由此我们可以把这次危机称之为“特殊的世界金融—经济危机”，这是该文对这次危机性质的一个概括。此外，该文在分析此次危机爆发过程的基础上，将此次金融危机产生的原因划分为一般性和特殊性原因。一般性原因主要是指市场经济制度本身的弊端和发展规律，而对于特殊性原因，该文主要总结以下三个方面的原因：第一，20 世纪 80 年代以来金融衍生品种类越来越多，金融结构日益复杂、金融系统链条越来越长，由此形成的巨大金融泡沫从开始破裂到完全破裂，需要一个过程；第二，美国实体经济周期中，设备投资调整的因素尚未成熟；第三，生产与市场的国际间均衡延缓了金融危机对美国实体经济的冲击。

其实，对于这次经济危机的产生有诸多方面的原因，我们应该客观全面的进行分析，该文作者如是说到。发端于美国的危机已经扩散为世界性危机，但其深度和长度还要取决于美国的经济周期进程。本次危机的特点是金融领域的问题超越了实体经济中的问题，因此也就形成了这次特殊的世界金融—经济危机。

（韵江）

论主权财富基金的理论逻辑

谢平　陈超　著

《经济研究》2009 年第 2 期

18 千字

主权财富基金是由一国政府拥有和管理的以外汇储备和商品出口收入作为主要资金来源，主要面向海外投资，并以收益最大化为主要目的的市场化、专门化的长期投资机构，该机构的管理应当独立于货币管理当局为稳定币值所进行的被动型外汇储备管理。主权财富基金的结构分布具有规模集中、地域集中、成立时间集中、资金来源集中的特征。该文认为主权财富基金兴起的原因由以下几个方面：首先，国际货币体系的变革是主权财富基金兴起的根本原因；其次，能源价格上涨是导致主权财富基金规模扩张的重要原因；最后，经济全球化为主权财富基金的运作提供了良好的环境。

该文运用“国家经济人”投资行为模型，证明了国家设立主权财富基金，其行为与无限生命周期的企业、居民的经济理性行为一致，国家可以视为追求国家效用最大化“经济人”。因此，主权财富基金完全是商业化的投资主体，其投资行为与商业机构并没有实质性区别。此外，通过以上论述该文得出以下启示：第一，主权财富基金作为国家财富的积累，一方面，可用于平滑国家财富，为子孙后代积累财富，具有国家养老基金的功能；另一方面，可用于支持国家发展战略。第二，主权财富基金的成立是大部分新兴市场国家和发展中国家经济发展的必然产物。第三，由于财富基金来源的稳定性、长期性，它具有比传统外汇储备更高的风险容忍度和回报目标，因此对于主权财富基金的投资，应当梳理长期投资理念，并容忍短期较大的波动性。第四，主权财富基金的战略资产应当是多元化、分散化的投资组合。第五，基于设立主权财富基金的目的，我国的主权财富基金应尽快建立有效的公司治理结构、内部控制机制及风险管理体系。第六，主权财富基金的透明度是国际社会广泛关注的焦点，鉴于设立主权财富基金的动因和目标，我国的主权财富基金应当也可以在不涉及商业机密的前提下尽可能提高自身透明度，适时披露投资目标、组织结构、财务信息、资产配置等信息，力求取得西方社会的理解，争取良好的国际投资环境。

（韵江）

中国存款准备金政策有效性分析

余明 著

《世界经济》2009 年第 2 期

11.4 千字

该文认为，要想研究中国法定存款准备金政策的有效性需要弄清楚三个问题：一是存款准备金率调整通过何种渠道影响信贷总量；二是哪些因素会削弱中国法定存款准备金率政策效果；三是法定存款准备金政策对不同性质商业银行的信贷行为是否存在差异。

基于此，该文从商业银行资金来源与运用平衡式出发，推导出影响准备金政策有效性的四个条件：

约束条件 1：假定商业银行存款规模、债券投资规模既定，央行上调法定存款准备金率发挥信贷紧缩效果（信贷增量为负）的条件是法定存款准备金率上调幅度必须大于商业银行超额准备金率的下降幅度；

约束条件 2：假定商业银行超额准备金率、债券投资规模既定，央行上调法定存款准备金率发挥信贷紧缩效果的条件是由准备金率提高所引起的存款准备金增加额必须大于存款的增量扣除存款准备金后的部分；

约束条件 3：假定商业银行存款规模、超额准备金率既定，央行上调法定存款准备金率发挥信贷紧缩效果的条件是由准备金率提高所引起的存款准备金增加额必须大于商业银行债券投资的减少额；

约束条件 4：假定商业银行存款规模、超额准备金率既定，央行上调法定存款准备金率发挥信贷紧缩效果的条件是由准备金率提高所引起的存款准备金增加额必须大于商业银行吸纳的其他资金来源（无须缴纳存款准备金）的增加额。

通过对中国存款准备金政策的检验，准备金政策的信贷紧缩效应确实存在，但其对不同类型商业银行的信贷紧缩效果是有所差异的。这种差异性又导致了该文对制约存款准备金政策有效性发挥的四个条件在中国是否存在进行了验证，验证结果表明，中国存款准备金政策有效性确实会受到商业银行存款准备金构成的影响，即约束条件 1 在中国现实存在；由于检验结果表明存款规模变化是商业银行贷款变化的重要因素，说明规模变化对准备金政策有效性具有影响，即约束条件 2 在中国确实存在；由于中国商业银行无法通过减少债券投资来抵消法定存款准备金率提高所产生的信贷紧缩效应，即约束条件 3 不存在；中国存款准备金政策确实受到商业银行资金来源结构的影响，即约束条件 4 在中国现实存在。

（韵江）

经济发展中的最优金融结构理论初探

林毅夫 孙希芳 姜烨 著

《经济研究》2009 年第 8 期

18 千字

如何理解世界各国的金融体系结构之间的巨大差异及其与经济发展之间的关系，不仅是一个颇有争议的学术论题，而且具有很强的政策含义。有大量的文献围绕银行和金融市场在金融体系中的相对重要性及其对经济发展的影响展开争论，也有不少文章讨论各种不同的银行业结构的优劣，但是相关研究并未达成一致的看法。该文提出并论证了“经济发展中的最优金融结构”理论假说，为探讨金融结构与经济发展之间的相互关系提供一个新的视角。

该文将金融结构定义为金融体系内部各种不同的金融制度安排的比例和相对构成，并着重讨论了金融结构的两个重要方面：金融市场与银行在金融体系中的相对重要性，以及银行业中不同规模的银行的分布。由于处于不同经济发展阶段的国家具有不同的要素禀赋结构，这决定了其实体经济的最优产业结构是不同的，而不同产业中的企业具有不同的规模和风险特性、融资需求和信息特征。因此，在经济发展过程中的每个阶段，都存在与其最优产业结构相适应的最优金融结构，评价一国的金融结构是否有效的标准，不是该国金融结构与发达经济金融结构是否一致，而是本国金融结构是否与本国在现阶段的要素禀赋结构所决定的实体经济结构相适应。在详细阐述最优金融结构理论假说的基础上，该文提出了经济发展的最优金融结构并讨论了最优金融结构理论所隐含的政策含义。

该文对于最优金融结构理论的探讨还是比较初步的，某些方面存在着各种疏漏和偏差。特别是，文章强调各种金融制度安排的比较优势和劣势，但没有仔细讨论不同金融制度安排之间可能存在的互补性关系，它只是在已有研究成果的基础上提出并论证了最优金融结构的理论假说，要将其发展成为完善的理论，还需要大量的理论研究和实证研究。

（韵江）

国债规模经济效应的动态分析

王玉华　刘贝贝　著

《财政研究》2009 年第 5 期

8 千字

该文欲通过国债与私人需求市场相关经济变量的关系来验证我国国债与相关经济变量的运行机制是否和经济理论中的相同、是否能够达到政策制定者的预期目的的问题。该文主要在于分析国债（内债）的发行规模（DEBT）的变化，对私人部门的投资（PI）和消费（PC）、利率（R）、货币供给量（M）的影响。限于资料有限，该文的研究样本区间定为 1981—2006 年。为剔除通货膨胀的影响，文中采用居民消费价格指数 CPI（1981 年为基期）将私人部门的消费量折算成实际值，其他的量（R 除外）均使用 GDP 平减指数来折算。为消除时间序列的异方差性影响，对各变量实际值取自然对数（R）除外，即为 LDEBT、LPI、LPC、LM。

该文使用向量自回归（VAR）对国债（内债）发行规模与私人需求市场相关经济变量间的动态经济效应进行实证研究。向量自回归（VAR）模型通常用于相关时间序列系统的预测和随机扰动项对变量系统的动态影响，这样可以避免许多约束条件，但需要进行平稳性检验。

基于一系列实证分析，得出以下三个结论：一是我国国债规模的发行和变动对居民产生了明显的财富效应，而且初始效应较为明显，长期来看对消费产生为正的效应。二是国债对私人投资的初始效应较小，继发性效应较大，而且整体上看国债对私人投资影响为负效应即我国国债规模的变动对私人投资更多产生了“挤出效应”。通过图形比较会发现，该“挤出效应”并不是通过利率的上升而引起的。三是我国利率对货币供给量的变动比较敏感，而且其变动方向符合基本货币供求理论常识即货币供给量增加对利率产生了负效应，但是，通过方差分解可知，我国利率的变动受货币供给量以及国债的影响较小，更多是由自身的变动所引起的。从而一定程度上证实了我国实行的是非市场化利率体制。

（韵江）

中美储蓄率差异的原因及影响分析

闫坤　鄢晓发　著

《财贸经济》2009 年第 1 期

10 千字

中美两国是活跃在世界经济舞台上的两

个极为重要的国家，两国经济结构的最大差异在于储蓄率，这主要包括政府和个人储蓄。如果说政府储蓄率与政策相关，那么，基于家庭和社会层面考虑的个人储蓄之间的差异就更为复杂了。具体来说，中美两国居民储蓄率的巨大差异与两国的经济发展阶段、人口结构、金融发展、社会保障制度、文化和观念以及政府政策等多方面因素有着密切的关系。

第一，经济发展阶段的差异，两国的经济发展阶段差异决定了两国消费程度与消费结构的巨大差异；第二，中国计划生育政策促进了居民生活水平的提高，储蓄率也明显上升，美国人口结构变化对储蓄率变化的影响并不像中国那么显著；第三，美国有着完善的金融政策和市场，信用经济发达，美国人无须依靠储蓄进行消费和投资，而中国由于国民信用体系尚未有效建立，居民倾向于储蓄；第四，与美国完善的社会保障体系相比，中国社会保障程度较低。当然，文化观念和政府政策等方面的差异也造成储蓄率的巨大差异。

实际上，储蓄率差异造成两国经济长期失衡，中国表现为双顺差和巨额外汇储蓄的持续扩大，美国则出现双逆差，并埋下危机的种子。中美储蓄态势存在着有害的关联。中国储蓄者实际上是在为美国消费者的无度开支提供补贴。为了刺激出口拉动的增长，中国决定将货币保持在相对较低的水平，而且紧紧盯住美元，要做到这一点，中国必须不断将大量储蓄转化为美元金融资产：这种投资战略助长了美国保持低利率以及对利率敏感的住房市场处于永久的泡沫状态。

（韵江）

中国农村金融市场风险的理论分析

何大安　著

《中国农村经济》2009 年第 7 期

12 千字

学术界现有对农村金融市场运行的分析和研究，主要集中在农村正规和非正规金融、政策性金融、金融供给、小额信贷市场等，以及与这些问题相关的农村金融制度安排缺陷等方面，较少对农村正规金融和非正规金融的二元运行框架有可能蕴涵的风险构成进行专门的关注，因此可以说，农村金融市场风险问题并没有得到充分的揭示。中国农村金融市场的二元运行框架，是在特定经济理论的影响下形成的，对这些理论展开评说，或许会使人们对农村金融市场风险有更深刻的认识。因此该文以农村金融市场的二元运行框架为基础，对农村金融市场风险进行分析，以期降低风险。

该文作者认为，正规金融和非正规金融的二元运行框架，是形成中国现阶段农村金融市场内在风险的制度框架。这种二元框架对农村金融运行和发展有可能产生的影响，是会引起金融功能在制度、主体和行为等作用过程中产生摩擦，并危及贷款安全和提高借贷双方的交易费用。实践表明，中国农村金融二元运行框架所内生的市场风险，在很大程度上是由农村信用社的垄断经营及利率的自行定价权引起的。当然，外部金融市场的冲击也会对农村金融市场产生影响。如果从整个社会的层面对这种影响做出描述，农村金融市场风险的形式则可以在理论上被解说为另一番景象。现阶段，在理论上揭示外部金融波动对农村金融市场冲击的最主要的困难，在于农村二元金融结构在信贷运作、信息传递、监督管理以及与此相对应的资产价格波动和流动性等方面的特殊性。针对这种情形，需要探寻有助于揭示这种冲击的理论分析方法。

在该文作者看来，搭建二元分析框架需要注意中国金融市场的运行机理、中国金融市场受国际金融冲击的敏感区域和主要金融指标，以及中国农村二元金融框架的体制规定及其运行特征。至于采用何种分析方法来进行计量和统计研究，则可以在借鉴西方分析方法的基础上根据中国的具体情况做出适当的调整或修正。

（韵江）

论人民币可兑换与国际化

吴念鲁　杨海平　陈颖　著

《国际金融研究》2009 年第 11 期

14 千字

在我国经济崛起和进一步融入国际社会的背景下，各方面都要求我国人民币尽快成为可兑换货币和国际货币。本文主要针对人民币可兑换以及国际化实现的条件、目标、步骤、利弊等方面的问题进行了探讨与论证。主要内容包括：

首先，分析了人民币实现资本项目可兑换的基本条件；认为：从现实情况看，我国目前已初步具备和正在形成人民币成为完全可兑换货币的一些条件，但是实行资本项目可兑换仍然存在一些制约因素。

其次，对人民币实现可兑换的时间、指导原则及其具体步骤进行了分析论证。本文在回顾、总结我国人民币资本项目可兑换的具体进程之后，结合我国现实情况，提出大胆的预计：2020 年前我国资本项目将会实现完全开放，人民币可实现自由兑换。根据世界各国的经验，文章认为：人民币资本项目开放必须遵循渐进、有序、可控的原则，并遵循适当的排序开放步骤。本文还对我国人民币资本项目放开后的总体情况、最近的放开实施措施及其香港在放开过程中的作用进行了评述。

第三，对人民币可兑换与人民币国际化之间的关系进行了分析。认为：资本项目开放与货币国际化是既有区别又有联系的两个概念。一国货币实现了资本项目开放并不意味着该国货币一定能成为国际货币。货币可兑换可以推动货币国际化，货币国际化又可以促进货币可兑换进程。因此可兑换是人民币国际化的前提条件。另外，文章对西方货币国际化历史经验教训进行了分析和总结，以期对我国人民币国际化产生积极的推进作用。

第四，分析并论证了我国人民币国际化的现状、发展及其利弊，并在此基础上阐述了人民币渐进式国际化的基本实施路径和发展战略。本文指出：人民币国际化必须要有恰当的路径和明确的整体发展战略，而人民币区域化是国际化的初步阶段。本文认为：我国人民币国际化应采用“三步走”的策略，包括：一是地域扩张上的“三步走”，即坚持人民币周边化、人民币区域化、人民币国际化的取向；以我国为圆心，不断扩大人民币的信任半径。二是在货币职能上的“三步走”，即坚持人民币结算货币、人民币投资货币、人民币储备货币的取向；使人民币从交易媒介到价值尺度直至贮藏手段不断扩展，从得到市场微观主体的认可直至得到外国中央银行的认可。上述“三步走”中的步骤是相互衔接、相互交叉的，尤其需要各项政策的配套实施。

最后，提出了目前我国促进资本项目可兑换与人民币国际化的具体思考与基本措施。

（陈颖）

人民币国际结算的前提是人民币的自由兑换

李德甫　杨南丽　著

《全国商情·理论研究》2009 年第 7 期

7.5 千字

国务院决定开展人民币国际结算，得到理论界、企业、银行普遍赞同。但充当国际结算货币必须首先实现自由兑换。

一、人民币充当国际结算货币必须首先实现自由兑换。人民币充当国际结算货币的前提是实现自由兑换。因为，第一，没有货币自由兑换，人民币对外汇率会扭曲，难以反映它对自由外汇的真实汇率；第二，没有货币自由兑换，非居民不愿接受它作为计价、结算货币。第三，没有货币自由兑换，非居民也不愿接受它作为储备货币。国际结算货币地位在于它的稳定性、通用性和普遍可接受性。

二、作为非自由兑换货币的人民币要充当国际结算货币其范围十分有限。第一，其普遍可接受性有限。国际结算货币必备三个条件：一是其在世界经济总量中的比重足够大；二是经济政治制度高效、稳定；三是国内企业有足够的竞争力。第二，其可兑换性有限。则用于国际结算可能非常偶然、数量极小，失去结算货币的意义。第三，其作为储备资产功能有限。这切断了作为结算货币的来源。要充当国际结算货币，必须做好基础工作，包括市场经济体制建立、市场机制作用有效、消除垄断、银行系统运作的高效率并长期稳定，企业技术、管理水平优良，有较高国际竞争力，没有资本流动限制。

三、有限范围充当国际结算货币的意义不仅不大，而且承担的责任增加。作为国际结算货币的好处：如减少汇率风险和交易成本、扩大银行国际结算业务、推动人民币市场发展；不必费力去赚取外汇、得到铸币税。但代价很大：第一，人民币对外供给取决于我国进口量。如果外国出口商不愿接受人民币，则其供给极为有限。第二，外国对人民币需求取决于对我国进口量。如果外国进口商没有人民币，难以形成对中国商品的需求，我国出口受制。当外国用自由外汇对我支付时，增加其便利而增加我国出口商困难。第三、人民币结算的代理和结算系统的建立是要支付成本的。若代理行国家中央银行不许经营人民币业务，就难以展开人民币国际结算业务；我国商业银行建立人民币国际结算支付系统也要耗费很大成本；没有人民币金融产品投资市场，不可能开展人民币国际结算。第三，人民币结算风险问题。任何作为国际结算的货币都存在风险。人民币也是如此。风险有两方面：一是微观风险，即行为者因使用人民币国际结算产生的风险。二是宏观风险，即由国家之间的相对经济变动导致的汇率变动的风险。

（李德甫　杨南丽）

中国银行业垄断机制形成的约束因素分析

郁方　著

《广东社会科学》2009 年第 3 期

字数：6.5 千字

建国 60 年中国银行业制度演变是一个很值得探究的过程，大部分人都认为中国银行业是一个高度垄断行业，也提出这种垄断主要形成于国家对金融的高度控制。在经济学界，不少学者构建了许多理论框架去解释中国的整体制度变迁过程，然而，外部因素推动中国银行业制度变迁的理论思路对银行业垄断格局的形成及其演变的实践解释缺乏有效的说服力，中国的银行业垄断究竟如何在建国之初构建基础，又如何在改革开放的市场化取向中逐步形成，政治权力、利益关系、金融组织、企业机构如何在转轨经济环境下的博弈过程中演绎了中国独特的银行垄断架构。中国银行业垄断演变的理论解释与约束因素构成，至今的研究文献仍十分有限，这一演变过程需要新的解释理论。从银行业垄断机制形成的约束因素变化的分析视角，可以构建我国银行业垄断机制变迁的演进论解释框架，而银行业垄断机制的分析对下一步构建我国银行业规制模式具有很好的实际效应。本文的研究观点与结论是：

1. 中国银行业的垄断有其独特的历史背景和理论渊源，从垄断机制演变的约束变化角度看，中国银行业的垄断机制是在国家资源配置集权实现经济复苏和赶超战略的历史约束下，在计划经济、公有制和金融主权论下的理论约束以及转轨环境下的利益博弈约束下超经济势力作用演变形成。是一种国家垄断形式。

2. 国家银行垄断格局是一种权力与利益博弈下的选择，它可以说是我们制度设计模式上的问题。它是历史因素、理论基础和利益博弈的综合产物。国有银行的初始资本都由国家作为出资者投入，并通过特许权制度、市场主体规制等方式确定其垄断地位，得以获得超额垄断利润。然而，作为所有者的国家及全体民众多年来并未回收资本回报与红利，大多数超额利润直接或变相地转化为垄断行业的职工收入或福利，风险却全由国家承担并转嫁到民众身上。

3. 中国目前已逐步形成多种类型银行参与市场竞争的商业银行体系，但五大国有银行金融资源控制与市场集中度仍占明显优势。国有独资银行的产权改革虽已基本完成，在国有垄断的改革初始约束条件下，因资源占有绝对优势的路径依赖，产权改革后的国有银行，已经实现从行政垄断向市场寡头垄断的转化。

4. 超经济势力下形成的垄断具有较独特的市场集中度与效率和效益呈现较大的负相关，从总体上看，银行业的垄断对中国银行业的健康发展、金融资源的有效合理配置以及公民金融资源享有权的公正公平是不利的，对于银行业垄断的规制研究应尽快提上议事议程。

（郁方）

从次贷危机到全球金融危机的演变与扩散

彭兴韵　著

《经济学动态》2009 年第 2 期

10 千字

本文在对美国次贷危机到全球金融危机的演进过程进行了简要回顾的基础上，重点追寻格林斯潘的经济思想，探究了导致美国次贷危机的根源、金融危机的扩散机制、危机后的金融发展及对中国的启示。文章认为，将次贷危机简单地归结于格林斯潘时期的货币政策（低利率）失误，并不能找到危机的真正根源，因而也无助于从根本上解决危机。格林斯潘所推行的低利率不过是其经济逻辑思想的结果，即为充分自由的经济竞争和提高经济灵活性而不断降低利率，正因为如此，格林斯潘时期的货币政策也不再简单地是凯恩式的反经济周期操作，不断降低利率不过是试图为促进“自由竞争”和提高经济灵活性而创造条件。归根结底，危机不过是过去二十多年里美国过分地追求完全自由市场竞争的结果，它再次暴露了自由竞争市场的缺陷乃至于出现周期性的危机。文章认为，金融全球化的加深、金融市场的交易机制和流动性螺旋、公允会计准则和评级机构的顺周期行为都导致了危机向全球的扩散，并在相当程度上恶化了危机的后果。文章还分析了政府应对这次危机所采取的方方面面的措施和危机后可能的金融发展，金融危机本身是促进金融结构变动的重要因素之一，尤其是改革评级机构的顺周期行为、政府加强对金融机构的有效审慎监管、更加合理的资产价值的计价准则都需要进行相应的改革，金融体系会重新回到寻求政府与市场的结合。文章最后总结了这次危机给中国带来的几个方面的启示，其中最重要的就是告诫我们，要处理好市场与政府之间的关系，为了市场化而忽略了政府的有效监管，会导致金融体系的系统性不稳定乃至危机，这是对中国正在深入进行的金融体系改革最大的警示；持续繁荣离不开审慎的风险控制和监管，监管者应当及时地评估金融创新的潜在风险；要更加慎重地对待金融创新，加强风险管理；国内金融改革与发展、金融机构风险管理、技术和金融产品的创新只能依靠国内金融机构自己的创造等。

（彭兴韵）

国际金融危机对中国经济冲击过程的系统回顾和思考

李平　余根钱　著

《中国工业经济》2009 年第 10 期

18 千字

2008 年爆发了新世纪以来第一次全球性金融危机，中国被迅速地卷入进去，经济运行情况直线坠落。时至今日，危机在全球的影响已有消退的迹象，中国已艰难地从危机中恢复过来。危机是如何冲击中国经济的？中国采取了一些什么样的应对措施，这些措施发挥了什么样的作用？针对这些问题，虽然事中作过很多分析，但在事后有更多的数据支持，可以作更多的检验，从而把问题分析得更加透彻。全球性金融危机的发生频率很低，危害极大，对发生和影响过程进行系统、全面、深入的总结，可以为以后防范和应对危机提供重要借鉴。

这次全球性金融危机始于 2007 年的美国次贷危机，2008 年 9 月，随着一大批巨型金融公司陷入困境，次贷危机演变成了金融危机。随后危机的影响迅速向世界各地蔓延，发达国家经济陷入衰退，发展中国家经济增长降至低位，发达国家失业率不断创出新高，国际贸易量大幅减少，国际市场商品价格大幅下挫。

国际金融危机对中国经济产生了巨大的冲击，其主要冲击途径是：出口和国外投资减少、价格下跌以及公众信心滑落。前两个冲击是直接的，后一个冲击是心理性的。金融危机的冲击造成中国经济增长速度迅速下滑，亦对民间投资造成了明显的负面影响。采用分行业和分地区的数据，对冲击途径与冲击影响之间的关系进行计量研究，研究结果表明：高外向程度行业遭受的冲击较大，高外向度地区遭受的冲击更加突出。

为抵御国际金融危机对中国经济的不利影响，中国迅速出台了一系列强有力的扩大内需措施，实施了积极的财政政策和适度宽松的货币政策，调控力度随着外部环境的恶化不断加大。这些调控措施是及时的、必要的，它避免了经济的衰退，维护了金融体系的稳健运行，阻止了投资增长速度的下滑，带动了经济回升。对中国经济回升过程的全面分析表明：我国经济回升开始于 2009 年 3 月，回升的主要动力来自政府推动的投资增长；2009 年 5 月以后，经济回升的内在动力开始增强，民间投资增长动力开始增强，存货调整结束，由下降转为上升，汽车市场迅速升温，房地产市场升温，外需影响将向正面转化；由于调控力度偏大，经济中形成较为明显的通货膨胀压力。

（江飞涛）

中国汇率传递效应的实证分析

王晋斌　李南　著

《经济研究》2009年第4期

13千字

开放条件下，是否应该关注汇率传递效应所带来的一国进口品物价水平及国内CPI的变化，一直是以新开放宏观经济学为理论基础的货币政策研究的核心问题之一。近年来，许多国外学者以不同国家为样本，对汇率传递问题进行了大量的经验性研究，并得出了不同的结论。其中，在以发达国家样本为基础的经验性研究中，汇率传递效应存在下降趋势的观点似乎占据上风，但也有一些研究发现，对于某些工业化国家，汇率到进口品价格水平的传递效应增加的同时，到国内CPI的传递效应却在下降，或者出现相反的情况。而在对发展中国家的研究中，大多支持汇率传递效应并不存在显著下降的趋势。

对于高外贸依存度的中国经济来说，随着进口额/GDP比例的不断上升，主要贸易伙伴国物价水平的变化会在多大程度上影响到国内物价水平的变化，即汇率传递对中国进口品价格和国内CPI的影响程度究竟如何，越来越成为国内学界、商界以及政策制定部门关注的焦点。如果人民币汇率变化幅度难以吸收进口品到岸价格的变化，即汇率传递效应低于国外价格传递效应，汇率传递程度对国内CPI的影响将会非常显著，那么防止通货膨胀的货币政策就应该关注汇率变化。

为了进一步探讨以上提到的中国汇率传递效应的问题，本文利用中经网统计数据库以及Wind资讯提供的数据，首先分析了中国主要贸易伙伴国物价水平和中国进口品价格水平变化的趋势及特点，然后在前人研究的基础上构建了中国汇率传递的理论框架和计量模型，进行经验性分析，最后得出了以下的基本结论：第一，在2001M1—2008M3样本期间，中国有管理的浮动汇率制度下的汇率升值幅度低于美国和欧元区的物价上涨幅度，人民币汇率升值难以完全抵消进口品到岸价格水平的上升，因此，总体上进口价格指数的汇率传递系数较高。但是，由于价格管制、贸易方式和CPI编制方法等因素的影响，进口品价格传递到国内CPI的效应比较低。第二，自2005年7月人民币汇率改革以来，汇率传递的短期和长期弹性系数明显上升，这说明人民币汇率变动对于抵消国外物价冲击的作用在明显增加。因此，对于高外部依存度的中国经济来说，更有弹性的汇率制度能够更有效地吸收国外物价水平变化对国内物价水平所造成的冲击。

（王晋斌）

房地产财富与消费：来自于家庭微观调查数据的证据

黄静　屠梅曾　著

《管理世界》2009年第7期

16千字

该文首次利用家庭微观调查数据，对我国近10年居民房地产财富与消费之间的关系进行研究。家庭微观调查数据在样本总量、指标类别，尤其是在揭示家庭房地产财富效应的微观机制方面，有着宏观加总数据不可比拟的优势，可以深入、细致地分析我国房地产财富效应在不同地区、不同收入层、不同年龄段以及不同住房类型之间的差异，从而大大提高了分析的精确度，获得更可靠的、更细致的和更具说服力的实证结果。

该文实证分析主要得到以下结论：（1）房

改后，房地产财富对居民消费存在显著的促进作用，房地产财富效应的弹性系数为0.08～0.12，即住房财富每增加1%，耐用消费品增长0.08%—0.12%，与0.26的收入消费弹性以及OECD国家0.11—0.17的房地产财富消费弹性相比，我国的房地产财富效应值得关注。(2) 房改后我国城镇房价上涨，导致城镇居民房地产财富的普遍上涨，但是房地产财富对消费的弹性系数并没有增加，反而有所降低。可见，房改后随着房价的上涨，我国的房地产财富效应却有所减弱。(3) 我国房地产财富效应的发挥在不同家庭存在着差异，并且与西方发达国家相比也有所不同。具体地，住房来源为“自己的”家庭的住房财富效应最大，高于住房来源为“单位的”和“国家的”家庭，但自有产权住房与租私人住房的家庭房地产财富效应没有显著差异；户主越年轻的家庭，房地产财富效应越大；收入越高的家庭房地产财富效应越大；经济越发达地区房地产财富效应越大。

最后，该文将我国房地产价格近10年的持续上涨对居民的消费产生抑制作用的具体原因总结为：首先，我国大部分居民把自有住房作为长期消费品，即使房价持续上涨，他们也不可能真正去兑现房地产增值收益；其次，中华民族传统家庭观念根深蒂固，居民具有很强的遗赠动机；再次，我国金融体系尚不完善，信用体系尚未完全建立，消费者面临信贷约束；最后，我国经济正处于转型时期，在渐进式转型的动态变革过程中，外生性的体制变迁风险和居民对未来预期的不确定性因素对消费决策影响较大，这些因素对房地产财富效应的发挥都会产生负面的影响。

（韵江）

营销学视角中的金融服务创新：文献评述

何德旭　张雪兰　著

《经济研究》2009年第3期

24千字

金融服务创新收益的实现必须以市场接受为前提，而营销已被证明为令市场接受的关键助力。然而，目前从营销学的角度研究金融服务创新的文献极为有限且相当分散。有鉴于此，本文从营销学的视角对相关学科的金融服务创新文献进行了较为全面的梳理，就为什么市场会接受金融服务创新、如何确保金融服务创新满足市场需求以及金融服务创新绩效衡量等问题进行了评述，并对未来的研究方向与趋势进行了探讨。本文内容主要分为六部分：

(1) 从营销学视角观察和审视金融服务创新：必要性与可行性。本文认为从金融学研究主流来看，很少有文献从营销匹配市场供需的视角分析金融服务创新的成败。金融方法解决技术可行性问题；营销方法解决经济可行性问题。因而营销与金融方法的结合，是促进创新金融服务成功的关键。

(2) 消费者创新性、金融服务创新扩散及网络外部性。本文从微观层面：消费者创新性；宏观层面：金融服务创新的扩散；宏观与微观层面的联结：网络外部性这三方面讨论了为什么市场会接受金融服务创新。

(3) 金融服务创新的内部影响因素。①市场导向；②有效沟通；③领导层的特征及其对金融服务创新的关注与承诺；④组织学习。本文指出，金融机构创新要贴近市场需求，就必须寻求使其实力与环境相互契合的战略。

(4) 金融服务创新活动的组织形式和管理方法。①金融创新的组织形式；②金融服务开发流程及管理方法；③金融服务创新的专利防御。

（5）金融服务创新的微观绩效及由此引发的宏观福利效应讨论。①金融服务创新的微观经营绩效主要体现在财务、顾客、机会三个层面。②金融服务创新的宏观福利效应。本文认为：金融创新监管应做到在正确评判金融服务创新宏观福利效应的基础上，有效地控制风险而又不扭曲和抑制创新。

（6）提出本文所梳理的内容所涵盖的研究领域至少有以下问题或挑战值得进一步探讨：①对于市场为什么会接受金融服务创新这一问题有待于深入研究。②对影响金融服务创新贴近市场需求的内部因素的研究。③如何高效组织研发及整合各方面力量进行跨领域研发。④对于金融服务微观市场绩效及由此引发的金融服务宏观福利效应的讨论。

（何德旭）

国际经济与贸易

贸易保护主义抬头的原因、后果及我国的应对措施

刘伟　蔡志洲　苏剑　著

《金融研究》2009年第6期

8.5千字

贸易保护主义抬头和"去全球化"思潮泛起的根本原因就在于全球经济增长的放缓，而金融危机的出现更是引起了人们对全球化和自由贸易的反思。首先，全球化是金融危机爆发及国际传播的重要原因。如果没有金融全球化，美国的"次贷危机"就会被局限于美国的范围内，不会波及全球；亚洲金融危机期间国际热钱未受约束的自由流动可以说就是亚洲金融危机的主要原因之一。其次，"全球化"被认为减少了发达国家的就业机会。贸易逆差、资本外流、产业转移、劳动力的流入等都被认为抑制了发达国家本国居民的就业。最后，"全球化"降低了各国宏观经济政策的效果，在全球化的情况下，一个国家辛辛苦苦创造出来的总需求却可能是对外国产品的总需求。

受贸易保护主义影响最大的自然是那些对国际市场依赖性大的国家。实际上，对国际市场依赖性最大的国家恰恰是富国。首先，富国的生产一般是资本密集型的，存在大量的"沉没成本"，因此，只有市场规模足够大才能够生存下去，才能把大量的初始投资收回来。而穷国的劳动密集型生产不需要大量的初始投资，即使停产也没有太大的利息负担和维护成本，因而对市场规模缩小的应对能力要远远大于富国。其次，贸易保护主义抬头时，中国、德国和日本可能会出现产能过剩，美国则可能因为减少国际采购而使其国内的投资和消费受到较严重的影响。第三，外贸对中国经济增长的影响没有人们想象的那么大。出口总额、进口总额或进出口总额反映的都是总产品，其价值中包括了中间消耗，而GDP或GNP是以净产品概念反映的，不包含国民经济活动中的中间消耗。因此，要客观地估计外向型经济对一个国家经济总量的贡献，还需要看外向型经济所提供的增加值的规模。按照我们的估计，在现阶段，我国出口产品的增加值在GDP中的比重在10%到15%之间。

面对世界各国的贸易保护主义思潮，我国首先要扩大短期内需，保持平稳较快的经济增长。其次，要采取措施鼓励外向型企业提高国际竞争力，保住我国的市场份额，与此同时，国家要支持出口企业在国际上与贸易保护主义

作坚决的斗争。第三，实施和加快进口替代，降低对外依存度，为我国打击贸易保护主义提供条件。第四，加快外向型产业的结构升级，提高产品的科技含量和附加价值。第五，针对全球化对需求管理政策效果的削弱，可以考虑用供给管理代替需求管理。

（苏剑）

碳关税、低碳经济和中美贸易再平衡

夏先良 著

《国际贸易》2009年第11期

17千字

该文的研究认为碳关税本质上是一个国际政治经济问题，在限制碳排放上最多只有微弱的边际效果，在解决全球气候变暖上不起实质作用，已经失去削减碳排放的意义。碳关税在理论上缺乏支持前提和基础，在实践上难以实现。碳关税模糊了《京都议定书》确定的发展中国家和发达国家之间对气候变化共同但有区别的义务，实际上以无差别的减排标准“共同”负担气候变化的减排成本费用。设置碳关税也与WTO促进贸易自由化、便利化的基本规则和趋势背道而驰；同时也违背了《联合国气候变化框架公约》明确规定的在任何义务加在发展中国家之前，发达国家必须采取实质行动的原则。

削减温室气体排放以控制全球气候变暖的低碳经济是世界经济发展的大趋势，将深刻调整全球经济结构和利益格局。新能源、新环保技术可能使欧、美日益衰退的制造业和服务业又重新复活，将为金融危机打击下陷入贬值绝境的美元、欧元注入新的价值。欧、美低碳经济技术水平将成为欧元、美元内在价值的指标之一。同样，世界各国货币内在价值都将在一定程度上以实体经济的低碳技术水平和低碳化程度作为价值量衡量标准。

全球经济失衡是经济全球化规律的结果，中美贸易再平衡违背了经济全球化规律，不仅难以实现，而且加剧了贸易保护主义，会伤害中美经贸合作正常发展。除非美国通过碳关税的保护手段成功启动低碳经济使美国制造业经济重新复苏，否则美国制造业逐渐衰退是一个客观规律，中国、印度、巴西等新兴国家取代美国制造业地位的趋势不可避免。

对欧、美所提出的碳关税议题，中国应持无须与欧、美进行硬碰硬对抗的原则，既不反对，也不支持，碳关税可实现的难度很大，我们应让它自导自演，自生自灭。中国要积极推动和参与国际碳减排协议谈判，掌握话语主动权，力促各方达成一项全球减排新协议，实现全球合作共赢。应通过谈判争取对我国经济发展的最大发展空间，尽可能减少我国碳减排压力。中国应联合石油供应大国、发展中外贸大国一起结成利益联盟，与印、俄、巴等国家协调应对全球气候变化的原则立场以及策略，共同抵制碳关税的不利影响。中国应抓紧制定低碳经济发展战略、政策和法律法规，积极推动国内碳税征缴政策出台，增加新能源研发和节能减排的直接投资，制定鼓励社会投资以及给予企业、民众直接补贴的循环经济政策，积极推动产业结构向低碳、低能耗、低污染的转型升级，提倡绿色GDP考核，同时加强低碳技术国际合作。

（张宁）

中国沿海地区出口奇迹的发生机制分析

巫强　刘志彪 著

《经济研究》2009年第6期

13.4千字

文章首先提出，我国沿海地区的出口奇迹体现为三个方面，一是货物贸易出口额增长迅速，二是出口结构中消费品出口比重高，三是机器设备进口的比重异常之高。对于前两个方面，现有研究已经有大量成果涌现，但是对于第三个方面，却在理论研究中没有得到足够的重视。接着，文章进一步提出，我国沿海地区消费品出口比重高与机器设备进口比重高的“双高”特征，反映了我国消费品出口厂商实施“为出口而进口”的出口扩张战略，即通过进口国外先进机器设备来促进出口增长。这一概念在国际研究中也得到部分验证。“为出口而进口”出口扩张战略的本质是我国消费品出口厂商面对国外市场对于产品质量的更高要求。由于受到本土装备制造业技术水平滞后的约束，只能采用大规模进口国外先进机器设备的做法来提升产品质量，跨越国外的苛刻质量要求，从而实现消费品的大量出口。

其次，该文章以 Krugman（1980）的垄断竞争贸易模型为基础，将消费者的产品质量偏好引入该模型，分析在封闭条件下垄断竞争的消费品行业处于均衡时的条件，并证明开放贸易之后，各国垄断竞争行业均衡并没有被改变，但是消费者的选择范围扩大，从而提升了其福利水平，因而自由贸易能为参与贸易的国家带来贸易利益。

再次，文章还拓展了基本模型，考虑了发展中国家消费品出口厂商可以使用发达国家生产的先进机器设备的情形，重点说明在短期内只要进口机器设备能带来发展中国家消费品厂商利润的提高，那么发展中国家消费品厂商就会选择进口机器设备来替代本土机器设备，从而导致其产品质量达到国外市场高标准，并必然实现出口规模扩张。该文还认为，短期内“为出口而进口”的出口扩张策略在发展中国家消费品出口行业内扩散，即一旦其他同行业厂商模仿采用该战略后，就能实现该行业整体出口规模的扩张。

最后，该文提出在长期内，“为出口而进口”出口扩张战略的实施，将导致消费品出口行业在实现新均衡时，所有在位厂商产量上升，产品质量提高，但行业均衡厂商数量减少。

（巫强　吴福象）

中国贸易量增长之谜的微观经济分析：1978—2007

吴福象　刘志彪　著

《中国社会科学》2009 年第 1 期

15.6 千字

长期以来，国际贸易领域的学者在解释一国商品特别是制成品进出口贸易量增长的原因时，倾向于使用引力模型。针对该模型存在的缺陷，本文从微观经济分析的角度提出了中国贸易量增长原因的假说，即中国贸易量的“爆炸式”增长，源于经济全球化进程中的生产非一体化，源于跨国公司对其制造工序的垂直外包，源于中国企业适时地调整和参与国际产品内分工的策略。为此，本文构建了由跨国公司主导的产品内分工的均衡模型，并利用贸易的技术条件、经济体的相似程度、贸易的政策条件、生产的非一体化程度，以及人均资本装配水平等变量，对中国贸易量增长之谜进行了微观经济分析和计量检验。本文检验的结果，不仅支持了本文的基本判断，也为最近 Wang Zhi 和 Wei Shang-Jin 的研究成果所证实，同时也是本文研究的创新价值之所在。

本文研究的主要结论是，经济全球化带来了企业组织结构的纵向分离，全球跨国公司在对核心资源重新配置时将产品生产工序、环节、阶段和零部件生产实施垂直型外包。这种跨越国家边界的纵向关系使得参与国际产品内分工的中国企业获得了巨大的、迅速增长的贸易流，最终表现为中国制成品进出口贸易量的“爆炸式”增长。可见，全球制造业中跨国公司组织结构的垂直分离，不仅带来了国际生产体系的重大变革，使全球贸易和投资出现了一系列新的特点，也为我国在符合比较优势原理的基础上通过参与国际产品内分工、融入国际经济循环大系统提供了一种新的切入点。因此，随着跨国公司生产非一体化的产品内分工的精细化，客观上为我国制造业在全球化背景下的持续成长和产业升级提供了现实的机遇和可能性。这也要求我们继续把通过积极参与生产非一体化的国际产品内分工，作为谋求中国经济发展的现在和将来都必须长期坚持的战略原则。

本文研究的启发意义在于，要成功地破解中国贸易量增长之谜，需要在贸易的技术条件、交易效率和贸易制度等变量之外，引进跨国公司主导的国际产品内分工的分析框架。本文认为，引入这一分析框架，对于下一阶段中国贸易开放和产业升级互为拉动的发展政策也具有重要的意义。具体表现为，长期来看，跨国公司主导的产品内分工，不仅仅是为了寻找短期的价值洼地效应，更多地则体现为跨国企业的全球战略配置目的，即为抢占东道国的高端市场和实施品牌战略所进行的平行竞赛、交叉渗透和技术俘获等策略的动态调整。因此，虽然利用生产非一体化的国际产品内分工理论谋求自身经济发展，是中国过去30年来改革开放取得成功的一条重要经验，虽然制成品贸易量的迅速增加，反映了中国目前这个阶段参与国际竞争的优势之所在，但本土企业在融入国际经济大循环的过程中，如何真正地不断攀升全球价值链的高端环节，中国企业如何在下一轮国际产品内分工中，创建更多的带有民族文化属性的国际品牌并提升在其全球贸易中的竞争力，这是理论研究和政策研究中必须解决的重要的现实问题。

国际产品内分工的具体实现机制是国际外包。如果说自20世纪60年代末开始的跨国公司制造业非核心业务外包，先后成就了亚洲四小龙的经济奇迹并推动了中国制造业的崛起，那么，当前波涛汹涌的跨国公司的国际外包，不仅在外包的方式而且在外包的内容、范围、手段等方面都发生了革命性的变革，其中最突出的是从制造业的外包走向了服务业外包，从非核心的一般业务外包转向为核心业务和战略性业务的外包。如何解释这一趋势，如何评估它对中国进一步发展的影响，以及如何抓住这个新的战略机遇期，是未来需要我们进一步研究的方向。就攀升全球价值链和增强中国企业国际竞争力等问题而言，我们必须在制造业崛起的基础上，不断地提高服务贸易增加值占GDP的比例，尤其是高级生产者服务占GDP的比重。

（吴福象）

特别提款权与国际货币体系改革

黄梅波　熊爱宗　著

《国际金融研究》2009年第8期

12千字

美国金融危机的爆发再一次凸显了国际货币体系改革的必要性。针对当前国际货币体系存在的缺陷，中国人民银行行长周小川曾明确提出应发挥特别提款权（SDR）的作用，也因此，特别提款权受到各方的重视，那么，如何通过特别提款权来对当前的国际货币体系进行改革呢？改革的时机是否成熟，又将面临哪些风险与挑战呢？

特别提款权是国际货币基金组织创立的一种国际储备资产，其从诞生之初就和国际货币体系改革联系在一起。本文简要回顾了特别提款权发展的历史过程，介绍了其定值以及分配方法。从目前的情况看，利用特别提款权对国际货币体系进行改革包括两个方向。第一，通过对特别提款权的不断完善与改进，逐步提高其在国际货币体系中的地位，从而对美元形成某种约束。改革措施包括：增加特别提款权篮子货币的种类与代表性以增强其可接受性；改进特别提款权的供给机制以保证其供给的持续性；改善特别提款权的分配机制，以满足不同国家对于国际储备资产的需求；增加特别提款权的吸引力，特别是在私人部门的使用，扩大特别提款权的国际使用与国际地位。

第二，积极推动特别提款权替代账户的发展。替代账户将是一个各方共赢的提议。首先，对于储备资产持有国来说，通过参与替代账户，储备资产持有国可以将自己多余的储备资产与基金组织的特别提款权进行置换，改变成员国的储备构成，使自己的储备资产获得令人满意的多样化，获得更为稳定的储备收益，同时在一定程度上解决国际货币体系的不对称性和不稳定问题。其次，对于储备货币发行国来说，它不会过多地触动现有的国际储备结构，同时可以避免由于其他国家进行储备资产转换所造成的美元大幅贬值，其他储备资产大幅升值的情况。最后，对于基金组织来说，替代账户可以提升特别提款权作为储备资产的地位与作用，并带来整个国际货币体系稳定性的上升。同时，通过储备集中，基金组织可以加强全球流动性管理。

但是替代账户并不能解决国际货币体系的所有问题，而且其成功推行还必须解决替代账户下成本与风险的分担问题。当前国际社会一方面必须认识到国际货币体系改革的必要性和紧迫性，采取积极措施提高特别提款权在国际货币体系中的地位，另一方面，必须深入探讨替代账户推进过程中面临的利益和风险问题。

（黄梅波）

关于改革国际货币体系的思考

周小川　著

《中国金融》2009 年第 7 期

2.4 千字

该文认为理论层面上的国际储备货币的币值应该具有以下几个特征：首先，国际储备货币的币值应有一个稳定的基准和明确的发行规则以保证供给的有序；其次，其供给总量还可及时、灵活地根据需求的变化进行增减调节；第三，这种调节必须是超越于任何一国的经济状况和利益。但是当前的国际货币体系却是以主权信用货币作为主要的国际储备货币，此次金融危机的爆发并在全球范围内迅速蔓延，很好地反映出当前以主权信用货币作为主要的国际储备货币国际货币体系的内在缺陷和系统性风险。这种缺陷和风险对于储备货币发行国而言主要体现在国内货币政策目标与各国对储备货币的要求经常产生矛盾：货币当局既不能忽视本国货币的国际职能而单纯考虑国内目标，又无法同时兼顾国内外的不同目标；既可能因抑制本国通胀的需要而无法充分满足全球经济不断增长的需求，也可能因过分刺激国内需求而导致全球流动性泛滥。

基于以上原因，该文认为国际货币体系改革的理想目标是创造一种与主权国家脱钩并能保持币值长期稳定的国际储备货币即超主权储备货币，这样不仅可以避免主权信用货币作为储备货币的内在缺陷，也为调节全球流动性提供了可能。国际货币基金组织于 1962 年创设的特别提款权（以下称 SDR），由于具有超主权储备货币的特征和潜力，为实现国际货币体系改革提供了一线希望。基于此，今后国际货币组织应该从以下几个方面拓宽 SDR 的使用范围，从而能真正满足各国对储备货币的要求：一是建立起 SDR 与其他货币之间的清算关系；二是积极推动在国际贸易、大宗商品定价、投资和企业记账中使用 SDR 计价；三是积极推动创立 SDR 计值的资产，增强其吸引力；四是进一步完善 SDR 的定值和发行方式。另外，为了更好地加强 SDR 作用的有利手段，增强国际社会应对危机、维护国际货币金融体系稳定的能力，国际货币基金组织应该对其成员国的部分储备进行集中管理。

（韵江）

世界经济危机和资本主义制度调整

厉以宁　著

《社会科学研究》2009 年第 2 期

9.5 千字

2008 年出现的严重金融危机及其对实体经济的影响引起资本主义制度是否需要进一步调整的思考，具体如下：

思考之一：为什么西欧经济会这样快地受到美国金融危机的影响？该文认为，除了同第二次世界大战结束以后美国和西欧国家在经济上的联系越来越密切外，也与西欧国家本身经济和金融业的明显缺陷有关。

思考之二：为什么西欧经济会过度依赖美国经济，以至于美国金融和经济一有风吹草动，便迅速使西欧金融和经济受到牵连？该文将其原因总结为：以美元为中心的货币体系从多方面影响着西欧经济；冷战时期形成的西欧与美国的密切联系至今变化不大；经济实力的差距使得西欧各国不得不与美国走经济联合之路。

思考之三：金融危机下政府注资于私营大银行和私营大公司的措施会引发如下两个问题：第一，政府注入的资本归根到底是纳税人的钱，纳税人的钱为什么要帮助私营大银行和大公司呢？第二，由于加大了政府对经济干预的力度，其结果会不会出于西方国家政府领导人的预料而把国家引导到社会主义道路上去？

另外，对于资本主义进一步实现制度调整的可能性有多大呢？该文作者认为，这里有两个问题需要关注：一是西方国家，尤其是西欧某些国家的中低收入阶层是怎样想的？又是怎样看待本国政府应对危机所采取的措施的？另一个问题是西欧某些国家的左翼政党是怎么想的？通过分析，我们认为，中低收入阶层是赞同国家对经济干预的，他们是资本主义制度调整的推动力。左翼政党不会忽视继续推进资本主义制度调整这一可以争取选民支持的纲领，不管它们能否成为执政党，都将使资本主义制度调整的速度加快。总而言之，资本主义制度调整会持续下去，这就是对今后较长的时期我们可以做出的判断。

（韵江）

区域经济一体化、FDI 与国际生产转移：一个自由资本模型

鲁晓东　李荣林　著

《经济学》（季刊）2009 年第 4 期

17.3 千字

区域经济一体化（RIAs）是一个历久弥新的经济现象，相对其贸易效应而言，它对于国际直接投资以及由此所引起的国际生产布局的影响，无论是在理论上还是在经验研究上都处于起步阶段，或者说是处于理论追赶实践的阶段。已经有大量的证据表明 RIAs 的建立会对跨国公司生产活动的区位选择产生影响，这种影响反映在宏观经济领域就表现为以国际直接投资为载体的生产布局的跨国跨区域调整。另外，在经济政策领域一直以来都存在一个所谓的共识：区域经济一体化的一个重要利好在

于它能够吸引更多的区域内外国际直接投资，即所谓的“投资创造”效应，并使成员国受惠于日趋集中的产业活动。除了基本的资本特征之外，FDI更是被赋予更多的深层次含义，如缓解就业压力、催生人力资本、提升产业结构水平等。这自然引起对以下问题的思考：RIAs是否改变了既有FDI投资类型？在一个RIAs内部，投资行为所导致的经济活动是否呈现出有规律的地理分布特征？

针对这一问题，本文以新经济地理学的第二代模型——自由资本模型为基础，考虑到经济发展在全球和一国内部的不平衡性，进一步将二元经济结构特征的假设加入传统模型，从而将传统的产业区位研究由国际拓展至国内层面，分析了RIAs制度安排下的投资流向以及生产布局的演变，得出以下基本结论：经过对标准自由资本模型的扩展，本文建立适用于分析区域经济一体化与国际直接投资关系的理论框架，并通过数值模拟的方法演示了不同类型的区域经济一体化组织对于资本流动以及由此形成的国际生产布局的影响，得出以下基本结论：第一，RIAs的建立扩大了本地市场规模，并进而产生了本地市场效应，因此区域自由贸易安排促使国际资本内流，逐步提升了RIAs集团内部的企业数量；第二，国内贸易便利化条件对于引发产业集聚具有重要意义，在区域贸易自由化安排下，资本总是倾向于流向那些具有良好的经济基础设施、贸易成本相对较低的国家和地区。而这种资本向特定地区的集聚是以其他国家和地区的工业损失为代价的；第三，区域经济一体化安排具有不同的短期和长期投资转移效应。在RIAs组建的早期和中期往往伴随着资本的剧烈流动，在某些情况下还有可能出现产业布局突变效应，而在RIAs的成熟期一般具有相对稳定的产业布局；第四，不同类型的RIAs会产生完全不同的投资转移效果，由此也就形成了迥异的产业分布格局。

（鲁晓东）

中国贸易政策调整与出口结构变化分析：2006—2008

裴长洪　著

《经济研究》2009年第4期

14.7千字

从2005年下半年起，国家对出口贸易政策进行了较大幅度调整，这种政策调整一直延续到2008年9月份美国金融危机影响显现后才进行转向。这些政策执行的结果是出现了中国出口贸易快速增长逐年回落的现象，并引起了中国出口贸易结构的若干变化。

该文通过对以上结构变化的分析以及对政策实际实施后果的解释，得出以下基本结论：近三年中国贸易政策调整与日本、德国20世纪80年代中后期本币升值趋势下采取的贸易政策有很大区别，它倾向于自我紧缩外部市场并限制加工贸易的国际分工方式，由此导致了2006—2008年中国出口贸易总量增长速度的下降，但预期的“转变增长方式”的结构调整目标并没有实现。从而使此次政策调整实际成为出口贸易增长减速调整，并且也使贸易顺差的增长速度大幅度回落。贸易顺差从2005年的218%的增长速度，逐年依次下降为74%、48%、12.5%。与此同时，伴随着基本后果出现的还有一些实际后果：第一，出口减速促进了“价格转移”，引起了若干结构变化。第二，结构优化的预期并没有实现，反而出现了出口结构高级化的停滞。第三，关税和出口退税等政策措施对于限制“两高一资”产品出口的作用有效但却也很有限。第四，人民币升值削弱了中国出口商品竞争力。

除以上基本结论之外，该文通过对政策实际实施后果的分析，还给出了一些政策上的建议，即应采取正确的政策导向实施出口贸易救助。2008年9月中旬，我国宏观经济政策开始转变：在“保增长”的宏观经济决策主导下，开始部分取消出口关税措施，取消加工贸易限制性规定，并分步骤调整和提升出口退税的政策力度，唯一没有改变的是人民币汇率政策。某种情况下，我国调整人民币汇率会引起贸易保护主义对我国的报复，我国的出口贸易也会被其利用，但这种麻烦事不可避免的，因此我们在选择合理的人民币汇率政策以救助我国出口贸易时，不必看贸易保护主义的脸色。

（韵江）

公共政策与政府管理

中国医疗卫生服务均等化地区比较及体制改革研究

王志锋　张天　著

《经济社会体制比较》2009年第6期

7千字

基本医疗卫生服务均等化是基本公共服务均等化的重要组成部分，缩小因地区差异导致的基本医疗卫生服务水平差距，对公共卫生资源的有效配置、区域统筹发展具有重要意义。改革开放后，我国医疗卫生领域的过度市场化，模糊了政府在卫生领域的支出责任，其直接后果是，政府负担医疗卫生经费的比例有所减少，个人负担费用的比例增大，从而使“看病难、看病贵”成为全社会关注的焦点。这在欠发达地区表现尤为明显。由于各地经济发展极不平衡，地方财政收入也各有不同，地区间提供医疗卫生服务的能力差别很大。也就是说，中国不仅面临着医疗卫生支出总量不足的问题，同样面临着地区间医疗卫生服务水平非均等化问题。

基于我国地区间公共卫生服务和医疗服务的差异化现实，本文运用离差值分析法和省际数据，从医疗卫生事业投入水平、医疗卫生事业服务水平、各地居民对医疗卫生的支付水平、各地居民对医疗卫生的参与水平等四个纬度，筛选出九项具体指标，对我国各省的公共卫生和医疗服务均等化水平进行定量分析，以期较为直观地观察各省间的差距以及不同地区间的差异情况。

实证研究表明，我国省际间医疗卫生服务具有较大差异性。不仅如此，各地区公共卫生与基本医疗服务能力和该地区经济发达程度呈高度正向相关关系；中国西、中部地区和东部地区在医疗卫生服务水平方面非均等化态势明显；在某些指标上，还呈现北方地区与南方地区的差异化特征，这可能与传统文化以及市场化程度有关。结合未来医疗卫生体制改革趋势，要实现公共卫生和基本医疗服务地区均等化，应着重进行以下相应制度创新和机制完善：（1）明确政府支出责任，避免医疗卫生事业过度市场化；（2）完善转移支付制度，优化医疗卫生支出的地区结构；（3）加大居民覆盖力度，建立普遍保障的医疗卫生制度。

还应注意的是，我国公共卫生与医疗资源均等化过程面临一个两难选择问题，即地区规模经济效益诉求和资源配置两极分化趋向间的矛盾。虽然，这一两难选择问题将会长期存在，但其也只有在推行公共卫生和基本医疗服务均等化过程中才能得到解决，因为，要增加欠发达地区和低收入人群的医疗卫生服务的可及性，必须加强政府的积极引导，改变医疗卫生资源配置的多元结构。

（王志锋）

西部农村减缓贫困的进展

李周　乔召旗　著

《中国农村观察》2009年第1期

18千字

中国政府严格意义上的扶贫，是在改革开放后提出并大规模实施的。这种大规模扶贫不仅始于西部农村，而且越来越向西部农村倾斜。经过持续30年的努力，西部农村的减贫工作取得了显著的成绩。其贫困人口从1978年的10897.5万减少到2006年的1370万，下降了90.3%；贫困发生率从41.92%下降到4.8%，减少了37.12个百分点；尚未脱贫的农村贫困人口在贫困深度上有极大的缓解。

20世纪80年代西部农村的贫困可以用发生面大，发生率高和贫困程度深来概括。形成这些特征的主要原因是：(1) 农业生产体系薄弱，缺乏稳产高产的基本农田，缺乏灌溉条件和排灌设施，缺乏抵御气候变化的能力。(2) 产业结构低下，停留在单一农业生产阶段。(3) 基础设施落后，获得安全饮用水人口比例低、村庄通电率低和通公路率低。

我国政府减缓农村贫困的主要举措是：增加基础设施供给，改善发展环境；增加教育投资，促进人力资本积累；增加科技投入，发展农业生产力；开展产业化扶贫，带动贫困农户增收；促进劳务输出，增强农户就业技能；实施整村推进，提高贫困瞄准程度。西部农村作为中国扶贫的重点区域，得到了各级政府和社会各界越来越多的支持，具体表现为纳入扶贫的范围逐期扩大，参与扶贫的主体不断增多，扶贫力度逐渐提高，扶贫模式持续创新。

西部农村减缓贫困的进展可以概括如下：(1) 贫困人口不断减少。其中广西、宁夏和重庆的贫困发生率已经小于我国的平均贫困发生率，西藏、四川的贫困发生率已低于3%。(2) 贫困深度不断减弱。2006年西部已有3个省份的贫困深度低于全国水平。(3) 基础设施供给均等化程度不断提高。2006年，我国西部行政村和自然村通电率分别为96.0%和96.1%，与全国水平相当；行政村和自然村通路率分别为91.2%和78.0%，与我国平均水平相差不大。西部区农村解决安全饮水人口的比例超过70%，与全国平均水平的差距在缩小。

西部农村扶贫中创造和推广的经验是：(1) 实施公示制度，促进贫困社区的民主监督；(2) 推广参与式方法，促进民主决策和社区和谐发展；(3) 开展小额信贷，通过提供发展机会提升贫困农户的发展能力；(4) 社区主导发展，引导农户采取减缓贫困的集体行动。

（李周）

汶川大地震灾后恢复重建社会援助的路径障碍与对策

郭岚　著

《经济体制改革》2009年第5期

7.2千字

灾后恢复重建是一项浩繁而艰巨的系统工程，其所需信息量之大、资金投入之巨，无论政府还是社会都难独担此任，需要政府、市场和民间组织形成合力。灾后重建是一场持久战，“可持续”的社会援助是支援灾区的最高境界。如何将危难中爆发的精神力量和整个社会向善的愿望通过制度的演进转化为长效的社会援助机制，是灾后重建需要研究的重要课题。

社会援助对于保障灾后重建具有重要意义。然而，我国社会援助的路径并非顺畅，存在诸多障碍：一是社会捐赠渠道单一，无法形成良性竞争，影响资金使用绩效。根据民政部发布的《救灾管理办法》规定，只有几十家甚至十几家组织具有募款资格，排除了大量通过其他非政府组织捐赠和直接向受灾人捐赠的免税优惠。二是民间组织（NGO）发展遭遇制度、资源等多重掣肘。对NGO形成的事实上的“双重管理”体制，不仅客观上造成不能充分合理利用社会资源，从长远看，亦无益于有限政府、市场经济与公民社会的构建。三是志愿者权益缺乏保护，专业技能不足，导致资源重置和浪费。

构建可持续的社会援助体系，需要从以下方面做出努力：

（1）大力发展慈善事业，最大限度启动人们心中的道德资源。一是政府要下放慈善权，让慈善回归民间。二是大力发展平民慈善，培育慈善文化；加快慈善专项立法，对慈善行为实行普惠制，公民直接向灾区政府机构和灾民捐款均能获得免税优惠。三是使企业参与慈善成为常态，建立长效的企业社会责任机制，让企业救助慈善行为得以延续。

（2）加快制度供给，从根本上改变NGO的政治生态。其一，通过立法为民间组织提供法律保障。其二，深化行政管理体制改革。建议把四川作为“NGO的试验田”，通过体制的率先变革，为民间力量参与重建开放更多的通道。其三，建立非政府组织的问责机制，让民间组织依据不同性质、不同层次在合法的条件下健康发展。

（3）强化志愿者激励机制，加强对志愿者的专业技能培训。一要加强政府对志愿者在社会政策、法律环境方面的支持，使志愿者活动得到广泛的社会支持和认可。二要对志愿者提供一定经济资助，对参加服务的公民给予一定生活补贴。三要加强志愿者专业培训，形成较为完善的志愿者服务体系。

（4）构建汶川地震灾后重建网络平台，发挥其信息整合优势，有效组织和协调来自民间的分散力量。

（5）加强与国际组织的协调联系，充分利用国际资源。利用汶川大地震抢险及灾后重建的机会，将跨国合作进一步持续和深化，使各国在共同面对灾害中走向理解、合作与互助。

（郭岚）

灾难风险与中国城镇居民财产分布

陈彦斌　霍震　陈军　著

《经济研究》2009 年第 11 期
25 千字

我国财产分布不平等程度的迅速恶化已经严重制约了我国经济发展与社会和谐；如何通过有效的政策措施缓和我国财产分布不平等的状况，这是我国当前亟须解决的问题。有效的政策建议应当建立在对我国财产分布不平等的形成原因和形成机制充分理解的基础之上，但是国内尚缺乏相关的经济学理论模型。

Bewley 模型是由 Bewley（1977，1983）提出的一种不完全市场模型，即保险市场不完全的模型。在该类模型中，个体面临异质性的收入风险，保险市场的不完全促使个体无法对收入风险进行完全保险，个体只能够通过持有财产来达到自我保险的目的，从而形成了预防性储蓄。同时，由于收入历史有所不同，每个家庭所持有的财产量也会有很大差异，从而促使模型内生出一种财产分布状况。然而，这些模型都只考虑了个体层面的风险，并没有考虑由于经济波动所造成的总体风险。在现实生活中，人们不仅要面对个体层面上的异质性风险，同时需要考虑总体经济环境的变化，其消费和储蓄计划将会随着总体经济状况是处于萧条时期还是处于繁荣时期而不断变化。财产分布不平等的理论文献还忽视了一类非常重要的风险，即灾难风险。不同于一般经济周期产出围绕其潜在水平波动，罕见性灾难事件往往使产出或者资本存量在短时间内发生非正常的下降，甚至造成市场的崩溃。当家庭考虑到这种风险时，有可能会改变其消费—储蓄模式，从而会促使新的财产分布状况的形成。

本文在对中国城镇居民财产分布状况进行描述的基础上，构建了一个可计算的含有个体风险、总体风险和灾难风险的动态随机一般均衡模型。利用数值校准方法对模型进行计算，计算结果表明：不含灾难风险的模型难以拟合中国城镇居民的财产分布状况；当引入全要素生产率（TFP）灾难风险之后，整个模型经济所产生的财产分布会更加地平均，但与此同时也降低了模型结果对资本产出弹性的敏感程度；而当引入资本灾难风险之后，穷人群体持有的财产份额会下降，富人群体持有的财产份额则会上升，从而很好地拟合了中国城镇居民的财产分布状况。分析结果表明，灾难风险的存在确实会对居民的行为模式进而对整个宏观经济状况产生显著的影响；将灾难风险纳入到模型的构建过程中能够增强模型的解释力。

（陈彦斌）

碳预算方案：一个公平、可持续的国际气候制度框架

潘家华　陈迎　著

《中国社会科学》2009 年第 5 期

20 千字

全球温室气体减排已有一定的科学认知和国际政治意愿，但由于涉及经济代价和发展权益，现有全球温室气体减排的国际制度框架均难于兼顾公平与可持续性双重目标。如何反映各国具体国情，公平地进行温室气体减排义务的分担或排放权分配，并通过相应的国际制度保障其实施是谈判的焦点，备受国际社会的关注。中国作为排放大国，面临日益强大的国际压力。本文基于人文发展和保障基本需求的公平理念，跳出现有京都模式等比例削减的思维定式，研究提出了全球温室气体减排的碳预算方案。该方案兼顾公平和可持续的双重目标，以气候安全的允许排放量为全球碳预算总量，设为刚性约束，可以确保碳预算方案的可持续性；同时，将有限的全球碳预算总额以人均方式初始分配到每个地球村民，满足基本需求，可以确保碳预算方案的公平性。研究表明，在 2050 年全球温室气体排放减半的长期目标下，1900—2050 年全球碳预算约 2.27 万亿吨 CO_2，以 2005 年为基准年按人均原则进行初始分配，年人均碳预算约为 2.33 吨。在此基础上，考虑到各国具体国情不同，就气候、地理和能源资源禀赋等自然因素对碳预算进行了调整，但调整幅度不大。测算数据揭示，发达国家不仅严重透支本国未来碳预算，而且严重侵害了其他国家的排放空间，而发展中国家因历史排放较低，多存在碳预算盈余。为了弥补发达国家历史排放的透支和保障未来每个人的基本需求，该方案设计了碳预算的转移支付机制、市场机制和遵约机制等相关国际机制。碳预算转移的总规模大约为 4556 亿吨 CO_2，若以当前国际市场价格 10 欧元/吨 CO_2 估算，总价值高达 4.6 万亿欧元，平均到未来每年约 1000 亿欧元，远远高于目前发达国家履行向发展中国家提供资金援助义务所贡献的数额。对于中国未来排放，碳预算也构成紧约束，中国低碳发展已成为必由之路。总之，碳预算方案是一个兼顾公平和可持续目标的国际气候制度的一揽子方案，但由于气候变化问题已泛政治化，许多技术性问题需要国际政治与外交谈判才能解决。

（陈迎）

中央与地方的政府间关系：一个理论框架及其应用

张永生　著

《经济与社会体制比较》2009 年第 2 期

8.4 千字

该文建立了一个中央与地方政府间关系的分析框架。根据该框架，上下级政府间有效的纵向制衡和对政府权力有效的横向制衡是一国实现国家稳定和取得良好经济绩效的根本制度保证。该文运用这一框架，将世界上各种政府间关系划分为四种基本结构：

结构 1："人事配置"是由下而上的民主选举，上级政府无法控制下级政府的人事；"财政收入配置"是上级的财政收入占大头，上级将财政收入作为人质，通过转移支付手段对下级施加影响，同时该结构又细分为法制完善的状态下和法制不完善的状态下，法制完善的状态下该结构的代表例子是欧美日等好的发达市场经济，法制不完善的状态下的代表例子是拉美等坏的市场经济。

结构 2："人事配置"是由下而上的民主选举，上级政府无法控制下级政府的人事；"财政收入配置"则是上级政府财政收入占总收入的小头，不能控制下级财政，代表例子是欧盟、邦联以及联合国。

结构 3："人事配置"是由上级任命下级，下级政府无法控制上级政府的人事安排；"财政收入配置"则是上级的财政收入占大头，上级将财政收入作为人质，通过转移支付手段对下级施加影响，代表例子是前苏联体制。

结构 4："人事配置"是由上级任命下级，下级政府无法控制上级政府的人事安排；"财政收入配置"则是上级政府财政收入占总收入的小头，不能控制下级财政，结构 4 的代表例子是分税制前的中国、英国前殖民地（中国香港）。

该文根据此分析框架，分析出未来中国政府间关系和财政转移支付有四种可能的演进路径。第一种演进结果是结构 3，这种结构的特点是中央政府处于非常强势的地位，把持着经济和人事这两方面的控制权。第二种演进结果是法制完善状态下的结构 1，即好的市场经济，从国际经验看，这种结构是迄今为止已被实践证明为最成功的一种政府间关系结构，中国具备了向这种结构演进的一些有利条件。第三种演进结果是法制不完善状态下的结构 1，即坏的市场经济，其最大特点就是对政府权力缺乏有效的横向制衡。第四种演进结果是结构 3（中央—省）+结构 1（省—县—乡），这是一种包括结构 3 和结构 1 的混合型结构，它似乎最接近中国目前渐进式改革的演进方向，而且为日后的进一步改革提供了可操作的空间。

（韵江）

区域基本公共服务均等化与政府间转移支付

张启春　著

《华中师范大学学报》（人文社会科学版）2009 年第 1 期

11.7 千字

如何认识和选择政府间转移支付的目标、进一步完善政府间转移支付制度以促进区域基本公共服务均等化，直接关系到构建社会主义和谐社会的战略目标的实现。

该文首先从思想上统一对基本公共服务均等化的理解，认为对公共服务和基本公共服务的界定终将落实到政府财政支出活动和范围上，并主张从公共品属性和市场失灵理论角度界定公共服务和基本公共服务的内涵以及区分公共服务和基本公共服务。进一步地，从区域角度考虑基本公共服务均等化，并从定性和定量的思路出发，将现阶段基本公共服务均等化范围界定为：行政管理服务、基础教育服务、公共卫生与基础医疗服务、公共文化服务、基础科研服务、就业与社会保障服务、公益性基础设施服务、生态环境保护服务八大类公共服务。在此基础上，该文指出：区域公共服务均等化的目标是使在一个国家范围内，不同地区的居民能享受到大体相同的公共服务，区域财政均等化的根本目标正是寻求公共服务水平的均等化，因此从实际度量考虑，通常用地区间财政均等化程度表示公共服务水平均等化程度。

此外，该文还指出，区域基本公共服务均等化与现阶段政府间转移支付目标主要有两方面：一是政府间转移支付的多重目标体系与区域横向财政均等化；二是区域基本公共服务均等化，这是中国现阶段政府间转移支付的核心目标，原因有三：一是基本公共服务的提供是政府的基本职能和责任，而财政是政府履行职能的物质基础、体制保障和政策手段；二是政府转移支付制度在整个公共财政制度中具有不可替代的功能和作用；三是中国现阶段政府间转移支付制度的重点目标是实现区域基本公共服务均等化。转移支付必须保障各地基本公共服务的均等化，而超过基本层次以上的公共服务的提供，在现阶段，只能由各地政府视财力而定。区域基本公共服务均等化是中国现阶段政府所追求的主要目标，而基于政府职能与公共财政及转移支付的内在逻辑关联，区域基本公共服务均等化应成为我国当前及今后一定时期内转移支付的核心任务。

（韵江）

统筹治理：国家战略和政府治理形态的契合

李瑞昌　著

《学术月刊》2009 年第 6 期

11 千字

政府治理形态由两个因素相互作用所决定：一是国家发展战略，二是政府自身运转规律；因此，政府治理形态是政府根据国家发展战略需要而调整对社会管理方式及改变自身运行状态的结果。“统筹”作为中国国家与社会建设的战略部署及工作方法，在市场经济和全球化时空结构下，促进中国政府统筹治理形态的成长。统筹治理通过战略规划与管理将治理的参与者、治理的目标和手段有机联结起来，从而寻求与国家发展战略任务相适应的政府治理形态。统筹治理的基本方式是协调和整合。通过政策整合与组织协调，政府不断改进自身的服务意识、地域意识，提升自身预防能力、协作能力和创新能力，进而超越公共行政与公共管理模式，形成与国家发展战略相适应的统筹治理形态。随着执政者治国理政能力的日趋成熟，统筹治理不仅将会成为公共领域管理与建设的指导性治理形态，并且可以扩展到企业治理领域，从而为公私治理提供一个共同框架。

该文首先指出，“统筹”是国家战略管理的目标和手段，具体表现为：其一，“统筹”思想既是战略部署又是实施战略的行动方法。其二，“统筹”作为战略管理最重要的一环，其基础性机制是从单一向多元转变。其三，“统筹”的逻辑从利益主导“向”战略引导“转变”。同时，该文指出，政府变革的方向主要有：预防性政府；服务型政府；协作性政府；创新性政府。该文认为，统筹治理作为公共治理的一部分，是国家战略与政府治理形态相结合的产物。人类社会生活领域中组织形态可以分为公共组织与私人组织，其中政府、公共部门和第三部门是典型的公共组织，而企业则是名副其实的私人组织。作为一种社会组织，企业和国家都有着自己的战略目标，而且战略制定受到企业本身和国内国际商业环境等各种因素影响，随着企业治理机制从单向治理转向社会共同治理，企业治理中实施统筹治理形态比政府治理效果更快速、更便利，有益处也更易凸显。

（韵江）

公务员参加养老保险统一改革的思路——“混合型”统账结合制度下的测算

郑秉文　孙守纪　齐传君　著

《公共管理学报》2009 年第 1 期

15.4 千字

该文在回顾中国机关事业单位养老保险制度发展阶段、借鉴国外相关改革经验的基础上，首先提出中国机关事业单位养老保险制度改革的基本原则：坚持建立统一的社会保险制度、坚持政府机关和事业单位同步改革、坚持养老保险改革和事业单位分类改革相协调、坚持事业机关单位养老待遇不出现大幅下降；其次，该文还给出具体改革措施：对改革后参加工作的新人，其缴费比例、待遇计发和退休管理执行全国统一的基本养老保险制度，即“混合型”统账结合制。对改革前已经离退休的老人和改革前已参加工作但尚未退休的“中人”，继续享受原来的离退休政策，养老金调整方案按照全国基本养老保险调整办法执行。对“新人”和“中人”建立第二支柱即“职业年金”制度，以提高其退休收入替代率；基金管理可以采取内部理事会受托模式，也可以采取外部法人受托模式，接受人力资源和社会保障部的统一监管。

此外，该文还测算了改革和不改革情况下机关事业单位养老金支出对财政负担的不同影响。测算结果发现，整个改革过程可分为“成本期”和“收益期”。成本期，“双重支付”会略微增加财政负担，但从 2061 年这一转折点开始，“收益期”将会来临，财政支出占 GDP 比率将大幅下降，到 2070 年下降到 0.51%，只有不改革情况下的一半左右。

国外的改革实践显示，凡是公职人员纳入到社保改革范畴之内的国家，社会就长治久安，反之，当改革改到自己头上的时候，便出现社会动荡和骚乱；改革越早，成本就越小，社会就越稳定。目前，高速的经济增长和激增的财政收入是机关事业单位改革的最佳时机，是一国难得的历史性机遇，稍纵即逝。如果考虑到这些政治和社会等方面的“收益”，考虑到目前的财政条件，该文认为，机关事业单位养老保障改革应纳入到全国社保改革的一揽子设计之中。

（韵江）

工业化、城市化与我国劳资关系社会转型

荣兆梓　著

《中国经济问题》2009 年第 5 期

12.5 千字

市场经济中劳资关系的演化有许多共同点，首先，它分为前后两阶段，工业化初期的工人阶级状况长期停留在生存需要的低水平上而与经济增长的进程脱节，劳资矛盾渐趋紧张；工业化中后期工薪阶层开始分享劳动生产力提高的部分好处，劳资矛盾有所缓和，社会进入资本主导下的不对称均衡状

态。其次，在这两个阶段之间，存在一个转型期，大约发生在人均GDP3500—5000国际元（1990年国际元）前后。再次，转型期需经历几十年时间，期间依次出现的主要事件包括：劳动生产率增长提速，城市化进入快速推进，劳动者生存状况出现波动，劳资矛盾乃至社会矛盾突显，一系列控制矛盾激化的劳动立法，出现劳资关系从紧到缓的拐点，社会进入劳资关系发展的新阶段。世界各国的劳资关系转型期与工业化、城市化加速期存在某种程度的重合。转型前期劳资矛盾突显，源于城市化加速期的巨大成本压力，源于城乡二元经济下劳动力市场的价格落差。

我国当前正处于这一社会转型期，面临一系列的社会矛盾和发展难题。首先是作为一个发展中大国，我们面对的外部发展环境并不优越，产品附加值低，生产处于价值链低端等因素无疑加大了实现本国范围内劳资和谐的难度；其次是我们起步于人多地少的农业大国，这个“基本国情”增加了改善劳资关系的难度。由于起步时底子太薄，为保障工业化和城市化的资本投入，农业和农村发展一再被延缓，这必然导致了城市化滞后于工业化，进而可能会延长转型期的时间，延缓和谐劳资关系的建立。针对当前这些实际困难，该文提出推进劳资协调的三点建议：一是扩大国内需求，保持经济快速发展，实现劳资关系转型；二是加快城市化进程，多渠道提供农民工及其家庭城市居住条件，创造条件逐步取消农民工制度；三是正确处理劳资协调与经济增长的关系，稳步促进二者的良性互动。

（韵江）

我国重大自然灾害的公共财政应急措施研究——以5.12汶川大地震为例

郭俊华　程琼　著

《上海交通大学学报》（哲学社会科学版）2009年第3期

10千字

公共财政作为国家应急反应机制的重要组成部分，承担着为抗震救灾提供财力保障的重要职能，在应对重大自然灾害方面具有不可比拟和不能替代的作用。但从整体看，我国在这一领域的研究还不尽完善，汶川大地震则进一步暴露出公共财政在应对重大自然灾害方面的不足。

该文正是以汶川大地震为例，分析我国公共财政应对重大自然灾害的政策措施及不足之处，并提出改进的对策。目前我国并未建立完善的自然灾害财政应急机制，各级财政部门主要通过资金拨付、减免税费等政策、节支贴息等具体举措应对重大自然灾害。面对汶川大地震，我国政府采取了以下公共财政举措：（1）直接财政投入；（2）税收优惠政策；（3）建立震后恢复重建基金；（4）加强中央对地方和地方与地方之间的转移支付；（5）其他支持政策，主要包括压缩公用经费、调整预算收支结构、资金审计制度、减免政府性基金和行政事业性收费。

该文还总结了我国公共财政应对重大自然灾害时存在的主要问题：一是相关法律制度不健全；二是缺乏完善的财政应急机制，财政投入重救助轻预防；三是财政应急手段缺乏系统性和稳定性；四是财政应急资金的管理使用不尽规范；五是地方政府财力不足，难以支持灾后重建。相应地，该文也总结了几点应对重大自然灾害的对策建议：一是完善相关的法律法规；二是建立综合的灾害管理体制和财政应急机构，改善财政支出的结构；三是完善财政应急手段，拓宽资金筹集渠道；四是加强预算的科学性，规范财政资金的使用与管理；五是完善转移支付制度，增强地方财政实力。

在未来的道路上，我国须加强对美国、日本、中国台湾地区等先进经验的学习，在灾害管理体制、完善市场、个人及政府多方参与风险分摊机制等多个方面积极探索，完善灾前预警防范、灾时应急响应、灾后恢复重建等各环节的公共财政只能，最终建立起完善的公共财政应急体制。

（韵江）

公共管理与复杂性科学

杜海峰　李树茁　朱正威　白萌　著

《浙江社会科学》2009 年第 3 期

9.8 千字

该文在文章开始部分描述到，复杂性科学关注的系统演化、涌现、自组织、自适应、自相似等特征是众多社会问题的共同特征，通过发展非线性、多智能体与复杂网络等模型和方法，复杂性科学不断为复杂问题解决提供新思路、方法和工具。公共管理的复杂性是公认的，而且其研究重点、范围还在不断发展变化。20 世纪 70 年代以前的公共管理研究过于强调应用性、概念化，是非积累性的和非经验主义的，方法的严谨性值得怀疑且缺乏制度支持。20 世纪 90 年代以来，非线性、混沌、多智能体模型以及复杂网络等复杂性科学的概念和方法引起公共管理领域学者的注意，并开始为复杂公共管理问题的解决提供新方法和研究范式，因为复杂性科学正在试图解答的是一切常规科学范畴无法解答的问题。但是，目前复杂性研究的理论和应用在公共管理领域还相对比较滞后，对于复杂性和非线性的认识论考察仍处于初期，主要表现为定量分析和模型并不多见；已有研究成果只涉及公共管理的某一方面；分析方法单一，未来研究还需更多的努力。

基于此，该文探讨了将复杂性科学的思想、方法与成果引入公共管理研究的必要性和可行性，以期丰富公共管理研究的理论和方法，探索推动有中国特色的公共管理学研究和应用的方向，并拓展复杂性科学的研究领域。

该文指出，复杂性科学从理论、方法和应用领域的不同侧面体现了对公共管理“多种方式进行”发展的要求。复杂科学研究范式时代正在逐步走进公共管理并将大大推进对公共管理问题的探索。将复杂性科学引入公共管理研究，一是可以在一定程度上满足公共管理研究对理论和方法的需要；二是可以进一步扩大公共管理的研究范围。该文总结了可以在以下几方面将复杂性科学应用于公共管理并可能形成新的研究方向：一是公共管理系统模型与仿真；二是公共管理优化；三是公共管理系统网络。

（韵江）

政治关系、社会资本与政策资源获取

罗党论　唐清泉　著

《世界经济》2009 年第 7 期

16 千字

转型经济为企业经营带来了许多不确定性，比如政治不确定性和行政管理的不确定性（Guthrie，1997）。在中国，现在的政治不确定性主要是指政策变化带来的不确定性。行政管理的不确定性是指政府和执法部门工作的不透明性和不规范性带来的不确定性，这种不确定性是目前最重要的影响企业的非市场环境因素，它经常给企业经营带来不可预见的风险。而要降低这种不确定性，企业的经营者是否拥有广泛的社会交往和关系就显得相当重要。通过这种交往和关系，企业往往可以规避相应的风险，同时还有可能获得有用的信息，摄取稀缺的资源，争取风险小获利大的生产项目，从而在愈来愈激烈的竞争中避短扬长，立于不败之地。

本文基于社会资本的分析角度，以民营上市公司 2002—2005 年的样本为例，考察了民营上市公司通过政治参与而形成的社会资本对企业获得政府支持的帮助。研究发现，有政治关系这种社会资本的民营企业在进入政府管制行业、进入房地产行业以及获得政府补贴等都跟其他没有社会资本的民营企业有显著的差别。民营企业是在市场机制不完善的情况下发展起来的，民营企业在发展中很多所需要的权利得不到保障，与国有企业与外资企业相比，在很长时间中都在一定程度上受到不公平待遇，甚至是歧视，这无疑会影响民营企业正常成长，最终也影响到国民经济的健康发展。而民营企业的政治关系这种社会资本在一定程度上有助于某些民营企业获得企业成长所需要的资源，促进这些民营企业的发展。

本文的贡献在于：其一，我们从社会资本的角度解释了民营企业的这种通过政治参与而形成的政治关系，实际上这是对社会资本的一种可以直接度量的比较有效的方法。其二，我们回答了民营企业的政治关系这种社会资本对民营企业取得额外收益的帮助，这些政府支持包括得到政府补贴、进入政府管制的行业以及投身于“暴利”的房地产行业。这可以对我们理解为什么越来越多的民营企业主会热衷于政治参与的背后利益动因有一定的帮助。其三，国外文献表明，企业与政治家的联系不仅保护了企业避免其被侵占的可能，同时也给企业提供优先获得政府补助、融资机会和税收减免的途径。我们对中国民营企业的政治参与的经济后果的研究在一定程度上弥补了中国这方面文献研究的空白。

（罗党论）

社会资本的来源：工作咨询网络中心性的前因变量

张勉　魏钧　杨百寅　著

《管理世界》2009 年第 5 期

12.3 千字

社会资本理论近年来引起了管理学界越来越多的重视。一直以来，理论界对社会资本的认可分为三个大的视角：结构维度、关系维度以及认知维度。该文从结构维度来定义社会资本，将组织内部的社会网络区分为工具性网络和情感性网络。中心性作为组织内部社会网络中一个重要的结构位置指标，反映了个体在网络中的受欢迎的程度，因此该文将咨询网络中心性作为社会资本的具体测量指标。

在社会交换理论和印象管理理论的基础上，该文提出了三个假设：

假设 1：个体在组织中的服务期和工作咨询网络中心性正相关；

假设 2：个体的先赋地位和工作咨询网络中心性正相关；

假设 3：积极情感和工作咨询网络中心性正相关，消极情感和工作咨询网络中心性负相关；

假设 4：个体的助人行为和工作咨询网络中心性正相关。

通过以山东省某市一家供电公司 24 个工作团队为研究对象，实证分析的结果表明，假设 1 基本得到了实证支持，假设 2 和假设 4 得到了完全的实证支持，而假设 3 却得到了部分的实证支持，即“消极情感和工作咨询网络中心性负相关”得到了完全的实证支持，而“积极情感和工作咨询网络中心性正相关”未得到支持。

通过对整体研究的审视，该文对未来的研究提出了如下建议：一是使用个别的人格变量来预测网络中心性是有价值的，但是人格变量的解释效力可能也是有限的，以后的研究可以考虑内控性、权利需求强度以及前瞻性人格对社会资本的影响；二是制度安排对于组织内社会网络的影响可能会比个体属性变量要明显的多，今后的研究在考察社会网络形成时应该努力找到一些反映制度背景的理论化变量以增加对网络形成的了解；三是研究设计应该采用纵贯式的设计，这样结论才会更具有说服力。

（韵江）

中国事业单位能力状况与能力体系构建初探

黄维德　李林　著

《复旦学报》（社会科学版）2009 年第 4 期

10 千字

目前，对于我国事业单位能力，理论上尚缺少系统、深入的研究，实践中事业单位的能力与其在社会整体发展中应扮演的角色尚存在较大差距。

以此为出发点，该文首先从社会的宏观层面提出了事业单位存在的问题，主要表现在事业单位提供的服务总量短缺、事业单位的能力分布不均衡、服务种类有限、自身内部各类能力发展不平衡，以及缺乏系统的能力评价方法体系等方面。其次，该文从宏观和微观及其之间的相互关系着眼提出构建中国事业单位能力体系的初步思路。就事业单位生存环境来讲，主要有政府影响、市场和公众影响、第三方评价，这些因素均对事业单位生存能力状况产生间接影响，但对其能力的影响也有所不同。政府的影响偏重于宏观，带有强制性；市场与公众的影响带有普遍性，对事业单位的能力价值取向会产生影响，但难免受到主观因素的干扰；第三方机构的评价则更为专业、科学，但如果没有特别授权，会显得权威性不足。再次，该文在平衡计分卡的基础上，针对事业部门，将其微观层面上的能力细化为客户服务能力、财务能力、内部管理能力以及持续发展能力等四个组成部分。客户服务能力是事业单位贯彻其使命的唯一途径，财务能力为客户服务能力提供了物质基础，内部管理能力则保障了事业单位良好的财务状况，而持续发展能力不仅关系着组织的生存和发展，同时也受到服务能力、财务能力以及内部管理能力的制约。而战略在该能力体系中则处于核心地位，对这四类能力起着统御的作用。

最后，该文作者指出该研究的局限性所在：仅构建了中国事业单位能力体系的框架，事业单位的能力在理论方面还有很多细致的问题值得深入探讨。在进一步的研究中，应对这些能力的体现方式、衡量指标，对当前我国科技、教育、文化、卫生等事业单位在相应能力方面存在的具体问题，以及加强能力建设的对策等进行分析。

（韵江）

第五篇 著作选介

新中国60年专题

《中国经济学60年（1949—2009）》

张卓元　著

中国社会科学出版社2009年版

697千字

新中国成立60年，中国经济建设取得令全世界惊叹的辉煌成就，年均GDP增速以1952年为基数达到8.1%，其中1978—2008年年均达9.8%，2007年起已跃居世界第三大经济体，2008年人均GDP按当年汇率计算已超3000美元。辉煌的业绩意味着中国经济建设的经验特别丰富，经济增长模式和道路高人一筹。正是植根于这一特别肥沃的土地上，中国经济学得到了空前的发展和繁荣。一方面，新中国经济建设的大规模开展和经验的大量积累，为经济学家的研究工作提供了肥沃的土壤和丰富的营养；另一方面，党的尊重知识、尊重人才的政策和百花齐放、百家争鸣的方针，为中国经济学家施展才能提供了最广阔的舞台。

中国经济学在现实需求的推动和良好环境的鼓励下，在服务于国家的社会主义现代化建设的宏伟实践中，呈现出百花竞开的一派繁荣景象。《中国经济学60年（1949～2009）》梳理与概括了中国经济学60年的研讨与创新，总结了中国经济学主要是理论经济学60年来的六大进展。

一、在马克思主义经济学基本原理指导下，努力探索中国自己的社会主义建设道路，并在改革开放过程中确立了社会主义初级阶段理论，开辟和形成了唯一正确的中国特色社会主义道路。正是由于确立了社会主义初级阶段理论，使大家对中国的最基本国情有了准确的把握，并从马克思主义关于社会主义首先要发展社会生产力的基本原理出发，我们党终于在改革开放中开辟了一条中国特色的社会主义道路，从而使社会主义和马克思主义在中国大地上焕发出勃勃生机，给人民带来更多福祉；使中华民族大踏步赶上时代前进潮流、迎来伟大复兴的光明前景。社会主义初级阶段论，是马克思主义中国化最重要、影响面最大的创新成果。

二、计划与市场关系问题是中国经济学界研讨的第一大热点，其突出成果是确立了社会主义市场经济论。第一，计划与市场关系问题，是社会主义经济理论的核心问题，只有发挥市场在资源配置中的基础性作用，才能提高经济效率。第二，社会主义政治经济学的科学性，在很大程度上取决于是否能够科学地阐明社会主义同商品经济与市场经济的关系，使社会主义与市场经济相互适应相互结合。中国特色社会主义经济建设，就是发展社会主义市场经济。第三，作为社会主义政治经济学的重要组成部分的转轨经济学或过渡经济学，也是以论述从计划主导型经济体制向社会主义市场经济体制转轨的过程及其规律性为主要内容的。第四，社会主义市场经济论，是全新的理论体系，既需社会主义市场经济的发展实践为这一理论提供素材和养料，也需要经济学家的艰辛探索和理论概括，需要经济学家的理论勇气和攀登科学高峰的精神。

三、所有制理论和分配理论的重大突破：确认公有制为主体、多种所有制经济共同发展平等竞争，股份制是公有制主要实现形式，按劳分配与按生产要素分配相结合。所有制理论既包括20世纪50年代关于对农业手工业和私人资本主义工商业的社会主义改造问题研究，也包括改革开放后对所有制理论的一系列突破：在所有制结构方面，认为在中国生产力发展水平不高仍处于社会主义初级阶段的条件下，必须允许个体私营等非公有制经济的存在和发展；提出公有制实现形式可以多样化，认为股份制是公有制包括国有制能同市场经济相结合的有效实现形式；国有大中型企业要走公司股份制改革道路。分配理论的突破包括对按生产要素进行分配及关于效率与公平关系问题的讨论。

四、探索国民经济从封闭半封闭走向开放，以开放促改革、促发展，“引进来”与“走出去”互相结合，逐步形成顺应经济全球化的对外开放理论。对外开放理论包括摒弃封闭半封闭发展模式，经济发展由内向经济转向外向经济；探索开放过程中的“渐进式道路”，即通过发展经济特区开始进行空间推移的渐进式开放；建立开放型经济体制，以开放促进体制改革和完善，推动政府行为规范，构造经济行政管理新体制；充分利用国际国内两种资源、两个市场，积极引进外资，大力发展进出口贸易，“走出去”包括对外投资等。

五、经济增长与发展理论愈来愈受重视，改革开放后在发展是硬道理和科学发展观指导下，着力研究实现什么样的发展、怎样发展问题，研究中国工业化、城市化、现代化的规律性。经济增长与发展理论包括经济发展战略、新型工业化道路、转变经济增长方式、现代经济增长理论、城市化、经济增长和经济稳定的关系等问题。

六、经济学方法重大革新：注重创新，紧密联系实际，充分吸收现代经济学有用成果，重视实证研究和数量分析，勇于提出各种对策建议。

《中国经济学60年（1949～2009）》围绕着中国经济学60年来的六大进展，分别对社会主义本质和发展阶段、社会主义市场经济论、所有制和社会主义基本经济制度、企业制度演进和国有企业改革、农业经济、市场体系、产业结构和产业组织、价格理论与价格改革、宏观经济管理、财政、金融、收入分配、社会保障体系、对外开放、转型经济学、经济增长与理论、可持续发展、区域经济学、西方经济学在中国等十九个理论专题展开论述。

（张卓元）

《中国经济增长与波动60年——繁荣与稳定Ⅲ》

刘树成　著

社会科学文献出版社2009年版

317千字

该书与1999年出版的《繁荣与稳定——中国经济波动研究》和2005年出版的《经济周期与宏观调控——繁荣与稳定Ⅱ》一样，均属文集性专著，都集中以一个专题——对中国经济增长与波动、经济周期与宏观调控的研究为主线，收入了作者在不同年份发表的有代表性的系统论文。由此，该专著具有很强的时代性、创新性和系统性，更能紧紧把握中国经济发展的脉络，更能反映在同一个专题下、在不同年份的最新研究进展，更能体现理论与实际的紧密结合。第一本《繁荣与稳定》收入了作者从1985年开始本专题研究，至1999年6月的15年间所发表的有代表性论文35篇。第二本《繁荣与稳定》收入了作者1999年7月至2005年5月的6年间所发表的有代表性论文20篇。而《中国经济增长与波动60年——繁荣与稳定Ⅲ》则收入了作者2005年6月至

2009年2月这3年多时间所发表的有代表性论文15篇；同时，还收入了这期间《人民日报》、《光明日报》等一些重要新闻媒体与作者合作的10篇访谈录，以更为活泼的形式反映出对这一专题的最新探索。

总体来看，改革开放30年来，我国经济增长率的波动呈现出一种“高位平稳型”的新态势。这种新态势表现为四大波动特征。

（1）波动的高度：理性下降。每个周期经济增长率的高峰从前几个周期的20%左右，回落到改革开放之后、20世纪80—90年代的11%以上至15%左右，进入新世纪后，在第10个周期，峰位控制在13%以下。

（2）波动的深度：显著提高。每个周期经济增长率的低谷，在前几个周期经常为负增长。而改革开放之后，每次经济调整时，经济增长率的低谷均为正增长，再没有出现过负增长的局面。1990年的低谷为3.8%，1999年的低谷为7.6%。

（3）波动的幅度：趋于缩小。每个周期经济增长率的峰谷落差由过去最大的近50个百分点，降至六七个百分点左右。

（4）波动的长度：上升阶段延长。在前9个周期，经济增长率的上升阶段一般只有短短的一两年，而当前正在运行的第十个周期的上升阶段持续了8年，这在新中国成立以来的经济周期波动史上还是从未有过的。

新中国成立60年来，特别是改革开放30年来，我国综合国力显著提高。2008年，按现价计算的国内生产总值达300670亿元。新中国成立以来，以不变价计算的国内生产总值来考察，2008年比1952年增长了76.7倍，2008年比1978年增长了15.5倍。1952—2008年的56年中，年均增长8.1%（以1952年为基年）。其中，1952—1978年的前26年中，年均增长6.1%；1978—2008年的后30年中，年均增长9.8%（以1978年为基年）。

按照国际货币基金组织的数据，我国国内生产总值在国际上的位次，1980年为第7位，排在美、日、德、法、英、意大利之后；1990年为第十位，排在美、日、德、英、法、意大利、加拿大、西班牙、巴西之后；2000年上升到第六位，排在美、日、德、英、法之后，超过了意大利、加拿大、西班牙、巴西；至2004年，连续5年保持在第六位；2005年上升到第五位，超过法国；2006年上升到第四位，超过英国；2007年上升到第三位，超过德国，成为世界第三大经济体。按照国际货币基金组织的预测，中国将在2010年超过日本，成为世界第二大经济体。

我国人均收入水平也显著提高。新中国成立以来，以现价人民币计算的人均国内生产总值来考察，由1952年的119元，上升到1978年的381元，又上升到2008年的20400元。以不变价计算的人均国内生产总值来考察，2008年比1952年增长了32倍，2008年比1978年增长了11倍。1952—2008年的56年中，年均增长6.5%（以1952年为基年）。其中，1952—1978年的前26年中，年均增长4.0%；1978—2008年的后30年中，年均增长8.6%（以1978年为基年）。以美元现价计算的我国人均国内生产总值来考察，根据国际货币基金组织的数据，1980年为313美元，1998年突破800美元（817美元），2001年突破1000美元（1038美元），2006年突破2000美元（2022美元），2008年突破3000美元（3180美元）。

（刘树成）

《新中国管理学60年》

陈佳贵　主编

中国财政经济出版社2009年版

700千字

由陈佳贵主编，黄速建、黄群慧副主编《新中国管理学60年》是中央宣传部、新闻出版总署庆祝新中国成立60周年百种重点图书，2009年10月由中国财政经济出版社出版发行。

中国的管理学思想源远流长，公元前5世纪前后，先秦诸子的学说着眼于解决如何治国平天下的问题，呈现出了“国家管理学”百家争鸣的局面，而《孙子兵法》则因为探索战略的一般规律被认为是最早的战略管理学著作。在20世纪初，管理学作为一门科学逐步兴起并迅速发展，我国也开始向西方学习管理学，我国最早的本科层次的管理学教育可以追溯到1929年上海交通大学铁道管理学院的成立。在中华人民共和国成立后，新中国一方面学习和引进苏联的管理模式和管理学知识，另一方面我国企业也探索出许多有中国特色的企业管理经验和模式。但中国管理学发展的真正的春天是在1978年以后，是以中国改革开放、高速工业化进程为背景的。尤其是进入20世纪90年代以来，随着我国市场化、工业化和国际化进程的不断加快，无论是我国管理创新实践，还是以探索市场经济条件下管理活动规律为己任的我国管理学术研究，以及以培养大批管理人才为目标的管理学教育，都取得了很大发展，我国不仅产生了大量管理创新实践成果，而且管理学术研究、管理学教育也呈现出前所未有的繁荣状态。

管理学是一门与实践紧密联系的学科，中国管理学的发展是和中国的经济社会背景、管理实践创新紧密结合在一起的。按照中华人民共和国成立以来的发展历程，新中国管理学的发展大致可以分为三个大的阶段：第一阶段是从1949年新中国成立至1978年党的十一届三中全会确定进行改革开放这段时期，该时期是以计划经济体制为背景的，是新中国管理学的“探索奠基”阶段；第二阶段是1979年到1992年，也就是从十一届三中全会至十四届三中全会时期，这时期是以我国从计划经济体制向市场经济体制转轨为大背景的，是新中国管理学的“恢复转型”阶段；第三阶段是1993年到现在，这是以市场经济体制逐步完善和成熟为背景的，是新中国管理学的“完善提高”阶段。

《新中国管理学60年》共14章，70万字，全面分析回顾了新中国管理学的发展。从内容上看，该书具体分为新中国管理学发展概述、计划经济条件下的生产导向型管理、转轨期的管理变革与创新、市场经济条件下的管理学发展、战略管理学的发展、生产管理学的发展、营销管理学的发展、人力资源管理学的发展、财务管理学的发展、组织管理学的发展、公共管理学的发展、管理文化的发展、我国管理学教育的发展、当前管理学研究热点问题研究专题、管理学发展大事记等章，基本覆盖了管理学的各个方面。该书的研究具有一定的开拓性，是国内第一本全面反映新中国管理学发展的著作。

（黄群慧）

《共和国财税60年》

高培勇　主编

人民出版社2009年版

400千字

在中华人民共和国所走过的60年历程中，财政税收的角色始终十分特殊。这不仅是因为“兵马未动，粮草先行”，政府收支本来就是政府所从事的所有活动的经济基础。而且，在60年中，财政税收所面临的问题之复杂，所承载的使命之沉重，所发生的变化之深刻，所取得的成果之显著，从一个层面折射了共和国既曲折又辉煌的发展轨迹。当代中国60年财税史研究需要一条比较清晰的线索。该书的主攻重点是：基本轨迹、基本经验和基本规律。高度概括需要主线索。基于改革与发展一直是贯穿共和国财税领域的主题，该书将中国财税改革与发展作为主线。

以改革与发展作为主线，60年的共和国财税历程，大致可分为八个时期：1. 1949—1952年，即三年国民经济恢复时期。2. 1953—1957年，即第一个五年计划时期。3. 1958—1965年，即“大跃进”和五年调整时期。4. 1966—1976年，即“文化大革命”时期。5. 1977—1993年，即以“放权让利”为主调的改革时期。6. 1994—1997年，即踏上“制度创新”之路的改革时期。7. 1998—2002年，即构建公共财政体制框架时期。8. 2003年至今，即进一步完善公共财政体制时期。

全书分为三篇十章。上篇包括第1—4章，旨在考察前30年的共和国财税。

第1章讨论三年国民经济恢复时期的财税。该章概述了新中国成立初期财税制度奠基过程。由严峻的财政经济形势入手，分析国民经济恢复时期财经工作的任务和重心，揭示建立高度集中的财税体制的必要性并说明财税领域所实施的以统一财经工作、平衡财政收支、稳定金融物价为重点的一系列政策措施。该时期的财税为国民经济的恢复和发展发挥了重要作用。

第2章讨论“一五”时期的财税。从重工业优先发展战略和“一五”计划的基本任务出发，先后讨论了为社会主义工业化筹资的财税制度选择、经济社会体制的“二元化”格局以及相应的“二元”财税体制的形成、基于维持中央财政集中统一目的而进行的财税体制调整以及在超额完成“一五”计划任务中财税的作用等问题。

第3章讨论“大跃进”和五年调整时期的财税。该章重点考察了适应计划经济体制需要的财税体制的探索过程。讨论的问题包括以行政性分权为核心而展开的改革中央计划经济体制的初次探索、“大跃进”期间的财税过度放权和由此引来的财政虚假问题、反思“大跃进”基础上的财税体制调整、国民经济调整中财政收支格局以及管理体制的重大变化等。

第4章讨论“文化大革命”时期的财税。该章全面描述了文革时期财税工作所遭遇的诸多困难，先后聚焦于逆境中退出的财税整顿措施和成效、基于支撑时局和综合平衡目的而进行的财政体制的频繁更易，以及改革大潮到来之前的全面整顿财税工作尝试。

中篇包括第5—8章，旨在考察后30年的共和国财税。

第5章讨论改革初期财税体制的变化。该章概述了财税体制为“启动”经济体制改革而推出的若干举措以及所作出的“铺路搭桥”式的贡献，讨论了以下议题：旨在拉开整体经济改革序幕的财税“让利”举措，旨在调整中央和地方分配关系的“分灶吃饭”改革、旨在规范国家与企业分配关系的“利改税”、旨在推动改革开放进程的工商税制改革、旨在探索缓解财政困难之路的调整财政支出结构动作和旨在打造财税体制基础的财会制度改革。

第6章讨论1994年的财税改革。该章重点说明了以制度创新为特点的、突破了既往“放权让利”思路束缚的根本性的财税改革。

改革后，中国财税体制及其运行机制发生了根本性变化。它不仅为国家财政状况的根本好转打下了基础，且为社会主义市场经济体制条件下的财税体制的基本框架。

第7章的讨论扩展至1998年开始的以规范政府收支行为为主要着眼点的税费改革，还讨论了财政政策取向的调整过程、1998年全国财政工作会议、各项预算管理制度改革、构建公共财政基本框架目标的提出等。该章旨在说明，1994年以后，财税改革已从收入方延伸至支出方，由专注于体制内收支扩展至体制外收支。

第8章以进一步完善公共财政体制和公共财政体系为线索，主要记录了新一轮税制改革、财政支出方向调整、政府间财政关系改革以及财政管理体制改革等方面所取得的进步。该章旨在说明，完善的社会主义市场经济体制与完善的公共财政体制相辅相成，血脉相连。

下篇包括第9—10章，旨在分析共和国财税60年的基本经验和基本规律，并前瞻共和国财税发展蓝图。

第9章在大致把握了共和国财政改革与发展的基本轨迹之后，着力于财税体制改革规律的揭示，且在此基础之上，试图建立一个有关中国财税体制改革与发展的理论分析框架。该章试图对以下几个问题作出回答：改革以来中国财税体制所发生的根本变化是什么？被很多人视为“新生”概念的公共财政的实质内容又是什么？作为改革目标的公共财政制度，具有怎样的基本特征？

第10章勾勒了中国财税改革与发展的“路线图”。该章重点讨论了如何进一步夯实公共财政建设的基础环境、进一步完善公共财政的制度框架、进一步健全公共财政运行机制和进一步扩大财政领域的国际交流与合作等四个方面的问题。

该书系国家新闻出版总署“庆祝新中国成立60周年百种重点图书”之一。

（杨志勇）

《新中国金融60年》

李扬　著

中国财经出版社2009年版

434千字

总结新中国60年的金融发展史，首先确定一条能全面深刻反映金融业发展变化本质的红线。经过反复比较，《新中国金融60年》确定储蓄、投资及两者的平衡关系为其写作红线，支撑这一选择的是经济学和金融学的基本理论。在经济学中，储蓄和投资的平衡问题，构成宏观经济运作最基本的关系；由于金融的基本功能是媒介储蓄向投资转化，储蓄与投资的关系因而也是金融发展的永恒主题。《新中国金融60年》全书共分六篇，第一篇总结的是改革开放之前30年我国经济的发展及相应的金融发展。第二篇分析改革开放前15年我国的金融改革和发展。第三、四、五篇分析的都是1994年以后我们金融的改革和发展问题。第六篇是“结语”，讨论的是在全球化的背景下中国金融业的未来发展问题。

从中华人民共和国成立到实施改革开放的30年间，中国实行的是高度集中且高度实物化的计划经济体制。中国的金融业不仅具有典型的金融压抑的各种外在表象，而且充分反映了实物型计划经济的内在特征。在这种经济体制下，金融机构事实上无足轻重——其种类单一，且不断地被合并或分置；金融产品也极度贫乏——其品种既少且常常通过各种“挂钩”安排而沦为物质产品的符号；金融的宏观调控则基本上不存在——只在一种始终未得到清晰且系统说明的“财政、信贷、物资、外汇综合平衡”的概念下，我们才能依稀看出金融宏观调控的存在。

为了更清晰地刻画我国经济和金融发展的阶段性特征及其转化机制，一般倾向于将改革开放以来的30年进一步划分为“1978年至1993年”和“1994年以来”两大阶段。第一阶段的本质是“过渡”，是“摸着石头过河”。其主要任务是在恢复重建被“十年动乱”推到崩溃边缘的国民经济的同时，于深刻的理论反思中探求未来的发展方向。第二阶段的本质则是“发展”，其主要任务是在集全党之智慧的中国特色社会主义理论的指导下，加快我国的社会主义市场经济建设步伐，“力争国民经济在讲求效益的前提下有一个较高的增长速度”。

从1993年底开始，在建设中国特色社会主义市场经济体制的总方针指导下，我国开展了一轮规模最大，涉及面最广，触及层次最深的改革，史称“综合配套改革”。在金融机构方面，确定了“建设政策性金融与商业性金融相分离，以国有商业银行为主体、多种金融机构并存的金融组织体系”的任务；关于金融市场的发展，提出了建立“统一开放、有序竞争、严格管理”的金融市场体系的目标；就外汇管理体制改革方面而言，实现汇率并轨，实行银行结售汇制，建立银行间外汇市场，取消外汇留成和上缴，实行以市场供求为基础、单一的、有管理的浮动汇率制等，是最主要的成果；在金融调控体系建设方面，此次改革基本完善了中国人民银行作为我国中央银行的体制，明确了其功能是“在国务院领导下，制定和实施货币政策，对金融业实施监督管理”，主要任务是“就年度货币供应量、利率、汇率和国务院规定的其他重要事项做出决定，报国务院审批后执行”，而且，首次明确了中央银行的政策目标是“保持货币币值的稳定，并以此促进经济增长”。可以说，自1994年之后，我国的金融体系开始迈入全面现代的发展进程。

经过60年艰难曲折的探索和艰苦卓绝的努力，中国经济取得了举世瞩目的辉煌成就。与中国经济的成就相匹配，中国的金融业也有了长足的发展。我们从新中国成立初期只有一家功能残缺的银行出发，如今基本构建起银行和非银行金融机构比较发达，金融市场大致齐备，宏观调控体系相对完善，金融监管体系比较健全的现代金融体系。面对未来，中国金融业将在全球化的背景下进一步发展。然而，我们对全球化金融体系中的很多产品、机构、市场和规则并不熟悉，所以这也迫使我们需要花费更大的精力去学习、创新和改革。

中国金融体系以银行主导和政府主导为其两大主要特征。在经济发展之初，一方面，储蓄资源极度短缺，解决储蓄缺口是经济发展第一要义；另一方面，能够促进经济发展的投资项目在技术上相当成熟，其收益前景的不确定性较小。此时，银行主导的金融体系能够充分发挥其动员储蓄、促进经济增长的功能。市场的政府干预可以有效地动员储蓄，并将其投入到经济发展所急需的项目中去。但是，当经济发展到一定阶段，以至于储蓄缺口不再是经济发展的主要矛盾之时，金融体系的首要任务就发生了转移，即：一方面，金融体系的功能应该从动员储蓄向动员消费，以推动经济发展方式有投资、出口主导，向消费、技术进步主导的转变；另一方面，需要在确保风险分散和金融体系安全的前提下，使既定的储蓄资源能够被充分、有效地运用到那些前景不甚明朗的投资项目中。

然而，银行主导和政府主导的金融体系显然不适合这种任务的转变。就金融体系的功能从动员储蓄到动员消费的转变目标而言，目前我国的金融体系不仅缺乏养老保障体系以及与养老保障体系发展相辅相成的发达的资本市场，从而使居民不得不通过持有大量银行存款而进行预防性储蓄，而且，这种金融体系下的银行业也不是“消费友好型”的。就分散风险、有效运用基础储蓄资源的任务而言，银行主导和政府主导的金融体系也是难以承担的。为了推动中国经济增长模式由投资、出口主导到消费、技术进步主导的转变，为了推动人民币的国际化和中国国际地位的提高，为了恢复全球经济的再平衡，以银行主导、政府主导的金融体系显然要向市场主导转变。这里的“市场”，既包含大力发展资本市场的含义，也包含要用市场的手段来进行金融管理的含义。

（王增武）

《新中国农村60年的发展与变迁》

张晓山　李周　等著

人民出版社2009年版

550千字

该书系统地回顾、分析和总结了新中国60年来农业和农村发展与变迁的历史，全面地概括、评价了60年农村不同制度安排和发展模式及其成效，尝试地提炼了中国农村60年发展与变迁的启示。

改革开放前，中国农民通过政府设置的工农产品价格剪刀差制度被动地为国家的工业化作出了极大贡献。中国农村作为调节劳动力供需的蓄水池，确保了城市劳动力的供需平衡和全社会的稳定。在改革前的近30年里，尽管有种种波澜曲折，但除了三年困难时期外，农业生产总体上保持稳定。究其原因，一是重视农田基本建设，1952年至1977年，灌溉面积占耕地面积的比重由18.5%提高到45.3%；二是重视良种良法的研发和应用，该阶段中国培育的玉米、小麦等作物的良种可与世界上最好的品种相比；三是重视公共产品和服务，虽然此时经济发展水平很低下，但初级教育和卫生服务实现了低水平下的广覆盖。毋庸讳言，农民的收入和生活一直处于较低水平。造成这个问题的主要原因：一是片面强调资源配置的计划性和行政手段的作用，否认市场机制的不可或缺性和忽视经济手段的作用；二是片面强调“人定胜天”，低估了自然规律的作用；三是片面强调政治挂帅，未能很好地解决劳动监督成本过高和劳动激励过低所造成的“免费搭车”问题。

改革开放以来，我国农业生产快速增长，粮食产量由1978年的30476.5万吨提高到2008年的52850万吨，增长了73.4%。乡镇企业异军突起引发的农村非农产业快速发展，使非农收入对农民总收入的贡献越来越大。按1978年价格计算，农民人均收入由1978年的133.6元增加到2008年的1059.72元，增长了6.9倍，年均增长7.1%。农民人均生活消费支出由1978年的80.23元提高到2008年的501.36元，增长了5.4倍，年均增长6.4%；恩格尔系数由1978年的67.7%下降到2008年的43.7%，下降了24个百分点。农民的消费水平和消费结构都有显著改善。农村人口的贫困发生率由1978年的30.7%下降到2008年的1.6%，农村人口的温饱问题已经基本解决。2007年开始实施的农村最低生活保障制度，进一步保障了农村居民的温饱需求。同期，城镇化进程显著加快，我国城镇化率1949年为10.6%，1978

年为17.9%，29年仅提高了7.3个百分点。2008年城镇化率达到45.7%，30年提高了27.8个百分点。

经过持续30年的渐进式改革，市场化导向的农产品和农业生产资料流通体制已经基本形成，市场机制已成为资源配置的基本手段。始于2000年的农村税费制度改革于2006年基本完成。与1999年相比，2006年全国农民每年减轻税费负担1250亿元，人均减负约140元。为了促进农业生产，增加农民收入，国家相继实施了一系列补贴政策。2008年的补贴总规模达到1030亿元，农民人均增收约115元。"多予"和"少取"的政策取得了实质性进展。

近年来，国家对农村的公共财政转移支付力度不断加大，有力地促进了农村社会事业的发展。免费义务教育制度、新型农村合作医疗制度、农民最低生活保障制度和基本公共品服务均等化等政策正在不断地得到落实，水、电、路等基础设施建设和广播、电视村村通工程正在不断地得到加强。1998年，国家颁布了《村民委员会组织法》。在法律的保障下，政治民主在农村基层得到了有效践行，乡村治理结构在探索的过程中逐步完善。在退耕还林、退牧还草、退耕还湖和防护林体系建设、天然林保护等覆盖农村的重大工程的支撑下，农村生态环境得到一定程度的改善。

改革开放以来，农村的制度变革和组织创新，为全国的改革提供了宝贵的经验和有益的启示。中国农民为国家改革、发展和稳定作出了重大贡献。但农村发展也面临一系列挑战。一是在城市化进程中保障农民正当的土地权益，消除由此引发的冲突。二是改善农民增收的宏观政策环境，抑制行政部门、垄断部门凭借权力增加收入的冲动，逐步缩小区域之间、城乡之间居民收入差距。三是稳定农民收入预期，启动农村消费市场，使亿万农民的内需得到充分释放。四是以农村外出务工人员与城镇居民享有同等待遇为目标，深化城市改革。五是发展现代农业，提高中国农业综合生产能力和国际竞争力。六是加快城乡统筹的进程，着力构建农村社会保障体系，促进农村社会事业的发展。七是进一步加大农村生态环境建设力度，满足农民过上更好生活的新期待。

农村改革的深化会促进宏观经济体制和行政管理体制改革，但农村改革又需要得到宏观经济体制和行政管理体制改革的支持；社会公正是保证广大农民参与乡村治理和公共管理决策的条件，而广大农民主动参与乡村治理和公共管理决策也是实现社会公正的必要条件。它们之间存在密切的互动关系。目前最为重要的是深化宏观经济体制和行政管理体制改革，加快收入分配格局的调整，给予利益受损的弱势群体合理的补偿，促进利益格局的均衡，帮助农村弱势群体进行人力资本投资，提高他们的生产能力、参与能力和决策能力。通过农村土地制度改革，支付农村和农业发展所需的一部分运作成本。农村经济体制改革要与农民民主权利的实现相结合，坚定不移地推进市场化导向的改革。

（李周）

《共和国对外贸易60年》

裴长洪　王万山　著

人民出版社2009年版

563千字

该书是国家新闻总署组织策划的"庆祝新中国成立60周年百种重点图书"之一，分为上、下两篇，共14章。上篇分为九章，将1949—2009年我国对外贸易的发展划分为九个时期，从对外贸易环境、对外贸易状况、对外贸易结构、对外贸易方式、对外贸易体制与政策等方面研究和阐述了共和国60年来的对外贸易发展历程。下篇是专题论述，分为五章，从国际服务贸易、贸易与投资、对外经济合作与贸易、加入WTO的历程及多哈回合谈判立场、国际贸易理论研究进展等几个方面以专题形式对共和国60年来国际贸易领域的重要问题做了专门性的研究和阐述。

该书认为变革与增长是新中国对外贸易60年发展的基本线索，60年的发展不仅表现为贸易规模的扩大，而且增长方式的转变也是明显的。首先，新中国成立后的前29年，中国的对外贸易是一个数量增长的过程，也是一个变革的过程。新中国成立后，制度变革的主要内容是用社会主义经济贸易制度和计划管理体制取代了旧中国半殖民地、半封建的经济贸易制度和维护帝国主义、官僚资本特权的管理体制，建立了独立自主的社会主义经济贸易制度和高度集中的计划管理体制，这是历史的进步。在这29年间，中国对外贸易突破了帝国主义的封锁，从无到有，从数量极其有限发展到二百多亿美元的规模，换取了宝贵的外汇资源，支持了国家工业化建设。在出口贸易中，从20世纪70年代开始出口商品结构开始逐渐摆脱主要依靠农产品出口的状况，进口商品结构也体现了工业化发展的需要。

其次，改革开放后的31年，中国对外贸易加速发展，内涵也更加丰富。随着中国经济建设的发展和国际经济贸易环境的变化，原有封闭的、高度集权和垄断经营的体制愈来愈不适应我国对外贸易发展的需要，在结束“左”的错误倾向和思想解放之后，改革开放31年成功实现了第二次深刻的变革，成为新的历史性巨大进步。在这个快速发展过程中，我国出口商品结构经历了三次重要变化，出口商品的复杂程度愈来愈高，结构愈来愈趋向于经济比较发达的国家。第一，从20世纪70年代末到90年代初期实现了以初级产品出口为主向工业制成品出口为主的转变。第二，从20世纪90年代初期到21世纪初期实现了出口以轻纺产品为主向机电产品为主的转变。第三，21世纪以来的8年间，我国出口商品结构进一步高级化，正经历从普通机电产品出口为主，日益向高新技术产品出口为导向的新变化。在另一方面，进口商品结构则进一步反映了我国工业化进程的深入发展，国内加工制造能力和产业体系的配套完善以及人民生活水平的提高，进出口商品贸易的增长方式愈来愈符合全面建设小康社会的需要。

该书认为，吸收外商投资的过程，既是促进我国对外贸易数量增长的过程，也是促进我国比较优势发挥的过程。改革开放头十年是我国吸收外商投资的初步发展阶段，在20世纪80年代末，外商投资企业在我国出口贸易中开始发挥新生力量的作用。1990—1994年是外商投资发展的第二阶段。在这个时期，通过外贸体制改革的深化和出口导向型外商投资企业的成长，我国出口贸易的比较优势和国际竞争优势已经形成，并能够连续创造出贸易顺差。外商投资发展的第三阶段是1995年到2001年，在这个时期，外商投资企业在中国出口贸易中的份额持续上升，1996年超过40%，2001年超过50%，短短七八年间，外商投资企业在中国的出口贸易中占据了举足轻重的地位，这也证明外资政策对于中国开放型经济的发展起到了关键性的作用。第四阶段是入世以后至今。2001年12月中国加入世界贸易组织，此后中国对外贸易在8年间快速跃上1万亿、2万亿、2.5万亿美元台阶，迅速成为世界贸易大国，外商投资企业在中国出口中的比重继续上升，2005年达到58.3%，说明了外商投资对中国对外贸易增长以及增长方式转变的重要贡献。

该书认为，中国的加工贸易是全球专业分工与中国产业体系相联系的重要方式，使中国的加工能力和比较优势进入了全球专业分工的价值链，不仅推动了对外贸易数量的增长，而且也促进了中国工业经济水平的提高和贸易增长方式的转变。1981—2004年，中国加工贸易年均增长率高出对外贸易约13个百分点，加工贸易占全国总出口的比重由5%提升到55%，2008年和2009年受国际金融危机影响，加工贸易进出口增长速度和比重有所下降，但在出口总额中的比重仍然达到48%。

中国用60年时间走完了向世界贸易大国转变的路程。到2008年，中国进出口贸易总额仅次于美国、出口贸易总额仅次于德国。但是，中国还不是贸易强国，这表现在两方面。一方面，虽然中国对外贸易绝对量不小，但相对规模还很小，这表现在人口与世界市场份额很不相称。中国人口占世界的20.13%，2008年中国出口只占世界总出口的8.9%；而德国人口只占世界的1.26%，出口占9.1%；美国人口只占世界的4.6%，出口占8.1%；日本人口只占世界的1.96%，出口占世界的4.9%；欧元区15国人口只占世界的5.3%，出口却占到世界的34.8%。另一方面是，中国出口商品反映的产业结构还不全面和不够高级化，中国出口的商品大多是同类产品中的低端加工产品，而且，加工贸易出口商品在国内创造的附加价值往往不超过商品价值的25%。中国成为贸易强国的道路还很漫长，中国还需要20年到30年才能实现贸易强国的梦想。在未来的20年到30年时间里，中国还需要继续增长和变革，还需要继续扩大开放与国际经济合作，还需要继续参与经济全球化并与贸易伙伴实现互利共赢。

（张宁）

《中国人口政策60年》

田雪原　著

社会科学文献出版社2009年版

400千字

《中国人口政策60年》是一部全面系统研究中国人口政策的学术专著。全书通过作者亲历的重要历史事件，从理论与实践的结合上，阐述了当代中国人口政策的来龙去脉、重大问题讨论和重大政策的论证过程。尤其对奠定近30年来人口政策基调的1980年中央人口座谈会，关于提倡一对夫妇生育一个孩子会不会造成人口智商下降、劳动力短缺、老龄化不堪重负、家庭出现“四二一”代际结构等问题的讨论，属于首次公开披露。

同时，书中结合我国人口变动实际，应用规范化人口分析等方法，在叙述历史和现实的人口事件中，努力推进理论创新。如H.莱宾斯坦、G.S.贝克尔等以西方市场经济和不受任何外来因素影响为前提，创立了孩子成本—效益理论。该书在合理吸纳其科学成分基础上，加进我国人口政策因素分析，提出并阐发了孩子社会附加成本—效益理论，相应的理论含义、计算方法和应用价值。又如A.兰德里、F.W.诺特斯坦等创立人口转变理论，西方国家在完成向低出生、低死亡、低增长转变之后，即进入“后人口转变”时期。该书论证，20世纪90年代中期，我国实现“三低”后进入的不是“后人口转变”，而是“转变后人口”过渡时期。书中对“转变后人口”概念、与“后人口转变”的联系与区别、“转变后人口”的基本特征等做出界定；结合我国实际，提出并论证在控制人口数量、提高人口素质、调整人口结构相结合人口发展战略中，“转变后人口”阶段要完成由以“控制”为主向，“控制”、“提高”、“调整”并重，再向以“提高”、“调整”为主转变，全面统筹解决人口问题的基本思路，以及与时俱进的21世纪人口政策决策选择。作为实证研究的一部学术专著，资料翔实，概念清楚，阐发和论证实事求是，合理运用规范化的人口学方法，努力推进学术创新，分析和论证深入浅出，语言文字比较简练生动，所提政策建议具有较大可行性和可操作性，是该书突出的特点。

全书分为前言和1—10章。前言提出问题，具有导读性质。第一章，概述中国历代人口政策的演变，核心是从生殖崇拜到多子多福观念的衍生，朝代的更替却难以改变多生多育直接或间接的人口政策。第二至第六章，是对中华人民共和国成立60年来，伴随社会经济发展几起几落，人口政策跌宕起伏走过的道路的阐述，分析当代中国人口政策的形成和发展。第二章，介绍20世纪50年代以马寅初《新人口论》为代表的节制人口的理论和政策主张，遭受两次批判后走上形而上学的“人口越多越好”论，使控制人口增长的政策难以有效地推行。第三章，分析20世纪60年代末全人口突破8亿后的人口形势，控制人口增长先后提出“晚、稀、少”、“一个不少，两个正好，三个多了”等的社会效应。第四章，阐发作者亲历的提倡一对夫妇生育一个孩子政策的形成，这是当代中国人口政策的基石，也是理解现行人口政策的枢纽。分析为马寅初先生新人口论翻案，拉开人口理论拨乱反正的序幕；1979—1980年自然科学和社会科学工作者合作人口预测结果的发表，将控制人口增长的紧迫性提到世人面前；1980年3—5月中央连续召开的5次人口座谈会，定下提倡一对夫妇生育一个孩子的大计。在作者受命起草向中央书记处的报告中，对提倡生育一个孩子会不会造成人口智商下降等敏感问题的阐发，正本清源，有助于消除国内外种种误解。第五章，在评价和借鉴H. 莱宾斯坦等孩子成本—效益理论基础上，运用作者主持的1992年中国家庭经济与生育抽样调查资料，加进人口政策因素分析，提出并阐发了孩子社会附加成本—效益理论、计算方法、现实意义。第六章，阐述2000年人口控制目标的提出和随后所进行的调整，对20世纪80年代中期“开小口”、“堵大口”政策引起的歧义，做出另辟蹊径的分析。

第七至第十章，为立足当前并着眼未来，阐发当前的人口政策研究。第七章，阐释1992年生育率下降到更替水平以下历史性的人口转变，打开通向人口零增长、人口政策合理调整、人口与可持续发展综合决策“三条通道”，提出守住底线、控制上线、调整好生育率变动曲线策略。第八章，分析生育率下降到更替水平以下的人口形势，提出区别于发达国家“后人口转变”的“转变后人口”概念，实施“后人口政策”的必要性和可行性。第九章，阐述资源是可持续发展的前提，环境是可持续发展的最终目的，人口是总体可持续发展的关键，经济发展和社会发展是实现可持续发展战略的推进器，摆正人口在可持续发展战略中的位置，将人口政策纳入可持续发展战略决策。第十章，回顾新中国人口政策60年，总结昨天、正视今天、面向明天，指出适应“三步走”人口发展战略的实施，当前完善人口政策体系迫在眉睫，给出狭义人口政策和广义人口政策体系框架；阐述人口政策制定应当遵循的基本原则，并就当前狭义的人口数量、素质、结构政策，提出具体的决策选择。就各界颇为关心的人口生育政策而言，提出并阐发了继续提倡生育一个、“双独生二”、“一独生二”和农村“限三生二”政策建议。并指出，实施这样的生育政策并不会造成生育率和出生率多大反弹，仍可实现2030年人口零增长和总人口不超过15亿战略目标。

（田雪原）

经济理论与方法

《经济剩余论》

晏智杰　著

北京大学出版社2009年版

288千字

经济剩余即一切经济活动的投入与产出的差额，是反映一国经济发展水平和各个经济单位经济效益的最具综合性的指标。经济剩余的数量、增进经济剩余的方式、经济剩余的分配等，无不直接关系到国力的增长和国民生活的改善。探索和建立一套能够反映现代经济生活现实、发展规律和客观要求的经济剩余论，对我国快速和平稳地发展社会生产力，深化社会主义市场经济体制改革，提升国家综合国力和提高人民生活水平，无疑具有迫切的重大的现实意义。

对我国经济学界来说，这也是一项具有重大意义的理论建设工程。社会主义市场经济体制改革的推进，社会主义和谐社会的逐步建立，迫切呼唤一种能够与之相适应的经济价值论和经济剩余论，同时也为这种理论的形成和发展提供了坚实的实践基础和丰厚的思想元素。对于商品价值理论，我国经济学界在经历了长期的探索和论争之后，已经取得了长足进展；然而经济剩余问题却迄今甚少涉及，甚至还没有破题。

该书就是破题之作。首先，作者以多元要素市场供求均衡价值论为基础，提出并探讨了经济剩余的各个基本问题。这些基本问题包括：经济剩余概念、定义和意义；概念溯源；经济剩余的源泉；经济剩余与剩余价值的异同；解读“价值总量之谜”；经济剩余与生产者剩余和消费者剩余的关系；SNA核算制度的理论基础；经济剩余的会计表达；从投入产出值计算经济剩余的实例；从经济剩余视角解读我国GDP；经济剩余与经济发展方式；经济剩余与收入分配等。这就从一个新的视角，提出和分析了一系列人们似乎已经习以为常，然而却没有加以注意的重要事实和问题，这是该书的一大特色。

其次，该书回顾了人类认识经济剩余的历史进程，检视了各个阶段上人们关注或争论的主要课题，以及所得出的具有历史性或阶段性的结论。这主要包括：欧洲和中世纪的经济剩余观；贷款取息的是与非；贸易差额论的理论和实践；贸易差额论的终结；古典经济学的经济剩余论；马克思的剩余价值理论；新古典经济学的经济剩余论；激进政治经济学的经济剩余论；当代经济剩余观的主要论争等。从经济剩余论的角度重新梳理和分析经济思想史，这是该书的又一特色。

通过对经济剩余论及其历史演变的研究，该书得出如下基本结论。第一，经济剩余是客观存在的事实，只是它的存在和表现形式随着时代条件的发展而发生着变化：借贷利息、商业利润、土地地租、资本利息、经营利润等，先后扮演过或者（有的）还在充当着经济剩余的主角。与之相适应，这些形式在社会发展的不同阶段先后构成了人们探索和争论的焦点。19 世纪初期以来，随着资本主义生产方式的确立和发展，资本利润一直是经济剩余研究的重点和思想交锋的重点和焦点。第二，经济剩余的探索和争论总是同经济价值论的探索和争论相辅相成、相互呼应，密不可分的。有什么样的价值论就有什么样的剩余论。例如，一元劳动价值论通常（不是全部）总是同将全部剩余价值（与经济剩余不同）视为对劳动的剥夺的学说相呼应的；反过来，多元要素价值论总是多元经济剩余论的基础；而介于两者之间的经济剩余论也总是以某种折中的经济价值论为基础的。第三，不断地增进经济剩余并公平合理地加以分配，应是各种经济活动必须追求和努力实现的目标，因此该书围绕这些课题的研究，应能使我们愈发深刻地认识到深化以市场调节为基础、以国家合理有效干预为必要手段的经济体制改革的重要性，愈发深刻地认识到坚持不懈地推进经济发展方式的转变，大力改革收入分配制度的迫切性。我们的分析表明，在国家对这些问题的研究和决策中，基于多元要素市场供求均衡价值论的经济剩余论，应能为我们提供一种科学的理论基础和极为有用的分析工具。

（晏智杰）

《马克思主义经济危机和周期理论的结构与变迁》

刘明远　著

中国人民大学出版社 2009 年版

530 千字

马克思有无经济危机和周期理论？马克思主义经济危机和周期理论的结构是什么？它经历了怎样的演变？其现代形式是什么？带着这样的一些问题，作者经过多年深入研究，挖掘了马克思对经济危机和周期问题的全部论述，根据马克思经济学理论的结构、方法和提示，将分散在马克思经济学著作、手稿、书信中有关经济危机和周期问题的论述汇集成一个体系，并在此基础上概括出理论分析模型，使马克思经济危机和周期理论成了一个条理清晰、结构完整、从抽象到具体、逻辑性很强的体系。

以此为基点，作者向前追溯了马克思经济危机和周期理论的形成过程以及它与古典经济危机理论之间的关系，在马克思主义经济学说史上第一次系统阐述了古典经济学有关资本主义经济危机问题的大论战，概括了古典经济学家对资本主义经济危机的分析模型，阐述了马克思对古典经济危机和周期理论的批判和继承关系。在这部分内容中，最为有意义的是发现了马克思经济危机分析法与古典经济学经济危机分析法之间的对接点，即均衡分析法，并指出了马克思矛盾分析法是对均衡分析法的升华，是用唯物辩证法对古典经济学分析方法的革命性改造，这为揭示资本主义经济危机的周期性演变规律提供了有效的分析工具。

在写作《资本论》之前，马克思对发生在资本主义条件下的生产过剩危机就已经有了较为科学的认识，他对这种危机的实质、根源、发展规律、基本特征等已经做了原则性阐述，认为危机是资本主义基本矛盾周期性激化的结果，它的周期性发生不可避免，资本主义在其自身范围内无法克服危机。他把这些科学论断写入《共产党宣言》。从 19 世纪 50 年代开始，马克思运用辩证唯物主义和历史唯物主义理论和方法，详细地跟踪分析和研究了 1857 年、1866 年、1873 年、1882 年世界经济危机，这些研究工作一方面不断地检验了他以往的研究成就，另一方面又不断地促进了理论的创造与完善。

该书作者通过对马克思这一时期文献的整理与研究，认为以下结论反映了马克思在这一时期对资本主义经济危机研究的主要成就，即资本主义经济危机是资本主义各种矛盾充分展开后的结果，是资产阶级经济关系一切矛盾的现实综合和强制平衡；资本主义经济的正常运转意味着它的内在要素处于统一的状态，一旦这些要素彼此分离和彼此独立，其发展的趋势就是使这些已经彼此分离和彼此独立因素趋于统一，而这种统一的过程就是危机。这种对立与统一的矛盾运动过程在现实中表现为：代表着一个经历两个对立阶段的运动过程，如果这个过程本质上是两个阶段的统一，那么，这个运动同样本质上也是两个阶段的分离和彼此独立。由于它们有内在联系。

马克思之后，政治经济学界对经济危机和周期问题的争论一直在继续。几乎每个方面都经历过多年的学术争论，这些争论推动了马克思主义经济危机和周期理论的深入研究，争论的焦点主要集中在：资本主义经济危机是否能被克服；资本主义经济危机对资本主义经济制度的影响；经济周期的类型、形成的原因、阶段特征、演变、传导机制；反危机的理论与政策；社会主义条件下的经济危机和周期问题。该书沿着争论的历史轨迹，按照逻辑与历史相统一的原则，依次述评，全景式展示了马克思主义经济危机和周期理论在马克思之后的演变与发展。

在马克思之后的一个多世纪中，资本主义经济制度伴有股份制、垄断、国家垄断资本主义、政府干预经济、福利国家制度、经济关系的国际调节等逐步推进的局部调整，资本主义经济危机也经历了由逐渐加剧到逐渐缓和的转变，出现了经济周期的同期性与非同期性交错、再生产各阶段交替进程模糊、生产力过剩和大量失业同时并存、经济危机和通货膨胀交织并存等新特征。面对这些变化，主流马克思主义经济学总的来说做到了与时俱进，在继承发扬马克思经济周期理论的同时，在一定程度、一定范围内进行了理论创新，对现实经济危机特别是 30 年代大萧条进行了深入的研究，做出了符合马克思主义经济学的解释。不仅如此，一些马克思主义学者系统地研究了资本主义有史以来发生过的周期性经济危机，总结和概述了马克思主义经济危机理论，提出了比例失调论、生产与消费矛盾论、崩溃论、消费不足论、投资过度论、长波论等学说，以及经济危机的教科书分析模型。学者们在经济危机的原因、传导机制、经济周期长度、周期各阶段特征、中间性危机、结构性危机、“滞胀”现象等领域进行过广泛的研究，提出许多有价值的理论观点。当然，一些有悖于马克思主义经济周期理论的言论也经常出现在马克思主义经济学内部，引起过数次世界范围的激烈争论。

（刘明远）

《马克思主义经济学与西方经济学比较研究》

吴易风　主编

中国人民大学出版社 2009 年版

2556 千字

马克思主义经济学和西方经济学是当前经济学理论的两大研究体系。二者尽管面对着相同的经济现象和经济问题，但由于前提假设、研究方法、研究目标等方面的差异，得出的结论和政策主张有很大不同。这两大理论体系到底孰对孰错、孰优孰劣，只有通过比较才能分辨出来。近年来国内经济学者从不同角度，针对不同主题对这两大理论体系进行了一系列比较研究，但全面、深入、系统的比较研究著作此前尚未见到。由著名经济学家吴易风主编的《马克思主义经济学与西方经济学比较研究》填补了这一空白。该书汇集了中国人民大学、北京大学、清华大学等十几家高校和研究机构八十多名专家学者的研究成果，煌煌三大卷，二百多万字，可谓是经济理论比较研究的集大成之作。

从主导思想上看，该书坚持马克思主义的立场，运用马克思主义的基本方法深入研究马克思主义经济学和西方经济学在各个重大理论问题上的差异。在剖析西方经济理论存在缺陷的同时，该书没有回避马克思主义经济理论在一些具体问题研究中的不足，并力图借鉴西方经济理论中有价值的研究方法和研究工具完善和改进马克思主义经济理论，提高马克思主义经济学分析和解决现实问题的能力。这种科学的研究态度对推动中国经济学建设和发展具有重要意义。

从内容上看，该书几乎涵盖了经济学领域的所有重大主题。从研究对象和方法到逻辑体系，从生产理论到分配理论和消费理论，从价值理论到价格理论和货币理论，从成本理论到工资理论，从利润理论到利息理论和地租理论；从失业理论到经济周期理论，从国际价值理论到汇率理论，从产权理论和制度变迁理论到经济转型理论，该书从不同角度、不同层次进行了全方位的研究探讨。每个主题都有多篇论文，由不同的学者从各自角度介绍了马克思主义经济学和西方经济学在该主题上各自的研究思路、主要内容和基本观点，并对二者的异同进行比较分析。不仅介绍了相关理论的研究现状、争论焦点和最新进展，其中还不乏学者们自己的新见解、新观点。如关于“价值转型”这一引起经济学界长达百年争论的理论难题，书中既有老一辈著名经济学家胡代光教授对国内外学者研究状况的介绍和评价，也有对此问题进行了长期而深入研究的几位中青年学者的最新研究成果。该书既有对马克思主义经济学与西方经济学比较研究领域近20年研究成果的系统总结，也有一些过去关注较少的主题的开创性研究。通过该书，我们不仅可以把握国内经济理论比较研究的全貌，而且还可以了解各个主题的研究动向。

作为主编的吴易风教授长期从事马克思主义经济学和西方经济学比较研究，对该研究领域十分熟悉。他约请的作者大都是该领域有较为深入研究的专家学者，许多论文为首次发表，反映了作者的最新研究成果，因而该书基本上代表了目前国内比较经济理论研究领域的领先水平，也体现了中国马克思主义经济学研究的前沿性成就。

从结构上看，该书尽管内容繁多，但经过精心编排，全书结构井然，全书内容按照主题的逻辑顺序先后排列，从研究对象到研究方法，从前提假设到体系结构，从微观理论到宏观理论，3卷著作形成了一个有机的整体。该书的出版必将推动马克思主义经济学的创新与发展，也会深化对西方经济学的认识和研究。

（卫兴华）

《改革年代的经济增长与结构变迁》

刘霞辉　张平　张晓晶　著

格致出版社2009年版

319千字

30年中国改革是一场大变革，能否在未来的改革中把握正确的方向，取决于能否透彻理解既有成就和问题的真正原因。然而迄今为止，人们对改革过程中经济增长和结构变迁各个方面的作用机理、成败得失，并未达成共识。30 年来中国到底改变了什么？“中国奇迹”是真实的吗？决定中国经济长期高增长的因素又是什么？未来的道路应当如何去走？都是世人极其关心的问题。而这正是《增长与结构》一书试图展示的。

首先，《增长与结构》一书运用翔实的数据明确肯定“中国奇迹”是真实存在的。作者通过从中国经济的内部变化（大国崛起的道路）、国际比较中的增长奇迹两个角度来分析中国奇迹的表现，揭示出中国近 30 年来的最重要成就在于：摆脱了贫困陷阱，人均收入实现了较快的增长，国家实现了准现代化。而与中国经济增长奇迹相伴的是经济结构的剧烈变动，其突出特征是由一个传统的农业国不断演化为工业国；由较典型的以计划经济为主的国家演化为市场经济国家。而结构变迁是经济增长和改革开放的结果。

作者进一步评估了经济增长的福利效果。随着中国经济增长，居民收入有了很大的提高，各项社会事业全面发展，全体居民福利不断改进。与国际比较，初级教育入学率、成人和青年识字率、人口平均预期寿命、婴幼儿和孕产妇死亡率等主要的教育、健康指标都好于发展中国家的平均水平，甚至与中等收入国家的平均水平相当。但社会发展还表现出一定的相对滞后性，特别是城乡、区域之间社会发展不平衡问题比较突出。

宏观稳定会对经济增长产生重大影响，也是影响社会福利增长的重要因素。同时由于中国的转型经济特征，宏观稳定又是体制改革能够顺利进行的一个条件。《增长与结构》因此对改革开放以来中国的经济波动及宏观稳定政策进行了回顾，讨论了改革开放以来发生的四次通货膨胀和周期波动的几个特征事实，并对改革开放以来进行的五次宏观调控的经验和教训进行了总结。

其次，就经济增长的总体机制而言，作者在该书的导言中概括为，为了保证生产要素的有效供给，使资本得以快速积累，同时消除传统计划经济体制下政府过度集中和使用资源的弊端，中国改革以来采取的战略是对相对价格体系的逐步调整。也就是先适当放开部分最终产品价格，形成局部较高收益的市场，吸引各类资源投入来扩大供给，同时以低劳动力成本、低土地价格以及实际低税收来降低成本，为企业创造竞争力。这种通过相对价格体系的逐步调整来促进资本积累的策略，使产业资本收益较高，经济增长潜力得到了有效释放，而且在不同时期能形成具有带动力的优势经济，如改革初期价格双轨制促进了农村乡镇企业兴起、东部地带对外开放形成的高增长、住房市场化后城市化的快速推进等。这些策略的特点是集中了中国的优势资源，从工业化入手，使资本积累快速增长；同时，保证了经济改革和经济发展进程的有序性，使经济增长相对平稳。这确是一个比较有意思的结论。但同时需要指出，这样的思想在各章中并未一以贯之地得到体现。

再次，以第二篇 7 章的内容，分别考察了经济增长和结构变迁的动力因素。其基本思想可概括为：中国经济的高速增长期正好与改革进程一致，这不是巧合，而是有着逻辑上的因果关系，中国经济高增长，是巨大的制度变革推动的；FDI 诱导和出口导向相结合的中国对外开放模式拉动了工业化增长，形成了对外开放中的增长和稳定机制，同时也存在一些问题；中国劳动力资源开发的“制度变革 + 产业导向”模式，为增长动力的重塑创造了条件，比较优势战略在成功将人口负担转化为人口红利的同时，也使中国经济从“贫困陷阱”中解脱出来；自主研发、直接技术引进对中国创新能力和经济增长均有长期的积极推动作用；中国近30年的高速增长，更是与快速资本形成相关；为创造资本形成的环境，中国采取了低价工业化的策略，通过合理的相对价格体系调整，使工业化进程加速；财政体制改革改善了财政在资源配置方面的作用，提高了资源配置效率，财政政策通过宏观调控作用促进了经济增长；政府主导型金融体制不仅有效激励了金融机构（银行）信贷投放和信用扩张，加速了企业投资和经济增长，而且同渐进的外汇改革和金融开放相结合，成功地控制了通货膨胀，实现了经济稳定。上述内容各为一章，相互之间有密切联系，但亦可以被视为独立的专题，从而为只关心某一领域的研究者提供了阅读上的方便。

尽管该书的定位是对30年改革历程的总体评估，但在书的最后，还是用一章的篇幅来对未来发展进行了展望。中国作为大国有着广阔的发展空间，政府主导着资源的配置，2008年人均收入达3000多美元，进入了中下收入国家的上限，这一时期的规模性收益仍处在递增阶段（下凹型增长曲线）的后半段，增长机会还很多。虽然单靠要素积累难以保证未来的持续高增长，但体制变迁和技术进步却可能使未来保持高增长。应利用高增长机会加快发展机制的转变，才可能超越“中等收入陷阱”，从而不会陷入中等收入水平的停滞阶段。新的发展机制仍主要集中在政府目标和企业行为上，它们的互动路径决定了可持续经济增长的成功与否。必须从政府目标转型开始，消除扭曲、歧视和过多占用资源等行为，政府激励企业创新，形成一个可持续的经济发展机制。作者的所有这些观点，在中国经济面临内部重大调整和外部危机冲击的今天，对于在政策制定中明确方向，协调好长期发展与短期干预的关系，是有比较强的提示意义的。

（刘霞辉　张平）

《后现代经济：网络时代的个性化与多元化》

姜奇平　著

中信出版社2009年版

330千字

研究互联网与个性化制造的关系，成为当前信息化和网络经济研究中的一项重要课题。《后现代经济：网络时代的个性化与多元化》即以此为核心内容展开。该书以单一品种的大规模生产向小批量的多品种生产方式的转变为基本线索，分析了网络时代个性化与多元化所反映出来的经济学基本理论问题，并系统地与后现代理论联系在一起，加以解释。

该书站在工业化历史“终结”与信息化历史“开始”的切换点上，以价值、交换、货币、资本、组织、制度、福利等方面为线索，扬弃现代性经济学，对工业化进行反思，深刻剖析了“一切坚固的东西都烟消云散”的局限性，在此基础上展开对理论经济学的解构和建构。

该书第一次分价值论、交换论、货币论、资本论、组织论、制度论、福利论，对后现代经济学文献进行了系统的文献梳理。挖掘出被经济学说史忽略的一系列后现代经济学专著如《普遍经济学》、《语言交换的经济》、《符号的政治经济学》、《高技术礼品经济》、《象征交换与死亡》、《词与物》、《力比多经济学》、《无快乐的经济》中的后现代经济学主张，并串联成一个前后一致的理论系统。

个性化是新古典经济学的理论盲区，也是它脱离现实最严重的地方。该书分析认为，同质化假设是造成新古典经济学失去对个性化解释力的根本原因，同质化生产只是现代性（即工业化）条件下的有限历史现象；为了适应同质化的“中国制造”向差异化增值的经济转变，后现代经济学需要将经济学的前提假设从同质化扩展到异质性假设。为此，该书对专业经济学中具有价值多元论倾向的理论，分价值论、交换论、货币论、资本论、组织论、制度论、福利论七个方面，进行了系统梳理，揭示这些反传统理论与个性化生产方式的内在联系。其中包括，诺贝尔经济学奖得主卡尼曼的多元化价值模型、鲁宾斯坦《经济学与语言》代表的语言学转向中的博弈论、诺贝尔奖得主斯蒂格里茨以异质性假设为前提的货币经济学新范式与品种多样化的 D－S 模型、阿兰·斯密德与萨缪·鲍尔斯的行为经济学制度理论和诺贝尔奖得主阿马蒂亚·森的多元化能力理论福利模型。这也是第一次以超越传统工业化为梳理线索的经济理论梳理。

分析单一品种大规模生产向小批量多品种生产方式的转变，要求经济学至少具备数量和品种两个基本分析维度。针对主流经济学缺少品种维度这一缺陷，该书自始至终贯穿了一个方法论上的创新，就是把品种作为个性化的计量单位。将品种概念内生地植入经济学，始于迪克西特—斯蒂格里茨 1977 年的 D－S 模型。它由罗默、克鲁格曼加以发展，现正在开始进入知识经济理论、国际贸易理论的主流分析。该书基于 D－S 模型，建立了数量—品种双维度分析的后现代经济学方法，从而为建立针对个性化的数量分析方法和数理模型，进行了初步探索。

该书认为，说明个性化生产方式的合理性，不仅在于建立品种这个维度来计量，更重要的是证明品种经济性。也就是个性化生产方式比大规模同质化生产更加经济。为此，该书发展了内生增长理论的报酬递增思想，区分了规模报酬递增（品种越少越经济）与范围报酬递增（品种越多越经济），从而指出网络化与个性化之间特殊的经济性关系。

该书的核心问题是“网络中的个性化何以可能”，分解为多元化的价值何以可能，多元化的交换何以可能，多元化的货币何以可能，多元化的资本何以可能，多元化的组织何以可能，多元化的制度何以可能，多元化的福利何以可能。最终归结为品种经济性问题。品种不光指产品种类，在书中泛指异质性的种类，它代表多样化、多元化、个性化等后现代价值。品种经济性是指品种越多，成本越低，收益越高。它与规模经济正好相反，规模经济是指品种越少，成本越低，收益越高。品种经济将个性化和网络化两个方面融为一体。其中，网络化是个性化的条件，个性化是网络化的归宿。

《后现代经济：网络时代的个性化与多元化》一书的现实针对性，在于反思以同质性、大规模生产、成本领先、打价格战为特征的传统工业化生产方式，探索以异质性、小批量生产，标歧立异、高附加值为特征的个性化生产方式。结合全人类对超越工业化的现代性，进入更高现代化状态（后现代状态）的思考，为个性化制造和服务创新摸索新的理论基础。

（姜奇平）

《财富的道路——科学发展观的财富基础理论研究》

裴小革　著

社科文献出版社 2009 年版

300 千字

《财富的道路——科学发展观的财富基

础理论研究》是中国社会科学院经济研究所裴小革研究员主持的国家社会科学基金一般项目“科学发展观的财富基础理论研究”的最终成果。“科学发展观的财富基础理论研究”课题的主旨是在创建与科学发展观相一致的财富基础理论，研究中国特色社会主义的财富道路方面，做出自己的探索。课题组成员有：徐州师范大学石淑华博士和南开大学刘凤义博士。《财富的道路——科学发展观的财富基础理论研究》由裴小革研究员撰写，于2009年6月由社会科学文献出版社出版，是一本致力于创新发展科学发展观的财富基础理论的学术专著。

该书指出，虽然两百年以前，英国古典经济学家亚当·斯密于1776年发表了他的经济学名著《国民财富的性质和原因的研究》或简称《国富论》，为当时的英国经济发展奠定了理论基础，促使英国率先实现了工业化和财富空前涌流。但是，现在中国面临着与英国不同的国际国内环境，不可能照搬前人的理论和经验，非常需要创造一种能够适合中国财富涌流和经济发展的新“国富论”，促使中国走上一条自己最佳的科学发展道路。

中外经济学界对于如何看待财富，以及如何在发展中创造和分配财富等问题，并没有一致的看法。在需要不需要，以及如何创新发展马克思主义财富理论的问题上，也还存在许多争议。财富问题理论上的盲目性，很可能导致实践上的严重失误，造成经济发展欲速而不达，甚至南辕北辙。因此，要创造能够指导中国经济科学发展的新“国富论”，科学发展观的财富基础理论是一个必须重点研究的难题。

在马克思创立可变资本理论一个世纪后，即20世纪60年代，西方经济学家舒尔茨等人在对人力与财富关系的研究中，提出了与可变资本理论具有类似作用的人力资本理论，但是，由于他们抛弃了马克思的劳动价值论，没有说明劳动在人力取得和发挥作用中的特殊作用，也没有指出资本主义生产只把人力作为创造物质财富工具的局限，还把对人力的投资与人力本身混为一谈，所以，这种理论在揭示财富发展和变化的规律方面，其实远没有可变资本理论那样科学和深刻。

该书以可变资本理论为主要依据建立的科学发展观的财富基础理论，增强了财富理论的科学性，它论证指出，人力既是资本又是财富，人力财富的大小不仅要由人力投资的数量决定，而且要由人们如何使用它们的劳动来决定，包括人力财富的教育和人力财富的实践。中国特色社会主义财富道路，并不是仅仅指实行单一的生产资料公有制，而是指要建立与现代社会化生产方式相适应的一系列政治经济制度和意识形态，把最广大劳动者的积极性和创造性调动起来，让他们能够科学利用物质资源，享受到自己的劳动成果，破除资本主义私有制对生产力发展的阻碍，使社会财富的各种源泉充分涌流。

（裴小革）

经济转型期公有产权制度的演化与解释

葛扬　著

人民出版社2009年版

390千字

中国的改革开放，一方面是经济体制不断市场化的过程，另一方面是经济发展不断工业化的过程，而上述两个方面是基于公有产权制度改革之上的。中国的公有产权制度改革是一个历史演化的过程，同时也是一个非常复杂的过程。它不仅包括人们对公有产权制度认识的演化，也包括公有产权制度本身的演化，还包括随着公有产权制度的演化而带来的国有企业发展、经济增长、产业结构变迁以及收入分配的变化等。这些方方面面的变化，构成了中国公有产权制度的整体演化。上述演化过程是渐进的、长期的，包括了两个方面的内容：一是从农村到城市的制度创新过程；二是从局部到整体的制度创新过程。

该书沿着公有产权制度演化的逻辑线索，对由此而引发的主要经济方面的演化展开了系统的分析和研究。该书中，作者不仅系统地回顾了马克思主义公有产权制度的经典理论及其20世纪40年代后东欧国家的公有产权理论，而且描述了我国30年来公有产权制度演化的历史过程，并就中国公有产权制度演化的经验进行了归纳和分析；不仅分析了公有产权制度演化的必然结果是混合经济的形成和发展，而且研究了国有企业产权制度的演化和路径选择，探讨经济转型期与中国国情相吻合的国有企业产权形式和国有资产管理体制；不仅分析了随着国有企业产权制度的演化国有企业家的产生及其职能，而且分析了公有产权制度演化条件下的国有企业治理问题。

该书还从理论和实证两个角度分析了所有制、产权制度变迁与经济增长的相互关系，并从理论和实证两个角度分析了公有产权制度演化过程中产业结构的变迁。该书最后分析了公有产权制度演化条件下我国分配制度的变迁，在理论分析的基础上以长江三角洲为例，实证分析了产权制度变化条件下现代服务业发展过程中的分配效应。

该书不是一般的对公有产权制度演化进行的理论分析，而是以公有产权制度理论分析为逻辑起点，不仅对作为基本制度的公有产权的演化进行分析，而且从经济运行的主要方面的实际变化进行研究，努力做到理论与现实、历史与逻辑的统一，从而对随着公有产权制度的演化而引发的主要经济方面的演化进行整体把握。在研究方法上，该书不仅进行规范的理论分析，而且在收集丰富的数据基础上进行计量实证分析，特别是对所有制、产权制度变迁与经济增长的相互关系，以及公有产权制度演化过程中产业结构的变迁进行实证分析，同时还实证分析了产权制度变化条件下现代服务业发展过程中的分配效应。从而为该书的相关观点提供了有力的支撑。

（葛扬）

金融与经济危机深解——资产价格泡沫与宏观经济波动

袁秀明　著

知识产权出版社出版2009年版

260千字

2007年以来由美国次贷危机引发的全球性金融危机对美国乃至世界经济造成沉重的打击，其导因是美国房地产泡沫的膨胀和崩溃。该书从理论上对资产价格泡沫的产生、膨胀与崩溃以及与经济波动的关系，以及由此产生的政策含义进行详尽阐述。从市场发展规律看，资产价格泡沫是市场经济与生俱来的顽症，在现代理性人假设的条件下，这种泡沫现象还在周而复始地出现。

书中阐述三方面问题：一是资产价格泡沫对宏观经济波动的影响，指出资产价格泡沫（过度波动）是经济周期重要的指示器，资产价格泡沫通过金融加速器机制对经济波动起放大作用。二是资产价格泡沫的宏观经济政策含义，分析当今理论界对资产价格泡沫的宏观经济政策四种不同观点的理论依据和实际可操作性，认为中央银行在将通货膨胀作为目标变量的同时，应将资产价格泡沫作为货币政策制定过程中一个重要的考虑变量，化解经济运行中明显膨胀的资产泡沫，以避免泡沫崩溃对经济的严重后果。三是中国资产价格泡沫与宏观经济运行的关系，指出在向市场经济转轨过程中，中国资产市场有产生泡沫可能性基础，要保持经济稳定持续增长，减少经济较大波动，应适时控制好资产价格，减少资产价格泡沫对经济的冲击是很有必要的。

（袁秀明）

宏观经济与金融

《中国宏观经济分析与预测（2008）》

李文溥　龚敏　等著

经济科学出版社2009年版

280千字

《中国宏观经济分析与预测（2008年）》将扩大内需与经济结构调整、增长方式转变作为讨论的主题。

第一章“2008年中国宏观经济形势分析与政策回顾”是一个述评。首先对2008年国际金融危机产生的原因及影响进行分析；其次回顾2008年我国宏观经济运行形势，主要从经济增长、固定资产投资、社会消费需求、价格水平以及国际收支等几个方面逐一展开；在此基础上，对2008年的宏观经济政策执行情况做一个总结。

第二篇为研究与分析篇，包括第二章至第七章。第二章“扩大内需与结构调整、增长方式转变”对我国经济“两高一低”不平衡结构特征的形成原因做了一个鸟瞰式的分析。指出，“投资驱动、出口拉动”是对外开放条件下粗放型经济增长方式的必然表现，国民收入支出结构的“两高一低”是其必然结果。我们不揣冒昧，提出了一个长期着眼、短期入手，实施兼及长期结构调整和增长方式转变的短期扩大内需的政策设想，而这显然是需要在今后的进一步研究中予以证伪或逐步深化的。第三章“人口结构变化的经济结构与增长效应研究”关注一个可能为研究经济结构变动与增长方式所忽视的问题：人口年龄结构变化，尤其是人口中劳动年龄人口比重上升对社会需求结构从而增长方式的影响。

第四章“投资与经济增长的动态效率”主要考察靠投资驱动的我国经济增长的动态效率问题。基于帕累托效率准则的动态跨期福利比较，从理论与实证两个角度进行了经济增长动态效率问题的研究。研究表明，基于AMSZ准则，直至2006年为止，中国经济尚未处于投资大于资本回报的动态无效状态。然而，分地区研究的结论却揭示出另一个图景：比较东西部地区，东部地区的投资都还没有大于其资本回报；但西部地区有过半省份的投资都是大于资本回报的，其中，又以西藏、青海、宁夏、新疆最为严重。

第五章“消费压抑、增长失衡与收入分配”，试图从需求方面考察我国合适的消费水平，并找出相应的经验证据。指出，在现有收入分配结构下，收入差距不断扩大已使我国居民消费压抑问题不断加剧。同时，我国居民的消费水平偏低、投资水平偏高，而出口与经济波动之间的联系最为密切。

第六章“财政政策、供给调节与经济波动”基于实际经济周期理论（RBC）从供给的角度研究了财政政策的作用。长期以来，对于财政政策，人们往往从需求管理角度来看它的作用，忽视了它的供给调整、结构调整功能。

第七章“货币政策：地区间效应的双重非对称性”从一个新的角度拓展了货币政策效应的研究。结果证实，在中国，货币政策的地区效应是双重非对称的：各地区在其增长速度较高时期，货币与产出之间的正相关关系，东部最强，中部次之，西部最弱；各地区在其增长速度较低时期，货币与产出之间的负相关关系，西部最强，中部次之，东部最弱。

该书的第三篇为预测与政策模拟篇，由第八、九两章组成。第八章是CQMM2008年春季预测报告。首先根据2007年的经济运行情况，结合世界宏观经济形势分析，对我国2008年的经济增长作出预测；其次，基于我国经济外贸依存度较高的特征，模拟世界经济对我国经济的传导机制，分析美国经济及欧盟经济的波动对我国经济的影响；最后，依据模型的政策模拟结果，指出，人民币升值不能作为抑制2007年底至2008年初的通货膨胀的有效工具。

第九章是CQMM2008年秋季预测报告。指出，目前经济增长的回落主要原因在于出口增长下滑。长期以来靠“出口拉动”的经济增长，当面临外部需求萎缩时，增长下滑不可避免。在持续紧缩的货币政策、高涨的能源、原材料价格以及工资上涨的压力下，企业投资成本上升，制造业投资增速明显下滑。当出口随外需放缓和国内成本上升而进一步放缓时，出口行业的产能过剩将进一步抑制投资的增长。因此，目前的经济减速若是由于出口下滑引起的，那么，接下来则可能受到制造业投资放缓的叠加影响。进一步，经济增长还可能受制于消费（特别是居民消费）的缓慢增长。今年以来，城乡居民实际收入增幅下降，城镇家庭边际消费倾向减弱。考虑到提高居民的实际收入是一个长期的过程，不仅需要短期宏观政策（主要是财政政策），还需要长期经济增长方式的根本转变，产业结构的升级等战略调整。这意味着，消费需求特别是私人消费需要短期内将难以快速增长。预计今后一段时期内中国经济将难以继续维持2007年那样的增长速度。当前宏观政策的着眼点应是促进经济结构及增长方式的调整。中国目前的经济结构决定了在外部需求旺盛情况下，进行我们所期待的经济结构调整是不太可能的，只有在外部需求下降，经济增长放缓的情况下，通过有意识地维持适度从紧的宏观经济政策，辅之以必要的结构性政策，方能形成促进经济结构的调整和增长方式转变的必要压力。

（厦门大学宏观经济研究中心）

《宏观经济效应及前景分析》

汪同三　李雪松　著

经济管理出版社2009年版

490千字

该书是中国社会科学院数量经济与技术经济研究所课题“全球化与中国经济发展”的研究成果。全书共分为十五章，涉及了全球化背景下中国经济发展特别是对外开放的多个领域。该书突出体现了数量经济学的学科特色，除第一章外，在研究方法上普遍采用了经济数学模型方法，包括不同形式的经济计量模型、CGE（可计算一般均衡）模型和投入产出模型。

虽然数量经济学从理论上说有其特定的研究对象，但由于其主要是以方法见长的一门经济学科，而这些方法并无特定的应用对象，所以该书涉及的领域相当广泛，包括中国宏观经济发展的长期发展与预测，外资外贸、人民币汇率变动的影响及能源与环境。

在这些研究成果中，虽然大部分侧重于

全球化背景下中国经济自身发展的分析，但也有关于中国经济发展对世界其他主要国家影响的专门研究，即使在前一类研究成果中也不乏中国经济对世界经济影响的分析。由于全书涉及领域众多，内容十分丰富，每一章都是该章作者的专题研究成果，所以要想进行综合而又不失去实质性内容几乎是不可能的，所以，最好逐章加以评介。但限于篇幅，以下只能对其中部分章节的要点和特色作一扼要介绍。

第一章结合新中国成立以来前30年的经济史，分析了中国工业化道路的特点，即该章所说的“分层工业化道路”，在对中国改革开放前后经济发展历程作出统一理解的同时，意在说明作为一个社会主义的国家为何能够与资本的全球化接轨并能在对外开放的同时保持自主性。

第三章运用结构突变方法，检验了中国外贸政策和外贸体制改革对中国外贸规模与结构以及对外资引进的影响。在计量经济研究中，如何说明制度变量对经济发展的影响一直是个难点，该章通过把结构突变方法引入计量经济分析，应该说是解决这一难题的一个有益尝试。

第四章是研究外商直接投资（FDI）的一篇力作。该章首先从定性方面，结合FDI流入的一系列最新特点对中国FDI的概况进行了系统的梳理，然后运用较为前沿的计量经济方法分析了FDI的贸易效应与产业结构升级效应。在分析FDI的贸易效应方面，该章利用中国地域广阔这一特点，分别运用离散型数据的概率分布模型和连续型数据的动态面板数据模型，分析了FDI在中东西部乃至不同省份的贸易效应，并通过这一分析得出了FDI流入与国际贸易有显著的动态相关性的结论。在分析FDI的产业结构效应方面，该章运用多种模型方法进行了分析和检验，说明FDI流入是影响的中国产业结构变动和升级的重要变量，且与产业结构调整构成格兰杰因果关系。

第七、八两章分别运用CGE模型就中国加入WTO对中、美、欧的影响和人民币升值对中国经济的影响进行了分析。CGE模型主要的功能是在社会核算矩阵基础上，借助模型给出的整个经济内部各种结构关系，通过模拟，定量分析某一政策或某一事件作为外部冲击对经济所造成的总体影响。第七章的模拟结果表明，中国加入WTO对中国本身和美、欧均能带来正面的冲击效应，尽管在量上有较大差别。其中，对中国的正面影响最大，对美国的正面影响次之，对欧盟的正面影响稍小，但总的来看还是一种“双赢”的效果。第八章模拟了人民币升值对中国经济的影响，模拟结果表明，人民币升值对中国的GDP增长可能会带来负面影响，原因是人民币升值在促进了进口的同时抑制了出口。因此，该章的政策建议是人民币升值应小幅化、慢性化、长期化。

第十章运用投入产出方法，定量分析了外贸商品的耗能情况，进而分析了外贸商品结构对能源消费的影响。分析结果表明，2002—2006年期间，我国的进出口贸易在能源消耗方面对经济的影响是正的，进口产品的省能大于出口产品的耗能，但从趋势上看，这种正面影响正在逐年缩小。因此，作者建议应注意调整进出口的结构，以达到节能的效果。

第十一章运用作者自己研制的模型分析了国际石油价格变动对中国经济的影响，得出了一个十分有趣也十分重要的结论，即在一定临界值下，中国存在着正向的GDP—石油价格关系，也就是说，石油价格上涨的同时 GDP 增长率也会提高。作者运用中国可计算一般均衡（PRCGE）模型进行的研究同样支持了这一结论。对于这一似乎有违常识的结论，作者探讨了其内在原因。其实，如果考虑到中国的资源禀赋条件，这一结论也并不令人意外。高昂的石油价格实际上是中国劣等的石油赋存条件，因而为高成本的石油开采提供了可能性，自然使生产可能性曲线外移，所以带来了 GDP 的增长。

第十五章也是全书最后一章对中国 2020 年经济发展的前景作了预测，包括总量与结构、就业、财政收支、外贸等方面指标。预测结果向我们展现了一幅喜忧参半的前景，喜的是我国经济总量将继续保持快速增长，忧的是某些结构指标可能进一步劣化。在这一意义上，预测实际上也是一种警示，因此，它不会像天气预报对天气变化没有影响那样，它本身就会影响经济的未来走势，甚至使预测结果落空。当然，这不是预测者的耻辱，而是他们的荣耀。因为任何预测都是有条件的。

（赵京兴）

《工业化变革中的农民工劳动形态》

郑英隆　黄振荣　著

经济管理出版社 2009 年版

285 千字

如果粗略算一下，从洋务运动、民国的民族资本实业救国浪潮、计划经济下的重工业化到改革开放的外向型工业化，中国工业化大致经历了四个发展阶段。今非昔比，我国确实取得了工业化的伟大进步。然而，以加工贸易为主体的我国出口工业目前仍处在附加值最低、最消耗资源、最破坏生态环境的粗放型生产环节，国际垄断资本凭借其在全球产业链中的技术优势仍然可以对我们进行利润盘剥。

更要害的是，当代的中国工业化是一种城乡割裂体制下的“城市工业化”，广阔的农村并没有真正纳入到工业化洪流之中。与兴盛繁荣的城市经济相比，农村的生产方式依然落后。

中国自古至今以农立国，是一个农业大国、人口大国，更是一个农民大国。中国的工业化面临着无数的困扰与难题，但最大的难题还是农民工问题。然而，就是这样一个至关重要的问题，在以往的工业化研究中很少有人问津。人们多热衷于高谈阔论工业化道路、外向型工业发展战略和新型工业化等时髦话题，但很少有人站在中国工业化进程的历史高度来专门研究农民工劳动形态。

郑英隆、黄振荣的新著《工业化变革中的农民工劳动形态》聚焦于农民工劳动形态，把农民工问题放到中国工业化进程中去解读和考察，从理论与实际的结合上剖析农民工的环境、能力和行为特征，并在历史大视野中去分析农民工劳动形态的变迁，提出了许多让人耳目一新的观点。该书的主要特点如下。

一是难能可贵的人文关怀精神。众所周知，经济人的基本假定铸就了西方经济学的灵魂，即见物不见人和漠视生命。改革开放后全盘引进西方经济学，也继承了西方经济学漠视生命的传统。如今的中国经济学界，盛行的是货币拜物教和资本拜物教，以及市场崇拜、数量模型崇拜和 GDP 崇拜等，唯独不见对生命的尊敬和崇拜。该书与众不同，作者在该书后记中说：“对我国工业化进程中农民工这种特定的劳动形态，我们始终抱着一种敬畏生命的心情。”

二是见解独到。作者认为，发生在中国这样一个农村人口占绝大多数的发展中农业大国的工业劳动转型，是中国工业化进程中一个根本性的问题。

三是厚重的历史感。对中国工业化与农民工的关系，作者从纵向和横向两个维度进行比较考察。从横向看，农民工是全球化背景下中国工业化的一个基本特征，是中国特色工业化的一个组成部分。从纵向看，中国工业化的哪一步都离不开农民工，随着工业化进程，农民工劳动形态发生着变化，但中国工业化历史的长期性，决定了农民工历史的长期性。如此纵横大视野的理性思考，不仅更清楚地揭示了中国工业化的个性，也更透彻地把握了农民工的历史地位，同时使理论分析更有厚重的历史感。

最后，关于农民工的历史命运问题，作者认为，农民的历史命运取决于新型工业化，因为新型工业化中最主要的是农村工业化的发展，而农民工将在农村工业化的高度发展中最终完成自身的蜕变。

农民工是一个历史范畴，但更应该看到的是，农民工的历史命运其实是与整个中华民族的命运一致的。当我国已经积累起真正强大的经济实力后，就可以逐渐把农村和农民工真正融入工业化社会。这就是历史的辩证法。

（龚唯平）

《中国的投资效率与经济可持续增长》

庞明川　著

中国社会科学出版社 2008 年版

300 千字

转轨以来，中国的投资保持了三十年年均增长超过 20% 的高水平。长期的高投资在促进经济高速增长的同时，也给经济运行带来一系列诸如资源的过度使用、环境污染以及挤占消费引起的影响社会福利水平下降等问题，而且，与这种高投资相伴随的是投资的低效率，并经常性地以“过度投资”、重复建设以及大量的投资浪费等形式表现出来，从而使得长期的经济增长不可持续。亚洲金融危机的爆发使得人们普遍质疑“东亚奇迹”的“高储蓄—高投资”增长模式的合理性与可持续性。大量研究表明，投资数量本身只是经济增长的必要条件而非充分条件，只有同时具备投资数量和投资效率，才是经济持续增长的充分条件，才构成经济增长的“动力之源”。

本书首先对西方经济理论中有关投资效率与经济可持续增长的关系进行阐释，并运用新古典经济学中关于资本积累的“黄金律”和动态效率理论来界定投资效率，将资本存量的效率与经济的最优增长有机地结合起来，使得对投资效率的界定不仅具有一个统一的分析框架，而且具有明确的判别标准。在此基础上，按照投资效率所包含的产出效率与配置效率两方面的含义，分别对投资规模、投资结构与投资效率的关系进行理论分析和实证研究；再从影响投资运行的外部因素中着重选取了产权因素和体制因素，对这两个因素与投资效率的关系进行理论分析与实证研究，结论如下：

第一，从投资规模与投资效率的关系来看，根据规模经济理论，投资效率总是与一定的投资规模相联系的，投资规模过大或过小，都直接影响到投资效率的提高。因此，只有合理适度的投资规模，才是有效率的。在此基础上，对中国的投资规模、投资效率与经济可持续增长进行了实证分析。结果表明：从总量上看，中国投资的产出效率较低，且波动剧烈；从变动趋势上看，中国的投资效率自 20 世纪 80 年代开始一直处于一个相对较高的水平上，从 90 年代中期开始恶化，

1999年最低，其后虽有所上升，但还没有达到80年代至90年代中期的水平。通过与东南亚金融危机的主要国家以及不同收入水平的国家进行比较，中国的投资效率与高收入OECD国家和低收入国家相近，高于中低收入国家和中高收入国家的平均水平。

第二，从投资结构与投资效率的关系来看，本书从资源配置的角度认为投资结构是通过投资资源的配置效应来体现其投资效率的，并通过投资效率来反映投资资源的优化配置程度。因此，一个经济中的投资结构是否合理，直接决定着投资效率的高低，投资结构失衡则会显著地降低投资资源配置的总体效应，影响投资效率的提高。在此基础上，对中国的投资结构与投资效率的关系进行了实证分析。结果表明：中国投资的配置效率低，且波动性较大。尽管中国经济从总体上看并不存在过度投资，但在局部地区和行业存在投资过热或者过度投资。从投资结构来看，无论是从投资的产业（行业）分布还是地区分布上看，中国的投资效率不均衡，反映出投资资源在不同产业（行业）和不同地区间的配置不尽合理。

第三，从产权与投资效率的关系来看，从严格的意义上说，在两种情形下的产权制度下可能导致高效率：一是集权主义的计划经济有可能实现帕累托效率，二是完全竞争的、自由经营企业的经济可以达到帕累托效率。但大部分经济学家认为，在计划经济中帕累托效率很可能是达不到的。对于产权与效率的关系，大多数经济学家都断定私有产权是最有效率的，而少数学者认为产权并不是绩效的决定性因素，当市场机制调节失灵或私有化产权的运行存在高交易成本的情况下，公有产权是有效率的。本书在系统总结中国的产权变革的基础上，对我国的产权结构与投资效率的关系进行了实证分析，结果表明：1998年以来，从总体上看，我国无论何种所有制工业企业的资本回报率都得到显著提升；从所有制结构上看，无论是权益总回报率还是资产总回报率，私营企业的资本回报率最高，其次是三资企业，国有企业最低。但是，从资本回报率的增长速度上看，则与此相反，国有企业的增长速度最快，其次为三资企业，最后是私营企业。

第四，从投资体制与投资效率的关系来看，一方面，投资体制决定投资效率；另一方面，投资效率又反作用于投资体制，对投资体制的改革和完善不断提出新的要求。在此基础上，本书分析了投资短缺与投资膨胀的体制性根源，对中国的投资体制与投资效率的关系进行了实证分析。结果表明：随着我国投资体制改革的逐步推进，投资效率经历了一个先升后降再缓慢回升的发展过程，但是，投资效率提升的幅度有限，且还尚未达到历史最高水平。这一方面表明在投资运行中还存在制约投资效率提高的体制性障碍，另一方面，投资体制改革还不彻底，还需进一步深化。

总之，本书在大量实证研究的基础上提出，中国投资的产出效率较低，而配置效率更低。虽然从总量上中国并不存在过度投资问题，但投资结构失衡的问题突出。具体表现在投资的产业和行业分布、投资的地区分布不合理，而深层次原因则在于投资体制的不完善，投资的运行还受到体制的约束。最后，根据这一结论分别从投资运行、投资体制以及其他相关的配套政策等方面，提出了相关的政策建议。

（庞明川）

《经济增长、环境与气候变迁——中国的政策选择》

宋立刚　胡永泰　主编

社会科学文献出版社 2009 年版

370 千字

30 年来，中国经济一直保持平均两位数的高增长率，从很早开始，中国经济的走向便已经成为世界经济最重要的风向标之一。于是乎，每逢年初，中国制定的经济增长目标自然就成为世人瞩目的焦点。众所周知，当下的世界正在经历被专业学者称为“有史以来最严重的世界性的金融危机”，在经济全球化的今天，几乎任何国家都很难独善其身，中国更是如此。面对美国和欧洲的持续经济低迷、消费需求大幅下滑，高度依赖出口（出口占中国 GDP 的 40% 以上）的中国会遭受怎样的冲击？中国近期会发生金融危机吗？中国能达到年初制定的 8% 的增长目标吗？中国还能保持曾经的高增长率吗？毫无疑问，这些都是现在最受关注的议题。

相比于俄罗斯的改革，中国的渐进式改革所取得的成效有目共睹，用经典的学术用语来说，即中国的改革实现了“帕累托改善”——使一个人境况好起来但不会使另外一个人更贫困。曾经一度，这是一个不争的事实。但今天我们不得不承认的却是：“日趋扩大的收入不均等，是中国长达 30 年之久的改革中最令人失望的结果之一。”收入分配不公早已不是什么新鲜的话题了，争论的最终核心无外乎是“效率与平等”孰先孰后。我们通常听到的提法是：初次分配满足效率，二次分配解决公平，但现实却是，2008 年中国的基尼系数高于所有发达国家和大多数发展中国家，而且已经远远超过了合理的限度。那么，有没有可能在初次分配时达到公平与效率的统一呢？

谈到收入差距，人们自然会想到中国的农民。伴随着 30 年的经济变革，约有 1.26 亿农民来到了城市。清华大学国情研究中心主任胡鞍钢认为，当代进城打工的民工潮是人类有史以来规模最大的人口迁移潮，中国用短短 30 年实现了其他国家花了 100 年才完成的人口大迁徙。但我们很清楚的现实是，绝大多数进入城市的农民工们从事的是低收入和“3D”（肮脏 dirty、危险 dangerous、有辱人格 demeaning）的工作。农民工及其子女的健康和整体福利状况在很大程度上影响着他们融入城市社会的进程。农民工们作为城市基础设施的建设者，他们和他们的子女享受到更好的卫生和教育了吗？他们实现同化、融入城市的过程和渠道是怎样的？那些留守在农村的儿童会不会由于缺少父母的关爱而对成长造成影响？……诸如此类的问题已经开始影响中国未来社会的发展。

政府可以想方设法保持经济高速稳定地发展，也可以有条不紊地推进城市化进程，我们也期待有朝一日，中国的生产率和生活水准能接近于发达国家的相应水平——按照现在的增长速度，到本世纪末，中国完全有可能追赶上发达国家。但是，如果按照中国现在的能源消耗水平和二氧化碳排放量，这个成就可能并非来自中国自身的发展，而是因为环境恶化造成发达国家经济衰退所致。中国不仅是当今世界上经济发展最快的国家，同时也是世界上最大、人口最多的发展中国家，最可怕的是，新近中国更是“荣升”为二氧化碳排放量最大的国家（中国是煤炭消耗大国，而煤炭的二氧化碳排放量最高）。受制于环境因素，传统的工业文明道路对于中国来说已经很难行得通了。那么，有没有既保护环境又能维持经济可持续发展这样一条路径呢？中国政府是否必须在保持经济高增长和稳定温室气体排放之间择一而从？

上述这些尖锐的问题均出自《经济增长、环境与气候变迁——中国的政策选择》（宋立刚，胡永泰主编，社会科学文献出版社 2009 年 5 月出版）一书。说实话，市场上有关中国改革开放 30 年的回顾与成就的图书比比皆是，但是，所有的辉煌都属于过去，所有的问题却是当下乃至今后很长一段时间都必须面对的，直面中国经济改革 30 年带来的问题和困境的图书，我只看到这一本。从这个角度来看，此书颇有“众人皆醉我独醒”之意味。书中收录的 17 篇文章均来自国内外相关领域最权威或居于研究前沿的学者，内容涵盖金融危机对中国的冲击，中美贸易失衡，社会分配与公平，农村劳动力转移，能源消耗、污染物排放等一系列现实问题，这些问题无一不对中国经济增长构成挑战，同时也是政府进行公共决策时经常会面临的难题。书中的研究都是以最新的数据为依托，既没有情绪化的宣泄，也没有悲观的抱怨，中外学者们从不同的视角作出客观而冷静的分析，既让我们知道面临的困境，也让我们看到解决问题的出路。毕竟，以今天的中国的问题已经不仅仅局限于中国自身，而且还关乎到整个世界的福祉。

（恽薇）

《中国养老保险隐性债务问题研究》

申曙光　彭浩然　著

中山大学出版社 2009 年版

160 千字

进入 21 世纪以来，日益严峻的老龄化程度使养老保险制度改革成为全国人民关注的焦点。我国在 1997 年便开始由完全的现收现付养老保险制度向社会统筹与个人账户相结合的“统账结合”模式转轨。时至今日，我国养老保险制度改革虽然取得了可喜的成绩，但是也暴露出一些深层次的问题。在这些问题当中，长期困扰政府部门、学术界的一个难题便是养老保险隐性债务问题。

什么是养老保险隐性债务？规模到底有多大？如何解决？这一系列问题不仅关系着我国养老保险制度能否顺利转轨，也关系着我国养老保险制度能否实现可持续发展。从国内目前对养老保险隐性债务的研究来看，存在以下几方面的不足：一是对隐性债务的含义把握不准，二是测算隐性债务规模的口径太窄，三是养老保险隐性债务的解决办法与定量测算脱钩等。因此，已有研究对政策制定者的参考价值有限。无论是学术界，还是政府有关部门都迫切希望能够对养老保险隐性债务问题进行系统研究，以期为我国养老保险制度改革提供参考。

针对前人研究的不足，该书对我国养老保险隐性债务问题进行了系统研究，首先从考察我国养老保险制度的历史沿革及现状出发，分析我国养老保险隐性债务的涵义与产生机理，并对隐性债务进行三个层次的划分（第一层次的隐性债务是计划体制终止时的债务；第二层次的隐性债务是现行参保人员未来养老保险的收支缺口，而未考虑扩面人群的影响；第三层次的隐性债务是现行参保人员和扩面人群未来养老保险的收支缺口）；然后针对三个层次的隐性债务的测算分别建立精算模型，在一定假设基础上对三个层次的隐性债务规模进行测算，并对测算结果进行分析；最后，根据测算结果，从制度内与制度外两个方面分析各种偿还养老保险隐性债务办法的可行性和效果，提出合适可行的解决办法。

从该书对养老保险隐性债务规模的测算来看，根据现行养老保险制度的安排、退休年龄和养老金调整系数，在工资增长率为6%、投资回报率为4%的情形下，2001年1月1日我国养老保险第一、二、三层次的隐性债务规模分别是9.57万亿元、13.25万亿元、92.48万亿元。隐性债务规模随工资增长率的增加而增加，随投资回报率的增加而减小。

从制度内解决办法来看，延长退休年龄和降低养老金调整系数能够有效地减少隐性债务规模。从制度外解决办法来看，该书作者认为，我国需要扩大养老保险覆盖面，但是不应该把扩面"新人"的缴费当做解决养老保险隐性债务的主要办法；发行认可债券可以起到确认债务规模的作用，但不是解决隐性债务的根本办法。在目前情况下，中国也不宜运用债务融资或税收融资来偿还养老保险隐性债务。发行福利彩票可以作为一种资金筹集渠道，但由于规模有限，不会起主要作用。制度外最可行的解决办法是调整财政支出结构和变现国有资产筹集资金。根据该书的测算结果，作者认为，只要能够压缩财政"越位"支出、控制不合理支出，就足以填补"老人"和"中人"的未来养老金收支缺口。另外，股权分置改革的完成为我国利用变现国有资产的收入解决养老保险隐性债务问题提供了契机。通过以上两种途径——财政补偿和变现国有资产，我国政府完全有能力解决养老保险隐性债务问题。

该书作者特别强调——我国政府不要过分依赖扩面"新人"的缴费来解决"老人"和"中人"的隐性债务。虽然短期内养老保险参保人数的迅速增加会大大缓解社会统筹基金的支付压力，减轻政府的财政负担，但是，扩面"新人"的缴费不能完全替代政府的偿债责任，他们在缴费的同时也积累了未来领取养老金的权益。如不提前制定对策，等"新人"开始退休后，养老保险的扩面潜力肯定越来越小，那时候如果爆发养老金支付危机，将对整个中国经济带来灾难性后果。其次，通过"新人"长期维持20%的高缴费率来偿还"老人"和"中人"的债务，会对中国经济发展产生不利影响。我国政府应该通过制度内缩小隐性债务规模，制度外筹集资金来解决"老人"和"中人"的隐性债务问题，而对于"新人"，则要建立起其缴费和养老金收益的自平衡机制。

养老保险隐性债务问题是我国养老保险制度改革过程中所需高度重视和解决的重大关键问题。从短期看，养老保险隐性债务关系到现收现付制能否成功向"统账结合"模式转轨；从长期看，其关系到"统账结合"模式能否实现可持续发展。该书不但合理运用精算方法测算出了我国不同层次养老保险隐性债务的规模，而且系统地研究了理论学术界与政府部门提出的各种解决办法，在此基础上，形成了一些具有积极意义的政策建议。这些研究成果将会有助于我国解决好养老保险隐性债务问题，并推动我国现行养老保险"统账结合"模式实现可持续发展。

（申曙光　彭浩然）

《我国医疗保障体系的债务风险及可持续性评估》

宋世斌　著

经济管理出版社2009年版

260千字

我国正在进行医疗保障体制的改革，初步建立了包括职工医疗保险、城镇居民医疗保险、新农村合作医疗等为基础的全民医保制度框架。"新医改"主要是解决当前群众反映的"看病难、看病贵"的问题，即医疗的可及性和医疗成本高的问题，但是较少考虑制度本身的长期可持续性，对体系的长期债务风险关注较少。

我国医疗保障体系面临严重的债务风险。这里医保债务是指医保体系收不抵支的缺口。现行的医疗保障体系由城镇职工医疗保险、城镇居民医疗保险、新型农村合作医疗和医疗救助组成。由于医疗费用增长快于经济成长，人口老龄化加速，患病率和就诊率提高及其他的刚性增长因素，使得医疗支出基数大，增速过快。但我国城乡居民收入水平较低，缴费能力不足，仅靠参保人缴费还不能保证正常的医疗支出，存在着收支缺口，因此政府要对医疗保障体系进行补贴，以满足人们的医疗需求，这就是政府在医保体系中承担的公共债务。例如，政府要给予居民补贴来推行医疗保险；为解决“看病难，看病贵”，政府向医疗机构拨款，进行药品补贴，以降低医疗成本；政府还要在医保体系出现较严重收支赤字时进行托底；同样，政府还要对患病的贫困居民进行医疗救助。因此，为建设健全的“全民医保”体系，政府要承担庞大的公共债务支出，未来可能会超出财政的负担能力，产生严重的债务风险。这就迫切需要科学的分析政府在医保中承担的责任，对未来医保体系的运行状况和债务风险进行评估。

我国医保体系债务的重要来源是中老年人的医疗成本的历史欠账。由于老年的医疗费用高昂，中老年参保人在未来的医疗保险缴费不能弥补其医保支出，出现收支缺口，这是医保体系未来长期收支的一种负债，由于这种欠债并不在当期财务账上显示，故称为隐性债务：

医保中的隐性债务 = 中老年参保人未来缴费总额 - 其未来医疗补偿总额

在我国全民医疗保障体系建立之初，政府没有为中老年参保人所积累的医疗权益建立相应的基金，因而在制度建立初期就存在隐性负债。在医保体系运行中，在职参保人通过缴费结余还在不断积累医疗权益，使医保隐性债务规模扩大。随着我国人口老龄化速度的加快，老年人的医疗负担日益严重，医保的隐性债务将日益显性化，使得未来长时期内医保体系收不抵支，庞大的支出赤字变成政府应承担的公共债务，这将严重影响我国医疗保障体系的可持续性。

该书应用保险精算方法来评估我国医保体系的可持续性，测算我国医保体系的“隐性债务”，分析体系未来的债务风险，由此来评估我国公共财政所应承担的医保成本，并分析改善医保债务的方法和效果。

该书首先介绍我国医疗保障体系现状及问题，未来人口老龄化的状况及新医改等背景知识；然后介绍医疗保障中的精算模型，主要有人口模型、医疗成本影响因素及建模；测算了职工医保、居民医保和新农合三种主要医保体系未来的隐性债务及基金赤字，对各体系的可持续性进行评估；并对实现部分积累、延长退休年龄、建立老年医保体系等改革措施进行测算分析，定量评估了实行效果；最后对公共财政在医保体系中的责任进行了分析，测算了财政的负担和可及性。

从该书的研究结果可看出，我国医疗保障体系的债务问题十分严重，以 2010 年为测算时点的中老年未来的医疗费用支出缺口约为 100 万亿元（即隐性债务）。与之比较，2009 年美国国会预算委员会评估的美国医疗保障缺口是 74.6 万亿美元。如果按现在的医保政策，若实现医保全覆盖后，我国未来 80 年内医保体系累积的基金赤字可达到 300 万亿—800 万亿元之巨。因此，我国的现收现付的医保政策存在严重的债务问题，必须改革现行的筹资模式，实现医保统筹基金的部分积累，并加强对医疗支出的控制，以应对未来老龄化的危机。当前我国正处于人口结构相对年轻，抚养负担较轻的阶段，近年医保体系的收支状况较好，管理机构和社会对未来还没有清醒的认识，因此，该书的研究值得大家的关注。

（宋世斌）

《中国货币政策传导研究》

裴平　熊鹏　著

中国金融出版社2009年版

320千字

货币政策传导作为贯穿从货币政策的执行到结果的全过程，它既是宏观经济学研究的主要对象，也是货币理论与政策的核心内容之一。从重商主义时代到金融全球化的今天，国内外学者对货币政策传导进行了不间断的研究。在借鉴已有研究成果的基础上，该书构建起自己的理论分析框架，采用定性与定量相结合的方法，对中国货币政策及其传导机制进行了深入研究，主要内容包括八个部分。

一、中国货币政策传导机制及其有效性。作者对货币政策传导机制的经济变量传导模式和经济主体传导模式进行了分析，总结出现代货币政策传导机制的基本特征。作者还论述了中国货币政策传导机制的历史沿革，探讨了中国货币政策的传导模式，特别是中国货币政策的信贷传导渠道、利率传导渠道、资产价格传导渠道和汇率传导渠道，并且对1998年后中国货币政策传导的有效性进行了评价。

二、中国货币政策传导过程中的“渗漏”效应。作者提出了“迷失货币”假说，并运用逻辑推演和统计分析方法，对迷失货币造成的“渗漏”效应进行了实证研究。结果表明，大量货币偏离货币政策目标，迷失于银行体系的“蓄水池”、股票市场的“黑洞”和货币流通的“暗河”，使得1998—2003年上半年实体经济所能得到的资金支持远远低于货币政策的预期目标，“宽松货币政策下的通货紧缩”成为同期货币政策效果的尴尬写照。更值得注意的是，迷失的货币变化无常，其出乎意料地“喷涌”而出，又是2003年下半年后出现“紧缩货币政策下的通货膨胀”的重要原因。

三、中国货币政策传导过程中的“阻塞”效应。作者提出货币政策传导过程中的“阻塞”假说，并且构建理论模型、选择1998—2003年的实证数据，对中国货币政策传导过程中的“阻塞”效应进行实证检验，其结论是：利率政策传导过程中存在时滞效应，以及货币流通速度下降是货币政策传导过程出现“阻塞”的主要原因。

四、中国流动性过剩的测度。作者以最优货币供给规则为理论依据，提出中国流动性过剩的测度方法，并计算出中国经济实现潜在增长时的适度货币供给增长率，对比了适度货币供给增长率与现实货币供给增长率，对中国不同时期的流动性是否过剩进行了分析。

五、中国货币政策扼制通货膨胀的有效性。面对新一轮人民币汇率制度改革后错综复杂的经济形势，作者以经济政策配合论为理论基础，通过建立自回归分布滞后模型，对2005年7月至2008年9月中国货币政策扼制通货膨胀的效果进行实证分析，指出中国出现“紧缩性货币政策下通货膨胀”的主要原因，并对实证分析的结果做了进一步说明。

六、中国货币政策传导中的制度性缺陷。

中国货币政策传导存在“渗漏”和“阻塞”效应，以及出现流动性过剩和通货膨胀压力等问题，都与中国货币政策传导的制度性缺陷不无关系。作者分别对中央银行缺乏必要的独立性、货币政策传导的市场载体发育程度低、货币政策与汇率政策的搭配不合理等制度性缺陷进行分析，指出了这些缺陷存在的主要原因和消极影响。

七、货币政策传导机制的国际比较与借鉴。作者对具有典型意义的美国、德国和日本的货币政策传导进行比较研究，指出了这三个国家货币政策传导的共性和差异，以及能够为中国提供的启示和借鉴。

八、完善中国货币政策传导的对策性思考。作者在所做研究的基础上，对完善中国货币政策传导的制度安排和政策设计进行了深入思考，并且提出了对策性建议。

（裴平）

《中国的金融问题》

曹红辉　著

研究出版社 2009 年版

235 千字

当前，全球性金融危机席卷全球。与 20 世纪 70 年代拉美债务危机、1987 年股灾、1994 年墨西哥金融危机、1997 年东亚金融危机、1998 年俄罗斯债务危机、2001 年阿根廷金融危机等历次金融危机不同，源于美国次级贷款危机的这场全球性金融危机席卷全球，在各个金融市场肆虐有加，蔓延至大多数金融机构，各国经济一落千丈。这再次显现出金融体系稳定何等重要，揭示出它与宏观经济稳定之间存在何等重大的关联，更昭示出它与社会生活之间的联系何等密切。

在中国，由于长期缺乏危机的现实压力，人们总以为自己能远离危机的冲击，而这恰恰是最为危险的心态。长期以来，中国的金融问题一直是国际社会广泛议论的话题，也是民众关心且政府忧虑的问题。中国金融究竟存在何种问题，多年的金融改革与发展取得何种进展，今后应如何进一步推进各项改革进程呢，这些都是各界关注和思考的问题。

该书试图通过将金融领域各个主要的矛盾、问题逐一加以分析，使得这些平常显得过于专业和生涩的问题得以通俗化、简单化，相对较容易理解。从货币政策与宏观调控的成效、银行业的不良资产与金融服务创新、股票市场稳定与发展、债券市场发展、住宅金融体系建设、中小企业如何化解融资难、如何建设独具特点的农村金融体系、人民币汇率稳定与人民币汇率形成机制改革、庞大的外汇储备管理与国际货币体系改革、金融监管体制改革、地方政府怎样拓展融资渠道等中国金融发展的主要方面加以剖析。

该书开篇即讨论货币政策，因为近年来的宏观调控对经济生活的直接影响日益突出，尤其是在应对全球金融危机前后的政策变动引起广泛的关注和讨论，事关地方经济发展与企业经营状况、就业状况、收入增长、住房价格乃至医疗保障和教育水平等，学界和政策制定者们不得不重新审视这些政策目标的适当性和政策工具的有效性。

目前，在财政和货币政策等多重政策的刺激下，经济有所复苏。一方面，经济总量增速、投资增速、经理人信心指数、大型企业赢利水平，尤其是汽车和房产销售等经济数据迅速上涨；另一方面，进口增速低于出口增速反映出内需恢复仍需假以时日，中央及地方政府投资占主要比重，民间投资低迷，出口持续下滑，广大中小企业处境艰难，融资难度加剧，各地区间差异明显，就业形势日益严峻。尤有甚者，信贷投放前所未有，而M1的增速远不及M2，企业存款急剧上升，票据融资畸形膨胀，房产价格再次非理性膨胀，房产市场乱象再现。对重蹈“日本病”覆辙的担忧，即信贷规模膨胀引起资产价格过度膨胀，然后引起经济进一步长期衰退的担忧正在积聚，地方融资平台债务膨胀过快等导致财政与信贷风险加速积聚。

在传统的货币政策工具有效性削弱的时候，得加强对用电量以及各种支付结算数据及时、客观地反映出经济运行的整体状况及结构性特征的关注，比如各地区或行业的支付总笔数反映出企业活动的活跃程度，而每笔支付的平均金额则直观地说明了企业的经营实力和规模，各地区之间的支付数据则反映出区域间经济联系的密切程度。各种支付数据揭示出全社会资金的实际流动状况，恐怕是M1、M2、货币供应量这些笼统的传统货币数据难以阐明的，而支付结算体系的电子化更是改变了传统的货币流通速度和方式，使得银行的流动性管理产生新的特点。2009年上半年的票据融资之所以异常活跃，一方面与企业存款增长过快有关，也与企业从银行获得贷款更加便利相关；另一方面，说明商业化经营后的银行与企业这些微观经济主体的活动对宏观经济政策产生明显的逆向选择。

出于银行业在中国金融体系中的绝对优势地位，第二章即讨论中国银行业最为突出的不良资产成因及其解决途径的问题，以及仍然被广泛诟病的服务不足的问题，提出九大因素导致银行业的不良资产问题突出，如国有企业的资金管理体制变革造成贷款坏账；传统的投融资体制约束银行自主经营；商业银行业务与政策性银行业务混同不清；对流动贷款长期化造成的呆坏账进行会计处理存在纰漏；通货膨胀造成企业虚盈实税，影响资金周转；财务制度的不合理限定使积聚的不良贷款未能及时冲销；经济转制、结构变化使得企业经营风险增大，导致贷款风险；社会信用环境恶化，借机逃废银行债务；银行经营管理不善，风险意识和防范措施不强，等等。

第三章既对股票及股票市场各种基本定义、制度安排加以简要介绍，又重点讨论了股市中最为突出的“一股独大”与股权分置问题、上市公司治理效率及质量问题、股市中的过度投机以及股市的有效性等四大问题。至于证券市场的微观结构发展不均衡，股市、债市间发展不平衡，缺乏融资融券、股票指数期货等制衡，发行及定价机制不健全，交易机制存在缺陷等制度方面的因素未能在有限的篇幅中得到充分讨论，好在该书作者们对此另有大量论述和分析，有兴趣者可以深入探究。

显然，第四章就得讨论债券市场发展的各项问题，因为债券市场绝非仅仅是发展债券这一证券品种的单一场所，而是进行资产管理，有效规避金融风险和确定金融资产价格的场所，并保证财政政策和货币政策实施和衔接的平台，有助于促进金融体系成熟和金融产品的创新，是最具宏观经济意义的金融子市场。然而，中国债券市场的结构性缺陷容易导致系统性风险；流动性太差又加大了市场风险；缺乏实力强大的做市商和机构投资者及规避市场风险的工具，市场分割等也制约了债券市场的发展；多重监管部门间缺乏协调机制，行政管制依然严重。作者提出，必须提升国债基准利率的功能；进一步发展以公司债券为主体的信用类债券市场；培育和完善机构投资者；完善做市商制度；逐步建立统一互联的市场体系；逐步引进衍生工具，有效防范金融风险；发展地方政府债券，防范财政风险和金融风险；逐步推进债券市场国际化的进程等多种途径来推动债券市场发展。

第五章则介绍了中国的住宅制度演变与住宅金融制度的变革及其各种问题，如住宅融资过分依赖商业银行信贷，导致风险高度集中于银行体系；房地产开发活跃，开发贷款增长迅速，房价水平与本地居民购买力脱节，开发贷款与按揭贷款资产质量堪忧；银行同业之间无序竞争，违规开发和个人贷款时有发生；房地产信贷风险预警体系建设滞后；住宅金融配套服务体系不健全，无法满足住宅金融发展要求；开发信贷与消费信贷之间缺少有效的金融市场体系相连接；房地产信贷法律法规不健全，房地产信贷业务法律依据不足等。在此基础上，探讨了改进住宅金融体系的设想。

第六章着眼于中小企业管理制度不规范，金融市场供给不充分，政府支持不足三方面，剖析长期以来中小企业融资难的症结，分别从企业自身、银行服务角度及政府的制度建设和政策支持探讨改进之道。

第七章通过介绍农村金融需求、农村金融供给和农村金融生态环境的特点，分析了农村合作金融、农村信用社、农村合作基金会、农村的商业银行、村镇银行、农村政策性银行、农业保险公司等正规金融体系，以及当铺、地下钱庄、高利贷、私人借贷、标会合会等非正规金融服务形式，提出改善农村金融环境，完善农村政策金融体系，推动农村合作金融成为农村金融主体，引导商业性金融活跃农村市场，规范民间金融，拓展农村保险市场，发展农村小额信贷服务。

第八章对近年来广泛关注的人民币汇率问题从基本概念、汇率制度安排以及汇率决定等进行全面阐述，试图说明汇率之争其实并非简单的经济问题，而是复杂的利益之争，乃至政治问题，故而要以综合性、全局性眼光加以理解和对待。

第九章则延续人民币汇率问题，对中国如何管理日益庞大的外汇储备资产，避免其成为宏观经济增长和金融稳定的负面因素，尤其是如何改革当前的国际货币制度，提高外汇储备资产的安全和宏观经济政策管理的灵活性、有效性提出了系统的战略性主张。

第十章针对中国金融体系中监管空白与重复监管的问题，主张根据功能监管的原则，将金融监管的重心放在构建各金融机构规范经营、公平竞争、稳健发展的外部环境上，运用信息技术进行非现场的监管，建立跨市场的、连续性的、统一的功能型监管体系。

最后，对于中国城市化进程的重要推动者——地方政府的典型性融资活动与融资模式加以阐述，对其存在的问题也予以说明，主张多元化、民营化的发展趋势，拓展融资渠道和模式，促进城市公用事业运营、市政基础设施建设和社会事业建设的进一步发展。

（曹红辉）

《中国货币市场研究》

王曦　著

经济管理出版社 2009 年版

300 千字

研究尝试将我国货币市场转型的特殊实践与主流经济学相结合，重新塑造我国货币市场的微观基础理论模型，讨论货币总量变动，并评价货币政策，设计改革方案。作者分别建立了我国货币需求、货币流通速度、货币需求结构、货币供给、货币乘数、人民币汇率形成机制、人民币定价的行为和总量模型，解释了我国货币市场很多的特殊现象，设计了我国相关制度改革方案。

该书依据“方法论→调查→行为和总量理论模型→政策及改革”的安排展开，全书分四个部分共14章：研究方法部分（第1章）、行为调查部分（第2—4章）、行为和总量模型部分（第5—9章）、改革安排和政策评价部分（第10—14章）。

第1章为分析方法论。首先阐述了“卢卡斯批评”对转型经济宏观经济和货币市场分析的含义，说明照搬国外理论来研究中国经济，必然会引起模型的设定错误，导致计量和政策分析的系统性失误。本章重新阐述了理性人、理性预期和持续市场出清假说对于我国经济研究的含义，以奠定研究的公理化基础。

第2—4章是三篇调研报告，提供了后面分析的制度背景。这里分别报告了我国货币市场三大运营机构的制度安排和行为方式特征。它们分别是，关于商业银行的《当前体制下商业银行的微观经营与管理方式的调查报告》、关于中央银行的《我国银行监管的制度选择以及银行监管偏好和行为方式的调查报告》和关于外汇市场的《“有管理的浮动汇率制”下，外汇市场的调查报告》。

第5—9章是行为和总量模型部分，也是该书的理论重点，基本涵盖了我国货币市场的基本问题。

其中第5章研究经济转型时期的货币需求与货币流通速度。本章考虑我国经济转型的具体特点，结合凯恩斯的货币需求动机分类、随机货币需求理论、托宾的资产组合选择理论和弗里德曼对于不同财富形式的强调，规范地推导出我国转型时期特殊的货币需求和货币流通速度模型。结论是：非国有经济的发展、价格自由化进程的推进、利率安排的特殊性、证券市场的产生发展是造成我国货币总量持续扩张和货币流通速度快速下降的根本原因。

第6章分析我国狭义货币（M1）结构呈现出的独特而鲜明的倒“U”形特征。本章从居民和企业机构的异质性货币需求行为出发，从微观层面讨论了制度转型对不同货币需求主体行为的影响，进而得出了我国M1结构变动的理论模型。协整分析证实了我们的理论研究并发现，M1的倒“U”形结构根本上取决于我国价格自由化进程“先最终产品，后生产资料”的推进方式，而非国有经济的发展、城镇化进程和证券市场的产生则改变了M1结构的变动趋势。

第7章探讨1985年以来我国货币供给和货币乘数的决定机制。本章分别建立了数量管理制度转型前后货币供给和货币乘数的决定模型。研究发现：20世纪90年代中期以前，我国货币供给是因，货币乘数是果；而20世纪90年代中期以后，二者因果关系方向逆转。这种方向逆转的原因在于数量管理制度的转型。本章还给出了数量管理体制下通货膨胀的决定方程，并对货币乘数的预测性研究提出了质疑。

第8章分析了结售汇汇率制度下外汇交易市场经济主体的微观行为，并据此建立了我国的外汇需求和供给函数；进而分析了人民币汇率均衡和非均衡的决定机制以及市场运行态势，讨论了人民币稳定运行态势后面的微观行为原因。分析发现，无论短期还是长期，人民币汇率的市场非均衡都是这种制度安排的主要特点，现实汇率缺乏市场均衡汇率的形成机制，必然是扭曲的。这表明，我国当前汇率制度及其微观市场安排亟待改革。

在特殊汇率和利率制度下，第9章阐述了中国货币市场的运行机制：“价格→国际收支→货币供给→价格→……”然后通过考虑货币和商品市场的调整时滞，利用微分方程组建立了我国货币总量和价格水平的动态系统理论模型。分析证明，我国货币总量和价格水平在向均衡趋进的过程中存在超调（overshooting）现象；二者是格兰杰意义上的互为因果关系；这种特殊的运行机制是低效的。

最后五章是改革安排和政策评价部分。其中，第13章对人民币均衡汇率研究方法进行了详细的评论并指出其不足之处。然后以汇率错位下的均衡汇率回复机制作为理论基础，通过理性预期技术以利用远期外汇市场包含的信息，提出了判断和计算汇率错位的一个新算法，提出了一个新的定价公式。作为新算法的应用，我们最后构造出人民币外向实际有效汇率指数，利用NDF数据，计算了人民币汇率错位水平及合意升值幅度。

另外第10章从学理上论证了我国当前汇率制度的微观和宏观效率的双重低效性，并结合国际经验，提出了改革的方向、目的和重点，以及改革原则。第11章根据效率分析，指出在我国实行利率市场化改革的必要性，讨论了我国利率市场化改革的时机与安排问题。第12章建立了基于转型经济微观制度和行为基础的总需求均衡分析框架，对亚洲金融危机之后的经济政策和转型推进安排进行了一个总体评价。第14章从学理和法理两个方面讨论了我国450亿美元外汇储备注资问题。

（王曦）

《人民币国际化：风险评估与控制》

刘仁伍　刘华　著

社会科学文献出版社2009年版

327千字

近年来，关于人民币国际化的争论一直是学术界讨论的焦点。中国要崛起，并最终在国际经济和金融秩序中拥有话语权和规则制定权；人民币要走出国门，成为与美元、欧元一样的世界货币至关重要。随着中国经济实力的增强和参与国际经济程度的深化，人民币国际化，不再是遥不可及的梦想。“未雨绸缪，趋利避害，最大限度地减少和避免人民币国际化的负面影响，是我们必须面对和思考的问题”。但人民币通过国际化而赢得国际主导货币的地位将是一个充满机遇与挑战的过程。《人民币国际化：风险评估与控制》意在分析、展望这一过程。

2007年，美国的次贷危机引致全球性金融危机爆发。从此开始，国际社会开始对美元主导的国际金融货币体系提出了质疑。此次全球金融危机为何对世界经济造成如此严重的冲击？业界普遍认为，是因为美国实际上没有承担维护全球汇率体系稳定的义务，这成为国际金融体系不稳定的重要诱因。而与此同时，国内有一种观点认为，中国可以抓住美元动荡、现有国际货币体系可能重构这样一个有利时机，加速推进人民币的区域化和国际化进程，增强人民币的国际地位，从而改善中国在全球货币金融体系中的弱势地位。作为这一观点的忠实拥护者，刘仁伍、刘华这两位来自中国人民银行海口中心支行管理高层的作者，基于多年的研究写成《人民币国际化：风险评估与控制》。

该书的这两位作者在金融行业有着丰富的实践经验，他们的研究不光重视宏观视角的分析，更强调微观视角的实践操作，这使得该书兼具理论性与实用性。归纳而言，该书的看点主要有三个。

一、不是开门见山，而是做足理论功课。

人民币的国际化是一个振奋人心的话题，当你急不可待地开卷想要一睹究竟时，却发现作者并没有直切主题，而是不紧不慢地给你“补课”——从货币的国际化讲起，明确了基本的定义、特征以及模式，进而深入货币国际化的风险分析框架与国际上控制风险的经验。当一国的货币在全球范围内行使价值标准、流通手段、支付手段、储藏手段的职能时，该国货币就从国别货币上升为国际货币，这个过程就是货币国际化。而“特里芬难题”的出现，让人们意识到，货币的国际化并非百利而无一害，在货币国际化的过程中，尚面临来自货币政策、汇率政策、财政政策、经济金融冲击等方面的风险。对于较深层次的风险形成机制，作者结合大量的模型与方程，进行了详细的数理分析，揭示了风险控制的基本框架。

二、不是盲目乐观，而是科学揭示风险。

虽然业界对人民币国际化的呼声很高，但在该书中，我们更多看到的却是作者的忧虑。该书从国内、区域和全球三个视角对人民币的国际化进行了SWOT分析，全方位考察了人民币国际化可能带来的风险，如加剧国内资本市场的动荡、加大央行货币政策执行难度、面临“特里芬难题”而被迫放弃贸易顺差、被他国货币排斥与挤压等。

作为一本学术专著，该书在提示风险时，借助由湖南大学与澳大利亚蒙纳士大学共同开发的MCHUGE模型，非常科学地对人民币国际化给宏观经济各变量及微观部门带来的影响进行了预测，显示出足够的严谨。

三、不是浅谈辄止，而是指出防范措施。

该书最后一章的“风险控制措施”是全书的点睛之笔。无论是基于对国内货币国际化主客观条件不足的认知，还是基于对货币国际化可能引致的潜在冲击的担忧，作者都将其归结和界定到货币国际化风险范畴当中。风险方面，作者从货币国际化的风险评估和控制角度对人民币国际化问题进行分析。环境方面，从经济环境建设、金融环境完善、制度环境构建、法规环境优化、流通环境净化五个方面提出具体建议。在政策措施方面，以有序推动货币整合、继续加强亚洲货币合作等方式防范风险。在冲击和影响的方面，更是从货币政策、外汇管理、银行体系等方面提出细化措施。这些多角度、成系列的诸多“战术”，将有助于我们从一个全新的角度考量人民币国际化问题。

（蔡莎莎）

《保险制度与市场经济——历史、理论与实证考察》

孙祁祥　郑伟　等著

经济科学出版社2009年版

170千字

从30年前启动改革开放，到1992年正式提出建立社会主义市场经济体制，从1993年通过《中共中央关于建立社会主义市场经济体制若干问题的决定》，到2003年通过《中共中央关于完善社会主义市场经济体制若干问题的决定》，中国顺利实现了从高度集中的计划经济体制到充满活力的社会主义市场经济体制的伟大历史转折。2008年12月，胡锦涛在纪念改革开放30周年大会上的讲话中指出，“我们要始终坚持社会主义市场经济的改革方向，继续完善社会主义市场经济体制，继续加强和改善宏观调控体系，不断为经济社会又好又快发展提供强大动力”。在这样一个大背景下，从历史、理论与实证角度系统考察保险制度与市场经济的关系，并由此审视中国保险业的发展，具有十分重要的战略意义。

该书除导论之外，分为五章。第一章是“保险制度演进与市场经济兴起”，第二章是“市场经济标准讨论与保险制度的引入”，第三章是“市场经济与保险发展：国际经验”，第四章是“中国改革开放30年：保险制度与市场经济”，第五章是“未来30年中国市场经济中的保险业”。

导论。在改革发展保险业和建立完善市场经济的进程中，我们应当站在历史和国际的高度，深刻审视保险与市场经济的关系，澄清认识误区，树立正确理念。关于保险与市场经济的关系，我们提出六个基本理念，它们是：（1）保险业不完善的市场经济不是完善的市场经济；（2）保险业的立业之本是经济保障和风险管理；（3）“保险泛财政化”是一种制度扭曲；（4）保险业发展应遵循客观经济规律；（5）保险监管的最大职责是保护消费者利益；（6）政府应从“完善市场经济”的高度来统筹规划保险业的发展。

第一章“保险制度演进与市场经济兴起”。本章从风险管理的视角考察人类社会发展过程中保险制度产生和演变的历史进程，由此探讨保险制度与市场经济的历史逻辑关系。从历史考察来看，人类的生产和生活总是面临着诸多的不确定性，人类总是在寻求和创造最有效的风险管理方式来保障生存和安全，并谋求发展；生产和生活环境的变化引起了风险的内容和形式的变化，从而导致最有效的风险管理制度形式发生变化，这个过程就是风险管理制度演进的过程，也是保险制度产生和发展的过程。现代保险制度的兴起是人类在商品经济发展过程中，生产和生活关系的商品化与货币化、商业精神的培育和合同制度的利用的必然结果；而保险制度的市场化则是在市场经济地位确立和发展的过程中，风险种类多样化、统计和精算技术的日趋成熟、早期保险业发展的经验和制度积累、消费者的保障制度商品化意识的培育和商业资本家“以市场需求为导向”的市场理念的树立等多种客观因素综合作用的自然结果。概而言之，现代保险制度孕育、演变于市场经济兴起和发展过程的历史表明，保险制度的产生与发展与市场经济的兴起和发展是同步的、不可分割的一个历史过程。

第二章“市场经济标准讨论与保险制度的引入”。在深入研究传统市场经济判别标准的基础上，研究保险制度对于市场经济判别的特殊意义，是本章的出发点和研究目的。本章首先对国际实践及理论研究中具有代表性的传统市场经济判别指标进行了全面的考察和梳理，研究发现，囿于其设计功能、设计主体、思想基础等各方面的限制，传统标准忽视了自身所衡量的经济现象的制度前提，也因此忽略了保险制度与市场经济二者之间所存在的内在联系。要准确地衡量市场经济制度是否建立与完善，必须从方法论和战略上重视市场经济的制度前提。基于这一判断和对市场经济本质内涵的深入分析，本章进一步指出，一套合理有效的市场经济判别标准必须要从制度架构入手，全面衡量市场机制的自发展、自协调和自保障作用是否在经济活动中占据主导地位、自组织作用的社会资本基础是否坚实。而保险制度对于市场经济自发展、自协调和自保障能力的发挥都具有十分重要的意义，它是市场经济制度的基本元素；保险制度的完善与成熟，还是“社会资本”的重要指针。正因为此，忽视保险制度因素将对市场经济的判别带来严重的负面影响。最后，本章提出了重构市场经济判别标准的思路。

第三章“市场经济与保险发展：国际经验”。本章从实证的角度对第二章所提出的命题进行了佐证。我们以67个新兴国家和发达国家在1995—2007年的发展实践作为考察对象，把人均保费支出和经济自由度指数分别作为一国保险业发展水平和市场经济发展程度的基本指标，并且假定人均保费支出要受到包括市场经济发展程度、收入水平、银行部门发展等在内的多个因素的影响，在此基础上，我们利用混合效应模型和非观测效应模型分别检验市场经济发展程度对一国保险业发展水平的影响。实证检验的结果表明，就总体而言，无论是在新兴国家还是在发达国家，人均寿险支出和人均非寿险支出与市场经济发展程度都存在比较显著的正相关关系。也就是说，对一国而言，在其他条件相同的情况下，如果该国的市场经济发展程度越高，那么人们对保险的支出水平也就越高，相应来说，该国的保险发展水平也就越高。市场经济与保险制度之间所存在的这种正相关关系，印证了我们在第二章所提出的“保险制度内生于市场经济”这一命题，而这也意味着我们有必要将保险制度纳入对市场经济的评判标准之中。

第四章“中国改革开放30年：保险制度与市场经济”。30年的市场经济取向的改革带来了我国经济社会的深刻变化，也为我国保险业发展不断注入了新的生机和活力。与此同时，保险制度的完善又反作用于市场经济，主要在七个方面推动市场经济的发展：在企业治理方面，保险制度化解了企业改革产生的矛盾、促进人员合理流动、推行正确的经济核算、调整产品结构、健全风险管理机制、发挥投融资功能，帮助企业构建合理的现代管理制度；在社会保障方面，保险制度有助于建立健全多层次的社会保障体系以及个人经济保障体系；在农业发展方面，农业保险为农民提供保障，为农业发展和农村建设提供支持；在巨灾应对方面，保险制度完善了巨灾应对手段，提高了巨灾应对效率，改善了巨灾应对能力；在金融改革方面，保险机制有助于构建多层次的金融体系，并为金融监管提供了重要的借鉴作用和参考价值；在对外开放方面，保险制度有效推动了对外贸易的发展，保险业本身作为金融业对外开放的重要组成部分，处于金融市场对外开放的前沿；在国家竞争力方面，保险业的发展有助于改善国家经济实力、国际化程度、政府效率、金融实力、基础设施建设能力、企业管理能力、科技实力和居民的生活质量。中国改革开放30年的实践，很好地验证了保险业对市场经济所发挥的积极作用。

第五章“未来30年中国市场经济中的保险业”。本章旨在分析未来30年中国市场经济和保险业发展的互动关系。不断发展的市场经济对保险业提出了诸多要求，而保险业也须积极应对以满足完善市场经济的需要，保障市场经济的健康发展。在未来30年中国市场经济的发展图景中，作为市场经济“自保障”机制的基本元素，保险业将发生巨大的变化，成为中国市场经济中最重要的风险管理机制，在其功能边界之内，保险的作用将得到充分发挥。作为市场经济“自发展”机制的重要力量，保险业应在金融体系中发挥更重要的作用，保险业应成为资本市场的中流砥柱和维护货币市场稳定的中坚力量，并应在金融综合经营的潮流中占据主动地位。作为市场经济“自协调”机制的必要补充，保险应最大限度地促进社会和谐。本章重点阐述了中国保险业为了应对未来市场经济发展要求所必须建设的六项基础工程：构建科学的保险业评价体系；构建强大的保险业信息系统；构建有效的商业巨灾保险体系；构建多层次的保险教育培训体系；完善保险企业的治理结构；改革优化保险业的营销体系。此外，本章还提出了全面提升中国保险业风险管理服务能力的基本思路。

（孙祁祥　郑伟）

《沪深300股票指数期货投资分析》

肖毅敏　等著

知识产权出版社2009年版

306千字

沪深300股票指数期货2010年4月26日在中国金融期货交易所首日鸣锣开市，这是中国资本市场的一次里程碑式的重大事件。《沪深300股票指数期货投资分析》于中国股指期货正式上市交易前夕出版。该书体系严密，既有系统的理论阐述，又有完整到位的实践指导。

该书包含了一系列研究创新成果。在分析2008年国际金融危机及主要发达国家经济衰退的始发原因时，该书指出在虚拟经济高度发达的今天，股票资产已成为国民财富的主要形式和财产性收入的重要来源。股市大幅下跌必然触发财富效应，使社会消费需求随之下降。股市财富的缩水会更多地影响房产、汽车等大件商品的消费水平，从而会对实体经济中具有强大带动作用的主导产业形成冲击。我国的一组数据可说明股市大幅涨跌对经济过程可能产生何等大的影响：我国股票市场2008年1月流通市值10万亿元，到10月的低点，上证指数下跌了70%，按这一比例计算，我国股市流通股市值缩水高达7万亿元，而全国振兴经济的投资计划是4万亿元。

该书揭示了股指期货推出后对股票市场价格趋势短期具有压抑作用，呈先抑后扬规律。首先，经验分析表明，股指期货市场推出初期对现货市场的价格指数具有明显的向下压抑作用，在所列举的9个股指期货市场中，有8个市场在推出初期都导致了现货市场价格指数的下行，但随后都呈长期上涨趋势。其次，理性推论表明，股票现货市场单一做多格局，决定了股指期货套期保值功能蜕变为单一的做空保值功能，股指期货推出初期保值性做空功能，多方位推动了股票现货指数的下行。在股指期货推出一定时期后，由于投资人对股指期货市场的熟悉，以及市场价格指数的下跌积累，期货市场的投机性做多力量逐步强大，并由此强化了股票现货市场的上升趋势。

关于股指期货合约价格与沪深股票指数之间的关联、异动和变化趋势的分析是该书最富创新性的成果之一。主要证明了三个原理：1. 股指期货是股价指数的衍生产品，股价指数的变动趋势决定股指期货价格的变动趋势；2. 股指期货作为独立的产品有其特殊的功能和相对独立的走势，这些因素在一定时间范围内和在一定程度上会反过来影响股价指数的变动；3. 沪深300股票指数的变动趋势会受制于上证综合指数的变动趋势，因此股指期货价格的变动与上证综合指数的变动紧密相关。

该书首创性地揭示了上证综合指数对沪深300指数的引导作用。上证综合指数的变化对期指投资人的意义在于其与沪深300指数的高度关联性和相应产生的引导作用，以及二者之间的异动性所带来的期现套利机会。两种指数的价格曲线图表明，沪深300股票指数涨跌方向和价格线形态与上证综合指数保持同步。其原因在于，沪深300指数样本股的68%、流通市值的77%以上来自上证综合指数成分股，沪深300指数在相当程度上直接就是上证综合指数的组成部分。这种关联性，使通过上证综合指数间接引导、控制沪深300指数的变动方向提供了可能性。另外，通过上证综合指数变动引导沪深300股票指数变动比直接控制沪深300股票指数有较高的成功概率和较低的操作难度。其一，上证综合指数是A股市场被普遍使用的第一指标指数，具有最强的市场影响力。上证综合指数的变动对沪深300种股票走势的引导力远强于沪深300指数本身的内在动力。其二，上证综合指数计算采取股票总市值加权方式进行，权重股对指数的影响具有强劲的杠杆效应，例如，2008年7月4日收盘，"中石油"A股流通市值为575亿元，总市值为23284亿元，相当于可交易盘放大40.5倍加入指数计算；另外，"中石油"A股总市值23284亿元，占上证所A、B股总市值141029亿元的16.51%，静态看，"中石油"A股涨10%，上证综合指数涨1.65%。这种通过杠杆效应放大了的控盘能力在沪深300指数中基本不存在。因此，上证综合指数比沪深300股票指数更易于被操纵。上证综合指数对我国股指期货市场具有重大意义。

该书对股指期货套期保值和价格发现两大基本功能给出了最简单也是最确切的诠释。套期保值交易即对冲交易，是指股票现货投资者通过在期货市场上持有与其现货市场相反的交易部位，由期货市场上的赢利（或亏损）抵消现货市场上的亏损（或赢利），从而达到保值的效果。简单地说，套期保值意味着构建对冲风险的头寸。在股指期货交易过程中，股指期货交易的参与者——套期保值者和投机者——把自己对股指期货供给和需求关系及其变动趋势的判断会聚到交易场上去，再通过公开竞价的方式达成交易，从而形成一个个比较真实、客观、统一的期货价格，这就是股指期货价格的"发现过程"。

该书在多个章节中用大量的篇幅阐释了股票指数期货投资分析的核心内容：套期保值及在套期保值和投机基础上衍生出的套利问题，包括套期保值的基本原理、套期保值模型、套利模式、套利方法和套利的计算机操作技术等。

（肖毅敏）

《失业严重地区的失业问题研究》

张车伟　等著

方志出版社2009年版

244千字

20世纪90年代中期尤其是1998年国有企业改革步伐加快之后，中国经历了恐怕是迄今为止历史上规模最大的裁员。失业问题不仅是一个涉及千家万户生活的问题，而且还是一个关系到国家发展和稳定大局的重大现实问题。抓住失业严重地区的再就业和社会保障问题进行研究，是一个具有现实紧迫性的课题。《失业严重地区的失业问题研究》主要研究失业严重地区失业问题的发生发展过程，失业导致的后果，以及如何通过不断劳动力市场政策来应对失业并探索能够有效治理失业的政策组合。该书的主要发现和结论可以归纳如下。

一是有关失业严重地区的类型、特征与分布问题。城镇失业虽然是全国带有普遍性的问题，但问题的严重程度在各个地方差异巨大。有些地方的城镇失业完全在正常的范围之内，而有些地方的失业问题则对当地的经济发展和社会稳定构成了严重的威胁。解决中国城镇失业问题的关键就是要解决遭受失业最为严重地区的失业问题。根据第五次人口普查的结果，2000年全国城市平均失业率为8.78%，标准差为4.59。如果把超过平均失业率一个标准差定义为严重失业地区，则全国共有99个城市失业率超过13.4%。分地区来看，中部失业最严峻，失业率超过13.4%的城市达到49个，占中部地区城市的22.8%。相应地，东部地区的比例为12.8%，西部地区只有9.8%。从城市规模看，人口规模在50万—100万的大城市，失业率超过13.4%的数量占同类城市的40%，失业现象最严重；人口在200万以上的超大城市，失业严重城市比例为30%，也是相当严重的；人口规模在100万—200万之间的城市，失业严重城市比例为23%；中等城市和小城市中间，失业严重城市的比例分别只有17%和11%。

二是有关失业严重地区的劳动供给问题。总的来看，失业严重地区的人口转型快于全国平均水平，表现为人口生育率低于全国平均水平；人口老龄化高于全国平均水平，劳动年龄人口的自然增长低于全国平均水平；劳动参与率也低于全国水平。因此，失业严重地区劳动力供给潜在压力小于全国平均水平。综合分析，失业严重地区的劳动供给压力随着经济结构调整到位和持续经济增长，今后会有所缓解。

三是有关失业严重地区的就业需求问题。经济增长是创造就业的必要条件，失业严重地区经济增长速度一般来看并没有显得特别缓慢，但是，大规模经济结构调整摧毁了大量正规就业机会，造成了严重的失业问题。随着结构调整基本完成，失业严重地区的劳动供求矛盾会得到减轻。

四是有关失业严重地区的失业性质。中国目前的失业问题在性质上既是一种供需矛盾又是一个结构性问题。与全国其他地方相比，失业严重地区也面临着相似的劳动力供给压力，但造成这些地区严重失业的原因更多的不是来自总量供求不平衡的影响，而是更多地体现为结构性的矛盾。在东北这些失业严重地区，总体上仍然存在着供给大于需求的总量矛盾，但这样的总量矛盾似乎呈现出减弱的趋势，在这种情况下，严重的失业问题更多的是因为供需不匹配所造成的结构性问题。

五是有关严重失业的后果与对策。失业严重地区的高失业率导致居民收入水平低，生活极贫困，社会保障水平低，人力资本积累困难，出现了贫困的代价传递，同时由于缺乏就业能力，失业者的依赖性增强，群众上访事件不断上升，威胁着社会的稳定。如果这些大规模贫困、失业等一系列社会问题得不到及时有效的解决，不仅制约着这些城市的经济转型和经济发展，而且还威胁着社会稳定与和谐。

解决在这些失业严重地区面临问题的基本途径主要有两条。一条途径是继续用推动经济增长的办法实现其结构的转型和产业的接续，但这种途径对当地的资源条件和社会经济环境要求较高。另一条途径是从解决人的问题入手，不断增强这些地区的造血功能，通过优先投资于人的发展推动经济和社会的转型。具体的政策建议包括一是大力增加人力资本投入（包括普通教育、职业教育、职业培训），实施积极的就业政策；二是逐步消除劳动力市场分割，不断完善就业服务和社会保障体系。

（张车伟）

《教育、收入增长与收入差距：中国农村的经验分析》

邓曲恒　著

格致出版社、上海三联书店、上海人民出版社2009年版

149千字

以往文献往往侧重于分析中国农村教育与农村居民收入的单方面关系，而没有系统考察教育与收入的相互作用，因此难以探究中国农村是否存在教育和收入之间的循环机制。该书则利用中国社会科学院经济研究所收入分配课题组1988年、1995年和2002年的农村住户调查数据，对农村教育与收入之

间的相互关系进行了经验分析。由于教育与收入的关系是相互影响、互为因果的，因此无论是估计教育对收入的影响，还是估计收入对教育的影响，都会碰到计量上的难题。该书于是利用了微观计量经济学的最新方法，有针对性地处理了各种估计偏差问题，力图得到较为逼近真实值的估计系数。

该书的研究表明，教育对农业收入具有显著的促进作用，而且其作用在逐渐增强。该书利用明瑟方程考察了教育对非农收入的影响，估计结果显示非农就业者的教育收益率经历了逐年上升的变化过程。由于教育收益率的OLS估计可能因测量误差和能力偏误而出现偏差，该书使用了工具变量法、代理变量法、构造同胞数据、估计处理效应等方法，检验并证实了估计结果的稳健性。该书也综合考察了教育对家庭总收入的作用。分析结果表明，教育对家庭总收入的贡献也在逐年加大。基于收入回归方程的不平等指数分解结果表明，教育对农村内部收入差距的贡献也越来越大。以基尼系数的Shapley值分解结果为例，教育对农村内部收入不均等程度的贡献从1988年的3.45%，上升到1995年和2002年的5.29%和9.39%。该书的模拟分析也证实，教育的普及能够起到缓解贫困和减轻收入不平等的作用。

该书的估计结果显示，家庭经济状况对农村居民教育水平和教育质量具有显著影响。家庭人均收入对12—18岁农村青少年的就学概率具有显著的正向作用，而且其作用在逐渐变强。在控制住其他因素的情况下，最低收入三等分组的农村青少年比最高三等分组的同龄人更有可能辍学，而且他们之间辍学概率的差异也在逐年扩大。就教育质量而言，家庭人均收入对农村居民就读于重点中学的概率具有显著的正向作用。对中学学龄农村青少年而言，家庭人均收入的提高能够显著提高学习成绩。

该书的研究证实，经济状况的差异导致了农村居民教育状况的差别，从而出现了机会的不平等。机会的不平等反过来又会进一步导致收入的不平等。农村教育和收入之间的相互作用，极有可能会使农村内部的收入不平等状况得以持续，甚至还会导致收入差距出现进一步扩大的趋势。因此，政府要扩大对农村基础教育的投入，促进义务教育在农村的实施，改善农村教育的扩展状况。

（邓曲恒）

《中国的收入分配和总消费——理论和实证研究》

杨天宇　著

中国经济出版社2009年版

220千字

该书论证了中国居民收入分配对居民总消费的影响，主要观点包括：

1. 该书对建立中国式消费理论进行了尝试。首先通过一个简单的理论模型，详细分析了在边际消费倾向（MPC）与收入分配呈各种关系时收入分配对消费需求的影响，表明只有当边际消费倾向与收入水平呈倒“U”形关系时，收入再分配政策才能有效增加总消费。然后通过计量分析证明，我国居民的边际消费倾向与收入分配大致呈倒“U”形分布。这个结论与随机行走假说、预防性储蓄理论等西方主流消费理论对相同问题的研究结论不一致，但却符合中国国情。从这个结论出发我们可以得出扩大中等收入阶层更有利于刺激居民消费的结论。

2. 该书通过建立模型和计量验证，估算了我国有利于居民消费最大化的城乡、城镇内部最优收入差距，以及现实收入差距与最优收入差距的偏离程度。结果发现，有利于我国居民消费扩张的城乡、城镇内部最优居民收入差距都比较低。而我国实际的城乡、城镇内部居民收入差距不仅都高于最优路径，而且偏离最优路径的程度正在不断扩大，这反映了我国居民收入差距不断恶化的趋势。此外，城镇内部收入差距对最优路径的偏离超过了城乡收入差距对最优路径的偏离，而且城镇内部收入差距正在以更快的速度偏离最优路径。所以与城乡差距相比，城镇内部收入差距抑制消费需求的强度更大。这些研究结果说明，要扩张居民消费，解决经济增长所受到的需求束缚，就必须采取措施缩小居民收入差距，尤其是缩小城镇内部居民收入差距，使其逐渐向收入差距的最优路径回归。这就为缩小居民收入差距的方向和力度提供了一个客观的、可操作的参照系。

3. 该书研究了技术创新和就业机会对总消费的影响。研究结果表明，技术创新和就业机会对居民消费需求的影响在理论上是不确定的，其净效果要通过实证分析来判断。而运用中国数据进行的实证分析表明，技术创新具有增加居民消费的净效果，而就业机会则出人意料地具有减少居民消费的净效果。所以，在目前情况下，要刺激居民消费的增加，鼓励技术创新的政策可以成为收入再分配政策的有益补充，而要通过增加就业机会来增加居民消费，需要解决目前的就业结构、收入分配格局不合理以及社会保障的不健全等问题。

4. 该书对我国社会保障与居民消费的关系进行了理论和实证分析。研究结果表明，社会保障体系刺激或挤出居民消费的作用，既可以在理论上成立，又能在我国现实中获得经验支持。但是与费尔德斯坦对美国的估计结果不同，我国社会保障体系对居民消费存在一定程度的挤出作用。这背后的根本原因在于，从动态上看，社会保障制度的变革降低了我国居民的资产替代效应；从静态上看，我国现行社会保障体系仍然是“等级性”的。各个阶层之间享受的社会保障有一定差距，这导致了社会保障刺激某些阶层消费的作用被其他阶层所“稀释”，结果导致财政社会保障支出对居民消费的挤出作用。因此，要扩大居民消费，不仅需要健全和完善社会保障体系，而且需要取消等级性的社会保障体系，使社会保障与居民的身份地位“脱钩”，建立对全体公民一视同仁的社会保障制度。这实际上要求通过收入再分配的方式重构社会保障体系以刺激居民消费，是收入分配影响居民消费需求的另一条途径。

5. 该书具体分析了我国社会各阶层的消费行为和消费不振的原因，并利用新的估算方法证明农民阶层和城镇低收入阶层的消费行为是近似的。然后有针对性地提出，刺激各阶层的居民消费需要对各阶层实施不同的收入再分配政策。除收入再分配之外，该书还论证了收入再分配的替代性政策，即如何从政策上发挥技术创新、就业机会启动消费的作用。

该书的学术价值体现在以下几个方面。

1. 虽然国内外学者对收入分配、消费需求的关系进行了许多研究，但是该书理论分析的主要结论，即居民收入水平与边际消费倾向呈倒U形关系，中等收入阶层的边际消费率最高，未见有其他研究提出过。现代西方消费理论，或者是认为消费与收入无关（如随机行走假说），或者是认为消费率和边际消费率与收入多寡无关（如生命周期和持久收入假说），或者是认为居民收入增加与边际消费倾向呈负相关关系，也就是“边际消费倾向递减”（如以预防性储蓄理论为基础的消费函数是凹函数假说）。国内学者的论点也基本上都是上述论点之一。

从这个结论出发可以得出的政策含义，与西方消费理论是完全不同的，它意味着收入和收入分配不但对消费有影响，而且影响的方向并不是“边际消费倾向递减”，因此要刺激居民消费，更有效果的应是扩大中等收入阶层，而不是简单地补贴低收入阶层，即使要刺激低收入阶层的消费，也应该以实物补贴而不是货币补贴为主。这可以被看做是该书的主要理论贡献。

2. 该书论证了技术创新、高收入者投资办厂创造的就业机会对居民消费的影响。许多研究认为这两个因素有刺激居民消费的作用，因此可以替代收入再分配的功能，但几乎没人对此进行实证分析。该书对此进行了尝试。实证分析表明，这两个因素并不具备无条件地刺激居民消费的作用，尤其是高收入者投资办厂创造的就业机会，在现阶段还不具备刺激居民消费的作用。该书从理论上和现实条件约束等方面，探讨了这两个因素刺激居民消费所需要的前提条件。这对于我们综合运用各种方法刺激居民消费，具有一定意义。

3. 该书也研究了最有利于扩张居民消费的城乡和城镇内部最优收入差距问题。此问题曾有过零星但不系统的研究，而且仅限于城乡差距。该书对此进行了较深入的探讨，得出了一些很有新意的结论，为我国缩小居民收入差距的方向和力度提供了一个客观的、可操作的参照系。

（杨天宇）

《迷局背后的博弈——WTO 新一轮农业谈判问题剖析》

翁鸣　著

社科文献出版社 2009 年版

226 千字

WTO 新一轮农业谈判是一场艰难的马拉松式谈判。由于主要谈判方之间分歧较大，不仅原定的谈判时间表一再拖延，而且农业谈判处于停滞状态，这对世界农产品贸易发展带来了不确定性，也对新一轮多边贸易谈判总体进程产生了严重影响。揭示新一轮农业谈判困境背后的利益博弈，维护发展中成员和大多数成员的正当权益，促进农产品贸易的公平和公正，这是一个具有重要现实意义的研究课题。该书共分三篇 12 章。首先，从整体的视角，对新一轮农业谈判陷入僵局的主要原因进行了描述和分析；其次，从部分的视角，对新一轮农业谈判陷入僵局的主要原因进行了梳理和分析；最后，从中国立场和视角，分析新一轮农业谈判可能带来的影响和得失，并提出了有关政策建议。

作者深入剖析了影响农业谈判的主要矛盾和分歧焦点。在多哈回合农业谈判中，出口成员和进口成员的矛盾、发达成员与发展中成员的矛盾是两大主要矛盾。在这种背景下，各方在农业谈判的分歧焦点主要集中在市场准入、国内支持和竞争出口三大问题上。从大量的不同的具体谈判提案中，作者梳理、分析了两大矛盾冲突的本质。出口成员出于自身利益的考虑，要求借助于 WTO 贸易谈判进一步推动农产品自由化，实现其扩大农产品出口，促进农业发展、增加农民收入和促进农村发展的目的。进口成员则因无力与进口成员进行市场竞争，同样出于自身利益的考虑，只能借助于关税等手段进行抗衡，他们要求农产品市场适度开放，而不是在短期内大幅度开放市场。发达成员可以借助于自身强大的经济实力，为其农业提供较多的支持和保护，并且可以运用技术优势设置技术壁垒，在保护本国市场的同时力争打开发展中成员市场。发展中成员由于经济实力有限，他们强调发达成员的高关税壁垒和高额补贴对发展中成员出口农产品造成的障碍，强调农业对发展中成员粮食安全、农民生计和农场发展的重要意义。

从世界农产品贸易不平衡性及其内在矛盾，进一步揭示了多哈回合农业谈判的两大矛盾原本就存在于世界农产品贸易基本格局之中。发达成员在WTO成员的农产品贸易中占70%左右，而大多数发展成员的农产品贸易约占30%，这种农产品贸易不平衡性不仅制约了发展中成员的经济发展，而且是造成农业谈判主要矛盾的重要原因。进口成员与出口成员之间贸易不平衡引发矛盾的关键，在于农产品出口与农产品进口的供需均衡性是否得到满足，这并非简单地取决于进口成员的进口需要，在相当程度上还要满足出口成员的需要。但是，进口成员与出口成员的目的不一致、进口成员对粮食安全的本能要求，则是隐藏在农业谈判背后的主要原因。

从部分的视角进行研究，探索多哈农业谈判主要矛盾产生的根源。作者选取美国、欧盟、日本、澳大利亚、印度为典型代表，对这些成员的农业资源、农业生产、农产品供给和消费、国内政策、财政支农、农产品贸易等方面，结合其农业谈判提案进行了较为细致的分析，从而得出各主要成员参加农业谈判的目标、战略和策略，以及他们之间的差异性、竞争性和冲突性，以此解释农业谈判过程的主要矛盾和分歧焦点产生的重要原因。例如，美国农业提案反映了现实经济的需要，其目的是为美国经济利益服务。美国农业生产与农产品贸易存在着这样的逻辑关系：美国农业生产力高度发达，其主要农产品供给远远超过国内消费需要，形成了部分农产品的绝对剩余，客观上需要借助于对外出口来完成消化剩余农产品的任务，这就决定了农业谈判必然成为美国拓展其国际市场的前沿阵地。与此相对应，日本作为农产品国际竞争力弱势地位的代表，选择和构建以农业保护为核心的政策体系及谈判方案，与美国、澳大利亚等成员进行利益博弈，尽力保护本国农业生产发展，则是日本参加新一轮农业谈判的基本立场和主要目标。

作者从中国的视角来分析了新一轮农业谈判可能带来的影响。以公开出版的海关税则和WTO农业委员会主席方案等资料，对中国农产品进口关税进行模拟削减。研究结果表明：在假设主席方案的情况下，新一轮农业谈判关税削减可能对我国产生的负面影响，主要还是粮棉油糖等大宗农产品，这些农产品基本上是土地密集型农产品，也是我国比较优势和竞争优势相对较弱的农产品。因此，我们不仅需要加强粮棉油糖的综合生产能力建设，而且需要认真应对农业谈判并力争取得最佳的谈判结果。同时，从日本市场观察我国农产品出口增长的可能性。研究结果表明：在日本农产品关税削减的情况下，我国新鲜蔬菜、冷冻蔬菜、干蔬菜、天然蜂蜜、动物肉和杂碎等出口日本将有相当程度的增长。但是，这种出口增长是在提高农产品质量安全性和充分研究国外市场需求的前提下。

作者强调新一轮农业谈判本质上是国家利益的博弈。农产品贸易自由化只是一种国际社会的“游戏规则”，WTO就是这种博弈的国际平台和协调机制，并非是一种完美的、理想的目标。从本质上认识和理解农业谈判，才能真正把握新一轮农业谈判的实质和精髓，不至于盲目崇拜某些外国理论和观点。作者还从中国新一轮农业谈判战略的思考，提出有关政策建议和对策措施。

（翁鸣）

《乡土重建——农村金融与农民合作》

王曙光 著

中国发展出版社2009年版

220千字

中国农村正处于转型和发展的关键时刻，而农村金融和农民合作问题则是中国农村转型与发展中的焦点问题。该书从理论分析和案例研究相结合的角度，对中国农村金融的改革发展和中国农民合作组织的创新进行了全景式的剖析与探讨，并对农村金融和农民合作领域的未来改革趋势作了较为深入的分析。

该书上卷对中国30年农村金融改革作了系统性的回顾，广泛涉及农行支持三农问题、村镇银行发展、农民资金互助组织发展、农信社改革等问题。该书认为，中国30年农村金融改革从总体而言成效显著，其中所累积的大量宝贵经验值得总结。历史经验表明，改革农村金融体制关键在于扶持增量部分，在整个农村金融体系中引入有效的新型竞争主体，使农村金融机构的产权结构和市场竞争结构逐步多元化。村镇银行、农村资金互助组织、小额贷款公司等新型金融机构的组建，极大地丰富了我国农村金融机构的谱系，既增加了农村金融的供给，又改善了农村金融体系的竞争生态，对我国未来农村金融发展意义重大。增量改革既是中国整个经济转型的重要经验，也是农村金融改革未来必须坚持的方向。可以说，从1978年到2004年，在长达26年的过程中，我国农村金融改革举步维艰的一个重要原因即在于仅仅着眼于存量的改革，而忽视或延缓了扶持增量部分的成长。而2005年之后我国农村金融改革取得突破性进展的最大动力来源于开始鼓励增量部分的发展，我们有理由相信，村镇银行和农村资金互助组织的迅猛发展必将极大优化我国农村金融结构，为我国农村经济转型提供更为全面和有效的信用支撑。

在扶持增量成长的同时，存量改革也应稳健推行，而我国改革开放30年的经验证明，存量改革成功的关键在于正确的定位和多元化的产权构建。在农村合作金融领域，未来的农村信用社改革的基本趋势，是鼓励各地区农信社寻找符合本地区发展特点的产权模式和组织形式，坚持产权制度改革模式的多元化和组织形式的多样性，同时，明确农信社的功能定位，承认我国农村信用社的商业化和股份化趋势，不再执著于“合作制”的原教旨主义观念。在农村商业金融领域，中国农业银行的股份化改造必将为农行带来新的发展机遇，其内部治理结构和运行机制也将发生深远的变化。在政策性金融领域，农发行的政策性业务逐步多元化，其商业性业务必将更注重农村经济结构的转型和农业基础性设施和机制的构建，其风险管理体系和管理体系也将发生积极的变化。

未来农村金融改革的成功还有赖于对微观主体创新行为的鼓励与宽容，那些基层的农村金融机构，尤其是村镇银行、农村资金互助组织以及基层的信用社，都属于草根性的金融组织，与农民有着密切的内在联系，其内部创新的动力和意识都非常强，在实践中创造了很多行之有效的组织形式、运作模式和治理模式。作为监管部门，应该对农民的自主创新行为给予鼓励，并及时总结经验，以利于将这些成功试验在其他区域进行推广。可以预见，将来的农村金融市场必将出现投资主体多元化、竞争主体多元化、农村资金供给不断增加、农户资金需求得到更好满足的良好局面，农村金融市场的竞争结构、产权结构都会得到极大的改善和优化，农村经济发展必将获得更大、更有效的金融支持。

在该书的下卷，主要探讨了农民合作社的发展和规范问题。我国合作社发展经历了不寻常的曲折历程。在20世纪30年代，是我国农民合作社的早期发展阶段，在这个阶段，我国乡村的合作社运动有了一定的进展，但是由于混乱的政治局势以及后来的对日抗战，导致合作社发展受到挫折。第二个阶段，是20世纪50年代初期，农民合作社在新中国的初步发展阶段。此时农民的合作社迅猛发展，而且在初期基本符合农民的意愿，合作社对农业经济的发展起到积极的作用。第三个阶段，是20世纪50年代末期到70年代的合作社运动曲折发展时期。在这个时期，合作化运动逐渐偏离正确轨道，农民退出权的缺失和政治意识形态的力量逐渐使合作社原则扭曲。但是在这个时期，我国台湾地区的农民合作社有了比较大的发展，而且在某种意义上支撑了我国台湾农村经济的转型与高速增长。第四个阶段，20世纪80年代之后，农民合作社出现崭新的态势，合作社在农民自愿、自发的前提下，如雨后春笋般迅速发展，到现在，我国农村的合作社组织有15万家左右。可以说，农民合作社的发展是改变农村微观结构的根本性举措，必将对中国农村经济转型带来革命性的影响。

该书在探讨农民合作社时创造性地运用了两个概念，其一是全过程合作。全过程合作意味着农民在整个生产过程中实现全方位的合作，合作贯穿农业生产的全部程序。全过程合作包括：第一，农业生产上游环节的合作，即各种投入品和消费品的合作，包括化肥、种子、生产工具和机械、农药、信贷等合作；第二，农业生产中游环节的合作，包括生产过程、技术培训、灌溉、农作物管理等领域的合作；第三，农业生产下游环节的合作，即农产品加工、品牌建设、营销等领域的合作。其二是农民的全要素合作。从本质来说，农民参与合作社，是要实现各种要素的共享与互助。农业生产涉及多方面的要素，这些要素包括劳动力、土地、资金、技术、管理、信息等各个方面。农民进行全要素合作意义重大。第一，只有实现全要素合作，才能实现各种农业生产要素的合理有效配置；第二，只有通过全要素合作，农民才能实现农业生产各个环节的有效配合；第三，只有通过全要素合作，农民才能实现在更高程度的规模经济和范围经济；第四，只有通过全要素合作，才能使农民合作社成为真正具有市场竞争力的特殊企业，单一的合作会极大地限制农民合作社的竞争力。因此，我们可以说，全要素合作是农民合作社可持续发展的必要条件。

该书对中国农民合作社百年发展历程及其经验教训作了总结，认为合作社健康发展取决于三个条件。第一，就是合作社一定要实现“自由人的自由联合”。这是马克思所设想的未来社会的重要标准。合作社也是如此。唯有实现“自由人的自由联合”，唯有赋予每一个合作社社员自愿加入和自愿退出的权利，合作社才会有效率，也才会有持久的成功。如果剥夺了合作社社员的退出权，合作社社员不是自愿加入也不是自由退出的，那么合作社就失去了生命力。第二，合作社的成功必须依赖于一定的生产力条件。在一定的生产力条件下，农民会自发产生合作的需求，借以改善自己的生产条件和市场环境。但一定不是揠苗助长式地不顾客观的生产力条件而硬性推行合作制度。超越生产力条件，不尊重农民的自发需求和自主意愿，其结果只能是与初衷背道而驰。历史上的教训不可不汲取。第三，合作社的成功必须有赖于农民内在的合作精神的发扬。政府、媒体、学术界的使命，就是要向农民介绍正确的合作社理念，让这种理念逐步深入人心，发挥他们伟大的合作精神。中国农民是有合作精神的，关键是要以正确的方式来激发这种合作精神，并用合适的制度框架来保护和扶持公民的合作。农民有合作的自由和权利，政府的责任是保护这种自由和权利，并以切实的政策扶持农民合作。

该书还对农民合作社的政府支持体系构建、农民合作社融资瓶颈的突破、公司领办型合作社的规范与发展、农民资金互助与专业合作社的结合、合作社的内部治理和外部环境等问题，进行了广泛的探讨。

（王曙光）

《教育资源整合中农村劳动力培训问题研究》

张黎　著

中央文献出版社2009年版

190千字

教育资源作为支撑教育发展的基础，它的数量和质量，以及在各级各类教育的分布状况、使用效益等，是教育事业发展的前提和约束条件，直接制约着不同类别教育的供给和教育的“生产能力”，是影响教育发展的重要因素。近年来，由于城镇化的推进及农村学龄人口的减少，农村中小学在校生人数大为减少，学校缺乏规模效应，对农村中小学进行布局调整，有效整合教育资源成为当务之急。随着教育改革与发展步伐的推进，许多农村中小学得以调整和合并，农村教育资源得到进一步的调整和优化，教育资源相对集中，规模效应逐渐显现，办学整体实力得到了很大的提高。

调整农村中小学布局、整合农村教育资源是教育改革和发展的必然趋势，是在新的历史条件下满足人民群众对优质教育需求的客观现实要求。这种在调整农村教育布局方面的尝试，的确有比较明显的成效，为整合农村教育资源提供了可供借鉴的经验。但我们也应看到，目前我国农村普遍实行的这种教育资源整合模式虽然在节约教育资源、优化资源配置方面有其独特的优势，但是在整合效应初显的同时，也衍生出其他一些问题。如农村教育布局结构调整后，农村原有的大量校舍及其他教学设施不能充分利用或被完全废弃，甚至一些教师或由于布局调整或由于超编等也陷入了闲置状态。这使意在节约教育资源的农村中小学布局调整造成了另一种形式的浪费，农村出现了公共教育资源严重匮乏与部分教育资源又被闲置的矛盾现象。

与此同时，我们也看到，我国农村教育还比较落后，直接导致我国农村劳动力素质整体水平偏低。从长远发展和治本措施看，解决“三农”问题必须依靠农民这一主体素质的提高和作用的发挥，任何外力解决“三农”问题的努力都要与此结合起来。开展农村劳动力培训，把农村丰富的人力资源转化为人力资本，是培养造就新型农民、建设社会主义新农村的客观要求，将有利于从根本上解决“三农”问题，实现城乡共同繁荣发展。

而在我国广大农村，成人教育却日渐衰退，农村劳动力培训工作不容乐观，主要表现为培养教学场地缺乏、教学设施缺乏、师资力量缺乏、培训投入缺乏等资源短缺和制约问题。农村教育资源整合后的闲置资源能否“起死回生”服务于农村劳动力培训，怎样服务于农村劳动力培训，怎样解决农村社会经济发展中面临的现实问题，成为本研究的主要关注点和重心所在。

从当前农村劳动力培训开展情况看，当前

农村劳动力培训大体可划分为引导性培训和职业技能培训。引导性培训是在政府支持下的一项公益性培训，其主要内容是开展基本权益保护、法律知识、城市生活常识、寻找就业岗位等方面知识的培训；职业技能培训将根据国家职业标准和不同行业、不同工种、不同岗位进行培训，当前培训重点是建筑、家政服务、餐饮、烹饪、物业管理、酒店、装饰、装潢、保健、制造、缝纫、护理、保安、驾驶、汽车修理等用工量大的行业的职业技能。

从以往的研究成果以及政策关注点来看，对于农村劳动力职业技能培训一直是关注的重点，当然这是与我国城镇化、现代化发展进程相适应的，同时这也同转移培训可以立竿见影、效果明显不无关系。相应地，对于农村劳动力引导性培训则相对忽视，尤其是对于“让农民当好农民”的农业科技培训则相对缺乏，其政策力度和实际效果都明显不如劳动力转移培训。在农村劳动力培训项目经费有限的情况下，农民劳动力转移培训投入资金远远高于留村农村劳动力的培训。而注重职业技能培训的特点决定了农村劳动力培训地点大多位于县市级城市，在农民家门口开展的培训鲜少。

而不管是从当前轰轰烈烈、热火朝天的新农村建设来看，还是从农村经济社会持续健康发展来看，提高农村劳动力素质、加强留村农村劳动力培训都尤为重要。特别是面对全球金融危机引发的农民工“返乡潮”，诚如一些学者所言农村如期起到了“蓄水池”的作用，但是农民增收减缓、农村社会问题增加等问题也逐一显现，解决返乡农民工就业问题就成为现实之需。如何加强留村劳动力、返乡劳动力培训，充分开发利用农村闲置教育资源，让农村劳动力能够在家门口享受到优质的教育培训，对于经济社会的科学、健康、持续发展有着不同寻常的重要意义。

城镇化、工业化是当前发展的趋势，没有一个区域能够免除影响。湖南作为中部农业人口大省、劳动力输出大省，以其作为个案进行研究，无疑具有典型示范作用。本研究通过实地调研、访谈等方法，在深入剖析湖南农村劳动力培训的现状、教育资源整合的现状的基础上，探索出教育整合中农村劳动力培训的如下措施和途径：提高教育资源利用效率，健全农村劳动力培训体系；提高农村劳动力培训实效，创新农村劳动力培训机制；结束教育资源部门分割，规范农村劳动力培训管理机制；改变教育资源阶段分割，建立农村终身教育体系；打破教育资源区域分割，加强农村劳动力培训政策保障。

最后，采取比较研究法，研究了法、美、日等发达国家劳动力培训状况，总结了各种培训模式的共性与经验，无疑，这些对于今天解决我国新农村建设中劳动力资源匮乏、对于避免城乡教育资源整合中农村教育潜在性浪费，能够起到一定的启示和借鉴意义。

总之，该书在对湖南农村教育资源整合现状进行深入调研的基础上，提出大量闲置教育资源为农村劳动力培训就地服务的可能性，通过分析论证，探讨湖南农村劳动力培训所应采取的科学机制，提出培训农村劳动力的具有可操作性的策略，从而为相关部门的决策提供理论支持和政策建议，这也正是本研究的重要意义所在。

中国的城镇化、工业化远远没有结束，教育资源整合更是一个动态的进程，如何使教育资源整合更好地适应中国实情，更好地推动经济社会发展，如何解决好质量与效益之间的矛盾，是值得我们不懈关注的问题。

（张黎）

《中国当代家庭结构变动分析——立足于社会变革时代的农村》

王跃生　著

中国社会科学出版社2009年版

572千字

20世纪80年代初期以来，中国农村社会中实行了1/4世纪的集体经济制度让位于家庭经营模式；在计划生育政策制约之下，农民的生育行为从传统的多育转变为少育；中国人口城市化进程加速，农村劳动力向非农领域转移成为农民家庭增加收入的主要途径；人口预期寿命延长，少育之下人口结构发生变化，农村老龄化社会初显端倪。这些都对家庭结构变动产生了显著影响。由王跃生撰写的《中国当代家庭结构变动分析——立足于社会变革时代的农村》，对这一制度变迁和人口行为变动背景下的家庭结构状态及其演变进行了探讨。该书依据的基本资料是1982年第三次全国人口普查1%抽样数据、1990年第四次全国人口普查1%抽样数据和2000年第五次全国人口普查1%抽样数据和作者主持的一些小型调查数据。

该书指出，中国农村20世纪80年代初土地承包责任制实行后，家庭的生产功能得以恢复，但家庭的小型化、核心化趋向并未因此而发生逆转。农村家庭有限的土地和劳动力的非农转移均使传统的家庭就业、不同代际成员相互协作生产的模式难以重现。多子家庭亲子分居、兄弟分家局面成为普遍现象，低龄老人居住方式“空巢”化。劳动力流出地区祖、孙隔代家庭增多。由于社会养老保障制度缺乏，没有收入和失去生活自理能力的老人继续依赖子女赡养和照料，直系家庭仍是重要的家庭形式。核心家庭1982年、1990年和2000年三个时期分别为67.95%、69.88%和66.27%，直系家庭三个时期均在22%以上，分别为22.82%、22.46%和24.83%。核心家庭和直系家庭这两种家庭之和在三个时期分别为90.77%、92.34%和91.10%。纵向来看，两者之和在三个时期基本稳定。可见，20世纪80年代初期，中国农村即形成以核心家庭为主、直系家庭为辅的局面，这两类家庭成为占绝对多数的家庭类型，绝大多数农村家庭人口生活在这两类家庭中。第三个值得关注的家庭类型为单人家庭，它在三个时期所占比例为7%左右。若将其与核心家庭、直系家庭合在一起，三类家庭所占比例分别为98.24%、98.43%和98.62%。由此可以得出这样的认识，自20世纪80年代初期开始，中国农村家庭结构即形成以核心家庭为主、直系家庭为辅、单人户为补充的格局，并且显得比较稳定。

当代中国家庭结构变动受到上升、下降和保持稳定三种力量的作用，当然这三种力量对不同形式家庭的作用也不相同。一是父子、兄弟分家行为影响。父母和已婚子女彼此经济自立是对直系家庭和复合家庭的最主要瓦解力量，经济自立往往强化家庭成员的生活自主意识。多子女家庭中，子女及时分家使复合家庭失去了产生条件，直系家庭的形成和维系基础也受到削弱。中国在20世纪60年代中期以后同爨共财的复合家庭就已处于消失的边缘，直系家庭主要存在于只有一子的家庭。二是计划生育政策，特别是独生子女政策的影响。独生子女政策不会对核心家庭总量变动发挥直接作用，但它对夫妇核心家庭的产生具有明显推动作用。当然，政策的效应主要是在它实行一段时间之后。2000年前后正是其作用开始显现之时。当然，这种状态在城镇地区较农村更为突出。三是人口迁移流动的影响。在子女与父母

“充分分家”（结婚即分家）的环境中，子女是否有迁移流动行为对家庭结构的影响不大，而在“不充分分家”（独子不分家，或父母年老之后依附一个子女生活）的环境中，子女的迁移流动将会降低父母与子女共同生活的机会。若是“少子”状态下的子女迁移，其对家庭结构的影响将更为显著。实际上，计划生育政策对家庭结构的影响也主要通过“独生”或“少生”子女的迁移流动来表现。

该书从独特的视角对网络家庭加以探究。网络家庭是诸个父系血缘关系家庭的集合体。网络家庭的形成原则一是以直系单元家庭为主、旁系单元家庭为辅；二是以父子、兄弟单元家庭为核心。村庄调查表明，目前近70%的网络家庭由3个以上的单元家庭所组成，并且90%以上的单元家庭集中于同一村庄之中。但随着农村中青年离村进城务工现象增多，同村聚居的网络家庭单元数将减少；子女数量减少也将使网络家庭单元数降低。家庭养老面临着照料资源短缺问题。

作者还对家庭代际关系作了理论探讨和经验分析。中国农村家庭代际关系并非只有抚养—赡养一种关系形式，在成年子女和壮年父母之间还存在另一种关系——交换关系。后一关系直接影响中年子代对老年亲代的赡养水平。当前农村代际关系表现为老年父母缺少交换资本，对子女的赡养形成高度依赖。只有通过制度性措施增强父母的自我赡养能力，减少其对子女养老的依赖，新型代际关系才能建立起来。

该书力求将理论分析与经验研究结合起来，宏观考察与微观探求结合起来，对家庭结构变动的原因、趋向和特征予以揭示，通过不同时期家庭结构状态认识家庭功能、家庭代际关系变动，进而对家庭子女数量减少、家庭传统功能弱化之下公共服务、社会保障的强化和改进进行了思考。

（王跃生）

《资源与增长》

金碚　等著

经济管理出版社2009年版

340千字

如何在资源环境强约束条件下实现中国工业的长期稳定快速增长，是一个亟待深入研究的重大理论和现实问题。作为国家社科基金重大项目的研究成果——《资源与增长》一书在土地、水资源、能源、矿产资源、环境对工业增长影响进行深入分析的基础上，就资源环境对我国工业增长的总体影响进行了计量分析，对我国工业增长的性质、资源环境约束工业增长的表现形式、实质内涵以及资源环境约束对工业增长的可能影响进行了比较深入的探讨，得出了一些很有意义的结论，深化了有关发展中国家资源环境在经济增长中的作用的研究，在研究方法上具有创新性和开拓性。

一、我国工业增长对资源环境的总体依赖度

作者指出，根据决定经济增长的主要要素的差异，经济增长可以分为不同的类型，如劳动依赖型、资源依赖型、资本依赖型、半技术依赖型和完全技术进步依赖型。不同的经济增长类型，对政策需求有着不同的影响。不同经济增长类型的转换同样需要不同的政策激励。所以，一个国家对其经济增长类型的准确判断至关重要。正是因为这一点，对资本、技术、劳动等要素在我国经济增长中各自处于一种什么样的地位，一直是经济学研究中讨论的热门话题。综观此类研究，迄今为止，绝大多数研究得出的结论，是我国目前的经济增长是资本驱动型。还有少数研究认为，如果考虑资本中的技术含量，我国的经济增长已经属于技术驱动型的。这两种结论虽然有差异，但在估计各种要素对经济增长的贡献时，都排除了资源环境对经济增长的贡献。

《资源与增长》的研究表明，忽视资源环境投入的影响，或高估资本的作用，或高估技术的作用，都会影响我们对我国经济发展所处阶段、中国经济增长是何种类型等这样一些基本问题的判断，不利于政府进行正确的决策，最终会损害中国的经济增长。所以，在经济增长研究中需要澄清的一个重大的问题是，中国的经济增长是否已经基本摆脱对资源环境的依赖？对工业增长对资源环境总体的依赖程度进行分析表明，我国的工业增长还没有摆脱资源依赖型阶段，资本对增长的推动，相当程度上表现为对资源的大规模开采利用以及对环境的高强度利用。

二、中国工业化资源路线的主要特点

《资源与增长》的研究表明，从改革开放以来近30年的工业化进程看，中国现代工业发展的资源路线所具有的以下显著特点：

（1）低价格资源支持了工业生产的大规模扩张。中国近30年工业增长所依靠的国际比较优势，除了丰富的劳动力之外，还突出地表现为向工业企业特别是进入中国的外资企业提供了大量的低价格资源。其基本经济性质就是以政策手段压低资源价格。这种高度依赖低价资源的发展模式尽管具有其历史的理由，却是不可持续的。人们已经强烈地感受到，工业生产必须摆脱对低价格资源的依赖，走向更注重资源节约和环境友好的发展路径。

（2）中国的一次能源结构与从西方国家转移过来的工业技术路线之间具有很大偏差。当中国沿着世界工业发展的技术路线发展工业经济和国民经济时，以煤炭为主的能源禀赋特点与当前世界处于“石油时代”的工业技术路线之间的偏差就会突出地表现出来，甚至对中国的能源安全构成威胁。作为一个后发的工业生产大国，中国大多数的工业生产部门和交通运输方式都不可能完全脱离西方工业化国家的工业技术路线，另搞一套同中国的资源禀赋相适应的工业技术路线；所以，受本国资源禀赋条件的约束，中国的工业化必然受到资源供给结构的很大约束。

（3）重化工业的发展具有重要的意义。现阶段重化工业的高速增长具有不以人们的意志为转移的客观必然性。中国的重化工业不仅快速增长，而且其国际竞争力也逐步增强。如果仅仅从资源禀赋结构的角度，传统的比较优势理论似乎无法解释中国工业结构向重化工业方向倾斜的现象，但从中国工业化的基本性质和根本性特征看，则完全可以理解重化工业在中国经济发展过程中的重大作用和重化工业发展阶段的不可逾越性。当然，中国重化工业的发展也不可避免地受到本国资源供应的严重约束，必须向国际化的方向发展，以拓展产业空间。

（4）工业密集地区的水资源、土地资源和环境承生态载力成为突出的制约条件。作为一个幅员辽阔的大国，中国工业发展的资源禀赋总量条件是雄厚的，从整体上看，自然资源储量和潜在供应量并不成为中国工业化的绝对障碍。从长期和总量上看，水和土地也不应成为中国工业发展不可克服的瓶颈。问题是，不同的资源具有不同程度的可流动性，同能源和矿产资源的总量供求关系不同，水资源、土地资源和环境生态承载力的供求具有高度的区域性，因而在工业发展的高密集地区，可能成为严重的制约因素，越来越多的地区工业生产密集布局已经导致土地资源和水资源超量利用，水资源短缺和水源水质破坏严重，生态环境承受极大压力。

（5）持续的高速工业增长对资源形成特殊的压力。自20世纪70年代末80年代初开始实行改革开放以来，中国经济发展经历了持续30年的高速增长，具有十分明显的“压缩性”和“急速性”特征，在其他国家的经济发展中表现为较长时间的不同阶段及其特征，在中国经济发展的很短时间内就接连地甚至是重叠地表现出来。经济发展的这种“压缩性”、“急速性”阶段特征，使中国在较短的时期内就从低成本资源推动的工业化阶段开始向资源成本普遍上升的发展阶段过渡，但同时又保留着“资源驱动”的许多特征。正是这样，中国的资源和环境约束问题才表现得极具特殊性和紧迫性。

（6）由于巨大的人口规模，使得中国工业化必须经历特殊的漫长历史，对资源路线和供求产生非常特殊的影响。仅从统计数据就可以看到，中国工业化过程存在着巨大的不平衡性：如果从国内生产总值构成看，可以说中国已经是一个工业化国家，至少是已经进入了工业化中期，有些较发达地区已经进入工业化的成熟阶段。但是，如果从人口构成看，中国仍然是一个农业人口为主的国家，很难说已经是一个完全意义上的工业化国家了。可见，“以农民为主的工业大国”是中国经济的一个显著特点和巨大矛盾。要解决这一矛盾就要通过已经超过GDP80%的非农产业（二、三产业）的继续快速发展来实现更多的农业人口的非农化，意味着必须进一步加快城市建设，这必然要求大力发展电力、能源、冶金、建材、化工、装备制造、交通设备制造等重工业。这就可能导致“投资过度”、“资源制约”、“环境破坏”、“房地产涨价”等“经济过热”现象的反复出现。

三、超越资源环境约束

研究工业化的资源路线与资源供求，特别是对传统能源、重要矿物、水资源、土地资源等近代和现代工业化技术路线上的重要资源的供求走势，以及工业化资源路线的转变（传统资源的节约与替代），具有越来越重大的意义，对于中国按照科学发展观的要求走新型工业化道路更具有极大的必要性和紧迫性。《资源与增长》提出：

（1）通过尽快推进工业化进程的方式来解决中国的资源问题。中国工业化过程中所发生的资源紧缺现象以及我们对此所做的分析绝不意味着应该放弃工业化的发展，即试图以减缓工业化进程甚至回避工业化发展的方式来实现资源节约和解决资源短缺的问题。恰恰相反，中国的资源问题本身必须通过尽快推进工业化进程的方式来解决。突破资源稀缺对增长和发展的障碍，正是产生工业化现象的历史原因，也是工业化的历史任务。所以，问题的本质并不在于要不要加速工业化，而在于在工业化现阶段如何以最科学的方式来加速工业化，通过更高效率地利用资源来从根本上解决资源问题。

（2）在社会可承受的范围内发挥价格机制的作用。资源“短缺”，归根结底是价格现象以及对价格变动的承受力问题。在中国工业发展和经济发展的现阶段，社会对资源价格（向上）浮动的承受力十分有限，过高的资源价格可能导致居民生活的困难和工业成本的普遍上升及企业经济效益的严重受损，甚至引发社会经济生活的紊乱。所以，资源价格往往受到了较严格的控制和干预。但由于资源需求的普遍性和复杂性，过分依靠人为干预价格的手段来调控资源供求，难以实现期望的目标。只要价格是逐步上涨的，就可以使整个社会逐渐消化生产要素重组的成本，在更高的技术水平上实现资源产品的长期供求平衡。

（3）改革工业用地制度。受到工业用地使用的行政性分配和划拨制度以及协议出让政策的长期影响，我国工业用地的使用并没有真正地反映出其价值，导致与发达国家相比，我国大城市工业用地占城市建设用地比例严重偏高，工业用地粗放利用现象严重。要实现土地的集约高效利用，就必须从土地制度和政策入手。就工业用地而言，则须改革行政划拨与协议出让制度，实行工业用地"招拍挂"出让制度，即运用竞争机制、公开程序，把土地配置给最有能力进行有效利用的人。这就必须有规范的土地市场，促使其集约高效合理利用。这也是降低土地资源对于工业化、城市化约束的有效途径之一。

（4）科学规划我国的煤炭油气资源发展战略。无论是从时间上来看，还是资源储量约束或者是产品供给约束上来看，煤炭资源约束问题的核心是煤炭资源的有效利用。当前我国煤炭价格不完全，煤炭资源产权保护力度不够是导致煤炭勘探不足和资源开采过度的重要原因。煤炭开采和利用过程中的环境问题也与煤炭价格不完全，价格中没有反映因煤炭开采和利用而导致环境成本有关。另外，在今后数十年间，能够稳定地向中国提供石油的地区主要有中东、中亚和俄罗斯、南亚。要把新疆与中亚和俄罗斯的油气资源统一考虑，我国的西部油气东运战略才有经济合理性和实现的基础。

（5）充分重视实质性技术进步。解决资源环境约束需要进行结构调整，包括产业结构的调整和产业组织结构的调整，但仅有结构调整是远远不够的，它会带来问题的反复，还会产生一系列的社会问题。所以，必须在重视结构调整的同时，还必须强调实质性的技术进步，用相对丰富的资源替代相对稀缺的资源，提高资源的利用效率。同时，要在环境管制政策设计时引入成本收益分析制度，加强环境管制政策与科技创新政策的整合、建立生态补偿制度，以解决环境管制中的软约束问题。在环境保护政策设计过程中，重视制度挤出问题，以提高政策效率。

该书系统地分析我国资源环境对工业增长的影响，对于推进我国在经济增长研究中更多地纳入资源环境因素有积极作用。要制定科学合理的经济增长方式转变措施，就必须对各种要素在经济增长中的作用有一个科学的判断，这种判断需要通过经验研究才能得出。《资源与增长》运用数据资料分析了不同资源对我国工业增长的约束作用，就我国的工业增长对资源环境的依赖程度进行了分析，有利于国家有针对性地制定科学合理的转变经济增长方式的政策措施。该书还对中国工业化的资源技术路线进行了分析，对资源短缺从经济学的角度进行了探讨，有利于进一步澄清资源环境约束的本质以及关于资源环境与工业化的一些不正确的认识，对于中国新型工业化道路的推进有着积极影响。

（吕政）

《货币联盟的财政与货币政策协调》

郑建军　著

经济科学出版社 2009 年版

220 千字

全球化下各国经济、政治、文化交往日益密切，资源在全球范围内重新整合和配置，有助于推升全球福利平均水平，但同时也带来了很多矛盾和冲突。在此背景下，国际间实行更紧密的政策协调与合作成为不可回避的问题。

作为目前世界区域经济、货币一体化实

践的范本，欧洲经济与货币联盟（EMU；欧元区）在运行过程中对联盟经济发展产生了哪些良好绩效？又存在哪些突出问题？对于这些问题，联盟采取了哪些制度设计予以克服？这些制度设计是否行之有效？无疑，对这些问题的研究不仅仅有助于加深对欧元区本身运行机制和制度绩效的了解，而且其运行经验和教训也对其他区域经济一体化进程以及对如何更好实施国际间政策协调具有样本意义。《货币联盟的财政与货币政策协调》一书正是以欧元区为研究对象，以财政政策和货币政策协调为研究重点，循着欧洲经济与货币联盟财政货币政策协调的理论基础、制度安排以及制度绩效的思路，对欧元区第一个十年间的财政货币政策制度特征、运行情况以及它们的宏观经济效应进行了分析和评价。

从欧元区财政货币政策协调的制度特征看，联盟财政货币政策协调是一个多主体、多层次、多方面、多形式的过程，这些过程存在内在联系，构成一个政策协调体系。从协调主体看，参与EMU财政货币政策协调的主体主要来自三个层次：联盟层次、成员国政府层次、社会公众层次。对于财政货币政策的协调，主要是前两个层次的主体在发挥作用。在前两个层次的主体中，欧洲理事会、欧盟部长理事会、EC、ECB和成员国政府发挥着关键作用，是财政货币政策协调中最重要的四个权力机构主体，而经济与财政委员会主要作为咨询顾问主体起着重要作用。从协调制度安排之间的内在联系看，各种协调进程的执行和开展都以BEPGs作为直接指导。而协调的开放方法试图协调各种协调进程，使各协调进程之间不发生冲突，提高协调的有效性。从协调类型看，约束性协调是EMU传统的协调形式。非约束性协调则是20世纪90年代以来随着《马约》和联盟的发展引入的新的协调形式，这种协调建立在对话、信息交流和同行压力的基础上。在约束性协调和非约束性协调之间既有一定的替代性，又有一定互补性。二者的良性配合可以使协调过程更加完备。在约束性协调中，EMU更多的是将政策协调建立在一种稳定的规则协调的基础之上。其最典型的表现为EMU的财政政策规则和货币政策规则。财政政策规则和货币政策规则的确定和执行有着不同的特点。此外，在这些规则的确立过程中，德国具有很大影响。

在欧洲中央银行货币政策实践绩效上，从总体通胀率指标和货币政策关系看，分析发现ECB货币政策目标虽然是保持HICP通胀率低于2%，但这并不意味着ECB的货币政策决策一定和当期通胀率走势保持逆向关系。实际上，总需求指标对货币政策决策也具有重要的影响。另外，尽管近年来总体通胀率指标持续高于2%的目标水平，但还是较为稳定，而且数据研究可以看到能源价格在影响欧元区通胀率走势方面起到重要作用，而能源价格冲击又是外生于ECB货币政策的，因此似乎不能简单地把总体通胀率高于2%归之为货币政策战略的失败。观察核心通胀率指标，可以认为ECB的货币政策战略还是取得了初步成功。对于通胀预期，分析发现ECB在控制通胀方面还是取得了相当的可信度。在通胀率差异性问题上，尽管成员国之间的确存在通胀率差异，但横向、纵向比较发现，这种差异性已经显著下降，差异程度已经达到比较低的水平。

在欧元区财政纪律实践绩效上，EMU启动后，财政纪律对成员国财政政策的约束力似乎有所下降。一些成员国的赤字持续超标，且没有受到EDP的有效惩罚。但还不能因此就说SGP已经失效，实际上，成员国的财政政策相比历史情形的确变得更加负责，而且在赤字超标后也的确为削减赤字进行了努力。此外，数据分析表明，SGP与成员国财政政策顺周期性并无系统、明确的联系。因此，以SGP将导致成员国财政政策顺周期为理由来反对SGP的观点并不成立。

从欧元区财政货币政策组合与经济周期变动的关系看，产出缺口状况和名义赤字状况是影响近年来成员国财政政策立场变动的两大决定因素；货币政策具有令人吃惊的显著的逆周期性。就稳定产出波动而言，货币政策似乎比各成员国财政政策表现得更好。总体而言，欧元区的财政货币政策组合具有相对令人满意的协调性。对各年度需求结构变动的分析表明，欧元区财政货币政策呈现出一些局部效应，但这些局部效应未能对总体经济产生显著传导。

（郑建军）

《全球环境与气候治理》

庄贵阳　朱仙丽　赵行姝　著

浙江人民出版社2009年版

350千字

国际气候制度的演进是当今全球环境治理体系的一个缩影，为了更为深入地探讨问题，该书聚焦全球气候变化，侧重于用世界经济与国际政治的视角对国际气候治理进行解读。作者在反思全球性环境问题的基础上，试图从理论体系、应用分析和实例分析三方面对全球环境治理进行系统性研究，正视当前的问题并着手寻找解决之道：（1）从学术上厘清与全球环境/气候治理有关的概念和主要观点；（2）回顾、总结和展望国际气候治理的主体与进程；（3）进一步推动我国气候变化问题的研究，尤其是年轻研究人员的学术成长。

国际气候治理的最终目标是提供充足的全球公共产品，实现国家利益与全球利益、当前利益与长远利益以及国家与国家间利益的均衡。该书从世界经济与国际政治的视角分析了气候变化问题的实质，从科学认知、经济利益和政治意愿三个方面阐述国家间的博弈，探讨国际气候治理中的公平与效率问题，提供国际气候治理过程中中国的战略选择。

（庄贵阳）

《对国际卡特尔的有效威慑机制研究》

刘岩　于左　著

中国社会科学出版社2009年版

270千字

在早期，形成国际卡特尔比在国内形成卡特尔要难得多，但近些年来，随着市场全球化和跨国企业的不断增长，合谋参与者面临共同的问题，有共同的利益，国际合谋变得更加容易，国际合谋行为的复杂程度增加，在国际社会缺乏对国际卡特尔的有效威慑机制情况下，国际卡特尔活动日益猖獗，这对全球范围内消费者和一些生产者的利益产生巨大损害。对于发展中国家而言，这种损害更加明显。由于缺乏有效的惩罚和威慑，消费者和一些生产者无法对其自身利益寻求有效的法律保护。单独依赖一国的反垄断政策很难对其实行有效处罚和威慑，不同国家分别对其行使管辖权可能会因不同的反垄断政策和利益而产生冲突，一些冲突还有可能演化为不同国家之间的贸易争端和政治冲突。尽管很多国家的反垄断当局和一些国际组织为此做出了积极的探索，但至今尚未寻找到有效的解决办法。

本书主要研究在全球化的背景下对国际

卡特尔的有效威慑机制，包括如何发现国际卡特尔，并对其实施合理的惩罚，进而形成对国际卡特尔的有效威慑。制裁国际卡特尔与国内卡特尔最显著的不同是，需要进行反垄断的国际合作。本书研究了各国现有反垄断政策的局限及其可能产生的冲突，评价了国际社会在制裁国际卡特尔方面已经做出的各种努力与尝试，分析了对国际卡特尔的最优惩罚额度，探讨了针对国际卡特尔的反垄断政策国际合作的发展趋势，以及建立国际反垄断执法机构的可行性，尝试构建了对国际卡特尔的有效威慑机制。

虽然在许多国家内，卡特尔行为属于本质违法，但在国际范围内，有些国家根本没有反垄断法；有些国家虽然制定了反垄断法，但对国际卡特尔的制裁没有明确规定；有些国家即使对国际卡特尔的制裁有明确规定，但对国际卡特尔的调查取证和制裁都需要他国的配合。尤其是当国家利益卷入国际卡特尔中时，对国际卡特尔的制裁就更加困难了。伴随经济的全球化，国际间经济、贸易往来频繁，国际卡特尔影响范围更广，危害更为复杂。

现有针对国际卡特尔的竞争政策显得单薄而无力，并且有限的竞争政策在实施过程中始终伴随着一系列问题和障碍，这些都成为对国际卡特尔有效威慑的瓶颈，困扰着各国的竞争当局。各国在处理国际卡特尔问题时通常首先考虑自身利益，比如容易出现“以邻为壑”的出口卡特尔豁免问题。在涉及本国利益情况下，各国又往往主张本国反垄断法域外法权，这难免导致与他国产生矛盾和冲突，这种矛盾和冲突严重影响了对国际卡特尔的诉讼、调查和制裁。各国通常会积极针对他国卡特尔涉案成员进行调查和制裁，同时对本国涉案成员加以保护，为调查设置重重障碍，不提供相关资料，同时对他国的制裁拒不执行或加以限制。另外，在不涉及自身利益情形下，各国普遍采取消极观望态度，如美国经常打着“尊重他国主权”的旗号，将许多发展中国家消费者寻求反垄断赔偿的诉讼拒之门外，欧盟虽掌握着大量国际卡特尔对发展中国家影响的证据，但经常保持沉默。发达国家的消极态度致使许多缺乏反垄断法律和制度的发展中国家的消费者得不到保护，国际卡特尔被制裁概率大为降低。20世纪以来，针对国际卡特尔制裁的非效率与不平衡已经引起广泛关注，一些发达国家纷纷采取缔结双边合作协议的方式试图解决部分问题，地区性合作也得到了发展，同时，包括联合国（UN）、经济合作与发展组织（OECD）、世界贸易组织（WTO）以及国际竞争网络（ICN）在内的许多重要国际组织为此做出了很多尝试和努力，包括提出单独设立或在WTO框架内设立独立的国际反垄断执法机构，尽管这些尝试和努力最终因没有得到美国等发达国家的支持和响应而被搁浅，但这些努力和其中的一些主张，对推动国际社会重视和不断探索并采取有效措施制裁国际卡特尔等具有不可忽视的现实意义。

对国际卡特尔的惩罚额度是影响最终威慑的关键，许多国家在针对国际卡特尔的惩罚方面都有各自的规定。在国际卡特尔引起了各国反垄断当局的普遍关注后，以美国和欧盟为代表的主要发达国家和机构针对国际卡特尔，尤其是近20年来的国际卡特尔，实施了略为严格的惩罚，对卡特尔行为具有一定的震慑作用。美国和欧盟等反垄断当局也从中获得了可观的惩罚收益。然而，针对最为关键的惩罚基础超高定价比率的估计与计算，各国依据的和采取的标准不一，现实中存在惩罚额度的混乱与非效率，无论是以美国为代表的三倍损害赔偿，还是以欧盟为代表的单倍损害赔偿，似乎都缺乏足够科学的依据。在某种意义上，美国所收取的一些罚金，可被视为美国消费者和反垄断当局对其他国家消费者以及反垄断当局所应当获得补偿的侵占。对主管人员实施监禁的惩罚通常只有3—5年，难以获得预期效果，而且在实际执行方面困难重重，有些国际卡特尔甚至能用金钱来换取人身自由。广泛实施的合作性仁慈计划在揭露卡特尔方面发挥了巨大作用，但同时过于慷慨的惩罚减免也在一定程度上影响了惩罚的效果。这一系列惩罚的不力使一些卡特尔成员并未受到实质影响，没有构成对国际卡特尔的足够威慑。需要进一步研究针对国际卡特尔的科学惩罚和赔偿标准，核心原则是使国际卡特尔承担其非法行为给社会带来的所有损失。

本书主要从两方面研究对国际卡特尔的有效威慑机制，一方面，探讨如何提高国际卡特尔被发现和惩罚的概率，即通过研究如何加强反垄断的国际合作，促进国际竞争政策的融合，完善相应的制度与合作框架，探讨如何建立全球性机构，对国际卡特尔实施有效制裁。另一方面，研究制定科学、合理的惩罚和赔偿标准，使其承担应有的成本，使其违法行为无利可图。

本书对国际卡特尔的形成机制、惩罚额度、国际反垄断合作问题的探讨，以及所构建的对国际卡特尔的有效威慑机制，对反垄断的国际合作以及各国反垄断当局执法具有理论指导意义和现实应用价值，尤其是对中国等发展中国家而言，实施反垄断法历史较短，对国际卡特尔问题的研究与认识缺乏，本书所作的理论探讨与相应的案例研究可提供一些有益的借鉴。

（刘岩　于左）

《中国经济发展和体制改革报告 No. 2——中国道路与中国模式(1949—2009)》

邹东涛　主编

社会科学文献出版社 2009 年版

842 千字

近一个时期以来，世人热议中国模式和中国道路，一种观点认为中国通过60年的实践探索和30年的改革开放，经济社会文化等各项事业空前发展，综合国力、国际地位空前提高，中国已经走出了自己独特的中国道路，形成了自己成功的中国模式。有的学者则认为，当前，在赞誉声中我们要保持清醒的头脑，慎言中国道路与中国模式。究竟什么是中国道路和中国模式?《中国经济发展和体制改革报告 No. 2——中国道路与中国模式（1949～2009）》从经济体制改革和发展的视角，围绕中国道路与中国模式的理论探索、中国道路与中国模式在诸经济领域的实践、中国模式的基层实践案例研究、中国道路和中国模式的非经济层面研究4个方面来研究中国道路和中国模式。该书由主报告、专题报告、案例与调查3部分共26章组成。

探索“中国道路”和“中国模式”，贯穿中华人民共和国成立来的始末。从国际角度讲，探索成功的“中国之谜”比探索“苏联、东欧剧变之谜”更具吸引力。20世纪80年代末90年代初，苏东各国按照西方理论家开出的基于“华盛顿共识”的“休克疗法”药方，抛弃了社会主义制度。“中国模式”之所以受到世人特别是西方学者的关注，其重要原因之一就在于，当“苏联模式”的社会主义遭到失败、整个世界呈现“资”强“社”弱的态势时，社会主义的中国却在逐步崛起。

从国内角度说，研究中国，必须了解“中国道路”和“中国模式”。一直以来，西亍学者对中国前途和命运有着种种预测。随着中国从"醒狮"到"行狮"的转变，他们开始意识到，过去对中国的许多认识是存在偏见的，他们提出的"中国将会毁灭"、"中国是一个未来的敌人"、"中国崩溃论"、"中国威胁论"、"社会主义失败论"等观点，几乎是明显错误的。他们开始分析各种预言破产的原因，意识到他们的理论尚不能解释中国成功的原因，不能客观分析中国发展存在的问题，也不能为中国发展中存在的问题找到出路。

中国道路是奠基于社会主义，在对学习、反思和借鉴、渐进式改革、摸着石头过河、对外开放等的探索过程中生成的。简单来说，"新中国建立"奠基了中国道路，"中苏关系"的转变引起了对中国道路的反思，"60年改革"探索出了中国道路，对资本主义国家先进东西的"学习借鉴"补充了中国道路，"逼迫机制"逼出中国道路，"渐进式改革"成就了中国道路，"摸着石头过河"摸出了中国道路，"对外开放"坚持了和平发展的中国道路。

"中国模式"是立足中国国情、实践中国特色社会主义的理论凝结。"模式"是实现"道路"的具体形式，毛泽东关于社会主义革命和社会主义建设的理论、中国特色社会主义理论、社会主义市场经济理论、社会主义初级阶段理论、社会主义和谐社会理论构成了"中国模式"的5大理论基础。中国模式成就了古老中华大地前无古人的社会主义事业，积累了丰富的发展经验。

"中国道路"和"中国模式"从模仿到摒弃"苏联模式"开始起步，在基础物质管制和调配、宏观调控、农村经济发展、工业化道路、财政现代化道路、金融制度变迁、开放式道路、区域经济协调发展道路、企业发展道路、法治建设道路、思想政治与精神文明建设等方面，对中国特色社会主义发展进行了艰辛探索，丰富和发展了马克思主义经济学。改革开放以来，在通往现代化、市场化、全球化和民族复兴的征程上，中国政府有选择地采纳有利于经济增长的经济政策，创造了包括经济改革模式、经济发展模式、对外开放模式等内容的具有鲜明特征的"中国模式"。当今，中国民众已经认可"中国模式"的核心——改革、发展、渐进、开放、试验、和谐、稳定。中国人运用智慧创造了温州模式、苏南模式、珠江模式、东莞模式、成都模式、太仓模式、大寨模式、土地流转模式、卫生医疗模式等丰富多彩的"模式中国"，正在试探性地推进民主改革模式。

（赵学秀）

《中小投资者法律保护与权益资本成本》

肖珉　著

北京大学出版社2009年版

173千字

权益资本成本是财务学最早研究的经典课题，也是现代财务理论历经半个世纪的发展而未能最终解答的研究难题。研究发现，权益资本成本不仅受到公司财务特征的影响，还受到宏观经济变量的影响。随着信息不对称和委托代理理论的发展，信息披露和公司治理等公司层面的制度特征也被认为是影响权益资本成本的重要因素。近年来，随着"法与财务学"思潮的兴起，中小投资者法律保护这个国家层面的制度因素被引入权益资本成本问题的研究。

与此同时，从制度上保护中小投资者权益，维护投资者信心，降低权益资本成本，促进资本市场资源的有效配置，是各国证券市场建设所共守的目标。对于我国转轨经济下新兴的股票市场而言，中小投资者法律保护更是关系到我国股票市场的生存与发展，成为证券监管工作的重中之重。因此，研究中小投资者法律保护对上市公司权益资本成本的作用，也是包括我国在内的全球资本市场发展过程中的一个实践课题。

尽管探讨中小投资者法律保护与权益资本成本之间的关系十分重要，但是，到目前为止，相关的研究尚为数不多，只是零散地出现在以其他研究主题为中心的相关文献中，没有形成完整适用的理论分析框架、系统严谨的实证研究方法和全面翔实的经验检验证据。

该书主要探讨中小投资者法律保护与权益资本成本之间的关系，研究内容主要包括三个方面：文献综述、理论分析和经验研究。全文共分为八章，各章的具体内容如下。

第一章介绍该书的研究问题、研究内容、论文框架以及研究的贡献与创新等。第二章回顾并评述权益资本成本文献，追溯权益资本成本的研究渊源，指出中小投资者法律保护可能是影响权益资本成本的国家层面的制度因素。第三章阐述中小投资者法律保护对权益资本成本的作用机制，回顾并剖析基于不同学术视角的理论观点，并在此基础上提出一个简单而通用的博弈分析理论模型，说明中小投资者法律保护的立法与实施对权益资本成本产生作用的内在机制。第四章分析我国中小投资者法律保护的制度背景，阐述我国中小投资者保护的立法演变历程，分析我国中小投资者法律保护的具体实施状况，并就立法和实施两个方面对我国大陆、我国香港与其他国家的中小投资者法律保护制度进行国际比较。

第五章检验我国中小投资者保护立法对权益资本成本的影响，利用我国股票市场的时间序列数据，研究立法的逐步完善是否会引起权益资本成本的逐步下降。第六章检验我国中小投资者法律保护的实施对权益资本成本的影响，利用我国股票市场的典型事件和横截面数据，研究法律保护实施的加强是否会造成权益资本成本的降低。第七章检验不同中小投资者法律保护制度对权益资本成本的影响，利用同时在我国内地与香港两地股票市场上市的公司数据，研究包括立法和实施在内的整个中小投资者法律保护制度的差异是否会导致权益资本成本的差异。第八章综合研究结果，得出研究结论，并指出该书研究的不足及未来的研究方向。

该书的主要研究结果如下。第一，我国中小投资者保护立法总体上对上市公司权益资本成本具有降低作用，但是，在我国中小投资者法律保护总体实施状况不佳的情况下，这种降低作用十分有限，随着相关法律法规的出台，权益资本成本仅在立法的第二阶段表现出显著下降的趋势。第二，在我国中小投资者保护立法相对完善的情况下，中小投资者法律保护的有效实施能够降低权益资本成本。第三，在我国内地A股市场上，含H股的A股公司比仅在内地股票市场发行上市的A股公司具有较低的权益资本成本。以上研究结果证实，中小投资者法律保护确实是影响权益资本成本的重要因素，但仅仅立法本身对权益资本成本的作用相对有限，还需要强有力的实施对上市公司内部人员构成可信的威胁，良好的立法与有效的实施相结合的完整意义上的中小投资者法律保护制度才能够真正起到降低权益资本成本的作用。

该书的主要贡献与创新之处表现在如下三个方面：在文献评述上，该书以权益资本成本为主轴，融会贯通财务学和会计学两个相对分割的研究领域所积累的丰富文献，从学术的角度梳理了权益资本成本理论的演变历程、脉络关系和学术渊源，揭示了权益资本成本研究的最新发展方向。在理论分析上，该书从相关文献中归纳总结出基于不同角度提出的涉及中小投资者法律保护对权益资本成本的作用机制的理论观点，并在此基础上，构建了一个简单的博弈模型，为中小投资者法律保护对权益资本成本的作用机制提供了一个较为通用的理论解释，一定程度上弥补了相关理论的欠缺。在实证研究上，该书首次利用一国之内的数据全面系统地检验了中小投资者法律保护与权益资本成本之间的关系，为权益资本成本研究和“法与财务学”文献增添了有意义的经验证据。该书的主要不足之处在于，主要局限于从经验研究的角度探讨中小投资者法律保护与权益资本成本之间的关系，理论分析模型还比较简单，如何进一步将中小投资者法律保护纳入权益资本成本理论，构建新的权益资本成本度量模型，是将来需要努力的方向。

（肖珉）

《中国银行卡产业监管与定价研究》

李朝霞　等著

中国社会科学出版社 2009 年版

298 千字

近几年来，随着联网通用技术的商业银行对零售银行业务重视程度的不断提高等，中国银行卡业务快速增长。目前，我国 ATM 市场规模全球排名第四，仅次于美国、日本、巴西。如果我国 ATM 继续保持这样的增长速度，预计到 2011 年，我国 ATM 市场规模将会突破 20 万台。由于相对陈旧的业务监管制度不能满足银行卡产业的快速发展的需求，近几年来，中国银行卡产业“事件”不断，先是有所谓的“银商之争”；再有银行卡 ATM 跨行查询收费的推出、人大代表提议取消收费、持卡人向法院提起诉讼到最终由银行业协会通知停止收取这项费用；以及从 2006 年 6 月开始，到 2007 年中又再次升温的关于“双币卡”问题的争论。这些事件已经引起了国家发改委、中国人民银行和中国银监会等相关部门的重视，有关监管制度也正在酝酿之中。同时，从国际视角来看，业界瞩目的美国沃尔玛案件在 2003 年达成庭外和解后，国际银行卡产业的争论和反垄断案件并未归于平静。相反，直接或间接地源于该案件的启示，新一轮的反垄断诉讼或公共政策监管仍风起云涌，特别是欧盟地区为建立统一欧元支付区（SEPA）而推出的一系列对银行卡产业的调查报告和监管措施，以及澳大利亚自 2003 年以来的银行卡产业监管改革措施，引起了国际银行卡界的广泛关注和讨论，这也增加了各国银行卡产业公共政策变化的可能性以及该行业价格及赢利变化趋势的不确定性。

在以上背景下，人们不禁要问：中国应该建立什么样的银行卡产业监管制度？国际银行卡产业监管动态中最有影响力的监管举措有哪些？国际上对银行卡产业反垄断和公共政策讨论的焦点问题集中在哪些方面？这些国际经验对中国又有哪些启示？与其他有关国家和地区的银行卡产业相比，中国的产业发展有哪些特点、存在哪些问题、应该如何改进等？

《中国银行卡产业监管与定价研究》一书正是围绕以上主要问题展开研究的。全书的目标是在现有文献基础上，建立一个银行卡产业两大主要问题——监管和定价问题——的研究框架，并在这个框架下，对国际经验和中国现状展开研究；最后，根据现有理论和国际经验，以及中国的产业发展特点，提出中国银行卡产业改革的有关建议。

该书内容分为五篇。第一篇是理论基础篇，共包括五章内容：第一章介绍银行卡产业基本经济特征和主要研究问题；第二、三、四章分别从银行卡交换费理论、最有定价理论和多平台竞争条件下综述银行卡定价理论；第五章试图建立银行卡产业监管政策分析的理论框架。

第二篇重点研究银行卡产业监管的国际经验，该篇共包括三章内容：第六章在分析和梳理国际银行卡产业监管框架和政策演变情况基础上，重点对国际银行卡产业监管政策趋势进行了分析；第七章则着重于最新现状，分析了国际银行卡产业监管动态及其对产业今后发展的影响；相对于前两章注重经济监管的研究，第八章从一些国家的金融监管体制比较的角度，分析总结了这些国家在银行业监管框架下对银行卡产业监管的职能配置。

在从实证角度总结国际上一些国家和地区产业监管经验后，全书转入对银行卡产业监管制度的理论思考，并在此基础上探讨中国银行卡产业监管制度问题，这便是该书第三篇的主要内容。本篇第九章从政府监管的基本概念出发，讨论银行卡产业监管的主要问题和监管目标，并就需要纳入政府监管的重点内容进行分析阐述。第十章讨论银行卡产业监管体制。监管体制是监管制度的核心问题，也是我国银行卡监管改革的关键。为了使讨论更有针对性，本章主要讨论银行卡组织或平台企业的监管。第十一章是本篇的重点，该章在深入分析我国产业发展现状的基础上，重点讨论中国银行卡产业的监管问题，并提出相应的政策建议。

由于就银行卡产业监管政策而言，是否应该或如何对银行卡业务定价机制，甚至定价水平进行监管，是目前国际银行卡产业监管政策争论的焦点问题。该书第四篇研究银行卡产业定价问题。该篇共包括三章内容：第十二章总结梳理国际银行卡业务定价的主要经验，并对总体价格变化趋势进行分析；第十三章和第十四章分别就中国银行卡 POS 和 ATM 业务定价问题进行了研究，并给出了相关的政策建议。

银行卡互联网支付定价问题被单独列为一篇，即该书的第五篇。该篇以为中国银行卡互联网支付提供有益发展建议为目标，共包括两章内容，其中第十五章重点分析银行卡互联网支付的商业模式和产业链；第十六章是银行卡互联网支付定价问题研究。

该书主要有两大特点。一是从问题角度，在一系列相互交错的复杂现实问题中，始终围绕产业监管和产业定价两个主要问题展开讨论；二是对监管和定价的研究，都采用了“建立理论框架→总结主要国际经验→研究中国产业特点和现状→得出我们对中国产业有关改革的建议”的研究路径。

（李朝霞）

《中国多层次资本市场体系与监管研究》

徐洪才　著

经济管理出版社 2009 年版

321 千字

《中国多层次资本市场体系与监管研究》一书，就中国如何建立多层次资本市场体系，展开了具体、深入的理论研究，系统总结了国际国内发展多层次资本市场的经验和教训，深入研究了中国多层次资本市场体系建设中的诸多前沿问题和关键问题，包括主板市场、创业板市场和区域性场外交易市场（OTC）

建设，以及立法、监管和生态环境等，提出了一些富有启发性的可行对策。

全书内容包括引言和七章正文，分成三个部分。第一部分由“引言”和“第一章、第二章”组成，从总体上研究多层次资本市场。引言是提出问题，包括：现状与问题、研究的意义、内容和思路等方面。第一章是“框架与前景：中国多层次资本市场体系”，包括：多层次资本市场体系原则、目标定位、发展特点和趋势，以及加快发展我国资本市场的措施。第二章是“趋势与经验：全球多层次资本市场体系”，包括：资本市场成为世界经济主导、美国多层次资本市场发展、英国多层次资本市场发展、中国台湾多层次资本市场体系、“金砖四国”多层次资本市场和海外多层次资本市场小结等。

第二部分由“第三章、第四章和第五章”组成，分别研究了主板、创业板和区域性 OTC 市场。第三章是“合并与改革：中国主板资本市场研究”。包括：股改后资本市场的特点、完善上市公司治理结构、股指期货交易创新、融资融券业务创新和权证交易业务创新。第四章是“建设与发展：中国创业板资本市场研究”，包括：创业板市场建设轨迹、建立创业板市场的现实意义、发行上市条件、交易制度和创业板推出后的影响等。第五章是“重组与创新：中国区域性资本市场研究”，包括：我国产权交易市场概况、运行分析、基本特征、功能定位和功能创新等。

第三部分由“第六章和第七章”组成，研究了资本市场的法律、监管和生态环境问题。第六章是“多层次资本市场体系法律与监管研究”，包括：《中华人民共和国物权法》的颁布实施、《公司法》的修订与创新、《证券法》修订与创新、《企业破产法》的修订与创新和上市公司法律与监管。第七章是“中国多层次资本市场体系生态环境研究”，包括：资本市场生态环境的内涵和特点、我国金融生态建设中的问题和优化我国金融生态环境的对策。

作者认为，中国多层次资本市场体系应采取“9 + 1 + 1”的模式，具体含义是：所谓“1”，是指上海证券交易所，作为全国主板资本市场；另一个“1”指深圳创业板市场，即全国创业板资本市场；所谓“9”，是指九个区域性柜台交易资本市场。三个层次资本市场通过现代通信技术网络连接起来，构成一个有机整体，并与现有银行间接融资体系形成互补，基本满足我国各层次企业多样化融资需求。

建立我国多层次资本市场体系总的原则是，在国务院统一领导和协调下，在整体设计和系统规划基础上，避免一哄而起，应有领导、有组织、有计划、有步骤和有控制地发展；先在具备基本条件的地区试点，取得经验之后再推广。

第一个层次——上海主板市场：在完成股权分置改革之后，在合并上海、深圳交易所上市公司交易，统一证券市场指数，在保护投资者利益和维护证券市场稳定发展前提下，逐步解决上市公司治理问题，打通银行间债券市场和交易所债券市场运作，开发新的证券交易品种，特别是金融衍生工具（利率期货、期权，股指期货、股票期权等），加快发展。

第二个层次——深圳创业板市场：借鉴纳斯达克和香港创业板市场运作经验，引入竞争性做市商制度，采取“报价驱动型”交易方式，完善证券保荐人制度和上市公司信息披露制度，股票采取全流通形式，坚持“高标准”、“高起点”和“市场化”发展方向，扬弃目前深圳中小企业板市场模式和香港创业板市场的某些做法。

第三个层次——区域性OTC市场：在整合现有区域产权交易市场基础上建立，优先选择本地区优秀中小企业上柜，各OTC交易系统逐步与深圳创业板联网，形成覆盖全国的资本市场网络。交易客体包括：企业股权、无形资产产权、资产经营权或使用权、资产未来收益权、组合资产、公司债、结构金融工具和市政债券等。上柜制度包括：上柜标准、上柜程序、审查机构和收费等，其中上柜标准是核心。企业筛选指标包括：业绩和业务、股本和股东、公司治理和信息披露等。证券上市采取保荐人制度，证券交易采取做市商制度，做市商由合格的基金公司、投资银行、风险投资公司和大型企业组成。

在监管方面，借鉴美国SEC和NASD分工监管经验，依托中国证监会和中国证券业协会地区性监管体系以及我国银行支付结算网络，提高中介机构和上市公司信用等级，促进信用体系建设、金融生态环境优化与资本市场监管同步发展。同时扩大中国证券业协会功能，由中国证监会授权中国证券业协会及其分支机构承担OTC市场上柜公司资格登记和审查，采取多种形式加强对投资者教育。将政府监管与行业自律有机结合起来，逐步建立一个高效率、低成本的资本市场监管体系。

《中国多层次资本市场体系与监管研究》的学术价值和创新之处主要体现在五个方面：一是提出了一个多层次资本市场体系的完整理论框架，为我国建立以资本市场为主导的金融体系奠定了基础。二是对解决中小企业融资“瓶颈”问题提出建议。三是针对建立全国多层次资本市场网络及其合理布局，以及与现有商业银行融资体系形成互补，完成我国多层次企业融资体系整体设计。四是将我国中西部区域性资本市场发展与中西部经济发展战略结合起来，提出了实现资本向该地区合理分流和区域经济均衡发展的思想。五是针对我国多层次资本市场体系，就金融产品、证券交易制度和金融立法与监管等展开研究。

（杨世伟）

产业经济与企业管理

《国有企业公司治理问题研究：目标、治理与绩效》

余菁　黄速建　黄群慧　王钦　时杰　著

经济管理出版社2009年版

262千字

与国有企业有关的问题是实践性非常强的一类问题。人们习惯于从各种不同的角度来审视国有企业的有关问题，得出截然不同的观点。《国有企业公司治理问题研究：目标、治理与绩效》一书的出发点是，认识驱动实践——在丰富的且富有争议的国有企业实践活动背后，隐含的是对一系列根本性问题的不同看法。

该书首先围绕目标、治理与绩效这三个主题，针对相应的三个关键问题，对已有的关于国有企业行为的理论观点进行了综述和梳理，使人们得以对关于国有企业行为的理论丛林有所概观。随后，强调不同的理论解释，适用于对不同类型的国有企业问题的分析。根据企业目标的多重性强弱和稳定性大小的不同，书中对国有企业进行分类，揭示了不同观点在理论解释力上的有限适用性。

在以上理论分析的基础上，书中还探讨目标约束下的国有企业的一般治理原则，剖析国内外国有企业治理转型以及绩效评价的具体实践。

第一个问题是：国有企业应该追求什么样的目标？书中认为，国有企业目标是一个经济目标与非经济目标交织在一起的多重目标集合，其目标具有非一元化和内涵不确定的特性。不同的国有企业，其多重目标集合的具体构成不尽相同，其企业组织形式和行为特性也表现得迥然有异。书中给出了关于国有企业日标问题的四种有代表性的观点：目标同质论、目标异质论、目标权变论和目标趋同论。

第二个问题是：国有企业与私有企业是否存在绩效差异？国有企业的多重目标特性决定了其企业绩效评价问题，远比一般企业绩效评价问题来得复杂。在现实中，有不少人乐于接受国有企业多重目标的认知观，但在涉及国有企业绩效评价的具体操作问题上，他们又倾向于采纳与一般企业绩效评价相接近的思路、方法，从而使由利润这类盈利性指标占主导的类似单一标准的国有企业绩效评价体系大行其道。这一现象，称作“国有企业绩效评价方法与国有企业目标性质的背离趋向”。这是促成社会大众心目中的国有企业低效率印象的一个客观原因。书中给出了关于国有企业绩效问题的三种有代表性的观点：国有企业绩差论、国有企业绩优论、产权中性论。在产权中性论的阵营里，又可以区分出不同的观点派系，比如，私有产权的效率条件论、私有产权的负面作用论和企业绩效的多因素决定论。

第三个问题是：一般公司治理原则是否适用于国有企业？企业治理体制是嵌套在多因素的制度域中的。与一般企业相比，国有企业受政治因素的影响和作用，尤其突出。国有企业治理，表现出与一般公司治理相区别的重要差异，包括目标差异、治理缺失和政治干扰。书中给出了关于国有企业治理问题的三种有代表性的观点：“同一论”，主张理想的国有企业治理体制应该是趋同于公司治理的体制；“反同一论”，主张理想的国有企业治理体制应该是一种特殊的企业治理体制；调和论，主张以务实的态度，有选择地从公司治理体制中汲取有益成分。在实践中，国有企业治理体制的选择，存在着与国有企业多重目标性质相背离，而趋同于一般公司治理的趋向。书中力图强调，国有企业这个命题，并不是天然与公司治理问题捆绑在一起的。国有企业的公司化治理是解决国有企业治理问题的一种途径，它对应的是在国有企业市场化、公司化改革浪潮的大背景下，人们将适用于一般公司治理的原则引入国有企业治理实践而引发的一系列社会经济现象。应该看到，国有企业公司治理有积极意义，但同时，也有潜在的与国有企业目标相背离后的局限性的一面。

国有企业行为的复杂性，为人们提供了就国有企业目标、绩效和治理问题形成各种不同观点的沃土。书中依据“目标—治理—绩效”（简记“OGP”）的框架，分别论述这些观点，再将它们组合为若干种针对国有企业行为的理论解释，并强调了不同的理论解释各自适用有限的研究对象。随后，强调应该根据企业目标属性的不同来对一个国有企业或一个国家的国有企业形态进行分类，再为各种不同类型的国有企业（形态）配给相适宜的关于其企业目标、绩效与治理的理论解释与实践指导原则。

具体到中国国有企业的实践，书中指出，伴随经济体制改革进程的深化，中国国有企业正经历从以国有非公共企业为主的构成形态向以国有公共企业为主的构成形态的转变。伴随国有企业构成形态所发生的根本性转变以及国有公共企业在国有企业构成中比重的不断提高，国有企业治理体制也在发生重要的转变。旧的国有企业治理体制，是与计划经济体制相适应的，主要是立足企业的国有属性的角度来构建的，是一种国有公共企业和国有非公共企业相合一的治理体制。新的国有企业治理体制，是与市场经济体制下相适应的，主要是立足企业经营活动公共性的角度来构建的，是一种国有公共企业和国有非公共企业相分离的企业治理体制。伴随国有企业治理转型的过程，国有公共企业和国有非公共企业的治理体制分别呈现出向不同方向演变的趋势，二类企业治理体制的差异，在企业法律地位、国有企业目标、国有资产管理体制、国有股东权利和企业内部管理体制等五个方面得到集中体现。

从时间顺序上讲，20 世纪 90 年代至今，国有非公共企业的治理体制向一般公司治理体制的趋近，是这十余年间中国国有企业治理转型的重要的阶段性任务；当前，国有公共企业的治理体制，又出现了向特殊企业治理体制回归的新动向，这是新时期里中国国有企业治理转型的又一重要的阶段性任务。伴随国有公共企业和国有非公共企业的进一步分离，在未来的相当长一段时间里，上述两方面的任务，将是并行不悖的。

（余菁）

《信息技术投资与公司绩效》

李治堂　著

社会科学文献出版社 2009 年版

277 千字

《信息技术投资与公司绩效》一书研究了中国企业信息技术投资与公司绩效之间的关系，实证检验了中国企业在信息化过程中是否存在“生产率悖论”问题；以生产理论、权变理论、互补性理论为基础，构建了信息技术投资绩效分析框架。

1946 年，美国制成世界上第一台大型实用电子计算机“埃尼亚克”号，标志着计算机时代的开端。半个世纪以来，随着微电子技术等方面的进步，电子计算机已经经历了五代的发展，第六代的光集成和生物集成计算机研制也取得了明显的进展，信息处理速度突破每秒万亿次，并且向智能化、网络化方向发展。信息技术是计算机、网络、通讯等技术的总称，计算机网络通信技术在信息储存和传输等信息处理能力上达到了历史上从未有过的水平，并且日益显示出加速发展的趋势。人类正逐渐由工业社会、工业时代进入到信息社会和信息时代。信息技术不仅改变人类的生产方式，也改变了人类的生活方式，甚至改变人类思考世界的方式。随着企业大量地投资于信息技术，人们越来越关注信息技术投资的价值，以往的相关文献并没有给出信息技术是否能带来生产率提高和公司绩效提高的明确结论，这引起了人们更多的研究兴趣。早期的研究，主要集中于美国，主要探讨美国的信息技术投资对生产率和公司绩效的影响。我国从 20 世纪 90 年代中期以后，信息化速度不断加快，信息化已经成为中国实现工业化的战略选择。

该书对国外有关信息技术领域中投资绩效的研究进行了详细综述，分析了信息技术对组织的各种影响。在此基础上，以中国二百多家上市公司的财务报告的依据，研究了中国企业的信息技术投资及其绩效。全书对中国上市公司 1999—2004 年信息技术投资和绩效进行了实证分析。该书的主要结论如下：

第一，公司的信息技术投资对主营收入、净利润、人均主营收入、人均净利润等最终绩效指标具有积极的影响。信息技术投资是一种生产性投资，对产出具有积极的贡献，随着信息技术投资规模的扩大，信息技术投资在公司资本构成中的比重增加，信息技术应用水平将不断提高，其对改善公司的运营、提高经营管理效率具有一定的积极作用。

第二，公司的信息技术投资对固定资产周转率、总资产周转率具有积极的影响，对人均营业费用和人均管理费用具有正影响。信息技术投资可以提高企业资产的周转率，但与此同时企业的人均营业费用和管理费用也增加。

第三，中间过程绩效指标和最终绩效指标存在紧密的联系，存在多种影响最终绩效的途径，实现信息技术的投资收益，应更加重视信息技术应用对中间过程绩效的影响上，通过中间过程绩效的改善来实现对最终绩效的影响。

第四，产业类型、企业规模、企业财务状况等权变变量对公司的最终绩效和中间过程绩效具有一定的影响。这些权变变量对信息技术发挥作用存在潜在的影响。

第五，信息技术和人力资本之间存在一定的互补性和交互性，在信息技术投入增加的同时，公司平均的人力资本也增加。作为一种新技术，信息技术的投资和应用需要具有新技能的人力进行配合，信息技术的投资，促进了人力资本的投资。

以往国内关于这方面的研究主要集中于发达国家，特别是对美国公司和产业的研究比较多，而该书则是对中国企业信息技术投资和公司绩效关系的一次研究和探索。同时，该书对已有的研究思路进行综合，构建了比较系统、完整的研究框架，强调了中间过程的重要性，重视权变变量的影响，将中间过程绩效和权变变量的影响纳入到一个系统的研究框架，从而较全面地揭示企业信息化过程中的相互联系和影响。而且，该书基于上市公司公开披露数据，结合了多种分析方法，克服了由于单一研究方法造成的方法选择偏差和局限性，提高了研究结论的有效性。

该书在实证检验的基础上引用了国内外企业信息化投资的典型案例，与理论分析和统计分析结果相互印证，提高了研究结论的说服力，在研究内容和研究方法等方面具有一定的创新，可以作为财务管理专业、管理信息系统专业研究生学习参考书，也可以为企业管理专业教师和研究人员以及企业信息管理人员提供参考。

（王莉莉）

《非国有经济进入垄断产业研究》

剧锦文　著

经济管理出版社 2009 年版

253 千字

经济学早已证明垄断对资源配置效率和对社会福利的不利影响。任何国家或地区经济制度的演进和政策指向都在于打破垄断，促进市场竞争。中国作为正在由计划经济向市场经济转轨的国家，破除垄断，建立和完善市场竞争机制的任务尤为迫切。剧锦文所著、由经济管理出版社出版的《非国有经济进入垄断产业研究》一书正是迎合了当今这一热门课题。全书具有如下三个特点。

第一，选题意义重大

就现实而言，我们经济正面临如下亟须解决的问题：其一，在我国经济持续快速增长的背景下，虽然政府在不断地加大垄断产业的投资力度，但投资的增长仍然无法满足社会对垄断产业需求的增长，国有垄断的投资经营体制难以独撑全局，多数学者一致认为，只有依靠非国有经济的力量才能从根本上促使垄断产业的迅速发展。然而，这就不可避免地引发我国垄断产业的民营化，也会对既有的国有垄断与政府规制格局造成冲击；其二，虽然垄断产业也已引入了市场化、民营化改革，但深度和广度十分有限，甚至只是由原先的一家国有垄断企业经营，变成了几家国有企业垄断经营，政企不分、国有垄断经营的局面并未打破，市场竞争不充分、有效竞争的格局远未形成，垄断产业进一步市场化改革的路在何方？其三，虽然政府一直在强调放松管制，但传统规制的实质没有改变，与市场经济相适应的规制体制如何建立起来？其四，虽然政府和学术界已经意识到了垄断产业普遍的低效率，然而，在国有垄断的框架下我们还未真正找到提高效率的可行途径。事实上，经过这些年的探索以及国外的实践经验，民营化已经被证明是一剂良药。然而，如果是非国有垄断替代了国有垄断，效率果真能够大幅度地提高吗？假如效率真的有所提高，社会福利能够同时得到相应的改善吗？其五，虽然一些西方国家在垄断产业民营化方面取得了成功，但我国与西方市场经济国家的经济制度有着本质区别，适合于我国实际的民营化模式在哪里？其六，虽然一些垄断产业已有一定的非国有经济进入，但民营化引发的利益协调的原则和运行机制究竟怎样？这些问题充分说明垄断产业的改革是错综复杂的，已经成为我国经济改革的一大难题。如果我们的研究有助于对这些问题的认识，并能够提出一些有价值的对策建议，那就是一件很有意义的事。

就理论方面而言，不同时期的西方经济学家们就经济中的垄断问题进行了卓有成效的研究，但是，西方的学说通常是建立在成熟市场经济的前提之下，也正是这一基本前提，使得西方的垄断理论具有了一定的局限性。比如，在经济快速增长和经济转轨的条件下，西方的理论是否可以解释导致垄断的原因？转轨经济中的垄断产业是否具有一致的特征？垄断产业的存在是否具有某种相对意义，其民营化的速度是否是一个可讨论的议题？等等。这些问题的提出和深入讨论，注定会对主流的垄断理论提出挑战，并随着研究的深入肯定会将其推向新的高度。难能可贵的是，该书就上述问题都有程度不同的关注和论述。

第二，分析的系统性和规范性

该书重点研究了在我国正处于经济快速增长与经济转轨的背景下，国有垄断经济与非国有经济之间的关系。全书共分为四大篇十一章，从提出问题、文献梳理、理论和经验论证，再到对策建议，既有抽象的理论分析，也有对实际过程的描述与剖析；既分析了非国有经济进入诸如铁路、航空、电信、石油、银行等垄断产业过程中存在的各种问题，还研究了鼓励非国有经济进入垄断产业的各种对策，整个分析框架和谋篇都考虑到了系统性。从规范性角度看，该书运用了垄断理论、产业组织、经济变迁和经济转轨的理论，并借助数理模型等工具进行分析，使整个分析过程建立在比较规范的经济学语言和分析方法的基础之上，为以后进一步的理论推演奠定了基础。

第三，提出了一些有价值的观点

关于非国有经济进入垄断产业的研究，学术界已经产生了一些研究成果。该书在对相关文献研究的基础上，借助自己独立的分析，提出了一些很有价值的观点：其一，通过比较国有经济与非国有经济的基本性质，得出了在经济增长和经济转轨背景下，国有经济与非国有经济在功能定位、产品提供和产业分布的分工与协作的基本准则；其二，从经济转轨与制度变迁的角度，系统地描述了我国垄断产业在国有经济不断进入中逐步形成的过程，清晰地证明了垄断产业的国有制性质；分析了我国非国有经济从小到大，由弱到强的成长过程，指出了其进入垄断产业的可能性；其三，与前人的研究不同，该书通过建立模型的形式，从总体上讨论了非国有经济进入垄断产业进入的壁垒，并对现有垄断产业的壁垒进行了评估；其四，通过模型讨论了垄断产业是选择国有垄断还是民营化的一些条件，比如指出了在需求弹性比较低、技术进步比较慢、政府监管更有效的垄断产业，国有垄断有其存在的合理性，反之，则应该民营化等；最后，该书还有针对性地探讨了促进非国有经济进入垄断产业的政策，特别是深入研究了非国有企业进入垄断产业的各种机制，如进入辅助机制、退出援助机制风险和分担机制等。上述观点不仅具有一定的操作意义，对进一步的理论研究也是有益的。当然，该书的不足之处在于没有进行必要的实证分析和实证检验，对文献的搜集与研究等方面仍有一定的改善空间。

（杨松武）

《中国国有产权交易的演化与变迁》

王冀宁　黄澜　著

经济管理出版社 2009 年版

279 千字

在中国企业加速融入世界经济的竞争与合作体系之际，企业间产权的交易日趋频繁地发生，且交易的边界已经扩展到全球，外资、民资和国资间的产权交易转让、并购重组行为引发了制度转型和企业治理结构的改良。党的十六届三中全会提出“要建立归属清晰、权责明确、保护严格、流转顺畅的现代产权制度”，国有产权改革已经进入攻坚阶段。随着产权交易体系的不断完善和交易契约设计的更加精细，产权交易已经摆脱了在国家政策和相关监管部门的行政指令控制下的静态刻板模式，凸显出多轮出价谈判、心理较量博弈直至达成交易均衡态势的新格局。

该书主要探讨了从国有产权改革以来，特别是 20 世纪 90 年代开始的产权改革以来，中国国有产权改革的制度变迁，从制度变迁的历程中探索在产权改制中政府部门、行政组织、行业监管部门、原管理层、普通职上、债权方以及外来战略投资者等各利益主体围绕着国有产权的控制权和经营管理权所展开的博弈，并实现暂时性均衡的过程。

（1）利益相关者的角色博弈是国有产权改制的特征和基础。竞争市场使得企业的兴亡盈亏都局限于企业自身。该书研究的国有产权改制，也是基于这样的竞争市场和自负盈亏机制。在这样的机制下，改制所产生的企业权益的再分配就必然主要地局限于企业自身的利益相关者。这种以企业利益相关者为基础的改制，是中国二十多年市场竞争下形成的既定利益格局在逻辑上发展的必然结果。该书从国有产权改制中的各利益相关者的角度切入，围绕作为所有者的政府，作为债权人的银行、企业经营者、一般职工以及外来战略投资者等利益主体展开了比较深入的研究。

（2）在国有产权改制中，政府的角色相当特殊。政府作为国有产权的所有者和监管者的双重身份，使其在改制中往往具有相矛盾的动机及行为。政府作为执政者，要对社会的稳定、发展、就业和社会福利负有最基本的责任和义务。因此，政府在这方面的基本目标是财政或税收收入、经济发展和增长、就业、社会稳定等。这些目标与作为国有企业所有者身份的目标是不同的，甚至是矛盾的。政府采取的能够兼顾两种目标的唯一方式就是寄希望于企业的改制。政府试图通过由企业原有的利益相关者对所有者权益的重新调整和生产要素的重组，激发出潜在企业能量，不致使企业倒闭破产，达到既退出国有产权，又力求保全企业就业或部分就业的目标。

（3）原有管理层是改制博弈中重要利益主体。利润最大化通常是企业家的最基本目标，正是这个目标导致其努力推动改制，他们也是改制的可能受益者之一。他们追求利润最大化的动机也是与市场经济的规则相一致的，是有利于和促进市场经济的发展的。国有企业的经营者是否愿意实行改制，也取决于其目标利益的权衡。追求利润最大化固然是每个企业家的基本目标，然而，对于以效用最大化作为自身利益目标的国企经营者来说，依靠改制来获得效用最大化并不是唯一途径。当企业经营者还有其他机会获得利益的时候，他需要选择一种付出代价小而收益大的机会。经营者的利益目标函数由企业利润、隐性收益和效用、工资奖金以及其自身能力构成。

（4）普通职工也是改制博弈中的核心力量。职工主要权衡改制前后的收益福利状况，如果预期改制后的收益福利和效用低于改制前，则会反对改制。如果前者不低于或大致等于后者，他们会接受改制。如果前者大于后者，他们则会积极地支持和推动改制。

（5）发挥银行等债权人在国有资产改革中的积极作用。银行是否接受改制，一方面取决于企业自身的营利能力或清偿债务能力，另一方面则在很大程度上取决于政府的财政承受能力，服从于政府的需要。通常来说，较多数量的债务核销需要得到中央银行的许可或得到有关的配额指标才行。

（6）外来战略投资者主要关注整个产权改制过程中的公平性问题。在改制博弈中往往处于弱势地位，往往也是博弈规则的接受方。从外来投资者角度看，国有产权改制的核心有两点：其一是从经济效益角度衡量企业的未来盈利能力；其二是改制中职工问题的处理。

（7）均衡态势的达成需要不断进行的制度变迁来推进。该书从制度变迁的角度对改制中各利益主体围绕产权展开的博弈进行分析。制度变迁是对制度非均衡的一种反映，它是一种制度安排从非均衡走向均衡的过程。出现制度非均衡是制度变迁的必要条件，而各个博弈主体能否达成合作，实现制度净收益最优原则是实现制度变迁的充分条件。

（8）博弈模型的演绎和论证对于国有产权改制有一定指导价值。基于对改制过程中各利益主体利益诉求的分析上，形成博弈论上的语言，即各博弈方战略（行为），该书架构了关于国有产权改制的博弈模型，将改制中各个不同利益主体纳入博弈模型中，并展开分析。模型是以企业家的目标函数为其核心的，能否实现最优化取决于预期的股权变量，以及这种激励制度下的人力资本投入所产生的预期收益。在模型中将政府目标函数、职工目标函数以及债权方银行的目标函数作为约束条件纳入博弈模型中。

（9）国有产权改制的既往案例对于未来发展具有实际运作的参考价值。在理论分析的基础上，该书研究了中国国有产权改制中的几个典型案例。以产权改制中各利益主体不同的角色定位围绕产权和控制权展开博弈为研究理论基础对案例进行深度解读。

另外，该书指出了在国有资产改革的过程中出现的几种值得警惕和防范的改制重组现象：“蛇吞象”式的重组，其行为和动机直得高度预防和及时监管；“拉郎配”式的重组，往往会带来“引狼入室”的后果；‘合并报表”式的重组，往往会带来表面繁荣；“非相关产业”式的重组，往往不能增强被重组企业的竞争力；“虚增盈利”式的国有资产管理改革，也需要高度提防等。同时，该书提出了一种面向管理层的企业定向购股权的激励框架模型，以解决高管层在产权改制后的激励问题。

（申桂萍）

《民营企业引入职业经理：影响因素与治理机制》

张建琦　等著

经济科学出版社 2009 年版

210 千字

美国企业史学家钱德勒指出，经理阶层的崛起是西方企业近代以来持续发展的主要动力，而随之产生的“经理革命”则是古典制企业形态向现代企业形态转变的重要标志。没有企业经理人的职业化，就没有现代工商企业管理的制度化和专业化。虽然我国民营企业产生的条件与发展路径与西方有所不同，但它们都具有追求利润和效率的共性，企业管理职业化同样是民营企业真正成长为“现代企业”的充分必要条件。然而，经理人这种最重要的人力资本依然是我国民营企业成长的瓶颈。由于制度等方面的缺陷，民营企业不仅引入职业经理障碍重重，同时职业经理流失状况亦相当严重。

该书从职业资本演变的过程出发说明了组织因素对职业经理进入和退出行为的影响，提出了经理人谋求职业发展和交易权益的职业资本概念，分析了职业经理进入交易与一般商品交易不同的特性，论证了薪酬、权威和信任关系状况是经理人职业资本价值在企业的主要表现形式，在理论上说明了企业组织因素对于职业经理进入的影响。

进而运用实证方法验证了各种主要组织和制度因素对引入职业经理的影响。发现了职业发展的机会与空间，工资福利水平，雇主对职业经理的诚信，组织公平性，企业的规模与形象等因素对职业经理的进入具有显著影响，说明了各因素对于职业经理进入行为的作用机理，证明了企业规模并非是制约民营企业引进职业经理的根本障碍，相关制度的完善才是吸引高素质管理人才的关键。

在企业的信任关系中，经理人对于雇主的信任是吸引和留住管理人才重要因素之一。与以往的研究不同，该书论证了对于吸引和留住职业经理不完全取决于雇主对前者的信任，更为重要的是经理人对雇主的信任，即所谓职业经理信任。分析和检验了雇主诚信、组织公平、匹配状况、职业发展管理和薪酬管理等组织因素与职业经理信任的关系，以及后者对企业吸引力的影响，说明了组织因素对于职业经理进入行为影响的作用过程与机制。提出了应重视建立和巩固职业经理信任，民营企业的信任关系应从雇主个人情感和关系型信任逐步向制度和程序型信任转变。

组织和雇主个人行为与特征是建立职业经理信任基础。在该书说明了职业经理对雇主诚信的认知来源。解释了雇主个人特征、组织特征、雇主和经理人互动行为、雇主个人行为和组织行为等五类因素对雇主诚信的影响和作用机理，并验证和解释了上述因素对职业经理信任的影响，对西方在规范的企业制度假设下有关职业经理进入影响因素的结论做出了补充和修正。

职业经理进入民营企业需要经历一定的时间和心理过程。该书从信息传导的视角描述和划分了职业经理进入民营企业的三个阶段，在此基础上构建了在我国现实条件下民营企业的职业经理进入模式，论证了民营企业引入职业经理影响因素的内在结构，推进了有关企业员工进入过程模式的研究。

职业经理引入和退出影响因素是相互关联的。该书在分析职业经理的职业目标、成就动机、承诺倾向、承诺对象以及工作参与度等个人特征的基础上，构建并验证了职业经理从相关因素感知、工作态度变化、工作搜寻意愿产生到最终离职的退出过程模型，进一步厘清以往不同过程模型提出的不同退出路径、退出阶段之间的关系。在此基础上，针对退出过程的不同阶段和路径提出了职业经理流失的事前防范和事后治理措施。从招聘、雇用合约、培训、工作设计等多个方面提出了留住职业经理的思路，从退出治理角度完善现有人力资源管理理论。

在社会学、社会心理学等学科相关研究成果的基础上，该书还应用逆向选择模型和动态匹配模型提出我国民营企业管理资源不足和民营企业引入职业经理存在障碍的经济学解释。由此进一步揭示了民营企业家族化问题的本质，进一步厘清中国家族企业与西方家族企业的区别，深化了对于我国家族企业的理解。

围绕民营企业吸引力问题，从职业经理进入和退出两方面研究了相应的意愿和行为的影响因素、影响因素对意愿和行为的作用机理，以及意愿的形成过程。该书从民营企业家、职业经理、个人与组织特征等方面对引入和留住职业经理问题做出了经验和理论解释。从而深化和补充了关于职业经理管理和企业吸引力等方面的研究，同时也为民营企业提高自身吸引力，通过吸引和留住优秀的职业经理以实现企业管理的专业化和职业化，进而增强其竞争能力提出了具有应用价值的政策建议。

（张建琦）

《海外华人跨国公司成长新阶段》

康荣平　银斌　磊石　著
经济管理出版社2009年版
196千字

华人跨国公司指由华人通过股权或管理实现控制的企业，其生产经营活动已超越本国范围，并且在国外拥有和控制两个（或以上）生产性机构或研究设计机构。20世纪初欧美企业进入第一波跨国公司浪潮，华人跨国公司也进入了萌芽期。经过第二次世界大战后到20世纪70年代的缓慢生长期，20世纪80年代的高速发展期，21世纪华人跨国企业进入了新的成长阶段。

《海外华人跨国公司成长新阶段》以丰富的华人跨国公司案例为研究样本，论述新时代背景下华人跨国公司的变化与特点，新阶段下华人跨国公司的发展主题，并结合当代中国经济发展情况，对中国企业跨国经营、全球化提出建议。

该书收录了丰富的企业样本，附录“海外华人跨国公司2008榜”收录了152家华人跨国公司企业的基本情况。在第四章中，作者根据现阶段华人跨国公司发展的特点，从以上样本中选择了5家具代表性的企业，以案例的形式全面介绍了公司的发展与现状。它们分别是全球防毒软件和安全防护冠军企业——趋势科技，这是一家利基型、研发型、天生型等多重属性的无母国型跨国公司；全球最大的快餐业华人跨国公司——快乐蜂，在菲律宾打败麦当劳，在全球市场追求“好吃”的传统食品业企业；新生代企业家的创业企业——金鹰国际，虽为企业家后代，但坚持白手创业，开创了新一代的企业集团；

贸易先导型跨国公司的典型——德国飞马集团，从贸易到制造，从项目运作到平台建设，商业模式在不断更新；自主创新的典型企业——日本软脑公司，从科学计算到营销管理，从日中市场走向全球市场。

以这152家公司为研究对象，全书总结了海外华人跨国公司成长新阶段的变化与特点。

从地域分布的变化与特点上看，21世纪华人跨国公司首次遍布全球五大洲，新加坡的数量（152家中占53家）远远大于其他国家，发达国家的增长明显高于发展中国家。从成长方式的变化与特点上看，利基成长型跨国公司成批涌现，多元化公司比重下降，欧美发达国家出现贸易先到型跨国公司，美国、日本出现“天生型”国际企业，美国、日本软件行业出现研发型跨国公司，家族企业比重下降。从行业分布的变化与特点上看，总体趋势是技术含量增加，IT业成为主导行业，食品业仍居领先地位，新出现一批制造业跨国公司。最后，值得一提的是，出现了一批与先行者同步的“无母国型跨国公司”。

根据统计与比较结果，该书提炼、归纳、总结了现阶段华人跨国公司的五大主题。首先是利基型跨国公司。所谓利基型跨国公司，指专注于某个狭窄业务，在全球范围内某个细分市场中经营，并占据着有利市场地位的跨国公司。其次是贸易先导型跨国公司。这类跨国公司海外直接投资的生产经营业务与其从事的贸易或零售业务，通常在产品种类和经营地域两个方面具有较大的相关性，即海外直接投资生产的产品种类与其贸易或零售业务所经营的产品种类相同或相近，海外直接投资的地域往往是其经营产品的生产地或出口地。再次是研发型跨国公司，以软件产品研发为主。这类企业专门从事研究与开发、产品设计活动的企业，它的主业不是产品硬件的生产和制造。接着是天生型跨国公司，这类企业从创办初期到跨国经营，再到成为一家跨国公司的过程很短，只有两三年的时间，该书中将其称为天生型跨国企业。最后，新阶段中出现了华人“新生代”企业家。他们主要是华人家族跨国企业接班人的第二、三代或家族其他成员；因祖辈移民、在外国出生、白手创业的华人企业家；20世纪60年代后，中国大陆、香港、台湾的留洋学生，后侨居西方发达国家、有专业领域技术和经验、成功创业并领导其发展成为跨国企业的技术型华人企业家；或20世纪60年代以来，从中国大陆及台港澳移民海外、在非技术领域打拼成功并领导其发展成为跨国企业的新移民企业家。

20世纪80年代末90年代初，以中信、首钢为代表的大型国有企业掀起了中国企业跨国并购的第一波浪潮。此后，跨国公司在数量上和规模上明显增长。2004年以TCL、联想为代表的大型民营企业，掀起了中国企业跨国并购的第二波浪潮。此后，越来越多的中国企业以跨国并购的方式成长为跨国公司。

作为跨国公司的先行者，海外华人跨国公司历史长、全球化的经验丰富，且与中国经济有密切的关联度。因此，该书最后通过三个层面分析和探讨“海外华人跨国公司与中国经济发展”之间的相互关系问题。第一是经济层面，中国经济发展成为海外华人跨国公司迅速发展的重要因素；第二是行业层面，海外华人跨国公司在若干行业中有力地促进和推进了中国产业的发展；第三是企业层面，海外华人创新网络及华人企业和华人资源是中国企业成长（尤其是“走出去”）独一无二的可利用资源和竞争优势的来源。

（康荣平）

《外商直接投资与中国经济增长》

孙雅娜　著

经济管理出版社2009年版

310千字

发展中国家在经济发展过程中往往会经历储蓄约束、外汇约束和技术约束，FDI的存在为弥补这些缺口提供了可能。但是，FDI出于其自身技术保密和利润最大化的目的，并不会向发展中国家主动提供最先进的技术，这就与发展中国家以市场换技术的初衷相背离。一般来讲，外商在东道国的直接投资在客观上存在着技术外溢（Technology Spillover）效应，这就为发展中国家通过吸引FDI提高技术水平提供了机遇。技术外溢，正是发展中东道国在不缺少资本的情况下吸引FDI的主要原因。新增长理论认为，技术、知识和人力资本具有溢出效应，并且这种溢出效应的存在是经济实现持续增长的条件。外商在发展中东道国的投资，其先进的技术就会通过产业间的联系、示范和竞争、人员流动等途径向东道国企业溢出，从而促进东道国的技术进步，促进经济增长。

伴随着国际经济格局的新变化，国际直接投资已成为当今促进世界经济发展的最重要、最活跃的因素。作为最大的发展中国家，改革开放以来，我国引进外资取得了举世瞩目的成就，已连续多年成为吸引外资最多的发展中国家。外商之所以选择到中国进行投资，是与中国拥有的区位优势密切相关的。

外商对华直接投资可以划分为起步、稳步发展、高速发展和调整与提高四个阶段。我国利用FDI的方式有合资经营、合作经营、外商独资、外商投资股份制、合作开发等方式。总体来看，FDI方式由合资经营为主向外商独资经营为主转变。从投资来源看，港澳台地区仍是我国投资的主要来源，来自自由港和欧美等发达国家的投资比重有所增加；外商主要投资于我国的第二产业尤其是制造业，第一产业吸收的外资比重偏低；就实际利用的FDI而言，20世纪80年代，将近90%的FDI都被东部沿海地区所吸纳，近年来，这一比重虽略有下降，但总的趋势没有明显改变。

外商对华直接投资的技术战略，与其进入中国市场一样，采取的是循序渐进、逐步推进的谨慎策略。外商对华直接投资所产生的技术外溢效应，表现在外资企业和内资企业的联系效应、外资企业对内资企业所产生的示范和竞争效应、外资企业的人力资源开发与流动效应三个方面。在近10年的时间里，外商投资企业的技术水平都高于内资企业的技术水平。为计量检验技术外溢效应在我国是否显著，该书选取了1996—2007年面板数据进行回归分析，结果表明FDI在我国存在着比较明显的技术外溢效应。对技术外溢的传导机制进行实证分析的结果表明，外资企业和内资企业间的前向联系和人员流动所产生的技术外溢效应并不显著，外资企业对内资企业所产生的竞争和示范、内资企业和外资企业间的后向联系是我国技术外溢的主要传导途径。

依据产品品种增加模型，构建了分析FDI技术外溢效应对我国经济增长贡献的计量模型，估计结果表明，FDI的技术外溢效应对我国的经济增长具有较为显著的正向推动作用，并且FDI的确是与人力资本相结合来共同推动经济增长。在我国目前情况下，技术外溢所需要的人力资本层次已经发生了变化，由原来需要具有中等教育程度的人力资本向具有高等教育程度的人力资本转变。这也反映了我国吸引FDI的客观情况，即由劳动密集型的加工贸易行业向技术比较先进的制造业转变。对 FDI 与 GDP 进行协整分析表明，LnFDI 与 LnGDP 之间存在着协整关系。并且协整方程表明，LnFDI 每增长 1%，LnGDP 将增长 15%。对 FDI 和 GDP 进行因果关系检验结果表明，在 1% 的显著性水平下，ΔLnFDI 和 ΔLnGDP 互为因果关系，即我国 GDP 的增长吸引了 FDI，吸引来的 FDI 是我国 GDP 增长的原因。

面对 21 世纪，能否充分利用国外资源和国际市场，是关系到中国今后发展全局和前景的重大战略问题。因此，在积极引进外资的同时，我国企业应该实施“走出去”战略，主动参与国际经济竞争和合作，从而不断增强我国经济发展的后劲。

该书的创新点主要包括：第一，从新的角度即技术外溢的角度来论证 FDI 对中国经济增长的促进作用，并且提出技术外溢是我国在“双顺差”存在的情况下，继续吸引 FDI 的主要原因。这无疑丰富和发展了“四缺口”理论和新增长理论。第二，在研究内容上，计量检验 FDI 在我国的技术外溢效应是否显著，并且对技术外溢的传导机制进行了实证分析。在新增长理论模型基础上改进并建立一个包含 FDI 技术外溢效应的中国内生经济增长模型，对中国的横截面数据（2007）、时间序列数据（1983—2007）和面板数据（1993—2007）都进行了较为全面系统的计量分析，验证 FDI 与中国 GDP 之间是否存在正相关关系和 FDI 通过技术外溢促进经济增长的假说。第三，采用比较先进的分析方法，如协整理论和格兰杰因果关系检验法，验证 FDI 与中国经济增长之间是否存在长期稳定关系和因果关系。

（孙雅娜）

《大部制下中国电力管制机构研究》

朱晓艳　著

经济管理出版社 2009 年版

163 千字

我国从 2008 年初开始第 6 次政府机构改革，即对行政部门进行科学地合并或重组，推行职能有机统一的大部门体制。大部制反映现代政府设立行政部门的规律，有利于减少政府对微观经济领域的干预，提高行政效能。

从国际能源技术发展来看，能源各产业呈现出汇流的趋势，不仅是电力和天然气的汇流，还包括电力、石油、天然气、煤炭等传统能源与风能、太阳能等新能源的汇流，这些能源形式在技术上存在相互替代的关系。基于一国能源对于经济发展的基础性地位，很多国家都实行能源产业的大部门管理体制，以保证国家经济安全，促进各种能源形式的协调发展。中国很早就提出“大能源”战略，当前已经成立了能源局和能源委员会两个机构，为能源产业大部制改革准备条件，能源产业大部制是必然发展趋势。

属于大能源产业的电力产业是最为重要的基础设施产业之一，电力产业也是中国最早实行放松进入管制，鼓励多种所有制企业进入发电领域，实行政企分离的垄断性产业。以国家电力监管委员会的设立为标志，电力产业最早探索政府行政部门与管制机构职能分离（即“政监分离”）。从政府管制实践看，中国电力产业还是一个管制职能分散、管制职责不清等问题较为突出的典型产业。因此，电力产业管制机构改革对其他产业具有重要示范意义，也是能源产业向大部制过渡的要求，研究这一问题很有现实意义。

在现代管制体制下，政府从微观管理领域脱身，在有序推进产业市场化的同时，由传统的政府部门负责制定宏观经济政策，由相对独立的管制机构根据法律和规则，依据国家宏观政策对市场主体的市场行为履行管制的职责。专业管制机构的出现，是政府和市场边界调整的一种表现，也是政府行政领域内部权力的调整。建立在“政治—行政”两分法以及“三权分离”宪政体制背景下的西方国家，这种制度特点和优势很明显。伴随着“解除管制”、“管制重组”等政策，国家公权力也在收缩，大量由政府管制的领域回归市场；它们传统上的核心政府由行政部门所组成，实行部长负责制，其活动最终对国会或者总统负责。在“分散化公共治理”模式下，传统的政府部门内部或者外部，带有相对独立性的执行机构或独立管制机构独立履行法律赋予的职责，不受政府部门首长或者其他政治势力的影响。这种变革，被视为是发达国家政府机构改革中最为重要的变化。中国经济体制改革的过程，就是一个政府和市场边界逐渐清晰的过程，也是政府权力主体多元化的过程。从 20 世纪末开始陆续建立证监会、保监会、银监会、电监会等专业管制机构，是中国公共治理模式改革的重要尝试。

管制机构设置及其运行机制设计是一个世界性的研究课题，但是中外管制制度和发展的历史起点不同，必然导致所遇到的问题存在差异，解决途径也不相同。在西方国家，管制机构在政府体系中的定位基本确定，所需要的是探讨如何创新管制方式，提高管制绩效问题，这也是管制机构制度的核心问题。但是对于中国来说，可能最重要的还是要解决管制机构的前提性问题：为什么需要管制机构履行传统行政机构的部分职能？管制机构和传统行政部门相比有何制度上的优势？管制机构究竟应该行使哪些职能？管制机构应拥有何种程度的独立性？为了确保独立性，管制权力如何配置？需要建立什么样的约束机制？管制机构的运行机制怎样？

《大部制下电力管制机构研究》一书将合约理论、公共治理理论应用到管制机构问题研究之中，深化了对电力管制机构改革的认识，并为分析和解决其中出现的各种问题提供新的理论平台。从公共治理的视角出发，以“电力管制机构改革”为主题，借鉴美国、英国、日本三国的电力管制机构模式经验，研究在大部制改革背景下，中国电力管制机构改革的必要性和可行性、中国电力管制机构制度存在的问题及其体制原因、电力管制机构的发展趋势、电力管制机构改革的制度基础等重大实践问题。全书分七章进行论述，重点讨论电力产业管制机构发展趋势中的两大问题：电力产业宏观调控、微观管制、微观管理三项政府职能的配置；电力管制机构监督问题。这正是中国电力管制机构改革中亟待解决的实践难题。

该书提出的主要观点如下：

（1）建立独立管制机构制度是能源产业大部制改革的要求。

（2）我国已经具备独立管制制度的条件。

（3）我国电力产业管制不力有深层次的体制原因。

（4）我国电力产业外部制度环境不完善影响电力产业管制改革的成效。

（5）电监会改革是电力产业管制改革的重要内容。

（6）电监会改革是促进电力产业其他方面改革的重要机制。

（7）明确的法律地位、集中的管制职权、规范的行政程序和健全的监督机制是电监会改革的主要内容。

（8）外部制度环境和市场条件是管制机构改革的重要影响因素。

（9）内部制衡和外部监督机制都有利于促进电力产业管制机构独立性。

（10）完善相关法律规范是电监会改革的前提和保障。

该书的创新点在于：

（1）该书提出，电力产业管制权力主体应该以电监会为主，发改委主要行使推进产业电力管制改革职能，国资委行使国有资产所有者职责，它们分别是政府管制、政府调控和国有资产管理职能主体。新建立的能源部以行业管理职能为主；反垄断机构则负责电力市场主体的反垄断行为管制。

（2）该书构建了电力管制机构全面监督体系，包括事前、事中和事后监督。

从中国实践来看，研究电力产业管制机构改革问题具有迫切性，还有很多值得深入探讨的方面。我认为，该书具有一定的学术水平和应用价值，该书出版将丰富这一问题的研究内容，对推进电力产业管制改革也会起到积极的作用。当然，该书提出的一些理论观点还需要实践检验，并且不断加以完善。

（史忠良）

《中国工业化进程与安全生产》

黄群慧　郭朝先　刘湘丽　著

中国财政经济出版社 2009 年版

285 千字

《中国工业化进程与安全生产》把我国的安全生产问题置于我国快速工业化进程的背景下，研究了工业化进程与安全生产的对应关系，揭示相应的理论逻辑，分析了中国工业化的进程及其对我国安全生产状况产生的影响，并进一步研究我国现有的工业化阶段下产业结构、市场结构、监管体制、安全投入、企业管理、文化建设、法律法规等关键影响因素与安全生产的关系，在此基础上，提出了相应的对策建议。

工业化进程与安全生产事故概率究竟存在何种关系，这是该书首先需要回答的问题。从国际比较的角度看，工业化阶段与安全生产的对应关系可大致表述为：从前工业化阶段、工业化初期阶段、工业化中期阶段、工业化后期阶段到后工业化阶段，伴随着从农业经济在国民经济占据主体地位，到工业经济在国民经济占据主体地位，再到服务业经济在国民经济占据主体地位，安全生产事故经历了从低到高再到低的“抛物线”的演进过程。这意味着在工业化中期阶段前，随着工业化水平的不断提高，安全生产情况不断恶化，在中期阶段出现“拐点”，在中期阶段以后，伴随着工业化水平的提高，安全生产情况不断改善，到后工业化阶段，安全生产事故率很低。当然，这种“抛物线”对应关系仅仅是一般的规律，不是绝对的。由于安全生产状况并不是由工业化水平所唯一决定，它往往还和一个国家的法律制度、伦理文化、历史传统等有一定的关系，因此，处于相同发展阶段的国家，安全生产状况差别往往也很大。

为什么工业化阶段与安全生产状况存在某种“抛物线”式的对应关系呢？从工业化理论和伤亡事故动力学理论综合分析，可以给出相应的理论逻辑解释。第一，工业化理论认为，一个国家或者地区从农业部门主导向工业部门主导、进一步向服务业部门主导的经济结构转变是经济现代化推进的必然过程，这意味着一个国家或者地区的现代化进程存在一个工业生产的总工作时间量由少向多，再由多向少的一个转变过程。第二，工业化理论表明，工业化过程不仅是一个国家从农业部门向非农业部门转变的过程，而且也是工业部门内部结构的变化过程，工业结构是沿着重工业化、高加工度化和技术集约化的高级化趋势，伴随着纺织工业、基础工业、重化工业、耐用消费品、以信息工业为代表的高新技术工业等主导产业的依次更替而发展演进的。这意味着从事高风险工业行业的生产的总作业时间也经历了一个从少到多，再从多向少转变的过程。第三，伤亡事故动力学理论表明，安全生产事故发生概率与从事工业生产的总作业时间成正向相关性，尤其是与从事高风险行业的工业生产总作业时间成正相关性。

我国进入工业化中期以后，意味着中国的国情发生了重大变化，已经从一个农业经济大国，转变为工业经济大国。但是，我国还不是工业强国，我们还需要继续推进工业化进程，把我国从一个工业大国转变为工业强国。但是快速的工业化进程给安全生产带来了巨大压力，具体体现在三个方面：第一，在工业化中期的快速工业化进程中，我国第二产业还将保持快速发展势头，这势必给安全生产工作带来巨大的压力。第二，在工业化中期的快速工业化进程中，第二产业中重化工将保持快速发展势头，高危产业比重稳定在一个较高的水平上，这不利于我国总体安全生产形势的明显好转。第三，在工业化中期的快速工业化进程中，我国能源结构决定对煤炭业过度依赖，在相当长时期内煤矿的安全生产仍将面临巨大的压力。

为此，我们必须双管齐下，一方面要积极探索新型工业化道路，努力转变经济发展方式，快速推进产业结构、工业结构和能源结构的优化升级，加快第三产业的发展、提高工业现代化水平，从产业结构演进角度化解工业化进程给安全生产带来的巨大压力，努力缩短安全事故易发期；另一方面，积极借鉴发达国家在安全生产管理上的成功经验、避免发达国家在工业化过程出现的问题，结合我国国情系统研究解决安全生产问题，努力建立安全生产长效机制。这要求我们引进国外先进的安全生产技术和标准，理顺我国安全生产监管体制，坚信“所有安全生产事故都可避免”的基本信念，避免先行工业化国家在安全生产方面的错误，走出一条虽处于“事故易发期”，但“事故不高发”的新型工业化道路。

基于系统工程理论和现代化国家的发展经验，与工业化进程相匹配，一个国家安全生产的长效机制的形成大致可以划分为四个阶段：内容设计阶段、要素构建阶段、整合运行阶段和反馈完善阶段。从这四个阶段与工业化进程及安全生产事故数量的关系看，第一阶段属于安全生产事故高发阶段，安全生产事故数量呈不断上升趋势，该阶段整个国家处于工业化初期阶段；第二阶段属于安全生产事故持续高发阶段，安全生产事故数量很大，安全生产形势十分严峻，但安全生产事故数量不断上升势头开始改变，该阶段属于工业化中期阶段；到了第三个阶段，随着安全生产长效机制形成并逐步发挥作用，安全生产事故数量开始不断下降，该阶段属于工业化中后期阶段；在经过第四阶段安全生产长效机制不断完善后，安全生产事故数量将维持在一个很低水平，此时已经实现了工业化。现在世界上实现了工业化的发达国家，基本上走过这四个阶段。但目前我国安全生产长效机制的建设还处于要素构建的第二阶段，需要在安全文化、安全法制、安全责任、安全科技和安全投入上逐步到位，通过这“五要素”的构建，基本形成我国安全生产长效机制框架，促进安全生产工作进入新的阶段。

（郭朝先）

《西部地区提高自主创新能力和发展优势产业研究》

陈永忠　王磊　胡晶晶　著

人民出版社 2009 年版

450 千字

该书从四个方面考察如何在自主创新领域贯彻落实科学发展观：一是自主创新推动转变发展方式。自主创新要以推进科学发展为动力，以落实科学发展为核心，以实现科学发展为目标，目前我国正处于发展方式的转型期，创新推动发展，主要表现为发展方式的转变，即从粗放型发展方式向集约型发展方式转变。二是在自主创新中坚持以人为本。必须充分认识人在自主创新中的主导地位和人才在自主创新中的关键作用，实施人才强国战略。三是在自主创新中坚持统筹协调。要正确认识和妥善处理自主创新中的重大关系，提高自主创新能力和发展优势产业互动的理论模式。四是坚持可持续发展，追求可持续的自主创新。该成果首次对可续的自主创新作了理论概括，认为可持续的自主创新是赶世界先进技术、不停顿的和不断深化的创新，是最高要求、最高境界的创新，是实现可持续发展所要求的创新。

全书将西部地区的优势产业概括为优势能源，矿产资源及其加工产业，特色农牧业及农牧产品加工业，装备制造及优势军工产业、电子信息、生物医药、航空航天等优势高新技术产业，特色旅游产业等五大优势产业。并首次对五大优势产业作定量统计和分析。东西部优势产业比较，存在以下五个方面的差距：一是东部优势产业以制造业、高新技术产业和服务业为主，西部以资源类产业为主；二是东部优势产业附加值高，西部优势产业附加值低；三是东部优势产业多为科技含量高、技术水平高、消耗低、污染少的产业，西部优势产业科技含量和技术水平较低，而且包含有高耗能、高污染的产业；四是东部优势产业多为技术和资金密集型产业，西部多为劳动密集型产业；五是西部优势产业国有企业居多，而东部优势产业民营企业居多，体制和机制比西部更具活力。

西部地区提高自主创新能力和发展优势产业的有利条件表现在五个方面：一是经济全球化深入发展和国际国内产业结构调整及梯度转移趋势带来的机遇；二是国际国内科技进步及经济发展现状，为西部地区转变发展模式提供了有利条件；三是西部地区丰富的要素资源禀赋，为其全面提高自主创新能力、发展特色优势产业奠定了坚实的基础；四是西部大开发战略的深入实施，为西部地区提高自主创新能力、发展特色优势产业提供了重要保障；五是西部各省（区、市）加快发展，改变落后局面的迫切愿望和努力。

该成果在总结西部地区提高自主创新能力和发展优势产业的基本经验和分析面临的主要问题的基础上，提出西部地区提高自主创新能力和发展优势产业的战略目标和对策思路。

西部地区提高自主创新能力的战略目标可以概括为“三快速、四形成”，即快速发展高新技术产业，快速提升企业研发能力，快速引进和培养技术创新人才；形成以企业为主体的多方联动的技术创新体系，形成产学研相结合的技术创新联盟，形成良好的自主创新环境，形成自主创新公共服务平台和服务体系。

西部地区发展优势产业的战略目标，可以概括为“一确保、四提升”，即确保优势产业又好又快发展，提升优势产业自主创新能力，提升优势产业国际竞争力，提升优势产业辐射带动作用，提升优势产业可持续发展能力。

西部地区从企业和产业层面上研究提高自主创新能力的对策，包括以下几个方面：一是抓大放小，培育创新型企业；二是加强以企业为主体的技术创新体系建设；三是大力引进和培养技术创新人才；四是攻克核心技术，抓好共性技术。

从区域和环境层面上研究对策，包括以下几个方面：一是加大自主创新投入，包括加大技术研发投入，科技成果转化投入和技术改造及科技成果产业化投入；二是增强自主创新激励机制，包括政策激励、股权激励和建立有利于激励自主创新的奖励制度；三是推进以企业为主体的产学研结合。产学研结合要以企业为主体、改革为动力、市场为导向，建立产学研合作机制，建立产学研结合的创新示范基地；四是抓好自主创新平台建设；五是营造尊重和保护知识产权的法制环境；六是发展风险投资。设立风险投资引导基金，拓宽风险投资退出渠道。

西部地区发展优势产业的对策可以概括为“四个做强做大、三个大力发展、一个营造、一个抓好”，即：做强做大优势产业十大工业基地（四川攀枝花钢铁工业基地，四川德阳重大装备制造基地，陕西关中“一线两点”装备制造基地，重庆军汽车、摩托车和军工产业基地，内蒙古煤炭及煤化工产业基地，内蒙古奶制品及羊绒加工基地，云南玉溪烟草产业基地，宁夏枸杞及枸杞加工基地，广西糖业基地，新疆石油、天然气基地）、做强做大五大工业园区（成都高新区、成都经济技术开发区、重庆高新区、西安高新区、绵阳高新区）、做强做大做长做精四大优势产业链（资源类优势产业链，优势农牧产品加工类产业链，装备制造及军工类产业链，电子信息、新材料、生物制药、航空航天等优势高新技术产业链）、做强做大八大企业集团（四川长虹、五粮液、攀钢、东方电气、长安汽车、贵州茅台、伊利、包钢）；大力发展民营经济，大力发展资源加工类产业，大力发展西部特色旅游产业；营造良好的投资环境，好节能、减排、降耗，实现可持续发展。

（陈永忠）

《产业组织的垂直分解与网络化》

李晓华　著

经济管理出版社 2009 年版

304 千字

世界著名企业史学家小艾尔弗雷德·D.钱德勒在对美国企业史的研究中发现，19 世纪末 20 世纪初，垂直一体化的大型企业在美国食品加工业、烟草业、冶炼业、石油工业、机器制造业、运输设备工业等产业的兴起推动美国成为世界上最具竞争力的经济体。在此后的几十年间，垂直一体化成为企业发展的主要方向之一，企业的垂直一体化程度也一直保持在很高的水平。然而自 20 世纪末期以来，随着运输和通信成本大幅度下降，规模经济的作用降低，消费者的口味持续多元化，垂直一体化的企业显得越来越难以适应快速的市场变化和日趋激烈的市场竞争，发达国家的产业组织呈现出垂直分解的发展趋势，并且企业间纯粹的市场关系为网络型的组织所替代。对垂直分解和网络这一产业组织的新范式进行系统的研究构成《产业组织的垂直分解与网络化》一书的主要目的。

该书认为，产业组织形态既是科技、经济和社会发展的结果，同时又会影响到企业和产业竞争力的提升以及经济的发展。从历史上看，工业革命以来产业组织形态从手工工场到现代工厂再到垂直一体化的现代公司的每一次变革都极大地推动了产业竞争力的提升和国家经济的发展，反之，那些产业组织变革滞后的国家和企业则陷入衰落的命运。产业组织新一轮的垂直分解和网络化趋势不但改变着发达国家内部的资源配置状况和竞争格局，而且借着全球化浪潮将发展中国家纳入他们垂直分解的生产网络之中。因此，对产业组织的垂直分解和网络化趋势的研究不但关系到我国内部分工程度的深化和资源配置效率的提高，而且关系到我国在国际分工体系中地位的升级，具有很强的现实意义。

该书首先考察了自19世纪后半叶出现的垂直一体化现象以及垂直一体化的国际化发展，接着以大量实证数据为基础，提出20世纪80年代以来产业组织形态出现从垂直一体化向垂直分解发展的趋势。以价值链理论为基础，从所有权和空间结构两个方面详细分析了产业组织垂直分解的模式、特征和趋势。该书认为，垂直分解后的企业并非简单地从科层回到市场，而是形成介于科层和市场之间的网络化关系，重点分析了关系型网络、以日本汽车产业为代表的控制型网络以及以美国电子产业为代表的模块化网络三种形式的网络模式的特征与发展情况。

产业组织形态之所以在20世纪末发生从垂直一体化向垂直分解的演变，其根本原因在于企业赖以存在的外部技术、经济和社会环境的变化，主要包括信息革命和知识经济、模块化、大规模定制以及经济全球化四个方面。该书结合有关的研究成果，以分工理论、交易费用理论、知识理论和企业能力理论为基础，对垂直分解以及垂直分解后的网络化现象进行了研究。该书的研究表明，社会分工是产业组织垂直分解的基本驱动力，环境变化带来的交易费用下降以及知识的离散程度提高导致了产业组织的垂直分解，企业能力的差异决定了企业在垂直分解后的价值链中的位置，垂直分解后的网络化也主要源于交易费用的降低。

该书认为，垂直分解和网络化的组织形态之所以被广为采纳，根本原因在于这种组织形态能够产生更高的绩效，企业调查和实证研究数据为该观点提供了支持。垂直分解后的价值链仍旧由发达国家和跨国公司所驱动，而发展中国家和发展中国家的企业则处于“微笑曲线”低价值的底部。在垂直分解和网络化的范式下，企业的成长方式也从企业内成长和依靠兼并成长转变为通过对价值链和价值网的控制进行网络化成长。

该书还分析了改革开放以前以及改革开放之后的很长一段时间我国产业组织的特征、形成原因及其弊端，研究了我国当前产业组织垂直分解的情况以及推动我国产业组织垂直分解的三股动力，并提出了我国当前产业组织存在的诸多问题。该书认为，在垂直分解的范式下，简单生产能力的地位下降、研发能力和资源整合能力的重要性上升，因此国家经济发展的目标应从“世界工厂”实现向“世界智库”的转变，并以价值链升级理论为基础，提出我国产业升级的若干对策。

产业组织的变革远没有停止，企业在不断地寻找能够提高效率和竞争优势的生产组织方式。在信息技术发展的推动下，开源（open source）、众包（crowdsourcing）方兴未艾：维基百科已经成为最重要的网络百科全书，开源操作系统Linux已具备和Windows分庭抗礼的实力，而最近google推出的Android手机开源操作系统甫一推出就获得了众多手机厂商的支持；大众的力量成为博客、视频、SNS等网络公司重要的的内容来源和发展动力，也为许多公司的创新活动提供了重要的智慧。在我国，越来越多的公司开始应用垂直分解化的组织模式。譬如，以在线服装销售为代表的聚焦于价值链轻质资产环节的“轻公司”模式在我国被许多企业实践，汽车、新能源设备等行业的企业借助于国外专业化的研发和设计公司提高自己产品的技术水平和企业的创新能力。实践在不断的发展，因此对于产业组织垂直分解和网络化的研究有必要继续和深化。

（李晓华）

《中国能源政策思考》

林伯强　著

中国财政经济出版社2009年版

233千字

中国是一个经济快速增长的发展中国家，在经济转型中，种种社会经济因素使得资源和环境无法得到战略性的保护，而成为增长的约束条件。可持续发展不否定经济快速增长，但日益严峻能源和环境问题需要发展中国国家重新审视如何实现快速经济增长。发展中国家的可持续发展需要可持续发展的政策和战略原则，因此，能源政策的重要性是不言而喻的。这就是《中国能源政策思考》一书的写作背景和主要的立足点。

该书分能源发展、节能减排、新能源开发、能源价格、油电价格机制以及资源税收六个部分总结和分析中国的能源政策。该书不仅对以往的能源政策进行了评述和反思，其最突出的贡献是，在各个章节中，对中国能源战略和能源政策提出了方向和具体的建议。

在能源发展部分，该书认为能源问题是经济可持续发展的核心，该书对能源的特性进行了总结，认为能源具有三个特点：不确定性、外部性和公平性。由于中国的城市化、工业化仍未完成，中国经济还可以快速增长30年，那么，是否存在足够的和价格合理的能源支撑中国30年的经济快速增长是个非常重要的问题。中国的能源需求总量问题是相对于能源储量和人口而言的，由于中国目前的人均能耗还很低，因此，经济增长、城市化和生活水平的提高会在很大程度上增加能源消费量。考虑到现阶段中国能源需求的刚性，在能源战略上中国需要考虑的问题是：通过适度的经济增长和城市化进程来减低能源需求增长；有效地节能减排，以及发展新能源和可再生能源是解决能源稀缺的重要途径。另外，中国的能源需求总量问题也是相对于国际市场而言的，中国的能源需求量很大，一旦稀缺，必将对国际能源市场造成很大的影响，因此，中国本身长久的、可靠的能源安全应该立足于国内储备。该书通过对美国和日本等发达国家的经济发展经验比较，得出了中国也必将遵循的国际产业结构与能源消费的基本规律：城市化进程与工业化进程基本上同时进行；能源电力需求阶段性递减；工业化进程时间缩短；能源消费是刚性的。能源价格是有效能源市场最重要的要素，该书认为打破能源垄断，能源价格改革是非常重要的一个内容，中国能源的许多问题包括国企效率问题都出在能源价格机制上。另外，该书对中国的能源安全赋予了新的内容、拓展了其内涵，认为中国的能源安全不仅限于石油储备；中国能源安全不仅考虑“数量”而且要考虑“质量”；中国能源安全应考虑从“国内”向“国际”转变。该书认为在面临紧急事件如金融危机时，中国的能源政策如石油储备政策应该进行相应的调整。

该书对中国的能源问题的特殊性进行了分析，从而对中国的节能减排的必要性进行了分析，认为中国的节能减排应该是以市场为主行政为辅。对创新节能减排的融资模式进行了详细的分析和探讨，包括建立中国碳基金、发展中国的节能减排基金以及能源合同管理方式。

该书对中国新能源的开发和利用政策进行了分析，认为可再生能源发展缓慢的原因主要在于它相对高的成本和所需的电价，因此，可再生能源发展的焦点集中在降低成本上，而大规模地降低可再生能源成本，需要实现设备的国产化。因此，从政策建议上来看，在可再生能源的成本和价格问题上，必须包括环境治理成本以及资源耗尽溢价，另外还应动态地来看可再生能源的成本和价格问题。结合国际生物质能源的发展经验，认为政府应该对鼓励政策十分谨慎和具有选择性，建议将利用生物质能源为农民提供一条新能源的可持续之路。在核电战略上不仅要“积极发展”而且更要“谨慎发展”。在能源环境战略上，要重视与周边国家的能源合作。该书认为发达国家应该承担更多的能源和环境责任，人均排放权应该是解决全球二氧化碳排放问题的关键。

在能源价格方面，该书对美国能源价格政策的经验教训做了总结，对价格改革带来的负面作用和能源价格体制改革的缓慢增加的可持续发展的成本进行了分析，认为低价能源价格政策是短期小便宜长期大陷阱，而且低能源价格的补贴无法体现公平、科学、合理和透明性，无论是从代际公平的角度还是从国际公平的角度，都应该改变低能源价格的政策。尽管能源价格改革会从各个渠道对整体经济产生负面的影响，但是，不能依靠对能源价格进行管制来解决通货膨胀问题。

该书还对中国频频出现的“油荒”、“电荒”现象进行了解释，并提出了解决“油荒”之道：透明合理的价格机制，认为在国际油价从146美元下跌到65美元以下的时候是中国成品油改革的最佳时机。理顺电力上下游产品的关系是很具挑战性的，煤电联动是现阶段解决煤电矛盾的必要措施。该书对发达国家的燃油税的征收进了介绍和比较，并提出了对中国合理征收资源税的经验教训以及政策建议。

（林伯强）

《制度变革与服务业增长》

李勇坚　夏杰长　等著

中国经济出版社2009年版

300千字

改革开放以后，中国经济快速增长的同时，其产业结构发生了巨大的变化。其中一个典型表现是：服务业占GDP的比重明显上升。服务业增加值从1978年的860.5亿元增加到了2007年的96328亿元，按可比价格计算，年均增长11.2%，高于同期GDP的增长率近两个百分点。服务业增加值占GDP的比重从1978年的23.4%增加到了2007年的39.1%。每年增加0.52个百分点。与此同时，工业占GDP的比重基本没有变化。

不可否认，制度变革对中国服务业增长有着显著的作用。在制度变革与服务业成长方面，现有的研究至少忽略了两个问题：第一，制度变革到底在哪些方面促进了服务业的增长；或者说制度变革通过何种渠道促进了服务业的增长；或者说什么样的制度变革促进了服务业的增长。第二，在中国的情况下，通过制度变革促进服务业增长有没有潜力，以及通过什么样的制度变革存在着促进服务业增长的潜力。《制度变革与服务业增长》一书，以中国作为案例，使用永远是经济学方法，对中国服务业增长与某些具体制度变革之间的关系进行了条分缕析的解释，对前述两个问题进行了深入的探讨与分析。

该书的主要结论包括：

第一，在改革开放后，体制变革使中国服务业增加值占GDP的比重提高了3.1个百分点。也就是说，在计划经济体制下，服务业的发展滞后是的确存在的，从时间序列数据来分析，至少滞后了3.1个百分点。因此，在八十年代服务业的快速增长中，包括了对服务业滞后发展的一部分补偿性增长。

第二，中国持续的制度变革改进了中国服务业的内部结构。由于民营化、市场化以及效率导向的国有企业改革，使中国服务业内部结构发生的深刻变革。例如，在市场完全竞争的服务业领域，获得了较快的成长与发展。但是，在制度变革较为缓慢的事业单位领域，其发展并没有取得显著成效。

第三，改革开放以来，允许民营经济进入到服务业大部分行业经营，对服务业的发展起到了极大的促进作用，定量研究的结果表明，民营经济所吸纳的劳动力占服务业新增就业人数的70%以上、民营企业的增加值占据了服务业全部新增增加值的2/3以上。

第四，财税政策对服务业增长具有重要意义与作用。目前，关于服务业的财税政策缺乏灵活性，使其对服务业发展形成了阻碍。

该书还分析了影响与制约我国服务业增长的制度因素，这些因素包括：

对民营经济市场准入的限制。研究表明，现有的对民营经济实行市场准入管制政策对服务业增长带来了不利影响。如果实现服务业对民营企业的开放，我们预计，到2010年，民营经济将占据服务业的80%左右，并将使服务业占GDP的比重提升三个百分点以上。

僵化的户籍制度与滞后的城市化政策。中国的候鸟式的劳动力流动模式，使流动人口的收入与消费事实上是分离的，导致了城市服务消费需求低迷。我们使用服务需求模型证明，如果对户籍制度进行改革，将使服务业占GDP的比重上升3—4个百分点，如果使用时间序列数据，并以户籍制度作为亚变量进行计量分析，我们估计户籍制度对服务业占GDP的比重影响为3.322个百分点，也就是说，如果将户籍制度以及相关的公共产品供应分配方式进行改革，将可能提高服务业在GDP中的比重约3.322个百分点。

过大而且日益在扩大的收入差距。在收入分配极不均等的情况下，中低收入阶层的消费被人为压低，由于消费处于低级状态，因此，大部分消费都是实物型消费，服务业消费需求明显不足，导致了收入分配不均等与服务业增长之间的负向关系。高收入者因为消费的时间与空间限制，其服务需求增长也极其有限。因此，中国的服务业最终需求比重很低，这极大地限制了中国服务业的增长。计量分析表明，在中国，基尼系数与服务业占GDP比重之间存在着负向关系。如果中国的基尼系数能够下降到0.39的话，服务业占GDP的比重大约能够上升8个百分点。

滞后的事业单位改革。我国事业单位改革与经济改革几乎同步，但是，相对经济改革所取得的巨大成就而言，事业单位改革所取得的成绩甚微。我国滞后的事业单位改革已成为公共服务业发展的桎梏，对服务业占GDP比重的影响达到3个百分点以上。

基于该书微观研究的风格，书中还进一步研究了服务业内部若干行业的制度变革对其增长的影响。这些研究发现：

第一，信用制度变革不但对信用服务业发展具有重要意义，还对整个服务业乃至国民经济的发展都具有重要意义。因此，通过信用制度的建设，对促进服务业发展是十分重要的。第二，自改革开放以来，电信服务业通过不断持续的制度变革，获得了良好的发展机遇。第三，自改革开放以来，中国的金融服务业在进行有限制度变革后，也获得了较快的发展，但其制度变革方面还有很大空间。第四，在制度变革比较缓慢的医疗服务业，在服务提供机制和筹资机制方面还存在着城乡和地区不公平、弱势群体可及性差、资源配置效率低、技术效率逐年下降等方面的问题，必须通过持续的变革，改进其效率。

该书的研究表明，中国服务业相关制度变革将成为中国服务业保持快速增长的重要动力，如果持续进行包括市场准入、户籍政策、收入分配、事业单位变革等方面的制度改革，将使服务业占 GDP 的比重上升 10—15 个百分点。

（李勇坚）

《技术进步与现代服务业：融合、互动及对增长的贡献》

姚战琪　等著

社会科学文献出版社 2009 年版

180 千字

当前，技术进步和高新技术对服务业的渗透程度不断增强，同时，现代服务业的飞速发展也从根本上改变了技术进步的速度、技术创新的深度和技术变化的发展方向。

目前，对技术进步与服务业增长的关系认识上，存在两种观点，一种观点认为，服务业技术特点决定了技术进步和技术变化对服务业作用空间不大，另一种观点认为，服务业正是通过技术进步和高新技术对服务业的渗透提高了生产率，成为推动经济效率提高的主要部门。以上两种观点无论在经典理论还是在具体经验事实方面都能找到相应支持。中国服务业发展的现实是：发展时间短、增长速度快、发展结构不均衡和发展空间大。该书认为，不能直接套用西方经济理论来解释中国服务业发展的实践，西方服务经济理论必须在理论假定、分析范式和方法思路上做出修正才能解释中国服务业，技术进步对中国服务业影响显著，高新技术对服务业尤其是现代服务业的渗透以及技术进步与现代服务业的融合是实现中国服务业跨越式发展的根本途径。在理论层面上，该书深入分析了现代服务业与技术进步的内在关联和互动关系，评述这一领域的最新进展和主要研究热点，从体系框架、观点陈述、研究方法等方面力图创新，从而为推动这一领域的深入研究奠定基础。在政策层面，了解和掌握国内外在技术进步促进现代服务业发展方面的政策措施和激励机制，为我国通过技术进步和发展高新技术产业带动现代服务业和促进服务业结构优化，提供具体思路和政策措施，为各级政府决策部门制定现代服务业发展战略提供借鉴和重要参考。

对技术进步和现代服务业融合互动领域的研究成果进行梳理可以发现，信息与通信技术在服务业中的应用日益广泛，其在服务企业中的应用目前已经扩展到价值链活动的各个环节。服务企业进行技术投资和对技术的依赖既与服务业的信息密集特征有关，也是出于巩固并扩大市场份额、规避风险与降低额外成本、提高应变能力以应对多变的经营环境、改善内部环境以及提高服务质量等方面的考虑。技术进步与服务业融合的机制可以从服务创新的角度来理解，还可以从交易成本、流程再造、组织创新等方面做出说明。服务业与信息技术融合的效果，在微观上可以从劳动生产率、客户管理、服务企业空间布局等方面进行考察，而在行业层面则可以从传统行业的优化以及新兴行业的出现等方面进行说明。

该书从中国投入产出表的角度分析，分析了技术进步与服务业的融合与互动关系和实际表现。通过对典型年份服务业直接消耗系数的对比，发现大多数服务部门来自高新技术产业投入的比重都有不同程度的上升。从服务业影响力和感应度角度进一步验证了随着服务业与技术进步和现代高新技术产业的融合程度的加强，服务业与其他产业的关联更加紧密的结论。计量分析结果与服务业发展的事实相符，即在技术进步的推动下服务业要素投入结构向资本劳动比不断上升的方向转变，其直接表现是对高新技术产业和产品的投资需求增大。通过对服务业各个部门影响产出增长的技术进步因素进行分解，认为运输邮电业、公用事业及居民服务业、金融保险业等部门的技术变化贡献对产出的影响主要取决于自身技术变化情况，而国民经济整体技术进步对其产出的贡献处于次要位置，商业饮食业则相反。最后，提出促进服务业与技术进步融合及互动发展的对策和政策建议。

该书创新地建立了一个关于技术进步与现代服务业增长关系的基本理论分析框架。从现代经济增长过程来看，服务业特别是现代服务业的快速增长是一个明显的特征。传统观点认为，服务业发展是被动的，而且其生产率增长很慢，缺乏技术进步空间。本章认为，技术进步是现代服务业发展的一个重要因素，通过大规模的技术渗透，将促使现代服务业快速成长。技术进步是现代服务业发展最重要的动因。

从电信行业技术进步、体制变迁的历程可以看到，改革开放以来，我国电信服务业发展取得了长足的进步，通信能力和信息服务水平不断提高，电信服务市场竞争日趋激烈。伴随着电信体制改革的不断深化，信息与通信技术发展日新月异，各类电信业务不断推陈出新，电信网、因特网与电视网的融合不断加深，使得电信服务业原有的业务界限越来越模糊，也对电信业现有赢利模式、管理模式、行业监管等都产生了很大冲击。技术进步加剧了电信市场竞争，削弱了电信服务业自然垄断的属性；扩大了电信普遍服务的范围和内容，提高了整个社会的福利水平和消费者剩余。同时，技术进步还推动了电信业的业务创新，强化了电信制造商和电信运营商之间的关系，打破了电信业既有的产业边界，并对电信监管提出了新的挑战。

从技术进步与创意产业的融合与互动角度进行分析，该书深入地对技术进步与创意产业的互动机制、发展现状和政策支撑进行梳理。创意产业是基于文化积累及科技发展，以信息及网络技术为主要载体，以个人创造力为核心要素的新兴文化理念与经济实践。创意产业与技术进步密不可分、互动共生，技术进步既是催生创意产业的重要动力，又是其存在与发展的基础；创意产业为技术提供了内容支撑，推动了技术的普及和利用。虽然我国创意产业还处于概念引入阶段，但产业局面却是一直存在的，一些随技术进步而产生的新兴行业增长迅速，发展前景广阔。大力推动技术进步与创意产业的融合，就要完善这种融合发展的内部与外部环境，建立起有利于互动关系形成的法律体系、投融资体系、人才培养体系和社会化服务体系。

研发服务业是受社会分工不断深化和技术进步影响最为显著的行业之一。研发服务业是现代服务业的重要组成部分，对于促进产业结构升级、转变经济增长方式等有着极为重要的意义。要促进我国研发服务业快速发展，必须制订服务业发展远景规划，注重产业间协调发展，保持政府投入规模，调整政府投入机制，同时要加强知识产权保护，建设有利于研究开发服务业发展的技术市场环境。

（姚战琪）

《创意产业新论》

厉无畏　王慧敏　著

东方出版中心2009年版

290千字

20世纪90年代兴起于发达国家的创意产业，新世纪初已在全球蓬勃发展，不仅成为发达国家推动经济和社会持续发展的新引擎，也被认为是发展中国家实现经济转型和跨越式发展的重要战略。自2004年首届上海国际创意产业论坛发表宣言以来，创意产业在全国各大城市风起潮涌，在政府、企业和社会各界的热情参与和推动下，创意产业的发展速度大大高于GDP的增长速度，并成为一种推动经济发展方式转变的策动力。作为在实践中发展起来的新兴产业，创意产业的内涵是什么？发展的特点和条件是哪些？通过何种路径推进创意产业的发展？创意价值又是怎样实现的？政府在新兴的创意产业中发挥哪些作用？等等。这些内容构成了“创意产业研究系列”——《创意产业新论》的核心内容。

该书是上海社会科学院文化创意产业特色学科的最新研究成果，也是我国第一本跨越社会、经济、文化领域，从多个维度对创意产业进行系统阐述和研究的学术著作。全书共六个章节，围绕国内外的最新实践，对创意产业、创意城市、创意经济、创意社会、创意价值和创意政策等进行了具体分析和理论概括。

从产业发展的角度来看，创意产业是一种模式创新。作者在研究了创意产业兴起的背景、分类、内涵等基本问题的基础上，提出了“创意产业是无边界产业”、“创意产业是一种创新发展模式”和“创意产业的发展意义已经超越了产业层面”的学术认识。认为，创意产业是一个内涵和外延都十分丰富的产业业态，创意产业内涵的关键是强调创意和创新，它在客观上已成为知识经济时代的一个标志性产业；创意产业是对传统文化产业的一种超越，在价值链的连接中，创意产业始终处于文化产业的上游；创意产业已经从不同产业部门中分离出来，明显表现出独特的产业特征，是各类产业的投入要素；与传统产业相比，创意产业具有创新性、渗透性、高增值力、强辐射力、高科技含量和高风险性等特征。

从城市发展的角度来看，创意产业与创意城市是一对共同成长的孪生儿，创意产业与城市发展的互动、互融与互促成为当今城市发展的一个重要特征。发达的创意产业是现代城市创新发展的新引擎，也是国际大城市的核心竞争力之所在，城市的转型为创意产业的崛起提供了良好的发展机遇和空间。城市发展的重心要从提供效率基础结构转向建设创意基础结构，即把研发设施、风险投资、知识产权法和能吸引创新性人才的充满文化享受的生活环境等作为未来城市建设的重点内容。

从经济发展的角度来看，创意产业经过近10年的发展，已经成为一种强大的力量，不仅推动了城市的发展转型，驱动整个经济系统的运行和发展，也改变了现有的经济发展模式，造就了一个全新的创意经济时代。首先，文化创意成为现代经济增长和转型的主导要素，由文化创意资本驱动的产业构成了现代经济增长的新源泉。其次，创意产业开拓了全新的发展模式，即以软要素取代硬要素驱动经济发展，以价值链取代生产链主导产业的生产流程和利润分配；以消费导向取代生产导向赢得市场；以社会经济多元目标取代单一增长目标实现可持续发展。再次，创意产业具有改变现有经济发展模式的强大功能，包括对资源的深度挖掘和利用、对产业结构的优化和升级、对产业价值的提升和创造，以及对市场规模的扩大和拓展，体现了经济发展的耦合性、关联性、价值性和人文性的统一。

从社会发展的角度来看，创意产业在发展经济的同时发展了社会，创意产业对整个社会的改造和更新是创意产业发展的最高境界。创意社会资本的积累是创意产业和创意经济迈向创意社会的基础，各类创意社群的蓬勃兴起助推创意社会的形成，这不仅包括创意阶层（创意人才类社群）、创意集群（创意企业类社群），还包括创意产品的消费者、各类非营利组织，以及相应的创意人才教育等。

从市场价值实现的角度来看，价值创造是文化创意转化为产业的核心，也是创意产业实现市场效益的关键，而观念价值的开发与挖掘是实现创意产业价值的基础，也是创意产业价值链的首要环节，设计和开发能够感动消费者的创意产品是整个创意产业价值链形成的关键之举。通过完善的产业价值体系可以获得创意产业的倍增效益，同时，高科技传播手段、媒体网络推广渠道等是价值实现的有效举措。

从政策扶持的角度来看，在席卷全球的创意产业浪潮背后，是各国政府的推波助澜，创意产业根植于文化，有着强烈的地方特色，实践中的创意产业政策也因此百花齐放。政策是政府实现既定目标的有力工具，创意产业的发展离不开政策的引导。在营造创意产业发展的外部环境、保护知识产权、提供公共服务平台等方面，政府可以加大扶持力度。

目前，世界各地的创意产业方兴未艾，中国各地的创意实践层出不穷，文化创意已经成为国家战略，创意产业的理论还处于探索研究阶段，该书的重要意义不仅为创意推进者和实践者提供参考，也为我国创意产业理论的深化研究开拓思路、积累学术资料。相信随着创意产业领域更多的理论探索和实践总结，我国文化创意产业必将不断蓬勃发展。

（王慧敏）

《转型期中国房地产市场：1978—2008》

高波　等著

经济科学出版社2009年版

210千字

该书以中国经济转型为背景，从中国房地产市场的成长阶段分析切入，探讨房地产业发展对中国经济增长的贡献，揭示了房地产市场运行中的房地产价格规律及其泡沫现象。在此基础上，该书对城市土地市场和房地产金融市场展开了分析，并通过对住宅市场、工业地产市场、商业地产市场等物业市场的发育状况和运行规律进行了研究，从而进一步深化了对中国房地产市场成长的认识。该书作者集中解决了以下几个方面的重大理论和现实问题。

首先，该书系统地总结了中国房地产市场成长中的重要经验和教训。这本专著详细地展示了1978—2008年30年间中国房地产市场制度变迁与市场发育的历程，从纷繁复杂的事实中梳理出一条清晰的演进脉络。概括而言，在促进中国房地产市场成长的过程中，产权制度和法制建设发挥了核心作用。

比如，1988 年通过的《宪法修正案》和《中华人民共和国土地管理法》、1998 年国务院下发的《关于进一步深化城镇住房制度改革加快住房建设的通知》、2002 年出台的《招标拍卖挂牌出让国有土地使用权规定》和 2007 年通过的《中华人民共和国物权法》等，如同一级级台阶，铺就了房地产市场发育的道路。除此之外，市场创新是加速房地产市场发育的又一个重要因素，从我国城市土地市场和房地产金融市场的发育过程来看，在不同时期、不同区域和不同领域的创新，这些因素直接影响到房地产市场的成长水平。在总结发展历程的基础上，该书也深刻反思了自 2003 年下半年以来房地产市场宏观调控的经验教训，指出政府在推进房地产市场成长时，需要顺应房地产周期规律，关注国际市场联动，兼顾宏观态势变化。

其次，该书客观分析了中国房地产市场发展的主要成就及其关键问题。如何看待房地产业的地位在一定意义上影响着对房地产市场作用的认识，也是判断房地产市场发展成就的重要依据。在书中，作者应用相关的数据和计量统计方法，全面分析了中国房地产业的支柱产业地位、房地产业发展对关联产业的带动效应、房地产业发展对消费和就业的贡献，肯定了房地产业在拉动经济增长方面的积极作用。该书还针对房地产价格泡沫问题进行了专题研究，对中国一些主要大中城市的房地产价格泡沫问题进行了检测和比较，发现了客观存在的区域性差异。这一研究成果，不仅回应了针对房地产价格泡沫的争论，也较好地解释了各区域房地产市场周期性调整的差异，为采取更有针对性的宏观调控措施提供了政策依据。

最后，该书深入探索了中国房地产市场成长的影响因素和发展趋势。在这专著中，作者系统研究了住宅市场、工业地产市场、商业地产市场的成长状况、基本特征，并实证分析了影响这些市场成长的主要因素，对未来的发展趋势作出了判断，提出了许多政策建议。应该说，在现有的研究中还缺乏这样的专门研究，相关数据也较难获得。但这并不意味着这些研究的意义不大，恰恰相反，在中国房地产市场成长到现阶段，很有必要根据房地产市场的不同性质和功能进行深化研究。因为从发展趋势来看，住宅市场、工业地产市场和商业地产市场不仅日益分化，而且各自所具有的波动规律、发展趋势和决策依据也不尽相同。这一领域应当成为中国房地产经济学研究的下一个热点问题。

全书总共分为八章。第一章系统阐述了经济转型过程中中国房地产市场的成长阶段及其特征，分析了房地产市场的体系和结构，揭示了中国房地产市场的运行特征，论述了政府对房地产市场实行宏观调控的过程、措施和效应。第二章探讨了房地产业发展与经济增长的内在联系，计量分析了中国房地产业发展对经济增长的贡献，明确了中国房地产业是国民经济支柱产业的地位，实证分析了房地产开发投资增长对经济增长的促进作用，计量检验了房地产市场的财富效应。第三章从经济基本面出发计算房地产基准价格，并与市场价格相比较考察房地产价格泡沫。选择了 18 个代表性城市为样本，对中国 1999—2007 年房地产价格泡沫的区域差异进行动态分析。第四章以土地一资本替代弹性作为参考性衡量指标，建立理论模型，通过对全国和 31 个省市区面板数据的计量检验，测度城市土地市场的发育水平，判断土地市场的成熟程度。第五章对房地产企业的融资特征和个人购房融资状况进行分析，构建了 5 个向量自回归模型，对货币政策在房地产市场的传导机制进行实证检验。第六至第八章重点分析住宅市场、工业地产市场、商业地产市场等物业市场的发育状况和运行规律，加深了人们对中国房地产市场现实的认识。

（高波）

区域经济发展

《构建现代产业体系的路径选择——广东现代产业体系及其支撑要素互动关系研究》

李飚　著

中国社会科学出版社 2008 年版

290 千字

该书阐释了现代产业体系的内涵、框架内容及其相互关系等理论。从发展目标、经济增长的驱动力、经济结构等三方面指出现代产业体系与传统产业体系的不同，指出现代产业体系具有可持续性、开放性、融合性、创新性、市场适应性等五大本质特点。提出现代产业体系的核心要素是：技术与人才，引申出两大支撑服务平台，一是软件产业，二是与产业发展相适应的从业结构。借助投入产业模型，提示技术发展与现代产业体系的深层次关系。指出构建现代产业体系的路径选择有：借助高新技术、走新型工业化道路、发展循环经济等可持续发展道路。本研究还阐述了现代产业体系与人力资本、劳动就业之间的关系，通过对广东产业结构与就业结构偏离度研究，提出广东构建现代产业的战略构想。

该书从功能的角度分析了这一支撑服务体系的内在结构，认为它是由一系列平台组成的，其中既有自主创新的技术平台，也需要有为其他产业提供综合服务的平台；既有完善市场条件以发挥市场作用的平台，也需要政府政策导向和扶持措施的平台。并按照自己的理解，对现代产业体系变迁的可能轨迹进行了描述，并在这一描述中赋予各产业部门新的定位。认为在现代产业体系中主导性产业是包括信息，物流，金融等在内的现代服务业，工业和农业需要用现代科学技术加以武装，使农业优质高效化，使工业信息化，进而成为现代产业体系中的基础支持性产业。

该书不仅从理论上解释了现代产业体系的内涵，明确现代产业体系应包含的主要内容，指出构建现代产业体系的路径选择有：借助高新技术、走新型工业化道路、提高现代服务业比重、发展循环经济、建设节约型社会、走可持续发展道路。

提出现代产业体系的关键性背景是，在日益突出严峻的环境问题与生态破坏的形势下，传统的高能耗、高污染、高排放、低效益的发展模式难以为继。对传统产业体系弊端的反思是构建现代产业体系的逻辑起点，基于对现代性的理解，提出的构建标准及路径选择是该书的逻辑归宿。

该书把软件产业作为新经济的重要代表，并着重对其在现代产业体系中的地位作了实证研究。通过探讨软件产业与其上下游产业之间的影响关系，旨在寻找构建现代产业体系的技术支撑与现实路径。研究以广东为案例，从广东产业结构与就业结构适应匹配性研究入手，提出借助软件产业发展促进现代产业体系构建的对策建议。

该书第三部分主要阐述了现代产业体系与人力资本、劳动就业之间的关系。第一，明确了人力是现代产业体系的构建主体。从就业结构与产业结构适应性的内在要求出发，指出就业结构的变动是现代产业体系构建的先导。同时，构建现代产业体系能有效提升劳动力素质、使就业结构优化，从而促进劳动就业。研究还强调了要正视因产业结构调整引发的失业问题。对于将目前中国的劳动力资源优势转化成经济发展优势、提高劳动力素质，合理配置物质资源与人力资源，妥善解决就业问题有着重大现实意义。

（李飚）

《上海生产者服务业的空间集聚》

陶纪明　著

格致出版社、上海人民出版社 2009 年版

200 千字

产业的空间集聚现象在 20 世纪 80 年代以来受到了经济学家和地理学家的广泛关注，而对生产者服务业的空间集聚研究则成为该类研究的一个重要的组成部分。生产者服务业所特有的内在属性决定了城市成为其天然的滋生地，因此大多数关于生产者服务业的研究都是以城市空间为背景展开的。其中，有一类研究关注的是生产者服务业在城市内部的空间集聚，其内容涉及集聚的特征及其演化，集聚与城市空间结构的关系，以及集聚对城市功能的影响，等等。这类研究中，多以发达国家的国际大都市为研究对象，对发展中国家的大都市则少有涉及。

该书以上海生产者服务业的空间集聚为研究对象。在简单介绍了生产者服务业的性质、功能及其在国际大都市的增长实践后，该书对生产者服务业的集聚理论及其在国际大都市内部的集聚特征和演化规律作了较翔实的梳理和归纳。这两部分构成本文的理论研究和比较研究的基础。随后，书中分别对上海的金融、律师、会计师和广告业，外资类的航运物流、计算机软件、国际贸易、房地产和其他商务服务业的具体集聚特征和演化路径作了详细的实证分析和比较研究。在此基础上，该书分别从行业的空间视角和空间的行业视角两种不同的角度对上海生产者服务业空间集聚的整体特征进行了描述和刻画。通过基尼系数来反映集聚的整体特征；结合前两章的研究从空间集聚和集中两种角度对不同行业的经济学属性作了比较研究；对上海的三类空间，分别是 CBD、中心城区和外围区域的空间特性从行业集聚的视角进行了比较研究，并对三类空间的性质、功能作了相应的评述。第七章既是对全文的总结，也是在前面研究基础上的一个拓展性分析，分别研究了生产者服务业空间集聚与全球化的关系，与城市空间结构的关系，以及与城市功能转型的关系。

该书最大的创新之处在于实证分析和比较分析的全面性。该书首次对上海生产者服务业空间集聚的状态及其演化特征作了全面分析：在行业上，几乎涵盖了一般意义上的所有生产者服务行业；在空间上，包含了从邮政编码空间、行政区县空间、中心城区和外围空间、整体空间等多个层面，并运用集中度、基尼系数、区位商等多种指标对行业的空间性状予以刻画；在时间上，该书包含了跨度为十年的两个时点的界面数据，并对其进行了静态的比较分析。其次，该书对发达国家国际大都市生产者服务业空间集聚特征的梳理和比较也较为翔实和系统。最后，全书也提出并分析了一些关乎上海城市空间转型的重要现实问题，比如上海 CBD 发展的可持续性、开发区的“飞地”现象、各种“二元结构矛盾”等。

（陶纪明）

《中国区域分工的度量：方法与实证》

樊福卓　著

上海社会科学院出版社2009年版

200千字

区域分工——区域经济学核心问题之一，长期以来受到学术界的广泛关注。对区域分工的理论解释随着区位理论、分工与贸易理论的发展而发展。同时，区域分工的度量指标也有了一定程度的发展。在此基础上，伴随着数据可获得性的提高，关于区域分工的实证研究文献也日益涌现。这一发展有助于对两个问题的思考和研究。首先，从实证研究的角度看，区域分工可以从两条路径入手：一是地区路径，另一是行业路径；但是，对于一个国家的区域分工水平，现有文献从这两条路径得出的结论通常是不一致的。其次，从实证研究的角度看，现有文献包含着封闭经济假设（地区路径）或孤立系统假设（行业路径）；这样的假设显然有悖于客观的经济事实。解决这两个问题的关键在于方法论的创新。

该书在批判地继承前人成果的基础上，在合理的假设下创造性地提出了专业化强度、专业化地位、地区的专业化系数、地方化强度、地方化势力、行业的地方化系数、区域分工系数等概念（度量指标），这些概念（度量指标）一脉相承，为解决第一个问题提供了方法论基础。同时，该书还将区域分工的度量指标从封闭经济假设推进到开放经济假设（地区路径），从孤立系统假设推进到开放系统假设（行业路径），从而为解决第二个问题提供了方法论基础。

该书对中国省级地区的工业分工予以较大时间跨度的实证研究。从地区路径看，对于一个地区，不同行业的专业化强度、专业化地位存在差异，并且，这种差异随着时间的推移而变化；对于不同的地区，专业化系数有所区别，并且，20世纪80年代中后期以来，多数地区的专业化系数发生了程度不等的提高。从行业路径看，对于一个工业行业，不同地区的地方化强度、地方化系数有所区别，并且，这种区别随着时间的推移而变化；对于不同的工业行业，地方化系数差异较为悬殊，并且，20世纪80年代中后期以来，多数行业的地方化系数发生了或多或少的提高。一个概括性的结果是，中国工业的区域分工水平较20世纪80年代中后期有了很大程度的提高。该书发现，不同地区（行业）对中国工业区域分工水平的贡献度差异较大；并且，不同地区（行业）的贡献度在两个年份发生了或大或小的变化。对于中国工业区域分工水平的提高，不同地区（行业）的贡献度差异悬殊；并且，贡献度排名靠前地区（行业）的贡献度，主要是由于地区（行业）的相对规模变化引起的。该书构建了行业面板计量模型，考察中国工业区域分工的影响因素，发现：历史因素、外资工业、规模经济对中国工业区域分工具有正向作用，而行业的相对规模对中国工业区域分工具有负向作用。

对中国省级地区工业分工问题的研究，实现了区域分工问题研究地区路径的分析和行业路径的分析系统地统一。

对于长江三角洲地区的工业分工，该书从地区路径、行业路径分别进行了探讨。从地区路径看，无论在封闭经济假设下，还是在开放经济假设下，对于长三角一个城市，不同行业的专业化强度、专业化地位均存在或大或小的差异；并且，与20世纪90年代中后期相比，对于长三角一个城市，不同行业的专业化强度、专业化地位均发生了某种程度的变化；对于不同的城市，专业化系数有所差异，且在20世纪90年代中后期以来，多数城市的专业化系数有所提高。作为综合的结果，无论在封闭经济假设下，还是在开放经济假设下，长江三角洲地区的工业分工水平均较20世纪90年代中后期有了一定程度的提高。从行业路径看，无论在孤立系统假设下，还是在开放系统假设下，对于一个工业行业，长三角不同城市的地方化强度、地方化势力有所区别；并且，与20世纪90年代中后期相比，长三角不同城市的地方化强度、地方化势力发生了或多或少的变化；对于不同的工业行业，地方化系数存在差异，且在20世纪90年代中后期以来，多数行业的地方化系数有所提高。作为综合的结果，无论在孤立系统假设下，还是在开放系统假设下，长江三角洲地区的工业分工水平均较20世纪90年代中后期有了一定程度的提高。

对长江三角洲地区工业分工的研究，从地区路径看，实现了封闭经济假设的分析和开放经济假设的分析系统地统一，从行业路径看，实现了孤立系统假设的分析和开放系统假设的分析系统地统一。

该书试图提出新的方法，以拓展区域分工问题研究的视野和思路，深化对区域分工问题的理解，为后来的研究者提供参考。

（乐言）

《海峡两岸经济合作模式研究》

冯雷　著

社会科学文献出版社2009年版

265千字

该书是中国社会科学院重大课题“海峡两岸经贸合作模式研究”的研究成果。该研究课题是在海峡两岸经贸关系有了长足的发展，却又囿于政治因素而不能得以顺畅地向深度和广度推进，而两岸经济的融合与厂商及消费者的呼声日渐强烈的背景下提出的。全书对我国大陆与台湾地区之间的经贸合作模式进行全面深入的探讨，分析了海峡两岸经贸交流中的基本层面，包括货物贸易、服务贸易、资本流动、合作模式等四大议题。在每个议题之下，又进行了深度拓展，如对两岸经贸合作的发展历程、现状及问题进行了回顾与总结，在货物贸易中探讨了两岸经贸关系中十分敏感的农产品贸易问题和权重较大的机电产品贸易问题，在服务贸易中探讨了具有高度热点的旅游开放和金融开放问题，在投资活动中探讨了双向的资本流动问题，在合作模式中探讨了多种合作的可能性以及围绕着高新技术产品和知识产权两大综合性的经贸问题展开的专题研究。该书中的主要研究成果多次在大陆及台湾举办的学术研讨会上进行了交流。

该书研究的着眼点在于通过对海峡两岸经贸合作模式以及在多个重要领域中的具体表现的研究，来揭示模式选择的规律性，提升了对海峡两岸经贸交流与合作的基本认识及理论解释，提出了有价值的对策建议。该书突破了单纯就经贸问题研究经贸的传统模式，以开阔的视野，在各个议题下，都尝试了从经贸切入，探讨决定两岸经贸交流与合作的深层次问题，即通过产品贸易探究产业的发展、技术的支撑、要素的交流、市场的融合以及经济贸易的协调发展。该书通过贸易分析，对两岸相关产业的发展及其结构现状给出一些全新的解释，对两岸经贸关系研究的理论创新取得了一定的推动作用。

该书提出了在海峡两岸间建立自由贸易区的目标模式。这一观点是根据两岸经贸体制与现状的特点，对共同市场模式的比较分析后得出的。共同市场模式是较自由贸易区模式在更深层面上交融的一种选择。显然，在两岸的政治现状下，短期内还难以达成实践共同市场模式的条件。而自由贸易区是一种较为灵活的区域贸易安排的选择。此外，该书还对台湾方面新近提出的所谓自主建设台湾自由港的设想进行了分析，认为这一想法与区域贸易安排不属于同一范畴，且不太切合实际。

该书对1979年以来的两岸的经贸关系，从政策沿革和贸易、投资发展两个角度进行了较为系统的回顾，对发展的特点及存在的问题进行了归纳，并指出了关键症结所在，即多边贸易体制下的诸多问题。

该书在两岸货物贸易中选择了两个重点领域，即农产品贸易和机电产品贸易。透过贸易关系，探讨了两岸在农业生产、技术合作以及农业市场应急机制的构建等方面的问题，探讨了两岸在机电产业结构上的差异与互补关系，机电产业投资的空间等问题，从而为两岸在以农产品和机电产品为代表的货物贸易发展提供了合作交流的建议，如推进以农业技术合作为纽带的产业链合作模式，构建两岸机电产品贸易的物流示范区等。

该书在两岸服务贸易方面选择了金融服务和旅游两个重点领域加以研究。前者以银行业的机制创新为基础，分析了两岸贸易结算为核心的直接通汇和货币兑换问题，提出了建立两岸金融监管机构的交流机制；后者则主要通过旅游开放后的经济效果分析，提出了行政层面上的协调与民间机构合作的建议。此外，还对两岸服务业的发展水平和产业结构（产值结构、就业结构）进行了比较，并对服务贸易的开放与发展提出了战略性的构想。

高新技术产品贸易和知识产权合作也是该书研究中的两个重要专题，前者着重分析了合作的产业基础，指出高新技术产品贸易及合作的基础在于人力资源的开发与利用，两岸在人力资源方面构成了互补的优势。后者在自由贸易区框架下分析了两岸在知识产权方面所进行的人员、科技和学术交流情况，并提出了三种可供选择的合作模式，即欧洲专利公约模式、专利合作条款模式和泛珠三角区域合作协议模式。

该书的特色主要体现在：能够准确地把握海峡两岸的经贸合作既不是国际经济合作，也不是国内大陆地区之间的经济合作，而是一种尚未统一的主权国家内部的两个极不对称而又相互独立的经济体系之间的合作，具有很大的特殊性，既不能完全放在多边贸易体制下去分析，又不能不考虑多边贸易体制主张的一些基本原则，既是一个经贸问题，又带有浓厚政治色彩，并据此揭示出两岸众多领域的、多元化的经济合作模式的基础与规律。这也是它所具有的学术价值的一种体现。

（张宁）

《共建成渝经济区培育中国经济新的增长极》

林凌　主编

经济科学出版社2009年版

400千字

区域经济发展空间格局演变是一个由增长极发展、点轴发展到网络发展的动态过程，而增长极发展是区域发展的起点。改革开放以来，东部沿海地区依靠独特的地缘优势，首先形成了珠江三角洲经济区、长江三角洲经济区、京津冀经济区，成为我国的三个主要增长极。这三大经济区的经济总量已占全国的41%左右，对国内经济发展作出了重大贡献。目前，在三大经济区之外，东北、成渝、泛北部湾、海峡西岸、关中、郑州、武汉、长株潭、胶东半岛等新兴经济区在全国各地不断涌现。从发展的趋势看，这些经济区将与长三角、珠三角、京津冀等经济区一起，构成我国多层次、多增长极的区域经济发展格局。然而，当前我国区域经济发展差距仍然十分显著。因此，大力培育和发展新兴的区域增长极，实现全国范围内的多极联动，对实现我国区域协调发展具有重要意义。就我国西部而言，西部大开发战略实施以来，西部地区的经济取得了飞速发展，但是与东部沿海地区仍然存在较大的差距。成渝经济区作为我国新兴增长极之一，在西部经济发展中具有举足轻重的地位，有待进一步加以培育，带领西部走向世界，推动我国区域协调发展进程。

《共建成渝经济区培育中国经济新的增长极》一书是四川省社会科学规划2007重大项目《共建成渝经济区培育中国经济新的增长极系列研究》的最终成果。该书以经济增长极理论、区域经济理论、发展经济理论为依据，借鉴国际经验，结合我国国情，从增长极形成、增长极动力、国家战略布局、增长极主导产业、增长极空间管制、增长极基础设施建设、增长极资源开发与环境保护、成渝试验区与新农村建设、增长极对外开放、增长极现代服务业与统一市场、协调机制与国家政策等十二个方面，对成渝增长极进行系列研究，为培育我国经济新的增长极提供指导。

成渝增长极总体战略目标是：力争用15—20年左右的时间把成渝经济区建设成为中国西部综合经济实力、国际竞争能力最强，带动西部地区快速发展的动力引擎、中国经济新的增长极。建设成为中国西部综合交通枢纽、通信枢纽，中国西部物流中心、商贸中心和金融中心，中国西部现代化城市群，中国西部参与全球合作和对外开放的重要区域。建设成为国家能源开发基地、现代制造业基地、科技创新基地、国防科技工业基地、特色农产品加工基地、国家安全的战略后方基地、长江上游生态屏障。经济结构得到较好调整，经济增长质量和效益显著提高，对全国GDP的贡献率达到8%左右，人均GDP接近东部人均GDP水平；成渝经济区内部交通、市场、投资、产业、城乡基本实现一体化；社会主义市场经济体制比较完善，社会保障制度健全，就业渠道通畅，城乡居民收入达到东部平均水平，科技、教育、文化实力位居全国前列。成渝经济区的空间结构可概括为“两圈多极，三轴一带、五区”，发展策略为“强化两圈、培育多极、提升三轴、完善一带、协调五区”。成渝增长极未来综合运输体系将是三个大层次：内部形成畅通快捷的交通网络；对外建立与长三角、珠三角、南贵昆、京津翼等经济区，连接西南、西北的综合直达运输通道；再向外通过沿江通道打通到日本、欧洲、美国等发达国家的道路，通过沿边通道连通东南亚市场。成渝增长极要大力推进面向生产的服务业、面向民生的服务业、面向农村的服务业的全面发展。重庆和成都都市区，要尽快形成以服务经济为主的经济结构，建成我国西部现代服务业的中心，建成中国西部最大的金融中心、物流中心、商贸中心、信息中心。

成渝增长极要打破各种行政壁垒，建立统一市场。成渝增长极要全面落实科学发展观，加快发展方式转变强化资源节约；强化环境友好的综合发展目标；大力推行清洁生产，积极发展循环经济加快科学技术进步；提高技术创新能力加快资源节约型、环境友好型社会建设；促进成渝经济区的科学发展和可持续发展。要统筹城乡综合配套改革和社会主义新农村建设。通过10—15年的努力，在全国率先建立起比较完备的、城乡统筹的制度体系和政策体系，基本实现试验区改革的总体目标，根本改变城乡二元结构，基本消除城乡差距，实现城乡经济社会协调发展，提前实现全面建设小康社会目标。成渝增长极要进一步扩大对外开放。通过十年左右的时间，将成渝地区建设成为连接东西、贯通南北的，开放程度在中西部地区最高的区域，将成都和重庆两个中心城市建设成为对外开放的示范区。

成渝增长极的培育和发展，需要川渝共建三维度的跨界治理体系，实施区域合作的协调管理。成渝增长极的发展需要国家政策支持，包括构建资源开发共享机制，探索水电资源和天然气资源开发权有偿使用制度，建立资源品使用权可交易制度，实行资源开发和使用的区域补偿政策。建立以国家为主体的生态建设和保护制度；坚持长期保护政策，扩大生态保护区域；出台后续产业扶持政策，促进天然林资源的可持续经营；明晰资源产权，完善环境保护政策体系；建立生态环境补偿机制，率先进行生态区域补偿的试点。实施振兴老工业基地的优惠政策。

（刘世庆）

《都市圈战略规划》

宋迎昌　著

中国社会科学出版社2009年版

300千字

中国的城市化推动了都市圈的形成与发展，都市圈战略规划迫在眉睫。该书对都市圈的概念进行了界定，对都市圈形成和演化的机制进行了深刻的剖析，对中国都市圈的发展状况进行了实证研究，对都市圈战略规划的目标定位、指导思想与原则、方法、实施以及编制审批等进行了探索性研究，并介绍了国内外都市圈战略规划的若干案例，认为中国已经进入了都市圈大发展的新时代，及时而又科学地开展都市圈战略规划意义非凡。

该书的学术贡献有四点：

一是在对都市圈概念内涵研究的基础上，提出了中国都市圈形成的三条标准，即①中心城市出现城市郊区化现象，②城市边缘区的经济增长快于中心市，③城郊联系密接。

二是在上述三条界定标准的基础上，通过实证研究对中国都市圈的发展状况进行了研究，并提出：①都市圈发育成熟的城市有4个，即北京、天津、上海、广州。②都市圈发育基本成熟的城市有重庆、南京、长春、哈尔滨等13个。③都市圈发育尚不成熟的城市有沈阳、大连、吉林等25个。

三是初步构建了都市圈战略规划体系。

四是发现我国都市圈战略规划存在着重大缺陷，即规划与政策的脱节。

（宋迎昌）

《弯道超车——湖南跨越发展的机遇与挑战》

朱有志　等著

湖南人民出版社2009年版

156千字

在金融危机冲击中国及湖南之初，时任湖南省委书记张春贤同志在2008年12月22日召开的省委经济工作会议上首次提出了“弯道超车”战略。然而，“弯道超车”提法准不准、有没有依据？经济发展有没有“弯道”？湖南“弯道超车”有没有必要、有没有基础、有没有机遇？这些研究内容构成了《弯道超车——湖南跨越发展的机遇与挑战》

的核心内容。该书比较系统地论述了湖南“弯道超车”的必要性和可能性、目标和路径、机遇和挑战，图文并茂，既有理论阐述，又有实证研究；既有湖南社会科学院院专家的“一域之见”，又有省内外名家的“迷津指点”，对统一思想、推动工作、实施“弯道超车”发挥了较大的理论指导价值。

该书科学回答了“什么是经济‘弯道超车’”，为湖南的“弯道超车”提供了理论依据。该书不仅从竞技体育的角度阐释了“弯道超车”提法的准确性：在体育赛车中，“弯道超车”是合法合规、有章可循的，也是体育竞技场上一种常见的赛车赶超规律，而且通过引申，首次从经济学的角度对什么是“弯道超车”进行了科学界定：作为一般经济概念的“弯道超车”指的是，在经济社会发展特殊时期，国家、地区、产业或企业以非常规的方式，实现后发赶超、跨越发展的经济竞争现象或策略，并用丰富的经典理论，包括经济周期理论、后发优势理论、经济起飞理论和风险博弈理论等，系统深入地剖析了“弯道超车”的理论依据，具有强烈震撼力和说服力，从而使湖南的“弯道超车”有据可依。

该书科学回答了“湖南要不要‘弯道超车’”，为湖南的“弯道超车”给出了科学判断。该书从分析本次金融危机的成因、现状和湖南的经济形态入手，对“湖南要不要‘弯道超车’”作出了肯定而又科学的回答。该书认为，湖南作为一个内陆欠发达省份，既要面临本次金融危机从国际市场向国内市场蔓延，从东部沿海向中西部地区蔓延、从虚拟经济向实体经济蔓延、从中小企业向大企业蔓延、从终端产品向原料市场蔓延所带来的经济衰退压力，还要面临“两型社会”建设与发展方式转变的压力。在国际金融危机短期难以见底的情况下，面对双重压力，如果应对不当，经济增长将很可能出现严重下滑和衰退。该书同时指出，湖南的经济形态，是典型的内生型，追赶型。因此，在金融危机和内生型、追赶型经济双重因素影响下，湖南不“弯道超车”，不及时“爬坡、换挡、加油”，社会不进则退，更谈不上跨越发展，后来居上。这些建立在理论分析和实证研究基础上的阐述，极大地增强了决策者的信心。

该书科学回答了“湖南能不能‘弯道超车’”，为湖南的“弯道超车”论证了现实可能。该书用大量的史实、事实，以历史的眼光、国际的视野、经济哲学的原理，阐释了湖南“弯道超车”的可行性。该书将“弯道超车”战略置于历史发展的长河之中，详细阐述了美国、日本、联邦德国、新加坡、韩国、中国台湾等国家和地区的成功历史经验，为湖南“弯道超车”提供了“前鉴”。同时，该书运用经济危机辩证法，经济发展辩证法、经济生命周期辩证法、经济决策辩证法等经济哲学原理，用大量的数据和事例，系统分析、论证了本次金融危机所带来的经济发展“双重拐点”，以及“双重拐点”上的“湖南机遇”。在此基础上，进一步论述了湖南“弯道超车”的基础、优势。这些“前鉴”、“机遇”、“优势”，使得湖南“弯道超车”有史可鉴、有机可循。

该书科学的回答了“湖南怎样‘弯道超车’”，为湖南的“弯道超车”勾画了战略路径。在发展思路方面，该书提出了要“统筹城乡，实现超车同步性”、“统筹区域，增强超车平衡性”、“统筹经济社会，提升超车协调性”、“统筹人与自然，确保超车可持续性”、“统筹省城内外，构筑超车联动性”的“五统筹观”，以及明确超车目标、调整超车策略、增强超车动力的“超车三要领”和分阶段、分区域、分层次的“超车三分规律”。这些均符合“弯道超车”的基本理论，也符合经济发展的一般规律。在赶超途径方面，该书列举了粮食生产、“四千亿工程”、科技创新、产业转移以及文化产业五个切入点，比较符合湖南实际，也是最能率先发力，支撑湖南崛起的几个产业、行业，可谓选准了突破口。在保障措施方面，该书提出了解放思想、理顺机制、规范管理三个要点，可谓抓住了“软肋”，抓住了“牛鼻子”。

总之，该书的出版，不仅统一了全省干部群众的思想认识，提振了干部群众信心，因而也获得了湖南决策者的高度肯定、社科理论界高度认同、普通百姓高度赞誉。

（周少华）

经济史研究

《中国经济史新论（1949—2009）》

杨德才　著

经济科学出版社2009年版

950千字

为了迎接中华人民共和国成立60周年，系统展示并总结新中国60年的辉煌历程、伟大成就和宝贵经验，中共中央宣传部和新闻出版总署组织出版了《辉煌历程——庆祝新中国成立60周年重点书系》。这套书系由从全国各家出版社申报的数千本候选著作中经严格评审后而入选的52本著作组成，《中国经济史新论（1949～2009）》（以下简称《新论》）便是其中的一本。

《新论》一书，由经济科学出版社出版，共950千字，分上、下两册。该书全面阐述了新中国60年经济发展的成败得失，系统地运用相关经济学理论对若干重大经济问题进行了深入分析。全书共20章，除第1章和第20章系总体分析与总结之外，其余18章每章围绕一个经济问题进行了深入而全面的分析。书中以1978年召开的十一届三中全会为界，将新中国60年的经济发展历程分为改革开放前阶段（1949—1979）与改革开放后阶段（1979—2009），在详细阐述不同阶段制度背景的基础上，有针对性地分析一些重大问题。

具体而言，第2章至第7章是分析改革前阶段的新中国经济发展史，第8章至第19章是分析改革后阶段的新中国经济发展史。全书虽然涉及的重大经济问题较多，但重点则是围绕四个中心问题来展开的。

一是制度（经济体制）变迁问题。既详细分析了传统计划经济体制的选择及传统体制内的制度调整及其变迁问题，更不惜笔墨地分析了改革开放后中国社会持续的制度变迁过程。正是由于经济体制及其变迁的不同，才使得改革前后两个阶段的经济增长动力呈现出天壤之别。

二是工业化问题。工业化是一国经济发展的中心，围绕这个中心，首先分析了改革前阶段工业化的起伏曲折，接着分析了改革开放以来工业化的进步及其存在的问题。无论是改革前抑或是改革后阶段，中国工业化进程都留下了太多值得我们反思的问题。虽然中国工业化的成果是显著的，但其支付的成本却也是比较高昂的。

三是“三农”问题。农业是中国经济的基础，一方面中国农业发展的成本最为高昂，另一方面中国农业发展的制度变迁也最为强烈，但“三农”问题却是共和国60年中始终面对的最为严峻的问题之一。

四是市场发展问题。其主要表现为非公经济的发展问题。对于非公经济，新中国经历了改造——禁止——不鼓励——鼓励的漫长制度演变，什么时候非公经济发展了、市场活跃了，整个社会的经济也就发展起来了。

该书写作中主要运用了新制度经济学、发展经济学和宏观经济学理论，并注重吸收学术界的已有研究成果。

（杨德才）

《百年演绎：中国博览会事业的嬗变》

乔兆红　著

世纪出版集团、上海人民出版社2009年版

480千字

会展业作为一种新兴产业，自20世纪90年代以来，在中国大地上急速兴起。会展业的迅猛发展给不少城市带来巨大的经济效益和社会影响，也带来重复建设、会展场馆总量过剩、空馆率过高，以及同质化竞争激烈等一系列的问题。原因之一就是人们对会展业兴起和运行的内在规律及其社会生态环境的要求，了解还不够全面深刻，把握还不准确到位。

博览会事业或一般所说会展业的兴起和运行，是和商品市场经济的发展和繁荣紧密联系在一起的。博览会事业或会展业，同现代化进程一样，也代表着一种新的社会和政治关系。该著对于中国会展业发展历程中政府各级官员介入的情况，实业家、海外侨界以及教育、文化各界民间力量参与的热忱，列强、海关洋员以及各大国实业界在中国会展业发展过程中所发挥的特殊作用，广大民众因支持振兴国货而对会展业的支持和传统的重本抑末而对会展业发展所产生的隔膜，作了全景式的复原和再现，有力地说明了博览会事业的发展不仅仅是一种经济行为，也是一种文化行为、社会行为、政治行为。作为其生存基础的，除去工商业发展之外，还有整个社会政治生态和制度支持和区位技术等多种条件。会展业因此可以说是一个国家一个时代综合国力的具像化。

中国博览会作为早期现代化之一部分，对促进工商业者思想观念的转变与民族资本主义的发展作出了重要贡献，但学术界对博览会与早期现代化之间究竟如何互动，尚缺乏深入的理论思考。该书将商品博览会作为现代化内容之一，将商品博览会这一新型工商业活动嵌入中国早期现代化的运行轨道中，研究其发生发展的过程，探讨政府与博览会、工商业者与博览会、博览会与中国的现代化建设、政治权力集团与工商阶层之间的互动关系等。

该书对中国博览会事业的研究以工商业者在19—20世纪社会转型时期与政府之间在政治、经济、社会等领域冲突、调适与合作对社会变迁的重大影响为归宿，从中窥视在半殖民地半封建社会的中国从事博览会事业与进行现代化建设的曲折与艰辛。

改革开放以后，博览会事业得以复萌，中国博览会乃呈蓬勃发展的态势。改革开放后中国博览会事业的蓬勃发展，并非简单的历史重演，既有承续性也有新的变异，国力提升、工商业发展、政府倡导和开放的社会风气乃是新的特点，其结果便是经过百余年的兴衰沉浮迎来了中国博览会事业的渐趋成熟。2010年世博会在上海的成功举办，标志着中国博览会事业的发展达到了一个新的高峰。

（乔兆红）

《中国城市发展史》

傅崇兰　白晨曦　曹文明　李倩　著

社会科学文献出版社2009年版

963千字

中国是世界城市文明的重要发祥地，城

市是中华文化体系最重要的存在实体，涉及范围大到国家行政、官制、城乡、建筑，小到诗歌、书画，几乎涵盖所有中国文化形态。《中国城市发展史》从中国城市产生和发展时间、空间、经济社会变革的动态过程的特点，阐述了中国城市与中华文明的关系。全书由引论、城市演变史、城市居住史、城市建筑史和城市广场史五部分组成，不仅包括城市经济、文化、建筑、历史、地理、环境方面的广泛内容，而且涉及哲学、宗教、伦理和美学诸多领域。

该书的亮点在于作者创造性地将传统理论方法的继承和创新与西学中用的学习和借鉴两种方法结合起来，利用自然地理环境是城市发展基础的理论、城市与乡村的相互依存和相互作用的理论、城市与区域发展关系的理论、城市文化延续性理论和城市是人类历史范畴的社会形态理论 5 个理论，进行研究，即“5 +2 理论方法”。

引论概述了中国城市史载世界史上的地位及其历史演变的地理、经济、社会、文化背景，突出了中国城市史是中国文化体系的存在实体。关于城市演变史，依据考古发掘和文献资料，叙述了夏商周时期的城市军事防卫和政治功能及手工业、商业功能的发展；将秦代咸阳城作为一个里程碑，对迄今 2500 年城市演变史进行研究，揭示了中国漫长古代社会以都城为政治、军事、经济、文化中心和多级行政中心形成的发达的城镇体系和特点。秦咸阳、汉长安作为国家政权中心，聚众学士，建造权力与艺术的宫殿；当洛阳从“乡聚”变成都城，增添手工业、商业“市”用场所。此后由于社会不断分合变动导致了城市兴衰和变迁。随着 1840 年鸦片战争后沦为半殖民地后，西方列强要求开埠通商、设租界地等，中国近代城市进入西方式化的变迁。

关于城市居住史，针对从西周开始的“西城东郭”阶段到明清复合城市布局模式、从北方四合院到南方水巷城市空间结构，重点阐述了城市居住特色及其积极影响。从原始人类的巢居、穴居，随着农耕发展转向原始村落，分居住区、墓葬区、陶窑区。随着原始村落迈向等级社会，城居区逐步由混居转向城（贵族）和郭（平民区）分开又联结的方式。西周开始“西城东郭”阶段，自秦始城郭合并形成“坐西朝东”布局更大的城居空间结构。中华传统的井田制度和“天圆地方”的宇宙观以及“居中对称”的礼制思想对城市空间结构形成产生积极影响。地方城市，如泉州“宫殿式大厝”民宅仿宫殿，有自己的特色。北京传统城居空间是“胡同”、“四合院”布局，南方城居特色是河街、水巷参与城居空间结构。近 200 年来，中国城乡居住方式增添了许多新内容，出现了新类型。城市居住空间结构两极分化问题在我国已经凸显，而且有日趋严重的趋向，应该引起各方的注意。但是长期以来学术界把注意力多放在研究城市经济结构和生态环境上，对于城市社会空间问题尤其是城市居住空间结构的分化与隔绝问题关注较少。

关于城市建筑史，建筑与文化的有机统一是中国的历史特色。从公元前 15 世纪直到 19 世纪，中国传统文化在建筑发展中始终保持了连续不断、完整和统一，中国传统城居建筑就是其中的一个典型代表。本编从建筑到文化，又从文化到建筑，做了创造性的、具有新意的发人深省的解说。对民居有形与无形、实与虚、内气与外气、通天接地的建筑文化，进行系统、全面地分析和论述，把人居建筑上升到理论（阳宅相法）和指导思想（风水说）层面，其中对“天人合一”的“宇宙图案”做介绍系生活经验的总结和智慧的结晶，使模糊猜测成分尽管科学难以解释却无可否认。而丧葬文化则是一门选择“风水宝地”建筑学，是古代地理学与堪舆术的结合。从中国传统村落建设中崇尚自然美，到都城与宫殿建筑，系古人象天设都哲学的体现。城乡居民和园林建筑，以天地和合为空间，把礼乐和谐以文化符号体现于建筑中，反应建筑与文化的有机统一，是中国建筑几千年来发展演变的历史特色。它全面反映中西建筑文化观的差异，同时也有助于对发展当代建筑文化的继承性思考。从中西建筑文化特征比较中，全面认识自己的优劣势之处，针对近一个世纪以来城市、城居出现的各种混乱、非理性行为，面对21世纪生态城市、山水城市与生态建筑目标，提出了对中国当代建筑设计和城市设计的积极思考。

关于城市广场史，分原始广场、传统广场和新型广场三个阶段来阐述。穿插中西广场文化的差异内容，探讨中国城市广场的演进，详细论述了传统广场的断裂的外因、内因。批评了广场建设中存在“追求最大”、千篇一律、大拆大建、不协调等忽视民族文化、地方文化的众多误区。最后对中西广场文化进行同异比较，指出广场是人民的需要，应有民众的参与共同创造，既要借助西方文化广场的活力要素，又要弘扬百姓喜闻乐见的民族形式与风格，建设中国文化特色的城市广场。

从现在到2050年，将是我国工业化、城市化、现代化发展和建设最生动、最丰富、发展最快、矛盾最多的年代，也一定是我国城市发展史上最辉煌的时期。相信《中国城市发展史》的问世，将有助于弘扬中华文化，提高城市文明的自觉意识和自强、自尊精神，以正确思维模式和历史经验，指导我国当代城乡现代化建设，构建和谐社会，构建魅力城乡。

（赵学秀）

《汉代物价新探》

丁邦友　著

中国社会科学出版社2009年版

310千字

对汉代物价情况的研究对我们准确把握当时的经济结构和人民生活水平，剖析汉代的政治与经济政策，全面了解汉代的社会历史风貌等，都有着重要的意义。自20世纪以来，许多学者都对汉代的物价问题进行过探讨，并取得了许多成果。但在该书出版之前，还没有出版过一部汉代物价史方面的专著。《汉代物价新探》是第一部以汉代物价为研究主题的学术专著。

汉代物价研究的最大困难是资料的缺乏。传世文献中有关汉代物价的记载十分稀少，在现存不多的物价记录中，大多属于特殊时期的物价记录，要么奇高，要么极低，还存在着文学化的倾向，需要认真甄别。20世纪30年代以来，汉代简牍的陆续出土，丰富了汉代物价的研究资料，但自20世纪80年代中期以来，汉代物价史料的整理与辑录止步不前。

《汉代物价新探》的作者针对汉代物价研究的实际，采取了以文献资料为中心的研究方法，这不同于以往的以产品为中心的研究方法，这是因为一方面研究资料较丰富的产品如粮食、土地等的价格已有较多的学者进行研究，成果较为丰富；另一方面汉代物价的研究资料尚需系统考订。

第一，该书考察了《管子·轻重篇》所记载的物价资料。《管子·轻重篇》中保留了相当一部分的物价记载，但对这些记载的可信度如何，学术界有不同的意见。有人认为，《管子·轻重篇》中的不少物价记录存在问题，不能采信，也有一些学者持相反意见，认为它们大多可信。该书将《管子·轻重篇》所载的物价资料与传世文献及出土简牍资料分门别类进行了比照，发现《管子·轻重篇》所载的粮价、盐价与传世文献及出土简牍资料所记载的粮价、盐价能够相互印证，基本反映了战国秦汉时代的社会经济状况。但《管子·轻重篇》所载的多数丝织品价格比其他文献及简牍所记载的丝织品价格高昂很多，因而不太可信。《管子·轻重篇》的物价资料部分属于战国时代，部分属于秦及西汉时期。

第二，该书考察了张家山汉简中的物价资料。张家山汉简《算数书》、《奏谳书》、《二年律令》中有不少战国至汉初的物价资料，在一定程度上弥补了战国、秦汉物价资料的缺环。该书对张家山汉简中的物价记录逐条作了辨析，并将其与文献及其他简牍所载的相关物价资料进行对照，系统考察了黄金、粮食、刍稾、缯、盐、漆、羽矢、棺木、佣工、爵位、奴婢等的价格，并对西汉初期的物价管理、张家山汉简所载物价反映的社会经济情况进行了探讨。作者认为《算数书》中的多数记录反映的是战国或者秦代的物价，而《奏谳书》、《二年律令》则基本上反映的是西汉初期的物价；张家山汉简所记的物价，较真实地反映了战国特别是西汉初年的实际，是全面把握战国至汉初的物价情况，了解汉初社会经济恢复情况的宝贵资料。

第三，该书就《史记·货殖列传》反映的物价资料作了较全面的辨析。司马迁在《史记·货殖列传》中说：拥有百万资产而从事经营活动的人，其年收益可达20万钱，可与汉代的千户侯相匹敌。这段记述，经常被学者们用来讨论秦汉的物价问题，但由于学者们对这段记述的理解不同，因而得出的结论相差很大。该书对《史记·货殖列传》涉及的马、牛、羊、鱼、竹、木、枣、栗、橘、漆、桑、麻、卮、茜、粮食、姜、韭、酒、酱、醋、浆、船、车、薪稾、木器、铜器、铁器、奴隶、帛、絮、细部、文采、榻布、皮革、蘖、曲、盐、豉、筋角、单纱、狐貂裘、羔羊裘、旃席等商品的价格进行了专门考察。作者认为《史记·货殖列传》中的物价资料基本可信，较客观地反映了西汉前期内地的社会经济生活状况。

第四，该书系统考察了西北汉简所记载的汉代河西地区的物价，包括粮食、布帛与服装、牲畜、副食品、茭、木材六大类，同时对河西汉简所反映的粮食与纺织品、粮食与肉类、粮食与酒等商品或产品的比价作了初步的探讨。通过考察，一方面进一步印证了已有的一些观点，如河西地区布帛与服装价格比内地昂贵，但马、牛、羊、鱼价比内地低廉；另一方面得出了一些新的结论。如据文献所载，在王莽统治的后期，中原地区物价飞涨，民不聊生，但这个时期的河西物价则相对稳定，没有出现飞涨的情况，河西地区物价飞涨是在东汉初年。再如，人们常常认为河西地区木材较稀缺，故木材价格较内地昂贵，但汉简反映的情况并非如此，河西地区的木材价格与《史记·货殖列传》所载的木材价格基本相当。

第五，就学术界涉及较少的汉代的盐价、鱼价和马价进行了专门的考证。作者认为汉武帝实行盐铁专营政策之前，虽然出现过“盐与五谷同贾（价）”的情况，但这种现象不是经常性的；汉武帝实行盐铁专营以后，盐价上升，价格在1石300钱至1100钱之间；盐与米的比价在5∶1或6∶1。作者认为汉代的鱼价差别较大，高档海鱼较贵，一斤价值千钱，河西汉简记载的鱼价有低至一枚值谷一升的。通常，汉代的鱼价在一斤1钱至数十钱之间。汉代正常情况下的马价究竟是多少，学术界意见不一，或说一匹5000余钱，或说一匹1万钱，或说1匹10万钱。该书作者考证后认为，5000余钱一匹的马价不是汉代内地马匹的常价，而是汉代内地马匹的最低价，在两汉的多数时期，内地马匹的常价当在一匹2万钱以上。

（孔继萍）

《招商局珍档》

胡政　主编

中国社会科学出版社2009年版

487千字

招商局是中国创办最早、历时最久的现代民用（不是民营）企业。它诞生于中国社会由传统向现代转型的时期。它最初作为官督商办企业，既受惠于清政府的支持，又不能摆脱后者的桎梏；辛亥革命前后一度成为盛宣怀和袁世凯两个大官僚的俎上肉；最后则完全受控于南京国民政府。招商局作为外国侵华资本的对立物而产生，它同在华外资航运业既竞争又妥协，在历次外国侵华战争中更每遭浩劫，损失惨重。官商矛盾、中外矛盾，以及招商局内部纠葛和它同民营航运资本的矛盾，盘根错节，始终贯穿于这个企业的近代历史。从这个意义上，可以说，招商局是中国近代企业的典型，它的历史是中国近代经济史的缩影。随着中华人民共和国的成立，招商局获得了新生。尤其是今天，招商局集团以其庞大的规模、雄厚的实力、跃进的速度和响亮的品牌，以香港为总枢纽，生机盎然地展现在人们面前，它又成为展现中国改革开放成就的一个十分生动和有说服力的窗口。

招商局存世档案为数众多，记录了这个企业长而复杂的发展轨迹。招商局史研究会从浩如烟海的档案中，选择在招商局发展关键时点具有代表性的档案44件，编辑成《招商局珍档》。其时间跨度始于1872年李鸿章试办轮船漕运的奏折，迄至1978年建立蛇口工业区的报告及批复，时间跨度一百多年。主要包括李鸿章奏设招商局、招商局开业、招商募股、盛宣怀入局、并购旗昌后的经营危机、齐价竞争、南北洋之争、设立局规、售产换旗、官督商办、对外投资、商办隶部、铁桥遇难、回迁上海、规范标准、军事接管、起义回归、开发蛇口等几十个专题。尽管这44件档案在现存招商局档案中不过是沧海一粟，然而由于其重要性和代表性，既浓缩了招商局一百多年的历史，又彰显了招商局最早投入改革开放大潮、焕发青春的辉煌。这部《珍档》所收档案的原件分别藏于蛇口招商局档案馆和北京中国第一历史档案馆、南京中国第二历史档案馆、上海图书馆等处，个别见于已刊书籍和报刊。

该书所遴选的档案，充分见证了招商局的鲜明历史足迹。例如，百年招商局的开篇，第一件档案——1872年12月23日李鸿章上书清廷《设局招商试办轮船分运江浙漕粮由》，阐述了洋务派创办招商局的基本动机、意图、构想以及创办招商局的重大意义；同年沈葆桢奏《旗昌公司并归招商局请饬拨款由》，支持收购由美国人创办的旗昌公司，使招商局实力大增；1873年由盛宣怀拟定《招商局章程八条》，是招商局企业制度建设的起步；1902年12月23日袁世凯控制招商局的《整顿局务九条》，暴露了他利用官督商办遂其私利的意图，也为此后盛宣怀利用“商办”名义夺回招商局的控制权提供了条件；1912年2月2日孙中山给招商局的来电，感谢招商局同意以局产抵押南京临时政府向外国借款以充军事；1930年10月28日由南京国民政府发布的《招商局收归国营令》，是招商局体制的又一巨变；1950年11月5日周恩来总理的嘉勉电报，慰问和嘉勉招商局13艘海轮起义人员，标志招商局的新生，在海内外产生了广泛而深远的影响；1978年10月9日中共交通部党组向党中央、国务院报送了《关于充分利用香港招商局问题的请示》文件，是百年后招商局的又一开局鸿篇，从此招商局在中国改革开放的大潮中又扮演重要的角色。书中的全部档案均配有清晰的彩色原件图片，更显其弥足珍贵。

这部《珍档》熔资料性和学术性于一炉，融科学性和可读性为一体。书中披露的每件档案都注明了出处，为读者深入研究提供了准确的来源和线索。同时，在资料的编选上突出了不同时期的重点，并作了科学的编列，还对每件档案添加了必要的点评和注释，增加了它的学术含量。全书中对所收录的档案都作了句读，将繁体和异体字一律改为简体字，十分便利今天读者的阅读。书中对档案的点评多由我国著名近代史、近代经济史专家执笔，除了介绍原档内容和它所涉及史实的背景外，还对有关事件在招商局发展历程中的作用和影响作出评价。

（张爱瑛）

经济皮书专题

经济蓝皮书：2010年中国经济形势分析与预测

陈佳贵　李扬　主编

社会科学文献出版社2009年版

458千字

《2010年中国经济形势分析与预测》是“经济蓝皮书”系列之一，主编为陈佳贵、李扬，副主编为刘树成、汪同三。本书是在中国社会科学院经济学部“中国经济形势分析与预测”课题组召开的“中国经济形势分析与预测——2009年秋季座谈会”的基础上，由政府部门、科研团体、高等院校等各方专家、学者共同撰写的关于中国经济形势的研究成果。

全书分为综合预测篇、政策分析篇、财政金融篇、专题研究篇、台港澳经济篇及国际背景篇，运用定量与定性相结合的方法，对2009年中国宏观及微观经济层面形势，特别是全球金融危机及其对中国经济的影响进行了深入分析，并且对2010年的经济走势进行了预测。

2009年恰值新中国成立60周年，面对国际金融危机的严重冲击，全国上下共同努力，我国经济总体上已经呈现止跌回升、企稳向好的趋势，预测GDP全年增速8.3%，经济增长“保八”的预期目标可以实现。如果说保增长是短期目标，是战术性措施，那么，调结构就是长远目标，是战略性举措。解决经济增长过程中长期存在的各种问题，就必须处理好保增长与调结构的关系。对此，各位专家给出了权威分析。

在具体措施上，如何做好2010年以及今后的经济工作，实现党的十七大提出转变经济增长方式的任务，并且保持经济平稳较快增长？投资、消费、净出口是观察宏观经济运行的三个重要指标，过高的外贸依存度使得经济体抵御国际经济波动的能力变差，过高的投资增长率也缺乏可持续性。如何促进内部需求、扩大消费，协调“三驾马车”共同拉动我国经济发展，也是专家关注的问题。

专家从调整需求结构、调整供给结构、调整要素结构等方面指出了实现结构优化、产业升级的建议。

首先，在产业组织结构调整过程中，要切实解决小企业发展中遇到的困难，就要在鼓励小型企业和微型企业的政策更有针对性，就应该根据形势发展的要求重新确定、划分中型企业和小企业的标准，最好增加微型企业的档次。其次，加强对各类机构的资产负债表的调控，加强宏观审慎监管，是我国2010年货币政策操作的主要方向。最后，我国经济最终恢复增长，只有在过剩生产能力得到充分淘汰、全社会的投资有效增长、民间资本全面恢复活力、FDI恢复政策之后才能实现。

（高雁）

财经蓝皮书：中国服务业发展报告 No. 8

裴长洪　夏杰长　等著

社会科学文献出版社 2009 年版

356 千字

该书的主题是：服务业是城市腾飞的新引擎。

该书认为城市扩张是现代经济增长的重要特征，而城市是服务业最重要的投入和产出基地。城市与服务业发展之间的良性互动是全球经济的重要趋势。服务也并不单纯是城市产业的一部分，且在拓展城市空间、提升城市功能、促进城市经济发展、提高城市竞争力等方面发挥着重要作用，是城市转型和成长的重要引擎。后工业经济时代，城市转型的主要特征就是形成以服务业经济为主的产业结构，进而促进城市功能及其发展模式的重大变化。

该书认为城市的转型一般分为三类：工业型城市转型、区域中心城市转型和资源枯竭型城市转型。城市转型的核心目的分别是提升制造业自主创新能力，与周边地区之间形成深入的产业分工与合作、寻找接替产业。为了顺利推进城市转型，工业城市宜优先发展那些能够体现先进制造技术与现代服务业同和发展的生产性服务行业，以降低社会交易成本和提高资源配置效率；区域中心城市则要形成以服务业为主的产业结构，完善服务体系，提高服务业的经济实力；资源型城市关键是解决接续或者替代产业问题。实践表明，退出传统的资源性产业，进入生态旅游、信息服务等服务业是一条行之有效的途径。

以现代服务业推进城市转型，信息化是极为重要的手段之一。我国的信息化和城市化进程紧密结合在一起。城市能级是经济增长和社会发展状况在城市范畴内的具体化，信息化与城市能级提升是过程和结果、手段与目标的关系，有效利用信息化发展成果是城市能级提升的关键，也是城市服务业集聚发展的重要支撑。经济全球化和信息技术的发展，使得服务业集聚已经成为国际大都市产业发展的主要趋势和重塑城市内部空间的主导力量。我国城市服务业呈现较明显的集聚发展趋势，集聚效应开始显现，对推动城市经济的发展，提升城市化的影响力和控制力等具有重要作用。

（周丽）

城市竞争力蓝皮书：中国城市竞争力报告 No. 7

倪鹏飞　主编

社会科学文献出版社 2009 年版

410 千字

自 2003 年起，中国社会科学院财政与贸易经济研究所每年发布《中国城市竞争力报告》，即由著名城市经济学家倪鹏飞担任主编的《城市竞争力蓝皮书》，汇集了众多研究城市经济问题的专家、学者关于城市竞争力和城市定位方面的最新研究成果。

在全球化的世界中，各国之间、各城市之间的联系日益紧密，竞争也不断增强。城市是国家与区域的中心，是国家发展的引擎、创新的源泉。城市竞争力决定国家的竞争力。选择科学的城市化道路，通过城市的发展带动国家的发展与竞争力的提升是本书一以贯之的研究定位。近年来，中国城市迅猛发展、城市化快速推进，与城市相关的研究引起了公众的高度关注。

本书分为七大部分。第一部分为总报告，显示了每年城市竞争力的排名情况；第二部分介绍了研究框架；第三部分为区域报告；第四部分为重点城市报告；第五部分为分项报告；第六部分为主题报告，每年重点围绕一个主题展开；第七部分为附录，展示了城市竞争力指标体系。不同年度的报告中，在进行理论研究、计量研究、案例研究和主题研究四大基本内容的前提下，每一部分或扩大了研究视野，或转换了研究的视角，或创新了研究的理论。在简要介绍城市竞争力的分析方法后，报告利用计算结果进行计量分析和案例研究。计量研究部分主要采取总、分的形式。首先，利用显示性指标体系及数据，对全国294个地级以上城市进行总体报告；其次，分别对6大区域和22个省区进行了区域分析；最后，根据解释性指标体系及数据，分别对中国城市人才、企业、主要产业等8个分项竞争力进行了分析。其中的亮点在于：不仅可以了解本省区城市竞争力在全国的位置，而且可以了解省区内城市竞争力的格局，各相关部委和城市政府的职能部门可以了解到与己相关的分项竞争力的格局。根据全国城市发展的格局，以及未来全球、中国发展的主导力量及其趋势，可以判断未来十年具有跨越发展潜力的城市。

本书根据翔实的基础资料以及大量调查数据，按区域对中国城市竞争力进行了分析，特别是对中国未来十年最具竞争力的城市进行了案例分析，评述客观，内容丰富，科学地构建各项指标，反映了针对中国的现实和未来最高水平的理论研究成果，具有不容置疑的权威性。在服务于城市政府决策的基础上，本书还将范围扩展到为海内外企业投资决策、海内外人才创业和求职决策服务，未来将定位于政府决策的参考、企业投资的指引和人才创业的向导，对各级政府、有关研究机构、社会公众具有重要的决策参考及借鉴意义。

（王莉莉）

金融蓝皮书：中国金融发展报告（2009）

李扬　主编

社会科学文献出版社2009年版

592千字

《中国金融发展报告》是中国社会科学院金融研究所编撰的一系列出版物中的一种，至今已出版五卷。金融蓝皮书：《中国金融发展报告（2009）》（以下简称《报告》）概括了2007—2008年中国货币金融运行特点，分析中国经济金融实践的精彩之处，描述货币金融改革的路径走向，评说两年间金融市场上行下落的走势成因和政策选择，揭示一系列最新变化的内在机制，探索中国货币金融的进一步发展趋势。

在篇章上，《报告》保持了过去的三大部分的框架。

第一部分为“宏观经济分析”。该书首先从经济增长、投资和储蓄、物价等四个方面对

2007—2008年的中国经济运行状况做了总体概括，然后分别对居民户、企业、国外和政府等四大经济主体的行为进行了分析。这些分析有助于读者更加深入、全面地把握处于剧烈变动中的中国经济运行和宏观经济政策的总体面貌。

第二部分为“金融运行分析”。同过去一样，这一部分系统地记述了2007—2008年中国的金融发展与货币政策、金融部门、金融市场、国际收支和国际金融市场等五个主要领域的发展状况。鉴于2007年2月3日起，美国开始发生次贷危机并渐次演化为全球金融危机，《报告》不仅在各个章节反映了全球金融危机对中国金融运行的影响，而且专设“全球金融危机下的中国地区金融生态”一章，更具体地分析全球金融危机对我国金融运行的冲击。

第三部分为“专题分析”。《报告》将重点置于讨论全球金融危机及其对中国的影响方面，主要讨论了国际货币体系的缺陷及改革、金融危机对人民币汇率的影响、衍生品市场与全球金融危机、商品期货投机、运用外汇储备支持地方政府扩大内需、小额金融机构的可持续性发展、中国银行体系中的资金过剩效应、金融监管模式、金融腐败的监管、房地产市场分析等。

（王玉水）

经济信息绿皮书：中国与世界经济发展报告（2009）

王长胜　主编

社会科学文献出版社2009年版

569千字

《中国与世界经济发展报告（2009）》由国家信息中心组织专家队伍编撰，该书分为主报告、综合篇、国际经济篇、产业发展篇、区域经济篇和专题篇5部分，对2009年国内外经济发展环境、宏观经济发展趋势、经济运行中的主要矛盾、产业经济和区域经济热点、宏观调控政策的取向进行了系统的分析预测，力求突出定性与定量相结合、预测与对策研究相结合的特点，内容涵盖了8大宏观经济领域、9大重点行业、6大经济地区、4大世界经济体。该书是关于当前和未来一年中国与世界经济发展形势的经济信息绿皮书。

2009年，国内外经济环境中不利因素和不确定因素明显增多。受金融、房地产和就业三大市场的三重打击，世界经济发展进入低迷时期，各国政府和央行正在孤注一掷救助金融市场危机，然而信任和信贷危机并未就此结束。预计未来几年世界经济增长将渴望保持在3.0%的水平。其中发达经济体于2008年下半年和2009年初陷入或接近衰退，2009年的随后时间世界经济复苏将是一个渐进的过程。目前的救助计划无法支撑股市以及金融市场的根本稳定，因此无法解决世界经济的核心问题。世界经济需要在深层次上进行结构调整的同时，找到实现新一轮经济发展的增长点。

席卷全球的金融危机将对未来世界实体经济造成严重冲击，也必将对中国经济造成一定影响，引发我国经济继续紧缩甚至出现比较大幅度下滑的风险依然存在。2008—2009年，我国固定资产投资、消费对经济增长起到拉动作用；对外贸易、国内就行形势严峻；财政支出创历史新高，金融风险加大；主要工业行业的生产、消费、销售增长放慢，除少数几个消费品行业外，其他工业行业赢利水平均由不同程度的回落。通胀问题不再是2009年经济运行的突出矛盾，经济增长过快下滑和金融风险上升成为宏观调控面临的主要问题。

从区域经济发展格局来看，自2007年以来，我国区域经济发展格局出现了一定的变化，区域经济相对差距有所缩小，区域经济协调发展战略取得一定成效。不过，部分地区GDP至上观念没有根本转变，公共服务业没有明显改善。2009年，在区域协调发展战略的指导下，区域经济协调发展向好态势将得以延续，在改革试验区的示范下，区域合作将继续推进、区域特色也会更加明显。从四大区域板块看，如果在宏观调控政策引领下整个经济能够保持相对较高增幅的话，那么中西部地区经济增长速度将会领先东部地区；在固定资产投资向基础设施建设领域倾斜的背景下，中西部及东北与东部地区的增幅差距可能会拉大；消费出现共振的概率比较大。

在可持续发展观指导下，进一步完善社会主义市场经济体制将有力激发国内各方面发展的积极性，我国经济具有应对各种困难与挑战的活力和潜力。我们既要充分估计这场危机对我国经济的影响，又不能过于悲观，要看到中国拥有巨大的内需市场和相对完善的产业体系以及充足的外汇储备，保证我国有能力抵御这场危机，保持经济的平稳较快发展。2009年中国宏观经济增长速度将继续有所回落，但仍可以保持较快增长速度。综合多种因素预测，2009年，只要我国宏观调控政策将“保持经济平稳较快发展、促进经济结构转型升级”作为基本取向，实行积极的财政政策和灵活审慎的货币政策，加快生产要素价格形成机制的市场化改革，加大国家对技术进步和创新的政策支持力度，促进经济结构在调整中转型升级，完全有可能实现国民经济增长9%的发展速度。

回顾改革开放以来我国经济发展的每一次起落，可以发现，中国经济在经历每一轮调整后总是能够探索出新的发展思路，迈上一个更高的台阶。有理由相信，2009年是中国又一轮探索发展新路的起点，是中国转变发展方式迈出实质性不发的突破点，充满务实创新精神的中国人民一定会再次给世界一个奇迹，以更加平稳、更加协调、更加可持续的模式进入下一轮经济发展周期。

（赵学秀）

旅游绿皮书：2010年中国旅游发展分析与预测

张广瑞　刘德谦　宋瑞　主编

社会科学文献出版社2010年版

257.5千字

《旅游绿皮书》是由中国社会科学院旅游研究中心组织相关专家编写的年度研究报告，是社会科学文献出版社“皮书系列”的重要组成部分。该书自2004年开始出版，至今已连续出版六本。该书每年4月份出版。

2010年版《旅游绿皮书》同往年一样，依然由主报告和专题报告组成。主报告从2009年国内外发展环境入手全面分析了一年来我国旅游业三大市场的总体情况、相关行业的运行特征以及政府相关政策的出台实施，并提出了未来一段时期内促进我国旅游业发展的对策建议。除了深度剖析旅游业的跌宕起伏以及背后错综复杂的影响因素外，主报告还就如何理解旅游的经济功能与社会功能、如何看待旅游消费中内需与外需的关系、如何处理旅游产品开放中奢华与大众的关系、如何解决旅游建设中硬件与软件的配套等问题给予了颇具见地的分析。围绕国务院《关于加快旅游业发展的意见》，主报告提出，未来我国旅游产业发展将在产业功能定位上更加强调经济上的战略性和服务业的社会性，在服务方向与方式上突出服务大众、坚持以人为本，在旅游发展目标与发展方式的确定上体现科学发展观。展望2010年，我国国内旅游市场将更加红火，出京旅游市场更加活跃，入境旅游市场也会扭转局面，同时一系列重大区域发展战略的实施，将推动我国旅游业的发展，而邮轮、会展、分时度假、创意旅游等新业态也将面临新的发展机遇。

另一篇主报告讨论的，则是全球视野下的中国旅游竞争力。其所注目的，是当前中国旅游发展与其既定目标间的差距，报告中不仅指出了当前中国旅游发展滞后于中国经济发展的现实，同时也探讨了其所面临的发展新机遇。

爆发于2008年并贯穿于2009年和未来一段时期的国际金融危机，是影响我国旅游产业运行的一个重要背景，也是读者和业界倍加关注的问题。在本年度的专题报告中，专设一个“特别关注”篇，从不同角度围绕此问题进行了分析。与此同时，经过30多年的发展，中国已在全球旅游业中扮演着重要的角色。这种重要性，不仅体现在具有国际吸引力的旅游资源和旅游市场上，也体现在具有本土特色的创新思路和管理方法上。近年来我国涌现出的一些旅游新业态、新产品、新做法、新模式，丰富了世界旅游的发展实践。为此该书专门筹划了一个“年度专栏”——“旅游业中的‘中国制造’”，选择了五个比较有代表性的案例，借以反映我国旅游业某一领域内的创新做法和本土模式。

除此之外，专题报告还设置了三大市场、产业运行、探索讨论、台港澳旅游发展以及它山之石等不同板块。除了对中国旅游业三大市场（入境旅游、出境旅游和国内旅游）、三个地区（香港、澳门和台湾）、三大行业（饭店、景区、旅行社）近两年来的发展形势和未来发展趋势进行综合分析外，还涉及对相关政策的解读、对区域发展的思考、对国外经验的借鉴等问题。

旅游绿皮书在内容的设计上充分考虑旅游业的综合性特点，一方面，注意保持固定栏目，力求综合分析的连续性；另一方面，专题报告选题多元化、风格多元化，力求有所侧重，扩大覆盖面。

（王玉水）

农村经济绿皮书:中国农村经济形势分析与预测(2008—2009)

中国社会科学院农村发展研究所　国家统计局农村社会经济调查司
社会科学文献出版社2009年版
252千字

该书描述了2008年中国农业农村社会经济发展的主要指标和变化，对2009年中国农业经济形势作出了展望和预测。

该书分析认为，2008年，中国国内总产值（以现价计）中，农村各部门创造的比重为44.7%，比2007年提高了0.1个百分点。2008年国内生产总值增长9%。在国内总产值增长中，农村部门贡献了3.76个百分点，贡献份额为41.8%，比2007年提高3.7个百分点。2008年，第一产业增加值达到34000亿元，比2007年实际增长5.5%。2008年，乡镇企业增加值79700亿元，比2007就增长11.6%。2008年，乡镇企业营业收入326400亿元，比2007年增长11.5%；利润总额20120亿元，增长11.7%；上缴税金8550亿元，增长12.8%。

2008年，以增加值计算的农村产业结构中，第一产业比重为29.8%，比2007年提高1个百分点；第二产业比重为54.6%，下降1个百分点；第三产业比重为16.3%，与上年持平。

2008年，粮食种植面积10670万公顷，比2007年增加106万公顷；棉花种植面积576万公顷，减少17万公顷；油料种植面积10670万公顷，增加139万公顷；糖料种植面积193万公顷，增加13万公顷。

2008年，粮食总产量52850万吨，比2007年增长5.4%；棉花产量750万吨，减少1.6%；油料产量2950万吨，增长14.8%，糖料产量13000万吨，增长6.7%。

2008年，肉类总产量72699万吨，比2007年增长5.9%，其中猪肉增长7.6%，牛、羊肉分别下降0.5%和1.8%。2008年水产品产量4895万吨，增长3.1%。

2008年，农产品生产价格比2007年上涨14.1%，其中种植业、林业、畜牧业和渔业产品生产价格分别上涨8.4%、8.5%、23.9%和11.2%。

2008年，农村固定资产投资21124亿元，比2007年增长21.5%；占全社会固定资产投资的比重为14%，比2007年下降0.46个百分点。

2008年，农产品进出口贸易总额992.1亿元，比2007年增长27.8%。

2008年，农民人均收入4761元，比2007年增加621元，实际增长8%，增速比2007年下降1.5个百分点。

2008年，东、中、西部地区农民人均纯收入分别为6223.4元、4530元和3381.7元，分别比2007年增长13.1%、16.2%和16.3%。中、西部地区与东部地区农民收入差距缩小。

2008年，城乡居民收入差距略微缩小，收入差距比由2007年的3.33 :1缩小为3.31 :1。

2008年，农村居民人均生活消费支出3661元，比2007年增加437元，实际增长6.6%。

2008年，东、中、西部地区农村居民人均生活消费支出分别为4546.4元、3436.7元和2776.8元，分别比上年增长12%、15.2%和14.6%。

该书通过分析，预测2009年第一产业增加值38000亿元左右，较2008年实际增长6%，占国内生产总值的比重为11.5%左右。

预测2009年粮食产量5.2亿吨；油料总产量达到3100万吨，比2008年增长5%左右；棉花总产量700万吨左右。

预测2009年肉类总产量将达到7500万吨，较2008年增长3%左右。

预测2009年农产品生产价格上涨5%左右。

预测2009年农民人均收入仍将保持增长，但增速将低于2008年，实际增长率可能降到6%左右，城乡居民收入差距扩大到3.35 :1。

本年度的专题是扩大农村内需，提高农民收入、提高农民增收能力和提高农民消费预期。

全书通过分析认为，提高农民收入可以通过以下做法来实现：

1. 以免除农业税、发放粮食直补为切入点，建立符合中国国情的农业保护政策。

2. 以江湖治理工程、林草生态工程、沙土流失治理工程为切入点，为农民提供更多的增收机会。

3. 以农村和农业基础设施建设为切入点，为农民提供更好的增收条件。

4. 以农地承包经营权流转为切入点，为农民创造单独经营依靠农业同样能够持续增收的条件。

5. 以发育劳动力市场和改革户籍制度为切入点，改善农户进城从事非农业和定居的条件。

而要提高农民的增收能力可以通过：健全知识传授网络、加强农民技术培训、构建经验交流平台、完善信息传递渠道等做法来实现。

（周丽）

人口与劳动绿皮书：中国人口与劳动问题报告 No. 10

蔡昉　主编

社会科学文献出版社 2009 年版

275 千字

自 2000 年起，中国社会科学院人口与劳动经济研究所每年发布《中国人口与劳动问题报告》，即由中国社会科学院人口与劳动经济研究所所长蔡昉教授担任主编的《人口与劳动绿皮书》，在盘点年度相关资讯的基础上，以鲜明的主题总结人口与劳动问题及其研究成果，展望和预测未来人口、劳动发展趋势。

现阶段，我国人口文化素质总体水平不高，与世界发达国家存在较大差距。与人口文化素质总体水平偏低的现状相联系，目前我国人口文化素质发展的结构性非均衡问题已突出地影响着我国现阶段人口素质的进一步提高。本书分析了过去 20 多年中国人口的转变及其未来发展趋势对教育的影响，包括学龄人口变动的影响，人口流动引发的教育问题，人口老龄化对继续教育和社会教育的影响，国民教育期望的提升以及教育投资的增加等，讨论了当前和未来人口变动与教育的关系以及对教育发展的挑战，并就这些问题提出了相关的政策建议。尝试从揭示中国教育发展的差异性出发，阐述其与人口转变之间的关系，并着眼于探讨在人口转变提供了潜在机会的条件下，如何通过公共政策的调整和体制改革，让教育资源在更均等的条件下被分享，成为今后十几年的战略机遇期的重要支柱。

根据预测，中国劳动年龄人口在 2015 年前后达到高峰，之后将下降，这意味着对经济增长作出贡献的传统意义上的人口红利将消失。与此同时，人口老龄化程度和社会养老负担显著提高。本书认为，保障劳动力供给客观上要求未来考虑提高退休年龄问题。而这种可能性几乎完全取决于教育的发展。也就是说，发展教育是为迎接老龄化所做的必要准备，或者说是创造条件赢得第二次人口红利。

在就业方面，农民工和大学生成为两个值得高度关注的群体，实际上就是青年群体的就业问题。在所有年龄组中，城镇 16—24 岁年龄组的失业率是最高的，达到 9.48%，远远高于其他年龄组。25—34 岁年龄组的失业率为 5.29%，35—44 岁年龄组的失业率为 4.59%。随着年龄的增长，失业率迅速下降。45—54 岁年龄组的失业率低于 4%，55 岁及以上年龄组的失业率低于 2%。可见，青年群体的失业问题格外值得关注。

本书关注中国当前人口的总量与增量变化情况，在人口学预测的基础上，研究我国人口总量及劳动力人口的数量与结构问题，提出随着“人口红利”的消失，给我国劳动力供给方面可能带来的一些重要变化。

本书力图在提供新的证据的基础上，着重于分析不同经济发展阶段的变化，以其学术研究的严谨性和前瞻性对政策的制定提供理论依据。无论作为专业研究者的参考和关心就业问题的普通读者的选择，本书都具有长期的收藏和阅读价值。

（王莉莉）

中国省域竞争力蓝皮书：中国省域经济综合竞争力发展报告（2008—2009）

李建平　李闽榕　高燕京　主编

社会科学文献出版社 2010 年版

20110 千字

经济综合竞争力是一个地区、一个产业

或行业在市场经济激烈竞争中占据优势、立于不败之地的关键所长。党和政府在经济和社会的发展中，越来越重视综合国力的国际竞争和行业的国际竞争，概括地说，就是越来越重视竞争力的提升。

为了适应国际竞争力发展和国内区域经济竞争格局的需要，2006年1月，由国务院发展研究中心《管理世界》杂志社、福建师范大学、福建行政学院联合成立全国经济综合竞争力研究中心，下设分中心，主要致力于中国省域经济综合竞争力、产业竞争力、企业竞争力、政府竞争力、技术竞争力及相关经济领域竞争力问题的研究。本蓝皮书主要有全国经济综合竞争力研究中心福建师范大学分中心具体组织研究。该分中心作为全国经济综合竞争力研究中心的分支机构，由福建师范大学原校长、博士生导师李建平教授担任中心主任。2007年3月，由李建平、李闽榕、高燕京担任主编，编撰、出版了省域经济综合竞争力的第一本蓝皮书《中国省域经济综合竞争力发展报告（2005～2006）》，并由全国经济综合竞争力研究中心与社会科学文献出版社在中国社会科学院联合召开新闻发布会向全国推出，在社会上产生了巨大反响。2008年3月和2009年3月，由李建平、李闽榕、高燕京担任主编，编撰出版了省域经济综合竞争力的第二本蓝皮书《中国省域经济综合竞争力发展报告（2006～2007）》和第三本蓝皮书《中国省域经济综合竞争力发展报告（2007～2008）》。

课题组在2009年版蓝皮书研究的基础上，不断完善指标评价体系，兼顾港、澳、台3个区域和内地31个省域指标数据的可获得性原则，构建了一个包括港、澳、台在内的中国34个省际区域经济综合竞争力评价模型和指标体系，主要由1个一级指标呢、8个二级指标、19个三级指标和104个四级指标组成，客观全面地反映包括港澳台在内的中国34个省级区域经济综合竞争力的发展变化。

本报告充分借鉴国内外研究者的相关研究成果，不断丰富省域经济综合竞争力的基本概念和内涵，紧密跟踪省域经济综合竞争力的最新研究动态，深入分析当前我国省域经济综合竞争力的特点、变化趋势及动因，按照科学性、客观性、系统性、公正性、可行性、可比性的原则，建立起比较科学完善、符合中国国情的省域经济综合竞争力指标体系及数学模型。本报告对2007—2008年中国内地31个省域和香港、澳门、台湾3个地区的经济综合竞争力，进行全面、深入、科学的比较分析和评价，深刻揭示不同类型和发展水平的省域经济综合竞争力的特点及其相对差异性，明确各自内部的竞争优势和薄弱环节，追踪研究省区市经济综合竞争力的演化轨迹和提升路径，为提升中国省域经济综合竞争力提供有价值的理论指导和实践对策。

（王玉水）

企业蓝皮书：中国企业竞争力报告（2009）

金碚　主编

社会科学文献出版社2009年版

512千字

从2007年下半年开始的次贷危机，到2008年下半年已经演化为全球性的金融危机，甚至可以说是全球性的经济危机，全球经济停滞不前。在这种背景下，中国企业突然发现每年市场销量的快速增长并不是必然的，低增长甚至负增长也是经济生活的一种状态。但我们也欣然看到，中国一部分优秀企业的国际竞争力在金融海啸中不仅没有减弱，反倒得到了历练与提升。因此，人们非常希望了解，金融危机告诉了我们哪些经济的规律与真相；金融危机演化到今天，中国企业应实行怎样的竞争力提升战略？这些研究正是“企业蓝皮书”——《中国企业竞争力报告（2009）》的核心内容。该书是中国社会科学研究院产业与企业竞争力研究中心研究人员根据中国产业及企业的统计与调查数据所作的学术研究成果，是第 7 次发表研究报告。本年度的中国企业竞争力报告以 2009 年企业竞争力监测结果为背景，专注于探讨金融危机对中国企业竞争力的影响，分总论篇、行业篇、企业篇、国际比较篇、理论焦点篇，从企业竞争力表现的测评与企业竞争力源泉的探求两个方面来集中研究中国企业的竞争力。

该书利用上市公司 2009 年半年报财务数据指标，对 1317 家上市公司的竞争力进行了跟踪和监测。本报告对大限度地利用了最新数据，继承了以往年度报告所采用的分析方法，引入了动态指数对上市公司的基础竞争力进行了调整，以便跟踪监测上市公司竞争力变化的最新趋势。

从整体上看，上市公司基础竞争力和百强公司基础竞争力明显下降，这表明金融危机对我国企业的竞争力有较大冲击。监测结果显示，上市公司整理得分比 2008 年下降了 57%，比 2007 年下降了 26%，百强公司基础竞争力得分比 2008 年下降了 9%，比 2007 年下降了 16%。

从行业来看，各行业进入基础竞争力百强的企业数目存在着显著差异。其中，行业百强数目较多的行业有：机械设备仪表业（13 家），石油化学塑胶塑料业（10 家），金属非金属业（9 家），批发和零售贸易业（7 家），电力煤气及水的生产和供应业、房地产业、食品饮料业（各 6 家）。与 2008 年相比，增加较多的是房地产业与纺织服装毛皮业，分别增加了 5 家与 4 家；减少较多的是电力煤气及水的生产和供应业、电子信息业、交通运输仓储业和综合类，均减少了 3 家。

金融危机后，制造业的重要性得以凸显，制造业目前仍是包括发达国家在内的各国争抢的制高点。对于中国这样的大国，制造业（特别是重化工业）绝不是可有可无的产业，中国没有理由抑制制造业，奢谈“去工业化”。

中国政府在金融危机后采取了“一揽子”计划，提高了中国潜在经济总量水平，其中，大规模基础设施建设史中国经济潜在总量达到新量级的物质保障；收入差距缩小是中国经济潜在总量达到新量级的人力资源保证；民族自信心与国家软实力是中国经济潜在总量达到新量级的民心保证；资本、技术继续向中国转移是中国经济潜在总量达到新量级的要素保证。

目前，劳动密集型产业仍旧是中国最具国际竞争力的产业，并且中国劳动密集型产业已经具有向新型的、高附加值的劳动密集型产业升级的条件。

（赵学秀）

中国经济学年鉴

2010

第六篇 研究课题

2009年度国家社会科学基金重大招标项目中标课题一览表

批准号	课题名称	首席专家	责任单位
09&ZD001	中国模式问题研究	童世骏	上海社科院
09&ZD011	新形势下推动民族地区经济社会全面发展的若干重大问题研究	郑长德	西南民族大学
09&ZD016	我国文化产业投融资及财政政策研究	傅才武	武汉大学
09&ZD017	提高宏观调控水平与保持经济平稳较快发展研究	刘霞辉	中国社科院经济所
09&ZD018	保持经济平稳较快发展、调整经济结构与管理通胀预期的关系研究	刘元春	中国人民大学
09&ZD019	扩大内需与稳定外需协调发展研究	杨瑞龙	中国人民大学
09&ZD020	我国中长期经济增长与结构变动趋势研究	姚　洋	北京大学
09&ZD021	应对国际资源环境变化挑战与加快我国经济发展方式转变研究	张耀辉	暨南大学
09&ZD022	21世纪我国人口变动趋势与社会结构变动关系研究	王胜今	吉林大学
09&ZD023	完善我国社会保障体系和提高社会保障水平研究	穆怀中	辽宁大学
09&ZD024	健全有利于农业农村发展的制度创新体系研究	韩　俊	国务院发展研究中心
09&ZD025	中国工业化的资源环境人口制约与新型工业化道路研究	简新华	武汉大学
09&ZD026	抑制产能过剩与治理重复建设对策研究	王立国	东北财经大学
09&ZD027	促进房地产市场稳健均衡发展对策研究	倪鹏飞	中国社科院财贸所
09&ZD028	引导产业有序转移与促进区域协调发展研究	陈　耀	中国社科院工经所
09&ZD029	中国应对气候变化国家方案政策措施中的关键问题研究	张希良	清华大学
09&ZD030	深化金融体制改革研究	顾肖荣	上海社科院
09&ZD031	扩大内需的财税政策研究	高培勇	中国社科院财贸所
09&ZD033	全球平衡增长框架与中国贸易争端的互动机制研究	谷克鉴	中国人民大学
09&ZD034	完善境外投资促进体系研究	裴长洪	中国社科院财贸所
09&ZD035	产业竞争优势转型战略与全球分工模式的演变	金　碚 张其仔	中国社科院工经所
09&ZD036	中国货币供应机制与未来通货膨胀风险研究	王国刚	中国社科院金融所

续表

批准号	课题名称	首席专家	责任单位
09&ZD037	中国金融监管制度优化设计研究	王兆星 李志辉	南开大学
09&ZD040	国家统计数据质量管理研究	邱　东	中央财经大学
09&ZD041	中部地区承接沿海产业转移的政策措施研究	刘友金	湖南科技大学
09&ZD044	开放经济条件下完善我国农产品价格形成机制和调控机制研究	张利庠	中国人民大学
09&ZD045	中国集体林权制度改革研究	贺东航	华中师范大学
09&ZD046	土地和矿产资源有效供给与高效配置机制研究	曲福田	南京农业大学
09&ZD047	国土规划与资源环境承载能力评价研究	严金明	中国人民大学
09&ZD048	发达国家新能源法律政策研究及中国的战略选择	杨泽伟	武汉大学
09&ZD049	应对气候变化下我国城市生态环境可持续发展与生态文明建设研究	杜受祜	四川社科院
09&ZD050	美、日等西方国家新能源政策跟踪及我国低碳经济研究	林伯强	厦门大学
09&ZD051	深化资源价格和税收体制改革研究	马衍伟	财政部财科所
09&ZD052	中国环境税收体系研究	马　中	中国人民大学
09&ZD053	中国人口老龄化与经济社会发展对策研究	左学金	上海社科院
09&ZD054	中国体育产业政策研究	易剑东	江西财经大学
09&ZD055	我国社会信用制度研究	翟学伟	南京大学
09&ZD057	新型农村社会养老保险制度的建设模式与推进路径研究	张思锋	西安交通大学
09&ZD058	高校毕业生就业问题与对策研究	闵维方	北京大学
09&ZD059	“新医改”背景下中国医疗保障体系研究	梁　鸿	复旦大学
09&ZD065	加快建设海峡西岸经济区重大问题研究	庄宗明 刘国深	厦门大学

资料来源：http：//www. npopss－cn. gov. cn。

2009年度国家社会科学基金资助项目（经济理论）一览表

序号	项目名称	负责人	所在省市	工作单位	项目类别	预期成果	计划完成时间
1	中国居民消费需求影响因素调查与计量分析研究	方福前	北京	中国人民大学经济学院	重点项目	论文集	2012.9.30
2	非缴费型养老金：原理、国际经验及中国道路	郑秉文	北京	中国社会科学院拉丁美洲研究所	重点项目	专著	2012.5.30
3	马克思主义分配理论与完善我国现阶段分配制度研究	张俊山	天津	天津南开大学经济学院	一般项目	专著 论文集	2012.7.31
4	新中国成立60年制度变迁与经济发展的互动关系与经验教训研究	靳　涛	福建	厦门大学经济研究所	一般项目	论文集 研究报告	2011.6.30
5	马克思主义经济周期理论与解决全球经济危机的对策研究	王　勇	天津	中国民航大学	一般项目	研究报告	2011.7.1
6	国家粮食安全战略的新思路	刘成玉	四川	西南财经大学宏观经济研究中心	一般项目	专著 研究报告	2011.12.31
7	自由贸易理论与实践的历史反思	梅俊杰	上海	上海社会科学院东欧中西亚研究所	一般项目	研究报告	2012.12.31
8	产业链视角的中国自主创新道路研究	刘志迎	安徽	合肥工业大学人文经济学院	一般项目	专著 研究报告	2011.9.30
9	产权制度和经济政策对草原牧区可持续发展的影响研究	茶　娜	内蒙古	内蒙古大学	一般项目	论文集 研究报告	2011.12.30
10	中部地区工业化、城镇化与农业现代化的互动机理和协调发展研究	吴海峰	河南	河南省社会科学院	一般项目	研究报告	2011.9.30
11	中国金融解决“三农”问题的历史经验研究（1949—2009）	曾学文	北京	北京师范大学	一般项目	专著 论文集	2011.8.31
12	中国国际政治经济学：摆脱“依附”的理论和实践研究	郑　彪	浙江	杭州师范大学政治经济学院	一般项目	专著	2011.6.30
13	二元经济下扩大我国消费需求的理论和对策研究	宁军明	广东	广东商学院经济贸易与统计学院	一般项目	专著	2011.6.30

续表

序号	项目名称	负责人	所在省市	工作单位	项目类别	预期成果	计划完成时间
14	中国家庭债务对消费与经济增长的动态影响机制研究	郭新华	湖南	湘潭大学商学院	一般项目	论文集	2012.12.30
15	城乡一体化进程中扩大就业的理论和对策研究	郭继强	浙江	浙江大学公共管理学院	一般项目	论文集 研究报告	2011.12.30
16	中国区域之间基本公共服务水平收敛性的实证研究	豆建民	上海	上海财经大学区域经济研究中心	一般项目	论文集 研究报告	2011.6.30
17	金融危机的收入分配效率研究	喻　平	湖北	武汉理工大学管理学院	一般项目	专著 论文集	2011.6.30
18	中国失业预警理论模型的应用与完善研究	纪　韶	北京	首都经济贸易大学劳动经济学院	一般项目	研究报告	2012.7.30
19	我国社会保障制度改革研究	黄丙志	上海	华东理工大学商学院	一般项目	专著 研究报告	2011.7.30
20	转轨时期中国企业劳动关系评价研究	袁　凌	湖南	湖南大学工商管理学院	一般项目	研究报告	2012.6.30
21	中国经济开放度的重估与开放型经济体系的结构调整研究	高小红	湖北	武汉大学经济与管理学院	一般项目	研究报告	2010.12.31
22	基于行为博弈的互惠利他行为与演化机制研究	唐　俊	广东	广东商学院经济贸易与统计学院	一般项目	论文集	2011.9.9
23	全球金融危机背景下的国际货币政策协调研究	曹　华	天津	南开大学经济学院金融学系	一般项目	专著	2012.6.30
24	1887—1936年中国GDP估算与经济增长因素研究	刘　巍	广东	广东外语外贸大学	一般项目	专著	2011.1.18
25	近代以来世界财富分配权控制方式的历史变迁	张明之	南京	南京政治学院科研部	一般项目	专著 研究报告	2011.6.30
26	青海南部高原藏区生态旅游环境承载力及社区参与研究	卓玛措	青海	青海民族学院经济与管理学院	一般项目	研究报告	2012.12.28
27	我国矿产资源产业科学发展的体制机制问题研究	罗能生	湖南	湖南大学经济与贸易学院	一般项目	论文集 研究报告	2011.12.30

续表

序号	项目名称	负责人	所在省市	工作单位	项目类别	预期成果	计划完成时间
28	“两型社会”建设的可计算一般均衡（CGE）研究	胡宗义	湖南	湖南大学	一般项目	论文集 研究报告	2011.12.31
29	异质预期下的中国最优货币政策研究	程均丽	四川	西南财经大学中国金融研究中心	一般项目	专著 研究报告	2012.6.30
30	人民币汇率、贸易顺差与货币供给关系研究	刘志忠	湖南	湖南大学经济与贸易学院	一般项目	研究报告	2011.5.10
31	终极产权、利益侵占与投资者权益保护研究	高明华	北京	北京师范大学经济与工商管理学院	一般项目	论文集	2011.12.30
32	基于信度理论和贝叶斯网络的商业银行操作风险计量与管理研究	陆　静	重庆	重庆大学农村金融研究中心	一般项目	研究报告	2011.12.31
33	和谐劳动关系的合作主义模式及其实现机制研究	肖　艳	上海	华东师范大学商学院	一般项目	专著 研究报告	2012.3.20
34	基于二元产权视角的企业劳资关系研究	年志远	吉林	吉林大学经济学院	一般项目	论文集 研究报告	2012.6.30
35	企业并购反垄断审查中相关市场界定的理论及应用研究	李　虹	北京	北京大学经济学院	一般项目	论文集 研究报告	2011.7.1
36	快速工业化和城镇化背景下的农业现代化问题研究	曹俊杰	山东	山东理工大学	一般项目	研究报告 论文集	2011.12.31
37	县乡政府农村公共产品供给效率问题研究	李燕凌	湖南	湖南农业大学	一般项目	专著 研究报告	2010.12.20
38	“公司+农户”经营组织的社会资本、关系治理与联盟绩效研究	万俊毅	广东	华南农业大学经济管理学院	一般项目	论文集 研究报告	2011.6.30
39	农村土地制度变迁的社会福利效应分析——基于金融视角	林乐芬	江苏	南京农业大学经济管理学院	一般项目	论文集 研究报告	2011.12.31
40	承接服务业国际转移与中国经济增长方式转变研究	方　慧	山东	山东财政学院国际经贸学院	一般项目	研究报告	2010.12.31

续表

序号	项目名称	负责人	所在省市	工作单位	项目类别	预期成果	计划完成时间
41	基于风险分担机制变迁的美国次贷危机形成与扩散机理及其启示研究	马　宇	山东	山东工商学院	一般项目	研究报告	2011.3.1
42	美国住房抵押贷款违约与止赎问题及启示	何光辉	上海	复旦大学经济学院	一般项目	研究报告	2011.12.31
43	中美经济周期协动性的程度、性质、特征、趋势和传导机制研究	彭斯达	湖北	湖北大学商学院	一般项目	研究报告	2011.12.31
44	对寡头市场条件下环境贸易政策的理论和实证研究	姚洪心	广东	汕头大学	一般项目	专著 论文集	2011.6.30
45	有限赶超与全球化背景下的大国经济发展	杨汝岱	湖南	湘潭大学商学院	一般项目	专著 研究报告	2011.12.30
46	G—3汇率波动对中国外向型经济的影响及对策研究	范跃进	山东	济南大学	一般项目	研究报告	2011.9.1
47	全球价值链视角下中国产业升级的要素依赖与路径拓展研究	陈　雯	福建	厦门大学经济学系	一般项目	论文集 研究报告	2011.12.31
48	社会资本与我国区域经济增长趋同的空间计量经济学研究	彭文慧	河南	河南大学	一般项目	论文集 研究报告	2012.6.30
49	高速公路经济带生成机理与区域战略研究	袁　洁	湖南	湖南商学院	一般项目	论文集 研究报告	2011.12.30
50	区域经济发展新思路：由“三大部”到“三大块”划分的研究	孙红玲	湖南	湖南商学院	一般项目	专著	2011.12.30
51	促进西部地区优势产业发展政策研究	张荐华	云南	云南大学经济学院	一般项目	研究报告	2010.12.30
52	推进西部大开发战略新举措研究	杜两省	辽宁	东北财经大学经济学院	一般项目	论文集 研究报告	2010.12.30
53	西部地区承接国内外产业转移的动力机制及效率研究	朱廷珺	甘肃	兰州商学院	一般项目	专著 研究报告	2011.9.30
54	中部地区形成城乡经济社会发展一体化新格局的战略研究	余茂辉	安徽	皖西学院经济管理系	一般项目	论文集 研究报告	2012.10.30

续表

序号	项目名称	负责人	所在省市	工作单位	项目类别	预期成果	计划完成时间
55	中部地区引进区域性战略投资者研究	冷宣荣	河北	中共河北省委党校管理学教研部	一般项目	专著	2011.8.8
56	东北地区制造业创新与发展模式转型研究	徐　充	吉林	吉林大学	一般项目	论文集	2011.12.31
57	两岸经济关系依存与经济周期协动性研究	邓利娟	福建	厦门大学台湾研究院	一般项目	研究报告	2012.6.30
58	产业聚集视角下西部煤炭产业跨区域整体发展战略研究	张洪潮	山西	太原理工大学	一般项目	研究报告 论文集	2011.6.30
59	产业集聚和布局理论研究	李君华	湖南	湖南师范大学商学院	一般项目	论文集	2012.6.30
60	GPA条件下的国防采购与产业安全研究	范吉昌	湖北	军事经济学院	一般项目	专著 研究报告	2010.11.30
61	国际航运中心形成与发展的内在机理研究	王　杰	辽宁	大连海事大学交通运输管理学院	一般项目	专著 研究报告	2011.12.1
62	中国资源生产率及全要素生产率研究	钟若愚	广东	深圳大学中国经济特区研究中心	一般项目	研究报告	2011.6.30
63	扶贫式增长的农村公共支出结构研究	张克中	湖北	华中科技大学管理学院	一般项目	研究报告	2011.12.30
64	农民专业合作社可持续发展研究	孟枫平	安徽	安徽农业大学	一般项目	专著	2011.6.30
65	中国企业国际化经营的实证分析	柴忠东	江苏	南京大学经济学院	一般项目	专著 研究报告	2012.12.31
66	技术扩散的溢出效应与区域经济发展研究	熊义杰	陕西	西安理工大学	一般项目	研究报告	2012.10.31
67	民族文化创意与区域旅游发展——西南边疆民族地区的研究视角	韦复生	广西	广西民族大学	一般项目	专著 论文集	2012.6.30
68	节能减排利益相关者互动关系与治理机制研究	杨文培	浙江	中国计量学院	一般项目	专著 论文集	2012.9.1

续表

序号	项目名称	负责人	所在省市	工作单位	项目类别	预期成果	计划完成时间
69	马克思城乡就业一体化理论与我国统筹城乡就业机制创新研究	李保民	河南	河南大学	青年项目	专著 论文集	2011.12.30
70	马克思世界市场理论的中国化研究	黄　瑾	福建	福建师范大学经济学院	青年项目	专著 研究报告	2012.12.11
71	中国经济发展道路的支撑点与自生性研究	郭万超	北京	北京市社会科学院	青年项目	专著	2010.12.30
72	新中国成立60周年来公有制经济发展研究	王胜利	陕西	西北政法大学	青年项目	专著	2012.6.30
73	经济学中的演化计算方法论研究	陈荣虎	安徽	安徽工业大学	青年项目	专著 论文集	2012.9.30
74	北京手工业史研究	章永俊	北京	北京市社会科学院历史研究所	青年项目	专著	2011.12.31
75	明清时期中原城镇的发展研究	徐春燕	河南	河南省社会科学院	青年项目	专著	2012.12.31
76	中国近代金融危机的理论与对策研究	张亚光	北京	北京大学经济学院	青年项目	论文集 研究报告	2012.12.31
77	利用海关档案对近代物价与工资的研究	颜　色	北京	北京大学光华管理学院	青年项目	论文集	2012.12.31
78	台湾银行与近代华南地区国际资本运行模式	张　侃	福建	厦门大学历史系	青年项目	专著	2011.12.31
79	新中国城乡居民消费水平的变迁	朱高林	安徽	淮北煤炭师范学院经济与管理学院	青年项目	专著	2011.12.31
80	我国发展规划评估的理论与方法研究	相　伟	北京	国家发展和改革委员会经济研究所	青年项目	专著	2011.6.30
81	城市偏向、市场选择、社会资本与中国的城乡经济关系演进研究	赵　伟	湖北	武汉大学经济与管理学院	青年项目	专著 论文集	2011.12.31
82	统筹工业化、城镇化和农业现代化问题研究——基于农民工流动问题的视角	刘　刚	北京	中国人民大学商学院	青年项目	研究报告 论文集	2011.12.31

续表

序号	项目名称	负责人	所在省市	工作单位	项目类别	预期成果	计划完成时间
83	中小企业的融资条件与融资结构问题研究	郭丽虹	上海	上海财经大学金融学院	青年项目	论文集 研究报告	2011.12.30
84	中国政府支出的宏观效应及其传导机制研究	王文甫	安徽	安徽大学管理学院	青年项目	论文集 研究报告	2011.12.30
85	公共投资腐败问题及其治理研究	杨飞虎	江西	江西财经大学经济学院	青年项目	研究报告	2010.12.31
86	构建和谐社会视角下西部边疆民族地区公共服务均等化问题研究	朱金鹤	新疆	石河子大学	青年项目	专著 研究报告	2011.10.30
87	体制转型背景下的中国民间公共组织发展研究	杨海涛	四川	西南财经大学经济学院	青年项目	专著	2011.12.30
88	技术进步推动的经济增长与大学毕业生就业研究	秦　永	江苏	南京审计学院经济学院	青年项目	专著 研究报告	2011.12.30
89	城乡收入差距形成机制研究	杨新铭	北京	中国社会科学院经济研究所	青年项目	研究报告	2011.12.1
90	劳动份额与经济结构的关系研究	陈体标	上海	上海市发展改革研究院	青年项目	研究报告	2010.4.30
91	房地产市场价格波动影响居民消费的机理及调控研究	刘建江	湖南	长沙理工大学	青年项目	研究报告 论文集	2012.6.30
92	金融危机冲击与中国金融安全研究	徐　晟	湖北	中南财经政法大学金融学院	青年项目	专著 研究报告	2011.6.30
93	中国低碳农业经济现状与发展模式研究	吴乐知	湖北	湖北师范学院地理科学系	青年项目	论文集	2012.6.30
94	耕地保护的社会约束机制研究	周　滔	重庆	重庆大学建设管理与房地产学院	青年项目	专著 研究报告	2011.12.31
95	统筹城乡发展背景下的中国农地产权制度创新研究	李海伟	天津	天津商业大学经济学院	青年项目	专著 研究报告	2012.5.31
96	中国发展生物能源与保障粮食安全目标的兼容性研究	鲁　靖	江苏	南京审计学院经济学院	青年项目	论文集 研究报告	2011.8.30

续表

序号	项目名称	负责人	所在省市	工作单位	项目类别	预期成果	计划完成时间
97	金融危机、资本流动与我国的经济增长	范言慧	北京	对外经济贸易大学金融学院	青年项目	论文集	2011. 8. 31
98	金融危机下的东亚外汇储备库及中国战略研究	郑海青	上海	华东师范大学金融与统计学院	青年项目	论文集 研究报告	2012. 3. 30
99	要素禀赋、技术能力与后发技术赶超的理论与实证研究	生延超	湖南	湖南商学院	青年项目	专著 论文集	2011. 12. 31
100	区域非均衡发展约束下产品内国际分工的就业效应政策研究	孙文远	江苏	东南大学经济管理学院	青年项目	论文集 研究报告	2012. 9. 30
101	产业空间分异与我国区域经济协调发展研究	何雄浪	四川	西南民族大学经济学院	青年项目	专著 论文集	2011. 12. 31
102	东亚地区经济周期同步与区域经济一体化研究	李海燕	吉林	吉林大学	青年项目	论文集	2011. 12. 31
103	区域经济均衡发展机制研究	黄素心	广西	广西民族大学	青年项目	研究报告	2011. 12. 31
104	中国医疗资源配置区域差异与经济协调发展研究	黄小平	湖南	湖南师范大学商学院	青年项目	论文集 研究报告	2012. 10. 8
105	中部地区生产者服务业和制造业升级协同发展研究	侯红昌	河南	河南省社会科学院	青年项目	研究报告 专著	2010. 9. 30
106	东部地区金融服务业集群战略研究	闫彦明	上海	上海社会科学院	青年项目	论文集 研究报告	2010. 12. 30
107	产业布局与竞争力构建研究	吴　锋	河南	河南大学	青年项目	专著 论文集	2011. 6. 30
108	收入不平等对产业结构动态的影响研究	周　浩	广东	暨南大学产业经济学研究院	青年项目	论文集 研究报告	2011. 6. 30
109	我国区域增长极的极化与扩散效应研究	朱美光	河南	郑州大学	青年项目	专著	2011. 12. 31
110	模块化生产环境下中国制造业升级研究	张　伟	广东	广东商学院公共管理学院	青年项目	研究报告	2011. 12. 31

续表

序号	项目名称	负责人	所在省市	工作单位	项目类别	预期成果	计划完成时间
111	全球城市区域跨界治理模式与中国经验分析	陶希东	上海	上海社会科学院社会调查中心	青年项目	研究报告 专著	2011.12.31
112	主体功能区建设补偿机制研究	唐常春	湖南	长沙理工大学	青年项目	论文集 研究报告	2011.12.30
113	环境金融的集体行动逻辑研究	张雪兰	湖北	中南财经政法大学	青年项目	专著 研究报告	2011.12.31
114	中国城市增长模式转型研究	于　涛	江苏	南京大学地理学院	青年项目	专著 研究报告	2011.12.1

资料来源：http：//www.npopss－cn.gov.cn。

2009年度国家社会科学基金资助项目（应用经济）一览表

序号	项目名称	负责人	所在省市	工作单位	项目类别	预期成果	计划完成时间
1	产能过剩治理与投融资体制改革研究	曹建海	北京	中国社会科学院工业经济研究所	重点项目	专著 研究报告	2011.12.31
2	国际金融体系调整和我国对策研究	潘英丽	上海	上海交通大学安泰经济与管理学院	重点项目	专著 研究报告	2011.12.20
3	资源枯竭型地区经济转型政策研究	宋冬林	吉林	长春税务学院	重点项目	研究报告	2011.9.1
4	美国金融危机对中国的影响及应对措施研究	曾忠东	四川	四川大学经济学院	一般项目	研究报告	2011.12.31
5	不确定环境下企业债券信用风险混合模型研究	周守华	北京	中国会计学会	一般项目	专著 研究报告	2011.5.31
6	扩大居民消费需求的重点、难点和对策研究	蔡荣生	北京	中国人民大学商学院	一般项目	研究报告 论文集	2010.12.31
7	美国金融危机对中国外商直接投资、出口和就业的影响及应对措施研究	金洪飞	上海	上海财经大学金融学院	一般项目	论文集 研究报告	2010.12.31
8	加强我国应急体系建设的资金保障问题研究	冯俏彬	四川	西南财经大学财税学院	一般项目	专著 研究报告	2010.12.30

续表

序号	项目名称	负责人	所在省市	工作单位	项目类别	预期成果	计划完成时间
9	中国民营企业：发展、环境与政策	刘迎秋	北京	中国社会科学院研究生院	一般项目	专著	2012.3.1
10	应对外需减弱保持出口平稳增长研究	黄繁华	江苏	南京大学商学院国际经济贸易系	一般项目	论文集 研究报告	2011.12.31
11	支持中小企业应对国际金融危机的政策体系研究	舒　萍	天津	南开大学经济学院	一般项目	专著 论文集	2011.12.30
12	中国跨国企业对外直接投资模式创新问题研究	王凤彬	北京	中国人民大学商学院	一般项目	论文集 研究报告	2012.9.30
13	农村土地流转制度及相关问题的理论和实证研究	方　文	浙江	浙江科技学院社科部	一般项目	论文集 研究报告	2011.12.31
14	全球经济动荡背景下地方政府财政或有债务风险的评估及化解对策	邹小芃	浙江	浙江大学经济学院	一般项目	研究报告	2010.12.30
15	国际金融危机对我国外向型经济的影响	黄瑞玲	江苏	中国共产党江苏省委员会党校	一般项目	专著 论文集	2011.7.31
16	完善和规范我国财政转移支付制度研究	刘小川	上海	上海财经大学公共经济与管理学院	一般项目	研究报告	2010.9.30
17	国际金融危机背景下促进农民工就业的理论与政策研究	陈昭玖	江西	江西农业大学经济贸易学院	一般项目	专著 研究报告	2011.12.30
18	比较视阈中我国创新体系建设研究	刘向信	山东	山东科技大学	一般项目	专著 研究报告	2011.7.31
19	环境规制对我国经济增长影响的实证研究	侯伟丽	湖北	武汉大学	一般项目	论文集 研究报告	2011.12.30
20	经济全球化条件下产业组织与发展新趋势及我国对策研究	杨蕙馨	山东	山东大学管理学院	一般项目	研究报告	2010.12.30
21	推进省管县财政体制改革研究	蔡红英	湖北	湖北经济学院	一般项目	专著 研究报告	2011.6.26
22	化解乡村债务长效机制研究	范　毅	江苏	南京财经大学	一般项目	专著 研究报告	2011.12.31

续表

序号	项目名称	负责人	所在省市	工作单位	项目类别	预期成果	计划完成时间
23	农产品安全保障体系研究	王　芳	北京	中国农科院	一般项目	专著 研究报告	2010. 12. 31
24	基于就业导向的政府支持创业型经济发展的政策研究	宋冬凌	河南	华北水利水电学院	一般项目	专著 研究报告	2011. 12. 20
25	完善国家扶贫战略和政策体系研究	何景明	贵州	贵州大学旅游与文化产业学院	一般项目	专著 研究报告	2010. 12. 31
26	税收调控国民收入分配的有效性研究	庞凤喜	湖北	中南财经政法大学财政税务学院	一般项目	专著 研究报告	2011. 8. 31
27	加快发展原创性高新技术产业对策研究	徐明华	浙江	中共浙江省委党校软科学研究所	一般项目	专著 研究报告	2011. 6. 30
28	政策性金融促进自主创新的有效性研究	王仁祥	湖北	武汉理工大学经济学院	一般项目	研究报告	2011. 12. 31
29	发挥税收对优化结构和转变增长方式作用研究	王　乔	江西	江西财经大学	一般项目	专著 研究报告	2011. 6. 30
30	中外合资企业跨文化冲突管理理论与实证研究	田　晖	湖南	中南大学商学院	一般项目	专著 研究报告	2011. 12. 31
31	汶川地震灾区农村恢复重建中区域生态产业体系构建研究	赵晓鸿	四川	内江师范学院	一般项目	专著	2011. 2. 20
32	高校毕业生就业稳定性及其就业促进机制研究	张一名	北京	中国劳动保障科学研究院	一般项目	研究报告	2010. 12. 31
33	转轨时期我国政府俘获的新变化与政府规制改革	穆瑞丽	河北	中共河北省委党校管理学教研部	一般项目	专著	2010. 12. 31
34	统筹城乡背景下实现全民医疗保障的模式与路径研究	陈　滔	四川	西南财经大学保险学院	一般项目	研究报告	2011. 8. 31
35	组织变革情景下企业知识员工的工作压力与绩效研究	舒晓兵	湖北	华中师范大学管理学院	一般项目	专著 论文集	2012. 12. 30

续表

序号	项目名称	负责人	所在省市	工作单位	项目类别	预期成果	计划完成时间
36	发展社会服务业的金融支持研究	徐丹丹	北京	北京工商大学经济学院	一般项目	研究报告	2011.12.30
37	南方集体林区农户林权抵押贷款需求行为研究	石道金	浙江	浙江林学院经济管理学院	一般项目	论文集 研究报告	2011.12.31
38	贸易保护主义背景下反倾销应急体系建设研究	孙芳城	重庆	重庆工学院	一般项目	专著 研究报告	2011.8.30
39	企业物流成本管理及风险控制研究	陈正林	湖北	中南财经政法大学	一般项目	论文集 研究报告	2011.12.31
40	资产定价、会计计量与金融危机监管研究	李书锋	北京	中央民族大学管理学院	一般项目	论文集	2011.12.31
41	企业社会责任会计指标评价体系的研究	阳秋林	湖南	南华大学经济管理学院	一般项目	论文集 研究报告	2011.12.31
42	大股东减持行为的经济后果及其会计监管研究	刘亚莉	北京	北京科技大学	一般项目	论文集 研究报告	2011.6.30
43	定向增发、资产收购与利益输送问题研究	章卫东	江西	江西财经大学	一般项目	研究报告	2011.12.31
44	基于旋进法的ERP项目成功测度及审计机制创新	陈宋生	北京	北京理工大学管理与经济学院	一般项目	论文集 研究报告	2011.9.30
45	防范新形势下银行信贷风险研究	李　江	陕西	西安交通大学经济与金融学院	一般项目	论文集 研究报告	2011.8.31
46	完善现代农村金融制度研究	周天芸	广东	中山大学岭南学院	一般项目	专著 论文集	2011.6.30
47	推进自主创新的体制机制和政策措施研究	赵　宏	天津	天津工业大学经济学院	一般项目	研究报告	2010.12.31
48	重构前沿共性技术创新研发体系研究	邓向荣	天津	南开大学经济学院经济系	一般项目	专著 研究报告	2011.6.30
49	促进西部地区科学发展的生态资本战略研究	牛铮超	甘肃	兰州市社会科学院	一般项目	专著	2011.6.19

续表

序号	项目名称	负责人	所在省市	工作单位	项目类别	预期成果	计划完成时间
50	两型社会建设中非正规金融发展问题研究	蔡四平	湖南	湖南商学院	一般项目	研究报告	2011.6.30
51	鄱阳湖生态经济区产业空间布局政策研究	李松志	江西	九江学院鄱阳湖生态经济研究中心	一般项目	论文集 研究报告	2010.12.31
52	青藏高原生态圈一体性长效性生态环境补偿机制研究	王兰英	青海	中共青海省委党校经济学部	一般项目	研究报告 论文集	2011.12.20
53	基于国民财富损失控制的自然灾害防灾减灾研究	闫天池	北京	中央财经大学	一般项目	专著	2011.12.20
54	大学生就业问题与对策研究	张体勤	山东	山东经济学院	一般项目	研究报告	2011.12.31
55	扩大居民消费需求的重点、难点和对策研究	金晓彤	吉林	吉林大学商学院	一般项目	论文集	2012.12.31
56	应对外需减弱　保持出口平稳增长研究	陈万灵	广东	广东外语外贸大学	一般项目	研究报告	2011.12.31
57	中小银行发展问题研究	周鸿卫	湖南	湖南大学金融学院	一般项目	论文集 研究报告	2010.12.31
58	规范垄断行业企业高管薪酬问题研究	杨　蓉	上海	华东师范大学商学院	一般项目	专著	2011.3.20
59	山区经济发展问题研究	张　鹏	重庆	重庆大学贸易与行政学院	一般项目	专著	2011.12.31
60	人口老龄化下的中国长期护理保险制度构建研究	戴卫东	安徽	安徽师范大学社会学院	一般项目	专著	2011.6.30
61	地方政府推进保障性住房建设的动力机制与实现路径研究	程大涛	浙江	浙江工商大学金融学院	一般项目	论文集 研究报告	2011.6.30
62	生态型城市群发展对策研究	匡跃辉	湖南	中共湖南省委党校	一般项目	研究报告 论文集	2010.12.30
63	完善节能减排政策措施研究	尹显萍	湖北	武汉大学经济与管理学院	一般项目	研究报告	2011.7.30

续表

序号	项目名称	负责人	所在省市	工作单位	项目类别	预期成果	计划完成时间
64	国家石油安全与垄断规制研究	王炜翰	北京	对外经济贸易大学	一般项目	论文集	2011. 5. 31
65	中国节能管理的市场机制与政策体系研究	黄晓勇	北京	中国社会科学院研究生院	一般项目	研究报告	2012. 3. 10
66	城市圈土地资源优化配置理论与政策研究	董　捷	湖北	华中农业大学经管学院	一般项目	论文集 研究报告	2010. 12. 30
67	资源环境约束下中国海洋产业发展对策研究	姜旭朝	山东	中国海洋大学经济学院	一般项目	研究报告	2011. 12. 1
68	支持发展循环经济的机制与政策研究	郗永勤	福建	福州大学	一般项目	专著 研究报告	2011. 7. 30
69	发展低碳经济的市场机制与政策研究	张晓理	浙江	中共杭州市委党校	一般项目	研究报告	2011. 7. 1
70	发展现代产业体系研究	魏作磊	广东	广东外语外贸大学	一般项目	论文集 研究报告	2010. 12. 31
71	促进西部地区优势能源产业优化发展的政策研究	盛　毅	四川	四川省社会科学院	一般项目	研究报告 论文集	2010. 6. 30
72	地理标志制度视野下的西南山区特色产业发展模式研究	李发耀	贵州	贵州省社会科学院	一般项目	研究报告	2010. 12. 31
73	传统制造业中小企业互动创新与创新能力作用机理研究	盛伟忠	浙江	绍兴文理学院经济与管理学院	一般项目	论文集 研究报告	2011. 12. 30
74	国际金融危机下我国中小企业产业集群分层梯度式升级模式研究	陈　瑾	江西	江西省社会科学院	一般项目	研究报告 专著	2011. 6. 30
75	支持西部特色产业中小企业集群化成长的政策体系研究	李兴旺	内蒙古	内蒙古财经学院	一般项目	专著	2011. 12. 30
76	提升装备制造业竞争力对策研究	陶良虎	湖北	中共湖北省委党校	一般项目	研究报告	2011. 1. 10
77	推进信息化与先进轨道交通装备制造业融合的研究与实践	葛继平	辽宁	大连交通大学	一般项目	论文集 研究报告	2010. 12. 30

续表

序号	项目名称	负责人	所在省市	工作单位	项目类别	预期成果	计划完成时间
78	新形势下企业并购问题研究	姚海鑫	辽宁	辽宁大学	一般项目	专著 论文集	2011.5.11
79	加快西部地区农村信用体系建设与创新研究	高云峰	重庆	西南大学经济管理学院	一般项目	论文集 研究报告	2010.12.30
80	沿海发达地区新农村建设中的妇女人力资源开发研究	巢小丽	浙江	中共宁波市委党校	一般项目	论文集 研究报告	2011.7.30
81	完善农村土地流转制度研究	吴　玲	安徽	宿州学院	一般项目	论文集 研究报告	2011.12.31
82	西部地区农户生产行为与土地流转的组织与创新研究	张爱婷	陕西	西安财经学院统计学院	一般项目	专著	2011.12.31
83	确保国家粮食安全的微观基础研究	关付新	河南	河南财经学院	一般项目	专著 研究报告	2011.6.30
84	基于期货市场的农民销售合作经济组织试点问题研究	吕东辉	吉林	吉林大学生物与农业工程学院	一般项目	论文集 研究报告	2011.6.30
85	品牌农业成长性形成机理与测评研究	林荣清	福建	福建行政学院	一般项目	论文集 研究报告	2011.12.30
86	美国金融危机的成因和教训研究	李国民	河南	河南大学	一般项目	研究报告 专著	2010.12.30
87	土地“新政”背景下中国农业技术创新路径研究	周端明	安徽	安徽师范大学经济管理学院	一般项目	专著	2010.12.31
88	农村劳动力转移与政府配套政策研究	张志新	山东	山东理工大学经济学院	一般项目	研究报告	2011.12.31
89	中国农产品质量安全保障体系研究	付陈梅	重庆	西南大学柑橘研究所	一般项目	研究报告 论文集	2010.12.31
90	完善农产品进出口战略规划和调控机制研究	顾国达	浙江	浙江大学经济学院国际经济学系	一般项目	论文集 研究报告	2011.6.30
91	引导外商投资发展现代农业问题研究	郑秀峰	河南	河南财经学院	一般项目	专著 研究报告	2011.3.30

续表

序号	项目名称	负责人	所在省市	工作单位	项目类别	预期成果	计划完成时间
92	FFA市场在中国航线上的市场效率研究	朱意秋	山东	中国海洋大学经济学院	一般项目	论文集 研究报告	2012. 12. 31
93	完善政府投资项目建设管理代理制度研究	王　平	北京	北京建筑工程学院	一般项目	专著	2010. 12. 31
94	汇率政策与货币错配协动性及其传导机制研究	王中昭	广西	广西大学商学院	一般项目	论文集 研究报告	2011. 8. 30
95	城乡市场协调发展条件下农村流通现代化研究	李定珍	湖南	湖南商学院	一般项目	论文集 研究报告	2010. 12. 30
96	创新集群评价研究	钟书华	湖北	华中科技大学公共管理学院	一般项目	论文集 研究报告	2010. 12. 31
97	对外投资和合作方式创新研究	杨欢进	河北	河北经贸大学	一般项目	专著 论文集	2011. 12. 31
98	不同食品安全监管体制的效率比较	任运河	山东	德州学院	一般项目	研究报告	2010. 12. 31
99	近期我国物价波动趋势的分析与预测	陈乐一	湖南	湖南大学经济与贸易学院	一般项目	研究报告	2010. 9. 30
100	西北民族地区旅游产业发展模式研究	把多勋	甘肃	西北师范大学旅游学院	一般项目	论文集 研究报告	2011. 9. 16
101	旅游业促进经济增长机理、创新模式与整合战略研究	翁钢民	河北	燕山大学经济管理学院	一般项目	专著 论文集	2011. 12. 31
102	汶川地震遗址的旅游吸引力与深度开发潜力研究	卿前龙	北京	北京大学城市与环境学院	一般项目	研究报告 论文集	2011. 12. 31
103	农村公共产品政府供给优先序研究	高　萍	湖北	武汉理工大学经济学院	一般项目	论文集 研究报告	2010. 9. 30
104	美国金融危机的成因和教训研究	昌忠泽	北京	中央财经大学财经研究院	一般项目	专著	2011. 12. 31
105	国际储备货币竞争与国际货币体系的不稳定性研究	李长春	广东	广东金融学院	一般项目	论文集	2011. 12. 31
106	双重二元结构约束下的西部农村金融制度研究	谷　慎	陕西	西安交通大学经济与金融学院	一般项目	研究报告 论文集	2011. 6. 30

续表

序号	项目名称	负责人	所在省市	工作单位	项目类别	预期成果	计划完成时间
107	我国普惠制农村金融体系建设研究	李明贤	湖南	湖南农业大学经济学院	一般项目	专著	2011.6.30
108	信贷资金投向农村的激励机制研究	潘朝顺	广东	华南农业大学经济管理学院	一般项目	研究报告	2011.6.30
109	农村小型金融机构改革和发展研究	刘赛红	湖南	湖南商学院	一般项目	论文集 研究报告	2010.12.30
110	完善现代农村金融制度研究	董晓林	江苏	南京农业大学经济管理学院	一般项目	研究报告 论文集	2011.8.31
111	开放条件下金融风险预警指标体系研究	许传华	湖北	湖北经济学院	一般项目	专著	2011.6.30
112	金融衍生工具的风险测评研究	赵辰光	黑龙江	哈尔滨师范大学管理学院	一般项目	论文集 研究报告	2012.6.30
113	健全政策性农业保险制度研究	龙文军	北京	农业部农村经济研究中心	一般项目	研究报告	2011.6.30
114	中国特色新型工业化道路路径、机制和政策研究	马云泽	天津	南开大学经济学院	青年项目	专著 研究报告	2011.6.30
115	经济全球化条件下的产业组织发展新趋势	李晓华	北京	中国社会科学院工业经济研究所	青年项目	专著 研究报告	2010.12.31
116	资源枯竭型地区经济转型政策研究	岳利萍	陕西	西北大学经济管理学院	青年项目	专著 研究报告	2011.12.31
117	中国现代服务业集聚发展研究	金荣学	湖北	中南财经政法大学	青年项目	专著 论文集	2011.6.30
118	中国产业结构转换的路径选择与城乡就业统筹	王燕飞	重庆	中共重庆市委党校	青年项目	研究报告	2010.9.30
119	城乡劳动力市场一体化的就业结构优化效应与路径研究	张　文	江西	南昌大学经济与管理学院	青年项目	论文集 研究报告	2011.12.31

续表

序号	项目名称	负责人	所在省市	工作单位	项目类别	预期成果	计划完成时间
120	扩大就业的理论和对策研究	唐代盛	四川	西南财经大学公共管理学院	青年项目	专著 研究报告	2011.6.30
121	高校毕业生就业问题与对策研究	陈海平	湖南	湖南师范大学	青年项目	专著	2011.6.29
122	基于扩大内需背景的政府投资作用与效率研究	张雷宝	浙江	浙江财经学院财政与公共管理学院	青年项目	研究报告	2011.6.30
123	完善节能减排体制和政策研究	乔志林	陕西	西安交通大学经济与金融学院	青年项目	研究报告	2011.6.30
124	林权制度改革跟踪研究	柯水发	北京	北京林业大学经济管理学院	青年项目	论文集 研究报告	2011.9.30
125	西部地区城乡收入差距研究	黄应绘	重庆	重庆工商大学数学与统计学院	青年项目	研究报告	2011.6.30
126	地方政府建设融资问题研究	郑边江	辽宁	东北财经大学投资工程管理学院	青年项目	专著 论文集	2011.6.30
127	企业社会责任测度评价体系和实现机制研究	宋丽梦	湖北	中南财经政法大学会计学院	青年项目	专著 研究报告	2011.12.31
128	公共支出对城乡收入差距影响的传导机制与实证研究	刘　伟	重庆	重庆工商大学管理学院	青年项目	研究报告	2011.6.30
129	分工组织演进与发展现代产业体系	顾乃华	广东	暨南大学产业经济研究院	青年项目	论文集 研究报告	2010.12.30
130	极端洪旱灾害风险管理模式及对策研究	陈军飞	江苏	河海大学商学院	青年项目	论文集	2011.10.30
131	行业收入差距问题研究	葛玉好	北京	中国人民大学劳动人事学院	青年项目	论文集 研究报告	2011.3.31
132	我国社会保障制度改革研究	汪燕敏	安徽	安徽财经大学经济发展研究中心	青年项目	论文集 研究报告	2011.12.1

续表

序号	项目名称	负责人	所在省市	工作单位	项目类别	预期成果	计划完成时间
133	货币政策在房地产市场传导机制的研究	王先柱	安徽	安徽工业大学经济学院	青年项目	专著 论文集	2012. 12. 31
134	保障性住房建设中空间区位分布问题及其对策研究	丁　旭	浙江	浙江大学建筑工程学院	青年项目	专著 研究报告	2011. 8. 31
135	汶川地震灾区农村恢复重建中因灾失地农民生计脆弱性问题研究	朱雨可	四川	西南财经大学工商管理学院	青年项目	研究报告	2010. 12. 30
136	城乡基本公共服务均等化与财政制度安排研究	王　莹	上海	上海金融学院	青年项目	研究报告	2010. 12. 31
137	虚拟经济与实体经济的关系研究	朱天明	安徽	合肥学院经济系	青年项目	论文集 研究报告	2010. 12. 31
138	产品质量保证保险机制在我国产品质量安全管理中的应用研究	何绍慰	河南	河南大学	青年项目	研究报告	2011. 8. 31
139	完善农业补贴制度研究	高玉强	安徽	安徽财经大学财政与公共管理学院	青年项目	论文集 研究报告	2011. 6. 30
140	国际经济危机背景下的我国农民工返乡创业研究	刘　畅	黑龙江	东北农业大学	青年项目	研究报告 专著	2011. 6. 30
141	人民币汇率变动对产出的作用机制及效果研究	赵永亮	江苏	盐城工学院经济与管理学院	青年项目	论文集 研究报告	2010. 12. 31
142	新形势下银行并购问题研究	王国红	湖北	湖北经济学院	青年项目	论文集 研究报告	2011. 12. 31
143	中国金融开放创新和加强监管问题研究	李　宏	上海	上海财经大学金融学院	青年项目	专著 研究报告	2010. 12. 31
144	金融危机下在华外资企业撤资风险与对策研究	沈桂龙	上海	上海社会科学院经济所	青年项目	研究报告	2010. 12. 31
145	优化产业结构的重点、难点和对策研究	赵西三	河南	河南省社会科学院	青年项目	研究报告	2010. 12. 30
146	创业型经济发展政策分类设计研究	李剑力	河南	河南行政学院	青年项目	研究报告 论文集	2010. 12. 31
147	加快少数民族地区经济社会发展政策研究	许华荣	云南	楚雄师范学院	青年项目	专著 论文集	2012. 12. 31

续表

序号	项目名称	负责人	所在省市	工作单位	项目类别	预期成果	计划完成时间
148	西部地区农村劳动力转移就业研究	闫　春	广西	桂林工学院	青年项目	论文集 研究报告	2011.8.31
149	应急物流中军民协同机制及管理模式研究	姜玉宏	重庆	解放军后勤工程学院	青年项目	论文集	2012.3.1
150	PPI和CPI传导机制分析及其实证研究	孙坚强	广东	华南理工大学经济与贸易学院	青年项目	论文集 研究报告	2011.12.31
151	结构突变的面板单位根检验理论与应用	攸　频	天津	南开大学经济学院	青年项目	论文集 研究报告	2011.7.1
152	公允价值会计信息在金融风险预警指标体系中的运用研究	谭洪涛	四川	西南财经大学会计学院	青年项目	论文集 研究报告	2010.12.30
153	会计师事务所内部治理对资本市场审计质量的影响研究	陈　波	湖北	中南财经政法大学会计学院	青年项目	专著 研究报告	2011.8.30
154	推进自主创新的体制机制和政策措施研究	翟　青	上海	上海财经大学	青年项目	论文集 研究报告	2010.12.31
155	东西部企业技术创新联盟协调机制研究	马文斌	重庆	重庆师范大学	青年项目	研究报告 论文集	2011.8.31
156	主体功能区划框架下农田生态环境补偿制度设计及效应	蔡银莺	湖北	华中农业大学经管学院	青年项目	论文集 研究报告	2010.12.30
157	新就业高校毕业生工作适应机制研究	黄　河	广东	中山大学岭南学院	青年项目	论文集	2011.7.31
158	劳动报酬在企业初次分配中的比重及决定因素研究	常进雄	上海	上海财经大学	青年项目	专著 论文集	2011.12.31
159	行业收入差距问题研究	陈　涛	江苏	东南大学信息科学与工程学院	青年项目	研究报告 论文集	2011.12.1
160	公共品供给、土地溢价效应与城市增长管理研究	吴晓燕	天津	天津农学院人文社会科学系	青年项目	论文集 研究报告	2011.6.30
161	我国大都市知识服务业空间布局研究	吴　艳	上海	上海金融学院	青年项目	专著 论文集	2011.6.30

续表

序号	项目名称	负责人	所在省市	工作单位	项目类别	预期成果	计划完成时间
162	企业节能减排双赢机制政策研究	谢双玉	湖北	华中师范大学城市与环境科学学院	青年项目	专著 研究报告	2012.3.30
163	再生水分质供水的价格机制研究	昌敦虎	北京	中国人民大学环境学院	青年项目	专著 研究报告	2011.9.30
164	煤炭企业实施循环经济的战略规划与系统设计	徐　君	河南	河南理工大学	青年项目	研究报告 专著	2011.12.31
165	促进经济增长的低碳转型理论与政策研究	任　力	福建	厦门大学经济学系	青年项目	论文集 研究报告	2011.9.30
166	污染产业转移问题研究	彭文斌	湖南	湖南科技大学	青年项目	论文集 研究报告	2011.12.30
167	后危机时代推动创业型经济发展的政策研究	姜秀谦	北京	国家行政学院	青年项目	研究报告	2011.7.30
168	中国汽车产业并购整合模式及其政策选择研究	张　峥	上海	上海理工大学管理学院	青年项目	专著 研究报告	2011.7.20
169	供应链企业知识产权冲突与协调机制研究	刘介明	湖北	武汉理工大学文法学院	青年项目	专著 研究报告	2012.12.31
170	国际竞争力与出口竞争力的对比研究及指标设计	陈立敏	湖北	武汉大学经济与管理学院	青年项目	论文集 研究报告	2011.7.31
171	基于动态信用农户供应链融资模式研究	陈志新	浙江	浙江大学中国农村发展研究院	青年项目	论文集 研究报告	2010.12.30
172	汶川地震灾区农村恢复重建问题研究	钟　炜	天津	天津理工大学管理学院	青年项目	论文集 研究报告	2011.6.30
173	农地保障功能区域差异下土地承包经营权权能拓展与合理限制研究	邹秀清	江西	江西财经大学经济学院	青年项目	研究报告	2011.12.31
174	资源节约与环境友好型农业建设的理论建构与模式创新研究	匡远配	湖南	湖南农业大学	青年项目	研究报告 专著	2011.12.30
175	新农村建设中的农户投融资制度创新研究	邹新阳	重庆	西南大学经济管理学院	青年项目	论文集 研究报告	2011.12.31

续表

序号	项目名称	负责人	所在省市	工作单位	项目类别	预期成果	计划完成时间
176	地理标志品牌成长与农业竞争力提升研究	谢向英	福建	福建农林大学经济与管理学院	青年项目	论文集 研究报告	2010. 12. 30
177	国家农业科技创新链——群系统的构成、机制与优化研究	卢中华	山东	临沂师范学院商学院	青年项目	专著	2012. 6. 30
178	劳务输出大省扶持农民工返乡创业研究	胡俊波	四川	四川省社会科学院农村发展研究所	青年项目	研究报告	2010. 12. 30
179	统筹城乡发展背景下的扶持农民工返乡创业研究——基于10个劳动力输出大省的调查	唐　杰	北京	中国人民大学公共管理学院	青年项目	研究报告	2010. 11. 30
180	健全农业投入保障制度研究	彭克强	四川	西南财经大学宏观经济中心	青年项目	论文集 研究报告	2010. 12. 31
181	龙头企业与农户共生关系优化的农产品质量安全机制研究	彭建仿	重庆	重庆工商大学	青年项目	论文集 研究报告	2011. 8. 30
182	统筹城乡基础设施建设和公共服务问题研究	高雪莲	天津	南开大学城市与区域经济研究所	青年项目	研究报告 论文集	2011. 6. 30
183	农地资源非市场价值的征地补偿机制研究	金建君	北京	北京师范大学资源学院	青年项目	研究报告	2012. 12. 30
184	同地同权下的征地补偿机制重构研究	何　格	四川	四川农业大学经济管理学院	青年项目	研究报告	2011. 12. 31
185	开放条件下的农业安全问题——基于产业的视角	刘志雄	北京	中国政法大学商学院	青年项目	论文集 研究报告	2011. 12. 30
186	统筹工业化、城镇化和农业现代化研究	夏春萍	湖北	华中农业大学经管学院	青年项目	论文集 研究报告	2010. 12. 30
187	建筑业企业诚信评价及运作模式研究	郑　磊	江苏	东南大学建设与房地产系	青年项目	研究报告	2010. 12. 30
188	中国农村消费市场“启而不动”的机制研究	郃秀军	山西	山西师范大学经济管理学院	青年项目	专著 论文集	2011. 6. 30

续表

序号	项目名称	负责人	所在省市	工作单位	项目类别	预期成果	计划完成时间
189	基于服务供应链协调的农村流通现代化运作模式研究	俞海宏	浙江	宁波大学海运学院	青年项目	专著	2011.12.31
190	经济全球化背景下保持出口稳定增长的制约因素及对策研究	张秋菊	上海	上海海事大学	青年项目	研究报告	2011.12.31
191	高原地区非常规突发事件的应急物流配送管理研究	陆　琳	贵州	贵州财经学院工商管理学院	青年项目	论文集 研究报告	2011.12.1
192	完善我国粮食价格形成机制问题研究	李　宁	北京	北京工商大学商学院	青年项目	论文集 研究报告	2010.12.31
193	循环经济的价格支持研究	肖文海	江西	江西财经大学经济学院	青年项目	专著 研究报告	2011.12.18
194	西南民族地区旅游业发展与生态补偿机制研究	张　霞	湖南	吉首大学	青年项目	研究报告	2012.12.30
195	促进经济结构优化的税收制度研究	汪　昊	北京	中央财经大学税务学院	青年项目	论文集 研究报告	2011.6.30
196	财政激励、机会平等与公共服务均等化问题研究	龚　锋	湖北	武汉大学经济与管理学院	青年项目	研究报告 论文集	2011.10.30
197	机构投资者自利性行为对金融危机的诱导机制与监控体系研究	丁方飞	湖南	湖南大学	青年项目	论文集 研究报告	2011.12.31
198	稳定资本市场与扩大消费问题研究	王金安	福建	集美大学财经学院	青年项目	论文集 研究报告	2011.12.31
199	压力测试与新形势下我国商业银行信贷风险防范研究	杨志蓉	福建	福州大学公共管理学院	青年项目	研究报告	2010.9.30
200	基于亏损异质的上市公司财务价值驱动因素研究	杜　勇	重庆	西南大学经济管理学院	青年项目	专著	2012.6.30
201	利益相关者财务伦理与股票市场稳定健康发展对策研究	黄　娟	四川	西南财经大学会计学院	青年项目	专著	2011.12.31
202	新形势下股票市场发展对策研究	赵兴榈	广东	广东商学院会计学院	青年项目	论文集 研究报告	2012.12.31

续表

序号	项目名称	负责人	所在省市	工作单位	项目类别	预期成果	计划完成时间
203	我国弹性退休制度与养老保险计发办法配套改革研究	彭浩然	广东	中山大学岭南学院	青年项目	论文集 研究报告	2011.9.1
204	中国农业巨灾债券的运行机制设计与定价研究	李　永	上海	同济大学经济与管理学院	青年项目	研究报告	2011.12.31

资料来源：http：//www.npopss－cn.gov.cn。

2009年度国家社会科学基金西部项目立项一览表

批准号	项目名称	负责人	工作单位	成果形式	计划完成时间
09XFX024	中国基本养老保险全国统筹的实现路径研究	雷晓康	西北大学公共管理学院	研究报告	2011.10.31
09XFX025	农民工返乡创业的制度支撑体系研究	陈亚东	重庆科技学院	研究报告	2011.12.31
09XFX032	西部地区农村群体性纠纷及其解决机制研究——基于实证视角的描述与分析	吴卫军	电子科技大学政治与公共管理学院	专著 研究报告	2011.12.31
09XFX035	自由贸易协定中的知识产权问题及我国的对策	杨　静	云南财经大学	研究报告	2011.12.31
09XFX036	气候变化背景下以节能减排为目的的贸易措施与WTO规则的关系——挑战与回应	鄂晓梅	内蒙古大学	研究报告	2012.6.30
09XJL001	经营性国有资产保值增值机制研究——基于EVA的理念与方法	李小平	四川师范大学政治教育学院	论文集 研究报告	2011.12.30
09XJL002	发展军民结合高技术产业条件下国家投资形成的国防知识产权权属和利益分配激励政策研究	丁德科	西安财经学院	研究报告	2010.12.20
09XJL003	统筹城乡发展的就业、户籍与土地利用制度联动机制研究	易小光	重庆市综合经济研究院	研究报告	2011.7.1
09XJL004	中国二元非均衡经济社会结构与转型期农民增收困境	王恩胡	西安财经学院经济学院	专著	2011.12.31
09XJL005	经济转型、法律缺失与非正式制度约束：本土化语境中法与金融理论的拓展研究	皮天雷	重庆大学农村金融与人力资源研究中心	专著	2010.12.31

续表

批准号	项目名称	负责人	工作单位	成果形式	计划完成时间
09XJL006	扩大就业的理论与政策研究——微观行为主体的视角	汪　戎	云南财经大学	专著 研究报告	2012.12.31
09XJL007	基于能值理论的河西走廊绿洲农业发展方式转变研究	魏奋子	中共甘肃省委党校经济社会发展研究所	研究报告	2011.12.31
09XJL008	农业产业化发展研究——基于契约优化、关系治理的农产品交易稳定性提升	张春勋	重庆工商大学经济贸易学院	研究报告	2011.12.31
09XJL009	中国特色城镇化道路与实现机制研究	尚　娟	西安电子科技大学	研究报告	2011.6.30
09XJL010	产品内分工深化视角下中国经济发展方式转变路径研究	马莉莉	西北大学经济管理学院	专著	2011.12.31
09XJL011	全球经济调整与中国经济发展方式转变研究——基于FDI传导机制与国际市场结构变化的分析	阎　敏	西安交通大学经济与金融学院	研究报告	2011.6.30
09XJL012	金融危机视阈中的负所得税中国化研究	李庆梅	中共甘肃省委党校工商管理教研部	专著 研究报告	2011.10.1
09XJL013	基于金融危机传染效应的中国金融风险预警研究	王小霞	西安财经学院经济学院	研究报告	2010.3.13
09XJL014	促进西部地区科学发展的战略研究	刘渝阳	四川省社会科学院	研究报告	2010.3.23
09XJL015	促进西部地区优势产业发展政策研究	赵果庆	云南财经大学区域发展研究所	专著 研究报告	2010.6.30
09XJL016	基于水资源合理配置的新疆产业结构优化研究	黄宝连	石河子大学	研究报告	2010.12.30
09XJL017	坚持走中国特色西藏特点的科学发展道路研究	倪邦贵	西藏自治区社会科学院农村经济研究所	研究报告	2010.12.31
09XJL018	全球金融危机下促进西部地区优势产业发展政策研究	罗仲平	四川省社会科学界联合会	专著 研究报告	2012.12.30
09XJL019	西部开发新阶段促进优势产业发展政策研究	曾德高	重庆邮电大学	研究报告 专著	2010.12.30
09XJL020	广西北部湾经济区城市群资源整合与协调发展研究	张协奎	广西大学商学院	论文集 研究报告	2011.7.1

续表

批准号	项目名称	负责人	工作单位	成果形式	计划完成时间
09XJL021	大图们江区域旅游发展转型与旅游合作模式研究	崔哲浩	延边大学经济管理学院旅游管理系	专著	2011. 10. 30
09XJL022	西部弱生态地区环境修复的经济学分析——基于经济增长路径选择的研究	谭　鑫	云南大学发展研究院	专著	2011. 12. 30
09XJL023	西部生态环境建设补偿制度的生态经济学依据研究	周　玲	中共宁夏回族自治区委党校	研究报告	2010. 8. 31
09XJL024	新形势下能源安全问题研究——开放条件下外部能源利用与我国区际能源供需平衡问题研究	周　江	四川省社会科学院	专著 研究报告	2010. 12. 30
09XJY001	边疆少数民族地区建设促进城乡经济社会发展一体化制度研究	赵　涛	中共云南省委党校	专著 研究报告	2010. 12. 31
09XJY003	经济裂变、技术范式变迁与后发地区企业技术创新战略研究	曹　平	广西大学商学院	专著 研究报告	2012. 6. 30
09XJY004	产业转移与城市化作用下西部生态脆弱区城市土地利用变化与人地系统调控	袁长伟	长安大学经济与管理学院	专著 研究报告	2011. 12. 30
09XJY005	建立健全西部生态脆弱区域生态补偿机制及其评价体系研究	吕文广	甘肃行政学院	论文集 研究报告	2010. 3. 19
09XJY006	健全农业生态环境补偿制度研究——基于生产功能与生态功能的视角	李晓燕	四川省社会科学院农村发展研究所	研究报告	2011. 3. 10
09XJY007	大学生生存型创业和机会型创业的行为动机、影响因素及转化对策研究	李爱国	重庆工学院工商管理学院	研究报告 论文集	2010. 12. 30
09XJY008	高校毕业生就业问题与对策研究——基于大学生创业的路径和机制	李幼平	桂林电子科技大学	研究报告 论文集	2012. 3. 1
09XJY009	基于企业/雇主视角下大学生就业能力培养问题研究	王雅荣	内蒙古科技大学	专著 论文集	2011. 12. 30
09XJY010	基于胜任能力开发的高校毕业生就业管理新模式研究	高永惠	桂林工学院	研究报告 论文集	2010. 11. 30
09XJY011	基于山地资源综合开发的山区经济发展问题研究	冯佺光	重庆师范大学	研究报告	2011. 12. 30

续表

批准号	项目名称	负责人	工作单位	成果形式	计划完成时间
09XJY012	全球金融危机下我国产业西迁与西部地区优势产业发展研究	杜　靖	桂林电子科技大学	专著	2011.12.31
09XJY013	典型贫困地区发挥妇女在新农村建设中的作用研究——以“三西”地区为例	郭亚莉	宁夏社会科学院	专著	2011.12.31
09XJY014	甘肃省地震灾区农村恢复重建问题研究	侯庆丰	甘肃农村发展研究院	研究报告	2011.12.30
09XJY015	利益协调推进农村土地流转制度研究	刘润秋	四川大学公共管理学院	研究报告	2010.12.31
09XJY016	完善农村土地流转制度研究——基于金融视角	刘　攀	西南财经大学金融学院	专著 研究报告	2011.2.12
09XJY017	劳务经济与资源经济互动的西部农村经济发展长效机制与对策——新农村建设新问题研究	蒲艳萍	重庆大学贸易与行政学院	专著 研究报告	2011.12.31
09XJY018	西部贫困地区新型农村合作医疗筹资机制创新研究	李　琼	吉首大学	论文集 研究报告	2011.6.30
09XJY019	新农村建设中的新情况、新问题研究——大学生“村官”长效工作机制构建	黄钟仪	重庆工商大学管理学院	专著 研究报告	2011.6.30
09XJY020	新形势下粮食安全问题研究——云南的探索与实践	张海翔	云南农业大学	研究报告	2010.12.31
09XJY021	产业化进程中农业产业链培育研究	肖小虹	贵州财经学院工商管理学院	专著	2011.12.31
09XJY022	新疆现代林果产业体系发展中的市场建设和创新研究	周　斌	中共新疆维吾尔自治区党校	研究报告	2011.6.30
09XJY023	健全农业投入保障制度研究——基于地方财政支农绩效视角	王　胜	重庆社会科学院	研究报告	2010.12.31
09XJY024	农产品质量安全保障体系研究	吴秀敏	四川农业大学四川农村发展研究中心	研究报告	2011.12.31
09XJY025	基于我国粮食安全和主要农产品有效供给的农业“走出去”战略研究	强始学	中共新疆生产建设兵团委员会党校科研处	研究报告	2011.6.30
09XJY026	新疆生产建设兵团农业“走出去”战略研究	张　静	石河子大学	研究报告	2011.6.30

续表

批准号	项目名称	负责人	工作单位	成果形式	计划完成时间
09XJY027	新疆棉花产业风险问题研究	陈建国	新疆财经大学	研究报告	2011.12.31
09XJY028	中国玉米产业国际竞争力研究	聂　敏	中共陕西省委党校	论文集 研究报告	2011.6.30
09XJY029	重大突发公共事件下应急物流与交通运输系统集成优化方法研究	广晓平	兰州交通大学交通运输学院	论文集 研究报告	2011.2.25
09XJY030	乌江流域民族地区农村消费市场开发与对策研究	王山河	长江师范学院	专著	2011.12.31
09XJY031	推进中国农村流通现代化研究——基于城乡统筹战略与城乡交互的价值链视角	陈　澍	重庆社会科学院	研究报告 论文集	2011.12.31
09XJY032	完善我国粮食价格形成机制研究	蒋和胜	四川大学经济学院经济研究所	研究报告	2010.12.31
09XJY033	西南地区民族文化旅游创意产业发展研究	张琰飞	吉首大学	论文集	2012.12.30
09XJY034	国际国内新形势下财政政策取向研究——基于财政支出体系完善与区域协调增长的双目标选择	吴　颖	重庆大学贸易及行政学院	研究报告	2010.7.1
09XJY035	完善现代农村金融制度研究	阎　星	成都市经济发展研究院	论文集 研究报告	2010.12.31
09XKS005	新生代农民工政治参与研究	韦　滢	贵州大学马列主义教学部	研究报告	2010.5.30
09XMZ005	老少边穷连片地区区域合作路径与机制研究	宋爱苏	中共重庆市委党校	研究报告	2011.8.30
09XMZ008	西南少数民族贫困县的贫困和反贫困调查与评估	庄天慧	四川农业大学四川农村发展研究中心	研究报告 专著	2011.9.30
09XMZ009	以理论和政策创新推动云南散居民族地区农村经济社会发展研究	王　俊	云南省社会科学院	研究报告	2010.12.31
09XMZ027	甘宁青回族宗教文化旅游资源开发与民族地区旅游业和谐发展研究	沙爱霞	北方民族大学管理学院	论文集 研究报告	2012.9.30
09XMZ033	遏制少数民族地区旅游资源过度开发对策研究	邓永进	云南大学旅游研究所	专著 研究报告	2011.8.30
09XMZ038	加快少数民族地区经济社会发展政策研究——促进西北民族地区经济发展的商业政策设计	蔡文浩	兰州商学院	专著 研究报告	2011.2.28

续表

批准号	项目名称	负责人	工作单位	成果形式	计划完成时间
09XMZ039	青藏地区经济一体化发展研究	马生林	青海省社会科学院	专著 研究报告	2010. 12. 30
09XMZ040	少数民族聚居地区农村新型养老保障模式实证研究——以云南省为个案	谢和均	云南大学公共管理学院	研究报告	2011. 12. 31
09XMZ041	岷江上游民族地区生态经济发展研究	赵　兵	西南民族大学化学与环境保护工程学院	专著 论文集	2011. 12. 30
09XMZ047	边疆民族特殊类型贫困地区贫困和反贫困绩效的调查与评估	李翠锦	石河子大学经贸学院	研究报告	2011. 6. 30
09XMZ049	西南地区少数民族贫困县的贫困与反贫困调查与评估	王秀峰	贵州大学经济学院	专著 研究报告	2011. 8. 31
09XMZ050	云南特有7个人口较少民族扶贫绩效调查研究	罗明军	云南省社会科学院农村发展研究所	论文集 研究报告	2010. 10. 30
09XMZ051	城镇化进程中青藏高原农牧民生存境况及择业取向的调查分析研究	久毛措	青海大学财经学院经济系	专著 研究报告	2011. 6. 30
09XMZ052	基于文化视角的南疆三地州新型农民培养	綦群高	新疆农业大学	研究报告	2011. 3. 31
09XMZ053	青海藏区农牧民素质与生活水平关系研究	费胜章	青海大学财经学院	研究报告	2011. 6. 30
09XMZ054	西北地区穆斯林民族农业人口城镇化过程中的择业趋向研究	白晓荣	青海师范大学	研究报告	2012. 8. 31
09XMZ055	西南少数民族地区农村人力资源开发研究	沈　鸿	桂林工学院	研究报告	2011. 9. 1
09XMZ056	改革开放30年义务教育的普及发展对西北少数民族地区发展贡献率研究	张定强	西北师范大学教育学院	专著 研究报告	2011. 12. 20
09XMZ059	民族社区旅游发展与民族传统文化保护“双赢”的调控机制研究	刘　旺	四川师范大学历史文化与旅游学院	专著 研究报告	2011. 12. 30
09XMZ060	新农村建设背景下的西南民族村寨旅游开发模式研究	李天翼	贵州民族学院民族文化学院	研究报告	2011. 12. 30
09XMZ063	公共政策变迁对农牧民收入的影响研究	马　军	内蒙古工业大学	专著 研究报告	2011. 12. 31
09XSH006	NGO视角下的进城务工人员社会服务研究	谷孟宾	陕西省社会科学院	专著 研究报告	2010. 12. 31

续表

批准号	项目名称	负责人	工作单位	成果形式	计划完成时间
09XSH007	进城农民工子女城市社会适应性研究	张希希	重庆师范大学社会文化研究所	研究报告	2011.12.30
09XSH008	农村社区建设——制度、功能和文化	李　俊	西华师范大学政治与行政学院	专著	2011.12.30
09XSH011	城乡社会统筹视野下促进西部城乡义务教育均衡发展对策研究	邓泽军	重庆教育学院干训教育系	专著 研究报告	2011.12.31
09XSH013	新疆城镇就业问题实证分析与就业对策研究	赵　强	新疆财经大学	研究报告	2011.12.31
09XSH016	西部“两欠”地区的职业结构变迁研究	周芳苓	贵州省社会科学院	研究报告	2010.12.30
09XSH019	消费者视角的企业社会责任及其培育机制研究	邓德军	广西大学商学院	研究报告	2011.8.31
09XSH020	基于养老保险制度改革中的利益协调问题研究	李友根	重庆交通大学	研究报告	2011.12.30
09XTJ002	基于购买力平价下的贫困程度测算及应用研究	陈正伟	重庆工商大学	专著 研究报告	2011.9.30
09XTJ003	水资源环境经济综合核算（SEE-AW）研究	马　忠	西北师范大学地环学院	论文集 研究报告	2011.12.30
09XTY001	社会各阶层体育消费心理和行为特征研究	刘　英	成都体育学院运动系	论文集 研究报告	2011.12.31
09XZZ001	农业税取消后的农村制度创新与农村治理研究——以成渝试验区为个案	王习明	西南交通大学	专著 研究报告	2011.7.31
09XZZ002	西部农村社区村民自治问题研究	吴　南	陕西省社会科学院	研究报告	2011.12.1
09XZZ006	西北民族地区村民自治问题研究	李双奎	甘肃农业大学人文学院	论文集 研究报告	2011.12.30
09XZZ012	我国循环经济扶持政策的整合问题研究——以支持垃圾发电产业发展的公共政策为例	何志武	重庆科技学院	专著 研究报告	2011.12.30
09XZZ013	国内大型医院卫生人力资源成本精细化核算多重变量回归模型的建立和应用研究	董晓建	第四军医大学训练部医学教育研究室	专著 工具书	2012.7.30
09XZZ014	成渝“试验区”城乡基本公共服务均等化政策绩效评价研究	姜　鑫	重庆工商大学	研究报告 论文集	2011.12.30

资料来源：http：//www. npopss－cn. gov. cn。

2009年度国家社会科学基金项目（理论经济和应用经济）结项情况一览表

批准号	项目名称	成果名称	负责人	工作单位	鉴定等级
05BJY105	人民币区域化问题研究	人民币区域化问题研究	邱兆祥	对外经济贸易大学金融研究所	优秀
07BJL021	反垄断中相关市场界定的理论与国际实践比较研究	相关市场理论与实践——反垄断中相关市场界定的经济学分析	李　虹	北京大学经济学院	优秀
05BJY004	上市公司大股东代理问题研究	上市公司大股东代理问题研究	宋　力	沈阳工业大学	优秀
05BZZ015	东北老工业基地振兴与事业单位体制改革的机遇和责任研究	东北老工业基地振兴与事业单位体制改单的机遇和责任研究	陈　静	沈阳市委党校行政学院	优秀
05CJY011	发展循环经济的理论与政策研究	发展循环经济的理论与政策研究	孙广生	东北大学工商管理学院	优秀
07ATJ001	卫生行业：发展水平、决定因素及其对经济增长的贡献——基于经济普查数据的深度开发	卫生行业：发展水平、决定因素及其对经济增长的贡献——基于经济普查数据的深度开发	蒋　萍	东北财经大学	优秀
07BJY011	中国垄断产业规制效果的评价研究	中国垄断产业规制效果的评价研究	肖兴志	东北财经大学	优秀
06BJY100	现代餐饮企业创新系统的体系构建	现代餐饮企业创新系统的体系构建	杨铭铎	哈尔滨商业大学	优秀
06BTJ018	中国区域经济发展差异及其影响因素的统计研究	中国区域经济发展差异及其影响因素的统计研究——以江苏省为例	凌　亢	南京财经大学统计系	优秀
03BRK005	“小人口”与“适度人口”——可持续发展人口环境的抉择	“小人口”原理	原华荣	浙江大学人口与发展研究所	优秀
06BZX074	民营企业家自主创新心智模式比较研究	民营企业家自主创新心智模式比较研究	郑湘娟	中共宁波市委党校	优秀
06CJY011	人力资源开发中性别歧视问题的实证研究	企业人力资源开发中的性别歧视问题研究	颜士梅	浙江大学管理学院	优秀
05BJL003	劳动价值论创新与发展问题研究	劳动价值论创新与发展问题研究	陈永志	厦门大学经济学院经济系	优秀
06BJY088	农村交易效率和契约选择的理论分析与实证研究	农村交易效率和契约选择的理论分析与实证研究	祁春节	华中农业大学经济管理学院	优秀

续表

批准号	项目名称	成果名称	负责人	工作单位	鉴定等级
05BJL066	集群视角下的创新网络与区域国际竞争力研究	集群创新网络与区域国际竞争力	刘友金	湖南科技大学商学院	优秀
06BJY096	我国商品市场周期波动转折点的分析与预测	我国商品市场周期波动转折点的分析与预测	陈乐一	湖南大学经贸学院	优秀
07BTJ007	金融体系竞争力统计模型及其应用研究	金融体系竞争力统计模型及其应用研究	李正辉	湖南大学统计学院	优秀
06BJL069	企业跨区域重组推动产业转移的理论和对策研究	企业跨区域重组推动产业转移的理论和对策研究	陈泽明	贵州大学	优秀
03CJL002	技术创新的政治经济学	技术创新的政治经济学	孟　捷	中国人民大学经济学院	良好
05BJL056	汇率制度与货币政策和经济稳定增长的协调关系	汇率制度、货币政策和宏观经济运行	孙华妤	对外经济贸易大学	良好
06BXW016	出版业的体制改革与管理研究	出版体制改革与管理创新	刘　军	对外经济贸易大学出版社	良好
06CTJ002	全球背景下的服务贸易统计方法研究	全球背景下的服务贸易统计方法研究	王亚菲	中央财经大学经济学院	良好
05BJY058	农村贫困人口最低生活保障问题研究	农村贫困人口最低生活保障问题研究	于　彤	全国贫困地区干部培训中心	良好
05BJY091	解决县乡财政困难问题研究	解决县乡财政困难问题研究	罗　丹	国务院发展研究中心	良好
04BJY061	国外技术壁垒对我国出口的影响和对策	国外技术壁垒对我国出口的影响和对策	蒋国瑞	北京工业大学经济与管理学院	良好
05CJL005	中国居民收入分配差距现状、问题以及改善收入分配的对策	中国居民收入分配差距现状、问题以及改善收入分配的对策	周云波	南开大学经济研究所	良好
06BJY048	重化工业园区开展自我循环经济试点问题研究	重化工业园区开展自我循环经济试点问题研究	陈　璐	河北省社会科学院	良好
05BFX027	新型农村合作医疗制度的规范化与立法研究	新型农村合作医疗的规范化与立法研究	孙淑云	山西大学法学院	良好
05BJY007	促进文化产业快速健康发展问题研究	促进文化产业快速健康发展问题研究	冯子标	山西财经大学经济学院	良好

续表

批准号	项目名称	成果名称	负责人	工作单位	鉴定等级
02BGJ003	建立“中国与东盟自由贸易区”研究	中国东盟一体化与中国发展战略——建立“中国—东盟自由贸易区”的实践和前景研究	尤安山	上海社会科学院世界经济研究所	良好
04BJL057	中国在WTO体制中的“非市场经济”地位研究	WTO全球多边贸易体制与转型经济	王新奎	上海对外贸易学院	良好
05BJY035	推动长江三角洲经济一体化研究	推动长江三角洲经济一体化研究	徐长乐	华东师范大学长江流域发展研究院	良好
06BJY060	预算制定在国有企业经理人薪酬契约中的激励作用	预算制定在国有企业经理人薪酬契约中的激励作用	潘　飞	上海财经大学	良好
04BJL027	我国货币政策传导过程的“渗漏”与“阻塞”效应研究	我国货币政策传导过程的“渗漏”与“阻塞”效应研究	裴　平	南京大学商学院金融学系	良好
05CJY018	跨界水资源管理协商机制研究	跨界水资源管理协商机制研究	汪　群	河海大学商学院	良好
05BTJ010	我国社会经济可持续发展定量评价、运行监测和数据处理系统的开发研究	我国社会经济可持续发展定量评价、运行监测和数据处理系统的开发研究	廖进球	江西财经大学	良好
03CJY022	商业银行与资本市场的关系研究	金融体系变迁与现代化——商业银行与资本市场的关系研究	宋清华	中南财经政法大学	良好
05BSH031	农村民间金融组织的社会学研究	农村民间金融组织的社会学研究	万江红	华中农业大学文法学院社会学系	良好
06BJL022	连续进化金融混合策略理论	进化组合策略理论	杨招军	湖南大学	良好
05BJL015	三次产业结构演变与服务经济前沿问题研究	三次产业结构演变与服务经济前沿问题研究	李江帆	中山大学管理学院中国第三产业研究中心	良好
03CGJ002	中国西南地区与东盟区域农业合作研究	中国西南地区与东盟区域农业合作研究	吕玲丽	广西大学商学院	良好
99EJL003	三峡库区经济发展及库区经济学研究	三峡库区经济发展及库区经济学研究	田丰伦	重庆社会科学院	良好

续表

批准号	项目名称	成果名称	负责人	工作单位	鉴定等级
06XJL006	家族企业网络化成长模式、机制与政策研究——基于东西部地区的实证	家族企业网络化成长模式、机制与政策研究——基于东西部地区的实证	周立新	重庆工商大学经济贸易学院	良好
06XSH001	西部农村留守儿童教育问题的社会学研究	空巢乡村的守望：西部农村留守儿童教育问题的社会学研究	任运昌	重庆教育学院	良好
04XJY027	农村公共物品民营化配置机制与模式研究	农村公共物品民营化配置机制与模式研究	张应良	西南农业大学经济管理学院	良好
03AJY006	中国高科技企业成长问题研究	中国高科技企业成长问题研究	冯宗宪	西安交通大学	良好
04XJY050	西部民族地区“政府—市场”双导向反贫困机制及其运行效率研究	西部民族地区“政府—市场”双导向反贫困机制及其运行效率研究	姜锡明	新疆财经学院	良好
02BJY123	加入WTO后我国资本账户放松管制的风险与开放顺序的方案选择	中国资本账户开放——理论与实证研究	陈雨露	中国人民大学财政金融学院	合格
03CJY021	取消贷款规模控制后我国的货币供给过程和货币政策分析	取消贷款规模控制后我国的货币供给过程和货币政策分析	黄燕芬	中国人民大学国民经济管理系	合格
06BJY108	政策性银行改革和职能调整研究	政策性银行改革和职能调整研究	蔡浩仪	中国人民银行金融研究所	合格
02BJL005	我国经济发展过程中的收入分配关系问题研究	我国经济发展过程中的收入分配关系问题研究	纪　宏	首都经济贸易大学统计学系	合格
04BJL017	失业率和失业预警理论模型对新型工业化期间就业政策支撑的研究	中国失业预警理论和方法研究	纪　韶	首都经济贸易大学劳动经济学院	合格
04BJY059	我国现代物流发展的问题及对策研究	我国现代物流发展的问题及对策研究——兼论合作竞争型市场的培育	刘秉镰	南开大学经济与社会发展研究院	合格
01BSH002	现阶段经济全球化对我国社会分层的影响研究	现阶段经济全球化对我国社会分层的影响研究	侯钧生	南开大学社会学系	合格
03BMZ025	蒙古族传统生态观与内蒙古草原畜牧业经济可持续发展研究	蒙古族传统生态观与内蒙古草原畜牧业经济可持续发展研究	扎格尔	内蒙古师范大学科技处	合格

续表

批准号	项目名称	成果名称	负责人	工作单位	鉴定等级
06BJY080	关于我国耕地保护制度与失地农民补偿机制的研究	关于我国耕地保护制度与失地农民补偿机制的研究	陈沫	黑龙江省农村社会发展研究所	合格
05CJL023	经济全球化下金融危机国际传染性及对中国的政策含义研究	经济全球化下金融危机国际传染性及对中国的政策含义研究	靳玉英	上海财经大学国际工商管理世界经济系	合格
04BZS030	中国近代股份制企业研究	中国近代股份制企业研究	朱荫贵	复旦大学历史系	合格
04BZZ035	耕地保护的体制与政策研究	耕地保护的体制与政策研究	吴群	南京农业大学土地管理学院	合格
05BTJ018	我国R&D统计理论、方法及应用研究	我国R&D统计理论、方法及应用研究	赵喜仓	江苏大学统计学系	合格
06BRK005	流动人口社会保障问题研究	流动人口社会保障问题研究	刘书鹤	山东社会科学院人口研究所	合格
04BGJ024	对外关系中限制性经济行为政治化的趋势及我国的应对策略	对外经济制裁与美国国家利益——当代国际经济关系政治化的个案分析	柳剑平	湖北大学商学院	合格
04CJL014	城市化、收益递增与经济增长	城市化、收益递增与经济增长	成德宁	武汉大学商学院经济研究所	合格
03CJY018	民族地区旅游开发的区域竞争与区域协作问题研究——以张家界、湘西自治州、怀化为例	实施区域协作，构筑大湘西民族旅游发展新格局	张河清	湘潭大学旅游管理系	合格
04XJY003	西部县域经济中基于小企业集群发展的"三农问题"缓解路径研究	西部县域经济中基于小企业集群发展的"三农问题"缓解路径研究	庄晋财	广西大学商学院经济学系	合格
05XJL003	经济运行干预比较——提高驾驭社会主义市场经济能力研究	经济运行干预比较——提高驾驭社会主义市场经济能力研究	文大会	中共四川省委党校四川行政学院	合格
04AJY005	西部地区民族经济发展问题研究	西部地区民族经济发展问题研究	高新才	兰州大学经济管理学院	合格
06XJY008	推进青藏两省区区域经贸合作　共建青藏铁路经济带加工中心问题研究	推进青藏两省区区域经贸合作　共建青藏铁路经济带加工中心问题研究	刘小平	青海大学经济系	合格

续表

批准号	项目名称	成果名称	负责人	工作单位	鉴定等级
07CJY015	西部生态脆弱贫困区优势产业培育和创新系统建设研究	西部生态脆弱贫困区优势产业培育和创新系统建设研究	刘颖琦	北京交通大学经济管理学院	优秀
02EJY003	博弈论应用与经济动态模拟研究	博弈论应用与经济动态模拟研究	王文举	首都经济贸易大学信息学院	优秀
04BRK010	振兴东北老工业基地中的人口和就业问题研究	振兴东北老工业基地中的人口和就业问题研究	穆怀中	辽宁大学人口研究所	优秀
05BJY100	金融市场的结构优化研究	金融市场的结构优化研究	赵振全	吉林大学数量经济研究中心	优秀
06BTJ008	基于主客观双重系统的社会经济发展和谐度评价体系研究	基于主客观双重系统的社会经济发展和谐度评价体系研究——以浙江省为例	苏为华	浙江工商大学	优秀
06BJY111	我国宏观调控效应的汇率制度分析	我国宏观调控效应的汇率制度分析	黄志刚	福州大学管理学院	优秀
07BJY151	海洋渔业经济可持续发展的财政投入机制与效应研究	海洋渔业经济可持续发展的财政投入机制与效应研究	杨　林	中国海洋大学	优秀
06BJY039	海洋产业布局的基本理论研究	海洋产业布局的基本理论研究	韩立民	中国海洋大学海洋发展研究院	优秀
06AJL002	跨国公司并购中国企业的新动向与国家经济安全研究	跨国公司并购中国企业的新动向与国家经济安全研究	王耀中	湖南大学经济与贸易学院	优秀
07CJY062	改革和完善我国农村金融组织体系研究	改革和完善我国农村金融组织体系研究	蔡四平	湖南商学院	优秀
06XJL007	提高自主创新能力的理论与对策研究——基于成都平原产业集群的实证	提高自主创新能力的理论与对策研究——基于成都平原产业集群的实证	邵云飞	电子科技大学管理学院	优秀
04XRK001	西部地区社会协调发展中的人口老龄化问题研究——以陕西省为例	西部地区社会协调发展中的人口老龄化问题研究——以陕西省为例	洪援朝	陕西省社会科学院	优秀
03BTJ011	广告效果调查评估的理论与方法研究	广告效果调查评估的理论与方法研究	王振龙	西安财经学院	优秀
05XJY017	农村劳动力转移中存在的问题及对策研究	中国农村剩余劳动力转移研究	惠　宁	西北大学经济管理学院	优秀

续表

批准号	项目名称	成果名称	负责人	工作单位	鉴定等级
06XZS014	青海历史文化的内涵及其在现代旅游中的开发利用研究	青海历史文化的内涵及其在现代旅游中的开发利用研究	王　昱	青海省社会科学院	优秀
05CJL003	信用体系国家匹配模式的国际比较研究	征信体系的巴西模式、功能与国家匹配的实证比较研究	石晓军	北京航空航天大学经济管理学院	良好
03CJY005	上市公司治理结构、利润操纵的经济后果与对策	上市公司治理结构、利润操纵的经济后果与对策	肖　星	清华大学经济管理学院	良好
06BSH053	年龄歧视与老年人受虐待问题研究	年龄歧视与老年人受虐待问题研究	姜向群	中国人民大学社会与人口学院	良好
04BSH028	大城市发展的中外比较研究	北京城市居住空间的社会特征及其形成机制——兼与东京、芝加哥的比较	李国庆	中国社会科学院社会学所	良好
04BTJ015	我国石油经济安全的评估与监测体系研究	我国石油经济安全的评估与监测体系研究	陈彦玲	北京石油化工学院	良好
07CTJ004	GDP 国际比较项目最新进展研究——兼论中国面临的差距	GDP 国际比较项目最新进展研究——兼论中国面临的差距	张迎春	东北财经大学	良好
07BGJ011	相互依存中的国际贸易摩擦——产生机理、影响与对策研究	相互依存中的国际贸易摩擦——产生机理、影响与对策研究	王厚双	辽宁大学经济学院	良好
06BTJ015	虚拟经济的统计核算方法研究	虚拟经济的统计核算——理论与方法	袁国敏	南京财经大学	良好
06BJY010	国家经济安全预警体系研究	国家经济安全预警体系研究	陈守东	吉林大学商学院	良好
06CJL009	市场化、经济制度和我国经济增长效率的理论构建和实证研究	市场化、经济制度和我国经济增长效率的理论构建和实证研究	董直庆	吉林大学商学院	良好
06BJL033	中国重大水污染灾害的经济分析及实证研究	中国重大水污染灾害的经济分析及实证研究——以哈尔滨市重大水污染事件为例	谢永刚	黑龙江大学经济与工商管理学院	良好
02BZS044	近代上海金融史研究	近代上海金融史研究	吴景平	复旦大学历史系	良好
04CJL018	风险资本产权缺失与制度创新问题研究	创业资本产权缺失与制度创新	尹国俊	苏州大学	良好

续表

批准号	项目名称	成果名称	负责人	工作单位	鉴定等级
08BJY030	企业技术创新的多层次网络体系构建及其对策研究	企业技术创新的多层次网络体系构建及其对策研究	蔡　宁	浙江大学公共管理学院	良好
06BJY110	改革和完善农村金融服务体系研究	改革和完善农村金融服务体系服务	陈时兴	中共浙江省委党校	良好
07BJY150	现阶段县乡财政面临的问题及对策研究	现阶段县乡财政面临的问题及对策研究	王恩奉	安徽省财政科学研究所	良好
03BJY084	旅游业可持续发展机制与调控研究	旅游业可持续发展机制与调控研究	陆　林	安徽师范大学旅游学院	良好
05CSH006	农村劳动力转移与城乡协调发展研究	农村劳动力转移与城乡协调发展研究	甘满堂	福州大学社会学系	良好
06CJL019	梯度推移粘性和区域经济协调发展的理论与对策研究	梯度推移粘性和区域经济协调发展的理论与对策研究	魏　敏	厦门大学管理学院	良好
05BJY017	基于《1·9规定》的注册会计师审计报告虚假陈述民事责任研究	基于《1·9规定》的注册会计师审计报告虚假陈述民事责任研究	蒋尧明	江西财经大学会计学院	良好
05BSH035	构建社会主义和谐社会的城乡利益协调机制研究	城乡利益协调机制研究——基于公共品供给制度的分析	廖清成	中共江西省委党校	良好
07CJL012	经济全球化条件下的金融体系风险分担机制变迁与我国经济安全	经济全球化条件下的金融体系风险分担机制变迁与我国经济安全	马　宇	山东工商学院经济学院	良好
07CSH003	构建社会主义和谐劳动关系问题研究	劳动关系——社会和谐发展的风向标	谭　泓	中国共产党山东省委员会党校	良好
04BKS012	中国特色社会主义经济制度及其结构体系研究	中国特色社会主义经济制度及其结构体系研究	李太淼	河南省社会科学院	良好
07BJY094	新农村建设中乡村存量债务重组与增量债务监控问题研究	新农村建设中乡村存量债务重组与增量债务监控问题研究	杜　爽	中共河南省委党校	良好
06BJY101	移动商务应用模式和发展对策研究	我国移动商务应用模式和发展对策研究	鲁耀斌	华中科技大学	良好
06BTQ019	基于Web2.0的企业信息资源组织与集成管理研究	基于Web2.0的企业信息资源组织与集成管理研究	王伟军	华中师范大学信息管理系	良好

续表

批准号	项目名称	成果名称	负责人	工作单位	鉴定等级
01BZS033	经济特区发展史的国际比较研究	中外经济特区发展史比较研究	乐　正	深圳社会科学院	良好
05BJL021	政府行为外部性的经济学分析	政府行为外部性的经济学分析	李郁芳	暨南大学经济学系	良好
05XJY019	城市发展带领农村发展问题研究——重庆大城市带领大农村发展的实证研究	城市发展带领农村发展问题研究——重庆大城市带领大农村发展的实证研究	彭　珏	西南农业大学经济管理学院	良好
07BJY073	中国西部中小企业集群多维度生态模式的构建与优化	中国西部中小企业集群多维度生态模式的构建与优化	揭筱纹	四川大学工商管理学院	良好
05BJL069	西部传统优势企业技术创新能力和区域经济增长研究	西部传统优势技术创新能力与区域经济增长	朱方明	四川大学经济学院	良好
05BJY098	金融安全的预警机制与风险控制研究	金融安全预警机制与风险控制研究	庞　皓	西南财经大学	良好
04XJY040	西部开发中中央与地方政府财政利益关系研究	西部开发中中央与地方政府财政利益关系研究	铁　卫	西安财经学院科研处	良好
04XJY021	水资源产权与水市场研究	水资源产权与水市场研究	常云昆	西北大学中德企业管理研究所	良好
03CJY004	项目区域风险评价方法研究	项目区域风险评价方法研究	杨乃定	西北工业大学管理学院	良好
04BMZ021	回族地区农业产业化契约关系的发展与完善	农业产业化契约关系——基于宁夏特色农业的研究	王朝良	宁夏大学经济管理学院	良好
03BJY073	农产品反倾销和中国对策	农产品反倾销和中国对策	何秀荣	中国农业大学经济管理学院贸易系	合格
04BSH034	城市化进程中的流动农民与郊区失地农民的社会网络研究	城市化进程中的流动农民与郊区失地农民的社会网络研究	童　星	南京大学社会学系	合格
05BJY025	东部和西部地区之间生态补偿的理论与模式研究	东部和西部地区之间生态补偿的理论与模式研究	王　翊	广东商学院经济贸易与统计学院	合格
05BJY055	企业文化与企业竞争力研究	市场导向企业文化对企业竞争力作用机制研究	余伟萍	四川大学工商管理学院	合格

续表

批准号	项目名称	成果名称	负责人	工作单位	鉴定等级
05CJY032	新金融条件下金融监管的组织结构理论与中国金融监管组织结构重构	新金融条件下金融监管的组织结构理论与中国金融监管组织结构重构	吴风云	西南交通大学经济管理学院	合格
05XSH018	农村社会养老保障制度基础框架研究	中国农村社会养老保险制度基础框架研究	蔡明秋	中共成都市委党校	合格
07BJY168	前瞻性货币政策规则在我国的适用性研究	前瞻性货币政策规则在我国的适用性研究	张屹山	吉林大学商学院	优秀
04BJL042	新开放经济的宏观经济学——西方经济学的最新发展	新开放经济的宏观经济学——西方经济学的最新发展	郭其友	厦门大学经济学院经济学系	优秀
01BJL029	现当代西方经济伦理思想研究	现当代西方经济伦理思想研究	乔洪武	武汉大学商学院经济系	优秀
05BJY083	流通产业组织化程度问题研究	流通产业组织化程度问题研究	王晓东	中国人民大学商学院	良好
07BTQ022	信息资源产业与相关产业整合与协同实证研究	信息资源产业与相关产业整合与协同实证研究	赖茂生	北京大学信息管理系	良好
02AJY002	政府赤字、实际利率与国民经济健康成长——扩大内需的政策研究	利率、债务率、汇率与经济增长	刘迎秋	中国社会科学院科研局	良好
04BJL014	利用FDI战略与维护国家经济安全	FDI与国家经济安全关系研究	万解秋	苏州大学	良好
06AJY006	鼓励自主创新的财税政策研究	激励自主创新的财税政策研究	范柏乃	浙江大学公共管理学院	良好
05BJY065	基于土地流转基础之上的构建我国民营农场制度研究	基于土地流转基础之上的构建我国民营农场制度研究	李尚红	安徽财经大学	良好
03BJL050	中部大发展与区域经济协调	中部崛起与区域经济协调发展	李本和	中共安徽省委党校	良好
06BZZ037	取消农业税后农村公共产品和公共服务供给问题研究	取消农业税后农村公共产品和公共服务供给问题研究	周　青	中共福建省委党校	良好
05BJL006	马克思分工和经济组织理论研究	马克思分工和经济组织理论研究	林金忠	厦门大学经济研究所	良好

续表

批准号	项目名称	成果名称	负责人	工作单位	鉴定等级
05BJL025	国企产权交易的定价机制研究	国企产权交易的定价机制研究	张卫东	华中科技大学经济学院	良好
06CJY020	钢铁行业投资过度、产能过剩原因分析及解决途径研究	钢铁行业投资过度、产能过剩原因分析及解决途径研究	窦　彬	中南民族大学管理学院	良好
07XJY004	股权分置改革后的国有大型企业公司治理研究	股权分置改革后的国有大型企业公司治理研究	叶　勇	西南交通大学经济管理学院	良好
05BSH032	农村民间金融组织的社会学研究——以西部小额信贷组织为例	农村民间金融组织的社会学研究	王　卓	四川大学公共管理学院	良好
05AJL002	建立健全社会信用体系的基础理论研究——兼论社会资本在现代信用社会建设中的作用	建立健全社会信用体系的基础理论研究——兼论社会资本在现代信用社会建设中的作用	程民选	西南财经大学国际商学院	良好
07BTJ001	不完全数据非线性模型的统计推断及其在社会经济中的应用研究	不完全数据非线性模型的统计推断及其在社会经济中的应用研究	唐年胜	云南大学数学与统计学院统计系	良好
04BJL032	公有经营性资本与资源配置效率关系研究	公有经营性资本与资源配置效率关系研究	吴　栋	清华大学经济管理学院经济系	合格
05CJL027	中国经济转型期地方利益冲突与政府统筹区域研究	中国经济转型期地方利益冲突与政府统筹区域研究	保建云	中国人民大学国际关系学院	合格
04BTJ010	重大自然灾害对我国社会经济影响的统计分析	重大自然灾害对我国社会经济影响的统计分析	张　波	中国人民大学统计学院	合格
05CJY016	城镇贫困人口现状、问题和对策研究	中国城镇贫困的变化趋势和模式（1988—2002）	夏庆杰	北京大学经济学院	合格
04BJL007	完善社会主义市场经济体制的理论研究	完善社会主义市场经济体制的理论研究	刘　伟	北京大学经济学院	合格
04BJY064	国外技术壁垒对我国农产品出口的影响及对策	国外技术壁垒对我国农产品出口的影响及对策	朱玉春	中国农业科学院农业经济研究所	合格
07CJY034	农村贫困人口标准和扶贫政策及措施研究	农村贫困人口标准和扶贫政策及措施研究	赵　玉	中共河北省委党校	合格
05BSH038	农民工问题与和谐社会建设研究	农民工问题与和谐社会建设研究	马雪松	江西省社会科学院	合格

续表

批准号	项目名称	成果名称	负责人	工作单位	鉴定等级
06CJY027	完善农业补贴政策研究——农户策略性行为与农业补贴政策的社会绩效分析	完善农业补贴政策研究——农户策略性行为与农业补贴政策的社会绩效分析	乔翠霞	中共山东省委党校	合格
05BJY099	金融市场的结构优化研究	金融市场的结构优化研究	吴腾华	河南大学	合格
00BJY094	我国财政投资效应研究	我国财政投资效应研究	张中华	中南财经大学	合格
06XSH009	城市郊区农民市民化问题研究——以成都地区为个案的实证分析	城市郊区农民市民化问题研究——以成都为个案的实证分析	路小昆	中共成都市委党校	合格
07XJY006	西部地区提高自主创新能力和发展优势产业研究	西部地区提高自主创新能力和发展优势产业研究	陈永忠	四川省社会科学院	合格
07XJY016	我国城市水资源承载力与产业结构协调发展模型及应用研究	我国城市水资源承载力与产业结构协调发展研究	马　捷	电子科技大学管理学院	合格
05XJY002	促进文化产业快速健康发展问题研究——西部地区文化产业发展问题研究	促进文化产业健康快速发展问题研究	陈　真	云南省社会科学院	合格
04XJY011	禁牧政策的生态效益补偿与草地资源可持续利用研究	禁牧政策的生态效益补偿与草地资源可持续利用研究	宋乃平	宁夏大学西部生态与生物资源联合研究中心	合格
05BJY020	技术性贸易壁垒（TBT）对我国中小企业技术创新的影响与策略研究	技术性贸易壁垒（TBT）对我国中小企业技术创新的影响与策略研究	毕克新	哈尔滨理工大学	优秀
05BJL004	利息理论的深度比较与我国应用研究	利息理论的深度比较与我国应用研究	刘义圣	福建省社会科学院	优秀
06BSH007	构建农村社会和谐发展的水库移民后期扶持机制研究	水库移民后期扶持机制研究	张春美	江西农业大学经济贸易学院	优秀
06BJL008	具有技术冲击传导机制的马克思经济增长理论与模型研究	具有技术冲击传导机制的马克思经济增长理论与模型研究	肖耀球	湖南省社会科学院系统所	优秀
06BJL004	我国自然资源产权制度构建研究	我国自然资源产权制度构建研究	刘　灿	西南财经大学	优秀
06XJL014	西部资源富集区建设社会主义新农村的经济学研究	西部资源富集区社会主义新农村建设研究	任保平	西北大学	优秀

续表

批准号	项目名称	成果名称	负责人	工作单位	鉴定等级
02ATJ001	中国实际国内生产总值的估算方法	中国实际国内生产总值的估算方法	朱之鑫	国家统计局	良好
06BJL055	促进区域协调发展的理论与对策研究	促进区域协调发展的理论与对策研究	安虎森	南开大学经济学院经济研究所	良好
05CJY013	技术工人短缺与技能人才激励关系研究	技术工人短缺与技能人才激励关系研究	黄　乾	南开大学经济学院人口与发展研究所	良好
06BTJ012	人民币汇率统计评估体系研究	人民币汇率统计评估体系研究	彭国富	河北经贸大学	良好
06CJY001	经济平稳增长和内外均衡控制研究	宏观经济平稳运行和内外均衡控制研究——基于流动性过剩影响机制的分析	陆前进	复旦大学金融研究院	良好
07CJL011	从收益率、币种结构和资产配置的角度来研究我国外汇储备管理模式的转变	从收益率、币种结构和资产配置的角度来研究我国外汇储备管理模式的转变	刘莉亚	上海财经大学	良好
06AZX005	我国经济审美化现状及对策研究	我国经济审美化现状及对策研究	凌继尧	东南大学	良好
06AJL005	东部地区外向经济发展的理论与对策研究	东部地区外向经济发展的理论与对策研究	刘志彪	南京大学长江三角洲经济社会发展研究中心	良好
06CJL012	当代西方主流经济学的认知心理学批判研究	认知心理学视角下的当代西方主流经济学批判	张谊浩	南京大学商学院	良好
05BJY061	新型农村合作医疗制度进展情况、存在问题和对策研究	新型农村合作医疗制度进展现状、存在问题及对策研究	王俊华	苏州大学中国农村城镇化研究中心	良好
05CJL017	中国煤炭资源型城市城市化研究	中国煤炭城市城市化研究	李新春	中国矿业大学管理学院	良好
05BJY073	我国棉花产业创新体系研究	我国棉花产业创新体系研究	刘从九	安徽财经大学棉花工程研究所	良好
06BJY095	企业营销利益相关者的委托代理机制研究	企业营销利益相关者的委托代理机制研究	江若尘	安徽财经大学商务学院	良好
06CTQ009	国内外知识管理理论发展及学科体系构建研究	国内外知识管理理论发展及学科体系构建研究	储节旺	安徽大学管理学院	良好

续表

批准号	项目名称	成果名称	负责人	工作单位	鉴定等级
05CJY029	解决县乡财政困难问题研究	解决县乡财政困难问题研究	李一花	山东大学经济学院	良好
06BJL057	经济快速增长与城市化过程中生产与人口分布的演变规律与我国区域协调发展	生产和人口的空间分布与我国区域协调发展	范红忠	华中科技大学经济学院	良好
05BJY106	提高我国银行业的控制力和竞争力研究	开放条件下中国金融业控制力和国家金融安全	黄　宪	武汉大学商学院金融系	良好
05CJY007	监管理论与上市公司信息披露策略研究	监管理论与上市公司信息披露策略研究	王雄元	中南财经政法大学	良好
06BGJ020	全球化条件下的劳工标准问题及对我国的影响和对策研究	全球化条件下的劳工标准问题及对我国的影响和对策研究	张新国	中南财经政法大学	良好
06BJY052	FDI集聚区内产业网络的形成机理及动态演变研究	FDI集聚区内产业网络的形成机理与动态演变研究	隋广军	广东外语外贸大学	良好
05BJY056	珠江三角洲产业集群模式下的技术扩散研究	珠江三角洲产业集群模式下的技术扩散研究	邝国良	华南理工大学经济与贸易学院	良好
06CTQ007	基于知识管理的企业核心竞争力研究	基于知识管理的企业核心竞争力研究	盛小平	华南师范大学	良好
07BZZ017	职能调整后流通领域商品质量监管模式研究——基于深圳的探索	职能调整后流通领域商品质量监管模式研究——基于深圳的探索	窦志铭	深圳职业技术学院	良好
03CJL009	奥地利学派对新自由主义经济学的发展	奥地利学派经济理论的发展与嬗变	刘志铭	华南师范大学经济与管理学院	良好
03CSH003	欠发达地区城乡居民生活质量指标体系及其应用研究	生活质量的指标结构及其理论和政策意义——以中国西南地区25地居民抽样调查资料为依据的研究	陆汉文	广西大学社会科学与管理学院	良好
06XMZ020	西南瑶族自治地方经济增长方式转变研究	西南瑶族自治地方经济增长方式转变研究	莫小莎	广西社会科学院	良好
07BRK009	中国农民工生活质量评价与保障制度研究	农民工生活质量评价与保障制度研究	刘渝琳	重庆大学人口资源环境研究所	良好
04XJY028	对西部若干国家级贫困县的调查研究及对策建议	对西部若干国家级贫困县的调查研究及对策建议	赖景生	重庆工商大学	良好

续表

批准号	项目名称	成果名称	负责人	工作单位	鉴定等级
06XJY017	三峡库区乡村可持续发展导向模式研究	三峡库区乡村可持续发展导向模式研究	苏维词	重庆师范大学地理科学学院	良好
06XJL016	西部中小企业技术创新体系建设与区域经济发展研究	西部中小企业技术创新体系建设与区域经济发展研究	辜秋琴	成都理工大学商学院	良好
06XJY005	从源头防治污染和保护生态环境对策研究——基于微观主体行为分析的视角	从源头防治污染和保护生态环境对策研究——基于微观主体行为分析的视角	冉瑞平	四川农业大学经济管理学院	良好
06BJY076	农村扶贫开发模式研究	农村扶贫模式研究——西南少数民族地区“整村推进”扶贫模式与扶贫制度建设研究	沈茂英	四川省社会科学院农村经济研究所	良好
06CJY018	保护生物多样性和建立生态补偿机制研究	保护生物多样性和建立生态补偿机制研究	李晟之	四川省社会科学院农村经济研究所	良好
07BJY089	构建和谐社会视角下的失地农民权益保障研究	构建和谐社会视角下的失地农民权益保障研究	杜　伟	四川师范大学经济与管理学院	良好
06XJL015	西部经济一体化研究——以川渝经济区走新型工业化道路为例	西部经济一体化研究——以川渝经济区走新型工业化道路为例	王德忠	四川师范大学经济与管理学院	良好
06BMZ014	民族自治地方经济增长方式转变研究	民族自治地方经济增长方式转变研究——以青海三江源藏族自治地区为例	王恒生	青海省社会科学院	良好
05BJL047	西方经济学“中国化”研究——结合中国国情改造和运用西方经济学	西方经济学“中国化”探索	方福前	中国人民大学经济学院	良好
05BDJ011	中国共产党领导边疆农垦的历史经验研究	中国共产党领导边疆农垦的历史经验研究	王小平	新疆生产建设兵团党校	良好
05CJL008	城市集中度对经济增长的影响研究	城市化、城市集中度与经济增长——城市集中度对经济增长的影响研究	周　文	中国人民大学经济学院	合格
03BJY096	中小企业融资问题研究	中小企业融资问题研究	汪　玲	中国人民大学商学院	合格
03ASH003	城市社区建设中的治理结构研究	我国城市社区治理结构研究	夏建中	中国人民大学社会学系	合格

续表

批准号	项目名称	成果名称	负责人	工作单位	鉴定等级
06AJY009	基于开发性金融理论与实践的我国政策性银行改革和职能调整问题研究	基于开发性金融理论与实践的我国政策性银行改革和职能调整问题研究	李志辉	南开大学经济学院金融系	合格
05CJL001	马克思的宏观经济理论研究——在经济学范式转换中探索马克思经济学创新	马克思的宏观经济理论研究——在经济学范式转换中探索马克思经济学创新	王　璐	南开大学经济学院经济研究所	合格
06BSH002	农村贫困地区环境友好型社会建设研究	农村贫困地区环境友好型社会建设研究	汪中华	哈尔滨理工大学	合格
07BJY060	形成合理的城镇化空间格局和新城市群研究——长江三角洲城市群城镇体系研究	形成合理的城镇化空间格局和新城市群研究——长江三角洲城市群城镇体系研究	郁鸿胜	上海社会科学院信息研究所	合格
04BTQ015	企业危机信息管理体制研究	企业危机信息管理体制研究	谢阳群	宁波大学商学院	合格
06BZZ015	农民专业合作组织的政治参与问题研究	农民专业合作组织的政治参与问题研究	董进才	浙江财经学院	合格
04BJY024	资源枯竭型城市产业转型与可持续发展研究	资源型产业转型与可持续发展研究	焦华富	安徽师范大学国土资源与旅游学院	合格
06BJY056	完善中小企业发展政策支持体系研究	完善中小企业发展政策支持体系研究	袁红林	江西财经大学	合格
06BJY015	国有控股公司的资本结构与财权安排研究	国有控股公司的资本结构与财权安排研究	张兆国	华中科技大学	合格
05BJL036	新型工业化与中国城镇化协调发展研究	新型工业化与中国城镇化协调发展研究	辜胜阻	武汉大学战略管理研究院	合格
04BKS021	在全面建设小康社会中促进共同富裕研究	制度创新与共同富裕	孙居涛	武汉大学政治与公共管理学院	合格
06BJL027	创新型人力资本的作用机理及实证研究	创新型人力资本的作用机理及实证研究	胡永远	湖南大学	合格
03BSH007	市场转型中的精英女性——珠江三角洲女私营企业家研究	市场转型中的精英女性——珠江三角洲女私营企业家研究	刘林平	中山大学社会学系	合格
05BFX029	金融改革与创新的法律规制问题研究——民间借贷制度的创新与监管问题研究	民间借贷制度的创新与监管问题研究	岳彩申	西南政法大学	合格

续表

批准号	项目名称	成果名称	负责人	工作单位	鉴定等级
04XZX006	中国西部文化产业发展问题研究	中国西部文化产业发展战略选择	彭岚嘉	西北师范大学	合格
04XMZ001	西北民族地区生态安全与水资源制度创新研究	西北民族地区生态安全与水资源制度创新研究	陈永胜	中共甘肃省委党校	合格
04BMZ008	青海省藏族地区经济与社会平衡发展研究	青海省藏族地区经济与社会平衡发展研究	张宏岩	青海大学经济系	合格
05BGJ003	WTO框架下的国际贸易壁垒与我国对策机制研究	WTO框架下贸易壁垒及我国的应对机制研究	曲如晓	北京师范大学经济与工商管理学院	优秀
04BZZ027	政府绩效评估体系研究	政府绩效评估体系研究——从公共支出的角度创设政府绩效评估体系	安秀梅	中央财经大学财政与公共管理学院	良好
07BJY118	中国现代流通服务业影响力研究	中国商贸流通服务业影响力研究	宋　则	中国社会科学院财政与贸易经济研究所	良好
04BJL035	自然垄断产业改革模式的国际比较研究	自然垄断产业改革模式的国际比较研究	戚聿东	首都经济贸易大学工商管理学院	良好
05BRK010	中国西北地区全面建设小康社会的人口与环境协调发展研究	中国西北地区全面建设小康社会的人口与环境协调发展研究	童玉芬	首都经济贸易大学劳动经济学院	良好
06BJY016	制度环境、公司治理与会计信息	制度环境、公司治理与会计信息	陈信元	上海财经大学会计学院	良好
06CZZ015	乡镇政府从“管治”到“服务”改革研究	从“管治”到“服务”——乡镇政府职能转变研究	吴理财	华中师范大学中国农村问题研究中心	良好
05CJL024	国际区域经济一体化背景下我国边疆经济发展研究	国际区域经济一体化背景下中国边疆经济发展研究	梁双陆	云南大学发展研究院	良好
05XMZ013	我国牧民消费问题研究	我国牧民消费问题实证研究	图　雅	内蒙古社会科学院	合格
05BJY001	加强和改善宏观调控、防止经济大起大落的体制机制研究	加强和改善宏观调控防止经济大起大落机制研究	周炼石	中共上海市委党校	合格
04CJL013	专利保护宽度的法经济学研究	专利制度的经济学分析	寇宗来	复旦大学中国社会主义市场经济研究中心	合格

续表

批准号	项目名称	成果名称	负责人	工作单位	鉴定等级
06BSH009	农村组织化程度与社会主义新农村建设研究	农村组织化程度与社会主义新农村建设研究——以山东农民经济合作组织为例	王毅平	山东省社会科学院	合格
07BJY046	人力资本投资的风险与防范	人力资本投资的风险与防范	赖德胜	北京师范大学经济与工商管理学院	优秀
06BJY003	提高利用外资质量问题研究	从规模到质量——中国利用外资的历史进程	邹昭晞	首都经济贸易大学	优秀
06BJL042	“十一五”我国产业结构的优化与升级的自主创新战略研究	“十一五”我国产业结构的优化与升级的自主创新战略研究	干春晖	上海财经大学	优秀
07CJY041	健全农业补贴制度及对农民直接补贴政策研究	健全农业补贴制度及对农民直接补贴政策研究	马述忠	浙江大学经济学院	优秀
06BJY115	人民币定价、汇率政策与汇率制度若干问题研究	人民币定价、汇率政策与汇率制度若干问题研究	王　曦	中山大学岭南学院金融系	优秀
05BJL026	多层次资本市场建设和监管问题研究	我国多层次资本市场建设和监管问题研究	胡海峰	北京师范大学经济与工商管理学院	良好
04BZZ036	中国式管理型医疗问题研究	医疗治理结构和运行机制——中国式管理型医疗问题研究	杨燕绥	清华大学公共管理学院	良好
05AJL001	马克思经济学数学模型研究	马克思经济学数学模型研究	吴易风	中国人民大学经济学院	良好
05BJY006	产权市场的建设和管理问题研究	产权市场的建设和管理问题研究	周茂清	中国社会科学院金融所	良好
03CGJ005	美国贸易逆差的可持续性及其对世界经济的影响	美国经常项目逆差的可持续性及其对世界经济的影响	何　帆	中国社会科学院世界经济与政治研究所	良好
05CJL004	城乡收入差距扩大的临界点及其对经济效率影响的研究	城乡收入差距扩大的临界点及其对经济效率影响的研究	王少国	首都经济贸易大学经济学院	良好
06CJY017	从源头防治污染和保护生态环境对策研究	从源头防治污染和保护生态环境对策研究——有限产权交易制度下的电子废弃物再循环	姚从容	南开大学经济学院人口与发展研究所	良好

续表

批准号	项目名称	成果名称	负责人	工作单位	鉴定等级
07BRK001	人口年龄结构变化与经济增长方式转变研究	人口年龄结构变化与经济增长方式转变研究	李洪心	东北财经大学	良好
06BJY020	从模仿学习到自主创新——我国产业技术进步的路径选择与政策研究	从模仿学习到自主创新——我国产业技术进步的路径选择与政策研究	王伟光	辽宁大学	良好
05BJY047	国有企业制度创新与管理创新——黑龙江省老工业基地改造中企业治理与管理问题研究	国有企业制度创新与管理创新——黑龙江省老工业基地改造中企业治理与管理问题研究	杨　苗	黑龙江大学经济与工商管理学院	良好
07BTJ006	宏观经济与税收收入协调增长的指标评价与季度模型研究	宏观经济与税收收入协调增长的指标评价与季度模型研究	张伦俊	南京审计学院国民经济研究所	良好
06BGJ018	经济全球化条件下外资参股国内银行效应及对金融安全影响的研究	经济全球化条件下外资参股国内银行效应及对金融安全影响的研究	戴志敏	浙江大学经济学院	良好
07CJL002	民营经济进入垄断行业的壁垒研究——基于内在和外在制度的分析框架	民营经济进入垄断行业的壁垒研究——基于内在和外在制度的分析框架	杨永忠	福州大学管理学院经贸系	良好
07CJL024	两岸经济制度性合作与一体化发展研究	两岸经济制度性合作与一体化发展研究	唐永红	厦门大学台湾研究院	良好
05BJY037	城镇贫困人口现状、问题和对策研究	城镇贫困人口现状、问题与对策	张建华	华中科技大学	良好
05BJL048	西方新货币经济学探踪	西方新货币经济学探踪	江　晴	武汉大学商学院	良好
04AJY007	我国地方中小金融机构发展研究	我国地方中小金融机构发展研究	彭建刚	湖南大学	良好
02BJL006	中国二元劳动市场的工资决定与收入分配研究	中国二元劳动市场的工资决定和收入分配研究	陈广汉	中山大学港澳珠江三角洲研究中心	良好
04XJY030	可持续脱贫的机制与治理结构转型——对若干国家级贫困县的调查研究	可持续脱贫的机制与治理结构转型——对若干国家级贫困县的调查研究	凌经球	中共广西壮族自治区委员会党校	良好
05CJY014	城镇污水、垃圾处理市场化机制研究	城镇污水、垃圾处理市场化机制研究	尹希果	重庆大学人口资源与环境经济研究中心	良好

续表

批准号	项目名称	成果名称	负责人	工作单位	鉴定等级
06BJY017	公共财务体系中的政府会计建设研究	公共财务体系中的政府会计建设研究	赵西卜	中国人民大学商学院	合格
06BSH012	建设社会主义新农村的社会学研究	新农村建设与中国乡村发展	陆益龙	中国人民大学社会学系	合格
06BJL041	新时期不同产业和区域转变经济增长方式的路径	转变经济增长方式——产业和区域视角的研究	刘培林	国务院发展研究中心发展战略和区域经济研究	合格
04BJY090	区域技术创新生态系统协调性评价研究	区域技术创新生态系统协调性评价研究	黄鲁成	北京工业大学经管学院	合格
05BSH023	农村劳动力转移与城乡协调发展——以内蒙古地区为例	农村劳动力转移与城乡协调发展——以内蒙古地区为例	苏　浩	内蒙古社会科学院	合格
05BSH024	中国社会转型期城市非正规就业及其社会政策研究	中国社会转型期城市非正规就业及其社会政策研究	张　彦	上海财经大学人文学院	合格
07BJL040	对外直接投资的互利共赢开发战略研究	对外直接投资的互利共赢开发战略研究	项本武	中南财经政法大学经济学院	合格
04BJY066	中国西南与东盟国家产业内贸易发展研究	中国西南与东盟国家产业内贸易发展研究	李立民	广西大学商学院	合格
05XJY022	三峡库区农村公路与“三农”关系研究	三峡库区农村公路与“三农”关系研究	黄承锋	重庆交通学院西部交通经济社会发展研究中心	合格
06XJL012	西部农村扶贫开发模式研究	西部农村扶贫开发模式研究	赵　曦	西南财经大学经济研究所	合格
03BJY065	西部农业生态环境改善的经济机制和经济政策研究	西部农业生态环境改善的经济机制和经济政策研究	吕胜利	甘肃省社会科学院农业经济研究所	合格
05BGJ004	人民币区域化问题研究	人民币区域化问题研究	李　晓	吉林大学经济学院	优秀
07BSH035	少数民族农村贫困地区医疗保障现状及对策研究	城市化进程中的中国民族医疗保障	谢红莉	温州医学院科技处	优秀
06CJY029	提高流通企业规模效率研究	流通企业规模效率研究	李陈华	湖南商学院	优秀
06BJY077	新阶段边疆少数民族地区农村扶贫开发机制与模式研究	新阶段少数民族地区农村扶贫开发模式及机制研究	刘维忠	新疆农业大学	优秀

续表

批准号	项目名称	成果名称	负责人	工作单位	鉴定等级
03ADJ001	新中国成立以来中国共产党关于“三农”问题的理论与实践研究	新中国成立以来中国共产党关于“三农”问题的理论与实践研究	郑有贵	农业部农村经济研究中心	良好
05BKS019	全面建设小康社会进程中的公平分配问题研究	公平分配的实现机制	青连斌	中共中央党校科学社会主义教研部	良好
07XGJ001	新形势下中国西部安全战略研究	新形势下中国西部安全战略研究	秦宗仓	空军工程大学理学院	良好
05BZZ005	全面建设小康社会过程中效率、公平和稳定的关系及政府的责任研究	效率、公平、稳定与政府责任	常　健	南开大学	良好
06CJL010	从模仿创新到自主创新的理论研究及实证	从模仿创新到自主创新——基于技术吸收能力的理论及实证	包　群	南开大学国际经济贸易系	良好
05BJL045	后福特制与当代资本主义经济制度变迁	后福特制与当代资本主义经济新的发展阶段	刘　刚	南开大学经济研究所	良好
05BTJ016	中国环境保护投融资运行的统计研究与实证分析	中国环境保护投融资运行统计研究与实证分析	曹洪军	山东财政学院	良好
06BJL067	中部崛起战略实现机理与政策研究	中部崛起战略实现机理与政策研究	李新安	河南财经学院	良好
02BJY050	中国城市财政主体财源问题研究	中国城市主体财源问题研究——房地产税与城市土地地租	邓宏乾	华中师范大学经济学院	良好
06BGJ016	发展中国家参与国际经济一体化福利效应的比较研究	发展中国家参与国际经济一体化福利效应的比较研究	张　彬	武汉大学经济与管理学院	良好
07CJY053	中国基本养老保险基金缺口测算与财政保障能力研究	中国基本养老保险基金缺口测算与财政保障能力研究	孙　静	中南财经政法大学财税学院	良好
07XTJ003	我国人力资本测算及其应用研究	我国人力资本测算及其应用研究	王德劲	广西财经学院	良好
03CFX019	全球化背景下的金融监管法律问题研究	全球化背景下的金融监管法律问题研究	盛学军	西南政法大学	良好

续表

批准号	项目名称	成果名称	负责人	工作单位	鉴定等级
04BJL015	中国信用体系建设研究	中国信用体系建设研究	刘锡良	西南财经大学中国金融研究中心	良好
05XJY024	发展乡村旅游，推动解决三农问题——东西比较视野下的西部乡村旅游产业发展研究	发展乡村旅游，推动解决三农问题——东西比较视野下的西部乡村旅游产业发展研究	金颖若	贵州大学管理学院	良好
05XFX013	我国西部民族地区中小企业发展制度建构研究	我国西部民族地区中小企业发展制度建构研究	陶青德	中共甘肃省委党校法学教研部	良好
01BJL031	16—18世纪的江南与荷兰经济发展的比较研究	19世纪初期松江与荷兰经济结构的比较研究	李伯重	清华大学人文学院	合格
06BJY094	整顿药品生产和流通秩序研究	整顿我国药品生产与流通秩序研究	吕一林	中国人民大学商学院	合格
02BJL045	国际资本流动对世界经济体系的影响研究	国际资本流动对世界经济体系的影响研究	张碧琼	中央财经大学金融系	合格
07CGJ009	中国—东盟自由贸易区对我国区域农业和农村发展的影响——以广西壮族自治区为例	中国—东盟自由贸易区发展对广西农业生产及农民收入影响研究——以龙眼、荔枝产业为例	翟雪玲	农业部农村经济研究中心	合格
06AJY002	部分行业投资过度、产能过剩原因分析及解决途径研究	部分行业投资过度、产能过剩原因分析及解决途径研究	李连济	山西省社会科学院	合格
05XJY027	内蒙古自治区特色优势产业集群的研究	内蒙古自治区特色优势产业集群的研究	赵云平	内蒙古自治区经济社会发展研究中心	合格
04BZZ032	公共部门人力资源管理：机制创新与制度变革研究	我国公共部门人力资源管理改革研究	吴志华	华东师范大学法政学院	合格
03BFX022	金融衍生工具的法律规制问题研究	金融衍生工具法律规制问题研究	顾功耘	华东政法学院	合格
04BSH037	农村土地流转的社会学研究	农村土地流转模式的社会学研究	董国礼	上海大学社会学系	合格
06CJY014	中部地区资源型城市产业转型与产业升级实证研究	中部地区资源型城市产业转型与产业升级实证研究	袁增伟	南京大学环境学院	合格
06BJY113	货币政策规则研究	货币政策规则研究	元惠萍	厦门大学金融系	合格

续表

批准号	项目名称	成果名称	负责人	工作单位	鉴定等级
05BJY018	我国注册会计师行业监督的理论、体制与效率研究	我国注册会计师行业监督的理论、体制与效率研究	李长爱	湖北经济学院会计学院	合格
06CJY023	动态能力、联盟绩效与自主创新能力关联性研究	动态能力、联盟绩效与自主创新能力关联性研究	黄　俊	西南大学	合格
04CJY006	西部地区生态建设补偿机制、配套政策和评价体系研究	西部地区生态建设补偿机制、配套政策和评价体系研究	刘　燕	重庆大学人口资源与环境经济研究所	合格
05XJL019	西部大开发的重点地区——长江上游经济带发展战略研究	西部大开发的重点地区——长江上游经济带发展战略研究	廖元和	重庆工商大学	合格
04XJL018	西部地区若干国家级贫困县的状况及发展路径研究	西部地区若干国家级贫困县的状况及发展路径研究	冯永宽	四川省社会科学院西部贫困研究中心	合格
06BJY089	深化农村流通体制改革的系统性研究	深化农村流通体制改革的系统性研究	夏春玉	东北财经大学工商管理学院	优秀
03CZS003	明清商业经济发展与教育变迁	明清商业经济发展与教育变迁——以徽州区域为中心的考察	李琳琦	安徽师范大学历史系	优秀
07BJY167	新形势下完善我国宏观调控体系、保持经济平稳较快增长的研究	新形势下完善我国宏观调控体系、保持经济平稳较快增长研究	陈浪南	中山大学经济研究所	优秀
06BSH001	加快西北少数民族地区经济发展与环境友好型社会建设研究	加快西北少数民族地区经济发展与环境友好型社会建设研究	陈兴鹏	兰州大学资源环境学院	优秀
06AZZ001	制度变迁理论研究	制度变迁理论研究	杨光斌	中国人民大学国际关系学院	良好
04BJL034	中国各地区经济增长差异的制度分析	20 世纪 90 年代以来中国地区增长比较暨若干方法问题讨论	韩朝华	中国社会科学院经济研究所	良好
05BSH044	残疾人就业问题研究	残疾人就业质量报告	郑东亮	劳动和社会保障部劳动科学研究所	良好
06CMZ009	清代以来内蒙古东部农耕村落化研究	清代以来内蒙古东部农耕村落化研究	珠　飒	内蒙古工业大学人文与社会科学学院	良好

续表

批准号	项目名称	成果名称	负责人	工作单位	鉴定等级
07CTJ005	基于循环经济系统的物质流社会核算矩阵（MF-SAM）的构建及应用	基于循环经济系统的物质流社会核算矩阵（MFSAM）的构建及应用	侯　瑜	东北财经大学	良好
04CTJ002	信息经济核算方法研究	信息经济核算方法研究	杨仲山	东北财经大学统计系	良好
06CTJ001	市场化条件下中国就业决定机制及动态调控的计量模型研究	市场化条件下中国就业决定机制及动态调控的计量模型研究	田成诗	东北财经大学统计系	良好
07BJY091	我国征地制度改革与农地产权制度创新研究	我国征地制度改革与农地产权制度创新研究	钱忠好	扬州大学管理学院	良好
07AJY016	基于科学发展观的深化垄断行业改革研究	基于科学发展观的深化垄断行业改革研究	王俊豪	浙江财经学院	良好
07BSH038	农村私营企业主社会责任的最新发展：主政试验与精英治理——以浙江省为个案	私营企业主主政的乡村精英治理研究	卢福营	浙江师范大学社会发展研究中心	良好
06BJY102	鼓励自主创新的财税政策研究	鼓励自主创新的财税政策研究	匡小平	江西财经大学	良好
07BJY003	强化企业社会责任问题研究	强化企业社会责任研究	黎友焕	广东省社会科学院	良好
06BJL011	对社会再生产系统的动力学分析	对社会再生产系统的动力学分析——基于马克思再生产理论所作的研究	朱殊洋	中共广州市委党校	良好
07CJY064	中国农业保险机制设计与发展创新研究	中国农业保险机制设计与发展创新研究	黄英君	重庆大学	良好
05BJY081	促进服务性消费研究——西部地区服务性消费增长及对策研究	促进服务消费研究——西部地区服务消费增长及对策研究	柏建华	中共宁夏回族自治区委员会党校经济学教研部	良好
02CJY018	中国企业跨国经营战略——国际比较与实证分析	中国企业跨国经营战略——国际比较与实证分析	范黎波	对外经贸大学国际工商管理学院	合格
07CJY002	我国非上市公司的公司治理问题研究	法律对投资者权利的保护和经理人薪酬合约的奖金设计	郑志刚	中国人民大学财政金融学院	合格

续表

批准号	项目名称	成果名称	负责人	工作单位	鉴定等级
05BJY030	技术工人短缺与技能人才激励关系研究	技术工人短缺与技能人才激励关系研究	杨伟国	中国人民大学劳动人事学院	合格
07BZX015	低代价发展理论及其实践问题研究	论低代价发展	邱耕田	中共中央党校哲学教研部	合格
01BGJ009	中国加入 WTO 中贸易权与分销权自由化研究	中国经济的国际化贸易权和分销自由化研究	佟家栋	南开大学国际经济贸易系	合格
05BJL013	社会主义市场经济体制中的非正式制度	社会主义市场经济体制中的非正式制度	伍　装	上海财经大学经济学院	合格
07BJY051	以房养老模式研究	以房养老研究	柴效武	浙江大学经济学院	合格
06CJL020	统筹区域发展与区域协调互动机制研究	统筹区域发展与区域协调互动机制研究	王泽强	中共安徽省委党校经济学部	合格
07BJY063	我国以油菜籽为原料的生物柴油成本分析	我国以油菜籽为原料的生物柴油成本分析	周德翼	华中农业大学经济管理学院	合格
05CJY019	电力市场化改革中的政府监管与激励约束机制设计	电力市场化改革中的政府监管与激励约束机制设计	方德斌	武汉大学商学院	合格
96AJL037	中国近代经济史，1927—1937	中国近代经济史 1927—1937	汪敬虞	中国社会科学院经济研究所	优秀
07BJY140	融合背景下信息产业的自主创新与产业成长的协同机制研究	融合背景下信息产业的自主创新与产业成长的协同机制研究	陶长琪	江西财经大学	优秀
08BJY072	建立和完善我国生态补偿机制研究	中国生态补偿机制——理论、实践与政策设计	孔凡斌	江西财经大学资源与环境管理学院	优秀
06CJL014	西方规制经济学评析与借鉴	西方规制经济学评析与借鉴	张红凤	山东经济学院规制与发展研究中心	优秀
08BJL017	金融国际化视野的现代最后贷款人制度研究	最后贷款人论	汤凌霄	长沙理工大学经济学院	优秀
05CZS010	清末新政时期的财政制度变动	清末财政制度变动研究	刘增合	暨南大学历史系	优秀

续表

批准号	项目名称	成果名称	负责人	工作单位	鉴定等级
06BMZ022	社区参与旅游开发与少数民族传统文化保护研究	社区参与旅游开发与少数民族传统文化保护研究	孙九霞	中山大学旅游学院	优秀
06BJY042	建立海外稳定的油气资源供给渠道研究	建立海外稳定的油气资源供给渠道研究	董秀成	中国石油大学（北京）工商管理学院	良好
05BJY008	外商在我国投资"研发中心"的现状及政策建议——基于国家创新系统框架的研究	外商在我国投资"研发中心"的现状及政策建议——基于国家创新系统框架的研究	崔新健	中央财经大学商学院	良好
05CGJ001	人民币区域化进程对中国经济的影响与对策研究	人民币区域化进程对中国经济的影响与对策研究	李　婧	首都经济贸易大学经济学院	良好
06CGJ007	全球化背景下世界经济长波运行特征研究	全球化背景下世界经济长波运行特征研究	张　兵	南开大学经济学院国际经济贸易系	良好
02BSH007	社会排斥理论与中国城市新贫困问题研究	城市新贫穷社群与福利三角：一个社会排斥的分析——以天津秋风里为例	彭华民	南开大学社会学系	良好
02CGJ001	转轨国家的制度变迁方式比较研究	转轨国家经济制度变迁方式比较研究——以中俄改革战略演变为背景的分析	刘文革	哈尔滨工商大学	良好
07BJY036	鼓励和支持自主创新的政府采购政策研究	鼓励和支持自主创新的政府采购政策研究	骆建文	上海交通大学安泰经济与管理学院	良好
07CJL023	外资的宏观经济传导机制研究——"三维传导模型"方法	外资的宏观经济传导机制研究——"三维传导模型"方法	赵蓓文	上海社会科学院世界经济研究所	良好
05BJL016	马克思资源配置理论研究	马克思市场经济资源配置理论研究	王云中	南京财经大学	良好
03BJL026	全面建设小康社会进程中的中国经济增长研究	全面建设小康社会进程中的中国经济增长研究	沈坤荣	南京大学商学院	良好
06BFX028	生态环境用水法理创新和应用研究	生态环境用水法理创新和应用研究——基于25个法域之比较 国外生态环境用水理论、法律与政策文献选译	胡德胜	郑州大学	良好

续表

批准号	项目名称	成果名称	负责人	工作单位	鉴定等级
05BTJ013	经济社会协调发展的计量与分析	经济社会协调发展的计量分析	徐映梅	中南财经政法大学	良好
06BTJ020	我国个人征信中的基础技术问题研究	我国个人征信中的基础技术问题研究	晏艳阳	湖南大学	良好
05BZZ026	构建和谐社会与农民工政治参与问题研究	和谐社会构建中的农民工政治参与问题研究	邓秀华	湖南省社会科学院社会学法学所	良好
04CMZ006	西南民族地区经济生产方式转型与社会文化变迁	西南民族地区经济生产方式转型与社会文化变迁	吴晓蓉	西南师范大学	良好
05XRK004	西部民族地区城市弱势群体问题及对策研究	西部民族地区城市弱势群体问题及对策研究	陈文清	楚雄师范学院	良好
06XJY007	西部地区发展优势产业和特色经济研究	西部地区发展优势产业和特色经济研究	武友德	云南师范大学区域经济与人口研究所	良好
05XRK002	陕蒙晋乌金三角区人口、资源环境与社会经济可持续协调发展研究	陕蒙晋乌金三角区人口、资源环境与社会经济可持续协调发展研究	申亚民	西安文理学院法政系	良好
07XJY025	新疆现代农业发展的公共投资问题研究	新疆现代农业发展的公共投资问题研究	崔光莲	新疆财经学院	良好
05CSH001	集体行为与制度建设——房地产市场中的合约纠纷	房地产市场中的合约纠纷与集体行为	王天夫	清华大学社会学系	合格
04XJY009	西部地区生态建设补偿机制、配套政策和评价体系研究	西部地区生态建设补偿机制、配套政策和评价体系研究	李香兰	中共内蒙古自治区委党校	合格
05BJY095	推进纳税信用体系建设研究	推进纳税信用体系建设研究	刘红薇	上海市地方税务局	合格
04BZZ031	中国特大城市政府管理体制创新与政府职能转变研究	中国特大城市政府管理体制创新与职能转变	李　琪	中共上海市委党校	合格
06BTJ007	基于网络技术的城镇居民抽样调查方案研究	基于网络技术的城镇居民抽样调查方案研究	陈年红	安徽财经大学统计与应用数学学院	合格

续表

批准号	项目名称	成果名称	负责人	工作单位	鉴定等级
06CKS010	社会主义精神富裕的特征、价值、现状及推进对策研究	社会主义精神富裕的特征、价值、现状及推进对策研究	汪青松	郑州航空工业管理学院	合格
06BJY098	我国旅游产业潜力和竞争力研究	我国旅游产业潜力与竞争力研究——可持续发展背景下区域旅游业竞争力评价研究	薄湘平	湖南大学工商管理学院	合格
06CJY005	对外开放条件下我国产业安全的生态预警机制研究	对外开放条件下我国产业安全的生态预警机制研究	许　芳	海南大学经济管理学院	合格
05XJY009	中国西部城镇化发展模式研究	中国西部城镇化发展模式研究	苏海红	青海省社会科学院	合格
03BJY042	基于购并活动失败的企业集团购并后整合战略研究	基于购并活动失败的企业集团购并后整合战略研究	高良谋	东北财经大学经济学院	优秀
07BJY149	基于主导产业动态能力提升的县域财力增长研究	区域产业动态能力提升——理论、实证与政策	张国平	浙江财经学院	优秀
07BJY161	中国国有商业银行董事会治理研究	中国国家控股商业银行董事会治理研究	丁忠明	安徽财经大学	优秀
07CJY010	会计准则、会计信息质量与会计信息的契约有用性研究	会计准则、会计信息质量与会计信息的契约有用性研究	杜兴强	厦门大学管理学院	优秀
07BJY047	行业垄断对收入分配影响效应的实证分析与对策研究	行业垄断对收入分配影响效应的实证分析与对策研究	崔友平	山东经济学院	优秀
07BJY005	支持中小企业发展的政策和服务体系研究	支持中小企业发展的政策和服务体系研究	杨树旺	中国地质大学(武汉)经济学院	优秀
06CJY035	改革和完善财政预算管理制度研究	改革和完善财政预算管理制度研究——基于共同治理的预算管理制度创新	马蔡琛	中国社会科学院财政与贸易经济研究所	良好
06CJL016	论家族制度与家族企业的互动关系	论家族制度与家族企业的互动关系	杨在军	河北经贸大学工商管理学院	良好
07BTJ010	宏观经济失衡指数研究	宏观经济失衡指数研究	李宝瑜	山西财经大学统计学院	良好
05BSH021	劳动力市场中的社会排斥问题研究——以性别歧视为例	劳动力市场性别歧视与社会性别排斥	张抗私	东北财经大学富虹经济学院	良好

续表

批准号	项目名称	成果名称	负责人	工作单位	鉴定等级
07BJY016	我国上市公司终极股东控制问题研究	我国上市公司终极股东控制问题研究	高　闯	辽宁大学工商管理学院	良好
06BJY086	扩大消费需求特别是农村消费需求研究	扩大消费需求特别是农村消费需求研究	于洪彦	吉林大学商学院	良好
04ASH001	新发展观的学理基础与东北区域发展应用研究	东北区域的科学发展	王雅林	哈尔滨工业大学人文与社会科学学院	良好
04BJY056	我国粮食生产地区粮食综合生产能力与我国粮食安全问题研究	我国粮食生产地区粮食综合生产能力与我国粮食安全问题研究	邵立民	中共黑龙江省委党校	良好
07CJY029	资源枯竭地区经济转型扶持政策研究——基于复杂性科学的视角	资源枯竭地区经济转型扶持政策研究——基于复杂性科学的视角	黄溶冰	南京审计学院国际审计学院	良好
05AKS003	经济全球化与我国社会主流意识形态建设研究	经济全球化与我国社会主流意识形态建设研究	王永贵	南京师范大学公共管理学院	良好
06BJY002	提高利用外资质量问题研究	提高利用外资质量问题研究	杨柳勇	浙江大学经济学院	良好
02EJY005	我国反倾销措施的适度实施问题研究	我国反倾销措施的适度实施问题研究	沈　瑶	浙江大学经济学院	良好
06BJL064	面向环境友好型社会建设的中部地区县域经济发展模式研究	面向环境友好型社会建设的中部地区县域经济发展模式研究	赵定涛	中国科学技术大学	良好
06BJL068	中部地区人力资本先导模式和技术赶超模型及实证分析	中部地区人力资本先导模式和技术赶超模型及实证分析	周绍森	南昌大学中国中部经济发展研究中心	良好
06BJL036	我国快速城市化进程中的城镇水资源保障研究	我国快速城市化进程中的城镇水资源保障研究	吴佩林	山东理工大学经济发展研究中心	良好
05BSH033	社会转型中的民间组织研究——农村专业合作组织与乡村治理	社会转型中的民间组织研究——农村专业合作组织与乡村治理	侯小伏	山东省社会科学院	良好
06BDJ005	中国共产党探索工业化道路的历史经验研究	中国共产党探索工业化道路的历史进程及其经验研究	郭根山	河南师范大学	良好

续表

批准号	项目名称	成果名称	负责人	工作单位	鉴定等级
07BKS043	加强和谐文化建设，化解“无直接利益冲突”矛盾问题研究	加强和谐文化建设，化解“无直接利益冲突”矛盾问题研究	孙玉杰	中共河南省委党校	良好
06BJY007	西方效用理论的最新发展及其核心假说在我国的可适性研究	西方效用理论的最新发展及其核心假说在我国的可适性研究	彭代彦	华中科技大学经济学院	良好
06BJY022	提高自主创新能力与促进产业技术进步研究	提高自主创新能力，促进产业技术进步——基于技术标准化的研究	孙耀吾	湖南大学工商管理学院	良好
06BJL017	WTO条件下中国银行竞争能力安全问题与预警	WTO条件下中国银行竞争能力安全问题与预警	邹新月	湖南科技大学	良好
03CJY017	当前市场经济条件下西南民族地区家庭的学校教育投资与回报分析研究	当前市场经济条件下西南民族地区家庭的学校教育投资与回报分析研究	龙延平	吉首大学商学院	良好
07CJY019	促进循环经济发展的废旧家电回收处理体系及管理机制研究	促进循环经济发展的废旧家电回收处理体系及管理机制研究	代　颖	西南交通大学经济管理学院	良好
04BZS041	20世纪西北农村民间高利贷与乡村社会变迁研究	20世纪西北农村民间高利贷与乡村社会变迁研究	高石钢	宁夏大学两课教研部	良好
06XZS011	9—13世纪中国西北民族关系与陆上丝绸之路贸易史研究	9—13世纪中国西北民族关系与陆上丝绸之路贸易史研究	杨　蕤	西北第二民族学院文化旅游管理系	良好
03BSH020	内蒙古城镇居民消费观念和消费行为的调查与分析	内蒙古城镇居民消费观念和消费行为的调查与分析	陈红艳	内蒙古社会科学院社会学研究所	合格
06BSH023	农民工的城市公共服务体系研究	覆盖农民工的城市公共服务体系研究	金南顺	大连大学社会经济研究所	合格
05CTQ004	基于网络信息计量的网络信息资源配置与调控机制研究	网络信息资源配置与调控机制——基于网络信息计量学的研究	段宇锋	华东师范大学商学院	合格
04BJL046	20世纪中国经济思想史研究	20世纪中国经济思想史研究	赵晓雷	上海财经大学财经研究所	合格

续表

批准号	项目名称	成果名称	负责人	工作单位	鉴定等级
05BJY010	公司绩效、信用风险评价与市场安全研究	公司绩效、信用风险评价与市场安全研究	陈　收	湖南大学工商管理学院	合格
06BRK009	人口发展战略管理研究	人口发展战略管理研究	周学馨	中共重庆市委党校	合格
07CJY013	管理层代理动机与国有企业收益分配研究	管理层代理动机与国有企业收益分配研究	罗　宏	西南财经大学会计学院	合格
05CJY010	网络经济时代中国高新技术企业技术规则经营战略研究	网络经济时代中国高新技术企业技术规则经营战略研究	张　军	西安工业大学	合格
03BJL011	中国西部农村居民消费需求及其政策研究	关于扩大西部地区农村居民消费需求的政策建议	田秋生	兰州大学经济管理学院	合格
06XFX010	农村社会保障制度研究——以西北贫困地区农村为例	农村社会保障制度研究——以西北贫困地区农村为例	曹建民	中共甘肃省委党校法学教研部	合格
05BJL035	新疆绿洲产业生态化、经济循环化与城乡统筹发展战略研究	新疆绿洲产业生态化、经济循环化与城乡统筹发展战略研究	张军民	石河子大学	合格
07CJY012	股权结构及其治理绩效研究——基于上市公司股权分置改革的实证研究	股权结构及其治理绩效研究——基于上市公司股权分置改革的实证研究	白　俊	石河子大学经贸学院	合格

资料来源：http：//www. npopss - cn. gov. cn。

2009 年度国家自然科学基金重点基金项目（管理科学部）资助情况一览表

序号	批准号	项目名称	负责人	依托单位	起止年月	资助金额（万元）
1	70931001	网络拍卖的理论、模型与实现方法的研究	汪定伟	东北大学	2010. 01—2013. 12	120
2	70932001	全球化，突破性创新与产业领导力研究	柳卸林	中国科学院研究生院	2010. 01—2013. 12	120
3	70932002	行为金融前沿问题研究	徐信忠	北京大学	2010. 01—2013. 12	120
4	70932003	基于实验与可计算的行为金融学若干前沿问题研究	李心丹	南京大学	2010. 01—2013. 12	120

续表

序号	批准号	项目名称	负责人	依托单位	起止年月	资助金额（万元）
5	70932004	服务型制造运行机理与运作管理新方法研究	江志斌	上海交通大学	2010.01—2013.12	120
6	70932005	全球环境下供应链风险管理理论与方法研究	唐小我	电子科技大学	2010.01—2013.12	120
7	70933001	城乡劳动力市场整合机理与实现机制研究	姚先国	浙江大学	2010.01—2013.12	120
8	70933003	我国金融安全综合管理研究	杨晓光	中国科学院数学与系统科学研究院	2010.01—2013.12	120
9	70933004	我国北方草原区气候变化适应性评价及其管理对策研究	侯向阳	中国农业科学院草原研究所	2010.01—2013.12	125
10	70933005	长三角城市密集区气候变化适应性及管理对策研究	潘家华	中国社会科学院城市发展与环境研究中心	2010.01—2013.12	115

资料来源：http：//www.iss.ac.cn/managesci/project—choose/priority/2009.mht。

2009年度国家自然科学基金项目（管理科学部）资助情况一览表

序号	批准号	项目名称	负责人	依托单位	起止年月	资助金额（万元）
1	70971009	基于金融市场微观结构理论的证券动态交易机制研究	柯金川	北京交通大学	2010.01—2012.12	25
2	70971013	基于人工金融市场的收益率分布特征研究	文凤华	长沙理工大学	2010.01—2012.12	23.3
3	70971016	面向层次结构的竞优分析方法研究	赵希男	东北大学	2010.01—2012.12	24
4	70971023	多阶段及供应链下的收益管理研究	胡奇英	复旦大学	2010.01—2012.12	26
5	70971024	销售渠道及促销行为与供应链管理策略的交互影响研究	戴　悦	复旦大学	2010.01—2012.12	20
6	70971025	官方利率影响下的利率期限结构模型和债券定价研究	范龙振	复旦大学	2010.01—2012.12	26
7	70971026	订单式生产人工作业系统（MTO/MOS）组织与优化研究	张毕西	广东工业大学	2010.01—2012.12	28

续表

序号	批准号	项目名称	负责人	依托单位	起止年月	资助金额（万元）
8	70971027	面向隐私保护的移动商务推荐系统研究	刘洪伟	广东工业大学	2010. 01—2012. 12	27. 3
9	70971029	面向双边客户价值的资源整合型现代创新服务模式	徐晓飞	哈尔滨工业大学	2010. 01—2012. 12	26
10	70971040	非线性阈值协整及其在我国货币政策中的应用研究	欧阳志刚	华东交通大学	2010. 01—2012. 12	20
11	70971047	基于顾客满意度的分布式电子商务型服务供给链中定价和合同设计问题	邓世名	华中科技大学	2010. 01—2012. 12	25. 5
12	70971049	消费者信任转移机理研究：从电子商务到移动商务	鲁耀斌	华中科技大学	2010. 01—2012. 12	25
13	70971050	基于面板数据的线性/非线性结构 VAR 模型与我国财政政策的城乡效应和区域效应研究	杨继生	华中科技大学	2010. 01—2012. 12	20
14	70971051	基于 Markov 转换动态条件相关分析的金融危机传导机制识别及对策研究	欧阳红兵	华中科技大学	2010. 01—2012. 12	22
15	70971058	基于印象形成理论的品牌印象管理研究	袁登华	江西师范大学	2010. 01—2012. 12	23
16	70971060	需求依赖提前期的供应链管理博弈模型研究	肖条军	南京大学	2010. 01—2012. 12	26
17	70971064	基于博弈主体利益流动 GERT 网络的经济“泡沫”形成与政策“对冲”问题研究	方志耕	南京航空航天大学	2010. 01—2012. 12	26
18	70971065	中小制造企业在线直销与传统分销的双渠道协调与决策支持模型研究	李 莉	南京理工大学	2010. 01—2012. 12	27. 9
19	70971066	审计主体行为对审计风险的影响研究——基于案例分析与计算实验方法	王 昊	南京审计学院	2010. 01—2012. 12	26
20	70971067	基于 DM 技术的企业舞弊分析的审计服务系统研究	陈 耿	南京审计学院	2010. 01—2012. 12	24

续表

序号	批准号	项目名称	负责人	依托单位	起止年月	资助金额（万元）
21	70971068	联网审计取证技术及其泛化能力研究	陈　伟	南京审计学院	2010. 01—2012. 12	24
22	70971069	闭环供应链的回收定价与制造/再制造联合决策	李勇建	南开大学	2010. 01—2012. 12	26
23	70971070	委托代理问题的一类优化方法和算法设计研究	徐　庆	青岛大学	2010. 01—2012. 12	22
24	70971071	股指期货套期保值最优出清策略	唐衍伟	青岛大学	2010. 01—2012. 12	27
25	70971072	有限理性行为库存管理研究	谢金星	清华大学	2010. 01—2012. 12	28
26	70971076	基于B2B电子交易市场的供应链运作机制研究	邢　伟	曲阜师范大学	2010. 01—2012. 12	26. 1
27	70971077	基于本体论的企业默会知识转化与共享管理研究及应用	梁启华	山东工商学院	2010. 01—2012. 12	28
28	70971078	企业高层管理人员更替决策研究	刘新民	山东科技大学	2010. 01—2012. 12	28. 5
29	70971079	基于数据挖掘的货币市场与资本市场连接途径研究	王向荣	山东科技大学	2010. 01—2012. 12	27
30	70971081	企业信息系统采纳后员工的动机因素与使用行为关系研究	王　玮	汕头大学	2010. 01—2012. 12	23
31	70971083	应对国际金融风险的危机——机遇模式研究	覃　正	上海财经大学	2010. 01—2012. 12	26
32	70971088	多重背景风险关联下的生命周期投资模型	蔡明超	上海交通大学	2010. 01—2012. 12	25
33	70971091	多类创新产品市场扩散的优化理论研究	胡知能	四川大学	2010. 01—2012. 12	26
34	70971095	基于顾客行为的供应链协调模型与实验研究	齐二石	天津大学	2010. 01—2012. 12	26
35	70971096	中国市场条件下基于计算实验金融方法的跨市场风险分析	熊　熊	天津大学	2010. 01—2012. 12	28

续表

序号	批准号	项目名称	负责人	依托单位	起止年月	资助金额（万元）
36	70971097	基于符号时间序列分析的金融波动研究	徐　梅	天津大学	2010. 01—2012. 12	20
37	70971098	基于多标的、多重复合实物期权的价值研究	梁朝晖	天津工业大学	2010. 01—2012. 12	19. 9
38	70971101	投资者情绪、资产估值与资产价格异常波动研究	胡昌生	武汉大学	2010. 01—2012. 12	21. 5
39	70971109	多期风险度量与投资分析的随机优化方法	陈志平	西安交通大学	2010. 01—2012. 12	26
40	70971110	投资者信心对资产定价的影响研究	朱宏泉	西南交通大学	2010. 01—2012. 12	26
41	70971111	基于复杂产品供应链的不连续创新能级研究	计国君	厦门大学	2010. 01—2012. 12	25
42	70971113	半参数 STAR 模型及其在宏观经济预测中的应用	方　颖	厦门大学	2010. 01—2012. 12	25
43	70971114	非完美信息下基于观点偏差调整的资产定价	郑振龙	厦门大学	2010. 01—2012. 12	25. 5
44	70971119	基于对象知识网的企业信息系统适应性优化研究	薛朝改	郑州大学	2010. 01—2012. 12	24. 8
45	70971120	基于 GIS 原理的现代制造定置管理服务集成方法研究	施进发	郑州航空工业管理学院	2010. 01—2012. 12	24. 3
46	70971121	网络环境下应急供应链风险管理与协同决策研究	田　军	郑州航空工业管理学院	2010. 01—2012. 12	25
47	70971129	我国能源安全预警理论与方法研究	张明慧	中国矿业大学	2010. 01—2012. 12	24
48	70971130	企业信息系统演进中跨项目知识转移的机制、影响因素与效果评价	左美云	中国人民大学	2010. 01—2012. 12	27
49	70971134	用于决策支持的辩证分析方法及其知识管理模型研究	姚　莉	中国人民解放军国防科学技术大学	2010. 01—2012. 12	24
50	70971138	收入差距临界变动的微观分析与模拟实证	王国成	中国社会科学院数量经济与技术经济研究所	2010. 01—2012. 12	22

续表

序号	批准号	项目名称	负责人	依托单位	起止年月	资助金额（万元）
51	70971139	基于行为决策理论的决策分析方法及其应用研究	毕文杰	中南大学	2010.01—2012.12	21.9
52	70971141	面向参与主体交易行为的电子现金公平交易协议理论与方法研究	王　茜	中山大学	2010.01—2012.12	25
53	70971144	首发限售股解禁后战略配售股东投资行为对资本市场的冲击研究	陈珠明	中山大学	2010.01—2012.12	25
54	70972004	成长性中小企业战略网络中的关系资本构建与关系资源整合模式研究	蔡双立	天津财经大学	2010.01—2012.12	21
55	70972005	收益管理中的不完全理性顾客决策行为机理研究	张　祥	北京理工大学	2010.01—2012.12	27
56	70972007	应急物流管理中仿真与评价的理论和应用研究	鞠彦兵	北京理工大学	2010.01—2012.12	24
57	70972009	商业银行股权改革和混业经营研究	张　翼	北京大学	2010.01—2012.12	30
58	70972010	投资者保护、公司治理与资本市场发展——基于大股东占款的研究	姜国华	北京大学	2010.01—2012.12	25
59	70972011	会计准则改革与合并/母公司报表盈余信息的决策有用性	陆正飞	北京大学	2010.01—2012.12	30
60	70972012	趋同性购买行为及成因——群体内“他人”如何影响消费者的品牌偏好与选择	符国群	北京大学	2010.01—2012.12	30
61	70972013	消费者对品牌“民族性战略”的态度及其影响因素——一项基于文化取向品牌观的实证研究	彭泗清	北京大学	2010.01—2012.12	29.5
62	70972014	明码标价市场网上与网下价格离差实证与实验研究	唐方方	北京大学	2010.01—2012.12	29
63	70972015	社会修复视角的企业社会责任行为研究	田志龙	华中科技大学	2010.01—2012.12	30

续表

序号	批准号	项目名称	负责人	依托单位	起止年月	资助金额（万元）
64	70972016	绩效考核与管理伦理的交互作用及影响机制研究	廖建桥	华中科技大学	2010.01—2012.12	26.9
65	70972017	组织内地位竞争对创造性产出的影响机制研究	刘智强	华中科技大学	2010.01—2012.12	25
66	70972018	产品危机事件之群发属性对消费者补救预期的影响——情感反应的心理作用机制	景奉杰	华中科技大学	2010.01—2012.12	26
67	70972021	工作嵌入资本的可转移性与同群效应对创业路径选择的影响	买忆媛	华中科技大学	2010.01—2012.12	24
68	70972022	IJV 控制、国际化风险和公司绩效——基于组织失灵理论的研究	李东红	清华大学	2010.01—2012.12	25
69	70972025	辱虐管理的后果及其应对——一项多层次的研究	吴维库	清华大学	2010.01—2012.12	22
70	70972026	基于经济周期的会计及财务行为研究	陈武朝	清华大学	2010.01—2012.12	27
71	70972027	消费者面对享乐品和实用品两难选择时的自我控制——决策过程、影响因素及营销应用	郑毓煌	清华大学	2010.01—2012.12	28
72	70972028	创业企业与创业投资机构合作关系及其绩效的研究	张　帏	清华大学	2010.01—2012.12	28
73	70972029	双边市场视角下的移动营销平台采纳规律与应用模式研究	郭迅华	清华大学	2010.01—2012.12	30
74	70972030	售后服务供应链资源部署及运营优化问题研究	刘丽文	清华大学	2010.01—2012.12	30
75	70972031	社会资本、战略惯性与企业绩效——基于网络嵌入视角的考察	刘海建	南京大学	2010.01—2012.12	26.2
76	70972032	双边市场中企业战略行为的理论与实证研究	孙武军	南京大学	2010.01—2012.12	24.9
77	70972033	管理干预与企业内部决策权有效配置——基于行为决策视角的研究	施丽芳	南京大学	2010.01—2012.12	19.8

续表

序号	批准号	项目名称	负责人	依托单位	起止年月	资助金额（万元）
78	70972034	流动农民工的群体认同策略与情感承诺之间关系研究——雇佣关系的视角	陶向南	南京大学	2010. 01—2012. 12	22. 9
79	70972035	制度环境、高管团队对公司企业家精神的影响机制研究	蒋春燕	南京大学	2010. 01—2012. 12	27
80	70972036	组织支持感、知识共享方式与共享效能——中国情境下员工—组织关系的视角	彭纪生	南京大学	2010. 01—2012. 12	26
81	70972037	新生代农民工组织认同对工作嵌入及其绩效影响的实证研究——以中国制造企业为例	杨东涛	南京大学	2010. 01—2012. 12	30
82	70972038	团队薪酬计划的激励效应研究	张正堂	南京大学	2010. 01—2012. 12	26
83	70972039	现金流价值创造与风险显现嬗变机理研究	陈志斌	南京大学	2010. 01—2012. 12	25
84	70972040	基于 TRIZ 理论的商业模式创新方法研究	郑称德	南京大学	2010. 01—2012. 12	25
85	70972042	中国企业承接跨国公司服务外包研究——基于合法性的视角	李元旭	复旦大学	2010. 01—2012. 12	24
86	70972043	利益冲突对证券分析师行为的影响及其经济后果研究	洪剑峭	复旦大学	2010. 01—2012. 12	26
87	70972044	顾客参与服务价值创造过程的互动机制研究	范秀成	复旦大学	2010. 01—2012. 12	26
88	70972045	营销渠道成员间的学习机制与学习效应——理论模型与实证研究	蒋青云	复旦大学	2010. 01—2012. 12	24
89	70972046	资金约束供应链中贸易信用合同决策与价值研究	陈祥锋	复旦大学	2010. 01—2012. 12	25
90	70972049	网络团购的消费者需求聚集分析	张　喆	复旦大学	2010. 01—2012. 12	24
91	70972053	网络能力、企业孵化网络与被孵企业创新绩效关系研究	胡海青	西安理工大学	2010. 01—2012. 12	25. 5

续表

序号	批准号	项目名称	负责人	依托单位	起止年月	资助金额（万元）
92	70972054	新技术商业化进程中商业模式对嵌套认同的调节功能及耦合进化——实证分析与策略研究	李　东	东南大学	2010. 01—2012. 12	25
93	70972055	公允价值、行为异化与经济后果	刘　斌	重庆大学	2010. 01—2012. 12	24
94	70972056	生鲜农产品供应链的协调优化与应用研究	但　斌	重庆大学	2010. 01—2012. 12	26
95	70972059	虚拟交易中新概念和新知识的联想式管理方法研究	邓贵仕	大连理工大学	2010. 01—2012. 12	29
96	70972060	税制改革与公司财务决策研究——基于中国资本市场的经验分析	朱　凯	上海财经大学	2010. 01—2012. 12	16
97	70972061	财务分析师跟进对公司内部人员行为治理的研究	储一昀	上海财经大学	2010. 01—2012. 12	20
98	70972062	EPR 下废旧产品再制造生产计划及应用研究	谢家平	上海财经大学	2010. 01—2012. 12	26
99	70972063	基于租金和价值链治理视角的跨国公司研发外包研究——理论、实证与中国的应对策略	周晓艳	对外经济贸易大学	2010. 01—2012. 12	24
100	70972065	自发性对称破缺视角下企业战略联盟的演化机制——理论与实证	徐　飞	上海交通大学	2010. 01—2012. 12	25
101	70972066	企业引入私人股权投资机制研究	费一文	上海交通大学	2010. 01—2012. 12	25
102	70972067	基于多视角的公平对个体及团队创造力影响的多层次研究	田新民	上海交通大学	2010. 01—2012. 12	20
103	70972068	基于媒介最大化现象的组织激励研究	郑兴山	上海交通大学	2010. 01—2012. 12	24
104	70972069	产品伤害危机对品牌资产影响的理论与实证研究	井　淼	上海交通大学	2010. 01—2012. 12	24

续表

序号	批准号	项目名称	负责人	依托单位	起止年月	资助金额（万元）
105	70972071	大型复杂工程项目群管理协同机制及组织集成研究	何清华	同济大学	2010. 01—2012. 12	21
106	70972073	研发团队的知识资本与社会资本对其有效性的影响研究	彭　灿	南京航空航天大学	2010. 01—2012. 12	23
107	70972074	投资者保护制度与控制权转移的效率研究	李善民	中山大学	2010. 01—2012. 12	28
108	70972075	股东关系的形成与股权交易中股东合谋研究	魏明海	中山大学	2010. 01—2012. 12	25
109	70972076	上市公司内部控制与投资者保护——基于C—SOX实施效果的研究	林　斌	中山大学	2010. 01—2012. 12	28
110	70972077	品牌原型的概念化、形成及其作用机制研究	蒋廉雄	中山大学	2010. 01—2012. 12	21
111	70972080	社会责任对企业价值影响的机理与测度研究	宋献中	暨南大学	2010. 01—2012. 12	20
112	70972081	宏观经济因素、信息不对称与公司资本结构	苏冬蔚	暨南大学	2010. 01—2012. 12	25
113	70972082	模块化信息产业动态演化过程中的企业行为机制研究	邓光军	电子科技大学	2010. 01—2012. 12	24
114	70972083	基于逆优化的网络环境下制造资源全局优化配置研究	张相斌	南京邮电大学	2010. 01—2012. 12	24
115	70972084	企业家道德发展阶段与企业持续成长关联性实证研究	齐善鸿	南开大学	2010. 01—2012. 12	27
116	70972085	网络组织结构、治理机制对协作创新的影响研究	林润辉	南开大学	2010. 01—2012. 12	29
117	70972086	社会偏好、激励层次与和谐劳动契约的设计及治理——基于比较制度实验的研究	李建标	南开大学	2010. 01—2012. 12	27
118	70972087	基于认知和冲突管理的审计谈判研究	张继勋	南开大学	2010. 01—2012. 12	26
119	70972088	中国民营企业家族与公司双重治理模式研究	陈　凌	浙江大学	2010. 01—2012. 12	26

续表

序号	批准号	项目名称	负责人	依托单位	起止年月	资助金额（万元）
120	70972089	超集群学习与集群企业持续成长机制研究	邬爱其	浙江大学	2010. 01—2012. 12	24
121	70972090	政府官员的政绩动机、企业高管的政治背景与国有企业过度投资研究	余明桂	武汉大学	2010. 01—2012. 12	26
122	70972091	网络环境下关联消费者的相互影响与购买行为研究	黄敏学	武汉大学	2010. 01—2012. 12	29
123	70972092	中国民族品牌跨国经营中的成功转化——制度理论的视角	汪　涛	武汉大学	2010. 01—2012. 12	28
124	70972093	学者的创业角色与大学衍生企业绩效——基于中国大学的实证研究	夏清华	武汉大学	2010. 01—2012. 12	24
125	70972095	基于企业网站的顾客感知服务质量评价理论模型与实证研究	韦福祥	天津师范大学	2010. 01—2012. 12	26
126	70972096	企业组织创新对技术创新的影响机理研究	石春生	哈尔滨工业大学	2010. 01—2012. 12	27
127	70972097	我国上市公司治理溢价度量模型研究	王福胜	哈尔滨工业大学	2010. 01—2012. 12	21
128	70972098	我国装备制造业技术管理与技术能力双螺旋发展模式构建与路径研究	于　渤	哈尔滨工业大学	2010. 01—2012. 12	25
129	70972101	基于控制权动态配置的投融资双方激励相容机制设计——可转债融资契约视角	万迪昉	西安交通大学	2010. 01—2012. 12	25
130	70972102	企业间组织关系与私人关系对中国企业营销渠道控制行为的影响及其后果	庄贵军	西安交通大学	2010. 01—2012. 12	28. 6
131	70972103	转型时期产学研合作的知识转移效率对企业自主创新能力影响研究	原长弘	西安交通大学	2010. 01—2012. 12	24. 2
132	70972104	信息不对称程度的量化研究——基于电子商务市场交易数据的实证分析	吕本富	中国科学院研究生院	2010. 01—2012. 12	21

续表

序号	批准号	项目名称	负责人	依托单位	起止年月	资助金额（万元）
133	70972105	中国农户移动商务服务采纳的关键因素研究	霍云福	大连大学	2010. 01—2012. 12	26. 6
134	70972106	基于需求学习的流行品供应链动态库存决策研究	高峻峻	上海大学	2010. 01—2012. 12	20. 4
135	70972107	基于员工对人力资源管理感知的工作场所偏离行为研究	陈维政	四川大学	2010. 01—2012. 12	26
136	70972108	集群、研发网络结构、知识流入/出与企业创新绩效的关系	谢洪明	华南理工大学	2010. 01—2012. 12	21
137	70972109	商务模式与绩效——理论框架的构建与验证	程　愚	厦门大学	2010. 01—2012. 12	26
138	70972110	全球金融风暴背景下中国企业财务决策行为研究	屈文洲	厦门大学	2010. 01—2012. 12	24
139	70972111	资本结构调整成本、调整速度及其动态权衡过程研究	王志强	厦门大学	2010. 01—2012. 12	25
140	70972112	全球经济波动背景下 R&D 投资决策行为心理效应与政策诱导	肖　虹	厦门大学	2010. 01—2012. 12	23
141	70972113	会计形式趋同是否带来实质趋同？——与 IFRS 趋同的准则执行研究	曲晓辉	厦门大学	2010. 01—2012. 12	25
142	70972118	基于权力理论的企业领导者更替决策机理研究	刘　冰	山东工商学院	2010. 01—2012. 12	26
143	70972119	家族企业代理行为与绩效评价研究	辛金国	杭州电子科技大学	2010. 01—2012. 12	24
144	70972120	基于社会网络分析的培训扩散多层次模型与组织干预策略	魏　钧	北京科技大学	2010. 01—2012. 12	27
145	70972121	优质猪肉供应链合作伙伴的质量安全行为及其协调机制研究	孙世民	山东农业大学	2010. 01—2012. 12	26
146	70972122	基于交易者信用行为模式的 C—C 电子商务市场信用评级模型的改进与整合	彭　惠	北京邮电大学	2010. 01—2012. 12	19

续表

序号	批准号	项目名称	负责人	依托单位	起止年月	资助金额（万元）
147	70972123	复杂动态环境下特大型工程项目过程管理综合集成研讨厅中组织知识集成优化管理和实证研究	王长峰	北京邮电大学	2010.01—2012.12	26
148	70972124	组织记忆、遗忘和即兴互动对组织学习与战略变革一致性的影响机制研究	韵　江	东北财经大学	2010.01—2012.12	27.6
149	70972125	基于会计相关性的内部报告理论研究与实践检验	张先治	东北财经大学	2010.01—2012.12	26
150	70972127	制度合法性与企业可持续发展战略关系研究	徐二明	中国人民大学	2010.01—2012.12	30
151	70972128	中国企业领导者——下属多元互动关系的动力性结构及效用研究	章　凯	中国人民大学	2010.01—2012.12	29
152	70972129	管理者特征、企业投资及其经济后果	姜付秀	中国人民大学	2010.01—2012.12	25
153	70972130	机构投资者对股东与经理人利益冲突的影响研究	伊志宏	中国人民大学	2010.01—2012.12	24
154	70972131	公允价值计量下应计盈余质量及其决策有用性研究	戴德明	中国人民大学	2010.01—2012.12	28
155	70972132	连锁农家店加盟总部对加盟者控制机制的影响因素与效果研究	陈卫平	中国人民大学	2010.01—2012.12	25
156	70972133	我国企业体验营销的价值创造及其运行机理研究	郭国庆	中国人民大学	2010.01—2012.12	28
157	70972134	展望理论框架下情绪驱动忠诚的动态机制研究	周庭锐	中国人民大学	2010.01—2012.12	26
158	70972135	心理契约视角——知识型人才职业成功的内外力作用动态发展研究	余　琛	浙江工商大学	2010.01—2012.12	21
159	70972136	新服务开发的前后台知识转移机制及其管理策略研究——知识密集型服务业案例	李靖华	浙江工商大学	2010.01—2012.12	24
160	70972137	企业研发外包的模式选择及作用机制研究	伍　蓓	浙江工商大学	2010.01—2012.12	21

续表

序号	批准号	项目名称	负责人	依托单位	起止年月	资助金额（万元）
161	70972138	持续审计中智能数据处理及其应用框架研究	叶焕倬	中南财经政法大学	2010. 01—2012. 12	24
162	70972139	盈余管理属性、风险标识与审计意见决策	陈小林	中南财经政法大学	2010. 01—2012. 12	24
163	70972140	距离悖论和国际直接投资——相对竞争优势视角的解释	殷华方	南京财经大学	2010. 01—2012. 12	26
164	70972141	垄断势力对并购绩效的影响：竞争强度、研发密度的作用——基于转型经济下中国制造业企业并购分类样本的研究	于成永	南京财经大学	2010. 01—2012. 12	24
165	70972142	制造商导入在线渠道的双渠道定价策略与协调机制研究	范小军	南京财经大学	2010. 01—2012. 12	24
166	70972143	竞争性战略联盟的动态稳定性与协同机制研究	蔡继荣	重庆工商大学	2010. 01—2012. 12	24
167	70972144	家族涉入、组织间网络模式与家族企业成长	周立新	重庆工商大学	2010. 01—2012. 12	21
168	70972145	基于双元能力构建的公司创业导向与组织绩效转化路径研究	李乾文	南京审计学院	2010. 01—2012. 12	23. 5
169	70972146	税收规避、税收环境与公司治理	陈旭东	西南财经大学	2010. 01—2012. 12	23. 8
170	70973002	中国通货膨胀驱动因素和动态行为理论与实证研究	王一鸣	北京大学	2010. 01—2012. 12	24
171	70973003	人民币国际化的路径与影响因素——基于国际货币理论和国际货币演变历史的研究	管汉晖	北京大学	2010. 01—2012. 12	23
172	70973005	政府管制产业中跨国公司的全球定价战略——基于制药产业的研究	刘　学	北京大学	2010. 01—2012. 12	22
173	70973006	高校毕业生就业满意度调查研究	岳昌君	北京大学	2010. 01—2012. 12	25

续表

序号	批准号	项目名称	负责人	依托单位	起止年月	资助金额（万元）
174	70973009	碳税的产业国际竞争力效应——OECD 国家经验的计量分析及我国相关政策选择的路径研究	赵玉焕	北京理工大学	2010. 01—2012. 12	27
175	70973011	经济危机下的空间知识溢出与中国区域经济增长	韩伯棠	北京理工大学	2010. 01—2012. 12	30
176	70973015	基于 EKC 的环境质量与经济发展演进关系模型及其机理阐释	蒋　萍	东北财经大学	2010. 01—2012. 12	28
177	70973016	基于要素禀赋与政府规制的区域环保产业竞争力研究	尚　杰	东北林业大学	2010. 01—2012. 12	28
178	70973017	基于集群价值创造多层超网络动态优化的内生型产业集群升级研究	王文平	东南大学	2010. 01—2012. 12	24
179	70973018	基于社区慢性疾病管理的基本医疗保险运行机制研究	张开金	东南大学	2010. 01—2012. 12	28
180	70973021	国际金融危机背景下的汇率制度风险控制及汇率弹性空间研究	黄志刚	福州大学	2010. 01—2012. 12	28
181	70973023	股市震荡、基金行为与市场质量——基于交易账户的证券投资基金行为挖掘	张宗新	复旦大学	2010. 01—2012. 12	20
182	70973024	中国农地流转市场的纵向结构与农民交换权利研究——理论模型与政策设计	刘明宇	复旦大学	2010. 01—2012. 12	17
183	70973025	公立医疗机构公益性评价工具研究	陈英耀	复旦大学	2010. 01—2012. 12	27
184	70973026	医保深化以促进内需的四项关键技术研究	陈　珂	复旦大学	2010. 01—2012. 12	21
185	70973027	城市化、全球化、老龄化背景下的养老保险水平研究——基于异质性个体和社会总福利的视角	封进	复旦大学	2010. 01—2012. 12	25
186	70973028	全球化条件下中国新型金融监管体系构建及其有效性研究	刘晓星	广东商学院	2010. 01—2012. 12	25

续表

序号	批准号	项目名称	负责人	依托单位	起止年月	资助金额（万元）
187	70973029	旅游业跨区域联合发展的竞合机制及其绩效评价研究——以湘黔桂“侗文化旅游圈”为例	张河清	广东商学院	2010.01—2012.12	21
188	70973030	社区物业管理的溢出效应与社区共同治理优化机制研究	陈喜强	广州大学	2010.01—2012.12	25
189	70973035	家族企业契约治理及融资结构研究	田银华	湖南科技大学	2010.01—2012.12	22
190	70973038	以产业技术为导向的产学研联盟组织模式与治理机制研究	朱桂龙	华南理工大学	2010.01—2012.12	28
191	70973040	农村基本医疗服务网络中的质量链及其管理模型研究	张　亮	华中科技大学	2010.01—2012.12	28
192	70973045	危机性产业衰退的国际传导与我国区域产业调整的机理与实证研究	陈丽珍	江苏大学	2010.01—2012.12	26
193	70973048	养老保险统筹层次收入再分配系数研究	穆怀中	辽宁大学	2010.01—2012.12	26
194	70973049	基于流通创新的贸易增长方式转变研究	徐从才	南京财经大学	2010.01—2012.12	28
195	70973050	威慑风险、激励机制与高收入个人税收不遵从规制	李林木	南京财经大学	2010.01—2012.12	22
196	70973051	经济服务化的中国悖论与突破——基于服务功能视角的分类研究	高传胜	南京大学	2010.01—2012.12	24
197	70973052	农业经营适度规模的行业及区域特征及其形成机制研究	孟令杰	南京理工大学	2010.01—2012.12	23
198	70973053	实施产业链管理模式对保障安全猪肉供给的影响研究	王　凯	南京农业大学	2010.01—2012.12	25
199	70973055	农村区域金融发展研究——基于苏、皖两省县域经济的实证研究	褚保金	南京农业大学	2010.01—2012.12	24
200	70973056	家庭内部分工、专业化演进与农村土地制度变迁	陈会广	南京农业大学	2010.01—2012.12	22

续表

序号	批准号	项目名称	负责人	依托单位	起止年月	资助金额（万元）
201	70973059	适应区域经济增长的地方政府合作模式和机制研究	杨　龙	南开大学	2010.01—2012.12	26
202	70973061	中国居民的健康公平与社会经济状况关系研究	齐良书	清华大学	2010.01—2012.12	25
203	70973062	城市大规模群体疏散模拟仿真与管理策略研究	陈　涛	清华大学	2010.01—2012.12	26
204	70973066	转轨经济条件下网络型产业竞争政策研究	于良春	山东大学	2010.01—2012.12	28
205	70973069	典型矿区生态产业发展模式研究	王广成	山东工商学院	2010.01—2012.12	30
206	70973070	市场经济条件下国有资本产业分布与演变方式实证研究	郝书辰	山东经济学院	2010.01—2012.12	28
207	70973071	习惯形成与预防性储蓄——中国居民消费行为的实证研究	杭　斌	山西财经大学	2010.01—2012.12	22
208	70973072	城市不动产动态与预期评估模型研究	张所地	山西财经大学	2010.01—2012.12	28
209	70973085	中国西部地区城乡卫生一体化内涵及管理模式研究	李宁秀	四川大学	2010.01—2012.12	22
210	70973089	中国对外直接投资逆向技术溢出的理论和实证研究	李　梅	武汉大学	2010.01—2012.12	25
211	70973090	制度、收入分配与金融发展——理论探索与实证分析	江　春	武汉大学	2010.01—2012.12	28
212	70973091	居民收入不平等与财政归宿效应——评估技术及应用	刘穷志	武汉大学	2010.01—2012.12	28
213	70973092	农民工的代际分化、行为选择与市民化研究	刘传江	武汉大学	2010.01—2012.12	29
214	70973095	面向无纸贸易的在线支付金融和税收协同监管研究	宋　平	武汉理工大学	2010.01—2012.12	23
215	70973098	交易成本对农户农产品销售行为的影响及专业化组织创新研究	霍学喜	西北农林科技大学	2010.01—2012.12	24

续表

序号	批准号	项目名称	负责人	依托单位	起止年月	资助金额（万元）
216	70973099	西部农村地区绿色集镇建构与管理研究	崔彩贤	西北农林科技大学	2010.01—2012.12	25
217	70973100	农村金融可持续发展的服务创新与风险控制——基于动态竞争的视角	温　涛	西南大学	2010.01—2012.12	24
218	70973101	重大自然灾害背景下农户资源配置行为及其对政策支持响应的机理研究——以汶川地震灾区农户为例	姜太碧	西南民族大学	2010.01—2012.12	22
219	70973102	农村社区自组织能力与公共物品供给关系研究	张友琴	厦门大学	2010.01—2012.12	22
220	70973103	基于焦点企业的集群风险传导与扩散及其控制研究	蔡　宁	浙江大学	2010.01—2012.12	27
221	70973105	服务业集聚与二三产业协调发展研究	陈建军	浙江大学	2010.01—2012.12	27
222	70973107	宅基地使用权流转的动力机制、运行模式、实施效果与管控政策研究——以浙江省为例	田传浩	浙江大学	2010.01—2012.12	25
223	70973109	多重多层网络与产业集群创新及其协同演化研究	吴结兵	浙江大学	2010.01—2012.12	26
224	70973110	投资改变生产效率的识别与模拟——基于路径收敛设计研究	许　冰	浙江工商大学	2010.01—2012.12	24
225	70973111	全球经济失衡与汇率和工资政策搭配——基于劳动力全球化的收入分配视角	陈志昂	浙江工商大学	2010.01—2012.12	25
226	70973113	基于EPE分析模型的提升低碳能源价格市场竞争力的政策选择研究	鲍健强	浙江工业大学	2010.01—2012.12	28
227	70973114	中国技术创新政策演变、测量与绩效——基于政策工具的研究	程　华	浙江理工大学	2010.01—2012.12	28
228	70973115	专业市场与产业集群互动的机理与对策研究——以“义乌商圈”为例	陆立军	浙江师范大学	2010.01—2012.12	30

续表

序号	批准号	项目名称	负责人	依托单位	起止年月	资助金额（万元）
229	70973116	沿海地区小规模兼业农业向适度规模现代农业转化的体制机制研究——基于农户分化的实证分析	高　强	中国海洋大学	2010. 01—2012. 12	25
230	70973121	资源型城市产业转型研究——基于城市能力驱动的视角	龙如银	中国矿业大学	2010. 01—2012. 12	26
231	70973122	中国加入 WTO 对农业和农村发展影响的事后评估	田维明	中国农业大学	2010. 01—2012. 12	20
232	70973123	基于质量安全的畜产食品产业链优化机制研究	李秉龙	中国农业大学	2010. 01—2012. 12	26
233	70973124	养殖业保险供求主体行为及政府作用研究——以奶牛和生猪保险为例	张莉琴	中国农业大学	2010. 01—2012. 12	25
234	70973125	粮食主产区农作物保险费率决定及财政补贴机制研究	杨汭华	中国农业大学	2010. 01—2012. 12	24
235	70973126	汇率错位对我国农业支持水平影响的研究	孙东升	中国农业科学院农业经济与发展研究所	2010. 01—2012. 12	25
236	70973127	我国生猪产业波动规律及其调控对策研究	王明利	中国农业科学院农业经济与发展研究所	2010. 01—2012. 12	23
237	70973129	中国居民财产分布的理论模型和政策模拟研究	陈彦斌	中国人民大学	2010. 01—2012. 12	30
238	70973130	中国总体基尼系数的多角度分解——方法与应用	程永宏	中国人民大学	2010. 01—2012. 12	25
239	70973131	基于非线性时间序列的中国粮价与 CPI 关系研究（1978—2008）	朱信凯	中国人民大学	2010. 01—2012. 12	27
240	70973132	公共物品供给视角下的中国农村居民信仰选择行为理论与实证分析	魏德东	中国人民大学	2010. 01—2012. 12	24
241	70973133	中国特色的公共组织和非赢利组织的创新理论与实践研究	蓝志勇	中国人民大学	2010. 01—2012. 12	30

续表

序号	批准号	项目名称	负责人	依托单位	起止年月	资助金额（万元）
242	70973134	我国研究生教育规模结构与我国经济发展水平的适应性研究	李立国	中国人民大学	2010.01—2012.12	19
243	70973141	基于微观调查数据的中国居民金融排斥研究	唐寿宁	中国社会科学院经济研究所	2010.01—2012.12	28
244	70973142	基于农户为评价主体的中国农业技术推广激励机制研究——以水稻为例	廖西元	中国水稻研究所	2010.01—2012.12	25
245	70973144	人口分布、教育成本与农村中小学合理布局研究	李祥云	中南财经政法大学	2010.01—2012.12	25
246	70973145	银行风险的相关性与经济资本集成研究	王宗润	中南大学	2010.01—2012.12	25
247	70973147	中国人力资本的测量及人力资本指标体系的构建	李海峥	中央财经大学	2010.01—2012.12	26

资料来源：http：//www.nsfc.gov.cn/nsfc/cen/00/kxb/gl/manage.html。

2009年度国家自然科学基金青年科学基金项目（管理科学部）资助情况一览表

序号	批准号	项目名称	负责人	依托单位	起止年月	资助金额（万元）
1	70901001	基于零售商优势行为的分布式供应链协调研究	张廷龙	安徽师范大学	2010.01—2012.12	17
2	70901017	基于多重分形的金融市场极端波动行为研究及智能预报	苑　莹	东北大学	2010.01—2012.12	18
3	70901018	汇率风险下国际供应链决策优化——网络均衡与变分不等式算法研究	符小玲	东南大学	2010.01—2012.12	18
4	70901019	国际化资产配置的风险管理问题研究	余　湄	对外经济贸易大学	2010.01—2012.12	17.2
5	70901022	食品安全危机风险感知的理论模型及其在中国的实证研究	冯天俊	复旦大学	2010.01—2012.12	17.2
6	70901023	企业内部隐性知识流转网络构建、测量与演化	单　伟	哈尔滨工业大学	2010.01—2012.12	18.5

续表

序号	批准号	项目名称	负责人	依托单位	起止年月	资助金额（万元）
7	70901025	基于外界影响和模型自适应的电价预测理论研究	刘　达	华北电力大学	2010. 01—2012. 12	17. 2
8	70901026	新能源汽车扩散的复杂性与加能站初始空间分布的优化	马铁驹	华东理工大学	2010. 01—2012. 12	17. 2
9	70901028	不确定环境下第三方仓库的随机收益管理模型	龚业明	华中科技大学	2010. 01—2012. 12	17. 5
10	70901029	创新型产品双层竞争下容量优化管理的多维博弈策略研究	李建斌	华中科技大学	2010. 01—2012. 12	17. 2
11	70901030	旅游供应链协同预测方法的研究与应用	章新燕	华中科技大学	2010. 01—2012. 12	17. 2
12	70901031	不确定需求环境下分布式装配系统的多周期契约研究	邹旭霞	华中科技大学	2010. 01—2012. 12	17. 2
13	70901034	基于“公司＋农户”模式的食用农产品供应链契约设计研究	浦徐进	江南大学	2010. 01—2012. 12	17. 2
14	70901035	农产品生命周期环境影响评价模型与优化方法研究	王明新	江苏工业学院	2010. 01—2012. 12	18. 5
15	70901036	基于多阶段动态二形博弈模型的多渠道供应链竞争与协调策略研究	黄　健	江西财经大学	2010. 01—2012. 12	17. 5
16	70901037	投资者关系、分析师行为与公司价值——基于中国证券市场的实证研究	肖斌卿	南京大学	2010. 01—2012. 12	17
17	70901042	权力转移条件下制造商双渠道定价与协调问题研究	田厚平	南京理工大学	2010. 01—2012. 12	17. 2
18	70901044	汇市与股市关系中的分形长记忆动态 VAR 模型构建与应用	曹广喜	南京信息工程大学	2010. 01—2012. 12	17. 2
19	70901045	多级采购模式下多属性采购机制的设计与优化	叶　青	清华大学	2010. 01—2012. 12	17. 2
20	70901046	有限需求信息下收费道路的定价、投资决策及效率损失评估研究	刘天亮	清华大学	2010. 01—2012. 12	19

续表

序号	批准号	项目名称	负责人	依托单位	起止年月	资助金额（万元）
21	70901048	多元条件联合分布长期均衡关系及其在金融领域应用研究	许启发	山东工商学院	2010.01—2012.12	18.5
22	70901049	不公正评价对网络交易行为的影响机理及其对策研究	黄海量	上海财经大学	2010.01—2012.12	17
23	70901051	中国传统思维方式影响管理决策行为的实证研究	陈景秋	上海交通大学	2010.01—2012.12	17
24	70901053	历史信息、价格联动与期货套期保值决策研究——中国期货市场的实证	郑尊信	深圳大学	2010.01—2012.12	15.8
25	70901055	基于MEM模型的金融市场分析	郭名媛	天津大学	2010.01—2012.12	17
26	70901059	供应不确定性对供应链最优决策的影响研究	许明辉	武汉大学	2010.01—2012.12	17
27	70901062	基于均衡补货模式的两级分销系统库存管理策略研究	张盛浩	西安交通大学	2010.01—2012.12	17.2
28	70901065	基于实物期权理论的我国PPP/PFI项目风险管理研究	刘继才	西南交通大学	2010.01—2012.12	17
29	70901067	基于典型行为倾向的供应链契约与协调研究	杜少甫	中国科学技术大学	2010.01—2012.12	19
30	70901068	典型合作广告中的契约问题研究	苟清龙	中国科学技术大学	2010.01—2012.12	17.2
31	70901078	企业投融资决策互动的期权博弈模型及应用研究	余冬平	中央财经大学	2010.01—2012.12	17.2
32	70901079	基于下方风险控制的动态投资组合理论与方法研究	王秀国	中央财经大学	2010.01—2012.12	17
33	70901080	“管理蜜罐”理论探索与仿真实践	李红霞	重庆工商大学	2010.01—2012.12	15.5
34	70902001	薪酬管制条件下的公司高管晋升激励研究	廖冠民	中央财经大学	2010.01—2012.12	18
35	70902002	中国企业研发效率及其影响因素研究	傅晓霞	中央财经大学	2010.01—2012.12	18

续表

序号	批准号	项目名称	负责人	依托单位	起止年月	资助金额（万元）
36	70902004	股权再融资中的投资者保护问题与对策研究	王　琨	清华大学	2010.01—2012.12	20
37	70902005	跨国公司全球研发网络整合机制与能力研究	梁　正	清华大学	2010.01—2012.12	17
38	70902006	基于决策者行为视角的企业风险承担影响机制研究	汪　丽	南京大学	2010.01—2012.12	16
39	70902007	不确定性术语与职业判断偏差——基于企业会计准则与国际趋同的研究	薛清梅	南京大学	2010.01—2012.12	16
40	70902010	企业研发外包的控制机制研究	杨　治	华中科技大学	2010.01—2012.12	18
41	70902011	企业社会价值植入型促销情境下的消费者购物决策研究	戴　鑫	华中科技大学	2010.01—2012.12	16
42	70902013	公司首席执行官的市场导向视角——基于中国的研究	王　锐	北京大学	2010.01—2012.12	20
43	70902014	高管政治升迁、盈余管理与公司业绩	罗　炜	北京大学	2010.01—2012.12	19
44	70902015	不同竞争环境下客户关系管理的价值——建模与实证分析	郑晓娜	北京大学	2010.01—2012.12	20
45	70902016	管理咨询业跨国公司对中国客户的垂直约束行为研究——基于价值链视角的分析	郑琴琴	复旦大学	2010.01—2012.12	15
46	70902017	定制情境下的消费者产品配置决策研究——心理机制与管理策略	金立印	复旦大学	2010.01—2012.12	20
47	70902018	中国企业开放式创新获利机制研究	王　雎	电子科技大学	2010.01—2012.12	20
48	70902019	第三方物流服务提供商与客户企业的协调合同及应用研究	吴　庆	电子科技大学	2010.01—2012.12	16
49	70902020	伦理型领导、员工的集体工作态度和企业的营销效果	温碧燕	暨南大学	2010.01—2012.12	17
50	70902022	基于角色匹配的企业高层管理团队信任互动机制研究	邓靖松	中山大学	2010.01—2012.12	16

续表

序号	批准号	项目名称	负责人	依托单位	起止年月	资助金额（万元）
51	70902023	投资者保护与资本市场资源配置研究——基于企业融资的微观视角	柳建华	中山大学	2010.01—2012.12	16
52	70902024	产权、政治关系与企业资源配置	罗党论	中山大学	2010.01—2012.12	20
53	70902030	大股东自利动机与上市公司资本投向研究	郝　颖	重庆大学	2010.01—2012.12	16
54	70902031	消费者感知面子的形成机理及其对购买意向的影响研究	宋晓兵	大连理工大学	2010.01—2012.12	16
55	70902032	“要素协同提升”视角的中小企业成长网络动力形成与演进研究	吕一博	大连理工大学	2010.01—2012.12	19.8
56	70902034	转轨经济下中外合资企业控制权动态演进与绩效的关系研究	李自杰	对外经济贸易大学	2010.01—2012.12	17.6
57	70902035	管理者行为视角下股价泡沫对公司投资行为的影响——机制及检验	俞鸿琳	对外经济贸易大学	2010.01—2012.12	18
58	70902036	服务补救中的顾客参与——概念、驱动因素和作用机制	陈　可	对外经济贸易大学	2010.01—2012.12	17
59	70902039	基于社会资本视角的中国企业股权与债务融资行为研究	潘　越	厦门大学	2010.01—2012.12	16
60	70902040	分“类”的文化差异对品牌延伸评价的影响	林升栋	厦门大学	2010.01—2012.12	19
61	70902043	企业伦理氛围、道德强度与企业人力资源管理者伦理感知关系的实证研究	吴红梅	南京农业大学	2010.01—2012.12	16
62	70902044	基于供需双不确定环境的物流服务供应链协调机制研究	刘伟华	天津大学	2010.01—2012.12	19
63	70902046	战略性人力资源管理、员工建言与企业创新能力研究——基于行为学派的视角	梁　建	上海交通大学	2010.01—2012.12	16
64	70902047	基于消费者感知心理的本土品牌购买意愿研究——中国农村消费者与城市消费者的比较分析	高海霞	杭州电子科技大学	2010.01—2012.12	16

续表

序号	批准号	项目名称	负责人	依托单位	起止年月	资助金额（万元）
65	70902048	跨境双重上市对公司投资效率的作用机制研究	覃家琦	南开大学	2010.01—2012.12	19
66	70902049	新创企业创业导向转化为绩效的能力与关键要素研究	胡望斌	南开大学	2010.01—2012.12	18
67	70902050	创业团队的形成过程理性与绩效作用机制研究	杨　俊	南开大学	2010.01—2012.12	19
68	70902051	创业企业社会网络演化图谱研究	彭华涛	武汉理工大学	2010.01—2012.12	14
69	70902052	集团化运营、银行贷款与资金配置效率	潘红波	武汉大学	2010.01—2012.12	15
70	70902053	基于消费者伦理意识的企业制度导向营销行为及其消费者响应研究	邓新明	武汉大学	2010.01—2012.12	18
71	70902054	广告情境构建对广告效果的影响研究	崔　楠	武汉大学	2010.01—2012.12	18
72	70902055	东道国制度环境对FDI溢出效应的影响机制——基于地方市场分割的研究	赵奇伟	武汉大学	2010.01—2012.12	17
73	70902057	家族企业传承过程中企业家知识的代际转移机理研究	窦军生	浙江大学	2010.01—2012.12	19
74	70902058	基于利他行为的家族经理人决策机制与企业治理绩效研究	王明琳	浙江大学	2010.01—2012.12	15
75	70902059	全球制造网络视角下ODI对本土企业技术创新绩效的影响研究	杜　健	浙江大学	2010.01—2012.12	17
76	70902060	创业企业的高绩效工作系统构建与绩效促进模式研究	臧　志	浙江大学	2010.01—2012.12	16
77	70902061	食品安全危机下的消费者风险评估与购买决策——基于神经营销学的研究	王小毅	浙江大学	2010.01—2012.12	18
78	70902062	基于质量安全的食用农产品战略供应关系治理研究	陈　梅	东北财经大学	2010.01—2012.12	18

续表

序号	批准号	项目名称	负责人	依托单位	起止年月	资助金额（万元）
79	70902063	制度环境、公司治理与民营上市公司利益侵占行为	肖成民	上海立信会计学院	2010.01—2012.12	15
80	70902064	创业导向与企业绩效——基于高管团队胜任特征视角的研究	贾建锋	东北大学	2010.01—2012.12	16
81	70902068	中国企业ERP环境下管理会计变革的经验研究	欧佩玉	西安交通大学	2010.01—2012.12	18
82	70902069	基于企业间关系管理的供应链整合的实证研究	霍宝锋	西安交通大学	2010.01—2012.12	16
83	70902071	政治关联，财务困境与管理者自利	邓晓岚	福州大学	2010.01—2012.12	18
84	70902072	竞争环境下考虑质量议题的供应链运作及契约协调机制研究	肖　迪	浙江工商大学	2010.01—2012.12	14
85	70902073	企业网络能力、网络结构特征与企业创新关系研究	任胜钢	中南大学	2010.01—2012.12	15
86	70902074	专利联盟环境下我国后发企业创新与技术追赶的路径、机制与对策研究——异质性技术视角	任声策	上海海事大学	2010.01—2012.12	16
87	70902075	非营利组织理事会特征与组织财务绩效的关联性研究	颜克高	湖南大学	2010.01—2012.12	17
88	70902076	会计准则变迁、应计项目持续性与应计异象	支晓强	中国人民大学	2010.01—2012.12	19
89	70902077	IT治理中决策执行机制、权力架构对组织绩效的动态影响研究	董树涛	中国人民大学	2010.01—2012.12	18
90	70902078	中小企业使用第三方B2B电子市场价值的实证研究——基于交易成本理论和企业资源观的模型	王　珊	中国人民大学	2010.01—2012.12	18
91	70902079	基于营销效应的消费者内疚研究——分类、测量及效应模型	费显政	中南财经政法大学	2010.01—2012.12	16

续表

序号	批准号	项目名称	负责人	依托单位	起止年月	资助金额（万元）
92	70902080	新企业成长过程中的合法化机理研究	杜运周	安徽财经大学	2010.01—2012.12	18
93	70903001	清真畜产品安全高效供应链垂直协作关系研究——从加工企业角度	王　瑜	北方民族大学	2010.01—2012.12	16
94	70903003	新型农村合作医疗的筹资、支付与补偿制度——以健康管理为核心	林莞娟	北京大学	2010.01—2012.12	18
95	70903004	动态劳动力需求与有成本的劳动力数量调整——劳动合同法对企业和宏观经济的影响	鄢　泮	北京大学	2010.01—2012.12	12
96	70903005	城市资源、经济、环境统一核算、模拟和调控	季　曦	北京大学	2010.01—2012.12	19
97	70903006	环境污染对健康人力资本的影响机制研究——理论框架与实证检验	苗艳青	北京大学	2010.01—2012.12	18
98	70903012	银行风险承担行为与市场约束治理研究——基于中国银行业的视角	许友传	复旦大学	2010.01—2012.12	19
99	70903013	基于商业周期视角的银行内生风险承担行为与货币政策传导机制研究	徐明东	复旦大学	2010.01—2012.12	19
100	70903016	不完全市场下投资者个体行为选择与群体间传染机制研究	张大勇	哈尔滨工业大学	2010.01—2012.12	18
101	70903018	基于行为分析的道路拥挤定价收入再分配策略研究	赵泽斌	哈尔滨工业大学	2010.01—2012.12	18
102	70903019	FMEA方法在我国医疗风险管理上的应用研究	焦明丽	哈尔滨医科大学	2010.01—2012.12	19
103	70903020	技术联盟提升自主创新能力的动态关联研究	周　青	杭州电子科技大学	2010.01—2012.12	19
104	70903022	基于互补性的产学研合作与企业内部研发的关系研究	樊　霞	华南理工大学	2010.01—2012.12	18

续表

序号	批准号	项目名称	负责人	依托单位	起止年月	资助金额（万元）
105	70903023	基于疾病经济风险的农村反贫困医疗保障模式研究	王　静	华中科技大学	2010. 01—2012. 12	15
106	70903024	城镇居民基本医疗保险未成年人适宜缴费水平目标规划模型研究	张治国	华中科技大学	2010. 01—2012. 12	19
107	70903027	全要素生产率与转变农业发展方式的理论和实证	李谷成	华中农业大学	2010. 01—2012. 12	18
108	70903028	居民消费行为对节能及碳排放的影响机制研究	刘兰翠	环境保护部环境规划院	2010. 01—2012. 12	19
109	70903033	三阶层蔬菜供应链契约模式与协调效率研究	谭　涛	南京农业大学	2010. 01—2012. 12	16
110	70903035	我国农村居民医疗服务需求与新型农村合作医疗制度研究	王翌秋	南京农业大学	2010. 01—2012. 12	19
111	70903036	基于交易费用分析的农业非点源污染管理机制研究	姜　海	南京农业大学	2010. 01—2012. 12	16
112	70903037	政策性农业保险的可持续性发展研究——基于福利角度	孙香玉	南京信息工程大学	2010. 01—2012. 12	16
113	70903038	港口群和城市群的协同发展研究	杨静蕾	南开大学	2010. 01—2012. 12	15
114	70903039	经济转型过程中的收入分配与储蓄倾向——实证证据与政策含义	周绍杰	清华大学	2010. 01—2012. 12	17
115	70903042	有限公共教育资金约束下，政府如何选择教育投入方式来实现效益最大化又兼顾公平?	吴斌珍	清华大学	2010. 01—2012. 12	19
116	70903043	失业保险对劳动力市场的影响及其最优设计的研究	乔　雪	清华大学	2010. 01—2012. 12	17
117	70903044	人力资本投资及其对中国就业与收入差距的影响研究	张海峰	清华大学	2010. 01—2012. 12	18
118	70903045	国际碳排放权分配方法评估的多国气候保护宏观动态经济模型	张焕波	清华大学	2010. 01—2012. 12	19

续表

序号	批准号	项目名称	负责人	依托单位	起止年月	资助金额（万元）
119	70903046	网络化创新环境中风险投资制度生长机理与效率边界研究	杨　晔	上海财经大学	2010. 01—2012. 12	19
120	70903048	城市化进程中金融危机对农民工永久定居态势的冲击及管理政策研究	杨肖丽	沈阳农业大学	2010. 01—2012. 12	15
121	70903049	基于知识密集型服务机构嵌入的产业集群升级模式与机理研究	朱海燕	首都经济贸易大学	2010. 01—2012. 12	16
122	70903052	农民专业合作社风险管理范式构建和政策研究	张　滢	温州大学	2010. 01—2012. 12	15
123	70903053	在时变的宏观风险环境中研究国债收益率曲线与宏观经济的总体动态	牛霖琳	厦门大学	2010. 01—2012. 12	17
124	70903054	基于普惠金融体系的中国商业性小额贷款公司绩效研究	朱建芳	浙江大学	2010. 01—2012. 12	16
125	70903055	危机引发制造业产业集群升级的机理研究	阮建青	浙江大学	2010. 01—2012. 12	16
126	70903056	信贷约束与市场分割：基于微观计量模型的经验研究	刘西川	浙江大学	2010. 01—2012. 12	17
127	70903057	农地非农化治理效率评价及政策仿真研究	谭　荣	浙江大学	2010. 01—2012. 12	17
128	70903058	中小食品企业未采纳 HACCP 的成因、支付意愿与政策研究	金少胜	浙江大学	2010. 01—2012. 12	18
129	70903059	产业集聚与经济增长——基于区域协调的理论模型与政策评估	朱希伟	浙江大学	2010. 01—2012. 12	17
130	70903060	工业水污染对农村发展的影响及利益补偿机制研究	王学渊	浙江工商大学	2010. 01—2012. 12	17
131	70903061	贫困化胁迫下农户适应性行为及其对土地石漠化的影响研究——以广西地区为例	胡业翠	中国地质大学	2010. 01—2012. 12	19

续表

序号	批准号	项目名称	负责人	依托单位	起止年月	资助金额（万元）
132	70903062	北京城乡居民饮食消费新趋势及影响因素研究	白军飞	中国科学院地理科学与资源研究所	2010.01—2012.12	17
133	70903063	三鹿事件对中国奶业链上游影响及政策研究	贾相平	中国科学院地理科学与资源研究所	2010.01—2012.12	19
134	70903067	我国进出口预测预警与贸易政策研究	郑桂环	中国科学院数学与系统科学研究院	2010.01—2012.12	16
135	70903068	考虑价格粘性的价格传导模型研究	许　健	中国科学院研究生院	2010.01—2012.12	15
136	70903070	基于微观调查数据的中国货币政策理论模型和数值模拟研究	肖争艳	中国人民大学	2010.01—2012.12	18
137	70903071	人口、教育与经济协调发展的多部门动态模型研究	张红霞	中国人民大学	2010.01—2012.12	16
138	70903074	转轨劳动力市场中的工作搜寻与就业问题研究	田永坡	中国人事科学研究院	2010.01—2012.12	18
139	70903076	HME模型拓展构造与中国贸易内生增长的机制与路径研究	钱学锋	中南财经政法大学	2010.01—2012.12	19
140	70903077	外资并购境内涉农企业的风险调控研究	潘勇辉	中南财经政法大学	2010.01—2012.12	15
141	70903078	基础设施的生产率效应及其最优投资决策研究	张光南	中山大学	2010.01—2012.12	19
142	70903079	养老模式对健康福利的影响——二维模型与经验研究	王　俊	中央财经大学	2010.01—2012.12	17
143	70903080	基于演化博弈的电力行业二氧化碳排放权定价理论及政策设计	孙　睿	重庆大学	2010.01—2012.12	17

资料来源：http：//www.nsfc.gov.cn/nsfc/cen/00/kxb/gl/manage.html。

2009 年度国家自然科学基金地区科学基金项目（管理科学部）资助情况一览表

序号	批准号	项目名称	负责人	依托单位	起止年月	资助金额（万元）
1	70961001	农村规模养殖区域生物质能产业开发反馈理论和仿真研究	王翠霞	江西财经大学	2010. 01—2012. 12	22
2	70961002	高技术产业集群内的知识溢出机制与溢出效应研究	刘满凤	江西财经大学	2010. 01—2012. 12	22. 5
3	70961003	基于组织流程的企业组织能力系统演化机制研究	可　星	昆明理工大学	2010. 01—2012. 12	22
4	70961005	广义数据包络分析方法与内蒙古经济有效性谱系分析	马占新	内蒙古大学	2010. 01—2012. 12	22
5	70961006	供应链竞争下的链内协调与链间合作研究——以江西省下乡家电供应链为例	徐　兵	南昌大学	2010. 01—2012. 12	22. 5
6	70961007	基于规范和多 Agent 的企业演化建模与仿真	赵　军	宁夏大学	2010. 01—2012. 12	22
7	70962001	人力资源管理措施对知识工作者组织认同与专业认同影响机理的研究	杨　杰	江西财经大学	2010. 01—2012. 12	25
8	70962002	鄱阳湖域生猪绿色供应链运作模式与整体绩效关系研究	甘筱青	九江学院	2010. 01—2012. 12	24
9	70962004	企业社会责任的前因变量及其绩效影响机制研究	邓丽明	南昌工程学院	2010. 01—2012. 12	23
10	70962005	制度背景、资本投资与公司价值	杨兴全	石河子大学	2010. 01—2012. 12	20
11	70962007	小型团队领导者工作绩效及其前因变量关系模型探索式研究	王宝荣	广西大学	2010. 01—2012. 12	21
12	70962010	用供需网（SDN）推进欠发达地区企业实施逆向物流及其支持系统研究	倪　明	华东交通大学	2010. 01—2012. 12	21
13	70963001	基于集聚经济三维框架的城市群形成演化机理与发展战略研究——以北部湾城市群为例	邬丽萍	广西大学	2010. 01—2012. 12	25

续表

序号	批准号	项目名称	负责人	依托单位	起止年月	资助金额（万元）
14	70963002	基于知识视角的西部地区资源型产业链升级研究——以贵州磷化工产业链为例	张　伟	贵州大学	2010.01—2012.12	21
15	70963003	宏观分层虚拟标杆管理理论与方法创新研究	傅国华	海南大学	2010.01—2012.12	21
16	70963004	基于网络视角的园区中小企业非竞合行为治理研究	胡宇辰	江西财经大学	2010.01—2012.12	22
17	70963005	劳动力输出大省农民工返乡创业的影响因素与政府扶持机制研究——以江西为例	朱红根	江西农业大学	2010.01—2012.12	22
18	70963006	林业产权交易市场及其制度与机制研究——以江西为例	曹建华	江西农业大学	2010.01—2012.12	24
19	70963007	基于价值链管理理论的奶业价值分配机制研究	钱贵霞	内蒙古大学	2010.01—2012.12	21
20	70963008	牛奶供应链的变化及其对农户影响的实证研究——以内蒙古为例	乌云花	内蒙古农业大学	2010.01—2012.12	20
21	70963014	我国玉米加工业生产效率、竞争力与结构调整研究	杨兴龙	延边大学	2010.01—2012.12	24
22	70963015	地方政府债务可持续性与管理制度创新研究——以云南省为例	伏润民	云南财经大学	2010.01—2012.12	23
23	70963016	权利视野下少数民族社区参与旅游发展利益协调机制研究	左　冰	云南财经大学	2010.01—2012.12	22
24	70963017	中国东西部地区产业升级及其机制比较研究	张正华	云南大学	2010.01—2012.12	22
25	70963018	我国城镇职工基本医疗保险统筹基金风险预测研究	何平平	塔里木大学	2010.01—2012.12	22

资料来源：http：//www.nsfc.gov.cn/nsfc/cen/00/kxb/gl/manage.html。

2009年度国家自然科学基金应急科学基金项目（管理科学部）资助情况一览表

序号	批准号	项目名称	负责人	依托单位	起止年月	资助金额（万元）
1	70941001	金融危机背景下大规模投资对中国经济增长与就业影响测算及对策研究	陈锡康	中国科学院数学与系统科学研究院	2009.04—2009.11	8
2	70941002	中国当前应对国际金融危机、扩大内需的政策组合效应评估	郭菊娥	西安交通大学	2009.04—2009.11	8
3	70941003	中国当前应对国际金融危机、扩大内需的政策组合效应评估	李文溥	厦门大学	2009.04—2009.11	8
4	70941004	国际金融危机影响我国经济增长和就业的机制、趋势及应对策略研究	董纪昌	中国科学院研究生院	2009.04—2009.11	8
5	70941005	国际金融危机背景下大规模投资计划潜在效益分析方法研究——以绩效审计为视角	董大胜	审计署审计科研所	2009.04—2009.11	8
6	70941006	中国当前应对国际金融危机、扩大内需的政策组合效应评估	王　铮	中国科学院科技政策与管理科学研究所	2009.04—2009.11	8
7	70941007	国际金融危机影响中国经济增长的路径、机制及对策——基于国际比较的视角	宗　良	中国银行股份有限公司国际金融研究所	2009.04—2009.11	8
8	70941008	国际金融危机对中国经济增长和就业影响的总体思考	李晓西	北京师范大学	2009.05—2009.11	10
9	70941012	“十二五”时期国际发展环境变化对我国的影响和应对措施研究	保建云	中国人民大学	2009.11—2010.07	9
10	70941013	基于资源与环境约束的我国钢铁工业发展模式的优化研究	戴淑芬	北京科技大学	2009.11—2010.07	8
11	70941014	“十二五”时期我国转变经济增长方式、实现科学发展的循环经济关键政策研究	朱　坦	南开大学	2009.11—2010.07	9
12	70941015	全球金融危机背景下调整需求结构、转变经济增长方式的政策研究	贺京同	南开大学	2009.11—2010.07	9

续表

序号	批准号	项目名称	负责人	依托单位	起止年月	资助金额（万元）
13	70941016	中国低端制造业演化路径与区域产业政策调整研究	韩　云	苏州科技学院	2009. 11—2010. 07	8. 7
14	70941017	中国制造业发展与升级政策研究	李金华	中国社会科学院数量经济与技术经济研究所	2009. 11—2010. 07	9. 7
15	70941018	加快我国高端服务业发展的政策研究	原毅军	大连理工大学	2009. 11—2010. 07	9
16	70941019	面向制造业升级的生产者服务业促进政策研究	刘志彪	南京大学	2009. 11—2010. 07	9
17	70941020	国家能源安全和发展问题研究	韩文科	国家发展和改革委员会能源研究所	2009. 11—2010. 07	9
18	70941021	低品位油气资源税费政策研究	雷涯邻	中国地质大学	2009. 11—2010. 07	8
19	70941022	煤炭资源价格形成机制的政策体系研究	赵国浩	山西财经大学	2009. 11—2010. 07	8. 6
20	70941023	老龄化、就业与养老保障体系建设的关键政策问题研究	林　义	西南财经大学	2009. 10—2010. 07	8
21	70941024	中国老龄化进程中社会保障体系的财政压力及对策研究	高培勇	中国社会科学院财政与贸易经济研究所	2009. 11—2010. 07	9
22	70941025	老龄化对中国经济增长的影响及对策研究	李　军	中国社会科学院数量经济与技术经济研究所	2009. 11—2010. 07	9
23	70941026	推进中国特色农业现代化的财政政策、金融制度创新	方松海	国家发展和改革委员会产业经济与技术经济研究所	2009. 11—2010. 07	9

续表

序号	批准号	项目名称	负责人	依托单位	起止年月	资助金额（万元）
24	70941027	农户投资视角的农村金融制度创新	史清华	上海交通大学	2009. 11—2010. 07	9
25	70941028	“十二五”时期我国社会经济发展的若干关键问题研究	李善同	国务院发展研究中心	2009. 11—2010. 07	16
26	70941029	能源消耗与国家经济安全的关系	张宗益	重庆大学	2009. 12—2010. 08	8
27	70941030	保障国家能源安全的节能减排政策研究	汪寿阳	中国科学院数学与系统科学研究院	2009. 12—2010. 08	9
28	70941031	电力行业零排放战略实施过程中的制度障碍及其对策研究	梁大鹏	哈尔滨工业大学	2009. 12—2010. 08	8
29	70941032	清洁能源需求预测及其政策措施影响分析	金菊良	合肥工业大学	2009. 12—2010. 08	8
30	70941033	适应气候变化目标的省级区域温室气体减排配额优化及其政策	韩　良	南开大学	2009. 12—2010. 08	8
31	70941034	应对气候变化的节能减排政策研究	石敏俊	中国科学院研究生院	2009. 12—2010. 08	8
32	70941035	气候变化应对方案的国际比较及我国应对策略研究	徐向阳	中国矿业大学	2009. 12—2010. 08	8
33	70941036	应对气候变化的低碳经济区建设政策研究	王宪恩	吉林大学	2009. 12—2010. 08	8
34	70941037	保障国家安全的节能减排政策体系研究——促进企业自主性节能减排的“自愿协议”政策研究	段显明	杭州电子科技大学	2009. 12—2010. 08	8
35	70941038	考虑能源结构、地区差异和行业特点的节能减排政策选择研究	周德群	南京航空航天大学	2009. 12—2010. 08	8
36	70941039	我国温室气体减排成本曲线与低碳经济政策研究	范　英	中国科学院科技政策与管理科学研究所	2009. 12—2010. 08	12

资料来源：http：//www. nsfc. gov. cn/nsfc/cen/00/kxb/gl/manage. html。

2009 年度中国社会科学院经济学部重大课题立项一览表

序号	单位	课题名称	主持人姓名	职称	课题组人数	最终成果形式	卷（册）数	预计字数（千字）	预计完成时间	申请经费（万元）	备注
1	经济所	微型金融企业治理结构研究	陈其广	研究员	8	专著	1	300	2010. 12	30	
2	工经所	我国产业竞争优势的转型及其风险研究	张其仔	研究员	13	专著	1	300	2011. 12	35	
3	农发所	农民专业合作社与现代农业经营组织创新研究	苑 鹏	研究员	11	专著	1	250	2010. 12	30. 19	
4	财贸所	以自主创新推动服务业发展	何德旭	研究员	13	专著	1	250	2010. 6	35	
5	金融所	美国金融危机及对我国金融发展的启示	李 扬	研究员	16	专著	2	500	2010. 12	40	
6	数技经所	经济增长与制度之间内在关系的建模及应用研究	王国成	研究员	5	专著	1	300	2011. 12	32	
7	人口所	中国城乡家庭结构状态、变动及其影响因素分析	王跃生	研究员	8	专著	1	500	2013. 12	36. 35	
8	城市中心	低碳城市经济学评价方法与案例研究	潘家华	研究员	19	专著	1	250	2010. 12	30	
9	研究生院	中国民营企业——发展、环境与政策	刘迎秋 王红领	研究员	16	专著	1	350—450	2011. 12	60	

资料来源：中国社会科学院科研局经济学部工作室。

中国经济学年鉴

2010

第七篇 研究生教育

2009年全国经济学和管理学博士研究生毕业与招生人数

单位	所在省市	学位	专业	毕业生数	招生数
北京大学	北 京	博士	理论经济学	6	2
北京大学	北 京	博士	政治经济学	12	12
北京大学	北 京	博士	经济思想史	0	1
北京大学	北 京	博士	经济史	0	0
北京大学	北 京	博士	西方经济学	12	12
北京大学	北 京	博士	世界经济	3	1
北京大学	北 京	博士	国民经济学	3	12
北京大学	北 京	博士	区域经济学	3	2
北京大学	北 京	博士	财政学（含：税收学）	0	4
北京大学	北 京	博士	金融学（含：保险学）	17	16
北京大学	北 京	博士	产业经济学	3	2
北京大学	北 京	博士	统计学	2	1
北京大学	北 京	博士	会计学	5	6
北京大学	北 京	博士	企业管理	13	14
北京大学	北 京	博士	行政管理	17	18
北京大学	北 京	博士	社会医学与卫生事业管理	1	5
北京大学	北 京	博士	教育经济与管理	15	33
北京大学	北 京	博士	图书馆、情报与档案管理	1	2
北京大学	北 京	博士	图书馆学	2	4
北京大学	北 京	博士	情报学	9	9
中国人民大学	北 京	博士	政治经济学	26	24
中国人民大学	北 京	博士	经济思想史	3	4

续表

单位	所在省市	学位	专业	毕业生数	招生数
中国人民大学	北 京	博士	经济史	8	5
中国人民大学	北 京	博士	西方经济学	13	13
中国人民大学	北 京	博士	世界经济	12	12
中国人民大学	北 京	博士	人口、资源与环境经济学	9	12
中国人民大学	北 京	博士	理论经济学新专业	8	12
中国人民大学	北 京	博士	国民经济学	30	18
中国人民大学	北 京	博士	区域经济学	12	10
中国人民大学	北 京	博士	财政学（含：税收学）	6	20
中国人民大学	北 京	博士	金融学（含：保险学）	27	43
中国人民大学	北 京	博士	产业经济学	15	13
中国人民大学	北 京	博士	国际贸易学	9	10
中国人民大学	北 京	博士	劳动经济学	15	8
中国人民大学	北 京	博士	统计学	23	20
中国人民大学	北 京	博士	数量经济学	7	4
中国人民大学	北 京	博士	应用经济学新专业	16	27
中国人民大学	北 京	博士	会计学	15	20
中国人民大学	北 京	博士	企业管理（含：财务管理、市场营销）	32	19
中国人民大学	北 京	博士	旅游管理	0	0
中国人民大学	北 京	博士	技术经济及管理	8	10
中国人民大学	北 京	博士	工商管理新专业	22	27
中国人民大学	北 京	博士	农业经济管理	16	12
中国人民大学	北 京	博士	农林经济管理新专业	4	4
中国人民大学	北 京	博士	行政管理	21	15
中国人民大学	北 京	博士	教育经济与管理	4	4
中国人民大学	北 京	博士	社会保障	13	18
中国人民大学	北 京	博士	土地资源管理	14	16
中国人民大学	北 京	博士	公共管理新专业	4	12
中国人民大学	北 京	博士	情报学	0	4

续表

单位	所在省市	学位	专业	毕业生数	招生数
中国人民大学	北 京	博士	档案学	14	9
清华大学	北 京	博士	理论经济学	4	12
清华大学	北 京	博士	应用经济学	18	12
清华大学	北 京	博士	数量经济学	0	0
清华大学	北 京	博士	管理科学与工程	21	29
清华大学	北 京	博士	工商管理	31	24
清华大学	北 京	博士	公共管理	19	19
北京交通大学	北 京	博士	产业经济学	21	39
北京交通大学	北 京	博士	管理科学与工程	17	0
北京交通大学	北 京	博士	管理科学与工程新专业	7	32
北京交通大学	北 京	博士	会计学	0	3
北京交通大学	北 京	博士	企业管理（含：财务管理、市场营销）	13	20
北京交通大学	北 京	博士	旅游管理	0	3
北京工业大学	北 京	博士	管理科学与工程	17	27
北京航空航天大学	北 京	博士	国民经济学	0	0
北京航空航天大学	北 京	博士	管理科学与工程	51	50
北京航空航天大学	北 京	博士	管理科学与工程新专业	4	32
北京航空航天大学	北 京	博士	教育经济与管理	2	17
北京理工大学	北 京	博士	管理科学与工程	30	37
北京理工大学	北 京	博士	企业管理（含：财务管理、市场营销）	14	15
北京科技大学	北 京	博士	管理科学与工程	30	17
北京科技大学	北 京	博士	管理科学与工程新专业	3	0
北京科技大学	北 京	博士	企业管理（含：财务管理、市场营销）	0	18
北京科技大学	北 京	博士	技术经济及管理	2	4
北京邮电大学	北 京	博士	管理科学与工程	36	42
中国农业大学	北 京	博士	管理科学与工程	11	9
中国农业大学	北 京	博士	管理科学与工程新专业	29	27
中国农业大学	北 京	博士	农业经济管理	38	43

续表

单位	所在省市	学位	专业	毕业生数	招生数
中国农业大学	北 京	博士	农林经济管理新专业	0	3
中国农业大学	北 京	博士	土地资源管理	10	10
北京林业大学	北 京	博士	农业经济管理	0	6
北京林业大学	北 京	博士	林业经济管理	40	23
北京师范大学	北 京	博士	政治经济学	6	12
北京师范大学	北 京	博士	西方经济学	7	7
北京师范大学	北 京	博士	世界经济	9	17
北京师范大学	北 京	博士	人口、资源与环境经济学	1	4
北京师范大学	北 京	博士	行政管理	8	17
北京师范大学	北 京	博士	社会医学与卫生事业管理	0	2
北京师范大学	北 京	博士	教育经济与管理	30	19
北京师范大学	北 京	博士	社会保障	11	8
北京师范大学	北 京	博士	土地资源管理	2	6
北京师范大学	北 京	博士	公共管理新专业	0	10
中央财经大学	北 京	博士	政治经济学	7	8
中央财经大学	北 京	博士	国民经济学	8	13
中央财经大学	北 京	博士	区域经济学	3	1
中央财经大学	北 京	博士	财政学（含：税收学）	14	27
中央财经大学	北 京	博士	金融学（含：保险学）	23	34
中央财经大学	北 京	博士	产业经济学	2	1
中央财经大学	北 京	博士	国际贸易学	4	7
中央财经大学	北 京	博士	劳动经济学	1	3
中央财经大学	北 京	博士	统计学	1	2
中央财经大学	北 京	博士	数量经济学	2	3
中央财经大学	北 京	博士	国防经济	2	1
中央财经大学	北 京	博士	应用经济学新专业	8	23
中央财经大学	北 京	博士	会计学	13	30
对外经济贸易大学	北 京	博士	世界经济	3	5

续表

单位	所在省市	学位	专业	毕业生数	招生数
对外经济贸易大学	北 京	博士	区域经济学	0	1
对外经济贸易大学	北 京	博士	财政学（含：税收学）	0	1
对外经济贸易大学	北 京	博士	金融学（含：保险学）	18	25
对外经济贸易大学	北 京	博士	产业经济学	0	5
对外经济贸易大学	北 京	博士	国际贸易学	10	20
对外经济贸易大学	北 京	博士	数量经济学	0	1
对外经济贸易大学	北 京	博士	企业管理（含：财务管理、市场营销）	0	12
首都经济贸易大学	北 京	博士	国民经济学	1	5
首都经济贸易大学	北 京	博士	区域经济学	0	4
首都经济贸易大学	北 京	博士	财政学（含：税收学）	0	2
首都经济贸易大学	北 京	博士	金融学（含：保险学）	1	4
首都经济贸易大学	北 京	博士	产业经济学	1	5
首都经济贸易大学	北 京	博士	劳动经济学	6	10
首都经济贸易大学	北 京	博士	统计学	1	8
首都经济贸易大学	北 京	博士	数量经济学	3	4
首都经济贸易大学	北 京	博士	企业管理（含：财务管理、市场营销）	14	13
中国政法大学	北 京	博士	世界经济	0	2
华北电力大学	北 京	博士	管理科学与工程	0	8
华北电力大学	北 京	博士	管理科学与工程新专业	0	11
华北电力大学	北 京	博士	技术经济及管理	27	30
中国矿业大学（北京）	北 京	博士	管理科学与工程	32	25
中国矿业大学（北京）	北 京	博士	管理科学与工程新专业	17	14
中国矿业大学（北京）	北 京	博士	土地资源管理	1	7
中国地质大学（北京）	北 京	博士	管理科学与工程	0	11
中国地质大学（北京）	北 京	博士	土地资源管理	0	12
南开大学	天 津	博士	政治经济学	10	18
南开大学	天 津	博士	经济思想史	10	2
南开大学	天 津	博士	经济史	8	6

续表

单位	所在省市	学位	专业	毕业生数	招生数
南开大学	天 津	博士	西方经济学	6	15
南开大学	天 津	博士	世界经济	16	15
南开大学	天 津	博士	人口、资源与环境经济学	9	1
南开大学	天 津	博士	区域经济学	7	12
南开大学	天 津	博士	财政学（含：税收学）	5	7
南开大学	天 津	博士	金融学（含：保险学）	15	31
南开大学	天 津	博士	产业经济学	7	8
南开大学	天 津	博士	国际贸易学	12	17
南开大学	天 津	博士	劳动经济学	6	3
南开大学	天 津	博士	数量经济学	8	7
南开大学	天 津	博士	应用经济学新专业	16	6
南开大学	天 津	博士	管理科学与工程	2	7
南开大学	天 津	博士	会计学	11	9
南开大学	天 津	博士	企业管理（含：财务管理、市场营销）	41	33
南开大学	天 津	博士	旅游管理	5	4
南开大学	天 津	博士	技术经济及管理	6	1
南开大学	天 津	博士	工商管理新专业	15	22
南开大学	天 津	博士	行政管理	2	10
南开大学	天 津	博士	图书馆学	6	5
南开大学	天 津	博士	情报学	2	2
天津大学	天 津	博士	管理科学与工程	103	40
天津大学	天 津	博士	管理科学与工程新专业	43	29
天津大学	天 津	博士	会计学	0	2
天津大学	天 津	博士	企业管理（含：财务管理、市场营销）	0	15
天津大学	天 津	博士	旅游管理	0	1
天津大学	天 津	博士	技术经济及管理	39	21
天津财经大学	天 津	博士	国民经济学	1	2
天津财经大学	天 津	博士	财政学（含：税收学）	2	2

续表

单位	所在省市	学位	专业	毕业生数	招生数
天津财经大学	天 津	博士	金融学（含：保险学）	7	13
天津财经大学	天 津	博士	产业经济学	0	1
天津财经大学	天 津	博士	国际贸易学	0	3
天津财经大学	天 津	博士	统计学	5	4
天津财经大学	天 津	博士	数量经济学	0	3
天津财经大学	天 津	博士	会计学	6	7
天津财经大学	天 津	博士	企业管理（含：财务管理、市场营销）	9	8
河北大学	河 北	博士	世界经济	5	9
河北工业大学	河 北	博士	管理科学与工程	28	26
河北工业大学	河 北	博士	技术经济及管理	0	19
河北农业大学	河 北	博士	农业经济管理	5	4
河北农业大学	河 北	博士	林业经济管理	0	1
河北农业大学	河 北	博士	农林经济管理新专业	0	2
燕山大学	河 北	博士	管理学	0	2
燕山大学	河 北	博士	管理科学与工程	1	10
山西大学	山 西	博士	经济史	5	3
山西大学	山 西	博士	管理科学与工程	8	6
山西财经大学	山 西	博士	政治经济学	0	6
山西财经大学	山 西	博士	金融学（含：保险学）	0	5
山西财经大学	山 西	博士	统计学	0	6
内蒙古农业大学	内蒙古	博士	农业经济管理	1	8
辽宁大学	辽 宁	博士	政治经济学	4	5
辽宁大学	辽 宁	博士	经济思想史	2	2
辽宁大学	辽 宁	博士	经济史	4	3
辽宁大学	辽 宁	博士	西方经济学	4	3
辽宁大学	辽 宁	博士	世界经济	6	5
辽宁大学	辽 宁	博士	人口、资源与环境经济学	2	3
辽宁大学	辽 宁	博士	理论经济学新专业	9	7

续表

单位	所在省市	学位	专业	毕业生数	招生数
辽宁大学	辽宁	博士	国民经济学	6	4
辽宁大学	辽宁	博士	区域经济学	0	5
辽宁大学	辽宁	博士	财政学（含：税收学）	3	3
辽宁大学	辽宁	博士	金融学（含：保险学）	10	12
辽宁大学	辽宁	博士	产业经济学	7	5
辽宁大学	辽宁	博士	国际贸易学	6	5
辽宁大学	辽宁	博士	劳动经济学	1	0
辽宁大学	辽宁	博士	统计学	3	1
辽宁大学	辽宁	博士	数量经济学	3	3
辽宁大学	辽宁	博士	应用经济学新专业	1	2
辽宁大学	辽宁	博士	会计学	0	2
辽宁大学	辽宁	博士	企业管理（含：财务管理、市场营销）	16	15
辽宁大学	辽宁	博士	技术经济及管理	0	4
大连理工大学	辽宁	博士	管理科学与工程	22	15
大连理工大学	辽宁	博士	管理科学与工程新专业	17	29
大连理工大学	辽宁	博士	会计学	0	4
大连理工大学	辽宁	博士	企业管理（含：财务管理、市场营销）	3	22
大连理工大学	辽宁	博士	旅游管理	0	3
大连理工大学	辽宁	博士	技术经济及管理	15	16
东北大学	辽宁	博士	管理科学与工程	18	28
东北大学	辽宁	博士	管理科学与工程新专业	0	0
东北大学	辽宁	博士	企业管理（含：财务管理、市场营销）	0	27
东北大学	辽宁	博士	行政管理	4	16
东北大学	辽宁	博士	教育经济与管理	0	5
东北大学	辽宁	博士	社会保障	0	1
东北大学	辽宁	博士	土地资源管理	0	2
辽宁工程技术大学	辽宁	博士	管理科学与工程	7	10
大连海事大学	辽宁	博士	管理科学与工程	0	10

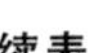

续表

单位	所在省市	学位	专业	毕业生数	招生数
沈阳农业大学	辽 宁	博士	农业经济管理	6	17
沈阳农业大学	辽 宁	博士	林业经济管理	0	0
东北财经大学	辽 宁	博士	政治经济学	4	7
东北财经大学	辽 宁	博士	经济思想史	5	0
东北财经大学	辽 宁	博士	经济史	0	0
东北财经大学	辽 宁	博士	西方经济学	6	1
东北财经大学	辽 宁	博士	世界经济	10	2
东北财经大学	辽 宁	博士	人口、资源与环境经济学	2	0
东北财经大学	辽 宁	博士	理论经济学新专业	0	2
东北财经大学	辽 宁	博士	国民经济学	9	7
东北财经大学	辽 宁	博士	区域经济学	2	6
东北财经大学	辽 宁	博士	财政学（含：税收学）	17	15
东北财经大学	辽 宁	博士	金融学（含：保险学）	16	20
东北财经大学	辽 宁	博士	产业经济学	3	8
东北财经大学	辽 宁	博士	国际贸易学	2	3
东北财经大学	辽 宁	博士	劳动经济学	0	4
东北财经大学	辽 宁	博士	统计学	4	1
东北财经大学	辽 宁	博士	数量经济学	9	4
东北财经大学	辽 宁	博士	应用经济学新专业	9	10
东北财经大学	辽 宁	博士	管理科学与工程	0	10
东北财经大学	辽 宁	博士	会计学	12	14
东北财经大学	辽 宁	博士	企业管理（含：财务管理、市场营销）	8	7
东北财经大学	辽 宁	博士	旅游管理	12	5
东北财经大学	辽 宁	博士	技术经济及管理	5	2
东北财经大学	辽 宁	博士	工商管理新专业	12	8
东北财经大学	辽 宁	博士	社会保障	0	11
吉林大学	吉 林	博士	政治经济学	16	7
吉林大学	吉 林	博士	经济思想史	0	4

续表

单位	所在省市	学位	专业	毕业生数	招生数
吉林大学	吉 林	博士	西方经济学	19	3
吉林大学	吉 林	博士	世界经济	23	37
吉林大学	吉 林	博士	人口、资源与环境经济学	12	12
吉林大学	吉 林	博士	理论经济学新专业	24	8
吉林大学	吉 林	博士	区域经济学	7	11
吉林大学	吉 林	博士	金融学	0	11
吉林大学	吉 林	博士	产业经济学	0	11
吉林大学	吉 林	博士	数量经济学	42	23
吉林大学	吉 林	博士	管理科学与工程	26	21
吉林大学	吉 林	博士	企业管理	19	19
吉林大学	吉 林	博士	技术经济及管理	29	27
吉林大学	吉 林	博士	行政管理	13	10
吉林大学	吉 林	博士	社会医学与卫生事业管理	0	8
吉林大学	吉 林	博士	公共管理新专业	0	2
吉林大学	吉 林	博士	图书馆学	0	4
吉林大学	吉 林	博士	情报学	8	6
吉林农业大学	吉 林	博士	农业经济管理	5	5
吉林农业大学	吉 林	博士	林业经济管理	1	1
吉林农业大学	吉 林	博士	农林经济管理新专业	0	2
东北师范大学	吉 林	博士	世界经济	0	14
东北师范大学	吉 林	博士	区域经济学	17	15
东北师范大学	吉 林	博士	教育经济与管理	0	8
哈尔滨工业大学	黑龙江	博士	管理科学与工程	66	47
哈尔滨工业大学	黑龙江	博士	管理科学与工程新专业	0	0
哈尔滨工业大学	黑龙江	博士	企业管理（含：财务管理、市场营销）	4	16
哈尔滨工业大学	黑龙江	博士	技术经济及管理	47	15
哈尔滨工业大学	黑龙江	博士	行政管理	0	13
哈尔滨理工大学	黑龙江	博士	管理科学与工程	6	8

续表

单位	所在省市	学位	专业	毕业生数	招生数
哈尔滨理工大学	黑龙江	博士	技术经济及管理	0	5
哈尔滨工程大学	黑龙江	博士	管理科学与工程	18	36
东北农业大学	黑龙江	博士	农业经济管理	23	24
东北农业大学	黑龙江	博士	林业经济管理	0	2
东北林业大学	黑龙江	博士	农业经济管理	8	9
东北林业大学	黑龙江	博士	林业经济管理	13	21
哈尔滨医科大学	黑龙江	博士	社会医学与卫生事业管理	8	9
哈尔滨商业大学	黑龙江	博士	产业经济学	0	9
复旦大学	上 海	博士	政治经济学	10	8
复旦大学	上 海	博士	经济思想史	0	1
复旦大学	上 海	博士	西方经济学	5	8
复旦大学	上 海	博士	世界经济	11	8
复旦大学	上 海	博士	人口、资源与环境经济学	7	8
复旦大学	上 海	博士	国民经济学	2	4
复旦大学	上 海	博士	金融学	16	9
复旦大学	上 海	博士	产业经济学	9	6
复旦大学	上 海	博士	国际贸易学	3	3
复旦大学	上 海	博士	统计学	0	1
复旦大学	上 海	博士	数量经济学	2	2
复旦大学	上 海	博士	金融管理与金融工程	5	2
复旦大学	上 海	博士	管理科学与工程	5	11
复旦大学	上 海	博士	物流与运营管理	0	0
复旦大学	上 海	博士	会计学	10	6
复旦大学	上 海	博士	企业管理	24	16
复旦大学	上 海	博士	旅游管理	0	1
复旦大学	上 海	博士	东方管理学	3	1
复旦大学	上 海	博士	行政管理	3	5
复旦大学	上 海	博士	社会医学与卫生事业管理	7	11

续表

单位	所在省市	学位	专业	毕业生数	招生数
复旦大学	上 海	博士	社会管理与社会政策	4	7
同济大学	上 海	博士	管理科学与工程	35	6
同济大学	上 海	博士	管理科学与工程新专业	17	58
同济大学	上 海	博士	会计学	0	0
同济大学	上 海	博士	企业管理（含：财务管理、市场营销）	13	20
同济大学	上 海	博士	技术经济及管理	25	7
上海交通大学	上 海	博士	金融学（含：保险学）	9	13
上海交通大学	上 海	博士	产业经济学	1	13
上海交通大学	上 海	博士	管理科学与工程	21	15
上海交通大学	上 海	博士	管理科学与工程新专业	10	6
上海交通大学	上 海	博士	会计学	1	3
上海交通大学	上 海	博士	企业管理（含：财务管理、市场营销）	28	22
上海交通大学	上 海	博士	工商管理新专业	5	10
上海交通大学	上 海	博士	农业经济管理	3	3
上海理工大学	上 海	博士	管理科学与工程	18	24
东华大学	上 海	博士	管理科学与工程	19	17
东华大学	上 海	博士	管理科学与工程新专业	0	0
东华大学	上 海	博士	企业管理（含：财务管理、市场营销）	3	24
华东师范大学	上 海	博士	世界经济	13	7
华东师范大学	上 海	博士	金融学（含：保险学）	0	4
华东师范大学	上 海	博士	教育经济与管理	4	6
上海财经大学	上 海	博士	经济学	0	10
上海财经大学	上 海	博士	政治经济学	6	5
上海财经大学	上 海	博士	经济思想史	2	3
上海财经大学	上 海	博士	经济史	2	2
上海财经大学	上 海	博士	西方经济学	4	0
上海财经大学	上 海	博士	世界经济	5	4
上海财经大学	上 海	博士	理论经济学新专业	3	17

续表

单位	所在省市	学位	专业	毕业生数	招生数
上海财经大学	上 海	博士	国民经济学	2	4
上海财经大学	上 海	博士	区域经济学	3	2
上海财经大学	上 海	博士	财政学（含：税收学）	10	7
上海财经大学	上 海	博士	金融学（含：保险学）	12	41
上海财经大学	上 海	博士	产业经济学	7	4
上海财经大学	上 海	博士	国际贸易学	7	6
上海财经大学	上 海	博士	统计学	8	16
上海财经大学	上 海	博士	数量经济学	3	3
上海财经大学	上 海	博士	国防经济	1	2
上海财经大学	上 海	博士	应用经济学新专业	18	32
上海财经大学	上 海	博士	管理科学与工程	0	7
上海财经大学	上 海	博士	会计学	21	13
上海财经大学	上 海	博士	企业管理（含：财务管理、市场营销）	7	35
上海财经大学	上 海	博士	旅游管理	1	2
上海财经大学	上 海	博士	技术经济及管理	1	0
上海财经大学	上 海	博士	工商管理新专业	11	10
上海财经大学	上 海	博士	农业经济管理	0	1
上海大学	上 海	博士	管理科学与工程	0	13
南京大学	江 苏	博士	理论经济学	1	25
南京大学	江 苏	博士	政治经济学	9	0
南京大学	江 苏	博士	西方经济学	7	0
南京大学	江 苏	博士	世界经济	15	0
南京大学	江 苏	博士	应用经济学	0	22
南京大学	江 苏	博士	金融学（含：保险学）	6	0
南京大学	江 苏	博士	产业经济学	0	0
南京大学	江 苏	博士	国际贸易学	0	0
南京大学	江 苏	博士	应用经济学新专业	0	0
南京大学	江 苏	博士	管理科学与工程	16	11

续表

单位	所在省市	学位	专业	毕业生数	招生数
南京大学	江 苏	博士	管理科学与工程新专业	1	1
南京大学	江 苏	博士	工商管理	17	21
南京大学	江 苏	博士	会计学	2	13
南京大学	江 苏	博士	企业管理（含：财务管理、市场营销）	11	0
南京大学	江 苏	博士	行政管理	11	19
南京大学	江 苏	博士	图书馆学	0	5
南京大学	江 苏	博士	情报学	6	12
南京大学	江 苏	博士	图书馆、情报与档案管理新专业	0	3
苏州大学	江 苏	博士	财政学	0	4
苏州大学	江 苏	博士	金融学	9	14
苏州大学	江 苏	博士	企业管理	0	16
东南大学	江 苏	博士	管理科学与工程	50	36
南京航空航天大学	江 苏	博士	管理科学与工程	21	30
南京航空航天大学	江 苏	博士	管理科学与工程新专业	11	5
南京理工大学	江 苏	博士	管理科学与工程	5	15
中国矿业大学	江 苏	博士	管理科学与工程	34	22
中国矿业大学	江 苏	博士	土地资源管理	0	7
河海大学	江 苏	博士	管理科学与工程	19	44
河海大学	江 苏	博士	技术经济及管理	59	56
南京林业大学	江 苏	博士	林业经济管理	10	11
江苏大学	江 苏	博士	管理科学与工程	19	16
江苏大学	江 苏	博士	管理科学与工程新专业	0	5
南京农业大学	江 苏	博士	农业经济管理	29	28
南京农业大学	江 苏	博士	农林经济管理新专业	2	10
南京农业大学	江 苏	博士	行政管理	0	10
南京农业大学	江 苏	博士	教育经济与管理	0	5
南京农业大学	江 苏	博士	土地资源管理	25	20
浙江大学	浙 江	博士	政治经济学	16	11

续表

单位	所在省市	学位	专业	毕业生数	招生数
浙江大学	浙 江	博士	经济思想史	0	0
浙江大学	浙 江	博士	西方经济学	3	12
浙江大学	浙 江	博士	世界经济	1	3
浙江大学	浙 江	博士	人口、资源与环境经济学	0	1
浙江大学	浙 江	博士	产业经济学	0	7
浙江大学	浙 江	博士	国际贸易学	10	7
浙江大学	浙 江	博士	劳动经济学	0	5
浙江大学	浙 江	博士	管理科学与工程	20	8
浙江大学	浙 江	博士	企业管理（含：财务管理、市场营销）	28	19
浙江大学	浙 江	博士	旅游管理	1	0
浙江大学	浙 江	博士	技术经济及管理	3	2
浙江大学	浙 江	博士	工商管理新专业	0	2
浙江大学	浙 江	博士	农业经济管理	13	14
浙江大学	浙 江	博士	林业经济管理	0	1
浙江大学	浙 江	博士	行政管理	3	10
浙江大学	浙 江	博士	社会医学与卫生事业管理	1	5
浙江大学	浙 江	博士	教育经济与管理	6	5
浙江大学	浙 江	博士	社会保障	0	1
浙江大学	浙 江	博士	土地资源管理	6	9
浙江大学	浙 江	博士	公共管理新专业	0	1
浙江工业大学	浙 江	博士	国际贸易学	0	6
浙江工业大学	浙 江	博士	技术经济及管理	0	8
浙江工商大学	浙 江	博士	统计学	4	8
浙江工商大学	浙 江	博士	企业管理（含：财务管理、市场营销）	5	13
安徽大学	安 徽	博士	政治经济学	0	5
中国科学技术大学	安 徽	博士	管理科学与工程	33	55
中国科学技术大学	安 徽	博士	管理科学与工程新专业	21	10
合肥工业大学	安 徽	博士	管理科学与工程	4	0

续表

单位	所在省市	学位	专业	毕业生数	招生数
合肥工业大学	安 徽	博士	管理科学与工程新专业	20	17
合肥工业大学	安 徽	博士	企业管理（含：财务管理、市场营销）	0	23
厦门大学	福 建	博士	政治经济学	4	6
厦门大学	福 建	博士	经济思想史	5	2
厦门大学	福 建	博士	西方经济学	1	8
厦门大学	福 建	博士	世界经济	7	8
厦门大学	福 建	博士	人口、资源与环境经济学	1	0
厦门大学	福 建	博士	理论经济学新专业	1	0
厦门大学	福 建	博士	国民经济学	1	0
厦门大学	福 建	博士	区域经济学	8	3
厦门大学	福 建	博士	财政学（含：税收学）	13	5
厦门大学	福 建	博士	金融学（含：保险学）	15	12
厦门大学	福 建	博士	产业经济学	3	1
厦门大学	福 建	博士	国际贸易学	3	3
厦门大学	福 建	博士	劳动经济学	2	0
厦门大学	福 建	博士	统计学	13	9
厦门大学	福 建	博士	数量经济学	0	4
厦门大学	福 建	博士	应用经济学新专业	22	24
厦门大学	福 建	博士	管理科学与工程	0	3
厦门大学	福 建	博士	会计学	27	25
厦门大学	福 建	博士	企业管理（含：财务管理、市场营销）	19	8
厦门大学	福 建	博士	旅游管理	0	3
厦门大学	福 建	博士	技术经济及管理	5	3
厦门大学	福 建	博士	工商管理新专业	0	12
厦门大学	福 建	博士	行政管理	4	4
厦门大学	福 建	博士	教育经济与管理	0	6
厦门大学	福 建	博士	社会保障	0	1
华侨大学	福 建	博士	数量经济学	5	5

续表

单位	所在省市	学位	专业	毕业生数	招生数
华侨大学	福 建	博士	企业管理（含：财务管理、市场营销）	10	10
华侨大学	福 建	博士	旅游管理	0	3
福州大学	福 建	博士	管理科学与工程	0	0
福州大学	福 建	博士	管理科学与工程新专业	0	15
福州大学	福 建	博士	技术经济及管理	0	3
福建农林大学	福 建	博士	企业管理（含：财务管理、市场营销）	0	7
福建农林大学	福 建	博士	农业经济管理	9	25
福建农林大学	福 建	博士	林业经济管理	4	8
福建师范大学	福 建	博士	政治经济学	7	5
福建师范大学	福 建	博士	经济思想史	4	3
福建师范大学	福 建	博士	经济史	0	1
福建师范大学	福 建	博士	西方经济学	0	2
福建师范大学	福 建	博士	世界经济	0	2
福建师范大学	福 建	博士	人口、资源与环境经济学	0	2
南昌大学	江 西	博士	管理科学与工程	14	13
江西财经大学	江 西	博士	政治经济学	4	6
江西财经大学	江 西	博士	西方经济学	0	5
江西财经大学	江 西	博士	财政学（含：税收学）	17	11
江西财经大学	江 西	博士	产业经济学	18	9
江西财经大学	江 西	博士	管理科学与工程新专业	4	20
江西财经大学	江 西	博士	会计学	0	4
山东大学	山 东	博士	政治经济学	11	2
山东大学	山 东	博士	西方经济学	2	3
山东大学	山 东	博士	世界经济	0	1
山东大学	山 东	博士	人口、资源与环境经济学	0	1
山东大学	山 东	博士	理论经济学新专业	0	3
山东大学	山 东	博士	国民经济学	7	6
山东大学	山 东	博士	财政学	6	4

续表

单位	所在省市	学位	专业	毕业生数	招生数
山东大学	山 东	博士	金融学	8	10
山东大学	山 东	博士	产业经济学	11	6
山东大学	山 东	博士	国际贸易学	5	8
山东大学	山 东	博士	数量经济学	0	0
山东大学	山 东	博士	管理科学与工程	0	7
山东大学	山 东	博士	企业管理（含：财务管理、市场营销）	20	14
山东大学	山 东	博士	社会医学与卫生事业管理	2	15
中国海洋大学	山 东	博士	会计学	0	8
中国海洋大学	山 东	博士	农业经济管理	4	21
山东农业大学	山 东	博士	农业经济管理	10	9
山东师范大学	山 东	博士	人口、资源与环境经济学	0	3
山东师范大学	山 东	博士	管理科学与工程	4	5
青岛大学	山 东	博士	人口、资源与环境经济学	1	4
河南农业大学	河 南	博士	农业经济管理	0	5
河南大学	河 南	博士	政治经济学	0	4
河南大学	河 南	博士	国民经济学	0	3
河南大学	河 南	博士	区域经济学	10	4
武汉大学	湖 北	博士	政治经济学	22	29
武汉大学	湖 北	博士	经济思想史	17	10
武汉大学	湖 北	博士	经济史	0	1
武汉大学	湖 北	博士	西方经济学	14	11
武汉大学	湖 北	博士	世界经济	12	19
武汉大学	湖 北	博士	人口、资源与环境经济学	5	2
武汉大学	湖 北	博士	财政学（含：税收学）	2	3
武汉大学	湖 北	博士	金融学（含：保险学）	20	28
武汉大学	湖 北	博士	产业经济学	0	9
武汉大学	湖 北	博士	国际贸易学	3	2
武汉大学	湖 北	博士	数量经济学	0	2

续表

单位	所在省市	学位	专业	毕业生数	招生数
武汉大学	湖 北	博士	应用经济学新专业	0	15
武汉大学	湖 北	博士	管理科学与工程	12	22
武汉大学	湖 北	博士	管理科学与工程新专业	0	17
武汉大学	湖 北	博士	会计学	10	9
武汉大学	湖 北	博士	企业管理（含：财务管理、市场营销）	43	34
武汉大学	湖 北	博士	技术经济及管理	2	5
武汉大学	湖 北	博士	工商管理新专业	2	18
武汉大学	湖 北	博士	行政管理	12	16
武汉大学	湖 北	博士	社会医学与卫生事业管理	0	2
武汉大学	湖 北	博士	教育经济与管理	0	9
武汉大学	湖 北	博士	社会保障	6	8
武汉大学	湖 北	博士	土地资源管理	9	10
武汉大学	湖 北	博士	公共管理新专业	5	5
武汉大学	湖 北	博士	图书馆学	6	5
武汉大学	湖 北	博士	情报学	18	11
武汉大学	湖 北	博士	档案学	2	5
武汉大学	湖 北	博士	图书馆、情报与档案管理新专业	10	12
华中科技大学	湖 北	博士	西方经济学	65	34
华中科技大学	湖 北	博士	数量经济学	32	15
华中科技大学	湖 北	博士	管理科学与工程	38	29
华中科技大学	湖 北	博士	管理科学与工程新专业	7	9
华中科技大学	湖 北	博士	工商管理	0	45
华中科技大学	湖 北	博士	会计学	0	0
华中科技大学	湖 北	博士	企业管理（含：财务管理、市场营销）	30	0
华中科技大学	湖 北	博士	技术经济及管理	5	0
华中科技大学	湖 北	博士	行政管理	7	33
华中科技大学	湖 北	博士	社会医学与卫生事业管理	44	22
华中科技大学	湖 北	博士	教育经济与管理	9	8

续表

单位	所在省市	学位	专业	毕业生数	招生数
华中科技大学	湖 北	博士	社会保障	0	9
华中科技大学	湖 北	博士	土地资源管理	1	4
华中科技大学	湖 北	博士	公共管理新专业	0	9
中国地质大学	湖 北	博士	管理科学与工程	5	12
中国地质大学	湖 北	博士	土地资源管理	0	4
武汉理工大学	湖 北	博士	产业经济学	7	21
武汉理工大学	湖 北	博士	管理科学与工程	37	15
武汉理工大学	湖 北	博士	管理科学与工程新专业	1	0
武汉理工大学	湖 北	博士	企业管理（含：财务管理、市场营销）	0	6
武汉理工大学	湖 北	博士	技术经济及管理	3	10
华中农业大学	湖 北	博士	农业经济管理	29	27
华中农业大学	湖 北	博士	林业经济管理	1	0
华中农业大学	湖 北	博士	农林经济管理新专业	8	6
华中农业大学	湖 北	博士	土地资源管理	3	12
华中师范大学	湖 北	博士	理论经济学新专业	0	0
华中师范大学	湖 北	博士	行政管理	6	11
华中师范大学	湖 北	博士	公共管理新专业	6	0
华中师范大学	湖 北	博士	情报学	2	8
湖北大学	湖 北	博士	世界经济	0	3
中南财经政法大学	湖 北	博士	政治经济学	6	6
中南财经政法大学	湖 北	博士	经济思想史	7	4
中南财经政法大学	湖 北	博士	经济史	4	4
中南财经政法大学	湖 北	博士	西方经济学	1	5
中南财经政法大学	湖 北	博士	世界经济	5	5
中南财经政法大学	湖 北	博士	人口、资源与环境经济学	4	4
中南财经政法大学	湖 北	博士	理论经济学新专业	1	0
中南财经政法大学	湖 北	博士	国民经济学	8	3
中南财经政法大学	湖 北	博士	区域经济学	5	3

续表

单位	所在省市	学位	专业	毕业生数	招生数
中南财经政法大学	湖 北	博士	财政学（含：税收学）	15	14
中南财经政法大学	湖 北	博士	金融学（含：保险学）	18	14
中南财经政法大学	湖 北	博士	产业经济学	17	10
中南财经政法大学	湖 北	博士	国际贸易学	1	9
中南财经政法大学	湖 北	博士	劳动经济学	5	5
中南财经政法大学	湖 北	博士	统计学	6	4
中南财经政法大学	湖 北	博士	数量经济学	0	3
中南财经政法大学	湖 北	博士	应用经济学新专业	2	10
中南财经政法大学	湖 北	博士	会计学	13	10
中南财经政法大学	湖 北	博士	企业管理（含：财务管理、市场营销）	7	12
中南财经政法大学	湖 北	博士	旅游管理	3	3
中南财经政法大学	湖 北	博士	工商管理新专业	6	13
中南财经政法大学	湖 北	博士	社会保障	2	7
中南财经政法大学	湖 北	博士	应用经济学新专业	2	10
湘潭大学	湖 南	博士	政治经济学	2	6
湘潭大学	湖 南	博士	行政管理	1	6
湖南大学	湖 南	博士	政治经济学	2	6
湖南大学	湖 南	博士	应用经济学	0	41
湖南大学	湖 南	博士	区域经济学	1	0
湖南大学	湖 南	博士	金融学（含：保险学）	8	0
湖南大学	湖 南	博士	产业经济学	3	0
湖南大学	湖 南	博士	国际贸易学	14	0
湖南大学	湖 南	博士	管理科学与工程	15	13
湖南大学	湖 南	博士	工商管理	0	11
湖南大学	湖 南	博士	会计学	4	0
湖南大学	湖 南	博士	企业管理	5	0
中南大学	湖 南	博士	管理科学与工程	68	56
中南大学	湖 南	博士	管理科学与工程新专业	1	0

续表

单位	所在省市	学位	专业	毕业生数	招生数
中南大学	湖 南	博士	工商管理	0	46
中南大学	湖 南	博士	会计学	2	0
中南大学	湖 南	博士	企业管理（含：财务管理、市场营销）	2	0
中南大学	湖 南	博士	技术经济及管理	3	0
中南大学	湖 南	博士	社会医学与卫生事业管理	8	18
湖南农业大学	湖 南	博士	农业经济管理	8	24
中山大学	广 东	博士	西方经济学	8	7
中山大学	广 东	博士	世界经济	11	6
中山大学	广 东	博士	财政学（含：税收学）	0	3
中山大学	广 东	博士	金融学（含：保险学）	23	21
中山大学	广 东	博士	管理科学与工程	6	14
中山大学	广 东	博士	会计学	3	9
中山大学	广 东	博士	企业管理（含：财务管理、市场营销）	39	21
中山大学	广 东	博士	旅游管理	0	6
中山大学	广 东	博士	技术经济及管理	3	1
中山大学	广 东	博士	工商管理新专业	5	7
中山大学	广 东	博士	行政管理	15	13
中山大学	广 东	博士	社会医学与卫生事业管理	0	1
中山大学	广 东	博士	教育经济与管理	0	8
中山大学	广 东	博士	社会保障	0	1
中山大学	广 东	博士	公共管理新专业	0	2
中山大学	广 东	博士	图书馆学	0	6
暨南大学	广 东	博士	政治经济学	0	1
暨南大学	广 东	博士	国民经济学	4	8
暨南大学	广 东	博士	区域经济学	5	3
暨南大学	广 东	博士	财政学（含：税收学）	2	3
暨南大学	广 东	博士	金融学（含：保险学）	18	11
暨南大学	广 东	博士	产业经济学	11	9

续表

单位	所在省市	学位	专业	毕业生数	招生数
暨南大学	广东	博士	国际贸易学	4	4
暨南大学	广东	博士	劳动经济学	1	1
暨南大学	广东	博士	统计学	2	2
暨南大学	广东	博士	数量经济学	1	2
暨南大学	广东	博士	应用经济学新专业	1	1
暨南大学	广东	博士	管理科学与工程	0	6
暨南大学	广东	博士	管理科学与工程新专业	0	0
暨南大学	广东	博士	会计学	17	3
暨南大学	广东	博士	企业管理（含：财务管理、市场营销）	26	13
暨南大学	广东	博士	旅游管理	2	4
暨南大学	广东	博士	技术经济及管理	3	2
暨南大学	广东	博士	工商管理新专业	6	4
华南理工大学	广东	博士	管理科学与工程	24	0
华南理工大学	广东	博士	管理科学与工程新专业	0	20
华南理工大学	广东	博士	企业管理（含：财务管理、市场营销）	7	21
华南农业大学	广东	博士	农业经济管理	9	11
华南农业大学	广东	博士	林业经济管理	0	3
华南农业大学	广东	博士	农林经济管理新专业	0	10
华南师范大学	广东	博士	政治经济学	2	5
华南师范大学	广东	博士	劳动经济学	0	3
华南师范大学	广东	博士	教育经济与管理	0	2
深圳大学	广东	博士	政治经济学	0	5
广东工业大学	广东	博士	管理科学与工程	0	6
四川大学	四川	博士	政治经济学	88	13
四川大学	四川	博士	经济思想史	0	5
四川大学	四川	博士	经济史	0	1
四川大学	四川	博士	西方经济学	0	7
四川大学	四川	博士	世界经济	24	19

续表

单位	所在省市	学位	专业	毕业生数	招生数
四川大学	四 川	博士	人口、资源与环境经济学	0	3
四川大学	四 川	博士	理论经济学新专业	0	18
四川大学	四 川	博士	国民经济学	0	0
四川大学	四 川	博士	管理科学与工程	7	19
四川大学	四 川	博士	管理科学与工程新专业	0	0
四川大学	四 川	博士	会计学	0	3
四川大学	四 川	博士	企业管理（含：财务管理、市场营销）	21	19
四川大学	四 川	博士	旅游管理	0	7
四川大学	四 川	博士	技术经济及管理	0	7
四川大学	四 川	博士	工商管理新专业	0	7
四川大学	四 川	博士	社会医学与卫生事业管理	3	2
西南交通大学	四 川	博士	管理科学与工程	25	28
西南交通大学	四 川	博士	管理科学与工程新专业	4	16
西南交通大学	四 川	博士	企业管理	7	13
电子科技大学	四 川	博士	管理科学与工程	26	9
电子科技大学	四 川	博士	管理科学与工程新专业	0	16
电子科技大学	四 川	博士	企业管理（含：财务管理、市场营销）	5	13
四川农业大学	四 川	博士	农业经济管理	0	11
西南财经大学	四 川	博士	政治经济学	17	15
西南财经大学	四 川	博士	西方经济学	0	7
西南财经大学	四 川	博士	世界经济	2	1
西南财经大学	四 川	博士	人口、资源与环境经济学	2	1
西南财经大学	四 川	博士	理论经济学新专业	0	0
西南财经大学	四 川	博士	国民经济学	0	1
西南财经大学	四 川	博士	区域经济学	8	3
西南财经大学	四 川	博士	财政学（含：税收学）	2	3
西南财经大学	四 川	博士	金融学（含：保险学）	24	43
西南财经大学	四 川	博士	产业经济学	13	10

续表

单位	所在省市	学位	专业	毕业生数	招生数
西南财经大学	四 川	博士	国际贸易学	6	4
西南财经大学	四 川	博士	劳动经济学	1	4
西南财经大学	四 川	博士	统计学	4	3
西南财经大学	四 川	博士	数量经济学	2	2
西南财经大学	四 川	博士	国防经济	0	2
西南财经大学	四 川	博士	应用经济学新专业	22	30
西南财经大学	四 川	博士	会计学	28	6
西南财经大学	四 川	博士	企业管理（含：财务管理、市场营销）	13	10
西南财经大学	四 川	博士	旅游管理	0	1
西南财经大学	四 川	博士	技术经济及管理	0	0
西南财经大学	四 川	博士	工商管理新专业	11	40
重庆大学	重 庆	博士	数量经济学	1	14
重庆大学	重 庆	博士	管理科学与工程	24	28
重庆大学	重 庆	博士	工商管理	0	1
重庆大学	重 庆	博士	会计学	2	5
重庆大学	重 庆	博士	企业管理（含：财务管理、市场营销）	2	11
重庆大学	重 庆	博士	旅游管理	1	1
重庆大学	重 庆	博士	技术经济及管理	25	33
西南大学	重 庆	博士	农业经济管理	8	7
西南大学	重 庆	博士	林业经济管理	0	0
西南大学	重 庆	博士	农林经济管理新专业	0	11
云南大学	云 南	博士	政治经济学	9	14
云南大学	云 南	博士	人口、资源与环境经济学	0	3
云南大学	云 南	博士	旅游管理	3	5
云南大学	云 南	博士	行政管理	0	3
云南大学	云 南	博士	档案学	0	1
昆明理工大学	云 南	博士	管理科学与工程	2	17
昆明理工大学	云 南	博士	管理科学与工程新增专业	0	2

续表

单位	所在省市	学位	专业	毕业生数	招生数
西北大学	陕 西	博士	政治经济学	4	6
西北大学	陕 西	博士	经济思想史	2	1
西北大学	陕 西	博士	经济史	1	0
西北大学	陕 西	博士	西方经济学	7	7
西北大学	陕 西	博士	世界经济	4	2
西北大学	陕 西	博士	人口、资源与环境经济学	4	4
西北大学	陕 西	博士	理论经济学新专业	4	8
西北大学	陕 西	博士	国民经济学	3	2
西北大学	陕 西	博士	企业管理（含：财务管理、市场营销）	0	9
西北大学	陕 西	博士	旅游管理	0	2
西安交通大学	陕 西	博士	应用经济学	0	53
西安交通大学	陕 西	博士	区域经济学	6	0
西安交通大学	陕 西	博士	财政学（含：税收学）	0	0
西安交通大学	陕 西	博士	金融学（含：保险学）	36	0
西安交通大学	陕 西	博士	产业经济学	42	0
西安交通大学	陕 西	博士	国际贸易学	21	0
西安交通大学	陕 西	博士	统计学	2	0
西安交通大学	陕 西	博士	数量经济学	13	0
西安交通大学	陕 西	博士	管理科学与工程	49	29
西安交通大学	陕 西	博士	工商管理	0	48
西安交通大学	陕 西	博士	会计学	22	0
西安交通大学	陕 西	博士	企业管理	44	0
西安交通大学	陕 西	博士	技术经济及管理	0	0
西北工业大学	陕 西	博士	管理科学与工程	20	20
西安理工大学	陕 西	博士	管理科学与工程	6	11
西安理工大学	陕 西	博士	企业管理（含：财务管理、市场营销）	0	6
西安建筑科技大学	陕 西	博士	管理科学与工程	0	0
西安建筑科技大学	陕 西	博士	管理科学与工程新专业	0	21

续表

单位	所在省市	学位	专业	毕业生数	招生数
西北农林科技大学	陕西	博士	农业经济管理	28	22
西北农林科技大学	陕西	博士	林业经济管理	0	1
西北农林科技大学	陕西	博士	农林经济管理新专业	5	27
西北农林科技大学	陕西	博士	土地资源管理	0	0
陕西师范大学	陕西	博士	人口、资源与环境经济学	0	4
陕西师范大学	陕西	博士	国民经济学	0	4
陕西师范大学	陕西	博士	旅游管理	5	7
兰州大学	甘肃	博士	区域经济学	12	16
兰州大学	甘肃	博士	行政管理	0	14
新疆大学	新疆	博士	人口、资源与环境经济学	11	10
新疆农业大学	新疆	博士	农业经济管理	9	9
新疆农业大学	新疆	博士	林业经济管理	0	1
石河子大学	新疆	博士	农业经济管理	6	13
中共中央党校	北京	博士	政治经济学	17	19
中科院数学与系统科学研究院	北京	博士	管理科学与工程	12	11
中科院数学与系统科学研究院	北京	博士	管理科学与工程新专业	0	0
中国科学院地理科学与资源研究所	北京	博士	农业经济管理	5	4
中科院文献情报中心	北京	博士	图书馆学	7	5
中科院文献情报中心	北京	博士	情报学	6	10
科技政策与管理科学研究所	北京	博士	管理科学与工程	17	22
中科院研究生院	北京	博士	管理科学与工程	20	36
中科院研究生院	北京	博士	管理科学与工程新专业	0	19
中国社会科学院研究生院	北京	博士	政治经济学	3	0
中国社会科学院研究生院	北京	博士	经济思想史	0	2
中国社会科学院研究生院	北京	博士	经济史	1	0
中国社会科学院研究生院	北京	博士	西方经济学	4	8
中国社会科学院研究生院	北京	博士	世界经济	18	15
中国社会科学院研究生院	北京	博士	人口、资源与环境经济学	1	3

续表

单位	所在省市	学位	专业	毕业生数	招生数
中国社会科学院研究生院	北 京	博士	国民经济学	21	31
中国社会科学院研究生院	北 京	博士	区域经济学	2	4
中国社会科学院研究生院	北 京	博士	财政学（含：税收学）	2	4
中国社会科学院研究生院	北 京	博士	金融学（含：保险学）	15	16
中国社会科学院研究生院	北 京	博士	产业经济学	5	9
中国社会科学院研究生院	北 京	博士	国际贸易学	5	4
中国社会科学院研究生院	北 京	博士	劳动经济学	2	3
中国社会科学院研究生院	北 京	博士	数量经济学	4	6
中国社会科学院研究生院	北 京	博士	会计学	3	2
中国社会科学院研究生院	北 京	博士	企业管理（含：财务管理、市场营销）	6	6
中国社会科学院研究生院	北 京	博士	旅游管理	2	2
中国社会科学院研究生院	北 京	博士	技术经济及管理	2	3
中国社会科学院研究生院	北 京	博士	农业经济管理	7	9
中国社会科学院研究生院	北 京	博士	林业经济管理	0	1
财政部财政科学研究所	北 京	博士	财政学（含：税收学）	33	42
财政部财政科学研究所	北 京	博士	会计学	8	20
中国人民银行研究生部	北 京	博士	金融学（含：保险学）	10	15
中国农业科学院研究生院	北 京	博士	农业经济管理	23	12
中国农业科学院研究生院	北 京	博士	农林经济管理新专业	7	14
上海社会科学院研究生部	上 海	博士	政治经济学	11	8
上海社会科学院研究生部	上 海	博士	经济思想史	0	0
上海社会科学院研究生部	上 海	博士	经济史	0	1
上海社会科学院研究生部	上 海	博士	西方经济学	0	3
上海社会科学院研究生部	上 海	博士	世界经济	15	10
上海社会科学院研究生部	上 海	博士	人口、资源与环境经济学	0	2
上海社会科学院研究生部	上 海	博士	产业经济学	12	11

2009年全国经济学和管理学硕士（含部分专业硕士）研究生毕业与招生人数

单位	所在省市	学位	专业	毕业生数	招生数
北京大学	北 京	硕士	理论经济学	1	10
北京大学	北 京	硕士	政治经济学	16	14
北京大学	北 京	硕士	经济思想史	8	6
北京大学	北 京	硕士	经济史	2	0
北京大学	北 京	硕士	西方经济学	111	129
北京大学	北 京	硕士	世界经济	13	11
北京大学	北 京	硕士	人口、资源与环境经济学	12	9
北京大学	北 京	硕士	国民经济学	6	9
北京大学	北 京	硕士	区域经济学	11	8
北京大学	北 京	硕士	财政学（含：税收学）	8	12
北京大学	北 京	硕士	金融学（含：保险学）	135	162
北京大学	北 京	硕士	产业经济学	1	4
北京大学	北 京	硕士	统计学	6	4
北京大学	北 京	硕士	管理科学与工程	20	9
北京大学	北 京	硕士	会计学	12	9
北京大学	北 京	硕士	企业管理	45	74
北京大学	北 京	硕士	公共管理	14	11
北京大学	北 京	硕士	行政管理	55	25
北京大学	北 京	硕士	社会医学与卫生事业管理	16	11
北京大学	北 京	硕士	教育经济与管理	18	14
北京大学	北 京	硕士	社会保障	7	5
北京大学	北 京	硕士	图书馆、情报与档案管理	5	2

续表

单位	所在省市	学位	专业	毕业生数	招生数
北京大学	北 京	硕士	图书馆学	10	9
北京大学	北 京	硕士	情报学	25	25
北京大学	北 京	专业硕士	工商管理专业学位	293	333
中国人民大学	北 京	硕士	政治经济学	28	25
中国人民大学	北 京	硕士	经济思想史	6	4
中国人民大学	北 京	硕士	经济史	4	4
中国人民大学	北 京	硕士	西方经济学	45	34
中国人民大学	北 京	硕士	世界经济	28	42
中国人民大学	北 京	硕士	人口、资源与环境经济学	29	33
中国人民大学	北 京	硕士	理论经济学新专业	17	17
中国人民大学	北 京	硕士	国民经济学	38	42
中国人民大学	北 京	硕士	区域经济学	26	18
中国人民大学	北 京	硕士	财政学（含：税收学）	15	40
中国人民大学	北 京	硕士	金融学（含：保险学）	139	202
中国人民大学	北 京	硕士	产业经济学	9	11
中国人民大学	北 京	硕士	国际贸易学	39	37
中国人民大学	北 京	硕士	劳动经济学	36	27
中国人民大学	北 京	硕士	统计学	44	40
中国人民大学	北 京	硕士	数量经济学	14	24
中国人民大学	北 京	硕士	国防经济	7	6
中国人民大学	北 京	硕士	保险学	101	107
中国人民大学	北 京	硕士	工商管理新专业	67	68
中国人民大学	北 京	硕士	工商管理	60	56
中国人民大学	北 京	硕士	农业经济管理	38	27
中国人民大学	北 京	硕士	林业经济管理	2	2
中国人民大学	北 京	硕士	农林经济管理新专业	15	14
中国人民大学	北 京	硕士	行政管理	71	92
中国人民大学	北 京	硕士	社会医学与卫生事业管理	3	7

续表

单位	所在省市	学位	专业	毕业生数	招生数
中国人民大学	北 京	硕士	教育经济与管理	5	5
中国人民大学	北 京	硕士	社会保障	82	47
中国人民大学	北 京	硕士	土地资源管理	14	13
中国人民大学	北 京	硕士	公共管理新专业	42	75
中国人民大学	北 京	硕士	图书馆学	0	0
中国人民大学	北 京	硕士	情报学	17	21
中国人民大学	北 京	硕士	档案学	29	42
中国人民大学	北 京	专业硕士	工商管理专业学位	291	336
中国人民大学	北 京	专业硕士	公共管理专业学位	0	23
中国人民大学	北 京	专业硕士	会计专业学位	0	57
清华大学	北 京	硕士	理论经济学	20	15
清华大学	北 京	硕士	应用经济学	41	36
清华大学	北 京	硕士	管理科学与工程	92	72
清华大学	北 京	硕士	工商管理	59	57
清华大学	北 京	硕士	公共管理	31	42
清华大学	北 京	专业硕士	工商管理专业学位	327	370
清华大学	北 京	专业硕士	会计专业学位	0	29
北京交通大学	北 京	硕士	国民经济学	0	14
北京交通大学	北 京	硕士	区域经济学	12	0
北京交通大学	北 京	硕士	财政学（含：税收学）	0	14
北京交通大学	北 京	硕士	金融学（含：保险学）	11	18
北京交通大学	北 京	硕士	产业经济学	15	27
北京交通大学	北 京	硕士	国际贸易学	0	14
北京交通大学	北 京	硕士	劳动经济学	13	12
北京交通大学	北 京	硕士	统计学	5	5
北京交通大学	北 京	硕士	管理科学与工程新专业	125	134
北京交通大学	北 京	硕士	会计学	38	55
北京交通大学	北 京	硕士	企业管理（含：财务管理、市场营销）	37	42

续表

单位	所在省市	学位	专业	毕业生数	招生数
北京交通大学	北 京	硕士	旅游管理	6	7
北京交通大学	北 京	硕士	技术经济及管理	11	12
北京交通大学	北 京	硕士	社会保障	16	35
北京交通大学	北 京	硕士	土地资源管理	5	2
北京交通大学	北 京	专业硕士	工商管理专业学位	276	258
北京交通大学	北 京	专业硕士	会计专业学位	0	28
北京工业大学	北 京	硕士	人口、资源与环境经济学	0	8
北京工业大学	北 京	硕士	应用经济学	0	44
北京工业大学	北 京	硕士	国际贸易学	37	0
北京工业大学	北 京	硕士	数量经济学	14	0
北京工业大学	北 京	硕士	管理科学与工程	47	39
北京工业大学	北 京	硕士	企业管理（含：财务管理、市场营销）	33	16
北京工业大学	北 京	硕士	工商管理新专业	0	0
北京工业大学	北 京	专业硕士	工商管理专业学位	0	60
北京航空航天大学	北 京	硕士	国民经济学	7	3
北京航空航天大学	北 京	硕士	金融学（含：保险学）	17	18
北京航空航天大学	北 京	硕士	国际贸易学	25	11
北京航空航天大学	北 京	硕士	统计学	1	0
北京航空航天大学	北 京	硕士	数量经济学	2	1
北京航空航天大学	北 京	硕士	国防经济	0	3
北京航空航天大学	北 京	硕士	管理科学与工程	60	35
北京航空航天大学	北 京	硕士	管理科学与工程新专业	8	6
北京航空航天大学	北 京	硕士	工商管理	0	0
北京航空航天大学	北 京	硕士	会计学	7	7
北京航空航天大学	北 京	硕士	企业管理（含：财务管理、市场营销）	35	20
北京航空航天大学	北 京	硕士	技术经济及管理	7	2
北京航空航天大学	北 京	硕士	行政管理	39	47
北京航空航天大学	北 京	硕士	教育经济与管理	5	8

续表

单位	所在省市	学位	专业	毕业生数	招生数
北京航空航天大学	北 京	硕士	社会保障	0	0
北京航空航天大学	北 京	硕士	情报学	4	1
北京航空航天大学	北 京	专业硕士	工商管理专业学位	90	149
北京理工大学	北 京	硕士	政治经济学	12	15
北京理工大学	北 京	硕士	国民经济学	5	0
北京理工大学	北 京	硕士	金融学（含：保险学）	0	16
北京理工大学	北 京	硕士	产业经济学	6	13
北京理工大学	北 京	硕士	国际贸易学	22	15
北京理工大学	北 京	硕士	国防经济	6	8
北京理工大学	北 京	硕士	管理科学与工程	52	60
北京理工大学	北 京	硕士	管理科学与工程新专业	7	0
北京理工大学	北 京	硕士	会计学	17	21
北京理工大学	北 京	硕士	企业管理（含：财务管理、市场营销）	35	40
北京理工大学	北 京	硕士	旅游管理	0	3
北京理工大学	北 京	硕士	技术经济及管理	20	21
北京理工大学	北 京	硕士	工商管理新专业	114	232
北京理工大学	北 京	硕士	行政管理	8	6
北京理工大学	北 京	硕士	教育经济与管理	3	4
北京理工大学	北 京	硕士	情报学	4	9
北京科技大学	北 京	硕士	产业经济学	8	10
北京科技大学	北 京	硕士	国际贸易学	24	19
北京科技大学	北 京	硕士	管理科学与工程	32	45
北京科技大学	北 京	硕士	管理科学与工程新专业	40	55
北京科技大学	北 京	硕士	会计学	25	27
北京科技大学	北 京	硕士	企业管理（含：财务管理、市场营销）	24	26
北京科技大学	北 京	硕士	技术经济及管理	10	13
北京科技大学	北 京	硕士	工商管理新专业	151	183
北京科技大学	北 京	硕士	行政管理	46	31

续表

单位	所在省市	学位	专业	毕业生数	招生数
北京科技大学	北 京	硕士	教育经济与管理	32	11
北方工业大学	北 京	硕士	数量经济学	22	23
北方工业大学	北 京	硕士	会计学	0	20
北方工业大学	北 京	硕士	企业管理（含：财务管理、市场营销）	25	20
北京化工大学	北 京	硕士	管理科学与工程	38	36
北京化工大学	北 京	硕士	工商管理	0	0
北京化工大学	北 京	硕士	企业管理（含：财务管理、市场营销）	50	38
北京化工大学	北 京	硕士	技术经济及管理	21	20
北京工商大学	北 京	硕士	政治经济学	4	5
北京工商大学	北 京	硕士	西方经济学	3	8
北京工商大学	北 京	硕士	国民经济学	0	0
北京工商大学	北 京	硕士	区域经济学	0	2
北京工商大学	北 京	硕士	财政学（含：税收学）	8	9
北京工商大学	北 京	硕士	金融学（含：保险学）	14	30
北京工商大学	北 京	硕士	产业经济学	58	32
北京工商大学	北 京	硕士	国际贸易学	11	16
北京工商大学	北 京	硕士	劳动经济学	0	3
北京工商大学	北 京	硕士	统计学	5	5
北京工商大学	北 京	硕士	数量经济学	0	7
北京工商大学	北 京	硕士	管理科学与工程	41	17
北京工商大学	北 京	硕士	会计学	54	50
北京工商大学	北 京	硕士	企业管理（含：财务管理、市场营销）	35	51
北京工商大学	北 京	硕士	旅游管理	7	7
北京工商大学	北 京	硕士	技术经济及管理	0	10
北京工商大学	北 京	专业硕士	工商管理专业学位	0	50
北京邮电大学	北 京	硕士	政治经济学	0	0
北京邮电大学	北 京	硕士	产业经济学	26	23
北京邮电大学	北 京	硕士	国际贸易学	9	7

续表

单位	所在省市	学位	专业	毕业生数	招生数
北京邮电大学	北 京	硕士	管理科学与工程	41	56
北京邮电大学	北 京	硕士	管理科学与工程新专业	16	30
北京邮电大学	北 京	硕士	企业管理（含：财务管理、市场营销）	35	51
北京邮电大学	北 京	硕士	技术经济及管理	3	9
北京邮电大学	北 京	硕士	行政管理	24	30
北京邮电大学	北 京	专业硕士	工商管理专业学位	117	142
北京印刷学院	北 京	硕士	企业管理（含：财务管理、市场营销）	0	5
北京建筑工程学院	北 京	硕士	管理科学与工程	15	7
北京建筑工程学院	北 京	硕士	技术经济及管理	0	1
中国农业大学	北 京	硕士	区域经济学	11	11
中国农业大学	北 京	硕士	金融学	21	16
中国农业大学	北 京	硕士	产业经济学	5	2
中国农业大学	北 京	硕士	国际贸易学	20	9
中国农业大学	北 京	硕士	数量经济学	0	0
中国农业大学	北 京	硕士	管理科学与工程	12	12
中国农业大学	北 京	硕士	管理科学与工程新专业	11	16
中国农业大学	北 京	硕士	工商管理	70	89
中国农业大学	北 京	硕士	企业管理	10	15
中国农业大学	北 京	硕士	农业经济管理	23	19
中国农业大学	北 京	硕士	教育经济与管理	0	3
中国农业大学	北 京	硕士	社会保障	3	6
中国农业大学	北 京	硕士	土地资源管理	16	23
中国农业大学	北 京	硕士	情报学	3	6
北京农学院	北 京	硕士	农业经济管理	0	14
北京林业大学	北 京	硕士	人口、资源与环境经济学	0	4
北京林业大学	北 京	硕士	金融学	1	0
北京林业大学	北 京	硕士	金融学	12	15
北京林业大学	北 京	硕士	统计学	11	8

续表

单位	所在省市	学位	专业	毕业生数	招生数
北京林业大学	北 京	硕士	管理科学与工程	22	11
北京林业大学	北 京	硕士	管理科学与工程新专业	0	13
北京林业大学	北 京	硕士	会计学	14	10
北京林业大学	北 京	硕士	企业管理	5	6
北京林业大学	北 京	硕士	旅游管理	7	10
北京林业大学	北 京	硕士	农业经济管理	0	3
北京林业大学	北 京	硕士	林业经济管理	17	12
北京林业大学	北 京	硕士	行政管理	3	29
北京协和医学院	北 京	硕士	社会医学与卫生事业管理	9	18
北京协和医学院	北 京	硕士	情报学	2	6
首都医科大学	北 京	硕士	社会医学与卫生事业管理	9	12
北京中医药大学	北 京	硕士	管理学	30	35
北京师范大学	北 京	硕士	政治经济学	21	16
北京师范大学	北 京	硕士	经济思想史	6	3
北京师范大学	北 京	硕士	西方经济学	6	6
北京师范大学	北 京	硕士	世界经济	4	3
北京师范大学	北 京	硕士	人口、资源与环境经济学	3	3
北京师范大学	北 京	硕士	区域经济学	7	7
北京师范大学	北 京	硕士	金融学（含：保险学）	36	13
北京师范大学	北 京	硕士	国际贸易学	7	4
北京师范大学	北 京	硕士	劳动经济学	3	5
北京师范大学	北 京	硕士	管理科学与工程	2	5
北京师范大学	北 京	硕士	会计学	11	6
北京师范大学	北 京	硕士	企业管理（含：财务管理、市场营销）	37	53
北京师范大学	北 京	硕士	行政管理	32	27
北京师范大学	北 京	硕士	社会医学与卫生事业管理	0	2
北京师范大学	北 京	硕士	教育经济与管理	69	75
北京师范大学	北 京	硕士	社会保障	19	9

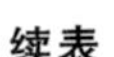

续表

单位	所在省市	学位	专业	毕业生数	招生数
北京师范大学	北 京	硕士	土地资源管理	20	13
北京师范大学	北 京	硕士	公共管理新专业	0	26
北京师范大学	北 京	硕士	图书馆学	4	6
北京师范大学	北 京	硕士	情报学	15	11
北京师范大学	北 京	专业硕士	工商管理专业学位	0	177
首都师范大学	北 京	硕士	旅游管理	0	8
首都师范大学	北 京	硕士	教育经济与管理	11	16
北京第二外国语学院	北 京	硕士	国际贸易学	34	35
北京第二外国语学院	北 京	硕士	企业管理（含：财务管理、市场营销）	11	11
北京第二外国语学院	北 京	硕士	旅游管理	69	71
中国传媒大学	北 京	硕士	产业经济学	5	0
中国传媒大学	北 京	硕士	管理科学与工程	8	16
中国传媒大学	北 京	硕士	企业管理（含：财务管理、市场营销）	11	8
中国传媒大学	北 京	硕士	行政管理	6	11
中央财经大学	北 京	硕士	政治经济学	13	14
中央财经大学	北 京	硕士	经济史	9	5
中央财经大学	北 京	硕士	西方经济学	10	9
中央财经大学	北 京	硕士	世界经济	6	14
中央财经大学	北 京	硕士	国民经济学	19	24
中央财经大学	北 京	硕士	区域经济学	16	16
中央财经大学	北 京	硕士	财政学（含：税收学）	91	115
中央财经大学	北 京	硕士	金融学（含：保险学）	126	139
中央财经大学	北 京	硕士	产业经济学	47	62
中央财经大学	北 京	硕士	国际贸易学	17	27
中央财经大学	北 京	硕士	劳动经济学	3	22
中央财经大学	北 京	硕士	统计学	12	18
中央财经大学	北 京	硕士	数量经济学	4	7
中央财经大学	北 京	硕士	国防经济	5	5

续表

单位	所在省市	学位	专业	毕业生数	招生数
中央财经大学	北京	硕士	应用经济学新专业	116	123
中央财经大学	北京	硕士	会计学	94	115
中央财经大学	北京	硕士	企业管理（含：财务管理、市场营销）	23	34
中央财经大学	北京	硕士	旅游管理	5	7
中央财经大学	北京	硕士	技术经济及管理	15	15
中央财经大学	北京	硕士	行政管理	12	20
中央财经大学	北京	硕士	社会保障	4	4
中央财经大学	北京	专业硕士	工商管理专业学位	146	200
中央财经大学	北京	专业硕士	会计专业学位	0	118
对外经济贸易大学	北京	硕士	世界经济	14	12
对外经济贸易大学	北京	硕士	国民经济学	7	6
对外经济贸易大学	北京	硕士	区域经济学	0	6
对外经济贸易大学	北京	硕士	财政学（含：税收学）	2	8
对外经济贸易大学	北京	硕士	金融学（含：保险学）	253	316
对外经济贸易大学	北京	硕士	产业经济学	33	50
对外经济贸易大学	北京	硕士	国际贸易学	170	139
对外经济贸易大学	北京	硕士	数量经济学	6	14
对外经济贸易大学	北京	硕士	会计学	85	61
对外经济贸易大学	北京	硕士	企业管理（含：财务管理、市场营销）	37	24
对外经济贸易大学	北京	硕士	技术经济及管理	3	0
对外经济贸易大学	北京	硕士	行政管理	39	38
对外经济贸易大学	北京	专业硕士	工商管理专业学位	134	261
北京物资学院	北京	硕士	产业经济学	30	57
北京物资学院	北京	硕士	劳动经济学	13	11
北京物资学院	北京	硕士	管理科学与工程	41	32
北京物资学院	北京	硕士	企业管理（含：财务管理、市场营销）	32	72
首都经济贸易大学	北京	硕士	政治经济学	11	8
首都经济贸易大学	北京	硕士	西方经济学	15	9

续表

单位	所在省市	学位	专业	毕业生数	招生数
首都经济贸易大学	北 京	硕士	人口、资源与环境经济学	5	2
首都经济贸易大学	北 京	硕士	国民经济学	0	9
首都经济贸易大学	北 京	硕士	区域经济学	14	16
首都经济贸易大学	北 京	硕士	财政学（含：税收学）	17	21
首都经济贸易大学	北 京	硕士	金融学（含：保险学）	40	61
首都经济贸易大学	北 京	硕士	产业经济学	40	36
首都经济贸易大学	北 京	硕士	国际贸易学	25	22
首都经济贸易大学	北 京	硕士	劳动经济学	28	33
首都经济贸易大学	北 京	硕士	统计学	17	20
首都经济贸易大学	北 京	硕士	数量经济学	14	16
首都经济贸易大学	北 京	硕士	管理科学与工程	8	22
首都经济贸易大学	北 京	硕士	管理科学与工程新专业	0	5
首都经济贸易大学	北 京	硕士	会计学	68	67
首都经济贸易大学	北 京	硕士	企业管理（含：财务管理、市场营销）	53	49
首都经济贸易大学	北 京	硕士	旅游管理	0	5
首都经济贸易大学	北 京	硕士	技术经济及管理	1	6
首都经济贸易大学	北 京	硕士	行政管理	14	26
首都经济贸易大学	北 京	硕士	社会保障	12	30
首都经济贸易大学	北 京	专业硕士	工商管理专业学位	142	166
外交学院	北 京	硕士	世界经济	20	18
中国人民公安大学	北 京	硕士	行政管理	66	109
国际关系学院	北 京	硕士	世界经济	17	18
北京体育大学	北 京	硕士	行政管理	0	4
中央民族大学	北 京	硕士	政治经济学	14	18
中央民族大学	北 京	硕士	人口、资源与环境经济学	0	17
中央民族大学	北 京	硕士	区域经济学	13	20
中央民族大学	北 京	硕士	企业管理（含：财务管理、市场营销）	17	16
中央民族大学	北 京	硕士	技术经济及管理	1	8

续表

单位	所在省市	学位	专业	毕业生数	招生数
中央民族大学	北 京	硕士	行政管理	33	33
中国政法大学	北 京	硕士	政治经济学	15	9
中国政法大学	北 京	硕士	经济史	0	4
中国政法大学	北 京	硕士	世界经济	0	8
中国政法大学	北 京	硕士	产业经济学	0	4
中国政法大学	北 京	硕士	会计学	0	4
中国政法大学	北 京	硕士	企业管理（含：财务管理、市场营销）	12	10
中国政法大学	北 京	硕士	行政管理	18	36
华北电力大学	北 京	硕士	区域经济学	0	0
华北电力大学	北 京	硕士	产业经济学	1	9
华北电力大学	北 京	硕士	数量经济学	10	6
华北电力大学	北 京	硕士	管理科学与工程	25	31
华北电力大学	北 京	硕士	工商管理	1	5
华北电力大学	北 京	硕士	会计学	43	40
华北电力大学	北 京	硕士	企业管理（含：财务管理、市场营销）	32	35
华北电力大学	北 京	硕士	技术经济及管理	67	67
华北电力大学	北 京	硕士	工商管理新专业	69	85
华北电力大学	北 京	硕士	行政管理	0	18
北京信息科技大学	北 京	硕士	国民经济学	9	8
北京信息科技大学	北 京	硕士	数量经济学	0	7
北京信息科技大学	北 京	硕士	管理科学与工程	12	19
北京信息科技大学	北 京	硕士	企业管理（含：财务管理、市场营销）	11	13
北京信息科技大学	北 京	硕士	技术经济及管理	13	8
中国矿业大学（北京）	北 京	硕士	产业经济学	5	2
中国矿业大学（北京）	北 京	硕士	数量经济学	1	0
中国矿业大学（北京）	北 京	硕士	管理科学与工程	22	27
中国矿业大学（北京）	北 京	硕士	管理科学与工程新专业	30	38
中国矿业大学（北京）	北 京	硕士	工商管理	68	57

续表

单位	所在省市	学位	专业	毕业生数	招生数
中国矿业大学（北京）	北 京	硕士	会计学	18	17
中国矿业大学（北京）	北 京	硕士	企业管理（含：财务管理、市场营销）	43	45
中国矿业大学（北京）	北 京	硕士	技术经济及管理	6	8
中国矿业大学（北京）	北 京	硕士	行政管理	1	14
中国矿业大学（北京）	北 京	硕士	土地资源管理	2	7
中国石油大学	北 京	硕士	金融学	9	15
中国石油大学	北 京	硕士	产业经济学	16	16
中国石油大学	北 京	硕士	管理科学与工程	25	29
中国石油大学	北 京	硕士	会计学	40	31
中国石油大学	北 京	硕士	企业管理	37	21
中国石油大学	北 京	硕士	技术经济及管理	10	16
中国地质大学（北京）	北 京	硕士	理论经济学	3	3
中国地质大学（北京）	北 京	硕士	人口、资源与环境经济学	1	0
中国地质大学（北京）	北 京	硕士	应用经济学	3	12
中国地质大学（北京）	北 京	硕士	产业经济学	5	0
中国地质大学（北京）	北 京	硕士	管理科学与工程	9	8
中国地质大学（北京）	北 京	硕士	工商管理	15	43
中国地质大学（北京）	北 京	硕士	会计学	2	0
中国地质大学（北京）	北 京	硕士	企业管理（含：财务管理、市场营销）	7	0
中国地质大学（北京）	北 京	硕士	旅游管理	4	0
中国地质大学（北京）	北 京	硕士	公共管理	16	9
中国地质大学（北京）	北 京	硕士	行政管理	14	0
中国地质大学（北京）	北 京	硕士	土地资源管理	22	36
中国青年政治学院	北 京	硕士	世界经济	0	8
南开大学	天 津	硕士	政治经济学	9	14
南开大学	天 津	硕士	经济思想史	2	1
南开大学	天 津	硕士	经济史	5	0
南开大学	天 津	硕士	西方经济学	31	17

续表

单位	所在省市	学位	专业	毕业生数	招生数
南开大学	天 津	硕士	世界经济	55	100
南开大学	天 津	硕士	人口、资源与环境经济学	3	1
南开大学	天 津	硕士	区域经济学	20	23
南开大学	天 津	硕士	财政学（含：税收学）	7	11
南开大学	天 津	硕士	金融学（含：保险学）	107	98
南开大学	天 津	硕士	产业经济学	26	27
南开大学	天 津	硕士	国际贸易学	32	17
南开大学	天 津	硕士	劳动经济学	8	6
南开大学	天 津	硕士	数量经济学	5	10
南开大学	天 津	硕士	应用经济学新专业	0	119
南开大学	天 津	硕士	管理科学与工程	29	24
南开大学	天 津	硕士	会计学	36	32
南开大学	天 津	硕士	企业管理（含：财务管理、市场营销）	90	76
南开大学	天 津	硕士	旅游管理	27	15
南开大学	天 津	硕士	技术经济及管理	7	10
南开大学	天 津	硕士	工商管理新专业	0	24
南开大学	天 津	硕士	行政管理	20	31
南开大学	天 津	硕士	教育经济与管理	3	9
南开大学	天 津	硕士	社会保障	10	13
南开大学	天 津	硕士	图书馆学	11	11
南开大学	天 津	硕士	情报学	10	11
南开大学	天 津	硕士	档案学	5	7
南开大学	天 津	专业硕士	工商管理专业学位	321	350
南开大学	天 津	专业硕士	会计专业学位	0	26
天津大学	天 津	硕士	金融学（含：保险学）	7	7
天津大学	天 津	硕士	统计学	0	0
天津大学	天 津	硕士	数量经济学	4	3
天津大学	天 津	硕士	管理科学与工程	124	117

续表

单位	所在省市	学位	专业	毕业生数	招生数
天津大学	天 津	硕士	管理科学与工程新专业	63	58
天津大学	天 津	硕士	会计学	14	12
天津大学	天 津	硕士	企业管理（含：财务管理、市场营销）	72	31
天津大学	天 津	硕士	旅游管理	5	4
天津大学	天 津	硕士	技术经济及管理	34	32
天津大学	天 津	硕士	行政管理	14	13
天津大学	天 津	硕士	社会医学与卫生事业管理	0	3
天津大学	天 津	硕士	教育经济与管理	11	7
天津大学	天 津	硕士	社会保障	3	6
天津大学	天 津	硕士	土地资源管理	5	6
天津大学	天 津	硕士	情报学	3	2
天津大学	天 津	专业硕士	工商管理专业学位	139	183
天津科技大学	天 津	硕士	管理科学与工程	10	9
天津科技大学	天 津	硕士	企业管理（含：财务管理、市场营销）	15	26
天津工业大学	天 津	硕士	产业经济学	12	17
天津工业大学	天 津	硕士	国际贸易学	8	10
天津工业大学	天 津	硕士	管理科学与工程	16	17
天津工业大学	天 津	硕士	会计学	0	14
天津工业大学	天 津	硕士	企业管理（含：财务管理、市场营销）	15	10
天津工业大学	天 津	硕士	技术经济及管理	0	3
天津工业大学	天 津	硕士	教育经济与管理	0	20
天津工业大学	天 津	硕士	图书馆学	12	7
天津工业大学	天 津	专业硕士	工商管理专业学位	0	24
中国民航大学	天 津	硕士	产业经济学	0	10
中国民航大学	天 津	硕士	管理科学与工程	5	15
中国民航大学	天 津	硕士	企业管理（含：财务管理、市场营销）	29	35
天津理工大学	天 津	硕士	产业经济学	0	4
天津理工大学	天 津	硕士	管理科学与工程	14	23

续表

单位	所在省市	学位	专业	毕业生数	招生数
天津理工大学	天 津	硕士	企业管理（含：财务管理、市场营销）	15	16
天津理工大学	天 津	硕士	技术经济及管理	19	23
天津理工大学	天 津	硕士	教育经济与管理	0	6
天津医科大学	天 津	硕士	社会医学与卫生事业管理	1	5
天津师范大学	天 津	硕士	政治经济学	9	4
天津师范大学	天 津	硕士	西方经济学	0	3
天津师范大学	天 津	硕士	世界经济	0	7
天津师范大学	天 津	硕士	国民经济学	5	3
天津师范大学	天 津	硕士	区域经济学	0	5
天津师范大学	天 津	硕士	管理科学与工程	8	6
天津师范大学	天 津	硕士	企业管理（含：财务管理、市场营销）	11	14
天津师范大学	天 津	硕士	技术经济及管理	0	1
天津师范大学	天 津	硕士	行政管理	16	16
天津师范大学	天 津	硕士	图书馆学	0	6
天津师范大学	天 津	硕士	情报学	12	20
天津外国语学院	天 津	硕士	世界经济	0	9
天津商业大学	天 津	硕士	政治经济学	6	4
天津商业大学	天 津	硕士	人口、资源与环境经济学	0	3
天津商业大学	天 津	硕士	区域经济学	0	3
天津商业大学	天 津	硕士	金融学（含：保险学）	0	11
天津商业大学	天 津	硕士	产业经济学	19	14
天津商业大学	天 津	硕士	国际贸易学	13	13
天津商业大学	天 津	硕士	会计学	20	30
天津商业大学	天 津	硕士	企业管理（含：财务管理、市场营销）	34	32
天津商业大学	天 津	硕士	旅游管理	11	11
天津商业大学	天 津	硕士	技术经济及管理	10	9
天津商业大学	天 津	硕士	行政管理	0	31
天津财经大学	天 津	硕士	政治经济学	0	7

续表

单位	所在省市	学位	专业	毕业生数	招生数
天津财经大学	天 津	硕士	西方经济学	0	15
天津财经大学	天 津	硕士	世界经济	4	10
天津财经大学	天 津	硕士	国民经济学	5	8
天津财经大学	天 津	硕士	区域经济学	4	6
天津财经大学	天 津	硕士	财政学（含：税收学）	21	34
天津财经大学	天 津	硕士	金融学（含：保险学）	87	106
天津财经大学	天 津	硕士	产业经济学	5	13
天津财经大学	天 津	硕士	国际贸易学	41	39
天津财经大学	天 津	硕士	劳动经济学	5	9
天津财经大学	天 津	硕士	统计学	13	48
天津财经大学	天 津	硕士	数量经济学	4	10
天津财经大学	天 津	硕士	管理科学与工程	16	18
天津财经大学	天 津	硕士	会计学	102	85
天津财经大学	天 津	硕士	企业管理（含：财务管理、市场营销）	34	35
天津财经大学	天 津	硕士	旅游管理	0	5
天津财经大学	天 津	硕士	技术经济及管理	4	4
天津财经大学	天 津	硕士	社会保障	13	15
天津财经大学	天 津	专业硕士	工商管理专业学位	45	80
天津财经大学	天 津	专业硕士	会计专业学位	0	69
天津城市建设学院	天 津	硕士	管理科学与工程	2	12
河北大学	河 北	硕士	政治经济学	11	0
河北大学	河 北	硕士	西方经济学	0	0
河北大学	河 北	硕士	世界经济	18	17
河北大学	河 北	硕士	人口、资源与环境经济学	12	4
河北大学	河 北	硕士	国民经济学	0	8
河北大学	河 北	硕士	区域经济学	1	7
河北大学	河 北	硕士	财政学（含：税收学）	0	10
河北大学	河 北	硕士	金融学（含：保险学）	24	28

续表

单位	所在省市	学位	专业	毕业生数	招生数
河北大学	河 北	硕士	国际贸易学	0	18
河北大学	河 北	硕士	统计学	19	17
河北大学	河 北	硕士	数量经济学	0	6
河北大学	河 北	硕士	管理科学与工程	0	14
河北大学	河 北	硕士	会计学	32	29
河北大学	河 北	硕士	企业管理（含：财务管理、市场营销）	19	20
河北大学	河 北	硕士	行政管理	0	22
河北大学	河 北	硕士	社会保障	50	31
河北大学	河 北	硕士	图书馆学	18	20
河北大学	河 北	硕士	情报学	0	11
河北大学	河 北	硕士	档案学	0	8
河北大学	河 北	专业硕士	工商管理专业学位	0	30
河北工程大学	河 北	硕士	管理科学与工程	24	34
河北工程大学	河 北	硕士	企业管理（含：财务管理、市场营销）	10	27
河北工程大学	河 北	硕士	技术经济及管理	0	2
石家庄经济学院	河 北	硕士	人口、资源与环境经济学	10	10
石家庄经济学院	河 北	硕士	会计学	0	13
石家庄经济学院	河 北	硕士	企业管理（含：财务管理、市场营销）	26	16
河北工业大学	河 北	硕士	产业经济学	0	17
河北工业大学	河 北	硕士	国际贸易学	18	32
河北工业大学	河 北	硕士	数量经济学	16	25
河北工业大学	河 北	硕士	管理科学与工程	18	41
河北工业大学	河 北	硕士	企业管理	36	39
河北工业大学	河 北	硕士	技术经济及管理	30	35
河北工业大学	河 北	专业硕士	工商管理专业学位	108	151
河北理工大学	河 北	硕士	产业经济学	10	9
河北理工大学	河 北	硕士	企业管理（含：财务管理、市场营销）	0	8
河北科技大学	河 北	硕士	数量经济学	0	4

续表

单位	所在省市	学位	专业	毕业生数	招生数
河北科技大学	河北	硕士	管理科学与工程	10	6
河北科技大学	河北	硕士	企业管理（含：财务管理、市场营销）	0	7
河北农业大学	河北	硕士	人口、资源与环境经济学	0	4
河北农业大学	河北	硕士	区域经济学	0	4
河北农业大学	河北	硕士	产业经济学	7	16
河北农业大学	河北	硕士	会计学	0	7
河北农业大学	河北	硕士	工商管理新专业	0	1
河北农业大学	河北	硕士	农业经济管理	11	13
河北农业大学	河北	硕士	林业经济管理	2	3
河北农业大学	河北	硕士	农林经济管理新专业	0	5
河北农业大学	河北	硕士	土地资源管理	7	8
河北医科大学	河北	硕士	社会医学与卫生事业管理	1	7
华北煤炭医学院	河北	硕士	社会医学与卫生事业管理	13	26
河北师范大学	河北	硕士	政治经济学	0	5
河北师范大学	河北	硕士	世界经济	12	6
河北师范大学	河北	硕士	人口、资源与环境经济学	6	2
河北师范大学	河北	硕士	教育经济与管理	16	6
石家庄铁道学院	河北	硕士	管理科学与工程	14	19
石家庄铁道学院	河北	硕士	会计学	0	15
石家庄铁道学院	河北	硕士	企业管理（含：财务管理、市场营销）	2	9
燕山大学	河北	硕士	区域经济学	20	18
燕山大学	河北	硕士	管理科学与工程	22	38
燕山大学	河北	硕士	工商管理	73	63
燕山大学	河北	硕士	会计学	0	17
燕山大学	河北	硕士	企业管理（含：财务管理、市场营销）	21	35
燕山大学	河北	硕士	旅游管理	25	17
燕山大学	河北	硕士	技术经济及管理	0	8
燕山大学	河北	硕士	行政管理	113	78

续表

单位	所在省市	学位	专业	毕业生数	招生数
河北经贸大学	河 北	硕士	政治经济学	7	7
河北经贸大学	河 北	硕士	经济史	0	1
河北经贸大学	河 北	硕士	西方经济学	0	6
河北经贸大学	河 北	硕士	国民经济学	0	5
河北经贸大学	河 北	硕士	区域经济学	0	6
河北经贸大学	河 北	硕士	财政学（含：税收学）	13	14
河北经贸大学	河 北	硕士	金融学（含：保险学）	17	17
河北经贸大学	河 北	硕士	产业经济学	10	13
河北经贸大学	河 北	硕士	国际贸易学	11	15
河北经贸大学	河 北	硕士	劳动经济学	0	4
河北经贸大学	河 北	硕士	统计学	10	12
河北经贸大学	河 北	硕士	数量经济学	0	6
河北经贸大学	河 北	硕士	会计学	19	23
河北经贸大学	河 北	硕士	企业管理（含：财务管理、市场营销）	15	15
河北经贸大学	河 北	硕士	技术经济及管理	3	6
河北经贸大学	河 北	硕士	行政管理	20	32
河北经贸大学	河 北	硕士	社会保障	0	17
山西大学	山 西	硕士	政治经济学	0	4
山西大学	山 西	硕士	经济史	2	7
山西大学	山 西	硕士	产业经济学	0	10
山西大学	山 西	硕士	数量经济学	3	4
山西大学	山 西	硕士	管理科学与工程	11	18
山西大学	山 西	硕士	会计学	0	8
山西大学	山 西	硕士	企业管理	14	13
山西大学	山 西	硕士	旅游管理	5	5
山西大学	山 西	硕士	行政管理	68	78
山西大学	山 西	硕士	图书馆学	6	7
山西大学	山 西	硕士	情报学	14	12

续表

单位	所在省市	学位	专业	毕业生数	招生数
山西大学	山 西	硕士	档案学	0	3
山西大学	山 西	专业硕士	工商管理专业学位	47	53
太原科技大学	山 西	硕士	产业经济学	0	12
太原科技大学	山 西	硕士	管理科学与工程	11	6
太原科技大学	山 西	硕士	企业管理（含：财务管理、市场营销）	1	10
中北大学	山 西	硕士	管理科学与工程	2	15
中北大学	山 西	硕士	技术经济及管理	19	15
太原理工大学	山 西	硕士	管理科学与工程	23	25
太原理工大学	山 西	硕士	会计学	11	14
太原理工大学	山 西	硕士	企业管理（含：财务管理、市场营销）	7	28
太原理工大学	山 西	硕士	技术经济及管理	0	8
山西农业大学	山 西	硕士	农业经济管理	3	7
山西农业大学	山 西	硕士	土地资源管理	12	19
山西医科大学	山 西	硕士	社会医学与卫生事业管理	9	21
山西师范大学	山 西	硕士	政治经济学	6	2
山西师范大学	山 西	硕士	国民经济学	0	3
山西师范大学	山 西	硕士	区域经济学	2	3
山西师范大学	山 西	硕士	管理科学与工程	0	2
山西师范大学	山 西	硕士	行政管理	0	53
山西师范大学	山 西	硕士	教育经济与管理	11	6
山西财经大学	山 西	硕士	政治经济学	5	7
山西财经大学	山 西	硕士	经济思想史	5	0
山西财经大学	山 西	硕士	经济史	0	0
山西财经大学	山 西	硕士	西方经济学	8	5
山西财经大学	山 西	硕士	世界经济	1	1
山西财经大学	山 西	硕士	人口、资源与环境经济学	0	3
山西财经大学	山 西	硕士	国民经济学	13	3
山西财经大学	山 西	硕士	区域经济学	0	2
山西财经大学	山 西	硕士	财政学（含：税收学）	16	8

续表

单位	所在省市	学位	专业	毕业生数	招生数
山西财经大学	山 西	硕士	金融学（含：保险学）	27	77
山西财经大学	山 西	硕士	产业经济学	14	6
山西财经大学	山 西	硕士	国际贸易学	24	12
山西财经大学	山 西	硕士	劳动经济学	16	7
山西财经大学	山 西	硕士	统计学	11	14
山西财经大学	山 西	硕士	数量经济学	6	5
山西财经大学	山 西	硕士	管理科学与工程	11	9
山西财经大学	山 西	硕士	工商管理	0	0
山西财经大学	山 西	硕士	会计学	26	84
山西财经大学	山 西	硕士	企业管理（含：财务管理、市场营销）	13	17
山西财经大学	山 西	硕士	旅游管理	34	4
山西财经大学	山 西	硕士	技术经济及管理	11	11
山西财经大学	山 西	硕士	农业经济管理	14	5
山西财经大学	山 西	硕士	教育经济与管理	0	42
山西财经大学	山 西	硕士	社会保障	47	56
山西财经大学	山 西	硕士	情报学	0	15
山西财经大学	山 西	专业硕士	工商管理专业学位	133	193
内蒙古大学	内蒙古	硕士	政治经济学	15	13
内蒙古大学	内蒙古	硕士	区域经济学	7	13
内蒙古大学	内蒙古	硕士	金融学（含：保险学）	9	8
内蒙古大学	内蒙古	硕士	管理科学与工程	4	9
内蒙古大学	内蒙古	硕士	会计学	10	9
内蒙古大学	内蒙古	硕士	企业管理（含：财务管理、市场营销）	11	11
内蒙古大学	内蒙古	硕士	工商管理新专业	140	0
内蒙古大学	内蒙古	硕士	行政管理	47	44
内蒙古大学	内蒙古	专业硕士	工商管理专业学位	0	251
内蒙古科技大学	内蒙古	硕士	区域经济学	0	10
内蒙古科技大学	内蒙古	硕士	企业管理（含：财务管理、市场营销）	0	27

续表

单位	所在省市	学位	专业	毕业生数	招生数
内蒙古工业大学	内蒙古	硕士	金融学（含：保险学）	1	9
内蒙古工业大学	内蒙古	硕士	产业经济学	12	7
内蒙古工业大学	内蒙古	硕士	数量经济学	4	5
内蒙古工业大学	内蒙古	硕士	管理科学与工程	8	18
内蒙古工业大学	内蒙古	硕士	工商管理	66	24
内蒙古工业大学	内蒙古	硕士	会计学	0	0
内蒙古工业大学	内蒙古	硕士	企业管理	21	0
内蒙古工业大学	内蒙古	硕士	旅游管理	0	0
内蒙古工业大学	内蒙古	硕士	技术经济及管理	7	0
内蒙古工业大学	内蒙古	硕士	教育经济与管理	0	1
内蒙古工业大学	内蒙古	专业硕士	工商管理专业学位	0	128
内蒙古农业大学	内蒙古	硕士	区域经济学	0	7
内蒙古农业大学	内蒙古	硕士	产业经济学	21	13
内蒙古农业大学	内蒙古	硕士	管理科学与工程	0	6
内蒙古农业大学	内蒙古	硕士	技术经济及管理	0	14
内蒙古农业大学	内蒙古	硕士	农业经济管理	28	14
内蒙古农业大学	内蒙古	硕士	林业经济管理	0	6
内蒙古农业大学	内蒙古	硕士	教育经济与管理	7	9
内蒙古农业大学	内蒙古	硕士	土地资源管理	0	8
内蒙古师范大学	内蒙古	硕士	政治经济学	8	3
内蒙古师范大学	内蒙古	硕士	人口、资源与环境经济学	0	3
内蒙古师范大学	内蒙古	硕士	区域经济学	6	4
内蒙古师范大学	内蒙古	硕士	教育经济与管理	0	6
内蒙古师范大学	内蒙古	硕士	土地资源管理	10	13
内蒙古财经学院	内蒙古	硕士	政治经济学	0	9
内蒙古财经学院	内蒙古	硕士	财政学（含：税收学）	0	13
内蒙古财经学院	内蒙古	硕士	统计学	0	8
内蒙古财经学院	内蒙古	硕士	会计学	0	15

续表

单位	所在省市	学位	专业	毕业生数	招生数
内蒙古财经学院	内蒙古	硕士	企业管理（含：财务管理、市场营销）	0	20
辽宁大学	辽宁	硕士	政治经济学	10	13
辽宁大学	辽宁	硕士	经济思想史	3	1
辽宁大学	辽宁	硕士	经济史	4	3
辽宁大学	辽宁	硕士	西方经济学	19	16
辽宁大学	辽宁	硕士	世界经济	16	17
辽宁大学	辽宁	硕士	人口、资源与环境经济学	1	1
辽宁大学	辽宁	硕士	理论经济学新专业	19	17
辽宁大学	辽宁	硕士	国民经济学	20	22
辽宁大学	辽宁	硕士	区域经济学	8	7
辽宁大学	辽宁	硕士	财政学（含：税收学）	17	17
辽宁大学	辽宁	硕士	金融学（含：保险学）	29	32
辽宁大学	辽宁	硕士	产业经济学	10	8
辽宁大学	辽宁	硕士	国际贸易学	36	37
辽宁大学	辽宁	硕士	劳动经济学	4	2
辽宁大学	辽宁	硕士	统计学	6	11
辽宁大学	辽宁	硕士	数量经济学	5	4
辽宁大学	辽宁	硕士	应用经济学新专业	30	39
辽宁大学	辽宁	硕士	会计学	40	50
辽宁大学	辽宁	硕士	企业管理（含：财务管理、市场营销）	40	39
辽宁大学	辽宁	硕士	旅游管理	0	3
辽宁大学	辽宁	硕士	技术经济及管理	0	6
辽宁大学	辽宁	硕士	行政管理	77	72
辽宁大学	辽宁	硕士	社会保障	40	48
辽宁大学	辽宁	硕士	档案学	21	26
辽宁大学	辽宁	专业硕士	工商管理专业学位	150	183
大连理工大学	辽宁	硕士	人口、资源与环境经济学	5	6
大连理工大学	辽宁	硕士	区域经济学	4	6

续表

单位	所在省市	学位	专业	毕业生数	招生数
大连理工大学	辽 宁	硕士	金融学（含：保险学）	10	14
大连理工大学	辽 宁	硕士	产业经济学	17	17
大连理工大学	辽 宁	硕士	国际贸易学	6	10
大连理工大学	辽 宁	硕士	管理科学与工程	11	23
大连理工大学	辽 宁	硕士	管理科学与工程新专业	62	57
大连理工大学	辽 宁	硕士	工商管理	251	0
大连理工大学	辽 宁	硕士	会计学	12	16
大连理工大学	辽 宁	硕士	企业管理（含：财务管理、市场营销）	40	48
大连理工大学	辽 宁	硕士	旅游管理	1	2
大连理工大学	辽 宁	硕士	技术经济及管理	11	24
大连理工大学	辽 宁	硕士	行政管理	20	36
大连理工大学	辽 宁	硕士	教育经济与管理	8	9
大连理工大学	辽 宁	硕士	社会保障	8	8
大连理工大学	辽 宁	专业硕士	工商管理专业学位	0	279
沈阳工业大学	辽 宁	硕士	国际贸易学	18	29
沈阳工业大学	辽 宁	硕士	管理科学与工程	13	13
沈阳工业大学	辽 宁	硕士	会计学	38	29
沈阳工业大学	辽 宁	硕士	企业管理（含：财务管理、市场营销）	13	15
沈阳工业大学	辽 宁	硕士	旅游管理	0	5
沈阳工业大学	辽 宁	硕士	技术经济及管理	0	2
沈阳工业大学	辽 宁	硕士	工商管理新专业	0	89
沈阳航空工业学院	辽 宁	硕士	企业管理（含：财务管理、市场营销）	0	20
沈阳理工大学	辽 宁	硕士	国际贸易学	0	18
沈阳理工大学	辽 宁	硕士	会计学	0	28
沈阳理工大学	辽 宁	硕士	企业管理（含：财务管理、市场营销）	31	25
东北大学	辽 宁	硕士	政治经济学	9	6
东北大学	辽 宁	硕士	金融学（含：保险学）	17	15
东北大学	辽 宁	硕士	产业经济学	5	12

续表

单位	所在省市	学位	专业	毕业生数	招生数
东北大学	辽 宁	硕士	国际贸易学	9	5
东北大学	辽 宁	硕士	数量经济学	5	7
东北大学	辽 宁	硕士	管理科学与工程	45	47
东北大学	辽 宁	硕士	会计学	37	35
东北大学	辽 宁	硕士	企业管理（含：财务管理、市场营销）	46	35
东北大学	辽 宁	硕士	技术经济及管理	4	4
东北大学	辽 宁	硕士	工商管理新专业	142	175
东北大学	辽 宁	硕士	行政管理	50	41
东北大学	辽 宁	硕士	教育经济与管理	29	28
东北大学	辽 宁	硕士	社会保障	7	16
辽宁科技大学	辽 宁	硕士	企业管理（含：财务管理、市场营销）	21	30
辽宁科技大学	辽 宁	硕士	技术经济及管理	0	6
辽宁工程技术大学	辽 宁	硕士	产业经济学	0	13
辽宁工程技术大学	辽 宁	硕士	管理科学与工程	31	18
辽宁工程技术大学	辽 宁	硕士	企业管理	47	46
辽宁工程技术大学	辽 宁	硕士	技术经济及管理	16	2
辽宁石油化工大学	辽 宁	硕士	企业管理（含：财务管理、市场营销）	15	8
辽宁石油化工大学	辽 宁	硕士	技术经济及管理	11	5
沈阳化工学院	辽 宁	硕士	产业经济学	7	7
大连交通大学	辽 宁	硕士	企业管理（含：财务管理、市场营销）	24	26
大连海事大学	辽 宁	硕士	产业经济学	5	8
大连海事大学	辽 宁	硕士	国际贸易学	8	10
大连海事大学	辽 宁	硕士	管理科学与工程	34	38
大连海事大学	辽 宁	硕士	企业管理（含：财务管理、市场营销）	34	34
大连海事大学	辽 宁	硕士	技术经济及管理	7	7
大连海事大学	辽 宁	硕士	行政管理	14	16
大连海事大学	辽 宁	专业硕士	工商管理专业学位	97	183
大连工业大学	辽 宁	硕士	企业管理（含：财务管理、市场营销）	0	20

续表

单位	所在省市	学位	专业	毕业生数	招生数
沈阳建筑大学	辽宁	硕士	管理科学与工程	0	28
辽宁工业大学	辽宁	硕士	企业管理（含：财务管理、市场营销）	10	19
沈阳农业大学	辽宁	硕士	会计学	14	18
沈阳农业大学	辽宁	硕士	农林经济管理	0	3
沈阳农业大学	辽宁	硕士	农业经济管理	8	21
沈阳农业大学	辽宁	硕士	林业经济管理	3	0
沈阳农业大学	辽宁	硕士	教育经济与管理	0	9
沈阳农业大学	辽宁	硕士	土地资源管理	7	12
大连水产学院	辽宁	硕士	企业管理（含：财务管理、市场营销）	0	14
中国医科大学	辽宁	硕士	社会医学与卫生事业管理	11	27
中国医科大学	辽宁	硕士	情报学	0	6
大连医科大学	辽宁	硕士	社会医学与卫生事业管理	8	5
沈阳药科大学	辽宁	硕士	企业管理（含：财务管理、市场营销）	3	6
辽宁师范大学	辽宁	硕士	政治经济学	8	9
辽宁师范大学	辽宁	硕士	区域经济学	16	15
辽宁师范大学	辽宁	硕士	产业经济学	0	10
辽宁师范大学	辽宁	硕士	管理科学与工程	0	13
辽宁师范大学	辽宁	硕士	旅游管理	4	6
辽宁师范大学	辽宁	硕士	教育经济与管理	8	4
辽宁师范大学	辽宁	硕士	图书馆学	13	16
沈阳师范大学	辽宁	硕士	政治经济学	1	7
沈阳师范大学	辽宁	硕士	西方经济学	0	10
沈阳师范大学	辽宁	硕士	管理科学与工程	6	5
沈阳师范大学	辽宁	硕士	企业管理（含：财务管理、市场营销）	0	4
沈阳师范大学	辽宁	硕士	旅游管理	3	3
沈阳师范大学	辽宁	硕士	行政管理	0	15
沈阳师范大学	辽宁	硕士	社会医学与卫生事业管理	0	2
沈阳师范大学	辽宁	硕士	教育经济与管理	28	16

续表

单位	所在省市	学位	专业	毕业生数	招生数
沈阳师范大学	辽 宁	硕士	社会保障	12	10
沈阳师范大学	辽 宁	硕士	土地资源管理	0	4
渤海大学	辽 宁	硕士	企业管理（含：财务管理、市场营销）	0	18
渤海大学	辽 宁	硕士	旅游管理	0	7
东北财经大学	辽 宁	硕士	政治经济学	14	7
东北财经大学	辽 宁	硕士	经济思想史	4	1
东北财经大学	辽 宁	硕士	经济史	3	0
东北财经大学	辽 宁	硕士	西方经济学	15	18
东北财经大学	辽 宁	硕士	世界经济	16	19
东北财经大学	辽 宁	硕士	人口、资源与环境经济学	7	2
东北财经大学	辽 宁	硕士	国民经济学	34	7
东北财经大学	辽 宁	硕士	区域经济学	6	10
东北财经大学	辽 宁	硕士	财政学（含：税收学）	62	65
东北财经大学	辽 宁	硕士	金融学（含：保险学）	67	112
东北财经大学	辽 宁	硕士	产业经济学	33	39
东北财经大学	辽 宁	硕士	国际贸易学	99	113
东北财经大学	辽 宁	硕士	劳动经济学	17	8
东北财经大学	辽 宁	硕士	统计学	60	63
东北财经大学	辽 宁	硕士	数量经济学	32	55
东北财经大学	辽 宁	硕士	应用经济学新专业	56	109
东北财经大学	辽 宁	硕士	管理科学与工程	7	17
东北财经大学	辽 宁	硕士	会计学	117	162
东北财经大学	辽 宁	硕士	企业管理（含：财务管理、市场营销）	90	83
东北财经大学	辽 宁	硕士	旅游管理	23	26
东北财经大学	辽 宁	硕士	技术经济及管理	22	18
东北财经大学	辽 宁	硕士	工商管理新专业	104	153
东北财经大学	辽 宁	硕士	行政管理	43	63
东北财经大学	辽 宁	硕士	教育经济与管理	0	7

续表

单位	所在省市	学位	专业	毕业生数	招生数
东北财经大学	辽 宁	硕士	社会保障	10	5
东北财经大学	辽 宁	硕士	土地资源管理	0	0
东北财经大学	辽 宁	专业硕士	工商管理专业学位	149	250
东北财经大学	辽 宁	专业硕士	会计专业学位	0	167
沈阳大学	辽 宁	硕士	财政学（含：税收学）	0	10
沈阳大学	辽 宁	硕士	产业经济学	18	9
沈阳大学	辽 宁	硕士	管理科学与工程	18	12
沈阳人学	辽 宁	硕士	会计学	1	15
大连大学	辽 宁	硕士	世界经济	0	3
大连大学	辽 宁	硕士	管理科学与工程	0	11
大连大学	辽 宁	硕士	企业管理（含：财务管理、市场营销）	15	15
吉林大学	吉 林	硕士	政治经济学	2	10
吉林大学	吉 林	硕士	经济思想史	0	3
吉林大学	吉 林	硕士	经济史	8	0
吉林大学	吉 林	硕士	西方经济学	6	11
吉林大学	吉 林	硕士	世界经济	66	43
吉林大学	吉 林	硕士	人口、资源与环境经济学	2	2
吉林大学	吉 林	硕士	理论经济学新专业	30	27
吉林大学	吉 林	硕士	国民经济学	19	4
吉林大学	吉 林	硕士	区域经济学	27	20
吉林大学	吉 林	硕士	财政学	5	7
吉林大学	吉 林	硕士	金融学	57	60
吉林大学	吉 林	硕士	产业经济学	17	11
吉林大学	吉 林	硕士	国际贸易学	58	38
吉林大学	吉 林	硕士	数量经济学	51	43
吉林大学	吉 林	硕士	国防经济	2	2
吉林大学	吉 林	硕士	管理科学与工程	41	24
吉林大学	吉 林	硕士	管理科学与工程新专业	7	10

续表

单位	所在省市	学位	专业	毕业生数	招生数
吉林大学	吉 林	硕士	工商管理	0	169
吉林大学	吉 林	硕士	会计学	35	31
吉林大学	吉 林	硕士	企业管理	87	69
吉林大学	吉 林	硕士	技术经济及管理	30	20
吉林大学	吉 林	硕士	农业经济管理	11	14
吉林大学	吉 林	硕士	行政管理	81	55
吉林大学	吉 林	硕士	社会医学与卫生事业管理	8	17
吉林大学	吉 林	硕士	社会保障	17	20
吉林大学	吉 林	硕士	土地资源管理	15	10
吉林大学	吉 林	硕士	公共管理新专业	0	14
吉林大学	吉 林	硕士	图书馆学	3	9
吉林大学	吉 林	硕士	情报学	29	36
吉林大学	吉 林	硕士	档案学	4	3
吉林大学	吉 林	专业硕士	工商管理硕士	165	254
吉林大学	吉 林	专业硕士	会计硕士	0	43
延边大学	吉 林	硕士	世界经济	23	18
延边大学	吉 林	硕士	企业管理（含：财务管理、市场营销）	0	16
长春理工大学	吉 林	硕士	产业经济学	18	24
长春理工大学	吉 林	硕士	管理科学与工程	0	13
长春理工大学	吉 林	硕士	企业管理（含：财务管理、市场营销）	53	38
东北电力大学	吉 林	硕士	企业管理（含：财务管理、市场营销）	0	22
东北电力大学	吉 林	硕士	技术经济及管理	25	21
长春工业大学	吉 林	硕士	国际贸易学	0	10
长春工业大学	吉 林	硕士	管理科学与工程	20	8
长春工业大学	吉 林	硕士	行政管理	0	68
长春工业大学	吉 林	硕士	社会保障	0	30
吉林建筑工程学院	吉 林	硕士	企业管理（含：财务管理、市场营销）	0	3
吉林农业大学	吉 林	硕士	技术经济及管理	0	7

续表

单位	所在省市	学位	专业	毕业生数	招生数
吉林农业大学	吉林	硕士	农业经济管理	17	15
吉林农业大学	吉林	硕士	农林经济管理新专业	0	1
东北师范大学	吉林	硕士	政治经济学	13	2
东北师范大学	吉林	硕士	西方经济学	0	1
东北师范大学	吉林	硕士	世界经济	16	10
东北师范大学	吉林	硕士	人口、资源与环境经济学	3	3
东北师范大学	吉林	硕士	区域经济学	18	7
东北师范大学	吉林	硕士	财政学（含：税收学）	13	3
东北师范大学	吉林	硕士	金融学（含：保险学）	16	30
东北师范大学	吉林	硕士	产业经济学	0	2
东北师范大学	吉林	硕士	国际贸易学	0	1
东北师范大学	吉林	硕士	劳动经济学	14	2
东北师范大学	吉林	硕士	统计学	0	0
东北师范大学	吉林	硕士	数量经济学	0	2
东北师范大学	吉林	硕士	会计学	19	21
东北师范大学	吉林	硕士	企业管理（含：财务管理、市场营销）	30	30
东北师范大学	吉林	硕士	旅游管理	0	8
东北师范大学	吉林	硕士	行政管理	29	40
东北师范大学	吉林	硕士	教育经济与管理	29	25
东北师范大学	吉林	硕士	社会保障	0	34
东北师范大学	吉林	硕士	土地资源管理	4	9
东北师范大学	吉林	硕士	图书馆学	13	13
东北师范大学	吉林	硕士	情报学	12	12
北华大学	吉林	硕士	企业管理（含：财务管理、市场营销）	3	9
长春税务学院	吉林	硕士	政治经济学	30	8
长春税务学院	吉林	硕士	西方经济学	0	5
长春税务学院	吉林	硕士	世界经济	0	1
长春税务学院	吉林	硕士	国民经济学	0	1

续表

单位	所在省市	学位	专业	毕业生数	招生数
长春税务学院	吉 林	硕士	区域经济学	0	2
长春税务学院	吉 林	硕士	财政学（含：税收学）	29	22
长春税务学院	吉 林	硕士	金融学（含：保险学）	0	24
长春税务学院	吉 林	硕士	产业经济学	0	4
长春税务学院	吉 林	硕士	国际贸易学	26	9
长春税务学院	吉 林	硕士	统计学	7	5
长春税务学院	吉 林	硕士	数量经济学	5	6
长春税务学院	吉 林	硕士	国防经济	0	1
长春税务学院	吉 林	硕士	会计学	39	37
长春税务学院	吉 林	硕士	企业管理（含：财务管理、市场营销）	25	13
长春税务学院	吉 林	硕士	工商管理新专业	0	49
长春税务学院	吉 林	硕士	农业经济管理	0	1
长春税务学院	吉 林	硕士	行政管理	0	57
黑龙江大学	黑龙江	硕士	政治经济学	7	6
黑龙江大学	黑龙江	硕士	西方经济学	0	1
黑龙江大学	黑龙江	硕士	世界经济	0	3
黑龙江大学	黑龙江	硕士	人口、资源与环境经济学	0	4
黑龙江大学	黑龙江	硕士	国民经济学	0	5
黑龙江大学	黑龙江	硕士	区域经济学	6	5
黑龙江大学	黑龙江	硕士	产业经济学	0	7
黑龙江大学	黑龙江	硕士	国际贸易学	19	11
黑龙江大学	黑龙江	硕士	会计学	0	12
黑龙江大学	黑龙江	硕士	企业管理（含：财务管理、市场营销）	11	16
黑龙江大学	黑龙江	硕士	旅游管理	0	4
黑龙江大学	黑龙江	硕士	行政管理	29	21
黑龙江大学	黑龙江	硕士	社会保障	0	6
黑龙江大学	黑龙江	硕士	图书馆学	8	15
黑龙江大学	黑龙江	硕士	情报学	13	26

续表

单位	所在省市	学位	专业	毕业生数	招生数
黑龙江大学	黑龙江	硕士	档案学	9	6
黑龙江大学	黑龙江	专业硕士	工商管理专业学位	0	29
哈尔滨工业大学	黑龙江	硕士	政治经济学	6	5
哈尔滨工业大学	黑龙江	硕士	世界经济	6	5
哈尔滨工业大学	黑龙江	硕士	区域经济学	4	0
哈尔滨工业大学	黑龙江	硕士	金融学（含：保险学）	31	23
哈尔滨工业大学	黑龙江	硕士	国际贸易学	35	24
哈尔滨工业大学	黑龙江	硕士	管理科学与工程	93	99
哈尔滨工业大学	黑龙江	硕士	会计学	25	29
哈尔滨工业大学	黑龙江	硕士	企业管理（含：财务管理、市场营销）	61	58
哈尔滨工业大学	黑龙江	硕士	技术经济及管理	29	28
哈尔滨工业大学	黑龙江	硕士	工商管理新专业	191	0
哈尔滨工业大学	黑龙江	硕士	行政管理	14	8
哈尔滨工业大学	黑龙江	硕士	教育经济与管理	15	10
哈尔滨工业大学	黑龙江	硕士	土地资源管理	5	6
哈尔滨工业大学	黑龙江	专业硕士	工商管理专业学位	0	170
哈尔滨理工大学	黑龙江	硕士	产业经济学	10	7
哈尔滨理工大学	黑龙江	硕士	管理科学与工程	24	23
哈尔滨理工大学	黑龙江	硕士	工商管理	0	42
哈尔滨理工大学	黑龙江	硕士	会计学	2	15
哈尔滨理工大学	黑龙江	硕士	企业管理（含：财务管理、市场营销）	12	19
哈尔滨理工大学	黑龙江	硕士	旅游管理	0	2
哈尔滨理工大学	黑龙江	硕士	技术经济及管理	5	4
哈尔滨工程大学	黑龙江	硕士	政治经济学	7	0
哈尔滨工程大学	黑龙江	硕士	金融学（含：保险学）	18	17
哈尔滨工程大学	黑龙江	硕士	产业经济学	21	10
哈尔滨工程大学	黑龙江	硕士	国际贸易学	0	7
哈尔滨工程大学	黑龙江	硕士	管理科学与工程	14	26

续表

单位	所在省市	学位	专业	毕业生数	招生数
哈尔滨工程大学	黑龙江	硕士	工商管理	65	57
哈尔滨工程大学	黑龙江	硕士	企业管理（含：财务管理、市场营销）	11	25
哈尔滨工程大学	黑龙江	硕士	技术经济及管理	5	5
哈尔滨工程大学	黑龙江	硕士	教育经济与管理	0	16
黑龙江科技学院	黑龙江	硕士	区域经济学	5	11
黑龙江科技学院	黑龙江	硕士	管理科学与工程	4	4
黑龙江科技学院	黑龙江	硕士	企业管理（含：财务管理、市场营销）	28	10
黑龙江科技学院	黑龙江	硕士	技术经济及管理	3	3
黑龙江科技学院	黑龙江	硕士	教育经济与管理	0	34
大庆石油学院	黑龙江	硕士	会计学	0	8
大庆石油学院	黑龙江	硕士	企业管理（含：财务管理、市场营销）	22	12
大庆石油学院	黑龙江	硕士	技术经济及管理	13	4
黑龙江八一农垦大学	黑龙江	硕士	会计学	7	9
黑龙江八一农垦大学	黑龙江	硕士	企业管理（含：财务管理、市场营销）	0	8
黑龙江八一农垦大学	黑龙江	硕士	农业经济管理	5	0
东北农业大学	黑龙江	硕士	金融学（含：保险学）	0	16
东北农业大学	黑龙江	硕士	产业经济学	0	8
东北农业大学	黑龙江	硕士	管理科学与工程	6	13
东北农业大学	黑龙江	硕士	会计学	2	19
东北农业大学	黑龙江	硕士	农业经济管理	42	19
东北农业大学	黑龙江	硕士	林业经济管理	0	0
东北农业大学	黑龙江	硕士	土地资源管理	33	27
东北林业大学	黑龙江	硕士	人口、资源与环境经济学	4	3
东北林业大学	黑龙江	硕士	国际贸易学	1	5
东北林业大学	黑龙江	硕士	统计学	2	7
东北林业大学	黑龙江	硕士	管理科学与工程	15	25
东北林业大学	黑龙江	硕士	会计学	19	24
东北林业大学	黑龙江	硕士	企业管理（含：财务管理、市场营销）	14	6

续表

单位	所在省市	学位	专业	毕业生数	招生数
东北林业大学	黑龙江	硕士	旅游管理	2	3
东北林业大学	黑龙江	硕士	技术经济及管理	0	5
东北林业大学	黑龙江	硕士	农业经济管理	0	3
东北林业大学	黑龙江	硕士	林业经济管理	6	6
东北林业大学	黑龙江	硕士	行政管理	2	23
哈尔滨医科大学	黑龙江	硕士	社会医学与卫生事业管理	24	35
黑龙江中医药大学	黑龙江	硕士	社会医学与卫生事业管理	0	10
哈尔滨师范大学	黑龙江	硕士	政治经济学	1	3
哈尔滨师范大学	黑龙江	硕士	区域经济学	0	3
哈尔滨师范大学	黑龙江	硕士	教育经济与管理	20	19
齐齐哈尔大学	黑龙江	硕士	企业管理（含：财务管理、市场营销）	0	4
哈尔滨商业大学	黑龙江	硕士	经济思想史	0	0
哈尔滨商业大学	黑龙江	硕士	国民经济学	5	3
哈尔滨商业大学	黑龙江	硕士	区域经济学	0	3
哈尔滨商业大学	黑龙江	硕士	财政学（含：税收学）	9	9
哈尔滨商业大学	黑龙江	硕士	金融学（含：保险学）	0	19
哈尔滨商业大学	黑龙江	硕士	产业经济学	29	17
哈尔滨商业大学	黑龙江	硕士	国际贸易学	27	16
哈尔滨商业大学	黑龙江	硕士	统计学	0	7
哈尔滨商业大学	黑龙江	硕士	数量经济学	0	7
哈尔滨商业大学	黑龙江	硕士	管理科学与工程	0	13
哈尔滨商业大学	黑龙江	硕士	会计学	34	42
哈尔滨商业大学	黑龙江	硕士	企业管理（含：财务管理、市场营销）	34	20
哈尔滨商业大学	黑龙江	硕士	旅游管理	7	5
哈尔滨商业大学	黑龙江	硕士	技术经济及管理	1	4
哈尔滨商业大学	黑龙江	硕士	工商管理新专业	66	0
哈尔滨商业大学	黑龙江	硕士	行政管理	43	48
哈尔滨商业大学	黑龙江	专业硕士	工商管理专业学位	0	74

续表

单位	所在省市	学位	专业	毕业生数	招生数
复旦大学	上 海	硕士	政治经济学	12	13
复旦大学	上 海	硕士	经济思想史	5	3
复旦大学	上 海	硕士	经济史	2	1
复旦大学	上 海	硕士	西方经济学	13	16
复旦大学	上 海	硕士	世界经济	25	45
复旦大学	上 海	硕士	人口、资源与环境经济学	8	7
复旦大学	上 海	硕士	发展经济学	5	4
复旦大学	上 海	硕士	应用经济学	0	18
复旦大学	上 海	硕士	国民经济学	7	6
复旦大学	上 海	硕士	区域经济学	31	6
复旦大学	上 海	硕士	财政学	10	20
复旦大学	上 海	硕士	金融学	123	189
复旦大学	上 海	硕士	产业经济学	8	0
复旦大学	上 海	硕士	国际贸易学	17	10
复旦大学	上 海	硕士	劳动经济学	8	3
复旦大学	上 海	硕士	统计学	4	0
复旦大学	上 海	硕士	数量经济学	10	3
复旦大学	上 海	硕士	金融管理与金融工程	4	2
复旦大学	上 海	硕士	管理科学与工程	0	25
复旦大学	上 海	硕士	管理科学	25	0
复旦大学	上 海	硕士	工商管理	0	42
复旦大学	上 海	硕士	会计学	8	0
复旦大学	上 海	硕士	企业管理	42	30
复旦大学	上 海	硕士	旅游管理	9	19
复旦大学	上 海	硕士	技术经济及管理	2	0
复旦大学	上 海	硕士	东方管理学	16	0
复旦大学	上 海	硕士	行政管理	14	15
复旦大学	上 海	硕士	社会医学与卫生事业管理	20	18

续表

单位	所在省市	学位	专业	毕业生数	招生数
复旦大学	上 海	硕士	教育经济与管理	3	4
复旦大学	上 海	硕士	社会保障	2	5
复旦大学	上 海	硕士	环境管理	4	6
复旦大学	上 海	硕士	图书馆学	2	3
复旦大学	上 海	专业硕士	工商管理硕士	361	407
复旦大学	上 海	专业硕士	会计硕士	0	27
同济大学	上 海	硕士	政治经济学	10	2
同济大学	上 海	硕士	区域经济学	5	6
同济大学	上 海	硕士	财政学（含：税收学）	0	8
同济大学	上 海	硕士	金融学（含：保险学）	10	26
同济大学	上 海	硕士	产业经济学	15	12
同济大学	上 海	硕士	国际贸易学	14	10
同济大学	上 海	硕士	劳动经济学	6	0
同济大学	上 海	硕士	管理科学与工程	97	97
同济大学	上 海	硕士	会计学	15	17
同济大学	上 海	硕士	企业管理（含：财务管理、市场营销）	86	77
同济大学	上 海	硕士	旅游管理	0	0
同济大学	上 海	硕士	技术经济及管理	29	20
同济大学	上 海	硕士	行政管理	14	24
同济大学	上 海	硕士	教育经济与管理	4	0
同济大学	上 海	硕士	社会保障	7	5
同济大学	上 海	硕士	土地资源管理	10	10
同济大学	上 海	硕士	情报学	5	3
同济大学	上 海	专业硕士	工商管理专业学位	504	608
上海交通大学	上 海	硕士	西方经济学	7	6
上海交通大学	上 海	硕士	金融学（含：保险学）	29	56
上海交通大学	上 海	硕士	产业经济学	12	9
上海交通大学	上 海	硕士	国际贸易学	10	10

续表

单位	所在省市	学位	专业	毕业生数	招生数
上海交通大学	上 海	硕士	管理科学与工程	81	72
上海交通大学	上 海	硕士	会计学	11	15
上海交通大学	上 海	硕士	企业管理（含：财务管理、市场营销）	51	41
上海交通大学	上 海	硕士	旅游管理	5	4
上海交通大学	上 海	硕士	技术经济及管理	11	9
上海交通大学	上 海	硕士	农业经济管理	7	6
上海交通大学	上 海	硕士	行政管理	13	24
上海交通大学	上 海	硕士	社会医学与卫生事业管理	6	8
上海交通大学	上 海	硕士	社会保障	2	1
上海交通大学	上 海	硕士	情报学	5	4
上海交通大学	上 海	硕士	档案学	0	1
上海交通大学	上 海	专业硕士	工商管理专业学位	311	483
华东理工大学	上 海	硕士	应用经济学	0	0
华东理工大学	上 海	硕士	国民经济学	22	6
华东理工大学	上 海	硕士	金融学（含：保险学）	0	9
华东理工大学	上 海	硕士	产业经济学	0	8
华东理工大学	上 海	硕士	国际贸易学	11	5
华东理工大学	上 海	硕士	管理科学与工程	30	25
华东理工大学	上 海	硕士	工商管理	0	0
华东理工大学	上 海	硕士	会计学	14	14
华东理工大学	上 海	硕士	企业管理（含：财务管理、市场营销）	17	18
华东理工大学	上 海	硕士	旅游管理	0	5
华东理工大学	上 海	硕士	技术经济及管理	0	5
华东理工大学	上 海	硕士	行政管理	65	27
华东理工大学	上 海	硕士	教育经济与管理	0	4
华东理工大学	上 海	硕士	社会保障	17	20
华东理工大学	上 海	硕士	土地资源管理	0	6
华东理工大学	上 海	硕士	情报学	9	5

续表

单位	所在省市	学位	专业	毕业生数	招生数
华东理工大学	上 海	专业硕士	工商管理专业学位	249	271
上海理工大学	上 海	硕士	国民经济学	57	41
上海理工大学	上 海	硕士	区域经济学	23	21
上海理工大学	上 海	硕士	财政学（含：税收学）	16	13
上海理工大学	上 海	硕士	金融学（含：保险学）	0	36
上海理工大学	上 海	硕士	产业经济学	13	11
上海理工大学	上 海	硕士	国际贸易学	31	23
上海理工大学	上 海	硕士	劳动经济学	0	7
上海理工大学	上 海	硕士	统计学	0	12
上海理工大学	上 海	硕士	数量经济学	0	5
上海理工大学	上 海	硕士	管理科学与工程	33	38
上海理工大学	上 海	硕士	企业管理（含：财务管理、市场营销）	33	22
上海理工大学	上 海	硕士	技术经济及管理	0	13
上海理工大学	上 海	硕士	行政管理	17	19
上海理工大学	上 海	硕士	教育经济与管理	10	25
上海理工大学	上 海	专业硕士	工商管理专业学位	0	65
上海海事大学	上 海	硕士	产业经济学	38	57
上海海事大学	上 海	硕士	国际贸易学	34	48
上海海事大学	上 海	硕士	管理科学与工程	15	44
上海海事大学	上 海	硕士	工商管理	0	0
上海海事大学	上 海	硕士	会计学	28	31
上海海事大学	上 海	硕士	企业管理（含：财务管理、市场营销）	20	36
上海海事大学	上 海	硕士	技术经济及管理	11	18
上海海事大学	上 海	专业硕士	工商管理专业学位	72	62
东华大学	上 海	硕士	世界经济	0	9
东华大学	上 海	硕士	金融学（含：保险学）	0	20
东华大学	上 海	硕士	产业经济学	0	15
东华大学	上 海	硕士	国际贸易学	1	15

续表

单位	所在省市	学位	专业	毕业生数	招生数
东华大学	上 海	硕士	管理科学与工程	20	25
东华大学	上 海	硕士	会计学	0	16
东华大学	上 海	硕士	企业管理（含：财务管理、市场营销）	5	35
东华大学	上 海	硕士	技术经济及管理	0	10
东华大学	上 海	硕士	行政管理	0	20
东华大学	上 海	专业硕士	工商管理专业学位	238	303
上海海洋大学	上 海	硕士	产业经济学	12	17
上海海洋大学	上 海	硕士	农业经济管理	4	12
华东师范大学	上 海	硕士	政治经济学	3	5
华东师范大学	上 海	硕士	西方经济学	0	3
华东师范大学	上 海	硕士	世界经济	35	23
华东师范大学	上 海	硕士	人口、资源与环境经济学	1	3
华东师范大学	上 海	硕士	区域经济学	9	12
华东师范大学	上 海	硕士	金融学（含：保险学）	60	50
华东师范大学	上 海	硕士	产业经济学	3	14
华东师范大学	上 海	硕士	国际贸易学	7	11
华东师范大学	上 海	硕士	会计学	0	3
华东师范大学	上 海	硕士	企业管理（含：财务管理、市场营销）	31	20
华东师范大学	上 海	硕士	旅游管理	38	21
华东师范大学	上 海	硕士	行政管理	34	24
华东师范大学	上 海	硕士	教育经济与管理	36	21
华东师范大学	上 海	硕士	社会保障	0	6
华东师范大学	上 海	硕士	图书馆学	0	2
华东师范大学	上 海	硕士	情报学	24	15
华东师范大学	上 海	专业硕士	工商管理专业学位	0	382
上海师范大学	上 海	硕士	政治经济学	43	11
上海师范大学	上 海	硕士	国民经济学	0	56
上海师范大学	上 海	硕士	产业经济学	40	51

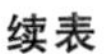

续表

单位	所在省市	学位	专业	毕业生数	招生数
上海师范大学	上海	硕士	旅游管理	0	28
上海师范大学	上海	硕士	行政管理	17	29
上海师范大学	上海	硕士	教育经济与管理	15	40
上海外国语大学	上海	硕士	国际贸易学	51	30
上海外国语大学	上海	硕士	企业管理（含：财务管理、市场营销）	25	16
上海财经大学	上海	硕士	政治经济学	9	13
上海财经大学	上海	硕士	经济思想史	4	6
上海财经大学	上海	硕士	经济史	3	6
上海财经大学	上海	硕士	西方经济学	18	26
上海财经大学	上海	硕士	世界经济	15	14
上海财经大学	上海	硕士	人口、资源与环境经济学	2	3
上海财经大学	上海	硕士	理论经济学新专业	7	8
上海财经大学	上海	硕士	国民经济学	12	13
上海财经大学	上海	硕士	区域经济学	17	17
上海财经大学	上海	硕士	财政学（含：税收学）	30	21
上海财经大学	上海	硕士	金融学（含：保险学）	96	92
上海财经大学	上海	硕士	产业经济学	24	21
上海财经大学	上海	硕士	国际贸易学	27	29
上海财经大学	上海	硕士	劳动经济学	4	6
上海财经大学	上海	硕士	统计学	37	50
上海财经大学	上海	硕士	数量经济学	24	27
上海财经大学	上海	硕士	国防经济	5	2
上海财经大学	上海	硕士	应用经济学新专业	93	84
上海财经大学	上海	硕士	管理科学与工程	28	29
上海财经大学	上海	硕士	会计学	63	62
上海财经大学	上海	硕士	企业管理（含：财务管理、市场营销）	37	40
上海财经大学	上海	硕士	旅游管理	5	6
上海财经大学	上海	硕士	技术经济及管理	9	10

续表

单位	所在省市	学位	专业	毕业生数	招生数
上海财经大学	上 海	硕士	工商管理新专业	79	79
上海财经大学	上 海	硕士	农业经济管理	6	2
上海财经大学	上 海	硕士	林业经济管理	0	1
上海财经大学	上 海	硕士	行政管理	8	7
上海财经大学	上 海	硕士	社会医学与卫生事业管理	6	6
上海财经大学	上 海	硕士	教育经济与管理	5	5
上海财经大学	上 海	硕士	社会保障	6	5
上海财经大学	上 海	硕士	土地资源管理	5	6
上海财经大学	上 海	专业硕士	工商管理专业学位	381	510
上海财经大学	上 海	专业硕士	会计专业学位	0	55
上海对外贸易学院	上 海	硕士	金融学（含：保险学）	33	38
上海对外贸易学院	上 海	硕士	国际贸易学	56	55
上海对外贸易学院	上 海	硕士	企业管理（含：财务管理、市场营销）	20	22
华东政法大学	上 海	硕士	产业经济学	0	14
华东政法大学	上 海	硕士	行政管理	0	21
华东政法大学	上 海	硕士	社会保障	0	14
上海大学	上 海	硕士	政治经济学	0	8
上海大学	上 海	硕士	世界经济	14	8
上海大学	上 海	硕士	金融学	44	39
上海大学	上 海	硕士	产业经济学	21	19
上海大学	上 海	硕士	国际贸易学	32	32
上海大学	上 海	硕士	管理科学与工程	34	30
上海大学	上 海	硕士	会计学	24	27
上海大学	上 海	硕士	企业管理	21	42
上海大学	上 海	硕士	旅游管理	12	5
上海大学	上 海	硕士	行政管理	22	13
上海大学	上 海	硕士	图书馆学	0	5
上海大学	上 海	硕士	情报学	6	7

续表

单位	所在省市	学位	专业	毕业生数	招生数
上海大学	上 海	硕士	档案学	18	17
上海大学	上 海	专业硕士	工商管理专业学位	116	96
上海工程技术大学	上 海	硕士	社会保障	0	41
南京大学	江 苏	硕士	政治经济学	18	17
南京大学	江 苏	硕士	西方经济学	9	7
南京大学	江 苏	硕士	世界经济	5	3
南京大学	江 苏	硕士	人口、资源与环境经济学	6	5
南京大学	江 苏	硕士	国民经济学	35	17
南京大学	江 苏	硕士	区域经济学	3	3
南京大学	江 苏	硕士	金融学（含：保险学）	26	32
南京大学	江 苏	硕士	产业经济学	6	17
南京大学	江 苏	硕士	国际贸易学	42	30
南京大学	江 苏	硕士	数量经济学	9	6
南京大学	江 苏	硕士	管理科学与工程	37	37
南京大学	江 苏	硕士	管理科学与工程新专业	2	3
南京大学	江 苏	硕士	会计学	52	29
南京大学	江 苏	硕士	企业管理（含：财务管理、市场营销）	46	63
南京大学	江 苏	硕士	行政管理	72	36
南京大学	江 苏	硕士	教育经济与管理	5	5
南京大学	江 苏	硕士	社会保障	19	19
南京大学	江 苏	硕士	土地资源管理	7	8
南京大学	江 苏	硕士	图书馆学	15	9
南京大学	江 苏	硕士	情报学	25	17
南京大学	江 苏	硕士	档案学	3	8
南京大学	江 苏	硕士	图书馆、情报与档案管理新专业	0	5
南京大学	江 苏	专业硕士	工商管理专业学位	219	229
苏州大学	江 苏	硕士	政治经济学	3	1
苏州大学	江 苏	硕士	世界经济	15	2

续表

单位	所在省市	学位	专业	毕业生数	招生数
苏州大学	江 苏	硕士	区域经济学	11	5
苏州大学	江 苏	硕士	财政学	15	8
苏州大学	江 苏	硕士	金融学	33	15
苏州大学	江 苏	硕士	产业经济学	0	4
苏州大学	江 苏	硕士	国际贸易学	0	6
苏州大学	江 苏	硕士	管理科学与工程	0	10
苏州大学	江 苏	硕士	会计学	25	11
苏州大学	江 苏	硕士	企业管理	29	16
苏州大学	江 苏	硕士	旅游管理	0	6
苏州大学	江 苏	硕士	工商管理新专业	0	77
苏州大学	江 苏	硕士	农业经济管理	6	3
苏州大学	江 苏	硕士	行政管理	31	48
苏州大学	江 苏	硕士	社会医学与卫生事业管理	2	11
苏州大学	江 苏	硕士	教育经济与管理	14	9
苏州大学	江 苏	硕士	社会保障	14	8
苏州大学	江 苏	硕士	土地资源管理	0	5
苏州大学	江 苏	硕士	情报学	0	8
苏州大学	江 苏	硕士	档案学	10	10
东南大学	江 苏	硕士	应用经济学	78	64
东南大学	江 苏	硕士	管理科学与工程	78	64
东南大学	江 苏	硕士	工商管理	71	64
东南大学	江 苏	硕士	公共管理	42	32
东南大学	江 苏	硕士	图书馆、情报与档案管理	9	4
东南大学	江 苏	专业硕士	工商管理专业学位	86	148
南京航空航天大学	江 苏	硕士	区域经济学	14	3
南京航空航天大学	江 苏	硕士	金融学（含：保险学）	7	10
南京航空航天大学	江 苏	硕士	产业经济学	9	6
南京航空航天大学	江 苏	硕士	国际贸易学	0	3

续表

单位	所在省市	学位	专业	毕业生数	招生数
南京航空航天大学	江 苏	硕士	统计学	0	1
南京航空航天大学	江 苏	硕士	数量经济学	6	2
南京航空航天大学	江 苏	硕士	国防经济	7	2
南京航空航天大学	江 苏	硕士	管理科学与工程	24	24
南京航空航天大学	江 苏	硕士	管理科学与工程新专业	32	13
南京航空航天大学	江 苏	硕士	会计学	10	11
南京航空航天大学	江 苏	硕士	企业管理（含：财务管理、市场营销）	29	23
南京航空航天大学	江 苏	硕士	技术经济及管理	12	5
南京航空航天大学	江 苏	硕士	行政管理	25	42
南京航空航天大学	江 苏	硕士	教育经济与管理	0	0
南京航空航天大学	江 苏	硕士	情报学	3	3
南京航空航天大学	江 苏	专业硕士	工商管理专业学位	38	95
南京理工大学	江 苏	硕士	金融学（含：保险学）	22	26
南京理工大学	江 苏	硕士	产业经济学	4	8
南京理工大学	江 苏	硕士	国际贸易学	11	13
南京理工大学	江 苏	硕士	劳动经济学	0	3
南京理工大学	江 苏	硕士	管理科学与工程	13	20
南京理工大学	江 苏	硕士	会计学	10	12
南京理工大学	江 苏	硕士	企业管理（含：财务管理、市场营销）	19	23
南京理工大学	江 苏	硕士	行政管理	16	25
南京理工大学	江 苏	硕士	情报学	8	8
南京理工大学	江 苏	专业硕士	工商管理专业学位	31	110
江苏科技大学	江 苏	硕士	管理科学与工程	28	42
江苏科技大学	江 苏	硕士	会计学	21	23
江苏科技大学	江 苏	硕士	企业管理（含：财务管理、市场营销）	18	20
江苏科技大学	江 苏	硕士	技术经济及管理	3	7
中国矿业大学	江 苏	硕士	产业经济学	13	8
中国矿业大学	江 苏	硕士	数量经济学	4	8
中国矿业大学	江 苏	硕士	管理科学与工程	46	75

续表

单位	所在省市	学位	专业	毕业生数	招生数
中国矿业大学	江 苏	硕士	工商管理	81	41
中国矿业大学	江 苏	硕士	会计学	17	24
中国矿业大学	江 苏	硕士	企业管理	19	18
中国矿业大学	江 苏	硕士	技术经济及管理	3	7
中国矿业大学	江 苏	硕士	行政管理	0	67
中国矿业大学	江 苏	硕士	土地资源管理	12	24
南京工业大学	江 苏	硕士	管理科学与工程	42	31
南京工业大学	江 苏	硕士	企业管理（含：财务管理、市场营销）	71	31
南京工业大学	江 苏	硕士	技术经济及管理	11	0
南京工业大学	江 苏	硕士	行政管理	0	79
南京邮电大学	江 苏	硕士	管理科学与工程	15	25
南京邮电大学	江 苏	硕士	企业管理（含：财务管理、市场营销）	16	30
河海大学	江 苏	硕士	人口、资源与环境经济学	0	2
河海大学	江 苏	硕士	应用经济学	0	51
河海大学	江 苏	硕士	国民经济学	16	0
河海大学	江 苏	硕士	区域经济学	7	0
河海大学	江 苏	硕士	金融学（含：保险学）	27	0
河海大学	江 苏	硕士	产业经济学	11	0
河海大学	江 苏	硕士	国际贸易学	14	0
河海大学	江 苏	硕士	数量经济学	7	0
河海大学	江 苏	硕士	管理科学与工程	29	65
河海大学	江 苏	硕士	工商管理	0	86
河海大学	江 苏	硕士	会计学	18	0
河海大学	江 苏	硕士	企业管理（含：财务管理、市场营销）	45	0
河海大学	江 苏	硕士	技术经济及管理	37	0
河海大学	江 苏	硕士	公共管理	0	0
河海大学	江 苏	硕士	行政管理	59	42
河海大学	江 苏	硕士	社会保障	0	12
河海大学	江 苏	硕士	土地资源管理	10	13

续表

单位	所在省市	学位	专业	毕业生数	招生数
河海大学	江苏	硕士	情报学	0	15
河海大学	江苏	专业硕士	工商管理专业学位	64	252
江南大学	江苏	硕士	国际贸易学	61	22
江南大学	江苏	硕士	管理科学与工程	9	14
江南大学	江苏	硕士	企业管理（含：财务管理、市场营销）	55	30
江南大学	江苏	专业硕士	工商管理专业学位	0	42
南京林业大学	江苏	硕士	人口、资源与环境经济学	7	4
南京林业大学	江苏	硕士	管理科学与工程	1	14
南京林业大学	江苏	硕士	企业管理（含：财务管理、市场营销）	17	16
南京林业大学	江苏	硕士	林业经济管理	9	12
江苏大学	江苏	硕士	国际贸易学	38	34
江苏大学	江苏	硕士	统计学	20	16
江苏大学	江苏	硕士	管理科学与工程	34	43
江苏大学	江苏	硕士	会计学	49	48
江苏大学	江苏	硕士	企业管理（含：财务管理、市场营销）	24	31
江苏大学	江苏	硕士	技术经济及管理	6	9
江苏大学	江苏	硕士	社会医学与卫生事业管理	0	15
江苏大学	江苏	硕士	情报学	0	11
江苏大学	江苏	专业硕士	工商管理专业学位	70	86
南京农业大学	江苏	硕士	人口、资源与环境经济学	6	0
南京农业大学	江苏	硕士	财政学	0	0
南京农业大学	江苏	硕士	金融学	47	28
南京农业大学	江苏	硕士	产业经济学	7	11
南京农业大学	江苏	硕士	国际贸易学	13	8
南京农业大学	江苏	硕士	会计学	10	11
南京农业大学	江苏	硕士	企业管理	13	11
南京农业大学	江苏	硕士	技术经济及管理	6	9
南京农业大学	江苏	硕士	农业经济管理	10	15

续表

单位	所在省市	学位	专业	毕业生数	招生数
南京农业大学	江苏	硕士	行政管理	19	28
南京农业大学	江苏	硕士	教育经济与管理	7	7
南京农业大学	江苏	硕士	社会保障	0	6
南京农业大学	江苏	硕士	土地资源管理	30	37
南京农业大学	江苏	硕士	图书馆学	7	7
南京农业大学	江苏	硕士	情报学	9	10
南京医科大学	江苏	硕士	社会医学与卫生事业管理	10	17
中国药科大学	江苏	硕士	企业管理（含：财务管理、市场营销）	4	8
南京师范大学	江苏	硕士	政治经济学	15	9
南京师范大学	江苏	硕士	西方经济学	0	7
南京师范大学	江苏	硕士	金融学	32	32
南京师范大学	江苏	硕士	管理科学与工程	4	6
南京师范大学	江苏	硕士	企业管理	23	25
南京师范大学	江苏	硕士	旅游管理	2	1
南京师范大学	江苏	硕士	行政管理	44	36
南京师范大学	江苏	硕士	教育经济与管理	21	19
南京师范大学	江苏	硕士	社会保障	0	13
南京师范大学	江苏	硕士	土地资源管理	0	6
徐州师范大学	江苏	硕士	政治经济学	0	2
徐州师范大学	江苏	硕士	人口、资源与环境经济学	0	1
徐州师范大学	江苏	硕士	区域经济学	10	5
徐州师范大学	江苏	硕士	教育经济与管理	0	22
南京财经大学	江苏	硕士	政治经济学	8	10
南京财经大学	江苏	硕士	西方经济学	1	14
南京财经大学	江苏	硕士	国民经济学	0	8
南京财经大学	江苏	硕士	区域经济学	0	11
南京财经大学	江苏	硕士	财政学（含：税收学）	0	16
南京财经大学	江苏	硕士	金融学（含：保险学）	51	80

续表

单位	所在省市	学位	专业	毕业生数	招生数
南京财经大学	江 苏	硕士	产业经济学	38	32
南京财经大学	江 苏	硕士	国际贸易学	0	23
南京财经大学	江 苏	硕士	劳动经济学	0	8
南京财经大学	江 苏	硕士	统计学	18	16
南京财经大学	江 苏	硕士	数量经济学	0	12
南京财经大学	江 苏	硕士	会计学	50	69
南京财经大学	江 苏	硕士	企业管理（含：财务管理、市场营销）	39	58
扬州大学	江 苏	硕士	区域经济学	0	10
扬州大学	江 苏	硕士	产业经济学	13	19
扬州大学	江 苏	硕士	劳动经济学	12	4
扬州大学	江 苏	硕士	管理科学与工程	0	8
扬州大学	江 苏	硕士	企业管理（含：财务管理、市场营销）	18	12
扬州大学	江 苏	硕士	旅游管理	17	10
扬州大学	江 苏	硕士	技术经济及管理	0	2
扬州大学	江 苏	硕士	工商管理新专业	0	0
扬州大学	江 苏	硕士	农业经济管理	6	7
扬州大学	江 苏	硕士	教育经济与管理	7	12
扬州大学	江 苏	专业硕士	工商管理专业学位	0	18
浙江大学	浙 江	硕士	政治经济学	11	12
浙江大学	浙 江	硕士	经济思想史	1	0
浙江大学	浙 江	硕士	经济史	1	0
浙江大学	浙 江	硕士	西方经济学	9	18
浙江大学	浙 江	硕士	世界经济	1	3
浙江大学	浙 江	硕士	人口、资源与环境经济学	2	0
浙江大学	浙 江	硕士	国民经济学	1	1
浙江大学	浙 江	硕士	区域经济学	4	2
浙江大学	浙 江	硕士	财政学（含：税收学）	4	5
浙江大学	浙 江	硕士	金融学（含：保险学）	41	48

续表

单位	所在省市	学位	专业	毕业生数	招生数
浙江大学	浙 江	硕士	产业经济学	4	12
浙江大学	浙 江	硕士	国际贸易学	33	32
浙江大学	浙 江	硕士	劳动经济学	10	8
浙江大学	浙 江	硕士	统计学	1	1
浙江大学	浙 江	硕士	数量经济学	1	1
浙江大学	浙 江	硕士	管理科学与工程	26	26
浙江大学	浙 江	硕士	管理科学与工程新专业	0	11
浙江大学	浙 江	硕士	会计学	0	9
浙江大学	浙 江	硕士	企业管理（含：财务管理、市场营销）	1	49
浙江大学	浙 江	硕士	旅游管理	0	13
浙江大学	浙 江	硕士	技术经济及管理	0	1
浙江大学	浙 江	硕士	工商管理新专业	0	25
浙江大学	浙 江	硕士	农业经济管理	2	12
浙江大学	浙 江	硕士	公共管理	0	0
浙江大学	浙 江	硕士	行政管理	61	53
浙江大学	浙 江	硕士	社会医学与卫生事业管理	5	6
浙江大学	浙 江	硕士	教育经济与管理	10	9
浙江大学	浙 江	硕士	社会保障	7	7
浙江大学	浙 江	硕士	土地资源管理	13	20
浙江大学	浙 江	硕士	公共管理新专业	0	3
浙江大学	浙 江	硕士	情报学	3	2
浙江大学	浙 江	硕士	档案学	2	3
浙江大学	浙 江	专业硕士	工商管理专业学位	156	203
杭州电子科技大学	浙 江	硕士	国际贸易学	0	9
杭州电子科技大学	浙 江	硕士	统计学	0	9
杭州电子科技大学	浙 江	硕士	管理科学与工程	11	28
杭州电子科技大学	浙 江	硕士	会计学	33	39
杭州电子科技大学	浙 江	硕士	企业管理（含：财务管理、市场营销）	23	22

续表

单位	所在省市	学位	专业	毕业生数	招生数
杭州电子科技大学	浙江	硕士	旅游管理	0	2
杭州电子科技大学	浙江	硕士	技术经济及管理	0	10
浙江工业大学	浙江	硕士	产业经济学	0	7
浙江工业大学	浙江	硕士	国际贸易学	28	29
浙江工业大学	浙江	硕士	管理科学与工程	19	16
浙江工业大学	浙江	硕士	会计学	0	6
浙江工业大学	浙江	硕士	企业管理（含：财务管理、市场营销）	26	22
浙江工业大学	浙江	硕士	旅游管理	0	3
浙江工业大学	浙江	硕士	技术经济及管理	39	44
浙江工业大学	浙江	硕士	教育经济与管理	0	13
浙江工业大学	浙江	专业硕士	工商管理专业学位	36	81
浙江理工大学	浙江	硕士	区域经济学	32	21
浙江理工大学	浙江	硕士	产业经济学	6	24
浙江理工大学	浙江	硕士	管理科学与工程	12	17
浙江理工大学	浙江	硕士	企业管理（含：财务管理、市场营销）	12	43
浙江林学院	浙江	硕士	林业经济管理	9	10
浙江师范大学	浙江	硕士	区域经济学	14	18
浙江师范大学	浙江	硕士	企业管理（含：财务管理、市场营销）	10	19
浙江师范大学	浙江	硕士	行政管理	0	14
浙江师范大学	浙江	硕士	教育经济与管理	18	25
杭州师范大学	浙江	硕士	社会医学与卫生事业管理	0	19
杭州师范大学	浙江	硕士	教育经济与管理	0	7
浙江工业大学	浙江	硕士	产业经济学	0	7
浙江工商大学	浙江	硕士	西方经济学	0	5
浙江工商大学	浙江	硕士	国民经济学	0	6
浙江工商大学	浙江	硕士	区域经济学	0	6
浙江工商大学	浙江	硕士	金融学（含：保险学）	23	42
浙江工商大学	浙江	硕士	产业经济学	36	36

续表

单位	所在省市	学位	专业	毕业生数	招生数
浙江工商大学	浙 江	硕士	国际贸易学	17	20
浙江工商大学	浙 江	硕士	统计学	26	39
浙江工商大学	浙 江	硕士	数量经济学	16	12
浙江工商大学	浙 江	硕士	管理科学与工程	14	13
浙江工商大学	浙 江	硕士	会计学	18	29
浙江工商大学	浙 江	硕士	企业管理（含：财务管理、市场营销）	40	47
浙江工商大学	浙 江	硕士	旅游管理	18	26
浙江工商大学	浙 江	硕士	技术经济及管理	9	15
浙江工商大学	浙 江	硕士	行政管理	0	19
浙江工商大学	浙 江	专业硕士	工商管理专业学位	67	83
浙江财经学院	浙 江	硕士	经济史	7	5
浙江财经学院	浙 江	硕士	西方经济学	0	14
浙江财经学院	浙 江	硕士	区域经济学	0	10
浙江财经学院	浙 江	硕士	财政学（含：税收学）	22	28
浙江财经学院	浙 江	硕士	金融学（含：保险学）	21	43
浙江财经学院	浙 江	硕士	产业经济学	20	29
浙江财经学院	浙 江	硕士	会计学	21	44
浙江财经学院	浙 江	硕士	企业管理（含：财务管理、市场营销）	20	32
浙江财经学院	浙 江	硕士	行政管理	0	16
浙江财经学院	浙 江	硕士	社会保障	0	14
宁波大学	浙 江	硕士	区域经济学	11	12
宁波大学	浙 江	硕士	金融学（含：保险学）	0	16
宁波大学	浙 江	硕士	产业经济学	0	8
宁波大学	浙 江	硕士	国际贸易学	31	27
宁波大学	浙 江	硕士	数量经济学	11	11
宁波大学	浙 江	硕士	企业管理（含：财务管理、市场营销）	24	26
宁波大学	浙 江	硕士	教育经济与管理	0	12
宁波大学	浙 江	专业硕士	工商管理专业学位	0	25

续表

单位	所在省市	学位	专业	毕业生数	招生数
安徽大学	安 徽	硕士	政治经济学	18	9
安徽大学	安 徽	硕士	经济史	4	1
安徽大学	安 徽	硕士	西方经济学	0	11
安徽大学	安 徽	硕士	世界经济	0	8
安徽大学	安 徽	硕士	人口、资源与环境经济学	0	6
安徽大学	安 徽	硕士	区域经济学	0	12
安徽大学	安 徽	硕士	财政学（含：税收学）	0	17
安徽大学	安 徽	硕士	金融学（含：保险学）	29	35
安徽大学	安 徽	硕士	产业经济学	25	25
安徽大学	安 徽	硕士	国际贸易学	27	26
安徽大学	安 徽	硕士	数量经济学	0	16
安徽大学	安 徽	硕士	会计学	19	21
安徽大学	安 徽	硕士	企业管理（含：财务管理、市场营销）	28	25
安徽大学	安 徽	硕士	旅游管理	9	14
安徽大学	安 徽	硕士	技术经济及管理	0	18
安徽大学	安 徽	硕士	行政管理	38	37
安徽大学	安 徽	硕士	图书馆学	0	16
安徽大学	安 徽	硕士	情报学	21	32
安徽大学	安 徽	硕士	档案学	10	19
安徽大学	安 徽	专业硕士	工商管理专业学位	30	79
中国科学技术大学	安 徽	硕士	金融学	10	5
中国科学技术大学	安 徽	硕士	管理科学与工程	60	55
中国科学技术大学	安 徽	硕士	管理科学与工程新专业	19	28
中国科学技术大学	安 徽	硕士	企业管理（含：财务管理、市场营销）	38	48
中国科学技术大学	安 徽	硕士	行政管理	17	25
中国科学技术大学	安 徽	专业硕士	工商管理专业学位	318	408
合肥工业大学	安 徽	硕士	区域经济学	0	9
合肥工业大学	安 徽	硕士	产业经济学	34	30

续表

单位	所在省市	学位	专业	毕业生数	招生数
合肥工业大学	安徽	硕士	数量经济学	0	8
合肥工业大学	安徽	硕士	管理科学与工程新专业	160	122
合肥工业大学	安徽	硕士	工商管理	104	174
合肥工业大学	安徽	硕士	会计学	21	31
合肥工业大学	安徽	硕士	企业管理（含：财务管理、市场营销）	51	48
合肥工业大学	安徽	硕士	旅游管理	0	0
合肥工业大学	安徽	硕士	技术经济及管理	0	1
安徽工业大学	安徽	硕士	产业经济学	0	14
安徽工业大学	安徽	硕士	数量经济学	17	11
安徽工业大学	安徽	硕士	管理科学与工程	32	13
安徽工业大学	安徽	硕士	会计学	15	30
安徽工业大学	安徽	硕士	企业管理（含：财务管理、市场营销）	0	9
安徽工业大学	安徽	硕士	技术经济及管理	0	3
安徽理工大学	安徽	硕士	管理科学与工程	24	23
安徽工程科技学院	安徽	硕士	产业经济学	0	2
安徽工程科技学院	安徽	硕士	管理科学与工程	0	10
安徽农业大学	安徽	硕士	产业经济学	13	36
安徽农业大学	安徽	硕士	技术经济及管理	18	24
安徽农业大学	安徽	硕士	农业经济管理	12	17
安徽农业大学	安徽	硕士	林业经济管理	0	1
安徽农业大学	安徽	硕士	土地资源管理	0	7
安徽医科大学	安徽	硕士	社会医学与卫生事业管理	16	31
安徽师范大学	安徽	硕士	经济史	0	1
安徽师范大学	安徽	硕士	人口、资源与环境经济学	0	1
安徽师范大学	安徽	硕士	区域经济学	6	3
安徽师范大学	安徽	硕士	旅游管理	11	13
安徽师范大学	安徽	硕士	社会保障	0	21
安徽师范大学	安徽	硕士	土地资源管理	0	11

续表

单位	所在省市	学位	专业	毕业生数	招生数
淮北煤炭师范学院	安 徽	硕士	教育经济与管理	0	7
安徽财经大学	安 徽	硕士	政治经济学	14	6
安徽财经大学	安 徽	硕士	世界经济	0	7
安徽财经大学	安 徽	硕士	人口、资源与环境经济学	0	4
安徽财经大学	安 徽	硕士	国民经济学	0	5
安徽财经大学	安 徽	硕士	区域经济学	0	5
安徽财经大学	安 徽	硕士	财政学（含：税收学）	12	14
安徽财经大学	安 徽	硕士	金融学（含：保险学）	41	56
安徽财经大学	安 徽	硕士	产业经济学	19	16
安徽财经大学	安 徽	硕士	国际贸易学	27	24
安徽财经大学	安 徽	硕士	劳动经济学	8	5
安徽财经大学	安 徽	硕士	统计学	13	17
安徽财经大学	安 徽	硕士	数量经济学	10	7
安徽财经大学	安 徽	硕士	会计学	32	63
安徽财经大学	安 徽	硕士	企业管理（含：财务管理、市场营销）	27	24
安徽财经大学	安 徽	硕士	旅游管理	5	5
安徽财经大学	安 徽	硕士	技术经济及管理	0	6
安徽财经大学	安 徽	硕士	农业经济管理	6	2
安徽财经大学	安 徽	硕士	社会保障	0	26
安徽财经大学	安 徽	硕士	情报学	0	8
安徽财经大学	安 徽	专业硕士	工商管理专业学位	0	28
厦门大学	福 建	硕士	政治经济学	28	18
厦门大学	福 建	硕士	经济思想史	6	2
厦门大学	福 建	硕士	经济史	0	1
厦门大学	福 建	硕士	西方经济学	18	16
厦门大学	福 建	硕士	世界经济	42	18
厦门大学	福 建	硕士	人口、资源与环境经济学	0	3
厦门大学	福 建	硕士	理论经济学新专业	11	15

续表

单位	所在省市	学位	专业	毕业生数	招生数
厦门大学	福 建	硕士	国民经济学	16	9
厦门大学	福 建	硕士	区域经济学	17	10
厦门大学	福 建	硕士	财政学（含：税收学）	64	37
厦门大学	福 建	硕士	金融学（含：保险学）	73	53
厦门大学	福 建	硕士	产业经济学	13	8
厦门大学	福 建	硕士	国际贸易学	38	14
厦门大学	福 建	硕士	劳动经济学	3	0
厦门大学	福 建	硕士	统计学	26	27
厦门大学	福 建	硕士	数量经济学	14	23
厦门大学	福 建	硕士	应用经济学新专业	106	80
厦门大学	福 建	硕士	管理科学与工程	11	15
厦门大学	福 建	硕士	会计学	109	76
厦门大学	福 建	硕士	企业管理（含：财务管理、市场营销）	86	40
厦门大学	福 建	硕士	旅游管理	18	13
厦门大学	福 建	硕士	技术经济及管理	9	4
厦门大学	福 建	硕士	工商管理新专业	1	30
厦门大学	福 建	硕士	行政管理	64	75
厦门大学	福 建	硕士	社会医学与卫生事业管理	0	0
厦门大学	福 建	硕士	教育经济与管理	3	4
厦门大学	福 建	硕士	社会保障	9	4
厦门大学	福 建	硕士	公共管理新专业	0	8
厦门大学	福 建	专业硕士	工商管理专业学位	262	290
厦门大学	福 建	专业硕士	会计专业学位	0	15
华侨大学	福 建	硕士	区域经济学	20	8
华侨大学	福 建	硕士	金融学（含：保险学）	24	17
华侨大学	福 建	硕士	国际贸易学	0	9
华侨大学	福 建	硕士	数量经济学	16	17
华侨大学	福 建	硕士	管理科学与工程	14	6

续表

单位	所在省市	学位	专业	毕业生数	招生数
华侨大学	福建	硕士	会计学	0	9
华侨大学	福建	硕士	企业管理（含：财务管理、市场营销）	35	22
华侨大学	福建	硕士	旅游管理	22	16
华侨大学	福建	硕士	技术经济及管理	9	9
华侨大学	福建	硕士	行政管理	0	16
华侨大学	福建	专业硕士	工商管理专业学位	0	43
福州大学	福建	硕士	西方经济学	9	9
福州大学	福建	硕士	国民经济学	0	4
福州大学	福建	硕士	区域经济学	0	7
福州大学	福建	硕士	财政学（含：税收学）	0	8
福州大学	福建	硕士	金融学（含：保险学）	17	18
福州大学	福建	硕士	产业经济学	8	11
福州大学	福建	硕士	国际贸易学	19	21
福州大学	福建	硕士	统计学	10	11
福州大学	福建	硕士	数量经济学	7	9
福州大学	福建	硕士	管理科学与工程	40	42
福州大学	福建	硕士	管理科学与工程新专业	0	45
福州大学	福建	硕士	会计学	21	32
福州大学	福建	硕士	企业管理（含：财务管理、市场营销）	20	25
福州大学	福建	硕士	技术经济及管理	9	12
福州大学	福建	硕士	行政管理	31	30
福州大学	福建	硕士	情报学	8	9
福州大学	福建	专业硕士	工商管理专业学位	122	228
福建农林大学	福建	硕士	人口、资源与环境经济学	5	7
福建农林大学	福建	硕士	区域经济学	0	10
福建农林大学	福建	硕士	统计学	0	3
福建农林大学	福建	硕士	企业管理（含：财务管理、市场营销）	11	13
福建农林大学	福建	硕士	旅游管理	0	4

续表

单位	所在省市	学位	专业	毕业生数	招生数
福建农林大学	福 建	硕士	农业经济管理	9	8
福建农林大学	福 建	硕士	林业经济管理	5	6
福建农林大学	福 建	硕士	土地资源管理	2	3
集美大学	福 建	硕士	国民经济学	11	10
集美大学	福 建	硕士	财政学（含：税收学）	0	10
集美大学	福 建	硕士	会计学	0	9
福建医科大学	福 建	硕士	社会医学与卫生事业管理	8	8
福建师范大学	福 建	硕士	政治经济学	20	12
福建师范大学	福 建	硕士	经济思想史	3	2
福建师范大学	福 建	硕士	经济史	0	2
福建师范大学	福 建	硕士	西方经济学	8	6
福建师范大学	福 建	硕士	世界经济	0	6
福建师范大学	福 建	硕士	人口、资源与环境经济学	0	2
福建师范大学	福 建	硕士	区域经济学	0	2
福建师范大学	福 建	硕士	产业经济学	12	5
福建师范大学	福 建	硕士	旅游管理	6	0
福建师范大学	福 建	硕士	行政管理	36	38
福建师范大学	福 建	硕士	教育经济与管理	14	11
福建师范大学	福 建	硕士	社会保障	0	10
福建师范大学	福 建	硕士	土地资源管理	0	4
福建师范大学	福 建	硕士	图书馆学	15	10
福建师范大学	福 建	硕士	档案学	0	7
南昌大学	江 西	硕士	政治经济学	0	6
南昌大学	江 西	硕士	世界经济	0	7
南昌大学	江 西	硕士	人口、资源与环境经济学	0	6
南昌大学	江 西	硕士	区域经济学	0	10
南昌大学	江 西	硕士	产业经济学	0	17
南昌大学	江 西	硕士	数量经济学	0	11

续表

单位	所在省市	学位	专业	毕业生数	招生数
南昌大学	江 西	硕士	管理科学与工程	15	4
南昌大学	江 西	硕士	工商管理	55	28
南昌大学	江 西	硕士	会计学	0	14
南昌大学	江 西	硕士	企业管理（含：财务管理、市场营销）	0	11
南昌大学	江 西	硕士	旅游管理	0	5
南昌大学	江 西	硕士	技术经济及管理	0	7
南昌大学	江 西	硕士	行政管理	44	139
南昌大学	江 西	硕士	社会医学与卫生事业管理	3	41
南昌大学	江 西	硕士	教育经济与管理	24	17
南昌大学	江 西	硕士	社会保障	1	10
南昌大学	江 西	硕士	土地资源管理	0	8
南昌大学	江 西	硕士	情报学	0	1
南昌大学	江 西	硕士	档案学	0	5
华东交通大学	江 西	硕士	政治经济学	0	3
华东交通大学	江 西	硕士	产业经济学	1	7
华东交通大学	江 西	硕士	劳动经济学	7	10
华东交通大学	江 西	硕士	统计学	4	5
华东交通大学	江 西	硕士	管理科学与工程	0	16
华东交通大学	江 西	硕士	工商管理	0	60
华东交通大学	江 西	硕士	会计学	29	13
华东交通大学	江 西	硕士	企业管理（含：财务管理、市场营销）	28	10
东华理工大学	江 西	硕士	企业管理（含：财务管理、市场营销）	0	8
东华理工大学	江 西	硕士	旅游管理	0	1
东华理工大学	江 西	硕士	土地资源管理	0	25
江西理工大学	江 西	硕士	管理科学与工程	25	18
江西理工大学	江 西	硕士	管理科学与工程新专业	0	18
江西理工大学	江 西	硕士	企业管理（含：财务管理、市场营销）	18	13
江西理工大学	江 西	硕士	技术经济及管理	0	3

续表

单位	所在省市	学位	专业	毕业生数	招生数
景德镇陶瓷学院	江 西	硕士	产业经济学	0	4
景德镇陶瓷学院	江 西	硕士	会计学	0	6
景德镇陶瓷学院	江 西	硕士	企业管理（含：财务管理、市场营销）	0	1
江西农业大学	江 西	硕士	政治经济学	0	13
江西农业大学	江 西	硕士	企业管理（含：财务管理、市场营销）	0	23
江西农业大学	江 西	硕士	农业经济管理	13	12
江西农业大学	江 西	硕士	林业经济管理	1	1
江西农业大学	江 西	硕士	教育经济与管理	0	17
江西农业大学	江 西	硕士	土地资源管理	15	12
江西中医学院	江 西	硕士	社会医学与卫生事业管理	0	9
江西师范大学	江 西	硕士	政治经济学	5	4
江西师范大学	江 西	硕士	经济史	0	3
江西师范大学	江 西	硕士	区域经济学	8	4
江西师范大学	江 西	硕士	产业经济学	0	26
江西师范大学	江 西	硕士	管理科学与工程	0	11
江西师范大学	江 西	硕士	企业管理（含：财务管理、市场营销）	10	9
江西师范大学	江 西	硕士	旅游管理	0	5
江西师范大学	江 西	硕士	教育经济与管理	22	14
江西师范大学	江 西	硕士	土地资源管理	0	8
赣南师范学院	江 西	硕士	企业管理（含：财务管理、市场营销）	0	4
江西财经大学	江 西	硕士	政治经济学	4	2
江西财经大学	江 西	硕士	经济思想史	0	0
江西财经大学	江 西	硕士	经济史	4	0
江西财经大学	江 西	硕士	西方经济学	13	8
江西财经大学	江 西	硕士	世界经济	5	5
江西财经大学	江 西	硕士	人口、资源与环境经济学	0	0
江西财经大学	江 西	硕士	国民经济学	10	3
江西财经大学	江 西	硕士	区域经济学	9	3

续表

单位	所在省市	学位	专业	毕业生数	招生数
江西财经大学	江西	硕士	财政学（含：税收学）	8	14
江西财经大学	江西	硕士	金融学（含：保险学）	47	69
江西财经大学	江西	硕士	产业经济学	25	20
江西财经大学	江西	硕士	国际贸易学	23	21
江西财经大学	江西	硕士	劳动经济学	4	0
江西财经大学	江西	硕士	统计学	15	15
江西财经大学	江西	硕士	数量经济学	7	24
江西财经大学	江西	硕士	管理科学与工程	7	9
江西财经大学	江西	硕士	会计学	84	116
江西财经大学	江西	硕士	企业管理（含：财务管理、市场营销）	37	20
江西财经大学	江西	硕士	旅游管理	17	2
江西财经大学	江西	硕士	技术经济及管理	6	2
江西财经大学	江西	硕士	农业经济管理	0	2
江西财经大学	江西	硕士	行政管理	0	40
江西财经大学	江西	硕士	教育经济与管理	0	6
江西财经大学	江西	硕士	社会保障	23	27
江西财经大学	江西	硕士	土地资源管理	0	8
江西财经大学	江西	专业硕士	工商管理专业学位	111	207
江西财经大学	江西	专业硕士	会计专业学位	0	160
江西科技师范学院	江西	硕士	旅游管理	0	4
山东大学	山东	硕士	政治经济学	19	7
山东大学	山东	硕士	经济思想史	1	0
山东大学	山东	硕士	西方经济学	19	24
山东大学	山东	硕士	世界经济	11	11
山东大学	山东	硕士	国民经济学	8	5
山东大学	山东	硕士	区域经济学	10	0
山东大学	山东	硕士	财政学（含：税收学）	18	26
山东大学	山东	硕士	金融学（含：保险学）	55	67

续表

单位	所在省市	学位	专业	毕业生数	招生数
山东大学	山 东	硕士	产业经济学	13	15
山东大学	山 东	硕士	国际贸易学	24	18
山东大学	山 东	硕士	劳动经济学	6	8
山东大学	山 东	硕士	数量经济学	8	12
山东大学	山 东	硕士	应用经济学新专业	0	11
山东大学	山 东	硕士	管理科学与工程	19	23
山东大学	山 东	硕士	管理科学与工程新专业	0	14
山东大学	山 东	硕士	会计学	25	25
山东大学	山 东	硕士	企业管理（含：财务管理、市场营销）	58	68
山东大学	山 东	硕士	旅游管理	21	9
山东大学	山 东	硕士	技术经济及管理	12	9
山东大学	山 东	硕士	行政管理	62	65
山东大学	山 东	硕士	社会医学与卫生事业管理	21	23
山东大学	山 东	硕士	教育经济与管理	2	3
山东大学	山 东	硕士	社会保障	4	6
山东大学	山 东	硕士	图书馆学	3	4
山东大学	山 东	硕士	档案学	7	20
山东大学	山 东	专业硕士	工商管理专业学位	118	196
中国海洋大学	山 东	硕士	西方经济学	0	3
中国海洋大学	山 东	硕士	国民经济学	0	12
中国海洋大学	山 东	硕士	区域经济学	21	10
中国海洋大学	山 东	硕士	财政学（含：税收学）	1	3
中国海洋大学	山 东	硕士	金融学（含：保险学）	42	29
中国海洋大学	山 东	硕士	产业经济学	0	6
中国海洋大学	山 东	硕士	国际贸易学	40	36
中国海洋大学	山 东	硕士	劳动经济学	17	5
中国海洋大学	山 东	硕士	数量经济学	7	8
中国海洋大学	山 东	硕士	管理科学与工程	38	15

续表

单位	所在省市	学位	专业	毕业生数	招生数
中国海洋大学	山 东	硕士	管理科学与工程新专业	0	12
中国海洋大学	山 东	硕士	会计学	34	41
中国海洋大学	山 东	硕士	企业管理（含：财务管理、市场营销）	38	41
中国海洋大学	山 东	硕士	旅游管理	40	31
中国海洋大学	山 东	硕士	技术经济及管理	20	13
中国海洋大学	山 东	硕士	农业经济管理	13	12
中国海洋大学	山 东	硕士	行政管理	24	37
中国海洋大学	山 东	专业硕士	工商管理专业学位	61	123
中国海洋大学	山 东	专业硕士	会计专业学位	0	45
山东科技大学	山 东	硕士	管理科学与工程	20	17
山东科技大学	山 东	硕士	会计学	0	26
山东科技大学	山 东	硕士	企业管理（含：财务管理、市场营销）	0	16
山东科技大学	山 东	硕士	技术经济及管理	21	8
山东科技大学	山 东	硕士	情报学	0	3
中国石油大学（华东）	山 东	硕士	金融学（含：保险学）	0	5
中国石油大学（华东）	山 东	硕士	产业经济学	15	14
中国石油大学（华东）	山 东	硕士	管理科学与工程	27	19
中国石油大学（华东）	山 东	硕士	工商管理	38	16
中国石油大学（华东）	山 东	硕士	会计学	2	19
中国石油大学（华东）	山 东	硕士	企业管理（含：财务管理、市场营销）	1	0
中国石油大学（华东）	山 东	硕士	技术经济及管理	0	0
中国石油大学（华东）	山 东	硕士	行政管理	10	24
青岛科技大学	山 东	硕士	区域经济学	0	4
青岛科技大学	山 东	硕士	国际贸易学	0	6
青岛科技大学	山 东	硕士	数量经济学	0	2
青岛科技大学	山 东	硕士	企业管理	14	13
青岛科技大学	山 东	硕士	技术经济及管理	5	4
青岛科技大学	山 东	硕士	情报学	0	3

续表

单位	所在省市	学位	专业	毕业生数	招生数
济南大学	山 东	硕士	国民经济学	0	8
济南大学	山 东	硕士	管理科学与工程	0	8
济南大学	山 东	硕士	技术经济及管理	8	6
济南大学	山 东	硕士	情报学	1	2
青岛理工大学	山 东	硕士	数量经济学	0	4
青岛理工大学	山 东	硕士	管理科学与工程	0	7
青岛理工大学	山 东	硕士	会计学	12	17
青岛理工大学	山 东	硕士	企业管理（含：财务管理、市场营销）	0	5
山东建筑大学	山 东	硕士	管理科学与工程	13	16
山东建筑大学	山 东	硕士	技术经济及管理	12	9
山东理工大学	山 东	硕士	世界经济	0	5
山东理工大学	山 东	硕士	产业经济学	14	6
山东理工大学	山 东	硕士	管理科学与工程	12	6
山东理工大学	山 东	硕士	企业管理（含：财务管理、市场营销）	0	11
山东理工大学	山 东	硕士	农业经济管理	0	2
山东理工大学	山 东	硕士	情报学	6	7
山东农业大学	山 东	硕士	产业经济学	3	11
山东农业大学	山 东	硕士	会计学	10	13
山东农业大学	山 东	硕士	农业经济管理	10	10
山东农业大学	山 东	硕士	土地资源管理	10	10
青岛农业大学	山 东	硕士	农业经济管理	12	7
潍坊医学院	山 东	硕士	社会医学与卫生事业管理	6	18
山东师范大学	山 东	硕士	世界经济	8	6
山东师范大学	山 东	硕士	人口、资源与环境经济学	9	5
山东师范大学	山 东	硕士	区域经济学	8	8
山东师范大学	山 东	硕士	管理科学与工程	24	29
山东师范大学	山 东	硕士	旅游管理	6	5
山东师范大学	山 东	硕士	行政管理	0	12

续表

单位	所在省市	学位	专业	毕业生数	招生数
山东师范大学	山 东	硕士	教育经济与管理	4	6
山东师范大学	山 东	硕士	土地资源管理	0	4
曲阜师范大学	山 东	硕士	教育经济与管理	13	11
曲阜师范大学	山 东	硕士	图书馆学	0	12
聊城大学	山 东	硕士	国民经济学	0	1
聊城大学	山 东	硕士	产业经济学	3	2
聊城大学	山 东	硕士	劳动经济学	5	1
山东经济学院	山 东	硕士	政治经济学	3	7
山东经济学院	山 东	硕士	西方经济学	0	6
山东经济学院	山 东	硕士	国民经济学	0	2
山东经济学院	山 东	硕士	区域经济学	0	5
山东经济学院	山 东	硕士	财政学（含：税收学）	4	8
山东经济学院	山 东	硕士	金融学（含：保险学）	30	33
山东经济学院	山 东	硕士	产业经济学	0	5
山东经济学院	山 东	硕士	国际贸易学	15	12
山东经济学院	山 东	硕士	劳动经济学	0	2
山东经济学院	山 东	硕士	统计学	4	5
山东经济学院	山 东	硕士	数量经济学	1	3
山东经济学院	山 东	硕士	国防经济	0	2
山东经济学院	山 东	硕士	管理科学与工程	10	13
山东经济学院	山 东	硕士	会计学	47	39
山东经济学院	山 东	硕士	企业管理（含：财务管理、市场营销）	29	30
山东经济学院	山 东	硕士	旅游管理	0	3
山东经济学院	山 东	硕士	技术经济及管理	2	6
山东经济学院	山 东	硕士	教育经济与管理	0	12
山东经济学院	山 东	硕士	社会保障	0	33
山东经济学院	山 东	专业硕士	工商管理专业学位	56	58
青岛大学	山 东	硕士	政治经济学	0	2

续表

单位	所在省市	学位	专业	毕业生数	招生数
青岛大学	山 东	硕士	西方经济学	9	4
青岛大学	山 东	硕士	世界经济	0	6
青岛大学	山 东	硕士	人口、资源与环境经济学	13	7
青岛大学	山 东	硕士	金融学（含：保险学）	17	27
青岛大学	山 东	硕士	国际贸易学	0	6
青岛大学	山 东	硕士	管理科学与工程	13	17
青岛大学	山 东	硕士	会计学	0	6
青岛大学	山 东	硕士	企业管理（含：财务管理、市场营销）	12	13
青岛大学	山 东	硕士	旅游管理	16	11
青岛大学	山 东	硕士	技术经济及管理	0	6
青岛大学	山 东	硕士	行政管理	0	22
青岛大学	山 东	硕士	社会医学与卫生事业管理	3	7
青岛大学	山 东	硕士	教育经济与管理	18	20
青岛大学	山 东	专业硕士	工商管理专业学位	0	28
烟台大学	山 东	硕士	国民经济学	0	4
烟台大学	山 东	硕士	企业管理（含：财务管理、市场营销）	0	4
山东财政学院	山 东	硕士	政治经济学	7	4
山东财政学院	山 东	硕士	西方经济学	0	4
山东财政学院	山 东	硕士	世界经济	0	4
山东财政学院	山 东	硕士	国民经济学	0	3
山东财政学院	山 东	硕士	区域经济学	0	4
山东财政学院	山 东	硕士	财政学（含：税收学）	9	17
山东财政学院	山 东	硕士	金融学（含：保险学）	23	41
山东财政学院	山 东	硕士	产业经济学	0	6
山东财政学院	山 东	硕士	国际贸易学	12	12
山东财政学院	山 东	硕士	劳动经济学	0	4
山东财政学院	山 东	硕士	统计学	4	5
山东财政学院	山 东	硕士	数量经济学	0	8

续表

单位	所在省市	学位	专业	毕业生数	招生数
山东财政学院	山 东	硕士	管理科学与工程	4	5
山东财政学院	山 东	硕士	会计学	32	30
山东财政学院	山 东	硕士	企业管理（含：财务管理、市场营销）	11	11
山东财政学院	山 东	硕士	旅游管理	0	1
山东财政学院	山 东	硕士	技术经济及管理	3	5
山东财政学院	山 东	硕士	社会保障	0	15
山东财政学院	山 东	专业硕士	工商管理专业学位	29	53
郑州大学	河 南	硕士	经济史	0	2
郑州大学	河 南	硕士	西方经济学	6	6
郑州大学	河 南	硕士	国民经济学	11	11
郑州大学	河 南	硕士	区域经济学	7	11
郑州大学	河 南	硕士	财政学（含：税收学）	0	4
郑州大学	河 南	硕士	金融学（含：保险学）	25	25
郑州大学	河 南	硕士	产业经济学	6	8
郑州大学	河 南	硕士	国际贸易学	0	9
郑州大学	河 南	硕士	劳动经济学	0	6
郑州大学	河 南	硕士	统计学	0	5
郑州大学	河 南	硕士	数量经济学	8	6
郑州大学	河 南	硕士	管理科学与工程	0	34
郑州大学	河 南	硕士	企业管理（含：财务管理、市场营销）	21	29
郑州大学	河 南	硕士	旅游管理	0	11
郑州大学	河 南	硕士	技术经济及管理	0	9
郑州大学	河 南	硕士	行政管理	97	102
郑州大学	河 南	硕士	社会医学与卫生事业管理	4	6
郑州大学	河 南	硕士	教育经济与管理	0	11
郑州大学	河 南	硕士	社会保障	0	12
郑州大学	河 南	硕士	土地资源管理	0	5
郑州大学	河 南	硕士	图书馆学	10	10

续表

单位	所在省市	学位	专业	毕业生数	招生数
郑州大学	河南	硕士	情报学	27	23
郑州大学	河南	硕士	档案学	0	10
郑州大学	河南	专业硕士	工商管理专业学位	132	165
河南理工大学	河南	硕士	管理科学与工程	0	4
河南理工大学	河南	硕士	会计学	2	18
河南理工大学	河南	硕士	企业管理（含：财务管理、市场营销）	12	6
河南理工大学	河南	硕士	土地资源管理	0	18
郑州轻工业学院	河南	硕士	管理科学与工程	0	5
郑州轻工业学院	河南	硕士	企业管理（含：财务管理、市场营销）	10	5
河南工业大学	河南	硕士	产业经济学	10	7
河南工业大学	河南	硕士	国际贸易学	0	2
河南工业大学	河南	硕士	管理科学与工程	0	2
河南工业大学	河南	硕士	企业管理（含：财务管理、市场营销）	12	6
河南工业大学	河南	硕士	旅游管理	0	0
河南工业大学	河南	硕士	技术经济及管理	0	3
河南工业大学	河南	硕士	农业经济管理	0	0
河南科技大学	河南	硕士	区域经济学	0	7
河南科技大学	河南	硕士	管理科学与工程	4	9
河南科技大学	河南	硕士	工商管理	0	18
河南科技大学	河南	硕士	企业管理	3	5
河南科技大学	河南	硕士	旅游管理	0	4
河南科技大学	河南	硕士	技术经济及管理	0	2
河南科技大学	河南	硕士	图书馆学	0	2
中原工学院	河南	硕士	会计学	0	8
中原工学院	河南	硕士	企业管理（含：财务管理、市场营销）	7	12
河南农业大学	河南	硕士	管理科学与工程	6	4
河南农业大学	河南	硕士	企业管理（含：财务管理、市场营销）	0	3
河南农业大学	河南	硕士	技术经济及管理	0	0

续表

单位	所在省市	学位	专业	毕业生数	招生数
河南农业大学	河 南	硕士	农业经济管理	5	9
河南农业大学	河 南	硕士	土地资源管理	8	15
新乡医学院	河 南	硕士	情报学	0	1
河南大学	河 南	硕士	政治经济学	3	1
河南大学	河 南	硕士	经济思想史	1	2
河南大学	河 南	硕士	经济史	0	2
河南大学	河 南	硕士	西方经济学	0	2
河南大学	河 南	硕士	世界经济	0	2
河南大学	河 南	硕士	人口、资源与环境经济学	1	1
河南大学	河 南	硕士	国民经济学	11	11
河南大学	河 南	硕士	区域经济学	9	10
河南大学	河 南	硕士	财政学（含：税收学）	0	6
河南大学	河 南	硕士	金融学（含：保险学）	16	19
河南大学	河 南	硕士	产业经济学	9	5
河南大学	河 南	硕士	国际贸易学	0	7
河南大学	河 南	硕士	劳动经济学	0	1
河南大学	河 南	硕士	统计学	0	2
河南大学	河 南	硕士	数量经济学	1	3
河南大学	河 南	硕士	国防经济	0	0
河南大学	河 南	硕士	管理科学与工程	0	4
河南大学	河 南	硕士	会计学	25	19
河南大学	河 南	硕士	企业管理	14	11
河南大学	河 南	硕士	旅游管理	4	3
河南大学	河 南	硕士	技术经济及管理	0	1
河南大学	河 南	硕士	农业经济管理	0	1
河南大学	河 南	硕士	行政管理	52	49
河南大学	河 南	硕士	社会医学与卫生事业管理	0	4
河南大学	河 南	硕士	教育经济与管理	0	18

续表

单位	所在省市	学位	专业	毕业生数	招生数
河南大学	河 南	硕士	社会保障	0	18
河南大学	河 南	硕士	土地资源管理	24	24
河南大学	河 南	专业硕士	工商管理专业学位	0	38
河南师范大学	河 南	硕士	政治经济学	3	3
河南师范大学	河 南	硕士	国民经济学	0	1
河南师范大学	河 南	硕士	产业经济学	12	4
河南师范大学	河 南	硕士	企业管理（含：财务管理、市场营销）	0	6
河南师范大学	河 南	硕士	教育经济与管理	0	9
信阳师范学院	河 南	硕士	政治经济学	6	6
信阳师范学院	河 南	硕士	劳动经济学	0	5
河南财经学院	河 南	硕士	政治经济学	5	3
河南财经学院	河 南	硕士	经济思想史	0	2
河南财经学院	河 南	硕士	经济史	0	1
河南财经学院	河 南	硕士	西方经济学	0	6
河南财经学院	河 南	硕士	世界经济	6	2
河南财经学院	河 南	硕士	人口、资源与环境经济学	0	1
河南财经学院	河 南	硕士	国民经济学	7	3
河南财经学院	河 南	硕士	区域经济学	0	2
河南财经学院	河 南	硕士	财政学（含：税收学）	0	5
河南财经学院	河 南	硕士	金融学（含：保险学）	10	13
河南财经学院	河 南	硕士	产业经济学	13	9
河南财经学院	河 南	硕士	国际贸易学	0	10
河南财经学院	河 南	硕士	劳动经济学	5	3
河南财经学院	河 南	硕士	统计学	7	9
河南财经学院	河 南	硕士	数量经济学	0	5
河南财经学院	河 南	硕士	管理科学与工程	7	3
河南财经学院	河 南	硕士	会计学	20	24
河南财经学院	河 南	硕士	企业管理（含：财务管理、市场营销）	8	7

续表

单位	所在省市	学位	专业	毕业生数	招生数
河南财经学院	河 南	硕士	旅游管理	0	3
河南财经学院	河 南	硕士	技术经济及管理	6	7
河南财经学院	河 南	硕士	农业经济管理	5	1
河南财经学院	河 南	专业硕士	工商管理专业学位	35	56
华北水利水电学院	河 南	硕士	人口、资源与环境经济学	1	4
华北水利水电学院	河 南	硕士	管理科学与工程	18	19
华北水利水电学院	河 南	硕士	技术经济及管理	3	5
武汉大学	湖 北	硕士	政治经济学	7	4
武汉大学	湖 北	硕士	经济思想史	4	2
武汉大学	湖 北	硕士	经济史	3	2
武汉大学	湖 北	硕士	西方经济学	23	12
武汉大学	湖 北	硕士	世界经济	26	24
武汉大学	湖 北	硕士	人口、资源与环境经济学	3	3
武汉大学	湖 北	硕士	国民经济学	4	4
武汉大学	湖 北	硕士	区域经济学	4	10
武汉大学	湖 北	硕士	财政学（含：税收学）	8	9
武汉大学	湖 北	硕士	金融学（含：保险学）	117	90
武汉大学	湖 北	硕士	产业经济学	10	11
武汉大学	湖 北	硕士	国际贸易学	23	6
武汉大学	湖 北	硕士	数量经济学	5	5
武汉大学	湖 北	硕士	应用经济学新专业	35	54
武汉大学	湖 北	硕士	管理科学与工程	40	44
武汉大学	湖 北	硕士	管理科学与工程新专业	16	24
武汉大学	湖 北	硕士	会计学	45	53
武汉大学	湖 北	硕士	企业管理（含：财务管理、市场营销）	58	50
武汉大学	湖 北	硕士	旅游管理	7	7
武汉大学	湖 北	硕士	技术经济及管理	5	8
武汉大学	湖 北	硕士	工商管理新专业	20	32

续表

单位	所在省市	学位	专业	毕业生数	招生数
武汉大学	湖 北	硕士	行政管理	67	63
武汉大学	湖 北	硕士	社会医学与卫生事业管理	16	12
武汉大学	湖 北	硕士	教育经济与管理	8	21
武汉大学	湖 北	硕士	社会保障	19	32
武汉大学	湖 北	硕士	土地资源管理	26	29
武汉大学	湖 北	硕士	公共管理新专业	9	7
武汉大学	湖 北	硕士	图书馆学	19	21
武汉大学	湖 北	硕士	情报学	46	35
武汉大学	湖 北	硕士	档案学	12	14
武汉大学	湖 北	硕士	图书馆、情报与档案管理新专业	41	62
武汉大学	湖 北	专业硕士	工商管理专业学位	289	411
武汉大学	湖 北	专业硕士	会计专业学位	0	57
华中科技大学	湖 北	硕士	政治经济学	7	5
华中科技大学	湖 北	硕士	西方经济学	27	36
华中科技大学	湖 北	硕士	世界经济	14	7
华中科技大学	湖 北	硕士	区域经济学	1	1
华中科技大学	湖 北	硕士	财政学（含：税收学）	2	0
华中科技大学	湖 北	硕士	金融学（含：保险学）	35	38
华中科技大学	湖 北	硕士	产业经济学	8	11
华中科技大学	湖 北	硕士	国际贸易学	19	16
华中科技大学	湖 北	硕士	劳动经济学	0	0
华中科技大学	湖 北	硕士	统计学	0	1
华中科技大学	湖 北	硕士	数量经济学	9	13
华中科技大学	湖 北	硕士	管理科学与工程	84	76
华中科技大学	湖 北	硕士	管理科学与工程新专业	12	13
华中科技大学	湖 北	硕士	会计学	20	10
华中科技大学	湖 北	硕士	企业管理（含：财务管理、市场营销）	82	77
华中科技大学	湖 北	硕士	技术经济及管理	12	20

续表

单位	所在省市	学位	专业	毕业生数	招生数
华中科技大学	湖北	硕士	工商管理新专业	0	43
华中科技大学	湖北	硕士	行政管理	96	74
华中科技大学	湖北	硕士	社会医学与卫生事业管理	39	38
华中科技大学	湖北	硕士	教育经济与管理	19	15
华中科技大学	湖北	硕士	社会保障	13	14
华中科技大学	湖北	硕士	土地资源管理	11	15
华中科技大学	湖北	硕士	公共管理新专业	0	15
华中科技大学	湖北	硕士	情报学	7	7
华中科技大学	湖北	专业硕士	工商管理专业学位	242	307
武汉科技大学	湖北	硕士	政治经济学	3	3
武汉科技大学	湖北	硕士	管理科学与工程	24	26
武汉科技大学	湖北	硕士	会计学	2	14
武汉科技大学	湖北	硕士	企业管理（含：财务管理、市场营销）	31	28
武汉科技大学	湖北	硕士	旅游管理	0	3
武汉科技大学	湖北	硕士	技术经济及管理	0	6
武汉科技大学	湖北	硕士	行政管理	2	42
武汉科技大学	湖北	硕士	社会保障	42	24
长江大学	湖北	硕士	产业经济学	0	4
长江大学	湖北	硕士	会计学	0	4
长江大学	湖北	硕士	企业管理（含：财务管理、市场营销）	10	2
长江大学	湖北	硕士	农业经济管理	4	2
武汉工程大学	湖北	硕士	企业管理（含：财务管理、市场营销）	19	16
武汉工程大学	湖北	硕士	技术经济及管理	1	4
中国地质大学	湖北	硕士	理论经济学	7	2
中国地质大学	湖北	硕士	人口、资源与环境经济学	1	0
中国地质大学	湖北	硕士	应用经济学	9	11
中国地质大学	湖北	硕士	产业经济学	1	0
中国地质大学	湖北	硕士	管理科学与工程	12	25

续表

单位	所在省市	学位	专业	毕业生数	招生数
中国地质大学	湖北	硕士	工商管理	1	3
中国地质大学	湖北	硕士	会计学	20	29
中国地质大学	湖北	硕士	企业管理	17	26
中国地质大学	湖北	硕士	旅游管理	9	2
中国地质大学	湖北	硕士	公共管理	60	70
中国地质大学	湖北	硕士	行政管理	1	0
中国地质大学	湖北	硕士	教育经济与管理	7	24
中国地质大学	湖北	硕士	土地资源管理	30	37
中国地质大学	湖北	专业硕士	工商管理专业学位	0	78
武汉科技学院	湖北	硕士	管理科学与工程	11	2
武汉科技学院	湖北	硕士	企业管理（含：财务管理、市场营销）	0	16
武汉工业学院	湖北	硕士	企业管理（含：财务管理、市场营销）	0	29
武汉理工大学	湖北	硕士	西方经济学	0	3
武汉理工大学	湖北	硕士	区域经济学	1	6
武汉理工大学	湖北	硕士	金融学（含：保险学）	23	30
武汉理工大学	湖北	硕士	产业经济学	28	18
武汉理工大学	湖北	硕士	国际贸易学	52	25
武汉理工大学	湖北	硕士	劳动经济学	0	0
武汉理工大学	湖北	硕士	统计学	0	9
武汉理工大学	湖北	硕士	数量经济学	3	1
武汉理工大学	湖北	硕士	管理科学与工程	31	62
武汉理工大学	湖北	硕士	管理科学与工程新专业	26	0
武汉理工大学	湖北	硕士	工商管理	0	15
武汉理工大学	湖北	硕士	会计学	37	38
武汉理工大学	湖北	硕士	企业管理（含：财务管理、市场营销）	57	68
武汉理工大学	湖北	硕士	技术经济及管理	11	11
武汉理工大学	湖北	硕士	教育经济与管理	23	20
武汉理工大学	湖北	专业硕士	工商管理专业学位	165	344

续表

单位	所在省市	学位	专业	毕业生数	招生数
湖北工业大学	湖 北	硕士	产业经济学	7	5
湖北工业大学	湖 北	硕士	会计学	0	3
湖北工业大学	湖 北	硕士	企业管理（含：财务管理、市场营销）	9	6
华中农业大学	湖 北	硕士	人口、资源与环境经济学	4	1
华中农业大学	湖 北	硕士	产业经济学	14	4
华中农业大学	湖 北	硕士	国际贸易学	2	8
华中农业大学	湖 北	硕士	企业管理（含：财务管理、市场营销）	31	31
华中农业大学	湖 北	硕士	农业经济管理	18	15
华中农业大学	湖 北	硕士	行政管理	1	17
华中农业大学	湖 北	硕士	教育经济与管理	23	13
华中农业大学	湖 北	硕士	社会保障	0	1
华中农业大学	湖 北	硕士	土地资源管理	23	35
华中师范大学	湖 北	硕士	政治经济学	16	4
华中师范大学	湖 北	硕士	经济思想史	0	1
华中师范大学	湖 北	硕士	西方经济学	10	8
华中师范大学	湖 北	硕士	世界经济	0	5
华中师范大学	湖 北	硕士	人口、资源与环境经济学	0	2
华中师范大学	湖 北	硕士	理论经济学新专业	0	0
华中师范大学	湖 北	硕士	区域经济学	24	8
华中师范大学	湖 北	硕士	产业经济学	0	8
华中师范大学	湖 北	硕士	数量经济学	0	6
华中师范大学	湖 北	硕士	管理科学与工程	14	16
华中师范大学	湖 北	硕士	企业管理（含：财务管理、市场营销）	0	16
华中师范大学	湖 北	硕士	旅游管理	0	7
华中师范大学	湖 北	硕士	行政管理	82	109
华中师范大学	湖 北	硕士	社会医学与卫生事业管理	0	2
华中师范大学	湖 北	硕士	教育经济与管理	21	0
华中师范大学	湖 北	硕士	社会保障	0	13

续表

单位	所在省市	学位	专业	毕业生数	招生数
华中师范大学	湖 北	硕士	土地资源管理	0	57
华中师范大学	湖 北	硕士	公共管理新专业	28	0
华中师范大学	湖 北	硕士	图书馆学	8	8
华中师范大学	湖 北	硕士	情报学	48	56
湖北大学	湖 北	硕士	政治经济学	0	1
湖北大学	湖 北	硕士	西方经济学	0	3
湖北大学	湖 北	硕士	世界经济	8	5
湖北大学	湖 北	硕士	金融学	6	4
湖北大学	湖 北	硕士	国际贸易学	4	2
湖北大学	湖 北	硕士	会计学	0	9
湖北大学	湖 北	硕士	企业管理	10	5
湖北大学	湖 北	硕士	旅游管理	7	9
湖北大学	湖 北	硕士	行政管理	28	30
湖北大学	湖 北	硕士	教育经济与管理	0	6
湖北大学	湖 北	硕士	土地资源管理	3	9
湖北大学	湖 北	硕士	档案学	2	7
湖北大学	湖 北	专业硕士	工商管理专业学位	0	99
中南财经政法大学	湖 北	硕士	政治经济学	2	4
中南财经政法大学	湖 北	硕士	经济思想史	0	3
中南财经政法大学	湖 北	硕士	经济史	0	4
中南财经政法大学	湖 北	硕士	西方经济学	5	36
中南财经政法大学	湖 北	硕士	世界经济	0	20
中南财经政法大学	湖 北	硕士	人口、资源与环境经济学	0	4
中南财经政法大学	湖 北	硕士	理论经济学新专业	1	2
中南财经政法大学	湖 北	硕士	国民经济学	3	24
中南财经政法大学	湖 北	硕士	区域经济学	1	8
中南财经政法大学	湖 北	硕士	财政学（含：税收学）	2	51
中南财经政法大学	湖 北	硕士	金融学（含：保险学）	26	97

续表

单位	所在省市	学位	专业	毕业生数	招生数
中南财经政法大学	湖北	硕士	产业经济学	7	17
中南财经政法大学	湖北	硕士	国际贸易学	11	39
中南财经政法大学	湖北	硕士	劳动经济学	1	6
中南财经政法大学	湖北	硕士	统计学	0	33
中南财经政法大学	湖北	硕士	数量经济学	0	10
中南财经政法大学	湖北	硕士	应用经济学新专业	7	105
中南财经政法大学	湖北	硕士	会计学	4	83
中南财经政法大学	湖北	硕士	企业管理（含：财务管理、市场营销）	6	59
中南财经政法大学	湖北	硕士	旅游管理	0	10
中南财经政法大学	湖北	硕士	技术经济及管理	2	4
中南财经政法大学	湖北	硕士	工商管理新专业	129	191
中南财经政法大学	湖北	硕士	农业经济管理	0	8
中南财经政法大学	湖北	硕士	行政管理	5	47
中南财经政法大学	湖北	硕士	社会保障	6	41
中南财经政法大学	湖北	专业硕士	工商管理专业学位	0	313
中南财经政法大学	湖北	专业硕士	会计专业学位	0	101
武汉体育学院	湖北	硕士	产业经济学	1	2
中南民族大学	湖北	硕士	西方经济学	5	13
中南民族大学	湖北	硕士	区域经济学	5	8
中南民族大学	湖北	硕士	企业管理（含：财务管理、市场营销）	17	32
中南民族大学	湖北	硕士	旅游管理	0	4
中南民族大学	湖北	硕士	行政管理	0	29
中南民族大学	湖北	硕士	教育经济与管理	37	39
三峡大学	湖北	硕士	管理科学与工程	17	21
三峡大学	湖北	硕士	技术经济及管理	14	15
湘潭大学	湖南	硕士	政治经济学	23	9
湘潭大学	湖南	硕士	西方经济学	0	8
湘潭大学	湖南	硕士	世界经济	12	8

续表

单位	所在省市	学位	专业	毕业生数	招生数
湘潭大学	湖 南	硕士	人口、资源与环境经济学	0	2
湘潭大学	湖 南	硕士	区域经济学	11	12
湘潭大学	湖 南	硕士	金融学（含：保险学）	2	25
湘潭大学	湖 南	硕士	产业经济学	14	13
湘潭大学	湖 南	硕士	国际贸易学	0	8
湘潭大学	湖 南	硕士	数量经济学	9	6
湘潭大学	湖 南	硕士	管理科学与工程	6	10
湘潭大学	湖 南	硕士	会计学	20	34
湘潭大学	湖 南	硕士	企业管理（含：财务管理、市场营销）	16	28
湘潭大学	湖 南	硕士	旅游管理	18	13
湘潭大学	湖 南	硕士	技术经济及管理	0	7
湘潭大学	湖 南	硕士	工商管理新专业	1	0
湘潭大学	湖 南	硕士	行政管理	74	83
湘潭大学	湖 南	硕士	教育经济与管理	2	24
湘潭大学	湖 南	硕士	社会保障	0	11
湘潭大学	湖 南	硕士	图书馆学	20	11
湘潭大学	湖 南	硕士	情报学	0	9
湘潭大学	湖 南	硕士	档案学	0	10
湘潭大学	湖 南	专业硕士	工商管理专业学位	47	88
吉首大学	湖 南	硕士	产业经济学	0	9
吉首大学	湖 南	硕士	企业管理（含：财务管理、市场营销）	1	5
湖南大学	湖 南	硕士	理论经济学	0	27
湖南大学	湖 南	硕士	政治经济学	9	0
湖南大学	湖 南	硕士	西方经济学	20	0
湖南大学	湖 南	硕士	世界经济	16	0
湖南大学	湖 南	硕士	人口、资源与环境经济学	6	0
湖南大学	湖 南	硕士	应用经济学	0	274
湖南大学	湖 南	硕士	国民经济学	3	0

续表

单位	所在省市	学位	专业	毕业生数	招生数
湖南大学	湖 南	硕士	区域经济学	13	0
湖南大学	湖 南	硕士	财政学	17	0
湖南大学	湖 南	硕士	金融学	102	0
湖南大学	湖 南	硕士	产业经济学	21	0
湖南大学	湖 南	硕士	国际贸易学	74	0
湖南大学	湖 南	硕士	劳动经济学	1	0
湖南大学	湖 南	硕士	统计学	20	0
湖南大学	湖 南	硕士	数量经济学	9	0
湖南大学	湖 南	硕士	管理科学与工程	19	33
湖南大学	湖 南	硕士	工商管理	37	149
湖南大学	湖 南	硕士	会计学	92	0
湖南大学	湖 南	硕士	企业管理	24	0
湖南大学	湖 南	硕士	旅游管理	1	0
湖南大学	湖 南	硕士	技术经济及管理	3	0
湖南大学	湖 南	硕士	公共管理	0	127
湖南大学	湖 南	硕士	行政管理	40	0
湖南大学	湖 南	硕士	教育经济与管理	11	0
湖南大学	湖 南	专业硕士	工商管理专业学位	100	261
湖南大学	湖 南	专业硕士	会计学硕士	0	42
中南大学	湖 南	硕士	西方经济学	4	0
中南大学	湖 南	硕士	人口、资源与环境经济学	1	0
中南大学	湖 南	硕士	区域经济学	8	4
中南大学	湖 南	硕士	财政学（含：税收学）	0	4
中南大学	湖 南	硕士	金融学（含：保险学）	31	47
中南大学	湖 南	硕士	产业经济学	19	9
中南大学	湖 南	硕士	国际贸易学	25	14
中南大学	湖 南	硕士	劳动经济学	3	4
中南大学	湖 南	硕士	统计学	4	6

续表

单位	所在省市	学位	专业	毕业生数	招生数
中南大学	湖 南	硕士	数量经济学	7	8
中南大学	湖 南	硕士	管理科学与工程	56	45
中南大学	湖 南	硕士	管理科学与工程新专业	0	0
中南大学	湖 南	硕士	会计学	23	21
中南大学	湖 南	硕士	企业管理（含：财务管理、市场营销）	29	19
中南大学	湖 南	硕士	旅游管理	0	0
中南大学	湖 南	硕士	技术经济及管理	16	12
中南大学	湖 南	硕士	公共管理	0	0
中南大学	湖 南	硕士	行政管理	66	54
中南大学	湖 南	硕士	社会医学与卫生事业管理	2	10
中南大学	湖 南	硕士	教育经济与管理	3	3
中南大学	湖 南	硕士	社会保障	4	1
中南大学	湖 南	硕士	土地资源管理	1	2
中南大学	湖 南	硕士	图书馆学	1	0
中南大学	湖 南	硕士	情报学	14	11
中南大学	湖 南	专业硕士	工商管理专业学位	133	232
中南大学	湖 南	专业硕士	公共管理专业学位	0	0
湖南科技大学	湖 南	硕士	国民经济学	0	7
湖南科技大学	湖 南	硕士	产业经济学	29	11
湖南科技大学	湖 南	硕士	技术经济及管理	3	27
湖南科技大学	湖 南	硕士	农业经济管理	0	11
长沙理工大学	湖 南	硕士	国民经济学	0	4
长沙理工大学	湖 南	硕士	金融学（含：保险学）	0	17
长沙理工大学	湖 南	硕士	产业经济学	17	9
长沙理工大学	湖 南	硕士	统计学	11	5
长沙理工大学	湖 南	硕士	管理科学与工程	10	30
长沙理工大学	湖 南	硕士	管理科学与工程新专业	4	4
长沙理工大学	湖 南	硕士	会计学	35	34

续表

单位	所在省市	学位	专业	毕业生数	招生数
长沙理工大学	湖 南	硕士	企业管理（含：财务管理、市场营销）	27	11
长沙理工大学	湖 南	硕士	技术经济及管理	3	1
长沙理工大学	湖 南	硕士	工商管理新专业	0	26
长沙理工大学	湖 南	硕士	教育经济与管理	0	15
湖南农业大学	湖 南	硕士	企业管理（含：财务管理、市场营销）	12	15
湖南农业大学	湖 南	硕士	农业经济管理	6	11
湖南农业大学	湖 南	硕士	土地资源管理	15	31
中南林业科技大学	湖 南	硕士	企业管理（含：财务管理、市场营销）	17	51
中南林业科技大学	湖 南	硕士	旅游管理	17	12
中南林业科技大学	湖 南	硕士	林业经济管理	5	10
湖南师范大学	湖 南	硕士	政治经济学	10	10
湖南师范大学	湖 南	硕士	西方经济学	0	5
湖南师范大学	湖 南	硕士	人口、资源与环境经济学	8	5
湖南师范大学	湖 南	硕士	区域经济学	8	4
湖南师范大学	湖 南	硕士	产业经济学	14	9
湖南师范大学	湖 南	硕士	统计学	0	3
湖南师范大学	湖 南	硕士	企业管理（含：财务管理、市场营销）	0	11
湖南师范大学	湖 南	硕士	旅游管理	42	18
湖南师范大学	湖 南	硕士	行政管理	42	72
湖南师范大学	湖 南	硕士	教育经济与管理	30	26
湖南师范大学	湖 南	硕士	社会保障	0	19
湖南师范大学	湖 南	硕士	土地资源管理	10	21
南华大学	湖 南	硕士	产业经济学	0	6
南华大学	湖 南	硕士	管理科学与工程	9	5
南华大学	湖 南	硕士	会计学	4	19
南华大学	湖 南	硕士	企业管理（含：财务管理、市场营销）	23	9
南华大学	湖 南	硕士	社会医学与卫生事业管理	1	21
湖南工业大学	湖 南	硕士	管理科学与工程	0	9

续表

单位	所在省市	学位	专业	毕业生数	招生数
湖南工业大学	湖南	硕士	企业管理（含：财务管理、市场营销）	23	12
中山大学	广东	硕士	政治经济学	16	11
中山大学	广东	硕士	西方经济学	26	23
中山大学	广东	硕士	世界经济	35	35
中山大学	广东	硕士	人口、资源与环境经济学	9	9
中山大学	广东	硕士	区域经济学	18	20
中山大学	广东	硕士	财政学（含：税收学）	14	20
中山大学	广东	硕士	金融学（含：保险学）	66	67
中山大学	广东	硕士	国际贸易学	18	17
中山大学	广东	硕士	数量经济学	7	12
中山大学	广东	硕士	管理科学与工程	51	78
中山大学	广东	硕士	会计学	39	34
中山大学	广东	硕士	企业管理（含：财务管理、市场营销）	71	42
中山大学	广东	硕士	旅游管理	18	25
中山大学	广东	硕士	技术经济及管理	7	8
中山大学	广东	硕士	工商管理新专业	40	54
中山大学	广东	硕士	行政管理	39	42
中山大学	广东	硕士	社会医学与卫生事业管理	7	41
中山大学	广东	硕士	教育经济与管理	12	11
中山大学	广东	硕士	土地资源管理	6	8
中山大学	广东	硕士	公共管理新专业	34	44
中山大学	广东	硕士	图书馆、情报与档案管理	0	2
中山大学	广东	硕士	图书馆学	16	28
中山大学	广东	硕士	情报学	17	39
中山大学	广东	硕士	档案学	11	8
中山大学	广东	专业硕士	工商管理专业学位	483	562
暨南大学	广东	硕士	政治经济学	0	5
暨南大学	广东	硕士	经济思想史	0	1

续表

单位	所在省市	学位	专业	毕业生数	招生数
暨南大学	广 东	硕士	经济史	0	0
暨南大学	广 东	硕士	西方经济学	0	12
暨南大学	广 东	硕士	世界经济	0	6
暨南大学	广 东	硕士	人口、资源与环境经济学	0	2
暨南大学	广 东	硕士	国民经济学	0	32
暨南大学	广 东	硕士	区域经济学	0	33
暨南大学	广 东	硕士	财政学（含：税收学）	1	37
暨南大学	广 东	硕士	金融学（含：保险学）	9	91
暨南大学	广 东	硕士	产业经济学	47	31
暨南大学	广 东	硕士	国际贸易学	0	28
暨南大学	广 东	硕士	劳动经济学	0	1
暨南大学	广 东	硕士	统计学	0	15
暨南大学	广 东	硕士	数量经济学	0	16
暨南大学	广 东	硕士	管理科学与工程	16	20
暨南大学	广 东	硕士	会计学	68	53
暨南大学	广 东	硕士	企业管理（含：财务管理、市场营销）	84	84
暨南大学	广 东	硕士	旅游管理	16	23
暨南大学	广 东	硕士	工商管理新专业	119	0
暨南大学	广 东	硕士	行政管理	26	38
暨南大学	广 东	硕士	教育经济与管理	9	6
暨南大学	广 东	硕士	社会保障	9	16
暨南大学	广 东	专业硕士	工商管理专业学位	0	134
暨南大学	广 东	专业硕士	会计专业学位	0	29
汕头大学	广 东	硕士	产业经济学	17	10
汕头大学	广 东	硕士	会计学	0	9
汕头大学	广 东	硕士	企业管理（含：财务管理、市场营销）	10	9
汕头大学	广 东	硕士	行政管理	24	38
华南理工大学	广 东	硕士	国民经济学	10	10

续表

单位	所在省市	学位	专业	毕业生数	招生数
华南理工大学	广 东	硕士	区域经济学	0	9
华南理工大学	广 东	硕士	金融学（含：保险学）	15	27
华南理工大学	广 东	硕士	产业经济学	8	16
华南理工大学	广 东	硕士	数量经济学	5	8
华南理工大学	广 东	硕士	管理科学与工程	76	0
华南理工大学	广 东	硕士	管理科学与工程新专业	0	104
华南理工大学	广 东	硕士	会计学	18	19
华南理工大学	广 东	硕士	企业管理（含：财务管理、市场营销）	78	72
华南理工大学	广 东	硕士	旅游管理	0	16
华南理工大学	广 东	硕士	技术经济及管理	15	12
华南理工大学	广 东	硕士	行政管理	48	77
华南理工大学	广 东	硕士	教育经济与管理	7	8
华南理工大学	广 东	硕士	土地资源管理	0	6
华南理工大学	广 东	专业硕士	工商管理专业学位	119	210
华南农业大学	广 东	硕士	产业经济学	25	22
华南农业大学	广 东	硕士	国际贸易学	10	13
华南农业大学	广 东	硕士	管理科学与工程	7	7
华南农业大学	广 东	硕士	企业管理（含：财务管理、市场营销）	19	28
华南农业大学	广 东	硕士	农业经济管理	18	23
华南农业大学	广 东	硕士	林业经济管理	0	2
华南农业大学	广 东	硕士	土地资源管理	7	8
广东海洋大学	广 东	硕士	农业经济管理	4	2
广东海洋大学	广 东	硕士	行政管理	0	33
广州医学院	广 东	硕士	社会医学与卫生事业管理	0	10
广州中医药大学	广 东	硕士	社会医学与卫生事业管理	16	15
华南师范大学	广 东	硕士	政治经济学	14	14
华南师范大学	广 东	硕士	经济思想史	0	3
华南师范大学	广 东	硕士	经济史	0	3

续表

单位	所在省市	学位	专业	毕业生数	招生数
华南师范大学	广 东	硕士	西方经济学	22	23
华南师范大学	广 东	硕士	世界经济	0	8
华南师范大学	广 东	硕士	人口、资源与环境经济学	0	6
华南师范大学	广 东	硕士	国民经济学	14	14
华南师范大学	广 东	硕士	金融学（含：保险学）	0	16
华南师范大学	广 东	硕士	产业经济学	16	13
华南师范大学	广 东	硕士	劳动经济学	25	20
华南师范大学	广 东	硕士	企业管理（含：财务管理、市场营销）	1	24
华南师范大学	广 东	硕士	行政管理	0	22
华南师范大学	广 东	硕士	教育经济与管理	26	28
华南师范大学	广 东	硕士	图书馆学	14	16
华南师范大学	广 东	硕士	情报学	0	10
广州大学	广 东	硕士	旅游管理	0	7
广州大学	广 东	硕士	技术经济及管理	2	7
广州大学	广 东	硕士	行政管理	2	44
广州大学	广 东	硕士	土地资源管理	6	6
五邑大学	广 东	硕士	管理科学与工程	9	9
五邑大学	广 东	硕士	企业管理（含：财务管理、市场营销）	14	13
广东工业大学	广 东	硕士	管理科学与工程	20	21
广东工业大学	广 东	硕士	会计学	11	19
广东工业大学	广 东	硕士	企业管理（含：财务管理、市场营销）	24	28
广东工业大学	广 东	硕士	旅游管理	0	0
广东工业大学	广 东	硕士	技术经济及管理	2	3
广东工业大学	广 东	硕士	土地资源管理	5	15
广东工业大学	广 东	专业硕士	工商管理专业学位	28	19
广东外语外贸大学	广 东	硕士	世界经济	16	17
广东外语外贸大学	广 东	硕士	区域经济学	16	14
广东外语外贸大学	广 东	硕士	国际贸易学	33	35

续表

单位	所在省市	学位	专业	毕业生数	招生数
广东外语外贸大学	广 东	硕士	会计学	14	21
广东外语外贸大学	广 东	硕士	企业管理（含：财务管理、市场营销）	26	19
广东外语外贸大学	广 东	专业硕士	工商管理专业学位	0	119
南方医科大学	广 东	硕士	社会医学与卫生事业管理	11	27
深圳大学	广 东	硕士	政治经济学	12	7
深圳大学	广 东	硕士	区域经济学	21	13
深圳大学	广 东	硕士	金融学（含：保险学）	36	29
深圳大学	广 东	硕士	国际贸易学	13	20
深圳大学	广 东	硕士	统计学	7	9
深圳大学	广 东	硕士	管理科学与工程	16	31
深圳大学	广 东	硕士	会计学	23	14
深圳大学	广 东	硕士	企业管理（含：财务管理、市场营销）	25	31
深圳大学	广 东	硕士	技术经济及管理	0	5
深圳大学	广 东	硕士	行政管理	30	20
深圳大学	广 东	专业硕士	工商管理专业学位	0	49
广东商学院	广 东	硕士	国民经济学	22	8
广东商学院	广 东	硕士	财政学（含：税收学）	0	9
广东商学院	广 东	硕士	金融学（含：保险学）	31	41
广东商学院	广 东	硕士	产业经济学	0	9
广东商学院	广 东	硕士	国际贸易学	0	9
广东商学院	广 东	硕士	统计学	0	11
广东商学院	广 东	硕士	会计学	0	31
广东商学院	广 东	硕士	企业管理（含：财务管理、市场营销）	39	27
广东商学院	广 东	硕士	旅游管理	0	6
广西大学	广 西	硕士	政治经济学	15	7
广西大学	广 西	硕士	国民经济学	15	8
广西大学	广 西	硕士	区域经济学	27	15
广西大学	广 西	硕士	财政学（含：税收学）	0	6

续表

单位	所在省市	学位	专业	毕业生数	招生数
广西大学	广 西	硕士	金融学（含：保险学）	30	28
广西大学	广 西	硕士	产业经济学	9	11
广西大学	广 西	硕士	国际贸易学	16	17
广西大学	广 西	硕士	管理科学与工程	10	9
广西大学	广 西	硕士	会计学	0	13
广西大学	广 西	硕士	企业管理（含：财务管理、市场营销）	35	31
广西大学	广 西	硕士	旅游管理	21	12
广西大学	广 西	硕士	农业经济管理	14	9
广西大学	广 西	硕士	行政管理	40	45
广西大学	广 西	硕士	教育经济与管理	15	47
广西大学	广 西	专业硕士	工商管理专业学位	109	346
广西工学院	广 西	硕士	企业管理（含：财务管理、市场营销）	0	27
桂林电子科技大学	广 西	硕士	产业经济学	1	11
桂林电子科技大学	广 西	硕士	管理科学与工程	16	27
桂林电子科技大学	广 西	硕士	企业管理（含：财务管理、市场营销）	27	37
桂林理工大学	广 西	硕士	产业经济学	6	14
桂林理工大学	广 西	硕士	统计学	8	13
桂林理工大学	广 西	硕士	企业管理（含：财务管理、市场营销）	51	41
桂林理工大学	广 西	硕士	旅游管理	38	19
广西医科大学	广 西	硕士	社会医学与卫生事业管理	2	12
广西师范大学	广 西	硕士	政治经济学	0	15
广西师范大学	广 西	硕士	经济史	8	11
广西师范大学	广 西	硕士	人口、资源与环境经济学	0	10
广西师范大学	广 西	硕士	国民经济学	20	29
广西师范大学	广 西	硕士	区域经济学	15	14
广西师范大学	广 西	硕士	企业管理（含：财务管理、市场营销）	12	20
广西师范大学	广 西	硕士	旅游管理	21	22
广西师范大学	广 西	硕士	行政管理	0	29

续表

单位	所在省市	学位	专业	毕业生数	招生数
广西师范大学	广 西	硕士	教育经济与管理	40	30
广西师范大学	广 西	硕士	社会保障	0	8
广西师范学院	广 西	硕士	区域经济学	0	3
广西师范学院	广 西	硕士	旅游管理	5	3
广西师范学院	广 西	硕士	行政管理	9	22
广西师范学院	广 西	硕士	教育经济与管理	7	13
广西师范学院	广 西	硕士	土地资源管理	9	11
广西民族大学	广 西	硕士	行政管理	38	22
广西民族大学	广 西	硕士	社会保障	8	9
广西民族大学	广 西	硕士	图书馆学	5	6
广西民族大学	广 西	硕士	档案学	12	10
海南大学	海 南	硕士	政治经济学	0	5
海南大学	海 南	硕士	世界经济	13	14
海南大学	海 南	硕士	金融学	0	11
海南大学	海 南	硕士	企业管理	2	15
海南大学	海 南	硕士	旅游管理	0	10
海南大学	海 南	硕士	农业经济管理	11	15
海南大学	海 南	专业硕士	工商管理专业学位	51	78
四川大学	四 川	硕士	政治经济学	18	18
四川大学	四 川	硕士	经济思想史	0	4
四川大学	四 川	硕士	经济史	0	2
四川大学	四 川	硕士	西方经济学	7	7
四川大学	四 川	硕士	世界经济	34	24
四川大学	四 川	硕士	人口、资源与环境经济学	0	4
四川大学	四 川	硕士	国民经济学	22	14
四川大学	四 川	硕士	区域经济学	10	8
四川大学	四 川	硕士	财政学（含：税收学）	15	12
四川大学	四 川	硕士	金融学（含：保险学）	47	55

续表

单位	所在省市	学位	专业	毕业生数	招生数
四川大学	四 川	硕士	产业经济学	6	12
四川大学	四 川	硕士	国际贸易学	16	27
四川大学	四 川	硕士	劳动经济学	0	4
四川大学	四 川	硕士	统计学	0	4
四川大学	四 川	硕士	数量经济学	0	5
四川大学	四 川	硕士	管理科学与工程	36	38
四川大学	四 川	硕士	管理科学与工程新专业	1	7
四川大学	四 川	硕士	会计学	25	23
四川大学	四 川	硕士	企业管理（含：财务管理、市场营销）	39	31
四川大学	四 川	硕士	旅游管理	48	40
四川大学	四 川	硕士	技术经济及管理	20	11
四川大学	四 川	硕士	工商管理新专业	325	11
四川大学	四 川	硕士	行政管理	58	93
四川大学	四 川	硕士	社会医学与卫生事业管理	15	9
四川大学	四 川	硕士	教育经济与管理	27	19
四川大学	四 川	硕士	社会保障	30	57
四川大学	四 川	硕士	土地资源管理	16	22
四川大学	四 川	硕士	图书馆学	13	13
四川大学	四 川	硕士	情报学	18	16
四川大学	四 川	硕士	档案学	10	10
四川大学	四 川	专业硕士	工商管理专业学位	0	499
西南交通大学	四 川	硕士	世界经济	2	5
西南交通大学	四 川	硕士	区域经济学	12	11
西南交通大学	四 川	硕士	金融学	0	18
西南交通大学	四 川	硕士	产业经济学	17	5
西南交通大学	四 川	硕士	数量经济学	2	1
西南交通大学	四 川	硕士	管理科学与工程	39	71
西南交通大学	四 川	硕士	管理科学与工程新专业	12	10

续表

单位	所在省市	学位	专业	毕业生数	招生数
西南交通大学	四 川	硕士	会计学	19	18
西南交通大学	四 川	硕士	企业管理	21	23
西南交通大学	四 川	硕士	旅游管理	7	4
西南交通大学	四 川	硕士	技术经济及管理	5	3
西南交通大学	四 川	硕士	行政管理	32	92
西南交通大学	四 川	硕士	教育经济与管理	0	15
西南交通大学	四 川	硕士	社会保障	0	19
西南交通大学	四 川	专业硕士	工商管理专业学位	185	303
电子科技大学	四 川	硕士	区域经济学	2	2
电子科技大学	四 川	硕士	金融学（含：保险学）	1	13
电子科技大学	四 川	硕士	数量经济学	13	4
电子科技大学	四 川	硕士	管理科学与工程	18	27
电子科技大学	四 川	硕士	管理科学与工程新专业	0	5
电子科技大学	四 川	硕士	工商管理	0	0
电子科技大学	四 川	硕士	企业管理（含：财务管理、市场营销）	16	13
电子科技大学	四 川	硕士	技术经济及管理	2	3
电子科技大学	四 川	硕士	行政管理	55	64
电子科技大学	四 川	专业硕士	工商管理专业学位	118	259
西南石油大学	四 川	硕士	产业经济学	12	18
西南石油大学	四 川	硕士	管理科学与工程	26	54
西南石油大学	四 川	硕士	技术经济及管理	6	12
成都理工大学	四 川	硕士	管理科学与工程	15	27
成都理工大学	四 川	硕士	企业管理（含：财务管理、市场营销）	10	23
成都理工大学	四 川	硕士	旅游管理	0	9
西南科技大学	四 川	硕士	企业管理（含：财务管理、市场营销）	19	37
西南科技大学	四 川	硕士	情报学	0	20
成都信息工程学院	四 川	硕士	统计学	0	10
西华大学	四 川	硕士	企业管理（含：财务管理、市场营销）	36	44

续表

单位	所在省市	学位	专业	毕业生数	招生数
四川农业大学	四川	硕士	产业经济学	0	16
四川农业大学	四川	硕士	技术经济及管理	8	16
四川农业大学	四川	硕士	农业经济管理	23	39
四川农业大学	四川	硕士	林业经济管理	0	0
四川农业大学	四川	硕士	土地资源管理	13	26
成都中医药大学	四川	硕士	社会医学与卫生事业管理	3	6
四川师范大学	四川	硕士	政治经济学	0	17
四川师范大学	四川	硕士	企业管理（含：财务管理、市场营销）	17	24
四川师范大学	四川	硕士	旅游管理	8	7
西华师范大学	四川	硕士	人口、资源与环境经济学	0	6
西华师范大学	四川	硕士	区域经济学	14	8
西华师范大学	四川	硕士	教育经济与管理	28	31
西南财经大学	四川	硕士	政治经济学	24	30
西南财经大学	四川	硕士	经济思想史	1	3
西南财经大学	四川	硕士	西方经济学	14	29
西南财经大学	四川	硕士	世界经济	12	12
西南财经大学	四川	硕士	人口、资源与环境经济学	4	6
西南财经大学	四川	硕士	理论经济学新专业	0	3
西南财经大学	四川	硕士	国民经济学	6	12
西南财经大学	四川	硕士	区域经济学	8	10
西南财经大学	四川	硕士	财政学（含：税收学）	23	31
西南财经大学	四川	硕士	金融学（含：保险学）	289	350
西南财经大学	四川	硕士	产业经济学	28	23
西南财经大学	四川	硕士	国际贸易学	40	40
西南财经大学	四川	硕士	劳动经济学	7	6
西南财经大学	四川	硕士	统计学	20	36
西南财经大学	四川	硕士	数量经济学	25	31
西南财经大学	四川	硕士	应用经济学新专业	144	222

续表

单位	所在省市	学位	专业	毕业生数	招生数
西南财经大学	四川	硕士	管理科学与工程	0	10
西南财经大学	四川	硕士	会计学	104	100
西南财经大学	四川	硕士	企业管理（含：财务管理、市场营销）	51	61
西南财经大学	四川	硕士	旅游管理	12	8
西南财经大学	四川	硕士	技术经济及管理	12	7
西南财经大学	四川	硕士	工商管理新专业	198	238
西南财经大学	四川	硕士	农业经济管理	7	8
西南财经大学	四川	硕士	行政管理	28	40
西南财经大学	四川	硕士	社会保障	11	11
西南财经大学	四川	专业硕士	工商管理专业学位	175	193
西南财经大学	四川	专业硕士	会计专业学位	0	172
西南民族大学	四川	硕士	政治经济学	0	1
西南民族大学	四川	硕士	区域经济学	0	14
西南民族大学	四川	硕士	金融学（含：保险学）	10	24
西南民族大学	四川	硕士	管理科学与工程	4	6
西南民族大学	四川	硕士	企业管理（含：财务管理、市场营销）	2	11
西南民族大学	四川	硕士	行政管理	38	57
西南民族大学	四川	硕士	教育经济与管理	0	15
西南民族大学	四川	专业硕士	工商管理专业学位	0	97
重庆大学	重庆	硕士	人口、资源与环境经济学	7	0
重庆大学	重庆	硕士	应用经济学	0	1
重庆大学	重庆	硕士	区域经济学	13	2
重庆大学	重庆	硕士	金融学（含：保险学）	29	44
重庆大学	重庆	硕士	产业经济学	57	35
重庆大学	重庆	硕士	国际贸易学	22	6
重庆大学	重庆	硕士	数量经济学	2	6
重庆大学	重庆	硕士	管理科学与工程	95	109
重庆大学	重庆	硕士	工商管理	0	2

续表

单位	所在省市	学位	专业	毕业生数	招生数
重庆大学	重 庆	硕士	会计学	26	29
重庆大学	重 庆	硕士	企业管理（含：财务管理、市场营销）	59	46
重庆大学	重 庆	硕士	技术经济及管理	60	55
重庆大学	重 庆	硕士	工商管理新专业	190	0
重庆大学	重 庆	硕士	行政管理	76	132
重庆大学	重 庆	硕士	教育经济与管理	4	3
重庆大学	重 庆	硕士	社会保障	6	6
重庆大学	重 庆	硕士	土地资源管理	3	2
重庆大学	重 庆	硕士	图书馆、情报与档案管理	3	10
重庆大学	重 庆	硕士	情报学	14	0
重庆大学	重 庆	专业硕士	工商管理专业学位	0	209
重庆大学	重 庆	专业硕士	会计专业学位	0	42
重庆邮电大学	重庆	硕士	管理科学与工程	36	43
重庆交通大学	重庆	硕士	管理科学与工程	41	48
重庆交通大学	重庆	硕士	技术经济及管理	0	8
重庆医科大学	重 庆	硕士	社会医学与卫生事业管理	26	40
重庆师范大学	重 庆	硕士	政治经济学	6	4
重庆师范大学	重 庆	硕士	区域经济学	7	9
重庆师范大学	重 庆	硕士	数量经济学	0	10
重庆师范大学	重 庆	硕士	管理科学与工程	2	10
重庆师范大学	重 庆	硕士	旅游管理	14	7
西南大学	重 庆	硕士	政治经济学	25	10
西南大学	重 庆	硕士	区域经济学	16	26
西南大学	重 庆	硕士	金融学（含：保险学）	19	26
西南大学	重 庆	硕士	会计学	16	23
西南大学	重 庆	硕士	企业管理（含：财务管理、市场营销）	11	24
西南大学	重 庆	硕士	旅游管理	6	10
西南大学	重 庆	硕士	农业经济管理	10	9

续表

单位	所在省市	学位	专业	毕业生数	招生数
西南大学	重 庆	硕士	教育经济与管理	18	50
西南大学	重 庆	硕士	土地资源管理	18	36
西南大学	重 庆	硕士	图书馆学	0	4
西南大学	重 庆	硕士	情报学	10	8
西南政法大学	重 庆	硕士	国民经济学	11	16
西南政法大学	重 庆	硕士	企业管理（含：财务管理、市场营销）	0	18
西南政法大学	重 庆	硕士	行政管理	29	27
重庆理工大学	重 庆	硕士	劳动经济学	0	27
重庆理工大学	重 庆	硕士	会计学	28	38
重庆理工大学	重 庆	硕士	企业管理（含：财务管理、市场营销）	0	29
重庆工商大学	重 庆	硕士	区域经济学	48	56
重庆工商大学	重 庆	硕士	产业经济学	2	31
重庆工商大学	重 庆	硕士	统计学	1	16
重庆工商大学	重 庆	硕士	会计学	0	38
重庆工商大学	重 庆	硕士	企业管理（含：财务管理、市场营销）	34	52
贵州大学	贵 州	硕士	理论经济学	0	0
贵州大学	贵 州	硕士	政治经济学	36	9
贵州大学	贵 州	硕士	西方经济学	0	8
贵州大学	贵 州	硕士	人口、资源与环境经济学	0	5
贵州大学	贵 州	硕士	区域经济学	0	9
贵州大学	贵 州	硕士	国际贸易学	0	14
贵州大学	贵 州	硕士	管理科学与工程	0	20
贵州大学	贵 州	硕士	企业管理（含：财务管理、市场营销）	33	39
贵州大学	贵 州	硕士	旅游管理	0	6
贵州大学	贵 州	硕士	工商管理新专业	1	0
贵州大学	贵 州	硕士	农林经济管理	0	0
贵州大学	贵 州	硕士	农业经济管理	12	15
贵州大学	贵 州	硕士	林业经济管理	5	6

续表

单位	所在省市	学位	专业	毕业生数	招生数
贵州大学	贵 州	硕士	行政管理	45	42
贵州大学	贵 州	硕士	社会保障	17	24
贵州大学	贵 州	硕士	土地资源管理	0	6
贵州大学	贵 州	专业硕士	工商管理专业学位	124	147
贵州财经学院	贵 州	硕士	政治经济学	0	7
贵州财经学院	贵 州	硕士	经济史	0	4
贵州财经学院	贵 州	硕士	人口、资源与环境经济学	0	3
贵州财经学院	贵 州	硕士	国民经济学	0	2
贵州财经学院	贵 州	硕士	区域经济学	0	6
贵州财经学院	贵 州	硕士	财政学（含：税收学）	0	3
贵州财经学院	贵 州	硕士	金融学（含：保险学）	14	27
贵州财经学院	贵 州	硕士	产业经济学	15	15
贵州财经学院	贵 州	硕士	国际贸易学	6	15
贵州财经学院	贵 州	硕士	劳动经济学	0	2
贵州财经学院	贵 州	硕士	统计学	15	5
贵州财经学院	贵 州	硕士	数量经济学	0	1
贵州财经学院	贵 州	硕士	会计学	0	21
贵州财经学院	贵 州	硕士	企业管理（含：财务管理、市场营销）	20	15
贵州财经学院	贵 州	硕士	旅游管理	0	1
贵州财经学院	贵 州	硕士	行政管理	0	19
贵州财经学院	贵 州	专业硕士	工商管理专业学位	0	56
云南大学	云 南	硕士	政治经济学	26	19
云南大学	云 南	硕士	经济思想史	8	6
云南大学	云 南	硕士	经济史	10	5
云南大学	云 南	硕士	西方经济学	9	8
云南大学	云 南	硕士	世界经济	12	11
云南大学	云 南	硕士	人口、资源与环境经济学	8	5
云南大学	云 南	硕士	国民经济学	0	8

续表

单位	所在省市	学位	专业	毕业生数	招生数
云南大学	云 南	硕士	区域经济学	0	10
云南大学	云 南	硕士	财政学（含：税收学）	0	7
云南大学	云 南	硕士	金融学（含：保险学）	0	13
云南大学	云 南	硕士	产业经济学	9	9
云南大学	云 南	硕士	国际贸易学	25	15
云南大学	云 南	硕士	劳动经济学	0	4
云南大学	云 南	硕士	统计学	4	6
云南大学	云 南	硕士	数量经济学	0	10
云南大学	云 南	硕士	国防经济	0	3
云南大学	云 南	硕士	管理科学与工程	6	13
云南大学	云 南	硕士	会计学	20	25
云南大学	云 南	硕士	企业管理（含：财务管理、市场营销）	21	19
云南大学	云 南	硕士	旅游管理	21	18
云南大学	云 南	硕士	技术经济及管理	0	9
云南大学	云 南	硕士	农业经济管理	0	4
云南大学	云 南	硕士	行政管理	32	32
云南大学	云 南	硕士	社会医学与卫生事业管理	0	14
云南大学	云 南	硕士	教育经济与管理	17	20
云南大学	云 南	硕士	社会保障	0	11
云南大学	云 南	硕士	土地资源管理	0	7
云南大学	云 南	硕士	图书馆学	10	8
云南大学	云 南	硕士	情报学	0	5
云南大学	云 南	硕士	档案学	11	13
云南大学	云 南	专业硕士	工商管理专业学位	121	175
昆明理工大学	云 南	硕士	国民经济学	16	14
昆明理工大学	云 南	硕士	管理科学与工程	9	15
昆明理工大学	云 南	硕士	管理科学与工程新增专业	0	12
昆明理工大学	云 南	硕士	会计学	2	8

续表

单位	所在省市	学位	专业	毕业生数	招生数
昆明理工大学	云南	硕士	企业管理	35	37
昆明理工大学	云南	硕士	旅游管理	7	2
昆明理工大学	云南	硕士	技术经济及管理	12	9
昆明理工大学	云南	硕士	教育经济与管理	2	5
昆明理工大学	云南	硕士	土地资源管理	0	7
昆明理工大学	云南	专业硕士	工商管理专业学位	122	197
云南农业大学	云南	硕士	农业经济管理	29	47
西南林学院	云南	硕士	企业管理（含：财务管理、市场营销）	13	14
西南林学院	云南	硕士	旅游管理	1	6
西南林学院	云南	硕士	农业经济管理	2	6
西南林学院	云南	硕士	林业经济管理	7	15
昆明医学院	云南	硕士	社会医学与卫生事业管理	10	16
云南师范大学	云南	硕士	政治经济学	5	5
云南师范大学	云南	硕士	区域经济学	0	7
云南师范大学	云南	硕士	金融学	0	26
云南师范大学	云南	硕士	旅游管理	7	8
云南师范大学	云南	硕士	行政管理	0	29
云南财经大学	云南	硕士	政治经济学	0	3
云南财经大学	云南	硕士	经济思想史	0	3
云南财经大学	云南	硕士	经济史	0	6
云南财经大学	云南	硕士	西方经济学	1	8
云南财经大学	云南	硕士	世界经济	20	14
云南财经大学	云南	硕士	人口、资源与环境经济学	1	5
云南财经大学	云南	硕士	理论经济学新专业	1	0
云南财经大学	云南	硕士	国民经济学	1	7
云南财经大学	云南	硕士	区域经济学	17	10
云南财经大学	云南	硕士	财政学（含：税收学）	12	24
云南财经大学	云南	硕士	金融学（含：保险学）	34	41

续表

单位	所在省市	学位	专业	毕业生数	招生数
云南财经大学	云 南	硕士	产业经济学	14	9
云南财经大学	云 南	硕士	国际贸易学	17	9
云南财经大学	云 南	硕士	劳动经济学	0	6
云南财经大学	云 南	硕士	统计学	10	16
云南财经大学	云 南	硕士	数量经济学	0	4
云南财经大学	云 南	硕士	国防经济	0	1
云南财经大学	云 南	硕士	应用经济学新专业	2	0
云南财经大学	云 南	硕士	管理科学与工程	0	16
云南财经大学	云 南	硕士	会计学	24	32
云南财经大学	云 南	硕士	企业管理（含：财务管理、市场营销）	17	58
云南财经大学	云 南	硕士	旅游管理	0	10
云南财经大学	云 南	硕士	技术经济及管理	1	3
云南财经大学	云 南	硕士	工商管理新专业	5	0
云南财经大学	云 南	硕士	农业经济管理	0	5
云南财经大学	云 南	硕士	行政管理	0	16
云南财经大学	云 南	硕士	社会保障	0	10
云南财经大学	云 南	硕士	土地资源管理	0	19
云南财经大学	云 南	专业硕士	工商管理专业学位	0	82
云南民族大学	云 南	硕士	理论经济	0	3
云南民族大学	云 南	硕士	国民经济	36	15
云南民族大学	云 南	硕士	区域经济	26	9
云南民族大学	云 南	硕士	金融学（含保险学）	0	18
云南民族大学	云 南	硕士	劳动经济	12	5
云南民族大学	云 南	硕士	会计学	19	29
云南民族大学	云 南	硕士	企业管理（含财务管理、市场营销）	9	18
云南民族大学	云 南	硕士	旅游管理	0	6
云南民族大学	云 南	硕士	行政管理	36	52
西藏大学	西 藏	硕士	行政管理	10	11

续表

单位	所在省市	学位	专业	毕业生数	招生数
西北大学	陕 西	硕士	政治经济学	12	11
西北大学	陕 西	硕士	经济思想史	2	0
西北大学	陕 西	硕士	经济史	1	0
西北大学	陕 西	硕士	西方经济学	15	14
西北大学	陕 西	硕士	世界经济	9	5
西北大学	陕 西	硕士	人口、资源与环境经济学	6	2
西北大学	陕 西	硕士	理论经济学新专业	5	4
西北大学	陕 西	硕士	国民经济学	13	10
西北大学	陕 西	硕士	区域经济学	18	11
西北大学	陕 西	硕士	财政学（含：税收学）	0	5
西北大学	陕 西	硕士	金融学（含：保险学）	18	36
西北大学	陕 西	硕士	产业经济学	4	6
西北大学	陕 西	硕士	国际贸易学	0	4
西北大学	陕 西	硕士	劳动经济学	0	0
西北大学	陕 西	硕士	数量经济学	0	4
西北大学	陕 西	硕士	管理科学与工程	0	10
西北大学	陕 西	硕士	会计学	17	21
西北大学	陕 西	硕士	企业管理（含：财务管理、市场营销）	21	13
西北大学	陕 西	硕士	旅游管理	6	3
西北大学	陕 西	硕士	技术经济及管理	5	6
西北大学	陕 西	硕士	行政管理	78	46
西北大学	陕 西	硕士	社会医学与卫生事业管理	0	0
西北大学	陕 西	硕士	教育经济与管理	0	1
西北大学	陕 西	硕士	社会保障	29	23
西北大学	陕 西	硕士	图书馆学	6	5
西北大学	陕 西	专业硕士	工商管理专业学位	141	300
西安交通大学	陕 西	硕士	政治经济学	4	2
西安交通大学	陕 西	硕士	西方经济学	19	11

续表

单位	所在省市	学位	专业	毕业生数	招生数
西安交通大学	陕 西	硕士	人口、资源与环境经济学	25	12
西安交通大学	陕 西	硕士	区域经济学	24	10
西安交通大学	陕 西	硕士	财政学（含：税收学）	25	11
西安交通大学	陕 西	硕士	金融学	182	70
西安交通大学	陕 西	硕士	产业经济学	84	52
西安交通大学	陕 西	硕士	国际贸易学	30	12
西安交通大学	陕 西	硕士	统计学	25	14
西安交通大学	陕 西	硕士	数量经济学	8	9
西安交通大学	陕 西	硕士	管理科学与工程	93	54
西安交通大学	陕 西	硕士	会计学	39	21
西安交通大学	陕 西	硕士	企业管理	81	35
西安交通大学	陕 西	硕士	技术经济及管理	9	11
西安交通大学	陕 西	硕士	行政管理	46	34
西安交通大学	陕 西	硕士	社会医学与卫生事业管理	5	5
西安交通大学	陕 西	硕士	社会保障	17	10
西安交通大学	陕 西	硕士	土地资源管理	3	2
西安交通大学	陕 西	硕士	图书馆学	2	3
西安交通大学	陕 西	专业硕士	工商管理专业学位	226	310
西北工业大学	陕 西	硕士	西方经济学	16	9
西北工业大学	陕 西	硕士	产业经济学	0	9
西北工业大学	陕 西	硕士	统计学	0	3
西北工业大学	陕 西	硕士	管理科学与工程	21	28
西北工业大学	陕 西	硕士	会计学	0	3
西北工业大学	陕 西	硕士	企业管理（含：财务管理、市场营销）	21	22
西北工业大学	陕 西	硕士	技术经济及管理	7	6
西北工业大学	陕 西	硕士	工商管理新专业	145	0
西北工业大学	陕 西	硕士	行政管理	3	16
西北工业大学	陕 西	专业硕士	工商管理专业学位	0	150

续表

单位	所在省市	学位	专业	毕业生数	招生数
西安理工大学	陕 西	硕士	人口、资源与环境经济学	0	3
西安理工大学	陕 西	硕士	区域经济学	9	7
西安理工大学	陕 西	硕士	金融学（含：保险学）	0	9
西安理工大学	陕 西	硕士	国际贸易学	0	7
西安理工大学	陕 西	硕士	管理科学与工程	28	28
西安理工大学	陕 西	硕士	会计学	18	15
西安理工大学	陕 西	硕士	企业管理（含：财务管理、市场营销）	35	23
西安理工大学	陕 西	硕士	技术经济及管理	19	16
西安理工大学	陕 西	硕士	工商管理新专业	106	16
西安理工大学	陕 西	专业硕士	工商管理专业学位	26	220
西安电子科技大学	陕 西	硕士	国民经济学	5	4
西安电子科技大学	陕 西	硕士	金融学（含：保险学）	9	12
西安电子科技大学	陕 西	硕士	管理科学与工程	24	9
西安电子科技大学	陕 西	硕士	会计学	0	13
西安电子科技大学	陕 西	硕士	企业管理（含：财务管理、市场营销）	37	9
西安电子科技大学	陕 西	硕士	技术经济及管理	11	5
西安电子科技大学	陕 西	硕士	工商管理新专业	0	0
西安电子科技大学	陕 西	硕士	图书馆学	0	8
西安电子科技大学	陕 西	硕士	情报学	24	15
西安电子科技大学	陕 西	专业硕士	工商管理专业学位	23	94
西安工业大学	陕 西	硕士	区域经济学	10	22
西安工业大学	陕 西	硕士	管理科学与工程	0	9
西安工业大学	陕 西	硕士	企业管理（含：财务管理、市场营销）	19	34
西安建筑科技大学	陕 西	硕士	管理科学与工程	73	0
西安建筑科技大学	陕 西	硕士	管理科学与工程新专业	0	87
西安建筑科技大学	陕 西	硕士	会计学	21	17
西安建筑科技大学	陕 西	硕士	企业管理	11	5
西安建筑科技大学	陕 西	硕士	旅游管理	0	1

续表

单位	所在省市	学位	专业	毕业生数	招生数
西安建筑科技大学	陕 西	硕士	技术经济及管理	31	27
西安建筑科技大学	陕 西	硕士	行政管理	0	39
西安建筑科技大学	陕 西	专业硕士	工商管理专业学位	0	65
西安科技大学	陕 西	硕士	产业经济学	0	23
西安科技大学	陕 西	硕士	管理科学与工程	18	18
西安科技大学	陕 西	硕士	企业管理（含：财务管理、市场营销）	23	25
西安科技大学	陕 西	硕士	技术经济及管理	0	6
西安石油大学	陕 西	硕士	产业经济学	15	14
西安石油大学	陕 西	硕士	管理科学与工程	0	9
西安石油大学	陕 西	硕士	会计学	11	14
西安石油大学	陕 西	硕士	企业管理（含：财务管理、市场营销）	12	14
西安石油大学	陕 西	硕士	技术经济及管理	5	7
陕西科技大学	陕 西	硕士	会计学	10	23
陕西科技大学	陕 西	硕士	企业管理（含：财务管理、市场营销）	9	22
西安工程大学	陕 西	硕士	管理科学与工程	7	25
西安工程大学	陕 西	硕士	会计学	0	38
西安工程大学	陕 西	硕士	企业管理（含：财务管理、市场营销）	11	18
长安大学	陕 西	硕士	产业经济学	42	17
长安大学	陕 西	硕士	会计学	18	35
长安大学	陕 西	硕士	企业管理	22	22
长安大学	陕 西	硕士	旅游管理	6	4
长安大学	陕 西	硕士	技术经济及管理	15	26
长安大学	陕 西	硕士	行政管理	0	56
长安大学	陕 西	硕士	土地资源管理	15	13
西北农林科技大学	陕 西	硕士	区域经济学	52	16
西北农林科技大学	陕 西	硕士	金融学	37	21
西北农林科技大学	陕 西	硕士	管理科学与工程	0	0
西北农林科技大学	陕 西	硕士	会计学	0	22

续表

单位	所在省市	学位	专业	毕业生数	招生数
西北农林科技大学	陕 西	硕士	企业管理	0	16
西北农林科技大学	陕 西	硕士	农业经济管理	43	21
西北农林科技大学	陕 西	硕士	林业经济管理	3	5
西北农林科技大学	陕 西	硕士	农林经济管理新专业	15	16
西北农林科技大学	陕 西	硕士	土地资源管理	17	12
陕西师范大学	陕 西	硕士	政治经济学	8	3
陕西师范大学	陕 西	硕士	经济思想史	0	2
陕西师范大学	陕 西	硕士	经济史	0	0
陕西师范大学	陕 西	硕士	西方经济学	0	2
陕西师范大学	陕 西	硕士	世界经济	0	3
陕西师范大学	陕 西	硕士	人口、资源与环境经济学	7	5
陕西师范大学	陕 西	硕士	国民经济学	13	6
陕西师范大学	陕 西	硕士	区域经济学	9	2
陕西师范大学	陕 西	硕士	财政学（含：税收学）	0	3
陕西师范大学	陕 西	硕士	金融学（含：保险学）	0	8
陕西师范大学	陕 西	硕士	产业经济学	0	5
陕西师范大学	陕 西	硕士	国际贸易学	0	3
陕西师范大学	陕 西	硕士	劳动经济学	0	3
陕西师范大学	陕 西	硕士	统计学	0	2
陕西师范大学	陕 西	硕士	数量经济学	0	7
陕西师范大学	陕 西	硕士	国防经济	0	4
陕西师范大学	陕 西	硕士	企业管理（含：财务管理、市场营销）	19	25
陕西师范大学	陕 西	硕士	旅游管理	13	14
陕西师范大学	陕 西	硕士	农业经济管理	0	10
陕西师范大学	陕 西	硕士	行政管理	24	37
陕西师范大学	陕 西	硕士	社会医学与卫生事业管理	0	3
陕西师范大学	陕 西	硕士	教育经济与管理	13	24
陕西师范大学	陕 西	硕士	社会保障	12	12

续表

单位	所在省市	学位	专业	毕业生数	招生数
陕西师范大学	陕 西	硕士	土地资源管理	0	6
延安大学	陕 西	硕士	政治经济学	5	14
延安大学	陕 西	硕士	企业管理（含：财务管理、市场营销）	5	0
延安大学	陕 西	硕士	行政管理	0	36
西安外国语大学	陕 西	硕士	区域经济学	0	11
西安外国语大学	陕 西	硕士	旅游管理	18	8
西北政法大学	陕 西	硕士	政治经济学	8	7
西北政法大学	陕 西	硕士	行政管理	21	28
西安财经学院	陕 西	硕士	财政学（含：税收学）	0	10
西安财经学院	陕 西	硕士	产业经济学	0	22
西安财经学院	陕 西	硕士	统计学	0	21
西安财经学院	陕 西	硕士	企业管理（含：财务管理、市场营销）	0	30
西安邮电学院	陕 西	硕士	产业经济学	5	9
西安邮电学院	陕 西	硕士	管理科学与工程	0	3
西安邮电学院	陕 西	硕士	企业管理（含：财务管理、市场营销）	3	7
兰州大学	甘 肃	硕士	政治经济学	7	2
兰州大学	甘 肃	硕士	经济史	4	1
兰州大学	甘 肃	硕士	人口、资源与环境经济学	7	2
兰州大学	甘 肃	硕士	区域经济学	37	35
兰州大学	甘 肃	硕士	金融学	23	37
兰州大学	甘 肃	硕士	产业经济学	0	9
兰州大学	甘 肃	硕士	数量经济学	6	8
兰州大学	甘 肃	硕士	会计学	16	10
兰州大学	甘 肃	硕士	企业管理	40	26
兰州大学	甘 肃	硕士	旅游管理	3	0
兰州大学	甘 肃	硕士	农业经济管理	0	5
兰州大学	甘 肃	硕士	行政管理	39	43
兰州大学	甘 肃	硕士	社会医学与卫生事业管理	0	3

续表

单位	所在省市	学位	专业	毕业生数	招生数
兰州大学	甘 肃	硕士	土地资源管理	0	2
兰州大学	甘 肃	硕士	情报学	2	2
兰州大学	甘 肃	专业硕士	工商管理硕士	254	473
兰州理工大学	甘 肃	硕士	管理科学与工程	0	6
兰州理工大学	甘 肃	硕士	会计学	17	17
兰州理工大学	甘 肃	硕士	企业管理（含：财务管理、市场营销）	33	22
兰州交通大学	甘 肃	硕士	产业经济学	9	9
兰州交通大学	甘 肃	硕士	管理科学与工程	16	14
兰州交通大学	甘 肃	硕士	企业管理（含：财务管理、市场营销）	0	17
甘肃农业大学	甘 肃	硕士	人口、资源与环境经济学	0	4
甘肃农业大学	甘 肃	硕士	区域经济学	13	12
甘肃农业大学	甘 肃	硕士	农业经济管理	12	11
甘肃农业大学	甘 肃	硕士	土地资源管理	0	16
西北师范大学	甘 肃	硕士	政治经济学	0	9
西北师范大学	甘 肃	硕士	人口、资源与环境经济学	10	2
西北师范大学	甘 肃	硕士	区域经济学	19	26
西北师范大学	甘 肃	硕士	财政学（含：税收学）	0	7
西北师范大学	甘 肃	硕士	产业经济学	0	20
西北师范大学	甘 肃	硕士	统计学	0	5
西北师范大学	甘 肃	硕士	数量经济学	10	14
西北师范大学	甘 肃	硕士	旅游管理	14	10
西北师范大学	甘 肃	硕士	教育经济与管理	13	15
兰州商学院	甘 肃	硕士	世界经济	0	5
兰州商学院	甘 肃	硕士	国民经济学	0	7
兰州商学院	甘 肃	硕士	区域经济学	0	9
兰州商学院	甘 肃	硕士	财政学（含：税收学）	0	5
兰州商学院	甘 肃	硕士	金融学（含：保险学）	19	16
兰州商学院	甘 肃	硕士	产业经济学	0	6

续表

单位	所在省市	学位	专业	毕业生数	招生数
兰州商学院	甘 肃	硕士	国际贸易学	20	16
兰州商学院	甘 肃	硕士	统计学	13	11
兰州商学院	甘 肃	硕士	数量经济学	0	7
兰州商学院	甘 肃	硕士	会计学	22	20
兰州商学院	甘 肃	硕士	企业管理（含：财务管理、市场营销）	15	12
兰州商学院	甘 肃	专业硕士	工商管理专业学位	0	57
青海师范大学	青 海	硕士	区域经济学	0	3
青海民族大学	青 海	硕士	企业管理（含：财务管理、市场营销）	0	5
青海民族大学	青 海	硕士	行政管理	18	27
青海民族大学	青 海	专业硕士	工商管理专业学位	0	19
宁夏大学	宁 夏	硕士	政治经济学	14	16
宁夏大学	宁 夏	硕士	工商管理新专业	32	51
宁夏大学	宁 夏	硕士	农业经济管理	7	8
新疆大学	新 疆	硕士	政治经济学	16	17
新疆大学	新 疆	硕士	人口、资源与环境经济学	16	14
新疆大学	新 疆	硕士	劳动经济学	9	6
新疆大学	新 疆	硕士	企业管理（含：财务管理、市场营销）	19	26
新疆大学	新 疆	硕士	旅游管理	11	12
新疆大学	新 疆	硕士	技术经济及管理	8	5
新疆大学	新 疆	硕士	行政管理	27	33
新疆农业大学	新 疆	硕士	产业经济学	0	9
新疆农业大学	新 疆	硕士	农业经济管理	24	15
新疆农业大学	新 疆	硕士	土地资源管理	12	26
石河子大学	新 疆	硕士	区域经济学	0	9
石河子大学	新 疆	硕士	产业经济学	21	14
石河子大学	新 疆	硕士	统计学	0	16
石河子大学	新 疆	硕士	会计学	30	22
石河子大学	新 疆	硕士	企业管理（含：财务管理、市场营销）	0	14

续表

单位	所在省市	学位	专业	毕业生数	招生数
石河子大学	新 疆	硕士	工商管理新专业	0	35
石河子大学	新 疆	硕士	农业经济管理	20	14
石河子大学	新 疆	硕士	社会医学与卫生事业管理	0	9
新疆医科大学	新 疆	硕士	社会医学与卫生事业管理	11	35
新疆师范大学	新 疆	硕士	人口、资源与环境经济学	0	1
新疆师范大学	新 疆	硕士	区域经济学	9	0
新疆师范大学	新 疆	硕士	旅游管理	0	1
新疆财经大学	新 疆	硕士	政治经济学	4	4
新疆财经大学	新 疆	硕士	国民经济学	0	4
新疆财经大学	新 疆	硕士	区域经济学	9	9
新疆财经大学	新 疆	硕士	财政学（含：税收学）	17	4
新疆财经大学	新 疆	硕士	金融学（含：保险学）	41	47
新疆财经大学	新 疆	硕士	产业经济学	4	11
新疆财经大学	新 疆	硕士	国际贸易学	6	12
新疆财经大学	新 疆	硕士	劳动经济学	0	2
新疆财经大学	新 疆	硕士	统计学	6	9
新疆财经大学	新 疆	硕士	数量经济学	12	4
新疆财经大学	新 疆	硕士	会计学	48	66
新疆财经大学	新 疆	硕士	企业管理（含：财务管理、市场营销）	33	38
新疆财经大学	新 疆	专业硕士	工商管理专业学位	104	157
中共中央党校	北 京	硕士	政治经济学	12	7
中共中央党校	北 京	硕士	世界经济	5	4
中共中央党校	北 京	硕士	国民经济学	0	0
中共中央党校	北 京	硕士	区域经济学	0	0
中共中央党校	北 京	硕士	行政管理	0	3
中科院数学与系统科学研究院	北 京	硕士	管理科学与工程	7	9
中科院数学与系统科学研究院	北 京	硕士	管理科学与工程新专业	0	0
中国科学院生态环境研究中心	北 京	硕士	人口、资源与环境经济学	0	0

续表

单位	所在省市	学位	专业	毕业生数	招生数
中国科学院地理科学与资源研究所	北京	硕士	农业经济管理	4	7
中科院文献情报中心	北京	硕士	图书馆学	13	12
中科院文献情报中心	北京	硕士	情报学	19	18
科技政策与管理科学研究所	北京	硕士	管理科学与工程	8	16
科技政策与管理科学研究所	北京	硕士	技术经济及管理	4	6
中科院研究生院	北京	硕士	金融学（含：保险学）	0	8
中科院研究生院	北京	硕士	管理科学与工程	56	36
中科院研究生院	北京	硕士	管理科学与工程新专业	0	1
中科院研究生院	北京	硕士	企业管理（含：财务管理、市场营销）	11	6
中科院研究生院	北京	硕士	技术经济及管理	0	1
中科院研究生院	北京	硕士	工商管理新专业	124	178
中科院研究生院	北京	硕士	行政管理	1	5
中科院研究生院	北京	硕士	教育经济与管理	0	0
中国科学院光电研究院	北京	硕士	管理科学与工程	0	0
中国社会科学院研究生院	北京	硕士	政治经济学	1	1
中国社会科学院研究生院	北京	硕士	经济史	2	1
中国社会科学院研究生院	北京	硕士	西方经济学	5	6
中国社会科学院研究生院	北京	硕士	世界经济	3	6
中国社会科学院研究生院	北京	硕士	人口、资源与环境经济学	0	0
中国社会科学院研究生院	北京	硕士	国民经济学	13	11
中国社会科学院研究生院	北京	硕士	区域经济学	7	3
中国社会科学院研究生院	北京	硕士	财政学（含：税收学）	0	2
中国社会科学院研究生院	北京	硕士	金融学（含：保险学）	16	11
中国社会科学院研究生院	北京	硕士	产业经济学	4	7
中国社会科学院研究生院	北京	硕士	国际贸易学	4	4
中国社会科学院研究生院	北京	硕士	劳动经济学	2	1
中国社会科学院研究生院	北京	硕士	数量经济学	6	5

续表

单位	所在省市	学位	专业	毕业生数	招生数
中国社会科学院研究生院	北 京	硕士	会计学	0	0
中国社会科学院研究生院	北 京	硕士	企业管理（含：财务管理、市场营销）	4	2
中国社会科学院研究生院	北 京	硕士	旅游管理	2	2
中国社会科学院研究生院	北 京	硕士	技术经济及管理	1	3
中国社会科学院研究生院	北 京	硕士	农业经济管理	7	7
中国社会科学院研究生院	北 京	硕士	林业经济管理	1	0
中国社会科学院研究生院	北 京	硕士	行政管理	2	1
中国社会科学院研究生院	北 京	硕士	社会保障	2	1
中国科学技术信息研究所	北 京	硕士	图书馆学	0	1
中国科学技术信息研究所	北 京	硕士	情报学	32	31
财政部财政科学研究所	北 京	硕士	财政学（含：税收学）	36	34
财政部财政科学研究所	北 京	硕士	会计学	27	34
财政部财政科学研究所	北 京	专业硕士	会计专业学位	0	21
中国人民银行研究生部	北 京	硕士	金融学（含：保险学）	73	50
中国农业科学院研究生院	北 京	硕士	管理科学与工程	6	3
中国农业科学院研究生院	北 京	硕士	农业经济管理	17	17
中国农业科学院研究生院	北 京	硕士	农林经济管理新专业	2	4
中国农业科学院研究生院	北 京	硕士	情报学	5	4
中国林业科学研究院	北 京	硕士	林业经济管理	3	9
中国中医科学院	北 京	硕士	情报学	0	3
航空航天工业部014中心	河 南	硕士	管理科学与工程	0	1
中共山东省委党校	山 东	硕士	政治经济学	0	3
中共重庆市委党校	重 庆	硕士	政治经济学	3	2
中共重庆市委党校	重 庆	硕士	行政管理	0	5
中共上海市委党校	上 海	硕士	国民经济学	0	4
上海社会科学院研究生部	上 海	硕士	政治经济学	6	4
上海社会科学院研究生部	上 海	硕士	经济思想史	1	2
上海社会科学院研究生部	上 海	硕士	经济史	2	2

续表

单位	所在省市	学位	专业	毕业生数	招生数
上海社会科学院研究生部	上 海	硕士	西方经济学	0	7
上海社会科学院研究生部	上 海	硕士	世界经济	19	4
上海社会科学院研究生部	上 海	硕士	人口、资源与环境经济学	4	2
上海社会科学院研究生部	上 海	硕士	国民经济学	0	3
上海社会科学院研究生部	上 海	硕士	区域经济学	3	2
上海社会科学院研究生部	上 海	硕士	财政学（含：税收学）	2	2
上海社会科学院研究生部	上 海	硕士	金融学（含：保险学）	3	7
上海社会科学院研究生部	上 海	硕士	产业经济学	23	21
上海社会科学院研究生部	上 海	硕士	国际贸易学	0	2
上海社会科学院研究生部	上 海	硕士	统计学	0	1
上海社会科学院研究生部	上 海	硕士	数量经济学	3	3
上海社会科学院研究生部	上 海	硕士	会计学	2	0
上海社会科学院研究生部	上 海	硕士	企业管理（含：财务管理、市场营销）	4	2
上海社会科学院研究生部	上 海	硕士	旅游管理	3	0
上海社会科学院研究生部	上 海	硕士	农业经济管理	4	2
上海社会科学院研究生部	上 海	硕士	情报学	0	3
中共湖北省委党校	湖 北	硕士	政治经济学	0	2
湖北省社会科学院	湖 北	硕士	区域经济学	3	4
湖北省社会科学院	湖 北	硕士	产业经济学	6	5
湖北省社会科学院	湖 北	硕士	企业管理（含：财务管理、市场营销）	7	7
中共广东省委党校	广 东	硕士	政治经济学	9	2
广东省社会科学院	广 东	硕士	政治经济学	4	8
广东省社会科学院	广 东	硕士	产业经济学	7	8
中共四川省委党校	四 川	硕士	国民经济学	5	2
中共四川省委党校	四 川	硕士	区域经济学	0	3
四川省社会科学院	四 川	硕士	区域经济学	4	4
四川省社会科学院	四 川	硕士	产业经济学	6	3
四川省社会科学院	四 川	硕士	农业经济管理	5	5

续表

单位	所在省市	学位	专业	毕业生数	招生数
中共黑龙江省委党校	黑龙江	硕士	政治经济学	0	2
中共黑龙江省委党校	黑龙江	硕士	区域经济学	0	2
中共黑龙江省委党校	黑龙江	硕士	行政管理	5	5
黑龙江省社会科学院	黑龙江	硕士	世界经济	2	0
黑龙江省社会科学院	黑龙江	硕士	产业经济学	5	4
中共江苏省委党校	江 苏	硕士	政治经济学	2	2
中共江苏省委党校	江 苏	硕士	世界经济	4	2
中共江苏省委党校	江 苏	硕士	国民经济学	4	3
中共江苏省委党校	江 苏	硕士	区域经济学	2	2
中共江苏省委党校	江 苏	硕士	劳动经济学	0	2
中共江苏省委党校	江 苏	硕士	企业管理（含：财务管理、市场营销）	4	2
中共江苏省委党校	江 苏	硕士	行政管理	5	3
中共浙江省委党校	浙 江	硕士	政治经济学	5	3
中共浙江省委党校	浙 江	硕士	区域经济学	4	3
中共浙江省委党校	浙 江	硕士	行政管理	4	3
中共陕西省委党校	陕 西	硕士	政治经济学	2	1
中共陕西省委党校	陕 西	硕士	国民经济学	2	1

2009年经济学、管理学“全国优秀博士学位论文”名单

学科名称	论文作者	论文题目	指导教师	学位授予单位
理论经济学	付文林	财政分权、财政竞争的经济绩效研究	沈坤荣	南京大学
应用经济学	梁云芳	我国经济转轨时期房地产增长周期波动——特征、成因和结构变化的计量分析	高铁梅	东北财经大学
应用经济学	杨子晖	政策工具的挤出效应与挤入效应研究	陈浪南	中山大学
工商管理	许年行	中国上市公司股权分置改革的理论与实证研究	吴世农	厦门大学
公共管理	郭丛斌	教育与代际流动的关系研究——中国劳动力市场分割的视角	闵维方	北京大学

2009年经济学、管理学“全国优秀博士学位论文”中文摘要

付文林：《财政分权、财政竞争的经济绩效研究》

改革以来，中国经济体制经历了剧烈的变革，作为社会基本制度重要标志之一的财政体制变动也非常频繁。全面考察财政分权体制变迁、地区间财政竞争在我国社会经济发展中的作用，不仅对准确把握财政体制变革历史非常重要，而且还会对进一步深化财政改革具有一定的参考价值。

本文围绕着改革开放以来，财政分权体制变迁的经济绩效这个主题，从财政分权化体制改革的地区增长效应、地区间财政竞争关系的基本特征、财政竞争与地区间要素流动、分权化财政体制变迁的公共产品供给效应等四个方面，对我国财政分权体制演化与改革以来的社会经济发生的变化进行了全面的实证性考察。论文共分七章，第一章，绪论。作为全文的起点，提出本课题的研究目的；阐述国内外关于中国财政分权、财政竞争问题的研究成果；对研究中采用的主要方法、可能创新和不足进行说明。第二章，分权化财政体制改革与地区经济增长。对建国以来的中央与地方的财政关系演进历程进行了简要回顾；在一个包含政府公共开支的简单内生经济增长模型基础上，对中国财政分权改革与经济增长间关系进行了实证分析。第三章，省际间财政竞争关系的特征分析。主要是利用凯斯等所开创的空间滞后分析方法，对我国省际间财政竞争的静态策略性博弈特征进行考察；以及从省际间宏观税负均值和标准差的时间序列角度，探询省际财政竞争的动态特征。第四章，财政竞争与资本的区域配置效率。简要介绍了乔根森的新古典投资需求模型，并在此基础上，研究了省际间税收竞争对资本的区域配置效率所造成的影响。第五章，省际公共支出规模、结构与劳动力流动。利用最近两次人口普查资料，对中国省际劳动力流动现状进行了细致的分析；从多个角度研究省际间劳动力流动的内在动因及其经济影响；并从财政角度探讨中国目前建设全国统一的劳动力市场可能存在的障碍，对我国户籍制度改革进行了讨论。第六章，地区间财政竞争的福利效应分析。从实证上考察地方政府的公共支出效率，给出了中国的最佳政府财政规模的一个量化参照标准；利用拥挤函数方法，对财政竞争环境下中国地方政府公共产品供给的拥挤问题进行了比较深入的剖析。第七章，区域统筹发展与中国财政体制改革展望。在对全文进行总结的基础上，从实现区域统筹发展的战略目标出发，对中国财政体制下一步改革所面临的主要挑战进行阐述，并对今后我国的

财政体制改革方向提出了一些初步的构想。

该文所得出的基本结论有：（1）财政分权化体制安排以及由此创造的资源配置的地区间竞争性市场，不仅有助于调动地方政府发展经济的积极性、创造性，而且也会提高经济资源的区域配置效率，因而对改革开放以来的经济增长具有积极的推动作用。（2）地区间财政竞争博弈关系特征在分税制改革前主要表现为模仿性策略行为，而分税制改革之后更多地呈现出差异化竞争特征，特别是东部沿海省份有向公共基础实施、服务水平等竞争方式转化的趋势。中国目前这种地区间税收竞争和公共服务竞争并存的状况，可能会加剧经济落后地区的财力紧张状况。（3）地区间财政竞争对资本和劳动力要素流动均具有显著影响，税收优惠仍然是吸引资本流入的重要手段，而在劳动力流动的财政动因方面，存在着明显的分散歧视特征。东部经济发达地区在吸引人才的财政竞争中所具有的优势地位，必将导致我国地区间经济发展潜力的进一步分化。（4）对西部地区的政府消费的产出弹性的研究说明，目前西部各地方政府在向社会提供公共服务中的效率还不高，还没能很好地营造出私人部门投资兴业的良好沃土；地区间公共支出的拥挤特征分析表明，地方政府在提供公共产品和服务的职能履行方面，可能存在着缺位的问题，地区的公共产品和服务水平一直滞后于社会经济发展步伐以及居民对基本公共产品和服务的需求。

在经济政策层面，该文的研究意味着，中央政府在推进区域统筹发展战略实施过程中，不仅要加大一般性转移支付资金规模，实现地区间基本公共产品和服务的均等化目标，更重要的是必须通过调整转移支付资金结构，努力营造适宜各种经济成分单位在西部地区生存和发展的和谐经济环境，通过宏观经济制度方面的创新激发非国有经济部门投资西部的积极性。而为了有效避免地区间的财政竞争激化，亟待构建多维的财政竞争考核制度，以规范省际间财政竞争、规范地方政府的支出行为，最大限度地消除其对经济活动的过度干预。

梁云芳：《我国经济转轨时期房地产增长周期波动——特征、成因和结构变化的计量分析》

房地产业作为国民经济的基础产业和主导产业，其发展历程不是一帆风顺的，正如宏观经济会出现周期波动一样，房地产业也是在不断的调整和波动中成长的。但是过于剧烈或频繁的房地产周期波动，不仅会对房地产业本身产生不利影响，而且会导致资源配置失衡、资金浪费、产业结构失调，增加投资者的决策难度，甚至影响整个国民经济的协调发展。纵观世界各国房地产市场的发展历程可以发现，在房地产市场的繁荣（泡沫经济）期，投机行为泛滥、虚拟资产迅速膨胀，而当房地产市场进入低迷期，房价下跌、银行抵押资产贬值、银行坏账增加，进一步加快了市场的萎缩，金融危机一触即发，极大地破坏了房地产业及国民经济的发展潜力。

我国在20世纪50年代中期到20世纪80年代初，房地产市场是不存在的。在这期间，土地资源和房屋资源的配置不通过市场，而直接由政府的计划指令配置，公开的房地产市场基本被取消。因此，从 20 世纪 80 年代算起，我国的房地产业仅仅经历了 20 余年，正从不成熟期向成熟期过渡。但是，这一期间我国房地产业也经历了复苏、繁荣、衰退、萧条的周期波动。

虽然近年来房地产业的迅速成长对促进国民经济增长、改善人民生活起到了举足轻重的作用，但是同所有的房地产业繁荣期一样，在我国目前的房地产市场中也暴露出一些问题，如部分地区房地产投资的快速增长、房价飞涨、融资渠道单一、供需结构矛盾、银行信贷风险较大等。这些问题将决定我国本轮房地产业的增长和周期波动，同时也对我国经济的可持续发展形成挑战，从而成为目前经济中的热点和难点问题。

从宏观角度而言，剧烈或频繁的房地产周期波动，会造成产业链失衡、资金浪费，影响整个宏观经济的协调发展。而从微观角度而言，房地产业周期波动的不确定性，会影响企业或个人的投资决策和投资组合，进而影响市场中资金资源的配置。因此，如何运用科学有效的方法来识别我国经济转轨时期房地产周期波动的状况，对其所处的阶段作出正确的判断和合理的解释；房地产周期波动受哪些因素的影响，影响程度如何；如何帮助投资者在周期波动的不同阶段作出正确的决策；如何帮助政府根据周期波动的不同特征进行合理的政策调控；如何有效的预防房地产市场的价格泡沫，这一系列问题成为人们关注的焦点。

该论文借鉴国际上先进的周期波动分析方法，将定性描述和定量分析相结合，对我国房地产增长周期波动的特征、成因和结构变化进行研究。该文的主要研究工作和创新如下：

一　通过构建景气指数刻画房地产投资增长率周期波动的特征

该文使用国际上通用的合成指数方法，构建了中国房地产投资增长率周期波动的景气指数，刻画了 1995 年以来中国房地产投资增长率的周期性波动。经过测算，该文认为：按照从“峰——峰”的划分，可以将 1996 年以后的房地产投资增长率周期波动分为三个周期——第一个周期：1996 年 3 月至 1998 年 12 月，受亚洲金融危机影响的周期；第二个周期，1999 年 1 月至 2003 年 12 月，政策导向的房地产周期；第三个周期，从 2004 年 1 月开始属于新一轮周期，到 2006 年 5 月还没有结束，属于政策调控和房地产市场逐步成熟的周期。

该文基于新古典经济学的投资理论构建了反映房地产投资的局部均衡模型，并在此基础上对影响住宅投资波动的因素进行了实证分析，基本结论如下：（1）该文特别讨论了土地对住宅投资影响的收益效应和成本效应，结果表明收益效应大于成本效应。（2）在模型中投资的价格弹性要大于投资的成本弹性，而近几年住宅价格的增速远远超过了成本的增速，平均销售价格和平均造价差距的扩大使得房地产最终的利润空间增大，所以，近年来住宅投资增长保持较快的水平也是受利益驱动。（3）在模型中，用各种方法估计得到的住宅投资的利率弹性都比较大。

二　基于 HP 滤波方法构建了房地产均衡价格模型，分析了房地产价格增长周期波动的特征及成因

该文利用协整理论和 HP 滤波方法构建了房地产均衡价格模型，从而得到了增长型的房价周期波动，通过分析可知：1996—2006 年期间房地产价格大抵经历了两次高于

均衡价格和一次低于均衡价格的阶段。高于均衡价格的阶段分别为：1996 年第三季度至 1999 年第三季度，2004 年第二季度至 2006 年第三季度。

同时从需求、供给和资本的可获得性三个角度讨论了它们对房价波动的影响，结果表明：在各供给因素中，土地交易价格的变动对住宅价格的变动有较大的正的影响。在需求因素中，上一期住宅价格波动代表消费者预期心理，具有较强的滞后影响。在各资本因素中，利率的变动对住宅价格波动有较大的影响。在此基础上，该文又基于 MTV 模型提炼出影响房价波动的主要成分，认为资本可获得性和需求的变化对住宅价格的波动有较强的影响，而供给因素对本轮住宅价格的上涨影响较弱。

三　使用误差修正形式的 panel data 模型分析房地产周期波动区域差异

考虑到房地产产品的异质性、不可移动性等特征，该文基于误差修正形式的 panel data 模型讨论了房价区域波动的差异，并分析了造成各地区房地产周期波动差异的原因，尤其是货币政策影响的区域差异。可以得出下面的结论：无论是房价的长期趋势还是短期波动，信贷规模和实际利率对东部地区影响最大，其次是西部地区，中部地区最小。东部地区房价近年来已出现高于均衡水平的现象，因此，有出现房地产泡沫的潜在风险。中部地区房地产市场的发展更多地依赖于该地区的经济发展状况及需求因素的变化，与经济基本面的关系比较密切。西部地区融资市场比较单一，货币政策对房价的短期变化影响比较大。东、中、西部地区的房地产需求对房价的长期趋势都存在显著的负效应，但是需求的短期变动只在东部地区影响房价的波动，其他地区房价的短期变动与需求无关。

同时该文在新古典经济学理论的基础上，又使用误差修正形式的 panel data 模型讨论了 31 个省市自治区，分东、中、西部住宅投资波动的差异，主要结论如下：（1）无论是住宅投资的长期趋势还是短期波动，信贷规模对东部地区的影响都是最大，而且从短期看，东部住宅投资的波动只受信贷规模变动和实际利率的影响。（2）反映房地产市场需求因素变动的变量——房价短期变化的系数在全国、中部和西部的模型中都是显著的。这表明除东部地区外，其他地区住宅投资的短期变化受需求因素变动的影响，同时也反映了这些地区的房地产市场发展更多地依赖于该地区的经济发展状况及需求因素的变化，与经济基本面的关系比较密切。由于获利空间较小，开发商投资力度疲软，房地产难以成为投资热点，不容易出现房地产投机和泡沫。

四　利用可变参数模型等方法研究房地产周期波动的结构变化

该文使用可变参数模型和临界指标的虚拟变量方法，分别考察了经济结构变化对房地产投资和房地产价格变动的影响。

首先，利用可变参数模型研究了房地产投资与宏观经济基本面的关系，结论表明：房地产投资与 GDP 之间的互动关系，随着经济体制的转轨发生了较大的结构性变化，尤其是在 2001 年加入 WTO 的前后。而且 GDP 对房地产投资富有弹性，是决定房地产投资增长的重要因素。而利率对房地产投资的影响逐渐减弱。

其次，使用临界指标的虚拟变量方法讨论了 GDP 和实际利率的变动对房价结构变化的影响，研究表明：以 1998 年第一季度至 2002 年第一季度的房价变化为基准，在 2002

年第二季度至2003年第三季度期间，利率对房价结构变化起主导作用，而GDP对房价的影响没有发生明显变化；而在2003年第四季度至2006年第三季度期间，GDP对房价的影响增加了将近一倍，但是实际利率对房价的影响却下降了。

五 房地产价格增长周期波动的国际比较

该文分析了各宏观经济因素对各国（美国、日本、英国和澳大利亚）房价长期趋势和短期波动的影响，结果表明：从长期看，在任一国家GDP和货币供应量的变动对房价的影响都是显著的，但是利率和汇率对房价的影响则随着国家和经济发展水平的变化而变化；从短期看，各国GDP变动仍然是影响房价波动的主要因素，而其他因素则因经济环境不同而不同。

将各国和中国比较，可以得出下面的结论：从长期看，各国GDP对房价的弹性都比中国的高，而各国货币供应量M1对房价的弹性相差无几。从短期看，各国实际利率和汇率的短期变化都对房价波动没有影响；中国GDP变化对房价短期波动的影响为0.19，同样也小于其他各国的短期弹性。

该文借鉴国际上先进的周期波动理论和方法，从房地产周期波动的角度研究我国房地产业发展中存在的问题。该文的研究将有助于深入探讨体制转轨过程中我国房地产市场的变化机理，丰富房地产业的经济理论，对发展和完善我国房地产周期波动理论作出了贡献；并且有助于各级政府职能部门确切把握房地产的总体状况，为保障我国房地产市场的健康和谐发展制定有针对性的政策措施；同时还可以帮助投资者、消费者把握市场脉搏，审时度势，作出正确的投资决策。所以，该文的研究具有重要的理论价值和实际意义。

杨子晖：《政策工具的挤出效应与挤入效应研究》

私人投资与私人消费是一个国家总需求重要的组成部分，对国民经济的发展有着举足轻重的影响。货币政策与财政政策是宏观调控的两大基本工具，它们在需求管理中的运用是否能达到预期的效果常常成为人们关注的问题。然而，自20世纪90年代中后期以来，我国经济在转轨过程中呈现出以内需不足为主要特征的基本态势，为了刺激有效需求，我国政府实施了一系列旨在促进经济增长的扩张性政策。扩张性政策的实施是否对私人部门支出产生挤出（或挤入）效应？此外，作为货币政策和财政政策结合点的国债政策在调节社会资金供求方面的作用也日益增强，特别是自90年代中后期以来，随着扩张性政策的实施，作为政府重要融资方式之一的国债发行量更是大幅增长。国债融资是否引起政府与民间部门在资金需求上的竞争进而挤出了私人投资？国债融资规模的大幅增长是否引起理性个人对未来税负增加的预期，并由此减少了现期消费，从而引发挤出效应？所有的这些都是我们目前亟须研究的重大问题，对此类问题的回答都将直接关系到未来的政策性选择与安排，而国内外学术界对此问题还没完全达成一致的结论。有鉴于此，该文的研究目标就是结合我国实际经济条件，考察政策工具对私人部门支出（私人投资与私人消费）是否产生挤出或挤入效应。

为了克服国内外现有研究文献分析框架的局限性，增进该文结论分析的可靠性与合理性，在研究方法上，该文运用了一系列最新发展的现代计量经济学方法，主要包括：(1) 为了有效解决传统时间序列单位根检验以及协整检验的小样本问题，该文在对协整框架内对政策工具是否引发挤出（或挤入）效应的问题进行国际比较研究时，采用了最新发展的面板单位根检验、面板协整检验以及面板协整估计方法。其中，面板单位根检验主要包括 IPS 检验（Im、Pesaran 和 Shin，2003），Fisher-ADF 和 Fisher-PP 检验（Maddala 和 Wu，1999；Choi，2001）以及 Breitung 检验（Breitung，2000）；面板协整检验主要采用了 Pedroni（1999，2004）检验方法；面板协整估计则采用组间面板 FMOLS 估计方法（Pedroni，2000，2001）。(2) 为了克服传统的 Granger 因果检验和传统方差分解方法的局限性，该文在考察政策工具对私人部门支出的动态影响时，采用了最新发展的“有向无环图技术”（即 DAG。Pearl，1995，2000；Spirtes. et. al.，1993；Swanson 和 Granger，1997），以研究政策工具在长短期对私人投资的动态影响。(3) 在传统的时间序列分析中，该文也采用了一些较为前沿的分析方法，其中在协整估计中，除了采用传统的 VECM 方法，该文运用了完全修正 OLS（Phillips 和 Hansen，1990）、动态 OLS（Stock 和 Watson，1993），并采用了“递归协整分析方法”（Hansen 和 Johansen，1999）对协整关系的稳定性进行检验。此外，该文还采用了递归方差分解分析、非参数相关性检验等一系列较为前沿的计量经济学方法。

为了全面地、系统地阐述政策工具是否引发挤出（或挤入）效应，该文结合最新的理论模型的发展，主要从以下七个方面展开深入的分析与研究：

其一，该文结合新的理论模型的发展，从期内替代与跨期替代的角度，对我国财政支出是否挤出居民消费的问题进行研究，并考察转轨时期我国消费行为的结构性转变。其二，该文结合最新发展的面板协整技术，分别从总体样本以及单位样本这两个不同角度，对财政支出是否挤出私人消费的问题进行跨国研究。其三，该文结合非参数检验等相关性分析方法，对财政支出与私人消费关系形成的影响因素进行研究。其四，该文结合我国实际经济条件，在对世代交叠模型进行有益拓展的基础上，从理论分析与经验分析的角度深入地考察了我国货币融资、国债融资等不同融资方式对私人投资的挤出或挤入效应，其中重点考察了不同经济条件下的国债融资对于私人投资所具有的不同效应。其五，该文结合新的理论模型的发展，考察了国债对私人消费是否产生非线性的影响，其中重点考察了债务规模的扩大是否导致私人消费的减少，从而引发挤出效应。其六，该文在货币—财政政策的框架内，采用最新发展的“有向无环图技术”，考察了政策工具在长短期对私人投资的动态影响，在对政策工具是否引发挤出效应作进一步讨论的基础上，对货币政策与财政政策这两种政策工具在总需求管理中的有效性进行比较。在此研究过程中，该文结合新的理论发展，从货币政策影响私人投资的“货币渠道”、“信贷渠道”以及财政政策的直接作用机制等角度进行分析。最后是对该文结论的一个全面的概括总结，并在此基础上提出了现阶段完善我国货币政策、财政政策以及国债政策协调机制、增强宏观调控能力的政策建议。

该文研究结果表明：

(1) 关于国债融资是否挤出私人投资。

该文研究发现，在不同经济条件下，国债融资对我国私人投资具有不同的效应。在1980—2003年总体样本时期内，国债融资在一定程度上减少了民间的资金供给，挤出了私人投资。进一步地分析显示，当经济有效需求不足、社会存在着大量闲置资金时，国债的发行并不对私人投资产生挤出效应，且会在一定程度上拓展财政支出的融资空间，增强财政政策宏观调控的能力。实证结果同时显示，即使在国债产生挤出效应的情况下，只要我们把国债资金进行以公共投资为主的经济建设，它的净效应依然为正，因此，我国政府不仅仅要在不同的经济条件下把握好国债融资的适当规模，更重要的是坚持好国债资金正确的使用方向。

（2）关于国债融资对私人消费的宏观效应。该文研究发现，公共债务对私人消费有着非线性的影响：在低债务的国家中，国债发行所引发的财富效应增强了居民的消费意愿，从而使得公共债务对私人消费的影响显著为正；然而，在高债务的国家，公共债务规模的扩大引发了理性消费者对未来税负增加的预期，因此，公共债务对私人消费的影响显著为负。这就意味着，对于通过大规模发行国债而实施的扩张性政策，我们必须加以审慎对待，债务规模的扩大可能将导致私人消费的减少，从而引发挤出效应，进而降低政策工具在需求管理中有效性。

（3）关于财政支出是否挤出私人投资。该文研究发现，我国政府的公共投资在提高私人资本边际产出的同时挤入了私人投资，社会文教费的支出则对私人投资有着负影响。因此，当我们分析财政政策特别是赤字性财政政策对经济增长的影响时，我们必须对各项的经常性支出和资本性支出加以区别对待，如果大规模减少公共投资支出，在长期可能将影响私人投资的健康增长，特别是在内需不足、非理性投资热潮退却（如房地产市场投资泡沫破灭）的情形下，由大规模减少公共投资而对私人投资造成的影响可能将进一步凸显。

（4）关于货币政策对私人投资的影响。该文研究表明，扩张性政策在刺激总需求、促进投资时，最终都体现为货币购买力的增加，因此，货币的适度增加有利于促进私人投资的增长。此外，该文结合货币政策的不同传导途径作了进一步的深入剖析。研究表明，相比较“货币渠道”而言，“信贷渠道”仍是我国现阶段货币政策影响私人投资的主要传导途径，但由于货币到信贷传导环节的断裂，因此“信贷渠道”自身存在着较大的政策局限性。

（5）货币政策缺乏相对的独立性、“信贷渠道”的自身局限性以及利率机制的僵化等原因造成了货币政策对私人投资等实体经济部门影响乏力；相比较而言，由于政府通过财政支出进行的基础设施建设与私人投资成“互补”关系，从而在很大程度上直接挤入了私人投资，此外，由于财政支出并非真实利率上升的潜在因素，而公共支出在总体上并未“挤出”私人投资，因此，我国的财政政策对私人投资有着巨大的影响作用，财政政策在总需求管理中更具有效性。

（6）关于我国财政支出是否挤出居民消费。该文研究发现，虽然政府与居民消费的期内替代关系在改革开放后进一步凸显，但由于居民消费的跨期替代弹性较大，改革开放后居民与政府消费仍保持着互补关系，财政支出挤入了居民消费。此外，该文还发现，1978年后我国政府与居民消费行为发生了结构性转变。关于财政支出是否挤出私人消费的国际研究，该文分析表明，在该文研究的样本国家及时期内，总体上政府与私人消费成替代关系，政府消费支出在一定程度上挤出了私人消费，降低了乘数效应。与此同时，在对单位样本国家的比较分析中，该文发现不同的样本国家的政府消费与私人消费呈现出不同的互补（或替代）关系，这就为各国未来财政政策的选择与安排进一步提供了参考依据。

(7) 关于财政支出与私人消费关系的影响因素分析。该文结合非参数相关性检验研究表明，替代弹性与政府规模（国防支出比重）没有显著的相关关系，这就意味政府规模与国防支出比重并非替代程度大小的决定性因素，Karras（1994）以及 Evan 和 Karras（1996）有关替代弹性与政府规模（国防支出比重）成正（负）相关关系的结论并不成立。

目前，结合我国实际经济条件对政策工具是否引发挤出效应的问题展开综合性、系统性的研究仍较少。该文运用最新发展的现代计量经济学方法，结合我国转轨经济的特点，从各个崭新的角度对该命题展开了深入的阐述与分析，并对现有研究文献作了有益的拓展和补充。此外，该文不仅增进了学术界关于政策工具是否引发挤出效应问题的理解，而且有助于我们重新审视并检验债务中性理论、新古典理论、凯恩斯理论以及货币学派等相关理论在中国的适用性。因此，该文对于拓展转轨经济条件下政策工具的挤出与挤进效应的研究具有重要的学术价值。

与此同时，该文的结论与政策建议为政府当局对我国未来货币政策、财政政策及国债政策的选择与安排提供了理论分析与实证检验的参考依据。因此，该文对于完善我国宏观需求调控机制、提高宏观经济决策的科学性和系统性具有重要的实用价值。

许年行：《中国上市公司股权分置改革的理论与实证研究》

股权分置改革是我国资本市场发展中一个独特的经济问题。自中国证券市场创建以来，上市公司股权分置状况就一直存在，并成为困扰我国证券市场健康稳定发展的一个根本性问题。历史上，我国曾经对上市公司的非流通股的流通问题进行了多次的尝试和探索，包括法人股流通试点、国有股减持等，但都以失败告终。2005 年 4 月 29 日，中国证监会发布《关于上市公司股权分置改革试点有关问题的通知》，正式启动股权分置改革试点工作，拉开了全面解决中国上市公司非流通股流通问题的序幕，成为中国证券史上具有里程碑意义的划时代事件。对于股权分置改革这一涉及中国资本市场未来是否能健康发展的关键问题，既无先例和经验可资借鉴，也无严谨的理论支持，因此，如何有效地设计和制定股改方案以确保股权分置改革顺利完成，是此次股改的核心问题，也是摆在学术界、实务界和证券监管部门面前的一个难题。目前，有关中国上市公司股权分置改革的研究还处于起步阶段，相关研究还不多，仍处于较零散的、缺乏系统性分析的层面，亟待加强。因此，基于该问题的重要性及相关研究还较匮乏的考虑，尽快开展有关中国上市公司股权分置改革的理论与实证研究，无论是增强人们对股权分置改革这一全新事物的了解和认识，还是填补该领域系统性研究的空白，无疑都具有十分重要的意义。

该文将在借鉴国外文献的基础上，结合

我国上市公司的实际，从投资者法律保护与股权集中度的关系这个独特的研究视角入手，详细分析和检验了我国上市公司股权集中度是否受中小投资者法律保护的影响，在此基础上运用博弈论的思想和方法构建“均衡对价”的理论模型，探讨股改对价的形成机理，并运用相关理论系统地对股权分置改革中对价的制定与影响因素、对价支付方式的选择和股改公司的市场反应展开实证研究，从而构建一个“为什么要进行股权分置改革——怎样进行股权分置改革——股权分置改革的经济后果”较为完整的研究中国上市公司股权分置改革的分析框架。

全文共分为九章，各章的主要内容如下：

第一章为导论，具体包括：研究背景与问题的提出、研究思路、研究的主要内容以及研究的改进与创新等。

第二章为文献评述，包括对投资者法律保护与股权集中度关系的研究、股权分置改革直接相关的研究、“锚定效应”及相关研究三大部分文献进行回顾和评述。

第三章介绍中国上市公司股权分置改革的制度背景，包括股权分置的由来、上市公司股权结构特点、股权分置的弊端以及股权分置改革的历史发展过程。

第四章研究股权分置改革的理论依据，分别检验公司上市时和上市后股权集中度与中小投资者法律保护之间的关系。

第五章是股改中的博弈问题分析和对价模型构建。该章运用博弈论的思想和方法，构建“均衡对价”的理论模型，以探讨股改对价的形成机制。

第六章研究股改中对价的形成机制及对价的影响因素。该章运用“锚定效应”理论，分析和检验对价制定过程中是否存在锚定效应以及锚定效应的强弱。

第七章研究股改中对价支付方式选择的影响因素。该章运用财务学相关理论，系统地分析了股改公司选择不同对价支付方式和附加承诺的动机及其影响因素。

第八章研究股改公司的市场反应及其影响因素，全面分析和检验了对价、附加承诺、对价与附加承诺之间的相互作用对市场反应的影响。

第九章为全文总结，包括研究结论与启示、研究的局限性及未来的研究方向。

该文主要的研究结论如下：（1）股权分置状况的存在，在一定程度上导致上市公司股权集中度无法随中小投资者法律保护的加强和完善而逐步降低，也降低了中小投资者法律保护的效率。（2）流通股东的谈判能力和对价的“锚定值”是影响“均衡对价”的两个重要因素。“锚定值”越大则“均衡对价”越高，而流通股东的谈判能力与“均衡对价”呈非线性关系。并且，与非政府干预相比，在政府干预下，当流通股东谈判能力较强和较弱时，流通股东获得的“均衡对价”将减少。因此，股改中政府的干预可能在一定程度上损害了流通股东的利益。（3）随着股改进程的深入，股改公司在制定对价时越来越多地基于公司的不同特征作出上下调整，锚定效应逐渐减弱。同时，低对价公司在确定对价时的锚定效应较强，而高对价公司的锚定效应较弱。因此，在此次股改中，股改公司所确定的对价并非是一种完全理性的经济决策行为，而是存在明显的“锚定和调整”行为偏差。（4）资产误定价是影响股改中对价支付方式选择的重要因素，公司价值越被高估，非流通股东越有可能使用“送股”或“缩股”的对价支付方式。公司风险和资产误定价是影响附加承诺使用的两个重要因素，公司风险越低，价值越被低估，非流通股东越有可能在股改方案中作出附加承诺，越有可能作出多种附加承诺或较重较严格的附加承诺。（5）“未预期到的对价”、“从流通股东角度估计的对价”和“附加承诺的轻重”是影响公司在股改期间市场表现的三个重要因素。流通股东实际获得对价超过预期对价的幅度越大，附加承诺越重越严格，则公司在股改期间的市场表现越好，而股改期间的市场表现与“从流通股东角度估计的对价”呈明显的“U”形关系。

该研究具有一定的探索性，研究的主要改进和创新体现在如下六大方面：

第一，构建我国第一套“中小投资者法律保护指数”，为开展我国资本市场与投资者法律保护有关的其他问题的研究提供了可资借鉴的分析工具和检验方法。

第二，在研究框架上，该文从我国股权分置改革的实际出发，率先提出了股权分置改革有待研究的三大基本课题：为什么要进行股权分置改革——怎样进行股权分置改革——股权分置改革的经济后果，从而构建了一个较为系统的研究中国上市公司股权分置改革的新的分析框架。

第三，在理论上，率先运用博弈论的思想和方法，结合股改过程中可能存在的“锚定效应”及政府政策限制等因素，分别推导和构建在非政府干预下和政府干预下“均衡对价”的理论模型，并提出六个定理和五个推论，从而为深入理解和掌握对价的形成机理提供了重要的理论依据。

第四，在研究对价的制定过程和影响因素时，不但运用行为心理学“锚定效应”理论，对我国此次股权分置改革中对价的形成机理进行了新的理论阐述和解释，而且设计了一套可用于检验“锚定效应”的分析框架和研究方案，为研究资本市场其他“锚定效应”问题提供了可供借鉴的分析思路和检验方法。

第五，率先运用财务学经典的控制权理论、信号理论和资产误定价理论对股改公司对价支付方式的选择进行全面地分析和检验，这不但为股改方案中所涉及的复杂的对价支付方式的选择找到了理论依据，也为检验上述财务理论的适用性提供了不可多得的独特样本和事件。

第六，在研究股改公司的市场反应时，不但全面分析对价、附加承诺及两者之间的相互作用对市场反应的影响，突破了其他研究只关注不同对价的市场反应而忽视附加承诺可能对市场反应产生影响的局限，而且运用经济预期理论构建对价支付模型，将流通股东获得的对价分解为“预期的对价水平”和“未预期的对价水平”，并进一步分析“未预期的对价水平”对市场反应的影响。

郭丛斌：《教育与代际流动的关系研究——中国劳动力市场分割的视角》

该文利用北京大学教育经济研究所《中国城镇居民教育与就业情况调查（2004）》的数据，就中国劳动力市场分割条件下，教育与代际流动的关系进行了较为系统的定量实证研究。

论文首先运用国际上通用的二元劳动力市场分割理论的验证方法探讨中国职业和行业的劳动力市场分割现状；其次，论文通过代际继承性指数和代际流动性指数等指标分析中国城镇居民职业、行业和收入代际流动

的状况及其所呈现的劳动力市场分割特征；再次，论文运用通径分析技术、二元 Logistic 回归模型和结构方程模型等，探讨教育在促进代际流动及改善代际流动的劳动力市场分割程度方面的功能，分析教育的这一功能随中国市场化的提高所呈现出的变化趋势，并对相关实证研究结果进行原因解释；最后，论文通过构建多水平模型，分析经济发展水平、教育规模和高等教育机会分布状况这三个宏观层次因素对教育促进代际流动功能的影响。

该文得到如下主要结论：

（1）中国存在较为明显的职业和行业劳动力市场分割。职业劳动力市场具有主要和次要劳动力市场的弱分割特征，行业劳动力市场分割也存在高收益、中收益和低收益行业的分割。人力资本投资在主要劳动力市场的收益大于在次要劳动力市场的收益，在高收益行业的收益也要大于在中收益和低收益行业的收益。在三大地区之间，职业和行业劳动力市场分割的状况随着地区经济的发展而逐渐减弱。

（2）中国城镇居民代际流动存在较为明显的劳动力市场分割特征。随着市场化水平的提高，中国城镇职业代际流动的劳动力市场分割程度逐渐减弱，居民职业的代际流动程度日趋增强，而收入的代际流动却日益减弱。在三大地区之间，随着地区经济的发展，行业的代际流动程度日益增强，行业代际流动的劳动力市场分割程度逐渐减弱。

（3）教育具有改善代际流动的劳动力市场分割程度的功能。教育作为一种重要的代际流动机制，有利于促进弱势社会群体的子女实现经济和社会地位的跃升，有助于改善代际流动的劳动力市场分割状况，具有较强的促进代际流动的功能。在三级教育当中，高等教育促进代际流动的功能最强，接受过高等教育的劳动者子女的职业和行业代际流动性最强。此外，随着市场化水平的提高，教育促进代际流动的功能日益增强。

（4）经济发展水平的提高、教育规模的扩大和高等教育机会的公平分布这三个宏观因素有助于教育促进代际流动功能的实现。

中国经济学年鉴
2010
第八篇
学界动态

学术会议综述

全球经济衰退建模、预测以及解决途径国际研讨会

2009 年 1 月 15 日，中国社会科学院可持续发展研究中心和英国剑桥大学减缓气候变化研究中心（Center for Climate Change Mitigation Research）及经济计量学研究中心在北京联合召开了“全球经济衰退建模、预测以及解决途径：全球宏观经济模型从 2009 年到 2012 年预测结果比较”国际研讨会。20 余名学者参加研讨会并就相关问题进行了深入的探讨。

会议由中国社会科学院可持续发展研究中心主任潘家华研究员主持。剑桥大学经济系 Terry Barker 教授首先对当前全球性金融危机进行了简要介绍，指出危机源于人们对于金融体系中银行的信任缺失。在对金融危机成因的主要理论回顾基础之上，他从 7 个方面对此次“严重的经济危机”对世界经济的影响进行了评述并提出了解决和缓解此次金融危机影响的“7 点计划”。

剑桥大学经济计量研究中心的 Hector Pollite 以及 Unnada Chewpreecha 阐述了 E3MG 模型的基本原理并基于模型对金融危机之后全球经济形势进行了预测。两位学者利用 E3MG 模型体系，预测分析了 5 种场景下全球经济的发展前景，预测结果显示：在 5 种情况下，全球经济增长率都会在 2009 年急剧下降，然后在随后几年逐步恢复，到 2012 年可基本恢复金融危机前的发展水平，而增长率具体的下降情况则由全球投资增长率的削减幅度所决定。具有大型金融部门、以投资商品为主要产品和当前储蓄率比较低的国家所受影响将最为严重。

剑桥大学经济计量研究中心的 Athanasios Dagoumas 博士则利用 E3MG 模型中技术、能源、环境及经济发展间关系的子系统模拟了在无限制、保守（减排 40%）、低碳（减排 60%）、积极（减排 80%）4 种目标场景下 2050 年前英国不同能源的装机容量、能源需求总量，部门能源需求量、碳价以及英国的国内生产总值、消费和投资。

中国社会科学院数量经济与技术经济研究所副所长李雪松研究员在研讨会上向来自英国的研究人员介绍了当前我国宏观经济运行的形势分析，阐述了当前我国经济发展的基本态势和经济运行中存在的主要问题，介绍了国际金融危机对中国外需的影响以及我国政府为解决这些问题实施的经济刺激计划，并根据该所建立的宏观经济预测模型对 2009 年经济发展的态势进行了预测。

可持续发展研究中心廖茂林助理研究员介绍潘家华教授所带领的研究团队针对全球气候变化和碳减排问题所提出的“碳预算”方案的成果，该方案以人的基本需求为优先目标，公平地考虑了各国的减排义务并明确了排放权的分配，体现了各国具体国情的差

异，保障了人类的生存权和发展权。该方案按照基本全球人口为标准进行了碳预算的初始分配，并依据各国气候条件、地理条件、资源禀赋等因子进行调整以确定最终碳预算分配方案。这一创新性计划受到与会各位研究人员的关注。

最后与会代表就剑桥大学所建立的E3MG模型体系的估计处理细节、预测精准程度及该体系在中国的适用性，中国社会科学院开发的经济预测模型及其预测结果、可持续发展中心提出的“碳预算”方案的具体内容框架和可操作性进行了深入讨论。

（陈迎）

中国社会科学院经济学部2009年度学术座谈会：中国经济形势分析与展望

中国社会科学院经济学部2009年度学术座谈会于2009年2月2—4日在北京召开，会议主题是中国经济形势分析与展望。中国社会科学院常务副院长王伟光出席会议并讲话。研讨会由副院长、经济学部主任陈佳贵主持，副院长高全立、副院长武寅、院纪检书记李秋芳、院秘书长黄浩涛、特邀顾问刘国光、学部主席团秘书长何秉孟出席会议。来自经济学部各研究所（中心）和相关研究所、职能局、出版社等单位的专家学者70余人参加了会议。与会专家学者围绕国际金融危机的前景、危机对中国经济的影响以及中国经济的走势等中国经济发展中需要关注的重大问题展开全面、深入的研讨。

与会者认为，国际金融危机可能于2009年下半年逐步企稳，但出现反转的可能性极小，而实体经济的低迷态势仍将持续一段时间。国际金融危机对世界经济的短期影响表现在：全球经济增长前景黯淡；通货紧缩风险加大，全球贸易保护主义的压力增加。中长期影响主要有几个方面，美国等发达国家的负债消费模式将会进行调整，对出口导向型经济造成冲击，导致全球经济低速增长；全球通货膨胀仍存在死灰复燃的可能，主要是因为美国的财政赤字风险；美元汇率可能再次贬值；围绕清洁能源所形成的产业群有可能成为下一轮经济周期繁荣的支撑点。关于金融危机对全球实体经济的影响，与会者认为，2009年将会更加全面地显露出来，美、欧、日等占国际经济比重较高的发达国家将同时陷入衰退或萧条，发展中国家的经济增长率将显著下降。

关于中国经济增长前景，与会者认为，中国经济正面临长期快速增长后的调整、国内经济周期性调整、美国经济周期性衰退和调整、国际金融危机带来的世界范围大调整这四种因素叠加的局面，经济增长下滑过快已成为我国经济运行中的突出问题，必须把保持经济平稳较快发展作为经济工作的首要任务。政府应当进一步扩大财政投资，加强扩张性财政政策对经济的拉动力度，同时要采取必要措施积极预防财政投资可能带来的腐败、效益、环境、挤出等负面效应，要慎防盲目投资冲动，避免造成投资大跃进、基建大跃进，从而导致国民经济局部过热。保增长、扩内需、调结构中最困难的是调结构。

关于2009年拟出台的财政政策的讨论集中在增支和减税两个方面。有的学者强调，2009年进一步减税的空间不大，难有新的项目出台。财政支出规模可能会继续扩大，但仍然在可控范围内。2009年税收收入仍会超GDP增长，但二者差距缩小。支撑收入增长的因素，不仅来自经济，也来自非经济因素，即税收征管。积极财政政策的作用将会日渐彰显，而且其效用远大于适当宽松的货币政策。有的学者认为，2008年开始实行从紧的货币政策，不再预设M2和M1的增长率调控指标，新增贷款的调控指标大致为2007年的新增额，但按季度限制新增贷款的增加数额，货币政策的宏观调控机制有着比较明显的向计划经济复归的迹象。2009年仍将实行适度宽松的货币政策，可能采取下调存贷款利率和法定存款准备金率、加快发展短期融资券和中期票据等措施。

与会专家还围绕三农问题、工业经济和产业发展、金融市场运行、商贸服务业、开放经济、区域经济发展、就业形势、收入分配差距、节能减排与环境保护等一系列中国经济发展中面临的重要问题进行了广泛、深入的交流。

（郭建宏）

技术经济学学科建设研讨会

由中国社会科学院数量经济与技术经济研究所和北京科技大学经济管理学院共同主办的“技术经济学学科建设研讨会·2009”于3月14日在北京科技大学经济管理学院召开，来自全国20余所高校和科研机构的50余位学者参加了研讨会。

研讨会的主要议题是：技术经济学的学科定位（学科性质、研究对象、任务等），技术经济学理论与方法体系框架，技术经济学专业学生培养、就业现状与趋势，技术经济学学科发展趋势与亟待研究的问题，技术经济学学科建设其他问题。

中国社会科学院学部委员、数量经济与技术经济研究所所长汪同三教授出席研讨会并作重要讲话。他指出，技术经济学作为中国独有的一门应用经济学科，经过30多年的发展，形成了自己的特色，对中国经济发展实践做出了不可磨灭的贡献，但是也存在一些问题。尤其是在学科建设方面，还没有形成较为完整的理论体系，因此，必须重视建立技术经济理论和方法体系研究。他强调：（1）要认真总结技术经济学科的过去；（2）借鉴其他学科的内容，丰富和完善自己；（3）技术经济学的应用应该以解决当前重大的、战略性的、紧迫性的现实问题为导向。

研讨会上与会学者畅所欲言，主要讨论了以下几个方面问题：关于技术经济学科发展现状及面临的问题；关于技术经济学的学科定位；关于技术经济学的理论基础与方法体系；关于技术经济及管理专业教学的相关问题。

数量经济与技术经济研究所副所长齐建国教授作了总结发言，他认为这次技术经济学学科建设研讨会探讨了很多问题：（1）比较深入地探讨了技术经济学的性质、任务、研究对象，尽管到现在大家的观点仍有些不一致，但交流可以增强不同观点的深入理解，有利于形成不同学派，这是学科发展所需要的；（2）对技术经济学的基础理论和方法论体系进行了梳理；（3）对技术经济学的知识体系进行了总结，包括技术经济学教学中应该传授哪些知识，技术经济学知识体系应该怎样构建等；（4）对技术经济学科的发展方向进行了探讨，包括技术经济学需要研究的重大问题等；（5）探讨了技术经济学教学与科研的异同，教学的任务是将较为系统成熟的知识体系传授给学生，而科研则是要创新。

他认为，技术经济学未来应该对如下问题进行深入探讨和研究：（1）技术经济学科的研究对象、任务；（2）技术经济学科是问题导向的学科，技术与经济的交叉产生了许多技术学和经济学解决不了的问题，需要由技术经济学来解决；（3）创新交叉性学科理论；（4）突出技术经济学科的交叉特性；（5）要深入认识技术经济学与主流经济学的关系；（6）重视技术经济学成果扩散问题。

本次研讨会探讨了技术经济学界很多学者十分关心的学科建设问题，交流了思想，增进了共识，有助于促进技术经济学的进一步发展。

（陈平　刘满强）

中国人民大学宏观经济论坛

中国人民大学经济学研究所主办，中国人民大学经济学院承办的“中国宏观经济论坛”在2009年里共举办了四次会议。

第一次会议3月20日，“中国宏观经济论坛（2009年第一季度）”在逸夫会堂第二报告厅隆重举行，林岗副校长出席论坛并致辞。

全国人大财政经济委员会副主任委员尹中卿教授、国资委研究中心主任王忠明研究员、北京大学平新乔教授、中国社会科学院财贸所副所长高培勇教授、中国改革基金会国民经济研究所副所长王小鲁研究员、人大兼职教授、中国人民大学经济研究所联席所长毛振华等宏观经济研究领域的一流专家，以及经济学研究所的全体研究人员参加了论坛。

论坛由中国人民大学经济学院副院长、经济学研究所常务副所长刘元春教授和东海证券有限责任公司研究所所长、中国人民大学经济研究所联席副所长朱戎博士共同主持。中国人民大学经济学院院长、经济学研究所联席所长杨瑞龙教授在论坛上代表经济学研究所课题组发布了《中国宏观经济形势分析与预测报告（2009年第一季度）——走出经济低谷的改革措施与宏观治理》。报告紧紧围绕以投资为主题的短期刺激政策如何引领中国走出“周期性”与“全局性”的经济衰退，“保稳定”、“防经济循环的断裂”与“保8”的关系，构建全局性的社会安全网的社会意义及其宏观效率基础，“扩内需”与“增长模式转轨”的前提和先导，短期宏观刺激政策的效率的决定性因素与微观传递机制的重塑等问题，进行了深入浅出的分析与论述。

第二次会议6月27日，“中国宏观经济论坛（2009年中期）”在上海东郊国宾馆隆重举行，中共上海市委常委、副市长屠光绍，中国人民大学校长纪宝成教授等出席论坛并致辞。国家发改委宏观经济研究院常务副院长王一鸣、全国人大财政经济委员会副主任委员尹中卿、国家统计局总经济师姚景源、中国物流与采购联合会首席顾问丁俊发、上海证券交易所总经理张育军、中国人民大学经济研究所联席所长、中国证券评估有限公司董事长毛振华、银河证券首席经济学家腾泰，中国人民大学经济学院院长、经济研究所联席所长杨瑞龙、中国人民大学经济学院党委书记张宇、中国人民大学研究生院副院长刘凤良，中国人民大学经济学院“中国宏观经济分析与预测”课题组成员出席了论坛。中国人民大学校友会在沪校友以及上海市政府部门、高等院校、金融界与企业界等各界人士400余人参加了论坛。

中国人民大学经济研究所联席所长、东海证券有限责任公司董事长朱科敏介绍了人民大学经济研究所和中国宏观经济论坛的相关情况，并主持了宏观经济分析报告发布单元。中国人民大学经济学院副院长、经济研究所常务副所长刘元春教授在论坛上代表人民人学经济研究所课题组发布了《中国宏观经济形势分析与预测报告（2009年中期）——分化、振荡与复苏中的中国宏观经济》。中国宏观经济形势研讨会单元由中国人民大学校友会常务理事李振宁主持。王一鸣、姚景源、尹中卿等与会领导和专家高度评价了本期的宏观经济报告，认为是目前国内最具权威性、社会影响力与学术水准的宏观经济分析报告之一，充分显示了中国人民大学经济学科的强大实力。各位领导和专家围绕人大宏观经济报告，就当前宏观经济是否步入稳定的复苏通道还是在底部徘徊？中国经济复苏是否是世界经济复苏的引擎，还是世界经济的复苏是中国经济全面反弹的前提？目前宏观经济中所存在的指标冲突是因为数据存在问题，还是中国经济在萧条时期发生了临时性的变异？中国是否应当对当前扩张政策的方向进行全面的调整，还是应当进一步出台新的刺激方案？在未来一段时期中，货币政策的调控核心是通货紧缩，还是通货膨胀？作为中国经济的龙头和中国金融的中心，上海是否会率先复苏等问题进行了积极有益的讨论。

第三次会议9月27日，“中国宏观经济论坛（2009年第三季度）”在中国人民大学逸夫会堂第一报告厅隆重举行，林岗副校长出席论坛并致辞。

全国人大常委、内务司法委员会副主任委员、民建中央副主席辜胜阻，国家发改委宏观经济研究院常务副院长王一鸣，中国社会科学院学部委员、经济研究所原所长刘树成，中国社会科学院财贸所党委书记、副所长高培勇，北京市政协委员、华远集团总裁任志强，国家信息中心首席经济师兼经济预测部主任范剑平，人大兼职教授、中国人民大学经济研究所联席所长毛振华，中国人民大学经济学院副院长、中国人民大学经济研究所联席副所长刘元春等宏观经济研究领域的一流专家，以及经济学研究所的全体研究人员参加了论坛。

论坛由中国人民大学经济学院院长、经济学研究所联席所长杨瑞龙教授和东海证券有限责任公司研究所所长、中国人民大学经济研究所联席副所长朱戎博士共同主持。人大兼职教授、中国人民大学经济研究所联席所长毛振华在论坛上代表人民大学经济研究所课题组发布了《中国宏观经济形势分析与预测报告（2009年第三季度）——次高速时期的中国经济增长》。

报告提出了由于中国经济增长的传统支撑点开始步入边际递减或总量衰退阶段而出现的资源配置效应衰退、国际贸易加速增长、人口负担反向效应出现、城市化增长冲击力加速回落以及第二产业带动效应下降等6大变异现象，并指出这些变异现象将使我国经济增长的未来源泉可能将转向“消费率提升”、“城市化加速”、“服务业发展”、“技术创新与技术深化”以及“社会改革和政府体制改革进一步推进所带来的资源配置效率的提高”等5个方面。报告运用计量模型表明，中国经济将步入“次高速增长时期”，并呈现出6大规律：一是未来4年内中国经济增速依然将保持在9%左右，二是中国经济增长轨迹的变化将被缓慢启动，三是中国经济将步入一个较长时期的“次高速经济增长时期”，四是从绝对额来看中国未来经济增长依然具有的“高储蓄、高投资、高资本与高速度”的特色，五是未来“次高速经济增长”的结构都处于良性调整的过程中并具有明显的需求先导型、产业内部深化等特点，六是原来预想的增长模式大转变并非想象得那么迅猛。对此，报告指出要在漫长的增长模式转变中坚持“六大动态平衡术”：即在需求结构转型过程中注重总需求三驾马车的动态平衡术，在城市化加速的进程中重视经济转型与社会转型之间的平衡，在工业化驱动模式向服务业驱动模式转型中高度重视服务业与制造业、服务业与消费之间的互动，在向新技术、新能源、新产业驱动型经济发展模式转变进程中重视需求型技术变迁与供给型技术变迁之间的匹配，重视产业的技术基础与经营基础的匹配、技术变迁与制度变迁之间的匹配，在评判标准上要重视后工业社会目标与工业化社会目标之间的平衡，在增长目标的制定上“在高速增长中调结构”不仅过去是今后依然是中国未来经济发展的基本原则。

第四次会议11月20日，“中国宏观经济论坛（2009—2010）”在中国人民大学逸夫会堂第一报告厅隆重举行，这也是人大经济研究所举办的第十二期论坛。纪宝成校长出席论坛并致辞，论坛开幕式由冯惠玲副校长主持。

全国政协经济委员会副主任、国家统计局原局长李德水教授，全国人大常委、全国人大内务司法委员会副主任委员、民建中央副主席辜胜祖教授，国家发改委宏观经济研究院常务副院长王一鸣教授，北京大学校长助理、经济学院院长刘伟教授，国家财政部财政科学研究所所长贾康研究员，中国社会科学院研究生院院长刘迎秋教授，中国人民大学经济研究所联席所长毛振华教授，中国人民大学经济学院胡乃武教授，中国人民大学经济学院副院长、经济研究所联席副所长刘元春教授等宏观经济研究领域的一流专家，以及经济学研究所的全体研究人员参加了论坛。

论坛主报告发布和宏观经济形势研讨会由中国人民大学经济学院院长、经济学研究所联席所长杨瑞龙教授主持。中国人民大学经济学院副院长、经济研究所联席副所长刘元春教授在论坛上代表人民大学经济研究所课题组发布了《中国宏观经济形势分析与预测报告（2009—2010）——走出“进退两难”的中国宏观经济》。

报告认为，2009年中国宏观经济在强大的刺激政策与存贷调整周期的作用下，成功走出了自2008年3季度以来深度下滑的低谷，实体经济出现超预期反弹，通胀预期开始抬头，资产价格快速提升，宏观经济景气快速回升，但外需下滑严重。预计全年GDP增长8.56%、CPI增长-0.7%，贸易顺差较2008年减少874亿美元。

目前，中国宏观经济整体开始进入“政策刺激性反弹阶段”向“市场需求反弹阶段”的过渡阶段。这决定了中国宏观经济超预期反弹具有“政策主导性”、“结构不平衡性”、“动力不稳定性”、“增长要素缺少互动性”以及“总体发展方向的易变性”等特点。未来中国宏观经济将步入“进退两难”的局面，出现“双W轮动”的调整模式，面临多目标约束下的“政策有效组合困境”。

未来宏观经济政策的核心是，以“以进为退”的策略，来突破目前所面临的“进退两难”的困境和多目标约束下的“政策有效组合困境”。“以退为退”、“以稳促退”的策略将无法实现“经济全面复苏”与“宏观刺激政策顺利退出”的二元目标。“以进为退”、保持中国较高的增长速度、在高速中调结构和促改革、在连续性中谋退出，可能是中国近期的最佳选择。在宏观调控中相对弱化“结构目标”、“通胀目标”、强化“速度目标”是解决多目标约束下的“政策有效组合困境”有效之道。

（康佳丰）

中国数量经济学会2009年年会（深圳）

中国数量经济学2009年年会于3月28—29日在深圳大学召开。中国社会科学院数量经济与技术经济研究所所长汪同三、深圳市副市长唐杰、深圳大学校长章必功等出席开幕式。国内近100所高校、科研机构的数量经济学研究者及各界代表600余人参加了本届年会，会议共收到论文540余篇。

2009年恰逢中国数量经济学会成立30周年。开幕式上，中国数量经济学会理事长汪同三教授回顾了学会30年的发展历程，他强调说：“没有老一代的学者们，就没有数量经济学会的成立与发展；没有年轻一代的学者们，就没有数量经济学会的兴盛与繁荣。”汪同三理事长从加强国内、国际交流、推动经济学发展和促进新人成长等方面强调了学会的作用，并概括了学会今后的工作。他希望年会成为“老师与学生同乐，新朋和旧友齐欢”的学术盛会。

管中闵、洪永淼、陆懋祖三位著名经济学者在深圳大学演会中心向会议代表以及深圳大学师生近2000人作了三场精彩的学术报告。管中闵教授以 Beyond Least-Squares Regression: Method and Applications 为题的报告，就“分位数回归”的相关问题进行探讨；洪永淼教授以 Econometrics of Interval Data and Interval Modelling 为题的报告，提出了“区间数据”和“区间建模”的新概念；陆懋祖教授以 Financial Innovation & Engineering: Heroes or Villains 为题的演讲，透过全球金融危机，分析金融创新和金融工程，对数量经济学提出新的挑战。三位学者的报告代表着数量经济学的研究前沿，为与会代表提供了重要的学术信息，受到与会代表的热烈欢迎。

分组讨论共分10个专题14个小组，学者们就数量经济理论和方法，宏观经济增长与发展，货币、银行、金融、资本市场、财政、税收、投资、贸易、区域经济协调发展等领域的热点问题展开了热烈的讨论。讨论中，各位学者畅所欲言，彼此交流意见、观点和看法。3月29日由上海社会科学院韩清、中国科学院佟仁城、中山大学王美今、北京信息科技大学葛新权、《数量经济技术经济研究》编辑部彭战5位专家所做的“名家讲坛”，获得与会代表一致好评。

中国数量经济学年会闭幕式在深圳大学国际会议厅举行，会议对在年会中提交的优秀论文进行了表彰，《协整向量平滑转移回归模型的线性检验》等20篇论文获一等奖；另有《内需、就业与财政政策效应：基于新凯恩斯动态均衡模型的分析》等22篇论文获二等奖，《上海股市风险变异性实证研究》等10篇论文获三等奖。

本次年会还选举产生了中国数量经济学会第十届理事会，汪同三教授当选新一届理事会理事长，中国社会科学院李雪松、厦门大学洪永淼、深圳大学徐晓光等当选副理事长。

（彭战）

第十一届全国政治经济学研讨会

2009年4月18—19日，由中国社会科学院经济研究所及山西财经大学经济学院主办的第十一届全国政治经济学研讨会在山西财经大学国际学术交流中心召开。来自全国各地的140多位专家学者围绕我国经济社会发展与展望进行了深入的分析和热烈的讨论。

一　中国经济发展的理论与实践

中南财经政法大学程启智教授认为从认识论上来看，中国经验有三点：一是坚持实践是检验真理的唯一标准，二是坚持把马克思主义基本原理同中国的具体实践相结合，三是中国共产党需要在社会主义经济建设的实践中不断创新。

南京大学葛扬教授认为，社会主义市场经济条件下的公共供给与计划经济条件下的公共供给，无论在内容还是内部结构上都有明显的不同，但是也有着密切的联系，必须更加注重社会保障、环境生态、农村城市一体化发展等方面的公共供给，这样才能保证改革的深入和经济持续发展。

中国政法大学郜丽华教授认为，我国的出口导向型经济导致宏观经济失衡、阻碍产业结构的优化、加大国际贸易摩擦、加剧国内利益分配的不均衡、引发社会矛盾等，难以支撑中国经济的高速增长，已经构成中国进一步发展的制约因素。

清华大学经济研究所宋方涛认为在全球商业革命影响下，发展中国家的赶超战略选择应重点关注两个方面：一是如何通过企业并购、产业集中和技术升级来巩固自身在全球产业价值链中的位置，并成为某种类型的产业价值链中的次级系统集成者；二是如何从委托加工、装配为核心的初级集成关系，向高级集成关系逐步升级提高。

中国社科院经济研究所钱津研究员认为，推进中国农业现代化，要贯彻执行国家早已确定的土地有偿转让政策；与现代农业的生产技术相适应，积极探索建立能够达到现代农业发展水平的生产组织；依靠市场化经营组织，进行公司化运作；国家加大农业科学技术进步的投入；劳动主体实现彻底的转变。

二　国际金融危机和我国未来发展问题

中国社会科学院经济研究所王振中副所长认为，此次国际金融危机的爆发与新自由主义观点的泛滥有很大关系。实际上，即使在新自由主义大本营的美国和英国，政府干预经济的力度亦呈现不断上升之势。同时，他对刚刚闭幕的G20峰会各国诸多承诺的有效性提出质疑，指出在贸易保护主义倾向不断加强的背景下，要防止一些国家违背诺言。

清华大学吴栋教授指出，目前学者们对国际金融危机原因的总结主要有次贷危机为导火索、金融监管的缺失、华尔街的贪婪等，这些原因都是表面上的，从更深层次上看，资本主义生产方式的内在矛盾是金融危机的根本原因，强调在公共部门和私人部门将公有资源和私人资源进行合理配置是解决当前金融危机的根本途径。

河北经贸大学武建奇教授认为国际金融危机内生于资本主义经济制度，危机的实质仍然是生产相对过剩，但形式上又有了不同于经典危机的新特征。现代危机表面上好像是一种需求过剩，然而真正过剩的是“虚假需求”。以虚假需求“弥补”真实需求的不足是一种饮鸩止渴的做法，用制造更大泡沫的办法解决已有泡沫会导致恶性循环。

《中国社会科学》杂志社王利民副主编运用马克思主义分析方法，从新政治经济学角度，从信贷扩张的机理和收缩的过程两方面剖析了此次国际金融危机，指出危机的产生是经济和政治因素综合作用的结果。我国应积极采取根本性措施逐步消除二元经济结构，改变城乡居民收入差距过大、地区经济发展严重不平衡的状况，加快经济增长方式的转变，这是扩大内需、应对危机之根本所在。

三　政治经济学基本理论探讨

西南财经大学丁任重教授认为应当对马克思主义理论关于计划与市场的关系进行重新认识，指出马克思和恩格斯只是在手段和方法的意义上使用过计划和市场的关系，并没有提出过计划经济；列宁最早提出了计划经济并论述了计划经济的本质特征，但在实践中，列宁放弃了计划经济的设想，而转向实行商品经济；在我国的实践中，邓小平提出并论述了社会主义市场经济的思想，从而明确了中国经济体制改革的目标。

湖北大学张建民教授认为“需求拉动”理论是对马克思生产与消费关系理论的创新与发展，在怎样建设社会主义的问题上，邓小平“一心一意搞建设”理论解决了“实现小康”阶段怎样建设社会主义的问题，而“需求拉动”理论则解决了我国在建设中等发达国家阶段，怎样建设社会主义的问题。

江西财经大学康静萍教授认为，国有企业的契约型劳动关系具有雇佣与被雇佣，劳动者从“主人翁”向“劳动者”转变，由利益一体型向利益冲突型转变等特征，契约型劳动关系不利于初次分配中的公平，也不利于效率的提高。

上海财经大学包亚钧教授认为，不能简单地把我国现阶段存在的民营经济或民营企业等同于非国有经济。民营经济不单在壮大我国经济实力、推动社会生产力有积极作用，从深层次考察，对完善公有制主体地位还起着重要的“拉动”作用。只要国家仍然掌握企业的控股权，那么仍未改变其社会主义公有制的实质。

（经研）

中国经济形势分析与预测2009年春季座谈会

2009年4月20日，中国社会科学院经济学部“经济形势分析与预测”课题组召开了“2009年经济形势分析与预测春季座谈会”。汪同三学部委员代表课题组发布了预测报告。来自国务院各部委、有关科研机构、大专院校及部分省市的数十位专家学者出席了座谈会，香港特别行政区的专家也出席了会议并作了发言。与会专家运用定量与定性相结合的方法对我国当前宏观经济形势的特点及未来的走势进行了分析与预测，并围绕有关问题进行了深入的分析，有针对性地提出了意见和建议。

一　对当前经济形势及2009年

经济走势的总体判断与会专家普遍认为，

只要经过努力全年8%的GDP增长是可以实现的。同时国内投资消费需求将保持平稳甚至加快增长，出口降幅将逐步减小，4万亿一揽子应对计划效果应当在6月份之后逐步体现出来，经济回升的势头将更加明显。有专家提出，面对危机应该着力提高经济增长质量和效益，调整经济结构，转变经济发展方式，加快解决制约城市化进程的一系列问题，为中长期发展奠定基础。

二　对当前经济增长及“保八”问题的分析

与会者指出，我国实现经济增长“保八”的目标，取决于众多因素，其中最主要的包括：第一，外部环境，包括国际经济形势不出现大的恶化；第二，政府的投资能够进一步有效拉动民间投资；第三，能够较充分地挖掘出消费增长的潜力；第四，不出现大的公共危机事件。为此，专家认为应实行有利于中小企业信贷的金融政策，引导、鼓励增加民间投资；提高财政在民生方面的支出比例，增加公共教育、医疗服务，加快城市保障性住房建设，提高居民基本生活保障水平；缩小居民收入差距，促进国民收入分配结构合理调整；千方百计扩大就业，营造良好的创业环境，鼓励发展个体、私营经济；采取更强有力的措施促进出口；落实好已经出台的经济政策，充分估计困难，必要时推出更具力度的刺激经济政策，将经济增长的短期目标与结构调整的中长期目标相结合，在保持经济增速的同时积蓄发展的后劲。

三　当前经济运行中需要注意的问题

（1）经济增速回落幅度偏大；（2）经济结构失衡问题尚未得到根本解决；（3）物价水平急剧变化；（4）外贸形势严峻；（5）劳动力市场遭遇较大冲击，就业矛盾日益突出。（6）房地产市场景气回落。

四　2009年主要国民经济指标预测

结合对当前经济形势及2009年经济走势的分析，专家们运用定性与定量相结合的方法对2009年的各项经济指标进行了预测。

五　关于2009年宏观调控的政策建议

（1）执行积极的财政政策和货币政策；（2）调整经济结构、转变经济发展方式；（3）努力增加就业，提高居民收入；（4）培育消费热点，努力扩大内需；（5）调整外贸政策、升级产品结构；（6）面向世界、面向未来。

（彭战）

2009世界经济形势与中国开放战略名家论坛

2009年4月25日，由南京大学商学院、经济学院主办，国际经济与贸易系承办的全国“世界经济形势与中国开放战略名家论坛”在南京大学商学院安中楼学术报告厅隆重举行。来自复旦大学、南开大学、中国人民大学、浙江大学、厦门大学、武汉大学、对外经济贸易大学、吉林大学、四川大学、辽宁大学等10所高校的20多位知名专家学者参加了本次名家论坛。

本次论坛由南京大学经济学院副院长、世界经济学科带头人刘厚俊教授主持，校党委副书记任利剑教授、经济学院院长刘志彪教授、商学院党委书记张二震教授等出席。与会学者分别就2007年以来爆发的美国次贷危机及其引致的国际金融危机对世界经济贸易、国际货币体系及中国经济贸易发展的影响进行了全面深入的探讨，并对中国开放战略的调整发表了各自的独到见解。

作为一次高水平的学术盛宴，它不仅拓宽了高校世界经济学科师生的研究视野，同时也展示了高校世界经济学科的教学与科研风貌，增进了各兄弟院校的对口交流，对促进世界经济学科的发展具有积极作用。

（吴福象）

首届财务管理协会（国际）亚洲年会

2009年5月6日至8日，首届财务管理协会（国际）亚洲年会在厦门举行。此次会议是财务管理协会（国际）（The Financial Management Association International，简称FMA）第一次与亚洲高校合办的年会。FMA成立于1970年，在业界享有很高的美誉度，它云集了众多国际知名的财会专家学者，是美国最大的财务学术协会组织，也是发展和传播财务学科前沿研究资讯的全球标杆领袖组织。本次FMA年会规模200多人，其中外宾70人。来宾中包括香港资深大律师，曾担任过香港证监会主席、香港市政局主席、中国证监会首席顾问的梁定邦先生；北卡罗来纳大学著名财务学教授、FMA董事会主席Jennifer Conrad先生等国内外知名人士。

FMA年会是FMA为了更好地探究财务学学术研究动态，展示学术研究成果，加强国际学术交流而举行的年度例会。本次亚洲年会为期三天，在举办FMA首届亚洲年会期间还将同时举办2009年FMA亚洲区年会博士生论坛（Doctoral Student Consortium）以及2009年亚洲影子金融监理委员会联合会议（Asian Shadow Financial Regulatory Committee，简称ASFRC）。在此次年会上，来自美国、澳大利亚、新西兰、新加坡、韩国、日本、中国大陆和中国香港等国家和地区的财务学专家、学者将汇聚一堂，讨论资本结构、公司治理，资产定价、投资决策、家族控股等财务学热点、难点问题；6日举行的博士生论坛是FMA提供给各国博士生交流研究成果和心得的一个平台，有来自香港科技大学、华盛顿大学、南洋理工大学、北京大学等国内外高校的12位博士生报告论文，会议还邀请了四位著名的财务学教授主持对这些论文的点评和讨论；金融监理委员会联合亚洲影子会议重点解决亚洲太平洋地区有关金融市场和金融行业的经济政策问题，致力于学术研究成果的政策运用，影子会议将于会后发表独立的政策建议。

会议的举行不仅有利于厦门大学师生与国际知名专家一同开展国际学术交流，有利于其构建清晰、互利共赢的学术交流与合作体系，也有利于厦门成为国际学术交流的一个平台，对于其提升国际地位，扩大国际影响力，有着深远的意义。

（厦门大学管理学院）

灾后重建与灾难学学术研讨会

“5·12”汶川地震一周年之际，四川省社科院组织国内专家学者在成都召开“灾后重建与灾难学学术研讨会”。国家发改委、中国社科院、中国地震局、中国科技大学、厦门大学、北京国际城市发展研究院，对口援建省山东、浙江、河北等社科院和省内专家学者共230人出席了研讨会。

与会专家认真探讨了四川灾后重建可持续发展、公共应急管理体制、灾害应对的法律制度、灾区社会就业、异地安置、灾难旅游产业和文化产业重振、城镇文化重建、受灾群众社区建设、灾难心理救助等问题。与会专家认为，灾后重建是一项牵涉经济、政治、文化、社会、生态等各个方面的系统工程，既要有“三年重建任务两年完成”的紧迫感，又要有立足灾区经济社会全面协调可持续发展的战略高度；既要充分利用灾后重建的契机重振信心、加快发展，又要突破金融危机带来的不利影响，以重建拉动内需，促进产业升级和发展方式的转变；既要切实解决灾区群众面临的生活、生产、就业等现实问题，又要根本解决受灾群众心理康复、生活信念重塑等深远问题；既要抓好对口援建这一社会主义体制所释放出来的巨大的互助能量，加快灾区重建，又要在对口援建中加强地域文化融合，切实推进中华民族精神的广泛传播和大力弘扬。大家深深感到，灾后重建的现实迫切需要理论保证和智力支持。

与会专家认为，由汶川大地震引发出对灾难的深广思考与研究，关乎人类社会自身的生存和发展。四川省社会科学院于2009年初在全国率先成立“汶川地震灾后重建与灾难学研究中心”，切实推动“灾难学”的学科建设，这是一项具有战略眼光和学术前沿的创举。“灾难学”是一门研究灾难预测、灾难防治、灾难善后、恢复重建过程中所发生的一系列社会经济关系的学科。它涉及经济各个领域，与各个学科交叉互渗，需要吸取各学科现有研究成果，针对灾难本身的突发性、破坏性、震荡性等展开综合性、系统性、实用性研究。

该研究中心计划通过集合国内外研究力量，用一二十年的时间系统研究灾难经济学、灾难政治学、灾难文化学、灾难社会学、灾难生态学等，力图建立起灾难学的学科体系。该研究中心拟在一两年内陆续推出“灾难学学术丛书”、“灾难学科普丛书”，为全人类提高减灾防灾能力作出学术努力。

这次学术研讨会打破了传统会议开法，嵌入了“拯救与新生——诗歌朗诵会”，由著名主持人和研究生共同朗诵抗震救灾以及惠特曼、艾青、海子等中外诗篇。同时，研讨会上还推出了“北川禹羌文化抢救与保护图片展”。

（朱泓宇）

中国茶叶指数研讨会

2009年5月27日，由中国社会科学院财政与贸易研究所与浙江子墨农产品服务贸易中心共同主办的“中国茶叶指数研讨会”在北京国际饭店举行，来自政府部门、行业的领导与专家学者，以及在京媒体记者等共40余人出席会议。会议首次发布了中国茶叶指数。中国社科院、商务部、国家发改委、中国供销总社、中国茶叶流通协会等单位的领导与专家围绕首次发布的中国茶叶指数问题进行了探讨与交流。

中国茶叶市场指数是以我国主要的茶叶市场为样本单位，进行采样数据收集和整理，依据统计指数与统计评价理论，采用合成指数编制方法，选择一系列反映中国茶叶市场运行状况的指标，进行综合处理，得出用以反映中国茶叶市场景气活跃程度的综合指标体系。该指标体系主要由中国茶叶市场价格指数、中国茶叶市场景气指数及中国茶叶市场消费者指数构成，可以综合反映我国茶叶市场的变化情况。

首次公布的中国茶叶市场指数，是财贸所与浙江子墨农产品服务贸易中心合作研究的结果。该指数的编制工作在充分的前期准备的基础上，通过数据采集与数据整理、茶叶价格指数计算（单项、分类、总指数）及茶叶市场景气指数与茶叶市场消费者指数的计算，再通过平衡关系、逻辑关系的检查与因素分析，并听取商务部、国家发改委及中国茶叶协会等相关领导专家的意见之后，最终提出了中国茶叶市场指数体系。

中国茶叶指数将每两个月发布一次。与会专家学者充分肯定了该指数对我国茶叶市场发展的重要指导意义，并对进一步完善中国茶叶市场指数提出了若干建议。

与会专家认，目前我国茶叶市场问题很多，主要有：第一，缺乏应有的价格透明度，国家化程度不高。茶叶种类的差别和茶叶质量的参差不齐是阻碍我国茶叶进入国际市场的关键因素。第二，市场间竞合能力效应小，市场的规模效应不明显。第三，建筑硬、软件落后，配套设施不完善。第四，交易方式落后，交易效益还比较低。第五，品牌化程度不够，经营附加值较低。此次中国茶叶指数的发布，一方面构建了国际茶叶市场和中国茶叶市场的交流平台，国外的茶叶收购商可以通过中国茶叶市场指数更加全面地了解我国茶叶市场的发展情况，对我国茶叶价格和茶叶质量有一个全面的认识，在目前国际经济并不景气的背景下促进我国茶叶的出口创汇；另一方面，中国茶叶指数的发布也为国内的茶叶经销商提供了一个完整和及时的信息平台，通过这个平台经销商可以全面及时地了解国内茶叶市场的变化趋势，同时也可逐渐采取定单茶业、连锁经营等现代物流模式，以及通过期货交易、网上交易、代理交易、拍卖等现代化流通手段来进行茶叶交易，实现茶叶流通的升级换代。

与会代表对目前我国茶产业的发展提出了一系列中肯的建议：第一，各级政府、相关部门应密切协调推动，形成合力支持茶产业发展的格局；第二，加快茶产业规模化、标准化、专业化的发展；第三，加快品牌推介力度，提高我国茶叶在国际市场的知名度；第四，鼓励工商资本、民营资本进入茶产业发展，加速茶叶加工企业的升级换代。

（孔繁来）

中国政府公共资产管理机制创新研究研讨会

2009 年 5 月 26—29 日，北京大学中国公共财政研究中心先后举办了二期“外国政府公共资产管理专题讲座”，分别邀请了英国奎奈蒂克集团公司董事 Colin V Balmer 先生、澳大利亚世界银行学者 David Arthur Shand 先生、韩国资产管理公司 Ho-Chil Kang 先生、日本一桥大学 Hideaki Tanaka 教授、德国斯图加特大学 Ulli Arnold 教授，巴西巴拉纳州隆德里纳市州立大学 Juarez Paulo Tridapalli 教授，加拿大司务部资产与服务局不动产与物资政策司高级主任 Shirley Jen 女士，美国佛罗里达大西洋大学公共管理学院教授Khi V. Thai，美国联邦总务管理局旅游、运输和资产管理办公室，政府政策办公室副助理署长Becky Rhodes女士，共8个国家的9位专家学者介绍了各国资产管理的情况，中央及地方有关部门从事行政单位国有资产管理工作的负责人员共160余人，先后参加了两次讲座。讲座通过介绍8国国有资产管理的实际经验教训和学术研究成果，为我国国有资产管理提供了借鉴思路。

2008年12月，北京大学公共财政研究中心承接了财政部行政政法司、世界银行贷款“中国经济改革实施技术援助项目”的子项目“中国政府公共资产管理机制创新研究——中外比较的视角”。希望通过中外政府公共资产管理体制、方法等方面的比较研究，学习外国先进管理理念、经验和做法，并与我国政府公共资产管理的实际情况相结合，尽快构建有中国特色的政府公共资产管理新机制，把我国政府公共资产管理工作有效开展起来。北京大学中国公共财政研究中心的项目组研究员，对8个国家的国有资产管理情况做了深入的分析研究，形成了8个国别子报告。之后，在两次讲座和国别子报告的基础上，从中外政府公共资产管理理论、管理制度体系、管理机制、预算编制体系、监督体系等方面进行了比较研究，全面分析了我国与国外国有资产管理的现状、问题，并对我国政府公共资产管理机制创新提出具体的政策建议，撰写了《中国政府公共资产管理机制创新研究——中外比较的视角》研究报告。

（白婷）

中国房地产学术研讨会暨高等院校房地产学者联谊会2009年年会

改革开放30多年来，房地产业的迅速崛起和快速发展成为当代中国的一个重要经济现象。作为重要支柱产业，房地产业的发展既关系国民经济运行，又关系社会民生安全，意义重大，作用明显。

由《经济研究》杂志社、中国高等院校房地产学者联谊会和中山大学岭南（大学）学院联合主办的“中国房地产学术研讨会暨高等院校房地产学者联谊会2009年年会”，于2009年5月28—30日在中山大学岭南（大学）学院召开。会议论文集共收录了房地产业相关论文142篇。

在开幕式之后的主题演讲环节，建设部前副部长（现中国建筑学会理事长，中国房地产协会会长，中国房地产估价师与房地产经纪人学会会长）宋春华博士作了《发挥支柱产业作用，扩大最终消费需求》的报告，让与会者深刻了解了政府对房地产行业发展的相关政策。《经济研究》杂志的前主编刘树成研究员作了《中国宏观经济走势分析》的报告，让与会者对当前中国的宏观形势有了更清楚的认识。清华大学房地产研究所所长刘洪玉教授做了《房地产学科建设与房地产专业建设》的报告，与参会者就房地产这个学科的发展进行了探讨。

一　房地产价格与市场运行规律

中国城市住房价格在过去几年中经历了剧烈波动，如何保持住房价格相对稳定、降低住房价格出现大起大落的概率，已经成为我国政府面临的一个重要问题。有学者认为住房市场政府调控的基本思路有必要从目前以直接调节住房价格水平或变化率为主的“治标”型干预，转变为以强化和充分发挥住房市场自稳定机制为主的“治本”型制度的完善。而围绕这一目标，则可以从提高住房供给弹性、加大公共住房供给力度、抑制市场投机行为、引导市场参与者理性预期等制度性安排入手，逐步实现对住房价格波动规律的主动调节。

二　政府干预及其效果评价

中国房地产业的发展深受地方政府行为的影响，这已经成为公众、研究人员和政策制定者的共识。有学者认为地方政府至少可以从以下几个方面影响房地产业发展：第一，地方政府对土地所有权的垄断，发展房地产业所需的土地只有从地方政府获得，政府可以通过控制土地来对房地产业施加影响；第二，房地产以及土地相关的税收也是政府影响房地产的重要手段；第三，地方政府还可以通过调整公积金，放宽住房标准等刺激房地产消费的措施来施加影响。

三　房地产投资与金融

随着我国房地产投融资体制的变化和央行关于住宅开发贷款和住宅按揭贷款限制性规定等政策出台后，金融业门槛逐步提高，再加上土地招投标政策的实施，房地产企业的核心竞争力业已不再局限于产品本身，资本实力成为企业乃至整个行业健康发展的决定性力量。

四　土地管理与土地市场

土地作为房地产业必不可少的一个要素，在房地产价格的调控过程中起着重要的作用。有学者发现，中国式的分权体制激励了地方政府用“扭曲之手”来攫取预算外财政收益，地方竞争体制进一步驱动了地方政府采取积极的土地财政策略。研究结果还表明，分权对地方土地财政的影响存在跨地区差异。

（徐现祥）

第六届服务系统与服务管理国际会议

2009 年 6 月 8 日至 10 日，第六届服务系统与服务管理国际会议在厦门大学举行。会议由厦门大学管理学院管理科学系主办，清华大学、国际电器和电子工程师协会（IEEE）协办，并受中国国家自然科学基金委员会的资助。此次会议旨在为服务系统与服务管理领域的学者和相关行业人员提供一个学术交流的机会，促进彼此的了解，共同提高该领域的学术水平。本次会议建立了一个很好的交流与沟通平台，吸引了海内外众多学者的关注。会议共受到学术论文 455 篇，经过内外专家的严格评审，共接受了国内外高质量学术论文 177 篇。会议论文集由 IEEE 正式出版，所有论文都被 EI 收录。

厦门大学副校长吴世农教授和厦门大学管理学院院长沈艺峰教授出席开幕式并致词。清华大学管理科学系主任陈剑教授、美国迈阿密大学的 James M. Tien 教授以及加州州立大学的 Robert Chi 教授分别做了题目为“Optimization and Coordination of Fresh Product Supply Chains with Fresh - Keeping Effort”、“Healthcare：A Complex Service System”和“From Manufacturing Industry to Service Industry：The Future Development of Chinese Economy”的主题演讲。

来自国内外的 180 余名专家、学者汇聚厦门大学，在为期两天的分组报告会上，共有 108 篇论文的作者进行了小组报告和讨论，与会者针对服务系统与服务管理的热点问题展开了深入的探讨和交流。会议的主题为“Exploring service dynamics of physical and social sciences and innovative technologies”，涉及的专题包括：1、服务系统的设计、运作和管理；2、服务供应链管理；3、服务信息技术和决策；4、服务创新；5、服务营销和财务管理；6、服务案例研究。

（厦门大学管理学院）

2009 年中国城市发展高峰论坛

2009 年 6 月 15 日，由中国社会科学院城市发展与环境研究中心和社会科学文献出版社联合主办的“2009 年中国城市发展高峰论坛暨《城市蓝皮书》发布会”在北京举行。中国社会科学院副院长陈佳贵、中国建设部原总规划师陈为邦、国家行政学院政策咨询部副主任丁元竹、中国城市规划设计研究院国际部主任黄鹭新、国际气候组织大中华区总裁吴昌华、中国社会科学院城市发展与环境研究中心主任、《城市蓝皮书》主编潘家华、副主任魏后凯等出席会议，社会科学文献出版社总编辑助理范广伟主持会议。会议围绕中国城市发展转型问题，就金融危机背景下中国城市发展面临的问题与挑战进行了分析研讨，并发布了《中国城市发展报告（No. 2）》。

蓝皮书从宏观和微观层面全面回顾了 2007—2008 年度中国城市发展的总体情况和阶段特征，系统分析了金融危机背景下中国城市发展面临的问题与挑战，并从经济、社会、环境、城市建设等各个方面对 2009 年中国城市发展态势进行了分析与预测。

蓝皮书认为，2009 年中国城市发展将呈现以下 5 大态势：

第一，城市经济化“危”为“机”，转型升级步伐加快。第二，城市社会凸现压力，民生保障不断加强。第三，生态环境建设迎来契机，增长方式将更加集约绿色。第四，中国将迎来新一轮城市化热潮，城市建设将更加注重能力和品质的提升。第五，城市由区域间不均衡发展转向相对均衡发展，城市密集区的战略引擎作用更加凸显。

蓝皮书指出，转型和升级是改革开放 30 年中国城市发展的自然结果和必然趋势。在当前全球金融危机的影响下，这一转型和升级过程变得更加急切和紧迫。2009 年能否抓住机遇，化解危机，将直接决定着中国经济社会整体转型的进展与成效。为此，蓝皮书提出了一系列具有针对性的对策建议。

与会者也纷纷从城市经济结构、社会结构、空间结构等方面就“中国城市发展转型”这一主题进行了精彩的发言。

（单菁菁）

2009 年中国经济增长与周期高峰论坛

2009 年 6 月 19—21 日，由中国社会科学院经济研究所、首都经济贸易大学以及香港经济导报社共同举办的“中国经济增长与周期（2009）”国际高峰论坛年会在北京召开，来自全国各地的 80 余名专家学者和政府官员围绕着“世界经济动荡与中国可持续发展的政策选择”主题展开讨论。

有专家认为，从月度指标的动态角度看，中国本轮调整的冰点大致是在 2008 年 11 月份，中国已经渡过了急速下滑阶段，从2009年第二季度开始，经济开始进入企稳回升阶段。还有专家认为，中国经济复苏的势头实际上是不够稳定的，不确定性因素还较多。出口下降、产能过剩、企业经济效益下滑、财政压力以及就业困难等问题尚难根本缓解。

少数专家与上述观点稍有不同，他们认为，不能轻言中国经济开始复苏，即使一季度经济增长速度回调到了6.1%，不能说经济已经见底。

当前的经济好转更多地表现为一种政策性反弹。5月份投资达到38.9%，这种投资的高增长，很重要的是刺激性政策的结果，项目审批加快，贷款规模增加，推动了投资的快速提升。因此，经济真正企稳回升，还需要观察。经过第二、三季度反弹后，第四季度仍有可能回调。

有专家从经济周期的阶段性特征预测中国宏观经济已经触底反弹。自改革开放以来，我国大致经历3个周期。第一个经济增长周期，1981年到1990年，1981年经济增长周期处于波谷，谷值是5.2%，1984年处于波峰，峰值是15.2%，1990年回落到波谷，谷值为3.8%；第二个周期是1990年到1999年，1990年是低谷，3.8%，1992年是波峰，峰值是14.2%，1999年又到了一个新的波谷，谷值7.6%。第三个周期从1999年到2009年，1999年是波谷，7.6%，2007年峰值13%，2008年回落到9%，估计2009年会到谷底。

第一轮周期经济增长从波谷到波峰只用了3年时间，从波峰回落到波谷用了6年时间。第二轮周期从波谷到波峰只用了2年时间。这两个周期长度相同，都是9年，两个周期的经济增长都表现出陡起平落的特点。与前两轮周期不同，第三个经济增长周期从波谷到波峰用了8年时间，从波峰回落到谷底，估计仅有2年时间。这轮周期表现出平起陡落的特点。

这个周期从峰值回落是多重因素共同作用的结果，其中包括国际金融危机的影响，也包括我国周期性回落的因素。我们在经历了连续5年的两位数高速增长以后进入周期调整。当然，经济增长率回落速度如此之快，持续时间如此之短，国际金融危机起到了主要作用。

有专家进一步从经济周期的制度特征和形成机制探讨周期的阶段，分析改革开放后3个周期的不同机理。计划经济制度下扩张期短而收缩期长，扩张期一般只需2—3年的时间，经济中固有的力量就会把经济从波谷推向波峰，呈现过热的状态。但要压缩过热的经济，则需要5—7年的时间。

市场经济制度下扩张期长而收缩期短，扩张期一般长达6—8年的时间，才能完成从波谷到波峰的运行过程，而经济收缩期则只需要1—2年的时间，甚至更短，经济中固有的力量就会把经济从波峰推向波谷。从上一个波峰年1992年到本轮经济周期的波峰年2007年之所以长达15年之久，不是周期的波长规律发生了根本性的变化，而是两种体制转换的必然结果。

如果世界经济和国内经济政策没有大的改变，2009年将完成触底，2010年进入复苏阶段，此后中国的经济扩张期将长达七八年之久。当然，这不排除个别年份增速出现回调的可能。

与会专家认为，中国经济经过2003—2007年连续5年的两位数增长，积累了不少矛盾和问题，突出表现为四大失衡。一是外需和内需的失衡，内需不足。1998年在东亚金融危机的时候，我国出口占GDP的比重是

18%，但到了2007年，已经上升到36%，出口对经济增长的贡献和拉动比例太高。一旦外需萎缩，对经济的影响很大。这次金融危机已经反映出经济发展中必须要解决的内外需不平衡的矛盾。二是投资和消费的失衡。最终消费，特别是居民消费占的比重太低。居民消费支出占GDP的比重，“六五”和“七五”时期占到50%以上，到“八五”和“九五”时期占到45%多。2001年居民消费支出占GDP的比重还达到45.2%，但是到了2007年，已经降到35.6%，2008年占35.3%，比一般国家居民消费支出占GDP比重60%—70%左右，低了近一半。这几年我们一直在强调扩大内需，但是实际上扩大的主要是投资的需求，居民消费需求一直在下降。三是经济增长付出的资源、环境代价过大。资源、环境已经成为中国经济持续增长的最主要“瓶颈”。1990年，中国主要矿产品的对外依存度只有5%左右，近年已经上升到50%，经济风险增加。四是城乡区域经济和社会发展的不协调。2003年科学发展观的提出，强调解决这个问题，经过5年的落实，城乡和区域的协调发展并没有非常明显的改观。

在这四大失衡中，内外需的失衡和投资与消费的失衡尤其突出，直接制约着我国经济可持续发展战略的实施。面对全球性经济危机，发挥政府对经济的宏观调控作用是至关重要的。但是，政府在出台相应政策时，必须把短期政策目标和中长期战略目标有机结合起来。与会专家普遍提出，积极的财政政策和适度宽松的货币政策要同深化改革相结合。只有这样，才能够使得保增长、扩内需、调结构紧密结合起来，才能够使积极的财政政策更好地发挥促进经济增长的作用。

（经研）

2009中国经济论坛

由中国社会科学院经济学部、中国社会科学院科研局和中国社会科学院国际合作局联合主办，工业经济研究所承办的“2009中国经济论坛：变革与振兴——中国经济60年”于2009年7月3—4日在北京举行，来自国内外科研院所的经济学者和中外媒体代表500余人参加了本次论坛。十届全国人大常委会副委员长蒋正华、中国社会科学院常务副院长王伟光、中国社会科学院副院长、经济学部主任陈佳贵出席论坛并致开幕辞。

为深入探讨60年来中国经济发展的经验与不足，在国际金融危机背景下商讨应对措施，并在老一辈经济学家和青年经济学人之间传承贡献智慧服务社会的理念，论坛分三个单元展开：“趋势与预测：中外经济学家的对话”、“升级与发展：中国企业界与学界的对话”、“现在与未来：中国新老经济学家的对话”。

一　关于国际金融危机的产生背景、影响及应对措施

有学者提出，此次国际金融危机的发生不但有金融制度和金融行为等方面的原因，更具有深刻的产业发展背景。学者们强调，就目前中国所处的工业化阶段而言，像城市交通、资源开发、水利工程、国土整治等重大问题的解决都取决于工业进一步发展。保持工业持续增长是经济平稳运

行的基础和前提，而促进工业持续增长又要求推行全方位的产业升级，同时更需要用技术创新和机制优化来解决中国工业发展的资源环境约束。

二　关于中国产业升级与发展

学者们认为，当前中国产业发展面临资源、劳动力等要素成本上升，中低端市场空间逐步缩小，国际市场发生结构性调整等约束，但通过把自主创新与低成本大规模制造相结合，就可以形成中国企业的竞争优势。有学者指出，面对全球经济危机，中国企业既要充分发挥低成本优势，同时又要借助我国不断增强的自主创新能力，使两者有一个很好的结合。

三　关于中国经济改革和发展中经济学者的责任

在新中国 60 年的经济建设中，尤其是改革开放 30 多年来的经济发展中，老一辈经济学家发挥了重要作用。中国社会科学院经济学部副主任吕政研究员、中国社会科学院学部委员张卓元研究员、学部委员周叔莲研究员等著名经济学家指出，历史记载着当代老中青经济学人的思想和智慧，及其对中国经济改革和发展所作出的理论贡献。他们说，与惠及 13 亿多中国人民的经济学理论相比，任何奖项都相形见绌。他们认为，以全球性的金融危机为转折，世界经济又面临新的选择。在这一宏大的历史背景下，中国青年一代经济学人，必将为中国经济的发展和中国经济理论的创新作出更大的贡献。

（李鹏飞）

中国地区金融生态环境评价发布暨理论研讨会

7 月 4 日，由中国社会科学院金融研究所主办的“中国地区金融生态环境评价发布暨理论研讨会”在中国社科院学术报告厅召开。中国社科院副院长陈佳贵、央行行长周小川、中国银监会纪委书记王华庆、财政部部长助理张通等应邀出席会议并发表演讲。金融所所长李扬研究员主持会议，金融所金融实验室主任刘煜辉博士做主题报告。央行调统司司长张涛、央行研究局局长张健华、中国银监会研究局巡视员叶燕斐等出席会议并发言。

会议指出，有关中国地区金融生态环境的调查及研究工作是由中国人民银行周小川行长亲自倡导并在中国人民银行及有关监管当局的密切合作下展开的。自 2005 年始，中国社会科学院金融研究所专题组连续四年进行了“中国地区金融生态环境评价”研究。反馈情况表明，该项成果取得了相当积极的正向激励效果，很多地方政府已经开始把改善地区金融生态放到与改善地区投资环境同等重要的位置，纷纷提出了改善地区金融生态和优化金融资源配置的举措。这一切表明，通过开展地区信用环境评价营造积极压力，可以显著促进风险比较大的地区改善地区金融生态环境并整体提高我国金融生态的质量。

此次发布的中国地区金融生态环境评价报告，专注于探讨地区金融风险差异对信贷资金流向的影响。随着银行体系内部控制和风险管理逐渐强化，信贷资金受地区金融风险差异的影响从高风险地区向低风险地区流动的趋势日益显著，这将促使各地区更加致力于改善本地区的金融生态环境。全球金融危机仍在进一步向实体经济蔓延，因经济衰退造成的企业营利能力下降和房地产行业不景气，有可能引发较为严重的地区性偿付能力危机和偿付意愿风险。而由政府投资主导的大规模经济刺激计划如果操作失当也可能蕴涵着较大的系统性金融风险。各地区只有主动调整经济发展模式，才能提高对外部金融风险和其他负面冲击的抵御能力。

（徐义国）

第七届中国法经济学论坛

2009年7月4—5日，由中国社科院经济所《经济研究》编辑部和山东大学经济研究院（中心）、浙江大学经济学院共同主办的2009年度（第七届）中国法经济学论坛在长春举行。来自全国三十余所高校、部门近百位学者出席了本次学术论坛。

论坛围绕犯罪与刑罚、公司与金融、管制、法经济学基本理论、三农与土地、司法程序等主题展开了深入的研讨。

一　犯罪与刑罚

犯罪与刑罚一直是法经济学研究的传统领域，与往届论坛显著不同的是，本次论坛对犯罪与刑罚领域的研究，一是更加关注中国犯罪和刑罚的热点问题，二是研究方法更加规范，实证分析的特征十分突出。对犯罪影响因素的研究是法经济学最为瞩目的研究领域，也是本次论坛中论文最集中的领域。浙江大学史晋川、吴兴杰对我国流动人口与刑事犯罪率进行了实证研究，发现收入差距、刑罚威慑力、社会资本对流动人口犯罪决策具有重要影响。西南政法大学陈刚、李树、陈屹立利用中国31个省级单位的两期（2000年和2005年）混合数据发现，大规模的人口流动是导致中国犯罪率急剧上升的主要原因，并强调人口流动对犯罪的影响主要由省际人口流动引起，省内人口流动对犯罪的影响尚缺乏证据支持。

二　公司与金融

公司和金融领域的理论进展一直都是建立在融合法学和经济学的研究基础上的。此次论坛对该领域的研究和讨论尤其突出了对中国本土相关问题的关注。

关于上市公司的研究，中央财经大学刘文革等通过对股权分置改革的背景下，上市公司并购信息披露的股价影响问题的具体研究，建议政府监管机构应对并购信息披露进行更为有效的监督，鼓励为改善经营绩效的置换和并购活动，打击为报表重组、仅改善会计数字的置换和并购行为。关于公司法和投资者保护，中山大学冯曦、周林彬探讨了中国公司法的实际运行水平及其对公司绩效的影响，指出相关的利益集团通过利益输送等方式影响了中国的公司立法及其实施，公司绩效明显受公司法责任体系与公司法实施者能力的影响，公司法的责任标准和实施能力还有进一步加强和完善的空间。

三　“三农”与土地问题

“三农”是中国特有的问题之一，其中土地问题的解决不仅涉及法律的有效构建，而且要有充分的经济分析。浙江大学史晋川指出，土地所有权问题和土地用途管制问题同样重要。如果仅仅如部分学者主张的那样实行农地私有化，而依然实施严格和广泛的用途管制，尽管这样可以改变农民在土地利用中的谈判地位，然而农民土地所有权的价值依然不大。所以在土地所有制变革前景并不明朗的约束下，从改革土地用途管制的角度来保护农民土地权益是一个可行的路径。

四 管制的经济分析

关于如何在中国进行有效管制，长春税务学院的马凌、李光宇以新制度经济学为视角，围绕产权及交易费用这两大约束条件，对政府干预进行了经济分析。他们认为，政府干预会对市场运行产生负面影响，只有通过构建“市场—政府—法律”的三元制度框架，确定政府干预法律规制的目标，约束政府干预的权限，才能真正实现社会资源使用和收入分配的优化配置。

五 法经济学基础理论研究

往届法经济学论坛中关于法经济学基础理论的研究基本上是以介绍和引入美国法经济学在该领域的成果为主，此次论坛对于法经济学基础理论的关注却呈现出从中国的重大问题出发思考法经济学基本理论问题的显著改变，表现出一定的基本理论研究本土化的趋势。

哈尔滨商业大学曲振涛从效率与公平相统一的法经济学视角，具体分析了“以人为本”的经济发展观的深刻含义。他认为以人为本的科学发展观、以人为本的经济发展理念与高效率的法治公平是和谐相容的，法经济学对实践以人为本的发展观和构建和谐社会具有重要作用。

（经研）

中国经济学前沿论坛2009——全球金融危机下的中国经济

由中国人民大学中国经济改革与发展研究院、北京市社会科学界联合会、经济科学出版社、北京市经济学总会联合主办的“中国经济学前沿论坛（2009）——全球金融危机下的中国经济”于2009年7月8日在中国人民大学举行。来自中国社会科学院、国家发改委宏观经济研究院、北京大学、中国人民大学、北京市社会科学界联合会、经济科学出版社等单位的专家学者共150多人参加了会议。

一 中国经济学研究热点

中国人民大学黄泰岩教授对2008年中国经济学的研究热点进行了排名与分析。根据教育部CSSCI来源期刊影响因子排名和按专题分类发表的论文数量，2008年中国经济学研究的前10大热点分别是：中国经济增长与发展、资本市场、“三农”、产业结构与产业政策、货币政策、区域经济发展、公共经济、对外贸易与贸易政策、经济体制改革、收入分配与收入差距。排在第11—20位的分别是：商业银行、自主创新、金融体制、财政体制、公司治理、国外经济理论与流派、人力资本、民营经济与家族企业、社会保障、政府规制。

与前几年的研究相比，2008年中国经济学研究热点排名发生了一些变化。主要表现在：第一，经济增长和发展第一次超过资本市场跃居第一位。这体现了经济发展已成为经济学研究的核心问题，中国经济学也从“改革经济学”转向“发展经济学”。第二，资本市场研究风光依旧。资本市场多年来一直是关注的重点，2008年对资本市场的高度关注，还与2008年中国股市的“高台跳水”有关。第三，经济体制改革首次进入前10。因为2008年是改革开放30周年，总结改革开放30年的经验，并运用这些经验检验已有的理论，成为构建中国特色社会主义经济理论的重要内容。第四，收入分配和收入差距重回第10名。目前收入差距的扩大，已成为制约以扩大内需为重点的经济发展新阶段的热点问题。第五，货币政策作为一个持续的热点问题再次升温。这体现了中国经济的宏观调控已进入了一个比较成熟的阶段。从中国经济热点研究总体的特点可以发现，2008年与2007年相比，前10大热点出现了20%的替换率，前20大热点出现了70%的替换率。一方面表明了中国经济学研究的持续性、稳定性，对当前关注问题的一种跟踪性。后10大热点的变化正好和中国经济的变化密切相关，体现了中国经济学研究的问题导向性。中国经济学家要去关注世界主流经济学的基本概念、基本原理问题，但更多的经济学家应该密切联系中国的实际，针对中国已经出现的问题，去构建中国经济学的基本理论体系。

二　全球金融危机的原因

中国人民大学林岗教授指出，从美国的次贷危机到全面的经济危机，追溯其原因，是与20世纪70年代美国制造业利润率下降的趋势密切相关。由于美国国内没有抵消平均利润率下降的因素，一方面不得不将制造业向低成本国家转移，另一方面将资金大量向高风险的金融业转移。通过这种转移，美国将过剩的生产能力转化成全球的生产能力，并形成了全球的产业链。这就使其金融危机得以快速向全球扩散。

中国社会科学院工业经济研究所金碚研究员指出，从发达国家来看，这次金融危机之所以爆发的这么深刻，很重要的一个原因就是对于产业经济层面的“信心”难以恢复。北京大学刘伟教授指出，这场危机说到底，还是资本主义的现代私有制和社会化大生产之间的一个根本矛盾冲突的表现。

三　全球金融危机对中国的影响

金碚研究员指出，相对来讲，金融危机对中国还是影响有限。一是因为中国的产业发展空间比美国这些发达国家大很多；二是因为中国现在的产业还可以获得利润；三是因为在政府采取经济刺激手段以后，企业行为有所调整。这也是我国经济出现企稳态势的原因。刘伟教授指出，金融危机对中国经济体制改革的未来走向，提出了以下需要我们作出理论思考的五大关系：第一，基本经济制度与资源配置方式的关系。第二，宏观和微观调控体制的相互关系。第三，国内经济和国际经济之间的关系。第四，国有经济和民营经济的关系。第五，需求管理和供给管理的关系。

四　当前中国的经济形势和宏观经济政策

王一鸣研究员认为，在扩张性宏观经济政策的刺激下，应该说中国经济成功地扭转了去年三季度以来的加速下滑的趋势，经济逐步企稳回升。这可以从三个层面进行认识：一是需求层面。从投资方面看，四万亿的投资计划正在分期落实，投资增长加快；从消费方面看，出台了家电下乡、以旧换新、汽车下乡、摩托车下乡、节能产品补贴，提高低保标准，提高养老金标准等很多政策。二是供给层面。工业生产开始回升，4月份工业增加值增长达到了8.1%，5月份增长到8.9%，特别是发电量，6月份也是由负转正，这是一个积极信号。三是市场层面。市场的预期和信心都有所回升，房地产的交易量、价格和房地产的投资都在企稳回升。虽然经济出现了回升趋势，但也面临着许多不确定性，这种回升还不太稳定。全球经济的复苏还有很多不确定性。

高培勇研究员认为，我国当前宏观经济从总体上企稳回升，表明政府所采取的一系列宏观经济措施已经初步显现出它的成效。由于这种回升还不太稳定，各种宏观经济调控措施，还需要继续努力，甚至还要再加把劲。

五 中国如何走出全球金融危机的影响

林岗教授指出，要走出经济危机一个条件是技术上要有大创新。另一方面，就是进行大的配套改革。王一鸣研究员指出，要实现根本复苏的关键，必须实现中国经济的战略转型。下一步要解决的问题主要是：第一，在基本政策取向不变的前提下，如何把握好政策的实施力度和节奏；第二，将如何扩大消费需求作为重要的政策重点；第三，农民工的市民化；第四，如何加大鼓励刺激民间的投资力度；第五，寻求新的消费增长点；第六，如何进一步推动包括资源型产品价格改革在内的改革；第七，如何调整外向型战略。

金碚研究员指出，目前面临的高技术产业的赢利模式难以持续，新能源则遭遇创新投入收益外溢的难题。而且高技术产业的发展支撑了金融现代服务业的发展，全球财富结构虚拟化，从而导致实体产业市场实现出现困难，所以传统经济，甚至高技术产业的市场开拓越来越依托于金融。只有提供很多金融的信贷，才可以有一个市场的需求去让产业升级，产品才能得到实现，这个问题已经变得非常尖锐。在这样的情况下，发达国家要渡过这次金融危机，要解决的问题是很深刻的，不是短期内能够解决的。所以美国提出发展新能源。下一阶段中国经济的增长更大程度上要依赖于企业的竞争能力的培育和提升，最基本的条件就是给各类企业以公平竞争的环境。

高培勇研究员认为，下一步积极财政的作用主要在于：第一，要做到把已经确定的既有的已经纳入规划的各项积极财政政策措施尽快落实。第二，根据经济形势变化，适时地调增财政减收增支的力度。

王国刚研究员指出，中国经济需要两个发动机，一个是工业化、一个是城镇化。只有城镇化有效展开了，第三产业或服务业才能有效展开，才能有效地解决民生问题，才能扩大内需。刘元春教授指出，世界经济难以在 2010 年第一季度之前实现触底反弹。这是因为：第一，大家赖以得出乐观判断的景气指数具有滞后期；第二，从实体经济具体指标来看，核心区域的经济下滑是超越以前的，并且下滑的深度非常之大；第三，失业率持续上涨；第四，工业生产进一步下滑；第五，也是最为重要的一点，各国的消费下滑很明显；第六，除中国外，世界主要经济国家固定资产投资下滑得很厉害。第七，外贸下降非常剧烈。在这样一个世界经济背景下，中国的宏观经济政策还需要继续坚持，甚至强化。

（张培丽）

亚太风险与保险学会(APRIA)第 13 届年会

2009 年 7 月 19—22 日，亚太风险与保险学会（APRIA）第 13 届年会在北京隆重举行，本届年会由北京大学中国保险与社会保障研究中心（CCISSR）主办，中国人保集团、中国平安人寿、泰康人寿、永诚保险、民安保险协办。本次年会的主题是“后金融危机时代的风险管理与保险”，来自世界 20 多个国家和地区的 200 多名代表参会。

在开幕式上，年会组委会主席、北京大学孙祁祥教授致开幕辞，国务院发展研究中心副主任侯云春出席论坛并以“中国宏观经济形势分析和发展展望”为题发表了主旨演讲。年会共设3场大会演讲和25场学术分会研讨。中国保监会副主席周延礼、中国保险学会会长罗忠敏、美国佐治亚州立大学资深教授（Harold Skipper）、澳大利亚新南威尔士大学教授（Michael Sherris）、民安保险董事长彭伟、平安保险集团总经理助理叶素兰、德国（Chiltington）国际集团首席执行官（Wolfgang Eilers）、中国人寿首席精算师邵慧中、华信惠悦中国投资咨询部总经理冼懿敏、（Vast Talent）首席执行官（Alex Raymond）等分别就“新兴保险市场的经验与挑战”、“金融危机与风险管理的未来”、“巨灾风险管理与保险”等主题发表精彩演讲并进行问答交流。来自20多个国家和地区的100多篇入选学术论文在学术分会上进行研讨交流，论题涉及保险市场、风险管理、社会保障、精算、保险经济学、保险投资、公司治理、健康保险、养老保险等诸多领域。

一　中国宏观经济形势分析和展望

2008年的金融危机导致包括中国在内的全球经济的严重衰退。对此，中国政府应及时调整宏观调控目标，实施积极的财政政策和适度宽松的货币政策。有学者认为，从2009年上半年宏观经济走势可以看出，我国经济出现向好势头，经济发展处于趋稳回升的关键时期。在下半年外需继续大幅下降的情况下，市场驱动的企业投资、居民消费能否保持快速增长势头，是决定经济走势的主要因素。当前形势下，要增强宏观调控的针对性、有效性和持续性，巩固经济回升势头；同时，增强宏观调控的灵活性，为今后必要的政策调整预留空间。

二　新兴保险市场的经验与挑战

改革开放30年来，中国保险业取得了长足的发展，行业规模迅速扩大，服务领域不断拓宽，市场体系逐步完善，保险资金运用逐步规范，保险业改革不断深入推进，对外开放取得积极效果，保险监管与风险防范不断加强。有专家指出，中国保险30年改革开放和发展证明，新兴保险市场能够找到适合自己的发展道路，抵御或者减弱金融危机的影响，实现持续健康的发展目标。也有学者认为，新兴市场可以从金融危机中吸取的教训包括：应该建立强有力的企业治理框架；风险管理至关重要；保险监管在任何时候都是必要的。

三　金融危机与风险管理的未来

此次金融危机对中国保险业而言既是挑战，也是机遇，对我国保险业未来的发展具有重要启示：保险公司需要建立与公司发展战略和风险状况相适应的资本管理机制、持续完善公司治理、加强内控制度与风险文化的建设。有专家指出，在金融综合经营背景下，保险公司风险管控的重点在于：清晰界定综合金融集团与各子公司的角色和职能，设置有效的防火墙；建立规范的公司治理机制，加强内部控制，依法合规经营；建立事前、事中、事后“三位一体”的风险管理体系；整合后台资源，降低风险和成本；不断完善全面风险管理。

还有学者指出，所有国家的养老金计划都不同程度地受到金融危机的影响；风险不能被消除，只能通过多元化和资产配置来进行管理。我们应当学会在事前、事中和事后不同阶段全面管理风险，并逐渐提升衡量不同极端情景下在险价值的能力。

四　巨灾风险管理与保险

与会专家指出，当前发展中国家巨灾保险发展仍然十分落后。只有通过建立完善的风险分担机制才能更有效地管理巨灾风险，其主要途径包括：损失发生前的风险融资、强制保险制度、加强巨灾风险教育、提高巨灾损失预测能力和充分利用金融市场等。

目前我国建立巨灾保险制度有很多有利因素，包括政府的高度关注、法律体系的逐渐完善、巨灾保险技术和经验的日趋成熟等。巨灾保险制度建设应该遵循以人为本、风险共担、广覆盖、因地制宜四项基本原则，致力于五方面的工作：一是建立巨灾保险基金，二是建立巨灾风险分担机制，三是开发新型巨灾保险产品，四是采用差别汇率制度，五是完善理赔制度。

（北京大学经济学院）

2009 中国国有经济发展论坛

2009 年 8 月 15—16 日由中国社会科学院经济所、《经济学动态》杂志社和吉林大学经济学院等单位联合主办的“2009 中国国有经济发展论坛暨危机与变局中的国有经济研讨会”在北京举行。来自国内外著名高校、科研院所及政府机构的专家学者近 80 人参加了会议。会议主要讨论的内容如下。

一　中国国有企业改革的成就和经验

有学者指出，30 年来中国国有企业改革取得以下成就：一是确立企业改革作为以城市为重点的经济体制改革的中心环节，形成了有中国特色的以企业改革为突破口、试点先行、综合配套、渐进式的改革方式，保证了改革的顺利平稳进行。二是与建设社会主义市场经济相衔接，确立了建立现代企业制度的企业改革目标，从理论与实践的结合上，探索出了一条企业改革的路子，成功地实现了企业组织形式从国营工厂向国家出资企业的转变。三是确立了经营型国有资产的资本地位，明确了政府履行国有资本出资人的职能，实现了全民所有制经济由单一形式向多种形式的转变，使混合所有制经济得以发展，进一步扩大了国有经济的影响力和控制力。四是企业改革增强了企业的活力，使企业真正成为了市场的主体和法人实体。五是建立和完善相应的法律制度和会计制度，使企业改革实现了机制和制度的创新。

二　中国国有企业改革的问题与方向

有专家认为，国有企业改革过程中存在一些理论认识上的偏颇和工作执行的偏差。理论认识上的偏颇主要体现在两个方面，一是从企业改革的角度讲，我们关注了增强企业活力，但是对于企业有效发展，特别是提高企业经济效益，转变企业发展方式一直重视不够。另一方面，我们通常都是以市场经济国家的企业、市场、政府这种三角关系来思考我们的改革，而对其中的重要主体之一劳动者重视不够。在企业改革中，必然涉及到劳动者权益问题，但是我们没有将其置于一种主体的地位来分析和认识。在工作执行中，有 6 个方面的偏差：一是偏重解决国家与企业的关系，忽视解决职工与企业的关系。二是偏重解决政企关系，忽视解决社会关系。三是偏重解决财产关系，忽视解决劳动关系。四是偏重明晰企业产权，忽视政府出资人职能的到位。五是偏重企业市场主体的塑造，忽视企业创新主体的塑造。六是偏重企业创造财富能力的增强，忽视财富的公平分配。此外，在城市中，合作制经济没有获得足够的重视。

三　新时期国有经济功能与国有企业社会责任

专家学者指出，国有企业确实是一种能够解决经济和社会发展中一些重大问题的组织形态。但是，它也有自己的弱点、局限，甚至是不可完全克服的缺点。世界上没有十全十美的组织形式，也没有十全十美的企业体制。它总是有一利就有一弊，有优点就有缺点，而且这个优点和缺点是互相密切联系的，要这个优点，就要接受它的缺点。在市场经济条件下，国有企业是一类特殊的企业，有特殊的优点，解决一些特殊的问题，或者是重大的问题。但是，它的发展不能够仅仅以它自己的发展状态来评价。国有企业的责任不仅仅是它自己要独善其身，要发展、要强大，它有一个更重要的责任，就是整个产业发展的状态，是不是因为它而变得更好。

四　国有经济重组与国有企业进退

有学者认为，笼统地说国退民进和国进民退都不合适，党的方针是有进有退，有所为，有所不为。在某个地区、某些行业和产业，在市场竞争中，出现国进民退无可厚非。但是，如果作为一个普遍的方针，值得研究。特别是靠政府的行政干预，强制把民营企业并入国有企业，甚至把实力比国有企业雄厚、效益比国有企业好的民营企业并入国有企业，是不妥当的。国有经济的优势在于那些投资比较大、建设周期比较长、回报比较慢、社会效益比较突出的领域，这个领域国有资本应该逐渐集中。

（经研）

政府投资与农村发展学术研讨会

2009 年 8 月 16 日上午，由北京大学中国公共财政研究中心主办的“政府投资与农村发展”学术研讨会在北京大学英杰交流中心第三会议室举行，相关领域政府工作人员、专家学者以及北京大学经济学院财政系学生参加了研讨会。

2008 年 12 月，北京大学中国公共财政研究中心承接了国资委、工业与信息化部产业政策司、财政部经济建设司为联合甲方的研究项目“政府投资与农村发展”。在对北京、河北、河南、宁夏、陕西、江苏等地进行调研的基础上，撰写了《政府投资与农村发展》报告。研讨会上，北京大学中国公共财政研究中心主任林双林教授首先作了题为《政府投资与中国农村经济增长》的报告，梳理了中国农村发展及政府对农村投资的基本情况，介绍了自己在政府投资与各省经济发展关系上的实证研究，总结了通过社会调查发现的政府投资中存在的一些问题。随后，国务院发展研究中心宏观经济部、陕西省发改委孟春副主任作了题为《政府投资：重在农村、农业基础设施建设》的报告，结合对陕西省农村、农业基础设施建设情况的调研经验，在如何完善农业、农村基础设施项目建设的管理机制，提高政府投资效益的问题上，详尽阐述了自己的观点。韩国首尔国立大学国际学研究生院郑永禄（Young-Rok Cheong）教授作了题为《韩国的新村运动与城市化》的报告，根据自身经历向与会者生动描述了韩国新村运动的历史和现存问题，为中国的农村建设提供了可借鉴经验。最后，北京大学经济学院财政学系钱立副教授作了题为《城镇化与对农村教育的支援》的报告，在“支援农村要靠‘输血’还是‘造血’’”、“通过校际互助交流提高农村师资力量”等几个问题上阐述了自己的观点。与会者还就政府对农村投资的具体方向等问题进行了充分的意见交流。

当前，我国面临着全球性经济危机的不利影响，国内产业发展不平衡、贫富不均等社会矛盾突出，通过政府投资支持农村发展有利于扩大内需，缩小城乡差距，帮助中国渡过经济危机，为经济的可持续发展提供助力，是积极财政政策重要着力点。本次会议探讨了农村经济发展中存在的现实问题和政府投资于农村可行的途径、方式和需注意的问题等，为政府落实支援农村、农业的政策提供了有价值的参考。

（白婷）

第六届长株潭城市群“两型社会”建设与发展低碳经济论坛

长株潭“两型社会”建设已全面启动，以低能耗、低排放、低污染为基础的低碳经济，正是“两型社会”建设的着力点和突破口。2009 年 8 月 29 日上午 9 时，第六届长株潭城市群“两型社会”建设与发展低碳经济论坛暨《长株潭城市群蓝皮书（2009）》首发式在长沙举行。

低碳经济，直接理解就是以低能耗、低排放、低污染为基础的经济。广义上说，是以能源的可持续供应为支撑的可持续发展的经济。这与以资源节约、环境友好为基本特征的“两型社会”建设紧密相连。本次论坛由省委宣传部、省“两型办”指导，湖南长株潭城市群研究会、湖南省社科院主办，中共湖南省委常委、省委宣传部长路建平、湖南省人大常委会副主任陈叔红、湖南省人民政府副省长刘力伟、原国家环保局副局长、中国环境与发展国际合作委员会秘书长、中国可持续发展研究会副会长张坤民、社会科学文献出版社总编辑、博士生导师邹东涛、湖南省社科院院长、党组书记、研究员、博导朱有志等出席了本次论坛并发表重要讲话。

论坛邀请了中国社科院城市发展与环境研究所研究员、庄贵阳博士等 3 位全国著名的低碳经济研究专家作了专题报告。专家们认为，发展低碳经济要有紧迫感，从摸清家底和找准问题入手，将低碳理念落实到工业产业、交通、流通、消费以及机制管理等各方面，转变经济增长方式，大规模发展可再生能源，努力提高全社会的参与意识。

中国可持续发展学会副理事长张坤民先生对我国低碳经济发展战略，以及长株潭城市群在发展低碳经济方面所承担的历史责任做了阐述，建议我们搞“两型社会”不能简化，也不能限制。所以，我们要努力提高全社会应对气候变化的参与意识和能力；要积极参与应对气候变化领域的国际合作。

中国社科院可持续发展研究中心秘书长崔大鹏教授阐述了人类社会从农耕文明—工业文明—生态文明的发展道路，认为有了低碳经济就有了一个很好的衡量指标，就有了一个很好的抓手。我们搞“两型社会”建设，搞生态文明，就有了一个非常好的指标体系，也非常简单，甚至可以就搞一个低碳指标。低碳指标将来变成绿色 GDP 的指标。

中国社科院城市发展与环境研究的研究员、庄贵阳博士从介绍低碳经济理念谈到低碳经济与“两型社会”建设的关系，对低碳经济的研究非常深入，从低碳经济的内涵、要素、指标体系，以及低碳经济和“两型社会”的关系做了深刻地阐述。

路建平说，省委高度重视低碳经济发展，把发展低碳经济作为“两型社会”建设的着力点和突破口。我们应当把发展低碳经济作为深入学习实践科学发展观的一项重要成果，作为推进“两型社会”建设的一个根本途径，作为哲学社会科学研究的一个重要任务。要加强研究部门与实际部门、社科界和自然科学界的联系，促进国际间的合作交流，广泛借鉴有效经验，进行科学规划，实现跨越发展。

陈叔红表示，长株潭城市群要在低碳产业的发展以及低碳技术的研发、推广和运用上，起到规模化的示范效应，务实推进“两型社会”建设进程。

（湖南省社科院）

第五届公司治理国际研讨会

由南开大学公司治理研究中心、南开大学商学院主办的第五届公司治理国际研讨会于2009年9月5—6日在天津市隆重召开。来自美、英、澳等国家和中国台湾地区的著名专家，共400余人出席了研讨会。本次研讨会的主题是：“金融危机与公司治理”。大会设立了行政型治理与经济型治理、企业跨国战略与治理等23个主题会场，共商中国公司治理发展在金融危机环境下的最新趋势与解决方案，共议公司治理的理论前沿与实践问题。

一　优化公司治理水平，防范公司治理风险，加强应对危机的能力

李维安教授在《中国公司治理评价报告(2009年)》中从控股股东行为、董事会治理等6个维度，从客观、公正、独立的视角，对我国上市公司的治理水平进行了分析和评价，提出需要加强对金融机构的监管，适时建立公司治理评价与预警体系。有的专家指出，应从公司治理的多个方面总结经验教训，比如董事会结构、董事、股东的行为、法定审计以及规制等等。有的专家提出了金融危机背景下的公司治理变革模式即建立健全的风险管理和科学的激励补偿机制。

二　增强社会责任意识，保护利益相关者权益

企业应该增强社会责任意识，保护利益相关者的权益。有专家指出，社会责任目前已经成为公司的核心战略，它有助于在商业活动中使公众形成对公司的信任，这对于公司的生存和发展是极其重要的。有专家研究发现，中国各类企业的社会责任意识正在深化。中小企业在履行社会责任的表现上与大型企业相比并无显著差异，民营企业的表现也不逊于国有企业。股权制衡度与股权集中度越高，对于社会责任的履行越有促进作用；监事会规模对于社会责任的履行具有一定的促进作用。

三　适应制度和经济背景，平稳实现公司治理转型

在新兴市场和转轨经济背景下的公司治理，正从“行政型治理”向“经济型治理”转型，经济型治理又表现为从强制性治理向自主性治理的演化。有专家发现治理转型中行政型治理色彩正逐渐弱化，并通过实证检验了治理转型和行政联系对公司业绩影响的收益观、风险观。有专家指出行政型治理程度越高的公司多元化经营越受到限制，企业价值越低；在行政型治理程度低和程度高的公司多元化经营程度与企业价值之间存在倒

"U"形关系。

四　加强公司治理，提升公司价值

加强公司治理，实现科学决策，提升公司价值。有专家发现政府所有权与公司的财务绩效和市场绩效之间是负效应关系，而私人所有权与公司的财务绩效和市场绩效之间是正效应关系。有专家发现控股股东控制权、现金流权和公司价值之间存在非线性关系，且投资机会好坏会影响现金流权激励效应。有专家指出，基金公司董事会和监事会都应该有一个适度的规模。有专家指出董事会规模和公司绩效有正相关关系，适度的董事会规模能够有效提高董事会治理效率。

五　完善投资者关系管理，提高投资者保护水平

有专家发现，投资者关系管理与企业价值正相关；家族上市公司投资者关系管理和企业价值与是否委派管理层负相关，与董事长与总经理是否合一负相关。有专家发现投资者关系管理可以显著影响机构股东积极治理，且产生的价值效应显著。机构股东积极治理在投资者关系管理的总价值效应中发挥了积极的作用，上市公司开展投资者关系管理的重点应放在机构股东积极治理的引入。

（程新生）

经济研究前沿方法国际研讨会

2009年9月10—11日，"直面危机：经济研究前沿方法国际研讨会"在北京举行，本次会议由中国社会科学院数量经济与技术经济研究所、首都经济贸易大学、北京信息科技大学共同主办。来自海内外50余位专家学者参加了本次会议。

当前面临的全球性金融危机对原有理论与方法构成的强烈冲击和挑战，为今后的经济研究提出了更高的需求。为了更好地预警防范、应对化解各类经济危机，提升经济理论研究方法，会议邀请国际上在经济理论与方法研究前沿领域的代表人物和专家学者做专题报告，共同探讨研究复杂经济问题更加适用的理论方法和工具，展望当代经济学发展趋势。

会上荷兰中央计划与政策分析局乔根教授、美国乔治·梅森大学豪瑟教授、台湾国立政治大学陈树衡教授、加拿大籍教授董保民博士分别就微观模拟及其在与福利改革与就业的应用、实验经济学方法进展、基于主体的计算经济学（ACE）及应用、高级博弈论等问题作了专题报告；国内专家学者也在会上进行了交流讨论，介绍了各自目前研究的新进展。

荷兰的乔根研究员，在大会上做了《模拟福利国家的改革》的学术报告。加拿大籍的董保民博士就博弈论的最新进展做了专题报告，结合自己近年来多次参与国际性博弈论会议的情况，比较详细地介绍了近20年来博弈论主要研究领域的新进展。台湾政治大学的陈树衡教授为大会做了《基于主体的计算经济学及应用》报告。美国乔治·梅森大学的豪瑟教授提交了用实验经济学方法所做的最新研究《自然语言信息的经济分类研究》。

几位特邀专家所做的大会主题报告和与会专家学者之间的交流研讨，对于应用前沿理论和方法应对金融危机和分析复杂经济问题，对于推动数量经济学学科建设，对于丰富经济理论和培养相关人才，都有重要的借鉴和启发意义。

（王国成）

金融危机下中国金融改革与创新高级研讨会

2009 年 9 月 12—13 日，由天津财经大学金融学院和中国金融学会共同主办的“金融危机下中国金融改革与创新高级研讨会”在天津财经大学召开。来自全国各地 30 余所高等院校、20 多家媒体及金融机构和大型国有企业共计 200 余名代表出席了会议。

一　金融危机爆发的原因

有代表指出，曾经是全球市场过剩的非平衡状态依靠发展中国家大量的出口和生产来维持，这种不稳定格局累计到现在被打破就产生了危机，这是内因。而外因是小布什当政期间发动了两次战争，财政赤字平均达到人均三万多美元，这种战争支出造就了美国的虚假金融泡沫，再加上美国金融机构的贪婪，最后是华尔街把这个大泡沫给吹破了。

有代表认为，所有金融危机的根源都是生产过剩的危机，特别是这次发端于美国的金融危机。政府政策的刺激，监管部门的配合，再加上金融机构的贪婪，这些因素都可以引发经济在短期内失衡，而金融在运行中也产生了自我调整的需求，于是全球经济进入衰退周期是无法回避的。

还有代表指出，从金融产品拓展链来讲，由于金融产品一层一层的衍生，使得金融市场细分满足了不同的投资者的需求，于是会产生传导，如在金融产品拓展的基础上，通过不断的积累、创造使风险不断地传导和累积，这次金融危机的发生就是风险传导和累积的结果。

二　金融危机的影响

与会代表认为，全球金融危机对中国金融层面的影响并不严重，主要是对中国实体经济的影响。应对危机我国采取了适度宽松的货币政策，这个“度”一定要掌握好，否则可能会引发不良的贷款的积累，以及潜在通货膨胀压力的累积，从而对中国的金融安全形成威胁。

三　危机背景下中国的作用

有代表认为，中国在这次危机中能够起到引擎的作用，2009 年全球新增投资中有 70% 来自中国。另有代表认为，我国金融机构购买国外债券带来了巨额损失，这是在以资本性出口的积累和整个危机对冲，无疑是以卵击石。中国只占全球经济总量的百分之五点多，所以根本没有能力去拯救美国、拯救全世界，不能夸大中国在世界经济中的地位，我们没有办法引领全世界经济的发展。

四　对于危机理论的“颠覆”性思考

有代表认为，在“后危机”时代，我们应该重新对本轮危机发展的原因进行思考，应当重新建立金融危机假说，因为中国经济增长的动力系统不仅是市场驱动，还有一个行政驱动，即中央和地方政府，这是早期学说所忽视的因素。

还有代表认为，现代金融学专攻数学模型，过分强调虚拟经济，创造出的衍生品交易不断扩大，结果使虚拟经济过分脱离实体经济，虚拟经济就变成泡沫经济并引发严重的后果，传统金融学派和现代金融学派之间的关系是互补的，我们应该把它们结合起来，宏观与微观，定性与定量。

有代表指出，在本次危机中，外部风险通过政府放松监管、评级机构放松标准的方式进入金融系统内部，系统中所有的参与者（如银行）则想方设法转移风险，并没有从根本上分散和化解系统的风险，因此引发了危机。

还有代表指出，本论金融危机发生的一个重要原因，是全球经济学理论（特别是主流经济学）出现了系统性的错误。主要表现在价格理论、货币理论和货币政策。

五　金融危机的教训与启示

与会代表认为，中国应对本轮危机策略的反思主要有以下几点：第一，四万亿刺激经济措施的绩效如何，应该冷静反思；第二，GDP 指标需要理性对待，不要把 GDP 作为衡量经济增长的唯一标准；第三，资产证券化要结合中国的实际重新定位，不能低估资产证券化对危机产生的巨大作用，一个核心的建议就是研究制订与金融制度相匹配的规则。

关于危机背景下中国的金融改革与创新，与会代表认为，面对本轮金融危机的挑战，可以从以下几个方面制订措施：促进就业，这是破除通胀的主要目标；进一步增加信贷投放，优化信贷结构；转变经济增长方式，优化经济结构；努力提高生产力，通过提高经济的总体价格水平消除泡沫，实现经济的高增长。

（金泓摘自《经济学动态》
2001 年第 1 期）

2009 年中国区域经济学会年会

由中国区域经济学会主办、宁波工程学院承办的“全国港口物流与区域发展学术研讨会暨 2009 年中国区域经济学会年会”于 2009 年 9 月 18—21 日在宁波召开。来自全国高校和科研院所的 100 多名专家学者共同研讨了新形势下港口物流与区域经济发展。

中国社科院特邀顾问、中国区域经济学会会长王洛林教授在开幕式上致辞。中国社科院工业经济研究所党委书记、中国区域经济学会理事长李平研究员、宁波工程学院党委书记郭华巍教授、中国社科院荣誉学部委员陈栋生研究员等分别做了大会主题演讲。专家们分别对国际金融危机冲击下的中国区域经济、港口物流与区域发展、物流中心与物流园区建设等方面问题进行研讨。

一　国际金融危机冲击下的中国区域经济

国际金融危机对中国区域经济造成较大的影响，特别是东部沿海地区的外向型产业。有学者认为，政府应对危机所采取的扩张性财政政策和适度宽松的货币政策开始起作用，经济回升内在动力逐渐增强。但是各地区应对危机的策略不尽相同，东部地区产业升级任务最为迫切。有学者指出在制定我国东南沿海地区产业转型升级的规划中，必须考虑不同地区产业发展特点而实施有差别的战略。国际金融危机也影响了中国区域经济发展走势。有学者则认为中国区域经济和城市发展已处在转型升级阶段。有学者则通过数据分析发现，受危机的影响，东部地区在全国地位继续下降，国家促进中部地区崛起政策效果明显，西部地区经济继续朝好的方向发展，东北地区经济出现好转的迹象。

二　港口物流与区域发展

实践表明，港口建设能够推动区域经济发展，港城互动成为沿海城市的发展战略。有专家认为，港口物流推动区域经济发展途径包括临港产业、腹地进出口贸易、集装箱运输。事实上，港口开发所形成的临港型产业体系容易成为区域经济增长的支撑点，因而，互动的港城关系决定着港口城市经济发展态势。有学者将港口城市增长划分为港城初始联系、港城互相关联、港城集聚效应和城市自增长效应等四个阶段，由此得出港口与城市发展关系演进存在初始期、成长期、成熟期、后成熟期等明显的生命周期。

三　物流中心与物流园区建设

建设现代物流中心对港口城市经济发展具有举足轻重的作用。有专家认为，现代物流中心具有整合物流资源的机能和职能，是整合物流资源的有效平台，起着物流资源产生综合增值效益的“功放器”作用。也有学者就上海建设国际航运中心发表看法，认为上海应该打破自身行政区限，把浙江和江苏作为建设国际航运中心的两翼发展，加强长三角地区港口之间的合作，对上海国际航运发展综合试验区提出自己的构想。

（叶振宇）

第四届中韩物流合作研讨会

由中国社会科学院财政与贸易研究所和韩国仁荷大学静石物流通商研究院主办，山西财经大学工商管理学院承办的第四届“中韩物流合作研讨会”于2009年9月26日在山西财经大学举行。来自中国社会科学院财贸所、韩国仁荷大学静石物流通商研究院、香港利丰集团以及山西财经大学工商管理学院的领导和学者共40人出席了研讨会。与会学者围绕中韩物流合作的理论与实践、应急物流、物流成本等相关专题进行了探讨与交流。

与会代表认为，FTA（即自由贸易协定）的签订对于中韩两国之间的贸易和物流业的影响是非常大的。虽然中韩两国之间还没有签署FTA协议，但这是必然的趋势。与会代表介绍了中韩两国签订FTA协议的推进现状，并预测了协议签订对中韩物流产业的影响。当前，韩国正在与包括中国在内的世界各国签订FTA协议，以构建“全球FTA网络”，这不仅能够提高应对全球金融危机的能力，而且能够极大地提高韩国经济发展速度。自2006年以来，中国一直是韩国的第一大贸易国，因此FTA的签订会大大提高两国GDP的增长。随着中韩两国FTA基本促进战略的实施，韩国国内与中国相关的物流企业必然会壮大；韩国物流企业要与DHL等跨国公司以及中国本土企业共同参与中国市场的竞争。因此，韩国除需要在中国建立物流支点和网络外，还必须同时研究物流企业在中国本土化的方案和战略，并开发一套适合中国物流文化的服务模型，以提高物流服务质量。

与会代表探讨并交流了应急物流的发展问题，认为随着各国工业化、城市化进程加快和大气环境、地质环境恶化，各类突发性、灾难性事件的发生，对应急物流的发展提出了极高的要求。应对突发灾难性事件的应急物流，有必要把减少成本和提高经济效益作为一个必要的目标，通过构筑高效的应急物流体系，使有限的资金和资源用到最需要的地方。与会专家认为，合理的网络是应急物流能够快速运作的基础。因为应急物流的环境是不断变化的，所以应急物流的网络就必须要有有效的适应性。应急物流网络的构建和优化应该着重于环境的特殊性和事件的紧急性；应急物流指挥中心是整个应急物流网络系统的灵魂；应急物流网络需要构建专家库和决策支持系统；要不断提高网络系统的可持续性和对动态环境、风险的适应性。因此，与会专家还提出了完善应急物流管理体系的思路与建议：高度重视应急物流的重要性；根据成本——效能原则构建应急物流体系；建立动态化、扁平化的应急物资储备机制；政府将应急服务项目外包，大力培育应急服务产业化，鼓励应急物流社会化；加强应急物流的组织管理和信息化建设；建立专业化的应急物流指挥体系和完善应急物资的配送体系。

关于降低物流成本问题，与会专家认为，中国企业的物流效率尚处于较低的水平，为降低物流成本，需要减少库存搬运费用，提高物流费用核算水平；鼓励企业与第三方物流企业合作，并建立物流信息系统和标杆管理系统。与会专家认为，如何打造一条优秀的供应链，以降低物流成本，也是每一个供应链核心企业关注的问题。依据经验，网络优化可以帮助企业降低5%—15%的物流成本空间，并能够提高供应链服务水平。

此外，与会专家还针对全球变暖背景下物流企业如何实现节能减排问题进行了交流，并提出了相应的政策思路：需要在国家层面设立专门负责物流发展和节能减排的组织机构；制定统一的物流法律、法规和节能减排规范；强化行业协会的自律和协调职能；发展现代物流产业结构以合理配置资源；发展专业化物流以提高能源利用效率；通过物流信息系统建设提高物流产业水平；加大物流业发展政策支持和节能减排激励力度；进一步强化物流企业节能减排意识。

（孔繁来）

第九届中国青年经济学者论坛

2009年9月26—27日由中国社会科学院经济研究所《经济研究》编辑部、北京大学光华管理学院、武汉大学高级研究中心和西南财经大学工商管理学院联合主办，西南财经大学工商管理学院承办的第九届“中国青年经济学者论坛”在四川成都举行。经《经济研究》编辑部组织的严格评审，本届论坛共入选论文130余篇。来自全国各大高校以及中国社科院经济研究所等研究机构的青年学者、著名经济学家共一百余人参加了会议。会议研讨的主要内容有：宏观经济学、微观经济学、金融经济学、中国经济问题以及基本经济理论。

一　宏观经济政策与政府行为

尹宇明、韩立岩运用probit模型对1970—2007年207个国家和地区的面板数据进行实证分析，发现国内经济特征及宏观政策配合是影响金融资本逆转发生率的主要决定因素；金融开放程度、汇率制度对金融资本逆转概率的影响受国内经济特征的制约。吴永求通过对2000年以来中国失业保险数据的分析，提出了将固定支付模式改为按失业前工资比例支付的新模式，并对其优势进行了实证分析与数值模拟。李增刚、韩相仪以教育财政支出为研究对象，发现教育财政支出与基尼系数没有表现出显著的相关性。李青原以1999—2006年间我国30个地区约20个工业行业为样本，通过构建以非国有部门信贷比重衡量的金融发展指标，发现金融体系的渐进式改革能改善我国实体经济的资本配置效率。董玉华从政府与市场关系角度切入，研究了国有商业银行的改革问题，提出在现实情况下其改革只存在次优解。

二　企业竞争与投资

叶光亮、王欣探讨了不同的定价时序如何影响双寡头模型中的质量选择问题，研究表明：在一个垂直产品差异的双寡头博弈中，与同时定价博弈相比，厂商采用序贯定价会使市场内的高、低质量差距缩小；在内生时序选择模型中，均衡时序选择会是高、低质量企业都选择作为跟随者进行同时定价。徐伟民利用1996—2004年上海市125个高新技术企业的面板数据发现：提高企业对外融资能够促进财务约束下高技术企业的R&D投资，财务状况良好的高技术企业具有更高的R&D投资效率。陈丽丽、王珏利用江苏、重庆和北京三地在华外资企业问卷调查数据研究了影响三地技术溢出效果的主要因素。

三　公司控制权转移及公司治理

杨记军、逯东、杨丹以2003—2007年的国有企业股权转让数据，考察了政府转让控制权的动机以及控制权转让后的短期市场反应和中长期业绩表现，研究发现："抓大放小"、"战略调整"的国企改革策略构成了近几年来政府转让国有企业控制权的主要动机，而经济动机则并不明显；在国有企业改革进程中，政府对于渐进民营化改革的动机表现出：以经济动机为主——经济动机与政治动机并重——以政治动机为主的渐进式变迁路径；市场对国有企业的政府控制权转让事件表现出了积极的评价，但由于投资者能理性预期到政府转让控制权的政治动机，所以民营化所带来的短期累积超额回报并不明显高于其他控制权转让方式；民营化确实有效提高了企业的经营业绩，但终极控制权仍保留在政府内部这种"换汤不换药"的控制权转让方式并没带来业绩的显著提高。

四　公司财务与公司金融

沈永建、陈冬华从财务学角度解释了工资向上刚性和向下刚性的原因。研究发现：企业以往年份的业绩波动的大小是导致企业工资变动的主要原因之一；在当年业绩上升的企业中，企业往年业绩波动越大，企业工资弹性系数越小，向上的刚性越强；往年业绩波动越小，企业工资弹性系数越大，向上的弹性越强；在当年业绩下降的企业中，企业往年业绩波动越大，企业工资弹性系数越大，向下的弹性越强；往年业绩波动越小，企业工资弹性系数越小，向下的刚性越强。潘越、戴亦一等通过引入"社会资本"的概念，从微观视角实证研究了我国各省社会资本水平差异对上市公司对外投资决策、股权投资类型选择以及多元化投资决策的影响，发现：在社会资本水平较高的省份，上市公司更倾向于对外投资，也更愿意与其他企业组建合营企业，其多元化投资的意愿更强；且社会资本与政治关系在公司投资决策中所起的作用是相互替代的。

五　产业创新、产业聚集等相关研究

康志勇借助1999—2003年和2005—2007年间中国本土制造企业的微观数据，采用Tobit模型发现，企业的出口行为会对其自主创新活动产生复杂的影响：规模越大的企业，出口的促进作用越明显，越小的企业，出口反而具有抑制作用；2005年以来的出口贸易政策的调整对自主创新具有积极的推动作用。翁智刚、谷玉安等根据中国企业数据库规模以上工业企业数据，对影响产业集聚的驱动因素进行了检验，发现中国产业集聚的资源依赖、劳动力共享、知识信息共享及内部规模经济等驱动因素作用较强，但技术创新和研发的驱动则显著较低。钱学锋、熊平利用1995—2005年的相关国际贸易数据，发现中国的出口增长主要是沿着集约的边际实现的，扩展的边际占据的比重很小，且二元边际并不具备完全相同的影响机制。

（经研）

全国马克思列宁主义经济学说史学会第十二次学术会议

全国马克思列宁主义经济学说史学会于2009年10月10—11日在天津召开第十二次学术研讨会。中国社会科学院、清华大学、中国人民大学等国内40余家知名高校、研究机构的专家学者96人参加了会议。会议由天津师范大学经济学院承办。

一　新中国成立60年来马克思主义研究

经济学的发展关于马克思主义经济学在中国的发展，中国社会科学院程恩富教授、胡乐明教授指出，新中国的马克思主义理论研究经历了奠基起步、僵化停滞、复兴发展和繁荣创新四个阶段。武汉大学颜鹏飞教授指出，要进行理论创新，必须先认识到理论研究存在的问题。如“学术依附性有余，自主性和原创性不足”、“我注六经”的学问家有余，“六经注我”的思想不足、“西学东扩有余、东学西渐不足”。因此，中国马克思主义理论研究的未来发展首先必须继续加强经典著作编译出版研究工作，科学理解和对待马克思主义；其次要科学总结马克思主义理论研究的发展规律，不断推进马克思主义中国化进程；要努力提升马克思主义理论研究的国际视野，与西方学术界不仅要交锋，而且要交流和交融。

二　关于具体理论与实践的梳理

天津师范大学李家祥教授、彭金荣教授认为，转变经济发展方式理论的演进经历了基本思想初步产生、突出内容系统提出、全面认识确立完善三个时期。程恩富教授、曹雷博士认为，应在消除“泛市场化”和“市场万能论”过程中改进和加强国家调节，切实完善社会主义市场经济以及与之相适应的政治、文化和社会等各项体制理论。

西北政法大学王胜利博士认为，新中国成立60年来，中国所有制结构经历了国有经济为主导、多种所有制并存、“一大二公”的公有制和公有制为主体、多种所有制共同发展的否定之否定的发展历程。

关于科学发展观与建设中国特色社会主义实践，颜鹏飞教授认为，一是要走出“泛市场化”的误区；二是必须完成从启蒙型、模仿性移植走向自主创新的历史跨越，早日进入创新型国家的行列；三是要实现经济发展模式的转型；四是要实现社会发展模式的转型；五是要完成趋向科学发展的战略性转型。

复旦大学顾钰民教授认为，中国农村集体土地产权制度变革经历了从所有权与经营权统一的模式到所有权与经营权分离的模式，再到经营权可以流转的实践过程，这种土地产权制度的变革不断强化了农民对土地的财产权利，适应农业规模经营和现代化农业的科学发展要求。推动着马克思主义产权理论的当代发展，形成了社会主义集体土地产权制度的中国模式。

福建师范大学吴宏洛教授从马克思劳动力产权思想出发，提出劳动者对劳动力所有权和资本对生产资料的所有权具有同等权利。

天津师范大学吕景春教授指出，要把劳动力产权的实现作为解决劳动者主体地位的核心问题，并着眼于解决好劳动力产权所有权的剩余索取权和控制权及其经济收益，以确保劳动者参与企业利润的分享。

三　马克思主义经济学与当代国际金融危机

关于马克思危机理论的当代指导意义，中

央编译局徐洋认为，马克思关于在资本主义生产方式下必然产生生产过剩危机的论断对正确理解当下的国际金融危机具有指导意义。

关于当代国际金融危机原因的分析，天津师范大学丁为民教授认为，新自由主义体制与当前金融危机有着内在的联系，是导致这场危机爆发的深层原因。上海市委党校董瑞华教授、唐珏岚副教授认为，虚拟资本过度膨胀催生了金融危机，同时也指出金融危机的实质是有效需求不足，并进一步强调了金融危机所具有的国际传递性。厦门大学陈永志教授认为，虚拟经济产生于实体经济，其发展必须以实体经济为基础，本轮金融危机的主要原因在于虚拟经济与实体经济的不匹配，经济过度虚拟化最终引发了金融危机。上海市委党校鞠立新教授指出，国际金融危机与国际金融衍生品的市场炒作、投机活动密切相关。南开大学柳欣教授认为这次金融危机从理论上应该引起我们的反思，现代主流（宏观）经济学说对人们产生了误导（克鲁格曼语）。西北大学赵景峰教授认为，国际垄断资本的逐利本性是当代国际金融危机及其在全球扩散的根源所在。郑吉伟副教授认为资本主义金融化即经济活动的重心从生产转向金融，是这个时代的重要问题之一。

四　马克思主义经济学说史研究和学科建设问题

北京师范大学白暴力教授指出，科学理论发展有两条道路，一是对基本范畴的分解和深入研究，二是从特殊发展到一般。根据这两条道路，价值理论发展应包含价值范畴的分解和价值理论的超越。南开大学曹静博士和柳欣教授认为从经济学说史的角度来看，对于地租的研究以李嘉图的地租理论为基础，沿着两种不同的分析方法演进，一种是古典的剩余分析方法，另一种是新古典的边际分析方法。马克思的地租理论继承了古典分析传统的总量分析方法，从资本主义生产关系出发，揭示了资本主义宏观经济的运行规律。

北方工业大学副教授宋胜洲博士认为，政治经济学经历了从古典政治经济学、马克思政治经济学、新古典经济学到新政治经济学以及马克思主义政治经济学中国化的历史演化过程，这其中体现了政治经济学在研究目的、研究对象、研究主题、研究内容和研究方法等方面的逐步演化和发展。

（金泓摘自《经济学动态》
2010 年第 2 期）

全球金融危机、中国经济增长与宏观稳定论坛暨 2009 年全国博士生学术会议

全国博士生学术会议是教育部自 2003 年开始实施的研究生教育创新计划的重要项目，旨在为博士生提供一个学术交流平台，从而加强各高校博士生之间的沟通和联系，加强学科建设，探索博士生培养新途径。2009 年全国博士生学术会议“全球金融危机、中国经济增长与宏观稳定”由教育部学位管理与研究生教育司、国务院学位委员会办公室主办，厦门大学宏观经济研究中心、厦门大学经济学院承办。

会议于 2009 年 10 月 10—13 日在厦门大学召开。大会组委会特邀国务院发展研究中心研究员李善同，中国社科院经济所副所长张平，中国人民大学经济学院院长杨瑞龙，新加坡国立大学教授曾金利，中国社科院经济所研究员、《经济研究》副主编王诚，南

京大学学科处长范从来，复旦大学中国社会主义市场经济研究中心副主任殷醒民，厦门大学经济学院副院长、宏观经济研究中心主任李文溥等国内外宏观经济研究领域的知名学者为与会博士生们做主题报告。

张平从结构主义的角度总结了发展中国家在发展过程中的一些理论和现实经验，认为同收入水平相关联的结构转变特征表明发展中国家的增长同发达国家的增长过程有着实质性的区别。杨瑞龙发言的主题是“后危机时代中国经济增长源泉与可能路径”。殷醒民就当前中美“宽松”货币政策的影响及其与通货膨胀的关系问题发表了自己的最新研究成果。曾金利从经济学模型的角度谈了关于最优税收政策的选择问题。王诚谈了金融危机之后金融行业的发展方向。范从来的发言主题是“金融危机、收入结构和经济增长”。李善同分析了在全球化背景下各国以及中国的地区差距问题。李文溥指出，我国本轮的经济衰退，其原因就短期和外部而言，固然是全球金融危机导致的外需萎缩，但是，国民收入支出结构的严重失衡却是我国经济遭遇外需萎缩时增长迅速下滑的根本内因。

在10月11日和10月12日的分会场研讨会中，来自北京大学、复旦大学、中国人民大学、南京大学、武汉大学、浙江大学、厦门大学及香港科技大学等24所高校的50余名博士生围绕着会议主题讨论交流了各自的最新研究成果，从“全球金融危机的起源及对中国经济的影响”、“全球金融危机与中国经济稳定增长”、“全球金融危机与中国宏观调控”以及“经济结构调整与经济增长方式转变”等四个方面深入探讨了中国经济面对金融危机如何保持长期稳定持续增长的问题。

《光明日报》、中国新闻网、中央人民广播电台、《福建日报》、《厦门日报》、中广网等众多媒体参会。会议当天，中央人民广播电台以“专家博士聚首厦大，探讨中国经济增长与宏观稳定”为主题对本次学术会议进行了报道。会后，《厦门日报》、光明网、《福建日报》、中国新闻网、中广网等对会议进行了广泛报道。

（厦门大学宏观经济研究中心）

中国企业管理研究会2009年年会

2009年10月11—13日，“国际金融危机与中国企业发展”学术研讨会暨中国企业管理研究会2009年年会在沪成功举行。会议由中国企业管理研究会、蒋一苇企业改革与发展学术基金会、中国社会科学院管理科学研究中心和东华大学旭日工商管理学院联合举办。来自中国人民大学、南开大学、厦门大学等高等院校以及中国社会科学院的专家学者，来自国内优秀企业商界精英，共150余名代表参加了本次会议。会议共收到学术论文100余篇，其中8篇获得年会优秀论文奖。

大会开幕式上，中国社会科学院经济学部主任、中国企业管理研究会会长陈佳贵研究员发表重要讲话。他总结了新中国管理学60年来的发展历程，将其划分为“探索奠基”阶段、“恢复转型”阶段和“完善提高”阶段。与会代表围绕会议主题展开交流讨论，其观点主要集中于以下五个方面。

一　国际金融危机与中国企业发展环境变迁

学者们利用翔实的数据说明了危机对中国的冲击及其时间和行业差异，详细分析了国际金融危机对中国企业运营状况及企业行为的影响，总结了这种影响的基本特征，阐明了中国采取的措施以及措施发挥的作用。学者们普遍认为，虽然金融危机给中国实体经济的发展带来了一定的消极影响，但是从整体上看，金融危机不会改变中国经济发展的基本格局，保证中国企业较好运营的基本条件没有改变；但由于不景气的经济环境以及前些年一些行业的产能过剩，民间投资意愿薄弱；恢复中小企业的信心将是未来经济增长和保证就业的关键。

二　国际金融危机与中国企业战略转型及创新

企业战略是外部环境与内部资源相匹配的结果，因此，国际金融危机背景下中国企业的战略转型成为与会学者关注的焦点。讨论主要集中于战略管理、持续成长、公司治理、兼并重组、管理创新与技术创新等方面。国际金融危机为中国企业战略转型提供了契机，应积极推进劳动密集型产业梯度转移，大力发展高技术，形成“宽幅产业带”；淘汰落后产能，增强竞争优势，逐步形成具有高附加值的“高端产业链”；大力发展生产性服务业，促进二、三产业协调发展。金融危机下企业要想可持续发展，必须保证社会、环境和企业绩效的协调统一。

三　国际金融危机与中国中小企业发展

在这场国际金融危机的风暴中，受影响最大的是数目众多的中小企业，尤其是以出口为主的外向型中小企业。对于本来就面临着规模小、实力弱、融资难、政策少等重重困境的中小企业，这次的全球金融海啸无疑是雪上加霜。尽管如此，国际金融危机也为中小企业提供了发展的机遇。加强与大企业的战略联盟，充分利用大企业寻求业务外包的机会，调整内部结构降低成本，都有助于中小企业渡过困境。

四　国际金融危机与中国企业品牌

建设近年来，企业的品牌价值问题日益凸显，企业之间的竞争不再是单纯的产品竞争。而我国企业品牌建设现状却令人担忧，如何在金融危机背景下加速我国企业品牌建设，是一个值得研究和讨论的问题。在全球经营环境骤变的情况下，中国制造业以 OEM 为主的运营模式将难以为继，企业需要从 OEM 向 ODM 和 OBM 转变，自主品牌创建成为企业界应对当前全球性金融危机的重要措施之一。

五　国际金融危机与中国企业社会责任

国际金融危机造成企业利润大幅下滑和大批裁员，致使企业社会责任问题更加突出。与会学者针对金融危机背景下的企业社会责任问题展开了讨论。与会者认为，中国企业在危机下应该更好地履行社会责任，政府、媒体、非政府组织和社区等利益相关者都可以发挥监督和促进作用。有学者指出，应该在上市公司中率先引入企业社会责任机制，这将在社会上起到强烈的示范效应。学者们还就全面社会责任管理、企业社会责任与可持续发展的关系等问题展开了讨论。

（刘建丽）

中俄经济转型与经济发展比较专题研讨会

2009 年 10 月 15—16 日，由武汉大学经济发展研究中心和俄罗斯国立莫斯科高等经济学院联合举办的“中俄经济转型与发展比较专题研讨会”在武汉大学召开。

一　中俄经济转型与发展的历程

中国学者回顾了中国改革开放30年来所经历的三次思想争论：第一次出现在80年代中叶，集中在对计划和市场之间关系的不同理解；第二次在80年代末至90年代初，核心是改革究竟是资本主义导向还是社会主义导向；第三次在2004年至2006年间，争论围绕着如何对改革绩效做出评价，最终肯定了改革开放所取得的成就。

有的中国学者具体分析了在中国经济转型和改革过程中政府和国有企业、非国有企业、金融部门之间关系的转变，指出政府在国有企业和金融部门实施的分权化行为，在经济改革的一系列中占据着首要的位置，其他的改革措施，例如农村改革、价格改革、资本积累和国际贸易、FDI等开放政策，正是由于分权化改革才得以充分发挥作用。

俄罗斯教授分析了一个多世纪以来西方经济理论，特别是19世纪末20世纪初边际主义和20世纪末苏联解体以来西方主流经济学影响俄罗斯的整体过程。19世纪末20世纪初边际主义在俄国经济学界没有得到普遍认可，而20世纪末西方的市场经济理论再次大规模冲击和影响俄罗斯，则是苏联解体、意识形态转变和计划经济体制失败的后果。其中制度特征、职业兴趣、文化传统等也是非常重要的因素。

俄罗斯教授认为，盲目地套用西方的制度模式和经验，不根据俄罗斯的独特性进行调整、修正是不可取的，“休克疗法”的实践证明了这一点。俄罗斯教授还介绍了自2000年普京政府执政以来俄罗斯经济发展的情况及呈现的一些问题和特征：（1）自然资源利用的深化；（2）技术进步的放缓；（3）市场经济成长的制度障碍。强调了制度发展对俄罗斯经济发展的重要性。

二　开放经济与当前经济危机及其应对策略

俄罗斯教授认为在2001年至2007年间，俄罗斯的财政政策是紧缩的，而货币政策却过于宽松。这种政策组合并非最佳；若中央银行和政府同时实施温和扩张的政策，社会损失将会进一步减少。

中国学者探讨了开放经济条件下FDI的“溢出效应”对中国企业创新的影响。研究了影响总消费增长率的三个因素：人口增长率、城乡居民人均收入增长率和城市化率。其中主要因素是城市化率和城乡居民人均消费。

三　区域经济发展

俄罗斯教授认为，在20世纪90年代，俄罗斯国民经济中产生了新的不对称的区域结构。因此（1）俄罗斯应该培育服务经济和技术经济在地区经济中占有较高比重的经济区域；（2）积极利用独特的资源优势，保持制造业的稳定和国防工业的发展；（3）对影响制造业的虚拟因素和地区商业交易的适宜环境给以特别关注；（4）优先发展区域经济中出口导向的部门；（5）制订区域发展的整体战略规划。

中国学者分析了中国区域经济结构变迁的特征：（1）区域产业结构整体上正处于不断发展和提升时期，但是各区域产业结构演变的程度和速度是不同的。（2）东部地区拥有非天然资源优势、中西部地区则具有自然资源禀赋优势。（3）在区域经济发展方面，最严重的问题是中央政府与地方政府在结构调整目标上的冲突。“地方盲目重复建设”一直是中央政府面临的棘手问题。

（金泓摘自《经济学动态》
2010年第2期）

2009 创业板与中小企业投融资论坛

10月17日，由中国社会科学院金融研究所主办的“2009创业板与中小企业投融资论坛”在北京召开。中国证监会主席尚福林、中国社会科学院副院长李扬、中国中小企业协会会长李子彬、工业与信息化部中小企业司司长王黎明、科技部科研条件与财务司副司长邓天佐、中关村管委会主任、党组书记郭洪以及申银万国证券研究所有限公司陈晓升应邀出席会议并发表演讲。

尚福林主席在论坛上宣布了10月23日为开板交易的时间，提出建立创业板市场风险防范的长效稳定机制，并将发展场外交易市场作为未来多层次资本市场发展的重点目标。中国社会科学院副院长李扬指出，创业板市场的出台是中国金融体系建设的重大事件，将对创新型经济发展与中小企业投融资产生促进作用。中国中小企业协会会长李子彬也指出，创业板市场的开设是完善我国多层次资本市场的里程碑式的事件，拓宽了中小企业直接融资渠道。

与会代表就中小企业融资政策、创新型科技企业评估、创业板风险防范与规范发展、创业板与私人权益投资、创业板市场中的投资机会与风险等重大问题发表演讲。中国证监会上市公司监管部主任杨华、研究中心主任祁斌、办公厅副主任王建军、申银万国证券股份有限公司董事长丁国荣、总裁冯国荣以及上海金融服务办公室、西安市高新技术开发区管委会、河北省发改委等地方金融、发改委、科技部门的负责人与大型证券公司、共同基金、保险公司、境内外私人股权基金、私募股票基金、国外投资银行、新华社、中央电视台及主要国内财经媒体400多人参加了论坛。

（徐义国）

中国信用担保体系建设研讨会

10月23日，中国社会科学院金融研究所主办的“中国信用担保体系建设”研讨会在中国社科院学术报告厅举行。研讨会由金融所党委书记兼副所长王国刚主持。中国银监会副主席蔡鄂生、中国社会科学院副院长、学部委员李扬分别致辞；金融所公司金融研究室主任兼中国社科院投融资研究中心主任董裕平做了题为“信用担保体系建设：国际经验与发展模式”的主题报告。中共中央政策研究室经济局局长李连仲、财政部企业司司长贾谌、央行金融市场司巡视员沈炳熙、中国银监会融资担保部主任牛成立、国家开发银行评审三局副局长刘兴义等部门的相关领导和国内部分商业银行中小企业信贷部门负责人，就完善我国信用担保体系的有关问题进行了深入讨论。

与会专家指出，受国际金融危机冲击，去年下半年以来，我国中小企业生产经营普遍困难，形势日趋严峻，融资难的问题尤为突出，信用担保体系建设面临新的挑战和发展契机。切实缓解中小企业融资困难，促进中小企业发展，是保持国民经济平稳较快发展的重要基础，是关系民生和社会稳定的长期重大战略任务。研讨会为进一步借鉴国际成功经验，深化理论研究，促进理论界与实务界就若干重要政策与技术性问题加强交流、凝聚共识，积极探索完善我国信用担保体系的科学发展路径提出了重要建议。

（霍冉冉）

2009 中国技术经济论坛

由中国社会科学院数量经济与技术经济研究所、清华大学经济管理学院、重庆大学经济与工商管理学院、南京工业大学经济管理学院共同主办的《中国技术经济论坛 2009·南京》，于 2009 年 10 月 24—25 日在南京工业大学召开。本届论坛的主题是“金融危机背景下的技术经济学：发展与完善”。来自全国高等院校和科研机构的 110 余位专家学者参加了本届论坛。

中国社会科学院经济学部委员、数量经济与技术经济研究所所长汪同三教授、南京工业大学党委副书记王雪峰教授、重庆大学副校长张宗益教授、清华大学经济管理学院雷家骕教授在开幕式上致辞。中国社科院数量经济与技术经济研究所副所长齐建国教授、重庆大学副校长张宗益教授、南京工业大学经管学院院长赵顺龙教授、河海大学郑垂勇教授分别以《国际金融危机后的技术经济学思考》、《中国超额货币之谜》、《关于技术经济学发展的几点思考》、《技术经济学前沿问题》等为题做了主题发言。清华大学雷家骕教授、江苏大学梅强教授、中国社会科学院数量经济与技术经济研究所刘满强教授在论坛第二天大会上以《我国以市场换技术的政策效果问题》、《我国科技中介机构管理模式演进路径研究》、《中国技术经济学回顾与展望》为题做了主题演讲。

本届论坛以国际金融危机后的技术经济学发展与完善为主线，围绕技术经济学理论方法与应用、技术经济与金融危机、技术经济与可持续发展、技术创新与产业发展等专题，进行了热烈讨论和深入交流。与会代表讨论了技术经济学的历史与发展过程，技术经济学在新时期的任务、挑战以及未来发展方向；探讨了金融危机背景下科技创新与经济发展的关系；对技术创新周期与经济周期相互关系以及国际金融危机爆发的深层次原因进行了分析；通过利用中国制造业企业的截面数据和构建模型，对制造业效率进行了分析并对技术发展战略提出了政策建议；分析探讨了中国的动态节能潜力；用动态可计算一般均衡模型测算了碳关税对中国工业生产、出口、就业的可能影响，提出了缓解碳关税冲击的应对策略，以及针对碳关税政策的反制性策略；分析了工业碳排放、传统的消费模式和结构、区域发展不平衡性对能源和环境的影响；对改革开放以来以市场换技术的创新政策进行了分析评价；对新兴经济体的产业发展演进和技术突破进行了国际比较研究，等等。

本届论坛共收到论文 90 余篇，其中有关技术创新的论文 30 篇，接近全部论文的 30%，其内容较多的涉及企业技术创新投入的效率评价、技术创新管理、技术扩散与创新、企业自主创新的动力以及创新的途径。其次，对生产率和企业业绩评价方面，也收到一些水平较高的论文。由于节能减排和国际能源环境的变化，这次论坛也收到了关于减排、清洁发展机制、循环经济以及碳关税对我国经济发展尤其是工业发展、进出口的影响等方面的论文，体现了技术经济学界对我国环境与能源可持续发展方面的关注。本届论坛取得了圆满成功。

（陈平　刘建翠）

第二届湖湘三农论坛

由中国社会科学院农村发展研究所、湖南省社会科学院等单位共同举办，由常德市人民政府农村工作办公室和湖南省社会科学院农村发展研究所承办的第二届“湖湘三农论坛”于2009年10月25—26日在常德市召开，本次论坛的主题是：世界金融危机下的农民增收和农村扶贫。来自全国各地的三农专家、中央有关部门领导、湖南省政府及相关部门领导、优秀论文的入选代表300余人参加了会议。

湖南省人大常委会原副主任、湖南省新农村建设促进会会长庞道沐主持。中共湖南省委常委、组织部长黄建国致辞，省人大常委会副主任蔡力峰等省领导出席会议，全国政协经济委员会副主任、中国国际经济交流中心常务副理事长郑新立，中国社会科学院学部委员、农村发展研究所所长张晓山，华东理工大学社会学院教授、社会发展研究中心主任曹锦清作学术报告。与会代表就以下问题展开讨论。

一　粮食安全

国家长治久安的战略基础“农民增收”与“粮食安全”一直是“三农”问题的核心，也是制定“三农”政策的主要参照系。有学者认为，只有在农民种粮有利可图的时候，农户才有种粮意愿，而农户的种粮意愿是国家粮食安全的重要因素。有学者提出应该高度重视农民非农就业的稳定与收入，把土地福利转向货币福利，将农户的土地保障转变为货币保障，从而实现我国农业的适度规模生产，提高农业生产效率。有学者认为中国政府要顺应“农产品武器化”趋势，将“食物主权安全”和“农产品武器化”战略纳入国家安全战略统筹安排，甚至法制化。

二　农民增收

与会学者普遍认为，近年来中央的惠农政策“减负有效”，但“增收乏力”，国家支持保护农业的政策体系不完善，农民收入面临长期性增长困难，因此必须把当前收入增长与未来收入再增长统一起来，从可持续发展的角度出发，以多元化为导向创新农民增收机制，在农业生产技术的培训与指导、农业产业化经营、增加政府对农业的投资上下工夫。

三　农村改革

发展的原动力对于农村改革，与会学者的论点主要如下：一是要健全农民权利表达机制，改革现有的信访体制；二是新农村建设应该纳入到城乡统筹的整体战略中；三是应厘清农村社区的公共领域与私人领域的边界，其关键点就是公共产品的提供；四是构建以保障和扩展农民权益为中心的乡村治理结构；五是建立有效的制度安排，让农民参与公共产品的供给，同时就农村公路、环境保护、文化建设等具体的公共产品供给进行了深入讨论。

四　农业现代化

与会学者认为现代农业拓展了传统功能，观赏、休闲等新型农业形态也迅速发展为不可忽视的重要产业。有学者认为新型农村集体经济就是那些有利于与市场对接、与农业规模化配套、与农民增收相连、使农民共同致富的一切集体经济新形式，是传统农业向现代农业转换的必然要求。有学者提出了“农业回归国民经济基础地位”、“农村重建社区形式”、“农民重构社会身份”等转变发展战略的构想。与会者还就农田水利、农业产业化、传统农业改造等农业现代化问题开展深入探讨。

五　扶贫问题

对贫困者的帮助，既是经济问题，也是社会与道义问题。与会者认为消除农村贫困是一个系统工程，涉及了农村制度变迁、要素流动、农民的人力资本、农民的企业家能力及其组织化程度，提出要通过完善投入政策，发展特色产业，加强各项服务，培育龙头大户，转移富余劳力促进农民增收。有学者强调农民专业合作组织在扶贫开发中的作用，也有学者认为必须高度重视边远山区中“返贫”现象。

（陈文胜）

首届海峡两岸城市发展与合作高峰论坛

2009年10月25日—26日，中国社会科学院城市发展与环境研究中心与台湾经济研究院在北京怡生园国际会议中心共同主办“首届海峡两岸城市发展与合作高峰论坛”。

中国社会科学院台港澳学术委员会副主任杨扬、台湾经济研究院院长洪德生、全国工商联原副主席保育钧出席论坛开幕式并致辞。杨扬致辞指出，大陆高速的城市化与工业化、市场化、信息化、国际化的进程相互交织，大大增加了大陆城市化和城市现代化建设中的诸多矛盾和问题，台湾已经实现城市化，取得经验值得大陆借鉴。洪德生致辞指出合作的目的是让海峡两岸双赢，更加的向上提升。城市的合作与整个区域的总体性合作相比较，有优势也有困难。困难在于城市所掌握的政策权限小，但同时因为地方范围小，很多的推动也比较具体并具时效。保育钧谈到，金融危机之下，两岸城市发展建设与共赢的密切度更高。大陆改革开放以来，城市化、工业化速度很快，但是大陆的城市化还不到50%，在进展中也看到不少的问题需要解决。所以两岸的有识之士聚在一起来共同探讨两岸城市的发展和合作的问题，是一个很好的机会。

来自海峡两岸的专家、学者、政府官员和企业界人士共60多人围绕论坛主旨——“顺应两岸和平发展历史趋势，推动两岸城市发展与合作”展开了热烈交流与深度的讨论，取得了广泛共识。期间，原建设部总规划师陈为邦就“城市发展和城市规划的十个关系”、台湾经济研究院研究二所副所长张建一就“亚太地区城市竞争力与台北市产业状况”、国家发改委区域所所长肖金成就“中国城市群与区域经济合作”、台湾大学建筑及城乡研究所原所长王鸿楷就“海峡两岸城乡规划工作的回顾与前瞻”、中国社科院城市中心原主任牛凤瑞就“大陆城市化与城乡统筹”、台湾区电机电子公会执行长罗怀家就“台商投资大陆趋势及地区分析”、台湾经济研究院研究三所副所长高仁山就“两岸城市产业发展合作战略”、国务院发展研究中心企业所所长陈小洪就“城市开发的前景、问题及建议”、国家行政学院经济学部原主任周绍朋就“应对世界金融危机与城市科学观”、台湾大学建筑及城乡研究所黄丽玲就“台北市城市规划与治理模式的变迁”、中共中央党校原副教育长王瑞璞就“台湾海峡两岸经济城市建设和合作发展的政治前提和经济基础”、环境保护部政策法规司司长杨朝飞就“中国环境问题与对策”等议题发表了精彩的演讲。

（何丽）

第二届人类发展论坛——环境与发展国际研讨会

由北京大学经济学院、国家发展和改革委员会对外经济研究所、环境保护部环境与经济政策研究中心和中国世界贸易组织研究会共同主办，北京大学经济与人类发展研究中心和法国威立雅环境研究所共同承办的第二届人类发展论坛——环境与发展国际研讨会于2009年10月28—30日在北京大学隆重召开。来自中国、法国、英国、美国、加拿大、澳大利亚、德国、丹麦、韩国、越南、尼日利亚、印度、荷兰、孟加拉共14个国家的专家和学者约400人出席了研讨会。会议主题是“贸易、城市化与环境”。

北京大学校长周其凤和（Veolia）环境集团中国CEO（Jorge Mora）出席了开幕式并致开幕辞。1998年诺贝尔经济学奖得主Amartya Sen和国家发展和改革委员会副主任彭森出席了开幕式并分别作了题为《贸易、城市化和环境》、《中国的宏观经济形势和节能减排政策》的主题演讲。中国建设部副部长仇保兴、中国世界贸易组织研究会会长谷永江、加拿大魁北克省原省长Pierre Marc Johnson、联合国人居中心亚洲和太平洋地区办公室官员Bharat Dahiya代表联合国人居署执行主任Anna Tibaijuka出席了会议并分别作了主题演讲。联合国气候变化政府间专门委员会（IPCC）主席Rajendra Pachauri出席了闭幕式并致闭幕辞。会议紧紧围绕“如何保障贸易、城市化与环境的可持续性，从而实现人类发展”的主题进行了广泛而深入的讨论。

一　如何促进贸易与环境（特别是气候）的协调发展

与会代表就如何促进贸易与环境、气候的协调发展问题展开讨论。有学者指出要以不影响人类发展为前提，不能通过大规模减少全球生产来实现环境的保护。不少学者强调了处理贸易与环境关系时透明度的重要性。许多学者还触及到了碳关税的问题，他们有的认为恰当使用碳关税能使气候成本真正内部化，并有学者建议碳关税应该由联合国的机构来征，但许多学者指出碳关税面临的最大挑战是如何合理设计税率。在谈到发展中国家如何实现贸易与环境、气候的协调发展时，一些学者提出发展中国家应该努力减少环境消耗型产品出口，实现“环境输入”；要积极、自主地制定和实行环境创新的激励政策，开发环境友好型技术，大力发展低碳经济。中国学者介绍了中国在促进贸易和环境、气候协调发展方面开展的工作，如细化出口产品的分类、制定中国海外企业的环境保护投资指南等。

二　如何保障城市化与环境（特别是气候）的持续性，促进人类发展

关于如何在城市化过程中保障环境、气候的可持续性并促进人类发展等问题，有学者指出在努力解决城市化中的环境问题的同时应该首先承认城市化在促进人类发展方面的作用。也有学者对“城市化作为经济发展的引擎”提出了质疑。多数学者认为，绿色城市、生态低碳城市、紧凑型城市等理念是

值得实践的城市可持续发展模式，而合理的空间规划和战略规划是实现这些模式的关键。在空间规划方面，许多学者认为，城市基础设施的合理布局是应对环境和气候问题的关键，包括构建合理的能源网络、水资源网络和公共交通运输网络，建设绿色节能建筑，划定生态用地和基本农田保护区等。在战略规划方面，一些学者强调编制与落实政府规划的重要性，同时强调规划应该综合考虑当地的气候、资源、历史和文化等因素。一些学者指出，要进一步处理好城市化过程中政府与市场的关系，提高政府治理的效率，包括增加公共参与，同时加强宣传和教育，以改变人们的环保意识和消费模式。一些学者强调技术和体制的双创新才能使城市环保事业事半功倍。在涉及人类发展的健康、公平等维度的讨论中，一些学者提出，保障流动性自由、加强流动性管理是推进“包容性”城市化的关键。有的学者强调发展中国家应该加强农村人居环境整治，均衡城市化拉力，避免“贫困城市化”，并有学者指出要通过市场和政府的共同作用解决城市化中的不公平问题。有些学者则呼吁要提升城市卫生系统，健全城市医保机制。

三　如何加强亚欧的对话与合作

许多学者认为无论是在技术还是管理层面，亚欧都有合作的潜力，关键是如何将亚欧未来的发展主题结合到一起。有的学者提出在提高能效、城市治理、规划等方面，亚欧都有可以互相交流的经验。有的学者指出以前亚欧合作多在政府间进行，但除此之外，还应推动多维度、多层面的资源共享和交流协调机制的建设，形成包括政府和非政府组织、各行业和各种社会团体以及公众在内的各种双边和多边对话机制和合作网络。

（刘民权　季曦）

第五届社科农经研究网络大会

由中国社会科学院农村发展研究所、山东社会科学院和青岛市城阳区委区政府联合主办的“全国县域发展与城乡一体化研讨会暨第五届社科农经研究网络大会”于2009年10月30—31日在青岛市城阳区召开。来自全国社会科学院系统，从事农村经济发展研究的专家学者共60余人出席了会议。会议的主题是“加快县域经济发展、推动城乡一体化进程”。中国社会科学院副院长武寅研究员出席会议并讲话。中国社会科学院农村发展研究所所长张晓山研究员致开幕辞。山东社会科学院副院长刘贤明研究员、山东省青岛市城阳区区委副书记、区长刘圣珍研究员出席会议并讲话。

一　城乡统筹、城乡一体化与县域经济

城乡统筹是党中央在新世纪、新阶段做出的重大战略部署，强调要站在国民经济和社会发展全局高度，把城市和农村发展作为整体统一筹划、通盘考虑。城乡一体化则是城乡统筹这一战略的目标和结果，即要通过积极推进城乡统筹，促进城乡同发展共繁荣，逐步达到城乡之间在经济、社会、文化、生态上协调发展。县域经济作为一种行政区划型的以县城为中心、乡镇为纽带、农村为腹地的区域经济，是宏观与微观、工业与农业、城市与农村的交汇点，是统筹城乡经济社会发展战略的切入点和基本操作平台，也是城乡统筹制度创新的重要载体。

二　城乡一体化的典型模式

各地在城乡统筹发展的实践过程中形成

了一些典型模式，这些模式具有很好的借鉴意义。山东城阳的新城市主义模式产生于原农业区基础上的新建城区。利用建新城的契机，城阳市把建设规划一体化、经济一体化和社会事业一体化从一开始就很好地统筹了起来，为今后的城乡一体化发展奠定了良好的基础。成都市则以“三个集中”（工业向集中发展区集中，农民向城镇集中，土地向规模经营集中）为核心、以市场化为动力、以政策为保障，推进城乡一体化，探索出了一条以城带乡破解城乡二元结构的新途径。涉县的大城区模式依托丰富的煤铁资源优势，大力发展工业经济，进而以县域经济作为统筹城乡的着力点和支点，通过实施大城区建设，拉动农村经济发展和农村劳动力转移。山东诸城市另辟蹊径，从农村基层着手，通过在农村开展社区化服务与建设，实现县域内城乡基本公共服务的均等化，自下而上促进城乡统筹发展，形成了富有特色的“农村社区化服务”模式。

三　城乡一体化中的突出问题

有代表认为，中国城乡一体化过程中存在很多突出问题。首先，固化城乡二元结构的户籍管理制度、社会保障制度、就业制度、财政税收制度、教育制度、医疗卫生制度、投资制度等还没有从根本上转变。其次，缩小城乡差距的任务十分艰巨。这主要是由行政力量对城市和农村的不同待遇造成的，必须纠正导致城乡分割的行政力量，让行政力量在城乡公共服务均等化和城乡协调发展方面起促进作用。第三，城乡之间要素流动不协调、不平衡的现象十分突出，在城乡之间的单向流动削弱了农村的发展能力。同时，农村经济社会发展还面临着土地制度、农民组织化程度、农村留守人口结构等因素的制约。

四　城乡一体化的政策选择

城乡一体化是统筹城乡发展的终极目标，现阶段，中国应牢固树立城乡统筹发展的思想，发挥政府在城乡公共服务均等化和城乡协调发展方面的积极作用，改革户籍制度等造成城乡分割的体制，建设城乡统一的要素市场，促进要素和资源的优化配置。要着力提高城镇的综合承载能力，为农村劳动力转移提供更多条件。要发展壮大县域经济，把农业产业化、农村工业化和城镇化结合起来，增强城镇对县域经济发展的支撑作用。要大力发展现代农业，加大对“三农”的财政投入，提高农民的组织化程度，加强农村职业教育和农民培训，建立健全农村土地流转制度，拓展农业功能，发挥城市科技资源对现代农业的支撑作用，推动城乡之间的互动、融合。

（卢宪英）

2009年湖南商学院大国经济国际学术论坛

2009年11月6—7日，由湖南商学院和湖南省区域战略与规划研究基地共同主办的“2009年湖南商学院大国经济国际学术论坛”在湖南商学院举行。来自美国、俄罗斯、印度、巴西等国家的知名学者以及中国社会科学院、武汉大学、湖南大学和湘潭大学等院校的教授、学者出席了此次论坛。

一　大国优势和大国经济发展战略研究

大国优势主要体现在：国内市场潜力大、国内资源总量大、经济规模大、产品多样性、区域差异性以及经济完整性等方面。大国经济发展战略：第一，整体推进型；第二，协调发展型；第三，内外循环型；第四，积极进取型。

俄罗斯教授提出，俄罗斯的发展路径有三种选择，即惯性发展、以能源和原材料出口为导向的发展和以创新为导向的发展。俄罗斯应实施以创新为导向的发展战略。印度教授指出，印度的改革是以循序渐进的方式进行的，过去20年的渐进式改革极大地促进了经济增长。虽然印度具有实现大国崛起的良好基础：印度银行良好的监管，资本充足率较高，强劲的国内需求，新兴的中产阶级，人口红利以及积极的媒体和充满活力的民主制度等，但也面临诸多重大挑战，如贫困和不平等问题较为严重，基础设施亟待改善，素质教育有待加强，劳动部门急需改革等。中国学者认为，中国经济持续高速增长的主要动力来自后发优势的充分发挥。后发优势有五种类型：资本、技术、劳动、制度和结构，改革开放使五种后发优势的潜力充分释放出来，由于后发优势具有递减性，未来中国经济增长速度将会比过去30年大幅放缓。但在一段时间内将保持一个较高的增长率。

二　大国国情及大国间经济与贸易关系

巴西教授认为，巴西和中国之间的经济具有较强的互补性，中国已成为巴西产品最大的进口国。美国教授认为美国传统的对外政策和防务战略是建立在“冲突原则”基础上的，美国必须调整相关策略，以构建未来中美两国的经济安全和国家安全。这就要求美国本着互利双赢的目标，使中国企业在美国能够获得更多的投资和创造就业的机会。

三　大国经济发展模式研究

四种崛起模式“外向扩张主导贸易型；制度与技术创新领先工业主导型；技术与工业优势支撑下的武力侵略型；法国模式与俄罗斯模式的混合型。“中国经济发展模式”仍然处于探索之中，其问题，如经济社会发展中“三农”问题，重大经济比例不协调，收入分配关系失衡，贫富阶层分化严重，经济增长方式转换难，资源危机、生态危机以及市场混乱与无序状态等。

（金泓摘自《经济学动态》2010年第1期）

第五届中国农业现代化比较国际研讨会

由中国社会科学院农村发展研究所、湖南省社会科学院等单位主办，湖南省社会科学院农村发展研究所等单位承办的“‘两型农村’与生态农业发展暨第五届中国农业现代化比较国际研讨会”于2009年11月6—8日在长沙召开，来自美国、加拿大、澳大利亚、韩国、越南以及国内高校和研究机构的150多位专家学者和业内人士出席了会议。本次研讨会的主题是：“两型农村”与生态农业发展。

全国政协副主席、中国社会科学院院长陈奎元发来贺信，湖南省社会科学院院长朱有志致开幕辞，湖南省人大常委会副主任蔡力峰出席开幕式并讲话，中国社会科学院学部委员、农村发展研究所所长张晓山，中央农村工作领导小组办公室局长赵阳，美国加州科技大学农学院院长莱斯特·杨（Lester C. Young）作了专题学术报告。

一　对现代农业的理解

现代农业本身是一个内涵比较宽泛的概念，一种理解是内涵不断演变、与时俱进的现代农业，出现于对现代农业发展的应用性分析以及对现代农业持支持态度的理论分析中。另一种理解是典型的“西式现代农业”，即无机农业、工业化农业或石油农业。现代农业是讨论后现代农业以及生态农业的基础。

二　关于“两型”农村与生态农业

与会者认为，“两型”农村是体现科学发展观本质要求的全新农村经济社会形态；生态农业是传统的有机农业和现代无机农业的有机综合，是对现代农业的超越。应深入研究和探讨“两型”农村与生态农业的理论与方法，借鉴国外农村农业发展的先进模式，用可持续发展的理念指导我国新农村建设。

三　关于“两型”农业生产体系

与会者认为，“两型”农业生产体系由节约农业、优配农业、循环农业、生态农业、能源农业、文化农业、都市农业、旅游农业等和若干主体经营领域构成生产经营体系，能够产生和谐的截面效益、优配效益、循环效益、经济效益、生态效益、社会人文效益，具备传统农业无可比拟的优质特性和产能效益，必将成为和谐的现代农业和人类可持续发展的新坐标。

四　关于“两型”农村与生态农业建设的政府责任

与会者认为，“两型”农村建设与生态农业发展是一项系统工程，需要政府、企业、社会和个人共同努力。特别是政府要把农村生态涵养发展作为公共产品来看待，并在土地使用、税收、财政上缴和支出、干部考核等方面，给予相应的特殊政策支持，降低地方“两型”农业生产体系建设的成本。

五　关于“两型”都市农业

与会者认为，大城市的郊区农村，要以建设“两型”都市农业为方向，从而使城郊农村在产业结构、生产技术、资源利用、生活和生态环境等各个方面都出现质的飞跃。生态型都市农业的发展离不开中产阶级，都市农业需要突出生态主题才能吸引中产消费人群，才能得到规模消费群体的支撑，生态型都市农业的多功能性才能得以体现和发挥。

六　关于农村资源与环境

与会者认为，“两型”农村要按照科学发展观的要求，以减少农村资源消耗和保护农村生态环境为基础，对农村经济发展和村庄建设进行科学规划，在农村建立资源科学利用的机制，加快环境污染控制，创新农村废弃物的再利用技术，探索农业的无害化生产和乡镇企业的零污染排放，改变农民的传统生活方式，最大限度地实现农村资源节约与环境友好，使农村更适合农民的生活。

（陆福兴）

第三届中国政治经济学年会

2009年11月7—8日，第三届中国政治经济学年会在上海财经大学隆重召开。本届年会由中国人民大学经济学院、西北大学经济管理学院、北京师范大学经济学院等单位联合主办，上海财经大学经济学院承办。来自国内外高校、研究机构的近200名专家学者出席了会议，会议入选论文110多篇。

一　经济改革的理论与实践

与会代表就社会主义市场经济问题、经济增长与发展、政治经济学教学与学科发展问题进行了讨论，形成以下观点：社会主义市场经济强调用市场手段，但不能抛弃计划手段；建立社会主义市场经济必须注意在社会主义制度下正确处理计划手段与市场手段之间关系问题。

关于经济增长和发展模式，中国模式的显著特征是公有主体型的多种类产权制度、劳动主体型的多要素分配制度、国家主导型的多结构市场制度和自立主导型的多方位开放制度。

关于政治经济学教学和学科建设，代表们认为应把政治经济学理解为是经济学与政治学交叉的跨学科、多元包容的学科。强调本土化、分析方法的定量分析以及学科的综合性。创新要遵循马克思经济学方法论的总原则。

二 政治经济学一般理论

关于政治经济学的研究对象与方法，有代表主张应分清马克思的资本主义政治经济学研究对象与社会主义政治经济学研究对象的异同；用生产力多要素论突破二要素与三要素之争，主张生产力的发展有其内在动力；对生产关系三方面与四环节的理解与取舍，主张拓宽生产关系的内涵。也有代表认为，完全利他的“大公无私”假设和完全自利的“经济人”假设都是非科学的假设，应重构符合现实的关于人的行为倾向的理论假定。还有代表认为经济学研究最基本的逻辑起点在于人的活动和人与人的关系。以资本主义社会关系为分析线索的马克思经济学正是在劳动价值论、剩余价值理论及其统一利润率的古典一般均衡的微观基础之上，深刻剖析了资本主义的一系列宏观经济问题，从而形成一个逻辑一致的总量理论体系。

关于劳动价值论、再生产理论与价值转型问题。有以下观点：(1) 认为市场价值是价值的转化形式。(2) 通过构建期差性、域差性等概念，说明劳动生产率可与劳动价值量成正比。(3) 在经典的马克思再生产模型中加入政府部门，考察政府行为对社会再生产实现条件的影响，以及政府行为在长期经济增长中的作用。(4) 将马克思的再生产价格理论纳入简单再生产和扩大再生产的一般均衡分析框架中，证明了马克思价值——价格理论的内在一致性。(5) 认为价值转型本质上是价值体系到生产价格体系的长期动态的过程，考察社会平均资本有机构成和社会平均剩余价值率等的变化对转形结果的影响。

对于国际价值理论与经济全球化。有以下观点：(1) 认为科技革命引发世界经济的发展变化，对商品的国际价值产生重要影响，使国际价值呈现出与马克思时代不同的新特点。(2) 认为比较优势战略有局限性，比较优势理论的乐观结论是建立在缺乏根据的假设基础之上，缺少对生产方式特征的考虑。(3) 一国的技术进步、固定资产投资、教育水平和国际经济制度权利是影响国家间的不平等交换的主要因素。(4) 美元过量发行与贬值是导致财富从世界各国向美国转移的机理。

关于经济危机根源理论。与会代表普遍认为，现象上的金融危机，实质是实体经济生产相对过剩危机，其根源是资本主义基本制度矛盾。此外，与会学者普遍认为新自由主义的美国模式是促生此次金融危机的直接原因。有代表指出马克思对资本主义经济危机的大量分析仍然是认识当前国际金融危机的一把钥匙。我们要从经济制度和市场制度两个层面来正确理解当代经济危机。从历史长远趋势和历史规律来理解，经济危机由资本主义基本矛盾所决定。从马克思对商品经济不同阶段经济危机的可能性和现实性分析，市场制度是经济危机的根本原因。有代表指出，美国公司治理模式下，高度分散股权结构导致经营者短视行为；失当的薪酬体系“激励”管理层的冒险行为；管理层监督缺失；“股东至上”忽视其他利益相关者尤其是员工利益等缺失是导致此次金融危机的重要原因。

三　当代中国经济问题分析

关于所有制结构与国有企业改革。与会代表认为当前依然应当把国有企业改革作为经济体制改革的中心环节，改革的取向是深化垄断行业改革和从战略上调整国有经济布局。竞争性国有资产其运营方式应该由“资产经营，资本运营”向“资产运营”趋势转变；由“资产管理，资本监督”向“资产监督”的趋势转变。

关于收入分配与劳资关系。有以下观点：(1) 应系统构建马克思主义的劳动力资本化理论并以此为基础对按劳分配进行理论创新。(2) 必须确立劳动者的主体地位，树立劳动力产权概念，保障劳动者参与企业利润分享的权利。(3) 合理的政策调节可以促进劳资和谐。(4) 我国宏观经济领域存在内外不均衡问题，其中国际收支双顺差的外部不均衡源于内部不均衡，最终根源于我国收入分配不均，特别是劳动收入过低。

关于三农问题与土地制度。有以下观点：(1) 现阶段急于改变土地集体所有的法律形式意义不大，而应最大限度实现公有制经济内部全体成员共同参与、民主管理和民主决策，给农民选择自己所属集体的权利。(2) 我国农地承包经营权流转试验中体现出来的特权干预、股份化风险、内部流转、抵押困境等制度失衡现象，根源是多重委托代理结构中存在农村基层组织“超经济强制”、侵犯农村土地产权而形成的“异化委托代理怪圈和农户与农业中介组织之间的委托代理行为”。

（金泓摘自《经济学动态》
2010 年第 4 期）

国际金融危机与中国经济可持续增长研讨会

2009 年 11 月 14 日，由上海社会科学院、《经济研究》编辑部、上海社会科学院经济研究所及数量经济研究中心共同主办“国际金融危机与中国经济可持续增长”学术研讨会在上海社会科学院成功举办。来自中国社会科学院、上海社会科学院、吉林大学、复旦大学、上海财经大学、上海交通大学、南开大学、东北财经大学、华东政法大学、天津财经学院、华侨大学、新疆财经大学、上海理工大学等高校和科研院所的专家与学者参加了研讨会。与会代表就金融危机对全球经济造成的影响、中国宏观经济增长以及中国经济转型与扩大内需三方面的问题展开讨论。

一　金融危机对全球经济造成的影响

有代表认为，金融危机后新兴市场将维持相对更高的增长，但增长率下降幅度更大，呈现出经济的脆弱性与对外部市场、要素的依赖性；新兴市场经济体的数量扩大且增长率高于发达经济体，其对全球增长贡献率将会得到提升。国际金融危机提出了新的增长问题。我们应冷静看待国际社会对中国的期待，正确估计自身的实力。有代表认为，金融危机过程中我国采取的宏观经济调控措施的目标明确、工具有效、时机得当，这说明我国现有的金融市场、产品市场和劳动力市场具有一定程度的抵御外来经济冲击的能力，我国经济长期稳定增长所具有的惯性和动力仍然发挥重要的作用。这使得人们预期我国经济将率先走出金融危机后的增长行情。还有代表提出，金融危机后，中国较大幅度增持美国短期国库券，由于88%为美国政府担保的债券，因此中国持有美元资产所面临的主要风险是美国宏观经济政策风险和美元贬值风险。中国所持美元资产长期的安全性取决于美国财政及货币纪律。

二　中国宏观经济增长

与会代表在对墨西哥金融危机、亚洲金融危机以及美国金融危机分析的基础上，对中国经济形势进行了分析与预测，并给出了2010年中国经济指标的预测：中国长期以来，对宏观经济运行进行监测的理论依据是经济周期理论，其方法论基础则是哈佛指数。其在实践应用中的失败，需要按照中国经济增长的历史和现实，运用功效系数的原理，设计出中国的经济增长敏感指数来实时监测中国经济运行状况。

关于经济增长问题，有代表指出，大多数增长理论重视储蓄率、技术进步和人力资本等经济因素，但无法有效解释许多国家和地区之间增长率差异的根源。这促使经济学开始考虑用政治、文化等经济以外的因素解释增长率的差异，其中宗教信仰是非常重要的一个因素。还有代表认为，政府产业政策的有效性是一个有争议的问题，通过构建技术结构适宜指数和赶超指数两个指标测度了经济发展战略的结构特征和技术高度特征；检验了发展战略对经济增长绩效的影响，结果支持了政府干预促进经济增长的观点。

三　中国经济转型与扩大内需

对于中国经济转型与扩大内需问题，与会代表认为要减少对外贸易依存度，更要积极扩大内需，并提出了相关的政策建议。与会代表还对FDI竞争下的地方环境规制触底效应是否存在，中国宏观经济序列的季节调整过程中货币供应量序列的季节调整，中国城乡居民收入的流动性，增强收入流动性、提高居民消费能力，以及工业能耗变动因素等问题进行了研讨。

（金泓摘自《经济研究》
2010年第1期）

北京国际金融论坛2009年会

北京国际金融论坛2009年会于2009年11月14—16日在北京钓鱼台国宾馆召开。会议由中国人民银行、中国证监会、中国银监会和中国保监会主办，北京市人民政府承办。此次年会主题为“全球危机后的变革与振兴”。与会者有全国人大委员会副原委员长成思危、中国国务原委员李贵鲜、中国人民银行行长周小川、中国银监会主席刘明康、北京市人民政府市长郭金龙、国际货币基金组织总干事多米尼克·卡恩、巴基斯坦国家银行行长赛德·拉贾、新西兰前总理詹尼·希普莉女士等国内外政要；诺贝尔经济学奖得主罗伯特·蒙代尔教授、中国社会科学院学部委员张卓元教授等著名经济学家；联合国地球基金理事会主席莫里斯·斯特朗、联合国驻华代表马和励、欧洲50集团主席埃德蒙·阿尔方戴利、新布雷顿森林体系委员会执行长官马克·让等来自政府间组织、非政府组织和商业金融机构的代表。

一　当前国际金融危机发展阶段及复苏中存在的问题

与会代表均认为当前世界经济已经出现了复苏迹象。但在复苏过程中也出现了新的问题。经济复苏所面临的关键问题是：（1）

把握好六大平衡关系：消费和储蓄、内需和外需、金融创新与金融监管、虚拟经济与实体经济、经济增长与可持续发展、地区一体化与经济全球化之间的平衡。(2) 应对六大挑战，包括金融市场不稳定、全球经济下滑和恢复、全球失衡、货币政策退出策略、财政政策退出策略、人口结构变化。(3) 新的国际经济不平衡问题及这个不平衡对国际经济的干扰。(4) 危机后的刺激政策引发的通胀风险问题。

二 政策工具选择及其有效性的评估

年会对加快经济复苏的政策思路和所能采用的政策工具进行了讨论。在政策思路方面：一是实施新的推出策略，阻止一些金融机构过于庞大，以建立一个清楚的机制进行风险管理和风险监督。二是采用新的思路解决公共债务：(1) 由特定金融机构解决，由纳税人承担，以通货膨胀税的方式解决。(2) 交易税是唯一的方法，有了交易税，公共部门才能融资全球的资产债务，进而解决金融业的道德风险问题。

针对当前各国政府所推出的经济复苏政策，与会代表对这些政策的作用和效力也进行了广泛的讨论，集中在两方面：(1) 货币政策是否有效。(2) 公共部门负债是否为有效的拯救危机措施。与会代表多从总结日本经验教训的角度出发，认为庞大的公共部门债务并不能有效地将经济从危机中拯救出来。也不赞成政府到资本市场去融资以解决它的债务，因为这有可能在今后导致更高的通胀率和更低的增长率。

三 对后危机时代金融发展与监管体系创新的设想及关于金融危机爆发的原因

与会代表认为政府和中央银行宽松的政策导致流动性泛滥、不合理的风险估计以及债务的金字塔是金融危机的主要原因。关于当前国际金融发展所面临的风险。与会代表认为，当前国际金融监管体系的不足主要表现在两个方面：第一，监管体系存在不足与缺失。第二，金融安全网不健全，现行金融监管体系非常混乱；中央银行正逐渐丧失其独立性；存款保险机构协调能力有限。关于中国金融体系的风险与会代表认为一是跨境、跨国的风险，二是防范系统性风险，三是强化常规监管，及时防范和化解风险隐患。

关于构建新监管体系问题。与会代表指出：(1) 国际间的监管合作是防范金融风险的有效途径，这一点将随着国际经济的进程越来越清晰地体现出来。(2) 国际货币组织（IMF）应在金融监管中发挥更加重要的作用。新监管模式可以分为四类：统一式监管模式；分权式监管模式；独立式监管模式；竞争式监管模式。

四 对后危机时代国际经济体系变革的设想

与会代表认为国际经济体系将在四个方面发生变革：公司行为准则的变革，监管内容的变革，政策工具的变革，决策过程的变革。对于创建国际金融新体系的设想，与会代表在世界需要什么样的国际金融体系仍存在分歧，有两种设想：一是建立平等的、具备广泛包容性的国际金融体系。二是以20国集团为核心，建立有限包容的国际金融体系。对于国际货币体系变革的设想。与会代表认为：(1) 建立一种国际货币，或者回到多边固定汇率体系。(2) 国际储备货币要多元化，让更多的货币参与进来。(3) 一是健全储备货币的发行调控机制、保持主要储备货币汇率的相对稳定，二是促进国际货币体系的多样化和合理化。(4) 积极推动人民币国际化有助于使国际金融体系变得更加平衡。（5）将来需要使人民币成为可自由兑换的货币，使中国经济可以融入全球经济，将人民币纳入到世界货币系统中。

（金泓摘自《经济学动态》2009 年第 12 期）

首届海峡两岸会计学术研讨会

为了促进海峡两岸会计学术与实务的深层交流，繁荣会计理论与实务，由中国大陆 20 余所重点大学和中国台湾 20 余所知名大学的会计同行共同发起的“首届海峡两岸会计学术研讨会”，于 2009 年 11 月 21 日在厦门大学举行。本次研讨会共收到中英文论文 60 篇，来自全国各地高校的 120 位专家学者出席了本次会议，其中来自中国台湾的学者 27 位。

厦门大学文科资深教授葛家澍教授为本次会议做题为“金融危机与公允价值计量”主题报告，台湾政治大学前校长郑丁旺教授为本次会议做题为“IFRS 的特色及其对企业的影响”主题报告，厦门国家会计学院副院长黄世忠教授为本次会议做题为“后危机时代公允价值会计的改革与重塑”主题报告。

举办本次海峡两岸会计学术会议，对更深层次地促进海峡两岸和平发展，促进中华和谐进步，推进两岸间的经济、文化等各方面的友好合作与共同发展将有极大的推动和帮助。此次海峡两岸会计学术研讨会的召开，提供了一个良好的学术交流与合作平台，为促进海峡两岸会计学术与实务的深层交流，使海峡两岸专家学者携起手来，解决会计研究所面临的共同问题，从而为推动中国会计研究走向国际，为会计理论研究和会计实务发展提供增量贡献。

（厦门大学管理学院）

第五届中国保险教育论坛

由中国保险教育论坛常务理事会主办，厦门大学经济学院、经济学院金融系、台湾人寿保险股份有限公司共同承办的“第五届中国保险教育论坛”于 2009 年 11 月 21—23 日在厦门大学召开，来自台湾地区学界和业界 51 人的代表团，大陆 52 所高等院校保险学界的专家、学者，及各省市保险监管机构、保险企业的领导和高管共 200 多名代表出席了论坛。本次论坛的主题是：后金融危机保险的发展与学科建设。

中国保险监督管理委员会副主席魏迎宁，厦门市委常委、常务副市长丁国炎，厦门大学党委副书记、副校长辜芳昭，台湾人寿保险股份有限公司董事长朱炳昱，著名经济金融学家、厦门大学金融系国家级金融重点学科学术总带头人张亦春教授、厦门大学经济学院院长张馨教授出席了开幕式并致辞。中国保监会魏迎宁副主席以金融危机与保险监管为题，进行了主题发言。他认为，此次金融危机的深层原因是道德风险，从其表现形式看是金融机构杠杆率过高，从监管角度看是监管机构没有发挥有效的作用。保险监管机构应从此次金融危机中吸取教训，需要研究以下问题：（1）制定全球统一的监管体制。（2）实行宏观审慎监管。（3）加强金融集团、保险集团大型保险公司的监管。（4）

完善偿付能力监管。(5) 适应周期效应及监管措施。(6) 研究防范道德风险的监管措施。最后魏迎宁强调保险业监管应建立机制，将研究成果转变为规章制度，应向银行业的监管体制学习，保险业的监管需要国际各监管机构、保险业界、研究机构、中介等的合作。

台湾保险事业发展中心赖清祺董事长以后国际金融危机保险的发展与学科建设为题，进行了演讲。他指出，金融危机自1980年以来，全球产寿险实际保费成长率首次呈现负增长，其中投资型保险衰退严重，工业化发达国家受到的影响比较严重。他认为当前保险产业的发展方向是建构整合性风险模型，强化保险商品的创新，注重整合性风险管理，强化公司治理功能；现阶段学科建设的重点策略是发展科技整合性学科，优化学科专业结构，契合社会建设需要。最后他总结说两岸保险交流与合作恰似“并蒂莲花开，好事自然来”，我们的愿景是深耕“台湾经验”发展“大陆市场”，期待进军亚洲，构建亚洲具特色的保险市场。

中国保险学会罗忠敏会长的演讲强调了本届论坛不同寻常的意义。本届论坛是在改革开放30周年，人民保险创建60周年之际举办的。在此期间，我国保险业的理念、服务领域和市场都得到了长足的发展和完善，其中保险教育功不可没。他以在金融危机中破产的AIG为例，提出了保险公司和保险监管机构应有的反思。保险公司的竞争不规范、经营成本高居不下、内部控制的缺陷都影响着我国保险业的长期发展。同时还要大力提高从业人员的能力与道德风险意识。因此，为保险业输送人才的保险教育要从品德教育、法学教育、国际视野等方面全面提高人才的综合素质。

台湾人寿保险同业公会赖本队理事长以金融海啸后台湾寿险市场的变化与展望为题，进行了演讲。他以2009年1至9月台湾保险市场的相关数据分析了台湾寿险的近况。并提出后金融时代台湾寿险业因应之道，包括：(1) 资金运用策略在景气复生前仍将以保守稳健为主。(2) 国外投资仍将是寿险业的资金运用重点。(3) 利率敏感度低之保险商品仍将是近期的商品主流。(4) 加强各种风险之控制以确保稳健经营。他还提出了台湾寿险业的并购趋势与发展前景，并指出结合大陆市场发展区域性保险集团再进军国际是提升台湾寿险业全球竞争力可以考虑的策略。

西南财经大学副校长卓志教授演讲围绕着金融危机对保险教育问题的影响，提出了后金融危机时代保险教育的改革发展方向。主要有以下几点：(1) 更多的关注不确定性，注重不确定环境下的思维培养。(2) 虽然目前保险有远离金融的趋势，但保险离不开金融。所以保险人才的培养应强化金融知识教育。(3) 注重保险文化的培育，保险产生的文化基础包括诚信文化、道德文化、制度文化等。(4) 加强保险管理教育，不应片面强调营运管理，还应加强战略和风险管理等。(5) 商业保险在商业性的基础上，还要强调社会化经营，使其职能和功能全面的拓展。

(厦门大学经济学院)

低碳经济与金融创新论坛

11月25日，由中国社科院金融研究所和世界自然基金会（WWF）联合主办的

"低碳经济与金融创新论坛"在中国社科院学术报告厅举行。中国社会科学院副院长李扬、世界银行首席金融专家王君、中国人民银行研究局局长张建华、中国银监会研究局副局长叶燕斐、全球气候变化应对计划主任杨富强，以及部分金融业界嘉宾在会议上作了精彩发言。金融研究所副所长王国刚主持论坛。来自中国社科院、世界自然基金会、招商银行、兴业银行、浦东发展银行、北京环交所、上海环境与能源交易所、天津排放权交易中心等学术界和金融实务界代表约150人出席了本次会议。

本次论坛的主要目的是，希望通过这次会议为相关的政府部门、学界以及企业搭建一个信息沟通与交流的平台，并吸引更多的金融领域的实践者和研究者关注低碳经济转型所带来的挑战与机遇。与会专家指出，低碳经济的发展已成为国际社会发展的潮流，这一变化过程，离不开金融创新的支持。金融部门需要也能够在低碳经济发展中发挥关键作用，无论是在提高能效领域，还是在发展可再生能源领域，金融领域的支持都不可或缺。而另一方面，低碳经济的发展，也为金融提供了崭新的发展空间和机遇。专家呼吁，作为一个新兴的领域，中国各界应该及早加强相关领域的研究和实践，以确保我国在世界新一轮的经济金融变革和竞争中取得优势。

（徐义国）

第十届中国宏观经济运行与政策论坛

由中国社会科学院财政与贸易研究所主办、美国密苏里—圣路易斯大学国际研究中心协办的"第十届中国宏观经济运行与政策论坛"于2009年11月28日在京召开。来自中国社会科学院、国务院发展研究中心、商务部国际贸易经济合作研究院、国家发改委对外经济研究所、北京大学、对外经济贸易大学、中国人民大学，以及美国密苏里—圣路易斯大学、澳大利亚国立大学等机构的专家学者与政府官员共百余人出席论坛，围绕"中国开放型经济的发展与完善"这一主题进行了深入探讨与交流。中国社会科学院副院长李扬出席论坛，并就当前中国宏观经济形势发表演讲。

一　关于当前宏观经济形势与政策

李扬副院长就全球金融危机出现重要转机的当下经济形势，发表了自己的判断和阐释。他认为，造成此次百年不遇金融危机的各种因素并没有在危机中得到有效的解决。比如说经济结构失衡问题。在危机之前，我们面临的经济结构调整任务已经非常严峻，但由于危机发生而不得不放缓了经济结构调整的步伐，从而使经济结构失衡问题更加严重。总的来说，造成危机的老问题没有有效解决，解决危机过程中的很多措施又会造成新的问题。

在谈到如何有效地调整经济结构失衡问题时，李扬指出，解决产能过剩、结构调整问题，一要依靠市场经济，二是不要迷信政府自身。我们要为经济未来长期成长创造科技基础，让科技引领中国可持续发展。中国在这次应对危机的过程中启动了16项科技专项——这个事实被媒体甚至被研究界所忽略，这些科技专项都属前沿，哪一个成功都会给我们很多创造企业的机会。因为科技同经济关系的中间链条是企业，一项科技成果产生，然后产业化，产业化就是大量创造新的企业以及用新的技术改造传统产业，自然伴随着企业不断成长和不断被创造的过程。这些产业中任何一个产业发展之后都会产生非常大的作用，这是我们最终走出“后危机时代”的最根本措施。

二　关于中国开放型经济发展面临的挑战与机遇

与会代表认为，中国开放型经济目前面临的挑战表现在：对外贸易与利用外资受到挫折；国际经贸环境不容乐观，特别是贸易保护主义有所抬头；保障我国持有的国际性资产安全运营的新矛盾凸显。同时也面临着诸多机遇，主要表现在：（1）经济全球化趋势没有改变，世界各国的经济联系和相互依赖程度并没有减弱，反而有所加强，国际经济的对话与协调机制以及各种多边和区域组织对世界经济的协调和约束作用也在增强；（2）产业转移继续深化，美国和西方发达国家向发展中国家产业转移的趋势将继续升级；（3）跨国投资将回升，2009年将成为国际直接投资流量的低谷，2010年将缓慢复苏，全球直接投资将达到1.4万亿美元，比上年增长16.6%；（4）国际分工基本格局没有改变，随着美国和发达国家在制造业中成本控制能力的不断弱化，制造业向发展中国家转移的趋势将继续深化；（5）新兴战略性产业支配国际分工仍需时日。

与会代表还分析了中国作为全球制造业大国所将面临的三大挑战：（1）由于全球经济结构失衡所导致的对其汇率调整与扩大内需的压力；（2）如何走出一条低能耗、低污染、低排放的新型工业化道路；（3）由于人口结构变化所引起的生产成本的上升及其相应的产业结构调整上的压力。

三　关于中国开放型经济发展的趋势、目标与政策

与会代表探讨了中国开放型经济发展的新趋势：（1）在中国企业“走出去”方面，预计2009年企业海外投资将达到410亿美元，比上年略有增长，2010年随着世界经济回升，企业海外投资也将有较大幅度增长，预计可达575亿美元。（2）中国—东盟自由贸易区将发挥更大作用。2009年上半年起，东盟超过日本成为中国第四大出口市场，区域经济合作成为新趋势。（3）开发新兴市场将成为新的贸易增长点。我国出口中东、东欧、非洲、拉美的市场份额增长空间很大，再加上自由贸易区的开辟，扩大外部需求仍然可为。

关于中国开放型经济发展的战略目标。与会代表认为应该从以下几个方面加以设定：（1）在商品出口贸易方面，“十二五”规划末期应达到15%以上。（2）在服务贸易方面，从2008年服务贸易出口占世界市场份额3.9%，提高到2010年的5%左右，“十二五”规划结束的2015年达到8%。（3）在利用外资方面，争取年均1000亿美元以上，“十二五”规划的5年累计达到5500亿美元。创新利用外资方式，扩大服务业吸引外资和利用并购方式吸引外资的规模。（4）在企业海外投资方面，“十二五”期间中国企业海外投资年均争取达到600亿美元，企业海外投资的功效不仅要实现企业的经营效益，而且要把进口我国所需资源和扩大我国海外商品市场作为战略目标。

关于我国开放型经济的政策调整，与会代表认为，我国外经贸政策目标的调整要从以“出口创汇”为主要目标转向利用国际资源、市场来支持国内经济发展方式的转变。

四　关于人民币的国际化问题

与会代表认为，人民币国际化是历史的

必然选择。人民币国际化的过程可能有两个大的阶段，即区域货币阶段和全球货币（世界货币）阶段。人民币国际化的主要途径包括：继续大力发展经济，增强中国的经济实力；继续改革金融体制，解除外汇管制，扩大对外开放；在国际贸易和国际投资中，逐步推进以人民币进行结算和支付；大力推进货币互换业务；逐步增加在国际上发行以人民币标价的债券、股票等金融产品；加快向海外投资的步伐；使人民币成为国际储备货币之一，并不断增加人民币在全球外汇储备中的比重。

（孔繁来）

2009年中国公共经济学论坛

由厦门大学经济学院、《经济研究》编辑部主办，厦门大学经济学院财政系承办的"2009年中国公共经济学论坛暨2009年公共经济与管理国际会议"于2009年11月28—29日在厦门大学成功举办。

来自国际货币基金组织、国际公共财政协会、英国剑桥大学、美国旧金山州立大学、日本庆应义塾大学、韩国发展研究所和印度国家应用研究研究委员会和中国教育部、中国社会科学院、国家税务总局、浙江大学、中山大学、华中科技大学、武汉大学、山东大学、中国人民大学、厦门大学、同济大学、中国农业大学、湖南大学、上海财经大学、中央财经大学、东北财经大学、西南财经大学、江西财经大学和厦门国家会计学院等单位的国内外公共经济和管理学界的著名专家、学者和优秀中青年学者近300人汇聚于厦门大学，就当前公共经济和管理中的热点问题进行了深入研讨。会议共收到中文论文300多篇、英文论文1600多篇。与会代表就"宏观调控中的财政政策"、"危机下的税收政策"、"和谐社会中的社会保障制度构建"、"危机与转机"、"危机背景下的管理模式创新"等议题，进行了讨论和交流，取得了丰硕成果。

一 财政体制改革与财政政策

与会代表对中国的中央与地方财政关系、财政收支、财政制度变迁问题；对财政体制改革过程中遇到的问题和应对措施；对开放经济条件下的财政政策和运用问题进行了广泛的研讨和深入的交流。主要有以下观点：（1）中国财政存在对农民、农村、农业的特殊逆向机制，这是中国城乡收入差距拉大和县乡基层财政出现困难的隐蔽原因。（2）中国财政约束软化和较低的财政信息透明度是财政支出结构配置效率低的重要原因。（3）省直管县财政体制改革需要行政管理体制改革与行政区划的调整的配套。（4）经济全球化的基本特征在财政政策运用上体现为政策运用与国际协调的对立统一。（5）地方政府"土地财政"模式，使房地产业的兴衰成为影响地方财政的决定性因素，应重视地方财政来源的稳定性。（6）大规模财政收入再分配对发达地区经济增长产生了明显抑制作用，对落后地区产生了道德风险。（7）农村税费改革转移支付替代地方预算外收入，只在东部见效，在中西部没有达到减轻农民负担的目的。（8）财政规模应保持合理、渐进。

二 税制改革与经济协调发展

税收制度是推动经济社会发展的重要因素，与会代表从税收基本职能、税制改革及与经济协调发展进行了研讨。主要有以下观点：（1）税制设计、征管水平、政治治理等多种因素造成，税制不存在唯一标准。（2）下一轮税制改革的重点应是个人所得税、财产税兼顾其他，提高累进性。（3）出口退税，外部需求和有效汇率对中国出口的影响在短期、长期各不相同，对不同分类出口的影响也有差异。（4）增值税转型可以促进企业增加投资，转变增长方式。增值税转型通过增加投资当期的经营现金流，可降低投资不足风险。（5）新企业所得税的产业政策，导向功能明显增强。

三　公共服务均等化

关于逐步实现公共服务均等化。与会代表就教育、医疗、卫生、社保等社会焦点问题进行了广泛研讨，提出在界定公共财政保障范围时，必须将公共选择的制度安排引入公共财政决策过程，提出中国政府服务性支出长期不足问题，提出个税递延型养老保险是解决我国个人养老问题的可行选择。

四　关注农村公共产品和服务供给

我国农村公共产品供给不足始终是制约农村经济发展和城乡经济协调发展的主要障碍。与会代表提出，解决农村公共产品供给困境应该依据公共产品的分类，合理界定财政政策和金融政策支持农村公共产品供给的职责，构建支持框架，合力从根本上解决农村公共产品供给的融资困境。另外对影响农民参加新型农村社会养老保险的因素、导致城乡义务教育服务产出非均衡的主要原因以及对农村公共服务满意度及其影响因素进行了深入的讨论。

（金泓摘自《经济研究》2010年第2期）

中华外国经济学研究会第17次学术研讨会

中华外国经济学研究会第17次学术研讨会于2009年11月28—29日在华南师范大学隆重举行，来自国内数十所高校的150余名专家教授出席会议。

一　马克思主义经济学的创新及其指导意义

与会代表对西方经济学和马克思主义经济学研究的前提进行了对比。一种观点认为，西方经济学研究的重要前提是人自私自利的本性，而马克思主义经济学把人当作一种社会关系的综合体，人首先是社会人、阶级人；另一种观点则认为，马克思主义经济学虽然没有将经济人行为动机作为前提条件，但也透露出这种思想。《资本论》中论述的商品交换本身就是个人追逐利益最大化行为，资本家追逐剩余价值其实就是厂商追求利益最大化的方式。由此可见，西方经济学和马克思主义经济学虽在分析方法上不同，但对经济主体的认识上有某些共识。有代表认为，目前马克思经济学和西方宏观经济学两者的内涵和逻辑都不一致，这就会导致人们在观察、分析和把握宏观经济及其发展趋势时出现偏颇，甚至形成争议和对立。另一种观点认为，马克思主义经济学与西方主流经济学两大范式均受到了理论和现实的冲击，但两种研究范式存在着可通约之处，进而存在着范式耦合的可能。西方经济学只有与中国国情相结合，才能为我国的发展战略和政策制定提供坚实的理论基础。构建中国特色发展经济学的理论基础，应该以“经济发展＋环境改善＋社会公平”作为构建中国特色发展经济学的核心框架。还有学者提出，在经济趋向全球化的今天，国际经济体系已经成熟，建立马克思主义国际经济学的条件已经具备，可以马克思经济学的研究方法为基础，适当借鉴西方国际经济学中的均衡分析、比较静态分析、比较动态分析等方法。

二　全球金融危机与中国经济发展

关于美国金融危机的成因。一种观点认为在于科技进步率下滑和苏联倒台后美国的一枝独大且美国的经济危机基本上限制在虚拟经济内，实体经济所受影响极小，而中国的实体经济所受影响极大。另一种观点认为，科技进步率下滑只是经济危机的原因之一，而且可能只是一个不重要的原因。而分配极端不公导致低收入群体规模增大，进而造成消费不足才是经济危机的根源。因此缓解收入差距是危机下宏观调控政策的关键。

还有观点认为，美国金融危机的原因在于其透支体系。美元随着世界货币体系的发展逐渐成为世界货币，各国随之大量持有美元外汇，美元市场的流动性随贸易逆差的加剧被吸走。为了维持其经济增长，美联储向市场大量注入流动性，这种扩张的货币政策造成了经济泡沫化，当泡沫无法维持时就造成了金融危机。

对于在全球金融危机下中国经济的发展，一种观点认为融入国际大循环的发展战略是通向贫困和依附型国家之路，美国的贸易赤字政策和全球的诸多经济体的出口导向型经济是美元霸权的蓄意安排。国际大循环发展战略导致内需无法启动，中西部大开发无法真正展开，服务经济发展滞后，城市化的同时，生态出现恶化。它破坏了国内经济良性循环，将国民经济割裂成为三元经济，将使我国的创新型国家建设战略成为泡影。

有观点认为，危机后的中国政府实施了宽松的货币政策和扩张的财政政策，政府主导的投资拉动使中国经济率先出现复苏迹象。但是，政府主导投资的资金主要流向了国有及国有控股企业，而中国经济的长远稳定发展迫切需要快速启动民间投资。还有观点认为，中国的经济长期稳定发展的关键在拉动消费。因此，应建立健全社会医疗、住房建设、失业养老等保障保险制度，加大对教育的投入，降低中国居民的预防性储蓄。还有一种观点认为，在金融危机背景下，发展低碳经济已成为我国政治进步和经济发展的双重需要。因此建议走环境友好、资源节约的轻型工业化道路以解决发展重化工业与环境污染的矛盾。

三　西方经济学流派与经济学多元化探讨

对于正统经济学与非正统经济学，主流经济学与非主流经济学的看法。一种观点认为中国现阶段比较重视马克思政治经济学和西方正统经济学的研究，忽视了非正统经济学的研究，呼吁学术界给予非正统经济学更多关注，将非正统经济学综合到马克思政治经济学中研究。目前经济思想史的研究偏向主流经济学，缺乏现代哲学视野和问题意识，而且对某些非正统经济学流派的评价有失偏颇，具有误导性。因此，应恢复非正统经济学思想应有的地位。一种观点认为，中国正处在经济学多元化阶段与中国目前经济发展水平相适应，应该平等对待不同的经济学派，而非盲目地追随主流经济学。其中的关键在于主流与非主流经济学的交流。还有学者建议将“正统与非正统”与“主流与非主流”两组概念区别开来，认为“主流”与“非主流”是一个时间与地理的概念，而“正统”与“非正统”是意识形态的概念。

（金泓摘自《经济学动态》
2010 年第 2 期）

"金砖四国"经济发展比较国际研讨会

由中国社会科学院经济学部主办的"金砖四国"国际研讨会2009年12月4日在北京隆重召开，来自中国、俄罗斯、印度、巴西的专家学者60余人齐聚一堂，围绕"金砖四国"的经济增长和危机后发展模式转型进行了精彩热烈的探讨。

中国社会科学院副院长李扬出席会议并致辞，中国社会科学院经济学部主任陈佳贵做主题报告。中国社会科学院特邀顾问刘国光、经济学部学部委员田雪原、周叔莲，清华大学教授李稻葵等著名经济学家出席会议。

来自国外的学者有俄罗斯科学院市场问题研究所副所长维·茨维特科夫教授、巴西圣保罗大学巴西研究所弗雷塔斯巴博萨教授、印度新德里政策选择研究中心主任莫汉·古鲁斯瓦米教授、俄罗斯圣彼得堡财经大学副校长亚历山大·卡尔利克教授。中方与会学者来自中国社会科学院、国务院发展研究中心、国家发改委相关研究所、著名高校等高级学术机构。

与会学者认为，"金砖四国"作为新兴市场经济体的最主要代表，已经在世界舞台上崭露头角。尤其是在面临百年一遇的国际金融危机时，"金砖四国"的表现要远胜于发达经济体，成为推动全球经济复苏不可或缺的重要力量。在相对意义上，这次金融危机造成了全球权力的再分配，即以"金砖四国"为代表的新兴市场经济体的力量在增强，而发达经济体的力量在减弱。这对未来全球发展格局与全球治理都有着非常重要的含义。不过，"金砖四国"能否在全球发展中产生更大的影响，还要取决于"金砖四国"自身的可持续发展。

从拉动GDP增长的消费、投资与净出口这三驾马车看，"金砖四国"的增长动力各有千秋。巴西增长动力基本上是内需，其中消费需求对GDP的贡献达到八成左右。俄罗斯的增长动力主要靠内需，消费占GDP的比重在百分之六七十，投资占百分之二十多，但外需也很重要，净出口在百分之十左右，而且俄罗斯经济增长严重依赖能源出口。印度的增长也主要依靠内需，其中消费所占比重较高，私人消费加政府消费，对GDP的贡献常常会超过50%；投资对GDP的贡献也较大，固定资本形成对GDP的贡献在百分之四五十。中国经济增长由投资与出口带动的特点非常明显，近年投资率达到40%左右，净出口对GDP的贡献平均达到21%。相对于"金砖四国"其他成员，中国的最终消费需求最低，投资需求最大。

从工业化与城市化的角度看，"金砖四国"处在不同的发展阶段。巴西与俄罗斯的城市化水平已经很高，但工业化滞后；中国的工业化水平较高，城市化还有进一步的发展空间；印度的工业化与城市化都相对落后。因此，下一个阶段，从增长引擎角度来说，城市化仍将是中国增长的重要动力，工业化与城市化对推动印度发展同等重要。对巴西与俄罗斯而言，主要是工业化（或再工业化），而城市化发展则应侧重于基础设施建设的完善以及服务业的升级。

次贷危机的爆发，让人们进一步反思政府与市场的作用。与会学者对"金砖四国"政府与市场的作用进行了比较。俄罗斯、中国作为转型经济国家，政府力量还很强，政府干预经济的色彩还很浓。印度和巴西政府干预经济的力量相对较弱。“金砖四国”总体上的政府社会保障水平较低，但由于发展程度不同各国之间也有差距。巴西与俄罗斯的政府社会保障支出要略高于中国和印度，尤其是政府卫生支出差距明显。就市场化水平来说，“金砖四国”经济自由度都相对较低，市场化水平还有待进一步提高。相对而言，印度与巴西的经济自由度高于中国与俄罗斯。

（韩朝华）

第四届亚洲经济合作与创新论坛

为了发挥侨校和名校的国际化优势，凝聚国内外智慧，为中国和亚洲的经济转型与发展献计献策，暨南大学和《经济研究》编辑部，日本立命馆大学、日本兵库县立大学、韩国釜山国立大学、泰国国立 NIDA 大学，于 2009 年 12 月 5—7 日在广州举办了“后危机时代的改革与发展研讨会暨第四届亚洲经济合作与创新论坛”。大会收到国内外专家学者的 110 余篇论文，30 余位外国专家和 60 多名国内学者围绕金融危机影响与金融改革、环境保护与经济增长、东亚经济合作与结构转型等理论和实践问题进行了深入探讨。

一 金融危机的挑战与经济金融理论的发展

有代表对传统的货币中性理论提出了质疑，指出，在新古典完全竞争的理论框架下，货币是中性的，按货币主义的结论，经济危机中名义总需求的下降不会影响总产量，也不会影响就业水平。而事实上，经济危机中名义总需求的变化会影响产量和就业率。因此金融危机是重要的问题，需要发展新的理论来加以解释。

有代表指出，实业资本（FDI）与金融资本（证券投资资本）在全球流动时在投资目标、所发挥的作用以及引发的结果方面都存在着巨大的差异。实业资本的流入对于世界各国特别是发展中国家，不论在哪个发展阶段，都有积极意义。但是资本自由流动有利于各国经济发展的结论，对于金融资本不能完全成立，至少还有待进一步的理论和实践证明。与会代表还就永久性窖藏，衍生金融工具以及消费文化、消费行为等理论以及后危机时代的金融改革与发展进行了深入研讨。

二 亚洲经济发展与区域经济合作

与会代表就以下问题进行了探讨：东亚地区经济一体化的必要性与可行性；区域经济一体化还是全球经济一体化。还有代表比较了政府资本与私人资本在促进经济增长中的不同作用，分析了国家竞争力与国家管制水平之间的关系，探讨了产业转型对城市经济的影响等。

三 环境管制、资源约束与经济增长

关于资源、环境与经济增长问题。与会代表就以下问题进行了研讨：（1）由于战略原料的资源稀缺，为防止有机物生产力的下降和沙漠化，应导入农、牧、林复合经营模式；（2）低收入国家资源的约束和依赖与经济增长的关系；（3）企业自组织管理与环境管理的改革与有效性；（4）影响环境效率和环境全要素生产率的因素；（5）城市全要素生产率的增长与技术进步的关系等。

（金泓摘自《经济研究》
2010 年第 2 期）

科学重塑"碳公平"理念、方法与结果边会

12月10日，在哥本哈根气候变化谈判的主会场，中国社会科院可持续发展中心邀请中国科学院、国务院发展研究中心、国家气候中心、清华大学等单位资深学者举办了主题为"科学重塑'碳公平'理念，方法与结果"边会。边会由国家气候变化专家委员会委员、中国社科院研究员潘家华主持，各家机构代表围绕以人均历史累计排放为特征的碳公平概念的科学基础、理论框架、方法结果、国际制度以及与其他方案的比较等方面，系统地介绍了中国学者对碳公平问题的研究与主要认识。边会还邀请政府间气候变化专门委员会（IPCC）副主席Jean-Pascal van Ypersel和英国Bath大学Anil Markandya教授到会点评。边会受到各方高度关注。

潘家华首先分析了"碳公平"的认识误区，强调气候公正的基石只能是碳权益的公平。碳公平不是国际政治公平，而是人的权益的公平。"共同但有区别责任"的公平就在于"区别"，体现在历史责任、现实排放、资金、技术、管理等方面。长期以来的气候谈判，之所以举步维艰，原因就在于"区别"：发达国家按照某一基年比例减排，多一个百分点、少一个百分点，争论不休。公平，不在于某一个时点人均排放一致，因为社会经济发展是一个过程，碳密集度高的基础设施和房屋建筑，并不是一年能够建起来的。因而，公平只能是一个时段人均历史累计排放权益的均等化。每一个人拥有同样的碳排放权益，何时排放，排放多少，是每个人的决策；有多的排放权益，可以卖；排放权益不够用，则需要买。现在发达国家有些人认为在资金技术上面对发展中国家的帮助是他们"无私"帮助和施舍，其实不然，发达国家出现碳排放权益亏空，大量占用了发展中国家穷人的碳排放权益。碳公正要求，富人需要有偿使用穷人的碳排放权益。这样，发展中国家要求发达国家一定量的资金技术来适应气候变化和低碳发展，实际上是一种碳权益的交换关系！实现碳权益的公平，每个人需要承担"共同但无区别"的责任。中国的学术研究机构，在碳公正方面的科学、客观、具有可操作性的理论与方法性研究，避免当前气候谈判的死胡同，是公平而可持续的气候协定的必然选择。

中国气象局国家气候变化中心主任罗勇研究员在演讲中就"历史累计排放贡献率"进行了论证。他指出：建立一个兼顾公平性与历史责任的温室气体减排责任分担指标体系，需要考察不同国家人均历史累积排放对全球气候变化（如增温等）的相对贡献。清华大学滕飞博士在演讲中介绍，清华大学研究组从人均累积排放趋同体现的公平原则出发，分析了实现全球长期减排目标的几种碳排放权分配方案下，发展中国家1860—2050年人均累积排放量都将不及发达国家的1/3，发达国家已经和继续严重挤占发展中国家的排放空间。中国科学院叶谦研究员基于对相关问题的计算结果表明，2005年前，G8国家大多已经用完到2050年的排放配额，这些国家即使今后实现其提出的大幅度减排目标，它们在2006—2050年的人均排放量上还会大大高于发展中国家。中国可能占全球2006—2050年总排放配额的30%以上，需要低碳发展，才能做到配额内排放；否则，需要向其

他国家社会购买排放权。中国社科院王谋博士基于中国社科院提出的《碳预算》方案对发达国家历史排放赤字和发展中国家排放权利的计算，提出了可操作的抵消赤字、实现碳排放权转移支付的平衡机制，进而提出更为具体的“公共资金”、“限额贸易制度”以及国家分配方案（NAP）为主要内容的“遵约机制”设计。国务院发展研究中心张永生研究员在演讲中，就人均历史累积碳排放权益公平与祖父原则、紧缩趋同原则以及碳关税等机制设计进行了分析。发展中国家维护的是正当权益，而某些发达国家则仅仅是在维护自己的利益。

中国学者科学深入系统的演讲，得到了与会者的高度好评。比利时国籍的 IPCC 副主席 Ypersele 教授作为特邀评论人，倡导发展中国家减排。他对人均历史累积排放的碳公平思路表示赞赏并原则认同，同时他担心，按照这一思路，发达国家高额碳赤字会引起发达国家的反对；发展中国家的大量碳盈余会鼓励发展中国家高碳发展。印度血统、英国籍的巴斯大学经济学教授马肯迪亚作为第二评论人，认为碳公平需要基于人均历史累积排放原则，有利于构建未来公评而又可持续的国际气候制度。同时他认为，中国几家方案对追溯排放赤字国家历史责任起始年份的设计，尚需经过讨论形成国际共识。100 年以前一吨碳的生产力，与当前差距数倍乃至十多倍，显然不适用均值碳价。均碳权与均发展权，应该有所区别。讨论集中在历史人均累积原则与紧缩趋同原则的主要差异、碳预算方案中公共资金购买碳抵消配额的实现方式，以及资金的使用和管理等问题。

中国社科院潘家华教授代表演讲者对上述点评和问题进行了回答。针对 Ypersele 教授的问题，潘家华表示，发达国家的高额碳赤字，是全球碳减排的一种责任，也是帮助发展中国家适应与减缓的一种义务。发展中国家的大量碳盈余，完全可以弥补发达国家的碳赤字，维护全球碳预算平衡，实现温升两度的目标。发展中国家的碳盈余，是一种权益，并不表明他们会用来高碳发展。事实上，发达国家利用资金技术购买发展中国家的碳盈余，也帮助他们实现低碳发展，而不会鼓励高碳发展。潘家华回应马肯迪亚的点评时指出，我们的设计已经考虑了技术因素，对历史排放的碳价进行了大幅折扣，对未来基本需求排放也进行了大量补贴。在发展权难以界定、减排义务难以分担的情况下，均碳权具有公平而现实的操作性优势。而且，均碳权是为了确保发展权。潘教授认为紧缩趋同原则是不公平的，因为低于人均排放者只能永远低于等于人均；而高于人均者则永远高于等于人均，实际上是在强化差异。关于资金与市场机制下的碳价格差异，潘家华解释，资金机制带有“行政、补贴、批发性质”，是对基本权益的保护性价格；而市场机制是供求关系的调节，具有“自发、奢华、零售”性质，是对全球气候的保护价格。

（王谋）

金融稳定与产业发展论坛

由《经济研究》编辑部、广东商学院联合主办，广东商学院经济贸易与统计学院、广东商学院国民经济中心承办的“金融稳定与产业发展论坛”于2009年12月19—21日在广州市召开，来自全国39所高校以及中国社会科学院经济研究所等研究机构的专家学者、著名经济学家共一百余人参加了会议。与会代表分别就宏观经济走势与经济结构调整、金融稳定与产业发展、产业转型升级与增加就业；农村机构改革与农村经济组织创新以及区域经济等问题进行了广泛而深入的研讨。

一　宏观经济走势与经济结构调整

关于宏观经济运行走势。2010年经济回升，进入第11轮经济周期，但回升的内在动力仍然不足、结构性矛盾仍然很突出、农业基础仍不稳固、财政金融领域潜在风险增大、就业形势仍然严峻。预计2010年世界经济形势亦会好于2009年，另一方面，也存在着世界经济复苏的基础尚不稳固，国际金融体系中的问题对实体经济的制约仍然很大、各国政府刺激政策的退出难于协调、石油等初级产品价格以及美元汇率震荡有可能加剧、各种全球性挑战的压力增大等不确定因素。

经济结构问题。有代表认为，中国宏观经济失衡有三个层次：表层是需求结构失衡——消费、投资、出口的失衡；中层是收入分配结构失衡——工资与利税分配关系的失衡；深层是生产结构失衡，即粗放型增长方式——中国高速增长模式（资本积累模式）的后遗症。因此，结构调整应是需求结构、分配结构、生产结构“三位一体”的全方位调整。

二　金融稳定与产业发展

关于对金融危机与金融稳定的认识，与会代表认为，这次世界经济危机不仅是一次通常发生的“商业周期”的衰退，而且是一次结构性危机。为了改善经济不断下行的局面，中国实施了宽松的货币政策作用明显。关于金融稳定，与会代表提出可持续经济增长、稳定汇率政策、合理货币政策、完善监管制度是避免金融资产价格不正常波动的有效措施。加强现金监控、维护金融稳定，将风险与社会群体风险偏好结合起来分析我国宏观经济风险控制政策。政府应继续对各类以FDI名义流入的短期资本加以必要的管控；将利率维持在一个合理的低水平，努力烫平国内宏观经济增长的波动幅度以确保房地产市场的稳定和健康发展。

关于产业发展以及与金融稳定的关系，有代表把金融危机与产业发展的关系概括为虚拟经济与实体经济的关系，认为当代国际经济关系发生了由实体经济的“物质关系”到虚拟经济的“价值关系”的根本变化。中国通过吸引包括发达国家银行和企业的大量资本，通过承接发达国家转移过来的产业，融入了全球化经济中，在快速发展的背后，发达国家通过虚拟经济工具以及对实体经济高端环节的控制，制约着我国产业结构的升级与优化。因此，在全球虚拟经济与实体经济的互动中，选择我国产业竞争与管制政策具有重要意义。

三　产业转型升级与增加就业

产业转型升级是目前我国经济稳定发展的重要基础，而就业增长是改善民生的基本前提。要走出金融危机困境，实现经济的可持续发展，必须加快改变以低附加值轻加工业为主的经济结构，大力发展高附加值的新产业。

各行业的经济增长效应较稳定，但就业效应差异巨大。产业结构优化为我们实现充分就业目标预留了巨大的空间。

与会代表认为调结构、保增长、促就业，必须扩大消费需求，构建和完善扩大消费的十大机制：形成消费结构与产业结构转型升级相适应的良性互动机制；促进企业创新、形成与扩大消费相适应的企业引导机制；以扩大消费目标，完善全体人民共享改革发展成果的收入分配机制；加强消费市场建设，完善有利于实现消费与生产平衡发展的市场机制；扩大和完善消费信贷服务，构建有利于扩大消费的金融服务机制；全面改善消费环境，构建和完善消费环境调控和建设机制；促进新型消费方式的形成与发展，建立和完善消费引导机制；调整公共消费结构，规范公共消费秩序，建立和完善公共消费调控机制；统筹城乡发展，建立和完善农村消费增长机制；转变经济发展方式，形成消费、投资、出口拉动经济增长的协同机制。

四　农村政府机构改革与农村经济组织创新

有代表通过构建一个包括内外交易成本的理论分析框架，综合考虑组织外部的交易成本和组织内部的协调成本，对我国多种农业产业组织（如公司 + 农户，合作社 + 农户，行业协会 + 农户）进行比较分析，从中抽象出影响组织内部和外部交易成本的关键因素，合理解释了我国农业产业组织的演进机理和互动机制。有代表认为，我国农村经济组织形式可以划分为市场驱动型、基地带动型、合作经济组织联动型、专业协会推动型和股份合作型等五种组织形态。合理的产权配置结构和有效的声誉机制相互补充，共同作用，使得股份合作型组织形态具有相对合理的组织构架和稳定的治理机制，是我国未来农村经济组织发展的重要组织形式。

有代表认为我国乡镇政府改革的取向及其定位应从“管理型、全能型、命令型、人治型”政府转变为“服务型、有限型、调控型、法制型”政府。市场经济条件下，农业发展需要引入竞争机制和优胜劣汰机制，提出了我国建立农业退出机制的现实意义。

（金泓摘自《经济研究》
2010 年第 3 期）

全国第三届“马克思主义经济学发展与创新论坛”

由中国社会科学院经济研究所，《经济研究》编辑部与华南师范大学经济与管理学院联合主办、华南市场经济研究中心协办的全国第三届“马克思主义经济学发展与创新论坛”于 2009 年 12 月 25—27 日在华南师范大学举行。出席本次论坛的 50 余位专家学者来自全国 30 余所大学和科研院所。会议得到了《中国社会科学》、《光明日报》、《学术研究》、《经济纵横》等学术报刊的大力支持。

一　马克思主义经济学的继承与创新

与会代表指出，继承与创新马克思主义经济学，必须秉承实事求是、与时俱进、开放争鸣的学术之风。实事求是，就是在对待马克思主义经济学的经典文献上，要认真考据，切勿断章取义、胡乱杜撰；在对待当代西方马克思主义经济学的最新研究成果上，要潜心学习，汲取精髓。与时俱进，就是在面对中国改革开放过程中出现的新问题新矛盾时，要以实践为出发点，凭借生产力标准和价值标准，以发展的眼光运用马克思主义经济学的范畴和逻辑去解释新问题。开放争鸣，就是在马克思主义经济学领域内部，要给予持各种观点的学者充分阐释与对话的机会、渠道，要正确对待不同于己的观点和方法，在对待当代西方主流经济学以及其他经济学的观点和方法时，要认真学习，积极借鉴，盲目自大与故步自封都不符合马克思主义方法论的要求。与会代表深入地讨论了马克思主义经济学与西方经济学的关系和马克思主义经济学与制度和演化经济学的关系。

二　马克思主义经济学与中国经济改革和发展

与会代表回顾了中国改革 30 年的实践，强调在中国经济改革与发展中，必须坚持生产力标准和价值标准的统一。两个标准的统一，是评价社会主义各项事业工作得失的关键所在，是符合马克思主义方法论和基本原理的判断。深刻领会两个标准的统一对于中国改革开放的实践具有重大指导意义。一种制度从生产力的角度看有利于生产力的发展，但从价值标准来看，未必是理想的；反之，若单纯强调价值取向，忽视生产力的标准，则价值标准可能被扭曲。

三　马克思主义经济学与当前世界经济发展

与会代表就如何运用马克思主义经济学解释金融危机的成因、机制以及世界经济发展的动态展开讨论。有代表认为新古典经济学、凯恩斯理论、新制度经济学等都偏重从技术层面分析金融危机的根源，而马克思主义经济学则从制度深层阐明了危机机理。缺乏正义、公平的财权制度是诸多经济问题包括此次经济金融危机的根源。有代表指出，金融危机根源在于经济失衡，通过扩大财政有效利率、适度通胀以谋求福利最大化是中国面对危机等诸多问题的可行选择。有代表指出，经济危机的根源有四个，即利润率下降、再生产比例失调、群众贫困和有限消费所造成的利润实现的困难以及虚拟资本的过度投机与膨胀导致虚拟经济与实体经济严重脱离，危机产生是上述各种因素相互作用的共同结果。还有代表指出，马克思的虚拟资本理论对于资本市场理性创新、健全金融风险监管机制、加强虚拟资本市场管理和调控，以及发展我国资本市场具有重要的现实意义。

（金泓摘自《经济研究》
2010 年第 5 期）

海外视角下的中国经济

题目：关键时刻？中国应对金融危机的社会政策（A defining Moment? China's Social Policy Response to the Financial Crisis）

作者：Arjan De haan

出 处：*Journal of International Development J. Int.* Dev22（2010）758－771

研究背景/目的

在公共政策的发展过程中，危机是一个关键时期，它往往带来政策的巨大发展。美国1929年的经济危机促成了罗斯福新政的诞生，并引导学者们重新定义了政府与公民之间的社会契约，但是它同时也导致了保护主义的抬头，这在很大程度上延长了经济危机。1997—1998年的亚洲金融危机不仅促成了该区域内一系列新的社会保障政策的产生，而且促使该区域决定减小本区域对全球经济和国际金融机构建议的依赖。文章主要讨论了，2008—2009年的国际金融危机是否促使中国的社会政策有了一个质的飞跃。

研究方法

文章首先肯定了政府政策对于渡过金融危机的影响，随后分析了我国社会政策变革的原因以及改革开放30年来我国的社会政策，紧接着以金融危机中我国所采取的4万亿经济刺激计划为核心重点分析了危机中的社会政策。在文章的最后，作者通过三方面的分析得出结论，即此次金融危机是中国发展的转折点。同时作者还提出了一个疑问，即此次金融危机能否为中国的社会政策带来一次巨大的飞跃。

主要结论

1. 文章肯定了政府政策对于渡过金融危机的影响：（1）政策扶持能够促使经济复苏（虽然目前尚不明确是政府力量推动的表象还是经济真正的复苏）；（2）资源丰富、政府能力较强的国家受危机的冲击较小；（3）全球范围内各国政府都普遍开始加强对于经济的干预以求尽快渡过危机。

2. 文章分析了中国的社会政策如何随着经济制度的改革而变迁：（1）私有制发展加剧了两极分化，政府开始制定倾向社会公平的政策，导致医疗、教育、社保等改革；（2）经济发展促进劳动力流动，城乡二元经济边界逐渐模糊，社会政策适用范围趋向一般化。

3. 文章通过分析得出结论，即中国的未来经济发展模式将发生重大变化：第一，中国在国际金融体系中的地位提升；第二，危机表明中国出口导向型的发展模式已经行不通；第三，危机直接促成了扩大内需政策的诞生。

4. 文章最后对于中国的社会政策提出了疑问：危机虽然已经过去，但随着中国经济发展方式的变化，这次危机是否能为中国的社会政策带来一次巨大的变化呢？民生与社会公平是否将会被提升到一个新的高度并得到社会政策的进一步支持？

（向奕霓）

题目：2030年中国的增长：人口变化和金融改革的作用（China's Growth to 2030: The Roles of Demographic Change and Financial Reform）

作者：Rod Tyers and Jane Golley

出处：*Review of Development Economics*, 14(3), 2010, 592 - 610

研究背景/目的

中国经济的增长在很大程度上取决于中国所拥有的大量劳动人口，以及在不断改善的投资环境下所带来的资本增加。在未来的几十年中，中国的剩余劳动人口显然将有所收缩，这种人口增长的趋势与其他的发展中亚洲国家是相反的，由此将会对中国的经济产生重大影响。另外，随着中国开放程度的增加，中国所吸引的资本也在增长，相对薄弱的金融体系使得改革成为政府的主要工作目标之一。实际上，除非人口政策出现较大变化，否则，要维持中国在全球的投资份额，就必须进一步改善中国的投资环境。这篇论文主要探讨人口变化和金融改革之间的关系及其对中国经济的影响。

研究方法

该论文采用了一个新的全球经济模型（Global Economic Model）来分析人口和金融对中国经济增长的影响。在这个多区域、多产品的动态仿真模型中，世界被划分为14个地区，其中中国包含了香港和台湾。产业被划分为食品（包括农业和食品制造业）、工业（包括采掘业和制造业）和服务业三大类。各地区的内生经济增长取决于固定资本积累。另外，模型的人口组成部分可以分解为四个年龄组、两个性别组和两个技能组（生产劳动力和技术劳动力）。该模型分析了不同的情景，其中基础情景为中国的利息率从1997年的4%下降到2030年的2.5%；中国人口的出生率从1997年的76%下降到2030年的58%，在此阶段，生育率从1.90%下降到1.45%，男女比例保持1.1不变。另外，该模型还设置了生育不变的情景以及实现二孩政策的情景。

主要结论

1. 如果实行二孩政策，将大大地促进中国GDP的增长，预测将使中国到2030年的经济增长速度提高大约十分之一。但是，该政策也将减缓中国真实人均收入的增长速度，其到2030年减少的程度也为十分之一。

2. 相同的GDP增长，也可以通过保持原来的低生育率但同时实行更进一步的金融改革来实现。通过深化金融改革，可以不断降低中国的利息率，从而使民间资本可以以更低的成本进行融资。预计深化金融改革将使国内的借贷利率到2030年减少1.6个百分点或者是降低15%。这种金融改革对中国GDP的影响相当于实行二孩政策，但是对真实工资增长和真实人均收入增长的效果要好于二孩政策。

3. 对于促进中国经济增长而言，深化金融改革的方式要优于实行二孩政策的方式。

（梁泳梅）

题目：中国的出口增长及对华保障措施：对国际贸易的威胁？（China's Export Growth and the China Safeguard: Threats to the World Trading System?）

作者：Chad P. Bown, Meredith A. Crowley

出 处：*Canadian Journal of Economics*, Vol. 43, No. 4, November 2010

研究背景/目的

经过近十五年的谈判，中国在2001年成功加入世界贸易组织（WTO），进而在很大程度上影响了世界贸易规则。在中国加入WTO的谈判中，一些成员国担心中国加入WTO后，从中国出口产品的快速增长会对其国内市场和国内产业造成冲击和损害，因此《中国加入WTO议定书》中的第16条规定允许成员国针对中国的出口产品设立“具体产品的过渡性保障机制（Transitional Product-Specific Safeguard Mechanism）”。美国和欧盟的国家都在此规定下不断对中国的出口进行了反倾销调查等贸易限制行为，他们经常使用的政治理由是中国的大量出口破坏了其国家现有的贸易结构，限制从中国进口的行为可以使中国增加对其他国家的出口，即“贸易偏转（Trade Deflection）”。这篇文章就中国在某些国家受到贸易限制后是否增加了对第三方国家出口的问题进行了深入探讨，否定了中国“贸易偏转”的存在并指出对中国歧视性的贸易保障措施有悖WTO互惠平等的精神。

研究方法

目前已经有学者对贸易偏转进行了计量并证实了这一现象的存在，但是之前的研究是针对某些产业的，并非是对中国贸易情况的分析。本文可以说是专门研究中国贸易偏转情况的首篇论文。这篇文章使用计量模型，以中国的贸易数据为基础分析了“贸易转向”和“贸易偏转”说法是否真实。数据来自中国加入世贸组织之前的1992年至2001年间中国对美国、欧盟两个限制对华贸易的经济体和38个第三方国家的进出口贸易数据，通过两次回归前后结果对比，分析了美国和欧盟对中国的进口施加限制对中国向第三方国家的出口产生的影响，以及美国对韩国和日本进行反倾销调查引起的中国对这两个国家出口量的变化，从而对“贸易转向（Trade Deflection）”和“贸易萧条（Trade Depression）”的说法的可靠性做出了判断。

主要结论

1. 历史数据不支持“贸易转向”的存在。美国和欧盟对中国实施反倾销调查以后，中国并没有大幅度增加对第三方国家的出口额，中国的出口反而遭到“冷冻效应（Chilling Effect）”，即减少了中国此类产品对第三方国家的出口。

2. 历史数据支持“贸易萧条”说法。美国对日本和韩国进行的反倾销调查导致了中国对这两个国家贸易量的锐减。

3. 经受其他国家反倾销调查的发展中国家如果不能在受到调查时将出口转向第三方国家，这些出口国将难以弥补反倾销调查带来的损失。如果多哈论坛不能对反倾销的合法性做出改革，发展中国家将处于不利地位，同时对华贸易限制政策也是对世界贸易组织规则的威胁。

（张晓雪）

题目：中国、印度与大宗商品繁荣：对于低收入国家的经济和环境影响（China，India and the Commodity Boom：Economic and Environmental Implications for Low-income Countries）

作者：Ian Coxhead，Sisira Jayasuriya

出处：*The World Economy* 10（2010），525－551

研究背景/目的

当今中国和印度的高速增长正在强烈地改变着亚洲的贸易和投资模式，加速了亚洲的区域内贸易和经济融合，这带来了多重效应：劳动密集型产业竞争激烈化，大宗商品价格持续上涨，制造商获得更多的通过与中国进行“碎片化贸易（fragmentation trade）”而扩张的机会。本文的首要目的是希望弥补目前研究中存在的缺陷，即虽然对于上述效应的个体分析已经有很多，但是尚缺乏对其关联效应的分析。第二个目的是希望在肯定资源密集型产品在发展中经济体与中国的迅速扩大的贸易中的重要地位的前提下探讨这一事实的环境含意。

研究方法

首先，文章利用两个修正的贸易模型对贸易变动与生产规模、结构变动和环境影响之间的关联机制以及生产规模、结构在短期和长期下的反应模式进行分析。在 Deardorff（1987）的双要素贸易模型（Two-factor，N-good，M-country Model）中，作者加入了运输成本因素以讨论运输成本的变动对于专业化分工和贸易规模变动的影响，并将其推广到对于一国基于效率改善的增长对贸易伙伴的影响的比较静态分析。接着作者借鉴 Jones（1971）的特定要素模型（The Specific Factors Model）分析贸易冲击对于不同收入类型和要素禀赋国家的贸易结构变动的不同影响。在修正后的模型中，资本被分成两部分，分别用来生产资源品 y 和一组连续的制造品 z，z 产品集构成的变动取决于一国的要素禀赋、资源部门的生产规模以及国际价格变动。然后，文章运用前述模型研究中国、印度的增长通过改变资源富集的低收入国家的贸易模式所产生的可能的环境后果。最后，文章通过研究不同收入类型国家的技术密集产品出口情况和东南亚国家的案例为上述分析提供证据支持。

主要结论

1. 中国和印度的高速增长对全球经济产生了多方面影响，并且预计这种影响将持续扩大：一方面促进了亚洲区域贸易的繁荣，使发展中经济体的劳动密集型制造业出口面临日益激烈的竞争，又为其技术密集型产业提供了扩大碎片化贸易的发展机会；另一方面带来大宗商品价格的持续上涨。以上两点影响在亚洲的资源富集国家表现得尤为强烈。

2. 本文利用简化的模型分析了影响资源富集经济体的主要经济力量。“巨人”的增长迫使资源富集经济体将其资源配置更多地流向技术密集领域。在共同面临着对既有比较优势模式的新挑战时，各国因相对要素禀赋的差异可能会得到完全不同的结果。中国、印度的增长对于资源富集的低收入国家的环境和长期增长前景产生影响，机遇与挑战并存。

3. 当碎片化贸易在总贸易增长中占据主导地位时，对先进制造业的技术等要素投入对于构建一个经济体的比较优势具有非常重要的意义。但是，大宗商品的开采和生产具有强烈的经济和环境影响，会抑制对处于变动中的制造业部门的技术等要素的投资，而这种投资活动是建立和保持比较优势所必需的。

4. 对于一个机构疲弱、管理不善的资源出口型国家而言，较低的初始资本（技术）禀赋和大宗商品价格持续暴涨的交互作用可能会带来增长、平等和环境的严重后果。

（李颖）

题目：中国的影响力之路（China's Road to Influence）

作者：Jonathan Holslag

出处：*Asian Survey*, Vol. 50, Number 4, pp. 641 - 662, 2010

研究背景/目的

伴随着经济的快速发展，中国与邻国在陆上的联结（公路、铁路、管道等的建设）也在迅猛推进着。这些区域运输网络的建设将对中国经济的崛起起到怎样的作用？其内在的驱动力是什么？如何看待其战略意义以及谁将最终获益？这些问题涉及中国的对外政策，亚洲市场的占有，亚洲地区权利角色扮演等，而这些都将关乎中国在亚洲的影响力，这篇文章针对这些方面的问题做了进一步的探讨。

研究方法

这篇文章运用了最普通的“现象—提出问题—分析问题—得出结论”的分析方法：首先对建设区域运输网络的动机进行了阐释，然后对目前中国该网络的进展情况作了介绍，涵盖了南、西、北三个方位，公路、铁路、管道、航空四个方面的具体情形。以之为基础，分析了该网络中每一个项目的政策和计划的具体实施过程，包括地方政府、中央政府（各种国家重要部门）、国际组织、大型金融机构等在其中发挥的作用，以及各方之间的博弈关系（尤其是中央与地方之间的关系）。分析指出了中央政府在整个过程中所扮演的重要作用。最后从战略利益和最终影响两个方面，对该网络的建设对于经济、军事、国家安全等方面带来的影响作了分析。

主要结论

1. 中国区域运输网络的发展是其追求本国利益的表现，其真正的内在动力，一方面是害怕失去对亚洲地区经济和军事的影响力，另一方面是希望建立一个开放的经济秩序。中国的这一举措，说明中国政府已经意识到了建立一个贯穿亚洲大陆的运输网络的重要意义，它不仅仅是对经济权利的争夺，更加是对战略影响力的争夺。

2. 中国的政策趋向于更加受到中央政府的影响。地方政府和国际组织主要在最初设想方面起到重要作用，而中央政府掌握着对各种项目的引导和提供财政支持的主动权。

3. 中国对区域运输网络的建设为该国提高在邻国的经济影响力提供了便利条件，使该国能更好地实现以下两个目标：获取丰富的自然资源和挖掘周围消费市场的潜力。同时，需要注意的是，能否充分利用运输网络的功能以最有效地发挥其在投资、出口市场以及自然资源方面竞争效率的作用是非常关键的。

4. 中国发展区域运输网络倾向于重商主义者的做法：表面上实行经济自由政策是为实现区域共同利益服务，实际上有其自身战略上的考虑。作为追求竞争区域化的重要策略，中国的运输网络政策相比于其他竞争者来说，是相当成功的。

（景安磊）

题目：探索亚洲参与采掘业透明度行动计划的潜在利益：以中国为例（Exploring the Potential Benefits of Asian Participation in the Extractive Industries Transparency Initiative: the Case of China）

作者：Liliane C. Mouan

出处：*Bus. Strat. Env.* 19（2010）367－376

研究背景/目的

随着亚洲的崛起，亚洲尤其是中国在世界的地位不断提高。为了保证本国的能源安全，亚洲国家纷纷鼓励国内企业进行跨国经营。在此过程中，他们与西方同行业面临了同样的问题。他们越来越多地活动于所谓的“弱治理”区。西方企业常常致力于达成全球多方利益相关者的倡议，这些倡议主要是为了解决有关石油生产的社会、环境以及管理等问题。对于西方研究者来说，所面临的问题是亚洲新兴经济体及其企业目前尚未有参与这些倡议的意愿。他们认为，亚洲国家及其企业不参与这些倡议不仅仅削弱了国际倡议的影响力，而且导致了不公平竞争。本文的目的是评估中国参与采掘业透明度行动计划的潜在利益。

研究方法

本文首先对多方利益相关者的合作伙伴关系作了一个文献回顾；然后，讨论了中国及其国有石油公司的崛起对多方利益相关者合作伙伴关系的影响；最后，根据分析，回答了本文的两个主要问题：第一，中国国有石油公司与西方石油公司对采掘业透明度行动计划的态度是否相同；第二，采掘业透明度行动计划会给中国及其国有石油公司带来哪些好处及弊端。

主要结论

1. 随着亚洲经济的发展，其对能源的进口不断扩大，在寻找便宜、多样化、稳定的能源供应渠道过程中，各国都面临着各种问题。这些国家的政策制定者意识到，这些问题可能会影响其国家能源安全，进而影响国家的整体发展和国际竞争力的提高。参与采掘业透明度行动计划是解决这些问题的一个有效方法。

2. 采掘业透明度行动计划在实施过程中面临很多问题，如缺少合法性。该计划缺少吸引力的一个主要原因就是缺少参与国如西方国家强有力的承诺。对于中国来说，采掘业透明度行动计划似乎违背了其价值观和商业利益，而且中国自身所提出的解决问题的方法优于该计划。

3. 采掘业透明度行动计划不是一项短期的国际计划，现在只是一个开始，它应该被继续实施下去。

4. 对于中国，提高透明度是符合其利益的，而且中国参与采掘业透明度行动计划会对提高石油业整体透明度产生巨大的推动作用。同时，中国的参与也具有象征意义，可以提高该计划的可信度。

5. 呼吁更多的实证研究，并且建议为中国构建更加合理且有利于中国的国际合作机制。

（向奕霓）

题目：加入世贸组织、区域经济一体化和结构变迁对中国贸易与增长的影响

(Impact of the WTO Membership, Regional Economic Integration, and Structural Change on China's Trade and Growth)

作者：Tran Van Hoa

出处：*Review of Development Economics*, 14 (2010), 577 - 591

研究背景/目的

随着中国的全球经济和政治地位日益提升，包括经济学家、贸易和投资者、政治家在内的各行业专家对中国经济发展的研究展现出浓厚的兴趣，但是他们的讨论往往缺乏实质性证据的支持，提出的很多观点也被视为“假设或模糊的结论”。本文通过应用最新的广义引力理论（generalized gravity theory)，构建了一个新的研究贸易和经济增长的因果关系的计量模型，利用贸易和增长的历史数据来实证研究了中国的对外贸易和经济发展的相互影响，以及加入WTO、区域经济一体化、区域和全球的冲击、渐进式改革对中国的贸易、经济增长和经贸关系的影响。

研究方法

1. 模型的设定：通过设置内生化的贸易变量，本文应用广义引力模型构造了一个研究中国经济增长与其五个主要贸易伙伴（日本，东盟，欧盟，美国和澳大利亚）贸易的因果关系的计量模型，分别对中国经济增长受上述五个贸易伙伴的影响程度进行实证研究。

2. 变量的设置：本文在研究对外贸易对中国经济发展的影响时，将贸易变量分为货物贸易、服务贸易和FDI等解释变量，这使得模型更为显著。同时考虑到一些短期或长期的结构性变化和外部冲击事件对中国经济发展的影响，本文设置了五个外部冲击变量：(1) 1987年的股市大跌（C87)，这时中国改革处于1984—1988年扩大时期；(2) 1989年政治风波（C89)；(3) 1991年的海湾战争（C91)，它恰逢中国1988—1991年改革的治理整顿阶段；(4) 中国从1992年开始的深化体制改革（C93)；(5) 1997年亚洲金融危机（C97)。本文根据事件影响时期的长短设置相应的0—1变量。

3. 数据来源：东亚发展国际研究中心(ICSEAD)、经合组织（OECD）和世界银行(WB)。

4. 估计方法：本文认为OLS对贸易—增长模型的估计通常会低估贸易的作用，而2SLS又会高估其作用，为了消除模型设置和参数估计的偏差，本文利用2SHI估计量（两阶段分层信息估计量）来对模型进行估计。

主要结论

1. 中国与东盟、日本和美国的贸易对中国的增长有显著的正的影响，但是影响不大；与欧盟和澳大利亚贸易对中国经济增长的影响是负的，而且通过了统计的显著性检验。从影响大小比较而言，中国依次从与美国、东盟和日本的贸易中获益最多。

2. 服务贸易的影响不显著，中国对外开放（以进出口总额占GDP比表示）促进了经济增长的观点也没有得到有力的证据支持。但是实证研究发现外国直接投资（FDI）对中国的经济增长有着一致的非常显著的影响，FDI是这一时期中国经济增长的最重要驱动力。这意味着过分强调贸易关系和贸易自由化政策而忽视对FDI和FDI促进政策的关注是一种误导。

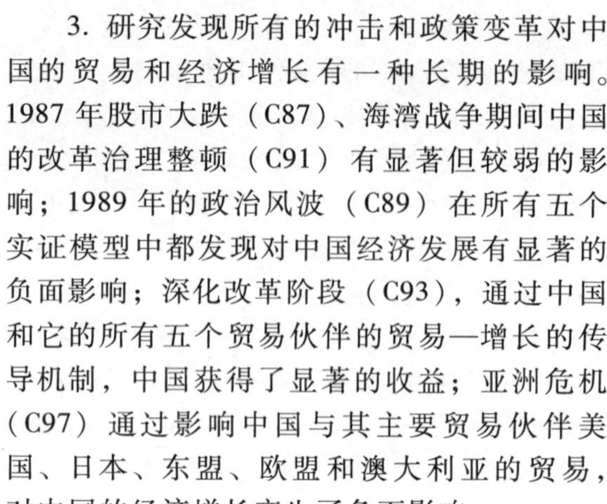

3. 研究发现所有的冲击和政策变革对中国的贸易和经济增长有一种长期的影响。1987 年股市大跌（C87）、海湾战争期间中国的改革治理整顿（C91）有显著但较弱的影响；1989 年的政治风波（C89）在所有五个实证模型中都发现对中国经济发展有显著的负面影响；深化改革阶段（C93），通过中国和它的所有五个贸易伙伴的贸易—增长的传导机制，中国获得了显著的收益；亚洲危机（C97）通过影响中国与其主要贸易伙伴美国、日本、东盟、欧盟和澳大利亚的贸易，对中国的经济增长产生了负面影响。

4. 对中国区域贸易与全球合作的启示：建立自由贸易区有利于加强区域合作，维护区域政治稳定和安全，加强会员国之间的贸易，促进经济增长，缩小福利和收入差距。首先，建立 FTA 有利于中国加强与西方发达国家（如澳大利亚）的投资贸易关系，获得技术转让和管理经验。其次，区域 FTA 使得中国能够获得全球化的经济利益之外的额外收益。第三，双边或区域 FTA 可能会在一定程度上避免全球化发展中的陷阱。最后，FTA 能够帮助成员国应对诸如经济和金融动荡、恐怖袭击以及海啸等危机事件。

（陈钰）

题目：中国和印度的崛起：创新者的机遇与挑战（Rise of China and India: Opportunities and Challenges to Innovators）

作者：Deepak Kumar Subedi

出处：*Competition Forum. Indiana: 2010.* Vol. 8, Iss. 1; pg. 58, 10 pgs

研究背景/目的

尽管美国是世界中的发达经济体，但是中国和印度的崛起已经得到越来越多的关注。中国和印度市场的开放和崛起，为世界提供了巨大的商业机会。然而，中国和印度的顾客需求同美国以及其他地区不同，况且中国和印度也不是同质的市场。创新在于根据顾客的需求提供产品，由于中国和印度顾客需求的特殊性和差异性，该市场中的创新具有不同的特征。

研究方法

文章首先定义和解释创新的概念。按照创新类型划分，可以分为“产品创新（product innovation）”与“过程创新（process innovation）”，“增量创新（incremental innovation）”与“剧烈创新（radical innovation）”，以及“维持性技术（sustaining technology）”与“破坏性技术（disruptive technology）”。维持性技术可以是增量或是剧烈性的；产品和过程创新同样可以是维持性或破坏性的。基于分析的重心，文章主要集中于“破坏性创新（disruptive innovation）”的概念内涵及其分析运用。

其次，运用德鲁克（1985）的框架来识别和理解在中国和印度这两个经济体中支持和促进破坏性创新的外部激励因素。这些激励因素包括，政府政策（government policies）（中国和印度政府的经济开放政策）、工程技能（engineering skills）（大量的工程技术人员队伍）、收入水平（income level）（总体收入水平的逐步提高）。

然后，使用克里斯坦森（1997）提出的“破坏性创新”的原理来解释和理解在中国和印度市场中进行的创新活动。“破坏性创新”的基本原理包括，资本的成本（cost of capital）、市场（market）、功能改善（improvements in functionalities）和市场领导者的替代（displacement of the market leaders）。一方面，随着企业成长，资本提供者要求的回报率随之提高。另一方面，原有组织更倾向于为既有顾客提供相应的服务，而不是积极开拓新市场和新顾客。对于破坏性技术而言，由于面临尚未明确的市场需求，顾客对新技术和新产品的接受水平较低，其回报率较低，破坏性技术的导入通常面临来自原有组织内部的抵抗。因此，破坏性创新更易于在原有组织外部或新组织中产生。德鲁克和克里斯坦森的分析框架有助于理解在中国和印度市场中进行创新的方向。

最后，文章对商业过程中的破坏性创新进行了阐述，并以印度的过程创新的例子阐述对于商业实践的潜在意义。

主要结论

1. 文章讨论了中国和印度市场日益增长的重要性。这种重要性在于为创新提供了机会和挑战。中国和印度的市场表明，其创新的重点应该是提供低成本的解决方案。这种创新在本质上是破坏性的，并且会带来产业结构和市场领导者的变迁。

2. 文章指出，印度经济中的商业过程（流程）创新具有破坏性的特征。这表明，商业过程（流程）创新具有同产品创新同等的重要作用。

3. 美国、中国和印度的创新者，都应该积极参与到这些市场中，建立未来的产业和领导地位。在这一过程中，同样应该关注过程创新的潜在影响。

（林智）

题目：工资上涨：中国是否失去了其全球劳动力竞争优势（Rising Wages: has China Lost its Global Labor Advantage）

作者：Dennies Tao Yang，Vivian Weijia Chen，Ryan Monarch

出处：*Pacific Economic Review*，15：4（2010）

研究背景/目的

在过去的几十年里，中国迅速崛起成为世界工厂并成为接受外国直接投资最大的国家，深刻改变了全球贸易格局，而中国工人的相对低廉的工资水平对这一切起了决定性的推动作用。但是，近年来中国的工资水平急剧上涨，据统计，从1997—2007的十年间，平均实际工资水平增长了两倍多，这种现象让很多人开始产生怀疑：中国是否正在失去其劳动力竞争优势？为此，作者通过数据分析的形式，并结合中国的社会实情，用实证研究试图对这一问题进行分析和回答。

研究方法

1. 通过各种公开出版的文献资料，研究不同产业部门、不同所有制类型和不同区域的工资水平在1978—2007年间的变化情况，即工资上涨的结构问题。

2. 利用国际劳动组织（ILO）和联合国工业发展组织（UNIDO）的统计数据，构建中国制造业工资水平和10个亚洲发达国家和发展中国家的时间序列的国际对比，研究中国工资水平的国际比较态势。

3. 结合中国社会实际，分析金融危机爆发前后中国的熟练劳动力和非熟练劳动力的供求状况。作者结合以上分析，对中国是否丧失了劳动力的国际竞争力问题进行回答。

主要结论

1. 尽管近年来中国整体工资水平急剧上涨，但是工资上涨存在结构性问题，即技术密集型行业和劳动密集型行业的工资差异越拉越大。由于中国熟练劳动力和非熟练劳动力的充足供给，预期将来工资上涨将会趋于一个温和的水平。非熟练劳动力的充足供给是由于农村依然存在的庞大的剩余劳动力和20世纪90年代末期国企改革所造成的大量的城市失业工人；熟练劳动力的充足供给是由于大学生数量的膨胀和留学生回国数量的增加。

2. 与亚洲发达经济体相比，中国制造业工资水平依然很低，大约只有日本的7%，韩国和新加坡的8%—9%，台湾和香港的18%—21%；与亚洲其他新兴经济体比较，中国制造业工资也仅仅开始达到同等水平。

3. 2008年爆发的世界性金融危机对中国的就业造成了很大的冲击，造成了大量的失业，尤其是非熟练劳动力的失业状况更为严重，出现了农民工返乡潮的社会经济现象。为了遏制经济的进一步下滑和失业问题，中国政府对经济进行干预，这虽然表面上遏制了失业的进一步恶化，但同时造成了大量的隐性失业和工人实际工资水平的下滑。

综合以上三个方面的研究和分析，作者认为，虽然中国工资水平近年来急剧地上涨，但是中国的劳动力并没有达到“刘易斯拐点”，中国在未来一段时期内仍将继续保有全球劳动力的竞争优势。

（廖建辉）

题目：中国经济增长的驱动力（The Driving Forces behind China’s Growth）

作者：Maria J. Herrerias，Vicente Orts

出处：*Economics of Transition*，Vol. 46，No. 1，pp. 351－396，2010

研究背景/目的

AK模型、研究开发与增长模型等内生增长模型认为投资能促进经济增长，并能通过干中学和技术外溢等效应带来生产力的长期提高。但经验研究领域结论并不统一。中国经济四十多年来高增长与高资本积累现象引起了很多学者的兴趣。一些学者认为其类似于19世纪60年代的东亚模式，即经济增长主要由高资本积累推动，并不能长期维持；一些学者认为资本积累与多种因素共同作用能带来经济的长期增长。本文以1965—2000年增长为例，对中国经济增长的驱动力这一问题做出了独特解释，并对开放与汇率等经济政策做出了评价。

研究方法

本文首先运用一系列扩展的单位根检验方法（ADF、PP、KPSS、Ng-Perron和LLS检验）对1965—2000年间中国GDP、劳动生产率、全要素生产率这三个变量协整性进行了分析。在此基础上，进一步应用自向量回归模型（VAR模型）研究了GDP与劳动生产率、全要素生产率、物质资本积累、人力资本积累、研发支出、开放程度（用出口占GDP比、进口占GDP比与贸易占GDP比衡量）以及实际汇率间的关系。考虑到外部经济的影响，模型中将美国GDP增长率作为外生控制变量；同时模型还考虑了一些结构性变动情况。最后，使用Perron单位根检验方法检验中国经济发展阶段，解答了中美两国经济是否趋同的问题。

主要结论

1. 利用一系列扩展单位根检验方法，发现中国经济在1965—2000年间除物质资本与人力资本是二阶协整外，其他变量为一阶协整。VAR模型结果表明中国经济增长与人均产出增长源于全要素增长，而资本积累、研发活动、开放贸易与人力资本在长期内都促进全要素生产率增长；在资本积累与研发共同作用的条件下，开放对经济增长起积极作用，而且进出口贸易促进了中国经济长期增长；人民币贬值也有利于中国经济增长。

2. 与索罗模型相比，中国经济增长更符合内生经济增长模型。

3. 中国GDP增长率、劳动生产力、全要素生产率是持续变动的；物质与人力资本积累是中国经济增长最主要的驱动力。中国经济增长不仅是资本积累、研发、对外开放、较低的实际汇率水平等要素积累的结果，更是这一系列要素共同作用的结果。

4. 中国劳动生产力处于追赶美国阶段，而不是与其趋同。

5. 中国储蓄和投资率过高，人力资本和研发过低，为保持经济的均衡和持续发展，应重视通过知识积累和研发活动等手段改进技术。同时，过分依赖引进外资和中间产品以及高出口的增长方式不利于可持续增长。最后，低估的实际汇率不利于中国经济长期增长，并会对外汇储备与货币政策管理带来冲击。

（李伟）

题目：为什么中国的工业化晚于英国

(Why China Industrialized after England)

作者：Barry S. Kahn

出处：*Economics Inquiry* Vol. 48, No. 4, October 2010, 860 - 863

研究背景/目的

工业化首先出现在英国，而中国直到150年以后才开始工业化。Hansen和Prescott给出的解释是，中国有相对更低的全要素生产率，不具备工业化的条件，但这与当时中国的总体经济水平是不相符的。这篇文章针对这一矛盾问题，在原有相关理论的基础之上，进一步分析了影响工业化的因素并研究了中国工业化晚于英国150年的真正原因。

研究方法

这篇文章引入了带有两种生产技术的世代交叠模型，它是对Hansen和Prescott（2002）模型的修改，同时又新增加了国家的特定技术水平（来源于Parente和Prescott（2004））和人口密度这两个因素。这一模型的选取，排除了资本的积累对于工业化的影响，同时通过一定的假定，保证了总要素生产率增长率在工业化前的各个部分都是相同的。在此基础上，先引入了一个全要素生产率水平标准并将其一般化，然后利用这一标准将英国与中国的全要素生产率吸收率作对比，并消除其中的要素价格，这样便得到了工业化与人口密度的关系，进而通过分析人口密度差异来分析工业化的相关问题。

主要结论

1. 忽视对人口密度在各个国家差异性的解释将会得到这样一个结论：一个国家在达

到一个临界的全要素生产率水平时进行工业化。这便是 Hansen 和 Prescott 的研究中所隐含的工业化差异源于技术缺口的观点，并且其认为中国在全要素水平上要落后英国 15%，这明显是与中国和英国当时在经济水平方面的对比不相符的。一旦考虑到人口密度这一异质性因素，该结论便被颠覆了，并且不相符的问题也不复存在了。

2. 在加入人口密度这一异质性因素的情况下，所提出的标准化增长模型很好地解决了理论与事实矛盾的问题。由于中国在 1800 年有相对英国低得多的人口密度（1800 年，中国的人口密度是 34.38 人/平方千米，而英国是 61.67 人/平方千米），该模型一方面准确地预测了英国的工业化在 1800 年得以实现的事实；另一方面，很好地解释了中国在 1800 年未能进行工业化以及中国的工业化会推迟到 150 年后才进行的原因，即中国在 1800 年的人口密度仅相当于英国的二分之一左右，直到 1950 年中国的人口密度才达到与英国工业化基本一致的水平（1950 年中国人口密度是 61.46 人/平方千米）。

3. 总体来说，修正后的增长模型说明，工业化取决于全要素生产率水平的提高和人口密度两方面。在没有其他异质性因素的假定下，人口密度的差异很好地预测了工业化的时间顺序；具有相似的全要素生产率水平的国家，其工业化也基本都在相似的人口密度水平上进行。

（景安磊）

获 奖 动 态

2009 年“复旦管理学杰出贡献奖”获奖者简介

石 勇

男，1956 年 8 月出生。中国科学院研究生院教授、博士生导师。美国堪萨斯大学管理科学和计算机系统博士学位（1991 年）。现任中国科学院虚拟经济与数据科学研究中心常务副主任、中国管理现代化研究会秘书长。

石勇教授是管理科学与工程领域的国际知名学者。其在模糊数学理论、多目标多资源数学规划理论、系统框架和应用、智能知识管理等领域作出了突出的贡献。目前，石勇教授已出版了著作 15 部、在 56 种国际及国内刊物（包括 Management Science，Operations Research，Operations Research Letters）上发表了 150 多篇学术论文，其中被 SCI 收录 73 篇、EI 收录 92 篇、CPCI 收录 72 篇；60 篇文章被 SCI/SSCI 引用 322 次。石勇教授于 2002 年创办国际 SCI 学术期刊 International Journal of Information Technology and Decision Making（IJITDM），并担任主编。2004 年起担任管理评论杂志主编。石勇教授还先后获得内布拉斯加州立大学院长卓越研究奖（1993）、第一届国际运筹与数量管理大会（印度）优秀论文奖（1997）、内布拉斯加州立大学卓越研究奖（1999）、美国电气电子工程师协会（IEEE）卓越演讲者（1997—2000）、中国国家杰出青年科学家基金奖（2001）、第四届国际主动媒体技术大会（澳大利亚）优秀论文奖（2006）、第八届（波兰 2008）、第九届（美国 2009）国际计算科学大会计算金融与商业智能分会优秀论文奖、国际多目标决策学会康托尔（Georg Cantor）学术奖（2009）。2004 年至 2008 年入选中国科学院百人计划“引进国外杰出人才”。

唐立新

男，1966 年 8 月出生。东北大学教授、博士生导师。东北大学控制理论与应用专业博士生学位（1995 年）。现任东北大学物流优化与控制研究所所长，东北大学制造系统与物流优化辽宁省重点实验室主任，东北大学系统工程国家重点学科首席负责人。

唐立新教授的主要研究方向为流程工业（冶金、石化、电力）生产与物流调度、物流企业（如集装箱码头物流企业）运作管理、数学规划、整数与组合最优化、计算智能优化方法的理论与应用研究。唐立新教授针对从流程工业实际作业管理中提炼出的计划、调度与物流管理方面的关键理论问题，进行了十余年系统深入持久的基础研究，并将基础研究与应用研究紧密结合，长期深入生产一线，以钢铁生产为背景进行了应用研究，提出了融合最优化建模和智能优化的方法来解决流程工业生产计划、调度和物流运作管理问题。

目前，唐立新教授出版专著1部，在EJOR、IEEE Transaction IJPR、IJPE、JORS、C&OR、IECR、IJMS、ISIJ、JIM等国际重要刊物以及管理科学学报等国内核心期刊和国际会议上发表100多篇论文，其中被SCI收录42篇。唐立新教授还先后获得第九届中国青年科技奖（2006）、教育部提名国家自然科学二等奖（2006）、辽宁省自然科学二等奖（2005）、国家杰出青年基金（2004）、教育部“高校青年教师奖”（2003）、霍英东青年教师基金奖（2002）、冶金部科技进步二等奖（1999）。同时，荣获国家863计划CIMS主题“先进工作者”称号（2001）。

汪寿阳

男，1958年7月出生，中国科学院数学与系统科学研究院研究员。1986年获中科院系统科学所博士学位。现任中科院数学与系统科学研究院副院长，兼任国务院学位委员会“管理科学与工程”学科评议组成员，国际知识与系统科学学会理事长，国际多目标决策学会执行理事，亚太工业工程与管理学会理事和中国运筹学会副理事长等。

汪寿阳研究员在决策理论与应用等领域进行了一批有重要影响的研究工作，开辟了一些新的研究方向。出版学术专著33部（其中英文专著9部），在国际重要期刊上发表论文190余篇，其中被SCI和SSCI收录150余篇，SCI和SSCI引用近700篇次。同时，还先后获得中国国家杰出青年基金、国家自然科学基金委创新研究群体、日本JSPS Fellowship、中国青年科技奖、中国科学院自然科学奖一等奖、北京市科学技术奖一等奖，Green Group Award of Computational Finance and Business Intelligence（分别在波兰Krakow和在美国Baton Rouge获得），International Society of Multiple Criteria Decision Making MCDM Conference Chairmanship Award等国内外奖励20余项。多次获得了国务院学位委员会和教育部授予的“全国优秀博士学位论文指导教师”称号（管理科学与工程学科）。

资料来源：http：//www.fpfm.org/index.php/winner

（刘红敏）

2009年诺贝尔经济学奖获奖者简介

奥利弗·威廉姆森生平及学术简介

2009年诺贝尔经济学奖于10月12日揭晓，由来自印第安纳大学政治学系的埃莉诺·奥斯特罗姆（Elinor·Ostrom）和加州大学伯克利分校的奥利弗·E·威廉姆森（Oliver E·Williamson）分享，以表彰他们对经济治理的分析，特别是对公司的经济治理边界的分析。这两人都是著名的新制度经济学家。

20世纪60年代以来，经济学最为令人瞩目的发展之一是新制度经济学的产生和发展。“新制度经济学”已完全不同于传统的以凡勃仑、康芒斯、加尔布雷斯等人为代表的制度经济学，它是用主流经济学的方法研究制度对经济行为和经济发展的影响。其诞生的标志是1937年科斯的论文——《企业的性质》。科斯本人已于1991年获得诺贝尔经济学奖。继科斯之后，新制度经济学得到广泛重视和蓬勃发展，迄今为止已形成交易成本经济学、产权经济学、委托—代理理论、公共选择理论、新经济史学等诸多分支。该学派的代表性人物詹姆斯·布坎南和道格拉斯·诺斯也分别于1986年和1993戴上诺贝尔经济学奖的桂冠。

奥利弗·威廉姆森被誉为重新发现“科斯定理”的人，“新制度经济学”的命名者。至少是由于他的宣传功劳，才使科斯的交易成本学说成为现代经济学中异军突起的一派，并汇聚了包括组织理论、法学、经济学在内的大量学科交叉和学术创新，逐步发展成当代经济学的一个新的分支。2009年诺贝尔经济学奖再度青睐新制度经济学，不仅肯定了该学派的学术地位，而且显示了当代经济学与其他社会科学交叉和融合的强大生命力。

一　奥利弗·威廉姆森的主要生平及学术历程

1932年，威廉姆森出生在美国威斯康星州的苏必利尔镇。父母亲都是该镇的中学教师。威廉姆森在马萨诸塞州工学院获得管理学学士学位；1960年获得了斯坦福大学的工商管理硕士学位；1963年获得了卡内基—德梅隆大学经济学博士学位；在此后的学术生涯中他还获得了其他大学授予他的十个荣誉博士学位。威廉姆森从1963年开始在伯克利大学担任经济学助教，中间曾离开伯克利大学到宾夕法尼亚和耶鲁大学任教，于1988年后重返伯克利大学。

1966—1967年威廉姆森担任美国公平贸易委员会反托拉斯部门主任的经济助理，以及国家科学基金和联邦贸易委员会的顾问。从事实际工作使他有充分的机会经手了一系列重要的反托拉斯案件，深入地了解企业兼并中会发生的种种问题。这些经验对他今后从事公司治理研究，形成自己的学术思想是必不可少的。

由于他崇高的学术威望，威廉姆森先后获得多项学术职务并奖励。他曾担任计量经济学学会研究员（1977年）；美国艺术与科学院院士（1983年）；美国国家科学院院士（1994年）；美国政治学与社会学学院院士（1997年）；1999—2001年他担任新制度经济学国际社团主席。1988年威廉姆森创建了《法律、经济和组织》期刊，以鼓励跨学科的研究。他深信：法律，经济学和组织理论的交叉，肯定会是富有成果的。同年由于他对管理学的学术性贡献而获得了管理学会颁发的欧文奖。在2004年，他获得了德国H. C. Recktenwald经济学奖，以表彰他对交易成本理论和制度经济学的贡献。

威廉姆森的代表著作有《自由裁量行为的经济学》(1964)、《公司控制与企业行为》(1970)、《市场与等级制》(1975)、《资本主义经济制度》(1985)、《公司的属性：起源、演化和发展》(1993)、《交易成本经济学》(1995)、《治理机制》(1996)等。在这些成果中，蕴涵了他丰富的学术思想。

二　奥利弗·威廉姆森的主要学术成果及学术思想

科斯于1937年在其开创性论文《企业的性质》中提出了“交易成本”的概念。所谓交易成本，是为了完成交易所必须的度量、界定和保证产权、搜寻交易伙伴和交易价格、维护交易秩序的各种费用的总和。这一概念意味着交易活动是稀缺的、可比较的，因此可以被纳入经济学分析的框架。在此基础上，威廉姆森汇总了科斯和阿罗等人的成果，具体分析了可能影响交易成本的因素。

1. 机会主义行为（opportunistic behavior）

威廉姆森认为，在实际生活中，经济人为了利己，可能不惜损人，他称之为机会主义。这种行为会增加交易成本。人的这种本性直接影响了以私人契约为基础的市场效率。威廉姆森认为，对于“机会主义”的认识，是他对经济学的首创性贡献之一。

2. 不确定性（uncertainty）

在市场中，一项交易从发生到完成，要持续一段时期。其间，充满了不确定性，由此，任何事前的契约都不可能是完备的。如果合同一方采取机会主义行为，就会使交易谈判及其所达成的契约越趋复杂化，交易成本就越高，市场作为一种交易的管理机制其效率就越低，甚至失灵。

3. 小数目条件

如果市场竞争越充分，交易的一方对另一方的依赖性就很小，竞争的压力会抑制机会主义行为的发生。然而，如果市场上参与者的数目较小时，则交易的一方对另一方的依赖就会增大，就可能更多地诱发机会主义行为。

4. 资产专属性（Asset-specificity）

随着市场的扩大和分工的发展，出现了物质资本和人力资本的专属性。资产专属性的出现大大提高了厂商对交易伙伴的依赖性，从而提高了拥有专属资产一方的交易成本。

以上四个因素会大幅度提高市场机制的运行成本。如果把市场交易转变为企业内部的资源配置过程，即所谓“内在化”，则可能降低交易成本。即在一定条件下，企业等组织形式在资源配置过程中具有相对的成本优势。

威廉姆森一生致力于研究制度和组织在资源配置方面的效率，其获奖感言是，“我认为获奖的一个好处，至少我希望的好处是，在不远的未来，组织（organizations）能够在经济活动研究中起到更重要的作用。”

（李清华　孙志杰）

埃莉诺·奥斯特罗姆学术简介

2009 年 10 月 12 日瑞典皇家科学院宣布将 2009 年诺贝尔经济学奖授予埃莉诺·奥斯特罗姆（Elinor Ostrom）和奥利弗·威廉姆森（Oliver E. Williamson）。

奥斯特罗姆，1933 年出生于美国加州洛杉矶市，1965 年获美国加州大学洛杉矶分校政治学博士学位，1991 年当选美国艺术与科学院院士，2001 年当选美国国家科学院院士。目前为美国印第安纳大学 Arthur F. Bentley 政治学教授以及公共和环境事务学院教授，印第安纳大学政治理论和政策分析研究所高级研究主任，亚利桑那州立大学制度多样性研究中心创立主任。她自称为“政治经济学家”（political economist）。她是美国政治学协会的前任主席，也曾担任过公共选择学会和国际公有产权研究协会的主席。还曾任或现任众多国际顶级学术刊物如《理性、市场与道德》、《美国政治学评论》、《美国政治学杂志》、《生态经济学》、《制度经济学杂志》的编委。

奥斯特罗姆在1996年获得美国政策研究组织颁发的杰出妇女奖，1997年获得了具有世界声誉的弗兰克·E. 塞德曼政治经济学杰出成就奖，2005年获得了美国政治学协会授予的詹姆士·麦迪逊奖，2005年获得了美国生态学会颁发的可持续科学奖金，2008年成为政治学领域首位威廉姆·H. 锐克奖的获得者，2008年获美国农业经济学会加尔布雷斯奖。

奥斯特罗姆的研究集中于共有物的治理问题，其贡献主要体现在以下两个方面：

第一，通过研究发现使用者通过设计或发展出良好治理机制可以使共有物不是“悲剧”。对于“共有物的治理”，受美国生物学教授哈丁（Garrett Hardin）1968年发表于《科学》杂志的一篇名为《公地的悲剧》的著名文章的影响，人们的传统认识是作为共有产权的物品，不论是池塘、森林还是牧场，受私利驱动的个人在追求个人对共有品利用最优的同时会损害其他人的使用，这样共有产权与资源的良好利用便是不可共存的。经济学家给出的解决办法是通过政府管制或私有化来实施管理，但这样一种认识可能过于简单化了。基于许多实证研究，奥斯特罗姆发现①现实中“许多时候，共有产权令人吃惊地获得了相当好的管理”。传统观点的错误之处在于它忽视了“资源的使用者自身能够制定并实施规则以减轻对资源的过度开发”，同时忽视了“与私有化和政府管制方案相伴随的现实困难”。奥斯特罗姆事实上证明了共有物的治理方式是可以多元化的，她指出“极少有制度不是私有的就是公共的——或者不是‘市场的’就是‘国家的’。许多成功的公共池塘资源制度，冲破了僵化的分类，成为‘有私有特征’的制度和‘有共有特征’的制度的各种混合”（《公共事务的治理之道》，上海三联书店2000年版，第31页）。当然，奥斯特罗姆的研究不是告诉人们对于共有资源的治理，“使用者—管理者（user-management）模式总是优于其他解决方案”，她其实向我们展示了“自我治理是可行的和可成功的”，同时“使用者在制定和实施规则中的积极参与对于治理成功是非常关键的”。关于使用者的参与问题，一个有趣的发现是“许多人会制裁免费搭便车者，即使发生私人成本”，显然这不同于通常研究“搭便车”行为时对参与人的假设。

关于成功的“公共池资源”管理，奥斯特罗姆提出了几条原则②：（1）规则应清晰地界定谁拥有什么权利；（2）具备充分的冲突解决机制；（3）一个人维护资源的责任应与其收益相匹配；（4）对资源的管理和违规行为的惩罚应或者由使用者本身或者由对使用者负责的其他人执行；（5）惩罚应是逐步的，对于初犯可以是温和的，对于屡次违规应当更严格；（6）若决策程序是民主的，治理会更成功；（7）使用者自我组织的权利得到外部管理当局的明确承认。

第二，在对共有物研究中多种研究方法的综合应用。奥斯特罗姆对于共有物的研究更多基于现实中的管理实践，为了拓展分析框架，利用博弈论和制度研究来分析群体中的个体行为选择，解释个体行为的利他性选

① Economic Governance: the Organization of Cooperation, the Royal Swedish Academy of Sciences “the Prize in Economics 2009 - Information for the Public”, http: //nobelprize. org/nobel_ prizes/economics/laureates/2009/info. html.

② Economic Governance, the Royal Swedish Academy of Sciences “the Prize in Economics 2009 - Scientific Background”, http: //nobelprize. org/nobel_ prizes/economics/laureates/2009/sci. html.

择；引入受控实验方法、田野调查和案例分析，特别是设计关于人类行为的实验，例如关于引入惩罚可能性的实验就发现如果允许实验对象交流，惩罚会变得更有效；为了比较不同的共有资源管理方式，创造性地采用卫星遥感、社会学和生态学测度方法来进行实证分析。这种跨学科研究范式的综合与其说是奥斯特罗姆的主动选择，不如说是研究对象的复杂性和单一范式解释力的局限性产生的要求。基于这些研究实践，她提出了超越市场与层级组织的“制度分析和发展”（Institutional analysis and development，IAD）①统一理论框架。在她看来，制度经济学目前面临着“制度无形性、多重定义、多层分析、组成部分的建构性”等障碍，为推进对制度的理解，需要将政治学、人类学、社会学等研究成果与经济学的研究结合，使得制度研究成为经济学中真正的跨学科研究。

对于奥斯特罗姆的获奖，耶鲁大学经济学教授罗伯特·希勒在《纽约时报》评论道，“诺贝尔经济学奖的结果说明经济学是社会科学的分支。经济学已经太孤立了，这将是经济学在更广领域发展的信号。经济学家们以往过度地执著于有效市场的研究而局限了思想。”英国《金融时报》评论了诺贝尔奖委员会的选择，“两位诺贝尔经济学奖获奖者本身的贡献使得获奖是他们应得的。但在经历金融危机和人们对经济学科产生信任危机之后，他们的得奖也显示了好的经济学可以为人类提供伟大的见解”。

代表性著作：

Ostrom, Elinor. *Governing the Commons: The Evolution of Institutions for Collective Action.* New York: Cambridge University Press, 1990.（中译本，《公共事务的治理之道：集体行动制度的演进》，上海三联书店 2000 年版）

Ostrom, Elinor. *Crafting Institutions for Self-Governing Irrigation Systems.* San Francisco: Institute for Contemporary Studies, 1992.

Ostrom, E., Schroeder, L. & Wynne, S.. *Institutional Incentives and Sustainable Development: Infrastructure Policies in Perspective.* Boulder, CO: Westview Press, 1993.（中译本，《制度激励与可持续发展——基础设施政策透视》，上海三联书店 2000 年版）

Ostrom, E., Walker, J. & Gardner, R.. *Rules, Games, and Common-Pool Resources*, 1994.

Ann Arbor: University of Michigan Press.

Local Government in the United States, with Vincent Ostrom and Robert Bish (San Francisco: ICS Press, 1988).（中译本，《美国地方政府》，北京大学出版社 2004 年版）

Patterns of Metropolitan Policing, with Roger B. Parks and Gordon P. Whitaker (Cambridge, MA: Ballinger Books, 1978)（中译本，《公共服务的制度建构——都市警察服务的制度结构》，上海三联书店 2000 年版）

Understanding Institutional Diversity (Princeton, NJ: Princeton University Press, 2005).

代表性论文：

"Tragedy of the Commons." in The New Palgrave Dictionary of Economics, 2nd ed., ed. Steven Durlauf and Lawrence Blume. New York: Palgrave Macmillan, 2008.

"A Grammar of Institutions" (with Sue

① "Doing Institutional Analysis: Digging Deeper than Markets and Hierarchies". from Ménard, Claude; Shirley, Mary M. (eds.) *Handbook of New Institutional Economics*, 2008, pp. 819—848.

E. S. Crawford). in Understanding Institutional Diversity, ed. Elinor Ostrom, 137—74. Princeton, NJ: Princeton University Press, 2005. Originally published in: American Political Science Review 89 (3) (September 1995): 582—600.

"Doing Institutional Analysis: Digging Deeper Than Markets and Hierarchies." in Handbook of New Institutional Economics, ed. Claude Menard and Mary M. Shirley, 819—848. Dordrecht, the Netherlands: Springer, 2005.

"Collective Action and the Evolution of Social Norms." *Journal of Economic Perspectives* (13/4) (Summer 2000): 137—158.

"Coping with Tragedies of the Commons." *Annual Review of Political Science*, 2 (1999): 493—535.

"Revisiting the Commons: Local Lessons, Global Challenges" (with Joanna Burger, Christopher Field, Richard Norgaard, and David Policansky). Science 284 (5412) (1999): 278B282.

"A Behavioral Approach to the Rational Choice Theory of Collective Action." *American Political Science Review*, 92 (1) (March 1998): 1—22. Reprinted in: Michael McGinnis, ed., Polycentric Games and Institutions: Readings from the Workshop in Political Theory and Policy Analysis (Ann Arbor: University of Michigan Press, 2000, pp. 89—113).

"Coping with Asymmetries in the Commons: Self-Governing Irrigation Systems Can Work" (with Roy Gardner). *Journal of Economic Perspectives* 7 (4) (Fall 1993): 93—112. Reprinted in: Michael McGinnis, ed., Polycentric Games and Institutions: Readings from the Workshop in Political Theory and Policy Analysis (Ann Arbor: University of Michigan Press, 2000, pp. 399—426).

"Covenants With and Without a Sword: Self-Governance is Possible" (with James Walker and Roy Gardner). *American Political Science Review* 86 (2) (June 1992): 404—417.

（李清华　孙志杰）

著名经济学家介绍

孙尚清

孙尚清（1930—1996 年），吉林省洮南县（今吉林省洮安市）人，中国当代著名经济学家。他生前曾任国务院发展研究中心主任，中国社会科学院副秘书长、哲学社会科学规划领导小组秘书长、中国社会科学院经济研究所研究员，中国社会科学院研究生院教授、北京大学、哈尔滨工业大学、西安交通大学等兼职教授，中国生产力经济学会会长，中华全国日本经济学会会长、中国中日关系史研究会会长，中国企业管理协会副会长，中国工业经济学会副理事长，中日友好 21 世纪委员会中方委员，《中国大百科全书·经济学》编辑委员会委员等职务。

一 工作简历

孙尚清早年在吉林省白城和延边地区生活并度过其穷苦的童年和少年时代。1947 年 7 月，年满 17 岁的孙尚清参加了突泉县政府举办的干部培训班；1948 年参加了中国人民解放军（四野），进入东北军区卫生部所属的中国医科大学，先后担任干事、中国医科大学附属医院团总支书记等职。1949 年 1 月，孙尚清加入中国共产党。

1952 年 8 月，孙尚清考入中国人民大学马列主义研究班政治经济学分班，这次学习是他人生的一大转折点。从此，他开始了经济学专业的学习和研究历程。

1954年9月，孙尚清从中国人民大学马列研究班毕业以后，回到中国医科大学政治教研室工作，先后担任助教、讲师。

1956年，孙尚清以优异的成绩考取了中国科学院经济研究所（现中国社会科学院经济研究所）的副博士研究生（因当时采用前苏联的教学科研体制）。1958年研究生毕业以后，孙尚清留经济研究所工作，先后担任该所助理研究员、研究组副组长（副室主任）、所学术副秘书、副所长和《经济研究》副主编等职。

1982—1985年，孙尚清出任中国社会科学院副秘书长、院务委员会委员、院学位委员会委员、全国社会科学规划领导小组秘书长，主要负责社会科学院的科研组织工作和全国的社会科学发展规划工作。

1985年，孙尚清出任国务院经济技术社会发展研究中心常务副总干事，1993年任国务院发展研究中心主任直至病逝。

二　学术生涯及主要经济思想

1958年，孙尚清毕业并留在经济研究所至1996年因过度劳累而猝然离世的38年时间里，整个身心都投入了中国的经济理论和经济政策研究工作，并做出了杰出的贡献。他当之无愧地成为国内同时期该领域中的代表人物之一。他的个人学术生涯大体可分为三个时期。

（一）“大跃进”至“文革”时期

留在经济所后不久，孙尚清即参加了当时的孙冶方所长主持的《社会主义经济论》的讨论和写作工作，并很快成为当时所内的研究骨干和孙冶方所长的主要助手之一。他不顾当时极“左”思潮的影响和高压，很早就将研究兴趣放在生产力组织和经济管理及经济效果等问题上，并在理论上明确地得出了肯定商品经济和价值规律调节作用的结论。1961年他提出，社会主义社会还存在商品生产，产品的生产和交换中存在商品性质，价值规律仍起着调节作用。同年，他又提出建立“生产力组织学”的倡议，后又进一步将该思想提升为与政治经济学并列的“生产力经济学”。他认为，这一学科的研究对象包括生产力运动规律及生产力的组织与管理，要求从生产力、生产关系、上层建筑间的相互关系中研究生产力的发展变化。他是中国生产力经济学的主要倡导者和创始者之一。

20世纪60年代初，“大跃进”恶果显现之时，孙尚清有针对性地强调，经济理论和政策须经实践检验。他认为，要把经济学理论与有关客观经济过程相对照，以检验经济学理论是否正确地反映了客观经济运动规律。同时，为了使经济学理论的实践检验方法在实际上可以进行，需要将对照比较的双方“对口径”。他提出，历史、统计、实验检验法是检验经济理论的主要方法。

孙尚清一反当时在生产指导上只讲政治、不关心价值规律和经济效果的风气，主张要讲求经济效果，而且要从社会需要、劳动消耗、劳动占用、劳动分配四个方面，分别与有用效果相比较。1964年，孙冶方所长被打成利润挂帅的“中国的利别尔曼”，身陷囹圄，孙尚清也因其学术观点和在孙冶方主持的“社会主义经济论”构思写作过程中起的骨干作用而受到了严查和迫害。

（二）“文革”后期至改革开放初期

1973年，在邓小平的主持下，全国经济领域开展了整顿工作。孙尚清的工作也发生了变化，即由纯理论研究转向了实际的国民经济调研和政策设计。1973年，孙尚清被调到原国家计委，参与了国民经济规划工作和国家计委经济研究所的筹组。经历了文革中的磨难，孙尚清关于社会主义商品经济和生产力组织的理论认识更趋扎实和成熟。

20世纪70年代初，孙尚清提出，竞争随商品经济的存在而存在，竞争是社会主义经济的内在机制。他认为，社会主义竞争与社会主义竞赛的根本不同点在于前者是市场机制的优胜劣汰，会迫使企业不断改善经营、提高效率，而后者还是摆脱不了“大锅饭”和依赖国家补贴的弊病。文革结束后，中国进入一个新的发展时期。孙尚清将自己在社会主义经济理论研究中形成的关于商品经济、价值规律问题的观点系统化。1979年春，由他牵头，与陈吉元、张卓元一起在《经济研究》上发表了系统阐述社会主义经济的商品性和市场性的论文。该论文被公认为是较早提出“商品经济论”和“市场经济论”的代表作。

改革初期，孙尚清提出，中国的经济体制改革应从扩大企业权限着手，应先给予企业自主权以打破僵化的体制模式，搞活经济，逐步建立新的经济体制模式。他的这一观点已为中国经济改革实践所印证。同时，在企业体制改革方面，孙尚清较早关注了对股份制的研究。他指出，不能将合作经济与股份经济混同起来，股份制是市场经济和竞争机制中的一种企业制度形式。

在企业管理和经济结构的调研方面，他开始重点研究国内外大型工业企业管理、宏观经济调控体系、产业组织、结构调整和集约式生产方式等社会生产力问题。此期间，他与马洪同志结下了长达20多年的友谊。

1976年，他与马洪一起赴大庆进行实地调研，其成果《对大庆经验的政治经济学考察》一书在经济理论界乃至整个社会引起了巨大反响。1978年他与马洪考察了日本，并在回国后的访日考察报告中就结构调整、产业组织、支柱产业战略、经济效率等方面的比较研究，引起了决策层和国内外的广泛重视。

尤其要指出的是，以前的传统理论中，对经济结构的讨论只涉及生产关系结构和农业轻重的比例关系，而孙尚清强调的经济结构研究则要求从质和量两个方面着眼，既包括国民经济中的各种比例关系，也包括国民经济中各领域、各部门、各产业、各地区以及各种所有制之间相互联系和相互制约的关系。既涉及生产力问题，也涉及生产关系问题。在此框架下，孙尚清提出并深入研究了当时中国经济面临的一系列结构问题，在这方面的理论和对策研究不仅填补了当时中国经济学理论研究的空白，而且具有重大的实践意义，对当时分析计划经济模式的弊病、提供经济改革和经济调整的理论依据，乃至后来宏观经济调控体系的建立，都产生了深远的积极影响。

1979年6月，国务院财政经济委员会为了更好地贯彻“调整、改革、整顿、提高”的“新八字方针”，决定成立经济管理体制、经济结构、技术引进和企业现代化、理论和方法等四个调研组，对全国的经济问题展开全面调查研究。孙尚清配合马洪同志领导了经济结构组的调研工作，共组织了400余名从事实际工作的经济专家和200余名从事理论研究工作的经济学者，并集中了100余人组成经济结构综合调研直属队，分别到十几个省市进行了为期10个月的调研工作。那次调研是新中国成立后涉及面最广的一次经济结构研究活动，几乎涉及了当时国民经济中的所有结构性问题。在此基础上，孙尚清和马洪共同主编了《中国经济结构问题研究》一书，该书赢得了国内外经济学界的一致好评。

在此基础之上，孙尚清又于1983年组织有关专家学者针对当时中国经济结构中存在的主要问题进行了进一步深入研究，并提出了相关的具体对策，出版了《论经济结构对策》一书，该书系《中国经济结构问题研究》一书的姊妹篇，后来获得了首届“孙冶方经济科学奖”著作奖。

1980年，孙尚清同于光远一起，领导召开了全国第一次讨论生产力的学术会议，并成立了“中国生产力经济学研究会”。

1981年6月，孙尚清以经济研究所副所长身份访日讲学三个月，主题是中国社会主义商品经济的新道路，并在日本以日文出版了新作《中国经济之新道路》一书，在日本引起极大反响。海外舆论视此为中国官方通过其权威经济学家向世界展示中国的一次“改革开放”。

1983年，孙尚清配合马洪组织了“2000年中国”的课题研究工作。这项研究在中国的长期发展战略、经济结构调整等方面提出了许多重要的建议，受到党中央、国务院的高度重视，成为国家制定“七五”计划和长远规划等战略决策的重要依据。后来该研究的成果荣获了国家科技进步一等奖。

1983年孙尚清被国务院学位委员会授予博士生导师资格，同年被评为首批国家级有突出贡献的中青年专家。

（三）1985—1996年

1985年，孙尚清被调任当时合并成立的国务院经济技术社会发展研究中心的常务副总干事，1993年又接替马洪出任国务院发展研究中心主任。在此期间，他立足中国经济现实，作了大量经济理论与实践研究，组织了中国经济结构和产业结构调查、2000年中国经济、长江经济带建设、旅游发展战略、国家经济安全等重大课题研究，为中央政府制定政策提供了理论依据。他和马洪共同主编了历年的《中国经济形势回顾与经济形势展望》系列丛书（“经济白皮书”），在社会上引起了广泛关注。此外，他负责组织实施了历年的“中日经济知识交流会”，成为中日两国之间的一条重要政策交流渠道。他在日本经济界享有盛誉，1999年，在他逝世三周年之际，日本经济界为他举行了“孙尚清先生纪念会”。

孙尚清一生治学严谨，勤于笔耕，主要著作有《我国社会主义经济的计划性与市场性的关系》（1980年）、《经济与管理》（1981年）、《中国经济之新道路》（日文，在日本出版，1982年）、《前进中的中国经济》（1983年）、《中日经济交流与亚洲》（英文版，1984年）、《论经济结构对策》（主编，1984年）、《2000年的中国经济》（主编，1985年）、《论孙冶方社会主义经济理论体系》（1985年）、《长江经济研究》（1986年）、《论经济学家和经济研究工作》（1986年）、《孙尚清选集》（1987年）、《中国能源结构研究》（1987年）、《经济结构的理论、应用与政策》（1991年）、《面对21世纪的选择》（1992年）、《长江开发开放》（主编，1996年），《新经济问题》（1996年）等。

（执笔：贺晓东、魏加宁等）

中国社会科学院经济学部2009年主要学术活动

2009年，中国社会科学院经济学部在院党组和学部主席团领导下，根据学术指导、学术咨询和科研协调的学部职能定位，围绕国内外经济领域中的重大经济问题和新现象，开展了一系列学术研究和交流活动，取得了一批重要的研究成果。2009年，经济学部的工作可以大致分为四个方面，即举办学术会议、组织课题研究、编撰出版学术刊物和著作、开展对外学术交流。

一 举办多种形式的学术会议

2009年，经济学部召开了多种形式和级别的学术会议。其中，一些学术会议已在院内外形成了品牌效应，受到了社会有关方面的高度关注。如学部每年举行的各类经济形势分析会。这类会议定期举行，集结中国社会科学院经济学部各研究所的专业力量，多学科联合作业，全面、具体、及时地从宏观到微观两个层面分析和预测了我国经济的基本状况及变化趋势，产生了很好的社会影响。2009年，学部在这方面的活动更活跃和系统化。

（一）2009年中国经济形势与热点问题研讨会

2009年2月2—4日学部在香山饭店召开了2009年中国经济形势和热点问题研讨会。会议由经济学部主任陈佳贵主持，中国社会科学院常务副院长王伟光，副院长高全立、武寅、李秋芳，院秘书长黄浩涛等院领导出席会议。王伟光常务副院长、李秋芳等院领导在会上作了重要讲话。来自经济学部各研究所和院内有关职能局、出版社、研究生院等单位的专家学者共80余人参加了会议。与会专家围绕国际金融危机的背景、原因、性质、前景，以及危机对中国经济的影响等问题进行了深入研讨。

（二）举办中国经济论坛

2009年7月3—4日，中国社会科学院经济学部主办，中国社会科学院科研局、国际合作局、工经所承办的第五届“中国经济论坛”在北京的金茂威斯汀酒店隆重举行。这次论坛的主题是“中国经济变革振兴60年”。与会者重点讨论了国际金融危机对中国经济的影响，并就中国应对经济危机的基本思路进行了广泛研讨。全国人大副委员长蒋正华、中国社会科学院常务副院长王伟光出席并致辞。美国前总统经济顾问 John Rutledge、俄罗斯著名经济学家 Sorokin Dmitry，以及国内许多著名经济学家到会并发表了主题演讲。

与往年历届“论坛”不同的是，2009年的中国经济论坛除了举办高层次的学术研讨活动外，还举办了“思想的光芒——2009中国青年经济学者论文征集”活动。这次征文面向全国，得到了全国各地青年学者的积极响应，共收到应征论文704篇。经过多层筛选，最后由学部委员组成的获奖论文评审委员会审定，有10篇应征论文获得“优秀论文奖”，7篇应征论文获得“提名奖”。

（三）举办“金砖四国”经济发展比较国际研讨会

“金砖四国”的发展已成为一个重要的国际经济现象。在最近的国际金融危机中，“金砖四国”的经济发展进一步受到了广泛关注。为了及时把握和准确解读这一现象，探讨这四个国家的不同发展经验，经济学部从2009年初起组建了跨研究所的课题小组，系统地搜集和分析了中国、俄罗斯、印度和巴西四国近十年来的经济数据，并在此基础上完成了“‘金砖四国’发展比较”的研究报告。

以此为基础，经过精心准备，在2009年12月4日，经济学部在北京召开了“‘金砖四国’经济发展比较的国际研讨会”。来自印度、俄罗斯、巴西的经济学者，会同来自国务院发展中心、发改委研究院、清华大学及中国社会科学院有关研究所的学者，共80多人出席会议。中国社会科学院李扬副院长出席会议并致辞，学部主任陈佳贵代表课题组作主报告。经济学部的几位学部委员出席会议并演讲。俄罗斯、印度、巴西的与会学者都认为，此次会议开得很好，讨论的问题有深度，是一次高水平的国际会议，并希望我们以后多举办这样的会议。

除此之外，经济学部在2009年还以主办、合作主办、参与承办等方式组织了多项不同形式的学术会议或论坛。这些活动有的是与学部有关研究所共同举办的，有的是与中国社会科学院《要报》共同举办的，有的是受院部委托与地方政府联合举办的。如与数技经所合办的“经济形势分析与预测春季座谈会”和“经济形势分析与预测秋季座谈会”，与河南省政府合办的“中华财富文化论坛暨财经人物峰会”（4月27日），与西安市人民政府合作举办的“中国西安城市发展高层论坛”（6月21日），与院《要报》编辑部联合举办的关于产能过剩问题的讨论会（11月24日）。学部单独主办发布了国内第一部《企业社会责任蓝皮书2009》（10月18日），等等。这些活动在社会上都产生了很好的影响。

二　关注重大现实问题，组织跨所课题研究和国情调研

（一）中国重大经济问题跟踪分析

这是2008年立项启动的课题。该课题的重点是评估“十一五规划”的执行情况，并探讨“十二五规划”制定可能涉及的相关重点问题。整个课题分为13个专题。6月份，学部召集各子课题组在博源宾馆召开了中期成果讨论会，检验课题进展情况，交流研究收获。这些中期报告都已陆续在经济学部主办的《中国经济研究报告》上发表。目前，该课题已经完成，各子课题组已提交了最终研究成果。院《要报》摘要刊发了该项研究的部分报告。

（二）国情调研重大项目

2009年，经济学部继续推进2006年立

项的重大国情调研项目。该项目共分企业调研、乡镇调研、农村调研三个分项目。企业调研项目以工经所为主，乡镇调研项目以经济所为主，村庄调研是以农发所和人口所为主。这些项目至 2009 年底已历时三年。在 2009 年内，共完成了 14 部研究报告，已出版 12 部。这项调研不仅为研究人员提供了一次深入实践、了解国情的机会，同时也为受调研单位提供了一次系统整理和回顾发展历程、总结以往经验的机会。同时，如此成系列的专题报告集也成为很好的案例资料库，它能集中地反映我国经济现阶段的改革和发展状况，为将来的研究留下了合乎学术规范的资料。

（三）国际金融危机与经济学理论反思

2009 年 3 月，经济学部主任陈佳贵和副主任刘树成牵头，从中国社会科学院的经济学部、国际学部、马研院和研究生院抽调了一批骨干研究人员，组建了“国际金融危机与经济学理论反思”课题组，研究因国际金融危机而引发的一些重大理论认识问题。这一项目的研究分成六个子课题展开：(1) 国际金融危机与马克思主义、(2) 国际金融危机与新自由主义、(3) 国际金融危机与凯恩斯主义、(4) 国家资本主义与中国特色社会主义、(5) 如何看待此次国际金融危机中西方国家的国有化措施、(6) 国际金融危机与国际经济、金融、政治新秩序。

该项目研究时间紧，要求高，全课题组成员根据院领导的指示，系统收集和整理了大量的理论资料和实情资料，在较短的时间内完成了研究报告。研究成果受到了中央有关领导部门的肯定。

三　出版学术刊物和著作,反映中国社会科学院经济学研究的前沿动态

（一）出版《中国社会科学院经济学部学部委员与荣誉学部委员文集》

《中国社会科学院经济学部学部委员与荣誉学部委员文集》是经济学部的例行年度专业文集，其主要目的是汇集和发布经济学部各学部委员和荣誉学部委员在当年的主要研究成果。该文集已经出版过两辑，2009 年出版的这一文集是纪念中国改革开放 30 周年的专辑。因学部委员和荣誉学部委员都亲身经历和参与了我国 30 年来的经济体制改革，并分别对 30 年的改革开放作出了自己的贡献。所以，这部文集具有特殊的纪念价值，它共收集了 9 位学部委员和 5 位荣誉学部委员的 21 篇论文或纪念文章，还包括了中国社会科学院经济体制改革 30 年研究课题组的一篇研究报告。

（二）继续做好两个刊物的编辑出版工作

2009 年，经济学部主办的两个学术刊物也获得了较显著的发展。

一是《中国经济学人》（China Economist)。这个刊物是由中国社会科学院主管、经济学部与工业经济研究所主办的公开发行的全英文双月刊，也是经济学部创办的第一份向海外读者介绍中国经济研究的英文学术期刊。2009 年，《中国经济学人》共出版 6

期，每期文字量在15万字左右，篇幅每期144页左右。每期的发行量为5000册。2009年，这个刊物还加入了美国的社会科学研究网（Social Science Research Network，SSRN），开始供国外学者在网上下载《中国经济学人》上发表的文章。

2009年，《中国经济学人》编辑部还与《环球资源》、《世界经理人》杂志一起在全国举办了12场先锋论坛。参会人员超过3000人，显著扩大了《中国经济学人》在社会上的影响。

二是经济学部的内部刊物《中国经济研究报告》。该刊主要刊登涉及重大理论和现实问题、经济热点和难点问题的研究报告。稿件的主要来源是中国社会科学院经济学部各研究所。这份刊物属于不定期的内部刊物，在编辑上力求能及时反映各所在研究活动中出现的最新研究成果。2009年，该报告共出版了28期。这份内部刊物在一些政府部门和学术机构里受到了好评，一些地方的研究人员很关注这份刊物。

（三）《中国经济学年鉴》的组稿和编辑出版工作

2008年《中国经济学年鉴2008》成功推出之后，引起了社会各方面的重视。2009年5月份，陈佳贵主任主持召开了年鉴组稿和编辑工作会议。根据会议的精神，在2008年的基础之上，进一步充实了年鉴的栏目，扩大了篇幅，增加了照片和彩页，突出了这部大型学术年鉴的学术性、权威性、全面性、代表性和及时性。

四　推进对国外和对港澳台的学术交流

2009年，经济学部的对国外和对港澳台的学术交流活动中，比较重要的有两项。一项是支持英文期刊《中国经济学人》的发展。这方面，学部继续在经费上提供支持，在内容上进行把关。

另一项对外学术交流活动是对台湾中华经济研究院的访问。为了做好此次交流，经济学部决定由经济学部副主任刘树成任团长，经济学部各所和院内其他研究所相关人员，组成了14人的访问团，于2009年9月16日至21日赴台访问了“中华经济研究院”。

此次访问的主要任务是与中华经济研究院共同举办“国际金融危机对两岸经济的影响与因应策略研讨会”。会上，双方学者围绕两岸经济形势和两岸经贸关系的发展进行了深入的交流，并探讨了双方进一步开展学术合作的可能方式。在会外，代表团还顺道访问了台湾的中研院、政治大学等学术机构。此次访问促进了中国社会科学院经济类研究所与台湾有关学术机构的相互了解，为今后进一步扩大经济学部与台湾学术交流打下了基础。

（韩朝华）

中国经济学年鉴

2010

第九篇

机构介绍

浙江省高校人文社会科学重点研究基地

——浙江工商大学金融学研究中心简介

浙江省高校人文社会科学重点研究基地——浙江工商大学金融学研究中心依托省重点学科"金融学"，并整合省重点学科"产业经济学"相关方向研究人员组成。基地整体实力较强，是浙江省金融业人才培养和金融学研究的重要基地。浙江工商大学金融学科于1994年招收本科生，2000年设立"金融学"硕士学位点，2003年被评为浙江省重点专业，2004年被评为浙江省重点学科，2008年成为浙江省高校人文社会科学重点研究基地。目前，该基地初步形成了五个具有很强专业性和鲜明特色的研究方向：投资运行和决策研究、区域和民间金融研究、人民币汇率研究、资本市场研究、保险精算与风险管理研究。上述研究方向在国内具有较大影响，在省内处于领先水平。

浙江工商大学金融学研究中心主任钱水土教授系浙江省高校中青年学科带头人，浙江省"新世纪151人才工程"第一层次人才。他曾先后主持国家社科基金项目2项，国家自然科学基金项目2项，浙江省社科基金和自然科学基金等项目10余项。在国内外重要学术期刊上发表学术论文80余篇。获浙江省社会科学优秀成果一、二等奖等学术奖励。

通过近十几年的建设和发展，浙江工商大学金融学研究中心已形成了年龄结构和专业结构合理、教学与科研相长的人才梯队。该中心的学科队伍目前共有专职研究人员50余人。其中，教授16人，副教授21人，具有博士学位的教师35人。这些教师中，有省突出贡献中青年专家1人，"151"人才工程第一层次1人，第二层次6人，浙江省中青年学科带头人4人；浙江省"教学名师"3人，以及学校特聘的"西湖学者"1人。

近五年来，浙江工商大学金融学研究中心承担了国家自然科学基金16项、国家社会科学基金8项、教育部人文社会科学规划课题、浙江省自然科学基金和浙江省社会科学基金等省部级以上课题60余项。在《中国社会科学》、《中国科学》、《经济研究》、《管理世界》、《金融研究》、《世界经济》等重要学术期刊上发表论文200多篇，获浙江省哲学社会科学优秀成果一等奖、二等奖等省部级以上学术奖励10余项。

浙江工商大学金融学研究中心把服务浙江社会经济改革与发展、产出重大科研成果作为基地建设的首要任务；以整合金融学科研资源，凝聚优秀学术队伍，贡献富有特色的原创性研究成果为目标；跟踪学科前沿，把握学科方向，突出研究特色，以区域金融理论与政策研究为基础，以服务地方经济社会发展为特色，努力形成一支结构合理、素质较高、具有创新意识和发展后劲的学术队伍，完成一批具有较大学术影响和实践指导意义的重大科研项目，取得一批具有较高学术价值和广泛社会影响的学术成果，使浙江工商大学金融学科保持省内领先、达到国内一流的学术水平，并符合国家级重点学科和博士学位点的要求，把中心建设成为对浙江经济建设和社会发展具有较大贡献的高素质人才培养、高水平学术研究、高层次决策咨询的重要基地。